U0915728

麦读
MyRead

—《中华人民共和国法律注释书系列》—

作者简介

白如银，宁夏中宁人，毕业于中国政法大学，现就职于国网宁夏电力有限公司。公司律师，国有企业一级法律顾问、正高级经济师，国家电网公司专业领军人才、高级兼职培训师，华北电力大学电力立法研究中心兼职研究员。

长期研究招标投标法律制度及合规管理、风险防控实务。已出版《招标投标法律解读与风险防范实务》（2019 年著）、《招标投标实务与热点答疑 360 问》（2020 年编著）、《招标投标典型案例评析》（2017 年主编）、《招标投标常用法律法规便查手册》（2016 年主编）等著作 15 部，在《招标采购管理》《中国招标》等刊物发表论文 150 余篇。

中华人民共和国法律注释书系列

TREATISES ON THE LAWS OF
THE PEOPLE'S REPUBLIC OF CHINA

招标投标法
注释书

白如银　编著

**BID INVITATION
AND BIDDING
LAW
TREATISE**

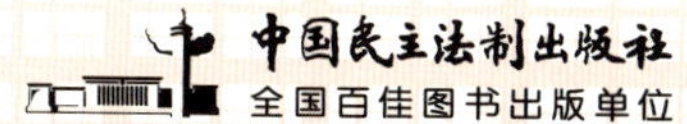

序　言

一

我国在政府采购、国企采购领域引入招标投标制度，已形成了以《招标投标法》为统领，《招标投标法实施条例》、部门规章及规范性文件等为支撑的相对完备的招标投标法体系。相对于《民法典》《公司法》等法律而言，《招标投标法》无疑是非常小众的。我们对《招标投标法》的关注和了解，一般都源自于从事与招标投标有关的工作或者办理涉及招标投标业务的案件，基本依靠从书本中自学、在实践中领悟。

我作为一名中央企业的公司律师，既因工作需要也是出于爱好，长期专注研究招标投标法律制度及合规管理、风险防控实务，就如何学习掌握《招标投标法》，有几点体会。第一，应结合《民法典》学习。招标投标是充分体现“要约邀请——要约——承诺”流程的竞争性缔约民事法律行为；《招标投标法》除去行政监管、交易流程性规定外，蕴含意思自治、要约承诺、意思表示、诚实信用等民法基本原则和制度，其实质属于《民法典》之下的单行民事法律，故应当以《民法典》总则编、合同编为基础，在其理论框架下学习研究《招标投标法》，先“一般”再“特殊”，有利于全面深入掌握《招标投标法》理论体系。第二，应结合立法释义学习。当前，关于招标投标的专业权威性、系统性的理论研究著作和教科书都比较匮乏，这种情况下学习研究立法机关编写的《中华人民共和国招标投标法释义》，就是一项“基本功课”，有助于我们基本了解招标投标法律制度的来龙去脉。第三，应结合案例学习。法律是实证的科学,法条需要案例进行诠释,“案例就是活着的法律”。《招标投标法》的规定较为原则简约,如要深入理解,就需要结合司法案例来学习思考,在法官阐释裁判理由之中探寻法律制度的真实意图和规范含义。第四,应结合法条学习。招标投标法体系有大量的部门规章和规范性文件,其是招标投标实践和司法实务中需要遵循的具体规则,仔细阅读、反复研究这些法条,有助于全面、系统掌握《招标投标法》。好在一点,招标投标法领域的法律文件相对较少,除了“一法一条例”,即使把全部部门规章、规范性文件及相关司法解释收录于一册,也就是一本“法律小全书”的规模,所以全面、反复研读招标投标法领域内的所有法律文件是不太费时费力的。

在多年的招标投标业务工作中,我一直想拥有一本兼顾法律释义、法规汇编、典型案例于一体,内容全面但“块头”不大、方便查阅的招标投标法律工具书,而且许多同行也有同样的诉求。可惜的是,截至目前,我还没有在图书市场上找到它。如果自己能够编出这样一本书,则一定是一件很有现实意义的事情。心动不如行动,我将长期以来收集的招标投标法领域的法律文件、典型案例和裁判观点等素材做了精选、整合和编纂,形成了这本“小册子”,供读者作为案头工具书翻阅。

二

本书以《招标投标法》的法律条文为注释对象。为方便理解适用和查询检索,在每一法条前我都添加了条文要旨,并根据内容需要安排以下全部或部分内容:

【立法·要点注释】摘录全国人大常委会法制工作委员会编写的《中华人民共和国招标投标法释义》中该条文解释的要点,主要涵盖概念定义、构成要件、注意事项等内容。考虑到 2021 年 1 月 1 日《民法典》施行之日,《民法通则》《合同法》等单行民事法律同时废止,故释义原文中引用《合同法》《民法通则》等法律条文的,均替换为《民法典》相应法律条文。

【相关法律】收录《民法典》《政府采购法》《建筑法》《刑法》等法律中与招标投标相关联的法律条文。

【行政法规】及其项下**【要点注释】**收录《招标投标法实施条例》相关条文,并摘录国家发展和改革委员会法规司、国务院法制办公室财金司、监察部执法监察司编著的《中华人民共和国招标投标法实施条例释义》中的该条文解释要点,同样涵盖概念定义、构成要件、注意事项等内容,并将释义原文中引用的《合同法》《民法通则》等法律条文替换为《民法典》相应法律条文。另外,本栏目还收录了《政府采购法实施条例》《优化营商环境条例》《建设工程质量管理条例》《建设工程安全生产管理条例》等行政法规中与招标投标相关联的条文。

【部门规章及规范性文件】收录国家发展和改革委员会等国家部委发布的关于招标投标的部门规章及规范性文件的相关条文。

【司法解释】及其项下**【要点注释】**收录《最高人民法院关于审理建设工程施工合同纠纷案件适用法律问题的解释(一)》(法释〔2020〕25号)中与招标投标相关的条文,因其与原《最高人民法院关于审理建设工程施工合同纠纷案件适用法律问题的解释》(法释〔2004〕14号)、《最高人民法院关于审理建设工程施工合同纠纷案件适用法律问题的解释(二)》(法释〔2018〕20号)相关条文内容基本一致,故同时摘录最高人民法院民事审判第一庭编著的《最高人民法院建设工程施工合同司法解释的理解与适用》和《最高人民法院建设工程施工合同司法解释(二)理解与适用》中相关条文的解释要点,主要涵盖内容同法律、行政法规。

【司法文件】收录最高人民法院发布的除司法解释外的通知、意见、会议纪要等文件中涉及招标投标的相关条文。

【地方法院规定】收录部分地方高院制定的意见、纪要、指引、解答、指南等文件中涉及招标投标的相关条文。

【最高人民法院公报案例】收录《中华人民共和国最高人民法院公报》刊载的案例的要旨及内容摘要。

【最高人民法院裁判案例】收录最高人民法院作出的具有示范意义的裁判的要旨及内容摘要。

【法院参考案例】收录地方法院作出的具有典型意义的裁判的要旨及内容摘要。这些案例很多都在《人民法院案例选》《民事审判指导与参考》等公开出版物中刊载,具有很高的参考价值。

【编者说明】对相关立法沿革、变化情况或司法观点进行梳理、说明。

关于上述内容中的案例部分,有两点需要说明:一是最高人民法院裁判案例和法院参考案例的来源问题。这些案例绝大部分可从"中国裁判文书网""无讼案例""北大法宝"等网站检索裁判文书全文。极个别案例检索不到的,读者可联系作者本人索取。二是案例的编辑体例问题。为突出表述案例阐述的司法观点,以与相关法条相呼应和进一步诠释,本书的每一个案例在内容摘要的基础上都附有裁判要旨,这些要旨或来自原有案例,或由本人精心编写。

三

本书在编写的过程中力求体现出全面性、权威性、实用性、时效性等特点。

一是全面性。第一,本着只要与招标投标密切关联就"应收尽收"的原则,通过立法机关、政府部门等官方网站,"中国裁判文书网""无讼案例""北大法宝""法信"等法律专业网站或数据库以及纸质出版物,广泛收集汇总,力争给读者最全面的法条、释义、案例等信息,确保"一册在手、查阅无忧"。第二,收录的法律条文除覆盖《招标投标法》《招标投标法实施条例》以及招标投标方面的部门规章和规范性文件外,还收录了《民法典》等其他法律、行政法规、司法解释、司法文件中涉及招标投标的条文。总体来看,基本囊括了国家现行有效、工作中常用的全部招标投标法律文件。第三,案例部分涵盖最高人民法院公报案例、裁判案例以及地方法院参考案例，共150件左右，对《招标投标法》的关键法条基本都给予配套诠释。

二是权威性。第一，收录的《招标投标法》《招标投标法实施条例》及最高人民法院关于审理建设工程施工合同纠纷案件的司法解释的要点注释，均出自立法机关或司法解释起草部门组织编写的释义类专著，以客观呈现"立法本意"。第二，案例主要收录最高人民法院公报案例、裁判案例及地方法院参考案例，能够反映出当前较为成熟、主流的裁判观点。第三，即便是"编者说明"部分，也主要是介绍相关立法沿革、变化情况或客观说明相关司法观点并作简要解释，尽量减少个人的主观见解。

三是实用性。第一，本书采取"法律条文＋要点注释＋裁判观点"的体例框架，相当于囊括"法律汇编""法律释义""裁判规则"三种书。这一本书能同时满足招标投标实务工作者、监管者、法官、律师、法律顾问等不同读者检索法条、研究法理、研读案例的不同层面的需求。第二，在法条方面，按照《招标投标法》的条文顺序，既摘录了《招标投标法实施条例》等招标投标领域法律文件相关条文，也收录了《民法典》《建筑法》等其他法律文件中与之关联的相关条文，如欲了解某部法律文件全貌，可阅读附录部分全文收录的该文件内容，进而满足不同阅读需求。第三，在案例部分，通过概括归纳相关案例的裁判要旨，帮助读者准确掌握规则适用关键之所在；案例的正文只收录了供诠释法条的核心裁判观点而略去了冗长的案情及证据等内容，方便读者快速了解司法观点（读者如有兴趣可根据案号查询裁判文书全文）。

四是时效性。第一，本书全面收录付印之前最新公布的法律文件，如2020年12月29日发布的《最高人民法院关于审理建设工程施工合同纠纷案件适用法律问题的解释（一）》（法释〔2020〕25号，2021年1月1日）已经收录在内。第二，收录的法律文件经过多次修改的，逐一查新核实，引用最新法律条文。考虑到《民法典》的施行，在要点注释部分，将原文中引用的《合同法》《民法通则》等法律条文替换成《民法典》相应法律条文；编者说明部分也是引用《民法典》进行阐述；只有案例中相关内容未作变动。第三，在案例部分，有多个案例阐述相同或类似内容的，尽量选择最近几年的裁判文书中的裁判观点，确保案例素材的鲜活性，以体现最新的司法理念、司法政策和裁判思路。

四

这本书能够问世，必须要感谢“麦读 MyRead”对招标投标法领域的关注和曾健主编的赏识与支持。初次接触“小红书”系列其中的一本，就被它的装帧设计、内容构架所吸引，特别渴望在招标投标法领域也能够有这么一本携带方便、内容丰富、权威实用的工具书。于是我抱着试一试的态度，向“麦读 MyRead”毛遂自荐，曾健主编很快就予以回复，并就本书写作给予专业指导。孙振宇编辑专业高效、严谨细致的工作作风，有力促成了这本书能够高质量、高效率出版。衷心感谢他们！万雅丽女士协助做了一些文字修订工作，并帮助运营“白话招标”微信公众号，一并感谢！

感谢我的妻子苏静女士承担所有家务，无私付出，使我有更多时间埋头写作。感谢我的两个宝贝儿子一直在激励我，也带给我很多欢乐。

囿于个人的水平能力，本书的内容难免会有所疏漏、有失妥当，恳请读者提出宝贵意见和建议（联系邮箱：449076137@qq.com），以便今后修改完善，谨致谢意。

白如银

2021 年 1 月于银川

凡　例

一、法律、行政法规、司法解释条文下的要点注释，相关案例，编者说明等部分涉及的法律名称使用简称，省略“中华人民共和国”，加书名号。例如，《中华人民共和国招标投标法》简称《招标投标法》。

法律、行政法规、部门规章及规范性文件、司法解释、司法文件、地方法院规定条文中的法律名称与正式文本一致。

二、正文涉及的条文序数，与正式文本一致。例如，《招标投标法》第六条、《全国法院民商事审判工作会议纪要》第31条。为方便检索查阅，书眉涉及的条文序数使用阿拉伯数字。

三、相关法律、行政法规、部门规章及规范性文件中选取的规定，未经修改的，标明施行日期；经修改的，标明最后一次修正或修订后的施行日期。例如，《中华人民共和国建筑法》(2019年4月23日)；《中华人民共和国招标投标法实施条例》(2019年3月2日)；《工程建设项目勘察设计招标投标办法》(2013年5月1日)。

司法解释、司法文件栏目中选取的规定，标明文号和施行日期。例如，《最高人民法院关于审理建设工程施工合同纠纷案件适用法律问题的解释(一)》(法释〔2020〕25号，2021年1月1日)。

地方法院规定栏目中选取的规定，鉴于资料来源问题，有的标明了文号和施行日期，有的只标明了通过日期或发布日期。

四、附录中涉及的法律名称及条文序号，与正式文本一致。

目　　录

第一章　总　　则 ………………………………………………………… 1

第　一　条　【立法目的】 ……………………………………………… 3
第　二　条　【适用范围和调整对象】 ………………………………… 4
第　三　条　【依法必须进行招标的项目】 …………………………… 9
第　四　条　【禁止规避招标】 ………………………………………… 38
第　五　条　【基本原则】 ……………………………………………… 39
第　六　条　【招标投标活动不受地区或者部门的限制】 …………… 49
第　七　条　【对招标投标活动的监督】 ……………………………… 62

第二章　招　　标 ………………………………………………………… 77

第　八　条　【招标人】 ………………………………………………… 79
第　九　条　【招标项目应具备的条件】 ……………………………… 83
第　十　条　【招标方式】 ……………………………………………… 134
第十一条　【适用邀请招标的情形】 ………………………………… 137
第十二条　【自行招标和代理招标】 ………………………………… 144
第十三条　【招标代理机构及条件】 ………………………………… 148
第十四条　【招标代理机构独立性】 ………………………………… 157
第十五条　【招标代理机构的代理范围】 …………………………… 157
第十六条　【招标公告】 ……………………………………………… 162
第十七条　【投标邀请书】 …………………………………………… 177
第十八条　【资格审查】 ……………………………………………… 179
第十九条　【招标文件】 ……………………………………………… 194
第二十条　【招标文件的限制】 ……………………………………… 217

第二十一条 【踏勘现场】…… 220
第二十二条 【招标人的保密义务】…… 221
第二十三条 【招标文件的澄清或者修改】…… 223
第二十四条 【编制投标文件的时间】…… 228

第三章 投　　标 …… 233

第二十五条 【投标人】…… 235
第二十六条 【投标人的资格条件】…… 236
第二十七条 【投标文件的编制】…… 244
第二十八条 【投标文件的送达】…… 249
第二十九条 【投标文件的补充、修改、撤回】…… 254
第 三 十 条 【投标文件载明拟分包项目】…… 258
第三十一条 【联合体投标】…… 262
第三十二条 【禁止串通投标】…… 274
第三十三条 【禁止以低于成本的报价竞标与骗取中标】…… 288

第四章 开标、评标和中标 …… 305

第三十四条 【开标的时间与地点】…… 307
第三十五条 【开标参加人】…… 310
第三十六条 【开标方式】…… 310
第三十七条 【评标委员会】…… 313
第三十八条 【评标的保密】…… 323
第三十九条 【投标人对投标文件的澄清或者说明】…… 324
第 四 十 条 【评标】…… 329
第四十一条 【中标条件】…… 348
第四十二条 【否决所有投标】…… 354
第四十三条 【禁止与投标人进行实质性谈判】…… 367
第四十四条 【评标委员会成员的义务】…… 378
第四十五条 【中标通知书】…… 382
第四十六条 【订立书面合同和提交履约保证金】…… 392

第四十七条 【书面报告招标投标情况】 …… 460
第四十八条 【禁止转包和有条件分包】 …… 463

第五章 法律责任 …… 487

第四十九条 【必须进行招标的项目不招标的责任】 …… 489
第 五 十 条 【招标代理机构的责任】 …… 490
第五十一条 【限制或者排斥潜在投标人的责任】 …… 500
第五十二条 【泄露招投标活动有关秘密的责任】 …… 507
第五十三条 【串通投标的责任】 …… 511
第五十四条 【骗取中标的责任】 …… 525
第五十五条 【招标人违规谈判的责任】 …… 535
第五十六条 【评标委员会成员违法的责任】 …… 541
第五十七条 【招标人在中标候选人以外确定中标人的责任】 …… 548
第五十八条 【中标人违法转包、分包的责任】 …… 550
第五十九条 【不按招投标文件订立合同的责任】 …… 553
第 六 十 条 【中标人不履行合同的责任】 …… 562
第六十一条 【行政处罚的决定】 …… 567
第六十二条 【干涉招投标活动的责任】 …… 568
第六十三条 【国家机关工作人员的违法责任】 …… 571
第六十四条 【中标无效的处理】 …… 576

第六章 附 则 …… 581

第六十五条 【异议或者投诉】 …… 583
第六十六条 【不进行招标的项目】 …… 604
第六十七条 【适用除外】 …… 610
第六十八条 【生效日期】 …… 612

附　　录 …… 613

一、法律法规 …… 615

中华人民共和国民法典(节录)
(2021 年 1 月 1 日) …… 615

中华人民共和国招标投标法
(2017 年 12 月 28 日) …… 661

中华人民共和国招标投标法实施条例
(2019 年 3 月 2 日) …… 670

中华人民共和国政府采购法
(2014 年 8 月 31 日) …… 685

中华人民共和国政府采购法实施条例
(2015 年 3 月 1 日) …… 696

二、部门规章 …… 710

招标公告和公示信息发布管理办法
(2018 年 1 月 1 日) …… 710

电子招标投标办法
(2013 年 5 月 1 日) …… 714

评标委员会和评标方法暂行规定
(2013 年 5 月 1 日) …… 723

工程建设项目勘察设计招标投标办法
(2013 年 5 月 1 日) …… 732

工程建设项目施工招标投标办法
(2013 年 5 月 1 日) …… 742

工程建设项目货物招标投标办法
(2013 年 5 月 1 日) …… 757

建筑工程设计招标投标管理办法
(2017 年 5 月 1 日) …… 769

建筑工程方案设计招标投标管理办法
(2019 年 3 月 18 日) …… 774

房屋建筑和市政基础设施工程施工招标投标管理办法
(2019 年 3 月 13 日) …… 785
公路工程建设项目招标投标管理办法
(2016 年 2 月 1 日) …… 794
铁路工程建设项目招标投标管理办法
(2019 年 1 月 1 日) …… 810
通信工程建设项目招标投标管理办法
(2014 年 7 月 1 日) …… 821
民航专业工程建设项目招标投标管理办法
(2019 年 9 月 9 日) …… 831
水利工程建设项目招标投标管理规定
(2002 年 1 月 1 日) …… 842
水运工程建设项目招标投标管理办法
(2013 年 2 月 1 日) …… 852
机电产品国际招标投标实施办法(试行)
(2014 年 4 月 1 日) …… 866
政府采购货物和服务招标投标管理办法
(2017 年 10 月 1 日) …… 893

三、司法解释 …… 910

最高人民法院
关于审理建设工程施工合同纠纷案件适用法律问题的解释(一)
(2021 年 1 月 1 日) …… 910

第一章 总 则

第一条【立法目的】为了规范招标投标活动，保护国家利益、社会公共利益和招标投标活动当事人的合法权益，提高经济效益，保证项目质量，制定本法。

【立法·要点注释】

本条是关于本法立法目的的规定。

1. 招标投标，是在市场经济条件下进行大宗货物的买卖、工程建设项目的发包与承包，以及服务项目的采购与提供时，所采用的一种交易方式。在这种交易方式下，项目采购（包括货物的购买、工程的发包和服务的采购）的采购方作为招标方，通过发布招标公告或者向一定数量的特定供应商、承包商发出投标邀请书等方式发出招标采购的信息，提出所需采购的项目及其质量、技术要求、交货或竣工期限以及对供应商、承包商的资格要求等招标采购条件，表明将选择最能够满足采购要求的供应商、承包商与之签订采购合同的意向，由各有意提供采购所需货物、工程或服务项目的供应商、承包商作为投标方，向招标方书面提出自己拟提供的货物、工程或服务的报价及其他响应招标要求的条件，参加投标竞争。经招标方对各投标者的报价及其他条件进行审查比较后，从中择优选定中标者，并与其签订采购合同。

2. 采用招标投标方式进行交易活动的最显著特征，是将竞争机制引入了交易过程。招标投标的交易方式须具备两个基本条件：一是要有能够开展公平竞争的市场经济运行机制；二是必须存在招标采购项目的买方市场，对采购项目能够形成卖方多家竞争的局面，买方才能够居于主导地位，有条件以招标方式从多家竞争者中择优选择中标者。

编者说明

招标投标作为富有竞争性的一种交易方式，除广泛应用于工程以及与工程有关的设备、材料、勘察、设计、监理外，还扩大到项目选址、融资、咨询、代建以及教材、药品采购等领域。同时，也应用于国有企业产权转让、商业用房出租、特许经营权出让、广告招商、国有土地使用权出让等出售标的的情形，如《民法典》第三百四十八条规定了通过招标、拍卖、协议等出让方式设立建设用地使用权。招标投标也是政府采购的主要方式。

第二条 【适用范围和调整对象】在中华人民共和国境内进行招标投标活动,适用本法。

【立法·要点注释】

本条是关于本法适用范围和调整对象的规定。

1. 凡在我国境内进行的招标投标活动,不论是属于本法第三条规定的法定强制招标项目,还是属于由当事人自愿采用招标方式进行采购的项目,其招标投标活动均适用本法。当然,本法没有列入《香港特别行政区基本法》和《澳门特别行政区基本法》的附件三中,因此,本法不适用于这两个特别行政区。

2. 根据强制招标项目和非强制招标项目的不同情况,本法有关条文作了有所区别的规定。有关招标投标的规则和程序的强制性规定及法律责任中有关行政处罚的规定,主要适用于法定强制招标的项目。

3. 目前实践中称作"招标投标"的活动很多,有些从其本质上看并非本法所称的招标投标活动,对此,需要按照国务院或国务院有关部门的规定来判断。

【相关法律】

1.《中华人民共和国民法典》(2021年1月1日)

第十一条 其他法律对民事关系有特别规定的,依照其规定。

第十二条 中华人民共和国领域内的民事活动,适用中华人民共和国法律。法律另有规定的,依照其规定。

第三百四十七条 设立建设用地使用权,可以采取出让或者划拨等方式。

工业、商业、旅游、娱乐和商品住宅等经营性用地以及同一土地有两个以上意向用地者的,应当采取招标、拍卖等公开竞价的方式出让。

严格限制以划拨方式设立建设用地使用权。

第六百四十四条 招标投标买卖的当事人的权利和义务以及招标投标

程序等,依照有关法律、行政法规的规定。

第七百九十条　建设工程的招标投标活动,应当依照有关法律的规定公开、公平、公正进行。

2.《中华人民共和国政府采购法》(2014 年 8 月 31 日)

第二条　在中华人民共和国境内进行的政府采购适用本法。

本法所称政府采购,是指各级国家机关、事业单位和团体组织,使用财政性资金采购依法制定的集中采购目录以内的或者采购限额标准以上的货物、工程和服务的行为。

政府集中采购目录和采购限额标准依照本法规定的权限制定。

本法所称采购,是指以合同方式有偿取得货物、工程和服务的行为,包括购买、租赁、委托、雇用等。

本法所称货物,是指各种形态和种类的物品,包括原材料、燃料、设备、产品等。

本法所称工程,是指建设工程,包括建筑物和构筑物的新建、改建、扩建、装修、拆除、修缮等。

本法所称服务,是指除货物和工程以外的其他政府采购对象。

第四条　政府采购工程进行招标投标的,适用招标投标法。

【行政法规】

1.《中华人民共和国招标投标法实施条例》(2019 年 3 月 2 日)

第八十三条　政府采购的法律、行政法规对政府采购货物、服务的招标投标另有规定的,从其规定。

【要点注释】

本条是关于适用政府采购法律、行政法规的特别规定。

1. 政府采购货物和服务的招标投标活动,主要适用《招标投标法》及《条例》①有关招标投标程序方面的规定,而不适用有关行政监管的规定,即对政府采购货物和服务招标投标活动的监督,仍由财政部门按职责分工进行。

---

① 《招标投标法实施条例》相关法律条文项下【要点注释】中的"《条例》"指《招标投标法实施条例》,下同。——编者注

2. 这里所说的政府采购的法律、行政法规，是指《政府采购法》和《政府采购法实施条例》。

2.《中华人民共和国政府采购法实施条例》(2015年3月1日)

第七条 政府采购工程以及与工程建设有关的货物、服务，采用招标方式采购的，适用《中华人民共和国招标投标法》及其实施条例；采用其他方式采购的，适用政府采购法及本条例。

前款所称工程，是指建设工程，包括建筑物和构筑物的新建、改建、扩建及其相关的装修、拆除、修缮等；所称与工程建设有关的货物，是指构成工程不可分割的组成部分，且为实现工程基本功能所必需的设备、材料等；所称与工程建设有关的服务，是指为完成工程所需的勘察、设计、监理等服务。

政府采购工程以及与工程建设有关的货物、服务，应当执行政府采购政策。

【部门规章及规范性文件】

1.《工程建设项目货物招标投标办法》(2013年5月1日)

第六十一条 不属于工程建设项目，但属于固定资产投资的货物招标投标活动，参照本办法执行。

2.《机电产品国际招标投标实施办法(试行)》(2014年4月1日)

第二条 在中华人民共和国境内进行机电产品国际招标投标活动，适用本办法。

本办法所称机电产品国际招标投标活动，是指中华人民共和国境内的招标人根据采购机电产品的条件和要求，在全球范围内以招标方式邀请潜在投标人参加投标，并按照规定程序从投标人中确定中标人的一种采购行为。

本办法所称机电产品，是指机械设备、电气设备、交通运输工具、电子产品、电器产品、仪器仪表、金属制品等及其零部件、元器件。机电产品的具体范围见附件1。

第一百一十条 不属于工程建设项目，但属于固定资产投资项目的机电产品国际招标投标活动，按照本办法执行。

第一百一十一条 与机电产品有关的设计、方案、技术等国际招标投标，可参照本办法执行。

【最高人民法院裁判案例】

1. 山东同兴食品有限公司与杭州纳驰投资有限公司合资、合作开发房地产合同纠纷案[(2016)最高法民申 2446 号]

裁判要旨:《招标投标法》不仅仅适用于工程建设项目招标投标活动,也适用于其他项目的招标投标活动。

最高人民法院认为,《招标投标法》第三条对必须进行招标的"工程建设项目"作了规定,但并未排除该法对其他招标事项的适用。本案双方约定由政府对案涉土地采取招拍挂的方式出让,即应该适用《招标投标法》等法律。《补充协议书》约定,当土地实际成交价格超过 71 万元/亩时,同兴公司将超过部分的 80% 返还给纳驰公司。该约定的实质是同兴公司利用其享有的政策优势,通过不正当方式将不确定的招投标价异化为固定的协议价格,违反了《招标投标法》第三十二条的强制性规定。

2. 龙元建设集团股份有限公司与上海振龙房地产开发有限公司建设工程施工合同纠纷案[(2018)最高法民申 5322 号]

裁判要旨:即便不属于依法必须进行招标投标的项目,双方当事人既然已选择适用招标投标程序,就应当受到《招标投标法》的约束。

最高人民法院经审查认为,案涉工程性质为宾馆、公寓式酒店及商业配套综合项目,合同价暂定 6.2 亿元,根据《招标投标法》及其实施条例和《工程建设项目招标范围和规模标准规定》①之规定,案涉工程项目属于依法必须进行招投标的项目。由于双方当事人在确定中标人前已就投标方案进行实质性磋商,违反了《招标投标法》第四十三条"在确定中标人前,招标人不得与投标人就投标价格、投标方案等实质性内容进行谈判"的禁止性规定,二审判决据此认定《总承包补充协议》和《示范文本合同》均无效并无不当。即便案涉工程不属于依法必须进行招标投标的项目,双方当事人既已选择适用招投标程序,也应当受到《招标投标法》相关规定的约束。

---

① 该规定于《必须招标的工程项目规定》实施之日即 2018 年 6 月 1 日同时废止,下同。——编者注

【法院参考案例】

1. 陈水生与罗定市农业机械供应公司等合同纠纷案[(2018)粤53民终687号]

裁判要旨:以公开竞拍的方式对标的物自由竞价的招租项目,虽名为"招标投标",但未依照法律规定的招标投标程序进行,不属于招标投标行为,不适用《招标投标法》。

云浮市中级人民法院认为,关于两被上诉人就涉案房屋进行的对外招租行为是否属于招标投标行为的问题。上诉人认为两被上诉人采取的是招投标的方式进行公开竞价招租。根据《招标投标法》第三条"在中华人民共和国境内进行下列工程建设项目包括项目的勘察、设计、施工、监理以及与工程建设有关的重要设备、材料等的采购,必须进行招标:(一)大型基础设施、公用事业等关系社会公共利益、公众安全的项目;(二)全部或者部分使用国有资金投资或者国家融资的项目;(三)使用国际组织或者外国政府贷款、援助资金的项目。前款所列项目的具体范围和规模标准,由国务院发展计划部门会同国务院有关部门制订,报国务院批准。法律或者国务院对必须进行招标的其他项目的范围有规定的,依照其规定"的规定,两被上诉人的招租行为,不属于法定应当进行招标的项目,虽然招租公告中使用了招标、中标等词语,但并非使用相关名词就可认定两被上诉人组织实施的招租是招标投标行为。招标投标活动的流程是招标、投标、开标、评标、中标,而非以公开竞拍的方式对标的物自由竞价。因此,两被上诉人的招租行为并非招标投标行为,不属《招标投标法》予以规范的范围。

2. 浙江金克空调系统工程有限公司与宁波市鄞州区财政局行政处理纠纷案[(2009)甬鄞行初字第73号]

裁判要旨:政府采购工程招标投标活动,适用《招标投标法》;工程采购外的其他政府采购,应适用《政府采购法》。

宁波市鄞州区人民法院认为,《政府采购法》和《招标投标法》都属于基本法律,但《政府采购法》是专门对政府采购行为进行规范,并且第四条规定了政府采购工程进行招标投标的,适用《招标投标法》,因此,对除工程采购外的其他政府采购则应适用《政府采购法》。另外,《招标投标法》第二十八条仅仅指在开标前发现少于三家投标人的不开标，而本次项目招标是进入商务评审的第一名投标人出现废标的情况，则需要递补至三家，但由于客观上已经无法递补至三家，也就出现了《政府采购法》第三十六条第一款第(一)项和《政府采购货物和服务招标投标管理办法》第五十六条规定的对招标文件作实质响应供应商不足三家的情形，因此，也不应适用《招标投标法》第二十八条的规定，应适用《政府采购法》第三十六条第一款第(一)项和《政府采购货物和服务招标投标管理办法》第五十六条的规定，故被告适用法律正确。

编者说明

无论是强制招标项目还是自愿招标项目，工程建设项目还是货物、服务招标项目，公开招标还是邀请招标，只要在我国境内按照法定程序进行招标投标活动，就应适用《招标投标法》。实践中允许自由竞价的招租项目，虽名为"招标投标"，但并未依照《招标投标法》规定的程序进行，故不应适用《招标投标法》。

《政府采购法》和《招标投标法》是我国公共采购领域的两部法律，具有同等的法律效力，要注意区分两者适用范围。《政府采购法》规范的政府采购需要同时满足三个要件。从采购主体上看，为各级国家机关、事业单位和团体组织，不包括企业和个人；从资金来源上看，使用的是财政性资金，不包括国有企事业单位自有资金和私有资金；从采购对象上看，是指纳入集中采购目录以内的或者采购限额标准以上的工程、货物和服务。《招标投标法》适用于我国境内的所有招标投标活动。按照《政府采购法》的规定，政府采购工程招标投标活动适用《招标投标法》；政府采购货物和服务项目的招标投标活动，优先适用《政府采购法》及其实施条例。

第三条 【依法必须进行招标的项目】 在中华人民共和国境内进行下列工程建设项目包括项目的勘察、设计、施工、监理以及与工程建设有关的重要设备、材料等的采购，必须进行招标：

(一)大型基础设施、公用事业等关系社会公共利益、公众安全的项目；

(二)全部或者部分使用国有资金投资或者国家融资的项目；

(三)使用国际组织或者外国政府贷款、援助资金的项目。

前款所列项目的具体范围和规模标准，由国务院发展计划部门会同

国务院有关部门制订,报国务院批准。

法律或者国务院对必须进行招标的其他项目的范围有规定的,依照其规定。

【立法·要点注释】

本条是关于依法必须招标的项目即法定强制招标项目的规定。

1. 这里讲的“工程建设项目”,是指各类土木工程的建设项目,既包括各类房屋建筑工程项目,也包括铁路、公路、机场、港口、矿井、水库、通信线路等专业工程建设项目;既包括土建工程项目,也包括有关的设备、线路、管道的安装工程项目。这里讲的“与工程建设有关的重要设备、材料等的采购”,包括用于工程建设项目本身的各种建筑材料、设备的采购;项目所需的电梯、空调、消防等设施、设备的采购;工业建设项目的生产设备的采购等。

2. 并非所有的工程建设项目采购都必须依照本法的规定进行招标投标。只有属于下列情形之一,并属于国务院有关部门依照本条第二款的规定所制定的具体范围和规模标准以内的建设项目,才属于本法规定实行强制招标投标的项目:(1)大型基础设施、公用事业等关系社会公共利益、公众安全的项目,不论其建设资金来源如何,都必须依照本法规定进行招标投标;(2)全部或者部分使用国有资金投资或者国家融资的项目;(3)使用国际组织或者外国政府贷款、援助资金的项目。前述所列的强制招标项目的具体范围和规模标准,授权由国务院发展改革部门会同国务院有关主管部门作出具体规定,报国务院批准后施行。目前,按照国家发展改革委令第16号《必须招标的工程项目规定》执行。

3. 必须依法采用招标采购方式的项目,并不仅限于本条第一款所列举的项目。原则上说,使用财政资金和其他公共资金进行采购,采购金额达到法定数额以上的,除法律规定可不采用招标投标的以外,都必须实行招标采购。对于使用财政资金和其他公共资金进行的采购活动,除工程建设项目以外其他必须实行强制招标采购的项目,将主要在《政府采购法》和国务院的有关规定中作出规定。但应指出的是,其他法律或国务院规定实行强制招标采购的项目,在招标投标的规则和程序方面,都应适用《招标投标法》的规定。

【相关法律】

1.《中华人民共和国民法典》(2021 年 1 月 1 日)

第一百五十三条　违反法律、行政法规的强制性规定的民事法律行为无效。但是,该强制性规定不导致该民事法律行为无效的除外。

违背公序良俗的民事法律行为无效。

2.《中华人民共和国建筑法》(2019 年 4 月 23 日)

第二条　在中华人民共和国境内从事建筑活动,实施对建筑活动的监督管理,应当遵守本法。

本法所称建筑活动,是指各类房屋建筑及其附属设施的建造和与其配套的线路、管道、设备的安装活动。

第十六条　建筑工程发包与承包的招标投标活动,应当遵循公开、公正、平等竞争的原则,择优选择承包单位。

建筑工程的招标投标,本法没有规定的,适用有关招标投标法律的规定。

第二十条　建筑工程实行公开招标的,发包单位应当依照法定程序和方式,发布招标公告,提供载有招标工程的主要技术要求、主要的合同条款、评标的标准和方法以及开标、评标、定标的程序等内容的招标文件。

开标应当在招标文件规定的时间、地点公开进行。开标后应当按照招标文件规定的评标标准和程序对标书进行评价、比较,在具备相应资质条件的投标者中,择优选定中标者。

第二十一条　建筑工程招标的开标、评标、定标由建设单位依法组织实施,并接受有关行政主管部门的监督。

第二十二条　建筑工程实行招标发包的,发包单位应当将建筑工程发包给依法中标的承包单位。建筑工程实行直接发包的,发包单位应当将建筑工程发包给具有相应资质条件的承包单位。

【行政法规】

1.《中华人民共和国招标投标法实施条例》(2019 年 3 月 2 日)

第二条　招标投标法第三条所称工程建设项目,是指工程以及与工程建设有关的货物、服务。

前款所称工程，是指建设工程，包括建筑物和构筑物的新建、改建、扩建及其相关的装修、拆除、修缮等；所称与工程建设有关的货物，是指构成工程不可分割的组成部分，且为实现工程基本功能所必需的设备、材料等；所称与工程建设有关的服务，是指为完成工程所需的勘察、设计、监理等服务。

【要点注释】

本条是关于工程建设项目定义的规定。

1. 建设工程并不仅限于建筑物和构筑物。根据《建设工程质量管理条例》和《建设工程安全生产管理条例》，建设工程，是指土木工程、建筑工程、线路管道和设备安装工程及装修工程。工程是指所有通过设计、施工、制造等建设活动形成的有形固定资产，要避免对工程作扩大化理解，如将“希望工程”“五个一工程”“系统工程”等概念化的协作活动理解为建设工程。

2. 与政府采购工程建设有关的货物和服务的招标投标活动，也应当适用《招标投标法》。

3. 构成与工程建设有关的货物需要同时满足两个要件：一是与工程不可分割；二是为实现工程基本功能所必需。同时满足以上两个条件的货物，属于与政府采购工程有关的货物，应当适用《招标投标法》。需要与工程同步整体设计施工的货物属于与工程建设有关的货物，可以与工程分别设计、施工或者不需要设计、施工的货物属于与工程建设无关的货物。

第三条 依法必须进行招标的工程建设项目的具体范围和规模标准，由国务院发展改革部门会同国务院有关部门制订，报国务院批准后公布施行。

【要点注释】

本条是关于强制招标制度的规定。

1. 强制招标制度，是指一定范围内的工程、货物和服务，达到规定的规模标准的，必须以招标方式进行采购。

2. 强制招标的范围不限于工程建设项目。近年来，有关法律、行政法规和国务院规定已将强制招标的范围扩大到科研课题、特许经营权、药品采购等领域。

3. 不应将强制招标范围混同于《招标投标法》以及《条例》的适用范围。即便是非依法必须进行招标的项目，只要采购人选择了招标方式，就应当遵守《招标投标法》和《条例》相关规定。当然，为了体现区别管理，《招标投标法》和《条例》的一些条款,如应当在国家指定媒介发布招标公告,自招标文件发出之日起至投标人提交投标文件截止之日止不得少于二十日,评标委员会专家成员不得少于三分之二,所有投标被否决后应当重新招标等规定,是专门针对依法必须招标项目的,不适用于自愿招标的项目。

第五条　设区的市级以上地方人民政府可以根据实际需要,建立统一规范的招标投标交易场所,为招标投标活动提供服务。招标投标交易场所不得与行政监督部门存在隶属关系,不得以营利为目的。

国家鼓励利用信息网络进行电子招标投标。

【要点注释】

本条是关于招标投标交易场所和电子招标投标的规定。

1. 各地先后建立了有形建筑市场、建设工程交易中心、公共资源交易中心等各类有形市场,交通、水利、铁道等部门也建立了本行业的有形市场。公共资源交易中心等综合性交易场所已经成为有形市场发展的新趋势,一些地方已经或正在推进综合性交易场所建设,将工程建设项目招标投标、土地使用权出让招标拍卖、政府采购、产权交易等纳入统一的交易平台操作,实行集中交易、集中监管。

2. 电子招标投标,是指利用现代信息技术,以数据电文形式进行的无纸化招标投标活动。

第二十九条　招标人可以依法对工程以及与工程建设有关的货物、服务全部或者部分实行总承包招标。以暂估价形式包括在总承包范围内的工程、货物、服务属于依法必须进行招标的项目范围且达到国家规定规模标准的,应当依法进行招标。

前款所称暂估价,是指总承包招标时不能确定价格而由招标人在招标文件中暂时估定的工程、货物、服务的金额。

【要点注释】

本条是关于总承包招标的规定。

1. 工程总承包的主要方式有施工总承包、设计施工总承包、设计采购施工总承包。本条规定的总承包是指广义的总承包,包括设计承包、勘察承包和施工承包等单项总承包。狭义的总承包则是指承包范围至少包括了设计和施工的总承包。总承包招标中的服务不包括工程监理。《建设工程质量管理条例》第三十五条禁止建设工程监理单位与施工承包单位存在利害关系。

2. 本条第二款将暂估价定义为总承包招标时不能确定价格而由招标人在招标文件中暂时估定的工程、货物、服务的金额。《建设工程工程量清单计价规范》(GB 50500－2008)将暂估价定义为招标人在招标文件中规定的用于支付必然发生但暂时不能确定价格的工程、货物、服务的金额。两者在表述上有所差别,但其含义完全一致:一是必然要发生的工程、货物或者服务;二是暂时不能确定价格;三是由招标人暂估给定的金额。

3. 鉴于《建设工程质量管理条例》禁止肢解发包和鼓励总承包,本条规定的暂估价的设立应限于因招标人需求未明确、设计深度不够或者招标人规定进行专业分包和专项供应的,暂时无法纳入招标竞争的工程、货物和服务。

4. 关于暂估价项目的招标,实践中相对成熟的做法主要有三种:一是总承包发包人(也即总承包招标人)和总承包人共同招标;二是总承包发包人招标,给予总承包人参与权和知情权;三是总承包人招标,给予总承包发包人参与权和决策权。三种做法的核心原则均离不开共同招标。由总承包人作为暂估价项目招标人已经被实践证明是最佳的选择。

2.《建设工程质量管理条例》(2019 年 4 月 23 日)

第二条 凡在中华人民共和国境内从事建设工程的新建、扩建、改建等有关活动及实施对建设工程质量监督管理的,必须遵守本条例。

本条例所称建设工程,是指土木工程、建筑工程、线路管道和设备安装工程及装修工程。

第八条 建设单位应当依法对工程建设项目的勘察、设计、施工、监理以及与工程建设有关的重要设备、材料等的采购进行招标。

3.《建设工程安全生产管理条例》(2004 年 2 月 1 日)

第二条 在中华人民共和国境内从事建设工程的新建、扩建、改建和拆除等有关活动及实施对建设工程安全生产的监督管理,必须遵守本条例。

本条例所称建设工程,是指土木工程、建筑工程、线路管道和设备安装工程及装修工程。

【部门规章及规范性文件】

1.《国务院法制办公室秘书行政司对政府采购工程项目法律适用及申领施工许可证问题的答复》(国法秘财函〔2015〕736号,2015年8月3日)

按照招标投标法实施条例第二条的规定,建筑物和构筑物的新建、改建、扩建及其相关的装修、拆除、修缮属于依法必须进行招标的项目。据此,与建筑物和构筑物的新建、改建、扩建无关的单独的装修、拆除、修缮不属于依法必须进行招标的项目。政府采购此类项目时,应当按照政府采购法实施条例第二十五条的规定,采用竞争性谈判或者单一来源方式进行采购。依法通过竞争性谈判或者单一来源方式确定供应商的政府采购建设工程项目,符合建筑法规定的申请领取施工许可证条件的,应当颁发施工许可证,不应当以未进入有形市场进行招标为由拒绝颁发施工许可证。

2.《必须招标的工程项目规定》(2018年6月1日)

第一条　为了确定必须招标的工程项目,规范招标投标活动,提高工作效率、降低企业成本、预防腐败,根据《中华人民共和国招标投标法》第三条的规定,制定本规定。

第二条　全部或者部分使用国有资金投资或者国家融资的项目包括:

(一)使用预算资金200万元人民币以上,并且该资金占投资额10%以上的项目;

(二)使用国有企业事业单位资金,并且该资金占控股或者主导地位的项目。

第三条　使用国际组织或者外国政府贷款、援助资金的项目包括:

(一)使用世界银行、亚洲开发银行等国际组织贷款、援助资金的项目;

(二)使用外国政府及其机构贷款、援助资金的项目。

第四条　不属于本规定第二条、第三条规定情形的大型基础设施、公用事业等关系社会公共利益、公众安全的项目,必须招标的具体范围由国务院发展改革部门会同国务院有关部门按照确有必要、严格限定的原则制订,报国务院批准。

第五条　本规定第二条至第四条规定范围内的项目,其勘察、设计、施工、监理以及与工程建设有关的重要设备、材料等的采购达到下列标准之一

的,必须招标:

(一)施工单项合同估算价在400万元人民币以上;

(二)重要设备、材料等货物的采购,单项合同估算价在200万元人民币以上;

(三)勘察、设计、监理等服务的采购,单项合同估算价在100万元人民币以上。

同一项目中可以合并进行的勘察、设计、施工、监理以及与工程建设有关的重要设备、材料等的采购,合同估算价合计达到前款规定标准的,必须招标。

第六条 本规定自2018年6月1日起施行。

3.《必须招标的基础设施和公用事业项目范围规定》(2018年6月6日)

第一条 为明确必须招标的大型基础设施和公用事业项目范围,根据《中华人民共和国招标投标法》和《必须招标的工程项目规定》,制定本规定。

第二条 不属于《必须招标的工程项目规定》第二条、第三条规定情形的大型基础设施、公用事业等关系社会公共利益、公众安全的项目,必须招标的具体范围包括:

(一)煤炭、石油、天然气、电力、新能源等能源基础设施项目;

(二)铁路、公路、管道、水运,以及公共航空和A1级通用机场等交通运输基础设施项目;

(三)电信枢纽、通信信息网络等通信基础设施项目;

(四)防洪、灌溉、排涝、引(供)水等水利基础设施项目;

(五)城市轨道交通等城建项目。

第三条 本规定自2018年6月6日起施行。

4.《国家发展改革委办公厅关于进一步做好〈必须招标的工程项目规定〉和〈必须招标的基础设施和公用事业项目范围规定〉实施工作的通知》(2020年10月19日)

为加强政策指导,进一步做好《必须招标的工程项目规定》(国家发展改革委2018年第16号令,以下简称"16号令")和《必须招标的基础设施和公用事业项目范围规定》(发改法规规〔2018〕843号,以下简称"843号文")实施工作,现就有关事项通知如下:

一、准确理解依法必须招标的工程建设项目范围

(一)关于使用国有资金的项目。16号令第二条第(一)项中"预算资金",是指《预算法》规定的预算资金,包括一般公共预算资金、政府性基金预算资金、国有资本经营预算资金、社会保险基金预算资金。第(二)项中"占控股或者主导地位",参照《公司法》第二百一十六条关于控股股东和实际控制人的理解执行,即"其出资额占有限责任公司资本总额百分之五十以上或者其持有的股份占股份有限公司股本总额百分之五十以上的股东;出资额或者持有股份的比例虽然不足百分之五十,但依其出资额或者持有的股份所享有的表决权已足以对股东会、股东大会的决议产生重大影响的股东";国有企业事业单位通过投资关系、协议或者其他安排,能够实际支配项目建设的,也属于占控股或者主导地位。项目中国有资金的比例,应当按照项目资金来源中所有国有资金之和计算。

(二)关于项目与单项采购的关系。16号令第二条至第四条及843号文第二条规定范围的项目,其勘察、设计、施工、监理以及与工程建设有关的重要设备、材料等的单项采购分别达到16号令第五条规定的相应单项合同价估算标准的,该单项采购必须招标;该项目中未达到前述相应标准的单项采购,不属于16号令规定的必须招标范畴。

(三)关于招标范围列举事项。依法必须招标的工程建设项目范围和规模标准,应当严格执行《招标投标法》第三条和16号令、843号文规定;法律、行政法规或者国务院对必须进行招标的其他项目范围有规定的,依照其规定。没有法律、行政法规或者国务院规定依据的,对16号令第五条第一款第(三)项中没有明确列举规定的服务事项、843号文第二条中没有明确列举规定的项目,不得强制要求招标。

(四)关于同一项目中的合并采购。16号令第五条规定的"同一项目中可以合并进行的勘察、设计、施工、监理以及与工程建设有关的重要设备、材料等的采购,合同估算价合计达到前款规定标准的,必须招标",目的是防止发包方通过化整为零方式规避招标。其中"同一项目中可以合并进行",是指根据项目实际,以及行业标准或行业惯例,符合科学性、经济性、可操作性要求,同一项目中适宜放在一起进行采购的同类采购项目。

(五)关于总承包招标的规模标准。对于16号令第二条至第四条规定范围内的项目,发包人依法对工程以及与工程建设有关的货物、服务全部或者部分实行总承包发包的,总承包中施工、货物、服务等各部分的估算价中,

只要有一项达到16号令第五条规定相应标准，即施工部分估算价达到400万元以上，或者货物部分达到200万元以上，或者服务部分达到100万元以上，则整个总承包发包应当招标。

二、规范规模标准以下工程建设项目的采购

16号令第二条至第四条及843号文第二条规定范围的项目，其施工、货物、服务采购的单项合同估算价未达到16号令第五条规定规模标准的，该单项采购由采购人依法自主选择采购方式，任何单位和个人不得违法干涉；其中，涉及政府采购的，按照政府采购法律法规规定执行。国有企业可以结合实际，建立健全规模标准以下工程建设项目采购制度，推进采购活动公开透明。

三、严格执行依法必须招标制度

各地方应当严格执行16号令和843号文规定的范围和规模标准，不得另行制定必须进行招标的范围和规模标准，也不得作出与16号令、843号文和本通知相抵触的规定，持续深化招标投标领域"放管服"改革，努力营造良好市场环境。

5.《工程建设项目勘察设计招标投标办法》(2013年5月1日)

第八条 依法必须招标的工程建设项目，招标人可以对项目的勘察、设计、施工以及与工程建设有关的重要设备、材料的采购，实行总承包招标。

6.《工程建设项目货物招标投标办法》(2013年5月1日)

第五条 工程建设项目货物招标投标活动，依法由招标人负责。

工程建设项目招标人对项目实行总承包招标时，未包括在总承包范围内的货物属于依法必须进行招标的项目范围且达到国家规定规模标准的，应当由工程建设项目招标人依法组织招标。

工程建设项目实行总承包招标时，以暂估价形式包括在总承包范围内的货物属于依法必须进行招标的项目范围且达到国家规定规模标准的，应当依法组织招标。

第七条 工程建设项目招标人是依法提出招标项目、进行招标的法人或者其他组织。本办法第五条总承包中标人单独或者共同招标时，也为招标人。

7.《房屋建筑和市政基础设施工程施工招标投标管理办法》(2019 年 3 月 13 日)

第二条 依法必须进行招标的房屋建筑和市政基础设施工程(以下简称工程),其施工招标投标活动,适用本办法。

本办法所称房屋建筑工程,是指各类房屋建筑及其附属设施和与其配套的线路、管道、设备安装工程及室内外装修工程。

本办法所称市政基础设施工程,是指城市道路、公共交通、供水、排水、燃气、热力、园林、环卫、污水处理、垃圾处理、防洪、地下公共设施及附属设施的土建、管道、设备安装工程。

8.《机电产品国际招标投标实施办法(试行)》(2014 年 4 月 1 日)

第六条 通过招标方式采购原产地为中国关境外的机电产品,属于下列情形的必须进行国际招标:

(一)关系社会公共利益、公众安全的基础设施、公用事业等项目中进行国际采购的机电产品;

(二)全部或者部分使用国有资金投资项目中进行国际采购的机电产品;

(三)全部或者部分使用国家融资项目中进行国际采购的机电产品;

(四)使用国外贷款、援助资金项目中进行国际采购的机电产品;

(五)政府采购项目中进行国际采购的机电产品;

(六)其他依照法律、行政法规的规定需要国际招标采购的机电产品。

已经明确采购产品的原产地在中国关境内的,可以不进行国际招标。必须通过国际招标方式采购的,任何单位和个人不得将前款项目化整为零或者以国内招标等其他任何方式规避国际招标。

商务部制定、调整并公布本条第一项所列项目包含主要产品的国际招标范围。

第八条 鼓励采购人采用国际招标方式采购不属于依法必须进行国际招标项目范围内的机电产品。

9.《传统基础设施领域实施政府和社会资本合作项目工作导则》(2016 年 10 月 24 日)

第二条 适用范围

按照国务院确定的部门职责分工,本导则适用于在能源、交通运输、水利、环境保护、农业、林业以及重大市政工程等传统基础设施领域采用 PPP 模式的项目。具体项目范围参见《国家发展改革委关于切实做好传统基础设施领域政府和社会资本合作有关工作的通知》(发改投资〔2016〕1744 号)。

第十三条 社会资本方遴选

依法通过公开招标、邀请招标、两阶段招标、竞争性谈判等方式,公平择优选择具有相应投资能力、管理经验、专业水平、融资实力以及信用状况良好的社会资本方作为合作伙伴。其中,拟由社会资本方自行承担工程项目勘察、设计、施工、监理以及与工程建设有关的重要设备、材料等采购的,必须按照《招标投标法》的规定,通过招标方式选择社会资本方。

在遴选社会资本方资格要求及评标标准设定等方面,要客观、公正、详细、透明,禁止排斥、限制或歧视民间资本和外商投资。鼓励社会资本方成立联合体投标。鼓励设立混合所有制项目公司。社会资本方遴选结果要及时公告或公示,并明确申诉渠道和方式。

各地要积极创造条件,采用多种方式保障 PPP 项目建设用地。如果项目建设用地涉及土地招拍挂,鼓励相关工作与社会资本方招标、评标等工作同时开展。

【司法解释】

《最高人民法院关于审理建设工程施工合同纠纷案件适用法律问题的解释(一)》(法释〔2020〕25 号,2021 年 1 月 1 日)

第一条 建设工程施工合同具有下列情形之一的,应当依据民法典第一百五十三条第一款的规定,认定无效:

(一)承包人未取得建筑业企业资质或者超越资质等级的;

(二)没有资质的实际施工人借用有资质的建筑施工企业名义的;

(三)建设工程必须进行招标而未招标或者中标无效的。

承包人因转包、违法分包建设工程与他人签订的建设工程施工合同,应当依据民法典第一百五十三条第一款及第七百九十一条第二款、第三款的规定,认定无效。

【要点注释】①

本条第一款规定从《建筑法》的立法目的出发,依据《民法典》第一百五

① 该部分内容摘录最高人民法院民事审判第一庭编著的《最高人民法院建设工程施工合同司法解释的理解与适用》和全国人大常委会法制工作委员会民法室主任黄薇主编的《中华人民共和国民法典合同编释义》。

十三条第一款“违反法律、行政法规的强制性规定的民事法律行为无效。但是,该强制性规定不导致该民事法律行为无效的除外”的规定,以三项列举了五种合同无效的情形。

1. 承包人未取得建筑业企业资质或者超越资质等级承揽建设工程的合同无效

这里的承包人主要指建筑施工企业。建筑施工企业,是指从事建筑施工生产活动的独立生产、独立经营、独立核算的经济组织。建筑施工企业包括建筑工程施工总承包企业、建筑工程承包企业和建筑专项分包企业三类。工程施工总承包企业,是指从事建筑工程施工阶段总承包活动的企业。建筑施工承包企业,是指从事建筑工程施工承包活动的企业。建筑专项分包企业,是指从事建筑工程施工专项分包活动和承包限额以下小型工程活动的企业。《建筑法》规定建设行政主管部门根据建筑施工企业的现时条件对建筑施工企业做不同的资质等级的划分,并将法定资质等级作为建筑施工企业承揽建筑工程的前提条件,建筑施工企业取得的资质等级决定其承揽工程的范围。禁止建筑施工企业超越本企业资质等级许可的业务范围或者以任何形式用其他建筑施工企业的名义承揽工程。

2. 没有资质的实际施工人借用有资质的建筑施工企业名义承揽工程的合同无效

施工人没有资质而借用有法定资质的建筑施工企业名义承揽工程的形式很多。在审判实践当中,有无资质的施工人挂靠具有资质的施工企业,无资质的施工人变相作为具有资质的施工企业的内部承包单位,无资质的施工人与具有资质的施工企业的名义上联营等多种形式。本司法解释没有对借用具有法定资质条件的企业名义对外承揽工程的形式进行概括,而将这一认定交给了法官,由法官根据案件的具体事实,来认定是否无资质的施工人借用具有法定资质的施工企业名义对外承揽工程。

3. 建设工程必须进行招标而未招标或者中标无效的

这一条规定的法律依据是《招标投标法》第三条。《招标投标法》是规范建筑市场招标投标活动的具有公法性质的一部法律,目的是通过规范建筑项目的招标投标活动,进而保护国家利益和社会公共利益及公共安全。本司法解释规定必须招标的项目没有招标的合同无效,符合《招标投标法》立法目的及宗旨。《招标投标法》第五十条、第五十二条、第五十三条、第五十四条、第五十五条、第五十七条规定了中标无效的六种情形。该法第四十五条第二款规定,中标通知书对招标人和投标人具有法律约束力。按照《招标投标法》的规定,中标是发包单位与承建单位签订建设施工合同的前提条件,只有符合法律规定的中标,才会形成合法的建设工程施工合同。中标无效,必然导致建设工程施工合同无效。让上述合同无效,有利于规范建筑项目的招标投标行为,进而达到规范建筑市场的目的。

本条第二款依据《民法典》第一百五十三条第一款及第七百九十一条第二款、第三款,规定承包人因转包、违法分包建设工程与他人签订的建设工程施工合同应认定无效。

1. 所谓转包,是指建设工程的承包人将其承包的建设工程倒手转让给第三人,使该第三人实际上成为该建设工程新的承包人的行为。转包与分包的根本区别在于:转包行为中,原承包人将其工程全部倒手转给他人,自己并不实际履行合同约定的义务;而在分包行为中,承包人只是将其承包工程的某一部分或几部分再分包给其他承包人,承包人仍然要就承包合同约定的全部义务的履行向发包人负责。依照《民法典》和其他法律规定,承包人经发包人同意将其部分工程分包给他人的行为是允许的,但承包人的转包行为是禁止的。《民法典》第七百九十一条第二款明确规定承包人不得将其承包的全部建设工程转包给第三人或者将其承包的全部建设工程支解以后以分包的名义分别转包给第三人。承包人将其所承包的工程转包给他人,违背了发包人的意志,损害了发包人的利益,这是法律所不允许的。关于禁止建设工程的转包,《建筑法》也有相应的规定,在国际上也是通例,不少国家都对建设工程的转包作了禁止性规定。因此,关于禁止转包的规定,既符合我国的实际情况,也与国际通行做法相一致。

2. 为了保证工程的质量,《民法典》第七百九十一条第三款规定,禁止承包人将工程分包给不具备相应资质条件的单位;禁止分包单位将其承包的工程再分包。承包人在将工程分包时,应当审查分包人是否具备承包该部分工程建设的资质条件。承包人将工程分包给不具备相应资质条件的分包人的,该分包合同无效。为避免因层层分包造成责任不清以及因中间环节过多造成实际用于工程的费用减少的问题,依据本款的规定,分包人不得将其承包的工程再分包,即对工程建设项目只能实行一次分包。实行施工承包的,建设工程的主体结构必须由承包人自行完成,不得分包,即承包人承包工程全部施工任务的,该工程的主体结构必须由承包人自行完成,即使经发包人同意,也不得将主体工程的施工再分包给第三人;承包人违反本款规定,将工程主体部分的施工任务分包给第三人的,该分包合同无效。

【司法文件】

《全国法院民商事审判工作会议纪要》（法〔2019〕254号，2019年11月8日）

三、关于合同纠纷案件的审理

会议认为，合同是市场化配置资源的主要方式，合同纠纷也是民商事纠纷的主要类型。人民法院在审理合同纠纷案件时，要坚持鼓励交易原则，充分尊重当事人的意思自治。要依法审慎认定合同效力。要根据诚实信用原则，合理解释合同条款、确定履行内容，合理确定当事人的权利义务关系，审慎适用合同解除制度，依法调整过高的违约金，强化对守约者诚信行为的保护力度，提高违法违约成本，促进诚信社会构建。

（一）关于合同效力

人民法院在审理合同纠纷案件过程中，要依职权审查合同是否存在无效的情形，注意无效与可撤销、未生效、效力待定等合同效力形态之间的区别，准确认定合同效力，并根据效力的不同情形，结合当事人的诉讼请求，确定相应的民事责任。

30.【强制性规定的识别】合同法施行后，针对一些人民法院动辄以违反法律、行政法规的强制性规定为由认定合同无效，不当扩大无效合同范围的情形，合同法司法解释（二）第14条将《合同法》第52条第5项规定的"强制性规定"明确限于"效力性强制性规定"。此后，《最高人民法院关于当前形势下审理民商事合同纠纷案件若干问题的指导意见》进一步提出了"管理性强制性规定"的概念，指出违反管理性强制性规定的，人民法院应当根据具体情形认定合同效力。随着这一概念的提出，审判实践中又出现了另一种倾向，有的人民法院认为凡是行政管理性质的强制性规定都属于"管理性强制性规定"，不影响合同效力。这种望文生义的认定方法，应予纠正。

人民法院在审理合同纠纷案件时，要依据《民法总则》第153条第1款和合同法司法解释（二）第14条的规定慎重判断"强制性规定"的性质，特别是要在考量强制性规定所保护的法益类型、违法行为的法律后果以及交易安全保护等因素的基础上认定其性质，并在裁判文书中充分说明理由。下列强制性规定，应当认定为"效力性强制性规定"：强制性规定涉及金融安全、市场秩序、国家宏观政策等公序良俗的；交易标的禁止买卖的，如禁止人体器官、毒品、枪支等买卖；违反特许经营规定的，如场外配资合同；交易方式严重违法的，如违反招投标等竞争性缔约方式订立的合同；交易场所违法的，如在批准的交易场所之外进行期货交易。关于经营范围、交易时间、交易数量等行政管理性质的强制性规定，一般应当认定为“管理性强制性规定”。

31.【违反规章的合同效力】违反规章一般情况下不影响合同效力，但该规章的内容涉及金融安全、市场秩序、国家宏观政策等公序良俗的，应当认定合同无效。人民法院在认定规章是否涉及公序良俗时，要在考察规范对象基础上，兼顾监管强度、交易安全保护以及社会影响等方面进行慎重考量，并在裁判文书中进行充分说理。

【地方法院规定】

1.《北京市高级人民法院关于审理建设工程施工合同纠纷案件若干疑难问题的解答》（京高法发〔2012〕245 号，2012 年 8 月 6 日）

3. 如何认定是否属于必须招标的建设工程？

《解释》（注：指《最高人民法院关于审理建设工程施工合同纠纷案件适用法律问题的解释》）第一条第（三）项规定的“必须进行招标”的建设工程的认定应当依据《中华人民共和国招标投标法》第三条的规定、《中华人民共和国招标投标法实施条例》和原国家发展计划委员会《工程建设项目招标范围和规模标准规定》的相关规定予以确定。法律、行政法规有新规定的，适用其新规定。

2.《江苏省高级人民法院关于审理建设工程施工合同纠纷案件若干问题的解答》（江苏省高级人民法院审判委员会会议纪要〔2018〕3 号，2018 年 6 月 26 日）

2. 商品房未经招投标程序签订的建设工程施工合同效力如何认定？

当事人以商品房未经招投标程序主张签订的建设工程施工合同无效的，除符合《招标投标法》第 3 条规定的必须招标的项目外，不予支持。

3.《江苏省高级人民法院关于审理建设工程施工合同纠纷案件若干问题的意见》（苏高法审委〔2008〕26 号，2008 年 12 月 21 日）

第三条 具有下列情形之一，当事人要求确认建设工程施工合同无效的，人民法院应予支持：

(一)承包人未取得建筑施工企业资质或者超越资质等级的;

(二)没有资质的实际施工人借用有资质的建筑施工企业名义的;

(三)建设工程必须进行招标而未招标或者中标无效的;

(四)承包单位将工程进行转包或者违法分包的;

(五)中标合同约定的工程价款低于成本价的;

(六)法律、行政法规规定的其他情形。

4.《江苏省高级人民法院建设工程施工合同案件审理指南》(2010 年)

二、建设工程施工合同的效力

(一)建设工程施工合同效力的审查

无论当事人是否对建设工程施工合同的效力提出主张或抗辩,人民法院都应当主动审查建设工程施工合同的效力并在判决书中明确载明。

建设工程施工合同的效力是审理建设工程施工合同纠纷案件首要审查的内容。即使当事人对建设工程施工合同的性质与效力未产生争议,人民法院也应当就合同的性质与效力进行强制审查,不受当事人请求的影响。

(二)建设工程合同的有效要件

1. 合同的当事人即发包人和承包人应当符合法律和行政法规规定的条件,也就是要具备《民法通则》第 55 条规定的“相应的民事行为能力”。

2. 意思表示真实且发包人和承包人就合同的内容协商一致。

3. 建设工程施工合同的当事人即发包人和承包人在签订合同的过程中应当履行法律和行政法规规定的必须履行的程序。这一条件是建设工程合同所特有的条件。建设工程往往涉及到国计民生而且一般投资规模较大,所以国家对建设行为予以更多的关注并通过法律、行政法规和部门规章以及地方性法规来进行约束和规范。如依照《中华人民共和国招标投标法》任何单位和个人不得将依法必须进行招标的项目化整为零或者以其他任何方式规避招标。依法应当招标而未招标的合同无效。

4. 建设工程施工合同应当符合法律规定的形式要件。

5. 内容合法,不违反法律或社会公共利益。

(三)建设工程施工合同的无效情形

……

3. 建设工程必须进行招标而未招标或者中标无效的。

对属于招投标法第 3 条规定的必须进行招标的建设项目,建设方与承包方必须采取招投标方式订立合同，否则因合同订立违反法律强制性规定，合同即为无效。常见情形主要有：应当招标的工程而不招标；招标人隐瞒工程真实情况，如建设规模、建设条件、投资、材料的保证等；招标人或招标代理机构泄漏应当保密的与招标投标活动有关的情况和资料；招标代理机构与招标人、投标人串通损害国家利益、社会公共利益或者他人的合法权益；依法必须进行招标的项目招标人向他人透露已获取招标文件的潜在投标人的名称、数量或者可能影响公平竞争的有关招标投标的其他情况；依法必须进行招标的项目招标人泄露标底；投标人相互串通投标或者与招标人串通投标；投标人向招标人或者评标委员会成员行贿的手段谋取中标；投标人以他人名义投标或以其他方式弄虚作假，骗取中标；依法必须进行招标的项目，招标人违反招标投标法的规定，与投标人就投标价格、投标方案等实质性内容进行谈判；招标人在评标委员会依法推荐的中标候选人以外确定中标人；依法必须进行招标的项目在所有投标被评标委员会否决后，自行确定中标人。

针对具体案件，证明项目确实属于"必须进行招投标"的范围，可以让当事人提供证据。由于合同效力属于法院依职权审查的范围，因此法院就必须主动审查项目是否属于"必须进行招投标"的范围。在确定中标后，当事人如果又签订协议对中标合同进行实质性变更，则违反招投标法第46条，应为无效。

5.《广东省高级人民法院关于审理建设工程合同纠纷案件疑难问题的解答》（粤高法〔2017〕151号，2017年7月19日）

1. 建设工程依法必须进行招标的范围如何确定

工程建设项目包括项目的施工、勘察、设计、监理以及与工程建设有关的重要设备、材料等的采购，符合《中华人民共和国招标投标法》第三条第一款规定的三种条件之一，并达到《工程建设项目招标范围和规模标准规定》的相应范围和标准，应依法进行招标。但根据国务院《关于促进建筑业持续健康发展的意见》（2017年第19号），在民间投资的建设工程项目中，可由建设单位自主决定发包方式。

6.《四川省高级人民法院关于审理建设工程施工合同纠纷案件若干疑难问题的解答》（川高法民一〔2015〕3号，2015年3月16日）

1. 哪些情形下的建设工程施工合同无效？

具有下列情形之一的建设工程施工合同，人民法院应当根据《中华人民共和国合同法》第五十二条第(五)项的规定,认定无效:(一)承包人未取得建筑施工企业资质或者超越资质等级的;(二)没有资质的实际施工人借用有资质的建筑施工企业名义的;(三)建设工程必须进行招投标而未招投标或者中标无效的;(四)转包、违法分包建设工程的;(五)法律、行政法规规定的其他情形。

承包人超越资质等级许可的业务范围签订建设工程施工合同,在建设工程竣工前取得相应资质等级,当事人请求按照无效合同处理的,不予支持。

8. 如何认定是否属于必须招投标的建设工程?

最高人民法院《关于审理建设工程施工合同纠纷案件适用法律问题的解释》(以下简称《建工司法解释》)第一条第(三)项规定的"必须进行招标"的建设工程的认定应当依据《中华人民共和国招标投标法》第三条、《中华人民共和国招标投标法实施条例》和原国家发展计划委员会《工程建设项目招标范围和规模标准规定》(2000年第3号令)的相关规定予以确定。法律、行政法规有新规定的,适用新规定。

法律、行政法规规定不是必须进行招投标的建设工程,但当事人自愿进行招投标的,应当受《中华人民共和国招标投标法》的约束。

7.《重庆市高级人民法院民一庭关于建设工程施工合同纠纷案件若干问题的解答》(2019年10月16日)

3. 必须招标的建设工程项目范围如何确定?

答:审查建设工程是否属于必须招标的工程项目范围,应当根据《中华人民共和国招标投标法》、《中华人民共和国招标投标法实施条例》、国家发展和改革委员会《必须招标的工程项目规定》(2018年第16号令)、《必须招标的基础设施和公用事业项目范围规定》(发改法规〔2018〕843号)等相关规定确定。

8.《重庆市高级人民法院民一庭关于当前民事审判疑难问题的解答》(2014年4月3日)

11. 必须进行招标的建设工程如何认定?

答:《最高人民法院关于审理建设工程施工合同纠纷案件适用法律问题的解释》(法释〔2004〕14号)第一条规定:"建设工程施工合同具有下列情形之一的,根据合同法第五十二条第(五)项的规定,认定为无效:……(三)建设工程必须进行招标而未招标或者中标无效的。”审查建设工程是否属于必须进行招标的项目,应根据招标投标法、工程建设项目招标范围和规模标准规定,并参照《重庆市房屋建筑和市政基础设施工程项目施工招标投标管理办法》(渝建发〔2009〕42号)、《重庆市工程建设项目招标范围及规模标准规定》(渝办发〔2010〕12号)等进行判定。根据前述规定并非必须进行招标的建设工程,重庆市建设行政主管部门也不进行招标审查的,建设工程发包时未进行招标不影响合同的效力。

9.《山东省高级人民法院全省民事审判工作会议纪要》(鲁高法〔2008〕243号,2008年10月13日)

(一)关于建设工程必须进行招标而未招标或者中标无效应当如何把握的问题。最高人民法院《关于审理建设工程施工合同纠纷案件适用法律问题的解释》第一条第三项规定,建设工程必须进行招标而未招标或者中标无效的,应当根据《合同法》第五十二条的规定认定无效。这里规定的“应当招标的建设工程”的范围应当依据《招标投标法》第三条的规定,并参照原国家计划委员会《工程建设项目招标范围和规模标准规定》和原建设部《房屋建筑和市政基础设施工程施工招标投标管理办法》的规定加以确定,主要审查项目用途和资金来源等因素,否则不宜轻易认定建设工程施工合同无效。

根据《招标投标法》第五章规定的中标无效的六种情形,由于中标通知书对当事人双方具有法律约束力,因此,中标无效的,建设工程施工合同自然无效。

10.《河北省高级人民法院建设工程施工合同案件审理指南》(冀高法〔2018〕44号,2018年6月13日)

2. 当事人以商品房开发未经招投标程序主张签订的建设工程施工合同无效的,如果该开发项目符合《中华人民共和国招投标法》第三条、《河北省实施〈中华人民共和国招投标法〉的办法》第六条、第九条规定的强制招投标项目而未进行招投标的,人民法院应予支持。但根据国务院《关于促进建筑业持续健康发展的意见》(2017年第19号),在民间投资的建设工程项目中,可由建设单位自主决定发包方式。

3. 法律、行政法规规定必须经过招投标的建设工程,当事人以招投标程序违法,或者存在串标、明招暗定等情形主张建设工程施工合同无效的,应承担相应的举证责任,人民法院经审查,认定确实存在以上情形的,该建设工程施工合同为无效合同。

【最高人民法院裁判案例】

1. 广西桂凯建筑工程有限公司与乐业县嘉乐房地产开发有限公司建设工程施工合同纠纷案[(2016)最高法民申1285号]

裁判要旨:国家发展改革委根据《招标投标法》的授权制定并经国务院批准发布的关于必须招标工程范围的规定,法律地位等同于《招标投标法》的规定,判断争议工程是否必须招标时应当适用。

最高人民法院认为,一审判决认为《工程建设项目招标范围和规模标准规定》属部门规章,不能作为认定合同效力的依据,在判断招标范围时不予适用该规定,是错误的。本案判断合同效力问题的依据是《招标投标法》以及施工合同司法解释的有关规定。《工程建设项目招标范围和规模标准规定》中关于必须招标工程范围的规定,并不直接涉及合同效力的判断问题,其只是界定了《招标投标法》中涉及的"关系社会公共利益、公众安全的公用事业项目"的范围,而这种范围和规模标准是直接根据《招标投标法》的授权而制定,并经国务院批准发布施行的,故该规定的法律地位等同于《招标投标法》的规定,在被修改或者被更高层级的规范文件取代之前,法院在按照《招标投标法》判断争议工程是否必须招标时应当适用。

2. 金昌恒基伟业电力发展有限公司与国电光伏有限公司建设工程施工合同纠纷案[(2019)最高法民终87号之一]

裁判要旨:案涉项目属新能源项目,且总投资额超过应当招标的规模标准,依法必须进行招标;该项目并未履行招标投标程序,订立的合同无效。

最高人民法院认为,关于国电光伏公司与金昌恒基公司签订的《甘肃金昌100MWp项目光伏电站建设商务合同》(以下简称《商务合同》)的效力问题。《商务合同》约定,国电光伏公司承包本工程整套完整的100MWp光伏电站,合同总价为人民币83500万元。依据《招标投标法》第三条第一款"在中华人民共和国境内进行下列工程建设项目包括项目的勘察、设计、施工、监理以及与工程建设有关的重要设备、材料等的采购,必须进行招标:(一)大型基础设施、公用事业等关系社会公共利益、公众安全的项目;……"、《工程建设项目招标范围和规模标准规定》第二条"关系社会公共利益、公众安全的基础设施项目的范围包括:(一)煤炭、石油、天然气、电力、新能源等能源项目;……"及第七条"本规定第二条至第六条规定范围内的各类工程建设项目,包括项目的勘察、设计、施工、监理以及与工程建设有关的重要设备、材料等的采购,达到下列标准之一的,必须进行招标:……(四)单项合同估算价低于第(一)、(二)、(三)项规定的标准,但项目总投资额在3000万元人民币以上的"之规定,案涉项目属新能源项目,且总投资额远超3000万元,必须进行招标。而金昌恒基公司与国电光伏公司就案涉项目签订《商务合同》并未履行招投标程序,依据《最高人民法院关于审理建设工程施工合同纠纷案件适用法律问题的解释》第一条"建设工程施工合同具有下列情形之一的,应当根据合同法第五十二条第(五)项的规定,认定无效:……(三)建设工程必须进行招标而未招标或者中标无效的"之规定,《商务合同》违反法律、行政法规的强制性规定,应认定为无效合同。

3. 中建三局第一建设工程有限责任公司与南宁金胤房地产有限责任公司等建设工程施工合同纠纷案[(2018)最高法民再163号]

裁判要旨:案涉工程项目应当招标但按照案发时法律规定不属于必须招标项目,虽未经招标投标程序而签订合同,但该行为的发生已不绝对地损害国家利益或者社会公共利益的,订立的合同现应认定有效。

最高人民法院再审认为,关于案涉《建设工程施工合同》的效力问题。根据《招标投标法》第三条及原《工程建设项目招标范围和规模标准规定》第三条第(五)项的规定,商品住宅属于必须进行招标的关系社会公共利益、公众安全的项目。原判决认定案涉项目不属于必须强制招标的工程项目范围的理由为案涉项目系金胤公司以自有资金建设且采取自主招标方式已获南宁市发改委批复同意。对此,本院认为,因南宁市发改委在《关于"龙胤·凤凰城二期"房地产项目核准的批复》中明确:"由项目法人自主决定项目工程是否招投标以及选择何种招标方式",且南宁市建设工程招标投标监督管理办公室已对案涉发承包关系进行审核,并在《发承包审核通知书》备案单位处加盖"南宁市建设工程招标投标监督管理办公室建设工程备案专用章",体现了当地行政主管部门对案涉发承包关系的认可,故金胤公司邀请中建三局等公司参与项目投标,系依据行政主管部门的行政批复实施,案涉《建设工程施工合同》未经公开招标投标程序而签订,不可简单归责于金胤公司。

同时本院考虑到,2017年2月21日,国务院办公厅《关于促进建筑业持续健康发展的意见》明确提出,"完善招标投标制度。加快修订《工程建设项目招标范围和规模标准规定》,缩小并严格界定必须进行招标的工程建设项目范围,放宽有关规模标准,防止工程建设项目实行招标'一刀切'。在民间投资的房屋建筑工程中,探索由建设单位自主决定发包方式"。2018年3月27日,国家发展和改革委员会关于《必须招标的工程项目规定》第四条规定,不属于该规定第二条、第三条规定情形的关系社会公共利益、公众安全的项目,必须招标的具体范围由国务院发展改革部门会同国务院有关部门按照确有必要、严格限定的原则制定。其后2018年6月6日,国家发展和改革委员会颁布了《必须招标的基础设施和公用事业项目范围的规定》,进一步明确了不属于《必须招标的工程项目规定》第二条、第三条规定情形的大型基础设施、公用事业等关系社会公共利益、公众安全的项目范围,必须招标的具体范围不包括商品住宅。此情形下,案涉《建设工程施工合同》虽未经公开招投标程序而签订,但该行为的发生已不绝对地损害国家利益或者社会公共利益。参照《最高人民法院关于适用〈中华人民共和国合同法〉若干问题的解释(一)》第三条"人民法院确认合同效力时,对合同法实施以前成立的合同,适用当时的法律合同无效而适用合同法合同有效的,则适用合同法"的规定精神,从保护市场交易的安全稳定和诚实信用原则考虑,案涉《建设工程施工合同》现应认定有效。

4. 云南润红房地产开发有限责任公司与长青建设集团有限公司建设工程施工合同纠纷案[(2019)最高法民终791号]

裁判要旨:招标人以未招标为由否认合同效力,有悖于诚实信用;按照以前规定属于必须招标项目但按照《必须招标的工程项目规定》不属于必须招标项目的,亦不应当认定合同不成立或无效。

最高人民法院认为,案涉《建设工程施工合同》不违反法律和行政法规禁止性规定,具有法律约束力。

依据《招标投标法》第三条第二款、第三款规定,必须招标项目的具体范围和规模标准,由国务院发展计划部门会同国务院有关部门制订,报国务院批准。法律或者国务院对必须进行招标的其他项目的范围有规定的,依照其规定。《工程建设项目招标范围和规模标准规定》第三条第(五)项规定,商品住宅包括经济适用住房属于必须招投标的范围。该规定经国务院2000年

4月4日批准,2000年5月1日由原国家发展计划委员会发布施行,但被2018年3月8日《国务院关于〈必须招标的工程项目规定〉的批复》(国函〔2018〕56号)明文废止。国务院批准、国家发展和改革委员会制定的《必须招标的工程项目规定》自2018年6月1日起施行。案涉工程不再属于必须招标的项目。

案涉合同签订时,《工程建设项目招标范围和规模标准规定》没有被废止,当事人应当严格遵照执行。润红公司作为项目开发商,是案涉项目的招标人,其以未招标订立合同为由否认案涉合同效力,违反该规定,且有悖于诚实信用,具有重大过错,即使该抗辩成立也不能减轻或免除其应当依法承担的损失赔偿责任。本案原审判决于2018年12月27日作出,即在本案第一审程序审理期间,该规定被明文废止。本着《合同法》鼓励交易、信守合同的精神,亦不应当适用该规定而认定案涉合同不成立或无效。关于商品住宅施工合同是否适用订立时仍生效的前引规定而认定无效这一法律争点,本院(2018)最高法民终475号、(2018)最高法民再163号、(2018)最高法民终620号等民事判决均有明确定论。润红公司并无特别理由以使本院作出有别于上述生效判决的结论。润红公司关于案涉合同无效的主张,缺乏正当理据,不予支持。

5. 福建汇海建工集团公司、福州华电房地产公司与北京中关村科技发展(控股)股份有限公司建设工程施工合同纠纷案[(2018)最高法民申2394号]

裁判要旨:依法必须招标的工程项目采用议标形式进行,即使经相关政府部门核准,亦不能成为不履行招标投标程序的理由。

最高人民法院经审查认为,福州华电公司系国有公司,根据《招标投标法》第三条的规定,涉案"友谊大厦"工程涉及使用国有资金投资建设且工程规模属于必须招标的工程项目。《最高人民法院关于审理建设工程施工合同纠纷案件适用法律问题的解释》第一条第(三)项规定,建设工程必须进行招标而未招标或者中标无效的,应当根据《合同法》第五十二条第(五)项的规定,认定合同无效。福州华电公司与中关村公司签订的《建设工程施工合同》是在未进行招投标的情况下签订的,原审法院认定涉案施工合同无效,是正确的。福州华电公司主张涉案工程采用议标形式进行,即使经相关政府部门核准,亦不能成为不履行招投标程序的理由。

6. 福建省富源至成房地产开发有限公司与福建省闽南建筑工程有限公司建设工程施工合同纠纷案[(2019)最高法民申3494号]

裁判要旨:依法必须招标项目经过招标投标程序订立的合同解除后,仍然需要进行第二次招标投标才能订立合同。

最高人民法院经审查认为,依照《招标投标法》第三条规定,案涉工程必须进行招标。该法条是为了规范承包人的施工资质。因此,即使第一次招投标的承包方解约,第二次招投标也是必须的。第二次招标前,闽南公司没有资质作为承包方与富源公司签订建设工程施工合同。富源公司主张与闽南公司2008年10月9日签署的建设工程施工合同是华景集团退出项目建设后准备续建而签订,在签订合同时并未确定需要对本案工程进行第二次招投标于法无据。该合同对于投标价格等实质性内容进行了约定,富源公司还出具了承诺书,约定日后若有争议,以标前合同为准。同时,有闽南公司施工日志表明,案涉工程开工时间在中标合同签订之前。原判决据此认定双方明知即将产生一份中标合同,进而认定两份合同均无效并无不当……如前所述,即使存在第一次招投标后与承包方解约的情形,富源公司也应当对案涉工程进行第二次招投标。原判决依照《招标投标法》第五十五条认定招标人违反了该法强制性规定,从而导致案涉两份合同无效并无不当。

7. 平煤神马建工集团有限公司新疆分公司与大地工程开发(集团)有限公司天津分公司等建设工程施工合同纠纷案[(2018)最高法民终153号]

裁判要旨:依法必须招标项目的总承包人再进行工程分包的,不强制要求必须招标。

最高人民法院认为,关于需要公开招标的项目经公开招标确定总包人后,总包人依法或依约确定分包人是否仍需要进行公开招标的问题。平煤神马新疆分公司认为,项目使用的资金源头系国有资金,总包人依约确定分包人时仍需要采取公开招标方式。《招标投标法实施条例》第八条规定,国有资金占控股或者主导地位的依法必须进行招标的项目,应当公开招标。根据一审查明,国投哈密公司的资金系国有企业自有资金,哈密一矿选煤厂项目系国投哈密公司建设的煤炭能源项目,属于依法必须进行公开招标的项目。国投哈密公司依照法律规定通过公开招标的方式将哈密一矿选煤厂项目以EPC总包的方式发包给大地公司。该招投标行为符合法律规定。双方签订的《合同协议书》约定,承包商应按照本合同文件对施工单位的资质规定,通过招标的方式选择,确定合格的分包人,并报业主审核同意,以合同形式委托其完成承包合同范围内的部分项目。该协议授权总包方可以通过招标方式确定分包人。作为总包人,大地公司并非项目投资建设主体,而是该项目的执行单位。除非有法律规定的必须公开招标的项目,其有权依照约定的方式确定分包人。此外,资金的源头属性,不能无限制延伸。国投哈密公司运用国有资金建设案涉项目,相关资金支付给大地公司后,属于大地公司的资产,并非仍是国有资金。因此,大地公司对外分包,不具有法定必须公开招标的情形。其通过邀请招标的方式确定平煤神马新疆分公司为案涉项目标段B的中标单位,符合《合同协议书》的约定,国投哈密公司对平煤神马新疆分公司施工亦未提出异议,表明其认可大地公司的分包行为。故上述分包行为未违反法律、行政法规的强制性规定,平煤神马新疆分公司有关理由不成立。

【法院参考案例】

1. 贵州华顺鼎泰建设项目管理有限公司与石阡县坪山仡佬族侗族乡人民政府建设工程施工合同纠纷案[(2019)黔民终188号]

裁判要旨:全部使用国有资金投资的工程建设项目,属于必须招标投标的工程范围,未经招标投标程序订立的合同无效。

贵州省高级人民法院认为,关于《项目协议书》的性质与效力问题。第一,建设工程合同是承包人进行工程建设,发包人支付价款的合同。合作开发房地产合同是指当事人订立的以提供出让土地使用权、资金等作为共同投资,共享利润、共担风险合作开发房地产为基本内容的协议。双方当事人签订的《项目协议书》约定由华顺公司对工程进行建设,对华顺公司垫资修建市政道路,再由坪山乡政府筹资按照贵州省2004市政工程定额计价支付,且合同签订后案涉工程亦由华顺公司进行施工建设,坪山乡政府也支付了相应工程款,符合建设工程合同的构成要件。合同中双方并未约定共享利润、共担风险等条款,该《项目协议书》名为投资协议,实为建设工程合同。对于华顺公司主张该合同系投资协议的理由,不予支持。第二,为保护国家利益和社会公共利益,维护市场秩序,提高经济效益,促进公平竞争,国家对于应当进行招投标的建设或采购项目,实行强制招投标制度,当事人违反有关规定未经招投标而自行订立的合同,人民法院不予认可和保护。本案中,根据双方签订的《项目协议书》中约定的工程内容及规模,该建设工程项目主要为涉及市政道路、集镇市场和农村集中建房等全部使用国有资金投资的项目，属于必须招投标的工程范围。华顺公司与坪山乡政府未经招投标程序即签订了协议书，违反了法律强制性规定中的效力性规定，该涉案协议书应为无效。

2. 东莞市岭大清源环境工程有限公司、东莞市大朗镇人民政府与东莞市兆丰环保股份有限公司合同纠纷案［(2017)粤民终833号］

裁判要旨：关系社会公共利益和公众安全的基础设施和公用事业工程建设项目，采用BOT特许经营方式建设营运并不能改变项目本身的性质，仍须按照《招标投标法》规定履行招标程序订立合同。

广东省高级人民法院认为，涉案污水处理项目属于关系社会公共利益、公众安全的基础设施和公用事业工程建设项目，符合《工程建设项目招标范围和规模标准规定》且污水处理厂的投资额已达3000万元左右，涉案工程建设项目重要设备、材料等货物的采购，单项合同估算价在100万元人民币以上。故涉案协议书约定的污水处理项目属于《招标投标法》第三条，《工程建设项目招标范围和规模标准规定》第二条、第三条、第七条规定的必须进行招标的关系社会公共利益、公众安全的基础设施和公用事业工程建设项目的项目，涉案协议书未经招标程序签订，依照《合同法》第五十二条第（五）项规定，涉案协议书为无效协议，一审判决关于涉案协议书的效力的认定正确，本院予以维持。

3. 深圳市建筑设计研究总院有限公司、湖南有色金属职业技术学院与中冶长天国际工程有限责任公司著作权权属、侵权纠纷案［(2019)湘知民终78号］

裁判要旨：与司法解释明确的工程建设项目施工合同依法必须招标而未招标的为无效合同的性质完全相同，依法必须招标项目的建筑方案设计委托合同如未招标，也因违反法律法规强制性规定而无效。

湖南省高级人民法院认为，对于双方以实际行为达成的建筑方案设计委托合同的效力问题。根据湖南有色金属职工大学与中冶长天公司签订的《建设工程设计合同》第二条、第五条的约定，中冶长天公司负责建筑方案设计调整以及报建图纸制作；湖南有色金属职工大学应于方案设计文件提交后七日内向中冶长天公司支付设计费660000元。由此可见，涉案工程方案设计预估费用超过了500000元,属于必须招标的项目。尽管最高人民法院司法解释仅明确了工程建设项目施工合同依法必须招标而未招标的为无效合同,但《招标投标法》要求工程建设项目中符合特定条件的勘察、设计、监理、采购等必须进行招标的规定与要求工程建设项目中特定施工合同必须进行招标的规定性质完全相同,均应为效力性强制性规定。故湖南有色金属职工大学与深圳建筑设计总院以实际行为达成的建筑方案设计委托合同因违反法律法规强制性规定而无效。《合同法》第五十八条规定:"合同无效或者被撤销后,因该合同取得的财产,应当予以返还;不能返还或者没有必要返还的,应当折价补偿。有过错的一方应当赔偿对方因此所受到的损失,双方都有过错的,应当各自承担相应的责任。"因建筑方案设计作品已被湖南有色金属职工大学使用,无法返还,湖南有色金属职工大学应当折价补偿。

4. 武汉地质勘察基础工程有限公司与福建中森建设有限公司湖北分公司、福建中森建设有限公司等建设工程施工合同纠纷案[(2014)鄂民一初字第00015号]

裁判要旨:工程总承包项目涉及社会公共安全等情形时,应当按照《招标投标法》的规定进行招标投标;但工程分包法律并未明示必须经过招标投标。由于工程总承包已经包含了分包部分,在工程总承包已设置招标投标制度的情况下,分包部分无须再次进行招标投标。

湖北省高级人民法院认为,国家设立招标投标制度,其目的在于保护国家利益、社会公共利益和招标投标活动当事人的合法权益,提高经济效益,保证工程质量。工程总承包在涉及社会公共安全等情形时,应当按照《招标投标法》的规定进行招投标。但工程分包法律并未明示必须经过招投标。由于工程总承包已经包含了分包部分,在工程总承包已设置招标投标制度的情况下,工程质量和经济效益等相关法益已得到保障,分包部分无须再次进行招投标,故武汉地质公司主张分包未招投标而无效的理由不能成立。至于福建中森公司与武汉中森华公司以及湖北徐东公司之间的总承包合同关系是否有效,因不属于本案的审理范围,本院在本案中不予审理。总包与分包合同并不属于主从合同关系,总包合同关系的效力并不影响分包合同关系的效力。

编者说明

强制招标制度是《招标投标法》的一项基本制度，要求特定的项目或者一定范围内的工程、货物和服务达到规定的规模标准的，必须以招标方式进行采购。《招标投标法》第三条第一款规定了必须招标的工程建设项目范围（国家发展改革委第 16 号令《必须招标的工程项目规定》及发改法规规〔2018〕843 号文《必须招标的基础设施和公用事业项目范围规定》经法律授权进一步细化界定了必须招标的工程项目范围和规模标准），第三款也指明法律或国务院可以规定其他强制招标项目。对于强制招标项目，该法要求必须依法招标，而且对该类项目招标投标活动的程序性、规范性、公正性和透明度等方面作出比非强制招标项目更为严格的规定。该法中凡有“依法必须进行招标的项目”字样的条款仅适用于强制招标项目，非强制招标项目也可以选择适用，如依法必须招标项目编制投标文件的时间不得少于 20 日，但对非依法必须招标项目并无此限制。

招标投标实务或者司法实践中，首先应判定招标项目是否属于依法必须招标项目。判定的依据是《招标投标法》第三条，其中必须招标的工程建设项目范围应结合国家发展改革委第 16 号令和发改法规规〔2018〕843 号文来理解。对 16 号令的理解应将第二至四条及第五条结合起来加以理解适用，必须招标的工程项目必须符合第二至四条的规定之一，且必须满足第五条规定的标准，方属于必须招标的工程项目。如果工程建设项目不在上述规定的项目范围内，则属非依法必须招标的工程，项目建设单位可自主选择发包方式。施工总承包、工程总承包项目的总承包人进行工程分包、劳务分包以及对外采购设备、材料时，分包部分无须再次进行招标投标（暂估价项目属于必须招标项目的除外）。对于非工程建设项目，是否必须招标，需要结合其他法律法规来认定。需要注意的是，根据《招标投标法》第三条及《招标投标法实施条例》第三条规定，对于强制招标项目范围，只能是法律、行政法规或经国务院批准的部门规章（如国家发展改革委第 16 号令）来规定，其他部门规章及地方性法规、政府规章都不能另行规定强制招标项目范围。因此，以前地方性法规、政府规章中另行制定的关于本行政区域内强制招标项目范围的规定都因未经立法授权而归于无效，不能作为判定是否必须招标的法律依据。

违反法律的效力性强制性规定的，合同无效。《全国法院民商事审判工作会议纪要》（法〔2019〕254 号）第 30 条规定，交易方式严重违法的，如违反招标投标等竞争性缔约方式订立的合同应当认定为因违反“效力性强制性规定”而无效。根据《最高人民法院关于审理建设工程施工合同纠纷案件适用法律问题的解释（一）》第一条规定，建设工程必须进行招标而未招标或者中标无效的，建设工程施工合同认定无效。对于依法必须招标的勘察设计、货物等项目未进行招标而订立合同的,亦应按照《民法典》第一百五十三条第一款"违反法律、行政法规的强制性规定的民事法律行为无效。但是,该强制性规定不导致该民事法律行为无效的除外"的规定认定该合同无效。

合同无效后,应当适用《民法典》中对于无效合同处理的规定。《民法典》第一百五十七条规定:"民事法律行为无效、被撤销或者确定不发生效力后,行为人因该行为取得的财产,应当予以返还;不能返还或者没有必要返还的,应当折价补偿。有过错的一方应当赔偿对方由此所受到的损失;各方都有过错的,应当各自承担相应的责任。法律另有规定的,依照其规定。"对于建设工程施工合同而言,施工人的劳动以及建筑材料都物化到工程中,合同被认定无效后不能够相互返还,只能折价补偿。折价补偿就体现为参照合同的约定来计算涉案工程价款。同时,有过错的一方应当赔偿对方因此造成的损失,双方都有过错的,应当各自承担相应的责任。

第四条 【禁止规避招标】任何单位和个人不得将依法必须进行招标的项目化整为零或者以其他任何方式规避招标。

【立法·要点注释】

本条是关于对依法应当强制招标的项目,禁止以任何方式规避招标的规定。

规避招标的方式有多种表现。比如,按照本法第三条第二款的规定,对采购资金数额达到国务院有关部门规定的规模标准以上的采购项目,必须进行招标。一些采购单位为规避法律的这一规定,对本应作为一个整体的采购项目,采取划分为多个采购项目,分别签订多个采购合同的办法,化整为零,使每一采购合同的金额都低于法定强制招标采购的金额标准,以达到规避招标采购的目的。又比如,一些采购单位对技术并不特别复杂的采购项目,借口其有特殊的技术要求,只能交由某一承包商、供应商承担为由,规避招标采购。对违反本法规定,将必须进行招标的项目化整为零,或者以其他任何方式规避招标的行为,将依照本法第四十九条的规定,依法追究其法律责任。

第五条　【基本原则】招标投标活动应当遵循公开、公平、公正和诚实信用的原则。

【立法 · 要点注释】

本条是关于招标投标活动必须遵循的基本原则的规定。

1. 公开、公平、公正和诚实信用，是招标投标活动必须遵循的最基本的原则，违反这一基本原则，招标投标活动就失去了本来的意义。

2. 所谓“公开”，是指：(1)进行招标活动的信息要公开。采用公开招标方式的，招标方应当通过国家指定的报刊、信息网络或者其他公共媒介发布招标公告，需要进行资格预审的，应当发布资格预审公告；采用邀请招标方式的，招标方应当向三个以上的特定法人或者其他组织发出邀请书。招标公告、资格预审公告和投标邀请书应当载明能大体满足潜在投标人决定是否参加投标竞争所需要的信息。在发布招标公告、发出投标邀请书的基础上，还应当按照招标公告或投标邀请书中载明的时间和地点，向有意参加投标的承包商、供应商提供招标文件。招标文件应当载有为承包商、供应商作出投标决策、进行投标准备所必需的资料，以及其他为保证招标投标过程公开、透明的有关信息。招标人对已发出的招标文件进行必要的澄清或者修改的，应当以书面形式通知所有的招标文件收受人。(2)开标的程序要公开。开标应当公开进行，所有的投标人或其代表均可参加开标；开标的时间和地点应当与事先提供给所有招标人的招标文件上载明的时间和地点相一致，以便投标人按时参加；开标时，应先由投标人或者其推举的代表检查投标文件的密封情况，经确认无误后，由工作人员当众拆封，以唱读的方式，报出各投标人的名称、投标价格等投标书的主要内容，并作好记录，存档备查。招标人在招标文件要求提交投标文件的截止日期前收到的所有投标文件，开标时都应当当众予以拆封、宣读。对在投标截止日期以后收到的标书，招标人应当拒收。(3)评标的标准和程序要公开。评标的标准和办法应当在提供给所有投标人的招标文件中载明，评标应当严格按照招标文件载明的标准和办法进行，不得采用招标文件未列明的任何标准。招标人不得与投标人就投标价格、招标方案等实质性内容进行谈判。(4)中标的结果要公开。确定中标人后，招标人应当向中标人发出中标通知书，并同时将中标结果通知所有未中标的投标人。未中标的投标人对招标活动和中标结果有异议的，有权向招标人提出或向有关行政监督部门投诉。

3. 所谓"公平"和"公正",对招标方来说,就是要严格按照公开的招标条件和程序办事,同等地对待每一个投标竞争者,不得厚此薄彼、亲亲疏疏。对投标方来说,应当以正当的手段参加投标竞争,不得串通投标,不得有向招标方及其工作人员行贿、提供回扣或给予其他好处等不正当竞争行为。对招标方与投标方之间的关系来说,双方在采购活动中地位平等,任何一方不得向另一方提出不合理的要求,不得将自己的意志强加给对方。

4. "诚实信用",是民事活动的基本原则。招标投标活动是以订立采购合同为目的的民事活动,当然也适用这一原则。在招标投标活动中遵守诚实信用原则,要求招标投标各方都要诚实守信,不得有欺骗、背信的行为。

【相关法律】

《中华人民共和国民法典》(2021年1月1日)

第四条 民事主体在民事活动中的法律地位一律平等。

第五条 民事主体从事民事活动,应当遵循自愿原则,按照自己的意思设立、变更、终止民事法律关系。

第六条 民事主体从事民事活动,应当遵循公平原则,合理确定各方的权利和义务。

第七条 民事主体从事民事活动,应当遵循诚信原则,秉持诚实,恪守承诺。

第八条 民事主体从事民事活动,不得违反法律,不得违背公序良俗。

第九条 民事主体从事民事活动,应当有利于节约资源、保护生态环境。

【行政法规】

《中华人民共和国招标投标法实施条例》(2019年3月2日)

第七十八条 国家建立招标投标信用制度。有关行政监督部门应当依法公告对招标人、招标代理机构、投标人、评标委员会成员等当事人违法行为的行政处理决定。

【要点注释】

本条是关于建立招标投标信用制度的规定。

1. 建立招标投标信用制度是有效执行招标投标法律制度,规范招标投标市场秩序的基础。目前,我国招标投标市场中存在的虚假招标、串通投标、非法转包和违法分包等失信违法行为,一个重要的原因就是招标投标信用体系建设相对滞后,失信惩戒机制不健全。

2. 通过公开招标投标违法行为记录,扩大社会监督的领域,增加企业的违法成本,有利于形成"一处受罚、处处受制"的失信惩戒机制,有利于促进市场主体加强自律,逐步规范和净化招标投标市场。2008年,国家发展改革委会同国务院有关部门印发了《招标投标违法行为记录公告暂行办法》(发改法规〔2008〕1531号)。从长远来看,应当加快信用体系的整合,建设全国联网的招标投标信用平台,完善信用评价的相关制度,营造出"诚实有益、失信必惩"的市场氛围。

【部门规章及规范性文件】

1.《机电产品国际招标投标实施办法(试行)》(2014年4月1日)

第三条　机电产品国际招标投标活动应当遵循公开、公平、公正、诚实信用和择优原则。机电产品国际招标投标活动不受地区或者部门的限制。

2.《招标投标违法行为记录公告暂行办法》(2009年1月1日)

第一章　总　　则

第一条　为贯彻《国务院办公厅关于进一步规范招投标活动的若干意见》(国办发〔2004〕56号),促进招标投标信用体系建设,健全招标投标失信惩戒机制,规范招标投标当事人行为,根据《招标投标法》等相关法律规定,制定本办法。

第二条　对招标投标活动当事人的招标投标违法行为记录进行公告,适用本办法。

本办法所称招标投标活动当事人是指招标人、投标人、招标代理机构以及评标委员会成员。

本办法所称招标投标违法行为记录,是指有关行政主管部门在依法履行职责过程中,对招标投标当事人违法行为所作行政处理决定的记录。

第三条　国务院有关行政主管部门按照规定的职责分工,建立各自的招标投标违法行为记录公告平台,并负责公告平台的日常维护。

国家发展改革委会同国务院其他有关行政主管部门制定公告平台管理方面的综合性政策和相关规定。

省级人民政府有关行政主管部门按照规定的职责分工,建立招标投标违法行为记录公告平台,并负责公告平台的日常维护。

第四条 招标投标违法行为记录的公告应坚持准确、及时、客观的原则。

第五条 招标投标违法行为记录公告不得公开涉及国家秘密、商业秘密、个人隐私的记录。但是,经权利人同意公开或者行政机关认为不公开可能对公共利益造成重大影响的涉及商业秘密、个人隐私的违法行为记录,可以公开。

第二章 违法行为记录的公告

第六条 国务院有关行政主管部门和省级人民政府有关行政主管部门(以下简称"公告部门")应自招标投标违法行为行政处理决定作出之日起20个工作日内对外进行记录公告。

省级人民政府有关行政主管部门公告的招标投标违法行为行政处理决定应同时抄报相应国务院行政主管部门。

第七条 对招标投标违法行为所作出的以下行政处理决定应给予公告:

(一)警告;

(二)罚款;

(三)没收违法所得;

(四)暂停或者取消招标代理资格;

(五)取消在一定时期内参加依法必须进行招标的项目的投标资格;

(六)取消担任评标委员会成员的资格;

(七)暂停项目执行或追回已拨付资金;

(八)暂停安排国家建设资金;

(九)暂停建设项目的审查批准;

(十)行政主管部门依法作出的其他行政处理决定。

第八条 违法行为记录公告的基本内容为:被处理招标投标当事人名称(或姓名)、违法行为、处理依据、处理决定、处理时间和处理机关等。

公告部门可将招标投标违法行为行政处理决定书直接进行公告。

第九条 违法行为记录公告期限为六个月。公告期满后,转入后台保存。

依法限制招标投标当事人资质(资格)等方面的行政处理决定,所认定的限制期限长于六个月的,公告期限从其决定。

第十条　公告部门负责建立公告平台信息系统,对记录信息数据进行追加、修改、更新,并保证公告的违法行为记录与行政处理决定的相关内容一致。

公告平台信息系统应具备历史公告记录查询功能。

第十一条　公告部门应对公告记录所依据的招标投标违法行为行政处理决定书等材料妥善保管、留档备查。

第十二条　被公告的招标投标当事人认为公告记录与行政处理决定的相关内容不符的,可向公告部门提出书面更正申请,并提供相关证据。

公告部门接到书面申请后,应在5个工作日内进行核对。公告的记录与行政处理决定的相关内容不一致的,应当给予更正并告知申请人;公告的记录与行政处理决定的相关内容一致的,应当告知申请人。

公告部门在作出答复前不停止对违法行为记录的公告。

第十三条　行政处理决定在被行政复议或行政诉讼期间,公告部门依法不停止对违法行为记录的公告,但行政处理决定被依法停止执行的除外。

第十四条　原行政处理决定被依法变更或撤销的,公告部门应当及时对公告记录予以变更或撤销,并在公告平台上予以声明。

第三章　监督管理

第十五条　有关行政主管部门应依法加强对招标投标违法行为记录被公告当事人的监督管理。

第十六条　招标投标违法行为记录公告应逐步实现互联互通、互认共用,条件成熟时建立统一的招标投标违法行为记录公告平台。

第十七条　公告的招标投标违法行为记录应当作为招标代理机构资格认定,依法必须招标项目资质审查、招标代理机构选择、中标人推荐和确定、评标委员会成员确定和评标专家考核等活动的重要参考。

第十八条　有关行政主管部门及其工作人员在违法行为记录的提供、收集和公告等工作中有玩忽职守、弄虚作假或者徇私舞弊等行为的,由其所在单位或者上级主管机关予以通报批评,并依纪依法追究直接责任人和有关领导的责任;构成犯罪的,移送司法机关依法追究刑事责任。

第四章 附 则

第十九条 各省、自治区、直辖市发展改革部门可会同有关部门根据本办法制定具体实施办法。

第二十条 本办法由国家发展改革委会同国务院有关部门负责解释。

第二十一条 本办法自2009年1月1日起施行。

【司法文件】

《最高人民法院、国家发展和改革委员会、工业和信息化部、住房和城乡建设部、交通运输部、水利部、商务部、国家铁路局、中国民用航空局关于在招标投标活动中对失信被执行人实施联合惩戒的通知》(法〔2016〕285号,2016年8月30日)

为贯彻党的十八届三中、四中、五中全会精神,落实《中央政法委关于切实解决人民法院执行难问题的通知》(政法〔2005〕52号)、《国务院关于促进市场公平竞争维护市场正常秩序的若干意见》(国发〔2014〕20号)、《国务院关于印发社会信用体系建设规划纲要(2014—2020年)的通知》(国发〔2014〕21号)、《关于对失信被执行人实施联合惩戒的合作备忘录》(发改财金〔2016〕141号)要求,加快推进社会信用体系建设,健全跨部门失信联合惩戒机制,促进招标投标市场健康有序发展,现就在招标投标活动中对失信被执行人实施联合惩戒的有关事项通知如下。

一、充分认识在招标投标活动中实施联合惩戒的重要性

诚实信用是招标投标活动的基本原则之一。在招标投标活动中对失信被执行人开展联合惩戒,有利于规范招标投标活动中当事人的行为,促进招标投标市场健康有序发展;有利于建立健全"一处失信,处处受限"的信用联合惩戒机制,推进社会信用体系建设;有利于维护司法权威,提升司法公信力,在全社会形成尊重司法,诚实守信的良好氛围。各有关单位要进一步提高认识,在招标投标活动中对失信被执行人实施联合惩戒,有效应用失信被执行人信息,推动招标投标活动规范、高效、透明。

二、联合惩戒对象

联合惩戒对象为被人民法院列为失信被执行人的下列人员:投标人、招标代理机构、评标专家以及其他招标从业人员。

三、失信被执行人信息查询内容及方式

(一)查询内容

失信被执行人(法人或者其他组织)的名称、统一社会信用代码(或组织机构代码)、法定代表人或者负责人姓名;失信被执行人(自然人)的姓名、性别、年龄、身份证号码;生效法律文书确定的义务和被执行人的履行情况;失信被执行人失信行为的具体情形;执行依据的制作单位和文号、执行案号、立案时间、执行法院;人民法院认为应当记载和公布的不涉及国家秘密、商业秘密、个人隐私的其他事项。

(二)推送及查询方式

最高人民法院将失信被执行人信息推送到全国信用信息共享平台和"信用中国"网站,并负责及时更新。

招标人、招标代理机构、有关单位应当通过"信用中国"网站(www.creditchina.gov.cn)或各级信用信息共享平台查询相关主体是否为失信被执行人,并采取必要方式做好失信被执行人信息查询记录和证据留存。投标人可通过"信用中国"网站查询相关主体是否为失信被执行人。

国家公共资源交易平台、中国招标投标公共服务平台、各省级信用信息共享平台通过全国信用信息共享平台共享失信被执行人信息,各省级公共资源交易平台通过国家公共资源交易平台共享失信被执行人信息,逐步实现失信被执行人信息推送、接收、查询、应用的自动化。

四、联合惩戒措施

各相关部门应依据《中华人民共和国民事诉讼法》《中华人民共和国招标投标法》《中华人民共和国招标投标法实施条例》《最高人民法院关于公布失信被执行人名单信息的若干规定》等相关法律法规,依法对失信被执行人在招标投标活动中采取限制措施。

(一)限制失信被执行人的投标活动

依法必须进行招标的工程建设项目,招标人应当在资格预审公告、招标公告、投标邀请书及资格预审文件、招标文件中明确规定对失信被执行人的处理方法和评标标准,在评标阶段,招标人或者招标代理机构、评标专家委员会应当查询投标人是否为失信被执行人,对属于失信被执行人的投标活动依法予以限制。

两个以上的自然人、法人或者其他组织组成一个联合体,以一个投标人的身份共同参加投标活动的,应当对所有联合体成员进行失信被执行人信息查询。联合体中有一个或一个以上成员属于失信被执行人的,联合体视为失信被执行人。

(二)限制失信被执行人的招标代理活动

招标人委托招标代理机构开展招标事宜的,应当查询其失信被执行人信息,鼓励优先选择无失信记录的招标代理机构。

(三)限制失信被执行人的评标活动

依法建立的评标专家库管理单位在对评标专家聘用审核及日常管理时,应当查询有关失信被执行人信息,不得聘用失信被执行人为评标专家。对评标专家在聘用期间成为失信被执行人的,应及时清退。

(四)限制失信被执行人招标从业活动

招标人、招标代理机构在聘用招标从业人员前,应当明确规定对失信被执行人的处理办法,查询相关人员的失信被执行人信息,对属于失信被执行人的招标从业人员应按照规定进行处理。

以上限制自失信被执行人从最高人民法院失信被执行人信息库中删除之时起终止。

五、工作要求

(一)有关单位要根据本《通知》,共同推动在招标投标活动中对失信被执行人开展联合惩戒工作,指导、督促各地、各部门落实联合惩戒工作要求,确保联合惩戒工作规范有序进行。

(二)有关单位应在规范招标投标活动中,建立相关单位和个人违法失信行为信用记录,通过全国信用信息共享平台、国家公共资源交易平台和中国招标投标公共服务平台实现信用信息交换共享和动态更新,并按照有关规定及时在"信用中国"网站予以公开。

(三)有关单位应当妥善保管失信被执行人信息,不得用于招标投标以外的事项,不得泄露企业经营秘密和相关个人隐私。

【法院参考案例】

1. 三峡联合职业大学与重庆建安建设(集团)有限公司建设工程施工合同纠纷案[(2014)渝高法民终字第00056号]

裁判要旨:招标人未在招标公告中将涉案工程已有部分工程施工完成的

情况告知潜在投标人，违反了公开原则和诚实信用原则。

重庆市高级人民法院认为，北碚区委党校将涉案项目进行公开招投标时，未在其招标公告中将涉案工程已有部分工程由建安建设公司施工完成的情况告知潜在投标人，违反了《招标投标法》第五条关于招标活动应当遵循公开原则和诚实信用原则的规定。同时，北碚区委党校将已经施工的工程对外进行招标的行为，亦违反了《招标投标法实施条例》第二条关于依法进行招投标的建设工程是指建筑物和构筑物的新建、改建、扩建及其相关的装修、拆除、修缮等的规定。故北碚区委党校与建安建设公司签订的《建设工程施工合同》属于《合同法》第五十二条第（五）项规定的无效合同。

2. 福建联发建设工程有限公司与三明市梅列区住房和城乡规划建设局城建行政确认、三明市梅列区人民政府行政复议纠纷案［（2017）闽行申509号］

裁判要旨：根据国家制定惩戒违法失信行为的制度本意，在招标投标中对失信被执行人予以限制应为禁止失信被执行人参加投标。

福建省高级人民法院认为，申请人的再审申请理由不能成立。第一，案涉招标活动虽然采取邀请招标的方式，但邀请招标并不意味着受邀标的单位即可不经审核，自动具备投标资格，也不能据此否定梅列区住建局作为建设行政主管部门，依法行使处理招标投标活动投诉的法定职权。且邀标方式是否违规，申请人对此有无过错，并非梅列区住建局作出被诉处理决定所认定的事实，亦不影响本案对相关事实的认定。第二，《招标投标法》第二十六条规定："投标人应当具备承担招标项目的能力；国家有关规定对投标人资格条件或者招标文件对投标人资格条件有规定的，投标人应当具备规定的资格条件。"《福建省建筑施工企业信用综合评分暂行办法》和《关于将建筑施工企业信用综合评价纳入房屋建筑施工招投标评分项目（试行）的通知》作为规范性文件，并不具有排他适用的效力。《合作备忘录实施意见》同属规范性文件，只要未被有权机关否定其效力，其关于招投标活动的相关规定即应认定为《招标投标法》第二十六条所指的国家有关规定，可予适用。申请人主张《福建省建筑施工企业信用综合评分暂行办法》和《关于将建筑施工企业信用综合评价纳入房屋建筑施工招投标评分项目（试行）的通知》更具执行效力，缺乏法律依据。第三，关于"在招标投标中对失信被执行人予以限制"如何理解，虽然仅就"限制"一词的文义理解，不能限定在"禁止"这一含义上，但结合招投标活动的特点以及国家制定惩戒违法失信行为的制度本意,在招标投标中对失信被执行人予以限制应为禁止失信被执行人参加投标,故梅列区住建局以联发公司系失信被执行人为由,作出土石方项目投标人联发公司投标无效的决定并无不当。

3. 胜利、高伟与钧泰国际投资(集团)有限公司、钧泰国际投资(集团)有限公司新疆分公司居间合同纠纷案[(2014)新民一终字第91号]

裁判要旨:招标投标活动应当遵循公开、公平、公正和诚实信用的原则,当事人在居间服务合同中约定确保委托人获得中标,违反了招标投标活动中要求遵循的公开、公平、公正和诚实信用原则,为无效合同。

新疆维吾尔自治区高级人民法院认为,本案涉案工程项目系根据法律规定应以招投标方式对外进行发包。《招标投标法》第五条规定:招标投标活动应当遵循公开、公平、公正和诚实信用的原则。胜利、高伟与钧泰新疆分公司签订的《建设工程居间服务合同书》约定:钧泰新疆分公司委托胜利、高伟为其提供居间服务,并使钧泰新疆分公司获得该工程项目一个或分期多个工程标段的中标。该约定违反了招投标活动中要求遵循的公开、公平、公正和诚实信用原则,扰乱了建筑市场的正常秩序,损害了其他参与招投标活动当事人的合法权益。故原审法院认定胜利、高伟与钧泰新疆分公司于2012年4月11日签订的《建设工程居间服务合同书》无效,对胜利、高伟要求钧泰公司、钧泰新疆分公司依照合同约定支付居间报酬的诉讼请求不予支持正确。

编者说明

《招标投标法》第五条规定招标投标活动应当遵循公开、公平、公正和诚实信用原则,贯穿于招标投标活动全部环节,是招标人、投标人及其他当事人的行为准则。招标人、投标人、招标代理机构以及行政监督部门在处理招标投标中的具体问题或者法院在审理案件时,有具体法律条文的,应适用具体条文,无具体法律条文的,可适用《招标投标法》的上述基本原则来处理。

招标投标活动是竞争性缔约的民事活动,也应遵循《民法典》规定的基本原则,包括平等原则、自愿原则、公平原则、诚信原则、守法与公序良俗原则以及绿色原则。诚信原则在招标投标活动中尤其重要。为了推进诚信社会建设,对招标投标活动中的失信行为,国家出台了一系列联合惩戒的措施,如对于失信被执行人、有行贿犯罪记录的,可以限制该供应商一定期限内的投标资格。对于供应商有失信行为的,招标人可以在招标文件中明确规定限制其投标资格。

第六条　【招标投标活动不受地区或者部门的限制】依法必须进行招标的项目，其招标投标活动不受地区或者部门的限制。任何单位和个人不得违法限制或者排斥本地区、本系统以外的法人或者其他组织参加投标，不得以任何方式非法干涉招标投标活动。

【立法·要点注释】

本条是关于禁止在招标投标活动中搞地方保护、行业垄断，以及禁止以任何其他形式非法干预招标投标活动的规定。

我国大力推行招标投标制度，就是为了充分发挥市场竞争机制在公共资金采购中的作用。如果在招标投标活动中搞地方保护或部门封锁，必然会大大缩小竞争规模，充分竞争的优越性难以得到发挥。一些地方政府或行业主管部门，采取对本地区、本系统以外的承包商或供应商不给予资格认定、不发给有关许可证、收取高额的管理费等方式，排斥、限制本地区、本系统以外的法人或其他组织参加本地区、本行业的投标竞争；有的地方政府或行业主管部门甚至直接要求本地区、本系统的采购单位只能将采购项目交给属于本地区或本系统的单位，本地区、本系统以外的单位不得参与本地区、本系统采购项目的投标。有的地方政府或部门的工作人员干预正常的招标投标活动，要求所属的采购单位将采购项目交给其指定的供应商、承包商。在招标投标活动中实行地方保护或行业垄断的做法，以及行政机关或领导人违法干预正常的招标投标活动的做法，破坏了市场的统一性，违反了公平竞争的原则，严重影响招标投标活动的正常开展，也给腐败行为留下可乘之机。为此，本条明确予以禁止。

【相关法律】

《中华人民共和国反垄断法》(2008年8月1日)

第五章　滥用行政权力排除、限制竞争

第三十二条　行政机关和法律、法规授权的具有管理公共事务职能的组织不得滥用行政权力，限定或者变相限定单位或者个人经营、购买、使用其指定的经营者提供的商品。

第三十三条 行政机关和法律、法规授权的具有管理公共事务职能的组织不得滥用行政权力，实施下列行为，妨碍商品在地区之间的自由流通：

（一）对外地商品设定歧视性收费项目、实行歧视性收费标准，或者规定歧视性价格；

（二）对外地商品规定与本地同类商品不同的技术要求、检验标准，或者对外地商品采取重复检验、重复认证等歧视性技术措施，限制外地商品进入本地市场；

（三）采取专门针对外地商品的行政许可，限制外地商品进入本地市场；

（四）设置关卡或者采取其他手段，阻碍外地商品进入或者本地商品运出；

（五）妨碍商品在地区之间自由流通的其他行为。

第三十四条 行政机关和法律、法规授权的具有管理公共事务职能的组织不得滥用行政权力，以设定歧视性资质要求、评审标准或者不依法发布信息等方式，排斥或者限制外地经营者参加本地的招标投标活动。

第三十五条 行政机关和法律、法规授权的具有管理公共事务职能的组织不得滥用行政权力，采取与本地经营者不平等待遇等方式，排斥或者限制外地经营者在本地投资或者设立分支机构。

第三十六条 行政机关和法律、法规授权的具有管理公共事务职能的组织不得滥用行政权力，强制经营者从事本法规定的垄断行为。

第三十七条 行政机关不得滥用行政权力，制定含有排除、限制竞争内容的规定。

【行政法规】

1.《中华人民共和国招标投标法实施条例》（2019 年 3 月 2 日）

第六条 禁止国家工作人员以任何方式非法干涉招标投标活动。

【要点注释】

本条是关于禁止非法干涉招标投标活动的总体性规定。

1. 国家工作人员包括国家机关工作人员和国有企业、事业单位中依法从事公务的人员。

2. 国家工作人员非法干涉招标投标活动的行为，可以分为两类。（1）直接违反了法律、法规和规章有关不得非法干涉招标投标活动的规定，如不得违法限制本地区、本系统以外的法人或者其他组织参加投标。(2)非法干涉了依法应当由市场主体和评标委员会成员自主决策的事项。主要从以下两个方面判断:第一,国家工作人员的行为是否有法律、法规和规章依据。国家工作人员的招标投标管理行为,应当严格依照《招标投标法》和《条例》的规定进行;《招标投标法》和《条例》没有规定的管理事项,国家工作人员不得作出影响公民、法人和其他组织的权利义务的决定。根据以上规定,在招标投标活动中,国家工作人员可依法从事的行为主要包括:一是审批、核准招标内容;二是接受自行招标备案;三是指定发布招标公告的媒介;四是组建评标专家库;五是对评标进行监督;六是接受依法必须进行招标项目招标情况报告;七是受理投诉;八是对招标投标过程中泄露保密资料、泄露标底、串通招标、串通投标、歧视排斥投标等违法活动进行监督执法和监督检查。第二,被管理的事项是否属于市场主体或者评标委员会成员自主决策的范围。根据《招标投标法》和《条例》的规定,是否进行资格预审、是否编制标底、招标人是否允许联合体投标、是否进行总承包、何时开标、选择什么样的评标标准和方法等,属于招标人自主决策的事项;潜在投标人是否投标、是否组成联合体投标、以何种方式对招标文件作出响应,是投标人自主决策的事项;在评标过程中,是否需要对投标文件进行澄清说明、根据招标文件依法对投标文件进行独立评审等,是评标委员会成员自主决策的事项。对于应当由当事人自主决策的事项,国家工作人员不得以任何方式,包括直接或者间接、明示或者暗示的方式加以干涉。

第三十三条　投标人参加依法必须进行招标的项目的投标,不受地区或者部门的限制,任何单位和个人不得非法干涉。

【要点注释】

本条是关于不得非法干涉、限制投标的规定。

实践中限制、排斥本地区、本部门以外投标人的行为主要有:仅在本地区或本行业范围内发布资格预审公告或招标公告等招标信息;要求潜在投标人必须在本地区注册登记或备案;对本地区或本行业外的潜在投标人、投标人采取不同的资格审查或评标标准;以本地区或本行业的业绩、奖项作为加分条件或中标条件等。此外,《国务院关于禁止在市场经济活动中实行地区封锁的规定》第四条列举了七种主要的地区封锁行为,可以为认定和判断非法干涉、限制投标人提供参考。

2.《优化营商环境条例》(2020 年 1 月 1 日)

第十三条 招标投标和政府采购应当公开透明、公平公正,依法平等对待各类所有制和不同地区的市场主体,不得以不合理条件或者产品产地来源等进行限制或者排斥。

政府有关部门应当加强招标投标和政府采购监管,依法纠正和查处违法违规行为。

第六十三条 制定与市场主体生产经营活动密切相关的行政法规、规章、行政规范性文件,应当按照国务院的规定进行公平竞争审查。

制定涉及市场主体权利义务的行政规范性文件,应当按照国务院的规定进行合法性审核。

市场主体认为地方性法规同行政法规相抵触,或者认为规章同法律、行政法规相抵触的,可以向国务院书面提出审查建议,由有关机关按照规定程序处理。

3.《国务院关于禁止在市场经济活动中实行地区封锁的规定》(2011 年 1 月 8 日)

第一条 为了建立和完善全国统一、公平竞争、规范有序的市场体系,禁止市场经济活动中的地区封锁行为,破除地方保护,维护社会主义市场经济秩序,制定本规定。

第二条 各级人民政府及其所属部门负有消除地区封锁、保护公平竞争的责任,应当为建立和完善全国统一、公平竞争、规范有序的市场体系创造良好的环境和条件。

第三条 禁止各种形式的地区封锁行为。

禁止任何单位或者个人违反法律、行政法规和国务院的规定,以任何方式阻挠、干预外地产品或者工程建设类服务(以下简称服务)进入本地市场,或者对阻挠、干预外地产品或者服务进入本地市场的行为纵容、包庇,限制公平竞争。

第四条 地方各级人民政府及其所属部门(包括被授权或者委托行使行政权的组织,下同)不得违反法律、行政法规和国务院的规定,实行下列地区封锁行为:

(一)以任何方式限定、变相限定单位或者个人只能经营、购买、使用本地生产的产品或者只能接受本地企业、指定企业、其他经济组织或者个人提供的服务；

（二）在道路、车站、港口、航空港或者本行政区域边界设置关卡，阻碍外地产品进入或者本地产品运出；

（三）对外地产品或者服务设定歧视性收费项目、规定歧视性价格，或者实行歧视性收费标准；

（四）对外地产品或者服务采取与本地同类产品或者服务不同的技术要求、检验标准，或者对外地产品或者服务采取重复检验、重复认证等歧视性技术措施，限制外地产品或者服务进入本地市场；

（五）采取专门针对外地产品或者服务的专营、专卖、审批、许可等手段，实行歧视性待遇，限制外地产品或者服务进入本地市场；

（六）通过设定歧视性资质要求、评审标准或者不依法发布信息等方式限制或者排斥外地企业、其他经济组织或者个人参加本地的招投标活动；

（七）以采取同本地企业、其他经济组织或者个人不平等的待遇等方式，限制或者排斥外地企业、其他经济组织或者个人在本地投资或者设立分支机构，或者对外地企业、其他经济组织或者个人在本地的投资或者设立的分支机构实行歧视性待遇，侵害其合法权益；

（八）实行地区封锁的其他行为。

第五条　任何地方不得制定实行地区封锁或者含有地区封锁内容的规定，妨碍建立和完善全国统一、公平竞争、规范有序的市场体系，损害公平竞争环境。

第六条　地方各级人民政府所属部门的规定属于实行地区封锁或者含有地区封锁内容的，由本级人民政府改变或者撤销；本级人民政府不予改变或者撤销的，由上一级人民政府改变或者撤销。

第七条　省、自治区、直辖市以下地方各级人民政府的规定属于实行地区封锁或者含有地区封锁内容的，由上一级人民政府改变或者撤销；上一级人民政府不予改变或者撤销的，由省、自治区、直辖市人民政府改变或者撤销。

第八条　省、自治区、直辖市人民政府的规定属于实行地区封锁或者含有地区封锁内容的，由国务院改变或者撤销。

第九条　地方各级人民政府或者其所属部门设置地区封锁的规定或者含有地区封锁内容的规定，是以国务院所属部门不适当的规定为依据的，由国务院改变或者撤销该部门不适当的规定。

第十条　以任何方式限定、变相限定单位或者个人只能经营、购买、使用本地生产的产品或者只能接受本地企业、指定企业、其他经济组织或者个人提供的服务的，由省、自治区、直辖市人民政府组织经济贸易管理部门、工商行政管理部门查处，撤销限定措施。

第十一条　在道路、车站、港口、航空港或者在本行政区域边界设置关卡，阻碍外地产品进入和本地产品运出的，由省、自治区、直辖市人民政府组织经济贸易管理部门、公安部门和交通部门查处，撤销关卡。

第十二条　对外地产品或者服务设定歧视性收费项目、规定歧视性价格，或者实行歧视性收费标准的，由省、自治区、直辖市人民政府组织财政部门和价格部门查处，撤销歧视性收费项目、价格或者收费标准。

第十三条　对外地产品或者服务采取和本地同类产品或者服务不同的技术要求、检验标准，或者对外地产品或者服务采取重复检验、重复认证等歧视性技术措施，限制外地产品或者服务进入本地市场的，由省、自治区、直辖市人民政府组织质量技术监督部门查处，撤销歧视性技术措施。

第十四条　采取专门针对外地产品或者服务的专营、专卖、审批、许可等手段，实行歧视性待遇，限制外地产品或者服务进入本地市场的，由省、自治区、直辖市人民政府组织经济贸易管理部门、工商行政管理部门、质量技术监督部门和其他有关主管部门查处，撤销歧视性待遇。

第十五条　通过设定歧视性资质要求、评审标准或者不依法发布信息等方式，限制或者排斥外地企业、其他经济组织或者个人参加本地的招投标活动的，由省、自治区、直辖市人民政府组织有关主管部门查处，消除障碍。

第十六条　以采取同本地企业、其他经济组织或者个人不平等的待遇等方式，限制或者排斥外地企业、其他经济组织或者个人在本地投资或者设立分支机构，或者对外地企业、其他经济组织或者个人在本地的投资或者设立的分支机构实行歧视性待遇的，由省、自治区、直辖市人民政府组织经济贸易管理部门、工商行政管理部门查处，消除障碍。

第十九条　地区封锁行为属于根据地方人民政府或者其所属部门的规定实行的，除依照本规定第十条至第十七条的规定查处、消除地区封锁外，并应当依照本规定第六条至第九条的规定，对有关规定予以改变或者撤销。

第二十条　任何单位和个人均有权对地区封锁行为进行抵制，并向有关省、自治区、直辖市人民政府或者其经济贸易管理部门、工商行政管理部门、质量技术监督部门或者其他有关部门直至国务院经济贸易管理部门、国务院工商行政管理部门、国务院质量监督检验检疫部门或者国务院其他有关部门检举。

有关省、自治区、直辖市人民政府或者其经济贸易管理部门、工商行政管理部门、质量技术监督部门或者其他有关部门接到检举后,应当自接到检举之日起 5 个工作日内,由省、自治区、直辖市人民政府责成有关地方人民政府在 30 个工作日内调查、处理完毕,或者由省、自治区、直辖市人民政府在 30 个工作日内依照本规定直接调查、处理完毕;特殊情况下,调查、处理时间可以适当延长,但延长的时间不得超过 30 个工作日。

国务院经济贸易管理部门、国务院工商行政管理部门、国务院质量监督检验检疫部门或者国务院其他有关部门接到检举后,应当在 5 个工作日内,将检举材料转送有关省、自治区、直辖市人民政府。

接受检举的政府、部门应当为检举人保密。对检举有功的单位和个人,应当给予奖励。

【部门规章及规范性文件】

1.《工程建设项目施工招标投标办法》(2013 年 5 月 1 日)

第五条 工程施工招标投标活动,依法由招标人负责。任何单位和个人不得以任何方式非法干涉工程施工招标投标活动。

施工招标投标活动不受地区或者部门的限制。

2.《工程建设项目货物招标投标办法》(2013 年 5 月 1 日)

第四条 工程建设项目货物招标投标活动应当遵循公开、公平、公正和诚实信用的原则。货物招标投标活动不受地区或者部门的限制。

3.《房屋建筑和市政基础设施工程施工招标投标管理办法》(2019 年 3 月 13 日)

第四条 任何单位和个人不得违反法律、行政法规规定,限制或者排斥本地区、本系统以外的法人或者其他组织参加投标,不得以任何方式非法干涉施工招标投标活动。

4.《电子招标投标办法》(2013 年 5 月 1 日)

第八条 电子招标投标交易平台应当按照技术规范规定,执行统一的信息分类和编码标准，为各类电子招标投标信息的互联互通和交换共享开放数据接口、公布接口要求。

电子招标投标交易平台接口应当保持技术中立，与各类需要分离开发的工具软件相兼容对接，不得限制或者排斥符合技术规范规定的工具软件与其对接。

第十五条 电子招标投标交易平台运营机构不得以任何手段限制或者排斥潜在投标人，不得泄露依法应当保密的信息，不得弄虚作假、串通投标或者为弄虚作假、串通投标提供便利。

5.《制止滥用行政权力排除、限制竞争行为暂行规定》（2019年9月1日）

第四条 行政机关和法律、法规授权的具有管理公共事务职能的组织不得滥用行政权力，实施下列行为，限定或者变相限定单位或者个人经营、购买、使用其指定的经营者提供的商品和服务（以下统称商品）：

（一）以明确要求、暗示、拒绝或者拖延行政审批、重复检查、不予接入平台或者网络等方式，限定或者变相限定经营、购买、使用特定经营者提供的商品；

（二）通过限制投标人所在地、所有制形式、组织形式等方式，限定或者变相限定经营、购买、使用特定投标人提供的商品；

（三）没有法律、法规依据，通过设置项目库、名录库等方式，限定或者变相限定经营、购买、使用特定经营者提供的商品；

（四）限定或者变相限定单位或者个人经营、购买、使用其指定的经营者提供的商品的其他行为。

第五条 行政机关和法律、法规授权的具有管理公共事务职能的组织不得滥用行政权力，实施下列行为，妨碍商品在地区之间的自由流通：

（一）对外地商品设定歧视性收费项目、实行歧视性收费标准，或者规定歧视性价格、实行歧视性补贴政策；

（二）对外地商品规定与本地同类商品不同的技术要求、检验标准，或者对外地商品采取重复检验、重复认证等措施，阻碍、限制外地商品进入本地市场；

（三）没有法律、法规依据，采取专门针对外地商品的行政许可、备案，或者对外地商品实施行政许可、备案时，设定不同的许可或者备案条件、程序、期限等，阻碍、限制外地商品进入本地市场；

（四）没有法律、法规依据，设置关卡、通过软件或者互联网设置屏蔽等手段，阻碍、限制外地商品进入本地市场或者本地商品运往外地市场；

（五）妨碍商品在地区之间自由流通的其他行为。

第六条　行政机关和法律、法规授权的具有管理公共事务职能的组织不得滥用行政权力，实施下列行为，排斥或者限制外地经营者参加本地的招标投标活动：

（一）不依法发布信息；

（二）明确外地经营者不能参与本地特定的招标投标活动；

（三）对外地经营者设定歧视性的资质要求或者评审标准；

（四）通过设定与招标项目的具体特点和实际需要不相适应或者与合同履行无关的资格、技术和商务条件，变相限制外地经营者参加本地招标投标活动；

（五）排斥或者限制外地经营者参加本地招标投标活动的其他行为。

第七条　行政机关和法律、法规授权的具有管理公共事务职能的组织不得滥用行政权力，实施下列行为，排斥或者限制外地经营者在本地投资或者设立分支机构：

（一）拒绝外地经营者在本地投资或者设立分支机构；

（二）没有法律、法规依据，对外地经营者在本地投资的规模、方式以及设立分支机构的地址、商业模式等进行限制；

（三）对外地经营者在本地的投资或者设立的分支机构在投资、经营规模、经营方式、税费缴纳等方面规定与本地经营者不同的要求，在安全生产、节能环保、质量标准等方面实行歧视性待遇；

（四）排斥或者限制外地经营者在本地投资或者设立分支机构的其他行为。

第八条　行政机关和法律、法规授权的具有管理公共事务职能的组织不得滥用行政权力，强制或者变相强制经营者从事反垄断法规定的垄断行为。

第九条　行政机关不得滥用行政权力，以规定、办法、决定、公告、通知、意见、会议纪要等形式，制定、发布含有排除、限制竞争内容的市场准入、产业发展、招商引资、招标投标、政府采购、经营行为规范、资质标准等涉及市场主体经济活动的规章、规范性文件和其他政策措施。

6.《公平竞争审查制度实施细则（暂行）》（2017 年 10 月 23 日）

第十四条　市场准入和退出标准。

(一)不得设置不合理和歧视性的准入和退出条件,包括但不限于:

1. 设置明显不必要或者超出实际需要的准入和退出条件,排斥或者限制经营者参与市场竞争;

2. 没有法律法规依据或者国务院规定,对不同所有制、地区、组织形式的经营者实施差别化待遇,设置不平等的市场准入和退出条件;

3. 没有法律法规依据或者国务院规定,以备案、登记、注册、名录、年检、监制、认定、认证、审定、指定、配号、换证、要求设立分支机构等形式,设定或者变相设定市场准入障碍;

4. 没有法律法规依据或者国务院规定,设置消除或者减少经营者之间竞争的市场准入或者退出条件。

(二)未经公平竞争不得授予经营者特许经营权,包括但不限于:

1. 在一般竞争性领域实施特许经营或者以特许经营为名增设行政许可;

2. 未明确特许经营权期限或者未经法定程序延长特许经营权期限;

3. 未采取招标投标、竞争性谈判等竞争方式,直接将特许经营权授予特定经营者;

4. 设置歧视性条件,使经营者无法公平参与特许经营权竞争。

(三)不得限定经营、购买、使用特定经营者提供的商品和服务,包括但不限于:

1. 以明确要求、暗示、拒绝或者拖延行政审批、重复检查、不予接入平台或者网络等方式,限定或者变相限定经营、购买、使用特定经营者提供的商品和服务;

2. 在招标投标中限定投标人所在地、所有制、组织形式,排斥或者限制潜在投标人参与招标投标活动;

3. 没有法律法规依据,通过设置项目库、名录库等方式,排斥或者限制潜在经营者提供商品和服务。

(四)不得设置没有法律法规依据的审批或者具有行政审批性质的事前备案程序,包括但不限于:

1. 没有法律法规依据增设行政审批事项,增加行政审批环节、条件和程序;

2. 没有法律法规依据设置具有行政审批性质的前置性备案程序。

(五)不得对市场准入负面清单以外的行业、领域、业务等设置审批程序，主要指没有法律法规依据或者国务院决定，采取禁止进入、限制市场主体资质、限制股权比例、限制经营范围和商业模式等方式，直接或者变相限制市场准入。

第十五条　商品和要素自由流动标准。

（一）不得对外地和进口商品、服务实行歧视性价格和歧视性补贴政策，包括但不限于：

1. 制定政府定价或者政府指导价时，对外地和进口同类商品、服务制定歧视性价格；

2. 对相关商品、服务进行补贴时，对外地同类商品、服务和进口同类商品不予补贴或者给予较低补贴。

（二）不得限制外地和进口商品、服务进入本地市场或者阻碍本地商品运出、服务输出，包括但不限于：

1. 对外地商品、服务规定与本地同类商品、服务不同的技术要求、检验标准，或者采取重复检验、重复认证等歧视性技术措施；

2. 对进口商品规定与本地同类商品不同的技术要求、检验标准，或者采取重复检验、重复认证等歧视性技术措施；

3. 没有法律法规依据或者国务院规定，对进口服务规定与本地同类服务不同的技术要求、检验标准，或者采取重复检验、重复认证等歧视性技术措施；

4. 没有法律法规依据，设置专门针对外地和进口商品、服务的专营、专卖、审批、许可；

5. 没有法律法规依据，在道路、车站、港口、航空港或者本行政区域边界设置关卡，阻碍外地和进口商品、服务进入本地市场或者本地商品运出和服务输出；

6. 没有法律法规依据，通过软件或者互联网设置屏蔽以及采取其他手段，阻碍外地和进口商品、服务进入本地市场或者本地商品运出和服务输出。

（三）不得排斥或者限制外地经营者参加本地招标投标活动，包括但不限于：

1. 不依法及时有效地发布招标信息；

2. 直接明确外地经营者不能参与本地特定的招标投标活动；

3. 对外地经营者设定明显高于本地经营者的资质要求或者评审标准；

4. 通过设定与招标项目的具体特点和实际需要不相适应或者与合同履

行无关的资格、技术和商务条件,变相限制外地经营者参加本地招标投标活动。

(四)不得排斥、限制或者强制外地经营者在本地投资或者设立分支机构,包括但不限于:

1. 直接拒绝外地经营者在本地投资或者设立分支机构;

2. 没有法律法规依据或者国务院规定,对外地经营者在本地投资的规模、方式以及设立分支机构的地址、模式等进行限制;

3. 没有法律法规依据,直接强制外地经营者在本地投资或者设立分支机构;

4. 没有法律法规依据,将在本地投资或者设立分支机构作为参与本地招标投标、享受补贴和优惠政策等的必要条件,变相强制外地经营者在本地投资或者设立分支机构。

(五)不得对外地经营者在本地的投资或者设立的分支机构实行歧视性待遇,包括但不限于:

1. 对外地经营者在本地的投资不给予与本地经营者同等的政策待遇;

2. 对外地经营者在本地设立的分支机构在经营规模、经营方式、税费缴纳等方面规定与本地经营者不同的要求;

3. 在节能环保、安全生产、健康卫生、工程质量、市场监管等方面,对外地经营者在本地设立的分支机构规定歧视性监管标准和要求。

7.《工程项目招投标领域营商环境专项整治工作方案》(2019 年 8 月 20 日)

(二)整治内容

根据《招标投标法》《招标投标法实施条例》等有关规定,清理、排查、纠正在招投标法规政策文件、招标公告、投标邀请书、资格预审公告、资格预审文件、招标文件以及招投标实践操作中,对不同所有制企业设置的各类不合理限制和壁垒。重点针对以下问题:

1. 违法设置的限制、排斥不同所有制企业参与招投标的规定,以及虽然没有直接限制、排斥,但实质上起到变相限制、排斥效果的规定。

2. 违法限定潜在投标人或者投标人的所有制形式或者组织形式,对不同所有制投标人采取不同的资格审查标准。

3. 设定企业股东背景、年平均承接项目数量或者金额、从业人员、纳税额、营业场所面积等规模条件;设置超过项目实际需要的企业注册资本、资产总额、净资产规模、营业收入、利润、授信额度等财务指标。

4. 设定明显超出招标项目具体特点和实际需要的过高的资质资格、技术、商务条件或者业绩、奖项要求。

5. 将国家已经明令取消的资质资格作为投标条件、加分条件、中标条件；在国家已经明令取消资质资格的领域，将其他资质资格作为投标条件、加分条件、中标条件。

6. 将特定行政区域、特定行业的业绩、奖项作为投标条件、加分条件、中标条件；将政府部门、行业协会商会或者其他机构对投标人作出的荣誉奖励和慈善公益证明等作为投标条件、中标条件。

7. 限定或者指定特定的专利、商标、品牌、原产地、供应商或者检验检测认证机构（法律法规有明确要求的除外）。

8. 要求投标人在本地注册设立子公司、分公司、分支机构，在本地拥有一定办公面积，在本地缴纳社会保险等。

9. 没有法律法规依据设定投标报名、招标文件审查等事前审批或者审核环节。

10. 对仅需提供有关资质证明文件、证照、证件复印件的，要求必须提供原件；对按规定可以采用“多证合一”电子证照的，要求必须提供纸质证照。

11. 在开标环节要求投标人的法定代表人必须到场，不接受经授权委托的投标人代表到场。

12. 评标专家对不同所有制投标人打分畸高或畸低，且无法说明正当理由。

13. 明示或暗示评标专家对不同所有制投标人采取不同的评标标准、实施不客观公正评价。

14. 采用抽签、摇号等方式直接确定中标候选人。

15. 限定投标保证金、履约保证金只能以现金形式提交，或者不按规定或者合同约定返还保证金。

16. 简单以注册人员、业绩数量等规模条件或者特定行政区域的业绩奖项评价企业的信用等级，或者设置对不同所有制企业构成歧视的信用评价指标。

17. 不落实《必须招标的工程项目规定》《必须招标的基础设施和公用事业项目范围规定》，违法干涉社会投资的房屋建筑等工程建设单位发包自主权。

18. 其他对不同所有制企业设置的不合理限制和壁垒。

编者说明

我国发展社会主义市场经济,客观要求必须在全国范围内建立起统一、开放、竞争、有序的大市场。任何以地方保护、部门垄断等方式分割市场的行为,都会缩小市场规模,降低市场效率,阻碍经济发展。当前,一些地方和部门为了保护本地区、本行业企业、单位的利益,违法设置限制或者排斥性条件,搞地方保护、行业垄断,限制本地区、本系统、本行业以外的投标人参与投标,破坏了公平公正的市场竞争秩序,妨碍了全国统一、公平竞争、规范有序的市场体系建设,违反了国家关于优化营商环境、促进公平市场建设的相关法律法规,有的可能构成行政垄断,相关当事人可以进行投诉请求查处违法行为。另外,一些单位和个人非法干预招标投标活动的行为,其中可能存在以权谋私、贪污腐败等违法行为,对此也要依法严惩,维护公平的市场竞争秩序。

第七条 【对招标投标活动的监督】招标投标活动及其当事人应当接受依法实施的监督。

有关行政监督部门依法对招标投标活动实施监督,依法查处招标投标活动中的违法行为。

对招标投标活动的行政监督及有关部门的具体职权划分,由国务院规定。

【立法·要点注释】

本条是关于对招标投标活动实施行政监督管理的规定。

1. 本条第一款规定了招标投标活动须依法接受监督的原则,包括两层意思:(1)招标投标活动及其当事人应当依法接受监督。(2)有关行政管理部门对招标投标活动的监督检查必须依法进行。具体包括:有关部门监督管理的职权必须符合法律、行政法规和国务院的规定;监督管理的内容、监督管理的措施以及对违法行为实施行政处罚的处罚种类、处罚幅度等,都必须遵守法律、行政法规的规定,不能自行其是。对法律、行政法规规定应当进行监督管理的事项,有关行政监督管理部门必须依法实施监督管理,否则就是失职;对不属于行政监督管理范围内,而应由招标投标活动当事人自主决定的事项,行政机关不得凭借其行政权力违法进行干预,否则就是越权或滥用职权。

2. 有关行政监督管理部门对招标投标活动实施监督管理的事项主要包括:(1)对依照本法必须招标的项目是否进行招标进行监督;(2)对法定招标投标项目是否依照本法规定的规则和程序进行招标投标实施监督;(3)依法查处招标投标活动中的违法行为。

3. 本条第三款规定,对招标投标活动的具体行政监督,以及有关行政部门在招标投标监督管理中的职权划分,由国务院规定。考虑到实行招标投标的领域较广,涉及不少部门,不可能由一个部门对招标投标活动统一实施监督,只能根据不同领域工程建设的特点,由有关部门在各自的职权范围内分别负责对招标投标活动进行监督。

【行政法规】

1.《中华人民共和国招标投标法实施条例》(2019年3月2日)

第四条　国务院发展改革部门指导和协调全国招标投标工作,对国家重大建设项目的工程招标投标活动实施监督检查。国务院工业和信息化、住房城乡建设、交通运输、铁道、水利、商务等部门,按照规定的职责分工对有关招标投标活动实施监督。

县级以上地方人民政府发展改革部门指导和协调本行政区域的招标投标工作。县级以上地方人民政府有关部门按照规定的职责分工,对招标投标活动实施监督,依法查处招标投标活动中的违法行为。县级以上地方人民政府对其所属部门有关招标投标活动的监督职责分工另有规定的,从其规定。

财政部门依法对实行招标投标的政府采购工程建设项目的政府采购政策执行情况实施监督。

监察机关依法对与招标投标活动有关的监察对象实施监察。

【要点注释】

本条是关于招标投标行政监督职责分工的规定。

1. 本条第一款根据国办发〔2000〕34号文件规定,明确了国务院有关部门招标投标行政监督职责分工,之外增加了财政部门和监察机关。

2. 行政监督与社会监督、司法监督应当相互补充,充分发挥好这三种监督方式的优势,相互配合,建立起多方面、多层次的监督制约机制。

2.《国务院办公厅印发国务院有关部门实施招标投标活动行政监督的职责分工意见的通知》(国办发〔2000〕34号,2000年5月3日)

一、国家发展计划委员会指导和协调全国招投标工作,会同有关行政主管部门拟定《招标投标法》配套法规、综合性政策和必须进行招标的项目的具体范围、规模标准以及不适宜进行招标的项目,报国务院批准;指定发布招标公告的报刊、信息网络或其他媒介。有关行政主管部门根据《招标投标法》和国家有关法规、政策,可联合或分别制定具体实施办法。

二、项目审批部门在审批必须进行招标的项目可行性研究报告时,核准项目的招标方式(委托招标或自行招标)以及国家出资项目的招标范围(发包初步方案)。项目审批后,及时向有关行政主管部门通报所确定的招标方式和范围等情况。

三、对于招投标过程(包括招标、投标、开标、评标、中标)中泄露保密资料、泄露标底、串通招标、串通投标、歧视排斥投标等违法活动的监督执法,按现行的职责分工,分别由有关行政主管部门负责并受理投标人和其他利害关系人的投诉。按照这一原则,工业(含内贸)、水利、交通、铁道、民航、信息产业等行业和产业项目的招投标活动的监督执法,分别由经贸、水利、交通、铁道、民航、信息产业等行政主管部门负责;各类房屋建筑及其附属设施的建造和与其配套的线路、管道、设备的安装项目和市政工程项目的招投标活动的监督执法,由建设行政主管部门负责;进口机电设备采购项目的招投标活动的监督执法,由外经贸行政主管部门负责。有关行政主管部门须将监督过程中发现的问题,及时通知项目审批部门,项目审批部门根据情况依法暂停项目执行或者暂停资金拨付。

四、从事各类工程建设项目招标代理业务的招标代理机构的资格,由建设行政主管部门认定;从事与工程建设有关的进口机电设备采购招标代理业务的招标代理机构的资格,由外经贸行政主管部门认定;从事其他招标代理业务的招标代理机构的资格,按现行职责分工,分别由有关行政主管部门认定。①

五、国家发展计划委员会负责组织国家重大建设项目稽察特派员,对国家重大建设项目建设过程中的工程招投标进行监督检查。

① 各类项目招标代理机构资格制度已经取消。——编者注

【部门规章及规范性文件】

1.《工程建设项目勘察设计招标投标办法》(2013 年 5 月 1 日)

第六条　各级发展改革、工业和信息化、住房城乡建设、交通运输、铁道、水利、商务、广电、民航等部门依照《国务院办公厅印发国务院有关部门实施招标投标活动行政监督的职责分工意见的通知》(国办发〔2000〕34 号)和各地规定的职责分工,对工程建设项目勘察设计招标投标活动实施监督,依法查处招标投标活动中的违法行为。

2.《工程建设项目施工招标投标办法》(2013 年 5 月 1 日)

第六条　各级发展改革、工业和信息化、住房城乡建设、交通运输、铁道、水利、商务、民航等部门依照《国务院办公厅印发国务院有关部门实施招标投标活动行政监督的职责分工意见的通知》(国办发〔2000〕34 号)和各地规定的职责分工,对工程施工招标投标活动实施监督,依法查处工程施工招标投标活动中的违法行为。

3.《工程建设项目货物招标投标办法》(2013 年 5 月 1 日)

第六条　各级发展改革、工业和信息化、住房城乡建设、交通运输、铁道、水利、民航等部门依照国务院和地方各级人民政府关于工程建设项目行政监督的职责分工,对工程建设项目中所包括的货物招标投标活动实施监督,依法查处货物招标投标活动中的违法行为。

4.《房屋建筑和市政基础设施工程施工招标投标管理办法》(2019 年 3 月 13 日)

第三条　国务院建设行政主管部门负责全国工程施工招标投标活动的监督管理。

县级以上地方人民政府建设行政主管部门负责本行政区域内工程施工招标投标活动的监督管理。具体的监督管理工作,可以委托工程招标投标监督管理机构负责实施。

第五条　施工招标投标活动及其当事人应当依法接受监督。

建设行政主管部门依法对施工招标投标活动实施监督,查处施工招标投标活动中的违法行为。

第十二条 全部使用国有资金投资或者国有资金投资占控股或者主导地位,依法必须进行施工招标的工程项目,应当进入有形建筑市场进行招标投标活动。

政府有关管理机关可以在有形建筑市场集中办理有关手续,并依法实施监督。

5.《机电产品国际招标投标实施办法(试行)》(2014 年 4 月 1 日)

第四条 商务部负责管理和协调全国机电产品的国际招标投标工作,制定相关规定;根据国家有关规定,负责调整、公布机电产品国际招标范围;负责监督管理全国机电产品国际招标代理机构(以下简称招标机构);负责利用国际组织和外国政府贷款、援助资金(以下简称国外贷款、援助资金)项目机电产品国际招标投标活动的行政监督;负责组建和管理机电产品国际招标评标专家库;负责建设和管理机电产品国际招标投标电子公共服务和行政监督平台。

各省、自治区、直辖市、计划单列市、新疆生产建设兵团、沿海开放城市及经济特区商务主管部门、国务院有关部门机电产品进出口管理机构负责本地区、本部门的机电产品国际招标投标活动的行政监督和协调;负责本地区、本部门所属招标机构的监督和管理;负责本地区、本部门机电产品国际招标评标专家的日常管理。

各级机电产品进出口管理机构(以下简称主管部门)及其工作人员应当依法履行职责,不得以任何方式非法干涉招标投标活动。主管部门的工作人员对监督检查过程中知悉的国家秘密、商业秘密,应当依法予以保密。

第五条 商务部委托专门网站为机电产品国际招标投标活动提供公共服务和行政监督的平台(以下简称招标网)。机电产品国际招标投标应当在招标网上完成招标项目建档、招标过程文件存档和备案、资格预审公告发布、招标公告发布、评审专家抽取、评标结果公示、异议投诉、中标结果公告等招标投标活动的相关程序,但涉及国家秘密的招标项目除外。

招标网承办单位应当在商务部委托的范围内提供网络服务,应当遵守法律、行政法规以及本办法的规定,不得损害国家利益、社会公共利益和招投标活动当事人的合法权益,不得泄露应当保密的信息,不得拒绝或者拖延办理委托范围内事项,不得利用委托范围内事项向有关当事人收取费用。

6.《电子招标投标办法》(2013 年 5 月 1 日)

第四条　国务院发展改革部门负责指导协调全国电子招标投标活动，各级地方人民政府发展改革部门负责指导协调本行政区域内电子招标投标活动。各级人民政府发展改革、工业和信息化、住房城乡建设、交通运输、铁道、水利、商务等部门，按照规定的职责分工，对电子招标投标活动实施监督，依法查处电子招标投标活动中的违法行为。

依法设立的招标投标交易场所的监管机构负责督促、指导招标投标交易场所推进电子招标投标工作，配合有关部门对电子招标投标活动实施监督。

省级以上人民政府有关部门对本行政区域内电子招标投标系统的建设、运营，以及相关检测、认证活动实施监督。

监察机关依法对与电子招标投标活动有关的监察对象实施监察。

第四十六条　电子招标投标活动及相关主体应当自觉接受行政监督部门、监察机关依法实施的监督、监察。

第四十七条　行政监督部门、监察机关结合电子政务建设，提升电子招标投标监督能力，依法设置并公布有关法律法规规章、行政监督的依据、职责权限、监督环节、程序和时限、信息交换要求和联系方式等相关内容。

第四十八条　电子招标投标交易平台和公共服务平台应当按照本办法和技术规范规定，向行政监督平台开放数据接口、公布接口要求，按有关规定及时对接交换和公布有关招标投标信息。

行政监督平台应当开放数据接口，公布数据接口要求，不得限制和排斥已通过检测认证的电子招标投标交易平台和公共服务平台与其对接交换信息，并参照执行本办法第八条至第十五条的有关规定。

第四十九条　电子招标投标交易平台应当依法设置电子招标投标工作人员的职责权限，如实记录招标投标过程、数据信息来源，以及每一操作环节的时间、网络地址和工作人员，并具备电子归档功能。

电子招标投标公共服务平台应当记录和公布相关交换数据信息的来源、时间并进行电子归档备份。

任何单位和个人不得伪造、篡改或者损毁电子招标投标活动信息。

第五十条　行政监督部门、监察机关及其工作人员，除依法履行职责外，不得干预电子招标投标活动，并遵守有关信息保密的规定。

第五十一条　投标人或者其他利害关系人认为电子招标投标活动不符合有关规定的，通过相关行政监督平台进行投诉。

第五十二条　行政监督部门和监察机关在依法监督检查招标投标活动或者处理投诉时，通过其平台发出的行政监督或者行政监察指令，招标投标活动当事人和电子招标投标交易平台、公共服务平台的运营机构应当执行，并如实提供相关信息，协助调查处理。

7.《住房和城乡建设部关于进一步加强房屋建筑和市政基础设施工程招标投标监管的指导意见》(2019年12月19日)

工程招标投标制度在维护国家利益和社会公共利益、规范建筑市场行为、提高投资效益、促进廉政建设等方面发挥了重要作用。但是，当前工程招标投标活动中招标人主体责任缺失，串通投标、弄虚作假违法违规问题依然突出。为深入贯彻落实《国务院办公厅关于促进建筑业持续健康发展的意见》(国办发〔2017〕19号)、《国务院办公厅转发住房城乡建设部关于完善质量保障体系提升建筑工程品质指导意见的通知》(国办函〔2019〕92号)，积极推进房屋建筑和市政基础设施工程招标投标制度改革，加强相关工程招标投标活动监管，严厉打击招标投标环节违法违规问题，维护建筑市场秩序，现提出如下意见。

一、夯实招标人的权责

(一)落实招标人首要责任。工程招标投标活动依法应由招标人负责，招标人自主决定发起招标，自主选择工程建设项目招标代理机构、资格审查方式、招标人代表和评标方法。夯实招标投标活动中各方主体责任，党员干部严禁利用职权或者职务上的影响干预招标投标活动。

(二)政府投资工程鼓励集中建设管理方式。实施相对集中专业化管理，采用组建集中建设机构或竞争选择企业实行代建的模式，严格控制工程项目投资，科学确定并严格执行合理的工程建设周期，保障工程质量安全，竣工验收后移交使用单位，提高政府投资工程的专业化管理水平。

二、优化招标投标方法

(三)缩小招标范围。社会投资的房屋建筑工程，建设单位自主决定发包方式，社会投资的市政基础设施工程依法决定发包方式。政府投资工程鼓励采用全过程工程咨询、工程总承包方式，减少招标投标层级，依据合同约定或经招标人同意，由总承包单位自主决定专业分包，招标人不得指定分包或肢解工程。

(四)探索推进评定分离方法。招标人应科学制定评标定标方法，组建评标委员会，通过资格审查强化对投标人的信用状况和履约能力审查，围绕高质量发展要求优先考虑创新、绿色等评审因素。评标委员会对投标文件的技术、质量、安全、工期的控制能力等因素提供技术咨询建议，向招标人推荐合格的中标候选人。由招标人按照科学、民主决策原则，建立健全内部控制程序和决策约束机制，根据报价情况和技术咨询建议，择优确定中标人，实现招标投标过程的规范透明，结果的合法公正，依法依规接受监督。

（五）全面推行电子招标投标。全面推行招标投标交易全过程电子化和异地远程评标，实现招标投标活动信息公开。积极创新电子化行政监督，招标投标交易平台应当与本地建筑市场监管平台实现数据对接，加快推动交易、监管数据互联共享，加大全国建筑市场监管公共服务平台工程项目数据信息的归集和共享力度。

（六）推动市场形成价格机制。实施工程造价供给侧结构性改革，鼓励地方建立工程造价数据库和发布市场化的造价指标指数，促进通过市场竞争形成合同价。对标国际，建立工程计量计价体系，完善工程材料、机械、人工等各类价格市场化信息发布机制。改进最高投标限价编制方式，强化招标人工程造价管控责任，推行全过程工程造价咨询。严格合同履约管理和工程变更，强化工程进度款支付和工程结算管理，招标人不得将未完成审计作为延期工程结算、拖欠工程款的理由。

三、加强招标投标过程监管

（七）加强招标投标活动监管。各级住房和城乡建设主管部门应按照"双随机、一公开"的要求，加大招标投标事中事后查处力度，严厉打击串通投标、弄虚作假等违法违规行为，维护建筑市场秩序。对围标串标等情节严重的，应纳入失信联合惩戒范围，直至清出市场。

（八）加强评标专家监管。各级住房和城乡建设主管部门要结合实际健全完善评标专家动态监管和抽取监督的管理制度，严格履行对评标专家的监管职责。建立评标专家考核和退出机制，对存在违法违规行为的评标专家，应取消其评标专家资格，依法依规严肃查处。

（九）强化招标代理机构市场行为监管。实行招标代理机构信息自愿报送和年度业绩公示制度，完善全过程工程咨询机构从事招标投标活动的监管。加强招标代理机构从业人员考核、评价，严格依法查处从业人员违法违规行为，信用评价信息向社会公开，实行招标代理机构"黑名单"制度，构建守信激励、失信惩戒机制。

（十）强化合同履约监管。加强建筑市场和施工现场“两场”联动，将履约行为纳入信用评价，中标人应严格按照投标承诺的技术力量和技术方案履约，对中标人拒不履行合同约定义务的，作为不良行为记入信用记录。

四、优化招标投标市场环境

（十一）加快推行工程担保制度。推行银行保函制度，在有条件的地区推行工程担保公司保函和工程保证保险。招标人要求中标人提供履约担保的，招标人应当同时向中标人提供工程款支付担保。对采用最低价中标的探索实行高保额履约担保。

（十二）加大信息公开力度。公开招标的项目信息，包括资格预审公告、招标公告、评审委员会评审信息、资格审查不合格名单、评标结果、中标候选人、定标方法、受理投诉的联系方式等内容，应在招标公告发布的公共服务平台、交易平台向社会公开，接受社会公众的监督。

（十三）完善建筑市场信用评价机制。积极开展建筑市场信用评价，健全招标人、投标人、招标代理机构及从业人员等市场主体信用档案，完善信用信息的分级管理制度，对存在严重失信行为的市场主体予以惩戒，推动建筑市场信用评价结果在招标投标活动中规范应用，严禁假借信用评价实行地方保护。

（十四）畅通投诉渠道，规范投诉行为。招标投标监管部门要建立健全公平、高效的投诉处理机制，及时受理并依法处理招标投标投诉，加大查处力度。要规范投诉行为，投诉书应包括投诉人和被投诉人的名称地址及有效联系方式、投诉的基本事实、相关请求及主张、有效线索和相关证明材料、已提出异议的证明文件。属于恶意投诉的，应追究其相应责任。

五、强化保障措施

（十五）强化组织领导。各地住房和城乡建设主管部门要高度重视建筑市场交易活动，创新工程招标投标监管机制，完善相关配套政策，加强对建筑市场交易活动的引导和支持，加强与发展改革、财政、审计等有关部门的沟通协调，切实解决招标投标活动中的实际问题。

（十六）推动示范引领。各地住房和城乡建设主管部门要积极推动工程建设项目招标投标改革，选择部分地区开展试点，及时总结试点做法，形成可复制、可推广的经验。试点中的问题和建议及时告住房和城乡建设部。

（十七）做好宣传引导。各地住房和城乡建设主管部门要通过多种形式及时宣传报道招标投标改革工作措施和取得的成效，加强舆论引导，争取社会公众和市场主体的支持，及时回应舆论关切，为顺利推进招标投标改革工作营造良好的舆论环境。

【法院参考案例】

1. 湘潭联合出租汽车有限公司与湘潭市交通运输局出租汽车特许经营权重新授予招标行为行政纠纷案［（2017）湘行申53号］

裁判要旨：行政机关因履行法定职责而启动招标投标程序，其若作为主管部门再对该招标程序实行监督明显不当，人民政府可以指定其他行政机关担任该招标投标项目的监督机关。

湖南省高级人民法院认为，根据《行政许可法》第十二条第（二）项以及《市政公用事业特许经营管理办法》第二条第二款的规定，应当认定出租汽车属于行政许可事项的范畴。根据《出租汽车经营服务管理规定》第六条第二款、第三款及第十三条的规定，能够认定被申请人具备对出租汽车特许经营权重新授予招标的行政职能。根据《招标投标法》第十二条的规定，被申请人有权以招标人身份委托招标代理机构实施组织重新授予招标工作符合法律规定。根据《招标投标法实施条例》第四条第二款的规定，县级以上地方人民政府发展改革部门指导和协调本行政区域的招标投标工作，县级以上地方人民政府有关部门按照规定的职责分工，对招标活动实施监督。本案中，被申请人因履行出租车特许经营权配置的法定职责而启动招投标程序，其若作为城市公共客运主管部门对该程序实行监督明显不当，湘潭市人民政府指定湘潭市发展改革委员会担任招投标项目的监督机关并不违法。综合全案实际情况，被申请人在招标过程中，依法履行行政管理职责，并不存在滥用职权、超越职权的情形。

2. 核工业湖南衡阳华安建设工程有限公司与绵阳市人民政府行政纠纷案［（2017）川行终1号］

裁判要旨：现有法律法规没有明确授权行政机关具有对下级行政主管部门作为招标人的招标投标活动实施监督的职权的，其不具有对监督下级行政主管部门招标投标活动的法定职责。

四川省高级人民法院认为，绵阳市国土资源局是否具有对本案涉及的招投标活动实施行政监督的职权，是本案的焦点问题。绵阳市国土资源局对本案涉及的招投标活动实施行政监督的职权,必须由法律、法规明确授权,否则不具有该职权。《招标投标法》第七条第三款规定:“对招标投标活动的行政监督及有关部门的具体职权划分,由国务院规定。”《招标投标法实施条例》第四条第二款规定:“县级以上地方人民政府发展改革部门指导和协调本行政区域的招标投标工作。县级以上地方人民政府有关部门按照规定的职责分工,对招标投标活动实施监督,依法查处招标投标活动中的违法行为。”第三款规定:“财政部门依法对实行招标投标的政府采购工程建设项目的预算执行情况和政府采购政策执行情况实施监督。”四川省人民政府办公厅(川办函〔2005〕138号)《关于国家投资工程建设项目招标活动监督职责有关问题的通知》第二条规定:“凡有关行政主管部门作为招标人的招标投标活动以及法律法规未明确规定由有关行政主管部门实施监督的招标投标活动,由发展改革部门实施监督。”绵阳市国土资源局作为招标人安县国土资源局的上级行政主管部门,因现有法律法规没有明确授权其具有对下级行政主管部门作为招标人的招标投标活动实施监督的职权,所以其不具有对安县国土资源局作为招标人的招投标活动实施行政监督的法定职责,其作出的《安县高川乡黄洞子沟泥石流治理工程施工招投标投诉处理决定书》应依法予以撤销。

3. 广州市睿杰名店管理有限公司与广东省人民政府国有资产监督管理委员会国有资产行政管理(国资)行政纠纷案[(2017)粤7101行初3269号]

裁判要旨:国有资产监管机构不具有对国有企业招标投标活动进行监督的行政职权。

广州铁路运输第一法院认为,关于被告对前述招投标行为是否具有监督管理职权,本院从以下两个方面予以认定:(1)招投标过程中的违法违规行为应由谁监督管理?本院认为,《招标投标法》(2000年施行)第七条规定:“招标投标活动及其当事人应当接受依法实施的监督。有关行政监督部门依法对招标投标活动实施监督,依法查处招标投标活动中的违法行为。对招标投标活动的行政监督及有关部门的具体职权划分,由国务院规定。”《国务院办公厅印发国务院有关部门实施招标投标活动行政监督的职责分工意见的通知》第三条规定:“对于招投标过程(包括招标、投标、开标、评标、中标)中泄露保密资料、泄露标底、串通招标、串通投标、歧视排斥投标等违法活动的监督执法,按现行的职责分工,分别由有关行政主管部门负责并受理投标人和其他利害关系人的投诉。按照这一原则,工业(含内贸)、水利、交通、铁道、民航、信息产业等行业和产业项目的招投标活动的监督执法,分别由经贸、水利、交通、铁道、民航、信息产业等行政主管部门负责;各类房屋建筑及其附属设施的建造和与其配套的线路、管道、设备的安装项目和市政工程项目的招投标活动的监督执法,由建设行政主管部门负责;进口机电设备采购项目的招投标活动的监督执法,由外经贸行政主管部门负责。有关行政主管部门须将监督过程中发现的问题,及时通知项目审批部门,项目审批部门根据情况依法暂停项目执行或者暂停资金拨付。”因此,对招投标过程中的违法违规行为应由其行政主管部门负责监督管理。(2)被告是否是涉案公司招投标项目的行政主管部门?本院认为,《企业国有资产法》第四条第一款规定:“国务院和地方人民政府依照法律、行政法规的规定,分别代表国家对国家出资企业履行出资人职责,享有出资人权益。”第六条规定:“国务院和地方人民政府应当按照政企分开、社会公共管理职能与国有资产出资人职能分开、不干预企业依法自主经营的原则,依法履行出资人职责。”第十一条第一款规定:“国务院国有资产监督管理机构和地方人民政府按照国务院的规定设立的国有资产监督管理机构,根据本级人民政府的授权,代表本级人民政府对国家出资企业履行出资人职责。”第十四条第一款规定:“履行出资人职责的机构应当依照法律、行政法规以及企业章程履行出资人职责,保障出资人权益,防止国有资产损失。”《企业国有资产监督管理暂行条例》(2011年修订)第七条第一款规定:“各级人民政府应当严格执行国有资产管理法律、法规,坚持政府的社会公共管理职能与国有资产出资人职能分开,坚持政企分开,实行所有权与经营权分离。”由此可见,根据法律法规授权,被告所履行的出资人职责,系省级人民政府对国家出资企业国有资本投资运营、防止国有资产流失等国有资产保值增值问题上所负有的监督管理职权。本案中,原告投诉的公司在运营管理过程中招投标违法违规行为,并不属于前述监督管理范围。因此,被告并非原告投诉事项的行政主管部门,原告投诉事项可根据《民用机场管理条例》的相关规定向有关部门主张。

4. 安徽金路建设集团有限公司与颍上县公共资源交易监督管理局行政纠纷案[(2018)皖行申368号]

裁判要旨:县级人民政府可以将招标投标活动过程的监督管理职能指定由一个部门集中行使。

安徽省高级人民法院认为,《招标投标法》第七条规定,招标投标活动及其当事人应当接受依法实施的监督。有关行政监督部门依法对招标投标活动实施监督,依法查处招标投标活动中的违法行为。对招标投标活动的行政监督及有关部门的具体职权划分,由国务院规定。国务院办公厅发布的国办发〔2000〕34号《关于国务院有关部门实施招标投标活动行政监督的职责分工的意见》规定,工业(含内贸)、水利、交通、铁道、民航、信息产业等行业和产业项目的招投标活动的监督执法,分别由经贸、水利、交通、铁道、民航、信息产业等行政主管部门负责。另外,《招标投标法实施条例》第四条第二款规定,县级以上地方人民政府有关部门按照规定的职责分工,对招标投标活动实施监督,依法查处招标投标活动中的违法行为。县级以上地方人民政府对其所属部门有关招标投标活动的监督职责分工另有规定的,从其规定。《颍上县招标采购监督管理办法》第五条第一款规定,县有关行政主管部门对下列项目招投标活动过程的监督管理职能,由县招投标监督管理局集中行使:县发展改革部门负责的重点工程项目,县住建部门负责的房屋建筑及市政建设工程项目,县水务、交运等部门负责的水利、交通等建设工程项目。故被申请人具有对涉案项目招投标活动的监督管理职权。原审所作判决并无不当。

5. 许常吉建筑师事务所等与德州市财政局、山东省财政厅其他行政纠纷案[(2016)鲁01行终427号]

裁判要旨:政府采购建筑工程招标由住房城乡建设部门监督,财政部门履行该政府采购工程建设项目的政府采购政策执行情况的监督职责。

济南市中级人民法院认为,《德州市市级政府投资工程项目政府采购管理暂行办法》第六条规定:"财政部门是政府采购的监督管理部门,具体负责政府投资工程项目政府采购计划的审批和下达,工程采购全过程监管,资金的支付,信息公告,采购合同的监督管理等事项";第七条规定:"市政府有关行政主管部门依法履行政府采购工程项目的行政监督职责";第八条规定:"政府投资工程项目,采取由建设单位委托采购代理机关按照法定程序和方式进行采购"。本案中,涉案"德州市中心医院建设项目设计"项目(编号为DZLJ-2014-137),属于建筑、市政公用工程设计招标投标,是一个复杂、专业的活动。因该项目所涉及的建设设计方案的专业性及特殊性,应适用《招标投标法实施条例》第四条、《德州市市级政府投资工程项目政府采购管理暂行办法》第六条、第七条、第八条之规定，由建设行政主管部门履行行政监督职责。德州市财政局作为政府财政行政主管部门依据上述规定履行该政府采购工程建设项目的预算执行情况和政府采购政策执行情况的监督职责，对第三人建筑设计院对该项目中标结果的投诉，不具有审查处理职责。

编者说明

由于招标投标活动特别是依法必须招标项目的招标投标活动，具有较强的公共性和外部性，这就需要必须对招标投标活动进行行政监督。招标投标活动的当事人除了应自觉执行《招标投标法》中的强制性规范外，还应接受有关行政监督部门对招标投标活动依法实施的行政监督管理。有关行政监督管理部门应当严格按照《招标投标法》和国务院规定的职责分工，各司其职、密切配合，加强管理，依法开展招标投标行政监督工作。

有关行政监督部门依法对招标投标活动实施监督，依法查处招标投标活动中的违法行为，依靠国家的强制力来保证招标投标法律法规的贯彻实施，维护公平公正的招标投标市场竞争秩序。行政监督部门对招标投标活动的监督内容比较广泛，如依法必须招标的项目是否进行了招标，招标方式是否合规，招标投标程序是否严格执行了《招标投标法》规定的程序规则，是否体现了公开、公平、公正和诚实信用原则等。同时，行政监督部门也有权根据监督检查的结果或招标投标当事人的投诉、信访、举报，依法查处违法行为。

对招标投标活动的监督管理，必须依照法律、行政法规的规定进行，履行的职权必须具有法律、行政法规依据；监督管理的内容、监督管理的措施以及行政处罚的种类、幅度等，都必须遵守法律、行政法规的规定。如行政监督部门不能代替评标委员会评标，不得超越权限评审投标文件、否决投标、推荐中标候选人，这些都不属于行政监督部门的法定职权范围。对法律、行政法规规定应当进行监督管理的事项，有关行政监督部门必须依法实施监督管理，否则就是失职；对不属于行政监督管理范围内，而应由招标投标活动当事人自主决定的事项，行政机关不得凭借其行政权力违法进行干预，否则就是越权或滥用职权。这都是其依法行政的应有之意。有关行政监督部门不依法履行行政监督职责的，当事人可以申请行政复议、提起行政诉讼。

第二章 招标

第八条 【招标人】 招标人是依照本法规定提出招标项目、进行招标的法人或者其他组织。

【立法·要点注释】

本条是关于招标人定义的规定。

1. 招标人须是提出招标项目、进行招标的人。所谓“招标项目”，即采用招标方式进行采购的工程、货物或服务项目。工程建设项目招标发包的招标人，通常为该项建设工程的投资人即项目业主；国家投资的工程建设项目，招标人通常为依法设立的项目法人（就经营性的建设项目而言）或者项目的建设单位（就非经营性建设项目而言）。货物项目招标采购的招标人，通常为货物的买主。服务项目招标采购的招标人，通常为该服务项目的需求方。

2. 招标人须是法人或非法人组织（《民法典》将民事主体区分为法人、非法人组织和自然人）。自然人不能成为招标人。法人是具有民事权利能力和民事行为能力，依法独立享有民事权利和承担民事义务的组织。法人都具有作为招标人参加招标投标活动的权利能力。非法人组织是不具有法人资格，但是能够依法以自己的名义从事民事活动的组织。非法人组织包括个人独资企业、合伙企业、不具有法人资格的专业服务机构等。

3. 鉴于招标采购的项目通常标的大、耗资多、影响范围广，招标人责任较大，为了切实保障招标投标各方的权益，本法未赋予自然人成为招标人的权利。但是，这并不意味着个人投资的项目不能采用招标的方式进行采购。个人投资的项目，可以成立项目公司作为招标人。

【相关法律】

《中华人民共和国民法典》（2021 年 1 月 1 日）

第五十七条　法人是具有民事权利能力和民事行为能力，依法独立享有民事权利和承担民事义务的组织。

第五十八条　法人应当依法成立。

法人应当有自己的名称、组织机构、住所、财产或者经费。法人成立的具体条件和程序，依照法律、行政法规的规定。

设立法人，法律、行政法规规定须经有关机关批准的，依照其规定。

第五十九条 法人的民事权利能力和民事行为能力，从法人成立时产生，到法人终止时消灭。

第六十条 法人以其全部财产独立承担民事责任。

第七十四条 法人可以依法设立分支机构。法律、行政法规规定分支机构应当登记的，依照其规定。

分支机构以自己的名义从事民事活动，产生的民事责任由法人承担；也可以先以该分支机构管理的财产承担，不足以承担的，由法人承担。

第七十六条 以取得利润并分配给股东等出资人为目的成立的法人，为营利法人。

营利法人包括有限责任公司、股份有限公司和其他企业法人等。

第七十七条 营利法人经依法登记成立。

第八十七条 为公益目的或者其他非营利目的成立，不向出资人、设立人或者会员分配所取得利润的法人，为非营利法人。

非营利法人包括事业单位、社会团体、基金会、社会服务机构等。

第八十八条 具备法人条件，为适应经济社会发展需要，提供公益服务设立的事业单位，经依法登记成立，取得事业单位法人资格；依法不需要办理法人登记的，从成立之日起，具有事业单位法人资格。

第九十条 具备法人条件，基于会员共同意愿，为公益目的或者会员共同利益等非营利目的设立的社会团体，经依法登记成立，取得社会团体法人资格；依法不需要办理法人登记的，从成立之日起，具有社会团体法人资格。

第九十二条 具备法人条件，为公益目的以捐助财产设立的基金会、社会服务机构等，经依法登记成立，取得捐助法人资格。

依法设立的宗教活动场所，具备法人条件的，可以申请法人登记，取得捐助法人资格。法律、行政法规对宗教活动场所有规定的，依照其规定。

第九十六条 本节规定的机关法人、农村集体经济组织法人、城镇农村的合作经济组织法人、基层群众性自治组织法人，为特别法人。

第九十七条 有独立经费的机关和承担行政职能的法定机构从成立之日起，具有机关法人资格，可以从事为履行职能所需要的民事活动。

第九十九条 农村集体经济组织依法取得法人资格。

法律、行政法规对农村集体经济组织有规定的，依照其规定。

第一百条 城镇农村的合作经济组织依法取得法人资格。

法律、行政法规对城镇农村的合作经济组织有规定的,依照其规定。

第一百零一条 居民委员会、村民委员会具有基层群众性自治组织法人资格,可以从事为履行职能所需要的民事活动。

未设立村集体经济组织的,村民委员会可以依法代行村集体经济组织的职能。

第一百零二条 非法人组织是不具有法人资格,但是能够依法以自己的名义从事民事活动的组织。

非法人组织包括个人独资企业、合伙企业、不具有法人资格的专业服务机构等。

第一百零三条 非法人组织应当依照法律的规定登记。

设立非法人组织,法律、行政法规规定须经有关机关批准的,依照其规定。

第一百零四条 非法人组织的财产不足以清偿债务的,其出资人或者设立人承担无限责任。法律另有规定的,依照其规定。

【法院参考案例】

南京路非亚环保工程有限公司与北京兴宜世纪科技有限公司、新疆宜化化工有限公司等买卖合同纠纷案[(2017)新民再166号]

裁判要旨:以其他企业名义进行招标,应与名义上的招标人共同对中标人承担合同责任。

新疆维吾尔自治区高级人民法院再审认为,本案的争议焦点是新疆宜化公司是否应当承担本案的民事责任。《公司法》第二百一十六条第(四)项规定:“关联关系,是指公司控股股东、实际控制人、董事、监事、高级管理人员与其直接或者间接控制的企业之间的关系,以及可能导致公司利益转移的其他关系。但是,国家控股的企业之间不仅因为同受国家控股而具有关联关系。”兴宜公司、新疆宜化公司均为一人有限责任公司,股东均为湖北宜化公司,故兴宜公司与新疆宜化公司之间存在关联关系。《招标投标法》第四十五条规定:“中标人确定后,招标人应当向中标人发出中标通知书,并同时将中标结果通知所有未中标的投标人。中标通知书对招标人和中标人具有法律效力。中标通知书发出后,招标人改变中标结果的,或者中标人放弃中标项目的,应当依法承担法律责任。”第四十六条第一款规定:“招标人和中标人应当自中标通知书发出之日起三十日内,按照招标文件和中标人的投标文件订立书面合同。招标人和中标人不得再行订立背离合同实质性内容的其他协议。”根据上述规定,在进行招标投标活动中,中标人确定后,招标人和中标人应当签订合同,招标人和中标人应当是所签订合同的当事人。新疆宜化公司对涉案标的物采取了招标投标方式,路非亚公司经投标后中标,因此,新疆宜化公司与路非亚公司应当就招标投标的标的物签订买卖合同并且成为买卖合同的当事人。但是,本案中却出现了路亚非公司与兴宜公司就中标项目以中标价格的95%的价格签订涉案《新疆宜化化工有限公司1 * 330MW坑口电厂订货合同(150T锅炉气力输灰)》《新疆宜化化工有限公司1 * 330MW坑口电厂订货合同(330MW锅炉气力输灰)》《新疆宜化化工有限公司1 * 330MW自备电厂订货合同(锅炉气力输灰)》的情况。在没有证据证明本案中存在新疆宜化公司改变中标结果、路非亚公司放弃中标项目的事实的情况下,本案中存在明显违反《招标投标法》的行为。根据新疆宜化公司作为招标人就涉案标的物提出招标项目并进行招标、路非亚公司经投标后中标、新疆宜化公司的工作人员在《新疆宜化热电有限公司准东五彩湾2×330MW坑口电厂工程(背压机)气力输灰系统及设备技术协议》《新疆宜化热电有限公司准东五彩湾2×330MW坑口电厂工程气力输灰系统及设备技术协议》上签字、新疆宜化公司的工作人员在相关《系统调试验收签证单》《安装调试验收报告》《新疆宜化热电事业部二期除灰系统调试验收签证单》《新疆宜化背压机系统材料装箱单》《新疆宜化背压机系统材料装箱单(增补)》上签字、新疆宜化公司是作为中标项目的涉案标的物的最终买受人及使用人、新疆宜化公司与兴宜公司之间存在关联关系等事实,应当可以认定新疆宜化公司是借用兴宜公司的名义与路非亚公司签订涉案《新疆宜化化工有限公司1 * 330MW坑口电厂订货合同(150T锅炉气力输灰)》《新疆宜化化工有限公司1 * 330MW坑口电厂订货合同(330MW锅炉气力输灰)》《新疆宜化化工有限公司1 * 330MW自备电厂订货合同(锅炉气力输灰)》、新疆宜化公司和兴宜公司及路非亚公司对此均明知的事实。因此,新疆宜化公司应当作为涉案《新疆宜化化工有限公司1 * 330MW坑口电厂订货合同(150T锅炉气力输灰)》《新疆宜化化工有限公司1 * 330MW坑口电厂订货合同(330MW锅炉气力输灰)》《新疆宜化化工有限公司1 * 330MW自备电厂订货合同(锅炉气力输灰)》的真实的买受人向路非亚公司承担支付价款的民事责任。兴宜公司出借企业名称并获取相应的利益,亦应当承担民事责任。本案中存在新疆宜化公司利用其与兴宜公司的关联关系转移利益并逃避债务的情形,新疆宜化公司与兴宜公司应当承担连带责任。二审法院以新疆宜化公司不是涉案买卖合同的当事人为由驳回路非亚公司对新疆宜化公司的诉讼请求不当,本院予以纠正。一审法院判决新疆宜化公司与兴宜公司承担连带责任并无不当,本院予以维持。

编者说明

《民法典》规定的民事主体为法人、非法人组织和自然人,其中"法人"是具有民事权利能力和民事行为能力,依法独立享有民事权利和承担民事义务的组织;"非法人组织"是不具有法人资格,但是能够依法以自己的名义从事民事活动的组织;"自然人"是从出生时起到死亡时止,具有民事权利能力,依法享有民事权利,承担民事义务的民事主体。《招标投标法》第八条将"招标人"界定为法人或者其他组织;第二十五条将"投标人"界定为法人、其他组织和个人。《招标投标法》中的"法人"与《民法典》的概念是一致的,"个人"就是"自然人","其他组织"在《民法典》中并无该概念。根据《最高人民法院关于适用〈中华人民共和国民事诉讼法〉的解释》第五十二条规定,"其他组织"是指合法成立、有一定的组织机构和财产,但又不具备法人资格的组织,包括个人独资企业、合伙企业、中外合作企业、外资企业、社会团体的分支机构和代表机构、法人的分支机构、银行和非银行金融机构的分支机构、乡镇企业和街道企业等。"其他组织"既包括法人的分支机构,也包括非法人组织。从招标投标本身属于订立合同的一种民事法律行为的角度来讲,《民法典》施行后,招标人可以是法人或非法人组织;投标人可以是法人、非法人组织或自然人(依法必须招标的科研项目)。

第九条　【招标项目应具备的条件】招标项目按照国家有关规定需要履行项日审批手续的,应当先履行审批手续,取得批准。

招标人应当有进行招标项目的相应资金或者资金来源已经落实,并应当在招标文件中如实载明。

【立法·要点注释】

本条是关于招标项目的预先批准和招标资金来源应当落实的规定。

1. 本法第三条规定的依法必须进行招标的项目,大都关系国计民生,涉及全社会固定资产投资规模,因此,多数项目根据国家有关规定需要立项审批、核准。该审批、核准工作应当在招标前完成。拟招标的项目应当合法,这是开展招标工作的前提。依据国家有关规定应审批、核准、备案而未经审批、核准、备案的项目,或违反审批、核准、备案权限而审批、核准、备案的项目均不得进行招标。在项目审批前擅自开始招标工作,因项目未被批准、核准、备案而造成损失的,招标人应当自行承担法律责任。对于国家未规定必须进行审批、核准、备案的项目,招标人可以自行决定招标时间。

2. 招标人应当有进行招标项目的相应资金或者有确定的资金来源,这是招标人对项目进行招标并最终完成该项目的物质保证。招标项目所需的资金是否落实,不仅关系招标项目能否顺利实施,而且对投标人利益关系重大。投标人中标后如果没有资金保证,势必造成不能开工或开工后中途停工,或者中标后作为买主的招标人无钱买货,这将损害投标人的利益。如果是涉及大型基础设施、公用事业等工程,还会给公共利益造成损害。因此,必须强调招标人在招标时应有与项目相适应的资金保障。从目前的实践看,招标项目的资金来源一般包括:国家和地方政府的财政拨款、企业的自有资金及包括银行贷款在内的各种方式的融资,以及外国政府和有关国际组织的贷款。根据本条的规定,招标人在招标时必须确实拥有相应的资金或者有能证明其资金来源已经落实的合法性文件为保证,并应当将资金数额和资金来源在招标文件中如实载明。招标投标活动作为一种民事活动必须坚持诚实信用的原则,招标文件所载内容必须真实,其中关于资金数额和资金来源的情况必须如实载明,招标人不得作假。

【行政法规】

1.《中华人民共和国招标投标法实施条例》(2019年3月2日)

第七条 按照国家有关规定需要履行项目审批、核准手续的依法必须进行招标的项目,其招标范围、招标方式、招标组织形式应当报项目审批、核准部门审批、核准。项目审批、核准部门应当及时将审批、核准确定的招标范围、招标方式、招标组织形式通报有关行政监督部门。

【要点注释】

本条是关于审批、核准招标内容的规定。

1. 本条根据《国务院关于投资体制改革的决定》精神,对该规定作了适当调整:一是在项目范围方面,明确需要审核招标内容的项目为实行审批制和核准制的项目,实行备案制的项目不再审核招标内容。二是在审批、核准环节上,由于实行核准制的项目不再审批可行性研究报告,以及仅部分实行审批制的项目需要审批可行性研究报告,本条不再规定审批项目可行性研究报告时审核招标内容。三是在审核的招标内容上,明确为招标范围、招标方式和招标组织形式。

2. 本条规定的项目审批、核准部门是指负责审批项目建议书、可行性研究报告、资金申请报告,以及核准项目申请报告的国务院和地方人民政府有关部门。

3. 审核招标内容的项目限于需要履行审批、核准手续的依法必须进行招标的项目。不属于依法必须招标的项目,即使是审批类或核准类的项目,也不需要审核招标内容;不需要审批、核准的项目,即使属于依法必须进行招标的项目,也不需要审核招标内容。对于不需要审核招标内容的项目,由招标人根据《条例》第八条、第九条、第十条规定,依法自行确定是否需要招标以及招标方式和招标组织形式。

4. 审核的招标内容为招标范围、招标方式、招标组织形式。(1)招标范围是指项目的勘察、设计、施工、监理、重要设备、材料等内容,哪些部分进行招标,哪些部分不进行招标。(2)招标方式分为公开招标和邀请招标两种。(3)招标组织形式分为委托招标和自行招标两种。委托招标是指招标人委托招标代理机构办理招标事宜;自行招标是指招标人依法自行办理招标事宜。

2.《国务院关于投资体制改革的决定》(国发〔2004〕20号,2004年7月16日)

三、完善政府投资体制,规范政府投资行为

(一)合理界定政府投资范围。政府投资主要用于关系国家安全和市场不能有效配置资源的经济和社会领域,包括加强公益性和公共基础设施建设,保护和改善生态环境,促进欠发达地区的经济和社会发展,推进科技进步和高新技术产业化。能够由社会投资建设的项目,尽可能利用社会资金建设。合理划分中央政府与地方政府的投资事权。中央政府投资除本级政权等建设外,主要安排跨地区、跨流域以及对经济和社会发展全局有重大影响的项目。

(四)简化和规范政府投资项目审批程序,合理划分审批权限。按照项目性质、资金来源和事权划分,合理确定中央政府与地方政府之间、国务院投资主管部门与有关部门之间的项目审批权限。对于政府投资项目,采用直接投资和资本金注入方式的,从投资决策角度只审批项目建议书和可行性研究报告,除特殊情况外不再审批开工报告,同时应严格政府投资项目的初步设计、概算审批工作;采用投资补助、转贷和贷款贴息方式的,只审批资金申请报告。具体的权限划分和审批程序由国务院投资主管部门会同有关方面研究制定,报国务院批准后颁布实施。

(五)加强政府投资项目管理,改进建设实施方式。规范政府投资项目的建设标准,并根据情况变化及时修订完善。按项目建设进度下达投资资金计划。加强政府投资项目的中介服务管理,对咨询评估、招标代理等中介机构实行资质管理,提高中介服务质量。对非经营性政府投资项目加快推行"代建制",即通过招标等方式,选择专业化的项目管理单位负责建设实施,严格控制项目投资、质量和工期,竣工验收后移交给使用单位。增强投资风险意识,建立和完善政府投资项目的风险管理机制。

(六)引入市场机制,充分发挥政府投资的效益。各级政府要创造条件,利用特许经营、投资补助等多种方式,吸引社会资本参与有合理回报和一定投资回收能力的公益事业和公共基础设施项目建设。对于具有垄断性的项目,试行特许经营,通过业主招标制度,开展公平竞争,保护公众利益。已经建成的政府投资项目,具备条件的经过批准可以依法转让产权或经营权,以回收的资金滚动投资于社会公益等各类基础设施建设。

3.《国务院办公厅关于全面开展工程建设项目审批制度改革的实施意见》(国办发〔2019〕11 号,2019 年 3 月 13 日)

一、总体要求

(二)改革内容。对工程建设项目审批制度实施全流程、全覆盖改革。改革覆盖工程建设项目审批全过程(包括从立项到竣工验收和公共设施接入服务);主要是房屋建筑和城市基础设施等工程,不包括特殊工程和交通、水利、能源等领域的重大工程;覆盖行政许可等审批事项和技术审查、中介服务、市政公用服务以及备案等其他类型事项,推动流程优化和标准化。

二、统一审批流程

（四）精简审批环节。精减审批事项和条件，取消不合法、不合理、不必要的审批事项，减少保留事项的前置条件。下放审批权限，按照方便企业和群众办事的原则，对下级机关有能力承接的审批事项，下放或委托下级机关审批。合并审批事项，对由同一部门实施的管理内容相近或者属于同一办理阶段的多个审批事项，整合为一个审批事项。转变管理方式，对能够用征求相关部门意见方式替代的审批事项，调整为政府内部协作事项。调整审批时序，地震安全性评价在工程设计前完成即可，环境影响评价、节能评价等评估评价和取水许可等事项在开工前完成即可；可以将用地预审意见作为使用土地证明文件申请办理建设工程规划许可证；将供水、供电、燃气、热力、排水、通信等市政公用基础设施报装提前到开工前办理，在工程施工阶段完成相关设施建设，竣工验收后直接办理接入事宜。试点地区要进一步精简审批环节，在加快探索取消施工图审查（或缩小审查范围）、实行告知承诺制和设计人员终身负责制等方面，尽快形成可复制可推广的经验。

（五）规范审批事项。各地要按照国务院统一要求，对本地区工程建设项目审批事项进行全面清理，统一审批事项和法律依据，逐步形成全国统一的审批事项名称、申请材料和审批时限。要本着合法、精简、效能的原则，制定国家、省（自治区）和地级及以上城市工程建设项目审批事项清单，明确各项审批事项的适用范围和前置条件，并实行动态管理。下级政府制定的审批事项清单原则上要与上级政府审批事项清单一致，超出上级政府审批事项清单范围的，要报上级机关备案，并说明理由。

（六）合理划分审批阶段。将工程建设项目审批流程主要划分为立项用地规划许可、工程建设许可、施工许可、竣工验收四个阶段。其中，立项用地规划许可阶段主要包括项目审批核准、选址意见书核发、用地预审、用地规划许可证核发等。工程建设许可阶段主要包括设计方案审查、建设工程规划许可证核发等。施工许可阶段主要包括设计审核确认、施工许可证核发等。竣工验收阶段主要包括规划、土地、消防、人防、档案等验收及竣工验收备案等。其他行政许可、强制性评估、中介服务、市政公用服务以及备案等事项纳入相关阶段办理或与相关阶段并行推进。每个审批阶段确定一家牵头部门，实行“一家牵头、并联审批、限时办结”，由牵头部门组织协调相关部门严格按照限定时间完成审批。

（七）分类制定审批流程。制定全国统一的工程建设项目审批流程图示范文本。地级及以上地方人民政府要根据示范文本,分别制定政府投资、社会投资等不同类型工程的审批流程图;同时可结合实际,根据工程建设项目类型、投资类别、规模大小等,进一步梳理合并审批流程。简化社会投资的中小型工程建设项目审批,对于带方案出让土地的项目,不再对设计方案进行审核,将工程建设许可和施工许可合并为一个阶段。试点地区要进一步加大改革力度,也可以在其他工程建设项目中探索将工程建设许可和施工许可合并为一个阶段。

(八)实行联合审图和联合验收。制定施工图设计文件联合审查和联合竣工验收管理办法。将消防、人防、技防等技术审查并入施工图设计文件审查,相关部门不再进行技术审查。实行规划、土地、消防、人防、档案等事项限时联合验收,统一竣工验收图纸和验收标准,统一出具验收意见。对于验收涉及的测绘工作,实行"一次委托、联合测绘、成果共享"。

(九)推行区域评估。在各类开发区、工业园区、新区和其他有条件的区域,推行由政府统一组织对压覆重要矿产资源、环境影响评价、节能评价、地质灾害危险性评估、地震安全性评价、水资源论证等评估评价事项实行区域评估。实行区域评估的,政府相关部门应在土地出让或划拨前,告知建设单位相关建设要求。

(十)推行告知承诺制。对通过事中事后监管能够纠正不符合审批条件的行为且不会产生严重后果的审批事项,实行告知承诺制。公布实行告知承诺制的工程建设项目审批事项清单及具体要求,申请人按照要求作出书面承诺的,审批部门可以根据申请人信用等情况直接作出审批决定。对已经实施区域评估范围内的工程建设项目,相应的审批事项实行告知承诺制。

4.《国务院关于发布政府核准的投资项目目录(2016 年本)的通知》(国发〔2016〕72 号,2016 年 12 月 12 日)

一、企业投资建设本目录内的固定资产投资项目,须按照规定报送有关项目核准机关核准。企业投资建设本目录外的项目,实行备案管理。事业单位、社会团体等投资建设的项目,按照本目录执行。

原油、天然气(含煤层气)开发项目由具有开采权的企业自行决定,并报国务院行业管理部门备案。具有开采权的相关企业应依据相关法律法规,坚持统筹规划,合理开发利用资源,避免资源无序开采。

二、法律、行政法规和国家制定的发展规划、产业政策、总量控制目标、技术政策、准入标准、用地政策、环保政策、用海用岛政策、信贷政策等是企业开展项目前期工作的重要依据，是项目核准机关和国土资源、环境保护、城乡规划、海洋管理、行业管理等部门以及金融机构对项目进行审查的依据。

发展改革部门要会同有关部门抓紧编制完善相关领域专项规划，为各地区做好项目核准工作提供依据。

环境保护部门应根据项目对环境的影响程度实行分级分类管理，对环境影响大、环境风险高的项目严格环评审批，并强化事中事后监管。

三、要充分发挥发展规划、产业政策和准入标准对投资活动的规范引导作用。把发展规划作为引导投资方向，稳定投资运行，规范项目准入，优化项目布局，合理配置资金、土地、能源、人力等资源的重要手段。完善产业结构调整指导目录、外商投资产业指导目录等，为企业投资活动提供依据和指导。构建更加科学、更加完善、更具可操作性的行业准入标准体系，强化节地节能节水、环境、技术、安全等市场准入标准。完善行业宏观调控政策措施和部门间协调机制，形成工作合力，促进相关行业有序发展。

四、对于钢铁、电解铝、水泥、平板玻璃、船舶等产能严重过剩行业的项目，要严格执行《国务院关于化解产能严重过剩矛盾的指导意见》（国发〔2013〕41号），各地方、各部门不得以其他任何名义、任何方式备案新增产能项目，各相关部门和机构不得办理土地（海域、无居民海岛）供应、能评、环评审批和新增授信支持等相关业务，并合力推进化解产能严重过剩矛盾各项工作。

对于煤矿项目，要严格执行《国务院关于煤炭行业化解过剩产能实现脱困发展的意见》（国发〔2016〕7号）要求，从2016年起3年内原则上停止审批新建煤矿项目、新增产能的技术改造项目和产能核增项目；确需新建煤矿的，一律实行减量置换。

严格控制新增传统燃油汽车产能，原则上不再核准新建传统燃油汽车生产企业。积极引导新能源汽车健康有序发展，新建新能源汽车生产企业须具有动力系统等关键技术和整车研发能力，符合《新建纯电动乘用车企业管理规定》等相关要求。

五、项目核准机关要改进完善管理办法，切实提高行政效能，认真履行核准职责，严格按照规定权限、程序和时限等要求进行审查。有关部门要密切配合，按照职责分工，相应改进管理办法，依法加强对投资活动的管理。

六、按照谁审批谁监管、谁主管谁监管的原则，落实监管责任，注重发挥地方政府就近就便监管作用,行业管理部门和环境保护、质量监督、安全监管等部门专业优势,以及投资主管部门综合监管职能,实现协同监管。投资项目核准、备案权限下放后,监管责任要同步下移。地方各级政府及其有关部门要积极探索创新监管方式方法,强化事中事后监管,切实承担起监管职责。

七、按照规定由国务院核准的项目,由国家发展改革委审核后报国务院核准。核报国务院及国务院投资主管部门核准的项目,事前须征求国务院行业管理部门的意见。

八、由地方政府核准的项目,各省级政府可以根据本地实际情况,按照下放层级与承接能力相匹配的原则,具体划分地方各级政府管理权限,制定本行政区域内统一的政府核准投资项目目录。基层政府承接能力要作为政府管理权限划分的重要因素,不宜简单地"一放到底"。对于涉及本地区重大规划布局、重要资源开发配置的项目,应充分发挥省级部门在政策把握、技术力量等方面的优势,由省级政府核准,原则上不下放到地市级政府、一律不得下放到县级及以下政府。

九、对取消核准改为备案管理的项目,项目备案机关要加强发展规划、产业政策和准入标准把关,行业管理部门与城乡规划、土地管理、环境保护、安全监管等部门要按职责分工加强对项目的指导和约束。

十、法律、行政法规和国家有专门规定的,按照有关规定执行。商务主管部门按国家有关规定对外商投资企业的设立和变更、国内企业在境外投资开办企业(金融企业除外)进行审核或备案管理。

十一、本目录自发布之日起执行,《政府核准的投资项目目录(2014年本)》即行废止。

政府核准的投资项目目录(2016年本)

一、农业水利

农业:涉及开荒的项目由省级政府核准。

水利工程:涉及跨界河流、跨省(区、市)水资源配置调整的重大水利项目由国务院投资主管部门核准,其中库容10亿立方米及以上或者涉及移民1万人及以上的水库项目由国务院核准。其余项目由地方政府核准。

二、能源

水电站:在跨界河流、跨省(区、市)河流上建设的单站总装机容量50万千瓦及以上项目由国务院投资主管部门核准,其中单站总装机容量300万千瓦及以上或者涉及移民1万人及以上的项目由国务院核准。其余项目由地方政府核准。

抽水蓄能电站:由省级政府按照国家制定的相关规划核准。

火电站(含自备电站):由省级政府核准,其中燃煤燃气火电项目应在国家依据总量控制制定的建设规划内核准。

热电站(含自备电站):由地方政府核准,其中抽凝式燃煤热电项目由省级政府在国家依据总量控制制定的建设规划内核准。

风电站:由地方政府在国家依据总量控制制定的建设规划及年度开发指导规模内核准。

核电站:由国务院核准。

电网工程:涉及跨境、跨省(区、市)输电的±500千伏及以上直流项目,涉及跨境、跨省(区、市)输电的500千伏、750千伏、1000千伏交流项目,由国务院投资主管部门核准,其中±800千伏及以上直流项目和1000千伏交流项目报国务院备案;不涉及跨境、跨省(区、市)输电的±500千伏及以上直流项目和500千伏、750千伏、1000千伏交流项目由省级政府按照国家制定的相关规划核准,其余项目由地方政府按照国家制定的相关规划核准。

煤矿:国家规划矿区内新增年生产能力120万吨及以上煤炭开发项目由国务院行业管理部门核准,其中新增年生产能力500万吨及以上的项目由国务院投资主管部门核准并报国务院备案;国家规划矿区内的其余煤炭开发项目和一般煤炭开发项目由省级政府核准。国家规定禁止建设或列入淘汰退出范围的项目,不得核准。

煤制燃料:年产超过20亿立方米的煤制天然气项目、年产超过100万吨的煤制油项目,由国务院投资主管部门核准。

液化石油气接收、存储设施(不含油气田、炼油厂的配套项目):由地方政府核准。

进口液化天然气接收、储运设施:新建(含异地扩建)项目由国务院行业管理部门核准,其中新建接收储运能力300万吨及以上的项目由国务院投资主管部门核准并报国务院备案。其余项目由省级政府核准。

输油管网(不含油田集输管网):跨境、跨省(区、市)干线管网项目由国务院投资主管部门核准,其中跨境项目报国务院备案。其余项目由地方政府核准。

输气管网(不含油气田集输管网):跨境、跨省(区、市)干线管网项目由国务院投资主管部门核准,其中跨境项目报国务院备案。其余项目由地方政府核准。

炼油:新建炼油及扩建一次炼油项目由省级政府按照国家批准的相关规划核准。未列入国家批准的相关规划的新建炼油及扩建一次炼油项目,禁止建设。

变性燃料乙醇:由省级政府核准。

三、交通运输

新建(含增建)铁路:列入国家批准的相关规划中的项目,中国铁路总公司为主出资的由其自行决定并报国务院投资主管部门备案,其他企业投资的由省级政府核准;地方城际铁路项目由省级政府按照国家批准的相关规划核准,并报国务院投资主管部门备案;其余项目由省级政府核准。

公路:国家高速公路网和普通国道网项目由省级政府按照国家批准的相关规划核准,地方高速公路项目由省级政府核准,其余项目由地方政府核准。

独立公(铁)路桥梁、隧道:跨境项目由国务院投资主管部门核准并报国务院备案。国家批准的相关规划中的项目,中国铁路总公司为主出资的由其自行决定并报国务院投资主管部门备案,其他企业投资的由省级政府核准;其余独立铁路桥梁、隧道及跨10万吨级及以上航道海域、跨大江大河(现状或规划为一级及以上通航段)的独立公路桥梁、隧道项目,由省级政府核准,其中跨长江干线航道的项目应符合国家批准的相关规划。其余项目由地方政府核准。

煤炭、矿石、油气专用泊位:由省级政府按国家批准的相关规划核准。

集装箱专用码头:由省级政府按国家批准的相关规划核准。

内河航运:跨省(区、市)高等级航道的千吨级及以上航电枢纽项目由省级政府按国家批准的相关规划核准,其余项目由地方政府核准。

民航:新建运输机场项目由国务院、中央军委核准,新建通用机场项目、扩建军民合用机场(增建跑道除外)项目由省级政府核准。

四、信息产业

电信:国际通信基础设施项目由国务院投资主管部门核准;国内干线传输网(含广播电视网)以及其他涉及信息安全的电信基础设施项目,由国务院行业管理部门核准。

五、原材料

稀土、铁矿、有色矿山开发:由省级政府核准。

石化:新建乙烯、对二甲苯(PX)、二苯基甲烷二异氰酸酯(MDI)项目由省级政府按照国家批准的石化产业规划布局方案核准。未列入国家批准的相关规划的新建乙烯、对二甲苯(PX)、二苯基甲烷二异氰酸酯(MDI)项目,禁止建设。

煤化工:新建煤制烯烃、新建煤制对二甲苯(PX)项目,由省级政府按照国家批准的相关规划核准。新建年产超过100万吨的煤制甲醇项目,由省级政府核准。其余项目禁止建设。

稀土:稀土冶炼分离项目、稀土深加工项目由省级政府核准。

黄金:采选矿项目由省级政府核准。

六、机械制造

汽车:按照国务院批准的《汽车产业发展政策》执行。其中,新建中外合资轿车生产企业项目,由国务院核准;新建纯电动乘用车生产企业(含现有汽车企业跨类生产纯电动乘用车)项目,由国务院投资主管部门核准;其余项目由省级政府核准。

七、轻工

烟草:卷烟、烟用二醋酸纤维素及丝束项目由国务院行业管理部门核准。

八、高新技术

民用航空航天:干线支线飞机、6吨/9座及以上通用飞机和3吨及以上直升机制造、民用卫星制造、民用遥感卫星地面站建设项目,由国务院投资主管部门核准;6吨/9座以下通用飞机和3吨以下直升机制造项目由省级政府核准。

九、城建

城市快速轨道交通项目:由省级政府按照国家批准的相关规划核准。

城市道路桥梁、隧道:跨10万吨级及以上航道海域、跨大江大河(现状或规划为一级及以上通航段)的项目由省级政府核准。

其他城建项目:由地方政府自行确定实行核准或者备案。

十、社会事业

主题公园:特大型项目由国务院核准,其余项目由省级政府核准。

旅游:国家级风景名胜区、国家自然保护区、全国重点文物保护单位区域内总投资5000万元及以上旅游开发和资源保护项目,世界自然和文化遗产保护区内总投资3000万元及以上项目,由省级政府核准。

其他社会事业项目:按照隶属关系由国务院行业管理部门、地方政府自行确定实行核准或者备案。

十一、外商投资

《外商投资产业指导目录》中总投资(含增资)3 亿美元及以上限制类项目,由国务院投资主管部门核准,其中总投资(含增资)20 亿美元及以上项目报国务院备案。《外商投资产业指导目录》中总投资(含增资)3 亿美元以下限制类项目,由省级政府核准。

前款规定之外的属于本目录第一至十条所列项目,按照本目录第一至十条的规定执行。

十二、境外投资

涉及敏感国家和地区、敏感行业的项目,由国务院投资主管部门核准。

前款规定之外的中央管理企业投资项目和地方企业投资 3 亿美元及以上项目报国务院投资主管部门备案。

5.《企业投资项目核准和备案管理条例》(2017 年 2 月 1 日)

第一条 为了规范政府对企业投资项目的核准和备案行为,加快转变政府的投资管理职能,落实企业投资自主权,制定本条例。

第二条 本条例所称企业投资项目(以下简称项目),是指企业在中国境内投资建设的固定资产投资项目。

第三条 对关系国家安全、涉及全国重大生产力布局、战略性资源开发和重大公共利益等项目,实行核准管理。具体项目范围以及核准机关、核准权限依照政府核准的投资项目目录执行。政府核准的投资项目目录由国务院投资主管部门会同国务院有关部门提出,报国务院批准后实施,并适时调整。国务院另有规定的,依照其规定。

对前款规定以外的项目,实行备案管理。除国务院另有规定的,实行备案管理的项目按照属地原则备案,备案机关及其权限由省、自治区、直辖市和计划单列市人民政府规定。

第四条 除涉及国家秘密的项目外,项目核准、备案通过国家建立的项目在线监管平台(以下简称在线平台)办理。

核准机关、备案机关以及其他有关部门统一使用在线平台生成的项目代码办理相关手续。

国务院投资主管部门会同有关部门制定在线平台管理办法。

第五条 核准机关、备案机关应当通过在线平台列明与项目有关的产业政策,公开项目核准的办理流程、办理时限等,并为企业提供相关咨询服务。

第六条　企业办理项目核准手续,应当向核准机关提交项目申请书;由国务院核准的项目,向国务院投资主管部门提交项目申请书。项目申请书应当包括下列内容:

(一)企业基本情况;

(二)项目情况,包括项目名称、建设地点、建设规模、建设内容等;

(三)项目利用资源情况分析以及对生态环境的影响分析;

(四)项目对经济和社会的影响分析。

企业应当对项目申请书内容的真实性负责。

法律、行政法规规定办理相关手续作为项目核准前置条件的,企业应当提交已经办理相关手续的证明文件。

第七条　项目申请书由企业自主组织编制,任何单位和个人不得强制企业委托中介服务机构编制项目申请书。

核准机关应当制定并公布项目申请书示范文本,明确项目申请书编制要求。

第八条　由国务院有关部门核准的项目,企业可以通过项目所在地省、自治区、直辖市和计划单列市人民政府有关部门(以下称地方人民政府有关部门)转送项目申请书,地方人民政府有关部门应当自收到项目申请书之日起5个工作日内转送核准机关。

由国务院核准的项目,企业通过地方人民政府有关部门转送项目申请书的,地方人民政府有关部门应当在前款规定的期限内将项目申请书转送国务院投资主管部门,由国务院投资主管部门审核后报国务院核准。

第九条　核准机关应当从下列方面对项目进行审查:

(一)是否危害经济安全、社会安全、生态安全等国家安全;

(二)是否符合相关发展建设规划、技术标准和产业政策;

(三)是否合理开发并有效利用资源;

(四)是否对重大公共利益产生不利影响。

项目涉及有关部门或者项目所在地地方人民政府职责的,核准机关应当书面征求其意见,被征求意见单位应当及时书面回复。

核准机关委托中介服务机构对项目进行评估的,应当明确评估重点;除项目情况复杂的,评估时限不得超过30个工作日。评估费用由核准机关承担。

第十条 核准机关应当自受理申请之日起20个工作日内,作出是否予以核准的决定;项目情况复杂或者需要征求有关单位意见的,经本机关主要负责人批准,可以延长核准期限,但延长的期限不得超过40个工作日。核准机关委托中介服务机构对项目进行评估的,评估时间不计入核准期限。

核准机关对项目予以核准的,应当向企业出具核准文件;不予核准的,应当书面通知企业并说明理由。由国务院核准的项目,由国务院投资主管部门根据国务院的决定向企业出具核准文件或者不予核准的书面通知。

第十一条 企业拟变更已核准项目的建设地点,或者拟对建设规模、建设内容等作较大变更的,应当向核准机关提出变更申请。核准机关应当自受理申请之日起20个工作日内,作出是否同意变更的书面决定。

第十二条 项目自核准机关作出予以核准决定或者同意变更决定之日起2年内未开工建设,需要延期开工建设的,企业应当在2年期限届满的30个工作日前,向核准机关申请延期开工建设。核准机关应当自受理申请之日起20个工作日内,作出是否同意延期开工建设的决定。开工建设只能延期一次,期限最长不得超过1年。国家对项目延期开工建设另有规定的,依照其规定。

第十三条 实行备案管理的项目,企业应当在开工建设前通过在线平台将下列信息告知备案机关:

(一)企业基本情况;

(二)项目名称、建设地点、建设规模、建设内容;

(三)项目总投资额;

(四)项目符合产业政策的声明。

企业应当对备案项目信息的真实性负责。

备案机关收到本条第一款规定的全部信息即为备案;企业告知的信息不齐全的,备案机关应当指导企业补正。

企业需要备案证明的,可以要求备案机关出具或者通过在线平台自行打印。

第十四条 已备案项目信息发生较大变更的,企业应当及时告知备案机关。

第十五条 备案机关发现已备案项目属于产业政策禁止投资建设或者实行核准管理的,应当及时告知企业予以纠正或者依法办理核准手续,并通知有关部门。

第十六条　核准机关、备案机关以及依法对项目负有监督管理职责的其他有关部门应当加强事中事后监管，按照谁审批谁监管、谁主管谁监管的原则，落实监管责任，采取在线监测、现场核查等方式，加强对项目实施的监督检查。

企业应当通过在线平台如实报送项目开工建设、建设进度、竣工的基本信息。

第十七条　核准机关、备案机关以及依法对项目负有监督管理职责的其他有关部门应当建立项目信息共享机制，通过在线平台实现信息共享。

企业在项目核准、备案以及项目实施中的违法行为及其处理信息，通过国家社会信用信息平台向社会公示。

第十八条　实行核准管理的项目，企业未依照本条例规定办理核准手续开工建设或者未按照核准的建设地点、建设规模、建设内容等进行建设的，由核准机关责令停止建设或者责令停产，对企业处项目总投资额 1‰以上 5‰以下的罚款；对直接负责的主管人员和其他直接责任人员处 2 万元以上 5 万元以下的罚款，属于国家工作人员的，依法给予处分。

以欺骗、贿赂等不正当手段取得项目核准文件，尚未开工建设的，由核准机关撤销核准文件，处项目总投资额 1‰以上 5‰以下的罚款；已经开工建设的，依照前款规定予以处罚；构成犯罪的，依法追究刑事责任。

第十九条　实行备案管理的项目，企业未依照本条例规定将项目信息或者已备案项目的信息变更情况告知备案机关，或者向备案机关提供虚假信息的，由备案机关责令限期改正；逾期不改正的，处 2 万元以上 5 万元以下的罚款。

第二十条　企业投资建设产业政策禁止投资建设项目的，由县级以上人民政府投资主管部门责令停止建设或者责令停产并恢复原状，对企业处项目总投资额 5‰以上 10‰以下的罚款；对直接负责的主管人员和其他直接责任人员处 5 万元以上 10 万元以下的罚款，属于国家工作人员的，依法给予处分。法律、行政法规另有规定的，依照其规定。

第二十一条　核准机关、备案机关及其工作人员在项目核准、备案工作中玩忽职守、滥用职权、徇私舞弊的，对负有责任的领导人员和直接责任人员依法给予处分；构成犯罪的，依法追究刑事责任。

第二十二条　事业单位、社会团体等非企业组织在中国境内投资建设的固定资产投资项目适用本条例，但通过预算安排的固定资产投资项目除外。

第二十三条 国防科技工业企业在中国境内投资建设的固定资产投资项目核准和备案管理办法,由国务院国防科技工业管理部门根据本条例的原则另行制定。

第二十四条 本条例自2017年2月1日起施行。

6.《政府投资条例》(2019年7月1日)

第一章 总 则

第一条 为了充分发挥政府投资作用,提高政府投资效益,规范政府投资行为,激发社会投资活力,制定本条例。

第二条 本条例所称政府投资,是指在中国境内使用预算安排的资金进行固定资产投资建设活动,包括新建、扩建、改建、技术改造等。

第三条 政府投资资金应当投向市场不能有效配置资源的社会公益服务、公共基础设施、农业农村、生态环境保护、重大科技进步、社会管理、国家安全等公共领域的项目,以非经营性项目为主。

国家完善有关政策措施,发挥政府投资资金的引导和带动作用,鼓励社会资金投向前款规定的领域。

国家建立政府投资范围定期评估调整机制,不断优化政府投资方向和结构。

第四条 政府投资应当遵循科学决策、规范管理、注重绩效、公开透明的原则。

第五条 政府投资应当与经济社会发展水平和财政收支状况相适应。

国家加强对政府投资资金的预算约束。政府及其有关部门不得违法违规举借债务筹措政府投资资金。

第六条 政府投资资金按项目安排,以直接投资方式为主;对确需支持的经营性项目,主要采取资本金注入方式,也可以适当采取投资补助、贷款贴息等方式。

安排政府投资资金,应当符合推进中央与地方财政事权和支出责任划分改革的有关要求,并平等对待各类投资主体,不得设置歧视性条件。

国家通过建立项目库等方式,加强对使用政府投资资金项目的储备。

第七条 国务院投资主管部门依照本条例和国务院的规定,履行政府投资综合管理职责。国务院其他有关部门依照本条例和国务院规定的职责分工,履行相应的政府投资管理职责。

县级以上地方人民政府投资主管部门和其他有关部门依照本条例和本级人民政府规定的职责分工,履行相应的政府投资管理职责。

第二章　政府投资决策

第八条　县级以上人民政府应当根据国民经济和社会发展规划、中期财政规划和国家宏观调控政策,结合财政收支状况,统筹安排使用政府投资资金的项目,规范使用各类政府投资资金。

第九条　政府采取直接投资方式、资本金注入方式投资的项目(以下统称政府投资项目),项目单位应当编制项目建议书、可行性研究报告、初步设计,按照政府投资管理权限和规定的程序,报投资主管部门或者其他有关部门审批。

项目单位应当加强政府投资项目的前期工作,保证前期工作的深度达到规定的要求,并对项目建议书、可行性研究报告、初步设计以及依法应当附具的其他文件的真实性负责。

第十条　除涉及国家秘密的项目外,投资主管部门和其他有关部门应当通过投资项目在线审批监管平台(以下简称在线平台),使用在线平台生成的项目代码办理政府投资项目审批手续。

投资主管部门和其他有关部门应当通过在线平台列明与政府投资有关的规划、产业政策等,公开政府投资项目审批的办理流程、办理时限等,并为项目单位提供相关咨询服务。

第十一条　投资主管部门或者其他有关部门应当根据国民经济和社会发展规划、相关领域专项规划、产业政策等,从下列方面对政府投资项目进行审查,作出是否批准的决定:

(一)项目建议书提出的项目建设的必要性;

(二)可行性研究报告分析的项目的技术经济可行性、社会效益以及项目资金等主要建设条件的落实情况;

(三)初步设计及其提出的投资概算是否符合可行性研究报告批复以及国家有关标准和规范的要求;

(四)依照法律、行政法规和国家有关规定应当审查的其他事项。

投资主管部门或者其他有关部门对政府投资项目不予批准的,应当书面通知项目单位并说明理由。

对经济社会发展、社会公众利益有重大影响或者投资规模较大的政府投资项目,投资主管部门或者其他有关部门应当在中介服务机构评估、公众参与、专家评议、风险评估的基础上作出是否批准的决定。

第十二条 经投资主管部门或者其他有关部门核定的投资概算是控制政府投资项目总投资的依据。

初步设计提出的投资概算超过经批准的可行性研究报告提出的投资估算10%的,项目单位应当向投资主管部门或者其他有关部门报告,投资主管部门或者其他有关部门可以要求项目单位重新报送可行性研究报告。

第十三条 对下列政府投资项目,可以按照国家有关规定简化需要报批的文件和审批程序:

(一)相关规划中已经明确的项目;

(二)部分扩建、改建项目;

(三)建设内容单一、投资规模较小、技术方案简单的项目;

(四)为应对自然灾害、事故灾难、公共卫生事件、社会安全事件等突发事件需要紧急建设的项目。

前款第三项所列项目的具体范围,由国务院投资主管部门会同国务院其他有关部门规定。

第十四条 采取投资补助、贷款贴息等方式安排政府投资资金的,项目单位应当按照国家有关规定办理手续。

7.《国务院关于固定资产投资项目试行资本金制度的通知》(国发〔1996〕35号,1996年8月23日)

一、从1996年开始,对各种经营性投资项目,包括国有单位的基本建设、技术改造、房地产开发项目和集体投资项目,试行资本金制度,投资项目必须首先落实资本金才能进行建设。个体和私营企业的经营性投资项目参照本通知的规定执行。

公益性投资项目不实行资本金制度。外商投资项目(包括外商独资、中外合资、中外合作经营项目)按现行有关法规执行。

二、在投资项目的总投资中,除项目法人(依托现有企业的扩建及技术改造项目,现有企业法人即为项目法人)从银行或资金市场筹措的债务性资金外,还必须拥有一定比例的资本金。投资项目资本金,是指在投资项目总投资中,由投资者认缴的出资额,对投资项目来说是非债务性资金,项目法人不承担这部分资金的任何利息和债务;投资者可按其出资的比例依法享有所有者权益,也可转让其出资,但不得以任何方式抽回。

本通知中作为计算资本金基数的总投资,是指投资项目的固定资产投资与铺底流动资金之和,具体核定时以经批准的动态概算为依据。

三、投资项目资本金可以用货币出资,也可以用实物、工业产权、非专利技术、土地使用权作价出资。对作为资本金的实物、工业产权、非专利技术、土地使用权,必须经过有资格的资产评估机构依照法律、法规评估作价,不得高估或低估。以工业产权、非专利技术作价出资的比例不得超过投资项目资本金总额的20%,国家对采用高新技术成果有特别规定的除外。投资者以货币方式认缴的资本金,其资金来源有:

(一)各级人民政府的财政预算内资金、国家批准的各种专项建设基金、"拨改贷"和经营性基本建设基金回收的本息、土地批租收入、国有企业产权转让收入、地方人民政府按国家有关规定收取的各种规费及其它预算外资金;

(二)国家授权的投资机构及企业法人的所有者权益(包括资本金、资本公积金、盈余公积金和未分配利润、股票上市收益资金等)、企业折旧资金以及投资者按照国家规定从资金市场上筹措的资金;

(三)社会个人合法所有的资金;

(四)国家规定的其它可以用作投资项目资本金的资金。

四、投资项目资本金占总投资的比例,根据不同行业和项目的经济效益等因素确定,具体规定如下:

交通运输、煤炭项目,资本金比例为35%及以上;

钢铁、邮电、化肥项目,资本金比例为25%及以上;

电力、机电、建材、化工、石油加工、有色、轻工、纺织、商贸及其他行业的项目,资本金比例为20%及以上。

投资项目资本金的具体比例,由项目审批单位根据投资项目的经济效益以及银行贷款意愿和评估意见等情况,在审批可行性研究报告时核定。经国务院批准,对个别情况特殊的国家重点建设项目,可以适当降低资本金比例。

五、对某些投资回报率稳定、收益可靠的基础设施、基础产业投资项目,以及经济效益好的竞争性投资项目,经国务院批准,可以试行通过发行可转换债券或组建股份制公司发行股票方式筹措资本金。

六、为扶持不发达地区的经济发展,国家主要通过在投资项目资本金中适当增加国家投资的比重,在信贷资金中适当增加政策性贷款比重以及适当延长政策性贷款的还款期等措施增强其投融资能力。

七、投资项目的资本金一次认缴,并根据批准的建设进度按比例逐年到位。

八、试行资本金制度的投资项目,在可行性研究报告中要就资本金筹措情况作出详细说明,包括出资方、出资方式、资本金来源及数额、资本金认缴进度等有关内容。上报可行性研究报告时须附有各出资方承诺出资的文件,以实物、工业产权、非专利技术、土地使用权作价出资的,还须附有资产评估证明等有关材料。

对投资项目概算要实行静态控制、动态管理。凡实际动态概算超过原批准动态概算的,投资项目资本金应按本通知规定的比例,以经批准调整后的概算为基数,相应进行调整,并按照国家有关规定,确定各出资方应增加的资本金。实际动态概算超过原批准动态概算 10% 的,其概算调整须报原概算审批单位批准。

九、主要使用商业银行贷款的投资项目,投资者应将资本金按分年应到位数量存入其主要贷款银行;主要使用国家开发银行贷款的投资项目,应将资本金存入国家开发银行指定的银行。投资项目资本金只能用于项目建设,不得挪作它用,更不得抽回。有关银行承诺贷款后,要根据投资项目建设进度和资本金到位情况分年发放贷款。

有关部门要按照国家规定对投资项目资本金到位和使用情况进行监督。对资本金未按照规定进度和数额到位的投资项目,投资管理部门不发给投资许可证,金融部门不予贷款。对将已存入银行的资本金挪作它用的,在投资者未按规定予以纠正之前,银行要停止对该项目拨付贷款。

对资本金来源不符合有关规定,弄虚作假,以及抽逃资本金的,要根据情节轻重,对有关责任者处以行政处分或经济处罚,必要时停缓建有关项目。

十、对在本通知印发前已批准项目建议书,尚未批准可行性研究报告的投资项目,要按本通知的要求,编报可行性研究报告或补报有关资本金方面的材料;对已批准可行性研究报告尚未批准开工报告的投资项目,要按本通知的要求落实资本金,并补报有关资本金落实情况的材料,重新编报开工报告;凡资本金不落实的投资项目,一律不得开工建设。

十一、本通知由国家计委负责解释(涉及技术改造项目资本金的有关问题,由国家经贸委负责解释)。国家计委、国家经贸委在资本金制度试行期间要检查监督资本金制度执行情况，认真总结经验，以便在试行一段时间后，进一步修改完善，正式发布施行。

8.《国务院关于调整和完善固定资产投资项目资本金制度的通知》（国发〔2015〕51号，2015年9月9日）

一、各行业固定资产投资项目的最低资本金比例按以下规定执行。

城市和交通基础设施项目：城市轨道交通项目由25%调整为20%，港口、沿海及内河航运、机场项目由30%调整为25%，铁路、公路项目由25%调整为20%。

房地产开发项目：保障性住房和普通商品住房项目维持20%不变，其他项目由30%调整为25%。

产能过剩行业项目：钢铁、电解铝项目维持40%不变，水泥项目维持35%不变，煤炭、电石、铁合金、烧碱、焦炭、黄磷、多晶硅项目维持30%不变。

其他工业项目：玉米深加工项目由30%调整为20%，化肥（钾肥除外）项目维持25%不变。

电力等其他项目维持20%不变。

二、城市地下综合管廊、城市停车场项目，以及经国务院批准的核电站等重大建设项目，可以在规定最低资本金比例基础上适当降低。

三、金融机构在提供信贷支持和服务时，要坚持独立审贷，切实防范金融风险。要根据借款主体和项目实际情况，按照国家规定的资本金制度要求，对资本金的真实性、投资收益和贷款风险进行全面审查和评估，坚持风险可控、商业可持续原则，自主决定是否发放贷款以及具体的贷款数量和比例。对于产能严重过剩行业，金融机构要严格执行《国务院关于化解产能严重过剩矛盾的指导意见》（国发〔2013〕41号）有关规定。

四、自本通知印发之日起，凡尚未审批可行性研究报告、核准项目申请报告、办理备案手续的固定资产投资项目，以及金融机构尚未贷款的固定资产投资项目，均按照本通知执行。已经办理相关手续但尚未开工建设的固定资产投资项目，参照本通知执行。已与金融机构签订相关合同的固定资产投资项目，按照原合同执行。

五、国家将根据经济形势发展和宏观调控需要，适时调整固定资产投资项目最低资本金比例。

六、本通知自印发之日起执行。

9.《国务院关于加强固定资产投资项目资本金管理的通知》(国发〔2019〕26号,2019年11月20日)

一、进一步完善投资项目资本金制度

(一)明确投资项目资本金制度的适用范围和性质。该制度适用于我国境内的企业投资项目和政府投资的经营性项目。投资项目资本金作为项目总投资中由投资者认缴的出资额,对投资项目来说必须是非债务性资金,项目法人不承担这部分资金的任何债务和利息;投资者可按其出资比例依法享有所有者权益,也可转让其出资,但不得以任何方式抽回。党中央、国务院另有规定的除外。

(二)分类实施投资项目资本金核算管理。设立独立法人的投资项目,其所有者权益可以全部作为投资项目资本金。对未设立独立法人的投资项目,项目单位应设立专门账户,规范设置和使用会计科目,按照国家有关财务制度、会计制度对拨入的资金和投资项目的资产、负债进行独立核算,并据此核定投资项目资本金的额度和比例。

(三)按照投资项目性质,规范确定资本金比例。适用资本金制度的投资项目,属于政府投资项目的,有关部门在审批可行性研究报告时要对投资项目资本金筹措方式和有关资金来源证明文件的合规性进行审查,并在批准文件中就投资项目资本金比例、筹措方式予以确认;属于企业投资项目的,提供融资服务的有关金融机构要加强对投资项目资本金来源、比例、到位情况的审查监督。

二、适当调整基础设施项目最低资本金比例

(四)港口、沿海及内河航运项目,项目最低资本金比例由25%调整为20%。

(五)机场项目最低资本金比例维持25%不变,其他基础设施项目维持20%不变。其中,公路(含政府收费公路)、铁路、城建、物流、生态环保、社会民生等领域的补短板基础设施项目,在投资回报机制明确、收益可靠、风险可控的前提下,可以适当降低项目最低资本金比例,但下调不得超过5个百分点。实行审批制的项目,审批部门可以明确项目单位按此规定合理确定的投资项目资本金比例。实行核准或备案制的项目,项目单位与金融机构可以按此规定自主调整投资项目资本金比例。

(六)法律、行政法规和国务院对有关投资项目资本金比例另有规定的,从其规定。

三、鼓励依法依规筹措重大投资项目资本金

（七）对基础设施领域和国家鼓励发展的行业，鼓励项目法人和项目投资方通过发行权益型、股权类金融工具，多渠道规范筹措投资项目资本金。

（八）通过发行金融工具等方式筹措的各类资金，按照国家统一的会计制度应当分类为权益工具的，可以认定为投资项目资本金，但不得超过资本金总额的50%。存在下列情形之一的，不得认定为投资项目资本金：

1. 存在本息回购承诺、兜底保障等收益附加条件；

2. 当期债务性资金偿还前，可以分红或取得收益；

3. 在清算时受偿顺序优先于其他债务性资金。

（九）地方各级政府及其有关部门可统筹使用本级预算资金、上级补助资金等各类财政资金筹集项目资本金，可按有关规定将政府专项债券作为符合条件的重大项目资本金。

四、严格规范管理，加强风险防范

（十）项目借贷资金和不符合国家规定的股东借款、"名股实债"等资金，不得作为投资项目资本金。筹措投资项目资本金，不得违规增加地方政府隐性债务，不得违反国家关于国有企业资产负债率相关要求。不得拖欠工程款。

（十一）金融机构在认定投资项目资本金时，应严格区分投资项目与项目投资方，依据不同的资金来源与投资项目的权责关系判定其权益或债务属性，对资本金的真实性、合规性和投资收益、贷款风险进行全面审查，并自主决定是否发放贷款以及贷款数量和比例。项目单位应当配合金融机构开展投资项目资本金审查工作，提供有关资本金真实性和资金来源的证明材料，并对证明材料的真实性负责。

（十二）自本通知印发之日起，凡尚未经有关部门审批可行性研究报告、核准项目申请报告、办理备案手续的投资项目，均按本通知执行。已经办理相关手续、尚未开工、金融机构尚未发放贷款的投资项目，可以按本通知调整资金筹措方案，并重新办理审批、核准或备案手续。已与金融机构签订相关贷款合同的投资项目，可按照原合同执行。

【部门规章及规范性文件】

1.《工程建设项目勘察设计招标投标办法》（2013年5月1日）

第九条 依法必须进行勘察设计招标的工程建设项目，在招标时应当具

备下列条件:

(一)招标人已经依法成立;

(二)按照国家有关规定需要履行项目审批、核准或者备案手续的,已经审批、核准或者备案;

(三)勘察设计有相应资金或者资金来源已经落实;

(四)所必需的勘察设计基础资料已经收集完成;

(五)法律法规规定的其他条件。

2.《工程建设项目施工招标投标办法》(2013 年 5 月 1 日)

第八条 依法必须招标的工程建设项目,应当具备下列条件才能进行施工招标:

(一)招标人已经依法成立;

(二)初步设计及概算应当履行审批手续的,已经批准;

(三)有相应资金或资金来源已经落实;

(四)有招标所需的设计图纸及技术资料。

第十条 按照国家有关规定需要履行项目审批、核准手续的依法必须进行施工招标的工程建设项目,其招标范围、招标方式、招标组织形式应当报项目审批部门审批、核准。项目审批、核准部门应当及时将审批、核准确定的招标内容通报有关行政监督部门。

3.《工程建设项目货物招标投标办法》(2013 年 5 月 1 日)

第八条 依法必须招标的工程建设项目,应当具备下列条件才能进行货物招标:

(一)招标人已经依法成立;

(二)按照国家有关规定应当履行项目审批、核准或者备案手续的,已经审批、核准或者备案;

(三)有相应资金或者资金来源已经落实;

(四)能够提出货物的使用与技术要求。

第九条 依法必须进行招标的工程建设项目,按国家有关规定需要履行审批、核准手续的,招标人应当在报送的可行性研究报告、资金申请报告或者项目申请报告中将货物招标范围、招标方式(公开招标或邀请招标)、招标组织形式(自行招标或委托招标)等有关招标内容报项目审批、核准部门审批、核准。项目审批、核准部门应当将审批、核准的招标内容通报有关行政监督部门。

4.《房屋建筑和市政基础设施工程施工招标投标管理办法》(2019年3月13日)

第七条　工程施工招标应当具备下列条件:

(一)按照国家有关规定需要履行项目审批手续的,已经履行审批手续;

(二)工程资金或者资金来源已经落实;

(三)有满足施工招标需要的设计文件及其他技术资料;

(四)法律、法规、规章规定的其他条件。

5.《机电产品国际招标投标实施办法(试行)》(2014年4月1日)

第九条　招标人应当在所招标项目确立、资金到位或资金来源落实并具备招标所需的技术资料和其他条件后开展国际招标活动。

按照国家有关规定需要履行项目审批、核准手续的依法必须进行招标的项目,其招标范围、招标方式、招标组织形式应当先获得项目审批、核准部门的审批、核准。

6.《工程建设项目申报材料增加招标内容和核准招标事项暂行规定》(2013年5月1日)

第一条　为了规范工程建设项目的招标活动,依据《中华人民共和国招标投标法》、《中华人民共和国招标投标法实施条例》,制定本规定。

第二条　本规定适用于《工程建设项目招标范围和规模标准规定》(国家发展计划委员会令第3号)中规定的依法必须进行招标且按照国家有关规定需要履行项目审批、核准手续的各类工程建设项目。

第三条　本规定第二条包括的工程建设项目,必须在报送的项目可行性研究报告或者资金申请报告、项目申请报告中增加有关招标的内容。

第四条　增加的招标内容包括:

(一)建设项目的勘察、设计、施工、监理以及重要设备、材料等采购活动的具体招标范围(全部或者部分招标);

(二)建设项目的勘察、设计、施工、监理以及重要设备、材料等采购活动拟采用的招标组织形式(委托招标或者自行招标);拟自行招标的,还应按照

《工程建设项目自行招标试行办法》(国家发展计划委员会令第5号)规定报送书面材料;

(三)建设项目的勘察、设计、施工、监理以及重要设备、材料等采购活动拟采用的招标方式(公开招标或者邀请招标);国家发展改革委确定的国家重点项目和省、自治区、直辖市人民政府确定的地方重点项目,拟采用邀请招标的,应对采用邀请招标的理由作出说明;

(四)其他有关内容。

报送招标内容时应附招标基本情况表(表式见附表一①)。

第五条 属于下列情况之一的,建设项目可以不进行招标。但在报送可行性研究报告或者资金申请报告、项目申请报告中须提出不招标申请,并说明不招标原因:

(一)涉及国家安全、国家秘密、抢险救灾或者属于利用扶贫资金实行以工代赈、需要使用农民工等特殊情况,不适宜进行招标;

(二)建设项目的勘察、设计,采用不可替代的专利或者专有技术,或者其建筑艺术造型有特殊要求;

(三)承包商、供应商或者服务提供者少于三家,不能形成有效竞争;

(四)采购人依法能够自行建设、生产或者提供;

(五)已通过招标方式选定的特许经营项目投资人依法能够自行建设、生产或者提供;

(六)需要向原中标人采购工程、货物或者服务,否则将影响施工或者配套要求;

(七)国家规定的其他特殊情形。

第六条 经项目审批、核准部门审批、核准,工程建设项目因特殊情况可以在报送可行性研究报告或者资金申请报告、项目申请报告前先行开展招标活动,但应在报送的可行性研究报告或者资金申请报告、项目申请报告中予以说明。项目审批、核准部门认定先行开展的招标活动中有违背法律、法规的情形的,应要求其纠正。

第七条 在项目可行性研究报告或者资金申请报告、项目申请报告中增加的招标内容,作为附件与可行性研究报告或者资金申请报告、项目申请报告一同报送。

---

① 本暂行规定的附表请参见完整版本。——编者注

第八条　项目审批、核准部门应依据法律、法规规定的权限，对项目建设单位拟定的招标范围、招标组织形式、招标方式等内容提出是否予以审批、核准的意见。项目审批、核准部门对招标事项审批、核准意见格式见附表二。

第九条　审批、核准招标事项，按以下分工办理：

（一）应报送国家发展改革委审批和国家发展改革委核报国务院审批的建设项目，由国家发展改革委审批；

（二）应报送国务院行业主管部门审批的建设项目，由国务院行业主管部门审批；

（三）应报送地方人民政府发展改革部门审批和地方人民政府发展改革部门核报地方人民政府审批的建设项目，由地方人民政府发展改革部门审批；

（四）按照规定应报送国家发展改革委核准的建设项目，由国家发展改革委核准；

（五）按照规定应报送地方人民政府发展改革部门核准的建设项目，由地方人民政府发展改革部门核准。

第十条　使用国际金融组织或者外国政府资金的建设项目，资金提供方对建设项目报送招标内容有规定的，从其规定。

第十一条　项目建设单位在招标活动中对审批、核准的招标范围、招标组织形式、招标方式等作出改变的，应向原审批、核准部门重新办理有关审批、核准手续。

第十二条　项目审批、核准部门应将审批、核准建设项目招标内容的意见抄送有关行政监督部门。

第十三条　项目建设单位在报送招标内容中弄虚作假，或者在招标活动中违背项目审批、核准部门审批、核准事项，由项目审批、核准部门和有关行政监督部门依法处罚。

第十四条　本规定由国家发展改革委解释。

第十五条　本规定自发布之日起施行。

7.《国家发展改革委关于改进和完善报请国务院审批或核准投资项目的管理办法》（2005年1月14日）

一、对于《国家发展改革委核报国务院核准或审批的固定资产投资项目目录（试行）》（发改投资〔2004〕1927号文附件，以下简称《目录》）内符合按照国家有关规定批准的行业和专项发展建设规划以及产业政策要求,有关方面意见一致的项目,由国家发展改革委会同有关部门审批或核准,报国务院备案。报国务院备案时应附上国土资源部、环保总局、行业主管部门、其他有关部门、省级人民政府或其投资主管部门、银行等相关单位的意见和咨询机构的评估论证意见,以及国家发展改革委关于该项目符合发展建设规划和产业政策等情况的说明。

二、对于《目录》内属于下列情况之一的项目,由国家发展改革委会同有关部门提出审批或核准的初步意见,报请国务院审批或核准:

(一)发展建设规划以外的项目;

(二)产业政策限制发展的项目;

(三)符合第一条规定的条件,但性质特殊、影响重大的项目;

(四)有关方面意见不尽一致,但从经济和社会发展全局考虑仍有必要建设的项目;

(五)国务院明确要求报送国务院审批或核准的项目。

三、关于城市快速轨道交通规划及项目的审批或核准,分两类情况进行处理:一是对北京、上海、广州、深圳等财力较强、有城市快速轨道交通项目建设和运营管理经验的城市,其城市快速轨道交通规划及项目由国家发展改革委审批或核准,报国务院备案;二是对其他城市,其城市快速轨道交通规划由国家发展改革委核报国务院审批,具体项目由国家发展改革委审批或核准,报国务院备案。

四、对于《国务院关于投资体制改革的决定》发布之前已经国务院常务会议审议通过项目建议书的项目,原则上按上述规定办理,即对于《目录》内可行性研究报告或项目申请报告符合发展建设规划和产业政策的要求、有关方面意见一致的项目,以及《目录》外的项目,由国家发展改革委审批或核准后报国务院备案;对于《目录》内不符合上述条件或在可行性研究阶段对原方案的投资规模、土地使用、环境影响、资金来源等有较大调整的项目,由国家发展改革委核报国务院审批或核准。

五、要逐步建立和完善政府投资责任追究制度,建立健全协同配合的企业投资监管体系。与项目审批、核准、实施有关的单位要各司其职、各负其责:

(一)发展改革部门:对项目的审批(核准)以及向国务院提出审批(核准)的审查意见承担责任,着重对项目是否符合国家宏观调控政策、发展建设规划和产业政策,是否维护了经济安全和公众利益,资源开发利用和重大布局是否合理,是否有效防止出现垄断等负责。

(二)环境保护主管部门:对项目是否符合环境影响评价的法律法规要求,是否符合环境功能区划,拟采取的环保措施能否有效治理环境污染和防止生态破坏等负责。

(三)国土资源主管部门:对项目是否符合土地利用总体规划和国家供地政策,项目拟用地规模是否符合有关规定和控制要求,补充耕地方案是否可行等负责,对土地、矿产资源开发利用是否合理负责。

(四)城市规划主管部门:对项目是否符合城市规划要求、选址是否合理等负责。

(五)有关行业主管部门:对项目是否符合国家法律法规、行业发展建设规划以及行业管理的有关规定负责。

(六)其他有关主管部门:对项目是否符合国家法律法规和国务院的有关规定负责。

(七)金融机构:按照国家有关规定对申请贷款的项目独立审贷,对贷款风险负责。

(八)咨询机构:对咨询评估结论负责。

(九)项目(法人)单位:对项目的申报程序是否符合有关规定、申报材料是否真实、是否按照经审批或核准的建设内容进行建设负责,并承担投资项目的资金来源、技术方案、市场前景、经济效益等方面的风险。

8.《中央预算内直接投资项目管理办法》(2014年3月1日)

第一章　总　则

第一条　为切实加强和进一步规范中央预算内直接投资项目管理,健全科学、民主的投资决策机制,提高投资效益,依据《国务院关于投资体制改革的决定》和有关法律法规,制定本办法。

第二条　本办法所称中央预算内直接投资项目(以下简称直接投资项目或者项目),是指国家发展改革委安排中央预算内投资建设的中央本级(包括中央部门及其派出机构、垂直管理单位、所属事业单位)非经营性固定资产投资项目。

党政机关办公楼建设项目按照党中央、国务院规定严格管理。

第三条 直接投资项目实行审批制,包括审批项目建议书、可行性研究报告、初步设计。情况特殊、影响重大的项目,需要审批开工报告。

国务院、国家发展改革委批准的专项规划中已经明确、前期工作深度达到项目建议书要求、建设内容简单、投资规模较小的项目,可以直接编报可行性研究报告,或者合并编报项目建议书。

第四条 申请安排中央预算内投资3000万元及以上的项目,以及需要跨地区、跨部门、跨领域统筹的项目,由国家发展改革委审批或者由国家发展改革委委托中央有关部门审批,其中特别重大项目由国家发展改革委核报国务院批准;其余项目按照隶属关系,由中央有关部门审批后抄送国家发展改革委。

按照规定权限和程序批准的项目,国家发展改革委在编制年度计划时统筹安排中央预算内投资。

第五条 审批直接投资项目时,一般应当委托具备相应资质的工程咨询机构对项目建议书、可行性研究报告进行评估。特别重大的项目实行专家评议制度。

第六条 直接投资项目在可行性研究报告、初步设计及投资概算的编制、审批以及建设过程中,应当符合国家有关建设标准和规范。

第七条 发展改革委与财政、城乡规划、国土资源、环境保护、金融监管、行业管理等部门建立联动机制,实现信息共享。

凡不涉及国家安全和国家秘密、法律法规未禁止公开的直接投资项目,审批部门应当按照政府信息公开的有关规定,将项目审批情况向社会公开。

第二章 项目决策

第八条 适宜编制规划的领域,国家发展改革委和中央有关部门应当编制专项规划。按照规定权限和程序批准的专项规划,是项目决策的重要依据。

第九条 国家发展改革委会同有关部门建立项目储备库,作为项目决策和年度计划安排的重要依据。

第十条 项目建议书要对项目建设的必要性、主要建设内容、拟建地点、拟建规模、投资匡算、资金筹措以及社会效益和经济效益等进行初步分析,并附相关文件资料。项目建议书的编制格式、内容和深度应当达到规定要求。

由国家发展改革委负责审批的项目,其项目建议书应当由具备相应资质的甲级工程咨询机构编制。

第十一条　项目建议书编制完成后，由项目单位按照规定程序报送项目审批部门审批。项目审批部门对符合有关规定、确有必要建设的项目，批准项目建议书，并将批复文件抄送城乡规划、国土资源、环境保护等部门。

项目审批部门可以在项目建议书批复文件中规定批复文件的有效期。

第十二条　项目单位依据项目建议书批复文件，组织开展可行性研究，并按照规定向城乡规划、国土资源、环境保护等部门申请办理规划选址、用地预审、环境影响评价等审批手续。

第十三条　项目审批部门在批准项目建议书之后，应当按照有关规定进行公示。公示期间征集到的主要意见和建议，作为编制和审批项目可行性研究报告的重要参考。

第十四条　项目建议书批准后，项目单位应当委托工程咨询机构编制可行性研究报告，对项目在技术和经济上的可行性以及社会效益、节能、资源综合利用、生态环境影响、社会稳定风险等进行全面分析论证，落实各项建设和运行保障条件，并按照有关规定取得相关许可、审查意见。可行性研究报告的编制格式、内容和深度应当达到规定要求。

由国家发展改革委负责审批的项目，其可行性研究报告应当由具备相应资质的甲级工程咨询机构编制。

第十五条　项目可行性研究报告应当包含以下招标内容：

（一）项目的勘察、设计、施工、监理以及重要设备、材料等采购活动的具体招标范围（全部或者部分招标）；

（二）项目的勘察、设计、施工、监理以及重要设备、材料等采购活动拟采用的招标组织形式（委托招标或者自行招标）。按照有关规定拟自行招标的，应当按照国家有关规定提交书面材料；

（三）项目的勘察、设计、施工、监理以及重要设备、材料等采购活动拟采用的招标方式（公开招标或者邀请招标）。按照有关规定拟邀请招标的，应当按照国家有关规定提交书面材料。

第十六条　可行性研究报告编制完成后，由项目单位按照规定程序报送项目审批部门审批，并应当附以下文件：

（一）城乡规划行政主管部门出具的选址意见书；

（二）国土资源行政主管部门出具的用地预审意见；

（三）环境保护行政主管部门出具的环境影响评价审批文件；

(四)项目的节能评估报告书、节能评估报告表或者节能登记表(由中央有关部门审批的项目,需附国家发展改革委出具的节能审查意见);

(五)根据有关规定应当提交的其他文件。

第十七条 项目审批部门对符合有关规定、具备建设条件的项目,批准可行性研究报告,并将批复文件抄送城乡规划、国土资源、环境保护等部门。

项目审批部门可以在可行性研究报告批复文件中规定批复文件的有效期。

对于情况特殊、影响重大的项目,需要审批开工报告的,应当在可行性研究报告批复文件中予以明确。

第十八条 经批准的可行性研究报告是确定建设项目的依据。项目单位可以依据可行性研究报告批复文件,按照规定向城乡规划、国土资源等部门申请办理规划许可、正式用地手续等,并委托具有相应资质的设计单位进行初步设计。

第十九条 初步设计应当符合国家有关规定和可行性研究报告批复文件的有关要求,明确各单项工程或者单位工程的建设内容、建设规模、建设标准、用地规模、主要材料、设备规格和技术参数等设计方案,并据此编制投资概算。投资概算应当包括国家规定的项目建设所需的全部费用。

由国家发展改革委负责审批的项目,其初步设计应当由具备相应资质的甲级设计单位编制。

第二十条 投资概算超过可行性研究报告批准的投资估算百分之十的,或者项目单位、建设性质、建设地点、建设规模、技术方案等发生重大变更的,项目单位应当报告项目审批部门。项目审批部门可以要求项目单位重新组织编制和报批可行性研究报告。

第二十一条 初步设计编制完成后,由项目单位按照规定程序报送项目审批部门审批。法律法规对直接投资项目的初步设计审批权限另有规定的,从其规定。

对于由国家发展改革委审批项目建议书、可行性研究报告的项目,其初步设计经中央有关部门审核后,由国家发展改革委审批或者经国家发展改革委核定投资概算后由中央有关部门审批。

经批准的初步设计及投资概算应当作为项目建设实施和控制投资的依据。

第二十二条 直接投资项目应当符合规划、产业政策、环境保护、土地使用、节约能源、资源利用等方面的有关规定。

第三章　建设管理

第二十三条　对于项目单位缺乏相关专业技术人员和建设管理经验的直接投资项目，项目审批部门应当在批复可行性研究报告时要求实行代理建设制度（“代建制”），通过招标等方式选择具备工程项目管理资质的工程咨询机构，作为项目管理单位负责组织项目的建设实施。项目管理单位按照与项目单位签订的合同，承担项目建设实施的相关权利义务，严格执行项目的投资概算、质量标准和建设工期等要求，在项目竣工验收后将项目交付项目单位。

第二十四条　直接投资项目应当依法办理相关手续，在具备国家规定的各项开工条件后，方可开工建设。

对于按照可行性研究报告批复文件的规定需要审批开工报告的项目，应当在开工报告批准后方可开工建设。

第二十五条　直接投资项目的招标采购，按照《招标投标法》等有关法律法规规定办理。从事直接投资项目招标代理业务的招标代理机构，应当具备中央投资项目招标代理资格。

第二十六条　建立项目建设情况报告制度。项目单位应当按照规定向项目审批部门定期报告项目建设进展情况。

第二十七条　项目由于政策调整、价格上涨、地质条件发生重大变化等原因确需调整投资概算的，由项目单位提出调整方案，按照规定程序报原概算核定部门核定。概算调增幅度超过原批复概算百分之十的，概算核定部门原则上先商请审计机关进行审计，并依据审计结论进行概算调整。

第二十八条　建立健全直接投资项目的工程保险和工程担保制度，加强直接投资项目的风险管理。

第二十九条　直接投资项目应当遵守国家档案管理的有关规定，做好项目档案管理工作。项目档案验收不合格的，应当限期整改，经复查合格后，方可进行竣工验收。

第三十条　直接投资项目竣工后，应当按照规定编制竣工决算。项目竣工决算具体审查和审批办法，按照国家有关规定执行。

第三十一条　直接投资项目建成后，项目单位应当按照国家有关规定报请项目可行性研究报告审批部门组织竣工验收。

第三十二条 直接投资项目建成运行后,项目审批部门可以依据有关规定,组织具备相应资质的工程咨询机构,对照项目可行性研究报告批复文件及批准的可行性研究报告的主要内容开展项目后评价,必要时应当参照初步设计文件的相关内容进行对比分析,进一步加强和改进项目管理,不断提高决策水平和投资效益。

第四章 监督检查和法律责任

第三十三条 发展改革、财政、审计、监察和其他有关部门,依据职能分工,对直接投资项目进行监督检查。

第三十四条 国家发展改革委和有关部门应当依法接受单位、个人对直接投资项目在审批、建设过程中违法违规行为的投诉和举报,并按照有关规定进行查处。

第三十五条 项目审批部门和其他有关部门有下列行为之一的,责令限期改正,并对直接负责的主管人员和其他直接责任人员依法给予处分:

(一)违反本办法规定批准项目建议书、可行性研究报告、初步设计及核定投资概算的;

(二)强令或者授意项目单位违反本办法规定的;

(三)因故意或者重大过失造成重大损失或者严重损害公民、法人和其他组织合法权益的;

(四)其他违反本办法规定的行为。

第三十六条 国家机关及有关单位的工作人员在项目建设过程中滥用职权、玩忽职守、徇私舞弊、索贿受贿的,依法追究行政或者法律责任。

第三十七条 项目单位和项目管理单位有下列行为之一的,国家发展改革委和有关部门将其纳入不良信用记录,责令其限期整改、暂停项目建设或者暂停投资安排;对直接负责的主管人员和其他直接责任人员,依法追究行政或者法律责任:

(一)提供虚假情况骗取项目审批和中央预算内投资的;

(二)违反国家有关规定擅自开工建设的;

(三)未经批准擅自调整建设标准或者投资规模、改变建设地点或者建设内容的;

(四)转移、侵占或者挪用建设资金的;

(五)未及时办理竣工验收手续、未经竣工验收或者验收不合格即交付使用的；

（六）已经批准的项目，无正当理由未及时实施或者完成的；

（七）不按国家规定履行招标程序的；

（八）其他违反本办法规定的行为。

第三十八条　有关工程咨询机构或者设计单位在编制项目建议书、可行性研究报告、初步设计及投资概算以及开展咨询评估或者项目后评价时，弄虚作假或者咨询评估意见严重失实的，国家发展改革委和有关部门将其纳入不良信用记录，根据其情节轻重，依法给予警告、停业整顿、降低资质等级或者撤销资质等处罚；造成损失的，依法承担赔偿责任。相关责任人员涉嫌犯罪的，依法移送司法机关处理。

第三十九条　直接投资项目发生重大质量安全事故的，按照国家有关规定，由有关部门依法追究项目单位、项目管理单位和勘察设计、施工、监理、招标代理等单位以及相关人员的法律责任。

第五章　附　　则

第四十条　中央有关部门可以根据本办法的规定及职能分工，制订本部门的具体管理办法。省级发展改革部门可以参照本办法制订本地区的管理办法。

第四十一条　本办法由国家发展改革委负责解释。

第四十二条　本办法自2014年3月1日起施行。

9.《企业投资项目核准和备案管理办法》（2017年4月8日）

第一章　总　　则

第一条　为落实企业投资自主权，规范政府对企业投资项目的核准和备案行为，实现便利、高效服务和有效管理，依法保护企业合法权益，依据《行政许可法》、《企业投资项目核准和备案管理条例》等有关法律法规，制定本办法。

第二条　本办法所称企业投资项目（以下简称项目），是指企业在中国境内投资建设的固定资产投资项目，包括企业使用自己筹措资金的项目，以及使用自己筹措的资金并申请使用政府投资补助或贷款贴息等的项目。

项目申请使用政府投资补助、贷款贴息的，应在履行核准或备案手续后，提出资金申请报告。

第三条 县级以上人民政府投资主管部门对投资项目履行综合管理职责。

县级以上人民政府其他部门依照法律、法规规定,按照本级政府规定职责分工,对投资项目履行相应管理职责。

第四条 根据项目不同情况,分别实行核准管理或备案管理。

对关系国家安全、涉及全国重大生产力布局、战略性资源开发和重大公共利益等项目,实行核准管理。其他项目实行备案管理。

第五条 实行核准管理的具体项目范围以及核准机关、核准权限,由国务院颁布的《政府核准的投资项目目录》(以下简称《核准目录》)确定。法律、行政法规和国务院对项目核准的范围、权限有专门规定的,从其规定。

《核准目录》由国务院投资主管部门会同有关部门研究提出,报国务院批准后实施,并根据情况适时调整。

未经国务院批准,各部门、各地区不得擅自调整《核准目录》确定的核准范围和权限。

第六条 除国务院另有规定外,实行备案管理的项目按照属地原则备案。

各省级政府负责制定本行政区域内的项目备案管理办法,明确备案机关及其权限。

第七条 依据本办法第五条第一款规定具有项目核准权限的行政机关统称项目核准机关。《核准目录》所称国务院投资主管部门是指国家发展和改革委员会;《核准目录》规定由省级政府、地方政府核准的项目,其具体项目核准机关由省级政府确定。

项目核准机关对项目进行的核准是行政许可事项,实施行政许可所需经费应当由本级财政予以保障。

依据国务院专门规定和省级政府规定具有项目备案权限的行政机关统称项目备案机关。

第八条 项目的市场前景、经济效益、资金来源和产品技术方案等,应当依法由企业自主决策、自担风险,项目核准、备案机关及其他行政机关不得非法干预企业的投资自主权。

第九条 项目核准、备案机关及其工作人员应当依法对项目进行核准或者备案,不得擅自增减审查条件,不得超出办理时限。

第十条　项目核准、备案机关应当遵循便民、高效原则，提高办事效率，提供优质服务。

项目核准、备案机关应当制定并公开服务指南，列明项目核准的申报材料及所需附件、受理方式、审查条件、办理流程、办理时限等；列明项目备案所需信息内容、办理流程等，提高工作透明度，为企业提供指导和服务。

第十一条　县级以上地方人民政府有关部门应当依照相关法律法规和本级政府有关规定，建立健全对项目核准、备案机关的监督制度，加强对项目核准、备案行为的监督检查。

各级政府及其有关部门应当依照相关法律法规及规定对企业从事固定资产投资活动实施监督管理。

任何单位和个人都有权对项目核准、备案、建设实施过程中的违法违规行为向有关部门检举。有关部门应当及时核实、处理。

第十二条　除涉及国家秘密的项目外，项目核准、备案通过全国投资项目在线审批监管平台（以下简称在线平台）实行网上受理、办理、监管和服务，实现核准、备案过程和结果的可查询、可监督。

第十三条　项目核准、备案机关以及其他有关部门统一使用在线平台生成的项目代码办理相关手续。

项目通过在线平台申报时，生成作为该项目整个建设周期身份标识的唯一项目代码。项目的审批信息、监管（处罚）信息，以及工程实施过程中的重要信息，统一汇集至项目代码，并与社会信用体系对接，作为后续监管的基础条件。

第十四条　项目核准、备案机关及有关部门应当通过在线平台公开与项目有关的发展规划、产业政策和准入标准，公开项目核准、备案等事项的办理条件、办理流程、办理时限等。

项目核准、备案机关应根据《政府信息公开条例》有关规定将核准、备案结果予以公开，不得违法违规公开重大工程的关键信息。

第十五条　企业投资建设固定资产投资项目，应当遵守国家法律法规，符合国民经济和社会发展总体规划、专项规划、区域规划、产业政策、市场准入标准、资源开发、能耗与环境管理等要求，依法履行项目核准或者备案及其他相关手续，并依法办理城乡规划、土地（海域）使用、环境保护、能源资源利用、安全生产等相关手续，如实提供相关材料，报告相关信息。

第十六条　对项目核准、备案机关实施的项目核准、备案行为，相关利害关系人有权依法申请行政复议或者提起行政诉讼。

第二章 项目核准的申请文件

第十七条 企业办理项目核准手续,应当按照国家有关要求编制项目申请报告,取得第二十二条规定依法应当附具的有关文件后,按照本办法第二十三条规定报送。

第十八条 组织编制和报送项目申请报告的项目单位,应当对项目申请报告以及依法应当附具文件的真实性、合法性和完整性负责。

第十九条 项目申请报告应当主要包括以下内容:

(一)项目单位情况;

(二)拟建项目情况,包括项目名称、建设地点、建设规模、建设内容等;

(三)项目资源利用情况分析以及对生态环境的影响分析;

(四)项目对经济和社会的影响分析。

第二十条 项目申请报告通用文本由国务院投资主管部门会同有关部门制定,主要行业的项目申请报告示范文本由相应的项目核准机关参照项目申请报告通用文本制定,明确编制内容、深度要求等。

第二十一条 项目申请报告可以由项目单位自行编写,也可以由项目单位自主委托具有相关经验和能力的工程咨询单位编写。任何单位和个人不得强制项目单位委托中介服务机构编制项目申请报告。

项目单位或者其委托的工程咨询单位应当按照项目申请报告通用文本和行业示范文本的要求编写项目申请报告。

工程咨询单位接受委托编制有关文件,应当做到依法、独立、客观、公正,对其编制的文件负责。

第二十二条 项目单位在报送项目申请报告时,应当根据国家法律法规的规定附具以下文件:

(一)城乡规划行政主管部门出具的选址意见书(仅指以划拨方式提供国有土地使用权的项目);

(二)国土资源(海洋)行政主管部门出具的用地(用海)预审意见(国土资源主管部门明确可以不进行用地预审的情形除外);

(三)法律、行政法规规定需要办理的其他相关手续。

第三章　项目核准的基本程序

第二十三条　地方企业投资建设应当分别由国务院投资主管部门、国务院行业管理部门核准的项目,可以分别通过项目所在地省级政府投资主管部门、行业管理部门向国务院投资主管部门、国务院行业管理部门转送项目申请报告。属于国务院投资主管部门核准权限的项目,项目所在地省级政府规定由省级政府行业管理部门转送的,可以由省级政府投资主管部门与其联合报送。

国务院有关部门所属单位、计划单列企业集团、中央管理企业投资建设应当由国务院有关部门核准的项目,直接向相应的项目核准机关报送项目申请报告,并附行业管理部门的意见。

企业投资建设应当由国务院核准的项目,按照本条第一、二款规定向国务院投资主管部门报送项目申请报告,由国务院投资主管部门审核后报国务院核准。新建运输机场项目由相关省级政府直接向国务院、中央军委报送项目申请报告。

第二十四条　企业投资建设应当由地方政府核准的项目,应当按照地方政府的有关规定,向相应的项目核准机关报送项目申请报告。

第二十五条　项目申报材料齐全、符合法定形式的,项目核准机关应当予以受理。

申报材料不齐全或者不符合法定形式的,项目核准机关应当在收到项目申报材料之日起5个工作日内一次告知项目单位补充相关文件,或对相关内容进行调整。逾期不告知的,自收到项目申报材料之日起即为受理。

项目核准机关受理或者不予受理申报材料,都应当出具加盖本机关专用印章并注明日期的书面凭证。对于受理的申报材料,书面凭证应注明项目代码,项目单位可以根据项目代码在线查询、监督核准过程和结果。

第二十六条　项目核准机关在正式受理项目申请报告后,需要评估的,应在4个工作日内按照有关规定委托具有相应资质的工程咨询机构进行评估。项目核准机关在委托评估时,应当根据项目具体情况,提出评估重点,明确评估时限。

工程咨询机构与编制项目申请报告的工程咨询机构为同一单位、存在控股、管理关系或者负责人为同一人的,该工程咨询机构不得承担该项目的评估工作。工程咨询机构与项目单位存在控股、管理关系或者负责人为同一人的,该工程咨询机构不得承担该项目单位的项目评估工作。

除项目情况复杂的,评估时限不得超过30个工作日。接受委托的工程咨询机构应当在项目核准机关规定的时间内提出评估报告,并对评估结论承担责任。项目情况复杂的,履行批准程序后,可以延长评估时限,但延长的期限不得超过60个工作日。

项目核准机关应当将项目评估报告与核准文件一并存档备查。

评估费用由委托评估的项目核准机关承担,评估机构及其工作人员不得收取项目单位的任何费用。

第二十七条 项目涉及有关行业管理部门或者项目所在地地方政府职责的,项目核准机关应当商请有关行业管理部门或地方人民政府在7个工作日内出具书面审查意见。有关行业管理部门或地方人民政府逾期没有反馈书面审查意见的,视为同意。

第二十八条 项目建设可能对公众利益构成重大影响的,项目核准机关在作出核准决定前,应当采取适当方式征求公众意见。

相关部门对直接涉及群众切身利益的用地(用海)、环境影响、移民安置、社会稳定风险等事项已经进行实质性审查并出具了相关审批文件的,项目核准机关可不再就相关内容重复征求公众意见。

对于特别重大的项目,可以实行专家评议制度。除项目情况特别复杂外,专家评议时限原则上不得超过30个工作日。

第二十九条 项目核准机关可以根据评估意见、部门意见和公众意见等,要求项目单位对相关内容进行调整,或者对有关情况和文件做进一步澄清、补充。

第三十条 项目违反相关法律法规,或者不符合发展规划、产业政策和市场准入标准要求的,项目核准机关可以不经过委托评估、征求意见等程序,直接作出不予核准的决定。

第三十一条 项目核准机关应当在正式受理申报材料后20个工作日内作出是否予以核准的决定,或向上级项目核准机关提出审核意见。项目情况复杂或者需要征求有关单位意见的,经本行政机关主要负责人批准,可以延长核准时限,但延长的时限不得超过40个工作日,并应当将延长期限的理由告知项目单位。

项目核准机关需要委托评估或进行专家评议的,所需时间不计算在前款规定的期限内。项目核准机关应当将咨询评估或专家评议所需时间书面告知项目单位。

第三十二条　项目符合核准条件的,项目核准机关应当对项目予以核准并向项目单位出具项目核准文件。项目不符合核准条件的,项目核准机关应当出具不予核准的书面通知,并说明不予核准的理由。

属于国务院核准权限的项目,由国务院投资主管部门根据国务院的决定向项目单位出具项目核准文件或者不予核准的书面通知。

项目核准机关出具项目核准文件或者不予核准的书面通知应当抄送同级行业管理、城乡规划、国土资源、水行政管理、环境保护、节能审查等相关部门和下级机关。

第三十三条　项目核准文件和不予核准书面通知的格式文本,由国务院投资主管部门制定。

第三十四条　项目核准机关应制定内部工作规则,不断优化工作流程,提高核准工作效率。

第四章　项目核准的审查及效力

第三十五条　项目核准机关应当从以下方面对项目进行审查:

(一)是否危害经济安全、社会安全、生态安全等国家安全;

(二)是否符合相关发展建设规划、产业政策和技术标准;

(三)是否合理开发并有效利用资源;

(四)是否对重大公共利益产生不利影响。

项目核准机关应当制定审查工作细则,明确审查具体内容、审查标准、审查要点、注意事项及不当行为需要承担的后果等。

第三十六条　除本办法第二十二条要求提供的项目申请报告附送文件之外,项目单位还应在开工前依法办理其他相关手续。

第三十七条　取得项目核准文件的项目,有下列情形之一的,项目单位应当及时以书面形式向原项目核准机关提出变更申请。原项目核准机关应当自受理申请之日起 20 个工作日内作出是否同意变更的书面决定:

(一)建设地点发生变更的;

(二)投资规模、建设规模、建设内容发生较大变化的;

(三)项目变更可能对经济、社会、环境等产生重大不利影响的;

(四)需要对项目核准文件所规定的内容进行调整的其他重大情形。

第三十八条　项目自核准机关出具项目核准文件或同意项目变更决定

2年内未开工建设,需要延期开工建设的,项目单位应当在2年期限届满的30个工作日前,向项目核准机关申请延期开工建设。项目核准机关应当自受理申请之日起20个工作日内,作出是否同意延期开工建设的决定,并出具相应文件。

开工建设只能延期一次,期限最长不得超过1年。国家对项目延期开工建设另有规定的,依照其规定。

在2年期限内未开工建设也未按照规定向项目核准机关申请延期的,项目核准文件或同意项目变更决定自动失效。

第五章 项目备案

第三十九条 实行备案管理的项目,项目单位应当在开工建设前通过在线平台将相关信息告知项目备案机关,依法履行投资项目信息告知义务,并遵循诚信和规范原则。

第四十条 项目备案机关应当制定项目备案基本信息格式文本,具体包括以下内容:

(一)项目单位基本情况;

(二)项目名称、建设地点、建设规模、建设内容;

(三)项目总投资额;

(四)项目符合产业政策声明。

项目单位应当对备案项目信息的真实性、合法性和完整性负责。

第四十一条 项目备案机关收到本办法第四十条规定的全部信息即为备案。项目备案信息不完整的,备案机关应当及时以适当方式提醒和指导项目单位补正。

项目备案机关发现项目属产业政策禁止投资建设或者依法应实行核准管理,以及不属于固定资产投资项目、依法应实施审批管理、不属于本备案机关权限等情形的,应当通过在线平台及时告知企业予以纠正或者依法申请办理相关手续。

第四十二条 项目备案相关信息通过在线平台在相关部门之间实现互通共享。

项目单位需要备案证明的,可以通过在线平台自行打印或者要求备案机关出具。

第四十三条 项目备案后,项目法人发生变化,项目建设地点、规模、内容发生重大变更,或者放弃项目建设的,项目单位应当通过在线平台及时告知项目备案机关,并修改相关信息。

第四十四条　实行备案管理的项目,项目单位在开工建设前还应当根据相关法律法规规定办理其他相关手续。

第六章　监督管理

第四十五条　上级项目核准、备案机关应当加强对下级项目核准、备案机关的指导和监督,及时纠正项目管理中存在的违法违规行为。

第四十六条　项目核准和备案机关、行业管理、城乡规划(建设)、国家安全、国土(海洋)资源、环境保护、节能审查、金融监管、安全生产监管、审计等部门,应当按照谁审批谁监管、谁主管谁监管的原则,采取在线监测、现场核查等方式,依法加强对项目的事中事后监管。

项目核准、备案机关应当根据法律法规和发展规划、产业政策、总量控制目标、技术政策、准入标准及相关环保要求等,对项目进行监管。

城乡规划、国土(海洋)资源、环境保护、节能审查、安全监管、建设、行业管理等部门,应当履行法律法规赋予的监管职责,在各自职责范围内对项目进行监管。

金融监管部门应当加强指导和监督,引导金融机构按照商业原则,依法独立审贷。

审计部门应当依法加强对国有企业投资项目、申请使用政府投资资金的项目以及其他公共工程项目的审计监督。

第四十七条　各级地方政府有关部门应按照相关法律法规及职责分工,加强对本行政区域内项目的监督检查,发现违法违规行为的,应当依法予以处理,并通过在线平台登记相关违法违规信息。

第四十八条　对不符合法定条件的项目予以核准,或者超越法定职权予以核准的,应依法予以撤销。

第四十九条　各级项目核准、备案机关的项目核准或备案信息,以及国土(海洋)资源、城乡规划、水行政管理、环境保护、节能审查、安全监管、建设、工商等部门的相关手续办理信息、审批结果信息、监管(处罚)信息,应当通过在线平台实现互通共享。

第五十条　项目单位应当通过在线平台如实报送项目开工建设、建设进度、竣工的基本信息。

项目开工前,项目单位应当登录在线平台报备项目开工基本信息。项目开工后,项目单位应当按年度在线报备项目建设动态进度基本信息。项目竣工验收后,项目单位应当在线报备项目竣工基本信息。

第五十一条 项目单位有下列行为之一的,相关信息列入项目异常信用记录,并纳入全国信用信息共享平台:

(一)应申请办理项目核准但未依法取得核准文件的;

(二)提供虚假项目核准或备案信息,或者未依法将项目信息告知备案机关,或者已备案项目信息变更未告知备案机关的;

(三)违反法律法规擅自开工建设的;

(四)不按照批准内容组织实施的;

(五)项目单位未按本办法第五十条规定报送项目开工建设、建设进度、竣工等基本信息,或者报送虚假信息的;

(六)其他违法违规行为。

第七章 法律责任

第五十二条 项目核准、备案机关有下列情形之一的,由其上级行政机关责令改正,对负有责任的领导人员和直接责任人员由有关单位和部门依纪依法给予处分:

(一)超越法定职权予以核准或备案的;

(二)对不符合法定条件的项目予以核准的;

(三)对符合法定条件的项目不予核准的;

(四)擅自增减核准审查条件的,或者以备案名义变相审批、核准的;

(五)不在法定期限内作出核准决定的;

(六)不依法履行监管职责或者监督不力,造成严重后果的。

第五十三条 项目核准、备案机关及其工作人员,以及其他相关部门及其工作人员,在项目核准、备案以及相关审批手续办理过程中玩忽职守、滥用职权、徇私舞弊、索贿受贿的,对负有责任的领导人员和直接责任人员依法给予处分;构成犯罪的,依法追究刑事责任。

第五十四条 项目核准、备案机关,以及国土(海洋)资源、城乡规划、水行政管理、环境保护、节能审查、安全监管、建设等部门违反相关法律法规规定,未依法履行监管职责的,对直接负责的主管人员和其他直接责任人员,依法给予处分;构成犯罪的,依法追究刑事责任。

项目所在地的地方政府有关部门不履行企业投资监管职责的，对直接负责的主管人员和其他直接责任人员，依法给予处分。

第五十五条　企业以分拆项目、隐瞒有关情况或者提供虚假申报材料等不正当手段申请核准、备案的，项目核准机关不予受理或者不予核准、备案，并给予警告。

第五十六条　实行核准管理的项目，企业未依法办理核准手续开工建设或者未按照核准的建设地点、建设规模、建设内容等进行建设的，由核准机关责令停止建设或者责令停产，对企业处项目总投资额1‰以上5‰以下的罚款；对直接负责的主管人员和其他直接责任人员处2万元以上5万元以下的罚款，属于国家工作人员的，依法给予处分。项目应视情况予以拆除或者补办相关手续。

以欺骗、贿赂等不正当手段取得项目核准文件，尚未开工建设的，由核准机关撤销核准文件，处项目总投资额1‰以上5‰以下的罚款；已经开工建设的，依照前款规定予以处罚；构成犯罪的，依法追究刑事责任。

第五十七条　实行备案管理的项目，企业未依法将项目信息或者已备案项目信息变更情况告知备案机关，或者向备案机关提供虚假信息的，由备案机关责令限期改正；逾期不改正的，处2万元以上5万元以下的罚款。

第五十八条　企业投资建设产业政策禁止投资建设项目的，由县级以上人民政府投资主管部门责令停止建设或者责令停产并恢复原状，对企业处项目总投资额5‰以上10‰以下的罚款；对直接负责的主管人员和其他直接责任人员处5万元以上10万元以下的罚款，属于国家工作人员的，依法给予处分。

法律、行政法规另有规定的，依照其规定。

第五十九条　项目单位在项目建设过程中不遵守国土（海洋）资源、城乡规划、环境保护、节能、安全监管、建设等方面法律法规和有关审批文件要求的，相关部门应依法予以处理。

第六十条　承担项目申请报告编写、评估任务的工程咨询评估机构及其人员、参与专家评议的专家，在编制项目申请报告、受项目核准机关委托开展评估或者参与专家评议过程中，违反从业规定，造成重大损失和恶劣影响的，依法降低或撤销工程咨询单位资格，取消主要责任人员的相关职业资格。

第八章 附 则

第六十一条 本办法所称省级政府包括各省、自治区、直辖市及计划单列市人民政府和新疆生产建设兵团。

第六十二条 外商投资项目和境外投资项目的核准和备案管理办法另行制定。

第六十三条 省级政府和国务院行业管理部门,可以按照《企业投资项目核准和备案管理条例》和本办法的规定,制订具体实施办法。

第六十四条 事业单位、社会团体等非企业组织在中国境内利用自有资金、不申请政府投资建设的固定资产投资项目,按照企业投资项目进行管理。

个人投资建设项目参照本办法的相关规定执行。

第六十五条 本办法由国家发展和改革委员会负责解释。

第六十六条 本办法自 2017 年 4 月 8 日起施行。《政府核准投资项目管理办法》(国家发展改革委令第 11 号)同时废止。

10.《外商投资项目核准和备案管理办法》(2014 年 12 月 27 日)

第一章 总 则

第一条 为进一步深化外商投资管理体制改革,根据《中华人民共和国行政许可法》、《指导外商投资方向规定》、《国务院关于投资体制改革的决定》及《政府核准的投资项目目录》(以下简称《核准目录》),特制定本办法。

第二条 本办法适用于中外合资、中外合作、外商独资、外商投资合伙、外商并购境内企业、外商投资企业增资及再投资项目等各类外商投资项目。

第二章 项目管理方式

第三条 外商投资项目管理分为核准和备案两种方式。

第四条 外商投资项目核准权限、范围按照国务院发布的《核准目录》执行。

本办法所称项目核准机关,是指《核准目录》中规定的具有项目核准权限的行政机关。

第五条 本办法第四条范围以外的外商投资项目由地方政府投资主管部门备案。

第六条　外商投资企业增资项目总投资以新增投资额计算，并购项目总投资以交易额计算。

第七条　外商投资涉及国家安全的，应当按照国家有关规定进行安全审查。

第三章　项目核准

第八条　拟申请核准的外商投资项目应按国家有关要求编制项目申请报告。项目申请报告应包括以下内容：

（一）项目及投资方情况；

（二）资源利用和生态环境影响分析；

（三）经济和社会影响分析。

外国投资者并购境内企业项目申请报告应包括并购方情况、并购安排、融资方案和被并购方情况、被并购后经营方式、范围和股权结构、所得收入的使用安排等。

第九条　国家发展和改革委员会根据实际需要，编制并颁布项目申请报告通用文本、主要行业的项目申请报告示范文本、项目核准文件格式文本。

对于应当由国家发展和改革委员会核准或者审核后报国务院核准的项目，国家发展和改革委员会制定并颁布《服务指南》，列明项目核准的申报材料和所需附件、受理方式、办理流程、办理时限等内容，为项目申报单位提供指导和服务。

第十条　项目申请报告应附以下文件：

（一）中外投资各方的企业注册证明材料及经审计的最新企业财务报表（包括资产负债表、利润表和现金流量表）、开户银行出具的资金信用证明；

（二）投资意向书，增资、并购项目的公司董事会决议；

（三）城乡规划行政主管部门出具的选址意见书（仅指以划拨方式提供国有土地使用权的项目）；

（四）国土资源行政主管部门出具的用地预审意见（不涉及新增用地，在已批准的建设用地范围内进行改扩建的项目，可以不进行用地预审）；

（五）环境保护行政主管部门出具的环境影响评价审批文件；

（六）节能审查机关出具的节能审查意见；

（七）以国有资产出资的，需由有关主管部门出具的确认文件；

（八）根据有关法律法规的规定应当提交的其他文件。

第十一条 按核准权限属于国家发展和改革委员会核准的项目，由项目所在地省级发展改革部门提出初审意见后，向国家发展和改革委员会报送项目申请报告；计划单列企业集团和中央管理企业可直接向国家发展和改革委员会报送项目申请报告，并附项目所在地省级发展改革部门的意见。

第十二条 项目申报材料不齐全或者不符合有关要求的，项目核准机关应当在收到申报材料后5个工作日内一次告知项目申报单位补正。

第十三条 对于涉及有关行业主管部门职能的项目，项目核准机关应当商请有关行业主管部门在7个工作日内出具书面审查意见。有关行业主管部门逾期没有反馈书面审查意见的，视为同意。

第十四条 项目核准机关在受理项目申请报告之日起4个工作日内，对需要进行评估论证的重点问题委托有资质的咨询机构进行评估论证，接受委托的咨询机构应在规定的时间内提出评估报告。

对于可能会对公共利益造成重大影响的项目，项目核准机关在进行核准时应采取适当方式征求公众意见。对于特别重大的项目，可以实行专家评议制度。

第十五条 项目核准机关自受理项目核准申请之日起20个工作日内，完成对项目申请报告的核准。如20个工作日内不能做出核准决定的，由本部门负责人批准延长10个工作日，并将延长期限的理由告知项目申报单位。

前款规定的核准期限，委托咨询评估和进行专家评议所需的时间不计算在内。

第十六条 对外商投资项目的核准条件是：

（一）符合国家有关法律法规和《外商投资产业指导目录》、《中西部地区外商投资优势产业目录》的规定；

（二）符合发展规划、产业政策及准入标准；

（三）合理开发并有效利用了资源；

（四）不影响国家安全和生态安全；

（五）对公众利益不产生重大不利影响；

（六）符合国家资本项目管理、外债管理的有关规定。

第十七条 对予以核准的项目，项目核准机关出具书面核准文件，并抄送同级行业管理、城乡规划、国土资源、环境保护、节能审查等相关部门；对不予核准的项目，应以书面说明理由，并告知项目申报单位享有依法申请行政复议或者提起行政诉讼的权利。

第四章　项目备案

第十八条　拟申请备案的外商投资项目需由项目申报单位提交项目和投资方基本情况等信息，并附中外投资各方的企业注册证明材料、投资意向书及增资、并购项目的公司董事会决议等其他相关材料。

第十九条　外商投资项目备案需符合国家有关法律法规、发展规划、产业政策及准入标准，符合《外商投资产业指导目录》、《中西部地区外商投资优势产业目录》。

第二十条　对不予备案的外商投资项目，地方投资主管部门应在7个工作日内出具书面意见并说明理由。

第五章　项目变更

第二十一条　经核准或备案的项目如出现下列情形之一的，需向原批准机关申请变更：

（一）项目地点发生变化；

（二）投资方或股权发生变化；

（三）项目主要建设内容发生变化；

（四）有关法律法规和产业政策规定需要变更的其他情况。

第二十二条　变更核准和备案的程序比照本办法前述有关规定执行。

第二十三条　经核准的项目若变更后属于备案管理范围的，应按备案程序办理；予以备案的项目若变更后属于核准管理范围的，应按核准程序办理。

第六章　监督管理

第二十四条　核准或备案文件应规定文件的有效期。在有效期内未开工建设的，项目申报单位应当在有效期届满前30个工作日向原核准和备案机关提出延期申请。在有效期内未开工建设且未提出延期申请的，原核准文件期满后自动失效。

第二十五条　对于未按规定权限和程序核准或者备案的项目，有关部门不得办理相关手续，金融机构不得提供信贷支持。

第二十六条　各级项目核准和备案机关要切实履行核准和备案职责，改进监督、管理和服务，提高行政效率，并按照相关规定做好项目核准及备案的信息公开工作。

第二十七条 各级发展改革部门应当会同同级行业管理、城乡规划、国土资源、环境保护、金融监管、安全生产监管等部门，对项目申报单位执行项目情况和外商投资项目核准或备案情况进行稽察和监督检查，加快完善信息系统，建立发展规划、产业政策、准入标准、诚信记录等信息的横向互通制度，严肃查处违法违规行为并纳入不良信用记录，实现行政审批和市场监管的信息共享。

第二十八条 国家发展和改革委员会要联合地方发展改革部门建立完善外商投资项目管理电子信息系统，实现外商投资项目可查询、可监督，提升事中事后监管水平。

第二十九条 省级发展改革部门每月10日前汇总整理上月本省项目核准及备案相关情况，包括项目名称、核准及备案文号、项目所在地、中外投资方、建设内容、资金来源（包括总投资、资本金等）等，报送国家发展和改革委员会。

第七章 法律责任

第三十条 项目核准和备案机关及其工作人员违反本办法有关规定的，由其上级行政机关或者监察机关责令改正；情节严重的，对直接负责的主管人员和其他直接责任人员依法给予行政处分。

第三十一条 项目核准和备案机关工作人员，在项目核准和备案过程中滥用职权谋取私利，构成犯罪的，依法追究刑事责任；尚不构成犯罪的，依法给予行政处分。

第三十二条 咨询评估机构及其人员、参与专家评议的专家，在编制项目申请报告、受项目核准机关委托开展评估或者参与专家评议过程中，不遵守国家法律法规和本办法规定的，依法追究相应责任。

第三十三条 项目申报单位以拆分项目或提供虚假材料等不正当手段申请核准或备案的，项目核准和备案机关不予受理或者不予核准及备案。已经取得项目核准或备案文件的，项目核准和备案机关应依法撤销该项目的核准或备案文件。已经开工建设的，依法责令其停止建设。相应的项目核准和备案机关及有关部门应当将其纳入不良信用记录，并依法追究有关责任人的法律责任。

第八章　附　　则

第三十四条　具有项目核准职能的国务院行业管理部门和省级政府有关部门可以按照国家有关法律法规和本办法的规定，制定外商投资项目核准具体实施办法和相应的《服务指南》。

第三十五条　香港特别行政区、澳门特别行政区和台湾地区的投资者在祖国大陆举办的投资项目，参照本办法执行。

外国投资者以人民币在境内投资的项目，按照本办法执行。

第三十六条　法律、行政法规和国家对外商投资项目管理有专门规定的，按照有关规定执行。

第三十七条　本办法由国家发展和改革委员会负责解释。

第三十八条　本办法自 2014 年 6 月 17 日起施行。国家发展和改革委员会 2004 年 10 月 9 日发布的《外商投资项目核准暂行管理办法》（国家发展和改革委员会令第 22 号）同时废止。

11.《国家发展改革委关于审批地方政府投资项目的有关规定（暂行）》（2005 年 7 月 27 日）

根据《国务院关于投资体制改革的决定》（以下简称《决定》）精神，现对国家发展改革委审批地方政府投资项目的有关要求作出如下规定：

一、各级地方政府采用直接投资（含通过各类投资机构）或以资本金注入方式安排地方各类财政性资金，建设《政府核准的投资项目目录》（《决定》附件）范围内应由国务院或国务院投资主管部门管理的固定资产投资项目，需由省级投资主管部门报国家发展改革委会同有关部门审批或核报国务院审批。

省级投资主管部门，是指省级发展改革委和具有投资管理职能的经委（经贸委）。具有投资管理职能的省级经委（经贸委）应与发展改革委联合报送有关文件。

二、需上报审批的地方政府投资项目，只需报批项目建议书。国家发展改革委主要从发展建设规划、产业政策以及经济安全等方面进行审查。

项目建议书经国家发展改革委批准后，项目单位应当按照国家法律法规和地方政府的有关规定履行其他报批程序。

三、地方政府投资项目申请中央政府投资补助、贴息和转贷的，按照国家发展改革委发布的有关规定报批资金申请报告，也可在向国家发展改革委报批项目建议书时,一并提出申请。

四、本规定范围以外的地方政府投资项目,按照地方政府的有关规定审批。

编者说明

招标项目依法应具备的先决条件为:一是需要履行项目审批、核准手续的项目必须取得审批、核准文件;二是落实项目资金;三是报请核准招标方案。落实这些先决条件,是招标投标活动合法有序开展的基础和前提。使用政府性资金投资建设的项目适用审批方式;对于企业不使用政府资金投资建设的项目,区别不同情况实行核准制和备案制,其中需要核准的企业投资项目按照国务院发布的《政府核准的投资项目目录》认定。项目资金可以是国家和地方政府的财政拨款、企业的自有资金及包括银行贷款、发行债券、股票在内的各种方式的融资等形式,但根据《国务院关于固定资产投资项目试行资本金制度的通知》(国发〔1996〕35号)规定,对于一些固定资产投资项目,国家试行资本金制度,即在投资项目总投资中,由投资者认缴的出资额不得少于一定比例,如城市轨道交通项目、铁路、公路项目为20%,资本金以外的项目资金,可通过银行贷款、发行企业债券等其他方式融资解决。

第十条 【招标方式】招标分为公开招标和邀请招标。

公开招标,是指招标人以招标公告的方式邀请不特定的法人或者其他组织投标。

邀请招标,是指招标人以投标邀请书的方式邀请特定的法人或者其他组织投标。

【立法·要点注释】

本条是关于招标方式的规定。

1. 招标活动按照不同的标准可以划分为多种形式。比如,按其性质划分,可分为公开招标即无限竞争性招标和邀请招标即有限竞争性招标;按竞争范围划分,可分为国际竞争性招标和国内竞争性招标。无论哪一种招标方式,都离不开招标的基本特性,即招标的公开性、竞争性和公平性。招标的公开性是指招标具有公开发布投标邀请,公开开标的特点;其招标程序、投标商资格审查标准和中标评选标准等均依法事先确定，并通过法定形式向潜在投标商公开，从而使招标活动具有较高的透明度。招标的竞争性是指招标人通过向较多的人招标，最大限度地吸引潜在投标商报价，通过货比多家的办法，采购到价格最低、质量最好、效益最高的工程、货物或服务。这种市场经济的办法，使众多的投标商经历了竞争、优化和残酷的淘汰过程，使招标活动变得更为科学，更市场化。招标的公平性是指参加投标的投标商之间的法律地位平等，他们将在大家共知的同一评标标准下接受考评，并且不允许招标人与个别投标商进行一对一的谈判。本法从上述招标活动的基本性质出发，结合我国招标投标活动的实际，规定了招标分为公开招标和邀请招标两种基本形式。

2. 公开招标，也称无限竞争性招标，是指由招标方按照法定程序，在公开出版物或网络上发布招标公告，所有符合条件的供应商或承包商都可以平等参加投标竞争，从中择优选择中标者的招标方式。根据本条的规定，公开招标需符合如下条件：(1)招标人需向不特定的法人或者其他组织(有的科研项目的招标还可包括个人)发出投标邀请。招标人应当通过为全社会所熟悉的公共媒体公布其招标项目、拟采购的具体设备或工程内容等信息，向不特定的人提出邀请。任何认为自己符合招标人要求的法人或其他组织、个人都有权向招标人索取招标文件并届时投标。采用公开招标的，招标人不得以任何借口拒绝向符合条件的投标人出示招标文件，依法必须进行招标的项目，招标人不得以地区或者部门不同等借口违法限制任何潜在投标人参加投标。(2)公开招标须采取公告的方式，向社会公众明示其招标要求，使尽量多的潜在投标商获取招标信息，前来投标，从而保证了公开招标的公开性。公开招标的优点在于能够在最大限度内选择投标商，竞争性更强，择优率更高，同时也可以在较大程度上避免招标活动中的贿标行为，因此，国际上政府采购通常采用这种方式。

3. 邀请招标，也称为有限竞争性招标，是指招标方选择若干供应商或承包商，向其发出投标邀请，由被邀请的供应商、承包商投标竞争，从中选定中标者的招标方式。邀请招标的特点是：(1)招标人在一定范围内邀请特定的法人或其他组织(有的科研项目的招标还可包括个人)投标。与公开招标不同，邀请招标不须向不特定的人发出邀请，但为了保证招标的竞争性，邀请招标的特定对象也应当有一定的范围，根据本法第十七条的规定，招标人应当向三个以上的潜在投标人发出邀请。(2)邀请招标不须发布公告，招标人只要向特定的潜在投标人发出投标邀请书即可。接受邀请的人才有资格参加投标,其他人无权索要招标文件,不得参加投标。应当指出,邀请招标虽然在潜在投标人的选择上和通知形式上与公开招标有所不同,但其所适用的程序和原则与公开招标是相同的,其在开标、评标标准等方面都是公开的,因此,邀请招标仍不失其公开性。

4."议标",实质上即为谈判性采购,是采购人和被采购人之间通过一对一谈判而最终达到采购目的的一种采购方式,不具有公开性和竞争性,因而不属于本法所称的招标投标采购方式。凡属本法第三条规定必须招标的项目以及按照本法第二条规定自愿采用招标方式进行采购的项目,都不得采用议标的方式。

【最高人民法院裁判案例】

1. 湖北楚雄建筑工程有限公司襄阳分公司与旺前集团襄阳东湖国际酒店有限公司等建设工程施工合同纠纷案[(2019)最高法民申343号]

裁判要旨:议标不是法律规定的招标方式,依法必须招标的项目不得采用议标方式采购。

最高人民法院认为,涉案施工合同约定的建设工程包括酒店、公务楼、球馆、会展中心及16栋别墅等附属工程,建筑面积约100000平方米,属于大型城市旅游基础设施,工程的发包必须进行招标。根据《最高人民法院关于审理建设工程施工合同纠纷案件适用法律问题的解释》第一条之规定,"建设工程施工合同具有下列情形之一的,应当根据合同法第五十二条第(五)项的规定,认定无效……(三)建设工程必须进行招标而未招标或者中标无效的",涉案合同应认定无效。楚雄建筑襄阳分公司作为专业建筑公司,对上述建设工程必须进行招投标应当是明知的,却与旺前襄阳东湖酒店公司在没有进行招投标的情况下通过议标签订建设工程施工合同,故一、二审判决认定双方对于合同的无效均有责任并无不当。

2. 黔东南州兴源建筑工程有限责任公司与黔东南州欣黔投资开发有限责任公司等建设工程施工合同纠纷案[(2019)最高法民申264号]

裁判要旨:依法必须招标的项目采用竞争性谈判方式而非公开招投标方式的,签订的合同无效。

最高人民法院审查认为,本案中,案涉工程系兴源公司带资承建,待项目建成后由欣黔公司回购，且镇远县人民政府承诺欣黔公司到期不能回购则由其回购。因此，案涉工程系使用国有资金进行投融资建设，属于《招标投标法》第三条第一款规定的必须进行招投标的项目。案涉工程系通过竞争性谈判方式承建，亦不符合《政府采购法》第三十条可采用竞争性谈判方式采购的规定。同时根据《政府采购法》第四条“政府采购工程进行招标投标的，适用招标投标法”的规定，《招标投标法》与《政府采购法》在本案的法律适用上亦无冲突。因此，原判决认定兴源公司通过竞争性谈判方式而非公开招投标的方式承建案涉项目，违反了《招标投标法》的规定，依照《最高人民法院关于审理建设工程施工合同纠纷案件适用法律问题的解释》的规定认定案涉合同无效，适用法律并无不当。

编者说明

《招标投标法》规定的招标方式只有公开招标和邀请招标两种方式。议标或者竞争性谈判、竞争性磋商、询价等其他采购方式都不是法律规定的招标方式。依法必须招标的项目不得采取议标或者其他采购方式采购，否则因“应当招标而未招标”导致合同无效。非依法必须招标项目采取议标或者其他采购方式采购的，不适用《招标投标法》的规定来调整，应当适用《民法典》的一般规定。

第十一条　【适用邀请招标的情形】国务院发展计划部门确定的国家重点项目和省、自治区、直辖市人民政府确定的地方重点项目不适宜公开招标的，经国务院发展计划部门或者省、自治区、直辖市人民政府批准，可以进行邀请招标。

【立法 · 要点注释】

本条是关于不同招标方式适用情形的规定。

1. 依法必须进行招标的国家重点项目和地方重点项目，一般应采用公开招标的方式进行招标。

2. 不适宜公开招标的项目，是指由于项目本身的原因，致使无法采用公开招标方式进行采购（例如，项目的技术要求复杂或有特殊的专业要求，只有少量潜在投标人可供选择），或者采用公开招标方式采购不符合经济合理性要求（例如，有的重点项目虽很重要，但项目规模不大，与公开招标所需的费用与时间不成比例,需要通过限制投标者人数来达到节约与效率的目的)。至于究竟哪些项目属于不适宜进行公开招标的项目,需要由本条规定的审批机关根据每一项目的具体情况加以判断。按照本条规定,对不适宜公开招标的国家和地方重点项目,经批准可以采用邀请招标的方式。

【行政法规】

《中华人民共和国招标投标法实施条例》(2019 年 3 月 2 日)

第八条 国有资金占控股或者主导地位的依法必须进行招标的项目,应当公开招标;但有下列情形之一的,可以邀请招标:

(一)技术复杂、有特殊要求或者受自然环境限制,只有少量潜在投标人可供选择;

(二)采用公开招标方式的费用占项目合同金额的比例过大。

有前款第二项所列情形,属于本条例第七条规定的项目,由项目审批、核准部门在审批、核准项目时作出认定;其他项目由招标人申请有关行政监督部门作出认定。

【要点注释】

本条是关于公开招标项目范围以及其中可以采用邀请招标的条件和程序的规定。

1. 本条在《招标投标法》第十一条规定的基础上,对公开招标的项目范围做了补充规定。所谓"国有资金",包括各级财政预算资金、纳入财政管理的各种政府性专项建设基金,以及国有企业事业单位自有资金。所谓"控股或者主导地位",根据《公司法》第二百一十六条规定,是指国有资金占有限责任公司资本总额 50% 以上或者国有股份占股份有限公司股本总额 50% 以上;国有资金或者国有股份的比例虽然不足 50%,但依出资额或者所持股份所享有的表决权已足以对股东会、股东大会的决议产生重大影响的,或者国有企事业单位通过投资关系、协议或者其他安排,能够实际支配公司行为的,也属于国有资金占控股或者主导地位。需要说明两点:一是国有资金的比例应当是项目资金来源中所有国有资金之和,国有企事业单位的自有和自筹资金均属于国有资金。二是依法必须公开招标项目的范围,不限于《招标投标法》第十一条和本条规定,如《土地复垦条例》第二十六条第一款规定,政府投资进行复垦的,有关国土资源主管部门应当依照招标投标法律法规的规定,通过公开招标的方式确定土地复垦项目的施工单位。

2. 由于实践中不同招标项目差别较大,本条没有规定公开招标费用占项目合同金额的具体比例。本条第二款规定,对于应当审核招标内容的项目,由项目审批、核准部门在审批、核准项目时认定公开招标费用占项目合同金额的比例是否过大,其他应当公开招标的项目由招标人申请有关行政监督部门作出认定。

3. 本条规定的邀请招标条件,是对依法必须公开招标的项目而言的。对于非依法必须公开招标的项目,由招标人自主确定公开招标还是邀请招标。

【部门规章及规范性文件】

1.《工程建设项目勘察设计招标投标办法》(2013年5月1日)

第十条　工程建设项目勘察设计招标分为公开招标和邀请招标。

国有资金投资占控股或者主导地位的工程建设项目,以及国务院发展和改革部门确定的国家重点项目和省、自治区、直辖市人民政府确定的地方重点项目,除符合本办法第十一条规定条件并依法获得批准外,应当公开招标。

第十一条　依法必须进行公开招标的项目,在下列情况下可以进行邀请招标:

(一)技术复杂、有特殊要求或者受自然环境限制,只有少量潜在投标人可供选择;

(二)采用公开招标方式的费用占项目合同金额的比例过大。

有前款第二项所列情形,属于按照国家有关规定需要履行项目审批、核准手续的项目,由项目审批、核准部门在审批、核准项目时作出认定;其他项目由招标人申请有关行政监督部门作出认定。

招标人采用邀请招标方式的,应保证有三个以上具备承担招标项目勘察设计的能力,并具有相应资质的特定法人或者其他组织参加投标。

2.《工程建设项目施工招标投标办法》(2013年5月1日)

第十一条　依法必须进行公开招标的项目,有下列情形之一的,可以邀请招标:

(一)项目技术复杂或有特殊要求,或者受自然地域环境限制,只有少量潜在投标人可供选择;

（二）涉及国家安全、国家秘密或者抢险救灾，适宜招标但不宜公开招标；

（三）采用公开招标方式的费用占项目合同金额的比例过大。

有前款第二项所列情形，属于本办法第十条规定的项目，由项目审批、核准部门在审批、核准项目时作出认定；其他项目由招标人申请有关行政监督部门作出认定。

全部使用国有资金投资或者国有资金投资占控股或者主导地位的并需要审批的工程建设项目的邀请招标，应当经项目审批部门批准，但项目审批部门只审批立项的，由有关行政监督部门批准。

3.《工程建设项目货物招标投标办法》（2013 年 5 月 1 日）

第十一条 依法应当公开招标的项目，有下列情形之一的，可以邀请招标：

（一）技术复杂、有特殊要求或者受自然环境限制，只有少量潜在投标人可供选择；

（二）采用公开招标方式的费用占项目合同金额的比例过大；

（三）涉及国家安全、国家秘密或者抢险救灾，适宜招标但不宜公开招标。

有前款第二项所列情形，属于按照国家有关规定需要履行项目审批、核准手续的依法必须进行招标的项目，由项目审批、核准部门认定；其他项目由招标人申请有关行政监督部门作出认定。

4.《机电产品国际招标投标实施办法（试行）》（2014 年 4 月 1 日）

第十条 国有资金占控股或者主导地位的依法必须进行机电产品国际招标的项目，应当公开招标；但有下列情形之一的，可以邀请招标：

（一）技术复杂、有特殊要求或者受自然环境限制，只有少量潜在投标人可供选择；

（二）采用公开招标方式的费用占项目合同金额的比例过大。

有前款第二项所列情形，属于本办法第九条第二款规定的项目，招标人应当在招标前向相应的主管部门提交项目审批、核准部门审批、核准邀请招标方式的文件；其他项目采用邀请招标方式应当由招标人申请相应的主管部门作出认定。

【最高人民法院裁判案例】

普洱磨思高速公路开发经营有限公司与云南路桥股份有限公司建设工程施工合同纠纷案[(2019)最高法民终 794 号]

裁判要旨:违反法律规定采用邀请招标方式,是违反行政管理的问题,但并不导致合同无效;仅凭招标人与投标人之间的人员任职交叉情形,不能证实双方存在串通投标行为,更不能据此认定招标投标行为无效。

最高人民法院认为,关于合同效力的问题。首先,《招标投标法》第十条规定,招标分为公开招标和邀请招标,两种招标方式均系合法有效。而案涉招投标发生于 2006 年,自 2012 年 2 月 1 日起施行的《招标投标法实施条例》不适用于本案。涉案工程采用邀请招标的方式即便与《国家发展改革委关于云南省磨黑至思茅公路项目核准的批复》中要求不相符合,亦是违反行政管理的问题,并不存在违反当时法律法规的规定而无效的问题。其次,涉案工程经过立项以及报建审批,《总承包协议》及《补充协议》系真实存在的合同,路桥公司在工程启动之初系同时作为公路的投资人和建设单位的事实,也有相应的政府审批文件认同。项目公司磨思公司成立后作为发包人与总承包人路桥公司签订工程施工合同的意思表示有事实基础,现磨思公司并未提交涉案当事人在签订合同时存在恶意串通的直接证据,仅凭路桥公司与磨思公司之间的人员任职交叉情形,不能证实双方存在串标行为,更不能据此认定招投标行为无效以及《总承包协议》《补充协议》为无效合同。最后,因为每段高速公路的地理状况不同,即便是同期、相邻地理位置的高速公路造价也没有可比性,不能仅依据造价的差异推定案涉工程存在损害国家利益的情形。综上,一审认定《总承包协议》和《补充协议》合法有效并无不当,本院予以维持。

【法院参考案例】

1. 山西省灵石正和实业有限公司、北京正和晴阳投资有限公司与安徽省涡阳县人民政府、安徽省蒙城县人民政府、安徽省利辛县人民政府特许经营行政合同纠纷案[(2019)皖行终 522 号]

裁判要旨:市政公用事业特许经营项目应依法采取公开招标的方式选择

投资者或经营者。

安徽省高级人民法院认为,案涉垃圾焚烧发电BOT项目应当采取公开招标。中华人民共和国建设部令第126号《市政公用事业特许经营管理办法》第二条规定“本办法所称市政公用事业特许经营,是指政府按照有关法律、法规规定,通过市场竞争机制选择市政公用事业投资者或者经营者,明确其在一定期限和范围内经营某项市政公用事业产品或者提供某项服务的制度。城市供水、供气、供热、公共交通、污水处理、垃圾处理等行业,依法实施特许经营的,适用本办法”。根据上述法律规定,案涉垃圾焚烧发电BOT项目,显然属于“城市供水、供气、供热、公共交通、污水处理、垃圾处理等行业,依法实施特许经营的”范畴。对于市政公用事业特许经营项目的招标方式问题,《市政公用事业特许经营管理办法》第八条亦明确规定“主管部门应当依照下列程序选择投资者或者经营者:(一)提出市政公用事业特许经营项目,报直辖市、市、县人民政府批准后,向社会公开发布招标条件,受理投标……”故,案涉垃圾焚烧发电BOT项目应依法采取公开招标的方式选择投资者或经营者。此也正是本案上诉人之一北京正和公司没有经过公开招标,通过招商与涡阳县政府达成《城市生活垃圾焚烧发电处理特许经营协议》,被有关部门查处,而被迫终止的根本原因。

2. 遂宁市金发建筑有限责任公司与四川铭峰实业发展有限责任公司建设工程施工合同纠纷案[(2019)川民申4578号]

裁判要旨:依法应当公开招标的项目未经批准、核准,径行采用邀请招标方式的,违反法定程序。

四川省高级人民法院认为,关于案涉工程是否必须公开招标问题。《招标投标法》第三条规定,在境内的大型基础设施、公用事业等关系社会公共利益、公众安全的项目施工,必须进行招标。《工程建设项目招标范围和规模标准规定》第三条进一步明确了商品住宅,包括经济适用住房属于关系社会公共利益、公众安全的公用事业项目的范围。本案案涉工程系商品住宅项目,属于关系社会公共利益、公众安全的建设项目,依据上述法律规定,必须进行招标,故涉案工程是否进行了招投标直接影响了双方所签订的施工合同的效力。根据《招标投标法》第十一条“国务院发展计划部门确定的国家重点项目和省、自治区、直辖市人民政府确定的地方重点项目不适宜公开招标的,经国务院发展计划部门或者省、自治区、直辖市人民政府批准,可以进行邀请招标"的规定,涉案工程不属于可以进行邀请招标的范畴,故该工程应当进行公开招标。由于案涉工程未履行公开招标程序,金发建筑公司申请再审称案涉工程系邀请招标且招投标行为有效的理由不能成立。

3. 云南黄金矿业集团股份有限公司与利安顾问(中国)有限公司建设工程设计合同纠纷案[(2017)云民终 197 号]

裁判要旨:不属于国有资金控股或占主导地位的依法必须招标项目,招标人可自主决定采用邀请招标方式。

云南省高级人民法院认为,云金集团主张其为国有资金占控股或主导地位的企业,涉案项目应当公开招标,邀请招标违反法律规定,应属无效。本院认为,本案项目招标发生于 2012 年 10 月至 2013 年 1 月间,根据云金集团二审提交的公司章程记载,在 2013 年 11 月以前,云金集团国有股东持股比例为 36.6%,非国有股东持股比例为 63.4%,故云金集团不属于国有资金占控股或者主导地位的公司,涉案项目也不属于国有资金占控股或者主导地位的项目,采用邀请招标的形式没有违反法律、行政法规的强制性规定,云金集团与利安公司之间的建设工程设计合同合法有效,一审法院对此认定正确,云金集团的上诉理由不成立。

编者说明

依法必须招标项目中国有资金投资占控股或者主导地位的工程建设项目,以及国务院发展和改革部门确定的国家重点项目和省、自治区、直辖市人民政府确定的地方重点项目,应当采取公开招标方式。其他依法必须招标项目以及自愿招标项目,由招标人自主决定采用公开招标方式还是邀请招标方式。

应当公开招标的项目中,具有"技术复杂、有特殊要求或者受自然环境限制,只有少量潜在投标人可供选择"或"采用公开招标方式的费用占项目合同金额的比例过大"两种情形之一的,可经项目审批(核准)部门或有关行政监督部门批准,采用邀请招标方式。依法必须招标项目违反法律规定采用邀请招标方式的,仅仅违反管理性法律规定,而并不违反效力性法律规定,因此,并不导致合同无效。

第十二条 【自行招标和代理招标】招标人有权自行选择招标代理机构,委托其办理招标事宜。任何单位和个人不得以任何方式为招标人指定招标代理机构。

招标人具有编制招标文件和组织评标能力的,可以自行办理招标事宜。任何单位和个人不得强制其委托招标代理机构办理招标事宜。

依法必须进行招标的项目,招标人自行办理招标事宜的,应当向有关行政监督部门备案。

【立法·要点注释】

本条是关于招标人有权自行招标或委托他人代为招标的规定。

1. 招标人有权自行选择招标代理机构,委托其办理招标事宜。这一规定有三层含义:(1)招标人委托招标代理机构属自愿委托,即是否委托招标代理机构由招标人自行决定,法律不要求所有招标活动都必须委托招标机构代理招标;(2)委托哪一家招标代理机构代理招标由招标人自主决定,不受任何单位和个人的限制;(3)招标人和招标代理机构的关系是委托代理关系。这种委托代理关系表现为:招标代理机构受招标人委托,在招标代理权限范围内,以招标人的名义组织招标工作,招标人为委托人,招标代理机构为受托人;招标人对招标代理机构的代理行为承担民事责任。招标人委托招标代理机构从事招标工作的,应当与招标代理机构签订书面委托合同,明确规定招标代理机构的代理权限。

2. 招标人具有编制招标文件和组织评标能力的,可以自行办理招标事宜。这一规定的含义是:(1)有能力的招标人可以自行办理招标,不须委托他人办理;(2)招标人自行办理招标业务需有一定条件,即招标人应当具有编制招标文件和组织评标能力。对依照本法第三条必须进行招标的项目,招标人自行办理招标事宜的,应当向有关行政监督部门备案。对自愿招标的项目,招标人自行招标的,不须备案。

【行政法规】

《中华人民共和国招标投标法实施条例》(2019 年 3 月 2 日)

第十条 招标投标法第十二条第二款规定的招标人具有编制招标文件

和组织评标能力,是指招标人具有与招标项目规模和复杂程度相适应的技术、经济等方面的专业人员。

【要点注释】

本条是关于招标人自行招标能力的规定。

1. 招标组织形式分为自行招标和委托代理招标。所谓自行招标,就是指招标人自己办理招标公告、资格预审公告、投标邀请、编制资格预审文件和招标文件、对资格预审文件和招标文件进行澄清说明、组织开标、组建评标委员会评标、定标等全过程招标事项。不具备自行招标能力的招标人应当委托招标代理机构办理招标事宜,具备自行招标能力的招标人也可以将全部或者部分招标事宜委托招标代理机构办理,但任何单位和个人不得为招标人指定招标代理机构。

2. 招标人是否具有自行招标能力应依据其拥有的专业人员判断。本条规定招标人具有编制招标文件和组织评标的能力,是指招标人具备与招标项目规模和复杂程度相适应的技术、经济等方面的专业人员。这里所说的专业人员,包括项目投资咨询师、项目管理师、工程造价师、招标师、专业工程师、会计师等,或具有相同专业水平和类似项目工作经验、业绩的专业人员。

【部门规章及规范性文件】

1.《工程建设项目自行招标试行办法》(2013年5月1日)

第一条 为了规范工程建设项目招标人自行招标行为,加强对招标投标活动的监督,根据《中华人民共和国招标投标法》(以下简称招标投标法)、《中华人民共和国招标投标法实施条例》(以下简称招标投标法实施条例)和《国务院办公厅印发国务院有关部门实施招标投标活动行政监督的职责分工意见的通知》(国办发〔2000〕34号),制定本办法。

第二条 本办法适用于经国家发展改革委审批、核准(含经国家发展改革委初审后报国务院审批)依法必须进行招标的工程建设项目的自行招标活动。

前款工程建设项目的招标范围和规模标准,适用《工程建设项目招标范围和规模标准规定》(国家计委第3号令)。

第三条 招标人是指依照法律规定进行工程建设项目的勘察、设计、施工、监理以及与工程建设有关的重要设备、材料等招标的法人。

第四条 招标人自行办理招标事宜,应当具有编制招标文件和组织评标的能力,具体包括:

(一)具有项目法人资格(或者法人资格);

(二)具有与招标项目规模和复杂程度相适应的工程技术、概预算、财务和工程管理等方面专业技术力量;

(三)有从事同类工程建设项目招标的经验;

(四)拥有3名以上取得招标职业资格的专职招标业务人员;

(五)熟悉和掌握招标投标法及有关法规规章。

第五条 招标人自行招标的,项目法人或者组建中的项目法人应当在国家发展改革委上报可行性研究报告或者资金申请报告、项目申请报告时,一并报送符合本办法第四条规定的书面材料。

书面材料应当至少包括:

(一)项目法人营业执照、法人证书或者项目法人组建文件;

(二)与招标项目相适应的专业技术力量情况;

(三)取得招标职业资格的专职招标业务人员的基本情况;①

(四)拟使用的专家库情况;

(五)以往编制的同类工程建设项目招标文件和评标报告,以及招标业绩的证明材料;

(六)其他材料。

在报送可行性研究报告或者资金申请报告、项目申请报告前,招标人确需通过招标方式或者其他方式确定勘察、设计单位开展前期工作的,应当在前款规定的书面材料中说明。

第六条 国家发展改革委审查招标人报送的书面材料,核准招标人符合本办法规定的自行招标条件的,招标人可以自行办理招标事宜。任何单位和个人不得限制其自行办理招标事宜,也不得拒绝办理工程建设有关手续。

第七条 国家发展改革委审查招标报送的书面材料,认定招标人不符合本办法规定的自行招标条件的,在批复、核准可行性研究报告或者资金申请报告、项目申请报告时,要求招标人委托招标代理机构办理招标事宜。

第八条 一次核准手续仅适用于一个工程建设项目。

第九条 招标人不具备自行招标条件,不影响国家发展改革委对项目的

---

① 招标职业资格已经取消。——编者注

审批或者核准。

第十条 招标人自行招标的,应当自确定中标人之日起十五日内,向国家发展改革委提交招标投标情况的书面报告。书面报告至少应包括下列内容:

(一)招标方式和发布资格预审公告、招标公告的媒介;

(二)招标文件中投标人须知、技术规格、评标标准和方法、合同主要条款等内容;

(三)评标委员会的组成和评标报告;

(四)中标结果。

第十一条 招标人不按本办法规定要求履行自行招标核准手续的或者报送的书面材料有遗漏的,国家发展改革委要求其补正;不及时补正的,视同不具备自行招标条件。

招标人履行核准手续中有弄虚作假情况的,视同不具备自行招标条件。

第十二条 招标人不按本办法提交招标投标情况的书面报告的,国家发展改革委要求补正;拒不补正的,给予警告,并视招标人是否有招标投标法第五章以及招标投标法实施条例第六章规定的违法行为,给予相应的处罚。

第十三条 任何单位和个人非法强制招标人委托招标代理机构或者其他组织办理招标事宜的,非法拒绝办理工程建设有关手续的,或者以其他任何方式非法干预招标人自行招标活动的,由国家发展改革委依据招标投标法以及招标投标法实施条例的有关规定处罚或者向有关行政监督部门提出处理建议。

第十四条 本办法自发布之日起施行。

2.《房屋建筑和市政基础设施工程施工招标投标管理办法》(2019年3月13日)

第十条 依法必须进行施工招标的工程,招标人自行办理施工招标事宜的,应当具有编制招标文件和组织评标的能力:

(一)有专门的施工招标组织机构;

(二)有与工程规模、复杂程度相适应并具有同类工程施工招标经验、熟悉有关工程施工招标法律法规的工程技术、概预算及工程管理的专业人员。

不具备上述条件的,招标人应当委托工程招标代理机构代理施工招标。

第十一条 招标人自行办理施工招标事宜的,应当在发布招标公告或者发出投标邀请书的5日前，向工程所在地县级以上地方人民政府建设行政主管部门备案，并报送下列材料：

（一）按照国家有关规定办理审批手续的各项批准文件；

（二）本办法第十条所列条件的证明材料，包括专业技术人员的名单、职称证书或者执业资格证书及其工作经历的证明材料；

（三）法律、法规、规章规定的其他材料。

招标人不具备自行办理施工招标事宜条件的，建设行政主管部门应当自收到备案材料之日起5日内责令招标人停止自行办理施工招标事宜。

3.《机电产品国际招标投标实施办法（试行）》（2014年4月1日）

第十一条 招标人采用委托招标的，有权自行选择招标机构为其办理招标事宜。任何单位和个人不得以任何方式为招标人指定招标机构。

招标人自行办理招标事宜的，应当具有与招标项目规模和复杂程度相适应的技术、经济等方面专业人员，具备编制国际招标文件（中、英文）和组织评标的能力。依法必须进行招标的项目，招标人自行办理招标事宜的，应当向相应主管部门备案。

第十三条 【招标代理机构及条件】招标代理机构是依法设立、从事招标代理业务并提供相关服务的社会中介组织。

招标代理机构应当具备下列条件：

（一）有从事招标代理业务的营业场所和相应资金；

（二）有能够编制招标文件和组织评标的相应专业力量。

【立法·要点注释】

本条是关于招标代理机构的性质及资格条件的规定。

1. 招标代理机构是依法设立、从事招标代理业务并提供相关服务的社会中介组织。这里有几层含义：（1）招标代理机构的性质既不是一级行政机关，也不是从事生产经营的企业，而是以自己的知识、智力为招标人提供服务的独立于任何行政机关的组织。招标代理机构可以以多种组织形式存在，如可以是有限责任公司，也可以是合伙企业等。（2）招标代理机构需依法登记设立。（3）招标代理机构的业务范围包括从事招标代理业务，即接受招标人委托,组织招标活动。

2. 招标代理机构应具备的条件之一是,有与其所代理的招标业务相适应的能够独立编制有关招标文件、有效组织评标活动的专业队伍和技术设施,包括有熟悉招标业务所在领域的专业人员,有提供行业技术信息的情报手段及有一定的从事招标代理业务的经验等。

【行政法规】

《中华人民共和国招标投标法实施条例》(2019年3月2日)

第十一条　国务院住房城乡建设、商务、发展改革、工业和信息化等部门,按照规定的职责分工对招标代理机构依法实施监督管理。

【要点注释】

本条是关于招标代理机构监督管理的规定。

从当前招标代理实践看,有关部门应当重点从以下方面加强对招标代理机构的监督管理,依法严肃惩处和记录违法违规行为:一是禁止恶性竞争。二是招标代理机构应当严格遵守法律法规、诚实守信,严禁违法违规、弄虚作假、损害社会公共利益,侵犯招标人或其他相关主体的合法权益。

第十二条　招标代理机构应当拥有一定数量的具备编制招标文件、组织评标等相应能力的专业人员。

【要点注释】

本条是关于招标代理机构专业人员的规定。

招标代理机构是社会中介服务机构,提供专业代理服务。招标采购从业人员的职业素质和专业能力是影响招标代理机构能力的决定性因素。

【部门规章及规范性文件】

1.《机电产品国际招标投标实施办法(试行)》(2014年4月1日)

第十二条　招标机构应当具备从事招标代理业务的营业场所和相应资金;具备能够编制招标文件(中、英文)和组织评标的相应专业力量;拥有一定数量的取得招标职业资格的专业人员。

招标机构从事机电产品国际招标代理业务,应当在招标网免费注册,注册时应当在招标网在线填写机电产品国际招标机构登记表。

招标机构应当在招标人委托的范围内开展招标代理业务,任何单位和个人不得非法干涉。招标机构从事机电产品国际招标业务的人员应当为与本机构依法存在劳动合同关系的员工。招标机构可以依法跨区域开展业务,任何地区和部门不得以登记备案等方式加以限制。

招标机构代理招标业务,应当遵守招标投标法、招标投标法实施条例和本办法关于招标人的规定;在招标活动中,不得弄虚作假,损害国家利益、社会公共利益和招标人、投标人的合法权益。

招标人应当与被委托的招标机构签订书面委托合同,载明委托事项和代理权限,合同约定的收费标准应当符合国家有关规定。

招标机构不得接受招标人违法的委托内容和要求;不得在所代理的招标项目中投标或者代理投标,也不得为所代理的招标项目的投标人提供咨询。

招标机构管理办法由商务部另行制定。

2.《机电产品国际招标代理机构监督管理办法(试行)》(2017 年 1 月 1 日)

第一章 总 则

第一条 为加强机电产品国际招标代理机构(以下简称招标机构)监督管理,依据《中华人民共和国招标投标法》(以下简称招标投标法)、《中华人民共和国招标投标法实施条例》(以下简称招标投标法实施条例)等法律、行政法规以及国务院对有关部门实施招标投标活动行政监督的职责分工,制定本办法。

第二条 本办法适用于对在中华人民共和国境内从事机电产品国际招标代理业务的招标机构的监督管理。

第三条 招标机构是依法设立、从事机电产品国际招标代理业务并提供相关服务的社会中介组织。

招标机构应当具备从事招标代理业务的营业场所和相应资金;具备能够编制招标文件(中、英文)和组织评标的相应专业力量;拥有一定数量的招标专业人员。

第四条 商务部负责全国招标机构的监督管理工作;负责组织和指导对全国招标机构的监督检查工作;负责建立全国招标机构信用档案,发布招标机构信用信息;负责指导机电产品国际招标投标有关行业协会开展工作。

各省、自治区、直辖市、计划单列市、新疆生产建设兵团、沿海开放城市及经济特区商务主管部门、国务院有关部门机电产品进出口管理机构负责本地区、本部门所属招标机构的监督管理工作；负责在本地区、本行业从事机电产品国际招标代理行为的监督检查工作。

各级机电产品进出口管理机构（以下简称主管部门）及其工作人员应当依法履行职责。

第二章　招标机构注册办法

第五条　招标机构从事机电产品国际招标代理业务，应当在中国国际招标网（网址：www. chinabidding. com，以下简称招标网）免费注册，注册前应当在招标网作出诚信承诺；注册时应当在招标网如实填写《机电产品国际招标代理机构注册登记表》（以下简称《注册登记表》，附件 1）和《机电产品国际招标专职从业人员名单》（以下简称《人员名单》，附件 2）。

第六条　招标机构对《注册登记表》所填写的登记信息的真实性、合法性负责。因招标机构填写信息错误、遗漏、虚假，以及提供虚假证明材料引起的法律责任由其自行承担。

第七条　注册信息发生变更的，招标机构应当在相关信息变更后 30 日内在招标网修改相关信息。

因合并、分立而续存的招标机构，其注册信息发生变化的，应当依照前款规定办理注册信息变更；因合并、分立而解散的招标机构，应当及时在招标网办理注销；因合并、分立而新设立的招标机构，应当依照本办法在招标网重新注册。

第八条　不再从事机电产品国际招标代理业务的招标机构，应当及时在招标网注销。

招标机构已在工商部门办理注销手续或被吊销营业执照的，自营业执照注销或被吊销之日起，其招标网注册自动失效。

第三章　招标机构代理行为规范

第九条　招标机构应当遵守招标投标法、招标投标法实施条例、机电产品国际招标投标实施办法和本办法的规定；在招标代理活动中，应当依法经营、公平竞争、诚实守信，不得弄虚作假，不得损害国家利益、社会公共利益或者他人合法权益。

第十条 招标机构应当与招标人签订书面委托合同,载明委托事项和代理权限。招标机构应当在招标人委托的范围内开展招标代理业务,不得接受招标人违法的委托内容和要求;不得在所代理的招标项目中投标或者代理投标,也不得为所代理的招标项目的投标人提供咨询。

第十一条 招标机构从事机电产品国际招标代理业务的人员应当为与本机构依法存在劳动合同关系的员工,应当熟练掌握机电产品国际招标相关法律规定和政策。招标机构代理机电产品国际招标项目的负责人应当由招标专业人员担任。

第十二条 招标机构应当受招标人委托依法组织招标投标活动,协助招标人及时对异议作出答复。在招标项目所属主管部门处理投诉期间,招标机构应当按照招标项目所属主管部门要求积极予以配合。

招标机构应当按照规定及时向招标项目所属主管部门报送招标投标相关材料,并在规定的时间内将招标投标情况及其相关数据上传招标网,在招标网上发布、公示或存档的内容应当与相应书面材料一致。

招标机构应当按照有关规定妥善保存招标投标相关资料,并对评标情况和资料严格保密。

第十三条 招标机构应当积极开展招标投标相关法律规定、政策和业务培训,加强行业自律和内部管理。

第四章 信用监督管理

第十四条 商务部在招标网设立招标机构信息发布栏,公布以下信息:

(一)机构信息:招标机构名称、注册地址、企业性质、联系方式、法定代表人姓名、从事机电产品国际招标代理业务时间、人员、场所等;

(二)人员信息:机电产品国际招标专职从业人员姓名、学历、专业、职称、英语水平、劳动合同关系、从事机电产品国际招标代理业务时间、学术成果、机电产品国际招标代理主要业绩等;

(三)其他信息:招标机构职业教育培训、学术交流成果、参加社会公益活动、纳税额等;

(四)业绩记录:招标机构代理项目当年机电产品国际招标中标金额、历史年度机电产品国际招标中标金额、特定行业机电产品国际招标中标金额等;

(五)异议和投诉记录:招标机构当年及历史年度代理项目异议数量、异

议率、异议结果,以及投诉数量、投诉率和投诉处理结果等;

(六)检查结果记录:本办法第十九条规定的监督检查记录;

(七)错误操作记录:招标机构在机电产品国际招标代理过程中的错误操作行为,及直接责任人员和项目名称等(招标机构主动纠正,并且未对招标项目产生实质性影响的错误操作不记录在内);

(八)违法记录:当年及历史年度在从事机电产品国际招标代理业务过程中违法的招标机构名称、法定代表人姓名、直接责任人员姓名、项目名称、违法情况和行政处理决定等。

前款第一项至第三项由招标机构填报,由招标机构所属主管部门核实;第四项、第五项由商务部公布;第六项、第七项由招标机构或招标项目所属主管部门填写;第八项由作出行政处理决定的主管部门填写。

商务部建立全国招标机构信用档案,纳入第一款所列信息。

第十五条　任何单位和个人发现招标机构信息存在不实的,可以在招标网或通过其他书面形式向该招标机构所属主管部门提出,并提供相关证明材料。经核实,招标机构信息确实存在不实的,由招标机构所属主管部门责令限期改正。

第十六条　推动建立机电产品国际招标代理行业诚信自律体系,倡导招标机构签署行业诚信自律公约,承诺依法经营、诚实守信,共同维护公平竞争的招投标市场秩序。

第五章　行政监督管理

第十七条　招标机构在招标网完成注册登记后,应当向招标机构所属主管部门提交下列材料存档:

(一)由招标机构法定代表人签字并加盖单位公章的《注册登记表》原件;

(二)企业法人营业执照(复印件)、公司章程(复印件)并加盖单位公章;

(三)《人员名单》及相关证明材料(复印件)并加盖单位公章:身份证、劳动合同、学历(或学位)证书、职称证书、英语水平证明、注册前三个月的社会保险缴费凭证等;

(四)营业场所和资金证明材料(复印件)并加盖单位公章:房产证明(自有产权的提供房屋产权证书,非自有产权的提供房屋租赁合同和出租方房屋产权证书)、上一年度由会计师事务所出具的审计报告等(设立不满一年的企业可在下一年度补充提交)。

招标机构名称、法定代表人、营业场所发生变更的,应当在相关信息变更后30日内将变更后的由法定代表人签字并加盖单位公章的《注册登记表》及相关证明材料报送招标机构所属主管部门。机电产品国际招标专职从业人员发生变更的,应当在每年1月份将变更后的由法定代表人签字并加盖单位公章的《人员名单》及相关补充证明材料报送招标机构所属主管部门。

招标机构所属主管部门应当妥善保存招标机构的相关注册材料。

第十八条 主管部门应当加强招标机构在本地区、本行业从事机电产品国际招标代理行为的事中事后监督检查。主管部门开展监督检查工作,可以采取书面抽查、网络监测、实地检查等方式。各主管部门上年度监督检查情况,应当通过招标网于次年1月15日前报商务部。

第十九条 商务部建立随机抽取检查对象、随机选派检查人员的"双随机"抽查机制,在招标网建立招标机构名录库、招标项目库和招标检查人员名录库,根据法律法规规章修订情况和工作实际动态调整随机抽查事项清单,并及时在招标网向社会公布。

实地检查应当采用"双随机"抽查方式。实施实地检查的主管部门从招标机构名录库中随机抽取检查机构,从招标项目库中随机抽取检查项目,从招标检查人员名录库中随机选派检查人员,按照随机抽查事项清单依法实施检查。

主管部门可根据本地区、本行业招标机构和招标项目实际情况,合理确定随机抽查的比例和频次。对所属招标机构的实地检查,年度检查率应当不低于所属招标机构数量的10%。每年实地检查的所属招标项目数量,应当不少于5个或者上一年度所属招标项目数量的1%(两者以高者为准);上一年度所属招标项目数量低于5个的,应当至少实地检查1个项目。对投诉举报多、错误操作记录多或有严重违法记录等情况的招标机构,可增加抽查频次。

主管部门开展实地检查工作,检查人员不得少于二人。检查时,主管部门可以依法查阅、复制有关文件、资料,调查有关情况,被检查机构应当予以配合。检查人员应当填写实地检查记录表,如实记录检查情况。主管部门根据检查情况形成检查结果记录,由检查人员签字后存档并在招标网公布。

商务部可以组织对全国范围内招标机构及项目进行"双随机"抽查。

第二十条 主管部门应当对招标机构是否存在下列行为依法进行监督:

（一）与招标人、投标人串通损害国家利益、社会公共利益或者他人合法权益的；

（二）在所代理的招标项目中投标、代理投标或者向该项目投标人提供咨询的；

（三）参加受托编制标底项目的投标或者为该项目的投标人编制投标文件、提供咨询的；

（四）泄露应当保密的与招标投标活动有关的情况和资料的；

（五）与招标人、投标人相互串通、搞虚假招标投标的；

（六）在进行招标机构注册登记时填写虚假信息或提供虚假证明材料的；

（七）无故废弃随机抽取的评审专家的；

（八）不按照规定及时向主管部门报送材料或者向主管部门提供虚假材料的；

（九）未在规定的时间内将招标投标情况及其相关数据上传招标网，或者在招标网上发布、公示或存档的内容与招标公告、招标文件、投标文件、评标报告等相应书面内容存在实质性不符的；

（十）不按照规定对异议作出答复，或者在投诉处理的过程中未按照主管部门要求予以配合的；

（十一）因招标机构的过失，投诉处理结果为招标无效或中标无效的；

（十二）不按照规定发出中标通知书或者擅自变更中标结果的；

（十三）未按照本办法规定及时主动办理注册信息变更的；

（十四）招标网注册失效的招标机构，或者被暂停机电产品国际招标代理业务的招标机构，继续开展新的机电产品国际招标代理业务的；

（十五）从事机电产品国际招标代理业务未在招标网注册的；

（十六）其他违反招标投标法、招标投标法实施条例、机电产品国际招标投标实施办法和本办法的行为。

第二十一条　主管部门可以责成招标机构自查，可以依法利用其他政府部门作出的检查、核查结果或者专业机构作出的专业结论。

第二十二条　主管部门应当依法履行监管职责，对检查发现的违法行为，要依法处理。

主管部门实施检查不得妨碍被检查机构正常的经营活动，不得收受被检查机构给予的财物或者其他好处。

第二十三条 主管部门应当对本地区、本部门所属招标机构进行培训和指导，组织开展机电产品国际招标法律规定、政策和业务的交流和培训。

第六章 法律责任

第二十四条 招标机构有本办法第二十条第一项至第十二项所列的行为或者其他违反招标投标法、招标投标法实施条例、机电产品国际招标投标实施办法的行为的，依照招标投标法、招标投标法实施条例、机电产品国际招标投标实施办法的有关规定处罚。

第二十五条 招标机构有本办法第二十条第十三项至第十五项所列的行为或者其他违反本办法的行为的，责令改正，可以给予警告，并处 3 万元以下罚款。

第二十六条 招标机构有本办法第二十条第一项至第四项行为之一，情节严重的，商务部或招标机构所属主管部门可暂停其机电产品国际招标代理业务，并在招标网上公布。

在暂停机电产品国际招标代理业务期间，招标机构不得开展新的机电产品国际招标代理业务；同一单位法定代表人和直接责任人员不得作为法定代表人在招标网另行注册招标机构。

第二十七条 本章规定的行政处罚，由相应的招标机构所属主管部门或招标项目所属主管部门决定。招标投标法、招标投标法实施条例已对实施行政处罚的机关作出规定的除外。

第二十八条 主管部门应当依法履行职责，依法查处违反招标投标法、招标投标法实施条例、机电产品国际招标投标实施办法和本办法规定的行为，依法公告对招标机构当事人违法行为的行政处理决定。

第七章 附 则

第二十九条 机电产品国际招标投标有关行业协会按照依法制定的章程开展活动，加强行业自律和服务。

第三十条 本办法所称“日”为日历日，期限的最后一日是国家法定节假日的，顺延到节假日后的次日为期限的最后一日。

第三十一条 本办法由商务部负责解释。

第三十二条 本办法自 2017 年 1 月 1 日起施行。《机电产品国际招标机构资格管理办法》（商务部令 2012 年第 3 号）同时废止。

第十四条　【招标代理机构独立性】招标代理机构与行政机关和其他国家机关不得存在隶属关系或者其他利益关系。

【立法・要点注释】

本条是关于招标代理机构与行政机关的关系的规定。

这一规定中“其他国家机关”,包括各级国家权力机关和司法机关。这里讲的“隶属关系”,是指招标代理机构与行政机关或其他国家机关的直属上下级关系;“其他利益关系”,主要是指经济上的利益关系,如有的招标代理机构将其业务收入的一部分上交给其依附的行政机关,作为其小金库收入等。

第十五条　【招标代理机构的代理范围】招标代理机构应当在招标人委托的范围内办理招标事宜,并遵守本法关于招标人的规定。

【立法・要点注释】

本条是关于招标代理机构应当在代理权限范围内行使代理权的规定。

1. 招标人和招标代理机构之间在法律上是委托代理关系。招标代理机构在代理权限范围内从事招标活动,所造成的法律后果由被代理人即招标人承担;招标代理机构在没有代理权、超越代理权或代理权已终止的情况下的任何所为都不是代理行为,其所造成的后果应由招标代理机构自行负责;给招标人造成损失的,还应当对招标人承担赔偿责任。招标代理机构的代理权限范围应当在招标代理合同中具体规定。

2. 招标代理机构遵守本法关于招标人的规定,主要包括如下几个方面:(1)采用公开招标方式的,招标人应当发布招标公告;依法必须招标的项目,招标公告应当通过国家指定的公共媒介发布;采用邀请方式的,招标人须向三个以上特定法人或组织发出邀请。(2)依法必须招标的项目,招标人不得以不合理的条件限制或排斥潜在投标人,不得对潜在投标人实行歧视待遇。(3)招标人应当根据招标项目的特点和需要制作招标文件,文件的内容应当符合法律的要求。(4)招标人不得向他人透露已获取招标文件的潜在投标人的名称、数量以及可能影响公平竞争的有关招标投标的其他情况。(5)招标人不得透露标底。(6)招标人对已发出的招标文件进行澄清或修改的,应当依法在一定的期限内进行。(7)招标人应当组织开标并应遵守本法关于开标的规定。(8)招标人组织评标并应保证评标在严格保密的情况下进行。(9)招标人应当在评标委员会推荐的候选人中确定中标人。确定中标人前,不得与投标人就投标价格、投标方案等实质性内容进行谈判。(10)中标人确定后,招标人应当向中标人发出中标通知书,并在规定的期限内与中标人签订合同。(11)依法必须招标的项目,招标人应当在法定期限内,向有关行政监督部门提交有关招标投标情况的书面报告。

【相关法律】

《中华人民共和国民法典》(2021 年 1 月 1 日)

第一百六十一条 民事主体可以通过代理人实施民事法律行为。

依照法律规定、当事人约定或者民事法律行为的性质,应当由本人亲自实施的民事法律行为,不得代理。

第一百六十二条 代理人在代理权限内,以被代理人名义实施的民事法律行为,对被代理人发生效力。

第一百六十三条 代理包括委托代理和法定代理。

委托代理人按照被代理人的委托行使代理权。法定代理人依照法律的规定行使代理权。

第一百六十四条 代理人不履行或者不完全履行职责,造成被代理人损害的,应当承担民事责任。

代理人和相对人恶意串通,损害被代理人合法权益的,代理人和相对人应当承担连带责任。

第一百六十五条 委托代理授权采用书面形式的,授权委托书应当载明代理人的姓名或者名称、代理事项、权限和期限,并由被代理人签名或者盖章。

第一百六十六条 数人为同一代理事项的代理人的,应当共同行使代理权,但是当事人另有约定的除外。

第一百六十七条 代理人知道或者应当知道代理事项违法仍然实施代理行为,或者被代理人知道或者应当知道代理人的代理行为违法未作反对表示的,被代理人和代理人应当承担连带责任。

第一百六十八条　代理人不得以被代理人的名义与自己实施民事法律行为,但是被代理人同意或者追认的除外。

代理人不得以被代理人的名义与自己同时代理的其他人实施民事法律行为,但是被代理的双方同意或者追认的除外。

第一百六十九条　代理人需要转委托第三人代理的,应当取得被代理人的同意或者追认。

转委托代理经被代理人同意或者追认的,被代理人可以就代理事务直接指示转委托的第三人,代理人仅就第三人的选任以及对第三人的指示承担责任。

转委托代理未经被代理人同意或者追认的,代理人应当对转委托的第三人的行为承担责任;但是,在紧急情况下代理人为了维护被代理人的利益需要转委托第三人代理的除外。

第一百七十一条　行为人没有代理权、超越代理权或者代理权终止后,仍然实施代理行为,未经被代理人追认的,对被代理人不发生效力。

相对人可以催告被代理人自收到通知之日起三十日内予以追认。被代理人未作表示的,视为拒绝追认。行为人实施的行为被追认前,善意相对人有撤销的权利。撤销应当以通知的方式作出。

行为人实施的行为未被追认的,善意相对人有权请求行为人履行债务或者就其受到的损害请求行为人赔偿。但是,赔偿的范围不得超过被代理人追认时相对人所能获得的利益。

相对人知道或者应当知道行为人无权代理的,相对人和行为人按照各自的过错承担责任。

第一百七十二条　行为人没有代理权、超越代理权或者代理权终止后,仍然实施代理行为,相对人有理由相信行为人有代理权的,代理行为有效。

第一百七十三条　有下列情形之一的,委托代理终止:

(一)代理期限届满或者代理事务完成;

(二)被代理人取消委托或者代理人辞去委托;

(三)代理人丧失民事行为能力;

(四)代理人或者被代理人死亡;

(五)作为代理人或者被代理人的法人、非法人组织终止。

【行政法规】

《中华人民共和国招标投标法实施条例》(2019年3月2日)

第十三条 招标代理机构在招标人委托的范围内开展招标代理业务,任何单位和个人不得非法干涉。

招标代理机构代理招标业务,应当遵守招标投标法和本条例关于招标人的规定。招标代理机构不得在所代理的招标项目中投标或者代理投标,也不得为所代理的招标项目的投标人提供咨询。

【要点注释】

本条是关于招标代理机构行为规范的规定。

1. 招标代理机构应当在招标人委托的职责范围内,以招标人的名义依法办理相关招标事宜,其行为后果由招标人承担。

2. 任何单位和个人不得非法干涉招标代理业务。该规定主要针对以下两种情形:(1)非法限制外地和外部门招标代理机构。例如,外省市招标代理机构必须先到招标项目所在地有关部门进行注册、登记、备案后才能从事招标代理活动。(2)非法干涉招标代理机构的正常业务。主要情形有:强制进行资格预审或者资格后审;指定资格审查委员会成员;干预资格预审文件、招标文件的编制,特别是资格审查标准和方法,以及评标标准和方法的编制;授意或者强令招标代理机构从事违法违规行为等。

3. 招标代理机构应当严格遵守有关招标人的规定。这些规定主要有:资格预审文件和招标文件发售期不得少于五日;不得以不合理的条件限制或者排斥潜在投标人,资格预审文件和招标文件不得含有倾向或者排斥潜在投标人等违法内容;不得向他人透露已获取招标文件的潜在投标人的名称、数量以及可能影响公平竞争的情况;应当保证评标在严格保密的情况下进行;应当接受有关行政监督部门的监督管理等。

4. 招标代理机构在所代理的招标项目中投标或者代理投标,构成了自己代理和双方代理,不符合代理权行使的要求。

第十四条 招标人应当与被委托的招标代理机构签订书面委托合同,合同约定的收费标准应当符合国家有关规定。

【要点注释】

本条是关于委托招标代理合同的规范要求。

1. 招标人与招标代理机构应当签订书面委托代理合同,约定委托代理招标工作的范围和权限,一般包括以下全部或部分工作内容:委托招标项目的招标方案、招标公告(投标邀请书)、资格预审文件和招标文件的拟订、编制、印刷、发售和澄清,组织和协助资格审查,接收投标文件,组织开标和评标,协助签订中标合同和合同管理等。

2. 招标代理服务费用一般应由招标人支付,招标人、招标代理机构另有约定的,从其约定。

【部门规章及规范性文件】

《工程建设项目施工招标投标办法》(2013 年 5 月 1 日)

第二十二条　招标代理机构应当在招标人委托的范围内承担招标事宜。招标代理机构可以在其资格等级范围内承担下列招标事宜:

(一)拟订招标方案,编制和出售招标文件、资格预审文件;

(二)审查投标人资格;

(三)编制标底;

(四)组织投标人踏勘现场;

(五)组织开标、评标,协助招标人定标;

(六)草拟合同;

(七)招标人委托的其他事项。

招标代理机构不得无权代理、越权代理,不得明知委托事项违法而进行代理。

招标代理机构不得在所代理的招标项目中投标或者代理投标,也不得为所代理的招标项目的投标人提供咨询;未经招标人同意,不得转让招标代理业务。

第二十三条　工程招标代理机构与招标人应当签订书面委托合同,并按双方约定的标准收取代理费;国家对收费标准有规定的,依照其规定。

编者说明

招标人应与招标代理机构签订书面的招标代理合同,有利于明确双方权利义务,督促各方全面如实履约,也有利于投标人知悉招标代理双方当事人代理关系的存在,确保招标行为的可信度,还有助于行政监督部门对招标代理活动进行监管。招标代理合同应明确招标代理服务范围、服务期限、招标代理服务费收费标准、支付方式等事项。招标代理合同是双务、有偿合同，招标代理机构接受招标人的委托，提供招标代理服务，有权收取招标代理服务费。招标代理服务费一般应由招标人支付，招标人和招标代理机构也可以约定向中标人收取。招标代理服务费由中标人支付的，收费金额（或收费的计算方法）、收取时间等需在招标文件中进行明示。招标代理服务费标准原实行政府指导价，现已调整为市场调节价，由招标人与招标代理机构协商确定计费标准。招标人在自行招标时不得以"中标服务费"名义向中标人收取实质意义上的招标代理服务费。

第十六条 【招标公告】招标人采用公开招标方式的，应当发布招标公告。依法必须进行招标的项目的招标公告，应当通过国家指定的报刊、信息网络或者其他媒介发布。

招标公告应当载明招标人的名称和地址、招标项目的性质、数量、实施地点和时间以及获取招标文件的办法等事项。

【立法·要点注释】

本条是关于招标人发布招标公告和招标公告内容的规定。

1. 招标公告是指招标人以公开方式邀请不特定的潜在投标人就某一项目进行投标的明确的意思表示。

2. 公开招标的，招标人应发布公告。当然，国内招标公告应使用中国文字；国际招标公告还应同时使用英文或相关国家的文字。国际招标还可以在发布招标公告的同时，向有关国家的使馆或驻招标国的外国机构发出通知。

3. 自愿公开招标的项目，原则上也应在有影响的媒介上发布招标通告，但法律不做强制性要求。

【相关法律】

《中华人民共和国民法典》（2021年1月1日）

第一百三十九条 以公告方式作出的意思表示，公告发布时生效。

第四百七十三条 要约邀请是希望他人向自己发出要约的表示。拍卖公告、招标公告、招股说明书、债券募集办法、基金招募说明书、商业广告和宣传、寄送的价目表等为要约邀请。

商业广告和宣传的内容符合要约条件的,构成要约。

【行政法规】

《中华人民共和国招标投标法实施条例》(2019年3月2日)

第十五条　公开招标的项目,应当依照招标投标法和本条例的规定发布招标公告、编制招标文件。

招标人采用资格预审办法对潜在投标人进行资格审查的,应当发布资格预审公告、编制资格预审文件。

依法必须进行招标的项目的资格预审公告和招标公告,应当在国务院发展改革部门依法指定的媒介发布。在不同媒介发布的同一招标项目的资格预审公告或者招标公告的内容应当一致。指定媒介发布依法必须进行招标的项目的境内资格预审公告、招标公告,不得收取费用。

编制依法必须进行招标的项目的资格预审文件和招标文件,应当使用国务院发展改革部门会同有关行政监督部门制定的标准文本。

【要点注释】

本条是关于招标公告和资格预审公告发布、资格预审文件和招标文件编制的规定。

1. 资格审查方式分为资格预审和资格后审。所谓资格预审,是指招标人在发出投标邀请书或者发售招标文件前,按照资格预审文件确定的资格条件、标准和方法对潜在投标人订立合同的资格和履行合同的能力等进行审查。资格预审的目的是筛选出满足招标项目所需资格、能力和有参与招标项目投标意愿的潜在投标人。所谓资格后审,根据《条例》第二十条规定,是指开标后由评标委员会按照招标文件规定的标准和方法进行的资格审查。

2. 本条规定的"依法发布",是指招标公告的内容和发布招标公告的媒介应当符合规定。一是发布公告的媒介由国务院发展改革部门指定。根据国务院的授权,国家发展改革部门负责指定依法必须招标项目的公告发布媒介。二是不同媒介发布同一招标项目的公告内容应当一致。三是指定媒介发布境内招标项目的公告必须免费。

3. 公开招标采用资格预审方式的,以资格预审公告代替招标公告,资格预审公告的发布也应当依照《招标投标法》和《条例》的规定。尽管资格预审方式既适用于公开招标项目,也适用于邀请招标项目,但邀请招标不一定要发布资格预审公告。公开招标的项目发布资格预审公告后,一般无须再发布招标公告,招标文件只发售给通过资格预审的且确认参与投标的申请人。

4. 资格预审文件是告知潜在投标人招标项目的内容、范围和数量、投标资格条件的载体,是指导资格预审活动全过程的纲领性文件,是潜在投标人编制资格预审申请文件、资格审查委员会对资格预审申请文件进行评审并推荐或者确定通过资格预审的申请人的依据。

5. 招标文件是告知潜在投标人招标项目的内容、范围和数量、投标资格条件、招标投标的程序规则、投标文件编制和递交要求、评标的标准和方法、拟签订合同的主要条款、技术标准和要求等信息的载体,是指导招标投标活动全过程的纲领性文件,是投标人编制投标文件、评标委员会对投标文件进行评审并推荐中标候选人或者直接确定中标人,以及招标人和中标人签订合同的依据。

6. 国务院发展改革部门会同国务院八个行政监督部门颁布了《标准施工招标资格预审文件》《标准施工招标文件》《简明标准施工招标文件》《标准设计施工总承包招标文件》《标准设备采购招标文件》《标准材料采购招标文件》《标准勘察招标文件》《标准设计招标文件》《标准监理招标文件》等标准文本。本条规定依法必须进行招标的项目应当使用标准文本,是指应当按照标准文本的使用规定使用。所谓"使用规定",是国务院发展改革部门会同国务院有关行政监督部门为标准文件的颁布实施而配套发布的使用说明、部门规章和规范性文件,包括《〈标准施工招标资格预审文件〉和〈标准施工招标文件〉暂行规定》(国家发展改革委等56号令)、《关于做好标准施工招标资格预审文件和标准施工招标文件贯彻实施工作的通知》(发改法规〔2007〕3419号)、《关于印发简明标准施工招标文件和标准设计施工总承包招标文件的通知》(发改法规〔2011〕3018号)和《关于印发〈标准设备采购招标文件〉等五个标准招标文件的通知》(发改法规〔2017〕1606号)等。

第三十一条 招标人终止招标的,应当及时发布公告,或者以书面形式通知被邀请的或者已经获取资格预审文件、招标文件的潜在投标人。已经发售资格预审文件、招标文件或者已经收取投标保证金的,招标人应当及时退还所收取的资格预审文件、招标文件的费用,以及所收取的投标保证金及银行同期存款利息。

【要点注释】

本条是关于终止招标的规定。

1. 招标程序启动的标志是发布资格预审公告、招标公告或者发出投标邀请书。除非有正当理由，招标人启动招标程序后不得擅自终止招标。尽管如此，招标过程中出现了非招标人原因无法继续招标的特殊情况的，招标人可以终止招标。这些特殊情况主要有：一是招标项目所必需的条件发生了变化。需要审批或者核准的项目，必须履行了审批和核准手续；招标项目所需的资金是招标人开展招标并最终完成招标项目的物质保证，招标人必须在招标前落实招标项目所需的资金；在法定规划区内的工程建设项目，还应当取得规划管理部门核发的规划许可证。在招标过程中，上述条件可能因国家产业政策调整、规划改变、用地性质变更等非招标人原因而发生变化，导致招标工作不得不终止。二是因不可抗力取消招标项目，否则继续招标将使当事人遭受更大损失。这类原因包括自然因素和社会因素，其中自然因素包括地震、洪水、海啸、火灾；社会因素包括颁布新的法律、政策、行政措施以及罢工、骚乱等。

2. 银行同期存款利息，是指以现金、支票等方式提交的投标保证金本身产生的孳息，不具任何赔偿性质。招标文件应当载明利息的计算方法和退还要求，以银行保函、专业担保公司保证担保方式提交的投标保证金并不产生孳息，不存在同时返还银行同期存款利息的问题。

3. 根据诚实信用原则和《民法典》第五百条的规定，招标人启动招标后应当依法履行先合同义务。无正当理由终止招标或者因自身原因必须终止招标给投标人造成损失的，招标人违反了先合同义务，应承担缔约过失责任，依法赔偿损失。

【部门规章及规范性文件】

1.《招标公告和公示信息发布管理办法》(2018年1月1日)

第一条 为规范招标公告和公示信息发布活动，保证各类市场主体和社会公众平等、便捷、准确地获取招标信息，根据《中华人民共和国招标投标法》《中华人民共和国招标投标法实施条例》等有关法律法规规定，制定本办法。

第二条 本办法所称招标公告和公示信息，是指招标项目的资格预审公告、招标公告、中标候选人公示、中标结果公示等信息。

第三条 依法必须招标项目的招标公告和公示信息,除依法需要保密或者涉及商业秘密的内容外,应当按照公益服务、公开透明、高效便捷、集中共享的原则,依法向社会公开。

第四条 国家发展改革委根据招标投标法律法规规定,对依法必须招标项目招标公告和公示信息发布媒介的信息发布活动进行监督管理。

省级发展改革部门对本行政区域内招标公告和公示信息发布活动依法进行监督管理。省级人民政府另有规定的,从其规定。

第五条 依法必须招标项目的资格预审公告和招标公告,应当载明以下内容:

(一)招标项目名称、内容、范围、规模、资金来源;

(二)投标资格能力要求,以及是否接受联合体投标;

(三)获取资格预审文件或招标文件的时间、方式;

(四)递交资格预审文件或投标文件的截止时间、方式;

(五)招标人及其招标代理机构的名称、地址、联系人及联系方式;

(六)采用电子招标投标方式的,潜在投标人访问电子招标投标交易平台的网址和方法;

(七)其他依法应当载明的内容。

第六条 依法必须招标项目的中标候选人公示应当载明以下内容:

(一)中标候选人排序、名称、投标报价、质量、工期(交货期),以及评标情况;

(二)中标候选人按照招标文件要求承诺的项目负责人姓名及其相关证书名称和编号;

(三)中标候选人响应招标文件要求的资格能力条件;

(四)提出异议的渠道和方式;

(五)招标文件规定公示的其他内容。

依法必须招标项目的中标结果公示应当载明中标人名称。

第七条 依法必须招标项目的招标公告和公示信息应当根据招标投标法律法规,以及国家发展改革委会同有关部门制定的标准文件编制,实现标准化、格式化。

第八条 依法必须招标项目的招标公告和公示信息应当在“中国招标投标公共服务平台”或者项目所在地省级电子招标投标公共服务平台(以下

统一简称“发布媒介”)发布。

第九条 省级电子招标投标公共服务平台应当与“中国招标投标公共服务平台”对接,按规定同步交互招标公告和公示信息。对依法必须招标项目的招标公告和公示信息,发布媒介应当与相应的公共资源交易平台实现信息共享。

“中国招标投标公共服务平台”应当汇总公开全国招标公告和公示信息,以及本办法第八条规定的发布媒介名称、网址、办公场所、联系方式等基本信息,及时维护更新,与全国公共资源交易平台共享,并归集至全国信用信息共享平台,按规定通过“信用中国”网站向社会公开。

第十条 拟发布的招标公告和公示信息文本应当由招标人或其招标代理机构盖章,并由主要负责人或其授权的项目负责人签名。采用数据电文形式的,应当按规定进行电子签名。

招标人或其招标代理机构发布招标公告和公示信息,应当遵守招标投标法律法规关于时限的规定。

第十一条 依法必须招标项目的招标公告和公示信息鼓励通过电子招标投标交易平台录入后交互至发布媒介核验发布,也可以直接通过发布媒介录入并核验发布。

按照电子招标投标有关数据规范要求交互招标公告和公示信息文本的,发布媒介应当自收到起12小时内发布。采用电子邮件、电子介质、传真、纸质文本等其他形式提交或者直接录入招标公告和公示信息文本的,发布媒介应当自核验确认起1个工作日内发布。核验确认最长不得超过3个工作日。

招标人或其招标代理机构应当对其提供的招标公告和公示信息的真实性、准确性、合法性负责。发布媒介和电子招标投标交易平台应当对所发布的招标公告和公示信息的及时性、完整性负责。

发布媒介应当按照规定采取有效措施,确保发布招标公告和公示信息的数据电文不被篡改、不遗漏和至少10年内可追溯。

第十二条 发布媒介应当免费提供依法必须招标项目的招标公告和公示信息发布服务,并允许社会公众和市场主体免费、及时查阅前述招标公告和公示的完整信息。

第十三条 发布媒介应当通过专门栏目发布招标公告和公示信息,并免费提供信息归类和检索服务,对新发布的招标公告和公示信息作醒目标识,方便市场主体和社会公众查阅。

发布媒介应当设置专门栏目,方便市场主体和社会公众就其招标公告和公示信息发布工作反映情况、提出意见,并及时反馈。

第十四条 发布媒介应当实时统计本媒介招标公告和公示信息发布情况,及时向社会公布,并定期报送相应的省级以上发展改革部门或省级以上人民政府规定的其他部门。

第十五条 依法必须招标项目的招标公告和公示信息除在发布媒介发布外,招标人或其招标代理机构也可以同步在其他媒介公开,并确保内容一致。

其他媒介可以依法全文转载依法必须招标项目的招标公告和公示信息,但不得改变其内容,同时必须注明信息来源。

第十六条 依法必须招标项目的招标公告和公示信息有下列情形之一的,潜在投标人或者投标人可以要求招标人或其招标代理机构予以澄清、改正、补充或调整:

(一)资格预审公告、招标公告载明的事项不符合本办法第五条规定,中标候选人公示载明的事项不符合本办法第六条规定;

(二)在两家以上媒介发布的同一招标项目的招标公告和公示信息内容不一致;

(三)招标公告和公示信息内容不符合法律法规规定。

招标人或其招标代理机构应当认真核查,及时处理,并将处理结果告知提出意见的潜在投标人或者投标人。

第十七条 任何单位和个人认为招标人或其招标代理机构在招标公告和公示信息发布活动中存在违法违规行为的,可以依法向有关行政监督部门投诉、举报;认为发布媒介在招标公告和公示信息发布活动中存在违法违规行为的,根据有关规定可以向相应的省级以上发展改革部门或其他有关部门投诉、举报。

第十八条 招标人或其招标代理机构有下列行为之一的,由有关行政监督部门责令改正,并视情形依照《中华人民共和国招标投标法》第四十九条、第五十一条及有关规定处罚:

(一)依法必须公开招标的项目不按照规定在发布媒介发布招标公告和公示信息;

(二)在不同媒介发布的同一招标项目的资格预审公告或者招标公告的内容不一致,影响潜在投标人申请资格预审或者投标;

（三）资格预审公告或者招标公告中有关获取资格预审文件或者招标文件的时限不符合招标投标法律法规规定；

（四）资格预审公告或者招标公告中以不合理的条件限制或者排斥潜在投标人。

第十九条　发布媒介在发布依法必须招标项目的招标公告和公示信息活动中有下列情形之一的，由相应的省级以上发展改革部门或其他有关部门根据有关法律法规规定，责令改正；情节严重的，可以处 1 万元以下罚款：

（一）违法收取费用；

（二）无正当理由拒绝发布或者拒不按规定交互信息；

（三）无正当理由延误发布时间；

（四）因故意或重大过失导致发布的招标公告和公示信息发生遗漏、错误；

（五）违反本办法的其他行为。

其他媒介违规发布或转载依法必须招标项目的招标公告和公示信息的，由相应的省级以上发展改革部门或其他有关部门根据有关法律法规规定，责令改正；情节严重的，可以处 1 万元以下罚款。

第二十条　对依法必须招标项目的招标公告和公示信息进行澄清、修改，或者暂停、终止招标活动，采取公告形式向社会公布的，参照本办法执行。

第二十一条　使用国际组织或者外国政府贷款、援助资金的招标项目，贷款方、资金提供方对招标公告和公示信息的发布另有规定的，适用其规定。

第二十二条　本办法所称以上、以下包含本级或本数。

第二十三条　本办法由国家发展改革委负责解释。

第二十四条　本办法自 2018 年 1 月 1 日起施行。《招标公告发布暂行办法》（国家发展计划委第 4 号令）和《国家计委关于指定发布依法必须招标项目招标公告的媒介的通知》（计政策〔2000〕868 号）同时废止。

2.《工程建设项目勘察设计招标投标办法》（2013 年 5 月 1 日）

第二十条　除不可抗力原因外，招标人在发布招标公告或者发出投标邀请书后不得终止招标，也不得在出售招标文件后终止招标。

3.《工程建设项目施工招标投标办法》（2013 年 5 月 1 日）

第十三条　采用公开招标方式的，招标人应当发布招标公告，邀请不特定的法人或者其他组织投标。依法必须进行施工招标项目的招标公告,应当在国家指定的报刊和信息网络上发布。

采用邀请招标方式的,招标人应当向三家以上具备承担施工招标项目的能力、资信良好的特定的法人或者其他组织发出投标邀请书。

第十四条 招标公告或者投标邀请书应当至少载明下列内容:

(一)招标人的名称和地址;

(二)招标项目的内容、规模、资金来源;

(三)招标项目的实施地点和工期;

(四)获取招标文件或者资格预审文件的地点和时间;

(五)对招标文件或者资格预审文件收取的费用;

(六)对招标人的资质等级的要求。

第七十二条 招标人在发布招标公告、发出投标邀请书或者售出招标文件或资格预审文件后终止招标的,应当及时退还所收取的资格预审文件、招标文件的费用,以及所收取的投标保证金及银行同期存款利息。给潜在投标人或者投标人造成损失的,应当赔偿损失。

4.《工程建设项目货物招标投标办法》(2013 年 5 月 1 日)

第十二条 采用公开招标方式的,招标人应当发布资格预审公告或者招标公告。依法必须进行货物招标的资格预审公告或者招标公告,应当在国家指定的报刊或者信息网络上发布。

采用邀请招标方式的,招标人应当向三家以上具备货物供应的能力、资信良好的特定的法人或者其他组织发出投标邀请书。

第十三条 招标公告或者投标邀请书应当载明下列内容:

(一)招标人的名称和地址;

(二)招标货物的名称、数量、技术规格、资金来源;

(三)交货的地点和时间;

(四)获取招标文件或者资格预审文件的地点和时间;

(五)对招标文件或者资格预审文件收取的费用;

(六)提交资格预审申请书或者投标文件的地点和截止日期;

(七)对投标人的资格要求。

5.《房屋建筑和市政基础设施工程施工招标投标管理办法》(2019 年 3 月 13 日)

第十三条　依法必须进行施工公开招标的工程项目,应当在国家或者地方指定的报刊、信息网络或者其他媒介上发布招标公告,并同时在中国工程建设和建筑业信息网上发布招标公告。

招标公告应当载明招标人的名称和地址,招标工程的性质、规模、地点以及获取招标文件的办法等事项。

6.《机电产品国际招标投标实施办法(试行)》(2014 年 4 月 1 日)

第十三条　发布资格预审公告、招标公告或发出投标邀请书前,招标人或招标机构应当在招标网上进行项目建档,建档内容包括项目名称、招标人名称及性质、招标方式、招标组织形式、招标机构名称、资金来源及性质、委托招标金额、项目审批或核准部门、主管部门等。

第十四条　招标人采用公开招标方式的,应当发布招标公告。

招标人采用邀请招标方式的,应当向 3 个以上具备承担招标项目能力、资信良好的特定法人或者其他组织发出投标邀请书。

第十五条　资格预审公告、招标公告或者投标邀请书应当载明下列内容:

(一)招标项目名称、资金到位或资金来源落实情况;

(二)招标人或招标机构名称、地址和联系方式;

(三)招标产品名称、数量、简要技术规格;

(四)获取资格预审文件或者招标文件的地点、时间、方式和费用;

(五)提交资格预审申请文件或者投标文件的地点和截止时间;

(六)开标地点和时间;

(七)对资格预审申请人或者投标人的资格要求。

第十八条　编制依法必须进行机电产品国际招标的项目的资格预审文件和招标文件,应当使用机电产品国际招标标准文本。

第二十四条　招标人或招标机构应当在资格预审文件或招标文件开始发售之日前将资格预审文件或招标文件发售稿上传招标网存档。

第二十五条　依法必须进行招标的项目的资格预审公告和招标公告应当在符合法律规定的媒体和招标网上发布。

第二十七条　招标公告规定未领购招标文件不得参加投标的,招标文件发售期截止后,购买招标文件的潜在投标人少于3个的,招标人可以依照本办法重新招标。重新招标后潜在投标人或投标人仍少于3个的,可以依照本办法第四十六条第二款有关规定执行。

第三十一条 除不可抗力原因外,招标文件或者资格预审文件发出后,不予退还;招标人在发布招标公告、发出投标邀请书后或者发出招标文件或资格预审文件后不得终止招标。

招标人终止招标的,应当及时发布公告,或者以书面形式通知被邀请的或者已经获取资格预审文件、招标文件的潜在投标人。已经发售资格预审文件、招标文件或者已经收取投标保证金的,招标人应当及时退还所收取的资格预审文件、招标文件的费用,以及所收取的投标保证金及银行同期存款利息。

7.《电子招标投标办法》(2013年5月1日)

第十六条 招标人或者其委托的招标代理机构应当在其使用的电子招标投标交易平台注册登记,选择使用除招标人或招标代理机构之外第三方运营的电子招标投标交易平台的,还应当与电子招标投标交易平台运营机构签订使用合同,明确服务内容、服务质量、服务费用等权利和义务,并对服务过程中相关信息的产权归属、保密责任、存档等依法作出约定。

电子招标投标交易平台运营机构不得以技术和数据接口配套为由,要求潜在投标人购买指定的工具软件。

第十七条 招标人或者其委托的招标代理机构应当在资格预审公告、招标公告或者投标邀请书中载明潜在投标人访问电子招标投标交易平台的网络地址和方法。依法必须进行公开招标项目的上述相关公告应当在电子招标投标交易平台和国家指定的招标公告媒介同步发布。

8.《〈标准施工招标资格预审文件〉和〈标准施工招标文件〉暂行规定》(2013年5月1日)

第二条 本《标准文件》适用于依法必须招标的工程建设项目。

第三条 国务院有关行业主管部门可根据《标准施工招标文件》并结合本行业施工招标特点和管理需要,编制行业标准施工招标文件。行业标准施工招标文件重点对"专用合同条款"、"工程量清单"、"图纸"、"技术标准和要求"作出具体规定。

第四条 招标人应根据《标准文件》和行业标准施工招标文件(如有),

结合招标项目具体特点和实际需要，按照公开、公平、公正和诚实信用原则编写施工招标资格预审文件或施工招标文件，并按规定执行政府采购政策。

第五条 行业标准施工招标文件和招标人编制的施工招标资格预审文件、施工招标文件，应不加修改地引用《标准施工招标资格预审文件》中的“申请人须知”（申请人须知前附表除外）、“资格审查办法”（资格审查办法前附表除外），以及《标准施工招标文件》中的“投标人须知”（投标人须知前附表和其他附表除外）、“评标办法”（评标办法前附表除外）、“通用合同条款”。

《标准文件》中的其他内容，供招标人参考。

第六条 行业标准施工招标文件中的“专用合同条款”可对《标准施工招标文件》中的“通用合同条款”进行补充、细化，除“通用合同条款”明确“专用合同条款”可作出不同约定外，补充和细化的内容不得与“通用合同条款”强制性规定相抵触，否则抵触内容无效。

第七条 “申请人须知前附表”和“投标人须知前附表”用于进一步明确“申请人须知”和“投标人须知”正文中的未尽事宜，招标人应结合招标项目具体特点和实际需要编制和填写，但不得与“申请人须知”和“投标人须知”正文内容相抵触，否则抵触内容无效。

第八条 “资格审查办法前附表”和“评标办法前附表”用于明确资格审查和评标的方法、因素、标准和程序。招标人应根据招标项目具体特点和实际需要，详细列明全部审查或评审因素、标准，没有列明的因素和标准不得作为资格审查或评标的依据。

第九条 招标人编制招标文件中的“专用合同条款”可根据招标项目的具体特点和实际需要，对《标准施工招标文件》中的“通用合同条款”进行补充、细化和修改，但不得违反法律、行政法规的强制性规定和平等、自愿、公平和诚实信用原则。

第十条 招标人编制的资格预审文件和招标文件不得违反公开、公平、公正、平等、自愿和诚实信用原则。

9.《国家发展改革委、工业和信息化部、财政部、住房和城乡建设部、交通运输部、铁道部、水利部、广电总局、中国民用航空局关于印发简明标准施工招标文件和标准设计施工总承包招标文件的通知》（2011年12月20日）

一、适用范围

依法必须进行招标的工程建设项目，工期不超过12个月、技术相对简单、且设计和施工不是由同一承包人承担的小型项目,其施工招标文件应当根据《简明标准施工招标文件》编制;设计施工一体化的总承包项目,其招标文件应当根据《标准设计施工总承包招标文件》编制。

工程建设项目,是指工程以及与工程建设有关的货物和服务。工程,是指建设工程,包括建筑物和构筑物的新建、改建、扩建及其相关的装修、拆除、修缮等。与工程建设有关的货物,是指构成工程不可分割的组成部分,且为实现工程基本功能所必需的设备、材料等。与工程建设有关的服务,是指为完成工程所需的勘察、设计、监理等。

二、应当不加修改地引用《标准文件》的内容

《标准文件》中的"投标人须知"(投标人须知前附表和其他附表除外)、"评标办法"(评标办法前附表除外)、"通用合同条款",应当不加修改地引用。

三、行业主管部门可以作出的补充规定

国务院有关行业主管部门可根据本行业招标特点和管理需要,对《简明标准施工招标文件》中的"专用合同条款"、"工程量清单"、"图纸"、"技术标准和要求",《标准设计施工总承包招标文件》中的"专用合同条款"、"发包人要求"、"发包人提供的资料和条件"作出具体规定。其中,"专用合同条款"可对"通用合同条款"进行补充、细化,但除"通用合同条款"明确规定可以作出不同约定外,"专用合同条款"补充和细化的内容不得与"通用合同条款"相抵触,否则抵触内容无效。

四、招标人可以补充、细化和修改的内容

"投标人须知前附表"用于进一步明确"投标人须知"正文中的未尽事宜,招标人或者招标代理机构应结合招标项目具体特点和实际需要编制和填写,但不得与"投标人须知"正文内容相抵触,否则抵触内容无效。

"评标办法前附表"用于明确评标的方法、因素、标准和程序。招标人应根据招标项目具体特点和实际需要,详细列明全部审查或评审因素、标准,没有列明的因素和标准不得作为资格审查或者评标的依据。

招标人或者招标代理机构可根据招标项目的具体特点和实际需要,在"专用合同条款"中对《标准文件》中的"通用合同条款"进行补充、细化和修改,但不得违反法律、行政法规的强制性规定,以及平等、自愿、公平和诚实信用原则,否则相关内容无效。

10.《国家发展改革委、工业和信息化部、住房城乡建设部、交通运输部、水利部、商务部、国家新闻出版广电总局、国家铁路局、中国民用航空局关于印发〈标准设备采购招标文件〉等五个标准招标文件的通知》(2017 年 9 月 4 日)

一、适用范围

本《标准文件》适用于依法必须招标的与工程建设有关的设备、材料等货物项目和勘察、设计、监理等服务项目。机电产品国际招标项目,应当使用商务部编制的机电产品国际招标标准文本(中英文)。

工程建设项目,是指工程以及与工程建设有关的货物和服务。工程,是指建设工程,包括建筑物和构筑物的新建、改建、扩建及其相关的装修、拆除、修缮等。与工程建设有关的货物,是指构成工程不可分割的组成部分,且为实现工程基本功能所必需的设备、材料等。与工程建设有关的服务,是指为完成工程所需的勘察、设计、监理等。

二、应当不加修改地引用《标准文件》的内容

《标准文件》中的“投标人须知”(投标人须知前附表和其他附表除外)“评标办法”(评标办法前附表除外)“通用合同条款”,应当不加修改地引用。

三、行业主管部门可以作出的补充规定

国务院有关行业主管部门可根据本行业招标特点和管理需要,对《标准设备采购招标文件》《标准材料采购招标文件》中的“专用合同条款”“供货要求”,对《标准勘察招标文件》《标准设计招标文件》中的“专用合同条款”“发包人要求”,对《标准监理招标文件》中的“专用合同条款”“委托人要求”作出具体规定。其中,“专用合同条款”可对“通用合同条款”进行补充、细化,但除“通用合同条款”明确规定可以作出不同约定外,“专用合同条款”补充和细化的内容不得与“通用合同条款”相抵触,否则抵触内容无效。

四、招标人可以补充、细化和修改的内容

“投标人须知前附表”用于进一步明确“投标人须知”正文中的未尽事宜,招标人应结合招标项目具体特点和实际需要编制和填写,但不得与“投标人须知”正文内容相抵触,否则抵触内容无效。

“评标办法前附表”用于明确评标的方法、因素、标准和程序。招标人应根据招标项目具体特点和实际需要,详细列明全部审查或评审因素、标准,没有列明的因素和标准不得作为评标的依据。

招标人可根据招标项目的具体特点和实际需要,在“专用合同条款”中对《标准文件》中的“通用合同条款”进行补充、细化和修改,但不得违反法律、行政法规

的强制性规定，以及平等、自愿、公平和诚实信用原则，否则相关内容无效。

【法院参考案例】

广东上地聚生态农业有限公司与中国海洋石油南海西部有限公司信安分公司缔约过失责任纠纷案［(2019)粤08民终2920号］

裁判要旨：招标人终止招标的，应当向投标人退还招标资料费、投标保证金及银行同期存款利息；招标人擅自终止招标的，应承担缔约过失责任。

湛江市中级人民法院认为，上地聚公司以信安分公司擅自终止招标、构成缔约过失为由，上诉请求确认信安分公司终止招标的行为违法；并要求信安分公司继续履行招标文件、公示招标结果。因参与投标的另两家公司湛江市橘宏建筑装饰工程有限公司和广东橘子网络科技有限公司存在股东包含重叠，公司董事、监事由股东交叉任职的情况，根据《招标投标法实施条例》第三十四条第二款"单位负责人为同一人或者存在控股、管理关系的不同单位，不得参加同一标段投标或者未划分标段的同一招标项目投标"、第三款"违反前两款规定的，相关投标均无效"的规定，信安分公司终止该次投标，符合法律规定。且信安分公司已经根据《招标投标法实施条例》第三十一条"招标人终止招标的，应当及时发布公告，或者以书面形式通知被邀请的或者已经获取资格预审文件、招标文件的潜在投标人。已经发售资格预审文件、招标文件或者已经收取投标保证金的，招标人应当及时退还所收取的资格预审文件、招标文件的费用，以及所收取的投标保证金及银行同期存款利息"的规定向上地聚公司发出了《关于终止〈中国海洋石油南海西部有限公司培训中心出租项目招租〉的通知》，履行了通知义务，并向上地聚公司退还了投标保证金，故上地聚公司请求确认信安分公司作出的《关于终止〈中国海洋石油南海西部有限公司培训中心出租项目招租〉的通知》违法，没有法律依据，本院不予支持。至于上地聚公司要求信安分公司继续履行招标文件、公示招标结果的问题。因信安分公司终止招标后已重新组织招标，而上地聚公司并未重新参与投标，故上地聚公司要求信安分公司继续履行招标文件没有依据，本院不予采纳。此外，信安分公司发布的招标公告、招标文件中并未写明信安分公司需要公示招标结果，且上地聚公司的投标行为系属于要约，信安分公司未公示招标结果即未进行承诺，故上地聚公司与信安分公司之间未成立合同关系，故信安分公司没有公示招标结果的义务。上地聚公司若认为信安分公司终止招标的行为构成缔约过失,给其造成了损失,可向信安分公司主张赔偿责任,但其并未主张;其在本案中主张信安分公司继续履行 2018 年 9 月的《中国海洋石油南海西部有限公司培训中心出租项目招标文件》、公示招标结果,无事实和法律依据,本院不予支持。

编者说明

依法必须进行招标的项目必须通过国家发展改革委或地方政府指定的媒介("中国招标投标公共服务平台"等)发布招标公告、资格预审公告和公示信息,可以同步在其他媒介公开,并确保内容一致。对于非依法必须招标项目发布招标公告、资格预审公告和公示信息,采取招标人自愿原则,由招标人及招标代理机构自行决定在"中国招标投标公共服务平台"发布,也可在其他媒体发布。招标公告、资格预审公告的发布应当充分公开,公告期限必须合理,任何单位和个人不得非法限制招标公告、资格预审公告的发布时间、地点和范围,以便最大范围地让潜在投标人都有机会得悉招标信息,以扩大竞争,体现公开原则。

当招标人发布资格预审公告、招标公告或者发出投标邀请书,就意味着正式启动招标程序。由于各种原因,招标人在启动招标程序之后也可能终止招标。终止招标,是招标人的权利,是指由于客观原因,如由于国家政策等原因导致启动招标的法定条件缺失(如规划调整、项目撤销等),或者发生不可抗力等社会或者自然原因,导致招标人无法完成招标项目,只能取消招标活动。招标人终止招标的,应当向投标人退还招标资料费、投标保证金及银行同期存款利息。招标人如无合理理由擅自终止招标,有悖诚实信用原则,难以保障招标投标活动的公平公正,根据《民法典》第五百条规定,招标人将承担缔约过失责任,赔偿投标人的损失。

第十七条 【投标邀请书】招标人采用邀请招标方式的,应当向三个以上具备承担招标项目的能力、资信良好的特定的法人或者其他组织发出投标邀请书。

投标邀请书应当载明本法第十六条第二款规定的事项。

【立法·要点注释】

本条是关于邀请招标方式下投标邀请书的发布范围及其内容的规定。

1. 招标人所选定的潜在投标人应当具有承担招标项目的能力,资信良好。招标人所选定的潜在投标人应当具备承接招标项目的人力、财力、物力上的条件,特别是应具有与招标项目要求相适应的技术力量。国家对项目承接人有资质要求的,受邀请的投标人必须具有该资质。“资信良好”是指受邀请投标人应当有与招标项目相适应的经济实力,业绩好,信誉佳;不得有违法乱纪的不良记录。依法被限制投标资格的人不得被选定为邀请投标人。

2. 邀请招标,招标人应向特定的法人或组织发出投标邀请书(有些科研项目的邀请招标,还可邀请特定的科研人员个人),通知其参加投标。

【部门规章及规范性文件】

1.《工程建设项目勘察设计招标投标办法》(2013 年 5 月 1 日)

第十一条 依法必须进行公开招标的项目,在下列情况下可以进行邀请招标:

(一)技术复杂、有特殊要求或者受自然环境限制,只有少量潜在投标人可供选择;

(二)采用公开招标方式的费用占项目合同金额的比例过大。

有前款第二项所列情形,属于按照国家有关规定需要履行项目审批、核准手续的项目,由项目审批、核准部门在审批、核准项目时作出认定;其他项目由招标人申请有关行政监督部门作出认定。

招标人采用邀请招标方式的,应保证有三个以上具备承担招标项目勘察设计的能力,并具有相应资质的特定法人或者其他组织参加投标。

2.《工程建设项目施工招标投标办法》(2013 年 5 月 1 日)

第十三条 采用公开招标方式的,招标人应当发布招标公告,邀请不特定的法人或者其他组织投标。依法必须进行施工招标项目的招标公告,应当在国家指定的报刊和信息网络上发布。

采用邀请招标方式的,招标人应当向三家以上具备承担施工招标项目的能力、资信良好的特定的法人或者其他组织发出投标邀请书。

第十四条 招标公告或者投标邀请书应当至少载明下列内容:

(一)招标人的名称和地址;

(二)招标项目的内容、规模、资金来源;

（三）招标项目的实施地点和工期；

（四）获取招标文件或者资格预审文件的地点和时间；

（五）对招标文件或者资格预审文件收取的费用；

（六）对投标人的资质等级的要求。

3.《工程建设项目货物招标投标办法》（2013 年 5 月 1 日）

第十二条　采用公开招标方式的，招标人应当发布资格预审公告或者招标公告。依法必须进行货物招标的资格预审公告或者招标公告，应当在国家指定的报刊或者信息网络上发布。

采用邀请招标方式的，招标人应当向三家以上具备货物供应的能力、资信良好的特定的法人或者其他组织发出投标邀请书。

第十三条　招标公告或者投标邀请书应当载明下列内容：

（一）招标人的名称和地址；

（二）招标货物的名称、数量、技术规格、资金来源；

（三）交货的地点和时间；

（四）获取招标文件或者资格预审文件的地点和时间；

（五）对招标文件或者资格预审文件收取的费用；

（六）提交资格预审申请书或者投标文件的地点和截止日期；

（七）对投标人的资格要求。

4.《房屋建筑和市政基础设施工程施工招标投标管理办法》（2019 年 3 月 13 日）

第十四条　招标人采用邀请招标方式的，应当向 3 个以上符合资质条件的施工企业发出投标邀请书。

投标邀请书应当载明本办法第十三条第二款规定的事项。

第十八条　【资格审查】招标人可以根据招标项目本身的要求，在招标公告或者投标邀请书中，要求潜在投标人提供有关资质证明文件和业绩情况，并对潜在投标人进行资格审查；国家对投标人的资格条件有规定的，依照其规定。

招标人不得以不合理的条件限制或者排斥潜在投标人，不得对潜在投标人实行歧视待遇。

【立法·要点注释】

本条是关于招标人有权对投标人进行资格审查以及招标人不得排斥潜在投标人,对其实行歧视待遇的规定。

1. 招标人对投标人的资格审查可以分为资格预审和资格后审两种方式。资格预审是指招标人在发出招标公告或投标邀请书以前,先发出资格预审的公告或邀请,要求潜在投标人提交资格预审的申请及有关证明资料,经资格预审合格的,方可参加正式的投标竞争。资格后审是指招标人在投标人提交投标文件后或经过评标已有中标人选后,再对投标人或中标人选是否有能力履行合同义务进行审查。实践中,对于大型、复杂的土建工程或成套设备,在正式招标前,一般都采用资格预审的办法确定潜在投标人。本条对投标人进行资格审查的规定,既适用于资格预审,也适用于资格后审。

2. 招标人对投标人的资格审查通常主要包括如下内容:

(1)对投标人投标合法性的审查。主要包括如下几个方面:投标人是否是正式注册的法人或其他组织;是否具有独立签约的能力;是否处于正常经营状态,如是否处于被责令停业,有无财产被接管、冻结等情况;是否有相互串通投标等行为;是否正处于被暂停参加投标的处罚期限内等。经过审查,确认投标人有不合法的情形的,应将其排除。

(2)对投标人投标能力的审查。主要包括如下几个方面:①了解投标人的概况,即投标人的名称、住所、电话,经营等级和资本,近几年的财务状况,已承担的工程任务,目前的剩余能力等;②审查投标人的经验与信誉,看其是否有曾圆满完成过与招标项目在类型、规模、结构、复杂程度和所采用的技术以及施工方法等方面相类似项目的经验或者具有曾提供过同类优质货物、服务的经验,是否受到以前项目业主的好评,在招标前一个时期内的业绩如何,以往的履约情况等;③审查投标人的财务能力,主要审查其是否具备完成项目所需的充足的流动资金以及有信誉的银行提供的担保文件,审查其资产负债情况;④审查投标人的人员配备能力,主要是对投标人承担招标项目的主要人员的学历、管理经验进行审查,看其是否有足够的具有相应资质的人员具体从事项目的实施;⑤审查完成项目的设备配备情况及技术能力,审查其是否具有实施招标项目的相应设备、机械,并是否处于良好的工作状态,是否有技术支持能力等。根据本条第一款的规定,国家对投标人的资格条件有规定的,招标人应以此为标准审查投标人的投标资格。国家规定有强制性标准的,投标人必须符合该标准。

【行政法规】

《中华人民共和国招标投标法实施条例》(2019年3月2日)

第十六条 招标人应当按照资格预审公告、招标公告或者投标邀请书规定的时间、地点发售资格预审文件或者招标文件。资格预审文件或者招标文件的发售期不得少于5日。

招标人发售资格预审文件、招标文件收取的费用应当限于补偿印刷、邮寄的成本支出,不得以营利为目的。

【要点注释】

本条是关于资格预审文件、招标文件发售的规定。

1. 资格预审公告中应当载明发售资格预审文件的时间和地点,招标公告或者投标邀请书中应当载明发售招标文件的时间和地点。所谓发售,并不意味着有偿出售。鼓励招标人或其招标代理机构免费发放资格预审文件和招标文件,确需收取必要的成本费用的,也应当依照本条第二款的规定,不得以营利为目的。

2. 本条规定的发售期不得少于5日是指日历天,并不是工作日。招标人不得故意利用节假日,尤其是类似于“黄金周”的长假发售资格预审文件或者招标文件,特别是发售期最后一天应当回避节假日,否则将在事实上构成限制或者排斥潜在投标人,并且也有违招标投标活动应当遵循的诚实信用原则。本条规定的文件发售期不仅是针对公开招标项目的资格预审文件的发售,邀请招标或者公开招标但已经进行资格预审的项目,其招标文件的发售期也应当遵守本条不得少于5日的规定。

3. 本条规定的发售费用不包括图纸等资料的押金,图纸等资料的押金应在确定中标结果后、投标人退还相应图纸等资料时如数返还给投标人。

第十七条 招标人应当合理确定提交资格预审申请文件的时间。依法必须进行招标的项目提交资格预审申请文件的时间,自资格预审文件停止发售之日起不得少于5日。

【要点注释】

本条是关于提交资格预审申请文件时间的规定。

1. 资格预审申请人编制提交资格预审申请文件需要一定的时间。招标人确定的提交资格预审申请文件的时间应当合理,能够保证申请人有足够的时间按照资格预审文件的要求编制完成并按时提交资格预审申请文件。影响资格预审申请文件提交时间的因素包括招标项目的具体情况、资格预审文件对资格预审申请文件的内容和格式要求、资格预审申请文件的提交方式、潜在投标人的地域分布状况等。资格预审申请文件的提交时间应当在资格预审公告中载明。

2. 本条为依法必须招标项目的资格预审申请文件编制规定了一个“不得少于5日”的期限,“不得少于5日”的期限从资格预审文件停止发售之日起算。招标人应当根据本条规定,综合考虑招标项目具体情况、申请人的地域分布状况等因素,确定一个不短于5日的资格预审申请文件编制时间。

第十八条 **资格预审应当按照资格预审文件载明的标准和方法进行。**

国有资金占控股或者主导地位的依法必须进行招标的项目,招标人应当组建资格审查委员会审查资格预审申请文件。资格审查委员会及其成员应当遵守招标投标法和本条例有关评标委员会及其成员的规定。

【要点注释】

本条是关于资格预审审查主体和标准的规定。

1. 资格预审文件应当载明资格审查的标准和方法。资格审查的标准和方法是资格审查主体进行资格审查的依据,也是指导申请人科学合理地准备资格预审申请文件的依据。实践中,资格预审的审查标准一般根据具体的审查因素设立,审查因素集中在申请人的投标资格条件(包括法定的和资格预审文件规定的)和履约能力两个方面,一般包括申请人的资格条件、组织机构、营业状态、财务状况、类似项目业绩、信誉和生产资源情况等,相应的审查标准则区别审查因素设立为定性或定量的评价标准。

2. 资格预审的审查方法一般分为合格制和有限数量制。所谓合格制,是指按照资格预审文件载明的审查因素和审查标准对申请人的资格条件进行符合性审查,凡通过审查的申请人均允许参加投标。所谓有限数量制,是指在合格性审查的基础上,按照资格预审文件载明的审查因素和审查标准进行定量评分,从通过合格性审查的申请人中择优选择一定数量参与投标。从提高投标的竞争性考虑,资格预审应当尽可能采用合格制,即凡符合资格预审文件规定资格条件的资格预审申请人,都有权参加投标。当潜在投标人过多时,也可以采用有限数量制,但招标人应当在资格预审文件中载明通过资格预审的申请人数量和择优选择申请人的方法，不得以抽签、摇珠等随机方式确定通过资格预审的申请人。

3. 由依法组建的资格审查委员会负责审查资格预审申请文件，仅限于国有资金占控股或者主导地位的依法必须招标的项目。

4. 资格审查委员会的组建应当符合《招标投标法》第三十七条规定。

5. 资格审查委员会及其成员享有《招标投标法》和《条例》规定的权利。资格审查委员会有权要求招标人提供评标所必需的信息；资格审查委员会有向招标人推荐通过资格预审的申请人或者根据招标人授权直接确定通过资格预审的申请人的权利；资格审查委员会及其成员有要求招标人合理延长资格审查时间的权利；资格审查委员会有权要求资格预审申请人对资格预审申请文件中含义不清的内容、明显的文字或者计算错误作出必要的澄清、说明；资格审查委员会经评审后认为所有资格预审申请文件均不符合资格预审文件要求的，有权否决所有资格预审申请文件；资格审查委员会成员认为招标投标活动不符合法律、行政法规规定的，有向招标人提出异议和向行政监督部门投诉的权利。

6. 资格审查委员会及其成员应当履行《招标投标法》和《条例》规定的义务。资格审查委员会的成员与投标人存在利害关系的，应当主动回避；资格审查委员会成员应当按照资格预审文件规定的标准和方法进行资格审查，客观公正地履行职责，不得私下接触投标人，不得收受投标人给予的财物或者其他好处，不得向招标人征询确定中标人的意向，不得接受任何单位或者个人明示或者暗示提出的倾向或者排斥特定投标人的要求，不得透露对资格预审文件的评审、比较和通过资格预审的资格预审申请人的推荐情况以及与资格审查有关的其他情况，不得有其他不客观、不公正履行职务的行为。资格审查委员会完成资格审查后应当向招标人提交资格审查报告。资格审查委员会成员有配合行政监督部门调查处理投诉的义务。

第十九条　资格预审结束后，招标人应当及时向资格预审申请人发出资格预审结果通知书。未通过资格预审的申请人不具有投标资格。

通过资格预审的申请人少于3个的，应当重新招标。

【要点注释】

本条是关于资格预审结果的规定。

1. 资格预审结果的通知应当区别通过和未通过两种情况，并采用书面形式。对于通过资格预审的申请人，招标人可以用投标邀请书代替资格预审结果通知书。根据《条例》第十五条规定和现行标准文件,依法必须招标的项目,招标人应当要求通过资格预审的申请人收到结果通知后以书面方式确认是否参与投标,以避免招标失败和保证竞争效果。根据《招标投标法》第二十二条规定,资格预审结果的通知不应泄露通过资格预审的申请人名称和数量。

2. 未通过资格预审的申请人不得参加投标。需要说明三点:一是通过资格预审的申请人并不必然或者必须参加投标。二是未通过资格预审的申请人包括未提交资格预审申请文件的潜在投标人。三是通过资格预审仅仅表明申请人具备了投标资格。资格预审通过后,投标人发生合并、分立、破产等重大变化,可能影响其资格的,应当按照《条例》第三十八条的规定处理。

3. 通过资格预审的申请人少于3个,意味着投标人必然少于3个。为提高效率,没有必要等到投标截止时间届至再决定重新招标。这里的重新招标既可以是重新进行资格预审,也可以是直接发布招标公告(即采用资格后审方式)进行重新招标。

第二十条 招标人采用资格后审办法对投标人进行资格审查的,应当在开标后由评标委员会按照招标文件规定的标准和方法对投标人的资格进行审查。

【要点注释】

本条是关于资格后审的规定。

1. 资格后审的审查主体是评标委员会。未进行资格预审的招标项目需要对投标人进行资格审查的,应当在开标后由评标委员会根据招标文件规定的标准和方法进行资格审查。

2. 资格后审的标准和方法应当在招标文件中载明。资格后审作为评标工作的一部分由评标委员会负责,评标委员会应当遵守《招标投标法》第四十条和《条例》第四十九条规定,并按照招标文件规定的标准和方法进行评审。

第三十八条 投标人发生合并、分立、破产等重大变化的,应当及时书面告知招标人。投标人不再具备资格预审文件、招标文件规定的资格条件或者其投标影响招标公正性的,其投标无效。

【要点注释】

本条是关于投标人重大变化告知义务的规定。

1. 履行告知义务的主体是通过资格预审的申请人或者投标人。提交资格预审申请文件截止时间后到资格预审结束前，履行告知义务的是提交资格预审申请文件的申请人。资格预审结束后和提交投标文件截止时间前履行告知义务的是通过资格预审的申请人。在提交投标文件截止时间后履行告知义务的是投标人。合同签订后一方当事人的重大变化，按照《合同法》相关规定处理。

2. 通过资格预审的申请人在提交投标文件前发生本条规定的重大变化的，招标人可以通过复核确认是否需要邀请其他参与资格预审的潜在投标人投标，以保证竞争的充分性。在评标阶段投标人发生本条规定的重大变化的，招标人可以及时告知评标委员会，由评标委员会依据资格预审文件或者招标文件对投标人的资格条件进行复核，并对是否影响招标的公正性进行评估。评标结束后投标人发生本条规定的重大变化的，招标人可以根据《条例》第五十六条规定，尽快组织原评标委员会根据资格预审文件或者招标文件，对中标候选人的履约能力进行审查，依法维持原评标结果或者重新确定中标候选人。

3. 本条具体列举了合并、分立和破产三种重大变化。合并是指两家以上的法人或者其他组织依照法律规定，归并为一个法人或者其他组织的行为。分立是指一个法人或者其他组织依照法律的规定，分成两个以上的法人或者其他组织的行为。破产一般是指债务人不能清偿债务的事实状态，也称事实上的破产。法律意义上的破产是指债务人不能清偿债务时所适用的偿债程序和该程序终结后债务人的身份地位受限制的法律状态。影响资格条件的重大变化还有：投标人的重大财务变化、项目经理等主要人员的变化、被责令关闭、被吊销营业执照、一定期限内被禁止参加依法必须招标项目的投标等情形。联合体投标的，联合体任何成员发生本条规定情形的，也应履行通知招标人的义务。

4. 通过资格预审的申请人或者投标人发生本条规定的重大变化，是否影响其资格条件，应当由招标人组织资格审查委员会（限于国有资金占控股或主导地位的依法必须进行招标的项目）或者评标委员会进行评审并作出认定。资格审查委员会或者评标委员会应当依据资格预审文件（已进行资格预审的）或者招标文件（未进行资格预审的）规定的标准进行复核。资格复核不合格的投标无效包括两层意思：一是采用资格预审方式的，投标人在提交投标文件前发生本条规定的重大变化，资格复核不合格的，该投标人失去投标资格。二是已经提交了投标文件的投标人,在确定中标前发生可能影响资格条件的重大变化,经复核确认后其投标无效。

5. 因重大变化影响招标公正性的情形主要有:投标人与受委托编制该招标项目标底的中介机构、招标代理机构或者参与该项目设计咨询的其他机构合并;投标人被招标人收购成为招标人子公司;以有限数量制进行资格预审的,投标人发生分立后虽仍符合资格预审文件的要求,但其资格条件降低至与因择优而未能通过资格预审的其他申请人相同或者更低;等等。上述重大变化是否影响招标公正性,应当区别招标阶段分别由资格审查委员会(限于国有资金占控股或者主导地位的依法必须进行招标的项目)和评标委员会进行评判。

第四十三条 提交资格预审申请文件的申请人应当遵守招标投标法和本条例有关投标人的规定。

【要点注释】

本条是关于对资格预审申请人规范性要求的技术性规定。

1. 资格预审申请人是明确表达投标意愿并申请投标的潜在投标人,能否参加投标还取决于能否通过资格预审,以及通过资格预审后是否按招标文件规定提交投标文件。

2. 资格预审申请人享有《招标投标法》和《条例》规定的投标人权利。潜在投标人有参与资格预审活动的权利;资格预审申请人有组成联合体提交资格预审申请文件的权利,有针对资格预审活动提出异议和投诉的权利,等等。

3. 资格预审申请人负有《招标投标法》和《条例》规定的投标人义务。资格预审申请人应当具备承担招标项目所需的资格和能力;不得与其他资格预审申请人和招标人串通;不得以他人名义或者以其他弄虚作假方式编制提交资格预审申请文件;有根据资格审查委员会的要求对资格预审申请文件中含义不明确的内容或者明显的文字错误进行必要澄清和说明的义务;发生合并、分立、破产等重大变化的,有书面告知招标人的义务;等等。

4. 资格预审申请人违反《招标投标法》和《条例》有关投标人的规定应当承担相应责任。资格预审申请人相互串通或者与招标人串通参与资格预审的,以向招标人或者资格审查委员会成员行贿的手段谋取通过资格预审的,应当承担《招标投标法》第五十三条规定的法律责任;以他人名义提交资格预审申请文件或者以其他方式弄虚作假谋取通过资格预审的,应当承担

《招标投标法》第五十四条规定的法律责任;捏造事实、伪造材料或者以非法手段取得证明材料进行投诉,给他人造成损失的,依法承担赔偿责任;等等。

5. 本条所谓提交资格预审申请文件的申请人应当包括那些最终没有提交资格预审申请文件但已经购买了资格预审文件,并编制了部分或者全部资格预审申请文件的潜在投标人,其在编制资格预审申请文件过程中也应当遵守《招标投标法》和《条例》有关投标人的规定。

【部门规章及规范性文件】

1.《工程建设项目勘察设计招标投标办法》(2013 年 5 月 1 日)

第十二条　招标人应当按照资格预审公告、招标公告或者投标邀请书规定的时间、地点出售招标文件或者资格预审文件。自招标文件或者资格预审文件出售之日起至停止出售之日止,最短不得少于五日。

第十三条　进行资格预审的,招标人只向资格预审合格的潜在投标人发售招标文件,并同时向资格预审不合格的潜在投标人告知资格预审结果。

第十四条　凡是资格预审合格的潜在投标人都应被允许参加投标。

招标人不得以抽签、摇号等不合理条件限制或者排斥资格预审合格的潜在投标人参加投标。

2.《工程建设项目施工招标投标办法》(2013 年 5 月 1 日)

第十五条　招标人应当按招标公告或者投标邀请书规定的时间、地点出售招标文件或资格预审文件。自招标文件或者资格预审文件出售之日起至停止出售之日止,最短不得少于五日。

招标人可以通过信息网络或者其他媒介发布招标文件,通过信息网络或者其他媒介发布的招标文件与书面招标文件具有同等法律效力,出现不一致时以书面招标文件为准,国家另有规定的除外。

对招标文件或者资格预审文件的收费应当限于补偿印刷、邮寄的成本支出,不得以营利为目的。对于所附的设计文件,招标人可以向投标人酌收押金;对于开标后投标人退还设计文件的,招标人应当向投标人退还押金。

招标文件或者资格预审文件售出后,不予退还。除不可抗力原因外,招标人在发布招标公告、发出投标邀请书后或者售出招标文件或资格预审文件后不得终止招标。

第十六条 招标人可以根据招标项目本身的特点和需要,要求潜在投标人或者投标人提供满足其资格要求的文件,对潜在投标人或者投标人进行资格审查;国家对潜在投标人或者投标人的资格条件有规定的,依照其规定。

第十七条 资格审查分为资格预审和资格后审。

资格预审,是指在投标前对潜在投标人进行的资格审查。

资格后审,是指在开标后对投标人进行的资格审查。

进行资格预审的,一般不再进行资格后审,但招标文件另有规定的除外。

第十八条 采取资格预审的,招标人应当发布资格预审公告。资格预审公告适用本办法第十三条、第十四条有关招标公告的规定。

采取资格预审的,招标人应当在资格预审文件中载明资格预审的条件、标准和方法;采取资格后审的,招标人应当在招标文件中载明对投标人资格要求的条件、标准和方法。

招标人不得改变载明的资格条件或者以没有载明的资格条件对潜在投标人或者投标人进行资格审查。

第十九条 经资格预审后,招标人应当向资格预审合格的潜在投标人发出资格预审合格通知书,告知获取招标文件的时间、地点和方法,并同时向资格预审不合格的潜在投标人告知资格预审结果。资格预审不合格的潜在投标人不得参加投标。

经资格后审不合格的投标人的投标应予否决。

第二十条 资格审查应主要审查潜在投标人或者投标人是否符合下列条件:

(一)具有独立订立合同的权利;

(二)具有履行合同的能力,包括专业、技术资格和能力,资金、设备和其他物质设施状况,管理能力,经验、信誉和相应的从业人员;

(三)没有处于被责令停业,投标资格被取消,财产被接管、冻结,破产状态;

(四)在最近三年内没有骗取中标和严重违约及重大工程质量问题;

(五)国家规定的其他资格条件。

资格审查时,招标人不得以不合理的条件限制、排斥潜在投标人或者投标人,不得对潜在投标人或者投标人实行歧视待遇。任何单位和个人不得以行政手段或者其他不合理方式限制投标人的数量。

3.《工程建设项目货物招标投标办法》(2013 年 5 月 1 日)

第十四条　招标人应当按照资格预审公告、招标公告或者投标邀请书规定的时间、地点发售招标文件或者资格预审文件。自招标文件或者资格预审文件发售之日起至停止发售之日止,最短不得少于五日。

招标人发出的招标文件或者资格预审文件应当加盖印章。招标人可以通过信息网络或者其他媒介发布招标文件,通过信息网络或者其他媒介发布的招标文件与书面招标文件具有同等法律效力,出现不一致时以书面招标文件为准,但国家另有规定的除外。

对招标文件或者资格预审文件的收费应当限于补偿印刷、邮寄的成本支出,不得以营利为目的。

除不可抗力原因外,招标文件或者资格预审文件发出后,不予退还;招标人在发布招标公告、发出投标邀请书后或者发出招标文件或资格预审文件后不得终止招标。招标人终止招标的,应当及时发布公告,或者以书面形式通知被邀请的或者已经获取资格预审文件、招标文件的潜在投标人。已经发售资格预审文件、招标文件或者已经收取投标保证金的,招标人应当及时退还所收取的资格预审文件、招标文件的费用,以及所收取的投标保证金及银行同期存款利息。

第十五条　招标人可以根据招标货物的特点和需要,对潜在投标人或者投标人进行资格审查;国家对潜在投标人或者投标人的资格条件有规定的,依照其规定。

第十六条　资格审查分为资格预审和资格后审。

资格预审,是指招标人出售招标文件或者发出投标邀请书前对潜在投标人进行的资格审查。资格预审一般适用于潜在投标人较多或者大型、技术复杂货物的招标。

资格后审,是指在开标后对投标人进行的资格审查。资格后审一般在评标过程中的初步评审开始时进行。

第十七条　采取资格预审的,招标人应当发布资格预审公告。资格预审公告适用本办法第十二条、第十三条有关招标公告的规定。

第十八条　资格预审文件一般包括下列内容:

(一)资格预审公告;

(二)申请人须知;

(三)资格要求;

(四)其他业绩要求;

(五)资格审查标准和方法;

(六)资格预审结果的通知方式。

第十九条 采取资格预审的,招标人应当在资格预审文件中详细规定资格审查的标准和方法;采取资格后审的,招标人应当在招标文件中详细规定资格审查的标准和方法。

招标人在进行资格审查时,不得改变或补充载明的资格审查标准和方法或者以没有载明的资格审查标准和方法对潜在投标人或者投标人进行资格审查。

第二十条 经资格预审后,招标人应当向资格预审合格的潜在投标人发出资格预审合格通知书,告知获取招标文件的时间、地点和方法,并同时向资格预审不合格的潜在投标人告知资格预审结果。依法必须招标的项目通过资格预审的申请人不足三个的,招标人在分析招标失败的原因并采取相应措施后,应当重新招标。

对资格后审不合格的投标人,评标委员会应当否决其投标。

4.《房屋建筑和市政基础设施工程施工招标投标管理办法》(2019 年 3 月 13 日)

第十五条 招标人可以根据招标工程的需要,对投标申请人进行资格预审,也可以委托工程招标代理机构对投标申请人进行资格预审。实行资格预审的招标工程,招标人应当在招标公告或者投标邀请书中载明资格预审的条件和获取资格预审文件的办法。

资格预审文件一般应当包括资格预审申请书格式、申请人须知,以及需要投标申请人提供的企业资质、业绩、技术装备、财务状况和拟派出的项目经理与主要技术人员的简历、业绩等证明材料。

第十六条 经资格预审后,招标人应当向资格预审合格的投标申请人发出资格预审合格通知书,告知获取招标文件的时间、地点和方法,并同时向资格预审不合格的投标申请人告知资格预审结果。

在资格预审合格的投标申请人过多时,可以由招标人从中选择不少于 7 家资格预审合格的投标申请人。

5.《机电产品国际招标投标实施办法(试行)》(2014 年 4 月 1 日)

第十六条 招标人不得以招标投标法实施条例第三十二条规定的情形

限制、排斥潜在投标人或者投标人。

第十七条　公开招标的项目，招标人可以对潜在投标人进行资格预审。资格预审按照招标投标法实施条例的有关规定执行。国有资金占控股或者主导地位的依法必须进行招标的项目，资格审查委员会及其成员应当遵守本办法有关评标委员会及其成员的规定。

第四十四条　投标人发生合并、分立、破产等重大变化的，应当及时书面告知招标人。投标人不再具备资格预审文件、招标文件规定的资格条件或者其投标影响招标公正性的，其投标无效。

6.《电子招标投标办法》（2013 年 5 月 1 日）

第十八条　招标人或者其委托的招标代理机构应当及时将数据电文形式的资格预审文件、招标文件加载至电子招标投标交易平台，供潜在投标人下载或者查阅。

第十九条　数据电文形式的资格预审公告、招标公告、资格预审文件、招标文件等应当标准化、格式化，并符合有关法律法规以及国家有关部门颁发的标准文本的要求。

第二十条　除本办法和技术规范规定的注册登记外，任何单位和个人不得在招标投标活动中设置注册登记、投标报名等前置条件限制潜在投标人下载资格预审文件或者招标文件。

第六十二条　电子招标投标某些环节需要同时使用纸质文件的，应当在招标文件中明确约定；当纸质文件与数据电文不一致时，除招标文件特别约定外，以数据电文为准。

7.《国家发展改革委办公厅、市场监管总局办公厅关于进一步规范招标投标过程中企业经营资质资格审查工作的通知》（2020 年 9 月 22 日）

为贯彻落实《优化营商环境条例》要求，深化招标投标领域“放管服”改革，推进“证照分离”改革，依法保障企业经营自主权，破除招标投标领域各种隐性壁垒和不合理门槛，维护公平竞争的招标投标营商环境，现就进一步规范招标投标过程中企业经营资质资格审查有关要求通知如下：

一、进一步明确招标投标过程中对企业经营资质资格的审查标准

企业依法享有经营自主权，其经营范围由其章程确定，并依法按照相关标准办理经营范围登记，以向社会公示其主要经营活动内容。招标人在招标

项目资格预审公告、资格预审文件、招标公告、招标文件中不得以营业执照记载的经营范围作为确定投标人经营资质资格的依据，不得将投标人营业执照记载的经营范围采用某种特定表述或者明确记载某个特定经营范围细项作为投标、加分或者中标条件，不得以招标项目超出投标人营业执照记载的经营范围为由认定其投标无效。招标项目对投标人经营资质资格有明确要求的，应当对其是否被准予行政许可、取得相关资质资格情况进行审查，不应以对营业执照经营范围的审查代替，或以营业执照经营范围明确记载行政许可批准证件上的具体内容作为审查标准。

二、持续深化招标投标领域“放管服”改革

各地发展改革部门、招标投标指导协调工作牵头部门要加强指导协调，会同各有关行政监督部门，持续深化“放管服”改革，维护招标投标市场公平竞争。各有关行政监督部门要落实招标人主体责任，引导和监督招标人根据招标项目实际需要合理设定投标人资格条件，公平对待各类市场主体；按照规定的职责分工，强化事中事后监管，畅通投诉举报渠道，实施常态化的随机抽查，严厉打击各种不合理排斥或限制投标人的行为。加强改革创新，分领域探索简化淡化对投标人经营资质资格要求，逐步建立以业绩、信用、履约能力为核心的投标人资格审查制度。加快全面推广电子招标投标，推进招标投标信息资源互联共享，为改革提供坚实支撑。

三、落实“证照分离”改革要求做好企业登记工作

各地市场监管部门要认真落实国务院“证照分离”改革要求，稳步推动经营范围登记规范化工作，使用市场监管总局发布的经营范围规范表述目录办理相关业务，提高经营范围登记的规范化、标准化水平，提高政策的透明度和可预期性，做好对企业和社会公众的说明和服务。要积极做好与各相关部门行政许可的信息共享和业务协同，推动各相关部门合理规范使用企业经营范围信息，减少对企业经营范围的行政强制性要求、限制或者变相限制。推动电子营业执照在招标投标领域的应用，降低企业交易成本。

四、形成各部门共同维护招标投标市场公平竞争的工作合力

各地发展改革部门、市场监管部门、招标投标指导协调工作牵头部门要会同各有关行政监督部门，以进一步规范招标投标过程中企业经营资质资格审查工作为契机，加强沟通协作，形成共同维护招标投标市场公平竞争的工作合力。市场监管部门要指导协调各有关部门严格落实公平竞争审查制度，防止起草制定含有不合理排斥或限制投标人内容的政策措施。发展改革部

门、招标投标指导协调工作牵头部门以及各有关行政监督部门要将妨害公平竞争行为作为招标投标日常监管重点，加强与市场监管部门的工作衔接，建立投诉举报线索共享和执法协作机制，切实维护企业合法权益，营造良好的招标投标营商环境。

关于个体工商户、农民专业合作社依法参加招标投标的，相关工作要求参照此通知执行。

【法院参考案例】

舟山大桥发展有限公司与舟山市船舶有限公司招标投标纠纷案［（2008）浙民二终字第 193 号］

裁判要旨：不具有与招标项目相应的经营范围，不构成中标无效的理由。招标人可以制定潜在投标人应当具备的资格条件以及对投标人的资格审查标准。

浙江省高级人民法院认为，首先，根据《最高人民法院关于适用〈中华人民共和国合同法〉若干问题的解释（一）》相关规定，除违反国家限制经营、特许经营以及法律法规禁止经营规定的以外，当事人超越经营范围订立合同，并不导致合同无效。××公司虽然不具有船舶修造的经营范围，但在当前情况下，造船业并不属于国家特许经营、限制经营或法律法规禁止经营的情形；海峡××在招标文件中也只是载明，招标项目（即船厂）的经营范围是用于船舶修造，而对投标人本身的经营范围并未提出特别的限制条件。因此，××公司不具有船舶修造的经营范围，不构成其对船厂整体租赁权中标无效的理由。其次，……我国《招标投标法》第十八条规定：“招标人可以根据招标项目本身的要求，在招标公告或者投标邀请书中，要求潜在投标人提供有关资质证明文件和业绩情况，并对潜在投标人进行资格审查；国家对投标人的资格条件有规定的，依照其规定。”正如前述，造船业不属于国家特许经营、限制经营或法律法规禁止经营的情形，对于类似本案船厂整体租赁权的招投标，国家对投标人的资格条件并不存在特别的规定，故本案招标项目的潜在投标人应当具备的资格条件以及对投标人的资格审查标准，属于招标人海峡××自行解释与判断的事项，而不属于国家强制干预的范畴。海峡××根据实际情况，将××公司与他人合作经营修造船舶业务所形成的经营业绩，纳入其招标文件关于“同类规模船厂的经营业绩”范畴，既未违反法律、法规禁止性规定,也未与招标文件产生冲突,应当予以尊重。龙江××提出"××公司不具备同类规模船厂经营10年以上业绩,不符合招标文件确定的投标人资格条件"的上诉理由缺乏依据,不予支持。

编者说明

招标人应根据招标项目实际选择合适的资格审查方式。一般情况下,对于竞争性强、潜在投标人过多,或者技术特别复杂,或者具有特殊专业技术要求的招标项目,宜采用资格预审的办法,可以减少招标人的招标成本和不合格潜在投标人的投标成本,也可以抑制资格条件不符合要求、无竞争力的投标人,降低招标投标风险,提高招标工作效率。实行资格预审的,经资格预审合格的投标人,才能购买招标文件参与投标。资格预审方法有合格制和有限数量制两种。资格审查是招标人的一种权利,贯穿于招标投标活动的全过程。招标人不仅可以进行资格预审,也可以进行资格后审。

第十九条 【招标文件】招标人应当根据招标项目的特点和需要编制招标文件。招标文件应当包括招标项目的技术要求、对投标人资格审查的标准、投标报价要求和评标标准等所有实质性要求和条件以及拟签订合同的主要条款。

国家对招标项目的技术、标准有规定的,招标人应当按照其规定在招标文件中提出相应要求。

招标项目需要划分标段、确定工期的,招标人应当合理划分标段、确定工期,并在招标文件中载明。

【立法·要点注释】

本条是关于招标文件的编制及其内容的规定。

1. 招标文件是招标投标活动中最重要的法律文件,它不仅规定了完整的招标程序,而且还提出了各项具体的技术标准和交易条件,规定了拟订立的合同的主要内容,是投标人准备投标文件和参加投标的依据,是评标委员会评标的依据,也是拟订合同的基础。

2. 招标文件应写明招标人对投标人的所有实质性要求和条件,其中包括:(1)投标须知。在投标须知中应写明:招标的资金来源;对投标人的资格要求;资格审查标准;招标文件和投标文件的澄清程序;对投标文件的内容、使用语言的要求;投标报价的具体项目范围及使用币种;投标保证金的规定;投标的程序、截止日期、有效期;开标的时间、地点;投标书的修改与撤回的规定;评标的标准及程序;等等。(2)如果招标项目是工程建设项目,招标文件中还应包括工程技术说明书,即按照工程类型和合同方式用文字说明工程技术内容的特点和要求,通过附工程技术图纸和设计资格及工程量清单等对投标人提出详细、准确的技术要求。

3. 招标文件中所列明的合同条款对投标人而言虽然只是要约邀请,但实际上已构成投标人对项目提出要约的全部合同基础。因此,招标文件中合同条款的拟定必须尽可能地详细、准确。

4. 招标人应对招标项目提出相应的技术规格和标准,根据标的物的要求,一般可采用国际或国内公认的标准,如 ISO 标准、IEC 标准、我国的国家标准或行业标准等。某一招标项目如有国家强制性标准的,招标文件中应就这一标准对招标项目提出具体技术标准的要求。比如,在涉及劳动安全和保护以及环境保护方面等,都应注明应达到的国家标准。

【行政法规】

1.《中华人民共和国招标投标法实施条例》(2019 年 3 月 2 日)

第二十二条　潜在投标人或者其他利害关系人对资格预审文件有异议的,应当在提交资格预审申请文件截止时间 2 日前提出;对招标文件有异议的,应当在投标截止时间 10 日前提出。招标人应当自收到异议之日起 3 日内作出答复;作出答复前,应当暂停招标投标活动。

【要点注释】

本条是关于对资格预审文件和招标文件异议的规定。

1. 本条所称潜在投标人包括资格预审申请人。就有关招标投标活动的异议主体而言,其他利害关系人,是指投标人以外的,与招标项目或者招标活动有直接或者间接利益关系的法人、其他组织和自然人。主要包括:一是有意参加资格预审或者投标的潜在投标人。在资格预审公告或者招标公告存在排斥潜在投标人等情况,致使其不能参加投标时,其合法权益即受到侵害,是招标投标活动的利害关系人。二是在市场经济条件下,只要符合招标文件规定,投标人为控制投标风险,在准备投标文件时可能采用订立附条件生效协议的方式与符合招标项目要求的特定分包人和供应商绑定投标,这些分包人和供应商与投标人有共同的利益,与招标投标活动存在利害关系。三是投标人的项目负责人一般是投标工作的组织者,其个人的付出相对较大,中标与否与其个人职业发展等存在相对较大关系,是招标投标活动的利害关系人。

2. 招标人应当在限期内履行对异议作出答复的义务。具体包括以下含义:一是本条要求招标人在规定时限内答复,但对答复质量未作要求。二是本条未对异议和答复的形式进行统一要求。实践中异议和回复的形式可以由当事人根据具体情况在资格预审文件或招标文件中事先给予明确,或者完全由当事人自主决定。考虑到《条例》第六十条第二款规定异议是投诉的前置条件,为保障异议的可追溯性,异议的提出和答复应尽可能采用书面形式,并应当妥善保存备查。三是招标人对异议的答复构成对资格预审文件或者招标文件澄清或者修改的,招标人应当按照《条例》第二十一条规定办理。

3. 根据本条规定应当暂停的招投标活动,是指异议一旦成立即受到影响,且在异议答复期间需要采取的下一个招投标环节的活动。暂停的具体期限取决于异议的性质、对资格预审文件和招标文件的影响以及招标人处理异议的效率。

第二十三条 **招标人编制的资格预审文件、招标文件的内容违反法律、行政法规的强制性规定,违反公开、公平、公正和诚实信用原则,影响资格预审结果或者潜在投标人投标的,依法必须进行招标的项目的招标人应当在修改资格预审文件或者招标文件后重新招标。**

【要点注释】

本条是关于资格预审文件和招标文件内容合法性要求的总体性规定。

1. 资格预审文件或者招标文件内容违法。所谓强制性规定,表现为禁止性和义务性强制规定,也即法律和行政法规中使用了“应当”“不得”“必须”等字样的条款。如《招标投标法》第二十三条和《条例》第二十一条关于对已发出的资格预审文件或者招标文件的澄清或者修改内容可能影响资格预审申请文件或者投标文件编制的,招标人应当在提交资格预审申请文件截止时间至少3日前,或者投标截止时间至少15日前通知所有资格预审文件或招标文件的收受人的规定;《招标投标法》第二十条和《条例》第三十二条关于招标文件不得要求或者标明特定的生产供应者的规定,不得设定与招标项目的具体特点和实际需要不相适应或者与合同履行无关的资格、技术、商务条件的规定，不得以特定行政区域或者特定行业的业绩、奖项作为加分条件或者中标条件的规定；《条例》第二十六条关于投标保证金不得超过招标项目估算价的 2% 的规定。上述规定均属于强制性规定，资格预审文件和招标文件的内容不得违反。

2. 所谓违反"三公"原则，是指资格预审文件和招标文件没有载明必要的信息；针对不同的潜在投标人设立有差别的资格条件；提供给不同潜在投标人的资格预审文件或者招标文件的内容不一致；指定某一特定的专利产品或者供应者；资格预审文件载明的资格审查标准和方法或者招标文件中载明的评标标准和方法过于原则，自由裁量空间过大，使得潜在投标人无法准确把握招标人意图，无法科学地准备资格预审申请文件或者投标文件；等等。

3. 所谓违反诚实信用原则，是指资格预审文件和招标文件的内容故意隐瞒真实信息，典型表现是隐瞒工程场地条件等可能影响投标价格和建设工期的信息，恶意压低工程造价逼迫潜在投标人放弃投标或者以低于成本的价格竞标，从而影响工程质量和安全。

4. 所谓影响，是指已经造成影响，其时点是资格预审评审结束后或者投标文件提交截止后也即开标后才发现。在此之前发现的违法行为，按照《条例》第二十一条或者第二十二条规定，修改资格预审文件或者招标文件。影响资格预审结果或者潜在投标人投标的表现形式有：具备资格的潜在投标人未能参加资格预审或者未能参加投标，已经通过资格预审的申请人或者投标人没有充分竞争力，等等。

5. 本条规定的重新招标要区别情况，依法必须招标的项目在确定中标人前发现资格预审文件或者招标文件存在本条规定的情形的，招标人应当修改资格预审文件或者招标文件的内容重新招标；中标人确定后，合同已经订立或者已经开始实际履行的，应当根据《条例》第八十一条规定办理。

第二十四条　招标人对招标项目划分标段的，应当遵守招标投标法的有关规定，不得利用划分标段限制或者排斥潜在投标人。依法必须进行招标的项目的招标人不得利用划分标段规避招标。

【要点注释】

本条是关于标段划分的规定。

1.《招标投标法》和《条例》所指的标段划分，是指招标人在充分考虑合同规模、技术标准规格分类要求、潜在投标人状况，以及合同履行期限等因素的基础上,将一项工程、服务,或者一个批次的货物拆分为若干个合同进行招标的行为。标段划分既要满足招标项目技术经济和管理的客观需要,又要遵守《招标投标法》等相关法律法规规定。

2. 招标项目划分标段或者标包,通常基于以下两个方面的客观需要:一是适应不同资格能力的投标人。招标项目包含不同类型、不同专业技术、不同品种和规格的标的,分成不同标段才能使有相应资格能力的单位分别投标。二是满足分阶段实施要求。同一招标项目由于受资金、设计等条件的限制必须划分标段,以满足分阶段实施要求。

3. 标段划分通常需要考虑的因素。一是法律法规规定。《建筑法》第二十四条规定,招标人划分标段时,不得将应当由一个承包人完成的建筑工程肢解成若干部分分别招标发包给几个承包人投标。二是经济因素。招标项目应当在市场调研基础上,通过科学划分标段,使标段具有合理适度规模,保证足够竞争数量的单位满足投标资格能力条件,并满足经济合理性要求。三是招标人的合同管理能力。标段数量增加,必将增加实施招标、评标和合同管理的工作量,因此,标段划分需要考虑招标人组织实施招标和合同履行管理的能力。四是项目技术和管理要求。招标项目划分标段时应当既要满足项目技术关联配套及其不可分割性要求,又要考虑不同承包人或供应商在不同标段同时生产作业及其协调管理的可行性和可靠性。

4. 不得利用标段划分实现非法目的。具体说来,就是不得利用划分标段限制或者排斥潜在投标人或者规避招标。一是通过规模过大或过小的不合理划分标段,保护有意向的潜在投标人,限制或者排斥其他潜在投标人。二是通过划分标段,将项目化整为零,使标段合同金额低于必须招标的规模标准而规避招标;或者按照潜在投标人数量划分标段,使每一潜在投标人均有可能中标,导致招标失去意义。

第二十五条 招标人应当在招标文件中载明投标有效期。投标有效期从提交投标文件的截止之日起算。

【要点注释】

本条是关于投标有效期的规定。

1. 投标有效期是投标文件保持有效的期限。投标文件是投标人根据招标文件向招标人发出的要约,根据《民法典》有关承诺期限的规定,投标有效期为招标人对投标人发出的要约作出承诺的期限,也是投标人就其提交的投标文件承担相关义务的期限。

2. 投标人承诺的投标有效期必须不短于招标文件规定的投标有效期，否则将构成对招标文件的非实质性响应。

3. 招标文件规定的投标有效期应当合理，既不能过长也不宜过短。过长的投标有效期可能导致投标人为了规避风险而不得不提高投标价格，过短的投标有效期又可能使招标人无法在投标有效期内完成开标、评标、定标和签订合同，从而可能导致招标失败。合理的投标有效期不但要考虑开标、评标、定标和签订合同所需的时间，而且要综合考虑招标项目的具体情况、潜在投标人的信用状况以及招标人自身的决策机制。

第二十六条　招标人在招标文件中要求投标人提交投标保证金的，投标保证金不得超过招标项目估算价的2%。投标保证金有效期应当与投标有效期一致。

依法必须进行招标的项目的境内投标单位，以现金或者支票形式提交的投标保证金应当从其基本账户转出。

招标人不得挪用投标保证金。

【要点注释】

本条是关于投标保证金的规定。

1. 投标保证金是投标人按照招标文件规定的形式和金额向招标人递交的，约束投标人履行其投标义务的担保。招投标作为一种特殊的合同缔结过程，投标保证金所担保的主要是合同缔结过程中招标人的权利。投标保证金的作用，即保证在提交投标文件截止时间后投标人不撤销其投标，并按照招标文件和其投标文件签订合同。此外，投标保证金对约束投标人的投标行为，打击围标串标、挂靠、出借资质等违法行为也有一定的效果。

2. 投标保证金一般采用银行保函，其他常见的投标保证金形式还有现钞、银行汇票、银行电汇、支票、信用证、专业担保公司的保证担保等，其中现钞、银行汇票、银行电汇、支票等属于广义的现金。投标保证金一般应优先选用银行保函或者专业担保公司的保证担保形式。招标人应当在招标文件中载明对保函或者保证担保的要求，投标人应当严格按照招标文件的规定准备和提交。

3. 投标保证金是否退还取决于当事人意思自治，招标人应当在招标文件中规定投标人撤销投标时是否退还投标保证金。不按招标文件提交投标保证金或者提交的投标保证金不符合招标文件规定的，是否构成无效投标亦取决于当事人的意思自治，《条例》第五十一条并未将没有按要求提交投标保证金作为法定的否决投标的理由，是不是否决投标由招标人在招标文件中规定。

4. 是否要求投标人提交投标保证金由招标人在招标文件中规定。投标保证金并不是投标文件不可或缺的组成部分。招标文件要求投标人提交投标保证金的，应当对投标保证金的提交时间、形式、金额和有效期等提出具体要求。如果是以保函形式提交，其要素还包括对保证人的资格要求。招标文件规定投标人应当提交投标保证金的，投标人应当按照招标文件的要求提交。根据投标人的意愿，投标人可以选择在招标文件规定的提交投标文件截止之日前，将投标保证金与投标文件分别提交给招标人，也可以同时提交。投标保证金采用银行转账的，应当在投标截止前到达招标人指定的账户。

5. 投标保证金有效期应当与投标有效期一致。当然，如果出现一些特殊情况，招标人需要延长投标有效期的，投标人可以选择退出投标以规避风险，投标人也可以同意延长投标有效期。投标人提交的投标保证金有效期等于投标有效期的，方为有效。

6. 投标保证金最高不得超过招标项目估算价的2%。所谓的“招标项目估算价”，是指根据招标文件、有关计价规定和市场价格水平合理估算的招标项目金额。该具体金额是招标人要求的投标保证金的最高限，即不得超过招标项目估算价的2%。但对投标人而言，招标人所要求的最高限是其提交的投标保证金的最低限，也即其所提交的投标保证金应当高于或者等于招标人在招标文件中规定的具体金额。

第二十七条 **招标人可以自行决定是否编制标底。一个招标项目只能有一个标底。标底必须保密。**

接受委托编制标底的中介机构不得参加受托编制标底项目的投标，也不得为该项目的投标人编制投标文件或者提供咨询。

招标人设有最高投标限价的，应当在招标文件中明确最高投标限价或者最高投标限价的计算方法。招标人不得规定最低投标限价。

【要点注释】

本条是关于编制标底和最高投标限价的规定。

1. 标底是招标人组织专业人员，按照招标文件规定的招标范围，结合有关规定、市场要素价格水平以及合理可行的技术经济方案，综合考虑市场供求状况，进行科学测算的预期价格。标底是评价分析投标报价竞争性、合理性的参考依据。禁止以标底及其上下限范围作为判定投标报价是否入围、有效和合理的直接依据。

2. 最高投标限价是招标人根据招标文件规定的招标范围,结合有关规定、投资计划、市场要素价格水平以及合理可行的技术经济实施方案,通过科学测算并在招标文件中公布的可以接受的最高投标价格或最高投标价格的计算方法。超过最高投标限价的投标超出了招标人的承受能力,应当被否决。通常在潜在投标人不多、投标竞争不充分或容易引起串标的招标项目中使用,可以防止投标人串通抬标。

3. 本条明确规定招标人不得设置最低投标限价,即不允许作出“低于最低限价的投标报价为无效投标”等规定。为了防止投标人以低于成本的报价竞争,可以通过对投标价格的分析论证来判断其是否低于成本,包括参考标底、其他投标人的报价,以及投标人的证明材料等,而不能统一设定最低限价。

第三十条　对技术复杂或者无法精确拟定技术规格的项目,招标人可以分两阶段进行招标。

第一阶段,投标人按照招标公告或者投标邀请书的要求提交不带报价的技术建议,招标人根据投标人提交的技术建议确定技术标准和要求,编制招标文件。

第二阶段,招标人向在第一阶段提交技术建议的投标人提供招标文件,投标人按照招标文件的要求提交包括最终技术方案和投标报价的投标文件。

招标人要求投标人提交投标保证金的,应当在第二阶段提出。

【要点注释】

本条是关于两阶段招标的规定。

1. 两阶段招标主要适用于技术复杂或者无法精确拟定技术规格的项目。对于这类项目,由于需要运用先进生产工艺技术、新型材料设备或采用复杂的技术实施方案等,招标人难以准确拟定和描述招标项目的性能特点、质量、规格等技术标准和实施要求。在此情况下,需要将招标分为两个阶段进行。

2. 第一阶段征求技术建议可以分为以下四个步骤:(1)征询技术建议。招标人依法发布招标公告或者投标邀请书,或根据需要另行编制和发放《征求技术建议文件》,对招标项目基本需求目标和投标人(或称技术方案建议人)资格基本条件以及对技术建议书的编制、递交提出要求。(2)提交技术建议书。投标人按照招标公告、投标邀请书或者《征求技术建议文件》,研究、编制和递交技术方案建议书。投标人递交的技术建议书不带报价。但是,招标人基于市场调研目的,或者为了评价技术方案的经济性,可以要求技术建议书附带参考价格,并可要求投标人将技术建议书和参考价格书采用双信封分别装订密封。(3)评价和选择技术方案建议。招标人通过评审、商讨和论证,可以采用某一个或几个已经提交的技术建议,或据此研究形成新的技术方案,作为编制招标文件技术标准和要求的基础。技术方案建议人可以随时撤回投标技术方案建议,也不需要提交投标保证金。(4)招标人根据研究确定的技术方案编制招标文件。

3. 第二阶段投标。招标人编制完成招标文件后,应该向第一阶段递交技术方案建议的投标人提供招标文件。技术方案建议人可以不参加第二阶段的投标而无须承担责任。招标人根据最终确定的技术方案,以及潜在投标人的数量状况,可以决定是否接受未提交技术建议的潜在投标人投标,并在招标文件中载明。在此阶段,投标人应当严格按照招标文件编制、提交包括具有竞争性、约束力的投标报价以及技术管理实施方案的投标文件,并按照招标文件要求提交投标保证金。有关招标文件的编制、投标、开标、评标等活动,应按照《招标投标法》和《条例》规定执行。

2.《国务院办公厅关于清理规范工程建设领域保证金的通知》(国办发〔2016〕49 号,2016 年 6 月 23 日)

一、全面清理各类保证金。对建筑业企业在工程建设中需缴纳的保证金,除依法依规设立的投标保证金、履约保证金、工程质量保证金、农民工工资保证金外,其他保证金一律取消。对取消的保证金,自本通知印发之日起,一律停止收取。

二、转变保证金缴纳方式。对保留的投标保证金、履约保证金、工程质量保证金、农民工工资保证金,推行银行保函制度,建筑业企业可以银行保函方式缴纳。

三、按时返还保证金。对取消的保证金,各地要抓紧制定具体可行的办法,于 2016 年底前退还相关企业;对保留的保证金,要严格执行相关规定,确保按时返还。未按规定或合同约定返还保证金的,保证金收取方应向建筑业企业支付逾期返还违约金。

四、严格工程质量保证金管理。工程质量保证金的预留比例上限不得高于工程价款结算总额的5%。① 在工程项目竣工前,已经缴纳履约保证金的,建设单位不得同时预留工程质量保证金。

七、严禁新设保证金项目。未经国务院批准,各地区、各部门一律不得以任何形式在工程建设领域新设保证金项目。要全面推进工程建设领域保证金信息公开,建立举报查处机制,定期公布查处结果,曝光违规收取保证金的典型案例。

【部门规章及规范性文件】

1.《工程建设项目勘察设计招标投标办法》(2013年5月1日)

第七条 招标人可以依据工程建设项目的不同特点,实行勘察设计一次性总体招标;也可以在保证项目完整性、连续性的前提下,按照技术要求实行分段或分项招标。

招标人不得利用前款规定限制或者排斥潜在投标人或者投标。依法必须进行招标的项目的招标人不得利用前款规定规避招标。

第十五条 招标人应当根据招标项目的特点和需要编制招标文件。

勘察设计招标文件应当包括下列内容:

(一)投标须知;

(二)投标文件格式及主要合同条款;

(三)项目说明书,包括资金来源情况;

(四)勘察设计范围,对勘察设计进度、阶段和深度要求;

(五)勘察设计基础资料;

(六)勘察设计费用支付方式,对未中标人是否给予补偿及补偿标准;

(七)投标报价要求;

(八)对投标人资格审查的标准;

(九)评标标准和方法;

(十)投标有效期。

投标有效期,从提交投标文件截止日起计算。

对招标文件的收费应仅限于补偿印刷、邮寄的成本支出,招标人不得通

---

① 根据《建设工程质量保证金管理办法》(建质〔2017〕138号)第七条规定,工程质量保证金总预留比例不得高于工程价款结算总额的3%。——编者注

过出售招标文件谋取利益。

第十六条 招标人负责提供与招标项目有关的基础资料，并保证所提供资料的真实性、完整性。涉及国家秘密的除外。

第十八条 招标人可以要求投标人在提交符合招标文件规定要求的投标文件外，提交备选投标文件，但应当在招标文件中做出说明，并提出相应的评审和比较办法。

第二十四条 招标文件要求投标人提交投标保证金的，保证金数额不得超过勘察设计估算费用的百分之二，最多不超过十万元人民币。

依法必须进行招标的项目的境内投标单位，以现金或者支票形式提交的投标保证金应当从其基本账户转出。

第三十五条 根据招标文件的规定，允许投标人投备选标的，评标委员会可以对中标人所提交的备选标进行评审，以决定是否采纳备选标。不符合中标条件的投标人的备选标不予考虑。

第四十六条 评标定标工作应当在投标有效期内完成，不能如期完成的，招标人应当通知所有投标人延长投标有效期。

同意延长投标有效期的投标人应当相应延长其投标担保的有效期，但不得修改投标文件的实质性内容。

拒绝延长投标有效期的投标人有权收回投标保证金。招标文件中规定给予未中标人补偿的，拒绝延长的投标人有权获得补偿。

2.《工程建设项目施工招标投标办法》（2013 年 5 月 1 日）

第二十四条 招标人根据施工招标项目的特点和需要编制招标文件。招标文件一般包括下列内容：

（一）招标公告或投标邀请书；

（二）投标人须知；

（三）合同主要条款；

（四）投标文件格式；

（五）采用工程量清单招标的，应当提供工程量清单；

（六）技术条款；

（七）设计图纸；

（八）评标标准和方法；

（九）投标辅助材料。

招标人应当在招标文件中规定实质性要求和条件，并用醒目的方式标明。

第二十五条 招标人可以要求投标人在提交符合招标文件规定要求的投标文件外，提交备选投标方案，但应当在招标文件中做出说明，并提出相应的评审和比较办法。

第二十六条 招标文件规定的各项技术标准应符合国家强制性标准。

招标文件中规定的各项技术标准均不得要求或标明某一特定的专利、商标、名称、设计、原产地或生产供应者，不得含有倾向或者排斥潜在投标人的其他内容。如果必须引用某一生产供应者的技术标准才能准确或清楚地说明拟招标项目的技术标准时，则应当在参照后面加上“或相当于”的字样。

第二十七条 施工招标项目需要划分标段、确定工期的，招标人应当合理划分标段、确定工期，并在招标文件中载明。对工程技术上紧密相连、不可分割的单位工程不得分割标段。

招标人不得以不合理的标段或工期限制或者排斥潜在投标人或者投标人。依法必须进行施工招标的项目的招标人不得利用划分标段规避招标。

第二十八条 招标文件应当明确规定所有评标因素，以及如何将这些因素量化或者据以进行评估。

在评标过程中，不得改变招标文件中规定的评标标准、方法和中标条件。

第二十九条 招标文件应当规定一个适当的投标有效期，以保证招标人有足够的时间完成评标和与中标人签订合同。投标有效期从投标人提交投标文件截止之日起计算。

在原投标有效期结束前，出现特殊情况的，招标人可以书面形式要求所有投标人延长投标有效期。投标人同意延长的，不得要求或被允许修改其投标文件的实质性内容，但应当相应延长其投标保证金的有效期；投标人拒绝延长的，其投标失效，但投标人有权收回其投标保证金。因延长投标有效期造成投标人损失的，招标人应当给予补偿，但因不可抗力需要延长投标有效期的除外。

第三十条 施工招标项目工期较长的，招标文件中可以规定工程造价指数体系、价格调整因素和调整方法。

第三十一条 招标人应当确定投标人编制投标文件所需要的合理时间；但是，依法必须进行招标的项目，自招标文件开始发出之日起至投标人提交投标文件截止之日止，最短不得少于二十日。

第三十四条　招标人可根据项目特点决定是否编制标底。编制标底的，标底编制过程和标底在开标前必须保密。

招标项目编制标底的，应根据批准的初步设计、投资概算，依据有关计价办法，参照有关工程定额，结合市场供求状况，综合考虑投资、工期和质量等方面的因素合理确定。

标底由招标人自行编制或委托中介机构编制。一个工程只能编制一个标底。

任何单位和个人不得强制招标人编制或报审标底，或干预其确定标底。

招标项目可以不设标底，进行无标底招标。

招标人设有最高投标限价的，应当在招标文件中明确最高投标限价或者最高投标限价的计算方法。招标人不得规定最低投标限价。

第三十七条　招标人可以在招标文件中要求投标人提交投标保证金。投标保证金除现金外，可以是银行出具的银行保函、保兑支票、银行汇票或现金支票。

投标保证金不得超过项目估算价的百分之二，但最高不得超过八十万元人民币。投标保证金有效期应当与投标有效期一致。

投标人应当按照招标文件要求的方式和金额，将投标保证金随投标文件提交给招标人或其委托的招标代理机构。

依法必须进行施工招标的项目的境内投标单位，以现金或者支票形式提交的投标保证金应当从其基本账户转出。

3.《工程建设项目货物招标投标办法》（2013 年 5 月 1 日）

第二十一条　招标文件一般包括下列内容：

（一）招标公告或者投标邀请书；

（二）投标人须知；

（三）投标文件格式；

（四）技术规格、参数及其他要求；

（五）评标标准和方法；

（六）合同主要条款。

招标人应当在招标文件中规定实质性要求和条件，说明不满足其中任何一项实质性要求和条件的投标将被拒绝，并用醒目的方式标明；没有标明的要求和条件在评标时不得作为实质性要求和条件。对于非实质性要求和条件，应规定允许偏差的最大范围、最高项数，以及对这些偏差进行调整的方法。

国家对招标货物的技术、标准、质量等有规定的，招标人应当按照其规定在招标文件中提出相应要求。

第二十二条　招标货物需要划分标包的，招标人应合理划分标包，确定各标包的交货期，并在招标文件中如实载明。

招标人不得以不合理的标包限制或者排斥潜在投标人或者投标人。依法必须进行招标的项目的招标人不得利用标包划分规避招标。

第二十三条　招标人允许中标人对非主体货物进行分包的，应当在招标文件中载明。主要设备、材料或者供货合同的主要部分不得要求或者允许分包。

除招标文件要求不得改变标准货物的供应商外，中标人经招标人同意改变标准货物的供应商的，不应视为转包和违法分包。

第二十四条　招标人可以要求投标人在提交符合招标文件规定要求的投标文件外，提交备选投标方案，但应当在招标文件中作出说明。不符合中标条件的投标人的备选投标方案不予考虑。

第二十五条　招标文件规定的各项技术规格应当符合国家技术法规的规定。

招标文件中规定的各项技术规格均不得要求或标明某一特定的专利技术、商标、名称、设计、原产地或供应者等，不得含有倾向或者排斥潜在投标人的其他内容。如果必须引用某一供应者的技术规格才能准确或清楚地说明拟招标货物的技术规格时，则应当在参照后面加上“或相当于”的字样。

第二十六条　招标文件应当明确规定评标时包含价格在内的所有评标因素，以及据此进行评估的方法。

在评标过程中，不得改变招标文件中规定的评标标准、方法和中标条件。

第二十七条　招标人可以在招标文件中要求投标人以自己的名义提交投标保证金。投标保证金除现金外，可以是银行出具的银行保函、保兑支票、银行汇票或现金支票，也可以是招标人认可的其他合法担保形式。依法必须进行招标的项目的境内投标单位，以现金或者支票形式提交的投标保证金应当从其基本账户转出。

投标保证金不得超过项目估算价的百分之二，但最高不得超过八十万元人民币。投标保证金有效期应当与投标有效期一致。

投标人应当按照招标文件要求的方式和金额,在提交投标文件截止时间前将投标保证金提交给招标人或其委托的招标代理机构。

第二十八条 招标文件应当规定一个适当的投标有效期,以保证招标人有足够的时间完成评标和与中标人签订合同。投标有效期从招标文件规定的提交投标文件截止之日起计算。

在原投标有效期结束前,出现特殊情况的,招标人可以书面形式要求所有投标人延长投标有效期。投标人同意延长的,不得要求或被允许修改其投标文件的实质性内容,但应当相应延长其投标保证金的有效期;投标人拒绝延长的,其投标失效,但投标人有权收回其投标保证金及银行同期存款利息。

依法必须进行招标的项目同意延长投标有效期的投标人少于三个的,招标人在分析招标失败的原因并采取相应措施后,应当重新招标。

第三十一条 对无法精确拟定其技术规格的货物,招标人可以采用两阶段招标程序。

在第一阶段,招标人可以首先要求潜在投标人提交技术建议,详细阐明货物的技术规格、质量和其它特性。招标人可以与投标人就其建议的内容进行协商和讨论,达成一个统一的技术规格后编制招标文件。

在第二阶段,招标人应当向第一阶段提交了技术建议的投标人提供包含统一技术规格的正式招标文件,投标人根据正式招标文件的要求提交包括价格在内的最后投标文件。

招标人要求投标人提交投标保证金的,应当在第二阶段提出。

4.《房屋建筑和市政基础设施工程施工招标投标管理办法》(2019 年 3 月 13 日)

第十七条 招标人应当根据招标工程的特点和需要,自行或者委托工程招标代理机构编制招标文件。招标文件应当包括下列内容:

(一)投标须知,包括工程概况,招标范围,资格审查条件,工程资金来源或者落实情况,标段划分,工期要求,质量标准,现场踏勘和答疑安排,投标文件编制、提交、修改、撤回的要求,投标报价要求,投标有效期,开标的时间和地点,评标的方法和标准等;

(二)招标工程的技术要求和设计文件;

(三)采用工程量清单招标的,应当提供工程量清单;

(四)投标函的格式及附录;

（五）拟签订合同的主要条款；

（六）要求投标人提交的其他材料。

第十八条　依法必须进行施工招标的工程，招标人应当在招标文件发出的同时，将招标文件报工程所在地的县级以上地方人民政府建设行政主管部门备案。建设行政主管部门发现招标文件有违反法律、法规内容的，应当责令招标人改正。

第二十六条　招标人可以在招标文件中要求投标人提交投标担保。投标担保可以采用投标保函或者投标保证金的方式。投标保证金可以使用支票、银行汇票等，一般不得超过投标总价的2%，最高不得超过50万元。

投标人应当按照招标文件要求的方式和金额，将投标保函或者投标保证金随投标文件提交招标人。

5.《机电产品国际招标投标实施办法（试行）》（2014年4月1日）

第十九条　招标人根据所采购机电产品的特点和需要编制招标文件。招标文件主要包括下列内容：

（一）招标公告或投标邀请书；

（二）投标人须知及投标资料表；

（三）招标产品的名称、数量、技术要求及其他要求；

（四）评标方法和标准；

（五）合同条款；

（六）合同格式；

（七）投标文件格式及其他材料要求：

1. 投标书；
2. 开标一览表；
3. 投标分项报价表；
4. 产品说明一览表；
5. 技术规格响应/偏离表；
6. 商务条款响应/偏离表；
7. 投标保证金银行保函；
8. 单位负责人授权书；
9. 资格证明文件；
10. 履约保证金银行保函；

11. 预付款银行保函；

12. 信用证样本；

13. 要求投标人提供的其他材料。

第二十条 招标文件中应当明确评标方法和标准。机电产品国际招标的评标一般采用最低评标价法。技术含量高、工艺或技术方案复杂的大型或成套设备招标项目可采用综合评价法进行评标。所有评标方法和标准应当作为招标文件不可分割的一部分并对潜在投标人公开。招标文件中没有规定的评标方法和标准不得作为评标依据。

最低评标价法，是指在投标满足招标文件商务、技术等实质性要求的前提下，按照招标文件中规定的价格评价因素和方法进行评价，确定各投标人的评标价格，并按投标人评标价格由低到高的顺序确定中标候选人的评标方法。

综合评价法，是指在投标满足招标文件实质性要求的前提下，按照招标文件中规定的各项评价因素和方法对投标进行综合评价后，按投标人综合评价的结果由优到劣的顺序确定中标候选人的评标方法。

综合评价法应当由评价内容、评价标准、评价程序及推荐中标候选人原则等组成。综合评价法应当根据招标项目的具体需求，设定商务、技术、价格、服务及其他评价内容的标准，并对每一项评价内容赋予相应的权重。

机电产品国际招标投标综合评价法实施规范由商务部另行制定。

第二十一条 招标文件的技术、商务等条款应当清晰、明确、无歧义，不得设立歧视性条款或不合理的要求排斥潜在投标人。招标文件编制内容原则上应当满足3个以上潜在投标人能够参与竞争。招标文件的编制应当符合下列规定：

（一）对招标文件中的重要条款（参数）应当加注星号（“＊”），并注明如不满足任一带星号（“＊”）的条款（参数）将被视为不满足招标文件实质性要求，并导致投标被否决。

构成投标被否决的评标依据除重要条款（参数）不满足外，还可以包括超过一般条款（参数）中允许偏离的最大范围、最多项数。

采用最低评标价法评标的，评标依据中应当包括：一般商务和技术条款（参数）在允许偏离范围和条款数内进行评标价格调整的计算方法，每个一般技术条款（参数）的偏离加价一般为该设备投标价格的0.5%，最高不得超过该设备投标价格的1%，投标文件中没有单独列出该设备分项报价的，评标价格调整时按投标总价计算；交货期、付款条件等商务条款的偏离加价计算方法在招标文件中可以另行规定。

采用综合评价法的，应当集中列明招标文件中所有加注星号（“＊”）的重要条款（参数）。

（二）招标文件应当明确规定在实质性响应招标文件要求的前提下投标文件分项报价允许缺漏项的最大范围或比重，并注明如缺漏项超过允许的最大范围或比重，该投标将被视为实质性不满足招标文件要求，并将导致投标被否决。

（三）招标文件应当明确规定投标文件中投标人应当小签的相应内容，其中投标文件的报价部分、重要商务和技术条款（参数）响应等相应内容应当逐页小签。

（四）招标文件应当明确规定允许的投标货币和报价方式，并注明该条款是否为重要商务条款。招标文件应当明确规定不接受选择性报价或者附加条件的报价。

（五）招标人设有最高投标限价的，应当在招标文件中明确最高投标限价或者最高投标限价的计算方法。招标人不得规定最低投标限价。

（六）招标文件应当明确规定评标依据以及对投标人的业绩、财务、资信等商务条款和技术参数要求，不得使用模糊的、无明确界定的术语或指标作为重要商务或技术条款（参数）或以此作为价格调整的依据。招标文件对投标人资质提出要求的，应当列明所要求资质的名称及其认定机构和提交证明文件的形式，并要求相应资质在规定的期限内真实有效。

（七）招标人可以在招标文件中将有关行政监督部门公布的信用信息作为对投标人的资格要求的依据。

（八）招标文件内容应当符合国家有关安全、卫生、环保、质量、能耗、标准、社会责任等法律法规的规定。

（九）招标文件允许联合体投标的，应当明确规定对联合体牵头人和联合体各成员的资格条件及其他相应要求。

（十）招标文件允许投标人提供备选方案的，应当明确规定投标人在投标文件中只能提供一个备选方案并注明主选方案，且备选方案的投标价格不得高于主选方案。

（十一）招标文件应当明确计算评标总价时关境内、外产品的计算方法，并应当明确指定到货地点。除国外贷款、援助资金项目外，评标总价应当包含货物到达招标人指定到货地点之前的所有成本及费用。其中：

关境外产品为:CIF 价 + 进口环节税 + 国内运输、保险费等(采用 CIP、DDP 等其他报价方式的,参照此方法计算评标总价);其中投标截止时间前已经进口的产品为:销售价(含进口环节税、销售环节增值税) + 国内运输、保险费等。关境内制造的产品为:出厂价(含增值税) + 消费税(如适用) + 国内运输、保险费等。有价格调整的,计算评标总价时,应当包含偏离加价。

(十二)招标文件应当明确投标文件的大写金额和小写金额不一致的,以大写金额为准;投标总价金额与按分项报价汇总金额不一致的,以分项报价金额计算结果为准;分项报价金额小数点有明显错位的,应以投标总价为准,并修改分项报价;应当明确招标文件、投标文件和评标报告使用语言的种类;使用两种以上语言的,应当明确当出现表述内容不一致时以何种语言文本为准。

第二十二条 招标文件应当载明投标有效期,以保证招标人有足够的时间完成组织评标、定标以及签订合同。投标有效期从招标文件规定的提交投标文件的截止之日起算。

第二十三条 招标人在招标文件中要求投标人提交投标保证金的,投标保证金不得超过招标项目估算价的 2%。投标保证金有效期应当与投标有效期一致。

依法必须进行招标的项目的境内投标单位,以现金或者支票形式提交的投标保证金应当从其基本账户转出。

投标保证金可以是银行出具的银行保函或不可撤销信用证、转账支票、银行即期汇票,也可以是招标文件要求的其他合法担保形式。

联合体投标的,应当以联合体共同投标协议中约定的投标保证金缴纳方式予以提交,可以是联合体中的一方或者共同提交投标保证金,以一方名义提交投标保证金的,对联合体各方均具有约束力。

招标人不得挪用投标保证金。

第三十七条 招标人编制的资格预审文件、招标文件的内容违反法律、行政法规的强制性规定,违反公开、公平、公正和诚实信用原则,影响资格预审结果或者潜在投标人投标的,依法必须进行招标的项目的招标人应当在修改资格预审文件或者招标文件后重新招标。

【最高人民法院裁判案例】

安徽省芜湖市人民政府与中铁上海工程局集团有限公司行政纠纷案［（2017）最高法行申 442 号］

裁判要旨：招标投标活动中允许设置的保证金仅限于投标保证金、履约保证金、工程质量保证金、农民工工资保证金四项，设置其他类型的保证金欠缺法律依据。

最高人民法院认为，本案没有证据证明不予退还诚信保证金在法律、法规、规章层面存在依据。再审申请人在向本院申请再审中提及的 49 号通知①第一条亦规定："一、全面清理各类保证金。对建筑业企业在工程建设中需缴纳的保证金，除依法依规设立的投标保证金、履约保证金、工程质量保证金、农民工工资保证金外，其他保证金一律取消。对取消的保证金，自本通知印发之日起，一律停止收取。"对于取消的保证金，该通知第三条要求各地要抓紧制定具体可行的办法，于 2016 年底前退还相关企业。诚信保证金欠缺法定依据，显然位处被取消之列。就本案而言，二审法院已判决撤销再审申请人于 2013 年 12 月 3 日作出的不予返还再审被申请人 600 万元投标诚信保证金的行为。在二审判决生效之后，再审申请人应当采取积极举措，以 49 号通知为指导，切实履行二审判决确定的义务。

【法院参考案例】

1. 中鼎国际工程有限责任公司与赣州市房地产开发公司建设工程施工合同纠纷案［（2016）赣民终 82 号］

裁判要旨：招标文件对相关条款中采用了下划线并加粗字体的醒目凸显表述方式，应当认定招标人已充分尽到提请投标人注意之义务。

江西省高级人民法院认为，中鼎公司认为招标文件关于"工程实施中将不再对人工工资进行调整"的约定是格式条款，自始无效。本院认为，格式条款是当事人为了重复使用而预先拟定，并在订立合同时未与对方协商的条

① 该通知是指《国务院办公厅关于清理规范工程建设领域保证金的通知》（国办发〔2016〕49 号）。——编者注

款。《招标投标法》第十九条规定:“招标人应当根据招标项目的特点和需要编制招标文件。招标文件应当包括招标项目的技术要求、对投标人资格审查的标准、投标报价要求和评标标准等所有实质性要求和条件以及拟签订合同的主要条款。……招标项目需要划分标段、确定工期的,招标人应当合理划分标段、确定工期,并在招标文件中载明。”六个标段招标文件关于人工工资不另行调整的规定,是对赣州市中心城区滨江四期危旧房(棚户区)改造工程实行的统一标准,是一个工程项目中的计价标准,对参与投标单位而言是公开公平的,不存在重复使用同一合同条款的情形。况且二标段招标文件对人工工资是否调整的问题在“投标报价风险”相关条款中采用了下划线并加粗字体的醒目凸显表述方式,应当认定招标人已充分尽到提请投标人注意之义务,既不具有《合同法》第五十二条和第五十三条规定的情形,也不存在免除己方责任、加重对方责任、排除投标人主要权利的情形。因此,中鼎公司主张开发公司出具的招标文件中“工程实施中将不再对人工工资进行调整”系格式条款,应认定为无效的上诉理由不能成立。

2. 中冶地勘岩土工程有限责任公司与北京合生愉景房地产开发有限公司等缔约过失责任纠纷案[(2018)京03民终1758号]

裁判要旨:投标保证金金额不得超出法律规定的限额,超出部分应予退还。

北京市第三中级人民法院认为,关于中冶公司主张返还投标保证金一节,因中冶公司在中标后拒绝签订施工合同且自行撤场,存在违约行为,建业公司不予退还中冶公司投标保证金并不违反招标文件及法律规定。但《招投标法管理条例》①规定,投标保证金不得超过招标项目估算价的2%,建业公司收取的投标保证金显然违反该强制性规定,超出规定收取保证金,故建业公司多收取的投标保证金应当予以返还。

3. 龙岩市住房和城乡建设局与福建省国泰建设有限公司城乡建设行政复议纠纷案[(2017)闽行申507号]

裁判要旨:投标人提交的投标保证金只符合从“基本账户”支出的条件,并不符合从“开户银行”支出的条件,该投标保证金不符合法律的规定。

---

① 原判决书内容如此,应为“《招标投标法实施条例》”。——编者注

福建省高级人民法院认为,本案的争议焦点是原审第三人厦门特房公司支付投标保证金的方式是否符合法律和招标文件的规定。《招标投标法实施条例》(以下简称实施条例)第四十九条规定:“评标委员会成员应当依照招标投标法和本条例的规定,按照招标文件规定的评标标准和方法,客观、公正地对投标文件提出评审意见。招标文件没有规定的评标标准和方法不得作为评标的依据。”同时实施条例第二十二条还规定:“潜在投标人或者其他利害关系人对资格预审文件有异议的,应当在提交资格预审申请文件截止时间 2 日前提出;对招标文件有异议的,应当在投标截止时间 10 日前提出。招标人应当自收到异议之日起 3 日内作出答复;作出答复前,应当暂停招标投标活动”。本案中,招标公告中的资格审查申请人须知第十一款明确规定:“本工程投标保证金采用以下(1)或(2)的形式提交:(1)通过投标人基本账户开户银行以转账或电汇的方式提交;(2)使用福建省建筑业龙头企业年度保证金。”由此可见,招标文件规定了若按(1)的形式提交投标保证金的,应通过投标人“基本账户”且是“开户银行”以转账或电汇方式提交。原审第三人厦门特房公司在投标截止时间 10 日前并没有对招标文件提出异议。依照上述法律规定,招标文件中关于投标保证金提交方式的规定应当作为评标的依据,对各方当事人均具有约束力。

《招标投标法》第二十八条规定:“投标人应当在招标文件要求提交投标文件的截止时间前,将投标文件送达投标地点。”本案中,从厦门特房公司在投标文件的截止时间前提交的材料及上杭县公共资源配置中心出具的投标保证金到账对账单来看,厦门特房公司提交的投标保证金虽是由其“基本账户”支出,但付款的银行是建设银行厦门禾祥支行,并非其基本账户“开户银行”——建设银行厦门分行营业部。且厦门特房公司也未按照招标文件中的资格审查申请人须知第十一款关于“投标人采用方式(1)提交投标保证金的,若须由上一级银行出具的,应补充提供基本开户行出具的证明材料复印件”的规定,提供基本开户行出具的证明材料。因此,原审第三人厦门特房公司提交的投标保证金只符合从“基本账户”支出的条件,并不符合从“开户银行”支出的条件。因此,二审法院认为评标委员会作出原审第三人厦门特房公司不符合招标文件规定的评判符合法律规定,上杭县住房和城乡规划建设局作出维持评标委员会的评标结论是正确的,申请人复议决定撤销上杭县住房和城乡规划建设局的处理决定并责令上杭县住房和城乡规划建设局重新作出处理决定不当,并判决撤销该复议决定,并无不当。

编者说明

招标文件既是招标人招标、评标、定标的依据，投标人准备投标文件和参加投标的依据，也是发包人和中标人签订合同的基础，对双方当事人都具有法律约束力。内容合法、符合招标项目需求是招标文件的基本要求，招标文件不得违反法律法规的规定，不得存在不公平、不公正的条款，尤其设置的投标人资格不得有限制、排斥潜在投标人或者投标人的不合理条件；招标文件内容应符合招标项目实际，应载明招标人对投标人的所有实质性要求和条件。对于依法必须招标的工程建设项目，必须采用国家发展改革委等部门编制的《标准施工招标文件》《标准施工招标资格预审文件》等标准文件。招标文件违法、内容存在错误或遗漏，可能影响招标公正性或者导致评标工作无法进行的，在开标之前，招标人可以对其澄清修改；开标以后才发现此情形，招标人应当终止招标，修改招标文件后重新进行招标。

《招标投标法》没有关于投标保证金的规定，《招标投标法实施条例》对其进行补充规定。招标文件可以要求投标人提交投标保证金，可以约定投标保证金的形式（如现金、支票、银行汇票、银行保函或者投标保证保险等）、金额（不超过招标项目估算价的2%，部门规章还有具体金额限制）等事项。没有按照招标文件要求的形式、金额、期限提供投标保证金或者所提供的投标保证金有瑕疵（如有效期短于投标有效期）的，将构成重大偏差，该投标文件将被否决。招标人终止招标、投标人撤回投标文件或招标人定标后都应退还投标保证金及其利息。当投标人未依法或依照招标文件履行其投标义务、签约责任时，招标人有权不退还其投标保证金。《招标投标法实施条例》第三十五条、第七十四条规定了可以不退还的法定情形：（1）投标截止后投标人撤销投标文件；（2）中标人无正当理由不与招标人订立合同；（3）在签订合同时向招标人提出附加条件；（4）不按照招标文件要求提交履约保证金。招标人对不退还投标保证金的情形另有要求（如投标人在提交投标文件截止时间后主动对投标文件提出实质性修改；投标人串通投标、围标、弄虚作假、向评标委员会成员行贿或给予其他好处谋求中标或有其他违法行为）的，应在招标文件中明确；未作规定的，招标人不得扣留投标保证金。

第二十条【招标文件的限制】招标文件不得要求或者标明特定的生产供应者以及含有倾向或者排斥潜在投标人的其他内容。

【立法·要点注释】

本条是关于招标文件中不得载有歧视性内容的规定。

1. 招标文件不得要求或者标明特定的生产供应者。招标项目的技术规格除有国家强制性标准外，一般应当采用国际或国内公认的标准，各项技术规格均不得要求或标明某一特定的生产厂家、供货商、施工单位或注明某一特定的商标、名称、专利、设计及原产地。

2. 招标文件不得有倾向某一潜在投标人或排斥某一潜在投标人的规定。比如，实践中，有的项目在国际招标中为使某一外国厂商中标提出不合理的技术要求，使其他潜在投标人因达不到这一技术要求而不能投标；有的投标人因在以前的招标项目中对招标人的某些行为提出过异议，在以后的招标中，招标人为排斥该投标人，在招标文件中故意提出不合理的要求，进行打击报复。

【行政法规】

《中华人民共和国招标投标法实施条例》(2019 年 3 月 2 日)

第三十二条　招标人不得以不合理的条件限制、排斥潜在投标人或者投标人。

招标人有下列行为之一的，属于以不合理条件限制、排斥潜在投标人或者投标人：

（一）就同一招标项目向潜在投标人或者投标人提供有差别的项目信息；

（二）设定的资格、技术、商务条件与招标项目的具体特点和实际需要不相适应或者与合同履行无关；

（三）依法必须进行招标的项目以特定行政区域或者特定行业的业绩、奖项作为加分条件或者中标条件；

（四）对潜在投标人或者投标人采取不同的资格审查或者评标标准；

（五）限定或者指定特定的专利、商标、品牌、原产地或者供应商；

（六）依法必须进行招标的项目非法限定潜在投标人或者投标人的所有制形式或者组织形式；

（七）以其他不合理条件限制、排斥潜在投标人或者投标人。

【要点注释】

本条是关于禁止限制和排斥投标人的规定。

本条在《招标投标法》第十八条第二款规定的基础上，对限制、排斥潜在投标人的行为做了细化规定。

1. 向潜在投标人或者投标人有差别地提供招标项目信息。这种情形可能发生在招标公告发布、现场踏勘、投标预备会、招标文件的澄清修改以及投标文件的澄清说明等环节。例如，招标人在两个以上媒介发布的同一招标项目的招标公告内容不一致；招标人单独或者分别组织潜在投标人踏勘项目现场和举行投标预备会；招标人向所有获取招标文件的潜在投标人有差别地介绍需求目标，有差别地提供招标文件的澄清与修改内容，评标委员会有差别地提供投标文件的澄清和说明的机会。

2. 招标人可以在招标公告、投标邀请书和招标文件中要求潜在投标人具有相应的资格、技术和商务条件，但不得脱离招标项目的具体特点和实际需要，随意和盲目地设定投标人要求。例如，某冶金系统的办公大楼施工招标，却要求投标人具有冶金专业项目的类似业绩；某货物招标项目，按照某投标供应商拥有的条件"量体裁衣"，将本来无关紧要的普通技术指标设定为必须响应的实质性指标，或者要求项目负责人近几年内没有违反交通安全的行政处罚记录。

3. 投标人来自不同地区和行业，其所积累的业绩和获得的奖项通常具有地域性和行业性，如果以特定行政区域和特定行业的业绩、奖项作为评标加分条件，会限制或排斥本地区、本行业之外的潜在投标人。此处的"加分"泛指评标中各种形式的优惠、倾斜等特殊待遇。例如，某招标项目规定投标人获得项目所在地区的产品质量或企业信誉奖励，或者投标人的项目负责人是项目所在地区的劳动模范的，给予评标加分；某招标项目规定投标人拥有本行业项目业绩的，将给予评标加分等。这些都是地方保护和行业封锁的典型表现，应当禁止。

应当区别对待以下两种情况：一是如果招标项目需要以投标人的类似项目的业绩、奖项作为评标加分条件，则可以设置全国性的奖项作为评标加分条件；二是可以从项目本身具有的技术管理特点需要和所处自然环境条件的角度对潜在投标人提出类似项目业绩要求或评标加分标准。例如,要求具有100万千瓦燃煤机组安装业绩,300公里以上软土地基的高速公路业绩等。同时,应注意考虑具有类似项目业绩条件的潜在投标人数量,以保证足够的竞争性。

4. 对不同的潜在投标人或者投标人采取不同的资格审查或者评标标准。这种情形通常表现为招标人在资格预审文件和招标文件中载明的资格审查标准和评标标准模棱两可或内外有别,在具体资格审查和评标过程中,通过另行制定倾向性或排斥性的操作细则,对本地区和本行业之外或者意向中标人之外的投标人采取更加苛刻的资格审查或评标标准,达到限制、排斥潜在投标人的目的。例如,要求本地区和本行业外的投标人必须经过本地市场监管部门或行业主管部门注册、登记、备案等。

5. 限定或者指定特定的专利、商标、品牌、原产地或者供应商。这种情形通常发生在货物招标中。招标人在招标公告、资格预审文件或招标文件中限定或者指定特定的专利、商标、品牌、原产地或者供应商,倾向和保护意向中的投标人,限制或排斥其他潜在投标人。如果必须引用某一品牌或生产供应商才能准确清楚地说明招标项目的技术标准和要求,则应当在引用的品牌或生产供应商名称前加上"参照或相当于"的字样,而且引用的货物品牌或生产供应商在市场上具有可选择性。

6. 潜在投标人的所有制形式分为公有制和非公有制两种。其中,公有制又可以分为国家所有制和集体所有制;非公有制包括个体、私营企业和外商投资企业。此外,随着企业股份制改革的推进,产生了一种混合所有制经济形式。投标人的组织形式,除依法招标的科研项目允许自然人参加投标外,一般指法人或者非法人组织。除法律法规对工程承包人和货物、服务供应商的所有制形式或组织形式提出要求外,招标人不得限定潜在投标人或者投标人的所有制形式或者组织形式,不得歧视、排斥不同所有制性质、不同组织形式的企业参加投标竞争。

7. 以其他不合理条件限制、排斥潜在投标人或者投标人。实践中可能出现的情形有:资格预审公告或者招标公告中获取资格预审文件或者招标文件的要求不合理的;以各种借口阻挠潜在投标人取得资格预审文件或者招标文件的;资格预审文件和招标文件的发售期限、投标截止时间和招标文件澄清或者修改的通知时间不符合规定的;要求投标人递交超过规定比例的投标保证金等。

第二十一条 【踏勘现场】招标人根据招标项目的具体情况,可以组织潜在投标人踏勘项目现场。

【立法·要点注释】

本条是关于招标人可以组织踏勘项目现场的规定。

踏勘,即实地勘察。本法所规定的现场踏勘包括亲临现场勘测及市场调查两个方面。勘察人员可以由报价人员、负责项目实施的经理及投标单位领导决策人员组成。

【行政法规】

《中华人民共和国招标投标法实施条例》(2019 年 3 月 2 日)

第二十八条 招标人不得组织单个或者部分潜在投标人踏勘项目现场。

【要点注释】

本条是关于踏勘项目现场的规定。

1. 招标人根据招标项目需要可以组织踏勘项目现场。工程施工招标项目一般需要实地踏勘招标项目现场。货物和服务招标项目如果与现场环境条件关联性不大,则不需要踏勘现场。根据招标项目情况,招标人可以组织潜在投标人踏勘,也可以不组织踏勘。

2. 招标人根据招标项目需要,组织潜在投标人踏勘项目现场的,应当组织所有购买招标文件或接收投标邀请书的潜在投标人实地踏勘项目现场。根据《招标投标法》第二十二条规定,招标人不得向他人透露已获取招标文件的潜在投标人的相关信息。确需组织踏勘项目现场的,招标人可分批次组织潜在投标人踏勘。招标人组织全部潜在投标人实地踏勘项目现场的,应当采取相应的保密措施并对投标人提出相关保密要求,不得采用集中签到甚至点名等方式,防止潜在投标人在踏勘项目现场中暴露身份,影响投标竞争,或相互沟通信息串通投标。潜在投标人收到有关踏勘现场的通知后自愿放弃踏勘现场的,不属于本条规定的招标人组织部分投标人踏勘现场。

3. 组织全部潜在投标人踏勘项目现场的时间,应尽可能安排在招标文件规定发出澄清文件的截止时间之前,以便在澄清文件中统一解答潜在投标人踏勘项目现场时提出的疑问。

4. 潜在投标人对踏勘项目现场后自行作出的判断负责。无论招标人组织还是潜在投标人自行踏勘项目现场,潜在投标人根据踏勘项目现场作出的投标分析、推论和判断,应当自行负责。

5. 招标人统一解答潜在投标人踏勘现场中的疑问。潜在投标人踏勘项目现场产生的疑问需要招标人澄清答复的,一般应当在招标文件规定的时间内向招标人提出。招标人应当以书面形式答复并作为招标文件的澄清说明,提供给所有购买招标文件的潜在投标人。招标人认为必要时,也可以按招标文件规定,在踏勘项目现场后,组织投标预备会(标前会)公开解答潜在投标人提出的疑问,但应当以书面答复为准。

【部门规章及规范性文件】

1.《工程建设项目勘察设计招标投标办法》(2013年5月1日)

第十七条 对于潜在投标人在阅读招标文件和现场踏勘中提出的疑问,招标人可以书面形式或召开投标预备会的方式解答,但需同时将解答以书面方式通知所有招标文件收受人。该解答的内容为招标文件的组成部分。

2.《工程建设项目施工招标投标办法》(2013年5月1日)

第三十二条 招标人根据招标项目的具体情况,可以组织潜在投标人踏勘项目现场,向其介绍工程场地和相关环境的有关情况。潜在投标人依据招标人介绍情况作出的判断和决策,由投标人自行负责。

招标人不得单独或者分别组织任何一个投标人进行现场踏勘。

第三十三条 对于潜在投标人在阅读招标文件和现场踏勘中提出的疑问,招标人可以书面形式或召开投标预备会的方式解答,但需同时将解答以书面方式通知所有购买招标文件的潜在投标人。该解答的内容为招标文件的组成部分。

第二十二条 【招标人的保密义务】招标人不得向他人透露已获取招标文件的潜在投标人的名称、数量以及可能影响公平竞争的有关招标投标的其他情况。

招标人设有标底的,标底必须保密。

【立法 · 要点注释】

本条是关于招标人对招标信息和标底保密的规定。

1. 本条第一款中“招标人”包括招标单位、招标代理机构和参与招标工作的所有知情人员;“他人”指任何人。对可能影响公平竞争的信息予以保密是招标人的法定义务,招标人不得违反。

2. 标底即招标项目的底价,是招标人购买工程、货物、服务的预算。招标人履行保密义务应当从标底的编制开始,编制人员应在保密的环境中编制标底,完成之后需送审的,应将其密封送审。标底经审定后应及时封存,直至开标。在整个招标活动过程中所有接触过标底的人员都有对其保密的义务。

【部门规章及规范性文件】

1.《电子招标投标办法》(2013 年 5 月 1 日)

第二十一条　在投标截止时间前,电子招标投标交易平台运营机构不得向招标人或者其委托的招标代理机构以外的任何单位和个人泄露下载资格预审文件、招标文件的潜在投标人名称、数量以及可能影响公平竞争的其他信息。

2.《房屋建筑和市政基础设施工程施工招标投标管理办法》(2019 年 3 月 13 日)

第二十条　招标人设有标底的,应当依据国家规定的工程量计算规则及招标文件规定的计价方法和要求编制标底,并在开标前保密。一个招标工程只能编制一个标底。

3.《机电产品国际招标投标实施办法(试行)》(2014 年 4 月 1 日)

第二十八条　开标前,招标人、招标机构和有关工作人员不得向他人透露已获取招标文件的潜在投标人的名称、数量以及可能影响公平竞争的有关招标投标的其他信息。

第二十三条　【招标文件的澄清或者修改】招标人对已发出的招标文件进行必要的澄清或者修改的，应当在招标文件要求提交投标文件截止时间至少十五日前，以书面形式通知所有招标文件收受人。该澄清或者修改的内容为招标文件的组成部分。

【立法·要点注释】

本条是关于招标人对于招标文件进行澄清和修改的规定。

1. 这里讲的“澄清”，是指对于招标文件中内容不清楚、含义不明确的地方作出书面解释，使招标文件的收受人能够准确理解招标文件有关内容的含义。招标人可以根据投标人的要求，对招标文件作出澄清；也可以对自己认为需要澄清的内容主动加以澄清。

2. 对招标文件的修改，是指招标人对于招标文件的有关内容根据需要进行必要的修正和改变。这通常是招标人的一种主动的行为。

3. 法律允许招标人澄清或者修改招标文件的内容，是对招标人利益的合理保护；但同时也要注意使投标人的利益不致因此受到损害。从招标人发出对招标文进行澄清、修改的通知到规定的截标日期之间，应留出一段合理时间，既能照顾到招标人的利益，又能使投标人有合理的时间对自己的投标文件作相应的调整。《招标投标法》参照国际上的有关规定，结合我国的具体情况，将这一时间规定为距投标截止时间十五日前。当然，由于招标人对招标文件规定的截标时间也是可以修改的，因此，如果招标人发出修改或澄清的通知太晚，则招标人应推迟提交投标文件截止日期，对截标日期作相应修改。

4. 招标人对已发出的招标文件进行必要的澄清或者修改的，要求招标人必须以书面形式发出通知。所谓书面形式，是指以文字形成书面文件的方式所制作的通知，包括信件、电报、电传、传真、电子数据交换和电子邮件等形式。招标人只能以上述形式发出澄清或者修改招标文件的通知，而不能以口头形式通知（如以电话形式通知）。

5. 招标人对于已发出的招标文件所进行的澄清或者修改的内容视为招标文件的组成部分，与已发出的招标文件具有同等的效力。

【行政法规】

《中华人民共和国招标投标法实施条例》(2019年3月2日)

第二十一条 招标人可以对已发出的资格预审文件或者招标文件进行必要的澄清或者修改。澄清或者修改的内容可能影响资格预审申请文件或者投标文件编制的,招标人应当在提交资格预审申请文件截止时间至少3日前,或者投标截止时间至少15日前,以书面形式通知所有获取资格预审文件或者招标文件的潜在投标人;不足3日或者15日的,招标人应当顺延提交资格预审申请文件或者投标文件的截止时间。

【要点注释】

本条是关于资格预审文件和招标文件澄清和修改的规定。

1. 招标人对已发出的资格预审文件或者招标文件进行澄清和修改,既可能是主动的,也可能是被动的。所谓"主动",就是招标人自己发现资格预审文件或者招标文件存在遗漏、错误、相互矛盾、含义不清、需要调整一些要求或者存在违法的规定时,可以通过澄清和修改方式进行补救。所谓"被动",是相对于招标人主动澄清和修改而言的,尽管澄清和修改的实际自主权仍在招标人,但需要澄清和修改的问题来自潜在投标人。

2. 潜在投标人对资格预审文件和招标文件的疑问和异议均可能导致澄清和修改。疑问和异议的区别在于:一是疑问主要是关于资格预审文件和招标文件中可能存在的遗漏、错误、含义不清甚至相互矛盾等问题;而异议则主要是针对资格预审文件和招标文件中可能存在的限制或者排斥潜在投标人、对潜在投标人实行歧视待遇、可能损害潜在投标人合法权益等违反法律法规规定和"三公"原则的问题。二是疑问应当在资格预审文件和招标文件规定的时间之前提出,异议则应当在《条例》第二十二条规定的时间前提出,以便招标人及时纠正,防止损失扩大。当然,逾期提出的疑问和异议,如果问题确实存在,招标人也应当认真对待,依法及时纠正存在的问题。三是疑问及其回复应当以书面形式通知所有购买资格预审文件或者招标文件的潜在投标人,以保证潜在投标人同等获得投标所需的信息。

3. 本条在补充资格预审文件澄清、修改时间的同时,将必须在投标截止时间至少15日前以书面方式进行的澄清或者修改,限定在可能影响投标文件编制的情形。实践中,可能影响资格预审申请文件编制的澄清或者修改的情形,包括调整资格审查的因素和标准,改变资格预审申请文件的格式,增加资格预审申请文件应当包括的资料、信息等。可能影响投标文件编制的澄清或者修改的情形,包括但并不限于对拟采购工程、货物或服务所需的技术规格,质量要求,竣工、交货或提供服务的时间,投标担保的形式和金额要求,以及需执行的附带服务等内容的改变。这些改变将给潜在投标人带来大量额外工作,必须给予潜在投标人足够的时间以便编制完成并按期提交资格预审申请文件或者投标文件。对于减少资格预审申请文件需要包括的资料、信息或者数据,调整暂估价的金额,增加暂估价项目,开标地点由同一栋楼的一个会议室调换至另一会议室等不影响资格预审申请文件或者投标文件编制的澄清和修改,则不受 3 日或者 15 日的期限限制。

4. 随着电子招标的逐步推广,一些招标项目允许潜在投标人匿名从网上下载资格预审文件和招标文件,已获取资格预审文件或者招标文件的潜在投标人的名称和联系方式可能无法事先知悉,需要对资格预审文件或者招标文件进行澄清或者修改的,招标人在提供下载资格预审文件和招标文件的网站上公布澄清或者修改内容即可。

【部门规章及规范性文件】

1.《电子招标投标办法》(2013 年 5 月 1 日)

第二十二条　招标人对资格预审文件、招标文件进行澄清或者修改的,应当通过电子招标投标交易平台以醒目的方式公告澄清或者修改的内容,并以有效方式通知所有已下载资格预审文件或者招标文件的潜在投标人。

2.《工程建设项目勘察设计招标投标办法》(2013 年 5 月 1 日)

第十七条　对于潜在投标人在阅读招标文件和现场踏勘中提出的疑问,招标人可以书面形式或召开投标预备会的方式解答,但需同时将解答以书面方式通知所有招标文件收受人。该解答的内容为招标文件的组成部分。

3.《工程建设项目施工招标投标办法》(2013 年 5 月 1 日)

第三十三条　对于潜在投标人在阅读招标文件和现场踏勘中提出的疑问,招标人可以书面形式或召开投标预备会的方式解答,但需同时将解答以书面方式通知所有购买招标文件的潜在投标人。该解答的内容为招标文件的组成部分。

4.《工程建设项目货物招标投标办法》(2013 年 5 月 1 日)

第二十九条 对于潜在投标人在阅读招标文件中提出的疑问,招标人应当以书面形式、投标预备会方式或者通过电子网络解答,但需同时将解答以书面方式通知所有购买招标文件的潜在投标人。该解答的内容为招标文件的组成部分。

除招标文件明确要求外,出席投标预备会不是强制性的,由潜在投标人自行决定,并自行承担由此可能产生的风险。

5.《房屋建筑和市政基础设施工程施工招标投标管理办法》(2019 年 3 月 13 日)

第十九条 招标人对已发出的招标文件进行必要的澄清或者修改的,应当在招标文件要求提交投标文件截止时间至少 15 日前,以书面形式通知所有招标文件收受人,并同时报工程所在地的县级以上地方人民政府建设行政主管部门备案。该澄清或者修改的内容为招标文件的组成部分。

第二十三条 投标人对招标文件有疑问需要澄清的,应当以书面形式向招标人提出。

6.《机电产品国际招标投标实施办法(试行)》(2014 年 4 月 1 日)

第二十九条 招标人可以对已发出的资格预审文件或者招标文件进行必要的澄清或者修改。澄清或者修改的内容可能影响资格预审申请文件或者投标文件编制的,招标人或招标机构应当在提交资格预审文件截止时间至少 3 日前,或者投标截止时间至少 15 日前,以书面形式通知所有获取资格预审文件或者招标文件的潜在投标人,并上传招标网存档;不足 3 日或者 15 日的,招标人或招标机构应当顺延提交资格预审申请文件或者投标文件的截止时间。该澄清或者修改内容为资格预审文件或者招标文件的组成部分。澄清或者修改的内容涉及到与资格预审公告或者招标公告内容不一致的,应当在原资格预审公告或者招标公告发布的媒体和招标网上发布变更公告。

因异议或投诉处理而导致对资格预审文件或者招标文件澄清或者修改的,应当按照前款规定执行。

第三十条 招标人顺延投标截止时间的,至少应当在招标文件要求提交投标文件的截止时间 3 日前,将变更时间书面通知所有获取招标文件的潜在投标人,并在招标网上发布变更公告。

【法院参考案例】

北京金隅天坛家具股份有限公司与深圳市中正招标有限公司、深圳江铜营销有限公司缔约过失责任纠纷案[(2014)粤高法民二申字第 449 号]

裁判要旨:修改招标文件实质性内容可能影响投标人编制投标文件的,应提前 15 日书面通知潜在投标人;时间不足 15 日的,应当顺延投标截止时间;招标人在发出修改招标文件补充通知时无须向投标人解释修改招标文件的原因。

广东省高级人民法院经审查认为,本案系缔约过失责任纠纷。金隅公司主张江铜公司修改招标文件违反诚实信用原则并违法招投标有关法律规定。经查,《招标投标法》第二十三条规定,招标人对已发出的招标文件有权进行必要的澄清或者修改,但应在招标文件要求提交投标文件截止时间至少 15 日前,以书面形式通知所有招标文件收受人。《招标投标法实施条例》第二十一条规定,招标人可以对已发出的资格预审文件或者招标文件进行必要的澄清或者修改。澄清或者修改的内容可能影响资格预审申请文件或者投标文件编制的,招标人应当在提交资格预审申请文件截止时间至少 3 日前,或者投标截止时间至少 15 日前,以书面形式通知所有获取资格预审文件或者招标文件的潜在投标人;不足 3 日或者 15 日的,招标人应当顺延提交资格预审申请文件或者投标文件的截止时间。本案中正公司接受江铜公司委托在原定开标日即 2012 年 11 月 20 日开标前通知金隅公司将开标时间延期至 2012 年 12 月 11 日,并且在原定开标日后第 2 日书面通知投标人对招标文件内容作出调整,符合上述法律和法规规定,并无不当。

尽管中正公司、江铜公司在发出修改招标文件补充通知的当日未向金隅公司解释修改招标文件的原因,但中正公司、江铜公司在收到金隅公司书面异议后,已在第 3 日即作出书面答复,告知修改招标文件是因为长江家具公司在 2012 年 11 月 16 日就招标文件中评审因素表要求和评分标准提出书面质疑而做了澄清和修改,中正公司、江铜公司的行为亦符合《招标投标法实施条例》第二十二条招标人应当自收到投标人对招标文件异议之日起 3 日内作出答复的规定。且中正公司、江铜公司解释未在招标过程中告之投标人具体的修改原因是因为根据招投标行业的惯例,不宜将投标人的情况及质疑情况告之其他投标人,也符合《招标投标法》第二十二条“招标人不得向他人透露已获取招标文件的潜在投标人的名称、数量以及可能影响公平竞争的有关招标投标的其他情况”的规定。而且修改的内容主要是针对原招标文件中家具样品的评分标准和技术说明,并不足以证明修改后的招标文件存在江铜公司故意设定不同评标标准以限制、排斥投标人的情形,也没有证据证明江铜公司与长江家具公司存在串通投标的情形。因此,二审法院驳回金隅公司的诉讼请求,并无不当。

编者说明

招标文件的澄清与修改内容是招标文件的重要组成部分。《招标投标法》第二十三条未区分修改内容是否影响投标人编制投标文件,一概要求在投标截止时间15日前澄清或修改,不利于保障招标工作效率。《招标投标法实施条例》第二十一条实事求是区分澄清或修改的程度作出不同规定,也就是澄清或者修改招标文件可能影响投标文件编制时,必须在投标截止时间至少15日前以书面方式进行澄清或者修改,其他情形下则不受此时间限制。如果澄清或修改发出的时间距投标截止时间不足15日,招标人应相应延长投标截止时间。需要说明是,该条规定仅属于管理性强制规定,招标人违反该条的,行政监督部门可以责令招标人改正,但并不导致招标活动无效。至于是否影响投标文件编制,需要视澄清或修改内容的不同情形而定。招标人对澄清或修改的原因无须告知投标人,尤其是因投标人对招标文件提出异议而对招标文件作出澄清或修改的,招标人更不能告知澄清或修改的内容来源,以履行其对潜在投标人名称保密的义务。还需注意,招标人应向所有潜在投标人提供招标文件澄清或修改的全部内容,并保证不对部分投标人造成歧视,更不能仅透露给个别潜在投标人。

第二十四条 【编制投标文件的时间】招标人应当确定投标人编制投标文件所需要的合理时间;但是,依法必须进行招标的项目,自招标文件开始发出之日起至投标人提交投标文件截止之日止,最短不得少于二十日。

【立法·要点注释】

本条是关于投标人编制投标文件期限的规定。

1. 法律为各类法定强制招标项目的投标人编制投标文件的最短时间作了规定，即自招标文件开始发出之日起至投标人提交投标文件截止之日止，最短不得少于20日。招标人在招标文件中规定的此项时间，可以超过20日，但不得少于20日。这段时间的起算是从第一份招标文件开始发出之日起，而不是指向每一个别投标人发出招标文件之日起。

2. 本条规定的由招标人确定的投标人编制投标文件的最短时间，只适用于依法必须进行招标的项目。不属于法定强制招标的项目，而是由采购人自愿选择招标采购方式的，则不受本条规定的限制，招标人确定的投标人编制投标文件的时间，既可以多于20日，也可以少于20日。

【部门规章及规范性文件】

1.《工程建设项目勘察设计招标投标办法》(2013年5月1日)

第十九条　招标人应当确定潜在投标人编制投标文件所需要的合理时间。

依法必须进行勘察设计招标的项目，自招标文件开始发出之日起至投标人提交投标文件截止之日止，最短不得少于二十日。

2.《工程建设项目施工招标投标办法》(2013年5月1日)

第三十一条　招标人应当确定投标人编制投标文件所需要的合理时间；但是，依法必须进行招标的项目，自招标文件开始发出之日起至投标人提交投标文件截止之日止，最短不得少于二十日。

3.《工程建设项目货物招标投标办法》(2013年5月1日)

第三十条　招标人应当确定投标人编制投标文件所需的合理时间。依法必须进行招标的货物，自招标文件开始发出之日起至投标人提交投标文件截止之日止，最短不得少于二十日。

4.《机电产品国际招标投标实施办法(试行)》(2014年4月1日)

第二十六条　招标人应当确定投标人编制投标文件所需的合理时间。依法必须进行招标的项目，自招标文件开始发售之日起至投标截止之日止，不得少于20日。

招标文件的发售期不得少于5个工作日。

招标人发售的纸质招标文件和电子介质的招标文件具有同等法律效力，除另有约定的，出现不一致时以纸质招标文件为准。

【最高人民法院公报案例】

周口市益民燃气有限公司与周口市人民政府、周口市发展计划委员会、河南亿星实业集团有限公司行政行为违法案[(2004)行终字第6号,《最高人民法院公报》2005年第8期]

裁判要旨:依法必须招标项目招标人给投标人的准备时间不得少于20日;因项目时间紧迫,故给投标人的准备时间短于法定时限,虽具有一定合理性,但不能改变其行为的违法性。

最高人民法院认为,根据《招标投标法》第二十四条关于"依法必须进行招标的项目,自招标文件开始发出之日起至投标人提交投标文件截止之日止,最短不得少于二十日"之规定,给投标人的准备时间不得少于20日。市计委给投标人的准备时间起自2003年5月2日,截止至同年5月12日,共计10日,明显少于法律规定的准备时间,构成违反法定程序。被上诉人市政府提出,由于招标时离"西气东输"在周口开口的时间已非常紧迫,故给投标人的准备时间短于法定时限情有可原。本院认为,被上诉人市政府提出的答辩理由虽具有一定合理性,但不能改变其行为的违法性。

【法院参考案例】

1. 湖南金丝鸟麻业有限公司与湖南恒欣建设工程有限公司建设工程合同纠纷案[(2011)湘高法民一终字第71号]

裁判要旨:依法必须招标项目给予投标人编制投标文件的时间不少于20日的规定并非效力性强制规定;非依法必须进行招标的项目,给予投标人编制投标文件的时间可以少于20日。

湖南省高级人民法院认为,金丝鸟公司与恒欣公司签订的建设施工合同是在经过法定的招投标程序后,依照招投标中标结果而签订的,内容未违反法律、行政法规的规定,应为合法有效。虽然《招标投标法》第二十四条规定:招标人应当确定投标人编制投标文件所需要的合理时间;依法必须进行招标的项目,自招标文件开始发出之日起至投标人提交投标文件截止之日止,最短不得少于 20 日。该条规定并非效力性强制规定,如果恒欣公司认为自己编制投标文件的合理时间不够,应在招投标时向招投标代理公司提出给予合理时间的请求,恒欣公司并未提出此请求且已顺利参加招投标并中标,说明其编制标书的时间已经足够。况且,从投标邀请书载明的时间来看,并未低于 20 日,涉案工程项目亦并非《招标投标法》规定的必须进行招标的项目,故对恒欣公司以此主张招标投标行为无效的上诉理由不予支持。

2. 南通正达房地产开发有限公司与如皋市国土资源局建设用地使用权出让合同纠纷案[(2016)苏民终 1438 号]

裁判要旨:招标文件中规定的给予投标人编制投标文件的时间短于 20 日,仅违反管理性规定,不能据此规定否定合同效力。

江苏省高级人民法院认为,正达公司上诉认为,《招标出让须知》中约定申请人(投标人)可于 2010 年 5 月 24 日至 6 月 4 日到储备中心获取招标文件,以及在此期限内提交书面申请,该约定与《工程建设项目施工招标投标办法》第三十一条"自招标文件开始发出之日起至投标人提交投标文件截止之日止,最短不得少于二十日"的规定不符,从而主张合同无效。本院认为,《工程建设项目施工招标投标办法》为部门规章,而非法律、行政法规,并且上述第三十一条规定是管理性规定,而非效力性规定,不能据此规定否定合同效力。因此,虽然《招标出让须知》中规定的提交书面申请的时间短于 20 日,但并不导致本案的《国有建设用地使用权出让合同》无效。对于正达公司以此为由主张合同无效,本院不予支持。

编者说明

招标人应当给予投标人编制投标文件所需要的合理时间,是确保竞争充分性、招标公平性的非常重要的制度设计。如果该时间过短,可能会有一些投标人因来不及编写投标文件而放弃投标,或者因时间仓促导致投标文件质量不高、响应性差,不利于保证投标竞争的充分性。这一时间也不能过长,否则会拖延招标效率。招标人应当根据有关项目的性质、规模和复杂程度等具体情况确定合理的时间,法律不宜作出统一规定。为了保证强制招标项目的投标竞争充分性,《招标投标法》第二十四条对该类项目投标人编制投标文件的最短时间作了规定,即自招标文件开始发出之日起至投标人提交投标文件截止之日止最短不得少于20日。该条规定仅属于管理性强制规定，招标人违反该条的，行政监督部门可以责令招标人改正，但并不导致招标活动无效。对于非强制招标的项目，并未规定必须遵照上述时间限制，可以多于20日，也可以少于20日。投标人应当在招标文件中为投标人预留的编制投标文件的时间内完成投标文件编写工作并提交，否则逾期提交投标文件，招标人有权拒收；提交的投标文件不完整，将可能因内容不全而被否决投标。

第三章　投　标

第二十五条 【投标人】投标人是响应招标、参加投标竞争的法人或者其他组织。

依法招标的科研项目允许个人参加投标的，投标的个人适用本法有关投标人的规定。

【立法·要点注释】

本条是关于投标主体的规定。

个人，即自然人。个人作为投标人，只限于科研项目依法进行招标的情况。

【法院参考案例】

莆田市后海围垦管理局与曾国清租赁合同纠纷案[(2016)闽民申 2830 号]

裁判要旨：自然人参加依法必须招标的科研项目投标的，适用《招标投标法》；参加其他项目投标的，其不具备投标人的主体资格，不适用《招标投标法》。

福建省高级人民法院经审查认为，本案系租赁合同纠纷，《招标投标法》第二十五条规定："投标人是响应招标、参加投标竞争的法人或者其他组织。依法招标的科研项目允许个人参加投标的，投标的个人适用本法有关投标人的规定。"该规定属于法律对投标主体的强制性规定，本案中曾国清系自然人，案涉虾池的出租经营亦无涉，本案招租虽参照了《招标投标法》有关程序，但曾国清并非法人或其他组织，不具备投标人的主体资格，故本案不适用《招标投标法》。一、二审法院根据《招标投标法实施条例》认定案涉投标保证金超过估算价 2% 的部分无效，属于适用法律错误。围垦管理局通过竞价方式对外出租虾池，曾国清交纳押金并竞价的行为，系双方真实意思表示，不违反法律、法规强制性规定，应为有效的民事法律行为。

编者说明

如前所述，《招标投标法》对招标人、投标人的主体资格是有限制的，招标人仅限于法人或非法人组织;投标人主要是法人或非法人组织,只有依法招标的科研项目允许自然人参加投标的,自然人是适格的投标人。招标人组织的招标投标活动,以及依法招标的科研项目以外的其他项目允许自然人参加投标的,都不具有《招标投标法》规定的招标投标主体资格,该类招标投标活动,也不属于《招标投标法》第二条所调整的"招标投标活动",对这类民事法律行为,因属于意思自治范畴,适用《民法典》等一般的民事法律规定和当事人之间的约定(如招标文件)。

第二十六条 【投标人的资格条件】投标人应当具备承担招标项目的能力;国家有关规定对投标人资格条件或者招标文件对投标人资格条件有规定的,投标人应当具备规定的资格条件。

【立法·要点注释】

本条是关于投标人资格的规定。

1. 投标人应当具备承担招标项目的能力。这里指的是,投标人在资金、技术、人员、装备等方面,要具备与完成招标项目的需要相适应的能力或者条件。例如,高速公路建设施工项目的投标人,应当具备承担高速公路施工的相应能力。

2. 国家有关规定对投标人资格条件或者招标文件对投标人资格条件有规定的,投标人应当具备规定的资格条件。比如,按照《建筑法》的规定,从事房屋建筑活动的建筑施工企业、勘察单位、设计单位和工程监理单位,应当具备下列条件:有符合国家规定的注册资本、有与其从事的建筑活动相适应的具有法定执业资格的专业技术人员、有从事相关建筑活动所应有的技术装备以及法律、行政法规规定的其他条件。从事建筑活动的建筑施工企业、勘察单位、设计单位和工程监理单位,按照其拥有的注册资本、专业技术人员、技术装备和已完成的建筑工程业绩等资质条件,划分为不同的资质等级,经资质审查合格,取得相应等级的资质证书后,方可在其资质等级许可的范围内从事建筑活动。

3. 不具备相应的资格条件的承包商、供应商,不能参加有关招标项目的投标;招标人也应当按照本法和国家有关规定及招标文件的要求,对投标人进行必要的资格审查。不具备规定的资格条件的,不能中标。

【相关法律】

《中华人民共和国建筑法》(2019年4月23日)

第十二条　从事建筑活动的建筑施工企业、勘察单位、设计单位和工程监理单位,应当具备下列条件:

(一)有符合国家规定的注册资本;

(二)有与其从事的建筑活动相适应的具有法定执业资格的专业技术人员;

(三)有从事相关建筑活动所应有的技术装备;

(四)法律、行政法规规定的其他条件。

第十三条　从事建筑活动的建筑施工企业、勘察单位、设计单位和工程监理单位,按照其拥有的注册资本、专业技术人员、技术装备和已完成的建筑工程业绩等资质条件,划分为不同的资质等级,经资质审查合格,取得相应等级的资质证书后,方可在其资质等级许可的范围内从事建筑活动。

第十四条　从事建筑活动的专业技术人员,应当依法取得相应的执业资格证书,并在执业资格证书许可的范围内从事建筑活动。

第二十六条　承包建筑工程的单位应当持有依法取得的资质证书,并在其资质等级许可的业务范围内承揽工程。

禁止建筑施工企业超越本企业资质等级许可的业务范围或者以任何形式用其他建筑施工企业的名义承揽工程。禁止建筑施工企业以任何形式允许其他单位或者个人使用本企业的资质证书、营业执照,以本企业的名义承揽工程。

第二十七条　大型建筑工程或者结构复杂的建筑工程,可以由两个以上的承包单位联合共同承包。共同承包的各方对承包合同的履行承担连带责任。

两个以上不同资质等级的单位实行联合共同承包的,应当按照资质等级低的单位的业务许可范围承揽工程。

第二十九条　建筑工程总承包单位可以将承包工程中的部分工程发包给具有相应资质条件的分包单位;但是,除总承包合同中约定的分包外,必须经建设单位认可。施工总承包的,建筑工程主体结构的施工必须由总承包单位自行完成。

建筑工程总承包单位按照总承包合同的约定对建设单位负责；分包单位按照分包合同的约定对总承包单位负责。总承包单位和分包单位就分包工程对建设单位承担连带责任。

禁止总承包单位将工程分包给不具备相应资质条件的单位。禁止分包单位将其承包的工程再分包。

第六十五条 发包单位将工程发包给不具有相应资质条件的承包单位的，或者违反本法规定将建筑工程肢解发包的，责令改正，处以罚款。

超越本单位资质等级承揽工程的，责令停止违法行为，处以罚款，可以责令停业整顿，降低资质等级；情节严重的，吊销资质证书；有违法所得的，予以没收。

未取得资质证书承揽工程的，予以取缔，并处罚款；有违法所得的，予以没收。

以欺骗手段取得资质证书的，吊销资质证书，处以罚款；构成犯罪的，依法追究刑事责任。

第六十六条 建筑施工企业转让、出借资质证书或者以其他方式允许他人以本企业的名义承揽工程的，责令改正，没收违法所得，并处罚款，可以责令停业整顿，降低资质等级；情节严重的，吊销资质证书。对因该项承揽工程不符合规定的质量标准造成的损失，建筑施工企业与使用本企业名义的单位或者个人承担连带赔偿责任。

【行政法规】

《中华人民共和国招标投标法实施条例》（2019 年 3 月 2 日）

第三十四条 与招标人存在利害关系可能影响招标公正性的法人、其他组织或者个人，不得参加投标。

单位负责人为同一人或者存在控股、管理关系的不同单位，不得参加同一标段投标或者未划分标段的同一招标项目投标。

违反前两款规定的，相关投标均无效。

【要点注释】

本条是为了维护投标公正性而对投标作出的限制性规定。

1. 本条没有一概禁止与招标人存在利害关系的法人、其他组织或者个人参与投标，构成本条第一款规定情形需要同时满足“存在利害关系”和“可能影响招标公正性”两个条件。即使投标人与招标人存在某种“利害关系”，但如果招投标活动依法进行、程序规范，该“利害关系”并不影响其公正性的，就可以参加投标。

2. 单位负责人为同一人的不同单位不得参加同一标段投标或者未划分标段的同一招标项目投标。单位负责人，是指单位法定代表人或者法律、行政法规规定代表单位行使职权的主要负责人。所谓法定代表人，是指由法律或者法人组织章程规定，代表法人对外行使民事权利、履行民事义务的负责人。如《公司法》规定，公司法定代表人依照公司章程的规定由董事长、执行董事或者经理担任。所谓法律、行政法规规定代表单位行使职权的主要负责人，是指除法人以外，法律、行政法规规定的代表单位行使职权的主要负责人。如个人独资企业的负责人，依照《个人独资企业法》的规定，是指个人独资企业的投资人。

3. 所谓控股关系，可见第八条释义。所谓管理关系，是指不具有出资持股关系的其他单位之间存在的管理与被管理关系，如一些事业单位。

4. 需要说明三点：一是潜在投标人负有主动披露其可能存在本条第二款规定情形的义务，不主动披露构成弄虚作假。二是本条第二款规定不适用于资格预审。单位负责人为同一人或者存在控股、管理关系的不同单位，可以在同一招标项目中参加资格预审，但招标人只能选择其中一家符合资格条件的单位参加投标。具体选择方法，招标人应当在资格预审文件中载明。三是为防止利益冲突，限制投标人参与投标不限于本条规定的三种情形。例如，《条例》第十三条第二款规定，招标代理机构不得在所代理的招标项目中投标或者代理投标，也不得为所代理的招标项目的投标人提供咨询。

5. 存在利益冲突的投标无效。所谓无效，是指自始无效。只要存在本条前两款规定的情形，不论于何时发现，相关投标均应作无效处理。具体说来，在评标时，评标委员会应当否决其投标；中标公示后，招标人应当取消其中标资格；合同签订后，相关合同无效，应当恢复原状，不能恢复原状的，中标人应当赔偿因此造成的损失。

【部门规章及规范性文件】

1.《电子招标投标办法》(2013年5月1日)

第二十三条　电子招标投标交易平台的运营机构，以及与该机构有控股或者管理关系可能影响招标公正性的任何单位和个人,不得在该交易平台进行的招标项目中投标和代理投标。

第二十四条 投标人应当在资格预审公告、招标公告或者投标邀请书载明的电子招标投标交易平台注册登记,如实递交有关信息,并经电子招标投标交易平台运营机构验证。

2.《工程建设项目勘察设计招标投标办法》(2013 年 5 月 1 日)

第二十一条 投标人是响应招标、参加投标竞争的法人或者其他组织。

在其本国注册登记,从事建筑、工程服务的国外设计企业参加投标的,必须符合中华人民共和国缔结或者参加的国际条约、协定中所作的市场准入承诺以及有关勘察设计市场准入的管理规定。

投标人应当符合国家规定的资质条件。

3.《工程建设项目施工招标投标办法》(2013 年 5 月 1 日)

第三十五条 投标人是响应招标、参加投标竞争的法人或者其他组织。招标人的任何不具独立法人资格的附属机构(单位),或者为招标项目的前期准备或者监理工作提供设计、咨询服务的任何法人及其任何附属机构(单位),都无资格参加该招标项目的投标。

4.《工程建设项目货物招标投标办法》(2013 年 5 月 1 日)

第三十二条 投标人是响应招标、参加投标竞争的法人或者其他组织。

法定代表人为同一个人的两个及两个以上法人,母公司、全资子公司及其控股公司,都不得在同一货物招标中同时投标。

一个制造商对同一品牌同一型号的货物,仅能委托一个代理商参加投标。

违反前两款规定的,相关投标均无效。

5.《房屋建筑和市政基础设施工程施工招标投标管理办法》(2019 年 3 月 13 日)

第二十二条 施工招标的投标人是响应施工招标、参与投标竞争的施工企业。

投标人应当具备相应的施工企业资质,并在工程业绩、技术能力、项目经理资格条件、财务状况等方面满足招标文件提出的要求。

6.《机电产品国际招标投标实施办法(试行)》(2014年4月1日)

第三十二条　投标人是响应招标、参加投标竞争的法人或其他组织。

与招标人存在利害关系可能影响招标公正性的法人或其他组织不得参加投标;接受委托参与项目前期咨询和招标文件编制的法人或其他组织不得参加受托项目的投标,也不得为该项目的投标人编制投标文件或者提供咨询。

单位负责人为同一人或者存在控股、管理关系的不同单位,不得参加同一招标项目包投标,共同组成联合体投标的除外。

违反前三款规定的,相关投标均无效。

7.《建筑业企业资质管理规定》(2018年12月22日)

第二条　在中华人民共和国境内申请建筑业企业资质,实施对建筑业企业资质监督管理,适用本规定。

本规定所称建筑业企业,是指从事土木工程、建筑工程、线路管道设备安装工程的新建、扩建、改建等施工活动的企业。

第三条　企业应当按照其拥有的资产、主要人员、已完成的工程业绩和技术装备等条件申请建筑业企业资质,经审查合格,取得建筑业企业资质证书后,方可在资质许可的范围内从事建筑施工活动。

第五条　建筑业企业资质分为施工总承包资质、专业承包资质、施工劳务资质三个序列。

施工总承包资质、专业承包资质按照工程性质和技术特点分别划分为若干资质类别,各资质类别按照规定的条件划分为若干资质等级。施工劳务资质不分类别与等级。

第六条　建筑业企业资质标准和取得相应资质的企业可以承担工程的具体范围,由国务院住房城乡建设主管部门会同国务院有关部门制定。

第二十一条　企业发生合并、分立、重组以及改制等事项,需承继原建筑业企业资质的,应当申请重新核定建筑业企业资质等级。

【司法解释】

《最高人民法院关于审理建设工程施工合同纠纷案件适用法律问题的解释》(法释〔2004〕14 号,2005 年 1 月 1 日)

第一条 建设工程施工合同具有下列情形之一的,应当根据合同法第五十二条第(五)项的规定,认定无效:

(一)承包人未取得建筑施工企业资质或者超越资质等级的;

(二)没有资质的实际施工人借用有资质的建筑施工企业名义的;

(三)建设工程必须进行招标而未招标或者中标无效的。

【地方法院规定】

《江苏省高级人民法院建设工程施工合同案件审理指南》(2010 年)

(三)建设工程施工合同的无效情形

1. 承包人未取得建筑施工企业资质或者超越资质等级的。

比较典型的表现形式主要有以下几种情况:(1)个体施工队伍在没有资质的情况下违法承揽建设工程的;(2)施工单位冒用、盗用营业执照、资质证书承揽工程的;(3)建筑施工企业的分支机构以自己的名义对外承揽工程的;(4)非建筑施工企业超越经营范围对外承揽建设工程的。此外,承包人在工程竣工前未取得相应资质,竣工验收合格后才取得资质的,建设工程施工合同也应认定为无效。

【最高人民法院裁判案例】

海口爱之泉家政服务有限公司与海南鼎坚实业有限公司、海南医学院第一附属医院第三人撤销之诉案[(2019)最高法民申 3553 号]

裁判要旨:《招标投标法实施条例》第三十四条中的"控股关系",应理解为参加同一招标项目投标的一单位为另一单位的控股股东。

最高人民法院认为,根据《招标投标法实施条例》第三十四条第二款、第三款的规定,单位负责人为同一人或者存在控股、管理关系的不同单位,不得参加同一标段投标或者未划分标段的同一招标项目投标,否则相关投标无效。该条中的“控股关系”，应理解为参加同一招标项目投标的一单位为另一单位的控股股东。《公司法》第二百一十六条第(二)项规定：“控股股东，是指其出资额占有限责任公司资本总额百分之五十以上或者其持有的股份占股份有限公司股本总额百分之五十以上的股东；出资额或者持有股份的比例虽然不足百分之五十，但依其出资额或者持有的股份所享有的表决权已足以对股东会、股东大会的决议产生重大影响的股东。”本案中，鼎坚公司与恒瑞德公司之间不存在相互持股的情形，不存在《招标投标法实施条例》第三十四条第二款规定的控股关系。二审判决不支持爱之泉公司关于鼎坚公司与恒瑞德公司之间存在控股关系并导致投标无效的主张，适用法律并无错误。

【法院参考案例】

1. 江苏华跃特种设备有限公司与青海博众招投标代理服务有限公司确认合同效力纠纷案[(2017)青01民终831号]

裁判要旨：投标人应当具备国家规定的投标人资格条件，不具备法定资格条件的，其中标无效。

西宁市中级人民法院认为，招投标是合同订立之初要约邀请与要约的过程，中标通知书为对要约的承诺，全部环节为缔约阶段，受合同民事法律关系的调整，对违反相关法律规定的行为，应当承担相应的法律后果。本案上诉人华跃公司作为投标人，其制造压力容器的资质并不符合招标人在招标公告中罗列的资质条件，违反《招标投标法》“投标人应当具备承担招标项目的能力；国家有关规定对投标人资格条件或者招标文件对投标人资格条件有规定的，投标人应当具备规定的资格条件”之规定，依据《合同法》第五十二条，博众公司发出的承诺，即中标通知书属于无效合同。无效的合同，自始无效。

2. 青岛沃尔特节能工程技术有限公司与南宁冷辉空调冷冻技术服务有限责任公司、广西康鑫辉节能技术有限责任公司串通投标不正当竞争纠纷案[(2018)桂01民初319号]

裁判要旨：投标人之间仅有相同股东，或者为同一股东控股，都不能据此认定其相互之间存在控股、管理关系，不影响其参加同一招标项目的投标资格。

南宁市中级人民法院认为,根据查明的事实,吴蔓秋在冷辉公司中拥有60%的股份并担任监事,在康鑫辉公司中拥有20%的股份并担任监事。本院认为,两公司投资人之一相同,并不属于沃尔特公司主张的投资参股关系。吴蔓秋在康鑫辉公司中持股比例仅有20%,对公司决策并不享有决定性的表决权,根据两公司的公司章程,其担任的监事亦不能决定公司的决策。仅根据上述事实,不能认定吴蔓秋为两公司的实际控制人,更不能认定两公司存在财产利益、盈余分配等方面人格混同的情形。此外,冷辉公司与康鑫辉公司的关系亦不属于《招标投标法实施条例》第三十四条规定的"单位负责人为同一人或者存在控股、管理关系的不同单位,不得参加同一标段投标或者未划分标段的同一招标项目投标"的情形。

编者说明

投标人的资格条件是招标文件的核心内容之一,在招标文件中确定的投标人资格条件是否合法适当,决定着招标活动是否竞争充分、公平,结果是否公正。投标人参加招标投标活动,首先必须具有《民法典》上适格的民事主体资格,具有民事权利能力和民事行为能力,还应符合《招标投标法》第二十五条、第二十六条的特别规定,满足一定的资格条件才能参加投标竞争,确保中标结果的公正性和中标人有承担招标项目的能力。为了保障招标投标活动的公平公正,维护公平竞争的市场秩序,《招标投标法实施条例》第三十四条还遵循避免利益冲突原则,专门作出禁止与招标人有利害关系的民事主体以及投标人之间具有利益关系可能影响招标公正性的民事主体参与投标竞争的强制性规定。招标人规定的资格条件区分为法定资格条件和招标文件约定资格条件。国家有关规定对投标人资格条件有规定的,必须执行,即使招标文件未要求该类资格条件(一般为强制性的规定,如《建筑法》规定的建筑业企业资质条件、工业产品生产许可证),投标人也应具备这些规定的资格条件;招标人还可以在不违反法律、行政法规强制性规定的前提下,在招标文件中合理设置投标人的相应资格条件(如对业绩的要求、限制失信被执行人投标)。投标人必须具备法律规定或招标文件约定的资格条件,否则其投标将被否决。

第二十七条 【投标文件的编制】投标人应当按照招标文件的要求编制投标文件。投标文件应当对招标文件提出的实质性要求和条件作出响应。

招标项目属于建设施工的,投标文件的内容应当包括拟派出的项目负责人与主要技术人员的简历、业绩和拟用于完成招标项目的机械设备等。

【立法·要点注释】

本条是关于编制投标文件要求的规定。

1. 招标文件是由招标人编制的希望投标人向自己发出要约的意思表示,从合同法的意义上讲,招标文件属于要约邀请。投标人只有按照招标文件载明的要求编制自己的投标文件,方有中标的可能。

2. 投标文件对招标文件提出的实质性要求和条件作出响应,是指投标文件的内容应当对与招标文件规定的实质要求和条件(包括招标项目的技术要求、投标报价要求和评标标准等)一一作出相对应的回答,不能存有遗漏或重大的偏离。否则将被视为废标,失去中标的可能。

【部门规章及规范性文件】

1.《电子招标投标办法》(2013 年 5 月 1 日)

第二十六条　电子招标投标交易平台应当允许投标人离线编制投标文件,并且具备分段或者整体加密、解密功能。

投标人应当按照招标文件和电子招标投标交易平台的要求编制并加密投标文件。

投标人未按规定加密的投标文件,电子招标投标交易平台应当拒收并提示。

2.《工程建设项目勘察设计招标投标办法》(2013 年 5 月 1 日)

第二十二条　投标人应当按照招标文件或者投标邀请书的要求编制投标文件。投标文件中的勘察设计收费报价,应当符合国务院价格主管部门制定的工程勘察设计收费标准。

第二十三条　投标人在投标文件有关技术方案和要求中不得指定与工程建设项目有关的重要设备、材料的生产供应者,或者含有倾向或者排斥特定生产供应者的内容。

3.《工程建设项目施工招标投标办法》(2013 年 5 月 1 日)

第三十六条 投标人应当按照招标文件的要求编制投标文件。投标文件应当对招标文件提出的实质性要求和条件作出响应。

投标文件一般包括下列内容:

(一)投标函;

(二)投标报价;

(三)施工组织设计;

(四)商务和技术偏差表。

投标人根据招标文件载明的项目实际情况,拟在中标后将中标项目的部分非主体、非关键性工作进行分包的,应当在投标文件中载明。

4.《工程建设项目货物招标投标办法》(2013 年 5 月 1 日)

第三十三条 投标人应当按照招标文件的要求编制投标文件。投标文件应当对招标文件提出的实质性要求和条件作出响应。投标文件一般包括下列内容:

(一)投标函;

(二)投标一览表;

(三)技术性能参数的详细描述;

(四)商务和技术偏差表;

(五)投标保证金;

(六)有关资格证明文件;

(七)招标文件要求的其他内容。

投标人根据招标文件载明的货物实际情况,拟在中标后将供货合同中的非主要部分进行分包的,应当在投标文件中载明。

5.《房屋建筑和市政基础设施工程施工招标投标管理办法》(2019 年 3 月 13 日)

第二十四条 投标人应当按照招标文件的要求编制投标文件,对招标文件提出的实质性要求和条件作出响应。

招标文件允许投标人提供备选标的,投标人可以按照招标文件的要求提交替代方案,并作出相应报价作备选标。

第二十五条 投标文件应当包括下列内容:

(一)投标函;

(二)施工组织设计或者施工方案;

(三)投标报价;

(四)招标文件要求提供的其他材料。

6.《机电产品国际招标投标实施办法(试行)》(2014 年 4 月 1 日)

第三十三条　投标人应当根据招标文件要求编制投标文件,并根据自己的商务能力、技术水平对招标文件提出的要求和条件在投标文件中作出真实的响应。投标文件的所有内容在投标有效期内应当有效。

第三十四条　投标人对加注星号("＊")的重要技术条款(参数)应当在投标文件中提供技术支持资料。

技术支持资料以制造商公开发布的印刷资料、检测机构出具的检测报告或招标文件中允许的其他形式为准,凡不符合上述要求的,应当视为无效技术支持资料。

第三十五条　投标人应当提供在开标日前 3 个月内由其开立基本账户的银行开具的银行资信证明的原件或复印件。

【法院参考案例】

1. 营口绿源锅炉有限责任公司与东营市河口区国有资产运营管理中心、东营市河口区城市管理局招标投标买卖合同纠纷案[(2014)鲁商终字第 184 号]

裁判要旨:投标文件没有完全响应招标文件的实质性要求和条款,属于无效投标文件,应当认定其不具备中标资格。招标人未发出中标通知书,也未订立书面合同,因此,招标投标买卖合同尚未成立。

山东省高级人民法院认为,一、关于营口绿源公司的中标资格是否应当取消的问题。本院认为,河口国资运营中心发布的(2012)044 号招标文件载明,项目名称为河口城管局集中供暖链条式热水锅炉项目,所购设备链条式热水锅炉数量为 3 台,投标文件必须响应"投标人投标产品(设备)齐全,符合招标文件要求"等全部实质性要求和条款,否则应当认定为无效投标文件。营口绿源公司所投标书中《投标分项报价明细表》《投标货物描述表》载明的项目名称均为东营市城市管理局供热站辽河路供热站搬迁改造工程锅炉,《投标货物描述表》中载明"锅炉本体""炉排""分层给煤""减速机""仪表阀门""吹灰器"等设备数量均为2台(套)。因此,营口绿源公司的投标文件没有完全响应招标文件的实质性要求和条款,属于无效投标文件,应当认定其不具备中标资格,营口绿源公司的中标资格应当予以取消。

二、关于本案招标投标买卖合同是否成立并合法有效的问题。本院认为,《合同法》规定,承诺通知到达要约人时生效,当事人采用合同书形式订立合同的,自双方当事人签字或者盖章时合同成立。河口国资运营中心发布的(2012)044号招标文件载明,招标人和中标人应当自中标通知书发出之日起30日内书面签订政府采购合同,中标通知书是合同的有效组成部分。本案中,取消营口绿源公司的中标资格并进行变更公示之时,河口国资运营中心和河口城管局并未向营口绿源公司发出中标通知书,更没有与营口绿源公司订立书面合同。因此,河口国资运营中心和河口城管局没有向营口绿源公司作出订立合同的承诺,涉案招标投标买卖合同尚未成立,亦不需确定该招标投标买卖合同的法律效力。

2. 成都三环金属制品有限公司与剑阁县乡镇供水服务公司合同纠纷案[(2015)川民终字第1019号]

裁判要旨:投标文件没有对招标文件的实质性要求和条件作出响应的,招标人可以取消其中标资格。

四川省高级人民法院经审查,剑阁供水公司编制的招标文件包含了招标公告、投标人须知、评标办法、工程量清单、图纸等一系列文件。根据"工程量清单"第1条关于"本工程量清单应与招标文件中的投标人须知、通用合同条款、专用合同条款、技术标准和要求及图纸等一起阅读和理解"以及"投标人须知"第1.4.1"投标人资质条件、能力和荣誉"中关于"投标人须提交投标人本次投标的PE钢丝网骨架聚乙烯管材和钢管须提供有效期内的省级及以上塑料制品或国家建材产品质量监督检验中心检验合格的检测报告"的内容,招标文件对投标人资质的要求规定明确具体,并无任何歧义。投标人编制的投标文件应当包含本次投标需使用的DN560PE管材的检测报告。而成都金属制品公司提交的投标文件中并未包含前述型号、规格的管材检测报告,结合输水管道是影响案涉工程项目质量至关重要的设备的事实,应当认定成都金属制品公司制作的投标文件未响应招标文件的实质性要求的事实客观存在,成都金属制品公司关于其未提交DN560PE管材的检测报告并不构成对招标文件的是实质性要求的不响应的上诉理由不能成立，不予支持。

同时，根据《招标投标法实施条例》第五十一条关于“投标文件没有对招标文件的实质性要求和条件作出响应的，评标委员会应当否决其投标”的规定，因成都金属制品公司未对招标文件的实质性要求作出响应的事实客观存在，本次招标的评审委员会于2014年7月15日作出了废标的质询意见。在此情形下，剑阁供水公司向成都金属制品公司发出通知取消其中标符合《合同法》第九十四条关于“在法律规定的其他情形下，当事人可以解除合同”的规定。据此，案涉合同虽在剑阁供水公司向成都金属制品公司发出中标通知书后成立，但基于成都金属制品公司并不具备招标文件要求的资质，剑阁供水公司解除合同具有正当的理由，并不违反法律的规定。据此，成都金属制品公司主张本案合同应当继续履行的上诉请求不能成立，不予支持。

编者说明

投标文件是投标人按照招标文件要求编制的对招标文件提出的要求和条件作出实质性响应的法律文书。投标人将投标文件提交给招标人时，即产生合同法上要约的效力。只有完全响应招标文件要求的投标文件才有中标的可能。不完全符合招标文件要求的要约，招标人有权拒绝。因此，投标人应当按照招标文件的要求编制投标文件，投标文件应当对招标文件提出的实质性要求和条件作出响应。投标文件没有完全响应招标文件的实质性要求和条件的，属于无效投标文件，评标委员会将否决该投标，投标人也就将失去中标的资格。

第二十八条　【投标文件的送达】投标人应当在招标文件要求提交投标文件的截止时间前，将投标文件送达投标地点。招标人收到投标文件后，应当签收保存，不得开启。投标人少于三个的，招标人应当依照本法重新招标。

在招标文件要求提交投标文件的截止时间后送达的投标文件，招标人应当拒收。

【立法·要点注释】

本条是关于投标人送达投标文件的规定。

1. 送达包括直接派人将投标文件送到招标地点(直接送达)、通过邮局将投标文件寄给招标人(邮寄送达)、委托他人将投标文件带到招标地点(委托送达)等方式。从投标的严肃性和安全性来讲,直接送达更为适宜。

2. 投标文件应当按照招标文件要求的时间送达,即在招标文件要求提交投标文件的截止时间前送达。如招标人在招标文件发出后,由于某种原因需要改变原定的截标时间(应只限于延长而不得缩短),并已按照本法第二十三条的规定以书面方式通知招标文件的所有收受人的,送达投标文件的截止时间即为改变后的时间。

3. 投标人将投标文件按照招标文件规定的时间、地点送达以后,招标人应当签收。签收时应有签收的书面证明,列有签收的时间、地点、具体的签收人、签收的包数和密封状况等,同时直接送达的送达人也应当签字。签收人签收时一般要检查投标人送达的投标文件是否按照招标文件的要求进行了密封和加写了标志,如果没有按照要求密封和加写标志的,招标人或者招标人的代理人员应予拒收,或者告知投标人招标人不承担投标文件提前开封的责任,以防给以后的开标、评标带来不必要的争议。

4. 本条所讲"投标人少于三个",是指二个、一个或者没有的情况,不包括三个本数。投标人少于三个的,不能保证必要的竞争程度,原则上应当重新招标。

【行政法规】

《中华人民共和国招标投标法实施条例》(2019 年 3 月 2 日)

第三十六条 未通过资格预审的申请人提交的投标文件,以及逾期送达或者不按照招标文件要求密封的投标文件,招标人应当拒收。

招标人应当如实记载投标文件的送达时间和密封情况,并存档备查。

【要点注释】

本条是关于投标文件接收的规定。

1. 根据《条例》第十九条规定,申请人未通过资格预审的,不具备投标资格,既没有必要也不应该再让其编制和提交投标文件。因此,未通过资格预审的申请人即使递交了投标文件,招标人也应当拒收。

2. 逾期送达,是指投标人将投标文件送达招标文件规定地点的时间超过了招标文件规定的投标截止时间。投标文件的逾期送达,无论是投标人自身原因导致的,还是不可抗力等客观原因导致的,招标人都应当拒绝接收。

3. 即使投标文件的密封情况与招标文件规定存在偏离,也应当允许投标人在投标截止时间前修补完善后再提交,而不应将其扣留作为无效投标。如果投标文件密封存在细微偏离,可以详细记录实际情况并让投标人代表签字确认后予以接收。

4. 投标文件的送达时间和密封情况是证明招投标程序公正和规范的重要材料,是投标人以及相关各方在开标时检验确认投标文件密封状况与送达时是否一致,投标文件是否存在泄密情况以及是否按时送达指定地点,并据此确定投标文件开标次序的依据,也是评标委员会以及有关行政监督部门验证和判断投标文件有关情况的依据之一。因此,招标人应当委派专职人员如实记载投标文件的送达时间和密封情况并存档备查。

【部门规章及规范性文件】

1.《电子招标投标办法》(2013 年 5 月 1 日)

第二十五条　投标人应当通过资格预审公告、招标公告或者投标邀请书载明的电子招标投标交易平台递交数据电文形式的资格预审申请文件或者投标文件。

第二十六条　电子招标投标交易平台应当允许投标人离线编制投标文件,并且具备分段或者整体加密、解密功能。

投标人应当按照招标文件和电子招标投标交易平台的要求编制并加密投标文件。

投标人未按规定加密的投标文件,电子招标投标交易平台应当拒收并提示。

2.《工程建设项目勘察设计招标投标办法》(2013 年 5 月 1 日)

第二十六条　投标人在投标截止时间前提交的投标文件,补充、修改或撤回投标文件的通知,备选投标文件等,都必须加盖所在单位公章,并且由其法定代表人或授权代表签字,但招标文件另有规定的除外。

招标人在接收上述材料时,应检查其密封或签章是否完好,并向投标人出具标明签收人和签收时间的回执。

第四十八条　在下列情况下,依法必须招标项目的招标人在分析招标失

败的原因并采取相应措施后,应当依照本办法重新招标:

(一)资格预审合格的潜在投标人不足三个的;

(二)在投标截止时间前提交投标文件的投标人少于三个的;

(三)所有投标均被否决的;

(四)评标委员会否决不合格投标后,因有效投标不足三个使得投标明显缺乏竞争,评标委员会决定否决全部投标的;

(五)根据第四十六条规定,同意延长投标有效期的投标人少于三个的。

第四十九条 招标人重新招标后,发生本办法第四十八条情形之一的,属于按照国家规定需要政府审批、核准的项目,报经原项目审批、核准部门审批、核准后可以不再进行招标;其他工程建设项目,招标人可自行决定不再进行招标。

3.《工程建设项目施工招标投标办法》(2013年5月1日)

第三十八条 投标人应当在招标文件要求提交投标文件的截止时间前,将投标文件密封送达投标地点。招标人收到投标文件后,应当向投标人出具标明签收人和签收时间的凭证,在开标前任何单位和个人不得开启投标文件。

在招标文件要求提交投标文件的截止时间后送达的投标文件,招标人应当拒收。

依法必须进行施工招标的项目提交投标文件的投标人少于三个的,招标人在分析招标失败的原因并采取相应措施后,应当依法重新招标。重新招标后投标人仍少于三个的,属于必须审批、核准的工程建设项目,报经原审批、核准部门审批、核准后可以不再进行招标;其他工程建设项目,招标人可自行决定不再进行招标。

4.《工程建设项目货物招标投标办法》(2013年5月1日)

第三十四条 投标人应当在招标文件要求提交投标文件的截止时间前,将投标文件密封送达招标文件中规定的地点。招标人收到投标文件后,应当向投标人出具标明签收人和签收时间的凭证,在开标前任何单位和个人不得开启投标文件。

在招标文件要求提交投标文件的截止时间后送达的投标文件,招标人应当拒收。

依法必须进行招标的项目，提交投标文件的投标人少于三个的，招标人在分析招标失败的原因并采取相应措施后，应当重新招标。重新招标后投标人仍少于三个，按国家有关规定需要履行审批、核准手续的依法必须进行招标的项目，报项目审批、核准部门审批、核准后可以不再进行招标。

第三十七条　招标人应妥善保管好已接收的投标文件、修改或撤回通知、备选投标方案等投标资料，并严格保密。

5.《房屋建筑和市政基础设施工程施工招标投标管理办法》（2019 年 3 月 13 日）

第二十七条　投标人应当在招标文件要求提交投标文件的截止时间前，将投标文件密封送达投标地点。招标人收到投标文件后，应当向投标人出具标明签收人和签收时间的凭证，并妥善保存投标文件。在开标前，任何单位和个人均不得开启投标文件。在招标文件要求提交投标文件的截止时间后送达的投标文件，为无效的投标文件，招标人应当拒收。

提交投标文件的投标人少于 3 个的，招标人应当依法重新招标。

6.《机电产品国际招标投标实施办法（试行）》（2014 年 4 月 1 日）

第三十八条　投标人在招标文件要求的投标截止时间前，应当在招标网免费注册，注册时应当在招标网在线填写招投标注册登记表，并将由投标人加盖公章的招投标注册登记表及工商营业执照（复印件）提交至招标网；境外投标人提交所在地登记证明材料（复印件），投标人无印章的，提交由单位负责人签字的招投标注册登记表。投标截止时间前，投标人未在招标网完成注册的不得参加投标，有特殊原因的除外。

第三十九条　投标人在招标文件要求的投标截止时间前，应当将投标文件送达招标文件规定的投标地点。投标人可以在规定的投标截止时间前书面通知招标人，对已提交的投标文件进行补充、修改或撤回。补充、修改的内容应当作为投标文件的组成部分。投标人不得在投标截止时间后对投标文件进行补充、修改。

第四十条　投标人应当按照招标文件要求对投标文件进行包装和密封。投标人在投标截止时间前提交价格变更等相关内容的投标声明的，应与开标一览表一并或者单独密封，并加施明显标记，以便在开标时一并唱出。

第四十一条　未通过资格预审的申请人提交的投标文件，以及逾期送达或者不按照招标文件要求密封的投标文件,招标人应当拒收。

招标人或招标机构应当如实记载投标文件的送达时间和密封情况,并存档备查。

编者说明

招标人接收投标文件时需要注意,具有《招标投标法实施条例》第三十六条规定情形之一的投标文件,招标人应当拒收:一是未通过资格预审的申请人提交的投标文件;二是逾期送达的投标文件;三是不按照招标文件要求密封的投标文件。上述情形属于法律明确规定的情形,但根据《招标投标法实施条例》及相关部门规章的规定,下列情形也应当拒收:一是在两阶段招标中,第一阶段没有提交技术建议的潜在投标人的投标文件;二是邀请招标项目中未收到投标邀请书的潜在投标人递交的投标文件;三是未按照招标文件要求提交纸质或者电子投标文件,而是以电报、电传、传真以及电子邮件形式提交的投标文件。《电子招标投标办法》还规定,投标人未按规定加密的投标文件,电子招标投标交易平台应当拒收并提示;投标截止时间后送达的投标文件,电子招标投标交易平台应当拒收。

第二十九条 【投标文件的补充、修改、撤回】投标人在招标文件要求提交投标文件的截止时间前,可以补充、修改或者撤回已提交的投标文件,并书面通知招标人。补充、修改的内容为投标文件的组成部分。

【立法·要点注释】

本条是关于投标人可以补充、修改或者撤回投标文件的规定。

1. 按照通常的理解,招标投标属于当事人订立合同的一种方式。当事人订立合同的过程,分为要约、承诺两个阶段。其中,要约是希望和他人订立合同的意思表示,该意思表示应当符合下列规定:内容具体确定;表明经受要约人承诺,要约人即受该意思表示约束。承诺是受要约人同意要约的意思表示。要约到达受要约人时生效。要约可以补充、修改或者撤回。在以招标投标方式订立合同过程中,投标人的投标属于要约行为,投标文件是投标人希望与招标人订立合同的意思表示,该意思表示在遵守上述规定时,可以补充、修改或者撤回。

2. 补充、修改的内容为投标文件的组成部分，即补充、修改的内容同投标文件的其他内容具有同等的法律效力，投标人应受补充、修改的投标文件的内容的约束。

【相关法律】

《中华人民共和国民法典》(2021 年 1 月 1 日)

第一百三十七条　以对话方式作出的意思表示，相对人知道其内容时生效。

以非对话方式作出的意思表示，到达相对人时生效。以非对话方式作出的采用数据电文形式的意思表示，相对人指定特定系统接收数据电文的，该数据电文进入该特定系统时生效；未指定特定系统的，相对人知道或者应当知道该数据电文进入其系统时生效。当事人对采用数据电文形式的意思表示的生效时间另有约定的，按照其约定。

第一百四十一条　行为人可以撤回意思表示。撤回意思表示的通知应当在意思表示到达相对人前或者与意思表示同时到达相对人。

第四百七十一条　当事人订立合同，可以采取要约、承诺方式或者其他方式。

第四百七十二条　要约是希望与他人订立合同的意思表示，该意思表示应当符合下列条件：

(一)内容具体确定；

(二)表明经受要约人承诺，要约人即受该意思表示约束。

第四百七十四条　要约生效的时间适用本法第一百三十七条的规定。

第四百七十五条　要约可以撤回。要约的撤回适用本法第一百四十一条的规定。

第四百七十六条　要约可以撤销，但是有下列情形之一的除外：

(一)要约人以确定承诺期限或者其他形式明示要约不可撤销；

(二)受要约人有理由认为要约是不可撤销的，并已经为履行合同做了合理准备工作。

第四百七十七条　撤销要约的意思表示以对话方式作出的，该意思表示的内容应当在受要约人作出承诺之前为受要约人所知道；撤销要约的意思表示以非对话方式作出的，应当在受要约人作出承诺之前到达受要约人。

第四百七十八条 有下列情形之一的,要约失效:

(一)要约被拒绝;

(二)要约被依法撤销;

(三)承诺期限届满,受要约人未作出承诺;

(四)受要约人对要约的内容作出实质性变更。

【行政法规】

《中华人民共和国招标投标法实施条例》(2019 年 3 月 2 日)

第三十五条 投标人撤回已提交的投标文件,应当在投标截止时间前书面通知招标人。招标人已收取投标保证金的,应当自收到投标人书面撤回通知之日起 5 日内退还。

投标截止后投标人撤销投标文件的,招标人可以不退还投标保证金。

【要点注释】

本条是关于投标文件撤回和撤销的规定。

1. 从合同订立的角度,投标属于要约。投标截止时间就是投标(要约)生效的时间,也是投标有效期开始起算的时间。潜在投标人是否作出要约,完全取决于自己的意愿。因此,在投标截止时间前,允许投标人撤回其投标,但投标人应当书面通知招标人。投标保证金约束的是投标人的投标义务,在投标截止时间后生效。投标人撤回投标文件后,招标人应当退还其投标保证金。

2. 投标截止后,投标有效期开始计算。投标有效期内投标人的投标文件对投标人具有法律约束力。根据《民法典》第四百七十六条有关承诺期限内要约不得撤销的规定,投标人不得在投标有效期内撤销其投标,否则将削弱投标的竞争性。投标人撤销其投标给招标人造成损失的,应当根据《民法典》第五百条规定,承担缔约过失责任。如果招标文件要求投标人递交投标保证金的,投标人在投标有效期内撤销投标可能付出投标保证金不予退还的代价,投标保证金不足以弥补招标人损失的,投标人依法还应对超出部分的损失承担赔偿责任。由于投标人撤销投标文件并不必然影响竞争,也不必然造成招标人损失,所以本条第二款规定投标人撤销投标文件的,招标人可以不退还投标保证金。是否退还,由招标人根据潜在投标人数量在招标文件中明确。

【部门规章及规范性文件】

1.《电子招标投标办法》(2013年5月1日)

第二十七条　投标人应当在投标截止时间前完成投标文件的传输递交,并可以补充、修改或者撤回投标文件。投标截止时间前未完成投标文件传输的,视为撤回投标文件。投标截止时间后送达的投标文件,电子招标投标交易平台应当拒收。

电子招标投标交易平台收到投标人送达的投标文件,应当即时向投标人发出确认回执通知,并妥善保存投标文件。在投标截止时间前,除投标人补充、修改或者撤回投标文件外,任何单位和个人不得解密、提取投标文件。

第二十八条　资格预审申请文件的编制、加密、递交、传输、接收确认等,适用本办法关于投标文件的规定。

2.《工程建设项目勘察设计招标投标办法》(2013年5月1日)

第二十五条　在提交投标文件截止时间后到招标文件规定的投标有效期终止之前,投标人不得撤销其投标文件,否则招标人可以不退还投标保证金。

3.《工程建设项目施工招标投标办法》(2013年5月1日)

第三十九条　投标人在招标文件要求提交投标文件的截止时间前,可以补充、修改、替代或者撤回已提交的投标文件,并书面通知招标人。补充、修改的内容为投标文件的组成部分。

第四十条　在提交投标文件截止时间后到招标文件规定的投标有效期终止之前,投标人不得撤销其投标文件,否则招标人可以不退还其投标保证金。

第四十一条　在开标前,招标人应妥善保管好已接收的投标文件、修改或撤回通知、备选投标方案等投标资料。

4.《工程建设项目货物招标投标办法》(2013年5月1日)

第三十五条　投标人在招标文件要求提交投标文件的截止时间前,可以补充、修改、替代或者撤回已提交的投标文件,并书面通知招标人。补充、修改的内容为投标文件的组成部分。

第三十六条 在提交投标文件截止时间后,投标人不得撤销其投标文件,否则招标人可以不退还其投标保证金。

5.《房屋建筑和市政基础设施工程施工招标投标管理办法》(2019 年 3 月 13 日)

第二十八条 投标人在招标文件要求提交投标文件的截止时间前,可以补充、修改或者撤回已提交的投标文件。补充、修改的内容为投标文件的组成部分,并应当按照本办法第二十七条第一款的规定送达、签收和保管。在招标文件要求提交投标文件的截止时间后送达的补充或者修改的内容无效。

6.《机电产品国际招标投标实施办法(试行)》(2014 年 4 月 1 日)

第四十三条 投标人应当按照招标文件的要求,在提交投标文件截止时间前将投标保证金提交给招标人或招标机构。

投标人在投标截止时间前撤回已提交的投标文件,招标人或招标机构已收取投标保证金的,应当自收到投标人书面撤回通知之日起 5 日内退还。

投标截止后投标人撤销投标文件的,招标人可以不退还投标保证金。招标人主动要求延长投标有效期但投标人拒绝的,招标人应当退还投标保证金。

第三十条【投标文件载明拟分包项目】投标人根据招标文件载明的项目实际情况,拟在中标后将中标项目的部分非主体、非关键性工作进行分包的,应当在投标文件中载明。

【立法·要点注释】

本条是关于投标文件中拟中标项目分包的规定。

1. 分包,是指投标人拟在中标后将自己中标的项目的一部分工作交由他人完成的行为。分包人和总包人具有合同关系,和招标人没有合同关系,招标人和总包人即投标人有合同关系。

2. 分包由投标人自己决定,招标人不得为投标人指定分包单位。

3. 分包的内容为“中标项目的部分非主体、非关键性工作”。至于何为

"非主体、非关键性工作",需要根据各个招标项目的具体情况来加以判断。

【相关法律】

《中华人民共和国建筑法》(2019年4月23日)

第二十八条 禁止承包单位将其承包的全部建筑工程转包给他人,禁止承包单位将其承包的全部建筑工程肢解以后以分包的名义分别转包给他人。

第二十九条 建筑工程总承包单位可以将承包工程中的部分工程发包给具有相应资质条件的分包单位;但是,除总承包合同中约定的分包外,必须经建设单位认可。施工总承包的,建筑工程主体结构的施工必须由总承包单位自行完成。

建筑工程总承包单位按照总承包合同的约定对建设单位负责;分包单位按照分包合同的约定对总承包单位负责。总承包单位和分包单位就分包工程对建设单位承担连带责任。

禁止总承包单位将工程分包给不具备相应资质条件的单位。禁止分包单位将其承包的工程再分包。

【部门规章及规范性文件】

1.《工程建设项目施工招标投标办法》(2013年5月1日)

第三十六条 投标人应当按照招标文件的要求编制投标文件。投标文件应当对招标文件提出的实质性要求和条件作出响应。

投标文件一般包括下列内容:

(一)投标函;

(二)投标报价;

(三)施工组织设计;

(四)商务和技术偏差表。

投标人根据招标文件载明的项目实际情况,拟在中标后将中标项目的部分非主体、非关键性工作进行分包的,应当在投标文件中载明。

2.《工程建设项目货物招标投标办法》(2013年5月1日)

第三十三条 投标人应当按照招标文件的要求编制投标文件。投标文件应当对招标文件提出的实质性要求和条件作出响应。

投标文件一般包括下列内容：

（一）投标函；

（二）投标一览表；

（三）技术性能参数的详细描述；

（四）商务和技术偏差表；

（五）投标保证金；

（六）有关资格证明文件；

（七）招标文件要求的其他内容。

投标人根据招标文件载明的货物实际情况，拟在中标后将供货合同中的非主要部分进行分包的，应当在投标文件中载明。

3.《房屋建筑和市政基础设施项目工程总承包管理办法》（2020 年 3 月 1 日）

第三条 本办法所称工程总承包，是指承包单位按照与建设单位签订的合同，对工程设计、采购、施工或者设计、施工等阶段实行总承包，并对工程的质量、安全、工期和造价等全面负责的工程建设组织实施方式。

第六条 建设单位应当根据项目情况和自身管理能力等，合理选择工程建设组织实施方式。

建设内容明确、技术方案成熟的项目，适宜采用工程总承包方式。

第七条 建设单位应当在发包前完成项目审批、核准或者备案程序。采用工程总承包方式的企业投资项目，应当在核准或者备案后进行工程总承包项目发包。采用工程总承包方式的政府投资项目，原则上应当在初步设计审批完成后进行工程总承包项目发包；其中，按照国家有关规定简化报批文件和审批程序的政府投资项目，应当在完成相应的投资决策审批后进行工程总承包项目发包。

第八条 建设单位依法采用招标或者直接发包等方式选择工程总承包单位。

工程总承包项目范围内的设计、采购或者施工中，有任一项属于依法必须进行招标的项目范围且达到国家规定规模标准的，应当采用招标的方式选择工程总承包单位。

第九条 建设单位应当根据招标项目的特点和需要编制工程总承包项

目招标文件，主要包括以下内容：

（一）投标人须知；

（二）评标办法和标准；

（三）拟签订合同的主要条款；

（四）发包人要求，列明项目的目标、范围、设计和其他技术标准，包括对项目的内容、范围、规模、标准、功能、质量、安全、节约能源、生态环境保护、工期、验收等的明确要求；

（五）建设单位提供的资料和条件，包括发包前完成的水文地质、工程地质、地形等勘察资料，以及可行性研究报告、方案设计文件或者初步设计文件等；

（六）投标文件格式；

（七）要求投标人提交的其他材料。

建设单位可以在招标文件中提出对履约担保的要求，依法要求投标文件载明拟分包的内容；对于设有最高投标限价的，应当明确最高投标限价或者最高投标限价的计算方法。

推荐使用由住房和城乡建设部会同有关部门制定的工程总承包合同示范文本。

第十一条　工程总承包单位不得是工程总承包项目的代建单位、项目管理单位、监理单位、造价咨询单位、招标代理单位。

政府投资项目的项目建议书、可行性研究报告、初步设计文件编制单位及其评估单位，一般不得成为该项目的工程总承包单位。政府投资项目招标人公开已经完成的项目建议书、可行性研究报告、初步设计文件的，上述单位可以参与该工程总承包项目的投标，经依法评标、定标，成为工程总承包单位。

第十三条　建设单位应当依法确定投标人编制工程总承包项目投标文件所需要的合理时间。

第十四条　评标委员会应当依照法律规定和项目特点，由建设单位代表、具有工程总承包项目管理经验的专家，以及从事设计、施工、造价等方面的专家组成。

第十六条　企业投资项目的工程总承包宜采用总价合同，政府投资项目的工程总承包应当合理确定合同价格形式。采用总价合同的，除合同约定可以调整的情形外，合同总价一般不予调整。

建设单位和工程总承包单位可以在合同中约定工程总承包计量规则和计价方法。

依法必须进行招标的项目，合同价格应当在充分竞争的基础上合理确定。

第二十一条 工程总承包单位可以采用直接发包的方式进行分包。但以暂估价形式包括在总承包范围内的工程、货物、服务分包时，属于依法必须进行招标的项目范围且达到国家规定规模标准的，应当依法招标。

第二十二条 建设单位不得迫使工程总承包单位以低于成本的价格竞标，不得明示或者暗示工程总承包单位违反工程建设强制性标准、降低建设工程质量，不得明示或者暗示工程总承包单位使用不合格的建筑材料、建筑构配件和设备。

工程总承包单位应当对其承包的全部建设工程质量负责，分包单位对其分包工程的质量负责，分包不免除工程总承包单位对其承包的全部建设工程所负的质量责任。

工程总承包单位、工程总承包项目经理依法承担质量终身责任。

第二十七条 工程总承包单位和工程总承包项目经理在设计、施工活动中有转包违法分包等违法违规行为或者造成工程质量安全事故的，按照法律法规对设计、施工单位及其项目负责人相同违法违规行为的规定追究责任。

第三十一条 【联合体投标】两个以上法人或者其他组织可以组成一个联合体，以一个投标人的身份共同投标。

联合体各方均应当具备承担招标项目的相应能力；国家有关规定或者招标文件对投标人资格条件有规定的，联合体各方均应当具备规定的相应资格条件。由同一专业的单位组成的联合体，按照资质等级较低的单位确定资质等级。

联合体各方应当签订共同投标协议，明确约定各方拟承担的工作和责任，并将共同投标协议连同投标文件一并提交招标人。联合体中标的，联合体各方应当共同与招标人签订合同，就中标项目向招标人承担连带责任。

招标人不得强制投标人组成联合体共同投标，不得限制投标人之间的竞争。

【立法·要点注释】

本条是关于联合体投标的规定。

1. 联合体形式,可以是两个以上法人组成的联合体、两个以上非法人组织组成的联合体或者是法人与非法人组织组成的联合体。联合体对外"以一个投标人的身份共同投标"。也就是说,联合体虽然不是一个法人组织,但是对外投标应以所有组成联合体各方的共同的名义进行,不能以其中一个主体或者两个主体(多个主体的情况下)的名义进行,即由联合体各方"共同与招标人签订合同"。这里需要说明的是,联合体内部之间权利、义务、责任的承担等问题则需要以联合体各方订立的合同为依据。

2. 联合体为共同投标并在中标后共同完成中标项目而组成的临时性的组织,不具有法人资格。如果属于共同注册并进行长期的经营活动的"合资公司"等法人形式的联合体,则不属于本条所称的联合体。组成联合体的目的是增强投标竞争能力,弥补有关各方技术力量的相对不足,提高共同承担的项目完工的可靠性,同时还可分散联合体各方的投标风险。

3. 联合体的组成是"可以组成",也可以不组成。是否组成联合体由有关各方自己决定。联合体的组成属于各方自愿的共同的一致的法律行为。

4. 联合体各方均应具备承担招标项目的相应能力。这是本法对于联合体投标各方的基本要求。这里所讲的承担招标项目的相应能力,是指完成招标项目所需要的技术、资金、设备、管理等方面的能力。不具备承担招标项目的相应能力的各方组成的联合体,招标方也不得确定其为中标人。

5. 国家有关规定或者招标文件对投标人资格条件有规定的,联合体各方均应当具备规定的相应资格条件。这里所讲的投标人的"资格条件"分为两类:(1)"国家有关规定"确定的资格条件。这里的"国家有关规定"包括三个方面:一是本法和其他有关法律的规定,如本法第二十六条的规定;二是行政法规的规定;三是国务院有关行政主管部门的规定。(2)"招标文件"规定的投标人资格条件。招标文件的要求条件一般应包括国家规定的条件和国家规定的条件以外的其他特殊条件。

6. 关于共同投标的联合体的内外关系,包括:(1)内部关系以协议的形式确定。为此,联合体各方在确定组成共同投标的联合体时,应当依据本法和有关合同立法的规定共同订立投标协议。(2)共同投标的联合体对外的关系包括两个方面:第一,中标的联合体各方应当共同与招标人签订合同。这里所讲的共同“签订合同”,是指联合体各方均应参加合同的订立,并应在合同书上签字或者盖章。第二,“就中标项目向招标人承担连带责任”。这里所讲的“连带责任”,一是指在同一类型的债权、债务关系中,联合体的任何一方均有义务履行招标人提出的债权要求;二是指招标人可以要求联合体的任何一方履行全部的义务,被要求的一方不得以“内部订立的权利义务关系”为由而拒绝履行。当然,就联合体的内部关系上来讲,代他人履行义务的一方,仍有求偿权,即依据内部约定,要求他人承担其按照联合协议的约定应当承担的义务。

【相关法律】

《中华人民共和国建筑法》(2019 年 4 月 23 日)

第二十七条　大型建筑工程或者结构复杂的建筑工程,可以由两个以上的承包单位联合共同承包。共同承包的各方对承包合同的履行承担连带责任。

两个以上不同资质等级的单位实行联合共同承包的,应当按照资质等级低的单位的业务许可范围承揽工程。

【行政法规】

《中华人民共和国招标投标法实施条例》(2019 年 3 月 2 日)

第三十七条　招标人应当在资格预审公告、招标公告或者投标邀请书中载明是否接受联合体投标。

招标人接受联合体投标并进行资格预审的,联合体应当在提交资格预审申请文件前组成。资格预审后联合体增减、更换成员的,其投标无效。

联合体各方在同一招标项目中以自己名义单独投标或者参加其他联合体投标的,相关投标均无效。

【要点注释】

本条是关于联合体投标的规定。

1. 是否允许联合体投标由招标人根据招标项目的实际情况和潜在投标人的数量自主决定。联合体投标应当满足以下法定要求:一是两个或者两个以上法人或者其他组织可以组成一个联合体共同投标,但招标人不得强制潜在投标人组成联合体投标。二是联合体成员应当签订联合投标协议。三是联合体成员应具备承担招标项目所需的相应资格条件和能力,即应具备满足联合体协议约定的成员分工所需的资格条件和能力。四是鼓励"强强联合",即联合体协议约定同一专业分工由两个及以上单位共同承担的,按照就低不就高的原则确定联合体的资质,业绩的考核以各自的工作量所占比例加权折算;不同专业分工由不同单位分别承担的,按照各自的专业资质确定联合体的资质,业绩的考核按照其专业分别计算。

2. 联合体成员的更换,有可能影响联合体的资格条件和履约能力,也可能影响招标公正性,根据《条例》第三十七条规定其投标也应当无效。联合体成员发生变化的,联合体投标人应当按照《条例》第三十八条规定,及时书面告知招标人。

3. 联合体成员以自己的名义在同一招标项目中投标的,联合体和联合体成员的投标均无效。联合体成员又加入到其他联合体,在同一招标项目中投标的,有该成员参加的所有联合体投标均无效。本规定的目的是避免投标人滥用联合体,以多重身份参与投标,导致不公平竞争。需要说明的是,本条规定并没有限制联合体成员在其他标段投标。

【部门规章及规范性文件】

1.《工程建设项目勘察设计招标投标办法》(2013 年 5 月 1 日)

第二十七条　以联合体形式投标的,联合体各方应签订共同投标协议,连同投标文件一并提交招标人。

联合体各方不得再单独以自己名义,或者参加另外的联合体投同一个标。

招标人接受联合体投标并进行资格预审的,联合体应当在提交资格预审申请文件前组成。资格预审后联合体增减、更换成员的,其投标无效。

第二十八条　联合体中标的,应指定牵头人或代表,授权其代表所有联合体成员与招标人签订合同,负责整个合同实施阶段的协调工作。但是,需要向招标人提交由所有联合体成员法定代表人签署的授权委托书。

2.《工程建设项目施工招标投标办法》(2013 年 5 月 1 日)

第四十二条　两个以上法人或者其他组织可以组成一个联合体,以一个投标人的身份共同投标。

联合体各方签订共同投标协议后,不得再以自己名义单独投标,也不得组成新的联合体或参加其他联合体在同一项目中投标。

第四十三条 招标人接受联合体投标并进行资格预审的,联合体应当在提交资格预审申请文件前组成。资格预审后联合体增减、更换成员的,其投标无效。

第四十四条 联合体各方应当指定牵头人,授权其代表所有联合体成员负责投标和合同实施阶段的主办、协调工作,并应当向招标人提交由所有联合体成员法定代表人签署的授权书。

第四十五条 联合体投标的,应当以联合体各方或者联合体中牵头人的名义提交投标保证金。以联合体中牵头人名义提交的投标保证金,对联合体各成员具有约束力。

3.《工程建设项目货物招标投标办法》(2013 年 5 月 1 日)

第三十八条 两个以上法人或者其他组织可以组成一个联合体,以一个投标人的身份共同投标。

联合体各方签订共同投标协议后,不得再以自己名义单独投标,也不得组成或参加其他联合体在同一项目中投标;否则相关投标均无效。

联合体中标的,应当指定牵头人或代表,授权其代表所有联合体成员与招标人签订合同,负责整个合同实施阶段的协调工作。但是,需要向招标人提交由所有联合体成员法定代表人签署的授权委托书。

第三十九条 招标人接受联合体投标并进行资格预审的,联合体应当在提交资格预审申请文件前组成。资格预审后联合体增减、更换成员的,其投标无效。

招标人不得强制资格预审合格的投标人组成联合体。

4.《房屋建筑和市政基础设施工程施工招标投标管理办法》(2019 年 3 月 13 日)

第二十九条 两个以上施工企业可以组成一个联合体,签订共同投标协议,以一个投标人的身份共同投标。联合体各方均应当具备承担招标工程的相应资质条件。相同专业的施工企业组成的联合体,按照资质等级低的施工企业的业务许可范围承揽工程。

招标人不得强制投标人组成联合体共同投标，不得限制投标人之间的竞争。

5.《房屋建筑和市政基础设施项目工程总承包管理办法》(2020 年 3 月 1 日)

第十条　工程总承包单位应当同时具有与工程规模相适应的工程设计资质和施工资质，或者由具有相应资质的设计单位和施工单位组成联合体。工程总承包单位应当具有相应的项目管理体系和项目管理能力、财务和风险承担能力，以及与发包工程相类似的设计、施工或者工程总承包业绩。

设计单位和施工单位组成联合体的，应当根据项目的特点和复杂程度，合理确定牵头单位，并在联合体协议中明确联合体成员单位的责任和权利。联合体各方应当共同与建设单位签订工程总承包合同，就工程总承包项目承担连带责任。

6.《机电产品国际招标投标实施办法(试行)》(2014 年 4 月 1 日)

第四十二条　招标文件允许联合体投标的，两个以上法人或者其他组织可以组成一个联合体，以一个投标人的身份共同投标。

联合体各方均应当具备承担招标项目的相应能力；国家有关规定或者招标文件对投标人资格条件有规定的，联合体各方均应当具备规定的相应资格条件。由同一专业的单位组成的联合体，按照资质等级较低的单位确定资质等级。

联合体各方应当签订共同投标协议，明确约定各方拟承担的工作和责任，并将共同投标协议连同投标文件一并提交招标人。联合体中标的，联合体各方应当共同与招标人签订合同，就中标项目向招标人承担连带责任。

联合体各方在同一招标项目包中以自己名义单独投标或者参加其他联合体投标的，相关投标均无效。

【法院参考案例】

1. 贵州省冶金建设公司、四川省冶金设计研究院与四川华硅冶金设备有限公司建设工程分包合同纠纷案［(2018)川民终 579 号］

裁判要旨：联合体牵头人根据联合投标协议书的授权与招标人签订总承

包合同,代表的是联合体的共同意思表示,该合同对其他成员具有法律约束力,其他成员对中标无效、合同无效亦应承担连带责任。

四川省高级人民法院认为,本案诉讼期间,贵冶公司向四川省成都市武侯区人民法院提起确认本案所涉2011年1月23日华硅公司、贵冶公司、川冶设计院三方签订的《联合体协议书》无效的民事诉讼,该案经四川省成都市武侯区人民法院审理确认《联合体协议书》有效,四川省成都市中级人民法院对贵冶公司提起的上诉作出了(2016)川01民终4144号终审判决,裁判结果为驳回上诉,维持原判。故发生法律效力的裁判已经确认华硅公司、贵冶公司、川冶设计院三方签订的《联合体协议书》有效。而该协议明确载明:"1. 四川华硅冶金设备有限公司为德铁公司环保技改搬迁项目总承包联合体的牵头人。2. 联合体牵头人合法代表联合体各成员负责本招标项目投标文件编制和合同谈判活动,并代表联合体提交和接收相关资料、信息及指示,并处理与之有关的一切事务,负责合同实施阶段的主办、组织和协调工作。3. 联合体将严格按照招标文件的各项要求,递交投标文件,履行合同,并对外承担连带责任。4. 联合体各成员单位内部职责分工如下:1)华硅公司总体负责项目的合同签订、工程实施、工程管理及投产试生产等所有总承包工作。2)川冶设计院负责项目的施工图设计及现场技术服务工作。3)贵冶公司负责项目的建筑、结构施工及机电设备安装调试工作。5. 本协议自签署之日起生效,合同履行完毕后自动失效。"对于总包合同和分包合同的效力问题,根据本案已查明事实以及另案生效判决认定事实,华硅公司、贵冶公司、川冶设计院组成的联合体属于不具有案涉工程项目联合投标资格的"联合体",本案招投标行为也不符合《招标投标法》的规定,故本案联合体的投标、中标行为当属无效。但即使案涉工程投标、中标无效,华硅公司根据《联合投标协议书》的授权与德铁公司签订的《总承包合同》,其代表的是联合体的共同意思表示,华硅公司通过招投标程序与德铁公司签订《总承包合同》,是代表联合体进行投标、缔约的行为。同时,结合德铁公司于2011年1月24日向"华硅公司(牵头人)、川冶设计院(成员单位)、贵冶公司(成员单位)组成的联合体"出具《中标通知书》的事实,表明作为合同相对方的德铁公司对华硅公司投标、缔约系代表联合体的事实也是知晓的。贵冶公司、川冶设计院作为参与联合体的主体单位,在向德铁公司提交投标文件及《联合体协议书》后,即表示接受对华硅公司因案涉工程对外签订合同等履行投标内容的行为承担法律责任。因此,尽管本案投标、中标行为无效,由华硅公司单方与招标人德铁公司签订的《总承包合同》无效,但依据《联合体协议书》的约定,《总承包合同》的承包方应当是华硅公司、川冶设计院、贵冶公司三方当事人,故《总承包合同》无效的法律后果应当由华硅公司、川冶设计院、贵冶公司三方承担。

2. 贵州省冶金建设公司、四川省冶金设计研究院与唐勇、王善池、四川华硅冶金设备有限公司建设工程施工合同纠纷案[(2015)川民终字第 664 号]

裁判要旨:联合体不具有招标文件规定的投标资格的,其投标、中标行为当属无效,联合体成员仍然对外承担连带责任。

四川省高级人民法院认为,二、关于"联合体"投标、中标效力问题。基于本案事实,德铁公司就案涉工程既然选择了招标投标方式,就应当严格按照《招标投标法》的规定运作。虽然《联合体协议书》有效,是华硅公司、川冶设计院、贵冶公司自愿组成"联合体"就本案工程进行联合投标的真实意思表示,但能否合法中标非"联合体"成员意志能够决定,因此,由于华硅公司不符合参与本案工程联合投标的主体资格,招标人德铁公司在审查"联合体"成员资格时应当知晓这一事实。根据德铁公司终止与川冶设计院已经签订并部分履行的案涉工程的设计合同,要求其参与"联合体"重新"投标",以及要求华硅公司、贵冶公司组成的联合投标必须委托川冶设计院进行设计等实际运作事实,案涉工程的投标、中标均违反《招标投标法》的禁止性规定。根据《招标投标法》第三十一条第二款"联合体各方均应当具备承担招标项目的相应能力;国家有关规定或者招标文件对投标人资格条件有规定的,联合体各方均应当具备规定的相应资格条件。由同一专业的单位组成的联合体,按照资质等级较低的单位确定资质等级"的规定,华硅公司、贵冶公司、川冶设计院组成的联合体属于不具有案涉工程项目联合投标资格的"联合体"。从本案招投标过程看,本案招投标行为也不符合《招标投标法》的规定,根据《招标投标法》第三十一条第三款规定:"联合体各方应当签订共同投标协议,明确约定各方拟承担的工作和责任,并将共同投标协议连同投标文件一并提交招标人。联合体中标的,联合体各方应当共同与招标人签订合同,就中标项目向招标人承担连带责任。"而本案招标人德铁公司在已经与川冶设计院签订案涉工程设计合同,并已履行了部分设计义务后,要求采用联合招标方式再将设计工作纳入联合招标内容,并且要求川冶设计院加入"联合体"。同时,在德铁公司认可"联合体"主体资格的情况下,确认"联合体”中标,但仅与“联合体”的牵头人华硅公司签订《总承包合同》。而华硅公司既不具有建筑施工资质,也不具有参与本案工程组成联合体的主体资格。对于华硅公司的主体资质,以及《招标投标法》对联合体投标方式的具体规定,作为招标人德铁公司应当是明知的。故贵冶公司、川冶设计院上诉主张案涉工程的投标、中标违反《招标投标法》第三十一条的规定的理由成立,本案“联合体”投标、中标均违反了《招标投标法》的规定,其投标、中标行为当属无效。

三、关于案涉《总承包合同》对“联合体”三方当事人是否具有约束力问题。基于案涉《联合体协议书》已经被生效裁判认定为有效合同,而该协议明确载明:“1. 四川华硅冶金设备有限公司为德铁公司环保技改搬迁项目总承包联合体的牵头人。2. 联合体牵头人合法代表联合体各成员负责本招标项目投标文件编制和合同谈判活动,并代表联合体提交和接收相关资料、信息及指示,并处理与之有关的一切事务,负责合同实施阶段的主办、组织和协调工作。3. 联合体将严格按照招标文件的各项要求,递交投标文件,履行合同,并对外承担连带责任。4. 联合体各成员单位内部职责分工如下:1)华硅公司总体负责项目的合同签订、工程实施、工程管理及投产试生产等所有总承包工作。2)川冶设计院负责项目的施工图设计及现场技术服务工作。3)贵冶公司负责项目的建筑、结构施工及机电设备安装调试工作。5. 本协议自签署之日起生效,合同履行完毕后自动失效。”因此,虽然案涉工程投标、中标无效,但华硅公司根据《联合投标协议书》的授权与德铁公司签订的《总承包合同》,其代表的是“联合体”的共同意思表示,贵冶公司、川冶设计院作为参与“联合体”的主体单位,在向德铁公司提交投标文件及《联合体协议书》后,即表示接受对华硅公司因案涉工程对外签订合同等履行投标内容的行为承担法律责任。因此,尽管本案投标、中标行为无效,由华硅公司单方与招标人德铁公司签订的《总承包合同》无效,但依据《联合体协议书》的约定,《总承包合同》的承包方应当是华硅公司、川冶设计院、贵冶公司三方当事人。故《总承包合同》的法律后果应当由华硅公司、川冶设计院、贵冶公司三方承担。

四、关于华硅公司与唐勇、王善池签订的《土建工程施工承包合同》是否约束贵冶公司、川冶设计院的问题。同样基于《联合体协议书》的约定,华硅公司与唐勇、王善池签订案涉工程施工合同,其代表的仍然是由华硅公司、川冶设计院、贵冶公司所组成的“联合体”,其法律后果理应由“联合体”承担。

贵冶公司、川冶设计院上诉主张，华硅公司与唐勇、王善池签订的合同违反《总承包合同》禁止分包的约定，不属于履行“联合体”成员的授权行为，贵冶公司、川冶设计院不应承担其相应法律后果。因《总承包合同》约束华硅公司、川冶设计院、贵冶公司，因此，华硅公司是否违反《总承包合同》的约定对外签订案涉工程施工合同，并不能排斥其代表“联合体”的对外行为，贵冶公司、川冶设计院所主张的该内容仅为其法律后果内部承担的责任划分依据。故基于《联合体协议书》的授权，华硅公司与唐勇、王善池签订的案涉《土建工程施工承包合同》对贵冶公司、川冶设计院具有约束力。“联合体”作为案涉建工关系的承包人，一审判决“联合体成员”华硅公司、川冶设计院、贵冶公司共同对唐勇、王善池承担支付工程款的责任并无不当。因承包人“联合体”尚未与发包人德铁公司进行结算，实际施工人唐勇、王善池也未提出向发包人德铁公司主张支付工程款的请求，故德铁公司是否欠付“联合体”工程款本案不予审理，双方若有争议，可另案解决。

3. 南京龙源环保有限公司与江苏源汇环境工程有限公司、中国石油天然气股份有限公司玉门油田分公司、南京利郎科技有限公司建设工程施工合同纠纷案[(2017)甘民申 597 号]

裁判要旨：联合体牵头人履行中标合同过程中产生的债务，应当由联合体组成成员各方共同承担。

甘肃省高级人民法院经审查认为，申请人南京龙源公司与原审被告南京利郎公司组成联合体“利郎龙源”，共同投标原审被告玉门油田分公司酒东产能建设地面工程，为顺利完成施工投标并争取赢得工程，双方签订的《联合体协议书》约定：南京利郎公司为“利郎龙源”牵头人；联合体中标后，联合体牵头人负责合同订立和合同实施阶段的主办、组织和协调工作；联合体将严格按照招标文件的各项要求，递交投标文件，履行投标义务和中标后的合同，共同承担合同规定的一切义务和责任，联合体各成员单位按照内部职责的部分，承担各自所负的责任和风险，并向招标人承担连带责任。后南京龙源公司、南京利郎公司组成的联合体就所投标工程中标，双方又共同与玉门油田分公司签订了《建设工程分包合同》。依据《招标投标法》第三十一条第一款“两个以上法人或者其他组织可以组成一个联合体，以一个投标人的身份共同投标”、第三款“联合体各方应当签订共同投标协议，明确约定各方拟承担的工作和责任，并将共同投标协议连同投标文件一并提交招标人。联合体中标的,联合体各方应当共同与招标人签订合同,就中标项目向招标人承担连带责任”及《建筑法》第二十七条第一款“大型建筑工程或者结构复杂的建筑工程,可以由两个以上的承包单位联合共同承包。共同承包的各方对承包合同的履行承担连带责任”的规定,以及双方《联合体协议书》的约定,南京龙源公司与南京利朗公司应当对所施工工程对发包人玉门油田分公司承担连带责任。但本案的焦点问题是南京龙源公司是否应当对联合体牵头人南京利郎公司施工中欠付被申请人江苏源汇公司的工程款承担赔偿责任。

南京龙源公司与南京利郎公司组成的联合体中标后,南京利郎公司作为联合体“利郎龙源”牵头人进行具体施工,南京龙源公司负责工程项目的技术服务和技术支持。为了完成施工工程,南京利郎公司与江苏源汇公司签订《工程合同》,由江苏源汇公司为工程所需供应并安装水处理设备,并约定江苏源汇公司严格按照设计图纸进行施工。《工程合同》签订后,江苏源汇公司依据双方约定供应设备,并进行了工程施工,但其部分工程款,南京利郎公司未予支付。依据合同相对性原则,《工程合同》约束的是合同的双方,即南京利郎公司与江苏源汇公司。但是,虽然南京龙源公司与南京利郎公司在其他民事活动中,主体地位独立,而在其共同组成的联合体工程施工行为中,主体难以绝对独立。南京利郎公司系“利郎龙源”联合体的牵头人、具体施工人,南京利郎公司因中标施工工程产生的债务承担主体为“利郎龙源”联合体,但“利郎龙源”联合体并不具备法人的主体身份,其没有独立承担民事责任的行为能力。依据《民法通则》第五十二条“企业之间或者企业、事业单位之间联营,共同经营、不具备法人条件的,由联营各方按照出资比例或者协议的约定,以各自所有的或者经营管理的财产承担民事责任。依照法律的规定或者协议的约定负连带责任的,承担连带责任”的规定,并参照南京龙源公司与南京利郎公司签订《联合体协议书》中对招标人承担连带责任的约定,南京龙源公司与南京利郎公司对其组成联合体后中标并具体施工工程中产生的债务,应当由联合体“利郎龙源”组成成员各方共同承担。也就是说,虽然涉案《工程合同》的当事人双方为南京利郎公司与江苏源汇公司,但由于南京利郎公司系联合体“利郎龙源”的牵头人,《工程合同》的实际权利义务主体为“利郎龙源”联合体及江苏源汇公司。由于“利郎龙源”联合体成员为南京龙源公司与南京利郎公司,故对江苏源汇公司主张的工程款,应当由南京龙源公司与南京利郎公司共同偿付。

4. 武汉大禹阀门股份有限公司与浙江省发展和改革委员会、浙江省人民政府等行政处罚纠纷案[(2019)浙01行初3号]

裁判要旨:联合体成员在招标投标活动中存在违法行为的,其他成员亦连带承担责任。

杭州市中级人民法院认为,经各方确认,对武汉亚美公司在案涉招投标过程中提供的《"安徽省舒城县黄河水电总站"购销合同》系虚假业绩材料的事实均无异议。因该合同直接关系投标人的投标资格,该行为构成了以其他方式弄虚作假,骗取中标的行为,应当予以行政处罚。本案的核心争议在于,武汉大禹公司作为联合体牵头人,应否一并予以处罚。就该问题,本院认为,组成联合体投标意味着成员单位可以同一投标主体的身份参与招投标。该组合形式的动因在于,各成员之间可通过共享优势资源,弥补各自技术力量的相对不足,以达到增强投标竞争能力等目的。各成员既通过组成联合体之方式享有相关权益,就应承担成员的相应义务,互相督促依法依规参加招投标活动。联合体的牵头人更是负有审慎行为之义务。具体到本案,武汉大禹公司通过与武汉亚美公司组成联合体的方式,弥补了自身在常规蝶阀及其附属设备制造领域的相对不足。而作为联合体牵头人,武汉大禹公司将武汉亚美公司的虚假业绩证明材料予以了递交,并在材料上加盖了本公司印章。该业绩证明又是联合体投标人提交的证明具有公称直径≥2.4米的蝶阀制造业绩的唯一材料。故对于案涉违法行为的发生,武汉大禹公司至少在客观上发挥了助推作用。作为未尽审慎职责的联合体牵头人,其辩称自己不应承担行政责任的主张不能成立。省发改委经调查,对作为牵头人的武汉大禹公司和直接实施违法行为的武汉亚美公司并处以行政处罚,并无不当之处。处罚金额方面,因案涉中标项目金额为23880000元,省发改委决定对武汉大禹公司与武汉亚美公司处119400元罚款,在法定的千分之五以上千分之十以下的范围内。省政府经复议,作出维持的复议决定,实体结论亦无不当。

编者说明

联合体投标,是指两个以上法人或者其他组织组成一个联合体,以一个投标人的身份共同投标的行为,是一种能充分体现市场竞争者之间取长补短、优势互补,资源合理优化配置,体现市场经济既有竞争又有合作的运行机制的投标组织形式。根据《招标投标法实施条例》第三十七条规定,是否允许联合体投标,由招标人自主决定,如果招标公告明确规定"不接受联合体投标"的,投标人就不得组成联合体投标,否则因投标人资格条件不符合要求而导致投标无效。《建筑法》

第二十七条规定联合体投标常适用于大型建设项目和结构复杂的建设项目。联合体为临时组织,不具有民事主体资格,属于合同型合伙,各成员相互之间的权利义务依据联合体协议(即合伙合同)确定。联合体协议是联合体各成员方共同的意思表示,对所有成员具有法律约束力,各成员依据该协议确定内部按份责任,对外就联合投标引发的民事责任承担连带责任。

第三十二条 【禁止串通投标】投标人不得相互串通投标报价,不得排挤其他投标人的公平竞争,损害招标人或者其他投标人的合法权益。

投标人不得与招标人串通投标,损害国家利益、社会公共利益或者他人的合法权益。

禁止投标人以向招标人或者评标委员会成员行贿的手段谋取中标。

【立法·要点注释】

本条是关于不得串通投标和以向招标人或者评标委员会成员行贿的手段谋取中标的规定。

1. 本条所讲投标人"相互串通投标报价",是指投标人彼此之间以口头或者书面的形式,就投标报价的形式互相通气,达到避免相互竞争,共同损害招标人或者其他投标人利益的行为。

2. 本条所讲"排挤其他投标人的公平竞争",是指投标人彼此之间以口头或者书面的形式,就投标报价的形式以外的其他形式互相通气,达到避免相互竞争,共同损害招标人或者其他投标人利益的行为。

3. 本条所讲投标人"与招标人串通投标",是指投标人与招标人在招标投标活动中,以不正当的手段从事私下交易致使招标投标流于形式,共同损害国家利益、社会公共利益或者他人的合法权益的行为。

4. 本条所讲"行贿",是指投标人以谋取中标为目的,给予招标人(包括其工作人员)或者评标委员会成员财物(包括有形财物和其他好处)的行为。

【相关法律】

1.《中华人民共和国刑法》(2017 年 11 月 4 日)

第二百二十三条 投标人相互串通投标报价,损害招标人或者其他投标人利益，情节严重的，处三年以下有期徒刑或者拘役，并处或者单处罚金。

投标人与招标人串通投标，损害国家、集体、公民的合法利益的，依照前款的规定处罚。

第二百三十一条　单位犯本节第二百二十一条至第二百三十条规定之罪的，对单位判处罚金，并对其直接负责的主管人员和其他直接责任人员，依照本节各该条的规定处罚。

2.《中华人民共和国反不正当竞争法》（2019 年 4 月 23 日）

第七条　经营者不得采用财物或者其他手段贿赂下列单位或者个人，以谋取交易机会或者竞争优势：

（一）交易相对方的工作人员；

（二）受交易相对方委托办理相关事务的单位或者个人；

（三）利用职权或者影响力影响交易的单位或者个人。

经营者在交易活动中，可以以明示方式向交易相对方支付折扣，或者向中间人支付佣金。经营者向交易相对方支付折扣、向中间人支付佣金的，应当如实入账。接受折扣、佣金的经营者也应当如实入账。

经营者的工作人员进行贿赂的，应当认定为经营者的行为；但是，经营者有证据证明该工作人员的行为与为经营者谋取交易机会或者竞争优势无关的除外。

第十九条　经营者违反本法第七条规定贿赂他人的，由监督检查部门没收违法所得，处十万元以上三百万元以下的罚款。情节严重的，吊销营业执照。

【行政法规】

《中华人民共和国招标投标法实施条例》（2019 年 3 月 2 日）

第三十九条　禁止投标人相互串通投标。

有下列情形之一的，属于投标人相互串通投标：

（一）投标人之间协商投标报价等投标文件的实质性内容；

（二）投标人之间约定中标人；

（三）投标人之间约定部分投标人放弃投标或者中标；

（四）属于同一集团、协会、商会等组织成员的投标人按照该组织要求协同投标；

（五）投标人之间为谋取中标或者排斥特定投标人而采取的其他联合行动。

【要点注释】

本条是关于禁止投标人相互串通投标的规定。

1. 禁止投标人相互串通投标。需要说明两点：一是串通投标不仅是指串通投标报价。《招标投标法》第三十二条规定的“串通投标报价”与第五十三条规定的“串通投标”表明，《招标投标法》禁止的串通投标并不限于投标报价方面的串通。二是串通投标不一定为谋取中标，不能以中标作为串通投标的构成要件。

2. 投标人之间协商投标报价等投标文件的实质性内容。该项规定不仅指投标人协商抬高、压低报价，或者以高、中、低价格等报价策略分别投标，还可能包括对一些重要技术方案、技术指标等实质性内容的协商。除此之外，同一招标项目的投标人还可能分成两个或两个以上的小集团，分别按照各自协商的原则和利益分配机制串通投标，轮流中标。

3. 投标人之间约定中标人，也即围标。实现这一目的的途径有多种，包括按照招标文件规定的评标标准和方法制定不同的投标方案，故意非实质性响应招标文件等。

4. 投标人之间约定部分投标人放弃投标或者中标。此种情形包括购买招标文件的潜在投标人根据约定不按招标文件要求准备和提交投标文件，提交了投标文件的投标人根据约定放弃（撤销）投标，排名第一的中标候选人或者被宣布中标的投标人按照约定放弃中标等。

5. 属于同一集团、协会、商会等组织成员的投标人按照该组织要求协同投标。需要同时满足两个条件：一是同一招标项目的不同投标人属于同一组织成员。二是这些不同的投标人按照该组织要求在同一招标项目中采取了协同行动。所谓协同行动，是指按照预先确定的策略投标，确保由该组织的成员或者特定成员中标。需要指出的是，同一组织的成员在同一招标项目中投标并不必然属于串通投标。

6. 投标人之间为谋取中标或者排斥特定投标人而采取其他联合行动。该项为兜底性规定，实践中可能发生的情形包括共同放弃投标或者不提交资格预审申请文件致使投标人不足三家而导致招标失败等。

7. 需要说明四点：一是投标人除主动串通投标外，还可能被动串通投标。例如,将资质证书、印章出借给他人用于串通投标。二是串通投标的主体不仅仅是递交投标文件的投标人,还有可能是掮客,以及为实现串通目的而不参与投标的人。三是串通投标也不局限于具体招标项目,投标人之间可能结成相互串通投标的伙伴关系或者俱乐部。四是串通投标可能发生在投标以及投标前的准备阶段,也可能发生在开标、评标甚至中标候选人公示阶段。

8. 认定串通投标的主体包括评标委员会、行政监督部门、仲裁和司法机关。评标委员会在评标时,如果发现本条所列的情形,应当认定为串通投标,否决相关投标并同时报告有关行政监督部门,由行政监督部门依法给予行政处罚。行政监督部门负有监督检查招投标活动和处理投诉举报的职责,除了收到评标委员会的报告外,在日常监督检查和处理投诉举报工作中发现本条所列的情形,应当依法作出处理。人民法院或者仲裁机构在审理诉讼和仲裁案件时,发现本条所列情形的,应当依法认定为串通投标。

第四十条　**有下列情形之一的,视为投标人相互串通投标:**

(一)不同投标人的投标文件由同一单位或者个人编制;

(二)不同投标人委托同一单位或者个人办理投标事宜;

(三)不同投标人的投标文件载明的项目管理成员为同一人;

(四)不同投标人的投标文件异常一致或者投标报价呈规律性差异;

(五)不同投标人的投标文件相互混装;

(六)不同投标人的投标保证金从同一单位或者个人的账户转出。

【要点注释】

本条是关于认定投标人相互串通投标的规定。

1. 同一项目中不同投标人的投标文件由同一单位或者个人编制。如不同单位的投标文件出自同一台电脑,不同单位的投标文件的编制者为同一人,等等。

2. 不同投标人委托同一单位或者个人办理投标事宜。本项规定所称的投标事宜,包括领取或者购买资格预审文件、招标文件,编制资格预审申请文件和投标文件,踏勘现场,出席投标预备会,提交资格预审申请文件和投标文件,出席开标会等。需要说明三点:一是委托同一单位或者同一人办理同一项目投标的不同环节的,亦属于本项所规定的情形。例如,某单位或个人领取招标文件代表甲投标人,出席开标会时又代表乙投标人。二是投标人委托他人办理投标事宜的,应当要求受托人出具书面承诺,声明受托人不存在受托承担同一项目的招标或者投标,以避免构成违法。三是采用电子招投标的,从同一个投标单位或者同一个自然人的IP地址下载招标文件或者上传投标文件也属于本项规定的情形。

3. 不同投标人的投标文件载明的项目管理成员为同一人,可能出于三种原因:一是不同投标文件由同一个单位或者个人编制,也即属于本条第(一)项规定的情形,构成串通投标。二是同一单位挂靠其他单位,以不同单位的名义分别投标并编制投标文件,该情形不但违背了其他相关法律法规规定,同时也构成串通投标。三是同一人受聘于不同的单位,由于人员特别是有注册执业资格的主要管理人员与受聘单位本应存在一一对应关系,在具体投标项目中项目管理成员中出现同一人的,其最大的可能性就是串标,应当先行给予认定,除非投标人能够证明其不存在串通投标的行为。

4. 不同投标人的投标文件异常一致或者报价呈规律性差异。所谓异常一致,是指极小概率或者完全不可能一致的内容在不同投标文件中同时出现,实践中典型的表现包括:投标文件内容错误或者打印错误雷同,由投标人自行编制文件的格式完全一致,属于某一投标人特有的业绩、标准、编号、标识等在其他投标人的投标文件中同时出现,等等。除国家有规定收费标准的勘察、设计和监理等服务招标外,不同投标人的报价呈现规律性差异则是不同投标人的投标文件异常一致的特殊表现。实践中典型的表现包括:不同投标人的投标报价呈等差数列,不同投标人的投标报价的差额本身呈等差数列或者规律性的百分比,等等。

5. 不同投标人的投标文件相互混装。在实践中分两种情况:一是不同投标人的投标文件由同一个单位或者个人编制,在打印、装订时出现相互混装的情况,属于本条第(一)项所规定情形的一个具体表现,构成串通投标。二是不同投标人先分别编制投标文件,再按照预先协商的原则集中统一,装订时出现相互混装的情况,构成串通投标。

6. 不同投标人的投标保证金从同一单位或者个人的账户转出。虽然经由投标人自己的基本账户转出但所需资金均是来自同一投标人或者个人的账户的,构成投标人相互串通投标。

7. "视为"是一种将具有不同客观外在表现的现象等同视之的立法技术,是一种法律上的拟制。尽管如此,"视为"的结论并非不可推翻和不可纠正。为避免适用法律错误,评标过程中评标委员会可以视情况给予投标人澄清、说明的机会;评标结束后投标人可以通过投诉寻求行政救济,由行政监督部门作出认定。

第四十一条　禁止招标人与投标人串通投标。

有下列情形之一的,属于招标人与投标人串通投标:

(一)招标人在开标前开启投标文件并将有关信息泄露给其他投标人;

(二)招标人直接或者间接向投标人泄露标底、评标委员会成员等信息;

(三)招标人明示或者暗示投标人压低或者抬高投标报价;

(四)招标人授意投标人撤换、修改投标文件;

(五)招标人明示或者暗示投标人为特定投标人中标提供方便;

(六)招标人与投标人为谋求特定投标人中标而采取的其他串通行为。

【要点注释】

本条是关于禁止招标人与投标人串通投标的规定。

1. 招标人授意投标人撤换、修改投标文件。一是根据《招标投标法》第二十九条规定,在招标文件规定的提交投标文件截止时间前,投标人可以撤换、修改已经提交的投标文件,但是否撤换、修改均应当由投标人自主决定。如果招标人授意投标人撤换或者修改投标文件,不但构成对其他投标人的不公平,一般还伴随着招标人利用自己掌握的信息,使特定投标人通过撤换或者修改投标文件获得更高的中标机会,或者操纵各个投标人的投标以帮助某一投标人中标。二是根据《招标投标法》第二十八条和《条例》第三十六条规定,招标人应当拒收逾期送达的投标文件。在招标文件规定的提交投标文件截止时间后,招标人不得允许投标人撤换或者修改投标文件,招标人授意投标人撤换或者修改投标文件并接收的,构成串通投标。三是根据《招标投标法》第四十六条规定,招标人和中标人应当根据招标文件和中标人的投标文件签订合同。招标人允许投标人在签订合同前撤换或者修改投标文件的,不仅违反了上述规定,而且可能损害国家利益、社会公共利益或者其他投标人的合法权益。

2. 招标人授意或者暗示投标人为特定投标人中标提供方便。本项规定的情形在实践中一般表现为由招标人主导,以直接或者相对隐晦的表达方式与其他投标人串通,要求为特定投标人中标提供帮助。例如,授意其他投标人按照其拟定的价格确定投标报价,使特定投标人的投标报价最符合招标文件规定的评价标准;以威胁或者利诱方式向其他投标人明示或者暗示其内定的中标人,要求其他投标人按内定中标人的要求投标报价,形成所谓的"围标"态势,以保证特定投标人中标。

3. 需要说明三点：一是构成招标人与投标人串通投标需要存在主观意图和客观行为，但不以是否谋取中标为构成要件。二是串通投标是共同行为，本条所列情形以招标人主动发动为主，但也包括投标人主动发动的情形。三是在招标人委托招标代理机构组织招投标活动的情况下，本条规定的各类情形可能会表现为招标代理机构与投标人之间的串通。

【部门规章及规范性文件】

1.《工程建设项目施工招标投标办法》（2013 年 5 月 1 日）

第四十六条 下列行为均属投标人串通投标报价：

（一）投标人之间相互约定抬高或压低投标报价；

（二）投标人之间相互约定，在招标项目中分别以高、中、低价位报价；

（三）投标人之间先进行内部竞价，内定中标人，然后再参加投标；

（四）投标人之间其他串通投标报价的行为。

第四十七条 下列行为均属招标人与投标人串通投标：

（一）招标人在开标前开启投标文件并将有关信息泄露给其他投标人，或者授意投标人撤换、修改投标文件；

（二）招标人向投标人泄露标底、评标委员会成员等信息；

（三）招标人明示或者暗示投标人压低或抬高投标报价；

（四）招标人明示或者暗示投标人为特定投标人中标提供方便；

（五）招标人与投标人为谋求特定中标人中标而采取的其他串通行为。

2.《房屋建筑和市政基础设施工程施工招标投标管理办法》（2019 年 3 月 13 日）

第三十条 投标人不得相互串通投标，不得排挤其他投标人的公平竞争，损害招标人或者其他投标人的合法权益。

投标人不得与招标人串通投标，损害国家利益、社会公共利益或者他人的合法权益。

禁止投标人以向招标人或者评标委员会成员行贿的手段谋取中标。

3.《机电产品国际招标投标实施办法（试行）》（2014 年 4 月 1 日）

第四十五条 禁止招标投标法实施条例第三十九条、第四十条、第四十一条、第四十二条所规定的投标人相互串通投标、招标人与投标人串通投标、投标人以他人名义投标或者以其他方式弄虚作假的行为。

【地方法院规定】

1.《安徽省高级人民法院关于审理建设工程施工合同纠纷案件适用法律问题的指导意见(二)》(2014 年 1 月 1 日)

第二条　依法必须进行招标的建设工程,招标人与投标人在履行招投标程序前,以签订补充协议等形式对建设工程的施工范围、工期、计价方式、总价款等内容进行约定的,属串通投标,所签订的建设工程施工合同无效。

2.《河北省高级人民法院建设工程施工合同案件审理指南》(冀高法〔2018〕44 号,2018 年 6 月 13 日)

3. 法律、行政法规规定必须经过招投标的建设工程,当事人以招投标程序违法,或者存在串标、明招暗定等情形主张建设工程施工合同无效的,应承担相应的举证责任,人民法院经审查,认定确实存在以上情形的,该建设工程施工合同为无效合同。

【法院参考案例】

1. 中设建工集团有限公司与洪泽县金丰房地产有限公司、淮安市信通投资担保有限公司建设工程施工合同纠纷案[(2016)苏民终 464 号]

裁判要旨:当事人在招投标之前就合同实质性内容进行谈判,实际上确定中标人且签订协议,之后进行招投标,应当认定串通投标,中标无效。

江苏省高级人民法院认为,关于中设公司与金丰公司签订的《建设工程施工合同》及补充合同、附属合同的效力如何认定的问题。

本院认为,《招标投标法》第三十二条第二款规定,投标人不得与招标人串通投标,损害国家利益、社会公共利益或者他人的合法权益。第四十三条规定,在确定中标人前,招标人不得与投标人就投标价格、投标方案等实质性内容进行谈判。本案中,中设公司于 2010 年 8 月 27 日就涉案工程进行投标,金丰公司于 2010 年 9 月 3 日向中设公司发出中标通知书。但在此之前,中设公司与金丰公司已于 2010 年 6 月 29 日签订《施工承包合同》确定涉案工程由中设公司承包施工,双方还就工程质量、工期、工程价款结算方式、付款方式等实质性内容作出明确约定,并明确待邀请招标程序结束后纳入格式化合同中专用条款。中设公司亦于2010年7月10日即开始参加金丰公司的工地会议。上述事实表明,中设公司与金丰公司在招投标前即确定中标人,剥夺了其他投标人公平竞争的权利,破坏了市场竞争秩序,属于串通招投标,违反了上述法律禁止性规定。依据《合同法》第五十二条第(五)项之规定,违反法律强制性规定的合同应属无效,故中设公司与金丰公司签订的《建设工程施工合同》、《施工承包合同》及补充合同、附属合同均属无效,中设公司关于上述合同有效的上诉理由不能成立。

2. 鲁登平与帅文奎、王爽合同纠纷案[(2016)渝02民终465号]

裁判要旨:投标人之间相互约定部分投标人放弃投标、内定中标人的,构成串通投标。

重庆市第二中级人民法院认为,上诉人鲁登平上诉认为其并未要求被上诉人王爽借用的四家建筑公司不参加投标,其与被上诉人王爽之间的合同并未实际履行,被上诉人王爽应退还相关费用,这与上诉人鲁登平在一审中自认的事实不符。上诉人鲁登平在其向一审法院提交的书面材料"我的陈述"称,被上诉人王爽是先提出自己的四个牌子单价太低做不出来,放弃这次投标,以免电力公司怀疑鲁登平,上诉人鲁登平当时并没有明确表示反对,反而在这之后给被上诉人王爽转款125000元,再由被上诉人王爽给其出具收据和身份证复印件,因此,被上诉人王爽借用的四家建筑公司放弃投标是上诉人鲁登平与被上诉人王爽协商一致的结果。上诉人鲁登平上诉认为没有任何证据证明帅文奎借用资质参加投标的重庆市北部新区大竹林建筑工程有限公司和重庆市桦柏建筑工程有限公司的标书被评标委员会认定为串标,虽然国网云阳县供电公司只是认定服务商存在串标嫌疑,但是依据《招标投标法》第三十二条,《招标投标法实施条例》第三十九条、第四十条之规定,只要符合前述法律规定的情形,就属于投标人之间相互串通投标,国网云阳县供电公司是否认定串标不影响串标行为本身的客观存在。如前所述,上诉人鲁登平向帅文奎、王爽支付该两笔费用的目的就是通过借用被上诉人帅文奎所持有建筑公司的资质和王爽放弃投标,确保鲁登平中标。上诉人鲁登平与被上诉人帅文奎、王爽之间约定中标人、约定部分投标人放弃投标或者中标等行为已经符合法律规定的情形,属于投标人相互串通投标,且违反了《招标投标法》及《招标投标法实施条例》的有关规定。

3. 江苏南通二建集团有限公司与南京宏顺房地产开发有限公司建设工程施工合同纠纷案［(2018)苏民终 23 号］

裁判要旨:同一单位工作人员代表不同公司办理投标事宜,构成串通投标。

江苏省高级人民法院认为,关于 01、03 幢合同,由于 01 幢属于经济适用房,系必须强制招投标的项目,在招投标程序中,南通二建工作人员邹世举、陈红锦分别以通州建总集团有限公司、江苏盐城二建集团有限公司的名义向宏顺公司投送招标文件,其二人分别为上述两家单位的开标联系人。故南通二建与宏顺公司的行为符合《招标投标法》第三十二条关于串通投标的界定,双方当事人签订的 2010 年 5 月 26 日的合同和 2010 年 12 月 28 日的合同均无效,此时应当以实际履行的合同作为结算工程价款的依据。实际履行的合同无法判断时,可以根据两份争议合同之间的差价,结合工程质量、当事人过错、诚实信用原则等予以合理分配。本案中 2010 年 12 月 28 日的合同系在开工后较长一段时间后签订,无法确认在后的此份合同为实际履行的合同。因此,本案对于 01、03 幢工程 2010 年 5 月 26 日合同与 2010 年 12 月 28 日合同的差价,按照 5∶5 的比例进行分担更为公平。

4. 北京中景橙石科技股份有限公司与重庆华侨城实业发展有限公司合同纠纷案［(2018)渝 0112 民初 8486 号］

裁判要旨:不同投标人的投标文件内容、排版、报价、错误等异常一致的,视为投标人相互串通投标。

重庆市渝北区人民法院认为,由于"串通投标"的意思表示一般具有隐秘性且主观意图较难证明,因此,串通投标的证明标准应为高度盖然性标准。本案中,华侨城公司在招标文件中明确载明开标顺序为陆公园一标段、陆公园二标段、水公园一标段、水公园二标段,而中景公司与深圳市圭派主题装饰设计工程有限公司、深圳蓝波绿建集团股份有限公司同时选择并非第一顺序开标标段的陆公园二标段作为首标段制作投标文件,又在后续其他标段的编制过程中均出现相同复制错误的概率极小,中景公司关于其与深圳市圭派主题装饰设计工程有限公司、深圳蓝波绿建集团股份有限公司投标文件中出现相同的错误未能作出充分、合理的解释。华侨城公司的招标文件中亦载明不同投标人的投标文件异常一致的,应视为投标人相互串通投标,故一审法院认定中景公司存在与深圳市圭派主题装饰设计工程有限公司、深圳蓝波绿建集团股份有限公司相互串标的情形。

5. 长安责任保险股份有限公司莆田中心支公司与莆田壶山自来水有限公司财产保险合同纠纷案[(2019)闽03民终2186号]

裁判要旨:多个投标人的电子投标文件载明的MAC地址或加密锁序列信息一致,可以认定其由同一单位或个人编制,视为串通投标。

莆田市中级人民法院认为,各方当事人对"龙泰园林公司和龙冠建设公司的电子投标文件中投标报价清单的加密锁序列信息相同(同为:AE2F01000000D9A2)"的事实并无异议。长安保险公司、龙泰园林公司与壶山自来水公司的争议,实质上可归纳为"加密锁序列信息相同能否认定为串标"。双方当事人对指导意见第一条第(二)项的文本内容均无异议,但长安保险公司、龙泰园林公司主张招标文件发布在先,指导意见制定在后,故本案不能适用指导意见。壶山自来水公司主张指导意见制定在先,龙泰园林公司投标在后,故本案应当适用指导意见。本院认为,本案为民事诉讼案件,人民法院认定案件事实,应根据法律、法规的相关规定,并适用民事证据规则进行。不同投标人制作的投标报价清单,其电子文件的加密锁序列信息相同,因加密锁序列为16位符号组成,根据日常经验和生活常识,可以排除偶同的概然性,进而形成投标报价清单为同一单位或者个人编制,并经复制形成的内心确信。因投标报价清单属于电子投标文件的组成部分,而《招标投标法实施条例》第四十条第(一)项规定"不同投标人的投标文件由同一单位或者个人编制,视为投标人相互串通投标"。结合以上证据、常识、规定,无论指导意见是否适用,任何理性自然人均会得到"加密锁序列信息相同"→"同一单位或者个人编制"→"视为串通投标"的逻辑结论,故应认定龙泰园林公司的行为构成串标。

6. 山东招标股份有限公司等与济南瑞丰餐饮有限公司等串通投标不正当竞争纠纷案[(2016)鲁01民终2030号]

裁判要旨:在无直接证据证明被诉投标人和招标人通过意思联络形成了排挤该投标人竞争对手公平竞争的共同意图时,如果原告提供的间接证据能够形成连贯一致、合乎逻辑、真实完整的证据链条,同时被诉投标人和招标人无法作出合理解释的,仍可认定被诉投标人和招标人之间串通招投标。

济南市中级人民法院认为,本案当事人争议的焦点问题为:(1)涉案纠纷是否适用《招标投标法》予以调整;(2)涉案项目招投标过程中的投标保证金交纳问题是否可以认定招标公司、森林公园管理处、爱婴公司构成串通招投标。

关于争议焦点之一,即涉案纠纷是否适用《招标投标法》的相关规定予以调整。我国《招标投标法》第二条作出了明确的规定:"在中华人民共和国境内进行的招标投标活动,适用本法。"该规定可以理解为,对于法律规范中明确规定为必须招标项目的,当然属于接受《招标投标法》调整的项目,对于不属于必须招标项目的,如果当事人主动选择采用招投标形式的项目,亦应适用《招标投标法》。本案中,根据《招标投标法》第三条的相关规定,森林公园管理处的西综合楼对外租赁项目并非必须采用招投标形式的项目。森林公园管理处委托招标公司将西综合楼对外招租的过程中,招标公司在相关文件上虽使用了政府采购中竞争性谈判方式的一些术语,但结合案件事实,从范围、主体、程序等方面综合考量,整个招租过程实际系参照《招标投标法》采用招投标形式进行的。故,本案纠纷属于在招投标过程中产生的法律关系,应受招投标法律调整。对于招标公司、森林公园管理处关于涉案西综合楼租赁经营项目采用的是竞争性谈判,不应适用《招标投标法》和《反不正当竞争法》中关于串通招投标的规定的主张,本院不予支持。

关于争议焦点之二,即涉案项目招投标过程中的投标保证金交纳问题是否可以认定招标公司、森林公园管理处、爱婴公司构成串通招投标。《反不正当竞争法》第十五条第二款规定"投标者和招标者不得相互勾结,以排挤竞争对手的公平竞争","投标者和招标者之间串通招投标"指在招投标过程中投标人和招标人通过意思联络达成了排挤该投标人竞争对手公平竞争的共同意图,并实施了以不正当手段排挤该投标人竞争对手公平竞争的违法行为,其构成要件包括:(1)被诉投标人和招标人的违法行为。即被诉投标人和招标人违反了《反不正当竞争法》《招标投标法》《招标投标法实施条例》的规定,实施了以不合理的条件限制或者排斥潜在投标人,或者对投标人实行歧视待遇的违法行为。(2)损害后果。即受排挤该投标人的合法权益受到损害,主要为预期利益的丧失,即丧失与招标人订立合同的机会。(3)被诉投标人和招标人的违法行为与损害后果之间的因果关系。(4)被诉投标人和招标人通过意思联络形成的排挤该投标人竞争对手公平竞争的共同主观故意。关于串通招投标不正当竞争行为的证明标准，本院认为，在无直接证据证明被诉投标人和招标人通过意思联络形成了排挤该投标人竞争对手公平竞争的共同意图时，如果间接证据能够形成连贯一致、合乎逻辑、真实完整的证据链条，同时被诉投标人和招标人无法作出合理解释的，仍可认定被诉投标人和招标人之间串通招投标。具体到本案，综合在案全部证据，并无直接证据证明招标公司、森林公园管理处、爱婴公司之间通过意思联络形成了排挤瑞丰公司公平竞争的共同意图，本院将重点审查涉案项目招投标过程中的投标保证金交纳问题是否能间接证明招标公司、森林公园管理处、爱婴公司构成串通招投标。

首先，对于爱婴公司的投标保证金系由其法定代表人王礼燕以个人账户电汇至招标公司账户的问题，本院认为，我国《民法通则》第四十三条规定"企业法人对它的法定代表人和其他工作人员的经营活动，承担民事责任"，即反映了我国法律对公司法定代表人行为的立场，在无特殊情况下，法定代表人以公司名义对外进行各种活动代表公司行为，公司享有和承担代表主体产生的权利义务。本案中，爱婴公司表示认可其法定代表人王礼燕以个人账户电汇投标保证金至招标公司账户的行为系代表公司所为，承担代表人上述行为的法律后果。因此，本院认定爱婴公司足额交纳了投标保证金。其次，对于浩东公司、融海公司分别将 40 万元的转账支票缴至招标公司但未实际入账的问题，本院认为，投标保证金是投标人在招投标活动中，按照招标文件的要求，以一定形式的金额提交给招标人或其委托的招标代理机构或者交易平台，以保证招投标活动规范、有序、顺畅运作的责任担保金。投标保证金是约定而不是法定的，是否要求投标人提交投标保证金、以何种形式提交、未按要求提交投标保证金是否构成无效投标主要看招标文件是否有规定。本案中，涉案项目招标文件第十三条中关于保证金的交纳方式为"可以用支票倒存或银行电汇"，将"未能按规定时间和数额"提交投标保证金作为否决投标的理由，并没有排除"支票倒存或银行电汇"以外的交纳方式。最后，瑞丰公司未中标的原因为其租金出价低于爱婴公司，丧失与招标人订立合同的机会系其自身原因导致，涉案项目招投标过程中的投标保证金交纳问题，对中标结果无实质性影响，与瑞丰公司未中标之间不具有因果关系。

综上所述，本院认为，瑞丰公司未中标系其自身原因导致，本案无充分证据证明招标公司、森林公园管理处、爱婴公司通过意思联络达成了排挤瑞丰公司公平竞争的共同意图，亦无充分证据证明招标公司、森林公园管理处、爱婴公司实施了以不正当手段排挤瑞丰公司公平竞争的违法行为，即在案证据均不能直接或间接证明招标公司、森林公园管理处、爱婴公司构成串通招投标。所以，对于瑞丰公司关于确认招标公司所代理的济南森林公园西综合楼房屋租赁经营项目中标无效以及确认森林公园管理处与爱婴公司基于本次中标结果签订的房屋租赁合同关系无效的诉讼请求，缺乏事实和法律依据，不能成立，本院不予支持。原审法院认定招标公司在招标过程中差别对待，违反了招投标应遵循的公平、公正的原则，确认中标结果及基于此次中标结果签订的租赁合同均无效，证据不足，缺乏法律依据，本院依法予以纠正。

编者说明

串通投标是当前市场竞争中比较常见的顽疾。串通投标，是指投标人通过一定途径，秘密伙同招标人或其他投标人共同商量投标策略，串通投标报价，排斥其他投标人参与公平竞争或损害招标人利益，以非法手段谋取特定人中标的一种不正当竞争行为。一种是投标人之间相互串通，部分投标人之间串通排挤另一部分投标人或串通起来欺诈招标人；另一种是投标人与招标人相互勾结串通投标排挤其他投标人。当然还可能是招标代理机构与投标人串通起来欺诈招标人或者其他投标人。由于串通投标行为的隐蔽性，使得认定和查处工作难度较大。为此，《招标投标法实施条例》第三十九条至第四十一条规定了常见情形。因串通投标的意思表示具有隐秘性，主观意图较难证明，故司法实践一般依据高度盖然性标准认定串通投标行为，在无直接证据证明当事人通过意思联络形成排挤其他竞争对手公平竞争的共同意图时，如果相关间接证据能够形成连贯一致、合乎逻辑、真实完整的证据链条，且当事人无法作出合理解释的，即可认定存在串通投标。在电子招标投标情况下，可利用大数据等技术手段，通过开评标电子系统分析比对出投标文件中的内容异常一致、由同一单位或个人编制投标文件或办理投标事宜等行为，认定串通投标有了更高“技术”要求和更便利的技术条件。如不同投标人的投标文件由同一电子设备编制、打包加密或者上传，不同投标人的投标文件由同一投标人的电子设备打印、复印的，就可通过电子技术手段识别不同投标人的投标文件是否出自同一台电脑，进而来判断是否由同一单位或同一个人编制。一些地方就此已经作出相关规定。

第三十三条 【禁止以低于成本的报价竞标与骗取中标】投标人不得以低于成本的报价竞标,也不得以他人名义投标或者以其他方式弄虚作假,骗取中标。

【立法·要点注释】

本条是关于投标人不得以低于成本的报价竞标、不得以他人名义投标或者以其他方式弄虚作假骗取中标的规定。

1. 投标人不得以低于成本的报价竞争。这里讲的“低于成本”,是指低于投标人的为完成投标项目所需支出的个别成本。由于每个投标人的管理水平、技术能力与条件不同,即使完成同样的招标项目,其个别成本也不可能完全相同,管理水平高、技术先进的投标人,生产、经营成本低,有条件以较低的报价参加投标竞争,这是其竞争实力强的表现。实行招标投标的目的,正是为了通过投标人之间的竞争,特别在投标报价方面的竞争,择优选择中标者,因此,只要投标人的报价不低于自身的个别成本,即使是低于行业平均成本,也是完全可以的。对“低于成本的报价”的判定,在实践中是比较复杂的问题,需要根据每个投标人的不同情况加以确定。

2.“以他人名义投标”,在实践中多表现为一些不具备法定的或者招标文件规定的资格条件的单位或者个人,采取“挂靠”甚至直接冒名顶替的方法,以其他具备资格条件的企业、事业单位的名义进行投标竞争。

3.“以其他方式弄虚作假,骗取中标”,包括实践中存在的提交虚假的营业执照、提交虚假的资格证明文件(如伪造资质证书),虚报资质等级、虚报曾完成的工程业绩等弄虚作假的情况。投标活动中任何形式的弄虚作假行为都严重违背诚实信用的基本原则,严重破坏招标投标活动的正常秩序,必须予以禁止。

【行政法规】

1.《中华人民共和国招标投标法实施条例》(2019 年 3 月 2 日)

第四十二条 使用通过受让或者租借等方式获取的资格、资质证书投标的,属于招标投标法第三十三条规定的以他人名义投标。

投标人有下列情形之一的,属于招标投标法第三十三条规定的以其他方式弄虚作假的行为：

(一)使用伪造、变造的许可证件；

(二)提供虚假的财务状况或者业绩；

(三)提供虚假的项目负责人或者主要技术人员简历、劳动关系证明；

(四)提供虚假的信用状况；

(五)其他弄虚作假的行为。

【要点注释】

本条是关于弄虚作假投标的规定。

1. 使用通过受让或者租借方式获取的他人资质投标，不仅构成以他人名义投标，而且还伴有伪造负责人或者主要技术人员简历、劳动关系证明的行为。

2. 使用伪造、变造的许可证件，也即假造实际从未获取过的许可证件或者篡改获取的许可证件的许可范围、等级或有效期限等以欺瞒招标人。招标采购标的物的不同，决定了投标人需要具备不同的许可证件。如工程招标可能涉及的许可证件包括相关行政部门核发的营业执照、建筑业企业资质、安全生产许可证、专业人员注册执业资格证书等；服务招标可能涉及相关行政部门核发的营业执照、咨询服务企业资质或者资格、专业人员注册执业资格证书等；货物招标可能会涉及相关行政部门核发的安全生产许可证、工业产品生产或制造许可证、特种设备安全监察许可、强制认证等。

3. 提供虚假的财务状况或者业绩，是指投标人所提交的财务状况与其实际情况不符，或者虚构了实际并不存在的业绩。财务状况和业绩情况是考核投标人履约能力的重要指标，资格预审文件或者招标文件中一般均要求投标人提交能够证明其财务状况和业绩情况的证明材料，并在资格审查办法或者评标办法中设立相应的评审因素和标准。投标人为获得投标资格或者中标，往往根据资格审查办法或者评标办法中相应的评审因素和标准，有针对性地虚构其财务状况或者业绩。例如，招标文件规定投标人的资产负债率为85% ~95%时，该项评分为满分。某投标人实际资产负债率为150%，为保证该项评分得到满分，篡改由会计事务所出具的资产负债表。

4. 提供虚假的信用状况一般是指故意隐瞒投标人受到的行政处罚、违约，以及安全责任事故等情况。

5. 需要说明四点：一是本条规定专指投标人在招投标活动中以骗取中标为目的的弄虚作假，应当根据具体情况予以认定，但不应以事实上的中标作为弄虚作假的构成要件。二是弄虚作假也可能发生在资格预审活动中,以骗取投标资格。三是在串通投标行为中也存在投标人弄虚作假以帮助特定投标人中标的情形。串通投标与弄虚作假的法律责任有差别,如二者出现竞合,应当根据《招标投标法》和《条例》从严处罚,所不同的是串通投标为共同行为,而弄虚作假可能为单方行为,只需要对弄虚作假的当事人给予处罚。四是以恶意方式故意制造《条例》第四十条第(三)项规定的情形,致使其他投标人的投标被否决或者无法通过资格审查的,也构成弄虚作假。

2.《建设工程质量管理条例》(2019 年 4 月 23 日)

第十条 建设工程发包单位不得迫使承包方以低于成本的价格竞标,不得任意压缩合理工期。

建设单位不得明示或者暗示设计单位或者施工单位违反工程建设强制性标准,降低建设工程质量。

【部门规章及规范性文件】

1.《工程建设项目勘察设计招标投标办法》(2013 年 5 月 1 日)

第二十九条 投标人不得以他人名义投标,也不得利用伪造、转让、无效或者租借的资质证书参加投标,或者以任何方式请其他单位在自己编制的投标文件代为签字盖章,损害国家利益、社会公共利益和招标人的合法权益。

第三十条 投标人不得通过故意压低投资额、降低施工技术要求、减少占地面积,或者缩短工期等手段弄虚作假,骗取中标。

2.《工程建设项目施工招标投标办法》(2013 年 5 月 1 日)

第四十八条 投标人不得以他人名义投标。

前款所称以他人名义投标,指投标人挂靠其他施工单位,或从其他单位通过受让或租借的方式获取资格或资质证书,或者由其他单位及其法定代表人在自己编制的投标文件上加盖印章和签字等行为。

3.《房屋建筑和市政基础设施工程施工招标投标管理办法》(2019 年 3 月 13 日)

第三十一条 投标人不得以低于其企业成本的报价竞标,不得以他人名义投标或者以其他方式弄虚作假,骗取中标。

4.《建筑工程施工发包与承包违法行为认定查处管理办法》(2019 年 1 月 1 日)

第九条　本办法所称挂靠,是指单位或个人以其他有资质的施工单位的名义承揽工程的行为。

前款所称承揽工程,包括参与投标、订立合同、办理有关施工手续、从事施工等活动。

第十条　存在下列情形之一的,属于挂靠:

(一)没有资质的单位或个人借用其他施工单位的资质承揽工程的;

(二)有资质的施工单位相互借用资质承揽工程的,包括资质等级低的借用资质等级高的,资质等级高的借用资质等级低的,相同资质等级相互借用的;

(三)本办法第八条第一款第(三)至(九)项规定的情形,有证据证明属于挂靠的。

5.《机电产品国际招标投标实施办法(试行)》(2014 年 4 月 1 日)

第四十五条　禁止招标投标法实施条例第三十九条、第四十条、第四十一条、第四十二条所规定的投标人相互串通投标、招标人与投标人串通投标、投标人以他人名义投标或者以其他方式弄虚作假的行为。

【地方法院规定】

1.《安徽省高级人民法院关于审理建设工程施工合同纠纷案件适用法律问题的指导意见》(2009 年 5 月 4 日)

4. 同时符合下列情形的,应认定为挂靠经营,所签订的建设工程施工合同无效:

(1)实际施工人未取得建筑施工企业资质或者超越资质等级;

(2)实际施工人以建筑施工企业的分支机构、施工队或者项目部等形式对外开展经营活动,但与建筑施工企业之间没有产权联系,没有统一的财务管理,没有规范的人事任免、调动或聘用手续;

(3)实际施工人自筹资金,自行组织施工,建筑施工企业只收取管理费,不参与工程施工、管理,不承担技术、质量和经济责任。

2.《安徽省高级人民法院关于审理建设工程施工合同纠纷案件适用法律问题的指导意见(二)》(2014 年 1 月 1 日)

第一条 建筑施工企业的内部人员对外以企业名义承包工程,对内与企业签订承包协议,企业只收取管理费,不在资金、技术、设备、人力等方面提供支持,不承担技术、质量监管和经济责任的,应当认定为借用资质,以建筑施工企业名义与发包人签订的建设工程施工合同无效。

3.《北京市高级人民法院关于审理建设工程施工合同纠纷案件若干疑难问题的解答》(京高法发〔2012〕245 号,2012 年 8 月 6 日)

2.《最高人民法院关于审理建设工程施工合同纠纷案件适用法律问题的解释》(以下简称《解释》)第一条第(二)项规定的“没有资质的实际施工人借用有资质的建筑施工企业名义”承揽建设工程(即“挂靠”)具体包括哪些情形?

具有下列情形之一的,应当认定为《解释》规定的“挂靠”行为:

(1)不具有从事建筑活动主体资格的个人、合伙组织或企业以具备从事建筑活动资格的建筑施工企业的名义承揽工程;

(2)资质等级低的建筑施工企业以资质等级高的建筑施工企业的名义承揽工程;

(3)不具有施工总承包资质的建筑施工企业以具有施工总承包资质的建筑施工企业的名义承揽工程;

(4)有资质的建筑施工企业通过名义上的联营、合作、内部承包等其他方式变相允许他人以本企业的名义承揽工程。

4.《江苏省高级人民法院关于审理建设工程施工合同纠纷案件若干问题的意见》(苏高法审委〔2008〕26 号,2008 年 12 月 21 日)

第四条 有以下情形之一的,应当认定为没有资质的实际施工人借用有资质的建筑施工企业名义承揽建设工程(即通常所称的“挂靠”):

(一)不具有从事建筑活动主体资格的个人、合伙组织或企业以具备从事建筑活动资格的建筑企业的名义承揽工程;

(二)资质等级低的建筑企业以资质等级高的建筑企业的名义承揽

工程;

(三)不具有工程总包资格的建筑企业以具有总包资格的建筑企业的名义承揽工程;

(四)有资质的建筑企业通过其他违法方式允许他人以本企业的名义承揽工程的情形。

第五条 承包人之间具有下列情形之一的,可以认定为本意见第四条规定的"挂靠":

(一)相互间无资产产权联系,即没有以股份等方式划转资产的;

(二)无统一的财务管理,各自实行或者变相实行独立核算的;

(三)无符合规定要求的人事任免、调动和聘用手续的;

(四)法律、行政法规规定的其他情形。

第二十五条 挂靠人以被挂靠人名义订立建设工程施工合同,因履行该合同产生的民事责任,挂靠人与被挂靠人应当承担连带责任。

5.《江苏省高级人民法院建设工程施工合同案件审理指南》(2010年)

(三)建设工程施工合同的无效情形

……

2. 没有资质的实际施工人借用有资质的建筑施工企业名义的。

这种行为在实务中常被称为"挂靠行为"。其特征为:第一,挂靠人没有从事建筑活动的主体资格,或者虽有从事建筑活动的主体资格但没有具备其承揽的建设工程项目所要求的相应的资质等级。第二,挂靠人向被挂靠企业交纳一定数额的"管理费",这是挂靠的最重要的特征。第三,被挂靠人对挂靠人和其所承揽的工程不实施任何管理行为。第四,形式上合法,容易逃避建设行政主管部门和发包人的审查和监督。实践中判断是否是挂靠行为,可以从三个方面考察:(1)有无产权联系,即其资产是否以入股或合并等方式转入现单位;(2)有无统一的财务管理,不能以承包等名义搞变相的独立核算;(3)有无严格、规范的人事任免、调动聘用手续等。

具体说来,有下列情形之一,应当认定为没有资质的实际施工人借用有资质的建筑施工企业名义承揽建设工程,其签订的建设工程施工合同应当属于无效合同:(1)不具有从事建筑活动主体资格的个人、合伙组织或企业以具备从事建筑活动资格的建筑企业的名义承揽工程;(2)资质等级低的建筑企业以资质等级高的建筑企业的名义承揽工程;(3)不具有工程总包资格的建筑企业以具有总包资格的建筑企业的名义承揽工程;(4)有资质的建筑企业通过其他违法方式允许他人以本企业的名义承揽工程的情形。

……

6. 中标合同约定工程价款低于成本价的。

6.《广东省高级人民法院关于审理建设工程合同纠纷案件疑难问题的解答》(粤高法〔2017〕151 号,2017 年 7 月 19 日)

22. 实际施工人主张挂靠人和被挂靠人承担欠付工程款连带责任的如何处理

挂靠人以被挂靠人的名义承接工程后,又将工程进行分包或转包,实际施工人主张挂靠人和被挂靠人承担欠付工程款连带责任的,应区分情形处理:挂靠人以被挂靠人名义对外签订分包或转包合同的,挂靠人和被挂靠人承担连带付款责任;挂靠人以自己名义对外签订分包或转包合同的,挂靠人承担付款责任。

23. 挂靠人主张被挂靠人和发包人承担欠付工程款连带责任的如何处理

因发包人欠付工程款,挂靠人主张被挂靠人和发包人承担欠付工程款的连带责任的,不予支持,但挂靠人和被挂靠人之间的合同明确约定被挂靠人承担支付工程款义务的除外。挂靠人主张被挂靠人支付已收取但尚未转付工程款的,应予支持。

7.《广东省高级人民法院关于审理建设工程施工合同纠纷案件若干问题的指导意见》(粤高法发〔2011〕37 号,2011 年 7 月 26 日)

十四、挂靠人以被挂靠人的名义与发包人订立建设工程施工合同,被挂靠人与挂靠人应当对施工合同债务承担连带责任,但建设工程施工合同明确约定被挂靠人不承担责任的除外。

8.《四川省高级人民法院关于审理建设工程施工合同纠纷案件若干疑难问题的解答》(川高法民一〔2015〕3 号,2015 年 3 月 16 日)

5. 如何认定借用资质(挂靠)?

借用资质(挂靠)是指没有建筑施工资质的企业或个人以其他建筑施工企业的名义,资质等级低的建筑施工企业以资质等级高的建筑施工企业名义,没有施工总承包资质的建筑施工企业以具有施工总承包资质的建筑施工企业名义承揽工程的行为,或者有资质的建筑施工企业通过名义上的联营、合作、内部承包等其他违法方式允许他人以本企业的名义承揽工程的行为。

前述所称承揽工程,包括参与投标、订立合同、办理有关施工手续、从事施工等活动。

审判实践中,可以结合下列情形综合认定是否属于借用资质(挂靠):

(一)借用资质(挂靠)人通常以出借资质(被挂靠)人的名义参与招投标、与发包人签订建筑施工合同,借用资质(挂靠)人与出借资质(被挂靠)人之间没有产权联系,没有劳动关系,没有财务管理关系的;

(二)借用资质(挂靠)人在施工现场派驻的项目负责人、技术负责人、质量管理负责人、安全管理负责人中一人以上与出借资质(被挂靠)人没有订立劳动合同,或没有建立劳动工资或社会养老保险关系的;

(三)借用资质(挂靠)人承揽工程经营方式表现为自筹资金,自行组织施工,自主经营,自负盈亏。出借资质(被挂靠)人只收取管理费(包括为确保管理费收取为目的的出借账户),不参与工程施工、管理,不承担工程技术、质量和经济责任的;

(四)出借资质(被挂靠)人与发包人之间没有实质上工程款收付关系,均是以“委托支付”、“代付”等其他名义进行工程款支付,或者仅是过账转付关系的;

(五)施工合同约定由出借资质(被挂靠)人负责采购主要建筑材料、构配件及工程设备或租赁施工机械设备,实际并非由出借资质(被挂靠)人进行采购、租赁,或者出借资质(被挂靠)人不能提供有关采购、租赁合同及发票等证明,又不能进行合理解释并提供证据证明的;

(六)法律、行政法规规定的其他借用资质(挂靠)情形。

30. 对转包、违法分包、借用资质非法所得如何处理?

承包人转包、违法分包建设工程或者没有资质的实际施工人借用有资质的建筑施工企业名义与他人签订的建设工程施工合同被认定无效后,人民法院可以根据《中华人民共和国民法通则》第一百三十四条的规定,对承包人转包、违法分包建设工程已经取得的非法所得、出借资质的建筑施工企业因出借行为已经取得的非法所得、实际施工人因承建工程已经取得的非法所得予以收缴。

9.《重庆市高级人民法院关于当前民事审判若干法律问题的指导意见》(2007年11月22日)

14. 挂靠施工的结算。根据最高人民法院《关于审理建设工程施工合同纠纷案件适用法律问题的解释》第二十六条的规定,实际施工人可以直接起诉发包人,请求发包人在拖欠工程款的范围内承担清偿工程款的责任,并追加承包人、转包人或者违法分包人为共同被告或者第三人。此种保护实际施工人的规定在实践中不应过于泛化。如实际施工人未向发包人主张权利,被挂靠的施工企业基于合同关系向发包人请求支付工程款,发包人以施工企业不是实际施工人为由提出抗辩并拒绝支付工程款的,人民法院不必然追加实际施工人为第三人,但应将诉讼情况通知实际施工人;发包人要求扣除其向实际施工人的已付款,经审查确已支付且付款正当的,可以支持。

10.《河北省高级人民法院建设工程施工合同案件审理指南》(冀高法〔2018〕44号,2018年6月13日)

49. 挂靠人以自己名义与材料设备供应商签订买卖合同,材料设备供应商起诉要求被挂靠单位承担合同责任的,不予支持。挂靠人以被挂靠单位名义签订合同,一般应由被挂靠单位和挂靠人共同承担责任,但材料设备供应商签订合同时明知挂靠的事实,并起诉要求被挂靠人承担合同责任的,人民法院不予支持。

非法转包人、违法分包人未经施工企业授权,以施工企业项目部名义对外签订买卖、租赁等合同,施工企业是否承担民事责任适用《合同法》第四十九条的规定。有证据证实合同标的用于工程或施工合同履行过程中施工企业对项目部的行为进行过认可的,可以认定债权人有理由相信非法转包人、违法分包人有代理权。

非法转包人、违法分包人未经施工企业授权,以施工企业项目部名义对外签订借款合同,应按照《最高人民法院关于民间借贷案件适用法律若干问题的规定》严格审查借贷的基础事实,包括借款的数额、利息等,并审查借款的用途。有证据证实借款实际发生且用于工程或施工合同履行过程中施工企业对项目部的行为进行过认可的,可以认定债权人有理由相信非法转包人、违法分包人有代理权。

53. 实际施工人与施工企业之间存在挂靠关系,行为人私刻施工企业印章的,施工企业不能证明合同相对人对私刻印章的情形是明知的,施工企业应承担相应的民事责任。

11.《福建省高级人民法院关于审理建设工程施工合同纠纷案件疑难问题的解答》(2007 年 11 月 22 日)

3. 问:被挂靠单位(出借名义的建筑施工企业)是否应对挂靠人在施工过程中的转包、购买施工材料等行为承担责任?

答:挂靠人以自己的名义将工程转包或者与材料设备供应商签订购销合同,实际施工人或者材料设备供应商起诉要求被挂靠单位承担合同责任的,不予支持;挂靠人以被挂靠单位的名义将工程转包或者与材料设备供应商签订购销合同的,一般应由被挂靠单位承担合同责任,但实际施工人或者材料设备供应商签订合同时明知挂靠的事实,并起诉要求挂靠人承担合同责任的,由挂靠人承担责任。

4. 问:发包人与无相应施工资质的承包人签订建设工程施工合同,承包人依合同取得的工程价款超过其实际施工成本的,超过部分是否应予收缴?承包人非法转包、违法分包、出借资质而依合同约定取得的"挂靠费"、"管理费"等是否应当收缴?

答:承包人无相应施工资质,所签订的建设工程施工合同虽然无效,但最高人民法院《关于审理建设工程施工合同纠纷案件适用法律问题的解释》第二条规定:"建设工程施工合同无效,但建设工程经竣工验收合格,承包人请求参照合同约定支付工程价款的,应予支持。"因此,对承包人依合同取得的工程价款不应予以收缴。

对承包人因非法转包、违法分包建设工程而已经取得的利益,或者建筑施工企业因出借施工资质而已经取得的利益,例如,"挂靠费"、"管理费"等,人民法院可以根据我国《民法通则》第一百三十四条的规定予以收缴,但建设行政机关已经对此予以行政处罚的,人民法院不应重复予以制裁。

12.《山东省高级人民法院关于审理建筑工程承包合同纠纷案件若干问题的意见》(1998 年 10 月 30 日)

22. 不具有资质证书或不具有相应资质证书的建筑施工队伍挂靠其他建筑施工企业承揽建筑工程,无论是以自己的名义签订合同,还是以挂靠单位的名义对外签订合同,应一律认定无效。但被挂靠单位以自己的名义与建设单位签订建筑工程承包合同,将承揽的工程交给挂靠单位施工的,不影响建筑工程承包合同的效力。

【最高人民法院裁判案例】

1. 中建三局集团有限公司与佛山市顺德区国信实业有限公司建设工程施工合同纠纷案[(2018)最高法民申4697号]

裁判要旨:《招标投标法》所称的"低于成本",是指低于投标人为完成投标项目所需支出的个别成本,而不是低于社会平均成本。

最高人民法院经审查认为,关于本案应以何种计价标准确定案涉工程土建部分造价问题。中建三局以广东诚安信工程造价咨询有限公司作出的《报告书》主张丰帆公司依据2005年12月13日《君御花园商住楼一期工程施工合同》约定的计价方式作出的《报告书》鉴定意见明显低于成本价,根据《招标投标法》的规定其不能以此作为结算依据;本案应按成本价结算才合乎公平。本院认为,如前所述,2005年12月13日《君御花园商住楼一期工程施工合同》有效,该合同及其附件对工程款的计算方式作出了详细约定,本案应按照合同约定进行结算。丰帆公司作出的《报告书》是以该合同为依据,鉴定程序合法且经双方当事人质证。原判决以该《报告书》作为认定案涉工程土建部分造价的依据,并无不当。《招标投标法》所称的"低于成本",是指低于投标人为完成投标项目所需支出的个别成本。由于每个投标人的管理水平、技术能力与条件不同,即使完成同样的招标项目,其个别成本也不可能完全相同。管理水平高、技术先进的投标人,生产、经营成本低,有条件以较低的报价参加投标竞争,这是其竞争实力强的表现。因此,只要投标人的报价不低于自身的个别成本,即使是低于行业平均成本,亦无不可。本案中,广东诚安信工程造价咨询有限公司参照佛山市材料信息平均价或市场价就案涉土建工程作出的不含利润的鉴定造价,属于当地建筑市场的社会平均成本,即使以低于该社会平均成本的价格作为标准确定合同价格,也并不当然属于《招标投标法》所称的"低于成本"的情形。本案中,除广东诚安信工程造价咨询有限公司作出的《报告书》之外,中建三局并未提供其他证据证明存在合同约定价格低于中建三局个别成本的情形,其应自行承担相应的不利后果。中建三局以丰帆公司《报告书》的鉴定价格明显低于成本价为由主张原判决认定工程价款有误,本院不予支持。

2. 郑南轩与菏泽市实业开发公司、菏泽市北城建筑工程公司建设工程合同纠纷案[(2014)民提字第 116 号]

裁判要旨:实际施工人挂靠有资质的施工企业借用其名义投标承包工程,属于以他人名义投标的弄虚作假行为;没有资质的实际施工人借用有资质的建筑施工企业名义所签建设工程施工合同应认定无效。

最高人民法院认为,实业公司综合楼工程缘起于实业公司与蒋林机、汪帮能签订的《建房合作合同》。在《建房合作合同》中,实业公司与蒋林机、汪帮能明确约定,由后者负责提供建设资金、组织承建,并向实业公司招标的公司提供管理费用。实业公司后对该工程进行了招标,北城建筑公司中标。在中标之前,北城建筑公司与郑南轩签订了《施工合作协议书》,约定北城建筑公司负责投标中的工作和中标后施工单位所需手续的办理,郑南轩承担施工合同中的全部事宜,一次性上交北城建筑公司管理费五万元。由此可见,北城建筑公司虽然参与了实业公司综合楼工程的投标,并在中标后与实业公司签订了《建设工程施工合同》,但这仅仅是为了完善程序和形式之需,事实上北城建筑公司并未实际建设施工,其通过另行与郑南轩签订《施工合作协议书》,将中标项目全部转让给了郑南轩,成为只提供资质、收取管理费的挂名承包人,郑南轩才是综合楼工程的实际承包人。郑南轩通过借用北城建筑公司的资质取得投标项目并具体施工建设,与北城建筑公司之间形成挂靠关系。实业公司对此完全知情并认可,这也符合其在《建房合作合同》中的预先约定。实业公司工程经营部与郑南轩于 2001 年 12 月 2 日以及 2003 年 1 月 18 日两次签订《建筑安装工程承包合同》,将全部工程交由郑南轩承建,工程完工后实业公司与郑南轩直接进行对账结算等均可以进一步证明此点。《招标投标法》第四十八条规定:"中标人应当按照合同约定履行义务,完成中标项目。中标人不得向他人转让中标项目,也不得将中标项目肢解后分别向他人转让。"建设工程案件司法解释第一条规定:没有资质的实际施工人借用有资质的建筑施工企业名义签订的建设工程施工合同应当认定无效。因此,实业公司、北城建筑公司与郑南轩之间签订的《建设工程施工合同》《施工合作协议书》因违反了《招标投标法》和建设工程案件司法解释的规定,均应认定为无效。

【法院参考案例】

1. 金昌市隆凯建筑安装有限公司与金昌富云商贸运输有限公司建设工程施工合同纠纷案[(2015)甘民一终字第 87 号]

裁判要旨:鉴定单位作出的司法鉴定结论系根据建筑行业主管部门颁布的工程定额标准和价格信息进行编制的,而定额和价格信息反映的是建筑市场建筑成本的平均值,不能证明施工企业的个别成本。

甘肃省高级人民法院认为,(1)关于《招标投标法》第三十三条、《建设工程质量管理条例》第十条的立法目的及对本案的适用性问题。上述法律法规禁止投标人以低于成本的价格竞标,其目的是保证投标市场的正常秩序,维护市场公平竞争。而本案中,合同单价是经双方商议形成的,并未进行招投标,亦即双方客观上和主观上并无以低于成本价投标、排挤其他竞争对手的故意,其议价行为本身并未损害社会公益。即便上诉人隆凯公司签订合同时有压价揽活的故意,其也不应以主张自己行为无效的方式来获取高于合同约定的利益,这与民法的诚信原则相悖,不应予以支持。(2)关于成本价。上诉人主张一审鉴定单位作出的涉案工程单方造价 1584.4 元/m^2 为成本价。本院认为,首先,该鉴定价中除直接费、规费、税金等直接支出费用外,还包含利润等其他非成本费用。其次,鉴定单位作出的司法鉴定结论系根据建筑行业主管部门颁布的工程定额标准和价格信息进行编制的,而定额和价格信息反映的是建筑市场建筑成本的平均值。由于每个施工企业存在自身的个别成本,个别成本与企业规模、管理水平相关,故鉴定结论并不能证明上诉人与被上诉人签订的合同单价低于上诉人的个别成本。同时,亦无证据证实被上诉人强迫上诉人签订合同单价,也无证据证实上诉人系非自愿签订的合同单价,故其主张约定无效,亦有违诚实。综上,在本案中,双方约定的合同单价 1150 元/m^2 并不存在排挤其他竞争对手、损害社会公益的故意,不适用《招标投标法》第三十三条、《建设工程质量管理条例》第十条的规定。上诉人在未以约定显失公平提出变更或撤销的情形下,欲以自身行为违反法律法规规定进而主张无效的方式获取合同外利益,有违民法的诚实信用原则。本案应依照被上诉人的主张,参照双方约定的单价 1150 元/m^2 计算案涉工程价款。

2. 南通市通州百盛市政工程有限公司与苏州市吴江东太湖综合开发有限公司建设工程施工合同纠纷案[(2014)苏民终字第 00367 号]

裁判要旨:《招标投标法》第三十三条规定,投标人不得以低于成本的报价竞标。该规定旨在规范投标人的行为,防止投标人为排挤其他竞争对手以低于成本价投标,从而维护公平竞争秩序和招投标项目质量。上述规定中的"成本"应指投标企业的个别成本,鉴定机构依据社会平均成本作出的鉴定结论不能当然作为认定投标人投标价低于其企业个别成本的依据。投标人在自主投标并中标后,又以工程价款低于成本价为由主张合同无效,有违诚实信用原则,人民法院不予支持。

江苏省高级人民法院认为,关于争议焦点一,百盛市政公司与东太湖开发公司通过招投标程序签订的《建筑工程施工合同》为当事人真实意思表示,不违反法律、行政法规的强制性规定,依法应认定为有效。理由是:

首先,关于工程审批问题,《招标投标法》第九条规定:"招标项目按照国家有关规定需要履行项目审批手续的,应当先履行审批手续,取得批准。"涉案工程在招标前,水利部、江苏省人民政府水规计〔2008〕72 号文件已批复同意了东太湖综合整治规划,江苏省发展和改革委员会事后又以苏发改农经发〔2010〕870 号文件批复同意了东太湖综合整治工程初步设计,故涉案工程已履行了相关审批手续,东太湖开发公司的招标行为符合法律规定。百盛市政公司以东太湖开发公司的招标行为违法为由主张双方签订的《建筑工程施工合同》无效,没有事实和法律依据,不予支持。

其次,关于最高限价问题,双方当事人系采取最高限价的方式进行的招投标并签订的《建筑工程施工合同》,目前法律对于最高限价与标底之间的浮动幅度并无强制性规定,苏州市工程造价管理处制定的苏建价便〔2008〕2 号文件不能作为认定合同无效的依据。且本案中,东太湖开发公司没有采取标底招标方式,而是采用最高限价方式招标,标底并非其确定最高限价的依据。百盛市政公司以最高限价与标底之间超过了合理浮动幅度为由主张《建筑工程施工合同》无效,于法无据,不予支持。

最后,关于成本问题,《招标投标法》第三十三条规定,投标人不得以低于成本的报价竞标。该规定旨在规范投标人的行为,防止投标人为排挤其他竞争对手以低于成本价投标,从而维护公平竞争秩序和招投标项目质量。上述规定中的"成本"应指投标企业的个别成本。姑苏造价事务所出具的鉴定结论系依据建筑行业主管部门颁布的工程定额标准和价格信息编制的,而定额和价格信息反映的是建筑市场的社会平均成本。企业个别成本与企业规模、管理水平相关,管理水平越高的企业其个别成本越低,故姑苏造价事务所出具的鉴定结论并不能当然作为认定百盛市政公司投标价低于其企业个别成本的依据。更何况,鉴定结论载明对于招标范围内的工程,在采用市场询价得出的成本价载重按每车 $16m^3$ 计算时,无论是按照投标时成本价还是实际施工期成本价,均低于东太湖开发公司的最高限价。现百盛市政公司没有提供证据证明其企业的个别成本,故其主张《建筑工程施工合同》约定的工程价款低于成本价,亦不予支持。本案中,百盛市政公司作为专业从事市政工程的单位,应能够依据招标时的工程量清单准确核算工程量,据此判断最高限价是否低于其个别成本而选择是否参加投标,现百盛市政公司在自主投标并中标后,又以工程价款低于成本价为由主张《建筑工程施工合同》无效,有违诚实信用原则,对其主张不予采信。

3. 河南众恒控制工程有限公司与焦作市中晶纳米科技有限公司招标投标买卖合同纠纷案[(2014)焦民二终字第00010号]

裁判要旨:投标人不具备投标人资格条件,在投标文件中使用伪造、变造的有关生产许可证和产品鉴定证书等方式弄虚作假,骗取中标,中标无效。

焦作市中级人民法院认为,本案系中晶公司与众恒公司之间的招标投标买卖合同关系,中晶公司为买受人(招标人),众恒公司为出卖人(中标人)。众恒公司不具备中晶公司《招标文件》中对投标人资格条件的规定,违背诚实信用的原则,在其《投标文件》中使用伪造、变造的有关生产许可证和产品鉴定证书等方式弄虚作假,骗取中标,该中标应为无效。双方签订的《采购合同》是基于中标而签订的,众恒公司违反我国《招标投标法》《招标投标法实施条例》规定,弄虚作假,骗取中标,故该《采购合同》无效。中晶公司要求确认合同无效,判令众恒公司返还设备款298万元,理由正当,应予支持。中晶公司变更诉讼请求并对其他经济损失依法保留追偿的权利,是在法律规定的范围内处分自己的民事权利和诉讼权利,符合法律规定,应予准许。众恒公司在一审的抗辩及反诉违背诚实信用原则,没有法律依据,本院不予采信及支持。原审判决认定事实清楚,适用法律正确。上诉人众恒公司的上诉理由不能成立。

编者说明

投标报价是投标人参与投标竞争的重要竞争因素，在某些项目甚至是决定性因素。投标人为了谋取中标，可能以低于自身成本的价格作为投标报价参与市场竞争，以排挤其他竞争对手，该行为不仅不具有可持续性，影响项目质量，也会导致不公平竞争。在评标过程中，如果评标委员会发现投标人的报价明显低于其他投标报价或者在设有标底时明显低于标底，使得可能低于其个别成本时，应当要求该投标人作出书面说明并提供相关证明材料。投标人不能合理说明或者不能提供相关证明材料的，评标委员会应当认定该投标人以低于成本报价竞标，否决其投标。何谓"低于成本"，现行法律并没有具体规定。根据最高人民法院裁判观点，这里的"成本"，是指投标人为完成投标项目所需支出的个别成本，而不是社会平均成本。

弄虚作假骗取中标的行为也较为常见。《招标投标法实施条例》第四十二条对弄虚作假投标行为进行了界定，弄虚作假投标可以分为投标人以他人名义投标（即投标人身份造假，就是采取"挂靠"甚至直接冒名顶替的方法，以其他法人、非法人组织的名义进行投标竞争）和投标文件内容造假两种行为。实践中，只要是投标人在投标文件中虚构事实或隐瞒真相，提供与实际情况不符的虚假材料，以证明其符合投标资格条件，增强竞争优势，谋取中标的行为，不论是故意为之还是疏忽过失所致，都可认定为弄虚作假行为。

第四章　开标、评标和中标

第三十四条　【开标的时间与地点】开标应当在招标文件确定的提交投标文件截止时间的同一时间公开进行；开标地点应当为招标文件中预先确定的地点。

【立法·要点注释】

1. 开标时间应当在提供给每一个投标人的招标文件中事先确定，以使每一投标人都能事先知道开标的准确时间，以便届时参加，确保开标过程的公开、透明。

2. 开标时间应与提交投标文件的截止时间相一致。这样规定的目的是防止招标人或者投标人利用提交投标文件的截止时间以后与开标时间之前的一段时间间隔做手脚，进行暗箱操作。世界银行采购指南规定，开标时间应该和招标通告中规定的截标时间相一致或随后马上宣布。其中，“马上”的含义可理解为需留出合理的时间把投标书运到公开开标的地点。

3. 开标应当公开进行。所谓公开进行，就是开标活动都应当向所有提交投标文件的投标人公开，应当使所有提交投标文件的投标人到场参加开标。只有公开开标，才能体现和维护公开透明、公平公正的原则。

4. 招标人如果确有特殊原因，需要变动开标地点，则应当按照本法第二十三条的规定对招标文件作出修改，作为招标文件的补充文件，书面通知每一个提交投标文件的投标人。

【行政法规】

《中华人民共和国招标投标法实施条例》（2019年3月2日）

第四十四条　招标人应当按照招标文件规定的时间、地点开标。

投标人少于3个的，不得开标；招标人应当重新招标。

投标人对开标有异议的，应当在开标现场提出，招标人应当当场作出答复，并制作记录。

【要点注释】

本条是关于开标的规定。

1.《招标投标法》第二十八条规定，投标人少于3个的，招标人应当重新招标。为保证重新招标的竞争性，保护投标人的权益，本条进一步规定，投标人少于3个的，招标人不得开标，以免泄露投标人的投标信息。在此情况下，招标人还应当分析导致这种结果的原因并予以纠正。资格预审文件和招标文件存在《条例》第二十三条规定情形的，依法必须招标项目的招标人应当修改资格预审文件或者招标文件后再重新招标。

2. 异议应当在开标现场提出并答复。开标现场可能会出现对投标文件提交、截标时间、开标程序、投标文件密封检查和开封、唱标内容、标底价格的合理性、开标记录、唱标次序等的争议，以及投标人和招标人或者投标人相互之间是否存在《条例》第三十四条规定的利益冲突的情形，这些争议和问题如不及时加以解决，将影响招投标的有效性以及后续评标工作，事后纠正存在困难或者无法纠正。因此，本条规定，对于开标中的问题，投标人认为不符合有关规定的，应当在开标现场提出异议。异议成立的，招标人应当及时采取纠正措施，或者提交评标委员会评审确认；投标人异议不成立的，招标人应当当场给予解释说明。异议和答复应记入开标会记录或者制作专门记录以备查。

3. 需要说明两点：一是根据《招标投标法》第三十五条规定，招标人有邀请所有投标人参加开标会的义务，投标人有放弃参加开标会的权利。招标人在招标文件中规定投标人必须出席开标会的，投标人应当委派代表出席。二是开标工作人员包括监督人员不应在开标现场对投标文件作出有效或者无效的判断处理。

【部门规章及规范性文件】

1.《工程建设项目勘察设计招标投标办法》(2013年5月1日)

第三十一条 开标应当在招标文件确定的提交投标文件截止时间的同一时间公开进行；除不可抗力原因外，招标人不得以任何理由拖延开标，或者拒绝开标。

投标人对开标有异议的，应当在开标现场提出，招标人应当当场作出答复，并制作记录。

2.《工程建设项目施工招标投标办法》(2013年5月1日)

第四十九条 开标应当在招标文件确定的提交投标文件截止时间的同

一时间公开进行；开标地点应当为招标文件中确定的地点。

投标人对开标有异议的，应当在开标现场提出，招标人应当当场作出答复，并制作记录。

3.《工程建设项目货物招标投标办法》(2013 年 5 月 1 日)

第四十条　开标应当在招标文件确定的提交投标文件截止时间的同一时间公开进行；开标地点应当为招标文件中确定的地点。

投标人或其授权代表有权出席开标会，也可以自主决定不参加开标会。

投标人对开标有异议的，应当在开标现场提出，招标人应当当场作出答复，并制作记录。

4.《房屋建筑和市政基础设施工程施工招标投标管理办法》(2019 年 3 月 13 日)

第三十二条　开标应当在招标文件确定的提交投标文件截止时间的同一时间公开进行；开标地点应当为招标文件中预先确定的地点。

5.《机电产品国际招标投标实施办法(试行)》(2014 年 4 月 1 日)

第四十六条　开标应当在招标文件确定的提交投标文件截止时间的同一时间公开进行；开标地点应当为招标文件中预先确定的地点。开标由招标人或招标机构主持，邀请所有投标人参加。

投标人少于 3 个的，不得开标，招标人应当依照本办法重新招标；开标后认定投标人少于 3 个的应当停止评标，招标人应当依照本办法重新招标。重新招标后投标人仍少于 3 个的，可以进入两家或一家开标评标；按国家有关规定需要履行审批、核准手续的依法必须进行招标的项目，报项目审批、核准部门审批、核准后可以不再进行招标。

认定投标人数量时，两家以上投标人的投标产品为同一家制造商或集成商生产的，按一家投标人认定。对两家以上集成商或代理商使用相同制造商产品作为其项目包的一部分，且相同产品的价格总和均超过该项目包各自投标总价 60% 的，按一家投标人认定。

对于国外贷款、援助资金项目，资金提供方规定当投标截止时间到达时，投标人少于 3 个可直接进入开标程序的，可以适用其规定。

第四十八条　投标人对开标有异议的，应当在开标现场提出，招标人或招标机构应当当场作出答复,并制作记录。

第三十五条 【开标参加人】 开标由招标人主持,邀请所有投标人参加。

【立法·要点注释】

本条是关于开标主持人与参加人的规定。

1. 招标人自行办理招标事宜的,当然得自行主持开标;招标人委托招标代理机构办理招标事宜的,可以由招标代理机构按照委托招标合同的约定负责主持开标事宜。

2. 招标人应邀请所有投标人参加开标,以确保开标在所有投标人的参与、监督下,按照公开、透明的原则进行。参加开标是每一投标人的法定权利,招标人不得以任何理由排斥、限制任何投标人参加开标。

【部门规章及规范性文件】

《电子招标投标办法》(2013 年 5 月 1 日)

第二十九条 电子开标应当按照招标文件确定的时间,在电子招标投标交易平台上公开进行,所有投标人均应当准时在线参加开标。

第三十六条 【开标方式】 开标时,由投标人或者其推选的代表检查投标文件的密封情况,也可以由招标人委托的公证机构检查并公证;经确认无误后,由工作人员当众拆封,宣读投标人名称、投标价格和投标文件的其他主要内容。

招标人在招标文件要求提交投标文件的截止时间前收到的所有投标文件,开标时都应当当众予以拆封、宣读。

开标过程应当记录,并存档备查。

【立法·要点注释】

本条是关于开标程序、开标要求及开标应当记录的规定。

1. 检查投标文件的密封情况,投标人数较少时,可由投标人自行检查;投标人数较多时,也可以由投标人推举代表进行检查。招标人也可以根据情况委托公证机构进行检查并公证。所谓公证,是指国家专门设立的公证机构根据法律的规定和当事人的申请,按照法定的程序证明法律行为、有法律意义的事实和文书的真实性、合法性的非诉讼活动。

2. 宣读投标人名称、投标价格和投标文件的其他主要内容。其他主要内容,主要是指投标报价有无折扣或者价格修改等。如果要求或者允许报替代方案的话,还应包括替代方案投标的总金额。

3. 招标人在招标文件要求提交投标文件的截止时间前收到的所有投标文件,开标时都应当当众予以拆封,不能遗漏,否则就构成对投标人的不公正对待。如果是招标文件所要求的提交投标文件的截止时间以后收到的投标文件,则应不予开启,原封不动地退回。

4. 开标过程进行记录,要求对开标过程中的重要事项进行记载,包括开标时间,开标地点,开标时具体参加单位、人员,唱标的内容,开标过程是否经过公证等都要记录在案。记录以后,应当作为档案保存起来,以方便查询。任何投标人要求查询,都应当允许。

【部门规章及规范性文件】

1.《房屋建筑和市政基础设施工程施工招标投标管理办法》(2019年3月13日)

第三十三条　开标由招标人主持,邀请所有投标人参加。开标应当按照下列规定进行:

由投标人或者其推选的代表检查投标文件的密封情况,也可以由招标人委托的公证机构进行检查并公证。经确认无误后,由有关工作人员当众拆封,宣读投标人名称、投标价格和投标文件的其他主要内容。

招标人在招标文件要求提交投标文件的截止时间前收到的所有投标文件,开标时都应当当众予以拆封、宣读。

开标过程应当记录,并存档备查。

第三十四条　在开标时,投标文件出现下列情形之一的,应当作为无效投标文件,不得进入评标:

(一)投标文件未按照招标文件的要求予以密封的;

(二)投标文件中的投标函未加盖投标人的企业及企业法定代表人印章的,或者企业法定代表人委托代理人没有合法、有效的委托书(原件)及委托代理人印章的;

(三)投标文件的关键内容字迹模糊、无法辨认的;

(四)投标人未按照招标文件的要求提供投标保函或者投标保证金的;

(五)组成联合体投标的,投标文件未附联合体各方共同投标协议的。

2.《机电产品国际招标投标实施办法(试行)》(2014 年 4 月 1 日)

第四十七条 开标时,由投标人或者其推选的代表检查投标文件的密封情况,也可以由招标人委托的公证机构检查并公证;经确认无误后,由工作人员当众拆封,宣读投标人名称、投标价格和投标文件的其他主要内容。

招标人在招标文件要求提交投标文件的截止时间前收到的所有投标文件,开标时都应当当众予以拆封、宣读。

投标人的开标一览表、投标声明(价格变更或其他声明)都应当在开标时一并唱出,否则在评标时不予认可。投标总价中不应当包含招标文件要求以外的产品或服务的价格。

第四十九条 招标人或招标机构应当在开标时制作开标记录,并在开标后 3 个工作日内上传招标网存档。

3.《电子招标投标办法》(2013 年 5 月 1 日)

第三十条 开标时,电子招标投标交易平台自动提取所有投标文件,提示招标人和投标人按招标文件规定方式按时在线解密。解密全部完成后,应当向所有投标人公布投标人名称、投标价格和招标文件规定的其他内容。

第三十一条 因投标人原因造成投标文件未解密的,视为撤销其投标文件;因投标人之外的原因造成投标文件未解密的,视为撤回其投标文件,投标人有权要求责任方赔偿因此遭受的直接损失。部分投标文件未解密的,其他投标文件的开标可以继续进行。

招标人可以在招标文件中明确投标文件解密失败的补救方案,投标文件应按照招标文件的要求作出响应。

第三十二条 电子招标投标交易平台应当生成开标记录并向社会公众公布,但依法应当保密的除外。

第三十七条　【评标委员会】评标由招标人依法组建的评标委员会负责。

依法必须进行招标的项目，其评标委员会由招标人的代表和有关技术、经济等方面的专家组成，成员人数为五人以上单数，其中技术、经济等方面的专家不得少于成员总数的三分之二。

前款专家应当从事相关领域工作满八年并具有高级职称或者具有同等专业水平，由招标人从国务院有关部门或者省、自治区、直辖市人民政府有关部门提供的专家名册或者招标代理机构的专家库内的相关专业的专家名单中确定；一般招标项目可以采取随机抽取方式，特殊招标项目可以由招标人直接确定。

与投标人有利害关系的人不得进入相关项目的评标委员会；已经进入的应当更换。

评标委员会成员的名单在中标结果确定前应当保密。

【立法·要点注释】

本条是关于评标委员会的组成及评标委员会成员的资格的规定。

1. 所谓评标，是指按照规定的评标标准和方法，对各投标人的投标文件进行评价比较和分析，从中选出最佳投标人的过程。

2. 对于依法必须进行招标的项目即法定强制招标的项目，评标委员会的组成必须符合本条第二款、第三款的规定；对法定强制招标项目以外的自愿招标项目的评标委员会的组成，本法未作规定，招标人可以自行决定。

3. 评标委员会须由下列人员组成：(1)招标人的代表参加评标委员会，以在评标过程中充分表达招标人的意见，与评标委员会的其他成员进行沟通，并对评标的全过程实施必要的监督。(2)由招标项目相关专业的技术专家参加评标委员会，对投标文件所提方案的技术上的可行性、合理性、先进性和质量可靠性等技术指标进行评审比较，以确定在技术和质量方面确能满足招标文件要求的投标。(3)由经济方面的专家对投标文件所报的投标价格、投标方案的运营成本、投标人的财务状况等投标文件的商务条款进行评审比较，以确定在经济上对招标人最有利的投标。(4)根据招标项目的不同情况，招标人还可聘请除技术专家和经济专家以外的其他方面的专家参加评标委员会。比如,对一些大型的或国际性的招标采购项目,还可聘请法律方面的专家参加评标委员会,以对投标文件的合法性进行审查把关。

4. 要求评标委员会成员人数须为单数,以便于在各成员评审意见不一致时,可按照多数通过的原则产生评标委员会的评审结论,推荐中标候选人或直接确定中标人。

5. 由于招标项目是由招标人提出的,评标委员会也是由招标人依法组建的,因此,参加评标委员会的专家也应由招标人来确定。国务院有关部门或省级人民政府有关部门只是提供专家名册,由招标人从中挑选符合条件的专家,而不是由政府有关部门直接指定进入评标委员会的专家,否则就构成对评标过程的不当干预,这是法律所不允许的。

6. 与投标人有利害关系的人不得进入相关项目的评标委员会。与投标人有利害关系的人,包括投标人的亲属、与投标人有隶属关系的人员或者中标结果的确定涉及其利益的其他人员。与投标人有利害关系的人只是不能进入相关项目的评标委员会,与投标人有利害关系的人已经进入评标委员会,经审查发现以后,应当按照法律规定更换,评标委员会的成员自己也应当主动退出。

【行政法规】

《中华人民共和国招标投标法实施条例》(2019 年 3 月 2 日)

第四十五条 国家实行统一的评标专家专业分类标准和管理办法。具体标准和办法由国务院发展改革部门会同国务院有关部门制定。

省级人民政府和国务院有关部门应当组建综合评标专家库。

【要点注释】

本条是关于评标专家库的规定。

1. 国家实行统一的评标专家专业分类标准。国家发展改革委等十部委共同颁布了《评标专家专业分类标准(试行)》(发改法规〔2010〕1538 号)。该标准依据专业人员和其技术资格分类,结合评标特点设置专业分类,按照工程、货物、服务三类,每个专业细分为三个级别。

2. 省级人民政府和国务院有关部门应依据《评标专家专业分类标准(试行)》,整合现有分散的部门专家库,组建跨部门、跨地区的综合评标专家库,并按适当集中、方便招标人的原则合理设置网络终端,为招标人提供专家资源平台,实现专家资源共享,逐步构建起以省级库为基础,与国家库互为补充的门类齐全、管理规范、使用便利的两级综合评标专家库,为各类招标项目提供高质量的评标专家资源。招标人根据招标项目的特点和评审深度,选择所需评标专家的专业和人数,从综合性专家库中抽取。

第四十六条 除招标投标法第三十七条第三款规定的特殊招标项目外,依法必须进行招标的项目,其评标委员会的专家成员应当从评标专家库内相关专业的专家名单中以随机抽取方式确定。任何单位和个人不得以明示、暗示等任何方式指定或者变相指定参加评标委员会的专家成员。

依法必须进行招标的项目的招标人非因招标投标法和本条例规定的事由,不得更换依法确定的评标委员会成员。更换评标委员会的专家成员应当依照前款规定进行。

评标委员会成员与投标人有利害关系的,应当主动回避。

有关行政监督部门应当按照规定的职责分工,对评标委员会成员的确定方式、评标专家的抽取和评标活动进行监督。行政监督部门的工作人员不得担任本部门负责监督项目的评标委员会成员。

【要点注释】

本条是关于组建评标委员会的规定。

1. 为了保证专家能够胜任评标工作,确保评标的质量,招标人应当从评标专家库内相关专业的专家名单中抽取,以提高评标专家与所评审项目的匹配性。因此,招标人在确定评标专家时,应根据招标内容、项目特点和评审深度确定所需评标专家的专业、数量、经验等条件,从评标专家库中随机抽取。

2. 非因法定事由不得随意更换评标委员会成员。需要更换评标专家的具体情形主要有:一是回避事由;二是擅离职守;三是健康原因。更换评标专家原则上以随机抽取的方式,从评标专家库内相关专业的专家名单中确定。

3. 与投标人有利害关系的评标委员会成员应当回避,不得进入评标委员会,已经进入的应当更换。所谓利害关系,主要指以下情形:一是投标人或者投标人主要负责人的近亲属。二是与投标人有经济利益关系,可能影响对投标公正评审的。这里经济利益关系通常是指3年内曾在参加该招标项目的投标人中任职(包括一般职务)或担任顾问,配偶或直系亲属在参加该招标项目的投标人中任职或担任顾问,与参加该招标项目的投标人发生过法律纠纷,以及其他可能影响公正评标的情况。结合各行业、各地方的有关规定,其他可能影响公正评标的情形主要有:投标人的上级主管、控股或被控股单位的工作人员；评标委员会成员任职单位与投标人单位为同一法定代表人；评标委员会成员持有某投标单位股份。三是曾因在招标、评标以及其他与招投标有关活动中从事违法行为而受过行政处罚或刑事处罚的。由于招标人不清楚评标委员会成员是否具有回避情形，因此《条例》规定，评标委员会成员有上述规定情形之一的，应当主动申请回避。实践中，招标人可以要求评标委员会成员签署承诺书，确认其不存在上述回避情形。

4. 行政监督人员不得担任所负责监督项目的评标委员会成员。《条例》中的“行政监督部门”既包括招标项目的招标投标行政监督部门，也包括招标项目的审核部门、主管部门和审计部门等。

第四十七条 **招标投标法第三十七条第三款所称特殊招标项目，是指技术复杂、专业性强或者国家有特殊要求，采取随机抽取方式确定的专家难以保证胜任评标工作的项目。**

【要点注释】

本条是关于特殊招标项目直接确定评标专家的规定。

1. 特殊招标项目的评标专家可以直接确定。特殊招标项目应具备两个条件：一是特殊项目的自身特点，主要是技术复杂、专业要求高或者国家有特殊要求；二是随机抽取的方式确定的专家不能满足项目评标的需要。具体情形主要有：专家库中没有相应专业的专家；专家库中有相应专业的专家，但不能满足招标项目的实际需要；专家库中有相应专业的专家，但满足招标项目要求的专家数量不足；专家库的专业分类不能满足招标项目的专业要求。当招标项目满足上述两个条件时，招标人可以直接确定评标专家。

2. 直接确定的专家应当遵守有关评标专家的规定。招标人直接确定专家时，应当从评标专家内直接确定评标所需的专家。如果现有评标专家库内没有能够满足要求的专家，招标人可以从库外邀请专家，但受邀请的专家至少应当满足《招标投标法》第三十七条第三款的规定，即从事相关领域工作满八年，并具有高级职称或者同等专业水平。无论是从库内还是从库外确定评标专家，招标人都应当遵守《招标投标法》和《条例》的有关规定，具体包括：一是不得指定与投标人有利害关系的人进入评标委员会；二是不得指定招标项目的行政监督部门的工作人员进入评标委员会；三是直接确定的专家在中标结果确定前应当保密；四是直接确定的专家存在《条例》第四十八条第三款规定更换事由的，应当依法及时更换。招标人从库外直接确定评标专家的，专家库的组建单位应尽可能将其吸收到专家库中。

【部门规章及规范性文件】

1.《评标委员会和评标方法暂行规定》(2013年5月1日)

第七条 评标委员会依法组建,负责评标活动,向招标人推荐中标候选人或者根据招标人的授权直接确定中标人。

第八条 评标委员会由招标人负责组建。

评标委员会成员名单一般应于开标前确定。评标委员会成员名单在中标结果确定前应当保密。

第九条 评标委员会由招标人或其委托的招标代理机构熟悉相关业务的代表,以及有关技术、经济等方面的专家组成,成员人数为五人以上单数,其中技术、经济等方面的专家不得少于成员总数的三分之二。

评标委员会设负责人的,评标委员会负责人由评标委员会成员推举产生或者由招标人确定。评标委员会负责人与评标委员会的其他成员有同等的表决权。

第十条 评标委员会的专家成员应当从依法组建的专家库内的相关专家名单中确定。

按前款规定确定评标专家,可以采取随机抽取或者直接确定的方式。一般项目,可以采取随机抽取的方式;技术复杂、专业性强或者国家有特殊要求的招标项目,采取随机抽取方式确定的专家难以保证胜任的,可以由招标人直接确定。

第十一条 评标专家应符合下列条件:

(一)从事相关专业领域工作满八年并具有高级职称或者同等专业水平;

(二)熟悉有关招标投标的法律法规,并具有与招标项目相关的实践经验;

(三)能够认真、公正、诚实、廉洁地履行职责。

第十二条 有下列情形之一的,不得担任评标委员会成员:

(一)投标人或者投标人主要负责人的近亲属;

(二)项目主管部门或者行政监督部门的人员;

(三)与投标人有经济利益关系,可能影响对投标公正评审的;

(四)曾因在招标、评标以及其他与招标投标有关活动中从事违法行为而受过行政处罚或刑事处罚的。

评标委员会成员有前款规定情形之一的,应当主动提出回避。

2.《评标专家和评标专家库管理暂行办法》(2013 年 5 月 1 日)

第七条 入选评标专家库的专家,必须具备如下条件:

(一)从事相关专业领域工作满八年并具有高级职称或同等专业水平;

(二)熟悉有关招标投标的法律法规;

(三)能够认真、公正、诚实、廉洁地履行职责;

(四)身体健康,能够承担评标工作;

(五)法规规章规定的其他条件。

第八条 评标专家库应当具备下列条件:

(一)具有符合本办法第七条规定条件的评标专家,专家总数不得少于500 人;

(二)有满足评标需要的专业分类;

(三)有满足异地抽取、随机抽取评标专家需要的必要设施和条件;

(四)有负责日常维护管理的专门机构和人员。

第九条 专家入选评标专家库,采取个人申请和单位推荐两种方式。采取单位推荐方式的,应事先征得被推荐人同意。

个人申请书或单位推荐书应当存档备查。个人申请书或单位推荐书应当附有符合本办法第七条规定条件的证明材料。

3.《房屋建筑和市政基础设施工程施工招标投标管理办法》(2019 年 3 月 13 日)

第三十五条 评标由招标人依法组建的评标委员会负责。

依法必须进行施工招标的工程,其评标委员会由招标人的代表和有关技术、经济等方面的专家组成,成员人数为 5 人以上单数,其中招标人、招标代理机构以外的技术、经济等方面专家不得少于成员总数的三分之二。评标委员会的专家成员,应当由招标人从建设行政主管部门及其他有关政府部门确定的专家名册或者工程招标代理机构的专家库内相关专业的专家名单中确定。确定专家成员一般应当采取随机抽取的方式。

与投标人有利害关系的人不得进入相关工程的评标委员会。评标委员会成员的名单在中标结果确定前应当保密。

第三十六条 建设行政主管部门的专家名册应当拥有一定数量规模并符合法定资格条件的专家。省、自治区、直辖市人民政府建设行政主管部门可以将专家数量少的地区的专家名册予以合并或者实行专家名册计算机联网。

建设行政主管部门应当对进入专家名册的专家组织有关法律和业务培训,对其评标能力、廉洁公正等进行综合评估,及时取消不称职或者违法违规人员的评标专家资格。被取消评标专家资格的人员,不得再参加任何评标活动。

4.《机电产品国际招标投标实施办法(试行)》(2014年4月1日)

第五十条 评标由招标人依照本办法组建的评标委员会负责。依法必须进行招标的项目,其评标委员会由招标人的代表和从事相关领域工作满8年并具有高级职称或者具有同等专业水平的技术、经济等相关领域专家组成,成员人数为5人以上单数,其中技术、经济等方面专家人数不得少于成员总数的2/3。

第五十一条 依法必须进行招标的项目,机电产品国际招标评标所需专家原则上由招标人或招标机构在招标网上从国家、地方两级专家库内相关专业类别中采用随机抽取的方式产生。任何单位和个人不得以明示、暗示等任何方式指定或者变相指定参加评标委员会的专家成员。但技术复杂、专业性强或者国家有特殊要求,采取随机抽取方式确定的专家难以保证其胜任评标工作的特殊招标项目,报相应主管部门后,可以由招标人直接确定评标专家。

抽取评标所需的评标专家的时间不得早于开标时间3个工作日;同一项目包评标中,来自同一法人单位的评标专家不得超过评标委员会总人数的1/3。

随机抽取专家人数为实际所需专家人数。一次招标金额在1000万美元以上的国际招标项目包,所需专家的1/2以上应当从国家级专家库中抽取。

抽取工作应当使用招标网评标专家随机抽取自动通知系统。除专家不能参加和应当回避的情形外,不得废弃随机抽取的专家。

机电产品国际招标评标专家及专家库管理办法由商务部另行制定。

第五十二条 与投标人或其制造商有利害关系的人不得进入相关项目的评标委员会,评标专家不得参加与自己有利害关系的项目评标,且应当主动回避;已经进入的应当更换。主管部门的工作人员不得担任本机构负责监督项目的评标委员会成员。

依法必须进行招标的项目的招标人非因招标投标法、招标投标法实施条例和本办法规定的事由，不得更换依法确定的评标委员会成员。更换评标委员会的专家成员应当依照本办法第五十一条规定进行。

第五十三条 评标委员会成员名单在中标结果确定前应当保密，如有泄密，除追究当事人责任外，还应当报相应主管部门后及时更换。

评标前，任何人不得向评标专家透露其即将参与的评标项目招标人、投标人的有关情况及其他应当保密的信息。

招标人和招标机构应当采取必要的措施保证评标在严格保密的情况下进行。任何单位和个人不得非法干预、影响评标的过程和结果。

泄密影响中标结果的，中标无效。

【最高人民法院裁判案例】

通辽京汉置业有限公司与中建二局第四建筑工程有限公司建设工程施工合同纠纷案［（2018）最高法民申3724号］

裁判要旨：依法必须招标项目，未从评标专家库中提选专家评委，招投标程序不规范。

最高人民法院经审查认为，第一，本案中，涉案工程是住宅工程，属于《招标投标法》第三条规定的必须招投标的项目。《招标投标法》第十二条第三款规定："依法必须进行招标的项目，招标人自行办理招标事宜的，应当向有关行政监督部门备案。"第三十七条规定："评标由招标人依法组建的评标委员会负责。依法必须进行招标的项目，其评标委员会由招标人的代表和有关技术、经济等方面的专家组成，成员人数为五人以上单数，其中技术、经济等方面的专家不得少于成员总数的三分之二。前款专家应当从事相关领域工作满八年并具有高级职称或者具有同等专业水平，由招标人从国务院有关部门或者省、自治区、直辖市人民政府有关部门提供的专家名册或者招标代理机构的专家库内的相关专业的专家名单中确定；一般招标项目可以采取随机抽取方式，特殊招标项目可以由招标人直接确定。"本案中，涉案项目进行招标活动未邀请行政主管部门人员参加，参加投标报价的评委均为京汉置业公司工作人员组成，未从评标委员会专家库中提选专家评委，招投标程序不规范。

【法院参考案例】

1. 湖南建工集团总公司与九江市林科所等招投标纠纷案[(2004)九中民一初字第09号]

裁判要旨:在因评标委员会认识错误下的行为造成投标人的损失时,投标人有权获得司法救济,评标委员会的非实体及无自身利益的性质决定了其不应作为承担民事责任的主体。评标委员会行为的法律后果由招标人承担,其错误否决投标的,招标人应承担缔约过失责任。

江西省九江市中级人民法院认为,根据《招标投标法》第四十五、四十六、四十八条关于中标的规定,应认为招标人进行招标,投标人参加投标,直到最后中标人确定前,整个招标投标活动都处于合同的缔约阶段。缔约过程中的赔偿责任应适用《合同法》第四十二条关于缔约过失责任的规定。根据《招标投标法》第三条的规定,本案所涉工程是必须进行招标的项目。招标人在缔约阶段虽依《招标投标法》的强制性规定必须以招标投标的形式确定中标人,但在合同的缔约过程中招标人与投标人地位是平等的,缔约活动是自由的,主要应以民法来调整双方之间的权利义务关系。《招标投标法》第三十七条规定:“评标由招标人依法组建的评标委员会负责。”评标委员会的专家委员虽是招标人从符合法律规定条件的专家库中抽取的,但专家委员的专业素养并不保证其认识及评标行为永远正确。在因评标委员会认识错误下的行为造成投标人的损失时,投标人有权获得司法救济,评标委员会的非实体及无自身利益的性质决定了其不应作为承担民事责任的主体。专家委员在评标过程中的认识错误实质是专家依凭专业知识进行主观性判断时难以彻底避免的风险。招标人虽不能控制这种风险,但这种风险早已隐藏在招标人组建评标委员会时所包含的对专家委员的信任关系之中,即便此等信任是因国家强制力而引起,信任中的风险亦应由招标人承担。另评标委员会虽以独立于招标人的意志进行评标,但其工作任务在于确定招标人提出的招标项目的中标人,类似于受托人完成委托人的委托事项。故评标委员会与招标人可界定为委托关系,评标委员会行为的法律后果由招标人承担。评标委员会的评标活动应依法进行,做到客观、公正。本案中,评标委员会以原告湖南建总擅自变更法人委托人为由作出了废标决定,但是评标委员会依据的2003年中华人民共和国七部委第30号令及《评标委员会和评标方法暂行规定》均没有规定投标人擅自变更委托人可予以废标。参加投标作为投标人的一种经营活动，委托及变更委托均为投标人的意志自由，受托人行为的法律后果由委托人承担，受托人的变更并不影响委托人的信用，对于合同缔约相对方而言不形成任何商业风险。投标人湖南建总的工作人员持投标人的委托书参加投标，评标委员会作出废标决定属错误理解行政法规，违背了合同缔约过程中的诚实信用原则，对投标人造成的损失应由评标委员会的委托人招标人九江市林科所承担。

2. 广州市第二建筑工程有限公司与黄冈中学广州学校建设工程施工合同纠纷案[(2015)粤高法民终字第12号]

裁判要旨：评标委员会组成人员是否合法对中标结果会造成实质性影响，属于效力性强制性规定。

广东省高级人民法院认为，根据《招标投标法》第三十七条的规定，依法必须进行招标的项目，其评标委员会由招标人的代表和有关技术、经济等方面的专家组成，成员人数为五人以上，其中技术、经济等方面的专家不得少于成员总数的三分之二。前述专家由招标人从国务院有关部门或者省、自治区、直辖市人民政府有关部门提供的专家名册或者招标代理机构的专家库内的相关专业的专家名单中确定。上述规定目的是保证中标结果的公正性，评标委员会组成人员是否合法对中标结果会造成实质性影响，属于效力性强制性规定。本案中，第一次招标由黄冈中学广州学校自行办理，其并未提供证据证明已按照《招标投标法》的强制性规定组成合法的评标委员会，据此其确定广州二建公司作为中标承包人违反《招标投标法》的效力性强制性规定，双方分别于2010年10月22日和27日签订的《广东省建设工程标准施工合同》以及《补充施工合同》为无效合同。

编者说明

评标委员会是由招标人依法组建的，负责按照招标文件规定的评标标准和方法对投标文件进行评审和比较，向招标人推荐中标候选人或者根据招标人的授权直接确定中标人的临时组织。实践中，常出现评标委员会组建不合规、履职不规范、评标不公正等问题，影响招标投标活动的公平、公正性。为了确保评标委员会客观公正进行评标，《招标投标法》《招标投标法实施条例》首先对依法必须招标项目评标委员会的组建作出严格限制，评标委员会成员为不少于5人以上的单数，由评标专家和招标人代表两类组成，前者不少于总人数的 2/3；评标专家必须从评标专家库中选择，选取方式以随机抽取为原则，特殊情形下可以直接指定；评标委员会成员与投标人有利害关系的，应当回避。这些都是强制性法律规定，以确保依法必须招标项目的评标工作客观独立进行，不受招标人和其他人的不当影响，否则可能实质性影响评标结果公正性，该评标结果可认定无效。对于非依法必须招标的项目，《招标投标法》对其评标委员会的组成并未规定，由招标人自主决定。

评标委员会的非实体及无自身利益的性质决定了其不应作为承担民事责任的主体。评标委员会虽依据法律规定组建，以相对独立于招标人的意志进行评标，招标人在组建评标委员会和评标过程中意思自治受限制，但其实际受招标人委托行使评标职责并向招标人提出中标候选人甚至受托定标，类似于受托人完成委托人的委托事项，二者关系可以界定为委托关系，故评标委员会在评标错误等行为的法律后果应由招标人承担，由此造成投标人的损失时，投标人有权向招标人主张权益。

第三十八条 【评标的保密】招标人应当采取必要的措施，保证评标在严格保密的情况下进行。

任何单位和个人不得非法干预、影响评标的过程和结果。

【立法·要点注释】

本条是关于招标人对于评标过程的保密义务和评标不受非法干预和影响的规定。

1. 从实际情况看，招标人应当采取的必要保密措施通常可包括：(1)对于评标委员会成员的名单对外应当保密。(2)在可能和必要的情况下，为评标委员会进行评标工作提供比较安静、不易受外界干扰的评标地点，并对该评标地点保密。

2.“影响评标的过程和结果”，可表现为任何单位和个人违反法律规定，将自己的意图转达给评标委员会，使评标委员会成员在评标时，对施加影响者的意见予以考虑或者直接推荐中标候选人，作为评标委员会推荐的中标候选人供招标人选择。评标委员会的成员不代表各自的单位或组织，也不受任何单位或个人的干扰。

【部门规章及规范性文件】

《机电产品国际招标投标实施办法(试行)》(2014 年 4 月 1 日)

第八十一条　招标人或招标机构应当按照有关规定妥善保存招标委托协议、资格预审公告、招标公告、资格预审文件、招标文件、资格预审申请文件、投标文件、异议及答复等相关资料,以及与评标相关的评标报告、专家评标意见、综合评价法评价原始记录表等资料,并对评标情况和资料严格保密。

第三十九条　【投标人对投标文件的澄清或者说明】评标委员会可以要求投标人对投标文件中含义不明确的内容作必要的澄清或者说明,但是澄清或者说明不得超出投标文件的范围或者改变投标文件的实质性内容。

【立法·要点注释】

本条是关于评标委员会可以要求投标人对投标文件进行澄清或者说明的规定。

1. 评标委员会在对投标人的投标文件进行评审和比较时,遇到投标文件中所载事项内容不清楚、不明确的地方,可以要求投标人对此予以说明,以便客观地对投标文件进行审查和比较,准确地了解投标人真实的意思表示。当评标委员会要求投标人对投标文件中含义不明确的内容加以澄清或者说明时,投标人应当如实加以澄清或者说明。投标人不作出必要澄清或说明,评标委员会无法判定其确切含义的投标文件,评标委员会可以将其作为不符合招标文件要求的投标处理,投标人将因此丧失中标资格。

2. 评标委员会要求对投标人进行澄清和说明的,只限于投标文件中含义不明确的内容,即投标文件中意思表示不清,可能会产生歧义、容易造成误解的内容。评标委员会对投标文件中含义明确的内容,不得要求投标人再作出解释、阐述,不得以任何明示或暗示的方式要求某些投标人以澄清或说明为借口,表达与其投标文件原意不同的新意见,以确保评标的公平和公正。

3. 投标人对于投标文件的澄清或者说明不得超出投标文件的范围或者改变投标文件的实质性内容。这一规定从两方面对投标人澄清和解释投标文件作了限制。首先,投标人对于投标文件的澄清或者说明只能限于投标文件已记载的内容,不得超出投标文件的范围。其次,投标人对于投标文件的澄清或者说明不得改变投标文件的实质性内容。本条所讲的"实质性内容",包括投标文件中记载的投标报价、主要技术参数、交货或竣工日期等主要内容。

【行政法规】

《中华人民共和国招标投标法实施条例》(2019年3月2日)

第五十二条　投标文件中有含义不明确的内容、明显文字或者计算错误,评标委员会认为需要投标人作出必要澄清、说明的,应当书面通知该投标人。投标人的澄清、说明应当采用书面形式,并不得超出投标文件的范围或者改变投标文件的实质性内容。

评标委员会不得暗示或者诱导投标人作出澄清、说明,不得接受投标人主动提出的澄清、说明。

【要点注释】

本条是关于投标文件澄清、说明的规定。

1. 评标委员会启动澄清、说明程序具有一定前提条件。当投标文件中出现含义不明、明显文字或者计算错误等内容且评标委员会不能准确了解投标人真实意思表示时,评标委员会应当启动澄清、说明工作。对于投标文件中意思表示明确或者根据投标文件的上下文能够准确判断其含义的内容,评标委员会不得要求投标人进行澄清或者说明。对于明显背离招标文件实质性要求的偏差则不应要求投标人给予澄清或者说明,否则会影响评标结果的公正性。

2. 投标人应评标委员会要求所作的澄清、说明对投标人有约束力,在一定意义上应等同于投标文件,理应采用书面形式。

3. 澄清、说明的内容不得超出投标文件的范围或者改变投标文件的实质性内容。所谓投标文件的实质性内容,包括投标报价、质量标准、履行期限等主要内容。根据《招标投标法》规定,招投标是一个轮次的要约和承诺,超出投标文件范围或者改变投标文件实质性内容的澄清、说明是对投标文件的修改和补充,将构成新的要约,不符合《招标投标法》第二十九条规定。

4. 投标人只能根据评标委员会的书面通知给予澄清或者说明,评标委员会不得接受投标人主动提出的澄清、说明,以保证招投标活动的公正和公平。

【部门规章及规范性文件】

1.《评标委员会和评标方法暂行规定》(2013 年 5 月 1 日)

第十九条 评标委员会可以书面方式要求投标人对投标文件中含义不明确、对同类问题表述不一致或者有明显文字和计算错误的内容作必要的澄清、说明或者补正。澄清、说明或者补正应以书面方式进行并不得超出投标文件的范围或者改变投标文件的实质性内容。

投标文件中的大写金额和小写金额不一致的,以大写金额为准;总价金额与单价金额不一致的,以单价金额为准,但单价金额小数点有明显错误的除外;对不同文字文本投标文件的解释发生异议的,以中文文本为准。

第二十一条 在评标过程中,评标委员会发现投标人的报价明显低于其他投标报价或者在设有标底时明显低于标底,使得其投标报价可能低于其个别成本的,应当要求该投标人作出书面说明并提供相关证明材料。投标人不能合理说明或者不能提供相关证明材料的,由评标委员会认定该投标人以低于成本报价竞标,应当否决其投标。

第二十二条 投标人资格条件不符合国家有关规定和招标文件要求的,或者拒不按照要求对投标文件进行澄清、说明或者补正的,评标委员会可以否决其投标。

第二十六条 细微偏差是指投标文件在实质上响应招标文件要求,但在个别地方存在漏项或者提供了不完整的技术信息和数据等情况,并且补正这些遗漏或者不完整不会对其他投标人造成不公平的结果。细微偏差不影响投标文件的有效性。

评标委员会应当书面要求存在细微偏差的投标人在评标结束前予以补正。拒不补正的,在详细评审时可以对细微偏差作不利于该投标人的量化,量化标准应当在招标文件中规定。

2.《工程建设项目勘察设计招标投标办法》(2013 年 5 月 1 日)

第三十四条 评标委员会可以要求投标人对其技术文件进行必要的说明或介绍,但不得提出带有暗示性或诱导性的问题,也不得明确指出其投标文件中的遗漏和错误。

3.《工程建设项目施工招标投标办法》(2013 年 5 月 1 日)

第五十一条　评标委员会可以书面方式要求投标人对投标文件中含义不明确、对同类问题表述不一致或者有明显文字和计算错误的内容作必要的澄清、说明或补正。评标委员会不得向投标人提出带有暗示性或诱导性的问题,或向其明确投标文件中的遗漏和错误。

第五十二条　投标文件不响应招标文件的实质性要求和条件的,评标委员会不得允许投标人通过修正或撤销其不符合要求的差异或保留,使之成为具有响应性的投标。

第五十三条　评标委员会在对实质上响应招标文件要求的投标进行报价评估时,除招标文件另有约定外,应当按下述原则进行修正:

(一)用数字表示的数额与用文字表示的数额不一致时,以文字数额为准;

(二)单价与工程量的乘积与总价之间不一致时,以单价为准。若单价有明显的小数点错位,应以总价为准,并修改单价。

按前款规定调整后的报价经投标人确认后产生约束力。

投标文件中没有列入的价格和优惠条件在评标时不予考虑。

4.《工程建设项目货物招标投标办法》(2013 年 5 月 1 日)

第四十二条　评标委员会可以书面方式要求投标人对投标文件中含义不明确、对同类问题表述不一致或者有明显文字和计算错误的内容作必要的澄清、说明或补正。评标委员会不得向投标人提出带有暗示性或诱导性的问题,或向其明确投标文件中的遗漏和错误。

第四十三条　投标文件不响应招标文件的实质性要求和条件的,评标委员会不得允许投标人通过修正或撤销其不符合要求的差异或保留,使之成为具有响应性的投标。

5.《房屋建筑和市政基础设施工程施工招标投标管理办法》(2019 年 3 月 13 日)

第三十八条　评标委员会可以用书面形式要求投标人对投标文件中含义不明确的内容作必要的澄清或者说明。投标人应当采用书面形式进行澄清或者说明，其澄清或者说明不得超出投标文件的范围或者改变投标文件的实质性内容。

6.《机电产品国际招标投标实施办法（试行）》（2014 年 4 月 1 日）

第六十四条 投标文件中有含义不明确的内容、明显文字或者计算错误，评标委员会认为需要投标人作出必要澄清、说明的，应当书面通知该投标人。投标人的澄清、说明应当采用书面形式在评标委员会规定的时间内提交，并不得超出投标文件的范围或者改变投标文件的实质性内容。

投标人的投标文件不响应招标文件加注星号（“ * ”）的重要商务和技术条款（参数），或加注星号（“ * ”）的重要技术条款（参数）未提供符合招标文件要求的技术支持资料的，评标委员会不得要求其进行澄清或后补。

评标委员会不得暗示或者诱导投标人作出澄清、说明，不得接受投标人主动提出的澄清、说明。

7.《电子招标投标办法》（2013 年 5 月 1 日）

第三十三条 电子评标应当在有效监控和保密的环境下在线进行。

根据国家规定应当进入依法设立的招标投标交易场所的招标项目，评标委员会成员应当在依法设立的招标投标交易场所登录招标项目所使用的电子招标投标交易平台进行评标。

评标中需要投标人对投标文件澄清或者说明的，招标人和投标人应当通过电子招标投标交易平台交换数据电文。

编者说明

评标委员会在对投标人的投标文件进行评审和比较时，遇到投标文件中所载事项内容不清楚、不明确或相互矛盾的地方，可以要求投标人对此予以澄清、说明，以便客观地对投标文件进行审查和比较，准确地了解投标人真实的意思表示。投标人应当如实加以澄清或者说明。可以澄清的事项，依据《招标投标法》第三十九条、《招标投标法实施条例》第五十二条及《评标委员会和评标方法暂行规定》第十九条规定，仅限于投标文件中有含义不明确的内容、前后表述不一致、有明显的文字或者计算错误。评标委员会不得超出此范围要求投标人澄清、说明，不得暗示或者诱导投标人作出澄清、说明，不得接受投标人主动提出的澄清、说明；投标人也不能主动作出澄清、说明，针对评标委员会要求作出的澄清、说明不得超出投标文件的范围或者改变投标文件的实质性内容。违反上述规定的,都可能使得评标结果失去公正性。

第四十条　【评标】评标委员会应当按照招标文件确定的评标标准和方法,对投标文件进行评审和比较;设有标底的,应当参考标底。评标委员会完成评标后,应当向招标人提出书面评标报告,并推荐合格的中标候选人。

招标人根据评标委员会提出的书面评标报告和推荐的中标候选人确定中标人。招标人也可以授权评标委员会直接确定中标人。

国务院对特定招标项目的评标有特别规定的,从其规定。

【立法·要点注释】

本条是关于评标委员会应遵循的评标标准和评标结果效力的规定。

1. 评标委员会应当按照招标文件中确定的评标标准和方法,对投标文件进行评审和比较。招标人或评标委员会都不能在评标过程中对评标标准和方法加以修改。招标文件以外的评标标准和方法不能作为评标的依据。招标文件中规定采用评分法评标的,应按招标文件的规定,将各项评分因素按其重要性确定得分标准,按此标准对每个投标者提供的报价和其他评分因素进行评分,按得分较高者确定中标候选人。招标文件规定采用各项因素评议法的,应按招标文件的规定综合考虑各种评标因素,并将这些因素尽可能用货币形式表示,计算出各个因素的评标价,以综合评标价较低的确定中标候选人。

2. 评标委员会对投标文件进行评审和比较,包括对投标文件的评估、审查和比较。对投标文件的审查,主要是对投标文件是否符合招标文件的要求进行审查。投标文件应实质上响应招标文件的要求。这里讲的"实质上响应招标文件的要求",是指投标文件应与招标文件的所有实质性条款、条件和规定相符,无显著差异或保留。如果投标文件实质上不响应招标文件的要求,评标委员会将予以拒绝,并且不允许投标人通过修正或撤销其不符合要求的差异或保留,使之成为具有响应性的投标。对投标文件的评估,主要是对投标报价和投标的技术方面进行评估。评标委员会对确定为实质上响应了招标文件要求的投标文件进行投标报价评估,在评估投标报价时应对报价进行校核，看其是否有计算上或累计上的算术错误。对工程建设项目的技术评估，主要是对投标人所报的施工方案或施工组织设计、施工进度计划、施工人员和施工机械设备的配备，施工技术能力、以往履行合同情况，临时设施的布置和临时用地情况等进行评估。对设备采购的技术评估，主要是从执行设计上要求的能力、数量控制、质量控制、进度控制等方面进行评估。对投标文件的比较，主要是指评标委员会依据评标原则、评标办法，对投标人的报价、工期、质量、主要材料用量、施工方案或组织设计、以往业绩、社会信誉、优惠条件等方面进行综合评价与比较，以便能够公正、合理地选出中标者。在比较投标报价时，一般应在报价统一的基础上进行比较。

3. 标底，是指招标人根据招标项目的具体情况所编制的完成招标项目所需的基本概算。标底价格由成本、利润、税金等组成，一般应控制在批准的总概算及投资包干的限额内。本法对标底的作用没有一概予以否定，而是采取了淡化的处理办法，规定作为评标的参考。

4. 评标报告，是指评审阶段的综合性结论报告。评标报告的内容应对评标情况（包括评标委员会组成及评标委员会人员名单、评标工作的依据）作出说明，并提出推荐中标候选人的意见。评标委员会经过认真的评选之后，应向招标人推荐符合本法规定的中标条件的中标候选人，以便于招标人从中选择一名最符合其要求的投标人作为中标者。

5. 招标人根据评标委员会提出的书面评标报告和推荐的中标候选人确定中标人。也就是说，由招标人以评标委员会提供的评标报告为依据，对评标委员会推荐的中标候选人进行比较，从中确定中标人。招标人也可以授权评标委员会直接确定中标人，即招标人将确定中标人的权利交给评标委员会，委托评标委员会根据评标结果直接确定一名符合要求的投标人中标。

【行政法规】

《中华人民共和国招标投标法实施条例》（2019 年 3 月 2 日）

第四十九条 评标委员会成员应当依照招标投标法和本条例的规定，按照招标文件规定的评标标准和方法，客观、公正地对投标文件提出评审意见。招标文件没有规定的评标标准和方法不得作为评标的依据。

评标委员会成员不得私下接触投标人，不得收受投标人给予的财物或者其他好处，不得向招标人征询确定中标人的意向，不得接受任何单位或者个人明示或者暗示提出的倾向或者排斥特定投标人的要求，不得有其他不客观、不公正履行职务的行为。

【要点注释】

本条是对评标委员会成员评标要求的总体性规定。

1. 评标委员会成员应当依照《招标投标法》和《条例》的规定进行评标。一是评标委员会可以要求投标人对投标文件中含义不明确的内容作必要的澄清或者说明，并书面通知投标人。二是评标委员会应当按照招标文件确定的评标标准和方法，对投标文件进行评审和比较，并向招标人提出书面评标报告和推荐合格的中标候选人，招标文件没有规定的评标标准和方法不得作为评标的依据。三是评标委员会对存在《条例》第五十一条列举情形的投标文件，应当予以否决。四是评标委员会经评审认为所有投标都不符合招标文件要求的，可以否决所有投标。五是评标委员会成员应当客观公正地履行职务，遵守职业道德，对所提出的评审意见承担个人责任。

2. 评标标准和方法通常包括以下内容：评标方法、评标纪律、评标委员会组成及来源、评标程序、评审因素及其评审标准、确定中标候选人原则等。评标标准和方法必须在招标文件中载明，在评标过程中，不得随意增加、删减评审因素，也不得调整每个评审因素的评审标准和权重。

3. 评标委员会成员应当客观公正地提出评审意见。客观，就是要求评标委员会成员作出的评审结论建立在事实基础上，实事求是，不偏不倚。具体讲，在评审投标文件时，要按照招标文件确定的标准和方法对投标文件进行审查、比较，作出客观分析评价。公正，就是要求评标委员会成员评审标准统一，不能畸轻畸重、宽严不一、厚此薄彼。具体讲，对同类问题、同类情形要作同等处理。

第五十条 招标项目设有标底的，招标人应当在开标时公布。标底只能作为评标的参考，不得以投标报价是否接近标底作为中标条件，也不得以投标报价超过标底上下浮动范围作为否决投标的条件。

【要点注释】

本条是关于标底公布和标底作用的规定。

1. 正确发挥标底的参考作用。其作用主要表现在三个方面：一是用于分析投标报价。通过编制和使用标底，可以为评标时分析判断投标报价的竞争性、可靠性、平衡性、合理性，以及投标报价是否低于成本价或是否存在差错、疏漏、串标等提供参考性评价依据。二是用于纠正招标文件的差错。三是用于减少串标和招标失误。

2. 避免标底的不当使用。(1)禁止以标底为基准价格并设定一个上下限范围作为确定投标报价是否入围、有效和中标的直接依据。(2)不宜采用以标底价格加权复合基准价并与评标紧密挂钩。例如，某招标项目将开标时公布的标底价格与有效投标报价按一定比例(或随机抽取确定比例)加权平均，计算出评标基准价，凡等于评标基准价或一定幅度范围内的投标报价为最优，报价项评标得满分，或规定超过基准价一定范围的投标报价为无效投标。

第五十三条 评标完成后，评标委员会应当向招标人提交书面评标报告和中标候选人名单。中标候选人应当不超过 3 个，并标明排序。

评标报告应当由评标委员会全体成员签字。对评标结果有不同意见的评标委员会成员应当以书面形式说明其不同意见和理由，评标报告应当注明该不同意见。评标委员会成员拒绝在评标报告上签字又不书面说明其不同意见和理由的，视为同意评标结果。

【要点注释】

本条是关于提交评标报告和推荐中标候选人的规定。

1. 评标报告，是评标委员会根据全体评标委员会成员签字的原始评标记录和评标结果编写的，全面反映评标情况的书面报告。评标报告通常包括下列内容：基本情况和数据表；评标委员会成员名单；开标记录；符合要求的投标一览表；否决投标情况说明；评标标准、评标方法或者评标因素一览表；经评审的价格或者评分比较一览表；经评审的投标人排序；推荐的中标候选人名单与签订合同前要处理的事宜；澄清、说明纪要等。

2. 评标报告是评标委员会的集体意见，评标委员会成员签字既是参与评标的证明，也是明确评标责任的证明。为了避免因评标委员会成员拒绝签字而得不出评标结论，《条例》规定评标委员会成员拒绝在评标报告上签字又不书面说明其不同意见和理由的，视为同意评标结果。判断评标委员会成员是否承担个人责任的重要依据是评标报告。因此，对评标结果有不同意见的评标委员会成员应当在评标报告中注明不同意见，并说明其不同意见的理由。

第五十四条 依法必须进行招标的项目，招标人应当自收到评标报告之日起 3 日内公示中标候选人，公示期不得少于 3 日。

投标人或者其他利害关系人对依法必须进行招标的项目的评标结果有异议的,应当在中标候选人公示期间提出。招标人应当自收到异议之日起3日内作出答复;作出答复前,应当暂停招标投标活动。

【要点注释】

本条是关于中标候选人公示和评标结果异议的规定。

1. 需要公示中标候选人的项目范围限定在依法必须进行招标的项目,其他招标项目是否公示中标候选人由招标人自主决定。

2. 全部中标候选人均应当进行公示。除非因异议、投诉等改变了中标候选人名单或者排名次序,全部中标候选人同时公示而不是公示排名第一的中标候选人,对于国有资金投资占控股或者主导地位的项目尤其重要,可以避免出现《条例》第五十五条规定的情形时重复公示,以兼顾效率。相应地,投标人和其他利害关系人对评标结果有异议的,其异议应当针对全部中标候选人,而不能仅针对排名第一的中标候选人,否则将可能丧失针对排名第二和第三的中标候选人提出异议和投诉的权利。

3. 对评标结果的异议应当在规定时间内提出并作出答复。中标候选人公示后,投标人或者其他利害关系人能够根据招标文件规定的评标标准和方法、开标情况等,作出评标结果是否符合有关规定的判断,如评标结论是否符合招标文件规定的标准和方法等。因此,投标人或者其他利害关系人对评标结果的异议应当在公示期间提出,以便招标人及时采取措施予以纠正。

4. 在中标候选人公示期间有关评标结果的异议成立的,招标人应当组织原评标委员会对有关的问题予以纠正,招标人无法组织原评标委员会予以纠正或者评标委员会无法自行予以纠正的,招标人应当报告行政监督部门,由有关行政监督部门依法作出处理,问题纠正后再公示中标候选人。

5. 依法必须进行招标项目的招标人授权评标委员会直接确定中标人的,也应按本条规定进行公示。

6. 招标人对投标人和其他利害关系人提出的异议作出答复后,投标人和其他利害关系人在异议期内依然存在同样异议的,应当根据《条例》第六十条规定向有关行政监督部门投诉,不应当就同样的问题反复提出同样的异议。

第五十六条 中标候选人的经营、财务状况发生较大变化或者存在违法行为,招标人认为可能影响其履约能力的,应当在发出中标通知书前由原评标委员会按照招标文件规定的标准和方法审查确认。

【要点注释】

本条是关于中标候选人履约能力审查的规定。

适用本条规定需要满足规定条件:(1)在启动原因上,必须是中标候选人的经营状况、财务状况发生较大变化或者存在违法行为,且招标人认为可能影响其履约能力的。经营状况发生较大变化,既包括因为市场行情改变、管理不善或者经营决策失误而导致的经营困难,也包括所承担业务已超出经营能力,或者主要技术人员离职、不再满足招标文件规定的资格条件等情形;财务状况发生较大变化,通常指资不抵债、流动资金紧张等情形;本条所指违法行为,不限于本次招标活动中发生的,只要发生违法行为的后果对本次招标的评标结果和合同的履行产生影响,也应包括在内。(2)在时间阶段上,该程序适用于评标结束后中标通知书发出前。如果在评标过程中出现有关情形,由评标委员会在评审时一并审查即可。(3)在审查主体上,履约能力审查的主体为原评标委员会。(4)在审查依据上,履约能力审查的标准和方法,应当为招标文件规定的标准和方法,不得另搞一套。

【部门规章及规范性文件】

1.《评标委员会和评标方法暂行规定》(2013 年 5 月 1 日)

第十五条 评标委员会成员应当编制供评标使用的相应表格,认真研究招标文件,至少应了解和熟悉以下内容:

(一)招标的目标;

(二)招标项目的范围和性质;

(三)招标文件中规定的主要技术要求、标准和商务条款;

(四)招标文件规定的评标标准、评标方法和在评标过程中考虑的相关因素。

第十六条 招标人或者其委托的招标代理机构应当向评标委员会提供评标所需的重要信息和数据,但不得带有明示或者暗示倾向或者排斥特定投标人的信息。

招标人设有标底的,标底在开标前应当保密,并在评标时作为参考。

第十七条 评标委员会应当根据招标文件规定的评标标准和方法,对投标文件进行系统地评审和比较。招标文件中没有规定的标准和方法不得作为评标的依据。

招标文件中规定的评标标准和评标方法应当合理，不得含有倾向或者排斥潜在投标人的内容，不得妨碍或者限制投标人之间的竞争。

第十八条 评标委员会应当按照投标报价的高低或者招标文件规定的其他方法对投标文件排序。以多种货币报价的，应当按照中国银行在开标日公布的汇率中间价换算成人民币。

招标文件应当对汇率标准和汇率风险作出规定。未作规定的，汇率风险由投标人承担。

第二十八条 经初步评审合格的投标文件，评标委员会应当根据招标文件确定的评标标准和方法，对其技术部分和商务部分作进一步评审、比较。

第二十九条 评标方法包括经评审的最低投标价法、综合评估法或者法律、行政法规允许的其他评标方法。

第三十条 经评审的最低投标价法一般适用于具有通用技术、性能标准或者招标人对其技术、性能没有特殊要求的招标项目。

第三十一条 根据经评审的最低投标价法，能够满足招标文件的实质性要求，并且经评审的最低投标价的投标，应当推荐为中标候选人。

第三十二条 采用经评审的最低投标价法的，评标委员会应当根据招标文件中规定的评标价格调整方法，以所有投标人的投标报价以及投标文件的商务部分作必要的价格调整。

采用经评审的最低投标价法的，中标人的投标应当符合招标文件规定的技术要求和标准，但评标委员会无需对投标文件的技术部分进行价格折算。

第三十三条 根据经评审的最低投标价法完成详细评审后，评标委员会应当拟定一份“标价比较表”，连同书面评标报告提交招标人。“标价比较表”应当载明投标人的投标报价、对商务偏差的价格调整和说明以及经评审的最终投标价。

第三十四条 不宜采用经评审的最低投标价法的招标项目，一般应当采取综合评估法进行评审。

第三十五条 根据综合评估法，最大限度地满足招标文件中规定的各项综合评价标准的投标，应当推荐为中标候选人。

衡量投标文件是否最大限度地满足招标文件中规定的各项评价标准，可以采取折算为货币的方法、打分的方法或者其他方法。需量化的因素及其权重应当在招标文件中明确规定。

第三十六条 评标委员会对各个评审因素进行量化时，应当将量化指标建立在同一基础或者同一标准上，使各投标文件具有可比性。

对技术部分和商务部分进行量化后，评标委员会应当对这两部分的量化结果进行加权，计算出每一投标的综合评估价或者综合评估分。

第三十七条 根据综合评估法完成评标后，评标委员会应当拟定一份"综合评估比较表"，连同书面评标报告提交招标人。"综合评估比较表"应当载明投标人的投标报价、所作的任何修正、对商务偏差的调整、对技术偏差的调整、对各评审因素的评估以及对每一投标的最终评审结果。

第三十八条 根据招标文件的规定，允许投标人投备选标的，评标委员会可以对中标人所投的备选标进行评审，以决定是否采纳备选标。不符合中标条件的投标人的备选标不予考虑。

第三十九条 对于划分有多个单项合同的招标项目，招标文件允许投标人为获得整个项目合同而提出优惠的，评标委员会可以对投标人提出的优惠进行审查，以决定是否将招标项目作为一个整体合同授予中标人。将招标项目作为一个整体合同授予的，整体合同中标人的投标应当最有利于招标人。

第四十条 评标和定标应当在投标有效期内完成。不能在投标有效期内完成评标和定标的，招标人应当通知所有投标人延长投标有效期。拒绝延长投标有效期的投标人有权收回投标保证金。同意延长投标有效期的投标人应当相应延长其投标担保的有效期，但不得修改投标文件的实质性内容。因延长投标有效期造成投标人损失的，招标人应当给予补偿，但因不可抗力需延长投标有效期的除外。

招标文件应当载明投标有效期。投标有效期从提交投标文件截止日起计算。

第四十一条 评标委员会在评标过程中发现的问题，应当及时作出处理或者向招标人提出处理建议，并作书面记录。

第四十二条 评标委员会完成评标后，应当向招标人提出书面评标报告，并抄送有关行政监督部门。评标报告应当如实记载以下内容：

（一）基本情况和数据表；

（二）评标委员会成员名单；

（三）开标记录；

（四）符合要求的投标一览表；

（五）否决投标的情况说明；

（六）评标标准、评标方法或者评标因素一览表；

(七)经评审的价格或者评分比较一览表;

(八)经评审的投标人排序;

(九)推荐的中标候选人名单与签订合同前要处理的事宜;

(十)澄清、说明、补正事项纪要。

第四十三条 评标报告由评标委员会全体成员签字。对评标结论持有异议的评标委员会成员可以书面方式阐述其不同意见和理由。评标委员会成员拒绝在评标报告上签字且不陈述其不同意见和理由的,视为同意评标结论。评标委员会应当对此作出书面说明并记录在案。

第四十四条 向招标人提交书面评标报告后,评标委员会应将评标过程中使用的文件、表格以及其他资料应当即时归还招标人。

第四十五条 评标委员会推荐的中标候选人应当限定在一至三人,并标明排列顺序。

2.《工程建设项目勘察设计招标投标办法》(2013年5月1日)

第三十二条 评标工作由评标委员会负责。评标委员会的组成方式及要求,按《中华人民共和国招标投标法》、《中华人民共和国招标投标法实施条例》及《评标委员会和评标方法暂行规定》(国家计委等七部委联合令第12号)的有关规定执行。

第三十三条 勘察设计评标一般采取综合评估法进行。评标委员会应当按照招标文件确定的评标标准和方法,结合经批准的项目建议书、可行性研究报告或者上阶段设计批复文件,对投标人的业绩、信誉和勘察设计人员的能力以及勘察设计方案的优劣进行综合评定。

招标文件中没有规定的标准和方法,不得作为评标的依据。

第三十五条 根据招标文件的规定,允许投标人投备选标的,评标委员会可以对中标人所提交的备选标进行评审,以决定是否采纳备选标。不符合中标条件的投标人的备选标不予考虑。

第三十八条 评标委员会完成评标后,应当向招标人提出书面评标报告,推荐合格的中标候选人。

评标报告的内容应当符合《评标委员会和评标方法暂行规定》第四十二条的规定。但是,评标委员会决定否决所有投标的,应在评标报告中详细说明理由。

第三十九条 评标委员会推荐的中标候选人应当限定在一至三人,并标明排列顺序。

能够最大限度地满足招标文件中规定的各项综合评价标准的投标人,应当推荐为中标候选人。

第四十一条 招标人应在接到评标委员会的书面评标报告之日起三日内公示中标候选人,公示期不少于三日。

3.《工程建设项目施工招标投标办法》(2013年5月1日)

第五十四条 对于投标人提交的优越于招标文件中技术标准的备选投标方案所产生的附加收益,不得考虑进评标价中。符合招标文件的基本技术要求且评标价最低或综合评分最高的投标人,其所提交的备选方案方可予以考虑。

第五十五条 招标人设有标底的,标底在评标中应当作为参考,但不得作为评标的唯一依据。

第五十六条 评标委员会完成评标后,应向招标人提出书面评标报告。评标报告由评标委员会全体成员签字。

依法必须进行招标的项目,招标人应当自收到评标报告之日起三日内公示中标候选人,公示期不得少于三日。

中标通知书由招标人发出。

第五十七条 评标委员会推荐的中标候选人应当限定在一至三人,并标明排列顺序。招标人应当接受评标委员会推荐的中标候选人,不得在评标委员会推荐的中标候选人之外确定中标人。

4.《工程建设项目货物招标投标办法》(2013年5月1日)

第四十四条 技术简单或技术规格、性能、制作工艺要求统一的货物,一般采用经评审的最低投标价法进行评标。技术复杂或技术规格、性能、制作工艺要求难以统一的货物,一般采用综合评估法进行评标。

第四十五条 符合招标文件要求且评标价最低或综合评分最高而被推荐为中标候选人的投标人,其所提交的备选投标方案方可予以考虑。

第四十六条 评标委员会完成评标后,应向招标人提出书面评标报告。评标报告由评标委员会全体成员签字。

第四十七条 评标委员会在书面评标报告中推荐的中标候选人应当限定在一至三人,并标明排列顺序。招标人应当接受评标委员会推荐的中标候选人,不得在评标委员会推荐的中标候选人之外确定中标人。

依法必须进行招标的项目,招标人应当自收到评标报告之日起三日内公示中标候选人,公示期不得少于三日。

5.《机电产品国际招标投标实施办法(试行)》(2014年4月1日)

第五十四条 招标人应当向评标委员会提供评标所必需的信息,但不得向评标委员会成员明示或者暗示其倾向或者排斥特定投标人。

招标人应当根据项目规模和技术复杂程度等因素合理确定评标时间。超过1/3的评标委员会成员认为评标时间不够的,招标人应当适当延长。

评标过程中,评标委员会成员有回避事由、擅离职守或者因健康等原因不能继续评标的,应当于评标当日报相应主管部门后按照所缺专家的人数重新随机抽取,及时更换。被更换的评标委员会成员作出的评审结论无效,由更换后的评标委员会成员重新进行评审。

第五十五条 评标委员会应当在开标当日开始进行评标。有特殊原因当天不能评标的,应当将投标文件封存,并在开标后48小时内开始进行评标。评标委员会成员应当依照招标投标法、招标投标法实施条例和本办法的规定,按照招标文件规定的评标方法和标准,独立、客观、公正地对投标文件提出评审意见。招标文件没有规定的评标方法和标准不得作为评标的依据。

评标委员会成员不得私下接触投标人,不得收受投标人给予的财物或者其他好处,不得向招标人征询确定中标人的意向,不得接受任何单位或者个人明示或者暗示提出的倾向或者排斥特定投标人的要求,不得有其他不客观、不公正履行职务的行为。

第五十六条 采用最低评标价法评标的,在商务、技术条款均实质性满足招标文件要求时,评标价格最低者为排名第一的中标候选人;采用综合评价法评标的,在商务、技术条款均实质性满足招标文件要求时,综合评价最优者为排名第一的中标候选人。

第六十条 采用最低评标价法评标的,价格评议按下列原则进行:

(一)按招标文件中的评标依据进行评标。计算评标价格时,对需要进行价格调整的部分,要依据招标文件和投标文件的内容加以调整并说明。投标总价中包含的招标文件要求以外的产品或服务,在评标时不予核减;

(二)除国外贷款、援助资金项目外,计算评标总价时,以货物到达招标人指定到货地点为依据;

（三）招标文件允许以多种货币投标的，在进行价格评标时，应当以开标当日中国银行总行首次发布的外币对人民币的现汇卖出价进行投标货币对评标货币的转换以计算评标价格。

第六十一条 采用综合评价法评标时，按下列原则进行：

（一）评标办法应当充分考虑每个评价指标所有可能的投标响应，且每一种可能的投标响应应当对应一个明确的评价值，不得对应多个评价值或评价值区间，采用两步评价方法的除外。

对于总体设计、总体方案等难以量化比较的评价内容，可以采取两步评价方法：第一步，评标委员会成员独立确定投标人该项评价内容的优劣等级，根据优劣等级对应的评价值算术平均后确定该投标人该项评价内容的平均等级；第二步，评标委员会成员根据投标人的平均等级，在对应的分值区间内给出评价值。

（二）价格评价应当符合低价优先、经济节约的原则，并明确规定评议价格最低的有效投标人将获得价格评价的最高评价值，价格评价的最大可能评价值和最小可能评价值应当分别为价格最高评价值和零评价值。

（三）评标委员会应当根据综合评价值对各投标人进行排名。综合评价值相同的，依照价格、技术、商务、服务及其他评价内容的优先次序，根据分项评价值进行排名。

第六十二条 招标文件允许备选方案的，评标委员会对有备选方案的投标人进行评审时，应当以主选方案为准进行评标。备选方案应当实质性响应招标文件要求。凡提供两个以上备选方案或者未按要求注明主选方案的，该投标应当被否决。凡备选方案的投标价格高于主选方案的，该备选方案将不予采纳。

第六十六条 评标完成后，评标委员会应当向招标人提交书面评标报告和中标候选人名单。中标候选人应当不超过3个，并标明排序。

评标委员会的每位成员应当分别填写评标委员会成员评标意见表（见附件2），评标意见表是评标报告必不可少的一部分。评标报告应当由评标委员会全体成员签字。对评标结果有不同意见的评标委员会成员应当以书面形式说明其不同意见和理由，评标报告应当注明该不同意见。评标委员会成员拒绝在评标报告上签字又不说明其不同意见和理由的，视为同意评标结果。

专家受聘承担的具体项目评审工作结束后，招标人或者招标机构应当在招标网对专家的能力、水平、履行职责等方面进行评价,评价结果分为优秀、称职和不称职。

第六十七条 依法必须进行招标的项目,招标人或招标机构应当依据评标报告填写《评标结果公示表》,并自收到评标委员会提交的书面评标报告之日起3日内在招标网上进行评标结果公示。评标结果应当一次性公示,公示期不得少于3日。

采用最低评标价法评标的,《评标结果公示表》中的内容包括"中标候选人排名"、"投标人及制造商名称"、"评标价格"和"评议情况"等。每个投标人的评议情况应当按商务、技术和价格评议三个方面在《评标结果公示表》中分别填写,填写的内容应当明确说明招标文件的要求和投标人的响应内容。对一般商务和技术条款(参数)偏离进行价格调整的,在评标结果公示时,招标人或招标机构应当明确公示价格调整的依据、计算方法、投标文件偏离内容及相应的调整金额。

采用综合评价法评标的,《评标结果公示表》中的内容包括"中标候选人排名"、"投标人及制造商名称"、"综合评价值"、"商务、技术、价格、服务及其他等大类评价项目的评价值"和"评议情况"等。每个投标人的评议情况应当明确说明招标文件的要求和投标人的响应内容。

使用国外贷款、援助资金的项目,招标人或招标机构应当自收到评标委员会提交的书面评标报告之日起3日内向资金提供方报送评标报告,并自获其出具不反对意见之日起3日内在招标网上进行评标结果公示。资金提供方对评标报告有反对意见的,招标人或招标机构应当及时将资金提供方的意见报相应的主管部门,并依照本办法重新招标或者重新评标。

第六十八条 评标结果进行公示后,各方当事人可以通过招标网查看评标结果公示的内容。招标人或招标机构应当应投标人的要求解释公示内容。

第六十九条 投标人或者其他利害关系人对依法必须进行招标的项目的评标结果有异议的,应当于公示期内向招标人或招标机构提出,并将异议内容上传招标网。招标人或招标机构应当在收到异议之日起3日内作出答复,并将答复内容上传招标网;作出答复前,应当暂停招标投标活动。

异议答复应当对异议问题逐项说明,但不得涉及其他投标人的投标秘密。未在评标报告中体现的不满足招标文件要求的其他方面的偏离不能作为答复异议的依据。

经原评标委员会按照招标文件规定的方法和标准审查确认,变更原评标结果的,变更后的评标结果应当依照本办法进行公示。

第七十四条 中标候选人的经营、财务状况发生较大变化或者存在违法行为,招标人认为可能影响其履约能力的,应当在发出中标通知书前由原评标委员会按照招标文件规定的方法和标准审查确认。

6.《机电产品国际招标综合评价法实施规范(试行)》(2008年9月15日)

第一章 总 则

第一条 为进一步规范机电产品国际招标投标活动,提高评标工作的科学性,鼓励采购先进技术和设备,根据《中华人民共和国招标投标法》和《机电产品国际招标投标实施办法》(商务部令〔2004〕第13号,以下称13号令),制定本规范。

第二条 本规范所称综合评价法,是指根据机电产品国际招标项目(以下称招标项目)的具体需求,设定商务、技术、价格、服务及其他评价内容的标准和权重,并由评标委员会对投标人的投标文件进行综合评价以确定中标人的一种评标方法。

第三条 使用国际组织或者外国政府贷款、援助资金的招标项目采用综合评价法的,应当将综合评价法相关材料报商务部备案;使用国内资金及其他资金的招标项目采用综合评价法的,应当将综合评价法相关材料经相应的主管部门转报商务部备案。

第二章 适用范围及原则

第四条 综合评价法适用于技术含量高、工艺或技术方案复杂的大型或成套设备招标项目。

第五条 采用综合评价法应当遵循公开公平、科学合理、量化择优的原则。

第三章 内容与要求

第六条 综合评价法方案应当由评价内容、评价标准、评价程序及定标原则等组成,并作为招标文件不可分割的一部分对所有投标人公开。

第七条 综合评价法的评价内容应当包括投标文件的商务、技术、价格、服务及其他方面。

商务、技术、服务及其他评价内容可以包括但不限于以下方面：

（一）商务评价内容可以包括：资质、业绩、财务、交货期、付款条件及方式、质保期、其他商务合同条款等。

（二）技术评价内容可以包括：方案设计、工艺配置、功能要求、性能指标、项目管理、专业能力、项目实施计划、质量保证体系及交货、安装、调试和验收方案等。

（三）服务及其他评价内容可以包括：服务流程、故障维修、零配件供应、技术支持、培训方案等。

第八条 综合评价法应当对每一项评价内容赋予相应的权重，其中价格权重不得低于30%，技术权重不得高于60%。

第九条 综合评价法应当集中列明招标文件中所有的重要条款（参数）（加注星号"＊"的条款或参数，下同），并明确规定投标人对招标文件中的重要条款（参数）的任何一条偏离将被视为实质性偏离，并导致废标。

第十条 对于已进行资格预审的招标项目，综合评价法不得再将资格预审的相关标准和要求作为评价内容；对于未进行资格预审的招标项目，综合评价法应当明确规定资质、业绩和财务的相关指标获得最高评价分值的具体标准。

第十一条 综合评价法对投标文件的商务和技术内容的评价可以采用以下方法：

（一）对只需要判定是否符合招标文件要求或是否具有某项功能的指标，可以规定符合要求或具有功能即获得相应分值，反之则不得分。

（二）对可以明确量化的指标，可以规定各区间的对应分值，并根据投标人的投标响应情况进行对照打分。

（三）对可以在投标人之间具体比较的指标，可以规定不同名次的对应分值，并根据投标人的投标响应情况进行优劣排序后依次打分。

（四）对需要根据投标人的投标响应情况进行计算打分的指标，应当规定相应的计算公式和方法。

（五）对总体设计、总体方案等无法量化比较的评价内容，可以采取两步评价方法：第一步，评标委员会成员独立确定投标人该项评价内容的优劣等级，根据优劣等级对应的分值算术平均后确定该投标人该项评价内容的平均等级；第二步，评标委员会成员根据投标人的平均等级，在对应的分值区间内打分。

评价方法应充分考虑每个评价指标所有可能的投标响应，且每一种可能的投标响应应当对应一个明确的分值，不得对应多个分值或分值区间，采用本条第（五）项所列方法的除外。

第十二条 综合评价法的价格评价应当符合低价优先、经济节约的原则，并明确规定评标价格最低的有效投标人将获得价格评价的最高分值，价格评价的最大可能分值和最小可能分值应当分别为价格满分和0分。

第十三条 综合评价法应当明确规定评标委员会成员对评价过程及结果产生较大分歧时的处理原则与方法，包括：

（一）评标委员会成员对同一投标人的商务、技术、服务及其他评价内容的分项评分结果出现差距时，应遵循以下调整原则：

评标委员会成员的分项评分偏离超过评标委员会全体成员的评分均值±20%，该成员的该项分值将被剔除，以其他未超出偏离范围的评标委员会成员的评分均值（称为“评分修正值”）替代；评标委员会成员的分项评分偏离均超过评标委员会全体成员的评分均值±20%，则以评标委员会全体成员的评分均值作为该投标人的分项得分。

（二）评标委员会成员对综合排名及推荐中标结果存在分歧时的处理原则与方法。

第十四条 综合评价法应当明确规定投标人出现下列情形之一的，将不得被确定为推荐中标人：

（一）该投标人的评标价格超过全体有效投标人的评标价格平均值一定比例以上的；

（二）该投标人的技术得分低于全体有效投标人的技术得分平均值一定比例以上的。

本条第（一）、（二）项中所列的比例由招标文件具体规定，且第（一）项中所列的比例不得高于40%，第（二）项中所列的比例不得高于30%。

第四章 评价程序与规则

第十五条 评标委员会应当首先对投标文件进行初步评审（见附表1），判定并拒绝无效的和存在实质性偏离的投标文件。通过初步评审的投标文件进入综合评价阶段。

第十六条 评标委员会成员应当根据综合评价法的规定对投标人的投标文件独立打分，并分别计算各投标人的商务、技术、服务及其他评价内容的分项得分,凡招标文件未规定的标准不得作为加分或者减分的依据。

第十七条 价格评价应当遵循以下步骤依次进行:(1)算术修正;(2)计算投标声明(折扣/升降价)后的价格;(3)价格调整;(4)价格评分。

第十八条 评标委员会应当对每位成员的评分进行汇总;每位成员在提交其独立出具的评价记录表(见附表2-1,2-2,2-3)后不得重新打分。

第十九条 评标委员会应当按照本规范第十三条第(一)项的规定,对每位成员的评分结果进行调整和修正。

第二十条 投标人的综合得分等于其商务、技术、价格、服务及其他评价内容的分项得分之和。

第二十一条 评标委员会应当根据综合得分对各投标人进行排名。综合得分相同的,价格得分高者排名优先;价格得分相同的,技术得分高者排名优先,并依照商务、服务及其他评价内容的分项得分优先次序类推。

第二十二条 评标委员会应当推荐综合排名第一的投标人为推荐中标人。如综合排名第一的投标人出现本规范第十四条列明情形之一的,评标委员会应推荐综合排名第二的投标人为推荐中标人。如所有投标人均不符合推荐条件的,则当次招标无效。

第二十三条 评标报告应当按照13号令等有关规定制定,并详细载明综合评价得分的计算过程,包括但不限于以下表格:评标委员会成员评价记录表、商务最终评分汇总表(见附表3-1)、技术最终评分汇总表(见附表3-2)、服务及其他评价内容最终评分汇总表(见附表3-3)、价格最终评分记录表(见附表4)、投标人最终评分汇总及排名表(见附表5)和评审意见表(见附表6)。

第二十四条 投标文件、评标委员会评分记录表、汇总表等所有与评标相关的资料应当严格保密,并由招标人和招标机构及时存档。

第五章 附 则

第二十五条 本规范所称相应的主管部门,是指各省、自治区、直辖市、计划单列市、经济特区、新疆建设兵团、各部门机电产品进出口管理机构;所称有效投标人,是指通过初步评审,且商务和技术均实质性满足招标文件要求的投标人;所称均值,是指算术平均值。

第二十六条 重大装备自主化依托工程设备招标项目采用综合评价法的,参照本规范执行。

第二十七条 本规范由商务部负责解释。

第二十八条 本规范自发布之日起30日后施行。

7.《电子招标投标办法》(2013年5月1日)

第三十四条 评标委员会完成评标后,应当通过电子招标投标交易平台向招标人提交数据电文形式的评标报告。

第三十五条 依法必须进行招标的项目中标候选人和中标结果应当在电子招标投标交易平台进行公示和公布。

【法院参考案例】

1. 霞浦县住房和城乡规划建设局与福建省九龙建设集团有限公司城市规划管理(规划)行政纠纷案[(2017)闽09行终56号]

裁判要旨:评标委员会成员未按照招标文件规定的评标标准和方法评标,对评标结果造成实质性影响的,评标无效。

宁德市中级人民法院认为,2017年4月7日,中建三局集团有限公司收到资格审查不合格的通知,中建三局集团有限公司对此不服向霞浦县医院提出了异议、向上诉人提出了投诉。上诉人受理投诉后,经过调查查明福建省住房和城乡建设厅于2015年9月15日作出《关于将重庆中科建设(集团)有限公司等17家企业列入"欠薪黑名单"的通知》,将中建三局集团有限公司列入"欠薪黑名单";但因有关单位对"欠薪黑名单"认定工作不够认真、严谨,福建省住房和城乡建设厅核实后于2015年12月24日作出《关于中建三局集团有限公司等4家企业移出"欠薪黑名单"的通知》,将中建三局集团有限公司移出企业"欠薪黑名单",中建三局集团有限公司不属于不符合招标文件中"投标人应当具备五年内未因拖欠农民工工资进入欠薪黑名单资格"的情形,应是合格的投标人。据此,上诉人认为福建众亿工程项目管理有限公司及福建省霞浦县医院没有认真查询、核实,错误评定中建三局集团有限公司为不合格投标人,对评标结果造成实质性影响,应予以纠正,并根据《实施条例》第八十二条(注:《招标投标法实施条例》修改后已调整为第八十一条)规定作出处理决定书,确定本次评标无效,依法重新招标。

2. 上海兰宝传感科技股份有限公司与重庆市涪陵区发展和改革委员会招投标行政处理案［(2014)渝三中法行终字第 00077 号］

裁判要旨:依法必须招标项目公示中标候选人,并不能就此认为招标人已确定中标人。

重庆市第三中级人民法院认为,《招标投标法实施条例》第五十四条第一款规定:“依法必须进行招标的项目,招标人应当自收到评标报告之日起 3 日内公示中标候选人,公示期不得少于 3 日”,《重庆市招标投标条例》第三十六条第二款规定:“公开招标项目,招标人应当在评标结束后三日内,将评标委员会推荐的中标候选人在发布招标公告的指定媒介上公示”,第三十七条第一款规定:“公示期间无异议或者投诉、异议不成立的,招标人应当在公示期结束后五日内,按照招标文件规定的定标办法确定中标人”、第三款规定:“招标人应当在确定中标人后五日内发出中标通知书”。可见,评标后,在确定中标人之前,招标人应当公示中标候选人;公示中标候选人并非是确定中标人,前者是后者的前置程序;招标人确定中标人后,应在 5 日内发出中标通知书,不需经过公示异议程序。本案中,招标人发布的《中标结果公示表》中载明了三个中标候选人,告知了投诉异议权利和期限,是对中标候选人的公示,不能据此得出上海兰宝科技公司已经被确定为中标人。上海兰宝科技公司认为其已经被该公示表确定为中标人并经公示的上诉理由不能成立。

编者说明

评标标准和方法是指导和约束评标委员会评标的文件,其内容通常包括评标方法、评标纪律、评标程序、评审因素及其评审标准、确定中标候选人规则等。《招标投标法》规定了经评审的最低投标价法和综合评估法两种评标方法。评标方法一般只是做原则性规定,具体的评标标准还需根据项目情况对评审因素、评审标准及其权重进行细化。为了确保招标投标活动的公正性,对评标委员会的自由裁量权进行合理约束,评标委员会应当严格按照招标文件规定的评标标准和方法,独立、客观、公正地对投标文件进行评审和比较,并向招标人提出书面评标报告和推荐合格的中标候选人,招标文件没有规定的评标标准和方法不得作为评标的依据。评标委员会背离《招标投标法》的规定和招标文件设置的评审标准进行评标,出现评标错误影响中标结果的,评标无效,应当组织原评标委员会重新进行评审。

评标结束，评标委员会应当向招标人提交书面评标报告和推荐一至三名标明排序的中标候选人名单，作为招标人确定中标人的依据。对于依法必须招标的项目，公示中标候选人属于定标的前置程序，招标人必须将中标候选人名单进行公示，接受投标人等利害关系人提出的异议及社会的监督。在公示期间无异议、投诉或者异议、投诉不成立的，招标人应当在公示期结束后，按照招标文件规定的定标规则确定中标人，并发出中标通知书。公示中标候选人，并不代表着招标人已确定其为中标人，不具有承诺的效力。只有招标人确定中标人，才意味着作出了承诺，接受了中标人提出的要约。公示中标候选人的项目范围限于依法必须进行招标的项目，其他招标项目是否公示中标候选人由招标人自主决定。招标人也可以授权评标委员会直接定标。

第四十一条 【中标条件】中标人的投标应当符合下列条件之一：

（一）能够最大限度地满足招标文件中规定的各项综合评价标准；

（二）能够满足招标文件的实质性要求，并且经评审的投标价格最低；但是投标价格低于成本的除外。

【立法·要点注释】

本条是关于中标条件的规定。

中标条件应符合下列两项条件之一：

1. 以综合评价标准最优作为中标条件的，在评价方法中通常采用打分的办法，在对各项评标因素进行打分后，以累计得分最高投标作为中标。

2. 经评审的投标价格最低，是指对投标文件中的各项评标因素尽可能折算为货币量，加上投标报价进行综合评审、比较之后，确定评审价格最低的投标（通常称为最低评标价），以该投标为中标。这里需要指出的是，中标的是经过评审的最低投标价，而不是指报价最低的投标价。

【行政法规】

《中华人民共和国招标投标法实施条例》（2019年3月2日）

第五十五条 国有资金占控股或者主导地位的依法必须进行招标的项目，招标人应当确定排名第一的中标候选人为中标人。排名第一的中标候选人放弃中标、因不可抗力不能履行合同、不按照招标文件要求提交履约保证金,或者被查实存在影响中标结果的违法行为等情形,不符合中标条件的,招标人可以按照评标委员会提出的中标候选人名单排序依次确定其他中标候选人为中标人,也可以重新招标。

【要点注释】

本条是关于确定中标人的规定。

1. 要求招标人选择排名第一的中标候选人为中标人,是对国有资金占控股或者主导地位的依法必须进行招标的项目提出的要求,体现了分类管理原则。

2. 招标人可根据特定情况需要依次选择其他候选人为中标人或重新招标。一是排名第一的中标候选人被确定中标后放弃中标。放弃中标的表现形式既可以表现为明确表示不接受合同,拒绝签订中标合同,也可以表现为在合同签订时向招标人提出附加条件,包括借故要求修改合同标的内容、价格、质量标准、工期(交货期)等中标的实质性内容。无论表现为何种形式,放弃中标必须有明确的意思表示。二是排名第一的中标候选人因发生了不可抗力,不能履行合同。不可抗力是指不能预见、不能避免并不能克服的客观情况,包括自然灾害和社会突发事件,如地震、海啸、瘟疫、水灾、骚乱、暴动、战争等。因不可抗力不能履行合同的结果应当是确定无疑的。三是排名第一的中标候选人没有按照招标文件要求提交履约保证金。具体情形包括没有提供履约保证金,或者提供的履约保证金的金额、形式、担保条件等不符合招标文件的要求。四是排名第一的中标候选人被查实存在影响中标结果的违法行为。这类违法行为包括弄虚作假、串通投标、行贿,或者招标文件载明的属于实质性要求和条件的其他违法行为。这些违法行为一般应发生在本次招标中,但招标文件另有规定的除外。这些违法行为也必须被查实,包括经评标委员会、行政监督部门或者司法机关查实。

3. 本条没有穷尽导致排名第一的中标候选人不符合中标条件的所有情形。本条没有规定的其他情形,应当与这四种情形具有可比性且是客观的,招标人最好在招标文件中载明。

4. 在其他中标候选人符合中标条件,能够满足采购需求的情况下,招标人应尽量依次确定中标人。当然,在其他中标候选人与采购预期差距较大,或者依次选择中标人对招标人明显不利时,招标人可以选择重新招标。例如,排名在后的中标候选人报价偏高,或已在其他合同标段中标,履约能力受到限制，或同样存在串通投标等违法行为，招标人可以选择重新招标。

5. 对非国有资金占控股或者主导的依法必须招标的项目，招标人从评标委员会推荐的中标候选人中选择中标人也不能是任意的，需要综合考虑《招标投标法》第四十一条规定的两项中标条件。

【部门规章及规范性文件】

1.《评标委员会和评标方法暂行规定》(2013 年 5 月 1 日)

第四十六条 中标人的投标应当符合下列条件之一：

（一）能够最大限度满足招标文件中规定的各项综合评价标准；

（二）能够满足招标文件的实质性要求，并且经评审的投标价格最低；但是投标价格低于成本的除外。

第四十八条 国有资金占控股或者主导地位的项目，招标人应当确定排名第一的中标候选人为中标人。排名第一的中标候选人放弃中标、因不可抗力提出不能履行合同，或者招标文件规定应当提交履约保证金而在规定的期限内未能提交，或者被查实存在影响中标结果的违法行为等情形，不符合中标条件的，招标人可以按照评标委员会提出的中标候选人名单排序依次确定其他中标候选人为中标人。依次确定其他中标候选人与招标人预期差距较大，或者对招标人明显不利的，招标人可以重新招标。

招标人可以授权评标委员会直接确定中标人。

国务院对中标人的确定另有规定的，从其规定。

2.《工程建设项目勘察设计招标投标办法》(2013 年 5 月 1 日)

第四十条 国有资金占控股或者主导地位的依法必须招标的项目，招标人应当确定排名第一的中标候选人为中标人。

排名第一的中标候选人放弃中标、因不可抗力提出不能履行合同，不按照招标文件要求提交履约保证金，或者被查实存在影响中标结果的违法行为等情形，不符合中标条件的，招标人可以按照评标委员会提出的中标候选人名单排序依次确定其他中标候选人为中标人。依次确定其他中标候选人与招标人预期差距较大，或者对招标人明显不利的，招标人可以重新招标。

招标人可以授权评标委员会直接确定中标人。

国务院对中标人的确定另有规定的，从其规定。

3.《工程建设项目施工招标投标办法》(2013年5月1日)

第五十八条　国有资金占控股或者主导地位的依法必须进行招标的项目,招标人应当确定排名第一的中标候选人为中标人。排名第一的中标候选人放弃中标、因不可抗力提出不能履行合同、不按照招标文件的要求提交履约保证金,或者被查实存在影响中标结果的违法行为等情形,不符合中标条件的,招标人可以按照评标委员会提出的中标候选人名单排序依次确定其他中标候选人为中标人。依次确定其他中标候选人与招标人预期差距较大,或者对招标人明显不利的,招标人可以重新招标。

招标人可以授权评标委员会直接确定中标人。

国务院对中标人的确定另有规定的,从其规定。

4.《工程建设项目货物招标投标办法》(2013年5月1日)

第四十八条　国有资金占控股或者主导地位的依法必须进行招标的项目,招标人应当确定排名第一的中标候选人为中标人。排名第一的中标候选人放弃中标、因不可抗力提出不能履行合同、不按照招标文件要求提交履约保证金,或者被查实存在影响中标结果的违法行为等情形,不符合中标条件的,招标人可以按照评标委员会提出的中标候选人名单排序依次确定其他中标候选人为中标人。依次确定其他中标候选人与招标人预期差距较大,或者对招标人明显不利的,招标人可以重新招标。

招标人可以授权评标委员会直接确定中标人。

国务院对中标人的确定另有规定的,从其规定。

5.《机电产品国际招标投标实施办法(试行)》(2014年4月1日)

第七十条　招标人根据评标委员会提出的书面评标报告和推荐的中标候选人确定中标人。招标人也可以授权评标委员会直接确定中标人。国有资金占控股或者主导地位的依法必须进行招标的项目,以及使用国外贷款、援助资金的项目,招标人应当确定排名第一的中标候选人为中标人。排名第一的中标候选人放弃中标、因不可抗力不能履行合同、不按招标文件要求提交履约保证金,或者被查实存在影响中标结果的违法行为等情形,不符合中标条件的,招标人可以按照评标委员会提出的中标候选人名单排序依次确定其他中标候选人为中标人,也可以重新招标。

【地方法院规定】

1.《江苏省高级人民法院关于审理建设工程施工合同纠纷案件若干问题的意见》（苏高法审委〔2008〕26 号，2008 年 12 月 21 日）

第七条 经过招标投标订立的建设工程施工合同，工程虽经验收合格，但因合同约定的工程价款低于成本价而导致合同无效，发包人要求参照合同约定的价款结算的，人民法院应予支持。

2.《广东省高级人民法院全省民事审判工作会议纪要》（粤高法〔2012〕240 号，2012 年 6 月 26 日）

（二）关于合同效力问题

17. 要依法维护通过招投标方式所签订的中标合同的法律效力。对以低于工程建设成本的工程项目标底订立的施工合同，应当依据《招标投标法》第四十一条第（二）项的规定认定无效；当事人违反工程建设强制性标准，任意压缩合理工期、降低工程质量标准的约定，也应认定无效。对于约定无效后的工程价款结算，应依据最高人民法院《关于审理建设工程施工合同纠纷案件适用法律问题的解释》的相关规定处理。

【法院参考案例】

1. 桐庐富春水利水电建筑有限公司与永康市公共资源交易管理委员会办公室、永康市酥溪流域管理所行政纠纷案［（2016）浙行申 84 号］

裁判要旨：排名第一的中标候选人不符合中标条件的，招标人可以取消其中标候选人资格。

原一、二审法院查明如下事实：2014 年 10 月 25 日，被申请人永康市酥溪流域管理所发布《建设工程招标公告》，对永康市中小河流治理重点县综合整治及水系连通试点工程（东城街道项目区）施工向社会公开招标。申请人在报名时法定代表人是虞林平，期间申请人的法定代表人由虞林平变更为徐忠伟。2014 年 11 月 20 日，申请人提交投标文件，载明法定代表人为徐忠伟，并提供证明，已认真阅读工程招标公告及招标文件等关于本工程招标的所有资料。涉案《建设工程招标公告》第 7. 1. 3 载明："公示期间受理相关利害关系人对中标候选人的质疑和投诉,向市检察机关查询候选企业及项目经理近年行贿犯罪记录。公示期间查实第一中标候选人存在有违投标承诺及其他违法违规行为或确定其中标后不按规定提交履约担保的,将取消其中标资格,由第二中标候选人中标。”经评标委员会评标,评标结果及推荐意见,申请人为第一中标候选人,浙江景昌建设有限公司为第二中标候选人,并于当日进行公示。2014年11月25日,两被申请人以申请人单位人员虞林平(申请人单位实际控股人)有行贿犯罪记录视同法定代表人有此记录,作出取消申请人的第一中标候选人资格。

浙江省高级人民法院经审查认为,根据《招标投标法实施条例》第五十五条规定,国有资金占控股或者主导地位的依法必须进行招标的项目,招标人应当确定排名第一的中标候选人为中标人。排名第一的中标候选人放弃中标、因不可抗力不能履行合同、不按照招标文件要求提交履约保证金,或者被查实存在影响中标结果的违法行为等情形,不符合中标条件的,招标人可以按照评标委员会提出的中标候选人名单排序依次确定其他中标候选人为中标人,也可以重新招标。原审法院认定:申请人富春公司的控股股东虞林平有行贿犯罪记录事实清楚,据此,被申请人永康市酥溪流域管理所作为招标人,认为申请人不符合中标条件,作出取消申请人第一中标候选人资格的涉案通知,有事实依据。

2. 永州市人和仙聚房地产开发有限公司与湖南潇湘技师学院招标投标纠纷案[(2014)永中法民一初字第11号]

裁判要旨:排名第一的中标候选人放弃中标的,招标人可以按照中标候选人名单排序依次确定其他中标候选人为中标人,也可以重新招标,自主权在招标人。

永州市中级人民法院认为,被告湖南潇湘技师学院因新校区建设项目选择投资人委托湖南省湘咨招标咨询有限责任公司进行了招标(第二次),并于2011年12月27日在永州市建设工程交易中心举行开标、评标,经评标委员会评审并确定了中标候选人,而原告永州市人和仙聚房地产开发有限公司亦为新校区建设项目的中标候选人(排名第二)。在公示期满后,第一中标候选人湖南路桥建设集团公司虽然被确定为中标人,但该公司明确表示主动放弃中标项目。依据《招标投标法》等法律法规的规定,湖南潇湘技师学院作为招标人可以根据评标委员会提出的中标候选人名单排序依次确定其他中标候选人为中标人,但招标人如认为其他中标候选人与自己预期差距较大以致不利于协议履行的可重新招标,即被告湖南潇湘技师学院有权根据实际情况作出相应选择。据此,湖南潇湘技师学院在中标候选人放弃中标后有权对新校区建设项目(选择投资人)依次另行确定排名第二的中标候选人,也有权重新招标。2014 年湖南潇湘技师学院已重新挂牌招标,确认了新的中标人。原告在重新招标中并未报名。因此,原告永州市人和仙聚房地产开发有限公司要求确认其为被告湖南潇湘技师学院就新校区建设项目中标人并签订投资协议,本院不予支持。

编者说明

定标,是招标人确定中标人的意思表示,是对投标人的投标要约作出承诺的法律行为。招标人必须依据招标文件中规定的中标条件定标,采用综合评估法评标的项目,能够最大限度地满足招标文件中规定的各项综合评价标准的投标人为中标人;采用经评审的最低投标价法评标的项目,经评审的最低能够满足招标文件的实质性要求,并且经评审的投标价格最低的投标人为中标人。按照上述两个“最”的中标条件,实际上就是原则上排名第一的中标候选人为中标人。结合《招标投标法实施条例》第五十五条规定,对于国有资金占控股或者主导地位的依法必须进行招标的项目而言,招标人应当确定排名第一的中标候选人为中标人,但对于其他依法必须招标项目及非依法必须招标的项目,虽未要求必须确定排名第一的中标候选人为中标人,赋予招标人一定的经营自主权,但招标人原则上也要遵循《招标投标法》第四十一条规定的两项中标条件,确有需要调整的,应将中标条件事前规定在招标文件之中并据此定标。当排名第一的中标候选人放弃中标或因其他原因不符合中标条件的,招标人可以按照中标候选人名单排序依次确定其他中标候选人为中标人,也可以重新招标,自主权在招标人。实践中,排名在后的中标候选人提出其应当自然递补中标的说法没有法律依据。

第四十二条 【否决所有投标】 评标委员会经评审,认为所有投标都不符合招标文件要求的,可以否决所有投标。

依法必须进行招标的项目的所有投标被否决的,招标人应当依照本法重新招标。

【立法·要点注释】

本条是关于评标委员会可以否决所有投标以及投标被否决招标人应如何处理的规定。

1. 评标委员会经评审,认为所有投标都不符合招标文件要求的,可以否决所有投标。即评标委员会按照招标文件中规定的评标标准,对每一份投标文件的各项指标进行评审后,如果认为所有的投标都不符合招标文件的要求,可以否决所有投标,即将所有投标都作为废标处理。所有投标文件都不符合招标文件的要求,通常有以下几种情况:(1)最低评标价大大超过标底或合同估价,招标人无力接受投标;(2)所有投标人在实质上均未响应招标文件的要求;(3)投标人过少,没有达到预期的竞争性。

2. 对于依法必须进行招标的项目,如果所有的投标都被否决,招标人不能再从落选的投标中进行挑选,也不能找另外的人进行一对一的谈判,自己确定中标人,而是应当按照本法规定的招标程序,重新进行招标。对于招标人自愿选择招标采购方式的项目,则可不受本条规定必须重新招标的限制,招标人可以重新招标,也可以采用其他采购方式。

【行政法规】

《中华人民共和国招标投标法实施条例》(2019 年 3 月 2 日)

第五十一条　有下列情形之一的,评标委员会应当否决其投标:

(一)投标文件未经投标单位盖章和单位负责人签字;

(二)投标联合体没有提交共同投标协议;

(三)投标人不符合国家或者招标文件规定的资格条件;

(四)同一投标人提交两个以上不同的投标文件或者投标报价,但招标文件要求提交备选投标的除外;

(五)投标报价低于成本或者高于招标文件设定的最高投标限价;

(六)投标文件没有对招标文件的实质性要求和条件作出响应;

(七)投标人有串通投标、弄虚作假、行贿等违法行为。

【要点注释】

本条是关于否决投标的规定。

1. 否决投标,是指在评标过程中,投标文件具有本条规定的情形,或者没有对招标文件提出的实质性要求和条件作出响应,评标委员会作出对其投标文件不再予以进一步评审,投标人失去中标资格的决定。

2. 本条使用“否决投标”而非“废标”,主要考虑:一是《招标投标法》使用了“否决投标”而非“废标”;二是为了避免与《政府采购法》规定的“废标”概念相混淆。

3. 投标文件未经投标单位盖章和单位负责人签字。注意以下三点:一是否决投标的前提是既未经单位盖章,也没有单位负责人签字,换句话说,二者具备其一就不应当否决其投标,以减少否决投标情况的发生。实践中,招标人对投标文件提出既要盖章又要签字的要求,不符合鼓励交易的原则。二是单位负责人是指单位法定代表人或者法律、行政法规规定代表单位行使职权的主要负责人。投标单位是法人的,单位负责人是指投标单位的法定代表人。投标单位是其他组织的,单位负责人是指投标单位的主要负责人。个人参加科研项目投标的,“单位负责人”是指其本人。三是单位负责人授权代理人签字的,投标文件应附授权委托书。投标文件只有代理人签字,没有授权委托书,也没有盖投标人单位章的,评标委员会也应当否决其投标。四是投标文件的签字盖章要求主要是针对投标函的。投标函是投标文件最重要的组成部分,一般均作为合同文件的内容。如果将签字盖章要求泛化到投标文件的各个部分,会导致无谓的和过多的否决投标,不符合鼓励交易的原则。

4. 没有共同投标协议,联合体各方承担的工作和责任无法明确,联合体就失去了存在的法律基础,不能成为合格的投标人。联合体中标后,共同投标协议即是共同承包协议,其约定的内容不仅应明确联合体成员在投标阶段的责任、权利和义务,还应明确中标后联合体成员在合同履行阶段的责任、权利和义务。

5. 投标人的资格条件包括国家规定的资格条件和招标人规定的资格条件。招标人应当根据招标项目的特点和需要,对投标人在经营范围、专业资质、财务状况、技术能力、管理能力、业绩、信誉等方面提出要求,并在招标文件中载明,用于判断投标人是否具有履行合同的资格及能力。为方便评审,通常招标人也会在招标文件中一并载明国家规定的资格条件。即便招标文件没有作出明确规定,由于国家规定的资格条件具有强制性,当投标人不符合该条件时,评标委员会也应当否决其投标。

6. 如果允许投标人提交两个投标,就会造成评标委员会无法评标,甚至给投标人提供了根据其他投标人的报价作出有利于自己选择的机会，影响了公平竞争。招标文件允许投标人提交备选投标的，投标人可以提交两份不同的投标文件或者投标报价。

7. 这里的“成本”是指投标人的个别成本，而不是社会平均成本，也不是行业平均成本。评标过程中，如果评标委员会发现投标人的报价明显低于其他投标报价或者在设有标底时明显低于标底，使得可能低于其个别成本的，应当启动澄清程序，要求该投标人作出书面说明并提供相关证明材料。投标人不能合理说明或者不能提供相关证明材料的，评标委员会应当认定该投标人以低于成本报价竞标，否决其投标。

8. 最高限价是招标人能够承受的最高价格，如果超过最高投标限价的投标中标，客观上导致招标人无法实施招标项目。

9. 招标人在设立实质性要求和条件时，应注意以下几个方面：一是应根据招标项目的具体特点和需要，将对合同履行有重大影响的内容或因素设定为实质性要求和条件，如招标项目的质量要求、工期（交货期）、技术标准和要求、合同的主要条款、投标有效期等。招标人不能偏离招标活动的根本目的，过分强调签字、装订、包装、密封等细节，这样容易造成投标被否决，影响竞争效果。二是招标文件规定的实质性要求和条件应在评标办法中列明，并明示不满足该要求即否决其投标，以防止评标委员会滥用。三是本条列举的其他几种否决投标的情形，如果招标人在招标文件中一并载明，也同时构成对招标文件的非实质性响应。

10. 违法行为通常是指在本次招投标活动中发生的。在其他招投标活动中发生同样违法行为而没有被限制市场准入的，不应当否决其投标。但是，招标人在招标文件载明不得投标，或被限制市场准入的，应当否决其投标。

11. 导致投标被否决的违法行为虽然不限于串通投标、弄虚作假和行贿三种，但其他违法行为应当与本条所列的三种违法行为具有可比性，并在招标文件中明确。

【部门规章及规范性文件】

1.《评标委员会和评标方法暂行规定》（2013年5月1日）

第二十条　在评标过程中，评标委员会发现投标人以他人的名义投标、串通投标、以行贿手段谋取中标或者以其他弄虚作假方式投标的,应当否决该投标人的投标。

第二十一条 在评标过程中,评标委员会发现投标人的报价明显低于其他投标报价或者在设有标底时明显低于标底,使得其投标报价可能低于其个别成本的,应当要求该投标人作出书面说明并提供相关证明材料。投标人不能合理说明或者不能提供相关证明材料的,由评标委员会认定该投标人以低于成本报价竞标,应当否决其投标。

第二十二条 投标人资格条件不符合国家有关规定和招标文件要求的,或者拒不按照要求对投标文件进行澄清、说明或者补正的,评标委员会可以否决其投标。

第二十三条 评标委员会应当审查每一投标文件是否对招标文件提出的所有实质性要求和条件作出响应。未能在实质上响应的投标,应当予以否决。

第二十四条 评标委员会应当根据招标文件,审查并逐项列出投标文件的全部投标偏差。

投标偏差分为重大偏差和细微偏差。

第二十五条 下列情况属于重大偏差:

(一)没有按照招标文件要求提供投标担保或者所提供的投标担保有瑕疵;

(二)投标文件没有投标人授权代表签字和加盖公章;

(三)投标文件载明的招标项目完成期限超过招标文件规定的期限;

(四)明显不符合技术规格、技术标准的要求;

(五)投标文件载明的货物包装方式、检验标准和方法等不符合招标文件的要求;

(六)投标文件附有招标人不能接受的条件;

(七)不符合招标文件中规定的其他实质性要求。

投标文件有上述情形之一的,为未能对招标文件作出实质性响应,并按本规定第二十三条规定作否决投标处理。招标文件对重大偏差另有规定的,从其规定。

第二十七条 评标委员会根据本规定第二十条、第二十一条、第二十二条、第二十三条、第二十五条的规定否决不合格投标后,因有效投标不足三个使得投标明显缺乏竞争的,评标委员会可以否决全部投标。

投标人少于三个或者所有投标被否决的，招标人在分析招标失败的原因并采取相应措施后，应当依法重新招标。

2.《工程建设项目勘察设计招标投标办法》（2013年5月1日）

第三十六条　投标文件有下列情况之一的，评标委员会应当否决其投标：

（一）未经投标单位盖章和单位负责人签字；

（二）投标报价不符合国家颁布的勘察设计取费标准，或者低于成本，或者高于招标文件设定的最高投标限价；

（三）未响应招标文件的实质性要求和条件。

第三十七条　投标人有下列情况之一的，评标委员会应当否决其投标：

（一）不符合国家或者招标文件规定的资格条件；

（二）与其他投标人或者与招标人串通投标；

（三）以他人名义投标，或者以其他方式弄虚作假；

（四）以向招标人或者评标委员会成员行贿的手段谋取中标；

（五）以联合体形式投标，未提交共同投标协议；

（六）提交两个以上不同的投标文件或者投标报价，但招标文件要求提交备选投标的除外。

3.《工程建设项目施工招标投标办法》（2013年5月1日）

第五十条　投标文件有下列情形之一的，招标人应当拒收：

（一）逾期送达；

（二）未按招标文件要求密封。

有下列情形之一的，评标委员会应当否决其投标：

（一）投标文件未经投标单位盖章和单位负责人签字；

（二）投标联合体没有提交共同投标协议；

（三）投标人不符合国家或者招标文件规定的资格条件；

（四）同一投标人提交两个以上不同的投标文件或者投标报价，但招标文件要求提交备选投标的除外；

（五）投标报价低于成本或者高于招标文件设定的最高投标限价；

（六）投标文件没有对招标文件的实质性要求和条件作出响应；

（七）投标人有串通投标、弄虚作假、行贿等违法行为。

4.《工程建设项目货物招标投标办法》(2013 年 5 月 1 日)

第四十一条 投标文件有下列情形之一的,招标人应当拒收:

(一)逾期送达;

(二)未按招标文件要求密封。

有下列情形之一的,评标委员会应当否决其投标:

(一)投标文件未经投标单位盖章和单位负责人签字;

(二)投标联合体没有提交共同投标协议;

(三)投标人不符合国家或者招标文件规定的资格条件;

(四)同一投标人提交两个以上不同的投标文件或者投标报价,但招标文件要求提交备选投标的除外;

(五)投标标价低于成本或者高于招标文件设定的最高投标限价;

(六)投标文件没有对招标文件的实质性要求和条件作出响应;

(七)投标人有串通投标、弄虚作假、行贿等违法行为。

依法必须招标的项目评标委员会否决所有投标的,或者评标委员会否决一部分投标后其他有效投标不足三个使得投标明显缺乏竞争,决定否决全部投标的,招标人在分析招标失败的原因并采取相应措施后,应当重新招标。

5.《房屋建筑和市政基础设施工程施工招标投标管理办法》(2019 年 3 月 13 日)

第三十九条 评标委员会经评审,认为所有投标文件都不符合招标文件要求的,可以否决所有投标。

依法必须进行施工招标工程的所有投标被否决的,招标人应当依法重新招标。

6.《机电产品国际招标投标实施办法(试行)》(2014 年 4 月 1 日)

第五十七条 在商务评议过程中,有下列情形之一者,应予否决投标:

(一)投标人或其制造商与招标人有利害关系可能影响招标公正性的;

(二)投标人参与项目前期咨询或招标文件编制的;

(三)不同投标人单位负责人为同一人或者存在控股、管理关系的;

(四)投标文件未按招标文件的要求签署的;

(五)投标联合体没有提交共同投标协议的;

(六)投标人的投标书、资格证明材料未提供,或不符合国家规定或者招标文件要求的；

（七）同一投标人提交两个以上不同的投标方案或者投标报价的，但招标文件要求提交备选方案的除外；

（八）投标人未按招标文件要求提交投标保证金或保证金金额不足、保函有效期不足、投标保证金形式或出具投标保函的银行不符合招标文件要求的；

（九）投标文件不满足招标文件加注星号（“＊”）的重要商务条款要求的；

（十）投标报价高于招标文件设定的最高投标限价的；

（十一）投标有效期不足的；

（十二）投标人有串通投标、弄虚作假、行贿等违法行为的；

（十三）存在招标文件中规定的否决投标的其他商务条款的。

前款所列材料在开标后不得澄清、后补；招标文件要求提供原件的，应当提供原件，否则将否决其投标。

第五十八条　对经资格预审合格、且商务评议合格的投标人不能再因其资格不合格否决其投标，但在招标周期内该投标人的资格发生了实质性变化不再满足原有资格要求的除外。

第五十九条　技术评议过程中，有下列情形之一者，应予否决投标：

（一）投标文件不满足招标文件技术规格中加注星号（“＊”）的重要条款（参数）要求，或加注星号（“＊”）的重要条款（参数）无符合招标文件要求的技术资料支持的；

（二）投标文件技术规格中一般参数超出允许偏离的最大范围或最多项数的；

（三）投标文件技术规格中的响应与事实不符或虚假投标的；

（四）投标人复制招标文件的技术规格相关部分内容作为其投标文件中部分的；

（五）存在招标文件中规定的否决投标的其他技术条款的。

第六十二条　招标文件允许备选方案的，评标委员会对有备选方案的投标人进行评审时，应当以主选方案为准进行评标。备选方案应当实质性响应招标文件要求。凡提供两个以上备选方案或者未按要求注明主选方案的，该投标应当被否决。凡备选方案的投标价格高于主选方案的，该备选方案将不予采纳。

第六十三条　投标人应当根据招标文件要求和产品技术要求列出供货产品清单和分项报价。投标人投标报价缺漏项超出招标文件允许的范围或比重的，为实质性偏离招标文件要求，评标委员会应当否决其投标。缺漏项在招标文件允许的范围或比重内的，评标时应当要求投标人确认缺漏项是否包含在投标价中，确认包含的，将其他有效投标中该项的最高价计入其评标总价，并依据此评标总价对其一般商务和技术条款（参数）偏离进行价格调整；确认不包含的，评标委员会应当否决其投标；签订合同时以投标价为准。

第六十五条　评标委员会经评审，认为所有投标都不符合招标文件要求的，可以否决所有投标。

依法必须进行招标的项目的所有投标被否决的，招标人应当依照本办法重新招标。

【法院参考案例】

1. 江西省梦远建设有限公司与中山市建设工程招标投标管理办公室行政纠纷案［（2018）粤2071行初586号］

裁判要旨：评标委员会应当审查每一投标文件是否对招标文件提出的所有实质性要求和条件作出响应；未响应招标文件的实质性要求和条件的，评标委员会应当否决该投标。

中山市第一人民法院认为，一、关于裕福南路工程评标委员会否决原告对涉案建设工程项目的投标行为是否符合法律法规和招标文件的要求。根据《招标投标法》第十九条"招标人应当根据招标项目的特点和需要编制招标文件。招标文件应包括招标项目的技术要求、对投标人资格审查的标准、投标报价要求和评标标准等所有实质性要求和条件……"以及第三十七条"评标由招标人依法组建的评标委员会负责"的规定可知，评标是由依法组建的评标委员会根据法律法规以及招标文件的要求进行的，招标文件是项目招标投标活动的主要依据，对招标方和投标方均具有法律约束力。因此，涉案建设工程项目的招投标活动均应按裕福南路工程《招标文件》的规定进行。《评标委员会和评标方法暂行规定》第二十三条规定："评标委员会应当审查每一投标文件是否对招标文件提出的所有实质性要求和条件作出响应。未能在实质上响应的投标，应当予以否决。"本案中，原告的《投标文件》基本资料《承诺书》中关于施工工期的承诺为"施工工期：计划工期：300 个日历天”,与《招标文件》的《承诺书》需要承诺一个明确的工期多了“计划工期”四个字,评标委员会成员一致认为“计划工期”是可变的,并非明确工期,属于对于招标文件的要求没有明确响应。按照《招标文件》第 52 页响应性评审标准《承诺书》内容未响应招标文件要求,认定原告的《承诺书》不满足《招标文件》要求,因此,对原告的投标予以否决的处理符合法律法规及招标文件的规定。对于原告认为其《投标文件》的项目完全响应《招标文件》要求的主张,与本案查明事实相悖,本院不予支持。

二、关于原告的《投标文件》基本资料《承诺书》中对施工工期的承诺是否属于“实质性未响应招标文件要求和条件”的问题。根据《招标投标法》第二十七条关于“投标人应当按照招标文件的要求编制投标文件。投标文件应当对招标文件提出的实质性要求和条件作出响应”、《招标投标法实施条例》第五十一条关于“有下列情形之一的,评标委员会应当否决其投标:……(六)投标文件没有对招标文件的实质性要求和条件作出响应……”及《评标委员会和评标办法暂行规定》第二十五条关于“下列情况属于重大偏差:……(七)不符合招标文件中规定的其他实质性要求。投标文件有上述情形之一的,为未能对招标文件作出实质性响应,并按本规定第二十三条规定作否决投标处理”的规定,投标人编制的投标文件应对招标文件的实质要求和条件作出响应,即投标文件应当符合招标文件中明确规定的实质内容,若投标文件被认定为重大偏差的属未对招标文件作出实质性响应,应作否决投标处理。本案中,原告承诺履行期限即施工工期为“计划工期”,与《招标文件》基本资料“承诺书”中对施工工期要求明确的清晰的回应的要求不同,评标委员会成员一致认为,原告的《承诺书》中施工工期表述为“计划工期:300 个日历天”属于对于《招标文件》的要求没有明确响应。按照《招标文件》第 52 页响应性评审标准《承诺书》内容未响应招标文件要求,因此,评标委员会否决原告《投标文件》符合法律法规和招标文件的规定。

2. 温州市瓯海区住房和城乡建设局与浙江新瑞建设集团有限公司行政监察纠纷案[(2017)浙 03 行终 20 号]

裁判要旨:投标文件的响应存在重大偏差的,可以否决投标。

温州市中级人民法院认为,二、关于涉案招标文件将授权委托书代理人未签字或盖章作为否决投标条款是否合法。《招标投标法实施条例》第二十三条规定,招标文件的内容违反法律、行政法规的强制性规定,违反公开、公平、公正和诚实信用原则,影响潜在投标人投标的,依法必须进行招标项目的招标人应当在修改招标文件后重新招标。《评标委员会和评标方法暂行规定》第十七条第二款规定,招标文件中规定的评标标准和评标方法应当合理,不得含有倾向性内容,不得妨碍或者限制投标人之间的竞争。本案中,涉案招标文件将授权委托书代理人未签字或盖章作为否决投标的效力性条款,不存在上述违反招标文件合法性或评标标准、评标方法合理性的情形。被上诉人新瑞公司认为该条款违反《民法通则》第六十五条有关民事委托代理的一般规定,不利于鼓励交易等,并据此主张该内容无效,缺乏法律依据,本院不予采纳。

三、关于涉案授权委托书代理人未签字或盖章是否属于重大偏差问题。《评标委员会和评标方法暂行规定》第二十四条规定,评标委员会应当根据招标文件,审查并逐项列出投标文件的全部投标偏差。投标偏差分为重大偏差和细微偏差。第二十五条第二款规定,招标文件对重大偏差另有规定的,从其规定。根据涉案招标文件评标程序 3.4 投标人文件审查有关应当否决投标情形的规定,足以认定该招标文件已对重大偏差作了另行规定,其中包括涉案授权委托书代理人未签字或盖章的情形,评标时应从其规定。被上诉人新瑞公司主张涉案授权委托书代理人未签字或盖章属于细微偏差中的漏项,理由不能成立,本院不予采纳。

四、关于评标委员会否决投标是否有法律依据问题。《评标委员会和评标方法暂行规定》第十七条规定,评标委员会应当根据招标文件规定的评标标准和方法,对投标文件进行系统地评审和比较。招标文件中没有规定的标准和方法不得作为评标的依据。涉案招标文件第三章评标办法前附表、评标程序 3.4 投标人文件审查均规定,"评标委员会认定投标人的投标文件不符合评标办法前附表形式评审、资格评审、响应性评审中的任何一项评审标准的,应当否决其投标",其中投标文件签字盖章要符合第二章"投标人须知前附表"3.7.3 规定,即授权委托书代理人应签字或盖章。现新瑞公司提供的授权委托书代理人未签字或盖章,明显不符合上述招标文件有关投标文件签字盖章的要求,评标委员会据此否决其投标,事实清楚,依据充分。根据涉案招标文件第三章评标办法前附表 2.1.1 内容,授权委托书签字盖章属于形式评审范围,新瑞公司主张涉及投标人资格,没有依据。即便如新瑞公司所述,授权委托书代理人签字盖章涉及投标人资格审查,因涉案招标采用资格后审办法对投标人进行资格审查,根据《招标投标法实施条例》第二十条的规定,应当在开标后由评标委员会按照招标文件规定的标准和方法对其资格进行审查。因此,新瑞公司以已准许其代理人参加开标会即认为符合资格评审要求,理由不能成立,本院不予采纳。……综上,新瑞公司提交的授权委托书代理人未签字或盖章,不符合涉案招标文件规定的投标文件签字盖章要求,投标委会员根据《评标委员会和评标方法暂行规定》的规定否决其投标正确。

3. 江苏建文建设有限公司与昆山市住房和城乡建设局、苏州市住房和城乡建设局行政复议纠纷案[(2016)苏0508行初487号]

裁判要旨:投标报价高于招标文件规定的最高投标限价的,应当否决投标。

苏州市姑苏区人民法院认为,《招标投标法实施条例》第二十条、第五十一条规定,招标人采用资格后审办法对投标人进行资格审查的,应当在开标后由评标委员会按照招标文件规定的标准和方法对投标人的资格进行审查。投标报价低于成本或者高于招标文件设定的最高投标限价的,评标委员会应当否决其投标。《评标委员会和评标方法暂行规定》第三章"评标的准备与初步评审"第二十七条中将"否决投标"视为"不合格投标"。第二十八条规定:"经初步评审合格的投标文件,评标委员会应当根据招标文件确定的评标标准和方法,对其技术部分和商务部分作进一步评审、比较。"苏建招〔2016〕260号文件所附《房屋建筑和市政基础设施工程招标投标改革试点措施(试行)》(十四)"合理确定入围评标的投标人数量"中规定,投标报价高于招标文件设定的最高投标限价的,属于形式评审的内容。本案中,涉案建设项目招投标过程中,昆山顺元公司与太仓市政公司的投标报价高于招标文件所公示的最高投标限价,昆山市作为第一批改革试点地区,招标单位适用苏建招〔2016〕260号文件,将上述两家公司作为形式评审不合格单位未准予其入围,由此作出最终评标结果,符合法律规定和相关文件精神。

4. 福建漳州岱山国家粮食储备库、漳州市国有资产产权(物权)交易中心与福州河东粮油贸易有限公司缔约过失责任纠纷案[(2019)闽06民终1767号]

裁判要旨:投标人以低于成本价投标的,投标无效,应当否决其投标。

漳州市中级人民法院认为,根据《2018年储备粮采购竞价须知》第四条以及《产权交易储备粮采购密封报价竞价规则》第二条的内容分析,案涉招标投标活动采用的选择中标人方法属于《招标投标法》第四十一条第(二)项所规定"能够满足招标文件的实质性要求,并且经评审的投标价格最低"的情形,但根据该项规定,如果投标价格低于成本的则不符合中标条件。因此,岱山粮食储备库、国有资产交易中心确认河东粮油公司中标是否发生法律效力,关键在于河东粮油公司的投标报价是否低于成本,即是否低于投标人的为完成招标项目所需支出的个别成本。结合本案,河东粮油公司的报价为2370元/吨,国家发展改革委与国家粮食局等多部门于2018年2月9日联合发布的发改价格〔2018〕264号《关于公布2018年稻谷最低收购价格的通知》以及福建省粮食局等多部门于2018年7月13日联合发布的闽粮法〔2018〕130号《关于印发2018年福建省早、中晚籼稻最低收购价执行预案的通知》均发布2018年生产的早籼稻最低收购价为每50公斤120元(换算为每吨2400元),且福建省前述预案的启动前提是市场价格低于前述最低收购价格,根据《价格法》第八条"经营者定价的基本依据是生产经营成本和市场供求状况"规定,即便福建省未启动前述预案,河东粮油公司的报价显然低于其从市场上收购早籼稻的价格,该事实从当天各供应商的报价均在2600元至2800元之间也可以辅证,因此,本案河东粮油公司的投标报价应予认定低于其个别成本,不符合中标条件,应予废标。

编者说明

《招标投标法》只是对否决全部投标作出规定,但对于无效投标如何处置并无相应规定,《招标投标法实施条例》补充规定了否决投标制度。

招标投标属于缔约行为,投标人应当具有民事行为主体资格、符合法律规定和招标文件要求的投标人资格条件,且其投标文件应当响应招标文件的实质性内容和要求,才有可能中标成为合同交易当事人。对于招标文件中提出的实质性条件和要求,投标人编制的投标文件应当对此逐项响应确认,不能存有遗漏或重大偏离,如果存在重大偏差,其投标将可能被否决。"否决投标",一般是指评标委员会对违反法律规定或者未对招标文件提出的实质性要求和条件作出响应的投标文件,作出的不再予以进一步评审,投标人失去中标资格的决定,也就是招标人对不符合其招标条件的要约作出了予以拒绝接受的意思表示。评标委员会应当审查每一投标文件是否对招标文件提出的所有实质性要求和条件作出响应,其可以否决投标的条件限于法律规定的情形以及在不违反法律强制性规定的前提下在招标文件中约定的否决投标条件。《招标投标法实施条例》第五十一条规定了几类典型的否决投标的情形，招标文件可以对“实质性要求和条件”作出明确约定，投标人未响应这些否决投标条件和招标文件的实质性要求和条件的，评标委员会应当按照招标文件规定的评标标准和办法否决该投标。

第四十三条　【禁止与投标人进行实质性谈判】在确定中标人前，招标人不得与投标人就投标价格、投标方案等实质性内容进行谈判。

【立法·要点注释】

本条是关于确定中标人以前，招标人不得与投标人就投标实质性内容进行谈判的规定。

本条对于招标人不得与投标人进行谈判的内容作了明确规定，即招标人与投标人不得就投标价格、投标方案等实质性内容进行谈判。实质性内容，还应包括技术要求等内容。

【部门规章及规范性文件】

1.《评标委员会和评标方法暂行规定》（2013 年 5 月 1 日）

第四十七条　招标人不得与投标人就投标价格、投标方案等实质性内容进行谈判。

2.《工程建设项目施工招标投标办法》（2013 年 5 月 1 日）

第五十九条　招标人不得向中标人提出压低报价、增加工作量、缩短工期或其他违背中标人意愿的要求，以此作为发出中标通知书和签订合同的条件。

3.《工程建设项目货物招标投标办法》（2013 年 5 月 1 日）

第四十九条　招标人不得向中标人提出压低报价、增加配件或者售后服务量以及其他超出招标文件规定的违背中标人意愿的要求，以此作为发出中标通知书和签订合同的条件。

【最高人民法院裁判案例】

1. 湖南省第三工程有限公司与平湖市万城房地产有限公司建设工程施工合同纠纷案[(2017)最高法民申 2541 号]

裁判要旨:当事人在进行招投标前已经就工程的价格、工程施工等实质性内容签订了合同,对于合同价格、具体施工等实质性内容进行了直接约定,直接影响到中标结果,中标应属无效。备案的中标合同与当事人实际履行的施工合同均因违反法律、行政法规的强制性规定被认定为无效的,可以参照当事人实际履行的合同结算工程价款。

最高人民法院经审查认为,一、关于本案诉争《施工总承包合同书》《建设工程施工合同》的效力如何认定的问题。本院认为,《施工总承包合同书》在工程招投标前签订,而《建设工程施工合同》系湖南三建与万城公司在招投标过程中通过串标签订,均违反法律规定,应属无效。

1. 湖南三建并无充分证据证明《施工总承包合同书》系在《建设工程施工合同》之后才签订。《施工总承包合同书》上签署日期为 2011 年 10 月 25 日,湖南三建主张实际签订日期为 2011 年 11 月 5 日,应就此提交充分证据予以证明,否则应承担不利后果。湖南三建以《施工总承包合同书》、宋宝生写的《报告》以及《湖南省第三工程有限公司评(签)审表》为依据,认为《施工总承包合同书》系 2011 年 11 月 5 日签订,依据不足。上述文件均为湖南三建单方形成,真实性难以确认,且从内容上看亦只能是推断《施工总承包合同书》的签订时间。此外,湖南三建在前案诉讼中,并未对《施工总承包合同书》的签订时间提出异议,亦无其他证据对湖南三建的该主张予以佐证,故湖南三建称《施工总承包合同书》于 2011 年 11 月 5 日签订的主张不能成立。

2.《招标投标法》第三条规定:“在中华人民共和国境内进行下列工程建设项目包括项目的勘察、设计、施工、监理以及与工程建设有关的重要设备、材料等的采购,必须进行招标:(一)大型基础设施、公用事业等关系社会公共利益、公众安全的项目……”《工程建设项目招标范围和规模标准规定》第三条规定:“关系社会公共利益、公众安全的公用事业项目的范围包括:……(五)商品住宅,包括经济适用住房……”第七条规定:“本规定第二条至第六条规定范围内的各类工程建设项目,包括项目的勘察、设计、施工、监理以及与工程建设有关的重要设备、材料等的采购,达到下列标准之一的,必须进行招标:(一)施工单项合同估算价在 200 万元人民币以上的……”根据上述规定,本案诉争工程为重大建设施工工程,为法律规定的必须进行招投标的工程。依据《最高人民法院关于审理建设工程施工合同纠纷案件适用法律问题的解释》第一条第(三)项的规定,建设工程必须进行招标而未招标的应当认定为无效。诉争《施工总承包合同书》于 2011 年 10 月 25 日签订,此时还未经过评标委员会评议,实际还未经过招标投标程序,因此,未经招投标程序签订的《施工总承包合同书》无效。湖南三建主张 2011 年 10 月 25 日开标当日即公布中标结果,并无证据证明,亦不符合常理,本院对此不予认可。

3.《招标投标法》第四十三条规定:“在确定中标人前,招标人不得与投标人就投标价格、投标方案等实质性内容进行谈判。”第五十五条规定:“依法必须进行招标的项目,招标人违反本法规定,与投标人就投标价格、投标方案等实质性内容进行谈判的,给予警告,对单位直接负责的主管人员和其他直接责任人员依法给予处分。前款所列行为影响中标结果的,中标无效。”湖南三建与万城公司在进行招投标前已经就诉争工程的价格、工程施工等实质性内容签订了合同,双方对于合同价格、具体施工等实质性内容进行了直接约定,在进行招标投标之前就在实质上先行确定了工程承包人,直接导致湖南三建中标。因此,湖南三建与万城公司的行为属于相互串通进行投标,直接影响到中标结果,损害了其他投标人的利益,中标应属无效。根据《最高人民法院关于审理建设工程施工合同纠纷案件适用法律问题的解释》第一条第(三)项的规定,中标无效的建设工程施工合同无效,故万城公司与湖南三建于 2011 年 11 月 1 日签订的《建设工程施工合同》亦无效。

二、关于案涉工程应以哪份合同作为结算依据的问题。建设工程施工合同无效,但建设工程经竣工验收合格,承包人请求参照合同约定支付工程价款的,应予支持。备案的中标合同与当事人实际履行的施工合同均因违反法律、行政法规的强制性规定被认定为无效的,可以参照当事人实际履行的合同结算工程价款。本案中,诉争《施工总承包合同书》与《建设工程施工合同》均无效,现湖南三建已完成案涉部分工程项目,故万城公司应参照实际履行的合同约定支付相应工程价款。根据本案查明的事实,湖南三建与万城公司在合同履行过程中,于 2012 年 9 月 23 日签订“《总承包合同》相关问题备忘录”,于 2012 年 11 月 5 日针对《施工总承包合同书》签订关于钢材、商品混凝土等价格确认书,且湖南三建的相关工程结算亦是按《施工总承包合同书》来制作报送,故双方实际系按《施工总承包合同书》来履行,《建设工程施工合同》作为备案合同,其本质上是为建设工程备案之所需,因此,原审法院以《施工总承包合同书》相关约定来进行本案工程款结算,符合法律规定,本院予以确认。

2. 远海建工(集团)有限公司与新疆厚德置业有限公司、新疆厚德置业有限公司哈密分公司建设工程施工合同纠纷案[(2016)最高法民终736号]

裁判要旨:在确定中标人前,招标人与投标人就投标价格、投标方案等实质性内容进行谈判,违反了《招标投标法》第四十三条规定,双方所签订的《建安工程施工补充协议》无效,中标无效。中标后签订的《建设工程施工合同》亦应认定无效。补充协议及施工合同虽被认定无效,但在认定无效之前双方在履约时仍应遵循诚实信用原则,承包人逾期竣工,导致发包人逾期交房并向第三方赔偿,承包人对此应承担赔偿责任。

最高人民法院认为,关于焦点一,《建安工程施工补充协议》及《建设工程施工合同》的效力如何认定的问题。《招标投标法》第四十三条规定:"在确定中标人前,招标人不得与投标人就投标价格、投标方案等实质性内容进行谈判";第五十五条规定:"依法必须进行招标的项目,招标人违反本法规定,与投标人就投标价格、投标方案等实质性内容进行谈判的,给予警告,对单位直接负责的主管人员和其他直接责任人员依法给予处分。前款所列行为影响中标结果的,中标无效。"案涉工程的性质为商品住宅,施工合同估算价超过200万元,依据《招标投标法》第三条、《工程建设项目招标范围和规模标准规定》第三条、第七条之规定,属于必须进行招标的项目。双方当事人对于必须进行招标的项目,在招标开始前就签订了《建安工程施工补充协议》,确定了远海公司为施工人,并对工程范围、工期、工程价款等做了具体明确的约定,属于就"实质性内容进行谈判"的情形,违反了《招标投标法》第四十三条规定,故两份《建安工程施工补充协议》应为无效。同时,上述行为影响中标结果,依据《招标投标法》第五十五条规定,中标应认定无效。中标无效后,根据《最高人民法院关于审理建设工程施工合同纠纷案件适用法律问题的解释》第一条规定,中标后签订的《建设工程施工合同》亦应认定无效,一审判决对此认定并无不当。远海公司主张《建安工程施工补充协议》及《建设工程施工合同》因缔约主体均为分公司、不具备相应资质而应认定无效,但根据《公司法》第十四条规定"分公司不具有法人资格,其民事责任由公司承担",故虽然《建安工程施工补充协议》及《建设工程施工合同》的缔约主体为分公司,但行为后果和民事责任均由远海公司和厚德公司承担,而根据远海公司提交的资料记载,远海公司具备对案涉工程进行施工的施工资质。故远海公司关于这一点的上诉理由不能成立。

关于焦点二,案涉工程价款的结算依据如何确定的问题。在案涉四份《建安工程施工补充协议》及《建设工程施工合同》均无效的情形下,本案不再适用《最高人民法院关于审理建设工程施工合同纠纷案件适用法律问题的解释》第二十一条规定,故《建设工程施工合同》虽为中标后签订,但不必然成为双方结算工程价款的根据。根据该司法解释第二条规定"建设工程施工合同无效,但建设工程经竣工验收合格,承包人请求参照合同约定支付工程价款的,应予支持",案涉工程已经竣工验收合格,应参照合同约定支付工程价款,具体应以哪一份合同作为参照,应结合双方的实际履行情况、工程成本等因素确定。比较同一期工程所对应的《建安工程施工补充协议》及《建设工程施工合同》的具体内容,《建安工程施工补充协议》对工程价款约定了固定平米均价,《建设工程施工合同》约定了工程总价;《建安工程施工补充协议》约定固定平米均价不包含采暖、塑钢窗等甲方分包工程的造价,《建设工程施工合同》对此则没有约定。根据一审判决认定,案涉工程的塑钢窗和地暖工程是由第三方而非远海公司施工,远海公司对此未提起上诉,应视为认可。远海公司在二审期间主张《建设工程施工合同》约定的工程总价亦是扣除了塑钢窗和地暖费用之后的价格,但《建设工程施工合同》对此没有体现,其提交的一期工程商务标和二期工程投标书反而在(概)预算书中列明了塑钢窗和地暖费用,投标价与预算费用虽有差额,但该差额与塑钢窗和地暖费用的数额也不能完全对应,故远海公司关于这一点的主张不能成立。综上,从约定的工程价款是否扣除了甲方分包的塑钢窗和地暖费用这个角度来看,双方实际履行的应为《建安工程施工补充协议》,应参照此协议约定的计算标准和计算方法认定工程价款。《建安工程施工补充协议》约定了平米均价,乘以双方当事人均认可的一审判决认定的案涉工程的建筑面积,案涉工程总造价应为 28305284.45 元,一审判决对此认定并无不当,远海公司关于此点的上诉理由不能成立。

3. 山西长实房地产开发集团有限公司、山西晋豪国际大酒店有限公司与江苏南通六建建设集团有限公司其他合同纠纷案[(2014)民一终字第 181 号]

裁判要旨:发包方为获得施工企业垫资施工利益,未经招投标即允许南通六建进场施工,诉讼中为避免承担合同风险,主张合同无效,具有恶意的因素,应认定案涉《施工合同》及《补充合同条款》有效。

最高人民法院认为,关于案涉《施工合同》及《补充合同条款》的效力问题。

案涉天天家园项目《建设工程入场交易证明》、2009 年 7 月 27 日太原市建筑工程交易中心出具的工程招标服务费发票及长实公司的自认均证实,案涉天天家园建设工程项目履行了招投标程序。长实公司和晋豪公司关于案涉《施工合同》及《补充合同条款》未履行招投标程序应认定无效的主张,理据不足,本院不予支持。

本案虽然存在南通六建进场施工后,长实公司方将案涉工程进行招投标的事实,但一审判决基于长实公司、晋豪公司并未提供证据证明上述招投标具有《招标投标法》规定的中标无效情形,同时结合案涉工程属于太原市杏花岭区政府招商引资项目“希尔顿大酒店”的相关配套工程,长实公司作为发包方为获得南通六建垫资施工利益,未经招投标即允许南通六建进场施工,诉讼中为避免承担合同风险,主张合同无效,具有恶意的因素,认定案涉《施工合同》及《补充合同条款》有效,并无不妥。

山西省太原市规划局也已经为案涉工程核发了建设用地规划许可证,故该建设工程已不再违反城乡规划的要求,就此而言,案涉工程未取得建设用地规划许可证、违反行政管理性规范要求的因素亦已不复存在,故不能作为否定案涉《施工合同》及《补充合同条款》效力的理由。

综上,长实公司关于案涉《施工合同》及《补充合同条款》无效的主张,一审法院未予支持,并无不当,本院予以维持。

4. 新疆华诚安居房地产开发有限公司与中国铁建大桥工程局集团有限公司建设工程施工合同纠纷案[(2020)最高法民申 348 号]

裁判要旨:双方当事人按照《招标投标法》的规定履行了招投标相关手续,即使存在在招投标之前就已经进场施工的情况,但并无证据证明涉案工程中的系列违法违规行为影响中标结果的,不能判定中标无效。

最高人民法院经审查认为,涉案工程已经进行了招标,合同是否无效需依据中标是否无效进行认定。虽然《招标投标法》第四十三条规定在确定中标人前,招标人不得与投标人就投标价格、投标方案等实质性内容进行谈判,该规定也系强制性规定,但《招标投标法》第五十五条“依法必须进行招标的项目,招标人违反本法规定,与投标人就投标价格、投标方案等实质性内容进行谈判的,给予警告,对单位直接负责的主管人员和其他直接责任人员依法给予处分。前款所列行为影响中标结果的,中标无效”的规定表明:招标人违反本法规定,与投标人就投标价格、投标方案等实质性内容进行谈判的,只是对有关人员给予警告等处分,而非一概认定中标无效;只有在就投标价格、投标方案等实质性内容进行谈判的行为影响中标结果时,才能认定中标无效。也只有在中标无效的前提下,才能认定由此签订的合同无效。在本案中,虽然双方在招投标前进行了谈判并达成合作意向,签订了框架协议,但该协议中没有约定投标方案等内容,未载明开工时间,约定的“项目建筑施工总概算约人民币 3 亿元”也与《建设工程施工合同》约定的工程价款 418332352. 72 元有明显不同。框架协议签订后,双方按照《招标投标法》的规定,履行了招投标相关手续,即使存在铁建工程公司在招投标之前就已经进场施工的情况,华诚房地产公司并未提供充分证据证明其与铁建工程公司在涉案工程中的系列违法违规行为影响了中标结果。因此,原判决认定《建设工程施工合同》有效,并在此基础上维持一审判决,并非仅依据一审中双方当事人均未提出合同无效意见的事实,而是根据《建设工程施工合同》系双方真实意思表示,且不符合法律规定中标无效的情形以及合同的履行和违约事实认定的,不存在缺乏证据证明和适用法律错误的问题。

【法院参考案例】

1. 广厦建设集团有限责任公司与浙江嘉业建设发展有限公司建设工程施工合同纠纷案[(2011)浙绍民初字第 5 号、(2012)浙民终字第 28 号]

裁判要旨:招标人在招标确定中标人前,就投标价格、投标方案等实质性内容与最后中标人进行了谈判,签订施工合同补充协议并以此作为建设工程施工合同的组成部分,客观上影响了中标结果,属于虚假招投标,该中标应属无效。建设工程经竣工验收合格,中标合同无效的,应将符合双方当事人的真实意思且在施工中具体履行的合同作为工程价款的结算依据。

浙江省绍兴市中级人民法院认为,广厦公司与嘉业公司在招标确定中标人前,就投标价格、投标方案等实质性内容进行了谈判,签订施工合同补充协议并以此作为建设工程施工合同的组成部分,客观上影响了中标结果,属于虚假招投标,该中标应属无效。根据《最高人民法院关于审理建设工程施工合同纠纷案件适用法律问题的解释》第二条规定精神，建设工程经竣工验收合格，中标合同无效，应将符合双方当事人的真实意思，并在施工中具体履行的合同，作为工程价款的结算依据，即以施工合同补充协议作为工程价款的结算依据。

浙江省高级人民法院认为，认同一审关于本案施工合同补充协议系建设工程施工合同的补充协议的意见，并认为本案施工合同补充协议、建设工程施工合同均应认定无效。理由如下：(1)本案施工合同补充协议并不是通过规范的邀请招标的方式签订，而是通过协商的方式签订。《招标投标法》第十条第三款规定："邀请招标，是指招标人以投标邀请书的方式邀请特定的法人或者其他组织投标。"第十二条第三款规定："依法必须进行招标的项目，招标人自行办理招标事宜的，应当向有关行政监督部门备案。"第二十八条第二款规定："在招标文件要求提交投标文件的截止时间后送达的投标文件，招标人应当拒收。"第三十四条规定："开标应当在招标文件确定的提交投标文件截止时间的同一时间公开进行；开标地点应当为招标文件中预先确定的地点。"本案第一次招投标，嘉业公司自行办理邀请招标，未向有关行政监督部门备案。从双方当事人提供的与第一次招投标有关的招标文件、投标文件、中标通知书、施工合同补充协议等证据看，嘉业公司也未按时开标，而是后来开标并通知广厦公司中标，与广厦公司绍兴分公司签订施工合同补充协议。据此，应认定本案工程第一次招投标程序不规范，双方当事人所称的邀请招标并不是《招标投标法》规定的邀请招标，本案施工合同补充协议并非邀请招标的结果，而是双方当事人协商一致的结果。(2)本案施工合同补充协议应认定无效。对第二次招投标而言，本案施工合同补充协议属于在确定中标人之前，双方当事人就投标价格、投标方案等实质性内容进行协商而订立的合同。根据《合同法》第五十二条第(五)项、《招标投标法》第四十三条的规定，本案施工合同补充协议应认定无效。(3)本案工程第二次招投标属于虚假招投标，双方当事人通过虚假招投标而签订的建设工程施工合同为无效合同。其一，从嘉业公司提供的与第二次招投标有关的文件资料看，第二次招投标系嘉业公司委托招标代理机构进行邀请招标，但招标文件对投标文件截止时间、开标时间没有作出规定，这说明第二次招标从一开始就是不规范的。其二，广厦公司提供(2007)浙绍证经字第2099号公证书，仅证明本次开标活动及结果真实、合法、有效，并不能证明整个第二次招投标都真实、合法、有效。其三，第二次招投标的标底远远低于工程建设成本，显然是虚假的。广厦公司的投标价格比标底还低,双方当事人以显著低于工程建设成本的价格订立建设工程施工合同。根据《招标投标法》第四十一条第(二)项的规定,本案建设工程施工合同应认定无效。其四,从双方当事人签订建设工程施工合同的过程看,双方当事人先行签订施工合同补充协议,再由嘉业公司委托招标代理机构办理招标事宜并确定广厦公司中标,后由双方当事人签订建设工程施工合同。并且,根据施工合同补充协议第十三条的约定,本工程的招投标文件及原合同为施工合同补充协议的附件,有抵触之处以施工合同补充协议为准。故本案工程发包属于典型的先确定承包人再办理招投标手续。根据《招标投标法》第五十五条的规定,双方当事人签订的建设工程施工合同,应认定无效。

2. 沈宝根与常熟市宝利置业有限公司、常熟市第二建筑工程有限公司建设工程施工合同纠纷案[(2016)苏民终1286号]

裁判要旨:在涉案工程招投标前,双方已就相关权利义务达成合意,通过"明招暗定"方式规避招投标,导致中标无效。同一建设工程订立的数份施工合同均被认定无效,在结算工程价款时,应当参照当事人真实合意并实际履行的合同约定结算工程价款。

江苏省高级人民法院认为,经双方当事人确认,本案二审争议焦点为:(1)涉案建设工程施工合同的效力应当如何认定;(2)涉案工程应参照哪一份合同结算;(3)涉案工程的造价应当如何认定。

关于争议焦点一,涉案建设工程施工合同的效力应当如何认定的问题。《最高人民法院关于审理建设工程施工合同纠纷案件适用法律问题的解释》第一条规定:"建设工程施工合同具有下列情形之一的,应当根据合同法第五十二条第(五)项的规定,认定无效:(一)承包人未取得建筑施工企业资质或者超越资质等级的;(二)没有资质的实际施工人借用有资质的建筑施工企业名义的;(三)建设工程必须进行招标而未招标或者中标无效的。"本案中,2010年12月8日,宝利公司与二建五分公司签订建设工程施工合同,宝利公司将涉案工程发包给二建五分公司施工,沈宝根作为二建五分公司的委托代表人在该协议上签字。根据二审中宝利公司提交的施工任务单、工程现场签证单可以表明沈宝根在招投标之前已经实际进场施工。2010年12月30日,二建公司经过招投标中标承建涉案工程中(一期)1、2、4、5号楼,2011年1月6日,宝利公司与二建公司就1、2、4、5号楼签订建设工程施工合同。

2011年4月,二建公司经过投标又中标涉案工程中(二期)3号楼,2011年5月28日,宝利公司与二建公司就3号楼签订建设工程施工合同。从双方签订合同的过程、内容以及履行情况看,在涉案工程招投标前,双方已就相关权利义务达成合意,通过"明招暗定"方式规避招投标,违反《招标投标法》第四十三条、第五十五条规定,导致中标无效。依照《最高人民法院关于审理建设工程施工合同纠纷案件适用法律问题的解释》第一条关于具有中标无效情形的施工合同无效的规定,2010年12月8日、2011年1月6日、2011年5月28日宝利公司与二建公司签订的建设工程施工合同均为无效合同。宝利公司上诉认为备案的建设工程施工合同无效,本院予以支持。

宝利公司上诉提出,沈宝根与二建五分公司系挂靠关系,2010年12月8日的建设工程施工合同无效。对此,本院认为,2010年12月8日建设工程施工合同,系沈宝根作为二建公司的代表与宝利公司签订。而沈宝根与二建公司并无劳动关系,一审庭审中,沈宝根亦明确承认其是挂靠二建公司施工。根据二建公司五分公司与沈宝根签订的工程经济核算责任书约定,涉案工程由沈宝根承包建设。宝利公司作为发包人,明知沈宝根与二建公司存在挂靠事实,其与被挂靠人二建公司签订的建设工程施工合同,属于没有资质的实际施工人借用有资质的建筑施工企业名义签订的,依法应认定为无效。

综上,2010年12月8日、2011年1月6日、2011年5月28日宝利公司与二建公司签订的建设工程施工合同均应认定为无效。

关于争议焦点二,涉案工程应参照哪一份合同结算的问题。同一建设工程订立的数份施工合同均被认定无效,在结算工程价款时,应当参照当事人真实合意并实际履行的合同约定结算工程价款。本案中,从实际施工范围看,沈宝根实际的施工范围并未完全符合2010年12月8日的建设工程施工合同范围或两份备案合同约定的施工范围。从施工过程中的请款行为及付款节点看,也不能完全区分实际履行了2010年12月8日的建设工程施工合同而未履行两份备案合同。从沈宝根、二建公司与宝利公司在施工过程中签订的协议内容看,宝利公司主张依据2011年3月9日的补充协议,将"第五条合同价款暂定合同价款按标底部分"确定为3500万元,而2010年12月8日合同第五条为合同价款暂定合同金额(大写):按标底,说明双方履行的合同是2010年12月8日的合同。而沈宝根提供了:2010年12月15日宝利公司与二建公司的补充协议书,约定2010年12月8日所签订的建设工程施工合同终止,合同作废;2012年1月6日宝利公司与二建公司的补充协议,内容为"根据 2011 年 3 月 5 日合同精神,尚湖宝利商业广场 1#、2#、4#、5#楼工程工期作相应顺延……其他约定按原合同履行";2014 年 1 月 15 日宝利公司出具的承诺书"宝利公司发包给二建公司施工的尚湖宝利商业广场 3#工程,该项目在办理竣工预备案申请中工程结算书只作为资料使用,不作为结算依据。最终结算按备案合同按实结算"。综合双方提交的施工过程中形成的协议,本院认定本案参照 2011 年 1 月 6 日、2011 年 5 月 28 日建设工程施工合同结算工程价款。宝利公司上诉主张双方实际履行的是 2010 年 12 月 8 日的建设工程施工合同,本案应参照 2010 年 12 月 8 日合同结算工程价款,因缺乏事实依据,本院不予支持。

3. 十堰市朝华房地产开发有限公司与湖北省建筑消防设施检测维修有限公司十堰分公司建设工程施工合同纠纷案[(2018)鄂民再 277 号]

裁判要旨:相比较"在确定中标人前,招标人不得与投标人就投标价格、投标方案等实质性内容进行谈判",在进行招标投标之前就在实质上先行确定了工程承包人,是对《招标投标法》更为严重的违反,举轻以明重,应当认定在未进行招投标的情况下签订的协议书无效。

湖北省高级人民法院认为,案涉商住楼消防安装工程显属必须进行招标的建设项目范围。虽然《招标投标法》并未直接规定未采取招投标方式订立的合同因违反法律强制性规定而无效,但《招标投标法》第四十三条规定,在确定中标人前,招标人不得与投标人就投标价格、投标方案等实质性内容进行谈判。该规定对实现《招标投标法》的立法目的,即规范招投标活动,保护国家利益、社会公共利益和招投标活动当事人的合法权益,保证项目质量具有重要意义。相比较"在确定中标人前,招标人不得与投标人就投标价格、投标方案等实质性内容进行谈判",在进行招标投标之前就在实质上先行确定了工程承包人,是对《招标投标法》更为严重的违反。举轻以明重,应当认定朝华房地产公司与消防设施检测公司在未进行招投标的情况下签订《消防安装工程承包协议书》,违反了法律强制性规定中的效力性规定,应为无效。消防设施检测公司有关案涉商住楼消防安装工程系朝华房地产公司用非国有资金投资建设,双方自愿签订《消防安装工程承包协议书》,应属合法有效的辩称意见不能成立。消防设施检测公司要求解除《消防安装工程承包协议书》的诉讼请求,于法无据。

编者说明

招标投标与询价以外的其他采购方式相比，比较典型的一个特点是在确定中标人之前禁止招标人与投标人进行实质性谈判。在定标前，如果招标人与投标人就已经进行实质性谈判达成一致意见确定了“中标人”，确定了中标价格、中标方案等合同实质性内容，或者已经签订合同或执行合同项目之后补办招标程序，这实际属于“未招先定”“明标暗定”的虚假招标投标行为，也属于招标人与投标人串通的行为，实际违反了《招标投标法》规定的招标投标程序，使得招标投标活动流于形式，违背诚实信用原则。对这种违法行为，《招标投标法》第五十五条明确规定，依法必须进行招标的项目，招标人违法与投标人就投标价格、投标方案等实质性内容进行谈判，影响中标结果的，中标无效。中标无效，则签订的合同失去合法的基础，应随之无效。根据《最高人民法院关于审理建设工程施工合同纠纷案件适用法律问题的解释（一）》第一条规定，建设工程进行招标但中标无效的，建设工程施工合同应当认定无效。司法实践中，如果双方当事人虽然在招标之前进行了实质性内容的谈判或已签订了施工合同，但其后招标人依法组织了招投标活动，事前签订的合同与中标后签订的中标合同实质性条款不一致，则说明投标前的谈判行为对中标结果并未产生实质性的影响，不能因此根据《招标投标法》第五十五条规定认定中标无效。

第四十四条　【评标委员会成员的义务】评标委员会成员应当客观、公正地履行职务，遵守职业道德，对所提出的评审意见承担个人责任。

评标委员会成员不得私下接触投标人，不得收受投标人的财物或者其他好处。

评标委员会成员和参与评标的有关工作人员不得透露对投标文件的评审和比较、中标候选人的推荐情况以及与评标有关的其他情况。

【立法·要点注释】

本条是关于评标委员会成员履行职务时应遵守的基本准则的规定。

1. 评标委员会成员应当客观、公正地履行职务。这里讲的“客观”，是指评标委员会成员在评审投标文件时，必须做到实事求是，不得带有主观偏见。评标委员会成员在评审投标文件时，要综合各方面的因素，严格按照招标文件确定的标准和方法对投标文件进行客观的分析、评价。这里所讲的“公正”，是指评标委员会成员在评标过程中要以独立、超脱的地位，不偏不倚地对待每个投标人，要严格按照招标文件规定的程序和方法评审每个投标人的投标，不能厚此薄彼、区别对待。

2. 评标委员会成员不得收受投标人的财物或者其他好处。这里所说的“其他好处”，在实际生活中有多种表现，如信息费、顾问费、劳务费、贵重礼品、出国考察、色情贿赂等。评标委员会成员收受投标人的任何馈赠或者其他好处，都属于法律规定予以禁止的行为，对违法者的责任应当予以追究。

3. 评标委员会成员和参与评标的有关工作人员要对评标过程保密。

【行政法规】

《中华人民共和国招标投标法实施条例》(2019 年 3 月 2 日)

第四十八条 招标人应当向评标委员会提供评标所必需的信息，但不得明示或者暗示其倾向或者排斥特定投标人。

招标人应当根据项目规模和技术复杂程度等因素合理确定评标时间。超过三分之一的评标委员会成员认为评标时间不够的，招标人应当适当延长。

评标过程中，评标委员会成员有回避事由、擅离职守或者因健康等原因不能继续评标的，应当及时更换。被更换的评标委员会成员作出的评审结论无效，由更换后的评标委员会成员重新进行评审。

【要点注释】

本条是关于保障评标正常进行的规定。

1. 招标人应基于招标项目的实际情况，向评标委员会提供招标文件没有载明或者已经载明但短时间内评标委员会成员不容易准确把握理解的，且为准确评标所必需的客观真实信息，主要包括：一是招标项目的范围、性质和特殊性。二是招标项目的质量、价格、进度等需求目标和实施要点。三是招标文件中规定的主要技术标准和要求、商务条款。四是招标文件规定的评标方法、评标因素及标准，以及设置评审因素及标准的主要考虑。五是开标记录。六是投标文件。七是采用资格预审的，还应包括资格预审文件和资格预审申请文件。但是，招标人在提供上述有关信息和数据时，不得以明示或者暗示的方式倾向或者排斥特定投标人。例如，招标人在介绍招标项目特殊要求时,特意提到某个投标单位的技术标准最符合该招标项目的特殊需要,就构成以暗示的方式倾向特定投标人。

2. 招标人确定评标所需时间需考虑的主要因素有:一是招标项目的规模和技术复杂程度。二是投标人的数量。三是评标委员会成员的数量。四是评标因素及各因素评审方法。五是投标文件的编制情况。六是是否采用电子辅助评标等手段。

3. 特定情况下应当及时更换评标委员会成员。更换的具体情形主要有:存在着应当回避的事由、擅离职守、因健康原因不能继续评标工作。招标人更换评标委员会成员应注意以下六点:一是评标时发现了需要更换的具体事由,招标人应当及时更换。二是有些事由可能是评标时发生或者存在但事后发现的,如有更换可能,招标人也应当更换。三是本条没有穷尽更换评标委员会成员的具体情形。例如,评标委员会成员在评标过程中不客观公正履行评标职责、拒不遵守评标纪律影响评标正常进行的,招标人也应当及时更换。四是更换评标委员会成员的原因应当是客观存在的、已严重影响评标正常进行的事由,招标人不得因为某个成员坚持正确意见、不执行招标人错误或者不正当要求而滥用更换权,操纵评标委员会。五是招标人更换评标委员会成员的,该被更换的成员已作出的评审结论无效,由更换后的成员重新进行评审。六是该被更换的评标委员会成员仍应遵守《招标投标法》第四十四条第三款规定,不得透露对投标文件的评审和比较、中标候选人的推荐情况以及与评标有关的其他情况。

【部门规章及规范性文件】

1.《评标委员会和评标方法暂行规定》(2013 年 5 月 1 日)

第十三条 评标委员会成员应当客观、公正地履行职责,遵守职业道德,对所提出的评审意见承担个人责任。

评标委员会成员不得与任何投标人或者与招标结果有利害关系的人进行私下接触,不得收受投标人、中介人、其他利害关系人的财物或者其他好处,不得向招标人征询其确定中标人的意向,不得接受任何单位或者个人明示或者暗示提出的倾向或者排斥特定投标人的要求,不得有其他不客观、不公正履行职务的行为。

第十四条 评标委员会成员和与评标活动有关的工作人员不得透露对

投标文件的评审和比较、中标候选人的推荐情况以及与评标有关的其他情况。

前款所称与评标活动有关的工作人员，是指评标委员会成员以外的因参与评标监督工作或者事务性工作而知悉有关评标情况的所有人员。

2.《评标专家和评标专家库管理暂行办法》（2013年5月1日）

第十四条　评标专家负有下列义务：

（一）有《招标投标法》第三十七条、《招标投标法实施条例》第四十六条和《评标委员会和评标方法暂行规定》第十二条规定情形之一的，应当主动提出回避；

（二）遵守评标工作纪律，不得私下接触投标人，不得收受投标人或者其他利害关系人的财物或者其他好处，不得透露对投标文件的评审和比较、中标候选人的推荐情况以及与评标有关的其他情况；

（三）客观公正地进行评标；

（四）协助、配合有关行政监督部门的监督、检查；

（五）国家规定的其他义务。

第十五条　评标专家有下列情形之一的，由有关行政监督部门责令改正；情节严重的，禁止其在一定期限内参加依法必须进行招标的项目的评标；情节特别严重的，取消其担任评标委员会成员的资格：

（一）应当回避而不回避；

（二）擅离职守；

（三）不按照招标文件规定的评标标准和方法评标；

（四）私下接触投标人；

（五）向招标人征询确定中标人的意向或者接受任何单位或者个人明示或者暗示提出的倾向或者排斥特定投标人的要求；

（六）对依法应当否决的投标不提出否决意见；

（七）暗示或者诱导投标人作出澄清、说明或者接受投标人主动提出的澄清、说明；

（八）其他不客观、不公正履行职务的行为。

评标委员会成员收受投标人的财物或者其他好处的，评标委员会成员或者与评标活动有关的工作人员向他人透露对投标文件的评审和比较、中标候选人的推荐以及与评标有关的其他情况的，给予警告，没收收受的财物，可以并处三千元以上五万元以下的罚款;对有所列违法行为的评标委员会成员取消担任评标委员会成员的资格,不得再参加任何依法必须进行招标项目的评标;构成犯罪的,依法追究刑事责任。

第十六条 组建评标专家库的政府部门或者招标代理机构有下列情形之一的,由有关行政监督部门给予警告;情节严重的,暂停直至取消招标代理机构相应的招标代理资格:

(一)组建的评标专家库不具备本办法规定条件的;

(二)未按本办法规定建立评标专家档案或对评标专家档案作虚假记载的;

(三)以管理为名,非法干预评标专家的评标活动的。

法律法规对前款规定的行为处罚另有规定的,从其规定。

第十七条 依法必须进行招标的项目的招标人不按照规定组建评标委员会,或者确定、更换评标委员会成员违反《招标投标法》和《招标投标法实施条例》规定的,由有关行政监督部门责令改正,可以处十万元以下的罚款,对单位直接负责的主管人员和其他直接责任人员依法给予处分;违法确定或者更换的评标委员会成员作出的评审结论无效,依法重新进行评审。

政府投资项目的招标人或其委托的招标代理机构不遵守本办法第五条的规定,不从政府或者政府有关部门组建的评标专家库中抽取专家的,评标无效;情节严重的,由政府有关部门依法给予警告。

第四十五条 【中标通知书】中标人确定后,招标人应当向中标人发出中标通知书,并同时将中标结果通知所有未中标的投标人。

中标通知书对招标人和中标人具有法律效力。中标通知书发出后,招标人改变中标结果的,或者中标人放弃中标项目的,应当依法承担法律责任。

【立法·要点注释】

本条是关于通知中标和中标通知书的法律效力的规定。

1. 所谓中标通知书,是指招标人在确定中标人后向中标人发出的通知其中标的书面凭证。对所有未中标的投标人也应当同时给予通知。投标人提交投标保证金的,招标人还应退还这些投标人的投标保证金。所谓投标保证金，是指投标人按照招标文件的要求向招标人出具的，以一定金额表示的投标责任担保。也就是说，投标人保证其投标被接受后对其投标书中规定的责任不得撤销或者反悔。否则，招标人将对投标保证金予以没收。对于未中标的投标保证金，应当在发出中标通知书后一定时间内，尽快退还给投标人。

2. 中标通知书的法律效力。招标人的招标，是指招标人采取招标公告或者投标邀请书的方式，向法人或者其他组织发出，以吸引其投标的意思表示，该意思表示属于要约邀请。而招标文件实质上是招标公告内容的具体化，所以也属于要约邀请的范畴。投标人的投标，是指投标人按照招标人的要求，在规定的期限内向招标人发出的包括合同主要条款的意思表示，该意思表示属于要约。招标人经过评标委员会的评标确定中标人后，应当向中标人发出中标通知书。中标通知书实质上就是招标人的承诺。所谓承诺，是指受要约人同意要约的意思表示。中标通知书发出后产生法律效力。本法规定中标通知书是以发出后具有法律效力而不是以中标人收到中标通知书后发生法律效力，这是因为这样更适合招标投标的特殊情况。这里所讲的"法律效力"，是指中标通知书对招标人和中标人发生法律拘束力。中标通知书发出后，招标人改变中标结果的，或者中标人放弃中标项目的行为，都属于缔约过失行为，应当承担相应的责任。

【相关法律】

《中华人民共和国民法典》（2021年1月1日）

第一百三十七条　以对话方式作出的意思表示，相对人知道其内容时生效。

以非对话方式作出的意思表示，到达相对人时生效。以非对话方式作出的采用数据电文形式的意思表示，相对人指定特定系统接收数据电文的，该数据电文进入该特定系统时生效；未指定特定系统的，相对人知道或者应当知道该数据电文进入其系统时生效。当事人对采用数据电文形式的意思表示的生效时间另有约定的，按照其约定。

第四百七十九条　承诺是受要约人同意要约的意思表示。

第四百八十条　承诺应当以通知的方式作出；但是，根据交易习惯或者要约表明可以通过行为作出承诺的除外。

第四百八十一条　承诺应当在要约确定的期限内到达要约人。

要约没有确定承诺期限的,承诺应当依照下列规定到达:

(一)要约以对话方式作出的,应当即时作出承诺;

(二)要约以非对话方式作出的,承诺应当在合理期限内到达。

第四百八十二条 要约以信件或者电报作出的,承诺期限自信件载明的日期或者电报交发之日开始计算。信件未载明日期的,自投寄该信件的邮戳日期开始计算。要约以电话、传真、电子邮件等快速通讯方式作出的,承诺期限自要约到达受要约人时开始计算。

第四百八十三条 承诺生效时合同成立,但是法律另有规定或者当事人另有约定的除外。

第四百八十四条 以通知方式作出的承诺,生效的时间适用本法第一百三十七条的规定。

承诺不需要通知的,根据交易习惯或者要约的要求作出承诺的行为时生效。

第四百八十五条 承诺可以撤回。承诺的撤回适用本法第一百四十一条的规定。

第四百八十六条 受要约人超过承诺期限发出承诺,或者在承诺期限内发出承诺,按照通常情形不能及时到达要约人的,为新要约;但是,要约人及时通知受要约人该承诺有效的除外。

第四百八十七条 受要约人在承诺期限内发出承诺,按照通常情形能够及时到达要约人,但是因其他原因致使承诺到达要约人时超过承诺期限的,除要约人及时通知受要约人因承诺超过期限不接受该承诺外,该承诺有效。

第四百八十八条 承诺的内容应当与要约的内容一致。受要约人对要约的内容作出实质性变更的,为新要约。有关合同标的、数量、质量、价款或者报酬、履行期限、履行地点和方式、违约责任和解决争议方法等的变更,是对要约内容的实质性变更。

第四百八十九条 承诺对要约的内容作出非实质性变更的,除要约人及时表示反对或者要约表明承诺不得对要约的内容作出任何变更外,该承诺有效,合同的内容以承诺的内容为准。

第四百九十五条 当事人约定在将来一定期限内订立合同的认购书、订购书、预订书等,构成预约合同。

当事人一方不履行预约合同约定的订立合同义务的,对方可以请求其承担预约合同的违约责任。

【部门规章及规范性文件】

1.《工程建设项目施工招标投标办法》(2013 年 5 月 1 日)

第六十条　中标通知书对招标人和中标人具有法律效力。中标通知书发出后,招标人改变中标结果的,或者中标人放弃中标项目的,应当依法承担法律责任。

2.《工程建设项目货物招标投标办法》(2013 年 5 月 1 日)

第五十条　中标通知书对招标人和中标人具有法律效力。中标通知书发出后,招标人改变中标结果的,或者中标人放弃中标项目的,应当依法承担法律责任。

中标通知书由招标人发出,也可以委托其招标代理机构发出。

3.《房屋建筑和市政基础设施工程施工招标投标管理办法》(2019 年 3 月 13 日)

第四十五条　建设行政主管部门自收到书面报告之日起 5 日内未通知招标人在招标投标活动中有违法行为的,招标人可以向中标人发出中标通知书,并将中标结果通知所有未中标的投标人。

4.《机电产品国际招标投标实施办法(试行)》(2014 年 4 月 1 日)

第七十二条　依法必须进行招标的项目,中标人确定后,招标人应当在中标结果公告后 20 日内向中标人发出中标通知书,并在中标结果公告后 15 日内将评标情况的报告(见附件 3)提交至相应的主管部门。中标通知书也可以由招标人委托其招标机构发出。

使用国外贷款、援助资金的项目,异议或投诉的结果与报送资金提供方的评标报告不一致的,招标人或招标机构应当按照异议或投诉的结果修改评标报告,并将修改后的评标报告报送资金提供方,获其不反对意见后向中标人发出中标通知书。

第七十三条　中标结果公告后 15 日内,招标人或招标机构应当在招标网完成该项目包招标投标情况及其相关数据的存档。存档的内容应当与招标投标实际情况一致。

第七十五条 中标通知书对招标人和中标人具有法律效力。中标通知书发出后，招标人改变中标结果的，或者中标人放弃中标项目的，应当依法承担法律责任。

5.《电子招标投标办法》(2013年5月1日)

第三十六条 招标人确定中标人后，应当通过电子招标投标交易平台以数据电文形式向中标人发出中标通知书，并向未中标人发出中标结果通知书。

招标人应当通过电子招标投标交易平台，以数据电文形式与中标人签订合同。

【最高人民法院裁判案例】

1. 黑龙江省滑模建筑工程公司与哈尔滨新一房地产开发有限责任公司建设工程施工合同纠纷案[(2017)最高法民再51号]

裁判要旨：招标人并未发出中标通知书，因此双方未就此达成合意，合同并未成立。

最高人民法院认为，《招标投标法》第四十五条规定："中标人确定后，招标人应当向中标人发出中标通知书，并同时将中标结果通知所有未中标的投标人。中标通知书对招标人和中标人具有法律效力……"第四十六条第一款规定："招标人和中标人应当自中标通知书发出之日起三十日内，按照招标文件和中标人的投标文件订立书面合同。"滑模公司投标为要约，交易中心发出中标通知书为承诺，又根据《合同法》第二十六条"承诺通知到达要约人时生效"和第二十五条"承诺生效时合同成立"的规定，只有在交易中心向滑模公司发出的中标通知书到达滑模公司时，招投标行为始告完成，双方基于招投标行为而形成的合同始告成立。而本案中，交易中心并未向滑模公司发出中标通知书，因此双方未就此达成合意，以滑模公司投标价格为基础的合同并未成立，亦不能作为判定双方权利义务的依据，故滑模公司主张以其投标价作为核算工程款的标准，没有事实依据，本院不予支持。

2. 中国石化集团资产经营管理有限公司长岭分公司与岳阳经济技术开发区富兴房地产开发有限公司等合资、合作开发房地产合同纠纷案[(2019)最高法民申2241号]

裁判要旨:在招标活动中,当中标人确定,中标通知书到达中标人时,招标人与中标人之间以招标文件和中标人的投标文件为内容的合同已经成立。签订书面合同,只是对招标人与中标人之间的业已成立的合同关系的一种书面细化和确认,其目的是履约的方便以及对招投标进行行政管理的方便,不是合同成立的实质要件。

最高人民法院经审查认为,关于原审判决认定中石化长岭分公司与富兴公司之间的合同成立,是否属于适用法律错误的问题。招投标活动是招标人与投标人为缔结合同而进行的活动。招标人发出招标通告或投标邀请书是一种要约邀请,投标人进行投标是一种要约,而招标人确定中标人的行为则是承诺。承诺生效时合同成立,因此,在招标活动中,当中标人确定,中标通知书到达中标人时,招标人与中标人之间以招标文件和中标人的投标文件为内容的合同已经成立。《招标投标法》第四十六条和涉案招标文件、投标文件要求双方按照招标文件和投标文件订立书面合同的规定和约定,是招标人和中标人继中标通知书到达中标人之后,也就是涉案合同成立之后,应再履行的法定义务和合同义务,该义务没有履行并不影响涉案合同经过招投标程序而已成立的事实。因此,签订书面合同,只是对招标人与中标人之间的业已成立的合同关系的一种书面细化和确认,其目的是履约的方便以及对招投标进行行政管理的方便,不是合同成立的实质要件。一审法院适用《合同法》第二十五条,二审法院适用《最高人民法院关于适用〈中华人民共和国合同法〉若干问题的解释(二)》第一条,认定涉案合同成立并无不当,本院予以维持。

【法院参考案例】

1. 四川省彭州市亚峰建筑工程公司与四川绿色药业科技发展股份有限公司招标投标案[(2003)彭州民初字第511号]

裁判要旨:中标通知书应由招标人核发,其他人不得越权核发。未经招标人同意核发的中标通知书,不构成招标人作出的中标承诺。违背诚信原则而承担缔约过失责任应同时具备三个构成要件:一是缔约人是否违反先合同义务；二是违反先合同义务的缔约人主观上是否具有过错；三是缔约一方是否有信赖利益的损失。

彭州市人民法院认为，原告参与被告于 2001 年 4 月对自己的科研质检楼建设工程进行招投标活动未中标的事实存在。招标投标作为一种特殊的签订合同的方式，招标公告或者招标通知应属要约邀请，而投标是要约，招标人选定中标人，应为承诺，承诺通知到达要约人时生效，承诺生效时合同成立。本案中的中标通知书因未经招标人同意，不应视为承诺通知，而中标是合同是否成立的标志，原告未中标即表明合同尚未成立，故原、被告之间的招投标活动应属合同订立过程，应按照《招标投标法》的规定进行。原告主张被告有违诚实信用，应承担缔约过失责任。根据《合同法》第四十二条关于对在订立合同过程中的恶意谈判、欺诈和其他违背诚信原则的行为适用缔约过失责任的规定，缔约过失责任采用的是过错责任原则。缔约过失责任应具备三个构成要件，对本案分析如下：(1)被告是否违反先合同义务。《招标投标法》第七条、第四十条、第四十五条规定：行政监督部门应依法对招投标活动实施监督并查处违法行为；招标人根据评标委员会提出的书面评标报告和推荐的中标候选人确定中标人，也可以授权评标委员会直接确定中标人；中标人确定后，应由招标人核发中标通知书。但被告不授权评标委员会直接确定中标人，也不同意在评标委员会推荐的中标候选人中确定原告为中标人，不给原告核发中标通知书，均应是被告的权利；原告没有举出证据证明被告有违反先合同义务的情形。(2)被告的主观上并无过错，原告并未举出证据证明被告有仅为自己利益而故意隐瞒与订立合同有关的重要事实或提供虚假情况的过失存在，不能构成缔约过失责任。(3)原告请求赔偿的 8000 元损失中仅有 2700 元的费用票据合法，且 2700 元也不完全属于一种信赖利益的损失，即一方实施某种行为后，另一方对此产生了信赖（如相信其会订立合同），并因此而支付了一定的费用，因一方违反诚信原则使该费用不能得到补偿。本案中原告提出的在招投标活动中所支出的费用 2700 元部分，只有公证费 300 元可认为是一种信赖利益的损失，其余均是原告在招投标活动中的正常开支，即原告在开支这些费用时并不能相信其定会中标，且都属被告在招标文件中明示不予承担的费用范围。综上所述，原告诉称要求被告承担缔约过失责任因并不同时具备以上三个要件，故原告要求被告承担责任的理由不充分，证据不足，不应支持。

2. 重庆大唐测控技术有限公司与四川省达州市国家税务局招投标买卖合同纠纷案[(2010)川民终字第290号]

裁判要旨:根据《招标投标法》第四十五条规定,中标通知书发出后,招标人改变中标结果,或者中标人放弃中标项目的,应当依法承担法律责任。因单方原因导致合同未签订的,一方应当承担缔约过失责任,具体赔偿数额由法院结合个案情况予以确定。

四川省高级人民法院认为,关于达州市国税局是否应赔偿大唐公司损失及赔偿范围问题。大唐公司投标并中标后,达州市国税局的招标代理机构达华集团已向大唐公司发出了中标通知书。双方之间虽因未依照《招标投标法》第四十六条第一款之规定签订书面合同而导致双方之间合同不成立,但根据《招标投标法》第四十五条第二款"中标通知书对招标人和中标人具有法律效力。中标通知书发出后,招标人改变中标结果的,或者中标人放弃中标项目的,应当依法承担法律责任"之规定,中标通知书对招、投标双方均具有法律效力。该法律约束力是拘束招标人和中标人签订合同的法律约束力,对这种法律强制力的违反所承担的是合同订立过程中的缔约过失责任,即因招标人改变中标结果,不与中标人签订合同或中标人放弃中标,不与招标人签订合同,导致双方之间合同不能缔结,而应承担的缔约过失责任。根据《合同法》第四十二条关于"当事人在订立合同过程中有下列情形之一,给对方造成损失的,应当承担损害赔偿责任:(一)假借订立合同,恶意进行磋商;(二)故意隐瞒与订立合同有关的重要事实或者提供虚假情况;(三)有其他违背诚实信用原则的行为"之规定,本案中,达州市国税局在向大唐公司发出中标通知书后未与大唐公司签订书面合同,导致双方之间合同不成立,依法应承担缔约过失责任,即应对大唐公司因信赖合同能够依法成立却由于合同最终不成立而受到的利益损失进行赔偿。本案中,大唐公司主张达州市国税局赔偿损失215万元,但就其所提供证据而言,首先,大唐公司称其已按招标文件和中标通知书完成设备生产,但大唐公司为此提供的制造通知单和购买原材料发票、产成品照片均系单方制作,无法证明其已按中标通知书要求进行生产,而其在中标后至2009年5月达州市国税局通知其不履行合同的期间内,也无证据证明其向达州市国税局提示交货,故其该主张依据不足,不予支持。即使大唐公司进行生产,因其在合同未成立时自行生产,扩大的损失也应由其自行承担。其次,大唐公司主张其履行合同的可得利益损失886240元,因其所提供《2007年度财务会计报告》和《2008年度财务会计报告》系单方委托形成，而达州市国税局并未认可该证据的内容，故不能仅凭该证据证明大唐公司的可得利益损失。再次，大唐公司主张销售人员工资、差旅费、通讯费损失297600元，但其提供的销售人员工资表、《大唐公司事业部、营销部管理制度》《大唐公司2008年销售管理制度》系单方制作和内部管理规范，不能证明其为准备履行与达州市国税局之间的合同而实际产生销售人员工资、差旅费、通讯费共计297600元。最后，大唐公司主张材料费资金占用利息损失355602.89元和材料费损失274663.11元，因其提供的购买原材料发票虽能证明其购买原材料支出费用，但不能证明该费用是为履行与达州市国税局的合同而作准备所支出的费用，也无证据证明其该部分材料价值因达州市国税局不与其签订合同而造成损失，故其要求达州市国税局承担不签订合同而产生的材料费资金占用利息损失355602.89元和材料费损失274663.11元，依据不足。

大唐公司提供的证明其损失的相关证据虽不能直接证明其因达州市国税局不履行签订合同义务而遭受的损失，但根据生活经验法则和众所周知的事实，大唐公司在本案中因合同不成立而遭受损失应是确定的。首先，其在投标阶段，因达州市国税局采购设备系"煤炭产量监控系统设备"，大唐公司在投标前深入实地进行现场勘察是必要的准备工作，基于勘察产生的交通费、人工费、设备费均是合理的；同时，大唐公司通过可行性研究，制定投标书，基于此产生的人工费、财务费等属合理费用。其次，大唐公司参加投标活动，产生的人工费、交通费属合理费用。再次，大唐公司在中标后为履行合同所作准备，在达州市国税局通知其不履行合同后，多次与达州市国税局进行磋商，产生相应的交通费、人工费等也是合理的。最后，如果达州市国税局与大唐公司按法律规定签订合同，则大唐公司基于合同的履行必然获取一定的利润。综上，本案中大唐公司中标后，因达州市国税局未与其按法律规定签订书面合同，导致双方之间合同不成立，大唐公司因合同不成立确实存在一定的损失，但根据本案现有证据不能准确判定大唐公司的损失金额，故根据本案具体情况，在原审判决由达州市国税局赔偿其占用大唐公司保证金期间利息损失26100元基础上，再酌定由达州市国税局赔偿大唐公司损失20万元。

3. 北京科海华电气设备有限公司与中铁建设集团有限公司招标投标买卖合同纠纷案［（2013）一中民终字第12430号］

裁判要旨：招标人经开标评标后，未发出中标通知书，但口头通知投标人中标，投标人亦按招投标文件中的约定履行了相应供货义务，双方之间形成合法有效的招标投标买卖合同法律关系。中标人应按约定履行合同。

北京市第一中级人民法院认为，本案中，中铁建设公司向科海华公司发放招标文件，科海华公司按招标文件规定日期向中铁建设公司提供投标书等相关文件，中铁建设公司经开标评标后，口头通知科海华公司中标，科海华公司亦按招投标文件中的约定履行了相应材料的供货义务，双方之间形成了合法有效的招标投标买卖合同法律关系。依据2011年4月19日科海华公司出具的确认函，其中明确表示科海华公司对招标文件、技术要求、合同条款全部确认。如其中标，愿意接受该招标文件中的各项内容，同意此文件作为合同附件，与合同具有同等法律效力，故合同条款第四条结算方式中关于"垫资100万元后，以承兑汇票分批支付货款"的约定对科海华公司具有约束力。现科海华公司尚未达到双方约定的付款条件，且中铁建设公司已按双方2013年6月4日协议的约定支付了全部货款，故科海华公司要求中铁建设公司支付逾期付款利息损失的请求，不符合合同约定，本院不予支持。

编者说明

中标通知书是招标人向中标的投标人发出的告知其中标的书面通知文件，是招标人向中标人作出的接受其要约的承诺。承诺应当由受要约人作出，故中标通知书应当由招标人发出或者招标人授权的招标代理机构或其他单位发出，未经招标人明确授权，其他人发出的中标通知书无效，不属于招标人作出的承诺，对招标人不具有约束力。中标通知书对招标人和中标人所具有的法律效力，就是招标人和中标人不得擅自毁标，不得改变中标结果或者放弃中标项目，而应当履行按招标文件和投标文件订立书面合同的义务，否则应当依法承担法律责任。对于这种责任，属于缔约过失责任还是违约责任，《招标投标法》并没有给出答案，这取决于对发出中标通知书与合同成立、生效的关系认定。招标投标程序中中标通知书为招标人作出的承诺，中标通知书一经发出即生效，承诺即生效。根据《民法典》第四百八十三条规定，承诺生效时合同成立。但依据《招标投标法》第四十六条规定，招标人和中标人还应当订立书面合同。由此，对中标通知书发出后合同何时成立、生效，产生认识上的分歧。目前，以中标通知书发出为分界点，理论及实务界主要存在以下四种观点：(1)发出中标通知书时合同尚未成立，需要在招标人和中标人签署书面合同之后，合同才成立并同时生效；(2)中标通知书发出后合同成立但未生效，招标人、中标人签订书面合同后合同生效，合同书是合同关系成立的有效证据;(3)通过招标投标以及发出中标通知书,招标人和投标人在要约和承诺方面已经达成一致,书面合同成立并生效;(4)发出中标通知书后,招标人和投标人之间已经成立合同并生效,但双方成立的是预约合同,违反合同应承担预约合同的违约责任。法院在裁判案件时这几种观点都有采纳。最高人民法院倾向于认为,招标人发出中标通知书后,即产生在招标人、中标人之间成立书面合同的效力。[1] 如果招标人未发出中标通知书,但与投标人直接订立书面合同,实际上以实际行为作出了承诺;如果已书面通知投标人中标但未订立书面的合同,只是要求投标人按招投标文件约定履行相应合同义务,实际上双方之间形成合法有效的合同关系。

第四十六条 【订立书面合同和提交履约保证金】招标人和中标人应当自中标通知书发出之日起三十日内,按照招标文件和中标人的投标文件订立书面合同。招标人和中标人不得再行订立背离合同实质性内容的其他协议。

招标文件要求中标人提交履约保证金的,中标人应当提交。

【立法·要点注释】

本条是关于招标人和中标人订立书面合同以及中标人按照招标文件要求提交履约保证金的规定。

1. 招标采购合同在何时开始成立生效的问题。从合同法的一般理论来讲,自承诺生效时合同成立。招标人编制的招标文件中必须有拟签订合同的主要条款,而中标人的投标文件应对招标文件的实质性要求和条件作出响应,招标文件中一般也会对订立合同书的问题作出规定。也就是说,在投标人发出的要约中已经包含中标后订立书面合同的内容。况且,本法规定招标人和中标人在法定期限内订立书面合同也属于强制性规定,是以专门法律规定招标人和中标人必须订立合同书,本法的规定与《民法典》的相关规定的精神是一致的。因此,招标采购合同的成立生效时间应当是招标人和中标人

---

① 各种观点的具体阐述及最高人民法院对该倾向性观点的分析参见最高人民法院民事审判第一庭编著:《最高人民法院建设工程施工合同司法解释(二)理解与适用》,人民法院出版社 2019 年版,第 233 ~239 页。

订立书面合同的时间。

2."实质性内容",是指投标价格、投标方案等实质性内容。如果允许招标人和中标人可以再行订立背离合同实质性内容的其他协议,则违背了招标投标活动的初衷,整个招标过程也就失去了意义,对其他投标人来讲也是不公正的。对这类行为必须予以禁止。

3. 所谓履约保证金,是指招标人要求投标人在接到中标通知书后,提交的保证履行合同各项义务的担保。在投标须知中,招标人要规定使用哪一种形式的履约担保。中标应当按照招标文件中的规定提交履约担保。履约保证金担保中标人正确履行合同。

【相关法律】

《中华人民共和国民法典》(2021年1月1日)

第四百七十条　合同的内容由当事人约定,一般包括下列条款:

(一)当事人的姓名或者名称和住所;

(二)标的;

(三)数量;

(四)质量;

(五)价款或者报酬;

(六)履行期限、地点和方式;

(七)违约责任;

(八)解决争议的方法。

当事人可以参照各类合同的示范文本订立合同。

第四百七十一条　当事人订立合同,可以采取要约、承诺方式或者其他方式。

第四百八十三条　承诺生效时合同成立,但是法律另有规定或者当事人另有约定的除外。

第四百八十八条　承诺的内容应当与要约的内容一致。受要约人对要约的内容作出实质性变更的,为新要约。有关合同标的、数量、质量、价款或者报酬、履行期限、履行地点和方式、违约责任和解决争议方法等的变更,是对要约内容的实质性变更。

第四百八十九条　承诺对要约的内容作出非实质性变更的,除要约人及时表示反对或者要约表明承诺不得对要约的内容作出任何变更外，该承诺有效，合同的内容以承诺的内容为准。

第四百九十条 当事人采用合同书形式订立合同的，自当事人均签名、盖章或者按指印时合同成立。在签名、盖章或者按指印之前，当事人一方已经履行主要义务，对方接受时，该合同成立。

法律、行政法规规定或者当事人约定合同应当采用书面形式订立，当事人未采用书面形式但是一方已经履行主要义务，对方接受时，该合同成立。

第四百九十一条 当事人采用信件、数据电文等形式订立合同要求签订确认书的，签订确认书时合同成立。

当事人一方通过互联网等信息网络发布的商品或者服务信息符合要约条件的，对方选择该商品或者服务并提交订单成功时合同成立，但是当事人另有约定的除外。

第四百九十二条 承诺生效的地点为合同成立的地点。

采用数据电文形式订立合同的，收件人的主营业地为合同成立的地点；没有主营业地的，其住所地为合同成立的地点。当事人另有约定的，按照其约定。

第四百九十三条 当事人采用合同书形式订立合同的，最后签名、盖章或者按指印的地点为合同成立的地点，但是当事人另有约定的除外。

第五百零二条 依法成立的合同，自成立时生效，但是法律另有规定或者当事人另有约定的除外。

依照法律、行政法规的规定，合同应当办理批准等手续的，依照其规定。未办理批准等手续影响合同生效的，不影响合同中履行报批等义务条款以及相关条款的效力。应当办理申请批准等手续的当事人未履行义务的，对方可以请求其承担违反该义务的责任。

依照法律、行政法规的规定，合同的变更、转让、解除等情形应当办理批准等手续的，适用前款规定。

第五百三十三条 合同成立后，合同的基础条件发生了当事人在订立合同时无法预见的、不属于商业风险的重大变化，继续履行合同对于当事人一方明显不公平的，受不利影响的当事人可以与对方重新协商；在合理期限内协商不成的，当事人可以请求人民法院或者仲裁机构变更或者解除合同。

人民法院或者仲裁机构应当结合案件的实际情况，根据公平原则变更或者解除合同。

【行政法规】

《中华人民共和国招标投标法实施条例》(2019 年 3 月 2 日)

第五十七条　招标人和中标人应当依照招标投标法和本条例的规定签订书面合同,合同的标的、价款、质量、履行期限等主要条款应当与招标文件和中标人的投标文件的内容一致。招标人和中标人不得再行订立背离合同实质性内容的其他协议。

招标人最迟应当在书面合同签订后 5 日内向中标人和未中标的投标人退还投标保证金及银行同期存款利息。

【要点注释】

本条是关于签订合同和退还投标保证金的规定。

1. 招标人和中标人应当依法签订书面合同。在时间上,招标人和中标人应当自中标通知书发出之日起 30 日内签订合同。在内容上,应当按照招标文件和中标人的投标文件订立合同。在形式上,招标人与中标人应当签订书面合同。在担保上,招标文件要求中标人提交履约保证金的,中标人应当提交,履约保证金不得超过中标合同金额的 10%。

2. 招标人和中标人不仅要在中标通知书发出之日起 30 日内,而且还应在投标有效期内订立书面合同。如果在投标有效期内无法完成合同签订,招标人可以要求投标人适当延长投标有效期。投标人同意延长投标有效期的,投标保证金的有效期也应该相应延长,但不得要求修改投标文件的实质内容。如果投标人拒绝延长投标有效期,投标文件对招标人和投标人不再具有约束力,招标人应当退还投标保证金。

3. 通常情况下,招标文件可以约定退还投标保证金的利息按照银行同期活期存款利率计算。对于投标保证金额大、担保时间长的招标项目,招标文件应该约定投标保证金的银行同期存款利息标准及其计算和退还办法。招标人逾期退还投标保证金的,还应该另行赔偿投标人损失。当投标人使用银行担保函或其他第三方信用担保等不发生银行存款利息的保证金时,不存在利息退还问题。

4. 招标文件可以规定以下情形不退还投标保证金:一是中标人拒绝按招标文件、投标文件及中标通知书要求与招标人签订合同。二是中标人或投标人要求修改、补充和撤销投标文件的实质性内容或要求更改招标文件和中标通知书的实质性内容。三是中标人拒绝按招标文件规定时间、金额、形式提交履约保证金。四是法律法规和招标文件规定的其他情形。发生以上情形给招标人造成的损失超过投标保证金额的,招标人可要求赔偿超过部分的损失。

第五十八条 招标文件要求中标人提交履约保证金的,中标人应当按照招标文件的要求提交。履约保证金不得超过中标合同金额的10%。

【要点注释】

本条是关于履约保证金的规定。

1. 履约保证金属于中标人向招标人提供的用以保障其履行合同义务的担保。中标人不履行合同义务的,招标人将按照合同约定扣除其全部或部分履约保证金,或由担保人承担担保责任。如果中标人违约给招标人造成的损失超过履约保证金的,还应该依法赔偿超过部分的损失。

2. 履约保证金的形式通常为中标人出具的银行汇票、支票、现钞等,以及由银行或第三方担保机构出具的履约担保函。招标人应当给中标人留有选择履约保证金形式的余地,不能借此排斥投标人。

3. 招标文件可以根据合同履行的需要,要求中标人在签订合同前提交或不提交履约保证金。招标文件要求提交的,应载明履约保证金的形式、金额以及提交时间。履约保证金通常作为合同订立的条件,要在合同签订前提交。

4. 履约保证金的有效期自合同生效之日起至合同约定的中标人主要义务履行完毕止。中标人合同主要义务履行完毕,招标人应按合同约定及时退还履约保证金,履约担保函自行失效。履约保证金使用现金等形式的,可以根据需要约定利息计取办法,招标人不得将履约保证金挪作他用。

5. 为保证招标人及时支付合同价款,当事人可以约定招标人向中标人提供支付担保。

【部门规章及规范性文件】

1.《工程建设项目勘察设计招标投标办法》(2013年5月1日)

第四十二条 招标人和中标人应当在投标有效期内并在自中标通知书发出之日起三十日内,按照招标文件和中标人的投标文件订立书面合同。

中标人履行合同应当遵守《合同法》以及《建设工程勘察设计管理条例》中勘察设计文件编制实施的有关规定。

第四十三条　招标人不得以压低勘察设计费、增加工作量、缩短勘察设计周期等作为发出中标通知书的条件，也不得与中标人再行订立背离合同实质性内容的其他协议。

第四十四条　招标人与中标人签订合同后五日内，应当向中标人和未中标人一次性退还投标保证金及银行同期存款利息。招标文件中规定给予未中标人经济补偿的，也应在此期限内一并给付。

招标文件要求中标人提交履约保证金的，中标人应当提交；经中标人同意，可将其投标保证金抵作履约保证金。

第四十五条　招标人应当在将中标结果通知所有未中标人后七个工作日内，逐一返还未中标人的投标文件。

招标人或者中标人采用其他未中标人投标文件中技术方案的，应当征得未中标人的书面同意，并支付合理的使用费。

2.《工程建设项目施工招标投标办法》(2013 年 5 月 1 日)

第六十一条　招标人全部或者部分使用非中标单位投标文件中的技术成果或技术方案时，需征得其书面同意，并给予一定的经济补偿。

第六十二条　招标人和中标人应当在投标有效期内并在自中标通知书发出之日起三十日内，按照招标文件和中标人的投标文件订立书面合同。招标人和中标人不得再行订立背离合同实质性内容的其他协议。

招标人要求中标人提供履约保证金或其他形式履约担保的，招标人应当同时向中标人提供工程款支付担保。

招标人不得擅自提高履约保证金，不得强制要求中标人垫付中标项目建设资金。

第六十三条　招标人最迟应当在与中标人签订合同后五日内，向中标人和未中标的投标人退还投标保证金及银行同期存款利息。

第六十四条　合同中确定的建设规模、建设标准、建设内容、合同价格应当控制在批准的初步设计及概算文件范围内；确需超出规定范围的，应当在中标合同签订前，报原项目审批部门审查同意。凡应报经审查而未报的，在初步设计及概算调整时，原项目审批部门一律不予承认。

3.《工程建设项目货物招标投标办法》(2013 年 5 月 1 日)

第五十一条　招标人和中标人应当在投标有效期内并在自中标通知书

发出之日起三十日内，按照招标文件和中标人的投标文件订立书面合同。招标人和中标人不得再行订立背离合同实质性内容的其他协议。

招标文件要求中标人提交履约保证金或者其他形式履约担保的，中标人应当提交；拒绝提交的，视为放弃中标项目。招标人要求中标人提供履约保证金或其他形式履约担保的，招标人应当同时向中标人提供货物款支付担保。

履约保证金不得超过中标合同金额的10%。

第五十二条 招标人最迟应当在书面合同签订后五日内，向中标人和未中标的投标人一次性退还投标保证金及银行同期存款利息。

第五十三条 必须审批的工程建设项目，货物合同价格应当控制在批准的概算投资范围内；确需超出范围的，应当在中标合同签订前，报原项目审批部门审查同意。项目审批部门应当根据招标的实际情况，及时作出批准或者不予批准的决定；项目审批部门不予批准的，招标人应当自行平衡超出的概算。

4.《房屋建筑和市政基础设施工程施工招标投标管理办法》（2019年3月13日）

第四十六条 招标人和中标人应当自中标通知书发出之日起30日内，按照招标文件和中标人的投标文件订立书面合同；招标人和中标人不得再行订立背离合同实质性内容的其他协议。

中标人不与招标人订立合同的，投标保证金不予退还并取消其中标资格，给招标人造成的损失超过投标保证金数额的，应当对超过部分予以赔偿；没有提交投标保证金的，应当对招标人的损失承担赔偿责任。

招标人无正当理由不与中标人签订合同，给中标人造成损失的，招标人应当给予赔偿。

第四十七条 招标文件要求中标人提交履约担保的，中标人应当提交。招标人应当同时向中标人提供工程款支付担保。

5.《机电产品国际招标投标实施办法（试行）》（2014年4月1日）

第七十六条 招标人和中标人应当自中标通知书发出之日起30日内，依照招标投标法、招标投标法实施条例和本办法的规定签订书面合同，合同的标的、价款、质量、履行期限等主要条款应当与招标文件和中标人的投标文件的内容一致。招标人或中标人不得拒绝或拖延与另一方签订合同。招标人和中标人不得再行订立背离合同实质性内容的其他协议。

招标人最迟应当在书面合同签订后5日内向中标人和未中标的投标人退还投标保证金及银行同期存款利息。

第七十七条　招标文件要求中标人提交履约保证金的,中标人应当按照招标文件的要求提交。履约保证金不得超过中标合同金额的10%。

第八十条　依法必须进行招标的项目,在国际招标过程中,因招标人的采购计划发生重大变更等原因,经项目主管部门批准,报相应的主管部门后,招标人可以重新组织招标。

【司法解释】

《最高人民法院关于审理建设工程施工合同纠纷案件适用法律问题的解释(一)》(法释〔2020〕25号,2021年1月1日)

第二条　招标人和中标人另行签订的建设工程施工合同约定的工程范围、建设工期、工程质量、工程价款等实质性内容,与中标合同不一致,一方当事人请求按照中标合同确定权利义务的,人民法院应予支持。

招标人和中标人在中标合同之外就明显高于市场价格购买承建房产、无偿建设住房配套设施、让利、向建设单位捐赠财物等另行签订合同,变相降低工程价款,一方当事人以该合同背离中标合同实质性内容为由请求确认无效的,人民法院应予支持。

【要点注释】①

1.《招标投标法》第四十六条第一款中的"书面合同"应当是指《民法典》第四百九十条规定的合同书。《民法典》第四百九十条规定,"当事人采用合同书形式订立合同的,自当事人均签名、盖章或者按指印时合同成立"。也就是说,《招标投标法》第四十六条第一款规定的"书面合同"系合同书的一种。

基于上述分析,招标人发出中标通知书后,一方不与对方签订合同的,应当依法承担相应的法律责任,包括两方面:一是《招标投标法》第五十九条规

① 本条款注释摘自最高人民法院民事审判第一庭编著的《最高人民法院建设工程施工合同司法解释(二)理解与适用》,其中对原文中引用《合同法》的条款对应修改为《民法典》相应条款。

定的责任。该条规定:"招标人与中标人不按照招标文件和中标人的投标文件订立合同的,或者招标人、中标人订立背离合同实质性内容的协议的,责令改正;可以处中标项目金额千分之五以上千分之十以下的罚款。"二是民事责任。由于《民法典》第四百九十条规定,"自当事人均签名、盖章或者按指印时合同成立",招标人发出中标通知书后,一方不与对方订立书面合同的,不承担违反建设工程施工合同或者政府采购合同的责任,此时合同尚未成立。此时,招标投标程序的当事人承担的民事责任应属缔约过失责任。当然,似乎也可以理解为,招标人与中标人在中标通知书发出后,双方存在预约关系。如果一方不与对方签订书面合同,承担违反预约的违约责任。无论如何解释,具体责任内容包括:如果招标人发出中标通知书后不与中标人签订合同,应当退还投标保证金及赔偿投标人的其他实际损失;如果中标人不与招标人签订合同的,应当承担招标人重新招标所遭受的实际损失的责任;如果双方对中标通知书发出后,一方不与对方签订书面合同的责任有约定,按照约定依法处理。

2. 合同实质性内容,《招标投标法》未予以明确。依字面理解,应当是指对合同双方当事人权利、义务有实质影响的内容。在理解"合同实质性内容"时,应当注意以下三点:

(1)合同实质性内容不是指合同的主要条款。合同的主要条款是指合同必须具备的条款。欠缺主要条款任何一项,合同就不能成立。除法律另有规定或者当事人另有约定外,合同的主要条款包括合同主体即当事人名称或者姓名、标的和数量三方面的条款。通常情况下,当事人达成的任何协议只要包括这三方面的内容,即可认定合同成立。合同具备主要条款而欠缺其他内容的,当事人可以协商补充,也可以依照《民法典》的规定或者解释规则予以补充。

(2)合同实质性内容不等同于构成新要约的内容。《民法典》第四百八十八条规定:"承诺的内容应当与要约的内容一致。受要约人对要约的内容作出实质性变更的,为新要约。有关合同标的、数量、质量、价款或者报酬、履行期限、履行地点和方式、违约责任和解决争议方法等的变更,是对要约内容的实质性变更。"对合同的实质性条款作了列举,所列项目为实质性条款,但实质性条款不限于所列各项,如对法律适用的选择也应是实质性条款。不同的合同类型,实质性条款并不完全相同。

(3)合同实质性内容不是指《民法典》第七百九十五条规定的建设工程施工合同的主要内容。该条规定:“施工合同的内容一般包括工程范围、建设工期、中间交工工程的开工和竣工时间、工程质量、工程造价、技术资料交付时间、材料和设备供应责任、拨款和结算、竣工验收、质量保修范围和质量保证期、双方相互协作等条款。”该条列明了建设工程施工合同应具备的主要内容,这些内容显然不能都认定为《招标投标法》第四十六条第一款所规定的“实质性内容”。

确定《招标投标法》第四十六条第一款中的“合同实质性内容”的范围,可以从两方面考虑:其一,是否影响其他中标人中标。招标人和中标人另行签订的协议中改变双方根据招标文件和投标文件所订立的书面合同的内容是否属于背离合同实质性内容,取决于这些改变是否足以影响其他竞标人能够中标或者以何种条件中标。凡是排除其他投标人中标的可能或者提高其他投标人中标条件的内容,都构成“实质性内容”。其二,是否对招标人与中标人的权利义务产生较大影响。招标人与中标人另行订立其他协议如果较大地改变了双方的权利义务关系则背离合同的“实质性内容”。招标人与中标人就建设工程施工所享有的权利义务体现在招标文件、中标文件、中标通知书及以合同书形式出现的《建设工程施工合同》之中,虽然依据《民法典》的规定,当事人享有变更合同之权利,但这种变更受制于招标投标文件及《建设工程施工合同》。

3. 本条司法解释确定的建设工程施工合同实质性内容的范围包括以下方面:

(1)工程范围。承包人具体施工的工程范围由招标文件、投标文件与合同等文件确定。该范围决定了承包人施工的边界。工程范围并不仅仅指建筑物或者构筑物的结构与面积等,更主要是指是否包括土建、设备安装、装饰装修等。另行签订的协议,增加或者减少工程范围的可能性都存在。应当注意的是,施工过程中,因发包人的设计变更、建设工程规划指标调整等客观原因,发包人与承包人以补充协议、会谈纪要甚至签证等变更工程范围的,不应当认定为背离中标合同的实质性内容的协议。

(2)建设工期。建设工期是施工人完成施工工程的时间或者期限。工期通常与工程范围直接相关。建设工期的长短,是任何一个建设工程施工合同中必备的条款。通常情况下,竞标人在投标文件中确定的总竣工日期才是决定是否中标的关键因素。另行签订的协议中,缩短或者延长建设工期的可能性都会发生。

(3)工程价款。支付工程价款是发包人最主要的义务,收取工程价款是承包人最主要的权利。在工程范围与工程质量、工期不变的情况下,决定工程中标人的因素往往就是工程价款,即投标文件中工程价款最低者中标。司法实践中,绝大多数案件就是因工程价款产生纠纷。工程价款,是对施工人而言,对建设人而言,称工程造价。通过招标投标程序发包的建设工程,计价方式无非固定价与可调价两种。当然即使是固定价,无论是单价固定合同还是总价固定合同,当事人仍然会在合同中明确约定可能产生的市场风险如何在两方当事人中分配。在确定可调价作为计价方式时,竞标人为了获得工程建设的机会,必然会在总决算价的基础上给予发包人一定程度的所谓让利。否则,该竞标人至少在工程价款方面没有竞争的优势。实务中,承包人通过低价竞标,获得工程建设机会后,再以人工费、材料费等存在重大市场变化为由,要求据实结算的案件并不罕见。当事人变更价款存在多种形式。直接降低中标人的投标文件提出的工程价款即直接让利是最明显最直接的形式。除此之外,实践中经常发现当事人采取的方式有:中标人同意以明显高于市场价格购买其承建的房产、中标人无偿建设住房配套设施、向建设单位捐赠财物。本条司法解释第二款特别就当事人变相降低工程价款的四种典型形式作了规定。应当注意的是,改变工程价款的支付方式是否对当事人权利义务产生实质影响。所谓结算方式,是指发包人与承包人之间就工程价款进行收付的程序与方法。通常情况下,无论现金结算还是转账结算都不会对双方权利义务产生实质性的影响。但如果发包人未按照约定的方式履行支付工程价款的义务,而是通过转移债权(包括以将来收益抵顶)、以房屋或者项目抵顶、债权转股权等形式支付工程价款或者大幅度延长工程价款支付期限,则会对承包人的权利义务产生实质性影响。

(4)工程质量。建设工程质量是指依照国家现行有效的法律、法规、技术标准、设计文件和合同约定,对工程的安全、适用、经济、环保、美观等特性的综合要求。招标人与中标人签订施工合同后,即使另行签订协议,也通常要求施工人保证工程质量。但是,另行签订的协议中仍然存在降低工程质量的情形,一是建设方对自己利益特别是对社会公众利益的漠视;二是一些招标人故意提高工程质量要求,在特定人中标后,再根据工程的实际情况,在另行签订的协议中,降低工程质量。这种情形的发生,通常是为了排除其他竞标人能够中标,招标人与中标人多是存在关联关系或者其他不正当关系。

(5)其他内容。除了建设工程范围、建设工期、工程质量与工程价款外,特定情形下,也可能存在背离根据招标文件和中标文件签订的合同的实质性内容的协议。这只能根据建设工程及当事人的具体情况确定。凡是可能限制或者排除其他竞标人的条件都可能构成《招标投标法》第四十六条第一款中的"合同实质性内容"。所以,本司法解释第二条只是列举工程范围、建设工期、工程质量与工程价款,而未排除其他可能的因素。

4. 背离中标合同实质性内容另行签订的协议即产生"黑白合同"的问题。背离中标合同实质性内容另签协议,既损害正常的招标投标程序,也可能损害中标人的合法权益。依据本条司法解释的规定,除了工程价款外,有关工程范围、建设工期与工程质量等实质性内容,"黑白合同"不一致的,当事人均可要求按照"白合同"的约定确定双方的权利义务。理解与适用本条司法解释应当注意以下几点:

(1)"白合同"有效是认定"黑合同"无效的前提。如果"白合同"无效,就不能简单地以"白合同"作为计算工程价款的依据,而必须根据当事人的真实意思、实际履行情况等因素判断适用哪一份合同,或者通过鉴定据实结算工程价款。"白合同"有效是指招标投标程序合法且中标有效。

中标合同,多数情况下,在备案制度实施时,属备案合同,但仍然存在无效情形。根据《招标投标法》的规定,存在六种中标无效的情形:①招标代理机构违反法律规定,泄露应当保密的与招标投标活动有关的情况和资料的,或者与招标人、投标人串通损害国家利益、社会公共利益或者他人合法权益的;②依法必须进行招标的项目的招标人向他人透露已获取招标文件的潜在投标人的名称、数量或者可能影响公平竞争的有关招标投标的其他情况的,或者泄露标底的;③投标人相互串通投标或者与招标人串通投标的,投标人以向招标人或者评标委员会成员行贿的手段谋取中标的;④投标人以他人名义投标或者以其他方式弄虚作假,骗取中标的;⑤依法必须进行招标的项目,与投标人就投标价格、投标方案等实质性内容进行谈判的;⑥招标人在评标委员会依法推荐的中标候选人以外确定中标人的,依法必须进行招标的项目在所有投标被评标委员会否决后自行确定中标人的。

(2)本条司法解释只明确"白合同"必须是中标合同,与是否备案无关。建设工程施工合同强制备案制度正式取消。无论是依法必须进行招标投标的工程项目还是非强制招标投标的工程项目,当事人通过招标投标的方式进行发包与承包,并根据招标投标结果签订建设工程施工合同即可。在备案制不存在的情形下,所谓"白合同",仅指招标人即发包人与中标人即承包人依据招标文件、投标文件等签订的建设工程施工合同。

(3)"黑合同"必须是对中标合同的实质性背离,必须正确把握"实质性背离"与合同变更之间的关系。建筑工程是一项复杂的系统工程,"白合同"签订之后,由于履行期限长、变化大,随着施工进度的深入,发包方与承包方之间就工程中出现的具体问题进行补充、变更是正常和普遍的。如果"黑合同"的内容,与"白合同"不一致并未构成对"白合同"实质性内容的违反或者背离,属于合同变更,是合同自由原则的体现。

(4)本条司法解释适用于发包人与承包人因工程范围、建设工期、工程价款、工程质量等引起的权利义务争议的处理。本条司法解释扩大了适用"白合同"处理当事人争议范围,不仅将"白合同"作为结算工程价款的根据,而且将"白合同"作为处理当事人有关工程范围、建设工期和工程质量等争议的根据。

(5)当事人另行签订的建设工程施工协议无论是在中标合同之前还是在中标合同之后订立,均不得背离中标合同的实质性内容。不过,应当特别注意的是,不能简单地以当事人在招标投标之前签订过具备施工合同实质要件的意向书、补充协议、承诺书、会议纪要、备忘录等即否定中标合同的效力。中标合同是否无效,取决于双方当事人在招标投标过程中是否存在导致招标投标无效的情形。

(6)中标合同是指包括一系列法律文件在内的合同书。《招标投标法》第四十六条第一款的"书面合同"包括一系列法律文件。2017年9月22日住房和城乡建设部和原国家工商行政管理总局发布的《建设工程施工合同(示范文本)》(GF-2017-0201)是最新的合同示范文本。示范文本由合同协议书、通用合同条款和专用合同条款三部分组成。第一,合同协议书,集中约定了合同当事人基本的合同权利义务。第二,通用合同条款,是合同当事人就工程建设的实施及相关事项,对合同当事人的权利义务作出的原则性约定。第三,专用合同条款,是对通用合同条款原则性约定的细化、完善、补充、修改或另行约定的条款。合同当事人可以根据不同建设工程的特点及具体情况,通过双方的谈判、协商对相应的专用合同条款进行修改补充。《建设工程施工合同(示范文本)》还规定了"合同文件构成"及"合同文件的优先顺序",并规定:"各项合同文件包括合同当事人就该项合同文件所作出的补充和修改,属于同一类内容的文件,应以最新签署的为准。在合同订立及履行过程中形成的与合同有关的文件均构成合同文件组成部分,并根据其性质确定优先解释顺序。"

第二十二条　当事人签订的建设工程施工合同与招标文件、投标文件、中标通知书载明的工程范围、建设工期、工程质量、工程价款不一致,一方当事人请求将招标文件、投标文件、中标通知书作为结算工程价款的依据的,人民法院应予支持。

【要点注释】

本条旨在明确当事人通过招标程序后签订的建设工程施工合同与招投标文件不一致时工程价款的结算依据问题。

1. 本条司法解释规定当事人签订的合同与招投标文件不一致时应将招投标文件作为结算工程价款的根据。我们倾向于认为,招标人发出中标通知书后,即产生在招标人、中标人之间成立书面合同的效力。招投标文件以及中标通知书已经在招标人、中标人之间成立合同,该合同对招标人、中标人具有法律约束力。根据《招标投标法》规定,招标人、中标人应当根据招标文件、中标文件订立书面合同,该书面合同一般指合同书,也称为中标合同,经过备案的则为备案合同。原则上,无论是中标合同还是备案合同均应与招投标文件保持一致,特别是在合同的实质性条款包括工期、工程范围、工程质量、工程价款方面不能背离招投标文件,否则不能产生法律效力,应以招投标文件为准。因此,在书面合同与招投标文件不一致时以招投标文件作为结算工程价款的依据是严格贯彻执行《招标投标法》、维护招标投标秩序严肃性的必然要求,也是还原当事人真实意思表示的应有之义。

2. 审判实践中，对于当事人签订的合同与招投标文件不一致时如何处理当事人之间的权利义务关系，应注意以下问题：

(1)参照招投标文件结算工程价款的前提是招投标活动合法有效。即使当事人之间存在备案合同和招投标文件，但如果招投标本身是无效的，那么也不应适用本条款，不能将招投标文件作为结算工程价款的依据。在当事人之间就同一建设工程订立的合同均被认定无效的情况下，工程价款的结算应当适用本司法解释第二十四条的规定。

(2)中标通知书发出后，招标人、中标人因在工程实施的细节方面没有达成一致或者其他原因最终没有签订书面合同，那么在此情况下如何确定当事人结算工程价款的依据。对此问题要区分不同的情况。首先，当事人未签订书面合同，但中标人已经实际进场施工，招标人亦接受的，那么根据前述分析，当事人事实上已经在履行双方根据招投标文件订立的合同，招投标文件的内容对于当事人具有约束力。虽然当事人之间不存在中标合同、备案合同，但这并影响当事人根据招投标文件履行各自的权利义务，故当事人请求将招投标文件作为结算工程价款依据的，人民法院应予支持。其次，如果当事人因为在工程实施细节方面没有达成一致或者一方当事人悔标而不愿意签订建设工程施工合同，那么当事人尚未开始履行招投标文件确定的权利义务内容，对此则不存在结算工程价款的问题。至于当事人未签订书面合同的后果，应根据《招标投标法》及招投标文件的约定进行处理。

(3)当事人在合同中约定了合同文件优先顺序导致合同与招投标文件不一致的，能否尊重当事人约定适用合同约定结算工程价款。《标准施工招标文件》(2007年版)第四章第1.4条规定了“合同文件的优先顺序”，该文件规定，组成合同的各项文件应互为解释，互为说明。除专用合同条款另有约定外，解释合同文件的优先顺序如下：①合同协议书；②中标通知书；③投标函及投标函附录；④专用合同条款；⑤通用合同条款；⑥技术标准和要求；⑦图纸；⑧已标价工程量清单；⑨其他合同文件。在《建设工程施工合同(示范文本)》第二部分通用合同条款1.5“合同文件的优先顺序”也有基本一致的规定。只要合同协议书不背离招投标文件的实质性条款，将合同协议书作为第一优先顺序是可以的，应尊重当事人意思自治。但如果合同协议书在实质性条款方面与招投标文件不一致，那么这些条款因为违反了《招标投标法》

的规定应属无效,不能产生约束当事人的法律效力,仍然应当以招投标文件作为结算工程价款的依据。

(4)审判实践中,能否将招投标文件作为当事人全部权利义务的依据。司法解释已经明确规定书面合同与招投标文件在工程范围、工程质量、工程价款、工期不一致时,以招投标文件作为结算工程价款的依据,并未规定可以作为其他权利义务的依据。至于能否作为其他权利义务的依据,比如能否作为主张违约的依据、能否作为赔偿损失的依据、能否作为确定纠纷管辖的依据等问题,要结合当事人对于合同的约定以及合同文件解释的优先顺序来确定当事人之间的权利义务关系。故对于招投标文件与合同不一致时能否作为当事人全部权利义务关系依据的问题,应具体情况具体分析,不能一概而论。

第二十三条　发包人将依法不属于必须招标的建设工程进行招标后,与承包人另行订立的建设工程施工合同背离中标合同的实质性内容,当事人请求以中标合同作为结算建设工程价款依据的,人民法院应予支持,但发包人与承包人因客观情况发生了在招标投标时难以预见的变化而另行订立建设工程施工合同的除外。

【要点注释】

本条是关于发包人将依法不属于必须招标的建设工程(以下简称非必招标工程)进行招标后,与承包人另行订立的建设工程施工合同背离中标合同实质性内容时如何结算工程价款的规定。涉及非必招标工程招标后的工程价款结算依据、背离中标合同实质性内容的合同与依法变更的合同的区别等问题。

1. 本条文对于实践中出现的问题进行了回应,即对于此类工程项目,只要当事人另行订立的合同背离中标合同实质性内容的,应当以中标合同作为结算工程价款依据。因此,无论是必须招标工程项目,还是非必招标工程项目,以中标合同作为结算工程价款这一基本原则是一致的。本条司法解释在制定过程中主要是为了明确非必招标工程项目是否适用原《最高人民法院关于审理建设工程施工合同纠纷案件适用法律问题的解释》(法释〔2004〕14号)第二十一条的规定。只要在我国境内进行招标投标活动,即应遵守《招标投标法》。《招标投标法》第四十六条未明确不适用于非必招标工程项目。

因此,招标人、中标人当然应当根据招标文件、投标文件订立书面合同,而不得再行订立背离合同实质性内容的其他协议。订立中标合同后客观情况如果没有发生重大变化,招标人、中标人另行订立背离中标合同实质性内容的协议对于其他投标人以及招标投标秩序均产生相应的损害,从这一角度理解也不应以当事人另行订立的合同作为结算价款的根据。

2. 本条司法解释规定发包人、承包人因客观情况发生了在招标投标时难以预见的变化而另行订立合同的属例外情况,可以按照另行订立的合同结算工程价款。本条司法解释规定的客观情况发生变化与当事人根据合同约定对工程进行变更的情况不同,客观情况是指当事人意志以外的与建设工程有关的客观事实,客观情况发生变化会导致当事人之间的等价关系发生一定的变化。客观情况发生的变化还必须是当事人在招标投标时难以预见的,如果客观情况的变化是当事人能够预见或应当预见的正常的商业风险,那么即使客观情况发生变化,也不能适用本条规定。

3. 本条司法解释规定的客观情况发生变化一般包括如下情形:(1)招标投标后建设工程的原材料、工程设备价格变化超出了正常的市场价格涨跌幅度。继续履行合同对当事人一方明显不公平或明显困难时,当事人可以另行订立合同,合理分担风险。(2)招标投标后人工单价发生了重大变化。人工单价通常由各地省级或行业建设主管部门发布的人工费调整文件进行规范。与原材料价格发生重大变化类似,人工单价变化在一定幅度内应视为正常的市场风险,超过各地规定的涨跌幅度或当事人约定的涨跌幅度时可认为属于客观情况发生了重大变化。(3)建设工程的规划、设计发生了重大变化。特殊情况下,如果由于政府区域总体规划发生变化、用地规划进行调整或者其他原因导致土地、工程的规划和设计发生重大变化时,当事人可根据变化的情况重新确定双方的权利义务。

【司法文件】

1.《第八次全国法院民事商事审判工作会议(民事部分)纪要》(法〔2016〕399 号,2016 年 11 月 21 日)

七、关于建设工程施工合同纠纷案件的审理

经济新常态形势下,因建设方资金缺口增大,导致工程欠款、质量缺陷等纠纷案件数量持续上升。人民法院要准确把握法律、法规、司法解释规定,调整建筑活动中个体利益与社会利益冲突，维护社会公共利益和建筑市场经济秩序。

(一)关于合同效力问题

30. 要依法维护通过招投标所签订的中标合同的法律效力。当事人违反工程建设强制性标准，任意压缩合理工期、降低工程质量标准的约定，应认定无效。对于约定无效后的工程价款结算，应依据建设工程施工合同司法解释的相关规定处理。

(二)关于工程价款问题

31. 招标人和中标人另行签订改变工期、工程价款、工程项目性质等影响中标结果实质性内容的协议，导致合同双方当事人就实质性内容享有的权利义务发生较大变化的，应认定为变更中标合同实质性内容。

2.《全国法院民商事审判工作会议纪要》(法〔2019〕254 号，2019 年 11 月 8 日)

三、关于合同纠纷案件的审理

会议认为，合同是市场化配置资源的主要方式，合同纠纷也是民商事纠纷的主要类型。人民法院在审理合同纠纷案件时，要坚持鼓励交易原则，充分尊重当事人的意思自治。要依法审慎认定合同效力。要根据诚实信用原则，合理解释合同条款、确定履行内容，合理确定当事人的权利义务关系，审慎适用合同解除制度，依法调整过高的违约金，强化对守约者诚信行为的保护力度，提高违法违约成本，促进诚信社会构建。

32.【合同不成立、无效或者被撤销的法律后果】《合同法》第 58 条就合同无效或者被撤销时的财产返还责任和损害赔偿责任作了规定，但未规定合同不成立的法律后果。考虑到合同不成立时也可能发生财产返还和损害赔偿责任问题，故应当参照适用该条的规定。

在确定合同不成立、无效或者被撤销后财产返还或者折价补偿范围时，要根据诚实信用原则的要求，在当事人之间合理分配，不能使不诚信的当事人因合同不成立、无效或者被撤销而获益。合同不成立、无效或者被撤销情况下，当事人所承担的缔约过失责任不应超过合同履行利益。比如，依据《最高人民法院关于审理建设工程施工合同纠纷案件适用法律问题的解释》第 2 条规定，建设工程施工合同无效，在建设工程经竣工验收合格情况下，可以参照合同约定支付工程款，但除非增加了合同约定之外新的工程项目，一般不应超出合同约定支付工程款。

33.【财产返还与折价补偿】合同不成立、无效或者被撤销后，在确定财产返还时，要充分考虑财产增值或者贬值的因素。双务合同不成立、无效或者被撤销后，双方因该合同取得财产的，应当相互返还。应予返还的股权、房屋等财产相对于合同约定价款出现增值或者贬值的，人民法院要综合考虑市场因素、受让人的经营或者添附等行为与财产增值或者贬值之间的关联性，在当事人之间合理分配或者分担，避免一方因合同不成立、无效或者被撤销而获益。在标的物已经灭失、转售他人或者其他无法返还的情况下，当事人主张返还原物的，人民法院不予支持，但其主张折价补偿的，人民法院依法予以支持。折价时，应当以当事人交易时约定的价款为基础，同时考虑当事人在标的物灭失或者转售时的获益情况综合确定补偿标准。标的物灭失时当事人获得的保险金或者其他赔偿金，转售时取得的对价，均属于当事人因标的物而获得的利益。对获益高于或者低于价款的部分，也应当在当事人之间合理分配或者分担。

34.【价款返还】双务合同不成立、无效或者被撤销时，标的物返还与价款返还互为对待给付，双方应当同时返还。关于应否支付利息问题，只要一方对标的物有使用情形的，一般应当支付使用费，该费用可与占有价款一方应当支付的资金占用费相互抵销，故在一方返还原物前，另一方仅须支付本金，而无须支付利息。

35.【损害赔偿】合同不成立、无效或者被撤销时，仅返还财产或者折价补偿不足以弥补损失，一方还可以向有过错的另一方请求损害赔偿。在确定损害赔偿范围时，既要根据当事人的过错程度合理确定责任，又要考虑在确定财产返还范围时已经考虑过的财产增值或者贬值因素，避免双重获利或者双重受损的现象发生。

36.【合同无效时的释明问题】在双务合同中，原告起诉请求确认合同有效并请求继续履行合同，被告主张合同无效的，或者原告起诉请求确认合同无效并返还财产，而被告主张合同有效的，都要防止机械适用“不告不理”原则，仅就当事人的诉讼请求进行审理，而应向原告释明变更或者增加诉讼请求，或者向被告释明提出同时履行抗辩，尽可能一次性解决纠纷。例如，基于合同有给付行为的原告请求确认合同无效，但并未提出返还原物或者折价补偿、赔偿损失等请求的，人民法院应当向其释明，告知其一并提出相应诉讼请求；原告请求确认合同无效并要求被告返还原物或者赔偿损失，被告基于合同也有给付行为的，人民法院同样应当向被告释明，告知其也可以提出返还请求；人民法院经审理认定合同无效的，除了要在判决书"本院认为"部分对同时返还作出认定外，还应当在判项中作出明确表述，避免因判令单方返还而出现不公平的结果。

第一审人民法院未予释明，第二审人民法院认为应当对合同不成立、无效或者被撤销的法律后果作出判决的，可以直接释明并改判。当然，如果返还财产或者赔偿损失的范围确实难以确定或者双方争议较大的，也可以告知当事人通过另行起诉等方式解决，并在裁判文书中予以明确。

当事人按照释明变更诉讼请求或者提出抗辩的，人民法院应当将其归纳为案件争议焦点，组织当事人充分举证、质证、辩论。

3.《全国民事审判工作会议纪要》(2015年)

七、关于建设工程施工合同纠纷案件

会议认为，审理好建设工程施工合同纠纷，对于保证建筑工程质量，保障人民群众生命财产安全，维护农民工等弱势群体的利益，意义重大。经济结构调整的新形势下，建设工程施工合同的纠纷仍将保持高发的态势。要贯彻执行好法律、行政法规和《关于审理建设工程施工合同纠纷案件适用法律问题的解释》等司法解释的有关规定，并进一步深化对以下问题的认识：

（一）关于合同效力问题

42. 就尚未取得建设工程规划许可审批手续的工程，发包人与承包人签订的建设工程施工合同无效。但在一审法庭辩论终结前发包人取得相应审批手续或者经主管部门批准建设的，应当认定合同有效。

43. 要依法维护通过招投标所签订的中标合同的法律效力。当事人违反工程建设强制性标准，任意压缩合理工期、降低工程质量标准的约定，应当认定无效。对于约定无效后的工程价款结算，应依据《关于审理建设工程施工合同纠纷案件适用法律问题的解释》的相关规定处理。

（二）关于工程价款问题

44. 招标人和中标人另行签订改变工期、工程价款、工程项目性质等影响中标结果实质性内容的协议，导致合同双方当事人就实质内容享有的权利义务发生较大变化的，应认定为变更中标合同实质性内容。

45. 中标人作出的以明显低于市场价格购买承建房产、无偿建设住房配套设施、让利、向建设方捐款等承诺，亦应认定为变更中标合同的实质性内容。对于变更中标合同实质性内容的工程价款结算,应按照《关于审理建设工程施工合同纠纷案件适用法律问题的解释》第二十一条规定,以备案的中标合同作为结算工程价款的根据。

46. 建设工程开工后,因设计变更、建设工程规划指标调整等客观原因,发包人与承包人通过补充协议、会议纪要、往来函件、签证等洽商记录形式变更工期、工程价款、工程项目性质的,不应认定为变更中标合同的实质性内容。

47. 当事人就建设工程订立的施工合同被认定无效后,人民法院经审查,建设工程无规划变更、增加工程量、提高施工标准等情形的,应严格依据《关于审理建设工程施工合同纠纷案件适用法律问题的解释》第二条的规定精神,参照当事人的合同约定结算工程价款,对于实际施工人申请造价鉴定并据实结算的请求,一般不予支持。

48. 当事人就同一建设工程订立的数份施工合同均被认定无效,在结算工程价款时,应当参照当事人真实合意并实际履行的合同约定结算工程价款。无法确定双方当事人真实合意并实际履行合同的,应当结合缔约过错、已完工程质量、利益平衡等因素分配两份或以上合同间的差价确定工程价款。

49. 依法有效的建设工程施工合同,双方当事人均应依约履行。除合同另有约定,当事人请求以审计机关作出的审计报告、财政评审机构作出的评审结论作为工程价款结算依据的,一般不予支持。

合同约定以审计机关出具的审计意见作为工程价款结算依据的,应当遵循当事人缔约本意,将合同约定的工程价款结算依据确定为真实有效的审计结论。承包人提供证据证明审计机关的审计意见具有不真实、不客观情形,人民法院可以准许当事人补充鉴定、重新质证或者补充质证等方法纠正审计意见存在的缺陷。上述方法不能解决的,应当准许当事人申请对工程造价进行鉴定。

4.《全国民事审判工作会议纪要》(法办〔2011〕442号,2011年10月9日)

四、关于建设工程合同纠纷案件

会议认为,审理好建设工程合同纠纷案件,对维护建筑市场秩序,保证建筑工程质量,维护人民群众人身财产安全,保护农民工等弱势群体的利益,意义重大。要贯彻执行好法律、行政法规和《关于审理建设工程施工合同纠纷

案件适用法律问题的解释》等司法解释的有关规定,并应进一步深化对以下问题的认识:

(一)关于工程价款结算问题

要依法维护通过招投标方式所签订的中标合同的法律效力。对以低于工程建设成本的工程项目标底订立的施工合同,应当依据招标投标法第四十一条第(二)项的规定认定无效;当事人违反工程建设强制性标准,任意压缩合理工期、降低工程质量标准的约定,也应认定无效。对于约定无效后的工程价款结算,应依据《关于审理建设工程施工合同纠纷案件适用法律问题的解释》的相关规定处理。

招标人和中标人另行签订改变工期、工程价款、工程项目性质等中标结果的协议,应认定为变更中标合同实质性内容,中标人作出的以明显高于市场价格购买承建房产、无偿建设住房配套设施、让利、向建设方捐款等承诺,亦应认定为变更中标合同的实质性内容。对于变更中标合同实质性内容的工程价款结算,应按照《关于审理建设工程施工合同纠纷案件适用法律问题的解释》第二十一条规定,以备案的中标合同作为结算工程价款的根据。

协议变更合同是法律赋予合同当事人的一项基本权利。建设工程开工后,因设计变更、建设工程规划指标调整等客观原因,发包人与承包人通过补充协议、会议纪要、来往函件、签证等洽商记录形式变更工期、工程价款、工程项目性质的,不应认定为变更中标合同的实质性内容。

依法有效的建设工程施工合同,双方当事人均应依约履行。除合同另有约定,当事人请求以审计机关作出的审计报告、财政评审机构作出的评审结论作为工程价款结算依据的,一般不予支持。

【地方法院规定】

1.《北京市高级人民法院关于审理建设工程施工合同纠纷案件若干疑难问题的解答》(京高法发〔2012〕245 号,2012 年 8 月 6 日)

11. 固定总价合同履行中,当事人以工程发生设计变更为由要求对工程价款予以调整的,如何处理?

建设工程施工合同约定工程价款实行固定总价结算,在实际履行过程中,因工程发生设计变更等原因导致实际工程量增减,当事人要求对工程价款予以调整的,应当严格掌握,合同对工程价款调整有约定的,依照其约定;

没有约定或约定不明的，可以参照合同约定标准对工程量增减部分予以单独结算，无法参照约定标准结算的，可以参照施工地建设行政主管部门发布的计价方法或者计价标准结算。

主张工程价款调整的当事人应当对合同约定施工的具体范围、实际工程量增减的原因、数量等事实承担举证责任。

12. 固定价合同履行过程中，主要建筑材料价格发生重大变化，当事人要求对工程价款予以调整的，如何处理？

建设工程施工合同约定工程价款实行固定价结算，在实际履行过程中，钢材、木材、水泥、混凝土等对工程造价影响较大的主要建筑材料价格发生重大变化，超出了正常市场风险的范围，合同对建材价格变动风险负担有约定的，原则上依照其约定处理；没有约定或约定不明，该当事人要求调整工程价款的，可在市场风险范围和幅度之外酌情予以支持；具体数额可以委托鉴定机构参照施工地建设行政主管部门关于处理建材差价问题的意见予以确定。

因一方当事人原因导致工期延误或建筑材料供应时间延误的，在此期间的建材差价部分工程款，由过错方予以承担。

15. "黑白合同"中如何结算工程价款？

法律、行政法规规定必须进行招标的建设工程，或者未规定必须进行招标的建设工程，但依法经过招标投标程序并进行了备案，当事人实际履行的施工合同与备案的中标合同实质性内容不一致的，应当以备案的中标合同作为结算工程价款的依据。

法律、行政法规规定不是必须进行招标的建设工程，实际也未依法进行招投标，当事人将签订的建设工程施工合同在当地建设行政管理部门进行了备案，备案的合同与实际履行的合同实质性内容不一致的，应当以当事人实际履行的合同作为结算工程价款的依据。

备案的中标合同与当事人实际履行的施工合同均因违反法律、行政法规的强制性规定被认定为无效的，可以参照当事人实际履行的合同结算工程价款。

16. "黑白合同"中如何认定实质性内容变更？

招投标双方在同一工程范围下另行签订的变更工程价款、计价方式、施工工期、质量标准等中标结果的协议，应当认定为《解释》①第二十一条规定

① 本解答中《解释》是指《最高人民法院关于审理建设工程施工合同纠纷案件适用法律问题的解释》(法释〔2004〕14号)。——编者著

的实质性内容变更。中标人作出的以明显高于市场价格购买承建房产、无偿建设住房配套设施、让利、向建设方捐款等承诺,亦应认定为变更中标合同的实质性内容。

备案的中标合同实际履行过程中,工程因设计变更、规划调整等客观原因导致工程量增减、质量标准或施工工期发生变化,当事人签订补充协议、会谈纪要等书面文件对中标合同的实质性内容进行变更和补充的,属于正常的合同变更,应以上述文件作为确定当事人权利义务的依据。

17. 无效建设工程施工合同中的工程价款如何确定?

建设工程施工合同无效,但工程经竣工验收合格,当事人任何一方依据《解释》第二条的规定要求参照合同约定支付工程折价补偿款的,应予支持。承包人要求发包人按中国人民银行同期贷款利率支付欠付工程款利息的,应予支持。发包人以合同无效为由要求扣除工程折价补偿款中所含利润的,不予支持。

2.《江苏省高级人民法院关于审理建设工程施工合同纠纷案件若干问题的解答》(江苏省高级人民法院审判委员会会议纪要〔2018〕3 号,2018 年 6 月 26 日)

7.《建设工程司法解释》第 21 条黑白合同的规则,审判实践中如何适用?

强制招投标的建设工程,经过招投标的,当事人在招投标之后另行签订的建设工程施工合同与经过备案的中标合同实质性内容不一致的,备案的中标合同有效,另行签订的合同无效,应当以备案的中标合同作为结算工程价款的依据。

强制招投标的建设工程,当事人在招投标之前进行了实质性协商签订了建设工程施工合同,后经过招投标另行签订了一份实质性内容不一致的建设工程施工合同并进行备案的,前后合同均无效,参照双方当事人实际履行的合同结算工程价款。

非强制招投标的建设工程,经过招投标或备案的,当事人在招投标或备案之外另行签订的建设工程施工合同与经过备案的合同实质性内容不一致的,以双方当事人实际履行的合同作为结算工程价款的依据。

合同履行完毕后当事人达成的结算协议具有独立性,施工合同是否有效不影响结算协议的效力。

3.《江苏省高级人民法院关于审理建设工程施工合同纠纷案件若干问题的意见》(苏高法审委〔2008〕26号,2008年12月21日)

第十一条 法律、行政法规规定必须要经过招标投标的建设工程,当事人实际履行的建设工程施工合同与备案的中标合同实质性内容不一致的,应当以备案的中标合同作为工程价款的结算根据;未经过招标投标的,该建设工程施工合同为无效合同,应当参照实际履行的合同作为工程价款的结算根据。

法律、行政法规未规定必须进行招标投标的建设工程,应当以当事人实际履行的合同作为工程价款的结算根据;经过招标投标的,当事人实际履行的建设工程施工合同与中标合同实质性内容不一致的,应当以中标合同作为工程价款的结算根据。

4.《江苏省高级人民法院建设工程施工合同案件审理指南》(2010年)

一、审理建设工程施工合同纠纷应当坚持的基本原则

2. 坚持规范建筑市场秩序原则。一是严格建筑市场主体准入制度。在以下几种情形认定建设工程施工合同无效:承包人未取得建筑施工企业资质或者超越资质等级的;没有资质的实际施工人借用有资质的建筑施工企业名义的;建设工程必须进行招标而未招标或者中标无效的;承包单位将工程进行转包或者违法分包的。二是规范"黑白合同"。当事人就同一建设工程另行订立的建设工程施工合同与经过备案的中标合同实质性内容不一致的,应当以备案的中标合同作为结算工程价款的根据。中标合同约定的工程价款低于成本价的,建设工程施工合同无效。三是规范工程鉴定。建设工程竣工并经验收合格后,承包人要求发包人支付工程价款,发包人对工程质量提出异议并要求对工程进行鉴定的,法院不予支持。建设工程竣工但未经验收,承包人要求发包人支付工程价款,发包人对工程质量提出异议并要求进行鉴定的,法院应予支持。当事人诉前已经共同选定具有相应资质的鉴定机构对建设工程作出了鉴定结论,诉讼中一方当事人要求重新鉴定的,法院不予支持。

三、招投标情形下黑白合同效力的认定

(一)黑白合同的认定

法律、行政法规规定必须进行招投标的建设工程,当事人实际履行的建设工程施工合同和备案的中标合同实质性内容不一致的,应当以备案的中标

合同作为工程价款的结算根据;未经过招标投标的,该建设工程施工合同为无效合同,可以参照实际履行的合同作为工程价款的结算依据。法律、行政法规虽未规定必须进行招投标的建设工程,但当事人依法履行了招投标手续的,当事人实际履行的建设工程施工合同和中标合同实质性内容不一致的,应当以中标合同作为工程价款的结算依据。

1. 强制招标工程中黑白合同效力的认定

所谓强制招标工程是指根据法律或行政法规规定必须通过招标投标形式签署合同的建设工程。根据《招标投标法》第三条规定,在中华人民共和国境内进行下列工程建设项目包括项目的勘察、设计、施工、监理以及与工程建设有关的重要设备、材料等的采购,必须进行招标:(一)大型基础设施、公用事业等关系社会公共利益、公众安全的项目;(二)全部或者部分使用国有资金投资或者国家融资的项目;(三)使用国际组织或者外国政府贷款、援助资金的项目。前款所列项目的具体范围和规模标准,由国务院发展计划部门会同国务院有关部门制订,报国务院批准。法律或者国务院对必须进行招标的其他项目的范围有规定的,依照其规定。第四条规定,任何单位和个人不得将依法必须进行招标的项目化整为零或者以其他任何方式规避招标。强制招标工程若未通过招标程序签订工程合同的,则无论黑白合同,根据《合同法》第五十二条的规定,该合同均因违反法律的强制性规定而无效。若强制招标工程虽然通过招标程序,但是双方签订了黑白合同,则无论黑合同签署在白合同之前还是之后都属无效。

2. 非强制招标工程中黑白合同效力的认定

(1)自主备案中的黑白合同问题

实践中存在既非强制招投标项目,当事人又未自愿进行招投标,但根据当地行政主管部门的要求,承、发包双方签订的施工合同必须备案。当事人在备案合同之外,另行签订实质性内容不同的合同且未备案的,是否属于黑合同?

我们认为,非属强制招投标范围的工程,备案与否不影响合同效力,不存在黑白合同的问题。当事人签订的合同尽管与备案的合同有实质性内容的不同,但并非不能作为结算的依据。此时对合同的认定,应以该合同是否违反法律禁止性规定,是否体现当事人真实意思表示进行判断。

(2)自主招标中的黑白合同问题

《最高人民法院关于审理建设工程施工合同纠纷案件适用法律问题的解

释》第1条规定“建设工程必须进行招标而未招标或者中标无效所订立的合同”作为无效合同对待。所谓必须进行招投标的项目，即强制招标的范围，都是国家投资、融资项目，关系到社会公共利益和公共安全的项目，或者使用国家统借外债的项目，招投标法规定必须采用招投标方式，以体现国家对这类民事活动的干预和监督。但实践中存在强制招标范围以外的一些项目，建设单位根据主管部门要求或者自愿进行招投标并根据招投标结果签订施工合同，将合同进行备案。如果在备案合同之外，当事人又签订实质性内容不同的合同且未备案，是否存在黑合同？对此问题实务中存在两种意见：一种意见认为，当事人自愿进行招投标的项目，在备案的合同之外，如果又另行签订的合同并不违反法律禁止性规定，则不存在黑白合同的问题，根据合同是否体现当事人真实意思表示对其效力予以认定。另一种意见认为，虽然工程项目非强制招投标范围，但当事人自愿进行招投标，应当受《招标投标法》的约束，同样也存在黑白合同问题。我们赞同此说，因为招标投标法所保护的不仅是当事人自身的利益，更是对社会招投标市场的规范，事关不特定投标人利益的保护，涉及市场竞争秩序的维护，因此，只要根据招标投标法进行的招投标并因此签订的合同均应受该法约束，当事人不得在此之外签订黑合同。

（二）实质性内容不一致的判断标准

施工合同的内容包括工程范围、建设工期、中间交工工程的开工和竣工时间、工程质量、工程造价、技术资料交付时间、材料和设备供应责任、拨款和结算、竣工验收、质量保修范围和质量保证期、双方相互协作等条款。建设工程中事关当事人权利义务的核心条款是工程结算，而影响工程结算的主要涉及三个方面：工程质量、工程期限和计价方式。工程质量指建设工程施工合同约定的工程具体条件，也是这一工程区别其他同类工程的具体特征。工程期限，指建设工程施工合同中约定的工程完工并交付验收的时间。计价方式包括按实结算、固定总价结算、固定单价结算等。如果备案和未备案的两份施工合同在建设工期、施工质量、计价方式等方面发生变化，当无疑义属于实质性内容的变化，未备案的合同应属于无效的黑合同。

5.《浙江省高级人民法院民事审判第一庭关于审理建设工程施工合同纠纷案件若干疑难问题的解答》（浙法民一〔2012〕3号，2012年2月23日）

十五、如何认定“黑白合同”？

认定“黑白合同”时所涉的“实质性内容”，主要包括合同中的工程价款、工程质量、工程期限三部分。对施工过程中，因设计变更、建设工程规划指标调整等客观原因，承、发包双方以补充协议、会谈纪要、往来函件、签证等洽商纪录形式，变更工期、工程价款、工程项目性质的书面文件，不应认定为《中华人民共和国招标投标法》第四十六条规定的“招标人和中标人再行订立背离合同实质性内容的其他协议”。

十六、对“黑白合同”如何结算？

当事人就同一建设工程另行订立的建设工程施工合同与中标合同实质性内容不一致的，不论该中标合同是否经过备案登记，均应当按照最高人民法院《关于审理建设工程施工合同纠纷案件适用法律问题的解释》第二十一条的规定，以中标合同作为工程价款的结算依据。

当事人违法进行招投标，当事人又另行订立建设工程施工合同的，不论中标合同是否经过备案登记，两份合同均为无效；应当按照最高人民法院《关于审理建设工程施工合同纠纷案件适用法律问题的解释》第二条的规定，将符合双方当事人的真实意思，并在施工中具体履行的那份合同，作为工程价款的结算依据。

6.《安徽省高级人民法院关于审理建设工程施工合同纠纷案件适用法律问题的指导意见(二)》(2014年1月1日)

第七条　不属于依法必须招标的建设工程，发包人与承包人又另行签订并实际履行了与备案中标合同不一致的合同，当事人请求按照实际履行的合同确定双方权利义务的，应予支持。

第八条　当事人就同一建设工程订立的数份施工合同均被认定无效，应当参照当事人实际履行的合同结算工程价款。

第九条　经过招投标的建设工程，当事人对工程量变化部分的工程价款如何确定没有约定，且不能协商一致的，参照建设行政主管部门的规定或者行业规范处理。

7.《安徽省高级人民法院关于审理建设工程施工合同纠纷案件适用法律问题的指导意见》(2009年5月4日)

8. 备案合同约定的价款与中标价不一致的，如该工程属必须招投标的工程，应按中标价确定工程价款；如该工程不属必须招投标的工程，当事人举证证明备案合同系双方真实意思表示或实际履行的合同，可以备案合同的约定确定工程价款。

9. 承包人就招投标工程承诺对工程价款予以大幅度让利的，属于对工程价款的实质性变更，应认定无效；承包人就非招投标工程承诺予以让利，如无证据证明让利后的工程价款低于施工成本，可认定该承诺有效，按该承诺结算工程价款。

8.《广东省高级人民法院关于审理建设工程合同纠纷案件疑难问题的解答》（粤高法〔2017〕151 号，2017 年 7 月 19 日）

7. 中标合同未在行政主管部门备案的，能否作为工程价款结算的依据

发包人经过合法招投标程序与承包人签订的中标合同，即使没有在建设主管部门备案，亦应作为结算工程价款的依据。双方当事人在诉讼中均主张不按照合法的中标合同进行工程价款结算的，不予支持。

9.《广东省高级人民法院全省民事审判工作会议纪要》（粤高法〔2012〕240 号，2012 年 6 月 26 日）

（四）关于工程价款结算问题

21. 招标人和中标人另行签订改变工期、工程价款、工程项目性质等中标结果的协议，应认定为变更中标合同实质性内容；中标人作出的以明显高于市场价格购买承建房产、无偿建设住房配套设施、让利、向建设方捐献等承诺，亦应认定为变更中标合同的实质性内容。对于变更中标合同实质性内容的工程价款结算，应按照《关于审理建设工程施工合同纠纷案件适用法律问题的解释》第二十一条规定，以备案的中标合同作为结算工程价款的根据。协议变更合同是法律赋予合同当事人的一项基本权利。建设工程开工后，因设计变更、建设工程规划指标调整等客观原因，发包人与承包人通过补充协议、会谈纪要、往来函件、签证等洽商记录形式变更工期、工程价款、工程项目性质的，不应认定为变更中标合同的实质性内容。依法有效的建设工程施工合同，双方当事人均应依约履行。除合同另有约定，当事人请求以审计机关作出的审计报告、财政评审机构作出的评审结论作为工程价款结算依据的，不予支持。

22. 合同所涉工程不属于强制招投标的范围，当事人之间也没有进行招投标，但按当地建设行政主管部门的要求进行了备案，该备案合同与当事人另行签订的合同不一致的，以当事人实际履行的合同作为结算工程价款的

依据。

26. 当事人在合同中对建筑材料价格变动的风险有约定的,按约定处理。没有约定的,约定工期内的建筑材料价格变动的风险由承包人承担;逾期竣工的,延误工期期间的建筑材料价格变动的风险,由对工期延误有过错的一方承担;双方均有过错的,按过错大小分担损失。建筑材料价格大幅变动,当事人以情势变更为由请求调整工程价款的,应从严把握。

10.《广东省高级人民法院关于审理建设工程施工合同纠纷案件若干问题的指导意见》(粤高法发〔2011〕37 号,2011 年 7 月 26 日)

二、最高人民法院《关于审理建设工程施工合同纠纷案件适用法律问题的解释》第二十一条规定的“实质性内容不一致”主要指的是工程计价标准、工程质量标准等主要条款内容差距较大。建设工程施工过程中,当事人以补充协议等形式约定的正常的工程量增减、设计变更等,一般不认定为“实质性内容不一致”。

三、经过招投标程序订立的建设工程施工合同与当事人另行订立的“实质性内容不一致”的建设工程施工合同都被认定为无效的,参照当事人实际履行的合同结算工程价款。

11.《四川省高级人民法院关于审理建设工程施工合同纠纷案件若干疑难问题的解答》(川高法民一〔2015〕3 号,2015 年 3 月 16 日)

9. 如何认定“黑白合同”实质性内容不一致?

招投标双方在同一工程合同范围和条件下,另行订立的建设工程施工合同变更经过备案的中标合同约定的工程价款、计价方式、工程期限、工程质量标准等内容的,应当认定为《建工司法解释》第二十一条规定的与经过备案的中标合同实质性内容不一致。当事人主张按照该变更后的合同结算工程价款的,不予支持。

中标合同备案后,承包人作出的明显高于市场价格购买承建房产、无偿建设住房配套设施、向建设方捐款、让利等承诺应当认定为变更经过备案的中标合同的实质性内容。发包人主张按照该承诺内容结算工程价款的,不予支持。

建设工程施工合同履行过程中,因设计变更、建设工程规划调整等非双方当事人原因,且无需重新进行招投标并备案的,当事人通过签订补充协议、会谈纪要等形式对工程价款、计价方式、工程期限、工程质量标准等合同内容进行合理变更或补充的，不应认定为与经过备案的中标合同“实质性内容不一致”，当事人主张以该变更或补充内容结算工程价款的，应予支持。

21. 存在“黑白合同”的建设工程，如何结算工程价款？

法律、行政法规规定必须进行招标的建设工程，或者未规定必须进行招标的建设工程，但依法经过招标投标程序并进行了备案，当事人实际履行的施工合同与备案的中标合同实质性内容不一致的，应当以备案的中标合同作为结算工程价款的依据。

不是法律、行政法规规定必须进行招标的建设工程，且未进行实质意义的招投标，当事人均明确表示签订的中标合同仅用于当地建设行政主管部门备案，备案的合同与实际履行的合同实质性内容不一致的，应以反映当事人真实意思表示的实际履行的合同结算工程价款。

备案的中标合同与当事人实际履行的建设工程施工合同均因违反法律、行政法规的强制性规定被认定为无效的，应参照当事人实际履行的合同结算工程价款。

12.《四川省高级人民法院关于审理涉及招投标建设工程合同纠纷案件的有关问题的意见》(2010年6月22日)

根据《中华人民共和国招标投标法》、《最高人民法院关于审理建设工程施工合同纠纷案件适用法律问题的解释》等法律和司法解释规定，结合民事审判实际，就审理涉及招投标建设工程合同纠纷案件适用法律的有关问题，制定本意见。

第一条 对建设工程必须进行招标而未招标，或者中标无效的，人民法院应当严格按照《最高人民法院关于审理建设工程施工合同纠纷案件适用法律问题的解释》第一条的规定，认定建设工程施工合同无效。

第二条 当事人就同一建设工程另行订立的合同与合法有效的备案中标合同实质性内容不一致的，人民法院应当严格按照《最高人民法院关于审理建设工程施工合同纠纷案件适用法律问题的解释》第二十一条的规定，以备案的中标合同作为结算工程款的依据。

第三条 合同实际履行过程中因设计变更导致工程量(价)增加的，且履行了约定的或规定的报批、审查程序，承包人与发包人就中标合同的内容协商作了修订和补充的，人民法院可以按照《最高人民法院关于审理建设工程施工合同纠纷案件适用法律问题的解释》第十六条第一款的规定，以当事人实际履行的合同作为结算工程价款的依据；当事人对发生变化部分的工程价款不能协商一致的，可以按照《最高人民法院关于审理建设工程施工合同纠纷案件适用法律问题的解释》第十六条第二款的规定，参照建设行政主管部门发布的计价方法或者计价标准结算工程价款。

第四条　有证据证明设计、施工、监理或业主方在设计变更、工程量（价）增加等合同内容变更中有相互串通、弄虚作假情况的，人民法院对虚假部分的内容不予认可，并不得以此作为结算工程价款的依据。

第五条　合同中约定了以第三方审价或者审计确定的造价作为付款依据的，人民法院在诉讼中应当促使双方当事人履行合同，委托第三方对工程款结算的情况进行审价或审计，并以第三方确定的造价作为判决支付工程款的依据。

第六条　依照《中华人民共和国审计法》第二十二条规定必须接受审计监督的国家建设项目的工程，通过审计查验完成的工程量的，经审计确认的有关工程量的签证记录可以作为反映客观事实的证据，具有证明力，人民法院应当采信，作为双方工程价款结算的依据。

13.《重庆市高级人民法院关于当前民事审判若干法律问题的指导意见》（2007年11月22日）

12.“黑白合同”及备案合同。经过招标投标的项目，发包人与承包人签订两份合同的（即所谓“黑白合同”），在双方因工程款结算发生纠纷时，应以中标合同即“白合同”作为结算工程款的依据。

不是必须招投标的项目，实际也未经过招投标程序，发包方直接与承包方签订建设工程施工合同，并按照建设行政主管部门的规定，将施工合同在相关行政管理部门予以登记备案，但由于种种原因，登记备案的合同与发包方和承包方在先签订的施工合同在价款、质量和工期等方面存在较大差异的，应当探究当事人的真实意思和合同的实际履行情况，确定一份合同作为结算依据，登记备案的合同并不必然作为双方的结算依据。如果当事人在登记备案合同中减少工程款额的目的仅是为了降低其缴费基数，则应认定以另一份合同作为双方的结算依据。

14.《山东省高级人民法院全省民事审判工作会议纪要》（鲁高法〔2011〕297 号，2011 年 11 月 30 日）

（二）关于“黑白合同”认定的有关问题

对不属于《招标投标法》第三条规定的强制招标的建设工程所签订的建设工程施工合同，是否适用最高人民法院《关于审理建设工程施工合同纠纷案件适用法律问题的解释》第二十一条的规定，即是否存在着“黑白合同”的问题。不论是自愿招标发包还是强制招标发包的建设工程，只要按照招标投标法的规定，通过招投标方式签订的建设工程施工合同，就应当符合法律的规定，发包人和承包人应当根据中标通知书签订建设工程施工合同，不得另行签订与中标合同实质性内容不一致的合同，即“黑白合同”。

建设单位直接发包的工程，即建设工程无需招标的，但当事人双方自愿将签订的建设工程施工合同到建设行政主管部门备案的，此后又签订与备案合同实质性内容不一致的合同，此种情形不适用“黑白合同”的认定规则。

关于“黑白合同”的法律效力问题，最高人民法院《关于审理建设工程施工合同纠纷案件适用法律问题的解释》第二十一条并未对“黑白合同”的效力作出评判，只是规定将“白合同”作为结算工程价款的依据，因此，在审判实践中不宜对“黑白合同”的法律效力进行认定。

依据《招标投标法》第四十六条和最高人民法院《关于审理建设工程施工合同纠纷案件适用法律问题的解释》第二十一条的规定，招标人和中标人按照中标文件签订建设工程施工合同后，中标人单方出具让利承诺书，承诺对建设工程予以让利，实质上变更了中标合同中的价格条款，构成对中标价格的实质性背离，故属于“黑合同”的性质，因其违反了招标投标法的强制性规定，应当认定让利承诺书无效。

（五）关于固定价格合同在履行中能否适用情势变更原则的问题

建设工程施工合同约定工程价款实行固定价格结算，在合同履行中，发生建筑材料价格或者人工费用过快上涨，当事人能否请求适用情势变更原则变更合同价款或者解除合同。如果建筑材料价格或者人工费用的上涨没有超出固定价格合同约定的风险范围，当事人请求适用情势变更原则调整合同价款的，不予支持；如果建筑材料价格或者人工费用的上涨超出了固定价格合同约定的风险范围，发生异常变动的情形，如继续履行固定价格合同将导致当事人双方权利义务严重失衡或者显失公平的，则属于发生了当事人双方签约时无法预见的客观情况，当事人请求适用情势变更原则调整合同价款或者解除合同的,可以依照最高人民法院《关于适用〈中华人民共和国合同法〉若干问题的解释(二)》第二十六条和最高人民法院《关于当前形势下审理民商事合同纠纷案件若干问题的指导意见》的相关规定,予以支持。

15.《山东省高级人民法院全省民事审判工作座谈会纪要》(鲁高法〔2005〕201号,2005年11月23日)

(三)关于“黑白合同”情形下工程款结算的处理问题。长期以来,在我国建筑市场中,按照法律规定实行强制招标投标的项目领域,经常会发生发包人与承包人之间存在签订两份合同的情形。其中一份是招标人与中标人根据中标文件签订的合同,即中标合同,另一份则是内容与中标合同不一致的建设工程施工合同,社会上将这种现象称为“黑白合同”或者“阴阳合同”。从实践中的情况看,有些黑白合同之间内容相差不大,“黑合同”只是与中标合同之间存在细小差别,内容上没有实质性变化;而有些黑白合同之间则存在着重大实质性的修改,如“黑合同”在工程价款、工程质量以及工期等方面均与中标合同存在较大差异。如果双方在履行建设工程施工合同中发生纠纷,往往会对依据哪一份合同作为处理纠纷的依据产生分歧,双方当事人也可能持有对自己有利的合同主张权利,这就给人民法院如何正确认定合同的真实性和合法性带来一定的困难。

正确理解司法解释规定的“黑白合同”,是准确处理好此类纠纷的基础。“黑白合同”之间必须存在实质性违背,即中标合同之外的合同必须在工程价款、工程质量和工程期限等方面与中标合同具有实质性背离,而不是一般的合同内容变更。在具体量化“黑白合同”与依法变更合同的界限上,在一定程度上存在着法官的自由裁量权,需要法官正确把握裁量的标准。根据我国《招标投标法》的规定,招标的建设项目经过招标投标程序确定中标人后,需要向相关行政监督部门备案,这种备案制度并不意味着中标合同必须经过备案后才生效,而只是从证据法意义上确定以备案的合同作为结算工程款的依据。

审判实践中曾经出现了当事人双方请求按照“黑合同”作为工程款结算依据的情形,对此,会议认为,“白合同”是依据招标投标这一法定形式确认的,虽然“黑合同”可能是当事人的真实意思表示,但由于合同内容规避法律规定、合同形式不合法,不能代替“白合同”即中标备案的效力,即不能依据“黑合同”作为结算工程款的依据。

16.《河北省高级人民法院建设工程施工合同案件审理指南》(冀高法〔2018〕44 号,2018 年 6 月 13 日)

8. 法律、行政法规未规定必须进行招投标的建设工程,经过合法有效的招投标程序的,当事人实际履行的建设工程施工合同与备案中标合同实质性内容不一致的,应当以中标合同作为工程价款的结算根据。

9. 法律、行政法规未规定必须进行招投标的建设工程,实际上也未经过招投标,当事人根据当地行政主管部门的要求,对双方签订的建设工程施工合同进行备案后另行签订实质性内容不同的合同,应当以当事人实际履行的合同作为工程价款的结算根据。

17.《湖北省高级人民法院民事审判工作座谈会会议纪要》(2013 年 9 月 1 日)

35. 经过招标投标的项目,发包人与承包人签订两份实质性内容不一致合同的(即所谓"黑白合同"),在双方因工程款结算发生纠纷时,应以中标合同即"白合同"作为结算工程款的依据。

必须经过招标投标的项目,发包人与承包人存在恶意串标、虚假招标的行为,双方签订的"黑白合同"均无效,但工程经竣工验收合格,承包人请求结算工程款的,区分情况处理:

(1)"黑白合同"中对工程结算方式约定一致的,按合同约定结算工程价款;

(2)"黑白合同"中对工程结算方式约定不一致的,参照"白合同"的约定结算工程价款,"黑白合同"结算价款之间差价作为因合同无效造成的损失,根据发包人和承包人各自责任的大小进行分担。

恶意串标、虚假招标情节严重的,人民法院可酌情予以民事制裁。

工程不是必须招投标的项目,实际也未经过招投标程序,但按照建设行政主管部门的规定,将施工合同在相关行政管理部门予以登记备案,该备案合同内容与发包方和承包方另行签订的施工合同不一致的,以当事人实际履行合同作为结算工程款的依据。

18.《福建省高级人民法院关于审理建设工程施工合同纠纷案件疑难问题的解答》(2007 年 11 月 22 日)

19. 问:建设工程施工过程中,因设计变更或者遇特殊地质情况等客观原因,当事人另行签订合同,变更了中标合同的内容,是否仍应以中标合同作为结算工程价款的依据?

答:建设工程施工合同履行过程中,因设计变更或者遇特殊地质情况等客观原因导致工程量增减,当事人协商一致对中标合同的内容进行修改,属于正常行使合同变更权,修改后的合同可以作为结算工程价款的依据。

【最高人民法院公报案例】

1. 江苏省第一建筑安装集团股份有限公司与唐山市昌隆房地产开发有限公司建设工程施工合同纠纷案[(2017)最高法民终 175 号,《最高人民法院公报》2018 年第 6 期]

裁判要旨:《最高人民法院关于审理建设工程施工合同纠纷案件适用法律问题的解释》第二十一条"黑白合同"规定适用前提应为备案的中标合同合法有效,无效的备案合同并非当然具有比其他无效合同更优先参照适用的效力。在当事人存在多份施工合同且均无效的情况下,一般应参照符合当事人真实意思表示并实际履行的合同作为工程价款结算依据;在无法确定实际履行合同时,可以根据两份争议合同之间的差价,结合工程质量、当事人过错、诚实信用原则等予以合理分配。

最高人民法院认为,第一,《招标投标法》《工程建设项目招标范围和规模标准规定》明确规定应当进行招标的范围,案涉工程建设属于必须进行招标的项目,当事人双方 2009 年 12 月 8 日签订的《备案合同》虽系经过招投标程序签订,并在建设行政主管部门进行备案,但在履行招投标程序确定江苏一建为施工单位之前,一方面昌隆公司将属于建筑工程单位工程的分项工程基坑支护委托江苏一建施工,另一方面江苏一建、昌隆公司、设计单位及监理单位对案涉工程结构和电气施工图纸进行了四方会审,且江苏一建已完成部分楼栋的定位测量、基础放线、基础垫层等施工内容,一审法院认定案涉工程招标存在未招先定等违反《招标投标法》禁止性规定的行为,《备案合同》无效并无不当。

第二,当事人双方 2009 年 12 月 28 日签订的《补充协议》系未通过招投标程序签订,且对备案合同中约定的工程价款等实质性内容进行变更,一审法院根据《建设工程施工合同司法解释》第二十一条规定,认为《补充协议》属于另行订立的与经过备案的中标合同实质性内容不一致的无效合同并无不当。

第三，《建设工程施工合同司法解释》第二条规定，建设工程施工合同无效，但建设工程经竣工验收合格，承包人请求参照合同约定支付工程价款的，应予支持。《建设工程施工合同司法解释》第二十一条规定，当事人就同一建设工程另行订立的建设工程施工合同与经过备案的中标合同实质性内容不一致的，应当以备案的中标合同作为结算工程价款的根据。就本案而言，虽经过招投标程序并在建设行政主管部门备案的《备案合同》因违反法律、行政法规的强制性规定而无效，并不存在适用《建设工程施工合同司法解释》第二十一条规定的前提，也并不存在较因规避招投标制度、违反备案中标合同实质性内容的《补充协议》具有优先适用效力。

《合同法》第五十八条规定，合同无效或者被撤销后，因该合同取得的财产，应当予以返还；不能返还或者没有必要的，应当折价补偿。有过错的一方应当赔偿对方因此所受到的损失，双方都有过错的，应当各自承担相应的责任。建设工程施工合同的特殊之处在于，合同的履行过程，是承包人将劳动及建筑材料物化到建设工程的过程，在合同被确认无效后，只能按照折价补偿的方式予以返还。本案当事人主张根据《建设工程施工合同司法解释》第二条规定参照合同约定支付工程价款，案涉《备案合同》与《补充协议》分别约定不同结算方式，应首先确定当事人真实合意并实际履行的合同。

结合本案《备案合同》与《补充协议》，从签订时间而言，《备案合同》落款时间为2009年12月1日，2009年12月30日在唐山市建设局进行备案；《补充协议》落款时间为2009年12月28日，签署时间仅仅相隔二十天。从约定施工范围而言，《备案合同》约定施工范围包括施工图纸标识的全部土建、水暖、电气、电梯、消防、通风等工程的施工安装，《补充协议》约定施工范围包括金色和园项目除土方开挖、通风消防、塑钢窗、景观、绿化、车库管理系统、安防、电梯、换热站设备、配电室设备、煤气设施以外所有建筑安装工程，以及雨污水、小区主环路等市政工程。实际施工范围与两份合同约定并非完全一致。从约定结算价款而言，《备案合同》约定固定价，《补充协议》约定执行河北省2008年定额及相关文件，建筑安装工程费结算总造价降3%，《补充协议》并约定价格调整、工程材料由甲方认质认价。综上分析，当事人提交的证据难以证明其主张所依据的事实，一审判决认为当事人对于实际履行合同并无明确约定，两份合同内容比如甲方分包、材料认质认价在合同履行过程中均有所体现，无法判断实际履行合同并无不当。

在无法确定双方当事人真实合意并实际履行的合同时，应当结合缔约过错、已完工程质量、利益平衡等因素，根据《合同法》第五十八条规定由各方当事人按过错程度分担因合同无效造成的损失。一审法院认定本案中无法确定真实合意履行的两份合同之间的差价作为损失，基于昌隆公司作为依法组织进行招投标的发包方，江苏一建作为对于《招标投标法》等法律相关规定也应熟知的具有特级资质的专业施工单位的过错，结合本案工程竣工验收合格的事实，由昌隆公司与江苏一建按6:4比例分担损失并无不当。江苏一建上诉主张应依《补充协议》结算工程价款，事实依据和法律依据不足，本院不予支持。

2. 西安市临潼区建筑工程公司与陕西恒升房地产开发有限公司建设工程施工合同纠纷案[(2007)民一终字第74号，《最高人民法院公报》2008年第8期]

裁判要旨：《最高人民法院关于审理建设工程施工合同纠纷案件适用法律问题的解释》第二十一条关于"当事人就同一建设工程另行订立的建设工程施工合同与经过备案的中标合同实质性内容不一致的，应当以备案的中标合同作为结算工程价款的根据"的规定，是指当事人就同一建设工程签订两份不同版本的合同，发生争议时应当以备案的中标合同作为结算工程价款的根据，而不是指以存档合同文本作为结算工程价款的依据。

最高人民法院认为，(一)关于本案所涉工程应以哪个《建设工程施工合同》文本作为结算依据的问题。

恒升公司与临潼公司于2003年9月10日签订《建设工程施工合同》，2004年4月5日在西安市城乡建设委员会进行了备案。双方当事人在一审举证期限内向一审法院提供的《建设工程施工合同》文本内容是一致的，即没有29-3条款的内容，长安监理公司出具的《情况说明》也证明《建设工程施工合同》的文本没有29-3条款的内容。《建设工程施工合同》第十一条约定了工程进度款问题，对具体的工程进度和付款期限做了明确约定，恒升公司自己也主张已向临潼公司支付工程款12219182.8元，而29-3条款的内容与《建设工程施工合同》第十一条明显矛盾。

《最高人民法院关于审理建设工程施工合同纠纷案件适用法律问题的解释》第二十一条规定："当事人就同一建设工程另行订立的建设工程施工合同与经过备案的中标合同实质性内容不一致的，应当以备案的中标合同作为结算工程价款的根据。"该条是指当事人就同一建设工程签订两份不同版本的合同,发生争议时应以备案的中标合同作为结算工程价款的依据,而不是指以存档合同文本为依据结算工程价款。恒升公司提交的西安市城市建设档案馆存档的《建设工程施工合同》文本,该合同文本上的29-3条款是恒升公司何西京书写的,没有证据证明该条款系经双方当事人协商一致。故应以一审举证期限届满前双方提交的同样内容的《建设工程施工合同》文本作为本案结算工程款的依据。一审判决仅凭招投标补办手续档案中有临潼公司向恒升公司出具的"法人代表授权委托书",认定备案合同手续是由临潼公司工地代表张安明办理并按恒升公司提交的存档合同文本作为工程价款结算根据,缺乏事实和法律依据,本院应予纠正。

【最高人民法院裁判案例】

1. 浙江宝业建设集团有限公司与天津老板娘水产食品物流有限公司、浙江老板娘食品集团有限公司建设工程施工合同纠纷案[(2013)民一终字第67号]

裁判要旨:当事人就同一建设工程另行订立的建设工程施工合同与经过备案的中标合同实质性内容不一致的,应当以备案的中标合同作为结算工程价款的根据。对结算款的变更属于合同内容的实质性变更,应当以经过备案的中标合同作为结算依据,而不是以变更后的合同作为结算依据。

最高人民法院认为,涉案工程款与违约金的计算应当依据双方当事人之间的合同约定。双方当事人前后就一期工程签订了经备案的《天津市建设工程施工合同》与《施工补充合同》。就G4冷库工程签订了经备案的《天津市建设工程施工合同》后又另行签订了《施工合同书》。就大门工程签订了《工程施工合同》。上述合同的效力除G4冷库工程双方存在争议外,其余双方均不存在争议。关于G4冷库工程,天津老板娘公司主张《施工合同书》有效,应依据《施工合同书》计算欠付G4冷库工程的工程款与违约金。但《施工合同书》并未经过备案,且在工程价款上进行了重大变更,而工程价款属于合同的实质性内容,该《施工合同书》违反了《招标投标法》第四十六条的强制性规定,依法应当认定为无效。《最高人民法院关于审理建设工程施工合同纠纷案件适用法律问题的解释》第二十一条明确规定:"当事人就同一建设工程另行订立的建设工程施工合同与经过备案的中标合同实质性内容不一致的,应当以备案的中标合同作为结算工程价款的根据。”因此,欠付的G4 冷库工程款与违约金的计算应当以经过备案的《天津市建设工程施工合同》为依据。天津老板娘公司与宝业公司对于涉案工程已经支付的工程款数额并不存在争议,但对于已经支付的工程款支付的是针对哪个工程的工程款存在争议。天津老板娘公司主张应依据 9 · 26 协议确定支付工程款的情况。但双方签订的 12 · 7 协议第(四)项约定,“如甲方在 2011 年 12 月 30 日前仍未履行,则 9 · 26 协议自行作废,按原签订的相关工程承包合同约定的权利义务执行”。该附条件的约定系双方真实意思的表示,且不违反法律的禁止性规定,应为有效。本案的实际情况是在 2011 年 12 月 30 日前,天津老板娘公司并未依约支付涉案工程款,因此,依据双方合同约定,9 · 26 协议自行作废。天津老板娘公司认为应依据 9 · 26 协议确认工程款及违约金的支付,其主张缺乏依据,本院不予支持。

2. 北安市巨源房地产开发有限公司与绥化铁龙建筑工程有限公司建设工程施工合同纠纷案[(2012)民申字第 754 号]

裁判要旨:双方当事人签订的《建设工程施工合同》是经招投标程序而订立的中标合同且已备案,该合同合法有效。在《建设工程施工合同》备案后,双方另行签订补充协议书,此时涉案工程的客观情况未发生根本性变化,双方当事人就对工期、工程价款等内容作出与备案合同不同的约定,构成对备案合同进行的实质性变更。

最高人民法院认为,本案中,巨源公司与铁龙公司于 2008 年 7 月 15 日签订的《建设工程施工合同》是经招投标程序而订立的中标合同且已备案,二审判决认定该合同合法有效正确。在《建设工程施工合同》备案三天后,巨源公司与铁龙公司即于 2008 年 7 月 26 日签订《建筑工程施工补充协议书》,此时案涉工程的客观情况未发生根本性变化,双方当事人就对工期、工程价款等内容作出与备案合同不同的约定,系对备案合同进行了实质性变更,违反了《招标投标法》第四十六条第一款“招标人和中标人应当自中标通知书发出之日起三十日内,按照招标文件和中标人的投标文件订立书面合同。招标人和中标人不得再行订立背离合同实质性内容的其他协议”的规定,根据《合同法》第五十二条第(五)项的规定,该协议应为无效合同。而巨源公司与铁龙公司根据合同履行的实际情况,经协商确定材料价格、人工费调整等主要内容于 2010 年 5 月 25 日签订的《补充协议书》,系双方当事人的真实意思表示,并不违反法律、行政法规的强制性规定,二审判决认定该《补充协议书》合法有效,并无不当。

3. 唐山凤辉房地产开发有限公司与赤峰建设建筑(集团)有限责任公司建设工程施工合同纠纷案[(2015)民一终字第309号]

裁判要旨:双方当事人在中标合同履行过程中,为了赔偿一方停工损失而对工程价款结算方式进行的变更约定,其实质为关于损失赔偿的约定,属于合同履行过程中的正常变更,不属于《最高人民法院关于审理建设工程施工合同纠纷案件适用法律问题的解释》第二十一条规定的"黑合同",其效力应予以认可,可作为双方结算的依据。

最高人民法院认为,关于赤峰建设公司的工程款如何认定的问题。根据已查明事实,赤峰建设公司退场时,本案所涉工程尚未完工。对于其所完成的工程部分的价款如何计算,双方存在以下几方面的争议:

1. 结算方式如何认定。凤辉公司主张应按照2007年12月18日的《建设工程施工合同》约定的可调价方式进行结算;赤峰建设公司主张应按照2010年7月10日的《补充协议书》约定的固定单价方式进行结算。本院认为,上述两协议均为双方当事人真实意思表示,内容不违反法律、法规的强制性规定,应为合法有效,双方应依约履行。因《补充协议书》签订在后,且对《建设工程施工合同》的约定进行了变更,双方应按照《补充协议书》约定的固定单价方式进行结算。凤辉公司虽称《补充协议书》是迫于政府部门、施工进度、工期、返迁等各种压力签订,但并没有否认此协议书的真实性,也没有主张撤销,所以《补充协议书》对其仍有拘束力。《最高人民法院关于审理建设工程施工合同纠纷案件适用法律问题的解释》第二十一条关于"当事人就同一建设工程另行订立的建设工程施工合同与经过备案的中标合同实质性内容不一致的,应当以备案的中标合同作为结算工程价款的依据"之规定针对的是当事人在中标合同之外另行签订建设工程施工合同,以架空中标合同、规避中标行为和行政部门监管的情形,而《补充协议书》是在双方履行《建设工程施工合同》过程中,为了解决因工程多次停工给赤峰建设公司造成的损失而签订,只是变更了结算方式,《建设工程施工合同》其他条款仍然有效,并且双方在2012年11月22日的《会议纪要》上对此结算方式再次确认,当地住建局工作人员也在《会议纪要》上签字认可。因此,《补充协议书》属于双方当事人在合同履行过程中经协商一致的合同变更,不属于《最高人民法院关于审理建设工程施工合同纠纷案件适用法律问题的解释》第二十一条规定的情形。2013 年 2 月 1 日《补充协议》约定双方核算工程量及完成产值,但此后双方未能按约进行核算,故凤辉公司认为该《补充协议》已将结算方式由"固定单价"再次变更为"可调价方式",从而主张按可调价方式进行结算的上诉理由不成立。

4. 海南省核工业地质大队与海南琼山建筑工程公司建设工程施工合同纠纷案[(2017)最高法民再 249 号]

裁判要旨:建设工程施工合同系双方当事人经过招投标程序签订并经备案登记的施工合同,依法成立并有效。双方另行签订的合作协议书及补充协议书约定的内容均涉及对工程总造价及支付方式的约定,且同招标人和中标人经备案登记的建设工程施工合同关于工程款结算的约定不同,属于对建设工程施工合同的实质性内容进行变更。因此,合同协议书和补充协议书因违反法律的强制性规定而无效。

最高人民法院再审认为,根据地质大队的再审事由和琼山建筑公司的答辩意见,本案的争议焦点为:《建设工程施工合同》《合作合同书》《补充协议书》是否有效以及案涉工程款的结算依据。

《建设工程施工合同》系地质大队和琼山建筑公司经过招投标程序签订并经备案登记的施工合同,依法成立并有效。琼山建筑公司主张案涉工程的招标活动违反了《招标投标法》第二十二条和《招标投标法实施条例》第三十四条、第四十一条的规定,《建设工程施工合同》应属无效。《招标投标法》第二十二条规定了招标人的保密义务,《招标投标法实施条例》第三十四条规定了与招标人有利害关系的个人或单位中标无效的情形,第四十一条则规定了串通投标无效的情形。再审中,琼山建筑公司向本院提交的证据不足以证明案涉工程的招标行为存在上述法律规定的情形。此外,琼山建筑公司在原一、二审中均未主张案涉《建设工程施工合同》无效,也未提交任何证据证明该合同无效。二审认定该合同有效,其亦未向本院申请再审。因此,对琼山建筑公司的该项主张不予支持。

《招标投标法》第四十六条第一款规定:"招标人和中标人应当自中标通知书发出之日起三十日内,按照招标文件和中标人的投标文件订立书面合同。招标人和中标人不得再行订立背离合同实质性内容的其他协议。"《建设工程施工合同解释》第二十一条规定:"当事人就同一建设工程另行订立的建设工程施工合同与经过备案的中标合同实质性内容不一致的，应当以备案的中标合同作为结算工程价款的根据。”本案中，地质大队和琼山建筑公司于 2011 年 12 月 8 日依据中标文件签订《建设工程施工合同》并办理了合同备案。该合同约定：工程价款为 15816541.39 元，合同价款采用固定价格方式确定，无论工程是否有变更或工程量是否有增加或减少，工程价款均不得变更。同日，地质大队和琼山建筑公司签订的《合作合同书》约定：建成的职工住宅楼第十七层至十八层共 6 套职工宿舍套房分给琼山建筑公司；地质大队所得的 60 套住房按定死造价每平方米 2280 元结算，总造价约为 13800000 元，项目建设所需的其余建设资金由琼山建筑公司全部承担。2011 年 12 月 18 日，地质大队和琼山建筑公司签订的《补充协议书》又约定：地下室由琼山建筑公司投资建设，工程项目底层架空层临路 27 米长的场地使用权归琼山建筑公司所有；小区道路、园林绿化、围墙工程由琼山建筑公司施工，工程价款另行结算。从《合作合同书》及《补充协议书》约定的内容看，其均涉及对案涉工程总造价及支付方式的约定，且同招标人和中标人经备案登记的《建设工程施工合同》关于案涉工程款结算的约定不同，属于对《建设工程施工合同》的实质性内容进行变更。因此，《合作合同书》和《补充协议书》因违反法律的强制性规定而无效，案涉工程款的结算应以《建设工程施工合同》为依据。关于琼山建筑公司主张依据《建设工程施工合同》结算显失公平的问题，《最高人民法院关于贯彻执行〈中华人民共和国民法通则〉若干问题的意见（试行）》第七十二条规定，“一方当事人利用优势或者对方没有经验，致使双方的权利与义务明显违反公平、等价有偿原则的，可以认定为显失公平”。本案中，琼山建筑公司并未提交证据证明其作为投标人与招标人地质大队依据招投标文件签订《建设工程施工合同》存在一方利用优势地位或对方没有经验的情形，且合同显失公平并非认定合同无效的事由，依据《合同法》的相关规定，合同显失公平是合同予以撤销的法定事由。因此，琼山建筑公司的该项主张不能成立。

琼山建筑公司主张，其与地质大队之间系合作建房法律关系。本院认为，《建设工程施工合同》与《合作合同书》《补充协议书》约定的为同一职工宿舍楼建设工程，其工程量及工程款均为《建设工程施工合同》所确定，琼山建筑公司主张的 6 套房产亦包含在《建设工程施工合同》内，琼山建筑公司主张系合作建房关系与事实不符。另，《合作合同书》《补充协议书》无效，主张法律性质属合作建房关系没有正当依据，对该项主张本院不予支持。

琼山建筑公司主张,《建设工程施工合同》将未在招标投标文件中体现的小区道路、园林绿化等约定为施工范围,该部分约定应属无效。小区道路、园林绿化等属于案涉职工住宅楼的配套工程,虽然在招标投标文件中未体现,《建设工程施工合同》将这些配套工程列入施工范围并不违反《招标投标法》第四十六条和《招标投标法实施条例》第五十七条的规定,对琼山建筑公司的该项主张亦不予支持。至于琼山建筑公司主张的其垫付的前期费用、建设小区围墙的费用等,其可另循法律途径主张。

5. 福建省丰泉环保集团有限公司与福建省二建建设集团有限公司建设工程施工合同纠纷案[(2019)最高法民申1306号]

裁判要旨:在建设工程竣工验收后,发包人与承包人为结算工程款而对原合同进行工程价款的部分调整,属双方当事人之间正常的合同变更内容,并不会导致双方利益失衡,亦不属于"阴阳合同"应当无效的情形。

最高人民法院认为,关于原审法院对案涉工程款数额的认定是否正确的问题。《最高人民法院关于审理建设工程施工合同纠纷案件适用法律问题的解释》第二十一条规定:"当事人就同一建设工程另行订立的建设工程施工合同与经过备案的中标合同实质性内容不一致的,应当以备案的中标合同作为结算工程价款的依据。"本案中,丰泉公司主张应当以中标合同中确定的固定价款作为结算联合厂房工程价款的依据,但根据原审查明的事实,二建公司在2005年2月23日前就已完成联合厂房的竣工验收并交付使用,因此,丰泉公司与二建公司于2009年6月22日签订的《补充协议》,并非合同履行过程中另行签订的建设工程施工合同,而是在工程完成后的结算协议。《最高人民法院关于审理建设工程施工合同纠纷案件适用法律问题的解释(二)》第十二条规定:"当事人在诉讼前已经对建设工程价款结算达成协议,诉讼中一方当事人申请对工程造价进行鉴定的,人民法院不予准许。"在建设工程竣工验收后,承包人为结算工程款而对原合同进行工程价款的部分调整,属双方当事人之间正常的合同变更内容,并不会导致双方利益失衡,亦不属于"阴阳合同"应当无效的情形。因此,该结算协议系双方真实意思表示,内容不违反法律、行政法规的强制性规定,亦不会损害第三人合法权益,且丰泉公司在诉讼前对该协议从未提出异议,故该协议应认定为合法有效,原审法院依据案涉《补充协议》认定工程价款并无不当。

6. 南宁地矿地质工程勘察院与广西壮族自治区柳州市人民政府统计行政管理纠纷案[(2019)最高法行申4011号]

裁判要旨:中标合同约定的内容与招标文件、投标文件不一致的,以招标文件、投标文件中规定的合同内容为准。

最高人民法院经审查认为,南勘院主张,双方要约、承诺及签订合同的标的范围只有详细勘察,不包括施工勘察。但是,综合《招标投标法》第四十六条和《招标投标法实施条例》第五十七条有关招标人和中标人签订书面合同,"合同的标的、价款、质量、履行期限等主要条款应当与招标文件和中标人的投标文件的内容一致"的规定,以及本案《招标文件》《投标文件》中有关招投标范围"包括工程所需要的详细勘察阶段、施工勘察阶段、岩土工程设计等阶段"的约定,《勘察合同》中"本次进行勘察的项目其勘察阶段包括工程所需要的详细勘察阶段"的约定,并不能否定南勘院中标范围包括施工勘察。南勘院的该项主张缺乏事实根据和法律依据,本院不予支持。

7. 四川省第一建筑工程有限公司与昭通市泰斗房地产开发经营有限公司建设工程施工合同纠纷案[(2019)最高法民终557号]

裁判要旨:当事人为了尽快复工、减少损失,保障各方权利而根据实际情况协商一致对工程进度款支付条款进行变更,不是背离中标合同实质性内容。

最高人民法院认为,关于《7月29日补充协议》的效力问题。虽然补充协议中约定的"07#地块一、二标段的合同价款按《建设工程施工合同》约定的计价依据总额不再下浮;工程进度款支付变更为按照月进度报表80%支付,如泰斗公司不能按约支付,应按年18%利率计取所有未支付的工程进度款的利息"等内容对中标备案合同的约定确有变更,但究其背景与缘由,是因泰斗公司工程进度款支付不到位、所提供的混凝土不能满足现场施工进度需要等原因导致工程全面停工,当事人为了尽快复工、减少损失,保障各方权利而根据实际情况协商一致的结果,而不是背离中标合同实质性内容,通过签订"阴阳合同"或者"黑白合同",作为不正当竞争的手段损害其他竞争者的利益、破坏竞争秩序,或者串通投标,达到损害国家、社会公共利益和他人利益的目的,与《招标投标法》及司法解释相关规定并不相冲突。《7月29日补充协议》由一建公司与泰斗公司的法定代表人签名并加盖各自单位公章,系当事人真实意思表示,不违反法律、行政法规的强制性规定,应为有效合同。泰斗公司在一建公司按该补充协议继续履行施工义务、案涉工程现已交付使用的情况下,主张协议无效,有违诚实信用原则,本院不予支持。

8. 青海亿民房地产开发有限公司与中鼎国际工程有限责任公司建设工程施工合同纠纷案[(2018)最高法民终407号]

裁判要旨:中标人将中标项目交于其分支机构施工,并不为法律所禁止,招标人与中标人分支机构签订的施工合同有效。

最高人民法院认为,关于案涉《协议书》性质认定的问题。案涉工程系亿民公司自主招标的工程,青海省工程建设招标投标管理办公室根据亿民公司的申请向中鼎公司下发了中标通知书,并在青海省工程建设招标投标管理办公室备案,招投标程序不违反《招标投标法》强制性规定,不存在无效之情形。双方据此订立的施工合同和补充协议均属有效。二审庭审中,亿民公司还提出施工合同签订主体和中标通知书记载不一致因此合同无效的抗辩理由。本院认为,虽然《中标通知书》载明案涉工程中标单位为中鼎公司,但公司的中标项目交于其分支机构中鼎国际工程有限责任公司青海分公司(以下简称中鼎公司青海分公司)施工,并不为法律所禁止,且亿民公司与中鼎公司青海分公司签订施工合同和补充协议,明确同意中鼎公司青海分公司施工并支付工程款,亿民公司亦无证据证明中鼎公司青海分公司系借用资质挂靠施工,故亿民公司该抗辩理由不能成立。一审判决认定案涉施工合同、补充协议和《协议书》合法有效并无不当。

9. 江苏中南建筑产业集团有限责任公司与潜江市兴城投资开发有限公司建设工程施工合同纠纷案[(2019)最高法民终1996号]

裁判要旨:在建设工程施工合同有效的情况下,对于建设工程施工合同的工程范围、建设工期、工程质量、工程价款等实质性内容,应当以招标文件、投标文件、中标通知书为准。对于非实质性内容,以当事人的真实意思表示为准。建设工程施工合同未约定支付工程价款时间而招标文件约定了建设工程价款时间的,应当以招标文件的约定为依据。

最高人民法院经审查认为,关于案涉工程招标文件关于支付工程款时间的约定是否有效的问题。通过招标投标方式订立建设工程施工合同,有固定的程序,每个程序阶段亦有明确的要求。《招标投标法》第十九条第一款规定:“招标人应当根据招标项目的特点和需要编制招标文件。招标文件应当包括招标项目的技术要求、对投标人资格审查的标准、投标报价要求和评标标准等所有实质性要求和条件以及拟签订合同的主要条款。”第二十七条第一款规定:“投标人应当按照招标文件的要求编制投标文件。投标文件应当对招标文件提出的实质性要求和条件作出响应。”第四十一条规定:“中标人的投标应当符合下列条件之一:(一)能够最大限度地满足招标文件中规定的各项综合评价标准;(二)能够满足招标文件的实质性要求,并且经评审的投标价格最低;但是投标价格低于成本的除外。”招标人发布招标公告是要约邀请,投标人投标是要约,招标人向中标人发出中标通知书是承诺。中标通知书到达中标人时承诺生效,合同成立。招标文件、中标人的投标文件和中标通知书构成建设工程施工合同的文本。《招标投标法》第四十六条第一款规定:“招标人和中标人应当自中标通知书发出之日起三十日内,按照招标文件和中标人的投标文件订立书面合同。招标人和中标人不得再行订立背离合同实质性内容的其他协议。”从实践情况看,招标人和中标人依据本条规定自中标通知书发出之日起三十日内按照招标文件和中标人的投标文件订立的书面合同,实际是根据招标文件和中标人的投标文件订立的合同书。因此,在当事人通过招标投标方式订立建设工程施工合同的情况下,招标文件、中标人的投标文件以及中标通知书,本身就是合同文本的组成部分。

《招标投标法》第四十六条第一款规定:“招标人和中标人应当自中标通知书发出之日起三十日内,按照招标文件和中标人的投标文件订立书面合同。招标人和中标人不得再行订立背离合同实质性内容的其他协议。”《最高人民法院关于审理建设工程施工合同纠纷案件适用法律问题的解释(二)》第十条规定:“当事人签订的建设工程施工合同与招标文件、投标文件、中标通知书载明的工程范围、建设工期、工程质量、工程价款不一致,一方当事人请求将招标文件、投标文件、中标通知书作为结算工程价款的依据的,人民法院应予支持。”因此,在建设工程施工合同有效的情况下,对于建设工程施工合同的工程范围、建设工期、工程质量、工程价款等实质性内容,应当以招标文件、投标文件、中标通知书为准。对于工程范围、建设工期、工程质量、工程价款等非实质性内容,以当事人的真实意思表示为准。招标人和中标人按照招标文件和中标人的投标文件订立的建设工程施工合同未约定支付工程价款时间而招标文件约定了建设工程价款时间的,应当以招标文件的约定为依据。案涉招标文件已经约定工程价款付款时间。中南建筑公司在投标文件中承诺,如其中标,完全接受并响应招标文件主要合同条款规定的全部内容。因此，中南建筑公司关于兴城公司、领导小组办公室发布的招标公告中关于付款方式等内容不能构成合同约定，其与兴城公司或兴城公司及领导小组办公室签订的建设工程施工合同大部分对付款时间未作出约定或约定不明的上诉理由不能成立，本院不予支持。

10. 中国房地产开发集团哈尔滨有限公司与江苏省苏中建设集团股份有限公司建设工程施工合同纠纷案［(2017)最高法民终437号］

裁判要旨：在建设工程领域，合同实质性内容一般指建设工程施工合同约定的工程范围、建设工期、工程质量、工程价款等条款。

最高人民法院认为，关于2013年11月26日签订的《施工协议》是否有效。《招标投标法》第四十六条第一款规定："招标人和中标人应当自中标通知书发出之日起三十日内，按照招标文件和中标人的投标文件订立书面合同。招标人和中标人不得再行订立背离合同实质性内容的其他协议。"《最高人民法院关于审理建设工程施工合同纠纷案件适用法律问题的解释》第二十一条规定："当事人就同一建设工程另行订立的建设工程施工合同与经过备案的中标合同实质性内容不一致的，应当以备案的中标合同作为结算工程价款的根据。"以上规定中所谓合同实质性内容不一致，是指合同在工程价款、工程质量和工程期限等方面与备案合同不一致，因为这三个方面涉及招标人和中标人的基本权利义务。本案中，备案的三标段、四标段《施工合同》签订于2013年11月1日，其中三标段《施工合同》约定工程竣工时间为2013年11月15日；工程价款为暂定价148874850.00元，采用可调价格方式确定合同价款，执行现行黑龙江省计价依据及有关计价规定，付款方式为中房集团在开工前5日内以支票形式支付合同价款25%的工程预付款37659862.57元，按形象进度拨付进度款，竣工结算完成后15天内支付完质量保证金以外的所有款项。四标段《施工合同》约定的工程竣工时间为2013年9月15日，工程价款为1764600.28元，付款方式与三标段《施工合同》一致。诉争2013年11月26日签订的《施工协议》系针对案涉同一工程项目另行签订的协议，没有经过备案，该协议约定的竣工时间早于协议签订时间，并不真实，且付款方式改为"主体结构十五层以下暂不付款"，亦即主体结构十五层以下由承包人垫资施工，改变了备案合同关于发包人支付预付款和进度款的约定，明显加重了承包人的义务，对苏中集团的利益影响较大。因此，一审判决认定该《施工协议》属于与备案合同实质性内容矛盾的黑合同，违反

《招标投标法》第四十六条第一款的强制性规定而应认定为无效,并无不当。

11. 庆阳市佳和房地产开发有限责任公司与庆阳万嘉建筑安装工程有限公司建设工程施工合同纠纷案[(2018)最高法民申 2057 号]

裁判要旨:因法律法规变化、设计变更、工程规划调整等客观原因,变更合同实质性内容的,不属于"再行订立背离合同实质性内容的其他协议"。

最高人民法院认为,佳和房产公司主张,其与万嘉建筑公司于2016年11月20日签订的协议违反了《招标投标法》的上述规定,也违反了双方在《建设工程施工合同》中关于双方不得私下另行签订违反施工合同的协议的约定。本院认为,佳和房产公司与万嘉建筑公司于2016年11月20日签订协议,其主要目的是就工程款付款事项进行约定,而根据双方签订的两份《建设工程施工合同》,关于合同价款,双方采用的是可调价款,即在法律法规变化、工程变更、项目特征不符等事项存在的情形下,双方可以调整合同价款。故佳和房产公司与万嘉建筑公司在施工过程中,根据具体施工情况,对《建设工程施工合同》中关于合同价款的约定条款进行适当变更,是案涉《建设工程施工合同》的应有之意,并未背离《建设工程施工合同》的实质性内容,故并不违反《招标投标法》的相关规定。佳和房产公司的该项申请再审理由不能成立。

12. 中铁二十四局集团有限公司与新疆甘泉堡神信物流有限责任公司建设工程施工合同纠纷案[(2016)最高法民终 813 号]

裁判要旨:招标人与中标人虽未签订书面合同但已实际履行且对方接受的,双方当事人之间已建立合同关系,该合同应属有效。

最高人民法院认为,关于案涉合同的效力问题。本案系神信公司就其负责建设的新疆甘泉神信铁路专用线项目中的1.6公里试验段先发包由二十四局施工,后由于二十四局在神信铁路专用线工程招投标中未中标并由此形成已完工程的工程款纠纷。虽然双方未订立书面合同,但二十四局对神信铁路进行了部分施工,神信公司对此也予以接受,根据《合同法》第三十六条的规定,双方以实际履行的方式订立了合同。由于案涉合同关系在案涉工程正式招投标之前形成,且所涉工程主要为试验工程。因此,应认定案涉合同并不违反《招标投标法》的相关规定,应为合法有效。

【法院参考案例】

1. 北京市同兴昌商贸有限公司与北京延庆经济开发区管理委员会买卖合同案[(2008)一中民终字第 13564 号]

裁判要旨:中标人如果认为招标文件遗漏了付款方式和付款时间的,应在投标前向招标人提出,且付款方式和付款时间可以根据《合同法》的规定予以补正,中标人以此为由拒签书面合同,应承担缔约过失责任。招标文件和招投标过程合法有效,招标文件对双方当事人具有约束力,投标人不得要求返还保证金。

延庆县人民法院认为,开发区管委会为解决冬季供暖燃煤采购事项编制招标文件进行公开招标,同兴昌公司接受开发区管委会提供的招标文件,按招标文件规定缴纳了竞标保证金,并且在整个招标投标过程中未对招标文件提出异议,所以招标文件应认定为双方当事人的真实意思表示、不违反国家法律法规的强制性规定,合法有效,双方当事人应严格遵守。开发区管委会发出的招标公告是要约邀请,同兴昌公司针对招标文件的内容进行响应是要约,开发区管委会确定同兴昌公司中标并向同兴昌公司发出中标通知书是承诺,整个招标投标过程合法有效。同兴昌公司收到中标通知书后,应按招标文件规定交纳中标总煤价的 20% 的保证金、签订书面供煤合同,而同兴昌公司未与开发区管委会签订书面供煤合同,导致供煤合同最终不能成立。对此,同兴昌公司应承担相应的缔约过失责任。就同兴昌公司提出的导致供煤合同不能签订的原因是招标文件未规定付款方式和时间,这属于开发区管委会的过失,应由开发区管委会承担相应的责任之主张,招标文件第八条已经规定了供煤合同的主要条款,同兴昌公司如果认为招标文件有遗漏,应在投标前向开发区管委会提出,而同兴昌公司未在招标投标过程中提出,且付款方式和时间可以依据《合同法》的有关规定补正,所以同兴昌公司以此为由拒绝签订书面供煤合同显然不能成立。

北京市第一中级人民法院认为,一审法院判决之论理正确。就同兴昌公司的上诉意见,下面分别予以评述。

一、关于因招标文件的重大瑕疵影响了供煤合同的签订,开发区管委会应向同兴昌公司退还 5 万元投标保证金

1. 招标文件虽然应当包括拟签订的合同的主要条款,且其中未载明付

款期限，但同兴昌公司在投标前和投标过程中未就此提出异议的情形表明：要么开发区管委会在此间已将付款期限告知同兴昌公司，要么就是同兴昌公司愿意于中标后再与开发区管委会协商付款期限。如果是第一种情况，即与开发区管委会一审中以同兴昌公司在领取招标文件时对付款方式进行了咨询，当时招标办工作人员已经明确答复从2008年12月20日至2009年4月20日分五次平均支付为由，抗辩提出的同兴昌公司对付款方式了解且认可之主张吻合；如果是第二种情况，同兴昌公司即应预知与开发区管委会协商后可能产生的不同后果。基于此，同兴昌公司以付款方式直接关系供方的期待利益为由，将供煤合同未能签订的责任归于开发区管委会在招标文件第八条未将供煤合同的履行方式载明，亦属于理不合。根据以上评述，同兴昌公司上诉提出的开发区管委会系供煤合同未能签订的有过错一方一说不能确凿成立，从而同兴昌公司上诉提及的合同法理不能有效证明影响供煤合同签订的原因是招标文件的重大瑕疵。所以，同兴昌公司上诉提出的开发区管委会应退还5万元投标保证金一说之事实根据不足。

2. 同兴昌公司无证据证明其在招标人不明示付款期限的情况下有理由相信供煤合同的付款方式是即时清结属行业惯例，故其基于上诉提出的所谓行业惯例而提出的相关意见，不足以支持其上诉请求。

结论：同兴昌公司以招标文件的重大瑕疵影响了供煤合同的签订为由，提出的开发区管委会应向同兴昌公司退还5万元投标保证金的上诉理由不能确凿成立。

二、关于一审法院认定供煤合同不能成立的责任在同兴昌公司，未考虑涉案招投标合同的特殊情形

1.《合同法》第十二条第一款和第六十一条关于履行期限和方式是合同的一般性条款，当事人如果在已生效的合同中未约定付款期限，可以协议补充等规定，表明付款期限一般应为合同中的应有条款。基于此，招标文件中缺少拟签供煤合同的应有条款，实质上并非同兴昌公司以与开发区管委会另行磋商供煤合同的付款方式为由，上诉提出的供煤合同的主要条款是招投标合同之外的条款。根据以上第一点评述，本院不采信同兴昌公司上诉提出的由于双方就付款方式不能达成一致的意思表示才使供煤合同不能成立一说。

2. 根据以上针对“关于因招标文件的重大瑕疵影响了供煤合同的签订，开发区管委会应向同兴昌公司退还5万元投标保证金”问题的第1点评述，同兴昌公司以其中标后发现拟签订的合同之付款时间未予列出，遂向开发区

管委会提出异议,双方为此进行了多次磋商,开发区管委会还组织召开了两次党委会研究此事为由,上诉提出的双方最终未能达成一致意见,使供煤合同未签订一说,不足以有效支持其提出的一审法院认定供煤合同不能成立的责任在同兴昌公司,未考虑涉案招投标合同的特殊情形之上诉理由。同兴昌公司上诉提出的一审法院认定同兴昌公司在投标前和投标过程中未采取补正措施,与实际情况不符一说,因缺乏事实根据而不能成立。

结论:同兴昌公司提出的一审法院认定供煤合同不能成立的责任在同兴昌公司,未考虑涉案招投标合同的特殊情形之上诉理由,证据不足,本院不予采信。

三、关于开发区管委会的行为已经摒弃了招投标合同,一审法院再机械地适用《招标投标法》进行裁判,有违公平正义

1. 结合以上针对"关于因招标文件的重大瑕疵影响了供煤合同的签订,开发区管委会应向同兴昌公司退还5万元投标保证金"问题的第1点评述,在投标人未于投标前和投标过程中就付款期限事宜提出质疑的情况下,同兴昌公司以根据《招标投标法》的规定,招标文件的内容一旦确定,招标方即不能随意更改为由,上诉提出的更改招标文件的内容(确定付款期限)会侵犯其他投标人的平等竞争权一说不能成立。根据以上针对"关于一审法院认定供煤合同不能成立的责任在同兴昌公司,未考虑涉案招投标合同的特殊情形"问题的第1点评述,本院不采信同兴昌公司上诉提出的开发区管委会与同兴昌公司就付款方式的另行协商是对招投标合同的抛弃一说。

2. 根据以上针对"关于一审法院认定供煤合同不能成立的责任在同兴昌公司,未考虑涉案招投标合同的特殊情形"问题的第1点评述,同兴昌公司以开发区管委会在对招投标合同的要约承诺之后又拿出另外一份合同与同兴昌公司进行协商,实质上是重新签订一份供煤合同为由,上诉提出的涉案招投标与《招标投标法》规定的招投标合同之内容、程序严重不符一说,不能确凿成立。

结论:本院不采信同兴昌公司以开发区管委会的行为已经摒弃了招投标合同,一审法院仍机械地适用《招标投标法》进行裁判为由,提出的一审法院判决有违公平正义之上诉理由。

2. 嘉峪关市建设局与上海康大泵业制造有限公司招标投标买卖合同纠纷案[(2014)嘉民二终字第4号]

裁判要旨:招标人和投标人应当依照招、投标文件签订采购合同,而合同

主要条款应当与招、投标文件一致,否则合同条款因违反法律的强制性规定而无效。履行期限及合同标的均为合同主要条款,依照招、投标文件签订采购合同时不得变更。中标合同的交货时间、供货范围与招标文件和中标人的投标文件的约定不一致或相背离时,应依据投标文件履行义务。

嘉峪关市中级人民法院认为,投标人根据招标文件提出的实质性要求和条件向招标人发出投标文件,招标人评标后选定投标人并发出中标通知书,该通知书自发出之时即对双方当事人发生法律效力。根据《招标投标法》规定,招标人和投标人应当依照招、投标文件签订采购合同,而合同主要条款应当与招、投标文件一致,否则合同条款因违反法律的强制性规定而无效。本案争议的两个焦点履行期限及合同标的均为合同主要条款。双方签订的合同既约定由被上诉人提前20天书面通知供货,同时又约定必须在招标文件要求时间内送到被上诉人指定的地点,被上诉人不接受上诉人任何延期交货的理由,该约定相互矛盾,故双方应按照招、投标文件约定的2011年6月16日前交货。上诉人主张已按约履行交货义务,不构成违约的上诉理由不能成立,不予支持;虽然采购合同并未约定交付两套备品备件,但上诉人在投标文件中明确表示免费提供两套备品备件,且该备品备件不计入投标总价。而招标文件、投标文件、中标通知书等均为签订合同的依据,双方不得签订背离合同实质性内容的其他协议,据此,上诉人理应以投标文件的内容履行备品备件的供货义务,其以采购合同未载明备品备件拒绝履行供货义务的上诉理由不予支持;因被上诉人主张的违约损失过高,原审法院根据合同履行情况酌情予以判处,符合法律规定。综上,原审认定事实清楚,适用法律正确,程序合法,判处并无不当,上诉人的上诉理由均不能成立,本院不予支持。

3. 北京冶科纳米科技有限公司与北京隆盛翔建筑工程有限公司建设工程施工合同纠纷案[(2014)三中民终字第14245号]

裁判要旨:双方签订的合同系采用招投标程序订立的,且经过备案,合同有效。另行签订的未备案合同在工程总价、工程款支付方式、施工工期等实质性内容方面存在变更,违反了《招标投标法》第四十六条不得另行订立与中标合同内容有实质性变更的合同之规定。两份合同应以备案的中标合同作为结算工程价款的依据。

北京市第三中级人民法院认为,根据双方当事人的诉讼请求与答辩意见,本案的争议焦点是:双方于2012年6月14日签订的经过通州区建委备案的建设工程施工合同和2012年5月20日签订的未经备案的建设工程施工合同，两份合同中应当以哪份合同作为结算工程价款的根据。

首先，依据《招标投标法》第四十六条之规定，招标人和中标人不得再行订立背离合同实质性内容的其他协议。招投标程序是一种特殊的订立合同的方式，法律对于通过招投标程序订立合同的内容变更存在特殊规定。《招标投标法》的立法目的在于规范招标投标活动，保护国家利益、社会公共利益和招标投标活动当事人的合法权益，保证工程项目质量，其对于中标合同的变更作了比《合同法》更为严格的规定，即招标人和中标人签订中标合同后，不得另行订立与中标合同内容有实质性变更的合同。

其次，依据《最高人民法院关于审理建设工程施工合同纠纷案件适用法律问题的解释》第二十一条之规定，当事人就同一建设工程另行订立的建设工程施工合同与经过备案的中标合同实质性内容不一致的，应当以备案的中标合同作为结算工程价款的依据。该司法解释规定的目的在于维护招投标程序的效力，杜绝"阴阳"合同，以规范建筑市场秩序。

最后，招投标双方在同一工程范围下另行签订的变更工程价款、计价方式、施工工期、质量标准等中标结果的协议，应当认定为《最高人民法院关于审理建设工程施工合同纠纷案件适用法律问题的解释》第二十一条规定的实质性内容变更。

根据上述规定，就本案而言，2012年6月14日签订的合同系采用招投标程序而订立的，且已经过备案，属于有效合同。相比于该份备案合同，2012年5月20日签订的未备案合同在工程总价、工程款支付方式、施工工期等实质性内容方面存在变更。虽然该合同签订在先，但仍然违反了《招标投标法》第四十六条不得另行订立与中标合同内容有实质性变更的合同之规定。此外，本案虽属于自主招标工程，但同样适用《招标投标法》第四十六条规定，因为《招标投标法》所保护的不仅是当事人自身的利益，更是对社会招投标市场的规范，事关不特定投标人利益的保护，涉及市场秩序的维护。因此，本案应当以2012年6月14日备案的中标合同作为结算工程价款的依据。原审法院以备案合同确定的工程款数额，结合洽商变更部分工程造价鉴定数额，并扣除质保金及已支付工程款数额确定冶科纳米公司向隆盛翔公司支付相应的工程款数额，于法有据，本院予以维持。

关于冶科纳米公司上诉提出其未主动要求招投标及合同备案，也非为自身利益考虑而进行招投标，招投标并非其真实意思表示一节。本院认为，

2012年6月14日签订的合同系采用招投标程序而订立的,该行为是客观存在的,冶科纳米公司的上述主张均不能否认招投标程序的法律效力。关于冶科纳米公司上诉提出2012年5月20日签订的未备案合同更详尽、可操作,是双方真实意思表示,也是双方实际履行的合同一节。本院认为,即使2012年5月20日签订的未备案合同是双方真实意思表示,也是双方实际履行的合同,但该未备案合同违反了《招标投标法》第四十六条之规定,依据《最高人民法院关于审理建设工程施工合同纠纷案件适用法律问题的解释》第二十一条之规定,仍应当以备案的中标合同作为结算工程价款的依据。关于冶科纳米公司上诉提出原判引用的规范性文件认定备案合同有效时回避了依法进行招投标的前提,本案存在串通投标行为,所以上述规定并不适用,本案应当以实际履行和未备案合同为依据一节。因招投标程序是由冶科纳米公司组织进行的,现其主张该招投标程序存在违法行为,对此,隆盛翔公司不予认可,冶科纳米公司亦未能提供有效证据证明其主张,故本院对于冶科纳米公司的该项上诉主张不予采纳。关于冶科纳米公司提出的调取证据申请,因冶科纳米公司未在一审举证期限届满前提出该申请,且根据北京市住房和城乡建设委员会发放的资格证书显示,刘志永的聘用单位为隆盛翔公司,与建设工程施工合同记载的刘志永为项目经理的内容相一致,故冶科纳米公司的调取证据申请不符合法律规定的条件,本院不予准许。关于冶科纳米公司提出的公章鉴定申请,因冶科纳米公司未在一审举证期限内提出鉴定申请,且其于一审庭审中明确认可备案合同的真实性,现又提出公章鉴定申请,本院不予准许。

4. 上海汇源建设开发有限公司与泰州华东农副产品物流有限公司建设工程施工合同纠纷案[(2015)苏民终字第00271号]

裁判要旨:建设工程开工后,因设计变更、建设工程规划指标调整等客观原因,发包人与承包人通过补充协议、会谈纪要、签证等洽商记录形式变更工程价款的,不能以变更中标合同实质性内容为由认定合同变更无效。补充协议系当事人协议变更合同的真实意思表示,不具有违法目的,依法应认定有效,并作为双方结算工程款的依据。

江苏省高级人民法院认为,关于争议焦点1,从当事人提供的招投标文件、中标通知书、《建设工程施工合同》、竣工验收备案材料等工程资料来看,汇源公司系在2010年4月经过招投标程序中标涉案工程,与华东公司签订了《建设工程施工合同》并办理了备案手续。汇源公司主张在招投标之前已于2009年11月进场施工,双方存在串标行为。华东公司对此不予认可,并在二审期间提供了泰州市华东农副产品批发市场工程项目售楼处基础工程、室外河道排水管道工程合同书、结算单、工程款发票等证据用以证明汇源公司在该时间段施工的工程并非涉案工程。汇源公司对上述证据的真实性未提出异议,但认为上述证据不能证明汇源公司进场施工的工程不是涉案工程。因此,汇源公司对其在招投标之前已进场施工涉案工程的主张负有举证责任。从当事人举证情况来看,涉案工程的所有施工资料形成的时间均在招投标之后,汇源公司在1036号案件中亦自认涉案工程的开工时间为2010年5月10日,现汇源公司没有证据证明其在2009年11月进场施工的工程与涉案工程的关联性,故应承担举证不能的责任。原审判决认定汇源公司中标无效缺乏事实依据,应予纠正。汇源公司与华东公司签订的《建设工程施工合同》不违反法律、行政法规的强制性规定,依法应认定为有效。通过招投标方式签订的中标合同经备案后受法律保护,但协议变更合同是法律赋予合同当事人的基本权利。建设工程开工后,如因设计变更、建设工程规划指标调整等客观原因,发包人与承包人通过补充协议、会谈纪要、签证等洽商记录形式变更工程价款的,不能以变更中标合同实质性内容为由认定合同变更无效。经查,汇源公司原中标了三个标段的工程,并分别签订了施工合同,但事后华东公司将三标段工程另行发包给宏伟公司,施工过程中,华东公司又将汇源公司总包范围内的塑钢窗、门、防水、外墙保温等工程另行分包。基于汇源公司承包范围和施工内容的重大变化,双方于工程竣工后签订《补充协议》对工程价款的结算方式作出变更。此种变更,与当事人为了获取不正当利益,在签订中标合同前后、工程内容没有变化的情况下,另行签订变更中标合同实质性内容的"黑合同"有本质区别。因此,涉案《补充协议》系当事人协议变更合同的真实意思表示,不具有违法目的,依法应认定为有效,并作为双方结算工程款的依据。

5. 广元市元坝区第二建筑工程公司与旺苍县教育和科学技术局建设工程合同纠纷案[(2015)广民终字第428号]

裁判要旨:双方当事人在施工合同中对新增工程的价款计算标准的约定与双方的招投标文件不一致,应以招投标文件为准。

广元市中级人民法院认为,双方《施工合同》17.5条约定:竣工结算,发包人将委托具有相应资质的造价咨询机构或审计部门对该工程竣工结算进行审计。在《补充协议》第五条又约定:工程结算时以县评审中心审核后确认的变更造价为依据,最终价款以审计结论为准。双方选择约定以审计部门的审计结论作为双方的结算依据,四川万锦工程项目管理有限公司系受旺苍县审计局的委托对本案工程进行结算审核,其所出结论代表了旺苍县审计局的审计结论。后因该结论经举报可能存在错误,旺苍县审计局会同旺苍县建设局依职权重新进行了复核,出具新的审计结论,对前一审计结论纠错并无不当。旺苍县审计局的审计权来源于《审计法》,参与本次复核审计的成员具有审计员资格,其审计程序合法。对于复审中审减的部分,上诉人认为新增工程量部分价款应当按照双方《施工合同》的约定按 2009 年《四川省建设工程量清单计价定额》下浮 5% 计价,但双方招投标文件约定:对新增工程部分按 2009 年《四川省建设工程工程量清单计价定额》相应的定额综合单价下浮一定比例(该比例按参照中标单位综合定额让利比例)确定该项目的综合单价,结算时新增工程量部分按上述方法计算的总价再下浮 8% 执行。同时在《补充协议》第九条还约定,本协议与国家、省、市、县相关政策规定相抵触部分,以国家、省、市、县政策规定为准。根据《招标投标法》第五十九条"招标人与中标人不按照招标文件和中标人的投标文件订立合同的,或者招标人、中标人订立背离合同实质性内容的协议的,责令改正"、财政部、建设部《建设工程价款结算暂行办法》第二十二条"发包人与中标的承包人不按照招标文件和中标的承包人的投标文件订立合同的,或者发包人、中标的承包人背离合同实质性内容另行订立协议,造成工程价款结算纠纷的,另行订立的协议无效,由建设行政主管部门责令改正,并按《中华人民共和国招标投标法》第五十九条进行处罚"的规定,上诉人元坝二建司与被上诉人旺苍县教育局在《施工合同》中对新增工程的价款计算标准的约定与双方的招、投标文件不一致,根据《招标投标法》的规定和国家建设主管部门的规章,应以招、投标文件为准。旺苍县审计局复核中按招、投标文件的约定进行审计并无不当。综上所述,双方自愿约定以审计机关的审计结论作为结算依据,旺苍县审计局的复审程序合法,审计依据准确。上诉人元坝二建司对旺苍县审计局的复审结论提出异议,却在一审中被上诉人旺苍县教育局提出鉴定申请后,又拒不配合导致无法重新进行鉴定,原判采信旺苍县审计局的复核结论并无不当,上诉人的上诉理由不能成立,依照《民事诉讼法》第一百七十条第一款(一)项之规定,判决如下:驳回上诉,维持原判。

6. 广西建工集团有限责任公司与梧州学院建设工程施工合同纠纷案［(2013)桂民一终字第 51 号］

裁判要旨：正常的捐资助学是受法律保护和鼓励的，但以捐赠为名掩盖非法目的的行为不受法律保护。捐赠协议书实为让利协议，违反法律强制性规定，以合法形式掩盖非法目的，是无效的。造成合同无效的双方当事人均有过错，应各自承担相应的责任。

广西壮族自治区高级人民法院认为，一、关于《建设工程施工合同》及相关补充协议的效力问题。涉案梧州学院教学综合楼工程属于关系社会公共利益必须进行招投标的项目，梧州学院作为招标人在委托中介机构招标过程中，按照法定程序，经过公开招标、投标程序，于 2003 年 12 月 31 日发出中标通知书，确定建工集团为中标人，之后建工集团与梧州学院于 2004 年 1 月 8 日签订《建设工程施工合同》，此过程公开、合法，符合《招标投标法》的相关规定。建工集团在诉讼中主张在确定中标人前双方就投标价格、投标方案等实质性内容进行过谈判和串通，仅有建工集团单方陈述，不能举出其他书证、物证、视听资料、电子数据等证据佐证。建工集团还主张梧州学院授意案外人广西建工集团第三建筑工程有限责任公司、中化二建集团有限公司、南宁连冠建筑工程有限公司与建工集团四家单位进行串通投标，亦未能举出充分证据证实。本院二审中依职权调查取证的证人证言也不足以认定在确定中标人前双方就投标价格、投标方案等实质性内容进行过谈判。相反，梧州学院提交的《教学综合楼施工招标项目归档资料》等证据反映招标过程是依法进行的，因此，梧州市中级人民法院(2013)梧民一初字第 7 号民事判决认定中标有效，《建设工程施工合同》为有效合同并无不当。

梧州学院与建工集团在 2004 年 1 月 8 日签订《建设工程施工合同》的同时又签订了一份《补充合同书》，约定建工集团在中标价 4428 万元基础上以 13%(576 万元)让利返还梧州学院，此让利款在梧州学院支付 3428 万元款给建工集团后余下的 1000 万元中扣除。对于建设工程施工合同而言，工程项目、工程价款、工程质量、工程期限、违约责任等属于合同的实质性条款。参考法办〔2011〕442 号《全国民事审判工作会议纪要》(2011 年)第二十三条意见："招标人和中标人另行签订改变工期、工程价款、工程项目性质等中标结果的协议，应认定为变更中标合同实质性内容。"梧州学院在教学综合楼工程的招标文件中并未要求投标人让利，建工集团的投标文件也没有让利的内容，按照招标文件和投标文件签订的《建设工程施工合同》亦没有让利的约定,因此,建工集团与梧州学院在2004年1月8日签订《补充合同书》约定建工集团在中标价4428万元基础上让利13%返还梧州学院属于对《建设工程施工合同》工程价款这一实质性条款的重大变更,背离了《建设工程施工合同》的实质性内容,根据《招标投标法》第四十六条"招标人和中标人应当自中标通知书发出之日起三十日内,按照招标文件和中标人的投标文件订立书面合同。招标人和中标人不得再行订立背离合同实质性内容的其他协议"的规定,梧州学院与建工集团在签订《建设工程施工合同》的同时再行订立背离合同实质性内容的《补充合同书》,约定建工集团让利13%,违反了《招标投标法》的强制性规定,根据《合同法》第五十二条"有下列情形之一的,合同无效:……(五)违反法律、行政法规的强制性规定"的规定,梧州学院与建工集团2004年1月8日签订的《补充合同书》关于建工集团在中标价4428万元基础上让利13%返还梧州学院的约定是无效的。《建设工程施工合同》约定:合同价款为4428万元,不包括招标后及履行本合同施工过程中设计变更所增加的造价。在建设工程开工后,梧州学院与建工集团因设计及材料变更等原因,通过补充协议、往来函件、签证等形式变更工期、工程价款,并于2008年2月28日签订了一份《补充协议(三)》,双方就综合教学大楼工程增减工程、结算办法、复工后施工事宜等问题协商一致,并已履行完毕。参考法办〔2011〕442号《全国民事审判工作会议纪要》(2011年)第二十三条意见:"建设工程开工后,因设计变更、建设工程规划指标调整等客观原因,发包人与承包人通过补充协议、会谈纪要、往来函件、签证等洽商记录形式变更工期、工程价款、工程项目性质的,不应认定为变更中标合同的实质性内容。"《补充协议(三)》是双方当事人真实意思表示,没有违反法律、行政法规的强制性规定,不属于《招标投标法》规定的"招标人、投标人订立背离合同实质性内容的协议"的情形,合法有效。梧州学院关于《补充协议(三)》变更中标合同的实质性内容而无效的上诉理由不能成立,本院不予支持。

三、关于两份《捐赠协议书》的效力及处理。法释〔2001〕33号《最高人民法院关于民事诉讼证据的若干规定》第六十四条规定:"审判人员应当依照法定程序全面、客观地审核证据,依据法律的规定,遵循法官职业道德,运用逻辑推理和日常生活经验,对证据有无证明力和证明力大小独立进行判断,并公开判断的理由和结果。"第六十六条规定:"审判人员对案件的全部证据,应当从各证据与案件事实的关联程度、各证据之间的联系等方面进行综合审查判断。"从本案双方当事人签订《建设工程施工合同》《补充合同书》

《捐赠协议书》的过程，结合本案现有证据可以判断，本案两份《捐赠协议书》与正常的捐资助学有着本质的区别，是带有特殊目的的非正常捐赠，名为捐赠，实为让利，是无效的。理由如下：

第一，两份《捐赠协议书》签订及履行处于双方正在履行4428万元《建设工程施工合同》的过程中，双方为发包人和承包人的关系，参考法办〔2011〕442号《全国民事审判工作会议纪要》（2011年）第二十三条意见："中标人作出的以明显高于市场价格购买承建房产、无偿建设住房配套设施、让利、向建设方捐款等承诺，亦应认定为变更中标合同的实质性内容。"建工集团作为中标人，在履行建设工程施工合同且梧州学院尚欠其工程款的情况下，向建设方梧州学院进行巨额捐款，应认定为变更中标合同的实质性内容，是无效的。

第二，本院二审期间依职权进行了调查取证，几个证人关于13%让利款改为捐赠款的陈述与建工集团的陈述一致，且梧州学院对二审法院依职权调查取证的证据客观性并无异议，可以认定2005年1月8日两份《捐赠协议书》为2004年1月8日《补充合同书》约定的让利13%演变而来。梧州学院在2005年1月8日签订两份《捐赠协议书》并实际得到467.8万元款项后，才与建工集团在2005年1月29日又签订一份《补充合同书》，约定取消2004年1月8日《补充合同书》关于让利13%的约定。如前所述，2004年1月8日《补充合同书》关于建工集团在中标价4428万元基础上让利13%返还梧州学院的约定是无效的，故2005年1月8日名为捐赠实为让利的两份《捐赠协议书》也应认定为无效。

第三，《合同法》第五十二条规定："有下列情形之一的，合同无效：……（三）以合法形式掩盖非法目的……"双方当事人发现2004年1月8日《补充合同书》约定建工集团让利13%背离了《建设工程施工合同》的实质性内容，违反了法律的强制性规定，遂协商更改为签订《捐赠协议书》，以捐赠款的合法形式掩盖让利的非法目的。故两份《捐赠协议书》及2008年2月25日建工集团给梧州学院出具的《承诺书》亦应认定为无效。

正常的捐资助学是受法律保护及鼓励的，但以捐赠为名掩盖非法目的行为不受法律保护。《合同法》第五十八条规定："合同无效或者被撤销后，因该合同取得的财产，应当予以返还；不能返还或者没有必要返还的，应当折价补偿。有过错的一方应当赔偿对方因此所受到的损失，双方都有过错的，应当各自承担相应的责任。"两份《捐赠协议书》实为让利协议，违反法律强制性规定,以合法形式掩盖非法目的,是无效的。造成合同无效梧州学院和建工集团双方都有过错,应当各自承担相应的责任,故梧州学院因《捐赠协议书》取得的467.8万元应返还建工集团,建工集团请求支付467.8万元的利息不应当得到支持。此外,建工集团还请求梧州学院赔偿因支付了467.8万元造成的停工损失1794639.45元亦没有事实和法律依据,不予支持。

7. 山东省公路桥梁建设有限公司与湖南达亿劳务有限公司劳务合同纠纷案[(2014)湘高法民二终字第53号]

裁判要旨:投标保证金转为履约保证金后,履约保证金未在规定时间内足额补交的,招标人可以不与中标人订立合同。

湖南省高级人民法院认为,本案中,达亿公司向山东路桥公司交纳了投标保证金50万元参与投标,并于2012年12月14日与山东路桥大岳七项目部签订了《土方施工意向书》,其后达亿公司接通知进场施工,山东路桥公司已初步确定达亿公司为涉案工程的中标单位。达亿公司在将50万元投标保证金转为履约保证金后,还应按《招标文件》的规定,再向山东路桥公司交纳50万元履约保证金,而达亿公司未及时向山东路桥公司交纳履约保证金且在接到山东路桥公司催收50万元履约保证金的通知后,仍未交纳。本案中,《招标文件》第2篇投标人须知资料表中第9项、第10项记载了有关履约担保金交纳和合同签订的时间,该时间是按接到中标通知(15天)和收到中标通知书后(10天)不同条件下的时间规定,该表是要求投标人应交纳的资料表,从表中排项亦可看出,履约保证金是在签订合同之前交纳,且第21条明确规定中标人在收到中标通知书,并在签订合同协议前,向招标人提交100万元履约保证金,该100万元履约保证金应在《劳务分包合同》签订之前交纳。根据《招标投标法》第四十六条"招标文件要求中标人提交履约保证金的,中标人应当提交"及《招标文件》的规定,山东路桥公司有权解除双方签订的《土方施工意向书》,不与达亿公司签订《劳务分包合同》。原审法院认定山东路桥公司应先与达亿公司签订《劳务分包合同》后才交纳100万元履约保证金认定错误,本院予以纠正。山东路桥公司在通知达亿公司中标无效及要求达亿公司退场后,双方协商达亿公司退场事宜,山东路桥公司退还了达亿公司50万元投标保证金,并补偿了经达亿公司确认的前期费用,双方签订的《土方施工意向书》实际上已被解除。原判认定双方签订的《土方施工意向书》未被终止和继续有效,认定错误,本院予以纠正。

8. 杭州中艺生态环境工程有限公司与江苏苏海投资集团有限公司、连云港市赣榆区住房和城乡建设局等建设工程施工合同纠纷案[(2018)苏民终873号]

裁判要旨:涉案工程在施工过程中施工内容发生变化并形成签证单、会议纪要,此种变更与另行签订变更中标合同实质性内容的"黑合同"有本质区别,因此合同外增加工程约定依法应认定为有效。

江苏省高级人民法院认为,根据《招标投标法》的规定,全部或者部分使用国有资金投资或者国家融资的项目,必须进行招标。通过招投标方式签订的中标合同经备案后受法律保护,招标人和中标人不得再行订立背离合同实质性内容的协议。但协议变更合同是法律赋予合同当事人的基本权利。建设工程开工后,如因设计变更、建设工程规划指标调整等客观原因,发包人与承包人通过补充协议、签证、会议纪要等洽商记录形式对工程进行变更的,不能以变更中标合同实质性内容为由认定合同变更无效。本案中,中艺公司与苏海公司通过招投标程序签订了《建设工程施工合同》并进行了备案,该合同为当事人真实意思表示,不违反法律、行政法规的强制性规定,依法应认定为有效。涉案工程在施工过程中施工内容发生变化并形成签证单、会议纪要,此种变更与当事人为了获取不正当利益,在签订中标合同前后、工程内容没有变化的情况下,另行签订变更中标合同实质性内容的"黑合同"有本质区别。因此,涉案工程在施工过程中增加工程量为当事人真实意思表示,不具有违法目的,涉案《建设工程施工合同》及合同外增加工程约定依法应认定为有效。

9. 大理市第十二建筑工程有限责任公司与云南康邦房地产开发有限公司建设工程施工合同纠纷案[(2019)云民终1077号]

裁判要旨:虽然收取投标保证金的是招标代理公司,但招标人应承担返还投标保证金的责任。

云南省高级人民法院认为,关于大理十二建司主张投标保证金50000元应否返还的问题。本案中,招标文件显示,招标人:康邦公司。招标代理机构:云南国内招标代理有限公司。2012年12月23日,大理十二建司向康邦公司出具投标保证书,其中载明以现金方式提交了50000元投标保证金,附招标代理机构云南国内招标代理有限公司于2012年12月21日开具的收据。根据《招标投标法实施条例》(国务院令第709号)第五十七条第二款

“招标人最迟应当在书面合同签订后5日内向中标人和未中标的投标人退还投标保证金及银行同期存款利息”的规定,康邦公司应向大理十二建司返还投标保证金50000元。本案中,虽然收取投标保证金的是云南国内招标代理有限公司,但康邦公司是招标人应承担返还投标保证金的责任,至于康邦公司与云南国内招标代理有限公司之间的代理关系本案中不予审查。

10. 孙芳与湖南天诚物业管理有限公司物业管理服务纠纷案[(2014)湘高法民再终字第125号]

裁判要旨:合同履行过程中,合同当事人根据情势变更原则调整合同价款,不违反《招标投标法》中关于不得再行订立背离合同实质性内容的其他协议的相关规定。

湖南省高级人民法院认为,湖南高桥大市场是一个以市场经营为主体,住宅房屋与门面经营兼顾便利使用的综合性市场,对于该市场的前期物业服务公司的选聘,根据国务院颁布实施的《物业管理条例》第二十四条第二款关于“住宅物业的建设单位,应当通过招投标的方式选聘具有相应资质的物业服务企业;投标人少于3个或者住宅规模较小的,经物业所在地的区、县人民政府房地产行政主管部门批准,可以采用协议方式选聘具有相应资质的物业服务企业”的规定,应当通过招投标方式或者经行政主管部门批准采用协议方式进行。湖南高桥大市场发展有限公司选择招投标方式选聘前期物业服务公司,相关选聘程序和签约行为应当受到《招标投标法》的调整和约束。本案中,天诚公司以公开招投标的方式中标涉案高桥市场的物业管理,投标文件明确约定了住宅和门面的物业收费标准。依照《招标投标法》第四十六条第一款关于“招标人和中标人应当自中标通知书发出之日起三十日内,按照招标文件和中标人的投标文件订立书面合同。招标人和中标人不得再行订立背离合同实质性内容的其他协议”的规定,招标人和投标人通常不得随意变更按照招投标文件订立的书面合同,但在履约过程中出现明显对合同一方当事人不公平或者不能实现合同目的的重大情势变更的情形下,根据公平原则和《合同法》的相关规定,订约双方经协商可以对合同进行相应变更。具体到本案中,在《物业管理服务合同》报物价主管部门核定过程中,因湖南省住宅的公共性服务收费实行政府指导价,长沙市物价局将《物业管理服务合同》约定的住宅物业收费标准从1元/平方米/月下调至0.7元/平方米/月。而湖南高桥大市场多层房屋总建筑面积为168202平方米,其中门面面积为 28082 平方米,只占总建筑面积的 16.70%,其余为住房面积,约占总建筑面积的 83.30%。涉案高桥家电百货城、日化城、皮具城属于高桥大市场一部分,住房面积同样占了市场总建筑面积的绝大部分。长沙市物价局根据相关政策调低了《物业管理服务合同》约定的住宅物业收费标准,对天诚公司在涉案合同中的利益进行了重大调整,如果门面物业收费标准不相应调高,仍然按照《物业管理服务合同》执行,则对天诚公司显失公平,甚至难以继续履行合同。在履约过程中发生上述重大情势变更的情形下,天诚公司和湖南高桥大市场发展有限公司签订《补充协议》,重新约定了门面物业收费标准,不违反法律规定。但是天诚公司在《补充协议》中的整体预期收益,应当与招投标文件约定的整体预期收益大致相当,从而不违反《招标投标法》中关于不得再行订立背离合同实质性内容的其他协议的相关规定。原判将《补充协议》约定的明显偏高的门面物业收费标准调整为与招投标文件相适应的 4.5 元/平方米/月的收费标准,是公平合理的,较好地平衡了双方利益,同时也有利于激励天诚公司提升管理服务质量、推进高桥市场发展,故本院对原判酌定的相关物业收费标准予以维持。

11. 陇西县隆盛粮油加工有限责任公司与甘肃弘德永兴建筑安装工程有限责任公司、李文斌建设工程合同纠纷案[(2016)甘民终 391 号]

裁判要旨:中标合同对合同价款约定为可调价,同时约定可调价款调整方式和调整因素的,双方补签合同对价款调整方式及调整因素作出最终约定,不是对中标合同工程价款的实质性改变。

甘肃省高级人民法院认为,本案调查的重点是:隆盛公司与弘德公司签订的两份建设工程施工合同,应以哪份合同作为结算依据?2011 年 7 月 24 日,弘德公司中标后,与隆盛公司签订中标备案的建设工程施工合同(以下简称中标合同);2011 年 7 月 21 日,弘德公司与隆盛公司签订建设工程施工合同(以下简称补签合同),该合同的签订时间为 2011 年 7 月 21 日,但该合同的实际签订时间是在中标合同之后,通过中标合同的约定内容即可反映出补签合同是于中标合同后签订的。双方签订的中标合同,约定工程价款采用可调价格,并对合同价款调整方法作出明确确定,另约定合同价款其他调整因素。补签合同的内容正是对中标合同工程价款及构成进一步进行了约定,补签合同的性质应为中标合同的补充,一审对两份合同的认定适当。关于弘德公司上诉称补签合同与中标合同是“黑白合同”,两份合同存在实质性内容不一致的问题。《最高人民法院关于审理建设工程施工合同纠纷案件适用法律问题的解释》第二十一条规定，当事人就同一建设工程另行订立的建设工程施工合同与经过备案的中标合同实质性内容不一致的，应当以备案的中标合同作为结算工程价款的根据。虽然工程价款、工程质量和工程期限是建设工程合同的实质性内容，是对当事人之间利益影响很大的因素，但双方在签订中标合同时对合同价款约定为可调价，同时约定可调价款调整方式和调整因素，中标合同约定的结算价款因工程价格存在调整，约定的工程总价款并不是最终结算价款。双方补签合同正是对价款调整方式及调整因素作出工程价款最终的约定，因此，补签合同中工程价款的约定应作为工程结算的依据。补签合同中对工程价款的约定不是对中标合同工程价款的实质性改变，而是对中标合同工程价款的补充。本院对弘德公司主张两份合同为“黑白合同”的意见不予支持。

12. 方远建设集团股份有限公司与温岭市电影发行放映公司建设工程施工合同纠纷案[(2009)浙民终字第45号]

裁判要旨：不能仅因双方当事人在中标通知书发出30日后订立合同而认定合同无效。因政府部门重新规划和设计，调整增加的工程项目无须进行招投标，且补充协议约定的结算方式均按之前的施工合同执行，并不存在双方当事人恶意串通将依法必须进行招标的工程化整为零规避招标的行为。

浙江省高级人民法院认为，一、关于本案施工合同和补充协议的效力问题。……《招标投标法》第四十六条“招标人和中标人应当自中标通知书发出之日起三十日内，按照招标文件和中标人的投标文件订立书面合同。招标人和中标人不得再行订立背离合同实质性内容的其他协议”的规定，主要价值取向是规范招标投标活动，保证项目质量，维护国家利益与社会公共利益，就建设工程施工招投标签订中标备案合同后，当事人变更合同的权利仅限于与合同内容不发生实质性背离的范围。目的也仅仅是限定一定时间约束当事人尽快订立合同，并未规定在限定时间内未签订书面合同而导致合同无效的法律后果。因此，并不能仅因双方当事人根据招标文件和中标人的投标文件内容签订的合同超过了该规定时间即认定无效。至于双方当事人签订的补充协议，根据招标投标文件，中标通知书中工程项目为温岭影视城工程，建筑面积为29392.39平方米，中标总报价21014813元，以后双方当事人签订的施工合同的工程名称为温岭市影视城，工程编制说明中B区建筑面积为

11871.97 平方米、C 区建筑面积为 10216.56 平方米，而补充协议中的工程名称为影视城西边裙房工程，建筑面积为 7000 平方米，因此，方远公司施工的上述工程均为影视城工程，合同总建筑面积为 29088.53 平方米，与方远公司中标的建筑面积基本一致。且补充协议中的影视城西边裙房工程系方远公司中标影视城工程后，政府部门重新规划和设计，对该工程进行了调整，电影公司亦未提供证据证明补充协议中的工程项目必须进行招投标，且补充协议约定的结算方式均按之前的施工合同执行，并不存在双方当事人恶意串通将依法必须进行招标的工程化整为零规避招标的行为。综上，原审判决认定本案双方当事人签订的施工合同及补充协议均为有效并无不当，电影公司上诉提出无效的理由均不能成立，本院不予采纳。

13. 歌山建设集团有限公司与滁州市顺福房地产开发有限公司建设工程施工合同纠纷案［（2015）皖民四初字第 00007 号］

裁判要旨：工程价款在合同没有约定的情形下，双方当事人应按招投标文件的规定执行。

安徽省高级人民法院认为，双方在合同中虽未就劳动保险费进行约定，但双方的合同协议均明确招标投标文件是合同的组成部分，在合同没有约定的情形下，双方应按招投标文件的规定执行。一期招标文件载明劳保统筹费用按工程造价的 0% 计取，二期招标文件明确载明劳保费用按费率为零进行造价计算；而且歌山公司投标文件中劳保费用按费率为零进行计算投标。歌山公司 2011 年 4 月 27 日发出工程联系单“GSC1－027”中第 2 项对造价计取取费问题要求按一类工程的综合费率 30.95% 计取，且明确此费率不含劳动保险费。同时歌山公司起诉所依据的其单方《决算报告》亦未计取劳保费用，故本院对双方存在争议的劳动保险费 509.0623 元不予认定在总价中。

编者说明

《招标投标法》第四十六条规定了中标合同的订立及履约担保等内容。

1. 关于合同订立的要求

中标合同是体现和确认招标投标结果的法律文件，是招标人与中标人意思表示一致达成的合意。订立中标合同，一方面要遵循《民法典》的一般规定，也要符合《招标投标法》的特殊规定。根据《招标投标法》第四十六条规定，订立中标合同需要注意以下几个方面：

一是招标人与中标人签订的中标合同应当采用书面形式，也就是说，中标合同是要式合同。

二是双方必须在中标通知书发出之日起30内订立合同，也必须在投标有效期内订立合同，否则中标人承诺的投标有效期届满，其投标要约失效不再受其投标文件约束，可以拒绝订立合同。司法实践中，一般认为双方当事人应当在中标通知书发出之日起30内订立合同的规定，属于管理性强制性法律规定，如果超出30日订立合同，该合同并不因违反该规定而无效。

三是招标人和中标人必须按照招标文件和中标人的投标文件订立书面合同，不得背离合同实质性内容另行订立其他协议，否则该实质性变更内容无效。

2. 对合同实质性内容的理解

依据《招标投标法》第四十六条第一款规定，招标人和中标人不得再行订立背离合同实质性内容的其他协议。对"合同实质性内容"如何理解，《招标投标法》未予以明确。依字面理解，应当是指对合同双方当事人权利义务有实质影响的内容。

从现有司法观点来看，"合同实质性内容"，是指影响或决定当事人基本权利义务的条款，不同的合同类型，实质性条款并不完全相同。最高人民法院《第八次全国法院民事商事审判工作会议(民事部分)纪要》第31条规定："招标人和中标人另行签订改变工期、工程价款、工程项目性质等影响中标结果实质性内容的协议，导致合同双方当事人就实质性内容享有的权利义务发生较大变化的，应认定为变更中标合同实质性内容。"最高人民法院认可了纪要的内容并将之上升为司法解释，《最高人民法院关于审理建设工程施工合同纠纷案件适用法律问题的解释(一)》第二条规定了建设工程施工合同的实质性内容为"工程范围、建设工期、工程质量、工程价款等"。除了建设工程范围、建设工期、工程质量和与工程价款外，特定情形下其他事项也可能属于"合同的实质性内容"。凡是可能限制或者排除其他竞标人的条件都可能构成《招标投标法》第四十六条第一款中的"合同实质性内容"，其判断因素是如果变更该项合同内容，其一，是否影响其他中标人中标；其二，是否对招标人与中标人的权利义务产生较大影响。

当然，对合同主要条款的微调以及非主要条款的变更则一般不属于实质性背离，而应为当事人根据意思自治变更合同的权利范围。比如，只是在工程款稍有调整、工期略微变化的情况下，不宜认定为"黑白合同"。这里有一个变更幅度的问题，需要达到背离合同实质性内容的程度，会导致双方当事人利益失衡的情况，这也需要正确认定，属于法院的自由裁量权范畴。另外，需要把握"黑白合同"的签订与正常合同变更的界线。合同变更权的行使存在于所有的合同履行过程中。如果在合同实际履行过程中存在设计变更、工程量增加等法定或中标合同约定的变更事由影响中标合同的履行时,对中标合同的内容进行修改属于正常的合同变更。根据2015年《全国民事审判工作会议纪要》等司法观点,建设工程开工后,因设计变更、建设工程规划指标调整等客观原因,发包人与承包人通过补充协议、会议纪要、往来函件、签证等洽商记录形式变更工期、工程价款、工程项目性质的,不应认定为变更中标合同的实质性内容。因情势变更,为了平衡合同当事人的利益,也可能导致对合同实质性内容进行变更,对此也不能认定为"黑白合同"。

3. "黑白合同"规则

背离中标合同实质性内容另行签订的协议即产生"黑白合同"的问题。背离中标合同实质性内容另签协议,既损害正常的招标投标程序,也可能损害中标人的合法权益。故此,《招标投标法》第四十六条禁止背离合同实质性内容订立其他协议,这实质上是对合同自由原则进行了规范和限定,即合同的实质性条款需符合招标投标时达成的合意,不能对相应内容进行实质性的变更。原《最高人民法院关于审理建设工程施工合同纠纷案件适用法律问题的解释》第二十一条规定:"当事人就同一建设工程另行订立的建设工程施工合同与经过备案的中标合同实质性内容不一致的,应当以备案的中标合同作为结算工程价款的根据。"中标的备案合同可被简称为"白合同",另行订立的与备案的中标合同实质性内容不一致的合同可被称为"黑合同"。依据本条司法解释的规定,除了工程价款外,有关工程范围、建设工期与工程质量等实质性内容,"黑白合同"不一致的,当事人均可要求按照"白合同"的约定确定双方的权利义务。该条规定适用于施工合同备案制度实施的时期。

《最高人民法院关于审理建设工程施工合同纠纷案件适用法律问题的解释(一)》第二条针对建设工程施工合同强制备案制度已经被正式取消的现状,明确"白合同"必须是中标合同,与是否备案无关,这与原《最高人民法院关于审理建设工程施工合同纠纷案件适用法律问题的解释》第二十一条规定不同。目前,无论是依法必须进行招标投标的工程项目还是非强制招标投标的工程项目,当事人通过招标投标的方式进行发包与承包,并根据招标投标结果签订建设工程施工合同即可。在备案制不存在的情形下,所谓"白合同"仅指招标人即发包人与中标人即承包人依据招标文件、投标文件等签订的建设工程施工合同。"黑合同"必须是对中标合同的实质性背离。必须正确把握"实质性背离"与合同变更之间的关系。建筑工程是一项复杂的系统工程,"白合同"签订之后,由于履行期限长、变化大,随着施工进度的深入,发包方与承包方之间就工程中出现的具体问题进行补充、变更是正常和普遍的。如果“黑合同”的内容，与“白合同”不一致并未构成对“白合同”实质性内容的违反或者背离，属于合同变更，是合同自由原则的体现。当发包人与承包人因工程范围、建设工期、工程价款、工程质量等引起的权利义务争议时，都应以“白合同”为准，而不仅仅是原《最高人民法院关于审理建设工程施工合同纠纷案件适用法律问题的解释》第二十一条所规定的仅仅将“白合同”作为结算工程价款的根据，也是处理当事人有关工程范围、建设工期和工程质量等争议的根据。

根据《招标投标法》第四十六条规定，当事人另行签订的建设工程施工协议无论是在中标合同之前还是在中标合同之后订立，均不得背离中标合同的实质性内容，否则该协议无效。[①] 如果是招标文件和中标人的投标文件都没有涉及合同的实质性内容，允许经过谈判在中标合同中作出补充约定，这不属于“黑合同”。

4. 履约担保

履约保证金，实务中也称“履约担保”，属于中标人向招标人提供的在合同签订后的履行阶段用以保障其履行合同义务的担保，用于保障中标合同的履行，防范中标人违约的风险，也有利于预防和遏制招投标活动中弄虚作假行为和低于成本报价的恶性竞争。履约担保不属于法律要求必须提供的担保措施，因此是否要求中标人提交履约担保，由招标人自主决定但必须在招标文件中载明，而且其金额不超过合同金额的10%，对超出部分招标人有义务退还给中标人。如果招标文件要求中标人提供履约保证金的，中标人有义务交纳；不按招标文件规定提交履约保证金的，视为放弃中标资格。合同履行完毕，招标人应当退还履约保证金，中标人有违约行为的，招标人可以依据合同约定扣减相应履约保证金。

第四十七条　【书面报告招标投标情况】依法必须进行招标的项目，招标人应当自确定中标人之日起十五日内，向有关行政监督部门提交招标投标情况的书面报告。

【立法·要点注释】

本条是关于对依法必须进行招标的项目招标人应当在法定期限内进行

① 该部分观点参见最高人民法院民事审判第一庭编著：《最高人民法院建设工程施工合同司法解释（二）理解与适用》，人民法院出版社2019年版，第52～55页。

书面报告的规定。

书面报告的内容包括招标过程、投标过程、评标过程和签订合同等招标投标的情况。需要说明的是,对于不是属于依法必须进行招标的项目,招标人不必向有关行政监督部门提交招标投标情况的书面报告。

【部门规章及规范性文件】

1.《工程建设项目勘察设计招标投标办法》(2013年5月1日)

第四十七条 依法必须进行勘察设计招标的项目,招标人应当在确定中标人之日起十五日内,向有关行政监督部门提交招标投标情况的书面报告。

书面报告一般应包括以下内容:

(一)招标项目基本情况;

(二)投标人情况;

(三)评标委员会成员名单;

(四)开标情况;

(五)评标标准和方法;

(六)否决投标情况;

(七)评标委员会推荐的经排序的中标候选人名单;

(八)中标结果;

(九)未确定排名第一的中标候选人为中标人的原因;

(十)其他需说明的问题。

2.《工程建设项目施工招标投标办法》(2013年5月1日)

第六十五条 依法必须进行施工招标的项目,招标人应当自发出中标通知书之日起十五日内,向有关行政监督部门提交招标投标情况的书面报告。

前款所称书面报告至少应包括下列内容:

(一)招标范围;

(二)招标方式和发布招标公告的媒介;

(三)招标文件中投标人须知、技术条款、评标标准和方法、合同主要条款等内容;

(四)评标委员会的组成和评标报告;

(五)中标结果。

3.《工程建设项目货物招标投标办法》(2013 年 5 月 1 日)

第五十四条 依法必须进行货物招标的项目,招标人应当自确定中标人之日起十五日内,向有关行政监督部门提交招标投标情况的书面报告。

前款所称书面报告至少应包括下列内容:

(一)招标货物基本情况;

(二)招标方式和发布招标公告或者资格预审公告的媒介;

(三)招标文件中投标人须知、技术条款、评标标准和方法、合同主要条款等内容;

(四)评标委员会的组成和评标报告;

(五)中标结果。

4.《房屋建筑和市政基础设施工程施工招标投标管理办法》(2019 年 3 月 13 日)

第四十四条 依法必须进行施工招标的工程,招标人应当自确定中标人之日起 15 日内,向工程所在地的县级以上地方人民政府建设行政主管部门提交施工招标投标情况的书面报告。书面报告应当包括下列内容:

(一)施工招标投标的基本情况,包括施工招标范围、施工招标方式、资格审查、开评标过程和确定中标人的方式及理由等。

(二)相关的文件资料,包括招标公告或者投标邀请书、投标报名表、资格预审文件、招标文件、评标委员会的评标报告(设有标底的,应当附标底)、中标人的投标文件。委托工程招标代理的,还应当附工程施工招标代理委托合同。

前款第二项中已按照本办法的规定办理了备案的文件资料,不再重复提交。

5.《工程建设项目自行招标试行办法》(2013 年 5 月 1 日)

第十条 招标人自行招标的,应当自确定中标人之日起十五日内,向国家发展改革委提交招标投标情况的书面报告。书面报告至少应包括下列内容:

(一)招标方式和发布资格预审公告、招标公告的媒介;

(二)招标文件中投标人须知、技术规格、评标标准和方法、合同主要条款等内容;

（三）评标委员会的组成和评标报告；

（四）中标结果。

第四十八条　【禁止转包和有条件分包】中标人应当按照合同约定履行义务，完成中标项目。中标人不得向他人转让中标项目，也不得将中标项目肢解后分别向他人转让。

中标人按照合同约定或者经招标人同意，可以将中标项目的部分非主体、非关键性工作分包给他人完成。接受分包的人应当具备相应的资格条件，并不得再次分包。

中标人应当就分包项目向招标人负责，接受分包的人就分包项目承担连带责任。

【立法·要点注释】

本条是关于中标人不得转让中标项目和违法分包中标项目的规定。

1. 所谓中标人全面履行合同约定的义务，是指中标人应当按照合同约定的有关招标项目的质量、数量、工期、造价及结算办法等要求，全面履行其义务，不得擅自变更或者解除合同。当然，招标人也同样应当按照合同的约定履行其义务。

2. 所谓转让，是指中标人将其承包的中标项目倒手转让给他人，使他人实际上成为该中标项目的新的承包人的行为。从合同法律关系上讲，转让行为属于合同主体变更的行为，中标项目转让后，中标人由原承包人变更为接受转让的新承包人，中标人对合同的履行不再承担责任。而按照合同法的基本原则，合同一经依法成立，即具有法律约束力，任何一方不得擅自变更合同，这里的变更包括合同内容的变更和主体的变更等。招标投标活动中，招标人按照公开、公平、公正的原则，经过一系列严格程序后，择优选定中标人与其订立招标采购合同。中标人将中标项目转让给他人，是擅自变更合同主体的行为，违背了招标人的利益，法律对此是不允许的。

3. 所谓中标项目的分包，是指对中标项目实行总承包的单位，将其总承包的中标项目的某一部分或某几部分，再发包给其他的承包单位，与其签订总承包合同项下的分包合同，而此时中标人就成为分包合同的发包人。招标采购合同是招标人与由其选定的中标人之间签订的合同。原则上说，合同约定的中标人的义务，都应当由中标人自行完成。但是，对一些招标项目如大中型建设工程和结构复杂的建设工程来说，实行总承包与分包相结合的方式允许承包人在遵守一定条件的前提下，将自己总承包工程项目中的部分劳务工程或者自己不擅长的专业工程项目分包给其他承包人，以扬长避短，发挥各自的优势，这对提高工作效率，降低工程造价，保证工程质量以及缩短工期，都有好处。因此，中标人按照合同的约定或者经招标人同意，可以将中标项目的部分非主体、非关键性工作分包给他人完成。

本条对分包行为规定的限制条件有：一是中标人只能将中标项目的非主体、非关键性工作分包给具有相应资质条件的单位；二是分包的工程必须是招标采购合同约定可以分包的工程，合同中没有约定的，必须经招标人认可；三是中标项目的主体性、关键性工作必须由中标人自行完成，不得分包；四是分包只能进行一次。

4. 在总包与分包相结合的承包形式中，存在总承包合同即招标采购合同与分包合同两个不同的合同关系。招标采购合同是招标人与中标人之间订立的合同，中标人应当就招标采购合同的履行向招标人承担全部责任，即使中标人根据合同的约定或者经招标人同意，将招标采购合同范围内的部分非主体、非关键性工作分包给他人的，中标人也得对分包的工作向招标人负责。分包合同是中标人与分包人之间订立的合同，分包人与招标人之间并不存在直接的合同权利义务关系，一般来说，分包人仅就分包合同的履行向中标人负责，并不直接向招标人承担责任。因分包工程出现的问题，中标人在向招标人承担责任后，可以根据分包合同的约定向分包人追偿。但为了维护招标人的权益，适当加重分包人的责任，所以规定，中标人与分包人应当就分包工程对招标人承担连带责任，也就是说因分包工程出现的问题，招标人既可以要求中标人承担责任，也可以直接要求分包人承担责任。

【相关法律】

1.《中华人民共和国民法典》(2021 年 1 月 1 日)

第五百零九条 当事人应当按照约定全面履行自己的义务。

当事人应当遵循诚信原则，根据合同的性质、目的和交易习惯履行通知、协助、保密等义务。

当事人在履行合同过程中，应当避免浪费资源、污染环境和破坏生态。

第五百四十三条　当事人协商一致,可以变更合同。

第五百四十四条　当事人对合同变更的内容约定不明确的,推定为未变更。

第五百四十五条　债权人可以将债权的全部或者部分转让给第三人,但是有下列情形之一的除外:

(一)根据债权性质不得转让;

(二)按照当事人约定不得转让;

(三)依照法律规定不得转让。

当事人约定非金钱债权不得转让的,不得对抗善意第三人。当事人约定金钱债权不得转让的,不得对抗第三人。

第五百四十六条　债权人转让债权,未通知债务人的,该转让对债务人不发生效力。

债权转让的通知不得撤销,但是经受让人同意的除外。

第五百五十五条　当事人一方经对方同意,可以将自己在合同中的权利和义务一并转让给第三人。

第五百五十六条　合同的权利和义务一并转让的,适用债权转让、债务转移的有关规定。

第七百八十九条　建设工程合同应当采用书面形式。

第七百九十一条　发包人可以与总承包人订立建设工程合同,也可以分别与勘察人、设计人、施工人订立勘察、设计、施工承包合同。发包人不得将应当由一个承包人完成的建设工程支解成若干部分发包给数个承包人。

总承包人或者勘察、设计、施工承包人经发包人同意,可以将自己承包的部分工作交由第三人完成。第三人就其完成的工作成果与总承包人或者勘察、设计、施工承包人向发包人承担连带责任。承包人不得将其承包的全部建设工程转包给第三人或者将其承包的全部建设工程支解以后以分包的名义分别转包给第三人。

禁止承包人将工程分包给不具备相应资质条件的单位。禁止分包单位将其承包的工程再分包。建设工程主体结构的施工必须由承包人自行完成。

第七百九十五条　施工合同的内容一般包括工程范围、建设工期、中间交工工程的开工和竣工时间、工程质量、工程造价、技术资料交付时间、材料和设备供应责任、拨款和结算、竣工验收、质量保修范围和质量保证期、相互协作等条款。

2.《中华人民共和国建筑法》(2019 年 4 月 23 日)

第二十四条 提倡对建筑工程实行总承包,禁止将建筑工程肢解发包。

建筑工程的发包单位可以将建筑工程的勘察、设计、施工、设备采购一并发包给一个工程总承包单位,也可以将建筑工程勘察、设计、施工、设备采购的一项或者多项发包给一个工程总承包单位;但是,不得将应当由一个承包单位完成的建筑工程肢解成若干部分发包给几个承包单位。

第二十八条 禁止承包单位将其承包的全部建筑工程转包给他人,禁止承包单位将其承包的全部建筑工程肢解以后以分包的名义分别转包给他人。

第二十九条 建筑工程总承包单位可以将承包工程中的部分工程发包给具有相应资质条件的分包单位;但是,除总承包合同中约定的分包外,必须经建设单位认可。施工总承包的,建筑工程主体结构的施工必须由总承包单位自行完成。

建筑工程总承包单位按照总承包合同的约定对建设单位负责;分包单位按照分包合同的约定对总承包单位负责。总承包单位和分包单位就分包工程对建设单位承担连带责任。

禁止总承包单位将工程分包给不具备相应资质条件的单位。禁止分包单位将其承包的工程再分包。

第五十五条 建筑工程实行总承包的,工程质量由工程总承包单位负责,总承包单位将建筑工程分包给其他单位的,应当对分包工程的质量与分包单位承担连带责任。分包单位应当接受总承包单位的质量管理。

第六十七条 承包单位将承包的工程转包的,或者违反本法规定进行分包的,责令改正,没收违法所得,并处罚款,可以责令停业整顿,降低资质等级;情节严重的,吊销资质证书。

承包单位有前款规定的违法行为的,对因转包工程或者违法分包的工程不符合规定的质量标准造成的损失,与接受转包或者分包的单位承担连带赔偿责任。

3.《全国人大常委会法制工作委员会对建筑施工企业母公司承接工程后交由子公司实施是否属于转包以及行政处罚两年追溯期认定法律适用问题的意见》(法工办发〔2017〕223 号,2017 年 9 月 4 日)

住房和城乡建设部办公厅:

你部关于建筑施工企业母公司承接工程后交由子公司实施是否属于转

包以及行政处罚两年追溯期认定法律适用问题的请示（建法函〔2017〕227 号）收悉。经研究，提出以下意见，供参考：

一、关于母公司承接建筑工程后将所承接工程交由其子公司实施的行为是否属于转包的问题。建筑法第二十八条规定，禁止承包单位将其承包的全部建筑工程转包给他人，禁止承包单位将其承包的全部建筑工程肢解以后以分包的名义分别转包给他人。合同法第二百七十二条规定，发包人不得将应当由一个承包人完成的建设工程肢解成若干部分发包给几个承包人。承包人不得将其承包的全部建设工程转包给第三人或者将其承包的全部建设工程肢解以后以分包的名义分别转包给第三人。禁止承包人将工程分包给不具备相应资质条件的单位。禁止分包单位将其承包的工程再分包。建设工程主体结构的施工必须由承包人自行完成。招标投标法第四十八条规定，中标人不得向他人转让中标项目，也不得将中标项目肢解后分别向他人转让。中标人按照合同约定或者经招标人同意，可以将中标项目的部分非主体、非关键性工作分包给他人完成。接受分包的人应当具备相应的资格条件，并不得再次分包。上述法律对建设工程转包的规定是明确的，这一问题属于法律执行问题，应当根据实际情况依法认定、处理。

二、关于建筑市场中违法发包、转包、分包、挂靠等行为的行政处罚追溯期限问题，同意你部的意见，对于违法发包、转包、分包、挂靠等行为的行政处罚追溯期限，应当从违法发包、转包、分包、挂靠的建筑工程竣工验收之日起计算。合同工程量未全部完成而解除或暂时终止履行合同的，为合同解除或终止之日。

特此函复。

【行政法规】

1.《中华人民共和国招标投标法实施条例》（2019 年 3 月 2 日）

第五十九条　中标人应当按照合同约定履行义务，完成中标项目。中标人不得向他人转让中标项目，也不得将中标项目肢解后分别向他人转让。

中标人按照合同约定或者经招标人同意，可以将中标项目的部分非主体、非关键性工作分包给他人完成。接受分包的人应当具备相应的资格条件，并不得再次分包。

中标人应当就分包项目向招标人负责，接受分包的人就分包项目承担连带责任。

【要点注释】

本条是关于禁止转包和违法分包的规定。

1. 中标人理应按照合同约定的有关招标项目的标的、质量、数量、履行期限等，全面履行其义务，完成中标项目，不得瑕疵履行，擅自变更合同，也不得随意毁约。

2.《条例》所称转让，是指中标人将与发包人签订合同所约定的权利、义务和风险转由其他人来承担，中标人退出原合同关系。

3. 对一些招标项目而言，如结构复杂的工程，实行总承包与分包相结合的方式，允许承包人在一定的条件下，将总承包工程项目中的部分劳务工程或者自己不擅长的专业工程分包给其他承包人，也是必要的。但是为了确保质量，《条例》对分包行为作了四点限制性规定：一是分包的内容只能是非主体、非关键性的工作，主体和关键性工作不得分包；二是接受分包的单位应当具有相应资格条件和履约能力；三是分包应按照合同约定或者取得招标人同意后进行；四是接受分包的人不得再次分包，即分包只能进行一次。

4. 分包人不履行分包合同时，招标人既可以要求总承包人承担责任，也可以直接要求分包人承担责任。

2.《建设工程质量管理条例》（2019 年 4 月 23 日）

第七条 建设单位应当将工程发包给具有相应资质等级的单位。

建设单位不得将建设工程肢解发包。

第十八条 从事建设工程勘察、设计的单位应当依法取得相应等级的资质证书，并在其资质等级许可的范围内承揽工程。

禁止勘察、设计单位超越其资质等级许可的范围或者以其他勘察、设计单位的名义承揽工程。禁止勘察、设计单位允许其他单位或者个人以本单位的名义承揽工程。

勘察、设计单位不得转包或者违法分包所承揽的工程。

第二十五条 施工单位应当依法取得相应等级的资质证书，并在其资质等级许可的范围内承揽工程。

禁止施工单位超越本单位资质等级许可的业务范围或者以其他施工单位的名义承揽工程。禁止施工单位允许其他单位或者个人以本单位的名义承揽工程。

施工单位不得转包或者违法分包工程。

第二十六条　施工单位对建设工程的施工质量负责。

施工单位应当建立质量责任制，确定工程项目的项目经理、技术负责人和施工管理负责人。

建设工程实行总承包的，总承包单位应当对全部建设工程质量负责；建设工程勘察、设计、施工、设备采购的一项或者多项实行总承包的，总承包单位应当对其承包的建设工程或者采购的设备的质量负责。

第二十七条　总承包单位依法将建设工程分包给其他单位的，分包单位应当按照分包合同的约定对其分包工程的质量向总承包单位负责，总承包单位与分包单位对分包工程的质量承担连带责任。

第七十八条　本条例所称肢解发包，是指建设单位将应当由一个承包单位完成的建设工程分解成若干部分发包给不同的承包单位的行为。

本条例所称违法分包，是指下列行为：

（一）总承包单位将建设工程分包给不具备相应资质条件的单位的；

（二）建设工程总承包合同中未有约定，又未经建设单位认可，承包单位将其承包的部分建设工程交由其他单位完成的；

（三）施工总承包单位将建设工程主体结构的施工分包给其他单位的；

（四）分包单位将其承包的建设工程再分包的。

本条例所称转包，是指承包单位承包建设工程后，不履行合同约定的责任和义务，将其承包的全部建设工程转给他人或者将其承包的全部建设工程肢解以后以分包的名义分别转给其他单位承包的行为。

【部门规章及规范性文件】

1.《电子招标投标办法》（2013 年 5 月 1 日）

第三十七条　鼓励招标人、中标人等相关主体及时通过电子招标投标交易平台递交和公布中标合同履行情况的信息。

2.《机电产品国际招标投标实施办法（试行）》（2014 年 4 月 1 日）

第七十九条　中标人应当按照合同约定履行义务，完成中标项目。中标人不得向他人转让中标项目，也不得将中标项目肢解后分别向他人转让。

3.《建筑工程施工发包与承包违法行为认定查处管理办法》(2019 年 1 月 1 日)

第一条 为规范建筑工程施工发包与承包活动中违法行为的认定、查处和管理,保证工程质量和施工安全,有效遏制发包与承包活动中的违法行为,维护建筑市场秩序和建筑工程主要参与方的合法权益,根据《中华人民共和国建筑法》《中华人民共和国招标投标法》《中华人民共和国合同法》《建设工程质量管理条例》《建设工程安全生产管理条例》《中华人民共和国招标投标法实施条例》等法律法规,以及《全国人大法工委关于对建筑施工企业母公司承接工程后交由子公司实施是否属于转包以及行政处罚两年追诉期认定法律适用问题的意见》(法工办发〔2017〕223 号),结合建筑活动实践,制定本办法。

第二条 本办法所称建筑工程,是指房屋建筑和市政基础设施工程及其附属设施和与其配套的线路、管道、设备安装工程。

第三条 住房和城乡建设部对全国建筑工程施工发包与承包违法行为的认定查处工作实施统一监督管理。

县级以上地方人民政府住房和城乡建设主管部门在其职责范围内具体负责本行政区域内建筑工程施工发包与承包违法行为的认定查处工作。

本办法所称的发包与承包违法行为具体是指违法发包、转包、违法分包及挂靠等违法行为。

第四条 建设单位与承包单位应严格依法签订合同,明确双方权利、义务、责任,严禁违法发包、转包、违法分包和挂靠,确保工程质量和施工安全。

第五条 本办法所称违法发包,是指建设单位将工程发包给个人或不具有相应资质的单位、肢解发包、违反法定程序发包及其他违反法律法规规定发包的行为。

第六条 存在下列情形之一的,属于违法发包:

(一)建设单位将工程发包给个人的;

(二)建设单位将工程发包给不具有相应资质的单位的;

(三)依法应当招标未招标或未按照法定招标程序发包的;

(四)建设单位设置不合理的招标投标条件,限制、排斥潜在投标人或者投标人的;

(五)建设单位将一个单位工程的施工分解成若干部分发包给不同的施工总承包或专业承包单位的。

第七条　本办法所称转包，是指承包单位承包工程后，不履行合同约定的责任和义务，将其承包的全部工程或者将其承包的全部工程肢解后以分包的名义分别转给其他单位或个人施工的行为。

第八条　存在下列情形之一的，应当认定为转包，但有证据证明属于挂靠或者其他违法行为的除外：

（一）承包单位将其承包的全部工程转给其他单位（包括母公司承接建筑工程后将所承接工程交由具有独立法人资格的子公司施工的情形）或个人施工的；

（二）承包单位将其承包的全部工程肢解以后，以分包的名义分别转给其他单位或个人施工的；

（三）施工总承包单位或专业承包单位未派驻项目负责人、技术负责人、质量管理负责人、安全管理负责人等主要管理人员，或派驻的项目负责人、技术负责人、质量管理负责人、安全管理负责人中一人及以上与施工单位没有订立劳动合同且没有建立劳动工资和社会养老保险关系，或派驻的项目负责人未对该工程的施工活动进行组织管理，又不能进行合理解释并提供相应证明的；

（四）合同约定由承包单位负责采购的主要建筑材料、构配件及工程设备或租赁的施工机械设备，由其他单位或个人采购、租赁，或施工单位不能提供有关采购、租赁合同及发票等证明，又不能进行合理解释并提供相应证明的；

（五）专业作业承包人承包的范围是承包单位承包的全部工程，专业作业承包人计取的是除上缴给承包单位"管理费"之外的全部工程价款的；

（六）承包单位通过采取合作、联营、个人承包等形式或名义，直接或变相将其承包的全部工程转给其他单位或个人施工的；

（七）专业工程的发包单位不是该工程的施工总承包或专业承包单位的，但建设单位依约作为发包单位的除外；

（八）专业作业的发包单位不是该工程承包单位的；

（九）施工合同主体之间没有工程款收付关系，或者承包单位收到款项后又将款项转拨给其他单位和个人，又不能进行合理解释并提供材料证明的。

两个以上的单位组成联合体承包工程，在联合体分工协议中约定或者在项目实际实施过程中，联合体一方不进行施工也未对施工活动进行组织管理的,并且向联合体其他方收取管理费或者其他类似费用的,视为联合体一方将承包的工程转包给联合体其他方。

第九条 本办法所称挂靠,是指单位或个人以其他有资质的施工单位的名义承揽工程的行为。

前款所称承揽工程,包括参与投标、订立合同、办理有关施工手续、从事施工等活动。

第十条 存在下列情形之一的,属于挂靠:

(一)没有资质的单位或个人借用其他施工单位的资质承揽工程的;

(二)有资质的施工单位相互借用资质承揽工程的,包括资质等级低的借用资质等级高的,资质等级高的借用资质等级低的,相同资质等级相互借用的;

(三)本办法第八条第一款第(三)至(九)项规定的情形,有证据证明属于挂靠的。

第十一条 本办法所称违法分包,是指承包单位承包工程后违反法律法规规定,把单位工程或分部分项工程分包给其他单位或个人施工的行为。

第十二条 存在下列情形之一的,属于违法分包:

(一)承包单位将其承包的工程分包给个人的;

(二)施工总承包单位或专业承包单位将工程分包给不具备相应资质单位的;

(三)施工总承包单位将施工总承包合同范围内工程主体结构的施工分包给其他单位的,钢结构工程除外;

(四)专业分包单位将其承包的专业工程中非劳务作业部分再分包的;

(五)专业作业承包人将其承包的劳务再分包的;

(六)专业作业承包人除计取劳务作业费用外,还计取主要建筑材料款和大中型施工机械设备、主要周转材料费用的。

第十三条 任何单位和个人发现违法发包、转包、违法分包及挂靠等违法行为的,均可向工程所在地县级以上人民政府住房和城乡建设主管部门进行举报。

接到举报的住房和城乡建设主管部门应当依法受理、调查、认定和处理,除无法告知举报人的情况外,应当及时将查处结果告知举报人。

第十四条 县级以上地方人民政府住房和城乡建设主管部门如接到人民法院、检察机关、仲裁机构、审计机关、纪检监察等部门转交或移送的涉及本行政区域内建筑工程发包与承包违法行为的建议或相关案件的线索或证据,应当依法受理、调查、认定和处理,并把处理结果及时反馈给转交或移送机构。

第十五条 县级以上人民政府住房和城乡建设主管部门对本行政区域内发现的违法发包、转包、违法分包及挂靠等违法行为,应当依法进行调查,按照本办法进行认定,并依法予以行政处罚。

(一)对建设单位存在本办法第五条规定的违法发包情形的处罚:

1. 依据本办法第六条(一)、(二)项规定认定的,依据《中华人民共和国建筑法》第六十五条、《建设工程质量管理条例》第五十四条规定进行处罚;

2. 依据本办法第六条(三)项规定认定的,依据《中华人民共和国招标投标法》第四十九条、《中华人民共和国招标投标法实施条例》第六十四条规定进行处罚;

3. 依据本办法第六条(四)项规定认定的,依据《中华人民共和国招标投标法》第五十一条、《中华人民共和国招标投标法实施条例》第六十三条规定进行处罚。

4. 依据本办法第六条(五)项规定认定的,依据《中华人民共和国建筑法》第六十五条、《建设工程质量管理条例》第五十五条规定进行处罚。

5. 建设单位违法发包,拒不整改或者整改后仍达不到要求的,视为没有依法确定施工企业,将其违法行为记入诚信档案,实行联合惩戒。对全部或部分使用国有资金的项目,同时将建设单位违法发包的行为告知其上级主管部门及纪检监察部门,并建议对建设单位直接负责的主管人员和其他直接责任人员给予相应的行政处分。

(二)对认定有转包、违法分包违法行为的施工单位,依据《中华人民共和国建筑法》第六十七条、《建设工程质量管理条例》第六十二条规定进行处罚。

(三)对认定有挂靠行为的施工单位或个人,依据《中华人民共和国招标投标法》第五十四条、《中华人民共和国建筑法》第六十五条和《建设工程质量管理条例》第六十条规定进行处罚。

(四)对认定有转让、出借资质证书或者以其他方式允许他人以本单位的名义承揽工程的施工单位,依据《中华人民共和国建筑法》第六十六条、《建设工程质量管理条例》第六十一条规定进行处罚。

(五)对建设单位、施工单位给予单位罚款处罚的,依据《建设工程质量管理条例》第七十三条、《中华人民共和国招标投标法》第四十九条、《中华人民共和国招标投标法实施条例》第六十四条规定，对单位直接负责的主管人员和其他直接责任人员进行处罚。

（六）对认定有转包、违法分包、挂靠、转让出借资质证书或者以其他方式允许他人以本单位的名义承揽工程等违法行为的施工单位，可依法限制其参加工程投标活动、承揽新的工程项目，并对其企业资质是否满足资质标准条件进行核查，对达不到资质标准要求的限期整改，整改后仍达不到要求的，资质审批机关撤回其资质证书。

对 2 年内发生 2 次及以上转包、违法分包、挂靠、转让出借资质证书或者以其他方式允许他人以本单位的名义承揽工程的施工单位，应当依法按照情节严重情形给予处罚。

（七）因违法发包、转包、违法分包、挂靠等违法行为导致发生质量安全事故的，应当依法按照情节严重情形给予处罚。

第十六条 对于违法发包、转包、违法分包、挂靠等违法行为的行政处罚追溯期限，应当按照法工办发〔2017〕223 号文件的规定，从存在违法发包、转包、违法分包、挂靠的建筑工程竣工验收之日起计算；合同工程量未全部完成而解除或终止履行合同的，自合同解除或终止之日起计算。

第十七条 县级以上人民政府住房和城乡建设主管部门应将查处的违法发包、转包、违法分包、挂靠等违法行为和处罚结果记入相关单位或个人信用档案，同时向社会公示，并逐级上报至住房和城乡建设部，在全国建筑市场监管公共服务平台公示。

第十八条 房屋建筑和市政基础设施工程以外的专业工程可参照本办法执行。省级人民政府住房和城乡建设主管部门可结合本地实际，依据本办法制定相应实施细则。

第十九条 本办法中施工总承包单位、专业承包单位均指直接承接建设单位发包的工程的单位；专业分包单位是指承接施工总承包或专业承包企业分包专业工程的单位；承包单位包括施工总承包单位、专业承包单位和专业分包单位。

第二十条 本办法由住房和城乡建设部负责解释。

第二十一条 本办法自 2019 年 1 月 1 日起施行。2014 年 10 月 1 日起施行的《建筑工程施工转包违法分包等违法行为认定查处管理办法（试行）》（建市〔2014〕118 号）同时废止。

4.《房屋建筑和市政基础设施工程施工分包管理办法》(2019年3月13日)

第一条 为了规范房屋建筑和市政基础设施工程施工分包活动,维护建筑市场秩序,保证工程质量和施工安全,根据《中华人民共和国建筑法》、《中华人民共和国招标投标法》、《建设工程质量管理条例》等有关法律、法规,制定本办法。

第二条 在中华人民共和国境内从事房屋建筑和市政基础设施工程施工分包活动,实施对房屋建筑和市政基础设施工程施工分包活动的监督管理,适用本办法。

第三条 国务院建设行政主管部门负责全国房屋建筑和市政基础设施工程施工分包的监督管理工作。

县级以上地方人民政府建设行政主管部门负责本行政区域内房屋建筑和市政基础设施工程施工分包的监督管理工作。

第四条 本办法所称施工分包,是指建筑业企业将其所承包的房屋建筑和市政基础设施工程中的专业工程或者劳务作业发包给其他建筑业企业完成的活动。

第五条 房屋建筑和市政基础设施工程施工分包分为专业工程分包和劳务作业分包。

本办法所称专业工程分包,是指施工总承包企业(以下简称专业分包工程发包人)将其所承包工程中的专业工程发包给具有相应资质的其他建筑业企业(以下简称专业分包工程承包人)完成的活动。

本办法所称劳务作业分包,是指施工总承包企业或者专业承包企业(以下简称劳务作业发包人)将其承包工程中的劳务作业发包给劳务分包企业(以下简称劳务作业承包人)完成的活动。

本办法所称分包工程发包人包括本条第二款、第三款中的专业分包工程发包人和劳务作业发包人;分包工程承包人包括本条第二款、第三款中的专业分包工程承包人和劳务作业承包人。

第六条 房屋建筑和市政基础设施工程施工分包活动必须依法进行。

鼓励发展专业承包企业和劳务分包企业,提倡分包活动进入有形建筑市场公开交易,完善有形建筑市场的分包工程交易功能。

第七条 建设单位不得直接指定分包工程承包人。任何单位和个人不得对依法实施的分包活动进行干预。

第八条 分包工程承包人必须具有相应的资质,并在其资质等级许可的范围内承揽业务。

严禁个人承揽分包工程业务。

第九条 专业工程分包除在施工总承包合同中有约定外，必须经建设单位认可。专业分包工程承包人必须自行完成所承包的工程。

劳务作业分包由劳务作业发包人与劳务作业承包人通过劳务合同约定。劳务作业承包人必须自行完成所承包的任务。

第十条 分包工程发包人和分包工程承包人应当依法签订分包合同，并按照合同履行约定的义务。分包合同必须明确约定支付工程款和劳务工资的时间、结算方式以及保证按期支付的相应措施，确保工程款和劳务工资的支付。

第十一条 分包工程发包人应当设立项目管理机构，组织管理所承包工程的施工活动。

项目管理机构应当具有与承包工程的规模、技术复杂程度相适应的技术、经济管理人员。其中，项目负责人、技术负责人、项目核算负责人、质量管理人员、安全管理人员必须是本单位的人员。具体要求由省、自治区、直辖市人民政府建设行政主管部门规定。

前款所指本单位人员，是指与本单位有合法的人事或者劳动合同、工资以及社会保险关系的人员。

第十二条 分包工程发包人可以就分包合同的履行，要求分包工程承包人提供分包工程履约担保；分包工程承包人在提供担保后，要求分包工程发包人同时提供分包工程付款担保的，分包工程发包人应当提供。

第十三条 禁止将承包的工程进行转包。不履行合同约定，将其承包的全部工程发包给他人，或者将其承包的全部工程肢解后以分包的名义分别发包给他人的，属于转包行为。

违反本办法第十二条规定，分包工程发包人将工程分包后，未在施工现场设立项目管理机构和派驻相应人员，并未对该工程的施工活动进行组织管理的，视同转包行为。

第十四条 禁止将承包的工程进行违法分包。下列行为，属于违法分包：

（一）分包工程发包人将专业工程或者劳务作业分包给不具备相应资质条件的分包工程承包人的；

（二）施工总承包合同中未有约定，又未经建设单位认可，分包工程发包人将承包工程中的部分专业工程分包给他人的。

第十五条 禁止转让、出借企业资质证书或者以其他方式允许他人以本企业名义承揽工程。

分包工程发包人没有将其承包的工程进行分包,在施工现场所设项目管理机构的项目负责人、技术负责人、项目核算负责人、质量管理人员、安全管理人员不是工程承包人本单位人员的,视同允许他人以本企业名义承揽工程。

第十六条 分包工程承包人应当按照分包合同的约定对其承包的工程向分包工程发包人负责。分包工程发包人和分包工程承包人就分包工程对建设单位承担连带责任。

第十七条 分包工程发包人对施工现场安全负责,并对分包工程承包人的安全生产进行管理。专业分包工程承包人应当将其分包工程的施工组织设计和施工安全方案报分包工程发包人备案,专业分包工程发包人发现事故隐患,应当及时作出处理。

分包工程承包人就施工现场安全向分包工程发包人负责,并应当服从分包工程发包人对施工现场的安全生产管理。

第十八条 违反本办法规定,转包、违法分包或者允许他人以本企业名义承揽工程的,按照《中华人民共和国建筑法》、《中华人民共和国招标投标法》和《建设工程质量管理条例》的规定予以处罚;对于接受转包、违法分包和用他人名义承揽工程的,处1万元以上3万元以下的罚款。

第十九条 未取得建筑业企业资质承接分包工程的,按照《中华人民共和国建筑法》第六十五条第三款和《建设工程质量管理条例》第六十条第一款、第二款的规定处罚。

第二十条 本办法自2004年4月1日起施行。原城乡建设环境保护部1986年4月30日发布的《建筑安装工程总分包实施办法》同时废止。

【司法解释】

《最高人民法院关于审理建设工程施工合同纠纷案件适用法律问题的解释(一)》(法释〔2020〕25号,2021年1月1日)

第一条第二款 承包人因转包、违法分包建设工程与他人签订的建设工程施工合同,应当依据民法典第一百五十三条第一款及第七百九十一条第二款、第三款的规定，认定无效。

【地方法院规定】

1.《江苏省高级人民法院建设工程施工合同案件审理指南》(2010年)

(三)建设工程施工合同的无效情形

……

5. 承包人进行转包或违法分包的。

转包一直是建设工程实务中比较普遍的现象。《建设工程质量管理条例》第78条第3款规定："本条例所称转包，是指承包单位承包建设工程后，不履行合同约定的责任和义务，将其承包的全部建设工程转给他人或者将其承包的全部工程肢解以后以分包的名义分别转给他人承包的行为。"转包的特征为：(1)转包人不履行建设工程合同全部义务，不履行施工、管理、技术指导等技术经济责任；(2)转包人将合同权利与义务全部转让给转承包人。在司法实践中，转包往往表现为，转包人在承接建设工程后并不成立项目部，也不派驻管理人员和技术人员在施工现场进行管理和技术指导。法官在审理案件时，如果核实查清进行实际工程建设的单位不是承包人而是承包人以外的第三人，承包人也没有为工程项目成立项目部，也未在施工现场派驻管理人员和技术人员进行现场管理和技术指导，施工现场的管理人员和技术人员均隶属于承包人以外的第三人，则基本可以认定承包人的行为为非法转包。

违法分包指下列行为：(1)总承包单位将建设工程分包给不具备相应资质条件的单位的；(2)建设工程总承包合同中未有约定，又未经建设单位认可，承包单位将其承包的部分建设工程交由其他单位完成的；(3)施工总承包单位将建设工程主体结构的施工分包给其他单位的；(4)分包单位将其承包的建设工程再分包的。实践中，违法分包行为主要表现在以下几个方面：发包人将应当由一个承包人完成的建设工程肢解成若干部分后分包给几个承包人；承包人未经发包人同意，将自己承包的工程全部或部分地分包给第三人；分包的第三人将其分包的工程再次分包的；承包人将主体结构的施工工作分包给第三人；承包人将其承包的全部建设工程转包给第三人；承包人将其承包的全部建设工程肢解以后以分包名义分别转包给第三人。

2.《四川省高级人民法院关于审理建设工程施工合同纠纷案件若干疑难问题的解答》(川高法民一〔2015〕3 号,2015 年 3 月 16 日)

3. 如何认定转包?

转包是指建筑施工企业承包工程后,不履行合同约定的责任和义务,将其承包的全部工程或者将其承包的全部工程肢解后以分包的名义分别转给其他企业或个人施工的行为。

存在下列情形之一的,一般可以认定为转包:

(一)建筑施工企业未在施工现场设立项目管理机构或未派驻项目负责人、技术负责人、质量管理负责人、安全管理负责人等主要管理人员,不履行管理义务,未对该工程的施工活动进行组织管理的;

(二)建筑施工企业不履行管理义务,只向实际施工企业或个人收取费用,主要建筑材料、构配件及工程设备由实际施工企业或个人采购的;

(三)劳务分包企业承包的范围是建筑施工企业承包全部工程,劳务分包企业计取的是除上缴给建筑施工承包企业管理费之外的全部工程价款的;

(四)建筑施工企业通过采取合作、联营、个人承包等形式或名义,直接或变相将其承包的全部工程转给其他企业或个人施工的;

(五)法律、行政法规规定的其他转包情形。

4. 如何认定违法分包?

违法分包是指建筑施工企业承包工程后违反法律法规规定或者施工合同关于工程分包的约定,把单位工程或分部分项工程分包给其他企业或个人施工的行为。

存在下列情形之一的,一般可以认定为违法分包:

(一)建筑施工企业将工程分包给个人的;

(二)建筑施工企业将工程分包给不具备相应资质的企业的;

(三)施工合同中没有约定,又未经建设单位认可,建筑施工企业将其承包的部分工程交由其他企业施工的;

(四)施工总承包企业将除钢结构工程以外的房屋建筑工程的主体结构的施工分包给其他企业的;

(五)专业分包企业将其承包的专业工程中非劳务作业部分再分包的;

(六)劳务分包企业除计取劳务作业费用外,还计取主要建筑材料款、周转材料款和大中型施工机械设备费用的;

(七)法律、行政法规规定的其他违法分包情形。

3.《福建省高级人民法院关于审理建设工程施工合同纠纷案件疑难问题的解答》(2007 年 11 月 22 日)

2. 问:如何区分劳务分包与转包、违法分包?

答:劳务分包是指建设工程的总承包人或者专业承包人将所承包的建设工程中的劳务作业(包括木工、砌筑、抹灰、石制作、油漆、钢筋、混凝土、脚手架、模板、焊接、水暖、钣金、架线等)发包给劳务作业承包人完成的活动。转包是承包人将所承包的全部建设工程转由第三人施工完成。分包是承包人将所承包的建设工程的某一部分施工项目交由第三人施工建设,其中《建筑法》与《建设工程质量管理条例》第七十八条所列的四种行为属违法分包。劳务分包既不是转包,也不是分包;转包及违法分包为法律所禁止,劳务分包则不为法律所禁止。

【最高人民法院裁判案例】

邓秋耿与河源市和茂路桥建设工程有限公司建设工程施工合同纠纷案[(2019)最高法民申 1731 号]

裁判要旨:借用有资质的施工企业名义投标,中标后订立的合同无效;转包合同无效。

最高人民法院经审查认为,(一)涉案合同的性质与效力对本案结果的影响。《最高人民法院关于审理建设工程施工合同纠纷案件适用法律问题的解释》第一条规定:建设工程施工合同具有下列情形之一的,应当根据《合同法》第五十二条第(五)项的规定,认定无效:(一)承包人未取得建筑施工企业资质或者超越资质等级的;(二)没有资质的实际施工人借用有资质的建筑施工企业名义的;(三)建设工程必须进行招标而未招标或者中标无效的。第四条规定:承包人非法转包、违法分包建设工程或者没有资质的实际施工人借用有资质的建筑施工企业名义与他人签订建设工程施工合同的行为无效。第二条规定:建设工程施工合同无效,但建设工程经竣工验收合格,承包人请求参照合同约定支付工程价款的,应予支持。

建设工程施工合同纠纷审理中,人民法院对于涉案合同的性质及效力应予认定,尤其是存在挂靠、转包等情形下,更应根据合同的性质与效力明确相关责任主体。涉案工程虽是河源代建局与光中盛公司签订,但实质是邓秋耿、和茂公司借用光中盛公司的名义参与投标,实际投标人为邓秋耿、和茂公司,光中盛公司与河源代建局形成发承包关系的意思表示不真实,因此河源代建局与光中盛公司签订的《施工合同》应为无效。光中盛公司将中标工程通过内部承包的方式转给无施工资质的和茂公司,双方签订的《项目施工内部承包合同》应为无效。和茂公司与邓秋耿签订《联营协议书》,但只收取管理费,没有参与工程建设和管理,实际施工人为邓秋耿,因此双方名为联营,实为非法转包,双方签订的《联营协议》亦为无效。

【法院参考案例】

1. 云南镕通建设工程有限公司、杨斌与云南省建设投资控股集团有限公司建设工程施工合同纠纷案[(2019)云民终 65 号]

裁判要旨:工程承包人将工程分包给不具有资质的个人或者其他企业,属于违法分包,分包合同无效。

云南省高级人民法院认为,关于本案中双方所签合同的性质和效力如何认定的问题。首先,本案中,杨斌与云南建投签订的《工程劳务承包合同》及镕通公司与云南建投签订的《工程劳务承包合同》,除了主体一方变更外,其余内容是一致的,双方签订的《工程劳务承包合同》名为劳务承包,实为建设工程分包,据此本案属于建设工程分包合同纠纷。其次,根据《最高人民法院关于审理建设工程施工合同纠纷案件适用法律问题的解释》第一条"建设工程施工合同具有下列情形之一的,应当根据合同法第五十二条第(五)项的规定,认定无效:(一)承包人未取得建筑施工企业资质或者超越资质等级的"和第四条"承包人非法转包、违法分包建设工程或者没有资质的实际施工人借用有资质的建筑施工企业名义与他人签订建设工程施工合同的行为无效"的规定,杨斌和镕通公司均无相应的施工资质,杨斌与云南建投签订的《工程劳务承包合同》以及镕通公司与云南建投签订的《工程劳务承包合同》,因一方合同主体无相应的施工资质,违反了法律强制性规定导致合同无效。本案中,杨斌、镕通公司以及云南建投三方对杨斌、镕通公司的主体不适格是明知的,因此,案涉合同无效三方均有责任。一审法院认定合同有效不当,本院予以纠正。

2. 冯金满与王玉成、刘彪、清远园林绿化公司合同纠纷案[(2017)粤民申 8847 号]

裁判要旨:投标人以他人名义投标,中标后将中标工程又转包给他人,其行为违反了法律强制性规定,应属无效。

广东省高级人民法院经审查认为,《招标投标法》第四十八条第一款、第二款规定:“中标人应当按照合同约定履行义务,完成中标项目。中标人不得向他人转让中标项目,也不得将中标项目肢解后分别向他人转让。中标人按照合同约定或者经招标人同意,可以将中标项目的部分非主体、非关键性工作分包给他人完成。接受分包的人应当具备相应的资格条件,并不得再次分包。”根据本案已查明的事实,冯金满以园林公司名义投标,中标后将涉案中标工程又转包给王玉成、刘彪,其行为已违反了上述强制性规定,应属无效。王玉成、刘彪向冯金满出具的《承诺书》虽然是其二人的真实意思表示,但该《承诺书》基于上述违法转包行为而产生,亦已违反了上述《招标投标法》第四十八条的强制性规定,故王玉成、刘彪出具的《承诺书》亦属无效,冯金满诉请王玉成、刘彪依据《承诺书》的约定支付酬劳费,依法无据,二审判决对此认定正确。

3. 青岛德施普电力设备有限公司、青岛德施普机械工业有限公司与哈尔滨锅炉厂有限责任公司买卖合同纠纷案[(2014)黑高商终字第51号]

裁判要旨:中标人应当就分包项目向招标人负责,接受分包的人就分包项目承担连带责任。

黑龙江省高级人民法院认为,德施普机械公司应否承担连带清偿责任。根据德施普机械公司出具的《关于大唐鸡西B厂滚筒冷渣器的性能要求》、《冷渣器供货范围说明》、《冷渣器供货差异会议纪要》、《鸡西冷渣机问题回函》及2011年12月28日《会议纪要》等文件可以证实,案涉冷渣器的生产、安装指导、维修改造工作均由德施普机械公司完成,德施普机械公司在设计图纸上加盖公章的行为,亦表明其参与了案涉冷渣器的设计工作。鉴于德施普设备公司将案涉冷渣器的关键性工作分包给德施普机械公司完成,原审法院根据《招标投标法》第四十八条关于“中标人应当就分包项目向招标人负责,接受分包的人就分包项目承担连带责任”的规定,判令德施普机械公司对案涉债务承担连带清偿责任亦无不当,德施普机械公司关于其不应承担连带清偿责任的上诉主张,本院不予支持。

4. 新疆生产建设兵团第三师水利工程建设管理处、新疆小海子水利建筑安装工程有限公司与新疆北新土木建设工程有限公司、新疆兵团水利水电工程集团有限公司等建设工程施工合同纠纷案[(2019)新民终 128 号]

裁判要点:中标人将部分主体、关键性工作进行分包以及分包人再行分包等行为,均属于非法分包,分包协议均无效。

新疆维吾尔自治区高级人民法院认为,北新公司是否为实际施工人,新北建设公司的资质问题及北新公司与兵团水电集团订立的合同效力问题。三师工程管理处一审提交的从天眼查软件查询北新公司的企业信用报告显示经营范围中包括水利水电工程施工,以此主张北新公司具有水利工程施工资质,不属于实际施工人。本院认为,天眼查仅为查询企业公开信息的软件,并非水利水电工程施工资质的颁发主体,故从天眼查软件查询的信息并不具有证明北新公司具有资质的证明力,本院不予采信。《招标投标法》第四十八条规定:"中标人应当按照合同约定履行义务,完成中标项目。中标人不得向他人转让中标项目,也不得将中标项目肢解后分别向他人转让。中标人按照合同约定或者经招标人同意,可以将中标项目的部分非主体、非关键性工作分包给他人完成。接受分包的人应当具备相应的资格条件,并不得再次分包。中标人应当就分包项目向招标人负责,接受分包的人就分包项目承担连带责任。"《合同法》第二百七十二条规定:"承包人不得将其承包的全部建设工程转包给第三人或者将其承包的全部建设工程肢解以后以分包的名义分别转包给第三人。禁止承包人将工程分包给不具备相应资质条件的单位。"本案中,涉案工程施工范围为 K62 + 700 - K91 + 700,小海子公司将其中 K65 + 000 至 K91 + 700 内全部工程分包给兵团水电集团,兵团水电集团又将其中 K73 + 700 至 K91 + 700 分包给北新公司。小海子公司与兵团水电集团之间的分包合同关系如要符合该法律规定的分包,应当同时具备四个条件:一是按照合同中约定或者经三师工程管理处同意分包中标项目;二是分包给兵团水电集团完成的是中标项目的部分非主体、非关键性工作;三是兵团水电集团应当具备相应的资格条件;四是兵团水电集团不得再次分包。而小海子公司将中标工程中的绝大多数工程内容分包给兵团水电集团,明显不符合"部分非主体、非关键性工作"这项条件,并且兵团水电集团将其分包工程中的大部分工程分包给不具有施工资质的北新公司,亦违反上述法律规定。故本院认为,依照《合同法》第五十二条第(五)项的规定,小海子公司与兵团水电集团签订的《施工协议书》,因违反法律强制性规定,应被认定无效,兵团水电集团与北新公司订立的《施工承包协议书》亦因违反法律强制性规定，应被认定无效。北新公司完成了其分包工程的施工，并经验收合格，为《最高人民法院关于审理建设工程施工合同纠纷案件适用法律问题的解释》规定的实际施工人。

5. 哈尔滨锅炉厂有限责任公司与黑龙江龙唐电力工程有限公司建设工程施工合同纠纷案［(2018)黑民终28号］

裁判要旨：分包合同虽未在签订合同前经招标人认可，但在合同履行过程中为招标人知晓且对分包行为并未提出异议，并不必然导致该分包合同无效。

黑龙江省高级人民法院认为，本案需解决争议各份合同的签订主体及合同的效力问题。国电双电公司作为争议工程的发包方与哈锅公司作为争议工程的总承包方之间通过招标签订的《国电双电公司2＊600MW机组技改项目烟气脱硝装置(液氨法)EPC总承包工程合同》及随后签订的补充协议，均系双方当事人的真实意思表示，不违反法律、行政法规的效力性强制性规定，亦不存在导致合同无效的其他情形，本院依法确认其有效。该合同及补充协议在国电双电公司及哈锅公司之间发生法律效力。对于哈锅公司与吉林飞特公司间签订的分包合同，哈锅公司与国电双电公司在投标书中约定，投标人的分包商(若有)必须与其分包相适应的营业范围和资质如下：4.7.1具有独立法人资格，分别具有电力工程施工总承包壹级资质等级和环境工程甲级设计资质；具有机电安装工程施工总承包壹级资质或与建筑施工总承包壹级资质的投标联合体；具有类似于SCR调试试验考核的相应资质证书。4.7.4不允许再分包或转让他人，需要再分包或转让的项目需在投标阶段声明并经买方批准。哈锅公司与吉林飞特公司之间的分包合同虽未在签订合同前经国电双电公司认可，但国电双电公司与哈锅公司之间的合同性质为EPC，即发包人给予总承包人在建设工程项目建设中较大的工作自由，在合同履行过程中，国电双电公司亦知晓吉林飞特公司为分包单位且签订《国电双鸭山发电有限公司三期脱硝改造工程建安税代扣代缴协议》，对哈锅公司的分包行为并未提出异议。且违反该投标文件的约定并不必然导致该合同无效，据此，哈锅公司与吉林飞特公司间的分包合同依法有效。

编者说明

转包和违法分包是建设工程领域的顽疾，侵害招标投标制度，损害市场公平竞争。转包和违法分包的具体情形可参考《建筑工程施工发包与承包违法行为认定查处管理办法》认定。根据合同自由原则，合同当事人可以亲自履行合同义务，也可以经对方当事人同意将合同义务交由他人代为履行。但是基于招标采购的特点，对经过招标投标程序订立的合同禁止将合同内容转交他人履行。《建筑法》第二十四条和第二十八条禁止承包单位将其承包的建筑工程转包给他人。与转包不同，工程分包既有专业工程分包与劳务作业分包之分，又有合法分包与违法分包之分。无论是专业工程分包还是劳务作业分包，都需符合法定条件，否则就可能构成违法分包。中标人只能在以下两种情况下进行专业分包：一是中标人可以在投标文件中载明分包情况，并在中标后根据合同约定进行分包。二是中标人可以在授予合同后根据招标人同意而分包。承包人进行劳务分包无须报经发包人同意。《建筑法》第二十九条确立了限制分包制度，《建设工程质量管理条例》第七十八条列举了常见情形。对转包和违法分包行为，《最高人民法院关于审理建设工程施工合同纠纷案件适用法律问题的解释（一）》（法释〔2020〕25 号）第一条第二款规定，承包人因转包、违法分包建设工程与他人签订的建设工程施工合同应当认定无效。

第五章　法律责任

第四十九条　【必须进行招标的项目不招标的责任】违反本法规定,必须进行招标的项目而不招标的,将必须进行招标的项目化整为零或者以其他任何方式规避招标的,责令限期改正,可以处项目合同金额千分之五以上千分之十以下的罚款;对全部或者部分使用国有资金的项目,可以暂停项目执行或者暂停资金拨付;对单位直接负责的主管人员和其他直接责任人员依法给予处分。

【立法·要点注释】

本条是关于违反规定规避招标的行为应当承担的法律责任的规定。

1. 责令限期改正,即由有关行政执法机关以行政决定的方式,要求有关单位和个人限期纠正其对必须进行招标的项目不招标的行为。

2. 罚款是行政处罚中的一种经济处罚,是对犯有一般违法行为的单位或者个人的一种经济上的制裁方法,具体表现为依法责令违法单位或者个人向国家缴纳一定数额的金钱。所谓"可以处以罚款",是指可以罚款,也可以不罚款,是否处以罚款由本法规定的行政执法部门根据具体情况决定。

3. 行政处分的形式主要有警告、记过、记大过、降级、撤职、开除等。除行政处分之外的其他处分,主要是指实施处分的单位依照其单位内部的规章制度进行的处分。

4. "化整为零"规避招标,是指有关单位和个人将依法必须招标的一个整体项目人为地划分为若干个项目,使各个项目在规模上低于依法必须招标的项目的规模标准,从而达到规避招标的目的的行为。所谓"以其他任何方式"规避招标,是指除化整为零规避招标以外的其他规避招标的方式。

【部门规章及规范性文件】

1.《工程建设项目施工招标投标办法》(2013年5月1日)

第六十八条　依法必须进行招标的项目而不招标的,将必须进行招标的项目化整为零或者以其他任何方式规避招标的,有关行政监督部门责令限期改正,可以处项目合同金额千分之五以上千分之十以下的罚款;对全部或者部分使用国有资金的项目,项目审批部门可以暂停项目执行或者暂停资金拨付;对单位直接负责的主管人员和其他直接责任人员依法给予处分。

2.《房屋建筑和市政基础设施工程施工招标投标管理办法》(2019 年 3 月 13 日)

第五十条 应当招标未招标的,应当公开招标未公开招标的,县级以上地方人民政府建设行政主管部门应当责令改正,拒不改正的,不得颁发施工许可证。

3.《机电产品国际招标投标实施办法(试行)》(2014 年 4 月 1 日)

第九十三条 招标人对依法必须进行招标的项目不招标或化整为零以及以其他任何方式规避国际招标的,由相应主管部门责令限期改正,可以处项目合同金额 0.5% 以上 1% 以下的罚款;对全部或者部分使用国有资金的项目,可以通告项目主管机构暂停项目执行或者暂停资金拨付;对单位直接负责的主管人员和其他直接责任人员依法给予处分。

第五十条 【招标代理机构的责任】招标代理机构违反本法规定,泄露应当保密的与招标投标活动有关的情况和资料的,或者与招标人、投标人串通损害国家利益、社会公共利益或者他人合法权益的,处五万元以上二十五万元以下的罚款;对单位直接负责的主管人员和其他直接责任人员处单位罚款数额百分之五以上百分之十以下的罚款;有违法所得的,并处没收违法所得;情节严重的,禁止其一年至二年内代理依法必须进行招标的项目并予以公告,直至由工商行政管理机关吊销营业执照;构成犯罪的,依法追究刑事责任。给他人造成损失的,依法承担赔偿责任。

前款所列行为影响中标结果的,中标无效。

【立法·要点注释】

本条是关于招标代理机构违法泄密或者与招标人、投标人串通应当承担的法律责任的规定。

1. 招标人和招标代理机构之间属于委托代理关系。招标代理机构可接受招标人的委托参与招标投标活动,但不得泄露应当保密的与招标投标活动有关的情况和资料。这里所讲的"与招标投标活动有关的情况和资料",包括编制和发售招标文件阶段的潜在投标人的名称、数量以及可能影响公平竞争的有关招标投标的其他情况,招标项目的标底,评标阶段的评标保密措施,对投标文件的评审和比较,中标候选人的推荐情况以及与评标有关的其他情况,等等。

2. 招标代理机构与招标人、投标人串通包括以下几种情况:一是招标代理机构与招标人串通违反本法的规定进行招标投标。二是招标代理机构与投标人串通以使该投标人中标从中谋取不正当利益等。三是招标人、招标代理机构、投标人共同串通谋取非法利益等。这里所讲的"他人",主要是指招标人和利益受到损害的其他投标人。

3. 对招标代理机构的上述行为实行"双罚"原则,既对招标代理机构予以罚款,也对单位的相关人员处以罚款。

4. "违法所得",是指招标代理机构因泄密或者因与招标人、投标人串通而获得的违法收入,对此应予以没收。

5. 违反本条构成犯罪的,"依法追究刑事责任",主要是指依照《刑法》第二百一十九条、第二百二十条关于侵犯商业秘密罪的规定追究刑事责任。所谓侵犯商业秘密罪,是指以非法手段获取、泄露、使用他人的商业秘密,并给商业秘密的权利人造成重大损失的行为。所谓商业秘密,是指不为公众所知悉,能为权利人带来经济利益,具有实用性并经权利人采取保密措施的技术信息和经营信息。构成本罪必须具备以下条件:一是犯罪的客体方面。该罪侵犯的客体是复杂客体,既侵犯了国家对市场秩序的管理制度,又侵犯了商业秘密权利人的合法权益,具体到本条就是侵犯了招标人和相关的投标人的合法权益。二是犯罪的客观方面。侵犯商业秘密罪表现为行为人实施了以非法手段获取、泄露、使用他人的商业秘密,并给商业秘密的权利人造成重大损失的行为。侵犯商业秘密的具体行为包括:以盗窃、利诱、胁迫或者其他不正当手段获取权利人的商业秘密的;披露、使用或者允许他人使用以前项手段获取的权利人的商业秘密的;违反约定或者违反权利人有关保守商业秘密的要求,披露、使用或者允许他人使用其所掌握的商业秘密的;明知或者应知存在上述行为而获取、使用或者披露他人的商业秘密的。招标代理机构在参与招标投标活动中不可避免地会存在了解招标人和投标人的商业秘密的机会。招标人泄露应当保密的与招标投标活动有关的情况和资料中完全可能有招标人和投标人的商业秘密。招标代理机构与招标人、投标人串通侵犯他人商业秘密构成本罪的,依法追究刑事责任。三是犯罪的主观方面。侵犯商业秘密罪主要是由故意犯罪构成,但应当知道自己所获取、使用或者披露他人的商业秘密是以非法手段得到时,过失也可以构成本罪。四是犯罪的主体。侵犯商业秘密罪的主体是一般主体。依照《刑法》第二百二十条的规定,单位如招标代理机构也可以构成本罪的犯罪主体。

6. 招标代理机构的上述泄密行为或者与招标人、投标人串通影响中标结果的,中标无效。因招标代理机构的上述泄密行为给招标人、其他投标人造成损失的,应当承担赔偿责任。招标代理机构与投标人串通,给招标人和其他投标人造成损失的,与串通的投标人承担连带赔偿责任;已收取的招标代理费应当退还招标人。招标代理机构与招标人串通,给投标人造成损失的,与招标人承担连带赔偿责任。

【相关法律】

1.《中华人民共和国民法典》(2021 年 1 月 1 日)

第一百二十三条 民事主体依法享有知识产权。

知识产权是权利人依法就下列客体享有的专有的权利:

(一)作品;

(二)发明、实用新型、外观设计;

(三)商标;

(四)地理标志;

(五)商业秘密;

(六)集成电路布图设计;

(七)植物新品种;

(八)法律规定的其他客体。

第五百零一条 当事人在订立合同过程中知悉的商业秘密或者其他应当保密的信息,无论合同是否成立,不得泄露或者不正当地使用;泄露、不正当地使用该商业秘密或者信息,造成对方损失的,应当承担赔偿责任。

第一百七十九条 承担民事责任的方式主要有:

(一)停止侵害;

(二)排除妨碍;

（三）消除危险；

（四）返还财产；

（五）恢复原状；

（六）修理、重作、更换；

（七）继续履行；

（八）赔偿损失；

（九）支付违约金；

（十）消除影响、恢复名誉；

（十一）赔礼道歉。

法律规定惩罚性赔偿的，依照其规定。

本条规定的承担民事责任的方式，可以单独适用，也可以合并适用。

2.《中华人民共和国刑法》（2017年11月4日）

第二百一十九条　有下列侵犯商业秘密行为之一，给商业秘密的权利人造成重大损失的，处三年以下有期徒刑或者拘役，并处或者单处罚金；造成特别严重后果的，处三年以上七年以下有期徒刑，并处罚金：

（一）以盗窃、利诱、胁迫或者其他不正当手段获取权利人的商业秘密的；

（二）披露、使用或者允许他人使用以前项手段获取的权利人的商业秘密的；

（三）违反约定或者违反权利人有关保守商业秘密的要求，披露、使用或者允许他人使用其所掌握的商业秘密的。

明知或者应知前款所列行为，获取、使用或者披露他人的商业秘密的，以侵犯商业秘密论。

本条所称商业秘密，是指不为公众所知悉，能为权利人带来经济利益，具有实用性并经权利人采取保密措施的技术信息和经营信息。

本条所称权利人，是指商业秘密的所有人和经商业秘密所有人许可的商业秘密使用人。

第二百二十条　单位犯本节第二百一十三条至第二百一十九条规定之罪的，对单位判处罚金，并对其直接负责的主管人员和其他直接责任人员，依照本节各该条的规定处罚。

第三百九十八条　国家机关工作人员违反保守国家秘密法的规定，故意或者过失泄露国家秘密，情节严重的，处三年以下有期徒刑或者拘役；情节特别严重的，处三年以上七年以下有期徒刑。

非国家机关工作人员犯前款罪的，依照前款的规定酌情处罚。

【行政法规】

《中华人民共和国招标投标法实施条例》（2019 年 3 月 2 日）

第六十五条 招标代理机构在所代理的招标项目中投标、代理投标或者向该项目投标人提供咨询的，接受委托编制标底的中介机构参加受托编制标底项目的投标或者为该项目的投标人编制投标文件、提供咨询的，依照招标投标法第五十条的规定追究法律责任。

【要点注释】

本条是关于中介机构违反防止利益冲突规定的法律责任的规定。

招标代理机构或者受委托编制标底的中介机构有以上违法行为的，依据《招标投标法》第五十条规定追究法律责任，其中：

1. 并处没收违法所得。没收违法所得，是指行政主体实施的将违法行为人的部分或者全部违法收入、物品或者其他非法占有的财物收归国家所有的处罚方式。没收可以视情节轻重决定部分或者全部没收。没收的物品，除应当予以销毁及存档备查外，均应上交国库或交由法定专管机关处理。根据本条规定，招标代理机构或者其他中介机构因实施前述违法行为而有违法所得的，有关行政监督部门应并处没收违法所得。也就是说，行政监督部门对有违法所得的行为人处以罚款的同时，将其违法所得收归国家所有。

2. 损害赔偿。损害赔偿，是指当事人一方因侵权行为或不履行债务而对他方造成损害时应承担赔偿对方损失的民事责任，包括侵权的损害赔偿与违约的损害赔偿。招标代理机构的前述违法行为属于侵权行为还是违约行为，需要视情况具体分析。例如，招标代理机构接受招标人委托后，又为投标人提供咨询，泄露与招标活动有关的投标人数量、标底等应当保密的信息，对招标人构成侵权。同时，招标代理机构为其他投标人提供咨询或者参加投标，又违反了招标代理机构与招标人之间的委托代理合同所约定的义务，对招标人构成违约，产生了侵权责任与违约责任的竞合。受损害方有权选择依照本法要求其承担违约责任或者依照其他法律要求其承担侵权责任。赔偿责任必须以行为人的行为给他人造成了损失为前提。这里所说的“他人”，包括招标人、投标人、第三人等。

3. 中标无效。如果招标代理机构的前述违法行为影响了中标结果的，中标无效。招标人尚未与中标人签订书面合同的，招标人发出的中标通知书失去了法律约束力。当事人之间已经签订了书面合同的，所签合同无效。合同无效产生以下后果：一是恢复原状。无效的合同自始没有法律约束力，因该合同取得的财产应当予以返还，不能返还或者没有必要返还的应当折价补偿。二是赔偿损失。因招标代理机构的违法行为而使中标无效的，招标代理机构应当赔偿招标人、投标人因此所受的损失。如果招标人、投标人也有过错的，各自承担相应的责任。招标人知道招标代理机构从事违法行为而不作反对表示的，应当与招标代理机构一起对第三人负连带责任。三是依法重新招标或者评标。

4. 依法追究刑事责任。按照《刑法》第二百一十九条、第二百二十条规定的侵犯商业秘密罪，依法追究招标代理机构或者受委托编制标底的中介机构的刑事责任。单位构成犯罪的，对单位判处罚金，对直接负责的主管人员和其他直接责任人员处以相应的刑罚。

【部门规章及规范性文件】

1.《工程建设项目施工招标投标办法》(2013 年 5 月 1 日)

第六十九条　招标代理机构违法泄露应当保密的与招标投标活动有关的情况和资料的，或者与招标人、投标人串通损害国家利益、社会公共利益或者他人合法权益的，由有关行政监督部门处五万元以上二十五万元以下罚款，对单位直接负责的主管人员和其他直接责任人员处单位罚款数额百分之五以上百分之十以下罚款；有违法所得的，并处没收违法所得；情节严重的，有关行政监督部门可停止其一定时期内参与相关领域的招标代理业务，资格认定部门可暂停直至取消招标代理资格；构成犯罪的，由司法部门依法追究刑事责任。给他人造成损失的，依法承担赔偿责任。

前款所列行为影响中标结果，并且中标人为前款所列行为的受益人的，中标无效。

2.《机电产品国际招标投标实施办法(试行)》(2014 年 4 月 1 日)

第九十九条　招标机构有下列行为之一的，依照招标投标法、招标投标

法实施条例的有关规定处罚:

(一)与招标人、投标人串通损害国家利益、社会公共利益或者他人合法权益的;

(二)在所代理的招标项目中投标、代理投标或者向该项目投标人提供咨询的;

(三)参加受托编制标底项目的投标或者为该项目的投标人编制投标文件、提供咨询的;

(四)泄漏应当保密的与招标投标活动有关的情况和资料的。

第一百条 招标机构有下列行为之一的,给予警告,并处3万元以下罚款;该行为影响到整个招标公正性的,当次招标无效:

(一)与招标人、投标人相互串通、搞虚假招标投标的;

(二)在进行机电产品国际招标机构登记时填写虚假信息或提供虚假证明材料的;

(三)无故废弃随机抽取的评审专家的;

(四)不按照规定及时向主管部门报送材料或者向主管部门提供虚假材料的;

(五)未在规定的时间内将招标投标情况及其相关数据上传招标网,或者在招标网上发布、公示或存档的内容与招标公告、招标文件、投标文件、评标报告等相应书面内容存在实质性不符的;

(六)不按照本办法规定对异议作出答复的,或者在投诉处理的过程中未按照主管部门要求予以配合的;

(七)因招标机构的过失,投诉处理结果为招标无效或中标无效,6个月内累计2次,或一年内累计3次的;

(八)不按照本办法规定发出中标通知书或者擅自变更中标结果的;

(九)其他违反招标投标法、招标投标法实施条例和本办法的行为。

第一百零四条 招标网承办单位有下列行为之一的,商务部予以警告并责令改正;情节严重的或拒不改正的,商务部可以中止或终止其委托服务协议;给招标投标活动当事人造成损失的,应当承担赔偿责任;构成犯罪的,依法追究刑事责任:

(一)超出商务部委托范围从事与委托事项相关活动的;

(二)利用承办商务部委托范围内事项向有关当事人收取费用的;

(三)无正当理由拒绝或者延误潜在投标人于投标截止时间前在招标网

免费注册的；

（四）泄露应当保密的与招标投标活动有关情况和资料的；

（五）在委托范围内，利用有关当事人的信息非法获取利益的；

（六）擅自修改招标人、投标人或招标机构上传资料的；

（七）与招标人、投标人、招标机构相互串通、搞虚假招标投标的；

（八）其他违反招标投标法、招标投标法实施条例及本办法的。

【法院参考案例】

湖南创元空调有限公司与湖南省招标有限责任公司、山东富尔达空调设备有限公司、湖南省常德市地方税务局不正当竞争纠纷案［（2003）湘高法民三终字第85号］

裁判要旨：投标人与招标代理机构串通伪造投标文件，影响中标结果的，中标无效，签订的合同亦无效。虽然招标文件并未要求投标人应当具有建筑资质，但是投标人除应具备招标文件规定的资格条件之外，还应知晓国家对投标人资格条件的有关规定，并具备相应的资格条件。

湖南省高级人民法院认为，确认招标投标活动中是否存在不正当竞争行为，应当对招标、投标、开标、评标、中标，招标人和中标人订立书面合同以及履行合同的全部过程进行审查。

《建筑法》第二条第二款、第二十六条第一款规定："本法所称建筑活动，是指各类房屋建筑及其附属设施的建造和与其配套的线路、管道、设备的安装活动。""承包建筑工程的单位应当持有依法取得的资质证书，并在其资质等级许可的业务范围内承揽工程。"《招标投标法》第十八条规定："……国家对投标人的资格条件有规定，依照其规定。"上述法律规定属于强制性法律规范，当事人必须遵守。本案所涉安装服务属于建筑工程中的一种活动，从事该项工程依法必须取得建筑资质。原审法院关于从事涉案安装服务的企业必须取得建筑资质的认定正确，予以维持。虽然招标文件并未要求投标人应当具有建筑资质，但是根据《招标投标法》第二十六"投标人应当具备承担招标项目的能力；国家有关规定对投标人资格条件或者招标文件对投标人资格条件有规定的，投标人应当具备规定的资格条件"的规定，无论对于招标项目中的主体、关键性工程，还是非主体、非关键性工程，投标人除应具备招标文件规定的资格条件之外，还应知晓国家对投标人资格条件的有关规定，并具备相应的资格条件。本案招标标的是热泵机组采购及安装服务,开标记录显示安装服务是招标项目中的非主体、非关键性工程,系投标人应当履行的主义务之一,而不是设备采购的随附义务。富尔达公司作为投标人必须具有完成安装服务所需的建筑资质,但富尔达公司未提供建筑资质证书,其不具有建筑资质。

中标候选人公示后,创元公司投诉。为此,常德市招标投标办公室形成的常招办〔2003〕1 号文件《关于常德市地税局直属分局综合楼空调招标有关问题会议纪要》(证据5)中认为:"富尔达公司将安装业务分包给富源安装公司,并在投标文件中明确。"对陈和平的调查笔录(证据1)证明省招标公司向常德市招标投标办公室提交的富尔达公司的投标文件中有富尔达公司《指定安装单位说明》,富源安装公司《建筑业企业资质证书》《企业法人营业执照》。但在本院调取的包含富尔达公司投标文件在内的招标投标所有文件中,没有富尔达公司《指定安装单位说明》,富源安装公司《建筑业企业资质证书》《企业法人营业执照》。富尔达公司在投标文件中明确本次投标的所有设备由其自行安装,中标后其与常德市地税局订立的合同也印证了涉案空调机组是由富尔达公司安装的。在庭审过程中,本院就上述存在矛盾的证据要求省招标公司、富尔达公司进行澄清。省招标公司称没有上述文件,其已提交了涉案招标投标的所有文件。富尔达公司称其没有建筑资质,至于是否将安装服务分包给他人完成与本案无关,上述材料出现于评标结论出来之后,对评标结论没有影响。招标投标活动的有关程序规定决定了投标人的投标文件只能由投标人提供,在常德市招标投标办公室处理投诉时,省招标公司向该办提供的投标人富尔达公司的投标文件中含有未向本院提供的他人建筑资质证明及其他文件,省招标公司、富尔达公司对此矛盾不能予以澄清。因此,应当认定投标人富尔达公司与招标代理机构省招标公司之间存在不正当联系的行为。在本案所涉安装服务要求投标人具备建筑资质,而富尔达公司没有该资质的情况下,富尔达公司与省招标公司在创元公司投诉后,为达到使富尔达公司中标的目的,相互串通伪造富尔达公司投标文件中的《指定安装单位说明》,富源安装公司《建筑业企业资质证书》《企业法人营业执照》,使常德市招标投标办公室依据伪造的投标文件,认定富尔达公司已将安装服务依法分包给富源安装公司,错误地作出维护中标结果的处理决定。富尔达公司与省招标公司串通伪造富尔达公司投标文件的行为损害了国家利益、社会公共利益,破坏了招标投标活动的公平性,损害了创元公司的合法权益,违反了《反不正当竞争法》第二条第一款"经营者在市场交易中,应当遵循自愿、平等、公平、诚实信用的原则,遵守公认的商业道德"的规定,构成不正当竞争。上诉人关于富尔达公司与省招标公司相互勾结以骗取常德市招标投标办公室维护中标的行为构成不正当竞争行为的上诉理由成立,本院依法予以采纳。

《反不正当竞争法》第二十条第一款规定:"经营者违反本法规定,给被侵害的经营者造成损害的,应当承担损害赔偿责任,被侵害的经营者的损失难以计算的,赔偿额为侵权人在侵权期间因侵权所获得的利润;并应当承担被侵害的经营者因调查该经营者侵害其合法权益的不正当竞争行为所支付的合理费用。"同时,《招标投标法》第五十条第一款规定:招标代理机构……与……投标人串通损害国家利益、社会公共利益或者他人合法权益的……给他人造成损失的,依法承担赔偿责任。在被侵害的经营者的损失难以计算,侵权行为人没有获得利润或者利润无法查明时,侵权行为人的赔偿责任并不能免除。人民法院可以根据权利人遭受侵害的实际情形公平酌定赔偿额。创元公司主张赔偿其经营利润损失 37 万元的诉讼请求,证据不足,本院根据侵权行为的性质,酌情确定由富尔达公司和省招标公司共同赔偿创元公司 15 万元。

关于省招标公司制作的《技术参数比较》,其数据都来自富尔达公司与创元公司的投标文件。其中,富尔达公司的数据采自其投标文件中的实用工况数据,而创元公司的数据采自其投标文件中的标准工况数据。评标委员会出具的技术参数比较表对富尔达公司、创元公司产品各项指标的技术参数(除制冷剂外)的具体数值或评议都一致,各项指标对应的结论都为合格。在此情形下,常德市地税局要求省招标公司出具有关投标入围产品节能效果比较,省招标公司于评标完成后 8 日、中标通知书发出之前形成并出具了《技术参数比较》。根据《招标投标法》第四十条第二款"招标人根据评标委员会提出的书面评标报告和推荐的中标候选人确定中标人"的规定,招标人只能将评标委员会的书面评标报告作为唯一书面依据,在评标委员会推荐的中标候选人中确定中标人。本案省招标公司在评标委员会提出的书面评标结论之外出具该《技术参数比较》,其行为违反了《招标投标法》第五条"招标投标活动应当遵循公开、公平、公正和诚实信用的基本原则"的规定,但缺乏充分证据证明省招标公司与常德市地税局在这一行为中存在串通。《技术参数比较》数据来自两家公司的投标文件,其没有扩散,也没有对创元公司及其设备造成不利社会评价的影响。因此,省招标公司出具《技术参数比较》不构成对创元公司商业信誉和商品声誉的侵权,创元公司据此要求省招标公司与富尔达公司赔偿20万元损失的诉讼请求不能得到支持,原审判决对此的认定正确,本院予以维持。

省招标公司与富尔达公司串通伪造富尔达公司投标文件的行为,造成常德市招标投标办公室针对创元公司的投诉作出了错误的判断,并使得本案招标活动最终确定了富尔达公司为中标人,其对本案所涉招标项目的中标结果具有实质性影响,故本院认为,因富尔达公司与省招标公司存在串通行为并影响中标结果,且该串通行为系弄虚作假、骗取中标的行为,根据《招标投标法》第五十条、第五十四条第一款之规定,富尔达公司中标无效,因中标而导致的富尔达公司与常德市地税局签订的合同当然无效。鉴于本案合同已经履行,合同无效将导致返还财产、折价补偿的法律后果,使国家财产蒙受巨大损失,为维护社会关系的稳定,应维持该合同履行的现状,富尔达空调及机房配套、附属设备由常德市地税局保有,合同约定的价款作为折价款返还给富尔达公司。

关于中标候选人公示程序,《招标投标法》对中标候选人公示这一程序没有作出规定。本案评标委员会书面评标报告推荐两名中标候选人,即富尔达公司为首选,创元公司为候选,但仅公示了富尔达公司,且中标候选人公示在招标人确定中标人之后。中标候选人公示程序存在瑕疵,但该程序并非《招标投标法》所规定的必经程序,对确定中标人不产生实质性影响。关于上诉人所诉评标委员会的组成违法和评标偏离招标文件规定的评标内容和方法之诉由因缺乏充分证据,不能成立。

第五十一条 【限制或者排斥潜在投标人的责任】 招标人以不合理的条件限制或者排斥潜在投标人的,对潜在投标人实行歧视待遇的,强制要求投标人组成联合体共同投标的,或者限制投标人之间竞争的,责令改正,可以处一万元以上五万元以下的罚款。

【立法·要点注释】

本条是关于招标人以不合理的条件限制或者排斥潜在投标人等行为应当承担法律责任的规定。

1. 所谓以"不合理的条件限制或者排斥潜在投标人",实践中有多种情况,如要求投标人必须是在本地区注册的企业,或者招标人故意提出不合理的条件,使投标人难以满足其要求而不愿意投标或者即使投标也没有中标的可能性,从而使招标成为走过场、搞形式,等等。

2. 所谓"对潜在投标人实行歧视待遇",是指招标人不以公正的态度对待潜在投标人,实行区别对待,故意规定或者设置促使其偏向的潜在投标人中标的有利条件。

3. 本条所讲的"责令改正",是指由行政执法机关责令招标人改变其提出的不合理的条件,重新修正其招标文件,公正地对待所有的潜在投标人;行政执法机关责令招标人分开强制组成的投标联合体,符合条件的各成员单位各以一个投标人的身份进行投标;招标人要改正其限制投标人竞争的行为,取消限制竞争的条件,严格按照本法的规定对项目进行招标。

【行政法规】

《中华人民共和国招标投标法实施条例》(2019 年 3 月 2 日)

第六十三条　招标人有下列限制或者排斥潜在投标人行为之一的,由有关行政监督部门依照招标投标法第五十一条的规定处罚:

(一)依法应当公开招标的项目不按照规定在指定媒介发布资格预审公告或者招标公告;

(二)在不同媒介发布的同一招标项目的资格预审公告或者招标公告的内容不一致,影响潜在投标人申请资格预审或者投标。

依法必须进行招标的项目的招标人不按照规定发布资格预审公告或者招标公告,构成规避招标的,依照招标投标法第四十九条的规定处罚。

【要点注释】

本条是关于违法发布公告法律责任的规定。

1. 依法应当公开招标的项目不按照规定在指定媒介发布资格预审公告或者招标公告。实践中的情形主要包括:一是应发布资格预审公告或者招标公告而没有发布;二是发布了资格预审公告或者招标公告,但没有在指定媒介发布;三是在指定媒介发布了资格预审公告或者招标公告,但公告的内容不符合《招标投标法》第十六条第二款规定;四是公告内容符合《招标投标法》第十六条第二款规定,但有关获取资格预审文件或者招标文件的规定不合理或者不合法,如获取资格预审文件或者招标文件的时间不满足法律规定等。

2. 在不同媒介发布的同一招标项目的资格预审公告或者招标公告的内容不一致,影响潜在投标人申请资格预审或者投标。实践中,影响潜在投标人是否申请资格预审或者参加投标的公告内容主要有:资金来源、招标内容、计划工期、投标人的资格要求、投标截止时间等。

3. 行政处罚,是指有行政处罚权的国家行政机关或者法律、法规授权的组织,对违反行政法律规范,但尚不构成犯罪的公民、法人或其他组织实施的一种制裁形式。根据《行政处罚法》第八条规定,行政处罚的种类主要有:警告、罚款、没收违法所得、没收非法财物、责令停产停业、暂扣或者吊销许可证、暂扣或者吊销营业执照、行政拘留、法律法规规定的其他行政处罚。

4. 责令改正不是一种制裁,而是对违法行为及违法后果的纠正,以强制行为人履行法定义务。因此,责令改正适用于能够改正的情况。在实际操作过程中,通过受理投诉、举报或者日常监督检查发现问题的,有关行政监督部门应当采取责令改正,包括立即停止违法行为,限期改正,主动协助有关行政监督部门调查处理等。

5. 罚款,是行政处罚中的一种经济处罚,是对违法行为人的一种经济制裁措施。这里的"可以罚款",是指行政监督机关对招标人可以罚款,也可以不罚款,是否处以罚款由行政监督机关根据招标人违法情节的轻重、影响大小等因素决定,但处罚结果应当与违法行为相适应。

6. 这里的处分是指行政处分,即国家工作人员以及由国家机关委派到企业、事业单位任职的人员的违法行为尚不构成犯罪,依据法律、行政法规而给予的一种制裁。处罚的对象是违法单位的直接负责的主管人员和其他直接责任人员,即在单位中负有直接领导责任的人员,包括违法行为的决策人、事后对单位违法行为予以认可和支持的领导人员、由于疏忽管理或者放任而对单位违法行为负有不可推卸责任的领导人员,以及直接实施单位违法行为的人员。行政处分有警告、记过、记大过、降级、撤职、开除六种形式。

第六十六条 招标人超过本条例规定的比例收取投标保证金、履约保证金或者不按照规定退还投标保证金及银行同期存款利息的,由有关行政监督部门责令改正,可以处5万元以下的罚款;给他人造成损失的,依法承担赔偿责任。

【要点注释】

本条是关于违规收取、退还投标保证金和履约保证金法律责任的规定。

1. 投标保证金和履约保证金不仅仅是一种民事担保，涉及双方当事人的权利义务关系，而且还可能因此限制、排斥潜在投标人，破坏竞争秩序。据此，《条例》比照《招标投标法》第五十一条，规定了上述违法行为的法律责任。

2. 给他人造成损失的，应依法承担赔偿责任。这里的“他人”，主要是指投标人、中标人或者其他担保义务人。

【部门规章及规范性文件】

1.《电子招标投标办法》(2013年5月1日)

第五十四条　招标人或者电子招标投标系统运营机构存在以下情形的，视为限制或者排斥潜在投标人，依照招标投标法第五十一条规定处罚：

(一)利用技术手段对享有相同权限的市场主体提供有差别的信息；

(二)拒绝或者限制社会公众、市场主体免费注册并获取依法必须公开的招标投标信息；

(三)违规设置注册登记、投标报名等前置条件；

(四)故意与各类需要分离开发并符合技术规范规定的工具软件不兼容对接；

(五)故意对递交或者解密投标文件设置障碍。

第五十五条　电子招标投标交易平台运营机构有下列情形的，责令改正，并按照有关规定处罚：

(一)违反规定要求投标人注册登记、收取费用；

(二)要求投标人购买指定的工具软件；

(三)其他侵犯招标投标活动当事人合法权益的情形。

2.《工程建设项目勘察设计招标投标办法》(2013年5月1日)

第五十条　招标人有下列限制或者排斥潜在投标人行为之一的，由有关行政监督部门依照招标投标法第五十一条的规定处罚；其中，构成依法必须进行勘察设计招标的项目的招标人规避招标的，依照招标投标法第四十九条的规定处罚：

（一）依法必须公开招标的项目不按照规定在指定媒介发布资格预审公告或者招标公告；

（二）在不同媒介发布的同一招标项目的资格预审公告或者招标公告的内容不一致，影响潜在投标人申请资格预审或者投标。

第五十一条 招标人有下列情形之一的，由有关行政监督部门责令改正，可以处10万元以下的罚款：

（一）依法应当公开招标而采用邀请招标；

（二）招标文件、资格预审文件的发售、澄清、修改的时限，或者确定的提交资格预审申请文件、投标文件的时限不符合招标投标法和招标投标法实施条例规定；

（三）接受未通过资格预审的单位或者个人参加投标；

（四）接受应当拒收的投标文件。

招标人有前款第一项、第三项、第四项所列行为之一的，对单位直接负责的主管人员和其他直接责任人员依法给予处分。

第五十三条 招标人以抽签、摇号等不合理的条件限制或者排斥资格预审合格的潜在投标人参加投标，对潜在投标人实行歧视待遇的，强制要求投标人组成联合体共同投标的，或者限制投标人之间竞争的，责令改正，可以处一万元以上五万元以下的罚款。

依法必须进行招标的项目的招标人不按照规定组建评标委员会，或者确定、更换评标委员会成员违反招标投标法和招标投标法实施条例规定的，由有关行政监督部门责令改正，可以处10万元以下的罚款，对单位直接负责的主管人员和其他直接责任人员依法给予处分；违法确定或者更换的评标委员会成员作出的评审结论无效，依法重新进行评审。

3.《工程建设项目施工招标投标办法》（2013年5月1日）

第七十条 招标人以不合理的条件限制或者排斥潜在投标人的，对潜在投标人实行歧视待遇的，强制要求投标人组成联合体共同投标的，或者限制投标人之间竞争的，有关行政监督部门责令改正，可处一万元以上五万元以下罚款。

第七十三条 招标人有下列限制或者排斥潜在投标人行为之一的，由有关行政监督部门依照招标投标法第五十一条的规定处罚；其中，构成依法必须进行施工招标的项目的招标人规避招标的，依照招标投标法第四十九条的规定处罚：

（一）依法应当公开招标的项目不按照规定在指定媒介发布资格预审公告或者招标公告；

（二）在不同媒介发布的同一招标项目的资格预审公告或者招标公告的内容不一致，影响潜在投标人申请资格预审或者投标。

招标人有下列情形之一的，由有关行政监督部门责令改正，可以处10万元以下的罚款：

（一）依法应当公开招标而采用邀请招标；

（二）招标文件、资格预审文件的发售、澄清、修改的时限，或者确定的提交资格预审申请文件、投标文件的时限不符合招标投标法和招标投标法实施条例规定；

（三）接受未通过资格预审的单位或者个人参加投标；

（四）接受应当拒收的投标文件。

招标人有前款第一项、第三项、第四项所列行为之一的，对单位直接负责的主管人员和其他直接责任人员依法给予处分。

第七十九条　依法必须进行招标的项目的招标人不按照规定组建评标委员会，或者确定、更换评标委员会成员违反招标投标法和招标投标法实施条例规定的，由有关行政监督部门责令改正，可以处10万元以下的罚款，对单位直接负责的主管人员和其他直接责任人员依法给予处分；违法确定或者更换的评标委员会成员作出的评审决定无效，依法重新进行评审。

第八十七条　任何单位违法限制或者排斥本地区、本系统以外的法人或者其他组织参加投标的，为招标人指定招标代理机构的，强制招标人委托招标代理机构办理招标事宜的，或者以其他方式干涉招标投标活动的，有关行政监督部门责令改正；对单位直接负责的主管人员和其他直接责任人员依法给予警告、记过、记大过的处分，情节较重的，依法给予降级、撤职、开除的处分。

个人利用职权进行前款违法行为的，依照前款规定追究责任。

4.《工程建设项目货物招标投标办法》（2013年5月1日）

第五十五条　招标人有下列限制或者排斥潜在投标行为之一的，由有关行政监督部门依照招标投标法第五十一条的规定处罚；其中，构成依法必须进行招标的项目的招标人规避招标的，依照招标投标法第四十九条的规定处罚：

（一）依法应当公开招标的项目不按照规定在指定媒介发布资格预审公告或者招标公告；

（二）在不同媒介发布的同一招标项目的资格预审公告或者招标公告内容不一致，影响潜在投标人申请资格预审或者投标。

第五十六条 招标人有下列情形之一的，由有关行政监督部门责令改正，可以处10万元以下的罚款：

（一）依法应当公开招标而采用邀请招标；

（二）招标文件、资格预审文件的发售、澄清、修改的时限，或者确定的提交资格预审申请文件、投标文件的时限不符合招标投标法和招标投标法实施条例规定；

（三）接受未通过资格预审的单位或者个人参加投标；

（四）接受应当拒收的投标文件。

招标人有前款第一项、第三项、第四项所列行为之一的，对单位直接负责的主管人员和其他直接责任人员依法给予处分。

5.《机电产品国际招标投标实施办法（试行）》（2014年4月1日）

第九十四条 招标人有下列行为之一的，依照招标投标法、招标投标法实施条例的有关规定处罚：

（一）依法应当公开招标而采用邀请招标的；

（二）以不合理的条件限制、排斥潜在投标人的，对潜在投标人实行歧视待遇的，强制要求投标人组成联合体共同投标的，或者限制投标人之间竞争的；

（三）招标文件、资格预审文件的发售、澄清、修改的时限，或者确定的提交资格预审申请文件、投标文件的时限不符合规定的；

（四）不按照规定组建评标委员会，或者确定、更换评标委员会成员违反规定的；

（五）接受未通过资格预审的单位或者个人参加投标，或者接受应当拒收的投标文件的；

（六）违反规定，在确定中标人前与投标人就投标价格、投标方案等实质性内容进行谈判的；

（七）不按照规定确定中标人的；

（八）不按照规定对异议作出答复，继续进行招标投标活动的；

（九）无正当理由不发出中标通知书，或者中标通知书发出后无正当理由改变中标结果的；

（十）无正当理由不与中标人订立合同，或者在订立合同时向中标人提出附加条件的；

（十一）不按照招标文件和中标人的投标文件与中标人订立合同，或者与中标人订立背离合同实质性内容的协议的；

（十二）向他人透露已获取招标文件的潜在投标人的名称、数量或者可能影响公平竞争的有关招标投标的其他情况的，或者泄露标底的。

第五十二条　【泄露招投标活动有关秘密的责任】依法必须进行招标的项目的招标人向他人透露已获取招标文件的潜在投标人的名称、数量或者可能影响公平竞争的有关招标投标的其他情况的，或者泄露标底的，给予警告，可以并处一万元以上十万元以下的罚款；对单位直接负责的主管人员和其他直接责任人员依法给予处分；构成犯罪的，依法追究刑事责任。

前款所列行为影响中标结果的，中标无效。

【立法·要点注释】

本条是关于招标人向他人透露可能影响公平竞争的有关招标投标的情况或者泄露标底应当承担的法律责任的规定。

1. 警告。对于招标人透露上述情况和泄露标底的行为，行政执法机关给予警告，申诫招标人改正这类行为，尽量弥补其所产生的后果。

2. 本条所讲的“追究刑事责任”，主要是指需要依照《刑法》第二百一十九条、第二百二十条追究侵犯商业秘密的犯罪。招标人透露的应当是投标人的商业秘密。如果招标人透露投标人的商业秘密符合《反不正当竞争法》和《刑法》的相关规定，就可追究其相应的刑事责任。

【相关法律】

1.《中华人民共和国刑法》（2017 年 11 月 4 日）

第二百一十九条　有下列侵犯商业秘密行为之一，给商业秘密的权利人造成重大损失的,处三年以下有期徒刑或者拘役,并处或者单处罚金;造成特别严重后果的,处三年以上七年以下有期徒刑,并处罚金:

(一)以盗窃、利诱、胁迫或者其他不正当手段获取权利人的商业秘密的;

(二)披露、使用或者允许他人使用以前项手段获取的权利人的商业秘密的;

(三)违反约定或者违反权利人有关保守商业秘密的要求,披露、使用或者允许他人使用其所掌握的商业秘密的。

明知或者应知前款所列行为,获取、使用或者披露他人的商业秘密的,以侵犯商业秘密论。

本条所称商业秘密,是指不为公众所知悉,能为权利人带来经济利益,具有实用性并经权利人采取保密措施的技术信息和经营信息。

本条所称权利人,是指商业秘密的所有人和经商业秘密所有人许可的商业秘密使用人。

第二百二十条 单位犯本节第二百一十三条至第二百一十九条规定之罪的,对单位判处罚金,并对其直接负责的主管人员和其他直接责任人员,依照本节各该条的规定处罚。

第三百九十八条 国家机关工作人员违反保守国家秘密法的规定,故意或者过失泄露国家秘密,情节严重的,处三年以下有期徒刑或者拘役;情节特别严重的,处三年以上七年以下有期徒刑。

非国家机关工作人员犯前款罪的,依照前款的规定酌情处罚。

2.《中华人民共和国反不正当竞争法》(2019 年 4 月 23 日)

第九条 经营者不得实施下列侵犯商业秘密的行为:

(一)以盗窃、贿赂、欺诈、胁迫、电子侵入或者其他不正当手段获取权利人的商业秘密;

(二)披露、使用或者允许他人使用以前项手段获取的权利人的商业秘密;

(三)违反保密义务或者违反权利人有关保守商业秘密的要求,披露、使用或者允许他人使用其所掌握的商业秘密;

(四)教唆、引诱、帮助他人违反保密义务或者违反权利人有关保守商业秘密的要求,获取、披露、使用或者允许他人使用权利人的商业秘密。

经营者以外的其他自然人、法人和非法人组织实施前款所列违法行为的，视为侵犯商业秘密。

第三人明知或者应知商业秘密权利人的员工、前员工或者其他单位、个人实施本条第一款所列违法行为，仍获取、披露、使用或者允许他人使用该商业秘密的，视为侵犯商业秘密。

本法所称的商业秘密，是指不为公众所知悉、具有商业价值并经权利人采取相应保密措施的技术信息、经营信息等商业信息。

【行政法规】

《中华人民共和国招标投标法实施条例》（2019 年 3 月 2 日）

第六十四条　招标人有下列情形之一的，由有关行政监督部门责令改正，可以处 10 万元以下的罚款：

（一）依法应当公开招标而采用邀请招标；

（二）招标文件、资格预审文件的发售、澄清、修改的时限，或者确定的提交资格预审申请文件、投标文件的时限不符合招标投标法和本条例规定；

（三）接受未通过资格预审的单位或者个人参加投标；

（四）接受应当拒收的投标文件。

招标人有前款第一项、第三项、第四项所列行为之一的，对单位直接负责的主管人员和其他直接责任人员依法给予处分。

【要点注释】

本条是关于违法招标法律责任的规定。

1. 根据《招标投标法》和《条例》规定，不符合法定时限要求的行为主要有：一是资格预审文件或者招标文件的发售期限少于 5 日。二是发出可能影响资格预审申请文件或者投标文件编制的澄清或者修改，距提交资格预审申请文件截止不足 3 日，或者距投标截止时间不足 15 日。三是编制依法必须进行招标的项目的资格预审申请文件的时间少于 5 日。四是编制依法必须进行招标的项目的投标文件的时间少于 20 日。

2. 根据《条例》第三十六条规定，应当拒收的投标文件有未通过资格预审的申请人提交的投标文件，以及逾期送达或者不按照招标文件要求密封的投标文件。

【部门规章及规范性文件】

1.《工程建设项目施工招标投标办法》(2013年5月1日)

第七十一条 依法必须进行招标项目的招标人向他人透露已获取招标文件的潜在投标人的名称、数量或者可能影响公平竞争的有关招标投标的其他情况的,或者泄露标底的,有关行政监督部门给予警告,可以并处一万元以上十万元以下的罚款;对单位直接负责的主管人员和其他直接责任人员依法给予处分;构成犯罪的,依法追究刑事责任。

前款所列行为影响中标结果的,中标无效。

2.《电子招标投标办法》(2013年5月1日)

第五十六条 电子招标投标系统运营机构向他人透露已获取招标文件的潜在投标人的名称、数量、投标文件内容或者对投标文件的评审和比较以及其他可能影响公平竞争的招标投标信息,参照招标投标法第五十二条关于招标人泄密的规定予以处罚。

【司法文件】

《最高人民检察院、公安部关于公安机关管辖的刑事案件立案追诉标准的规定(二)》(公通字〔2010〕23号,2010年5月7日)①

第七十三条 [侵犯商业秘密案(刑法第二百一十九条)]侵犯商业秘密,涉嫌下列情形之一的,应予立案追诉:

(一)给商业秘密权利人造成损失数额在三十万元以上的;

(二)因侵犯商业秘密违法所得数额在三十万元以上的;

(三)直接导致商业秘密的权利人因重大经营困难而破产、倒闭的;

(四)其他给商业秘密权利人造成重大损失的情形。

---

① 《最高人民检察院、公安部关于修改侵犯商业秘密刑事案件立案追诉标准的决定》(2020年9月17日)对《最高人民检察院、公安部关于公安机关管辖的刑事案件立案追诉标准的规定(二)》第七十三条侵犯商业秘密刑事案件立案追诉标准有所修改,本书收录修改后内容。——编者注

前款规定的造成损失数额或者违法所得数额,可以按照下列方式认定:

(一)以不正当手段获取权利人的商业秘密,尚未披露、使用或者允许他人使用的,损失数额可以根据该项商业秘密的合理许可使用费确定;

(二)以不正当手段获取权利人的商业秘密后,披露、使用或者允许他人使用的,损失数额可以根据权利人因被侵权造成销售利润的损失确定,但该损失数额低于商业秘密合理许可使用费的,根据合理许可使用费确定;

(三)违反约定、权利人有关保守商业秘密的要求,披露、使用或者允许他人使用其所掌握的商业秘密的,损失数额可以根据权利人因被侵权造成销售利润的损失确定;

(四)明知商业秘密是不正当手段获取或者是违反约定、权利人有关保守商业秘密的要求披露、使用、允许使用,仍获取、使用或者披露的,损失数额可以根据权利人因被侵权造成销售利润的损失确定;

(五)因侵犯商业秘密行为导致商业秘密已为公众所知悉或者灭失的,损失数额可以根据该项商业秘密的商业价值确定。商业秘密的商业价值,可以根据该项商业秘密的研究开发成本、实施该项商业秘密的收益综合确定;

(六)因披露或者允许他人使用商业秘密而获得的财物或者其他财产性利益,应当认定为违法所得。

前款第二项、第三项、第四项规定的权利人因被侵权造成销售利润的损失,可以根据权利人因被侵权造成销售量减少的总数乘以权利人每件产品的合理利润确定;销售量减少的总数无法确定的,可以根据侵权产品销售量乘以权利人每件产品的合理利润确定;权利人因被侵权造成销售量减少的总数和每件产品的合理利润均无法确定的,可以根据侵权产品销售量乘以每件侵权产品的合理利润确定。商业秘密系用于服务等其他经营活动的,损失数额可以根据权利人因被侵权而减少的合理利润确定。

商业秘密的权利人为减轻对商业运营、商业计划的损失或者重新恢复计算机信息系统安全、其他系统安全而支出的补救费用,应当计入给商业秘密的权利人造成的损失。

第五十三条 【串通投标的责任】投标人相互串通投标或者与招标人串通投标的,投标人以向招标人或者评标委员会成员行贿的手段谋取中标的,中标无效,处中标项目金额千分之五以上千分之十以下的罚款,对单位直接负责的主管人员和其他直接责任人员处单位罚款数额百分

之五以上百分之十以下的罚款；有违法所得的，并处没收违法所得；情节严重的，取消其一年至二年内参加依法必须进行招标的项目的投标资格并予以公告，直至由工商行政管理机关吊销营业执照；构成犯罪的，依法追究刑事责任。给他人造成损失的，依法承担赔偿责任。

【立法·要点注释】

本条是关于投标人相互串通投标、投标人与招标人串通投标以及投标人以行贿的手段谋取中标的违法行为应当承担的法律责任的规定。

投标人相互串通投标或者与招标人串通投标行为涉及的犯罪主要是《刑法》第二百二十三条规定的串通投标罪。《刑法》第二百二十三条规定："投标人相互串通投标报价，损害招标人或者其他投标人利益，情节严重的，处三年以下有期徒刑或者拘役，并处或者单处罚金。投标人与招标人串通投标，损害国家、集体、公民的合法利益的，依照前款的规定处罚。"《刑法》第三百九十一条规定："为谋取不正当利益，给予国家机关、国有公司、企业、事业单位、人民团体以财物的，或者在经济往来中，违反国家规定，给予各种名义的回扣、手续费的，处三年以下有期徒刑或者拘役，并处罚金。单位犯前款罪的，对单位判处罚金，并对其直接负责的主管人员和其他直接责任人员，依照前款的规定处罚。"《刑法》第一百六十四条规定："为谋取不正当利益，给予公司、企业或者其他单位的工作人员以财物，数额较大的，处三年以下有期徒刑或者拘役，并处罚金；数额巨大的，处三年以上十年以下有期徒刑，并处罚金。……单位犯前两款罪的，对单位判处罚金，并对其直接负责的主管人员和其他直接责任人员，依照第一款规定处罚。"对投标人的上述犯罪行为，应当依照《刑法》追究刑事责任。

【相关法律】

《中华人民共和国刑法》（2017年11月4日）

第一百六十三条 公司、企业或者其他单位的工作人员利用职务上的便利，索取他人财物或者非法收受他人财物，为他人谋取利益，数额较大的，处五年以下有期徒刑或者拘役；数额巨大的，处五年以上有期徒刑，可以并处没收财产。

公司、企业或者其他单位的工作人员在经济往来中，利用职务上的便利，违反国家规定，收受各种名义的回扣、手续费，归个人所有的，依照前款的规定处罚。

国有公司、企业或者其他国有单位中从事公务的人员和国有公司、企业或者其他国有单位委派到非国有公司、企业以及其他单位从事公务的人员有前两款行为的，依照本法第三百八十五条、第三百八十六条的规定定罪处罚。

第二百二十三条　投标人相互串通投标报价，损害招标人或者其他投标人利益，情节严重的，处三年以下有期徒刑或者拘役，并处或者单处罚金。

投标人与招标人串通投标，损害国家、集体、公民的合法利益的，依照前款的规定处罚。

第二百三十一条　单位犯本节第二百二十一条至第二百三十条规定之罪的，对单位判处罚金，并对其直接负责的主管人员和其他直接责任人员，依照本节各该条的规定处罚。

第三百八十二条　国家工作人员利用职务上的便利，侵吞、窃取、骗取或者以其他手段非法占有公共财物的，是贪污罪。

受国家机关、国有公司、企业、事业单位、人民团体委托管理、经营国有财产的人员，利用职务上的便利，侵吞、窃取、骗取或者以其他手段非法占有国有财物的，以贪污论。

与前两款所列人员勾结，伙同贪污的，以共犯论处。

第三百八十三条　对犯贪污罪的，根据情节轻重，分别依照下列规定处罚：

（一）贪污数额较大或者有其他较重情节的，处三年以下有期徒刑或者拘役，并处罚金。

（二）贪污数额巨大或者有其他严重情节的，处三年以上十年以下有期徒刑，并处罚金或者没收财产。

（三）贪污数额特别巨大或者有其他特别严重情节的，处十年以上有期徒刑或者无期徒刑，并处罚金或者没收财产；数额特别巨大，并使国家和人民利益遭受特别重大损失的，处无期徒刑或者死刑，并处没收财产。

对多次贪污未经处理的，按照累计贪污数额处罚。

犯第一款罪，在提起公诉前如实供述自己罪行、真诚悔罪、积极退赃，避免、减少损害结果的发生，有第一项规定情形的，可以从轻、减轻或者免除处罚；有第二项、第三项规定情形的，可以从轻处罚。

犯第一款罪,有第三项规定情形被判处死刑缓期执行的,人民法院根据犯罪情节等情况可以同时决定在其死刑缓期执行二年期满依法减为无期徒刑后,终身监禁,不得减刑、假释。

第三百八十六条 对犯受贿罪的,根据受贿所得数额及情节,依照本法第三百八十三条的规定处罚。索贿的从重处罚。

第三百八十七条 国家机关、国有公司、企业、事业单位、人民团体,索取、非法收受他人财物,为他人谋取利益,情节严重的,对单位判处罚金,并对其直接负责的主管人员和其他直接责任人员,处五年以下有期徒刑或者拘役。

前款所列单位,在经济往来中,在账外暗中收受各种名义的回扣、手续费的,以受贿论,依照前款的规定处罚。

第三百八十八条 国家工作人员利用本人职权或者地位形成的便利条件,通过其他国家工作人员职务上的行为,为请托人谋取不正当利益,索取请托人财物或者收受请托人财物的,以受贿论处。

第三百八十八条之一 国家工作人员的近亲属或者其他与该国家工作人员关系密切的人,通过该国家工作人员职务上的行为,或者利用该国家工作人员职权或者地位形成的便利条件,通过其他国家工作人员职务上的行为,为请托人谋取不正当利益,索取请托人财物或者收受请托人财物,数额较大或者有其他较重情节的,处三年以下有期徒刑或者拘役,并处罚金;数额巨大或者有其他严重情节的,处三年以上七年以下有期徒刑,并处罚金;数额特别巨大或者有其他特别严重情节的,处七年以上有期徒刑,并处罚金或者没收财产。

离职的国家工作人员或者其近亲属以及其他与其关系密切的人,利用该离职的国家工作人员原职权或者地位形成的便利条件实施前款行为的,依照前款的规定定罪处罚。

第三百八十九条 为谋取不正当利益,给予国家工作人员以财物的,是行贿罪。

在经济往来中,违反国家规定,给予国家工作人员以财物,数额较大的,或者违反国家规定,给予国家工作人员以各种名义的回扣、手续费的,以行贿论处。

因被勒索给予国家工作人员以财物,没有获得不正当利益的,不是行贿。

第三百九十条 对犯行贿罪的,处五年以下有期徒刑或者拘役,并处罚金;因行贿谋取不正当利益,情节严重的,或者使国家利益遭受重大损失的,处五年以上十年以下有期徒刑,并处罚金;情节特别严重的,或者使国家利益遭受特别重大损失的,处十年以上有期徒刑或者无期徒刑,并处罚金或者没收财产。

行贿人在被追诉前主动交待行贿行为的,可以从轻或者减轻处罚。其中,犯罪较轻的,对侦破重大案件起关键作用的,或者有重大立功表现的,可以减轻或者免除处罚。

第三百九十条之一　为谋取不正当利益,向国家工作人员的近亲属或者其他与该国家工作人员关系密切的人,或者向离职的国家工作人员或者其近亲属以及其他与其关系密切的人行贿的,处三年以下有期徒刑或者拘役,并处罚金;情节严重的,或者使国家利益遭受重大损失的,处三年以上七年以下有期徒刑,并处罚金;情节特别严重的,或者使国家利益遭受特别重大损失的,处七年以上十年以下有期徒刑,并处罚金。

单位犯前款罪的,对单位判处罚金,并对其直接负责的主管人员和其他直接责任人员,处三年以下有期徒刑或者拘役,并处罚金。

第三百九十一条　为谋取不正当利益,给予国家机关、国有公司、企业、事业单位、人民团体以财物的,或者在经济往来中,违反国家规定,给予各种名义的回扣、手续费的,处三年以下有期徒刑或者拘役,并处罚金。

单位犯前款罪的,对单位判处罚金,并对其直接负责的主管人员和其他直接责任人员,依照前款的规定处罚。

第三百九十三条　单位为谋取不正当利益而行贿,或者违反国家规定,给予国家工作人员以回扣、手续费,情节严重的,对单位判处罚金,并对其直接负责的主管人员和其他直接责任人员,处五年以下有期徒刑或者拘役,并处罚金。因行贿取得的违法所得归个人所有的,依照本法第三百八十九条、第三百九十条的规定定罪处罚。

【行政法规】

《中华人民共和国招标投标法实施条例》(2019年3月2日)

第六十七条　投标人相互串通投标或者与招标人串通投标的,投标人向招标人或者评标委员会成员行贿谋取中标的,中标无效;构成犯罪的,依法追究刑事责任;尚不构成犯罪的,依照招标投标法第五十三条的规定处罚。投标人未中标的,对单位的罚款金额按照招标项目合同金额依照招标投标法规定的比例计算。

投标人有下列行为之一的,属于招标投标法第五十三条规定的情节严重行为,由有关行政监督部门取消其1年至2年内参加依法必须进行招标的项目的投标资格:

(一)以行贿谋取中标;

(二)3年内2次以上串通投标;

(三)串通投标行为损害招标人、其他投标人或者国家、集体、公民的合法利益,造成直接经济损失30万元以上;

(四)其他串通投标情节严重的行为。

投标人自本条第二款规定的处罚执行期限届满之日起3年内又有该款所列违法行为之一的,或者串通投标、以行贿谋取中标情节特别严重的,由工商行政管理机关吊销营业执照。

法律、行政法规对串通投标报价行为的处罚另有规定的,从其规定。

【要点注释】

本条是关于串通投标以及以行贿方式谋取中标法律责任的规定。

1. 本条从三个方面对《招标投标法》第五十三条作了进一步规定:一是明确存在本条规定违法行为的,即使没有中标,也应当按照《招标投标法》第五十三条规定进行处罚。二是明确了情节严重与特别严重的判断标准,为适用不同法律责任提供了依据。三是明确了相关法律、行政法规对串通投标报价行为处罚另有规定的,从其规定。

2. 行为人的违法行为是否属于情节严重,应当从违法行为造成的危害后果、违法行为的性质、实施违法行为所使用的手段等方面进行判断。本条第二款对情节严重的行为以列举的方式进行了规定。

3. 串通投标行为情节严重构成犯罪的,按《刑法》第二百二十三条规定的串通投标罪处罚;行贿谋取中标的行为情节严重构成犯罪的,按《刑法》第三百八十九条、第三百九十条和第三百九十三条规定的行贿罪,依法追究违法行为人的刑事责任。单位构成犯罪的,对单位判处罚金,对直接负责的主管人员和其他直接责任人员处以相应刑罚。

4. 赔偿损失包括直接损失和间接损失,损害赔偿的对象为因串通投标而遭受损害的招标人、串通投标以外的其他投标人。

5. 本条规定的中标无效不以串通行为是否影响中标结果为前提,只要行为人实施了串通行为,不管该行为是否影响了中标结果,中标一律无效。

【部门规章及规范性文件】

1.《工程建设项目施工招标投标办法》(2013年5月1日)

第七十四条　投标人相互串通投标或者与招标人串通投标的,投标人以向招标人或者评标委员会成员行贿的手段谋取中标的,中标无效,由有关行政监督部门处中标项目金额千分之五以上千分之十以下的罚款,对单位直接负责的主管人员和其他直接责任人员处单位罚款数额百分之五以上百分之十以下的罚款;有违法所得的,并处没收违法所得;情节严重的,取消其一至二年的投标资格,并予以公告,直至由工商行政管理机关吊销营业执照;构成犯罪的,依法追究刑事责任。给他人造成损失的,依法承担赔偿责任。投标人未中标的,对单位的罚款金额按照招标项目合同金额依照招标投标法规定的比例计算。

2.《电子招标投标办法》(2013年5月1日)

第五十七条　招标投标活动当事人和电子招标投标系统运营机构协助招标人、投标人串通投标的,依照招标投标法第五十三条和招标投标法实施条例第六十七条规定处罚。

3.《机电产品国际招标投标实施办法(试行)》(2014年4月1日)

第九十五条　招标人有下列行为之一的,给予警告,并处3万元以下罚款;该行为影响到评标结果的公正性的,当次招标无效:

(一)与投标人相互串通、虚假招标投标的;

(二)以不正当手段干扰招标投标活动的;

(三)不履行与中标人订立的合同的;

(四)除本办法第九十四条第十二项所列行为外,其他泄漏应当保密的与招标投标活动有关的情况、材料或信息的;

(五)对主管部门的投诉处理决定拒不执行的;

(六)其他违反招标投标法、招标投标法实施条例和本办法的行为。

第九十六条　投标人有下列行为之一的,依照招标投标法、招标投标法实施条例的有关规定处罚:

(一)与其他投标人或者与招标人相互串通投标的;

（二）以向招标人或者评标委员会成员行贿的手段谋取中标的；

（三）以他人名义投标或者以其他方式弄虚作假，骗取中标的；

（四）捏造事实、伪造材料或者以非法手段取得证明材料进行投诉的。

有前款所列行为的投标人不得参与该项目的重新招标。

【司法文件】

《最高人民检察院、公安部关于公安机关管辖的刑事案件立案追诉标准的规定（二）》（公通字〔2010〕23号，2010年5月7日）

第七十六条 ［串通投标案（刑法第二百二十三条）］投标人相互串通投标报价，或者投标人与招标人串通投标，涉嫌下列情形之一的，应予立案追诉：

（一）损害招标人、投标人或者国家、集体、公民的合法利益，造成直接经济损失数额在五十万元以上的；

（二）违法所得数额在十万元以上的；

（三）中标项目金额在二百万元以上的；

（四）采取威胁、欺骗或者贿赂等非法手段的；

（五）虽未达到上述数额标准，但两年内因串通投标，受过行政处罚二次以上，又串通投标的；

（六）其他情节严重的情形。

第八十八条 本规定中的“虽未达到上述数额标准”，是指接近上述数额标准且已达到该数额的百分之八十以上的。

第八十九条 对于预备犯、未遂犯、中止犯，需要追究刑事责任的，应予立案追诉。

第九十条 本规定中的立案追诉标准，除法律、司法解释、本规定中另有规定的以外，适用于相应的单位犯罪。

第九十一条 本规定中的“以上”，包括本数。

【地方法院规定】

《福建省高级人民法院、福建省人民检察院、福建省公安厅办理串通投标犯罪案件有关问题座谈会纪要》（闽公综〔2007〕734号，2007年12月28日）

为正确适用法律，依法惩治串通投标犯罪活动，根据《刑法》、《招标投标法》、《最高人民检察院、公安部关于经济犯罪案件追诉标准的规定》及相关司法解释的规定，结合我省经济发展和社会治安状况以及司法实践经验，经省高级人民法院、省检察院、省公安厅、省建设厅等部门召开座谈会研究，现就办理串通投标犯罪案件有关问题提出如下意见。

一、串通投标犯罪的主体是投标人和招标人，包括单位和自然人。在办理串通投标犯罪案件中，应当根据最高人民法院《关于审理单位犯罪案件具体应用法律有关问题的解释》的有关规定和具体案件事实，确定单位或自然人犯罪主体。

挂靠其他单位或者盗用其他单位名义进行串通投标犯罪的，追究挂靠者、盗用者的刑事责任；被挂靠单位明知挂靠者串通投标而接受其挂靠，为挂靠者实行串通投标犯罪提供便利条件的，按共同犯罪处理。

受招标人委托办理招标事宜的招标代理机构，私自与投标人进行串通投标犯罪的，按照刑法第二百二十三条第二款的规定处罚；协助投标人与招标人串通投标犯罪的，按共同犯罪处理。

二、采取挂靠、盗用等非法手段，以多个投标人名义进行围标的，按刑法第二百二十三条第一款的规定处罚。

三、投标人相互串通投标报价，或者投标人与招标人串通投标，有下列情形之一的，应认为情节严重：

（一）损害招标人、其他投标人或者国家、集体、公民的合法利益，造成直接经济损失数额在50万元以上的。

（二）串通投标的中标人卖标、参与串通投标的其他投标人获取“好处费”、“补偿”等，违法所得总额在30万元以上的。

（三）对其他投标人、招标人等投标招标活动的参加人采取威胁、欺骗、贿赂等非法手段，或者盗用其他单位名义投标的。

（四）虽未达到上述数额标准，但因串通投标，受过行政处罚二次以上，又串通投标的。

（五）在国家和省重点项目的招标活动中串通投标，造成恶劣的社会影响或者国际影响的。

（六）其他情节严重的情形。

四、串通投标造成的直接经济损失包括：

（一）因串通投标行为造成中标价降低或升高而给招标人、国家、集体所造成的经济损失。

（二）因串通投标而使招标活动失败，因此给招标人、国家、集体造成的经济损失，包括因招标而支付的招标文件制作费、咨询费、招标代理费、评标费、有形建筑市场服务费等各项正常费用。

（三）因串通投标而使其他投标人遭受的直接经济损失，包括因参加投标活动而支付的标书制作费、咨询费、调查费、差旅费、投标保证金利息等各项正常费用。

（四）因串通投标而使招标项目误期所造成的直接经济损失。

（五）串通投标造成的其他直接经济损失。

在计算直接经济损失时，应将上述损失合计计算。

五、投标人将贿赂作为串通投标犯罪的手段，且行贿的财物数额达到定罪标准的，按行贿罪处罚，受贿方视主体身份的不同，分别以国家工作人员受贿罪、非国家工作人员受贿罪、单位受贿罪处罚。

在串通投标犯罪中，非法获取、披露、使用其他投标人的投标报价等信息或标底价，符合侵犯商业秘密罪的定罪标准的，以侵犯商业秘密罪定罪量刑。

六、串通投标行为情节轻微，不构成犯罪的，由有关行政监管部门依法处罚。

【最高人民法院裁判案例】

1. 山西宝迪农业科技有限公司与中国核工业二四建设有限公司建设工程施工合同纠纷案［（2019）最高法民申 5242 号］

裁判要旨：投标人的工作人员以招标人代表身份参与评标，招标人在招投标程序开始前与投标人就合同实质性内容达成一致意见，上述行为构成招标人与投标人串通投标，中标无效，订立的合同亦无效。

最高人民法院经审查认为，关于《20150605 合同》的效力问题。首先，根据宝迪公司一审中出示的《评标报告》《开标、评标阶段记录文件》《20150605 合同》的记载内容，谌波作为核建公司的工作人员，却以宝迪公司代表的身份成为评标委员会成员参与评标，依据《招标投标法》第三十七条第四款关于“与投标人有利害关系的人不得进入相关项目的评标委员会；已经进入的应当更换”的规定，谌波进入评标委员会确属不当。《20140715 合同》的签订表明，宝迪公司作为招标人在招投标程序开始前与投标人核建公司就工程范围、建设工期、工程价款等实质性内容达成一致意见，而谌波进入评标委员会、核建公司中标，上述行为符合《招标投标法实施条例》第四十一条第二款第（六）项规定的“招标人与投标人为谋求特定投标人中标而采取的其他串通行为”情形，属于招标人与投标人串通投标。依据《招标投标法》第五十三条的规定，核建公司的中标无效。根据《最高人民法院关于审理建设工程施工合同纠纷案件适用法律问题的解释》第一条第（三）项“建设工程施工合同具有下列情形之一的，应当根据合同法第五十二条第（五）项的规定，认定无效：……（三）建设工程必须进行招标而未招标或者中标无效的”的规定，因核建公司的中标无效，故宝迪公司与其签订的《20150605 合同》应为无效，故二审判决对该合同的效力认定不当。

2. 湖南咸嘉建设工程集团有限公司与长沙吉信房地产开发有限公司建设工程施工合同纠纷案［（2019）最高法民申 282 号］

裁判要旨：双方当事人就建设工程招投标实施等进行实质性商谈的行为发生在中标之前，后经过招投标程序确定为中标人，属于串通投标，中标无效。

最高人民法院经审查认为，关于涉案建设施工工程总价款的结算依据问题。《工程施工总承包协议书》第六条约定，由吉信公司聘请招标代理公司，通过招投标程序，以咸嘉公司名义中标；由吉信公司选择并确定单位工程的项目经理，项目经理以咸嘉公司名义承包单位工程；咸嘉公司负责在招投标程序中，编制所有投标书，并选定其他单位配合咸嘉公司投标，费用由咸嘉公司承担。上述就涉案建设工程招投标实施方案、程序，单位工程项目经理的选定等进行实质性内容的约定行为发生在中标之前，后经过招投标程序确定了咸嘉公司为涉案建设工程的中标人。据此，根据《招标投标法》第四十三条“在确定中标人前，招标人不得与投标人就投标价格、投标方案等实质性内容进行谈判”、第五十三条“投标人相互串通或者与招标人串通投标的……中标无效”及《最高人民法院关于审理建设工程施工合同纠纷案件适用法律问题的解释》第一条“建设工程施工合同具有下列情形之一的，应当根据合同法第五十二条第（五）项的规定，认定无效：……（三）建设工程必须进行招标而未招标或者中标无效的”之规定，咸嘉公司关于吉信公司未举证证明双方实施了虚假招投标行为，《工程施工总承包协议书》没有实际履行，以及备案建设工程施工合同有效的主张不符合上述法律规定，不能成立。原审判决确认涉案工程中标因吉信公司、咸嘉公司就实质性内容进行商谈、串通投标无效具有事实和法律依据。同时,涉案建设工程施工合同亦为无效合同。

【法院参考案例】

1. 岳阳市汇辰房地产开发有限公司与湖南泰山工程有限公司、陈林年建设工程施工合同纠纷案[(2015)湘高法民一终字第231号]

裁判要旨:当事人在招标之前已经签订合同,并明确约定不以中标价格为结算依据,之后进行招投标,明显系相互串通而为的虚假招投标,订立的合同应认定为无效合同。

湖南省高级人民法院认为,本案双方签订的两份建设工程施工合同均无效。……本案建设工程施工合同审批立项投资超过5000万元,根据上述规定,显然属于必须招标的范围。本案中9·13合同未经过招投标程序而签订,违反了《招标投标法》的强制性规定。《最高人民法院关于审理建设工程施工合同纠纷案件适用法律问题的解释》第一条第(三)项规定建设工程必须进行招标而未招标的,应当根据《合同法》第五十二条第(五)项的规定认定无效。因此,9·13合同应认定为无效合同。

汇辰公司与泰山公司在已经签订9·13合同,并明确约定不以中标价格为结算依据的前提下,通过邀标方式进行招投标,明显系相互串通而为的虚假招投标,违反《招标投标法》第三十二条第二款关于"投标人不得与招标人串通投标,损害国家利益、社会公共利益或者他人的合法权益"的规定,且双方自订立10·12合同之时即无履行该合同的意思,签订该合同的目的只在备案,故该合同符合《合同法》第五十二条所规定的"违反法律、行政法规的强制性规定""恶意串通,损害国家、集体或者第三人利益""以合法形式掩盖非法目的"的情形,依照该条规定,10·12合同亦应认定为无效合同。

2. 业兴实业集团有限公司与重庆市黔江区公共资源综合交易中心、黔江区舟白初级中学校合同纠纷案[(2019)渝04民终579号]

裁判要旨:招标文件可以约定投标人有串标围标、向评委行贿等违法行为的,可以不退还投标保证金。

重庆市第四中级人民法院认为,根据国家发展改革委、工业和信息化部、财政部、住房和城乡建设部、交通运输部、铁道部、水利部、广电总局、中国民用航空局《关于印发简明标准施工招标文件和标准设计施工总承包招标文件的通知》第四条的规定,编制招标文件时使用有关部门制定的标准文本,并不排斥招标人结合招标项目具体特点和实际需要对相关内容进行补充、细化和修改,但不得与“投标人须知”正文内容相抵触,否则抵触内容无效。本案中,舟白中学发布的招标文件规定,经查实围标串标的,投标保证金不予退还,这一规定与标准文本的内容并不抵触,亦未违反法律、行政法规的强制性规定,属于有效条款。投标保证金是对投标人在投标过程中违约或使用不正当手段的约束,故招标文件中的投标保证金条款具有相对独立性。业兴公司在投标阶段可以选择是否接受招标文件的规定,并自由决定是否选择投标,但业兴公司一经投标并缴纳相应的保证金,该规定对业兴公司即产生约束力,业兴公司在投标过程中违约或使用不正当手段,就应承担相应的法律责任。依据黔江区人民法院(2017)渝0114刑初19号刑事判决书查明的事实,结合本案其他证据,能够确认王思建、冉艳挂靠了重庆建工集团十一建筑有限责任公司、重庆中环建设有限公司、重庆市万州建筑工程总公司及业兴公司,参与舟白中学改扩建工程(学生宿舍及食堂)的投标,在投标过程中,王思建、冉艳向业主评委及相关评委行贿,希望能够帮助其挂靠的公司中标,其行为已经构成围标。业兴公司未举示相反证据推翻该生效判决所确认的事实,故业兴公司关于王思建、冉艳与其不存在挂靠关系,以及业兴公司不存在围标行为的理由,本院不予采信。王思建、冉艳同时挂靠四家投标单位投标,表面上是几家单位在参与,实际上是二人在背后操纵,二人挂靠公司围标的行为严重扰乱了正常的招投标工作秩序,有违规行为的投标单位依法应当承担相应的法律责任。招标人不退还保证金实际上是对违反诚实信用原则的投标单位的惩罚,这样才能促使投标人严格遵守招标工作秩序。

3. 崔文杰与赵财山、李小东等串通投标罪案[(2019)晋05刑终22号]

裁判要旨:串通投标行为情节严重构成犯罪的,按照串通投标罪追究违法者的刑事责任。

晋城市中级人民法院认为,上诉人(原审被告人)崔文杰通过原审被告人李晓东,联系有资质的公司,采用为相关公司支付参与投标相关费用,制作标书,甚至支付弃标费的方式,与相关公司相互串通参与投标,并使得上诉人(原审被告人)崔文杰组织围标的公司中标标的价值为730余万元的高平市神农镇××村拆迁安置工程。原审被告人赵财山作为参与投标的投标公司之一在招投标过程中以放弃竞标为条件,指使原审被告人赵宏强与其他参与同一招标项目的投标公司联系，并收取该公司（最后中标公司）弃标费 3 万元后放弃竞标。以上各被告人的行为侵犯了投标市场竞争秩序与国家、社会和公民的合法权益，情节严重，破坏和干扰了招标秩序，均构成串通投标罪，系共同犯罪，应予刑罚处罚。原审认定事实清楚，证据确实充分。上诉人（原审被告人）崔文杰及其辩护人提出其系自首，且本案系犯罪未遂的上诉理由及辩护意见。经查，崔文杰到案后，虽然对公诉机关指控的罪名予以认可，但是对于其指使李小东串通投标的犯罪事实不予承认，不能认定自首，且涉案项目最终虽未向中标人下达中标通知书，但该项目公布的中标公司正是上诉人崔文杰组织围标的公司，各被告人串通投标的犯罪行为已经实施终了，故上诉人及辩护人关于崔文杰系自首和犯罪未遂的意见不成立。

编者说明

串通投标行为达到"情节严重"的，构成串通投标罪。串通投标罪是招标投标活动特有的罪名。

串通投标罪，是指投标人相互串通投标报价，损害招标人或者其他投标人利益，或者招标人与投标人串通投标，损害国家、集体、公民的合法权益，扰乱市场经济秩序，情节严重的行为。《刑法》第二百二十三条规定："投标人相互串通投标报价，损害招标人或者其他投标人利益，情节严重的，处三年以下有期徒刑或者拘役，并处或者单处罚金。投标人与招标人串通投标，损害国家、集体、公民的合法利益的，依照前款的规定处罚。"据此分析，串通投标罪的构成要件是：

（1）客体要件。本罪侵犯的是正常的市场竞争秩序以及招标人和其他投标人、国家、集体或公民个人的合法权益。

（2）客观要件。在客观方面表现为串通投标行为，主要包括投标人互相串通投标报价以及招标人与投标人串通投标两种类型，常见表现形式如前所述。串通投标将造成招标人无法达到最佳的竞标结果或者其他投标人无法在公平竞争的条件下参与投标竞争而受到损害，这种损害必须达到"情节严重"才构成本罪。"情节严重"的认定，可依据《最高人民检察院、公安部关于公安机关管辖的刑事案件立案追诉标准的规定（二）》认定。

（3）主体要件。本案犯罪主体是特殊主体，限于招标人和投标人；涉及串通投标的招标代理机构、评标委员会与参与串通行为的招标人、投标人构成共同犯罪，也可成为本罪的犯罪主体。自然人和单位均可构成本罪的主体。目前，关于招标代理机构能否单独成为串通投标罪的主体，存在争议。

(4)主观要件。在主观方面表现为直接故意,即串通投标行为人以排挤竞争对手为目的积极采取不正当的串通投标行为,且明知该行为将损害招标人、其他投标人或者国家、集体的合法权益,过失不构成本罪。

串通投标行为同时具备上述四要件的,构成串通投标罪。

第五十四条　【骗取中标的责任】投标人以他人名义投标或者以其他方式弄虚作假,骗取中标的,中标无效,给招标人造成损失的,依法承担赔偿责任;构成犯罪的,依法追究刑事责任。

依法必须进行招标的项目的投标人有前款所列行为尚未构成犯罪的,处中标项目金额千分之五以上千分之十以下的罚款,对单位直接负责的主管人员和其他直接责任人员处单位罚款数额百分之五以上百分之十以下的罚款;有违法所得的,并处没收违法所得;情节严重的,取消其一年至三年内参加依法必须进行招标的项目的投标资格并予以公告,直至由工商行政管理机关吊销营业执照。

【立法·要点注释】

本条是关于投标人以他人名义投标或者以其他方式弄虚作假骗取中标的法律责任的规定。

此处涉及的犯罪,主要是指《刑法》第二百二十四条规定的合同诈骗罪。构成合同诈骗罪须满足以下几个条件:一是行为人主观上具有非法占有他人财物的目的;二是行为人客观上实施了法律规定的诈骗行为;三是行为人骗取了对方当事人的财物。在招标活动中,投标人以非法占有招标人的财物为目的,冒用他人名义参加投标或以其他弄虚作假的手段骗取中标取得合同后,骗取招标人支付的预付款或首期工程款等财物数额较大,而并不履行合同义务的,其行为已构成《刑法》第二百二十四条规定的合同诈骗罪,应按照《刑法》的规定承担刑事责任。

【相关法律】

1.《中华人民共和国建筑法》(2019年4月23日)

第六十六条　建筑施工企业转让、出借资质证书或者以其他方式允许他人以本企业的名义承揽工程的，责令改正，没收违法所得，并处罚款，可以责令停业整顿，降低资质等级；情节严重的，吊销资质证书。对因该项承揽工程不符合规定的质量标准造成的损失，建筑施工企业与使用本企业名义的单位或者个人承担连带赔偿责任。

2.《中华人民共和国刑法》(2017 年 11 月 4 日)

第二百二十四条 有下列情形之一，以非法占有为目的，在签订、履行合同过程中，骗取对方当事人财物，数额较大的，处三年以下有期徒刑或者拘役，并处或者单处罚金；数额巨大或者有其他严重情节的，处三年以上十年以下有期徒刑，并处罚金；数额特别巨大或者有其他特别严重情节的，处十年以上有期徒刑或者无期徒刑，并处罚金或者没收财产：

（一）以虚构的单位或者冒用他人名义签订合同的；

（二）以伪造、变造、作废的票据或者其他虚假的产权证明作担保的；

（三）没有实际履行能力，以先履行小额合同或者部分履行合同的方法，诱骗对方当事人继续签订和履行合同的；

（四）收受对方当事人给付的货物、货款、预付款或者担保财产后逃匿的；

（五）以其他方法骗取对方当事人财物的。

第二百二十五条 违反国家规定，有下列非法经营行为之一，扰乱市场秩序，情节严重的，处五年以下有期徒刑或者拘役，并处或者单处违法所得一倍以上五倍以下罚金；情节特别严重的，处五年以上有期徒刑，并处违法所得一倍以上五倍以下罚金或者没收财产：

（一）未经许可经营法律、行政法规规定的专营、专卖物品或者其他限制买卖的物品的；

（二）买卖进出口许可证、进出口原产地证明以及其他法律、行政法规规定的经营许可证或者批准文件的；

（三）未经国家有关主管部门批准非法经营证券、期货、保险业务的，或者非法从事资金支付结算业务的；

（四）其他严重扰乱市场秩序的非法经营行为。

第二百三十一条 单位犯本节第二百二十一条至第二百三十条规定之罪的，对单位判处罚金，并对其直接负责的主管人员和其他直接责任人员，依照本节各该条的规定处罚。

【行政法规】

《中华人民共和国招标投标法实施条例》(2019 年 3 月 2 日)

第六十八条　投标人以他人名义投标或者以其他方式弄虚作假骗取中标的,中标无效;构成犯罪的,依法追究刑事责任;尚不构成犯罪的,依照招标投标法第五十四条的规定处罚。依法必须进行招标的项目的投标人未中标的,对单位的罚款金额按照招标项目合同金额依照招标投标法规定的比例计算。

投标人有下列行为之一的,属于招标投标法第五十四条规定的情节严重行为,由有关行政监督部门取消其 1 年至 3 年内参加依法必须进行招标的项目的投标资格:

(一)伪造、变造资格、资质证书或者其他许可证件骗取中标;

(二)3 年内 2 次以上使用他人名义投标;

(三)弄虚作假骗取中标给招标人造成直接经济损失 30 万元以上;

(四)其他弄虚作假骗取中标情节严重的行为。

投标人自本条第二款规定的处罚执行期限届满之日起 3 年内又有该款所列违法行为之一的,或者弄虚作假骗取中标情节特别严重的,由工商行政管理机关吊销营业执照。

【要点注释】

本条是关于投标人以弄虚作假方式骗取中标法律责任的规定。

1. 有本条规定违法行为的,不论是否中标,都应按照《招标投标法》第五十四条规定处罚。

2. 实践中投标人以他人名义投标,可能出于以下几种原因:投标人没有承担招标项目的能力;投标人不具备国家要求的或者招标文件要求的从事该招标项目的资质;投标人曾因违法行为而被工商机关吊销营业执照,或者因违法行为而被有关行政监督部门在一定期限内取消其从事相关业务的资格等。

3. 实践中以其他方式弄虚作假骗取中标的行为有:一是提交虚假的资质证书等许可证件;二是提供虚假的财务状况或者业绩;三是提供虚假的信用状况;四是提供虚假的项目主要人员及证明材料等。

4. 损害赔偿的对象是因投标人骗取中标的行为而遭受损害的招标人。

5. 投标人以弄虚作假的方式骗取中标的,不管骗取中标的行为是否影响中标结果,其中标一概无效。依照本《条例》第八十一条规定重新招标或者评标。

6. 弄虚作假行为构成《刑法》第二百二十四条规定的合同诈骗罪的,依法承担刑事责任。

第六十九条 出让或者出租资格、资质证书供他人投标的,依照法律、行政法规的规定给予行政处罚;构成犯罪的,依法追究刑事责任。

【要点注释】

本条是关于违反资格、资质许可的法律责任的规定。

1. 我国招投标领域涉及的资质非常多,主要分为三类:一是服务类资质。主要有工程勘察资质(分为综合类、专业类和劳务类)、建筑工程设计资质(分为甲、乙、丙三个级别)、工程监理资质(分为综合资质、专业资质和事务所资质)。二是建筑业企业资质。分为施工总承包、专业承包和劳务分包三个序列,各序列按照工程性质和技术特点分别划分为若干资质类别。各资质类别按照规定的条件划分为若干资质等级。此外,建筑业施工企业还应取得安全生产许可证。三是货物企业资质。主要有重要工业产品生产许可证、强制性认证证书、医疗器械产品注册证书、医疗器械经营企业许可证、药品生产许可证等。

2. 出租资质证书,是指通过非法手段以许可证的使用权换取租金的行为。由于涉及资质证书管理的法律、行政法规较多,出让或者出租资格、资质证书的法律责任在相关法律、行政法规中都有规定。因此,本条没有再规定具体的法律责任,而是依照有关法律、行政法规的规定给予行政处罚。

3. 出让或者出租资格、资质证书的行为构成《刑法》第二百二十五条规定的非法经营罪的,依法承担刑事责任。

【部门规章及规范性文件】

1.《工程建设项目勘察设计招标投标办法》(2013 年 5 月 1 日)

第五十二条 依法必须进行招标的项目的投标人以他人名义投标,利用伪造、转让、租借、无效的资质证书参加投标,或者请其他单位在自己编制的投标文件上代为签字盖章,弄虚作假,骗取中标的,中标无效。尚未构成犯罪的,处中标项目金额千分之五以上千分之十以下的罚款,对单位直接负责的主管人员和其他直接责任人员处单位罚款数额百分之五以上百分之十以下的罚款;有违法所得的,并处没收违法所得;情节严重的,取消其一年至三年内参加依法必须进行招标的项目的投标资格并予以公告,直至由工商行政管理机关吊销营业执照。

2.《工程建设项目施工招标投标办法》(2013年5月1日)

第七十五条 投标人以他人名义投标或者以其他方式弄虚作假,骗取中标的,中标无效,给招标人造成损失的,依法承担赔偿责任;构成犯罪的,依法追究刑事责任。

依法必须进行招标项目的投标人有前款所列行为尚未构成犯罪的,有关行政监督部门处中标项目金额千分之五以上千分之十以下的罚款,对单位直接负责的主管人员和其他直接责任人员处单位罚款数额百分之五以上百分之十以下的罚款;有违法所得的,并处没收违法所得;情节严重的,取消其一至三年投标资格,并予以公告,直至由工商行政管理机关吊销营业执照。投标人未中标的,对单位的罚款金额按照招标项目合同金额依照招标投标法规定的比例计算。

3.《机电产品国际招标投标实施办法(试行)》(2014年4月1日)

第九十六条 投标人有下列行为之一的,依照招标投标法、招标投标法实施条例的有关规定处罚:

(一)与其他投标人或者与招标人相互串通投标的;

(二)以向招标人或者评标委员会成员行贿的手段谋取中标的;

(三)以他人名义投标或者以其他方式弄虚作假,骗取中标的;

(四)捏造事实、伪造材料或者以非法手段取得证明材料进行投诉的。

有前款所列行为的投标人不得参与该项目的重新招标。

第九十七条 投标人有下列行为之一的,当次投标无效,并给予警告,并处3万元以下罚款:

(一)虚假招标投标的;

(二)以不正当手段干扰招标、评标工作的;

(三)投标文件及澄清资料与事实不符,弄虚作假的;

(四)在投诉处理过程中,提供虚假证明材料的;

(五)中标通知书发出之前与招标人签订合同的;

（六）中标的投标人不按照其投标文件和招标文件与招标人签订合同的或提供的产品不符合投标文件的；

（七）其他违反招标投标法、招标投标法实施条例和本办法的行为。

有前款所列行为的投标人不得参与该项目的重新招标。

第一百零七条 出让或者出租资格、资质证书供他人投标的，依照法律、行政法规的规定给予行政处罚；构成犯罪的，依法追究刑事责任。

4.《电子招标投标办法》（2013 年 5 月 1 日）

第五十八条 招标投标活动当事人和电子招标投标系统运营机构伪造、篡改、损毁招标投标信息，或者以其他方式弄虚作假的，依照招标投标法第五十四条和招标投标法实施条例第六十八条规定处罚。

【司法文件】

《最高人民检察院、公安部关于公安机关管辖的刑事案件立案追诉标准的规定（二）》（公通字〔2010〕23 号，2010 年 5 月 7 日）

第七十七条 ［合同诈骗案（刑法第二百二十四条）］以非法占有为目的，在签订、履行合同过程中，骗取对方当事人财物，数额在二万元以上的，应予立案追诉。

【法院参考案例】

1. 浙江锦亚建设有限公司与临海市住房和城乡建设规划局、临海市人民政府城建行政处罚案［（2017）浙 1023 行初 51 号、（2017）浙 10 行终 218 号］

裁判要旨：行政处罚的立案时间并不等同于该处罚指向的违法行为的发现时间。全国人民代表大会常务委员会工作机构就某一具体个案所作出的法律解释，可在同类案件中援引适用。

浙江省天台县人民法院一审认为，2016 年 1 月 28 日，临海市住建局根据临海市人民检察院检察建议书，对原告在 2013 年 2 月 1 日临海市博物馆、城市规划展览馆项目招投标过程中虚构业绩的违法行为立案查处。根据《立法法》第六十四条“全国人民代表大会常务委员会工作机构可以对有关具体问题的法律询问进行研究予以答复，并报常务委员会备案”之规定，《全国人大常委会法制工作委员会关于提请明确对行政处罚追诉时效“二年未被发现”认定问题的函的研究意见》对各行政监督机构具有普遍适用性。临海市住建局依照该答复意见，认定发现原告违法行为的时间为临海市四建公司的投诉时间，即 2013 年 2 月 4 日，并适用《行政处罚法》第二十九条第一款的规定，给予原告行政处罚，适用法律准确。根据《招标投标法》第五十四条“投标人以他人名义投标或者以其他方式弄虚作假，骗取中标的，中标无效，给招标人造成损失的，依法承担赔偿责任；构成犯罪的，依法追究刑事责任。依法必须进行招标的项目的投标人有前款所列行为尚未构成犯罪的，处中标项目金额千分之五以上千分之十以下的罚款”、《招标投标法实施条例》第六十八条“投标人以他人名义投标或者以其他方式弄虚作假骗取中标的，中标无效；构成犯罪的，依法追究刑事责任；尚不构成犯罪的，依照招标投标法第五十四条的规定处罚”之规定，第一被告对原告的违法行为，给予从轻处罚，处以中标金额 5‰的罚款，即人民币 518519 元，量罚得当。原告认为第一被告之处罚已过行政处罚追诉时效，且罚款过高，处罚过重，缺乏依据，法院不予采纳。临海市招投标管理站取消原告第二中标人候选人资格，并未涉及对原告的罚款处罚。第一被告以临建稽罚决字〔2016〕第 003 号处罚决定，给予罚款处罚，不存在两次以上罚款。原告认为第一被告对原告所作的罚款处罚违反《行政处罚法》第二十四条“对当事人的同一个违法行为，不得给予两次以上罚款的行政处罚”的规定，缺乏依据，法院不予认可。因此，本案中第一被告临海市住建局的处罚决定认定事实清楚，证据充分，程序合法，适用法律正确，量罚得当。第二被告临海市人民政府复议程序中，维持第一被告行政处罚决定，证据充分，程序合法，适用法律正确。

台州市中级人民法院二审认为，本案上诉人在 2013 年 2 月 1 日参加临海市博物馆、城市规划展览馆项目招投标活动中采用虚构业绩的方式取得第二中标候选人资格的违法事实清楚。被上诉人临海市住房和城乡建设规划局发现上诉人违法行为的时间为临海市四建公司的投诉时间即 2013 年 2 月 4 日，故该违法行为不属于《行政处罚法》第二十九条第一款规定的在二年内未被发现，不再给予行政处罚的情形。被上诉人临海市住房和城乡建设规划局根据临海市人民检察院的检察建议，在履行立案、调查、告知、听证等程序后，作出临建稽罚决字〔2016〕第 003 号行政处罚决定，对上诉人处以罚款人民币 518519 元，认定事实清楚，适用法律、法规正确，程序合法，量罚得当。《行政处罚法》第二十四条规定，对当事人的同一个违法行为，不得给予两次以上罚款的行政处罚。被上诉人临海市住房和城乡建设规划局未对上诉人的同一个违法行为给予两次以上罚款的行政处罚,故并不违反上述规定。被上诉人临海市人民政府作出的临政复决字〔2016〕35号行政复议决定程序合法。一审判决驳回上诉人的诉讼请求并无不当。上诉人的上诉理由均不能成立,本院不予采纳。依照《行政诉讼法》第八十九条第一款第(一)项之规定,判决如下:驳回上诉,维持原判。

2. 宁夏钰隆工程有限公司与安徽三建工程有限公司、宁夏蓝天房地产开发有限责任公司建设工程施工合同纠纷案[(2018)宁民初41号]

裁判要旨:没有资质的投标人借用其他企业资质承揽工程,低等级资质的公司借用高等级资质的公司进行施工,签订的承包合同无效。

宁夏回族自治区高级人民法院认为,关于案涉协议、合同应否无效,钰隆公司是否挂靠三建公司施工的问题。案涉工程合同价款为98184450元,属于《招标投标法》规定的必须进行招投标的项目工程,案涉工程虽进行了招投标和中标程序,但违反了建设工程不得进行"先定后招"的《招标投标法》规定的法定程序,故蓝天公司作为发包方与三建公司签订的《协议书》《施工合同》《补充协议》均因违反《最高人民法院关于审理建设工程施工合同纠纷案件适用法律问题的解释》第一条第(三)项的强制性规定,应为无效,无须解除。三建宁夏分公司与钰隆公司签订的《承包合同》,从合同约定内容来看,该合同约定钰隆公司全额承包,独立核算,自负盈亏,债权债务自理;合同总价款为3120万元;钰隆公司必须接受三建公司对工程各方面的管理;管理费按1.2%收取,即三建公司收取管理费的同时,对案涉工程仍然履行管理义务。从钰隆公司参与过程来看,钰隆公司法定代表人蒋淑珍在三建公司与蓝天公司于2013年签订意向协议书时,就作为三建公司的委托代理人在该协议上签字,而后又与三建公司签订了《承包合同》;施工过程中,蒋淑珍多次向三建公司出具的承诺书中,均载明钰隆公司以三建公司名义承建鼎辉时代城项目、委托三建公司与蓝天公司签订工程合同等字样,证明钰隆公司认可其借用三建公司资质;蓝天公司与三建公司盖章确认的《工程款结算单》,钰隆公司股东武权在三建公司的授权委托人处签字,即钰隆公司在合同磋商、订立合同、实际施工、工程款结算等阶段均实际参与其中。从工程款支付来看,蓝天公司与三建公司签订意向协议书后,蒋淑珍按该协议约定支付了保证金,蓝天公司向钰隆公司出具收到保证金300万元的收据,后蓝天公司向钰隆公司直接支付过 30 万元的工程款，均可证实钰隆公司与蓝天公司之间有直接的收付工程款关系。综上，钰隆公司与三建公司之间符合《建筑法》《违法认定查处办法》中，关于挂靠的违法行为，没有资质的蒋淑珍借用三建公司资质承揽工程，且低等级资质的钰隆公司借用高等级资质的三建公司进行施工的规定，其二者签订的《承包合同》违反了法律法规强制性规定，应为无效，无须解除。蒋淑珍在承揽工程后，设立了钰隆公司挂靠三建公司并借用三建公司资质对案涉工程进行了施工，钰隆公司与蓝天公司已经形成了事实上的建设工程承包合同关系，故钰隆公司主张其与三建公司系转包关系及要求解除合同的起诉理由不能成立，本院不予支持。

3. 广东环渤海房地产开发有限公司与戴亚林、湖南省第六工程有限公司建设工程施工合同纠纷案[(2015)粤高法民终字第 21 号]

裁判要旨：中标人作为承包人并未参与施工，仅收取管理费，而是由他人实际施工，实为借用他人名义投标承揽工程。

广东省高级人民法院认为，本案系建设工程施工合同纠纷案。根据查明事实，在涉案工程进行招投标之前，环渤海公司和湖南六建于 2005 年 2 月 25 日签订《工程前期协议书》，约定环渤海公司将涉案工程发包给湖南六建施工，违反了《招标投标法》第五十三条之规定，湖南六建中标涉案工程无效。此外，湖南六建作为承包人并无参与施工，而是由戴亚林实际施工，湖南六建仅收取承包工程 1% 的管理费，一审认定戴亚林实为借用湖南六建的建筑资质进行施工正确，本院予以维持。据此，根据《最高人民法院关于审理建设工程施工合同纠纷案件适用法律问题的解释》第一条第(二)、(三)项之规定，一审认定环渤海公司和湖南六建签订的涉案施工合同无效正确。

4. 广州市净水有限公司与广东省环境工程装备总公司买卖合同纠纷案[(2013)粤高法审监民提字第 175 号]

裁判要旨：合同当事人代为办理投标事宜并代为履行合同，实际上为借用他人名义投标。

广东省高级人民法院再审认为，本案再审的争议焦点是污水治理公司与环境装备公司签订的《建设工程设备采购合同》是否有效。根据本案查明的事实，首先，在环境装备公司投标过程中，阀安龙公司职员郭家良作为联系人在《购标书登记表》上签名购买招标文件；在环境装备公司提交的投标文件第 1 页“投标书”中，环境装备公司写明“我方广东省环境工程装备总公司作为投标人正式授权郭家良、销售经理代表我方进行有关本投标的一切事宜”。其次，在环境装备公司中标后，环境装备公司于 2010 年 2 月 8 日授权郭家良领取《中标通知书》，授权书中仍写明郭家良是环境装备公司销售经理；环境装备公司于 2010 年 2 月 8 日收到《中标通知书》，次日即出具《委托书》给阀安龙公司，将其中标的广州市猎德污水处理系统四期厂区工程第二批设备采购第一包矩形沉淀池刮泥机及附属设备项目，委托阀安龙公司代为采购和签订采购合同并办理验货手续；阀安龙公司以自己的名义分别于 2010 年 3 月 5 日、2010 年 3 月 10 日和宝利金公司、无锡通用公司签订了采购合同，同年 4 月 7 日阀安龙公司向无锡通用公司支付了预付金 174 万元；阀安龙公司职员陈建伟多次出席相关会议，与污水治理公司协商交货时间等。以上事实表明，环境装备公司在投标过程中隐瞒了郭家良是阀安龙公司职员的身份，授权郭家良以销售经理的身份代表环境装备公司进行有关投标的一切事宜，中标后又立即出具《委托书》将其中标项目委托阀安龙公司履行，且未将委托情况向污水治理公司说明，该名为委托的行为明显违背污水治理公司确定环境装备公司为中标人的招标目的。原二审判决认为“只要环境装备公司向污水治理公司交付的是约定供应商的设备，那么无论由谁去购买该批设备都不会损害污水治理公司的利益，也不会改变这些设备的性能，对合同履行并无实质影响”不当，应予纠正。环境装备公司在再审中称阀安龙公司也具备投标人资格，无须借用其名义进行投标。是否具备投标人资格与是否能成为中标人是两个问题，在均具有投标人资格的投标人之间，也存在实力、资信等方面的差异，环境装备公司该辩称理据不足。环境装备公司在一审中辩称委托阀安龙公司代签合同、代办验货，仅是从商业的角度降低采购价格和由阀安龙公司人员提供纯劳务的活动。环境装备公司一方面称其需向阀安龙公司支付相关报酬，案涉工程设备的实际制造商宝利金公司和无锡通用公司知道其与阀安龙公司存在委托关系，一方面又称委托阀安龙公司可从商业角度降低采购价格，其辩称缺乏合理性。

综上所述，根据环境装备公司在投标过程中的行为与中标后的行为，原一审判决认为环境装备公司违反了《招标投标法》第三十三条的规定，根据《招标投标法》第五十四条的规定认定环境装备公司与污水治理公司签订的《建设工程设备采购合同》无效有事实依据和法律依据，应予维持。

5. 天津日腾飞管业有限公司与中国移动通信集团北京有限公司、中国通信建设集团有限公司招标投标买卖合同纠纷案［（2016）京民申 1908 号］

裁判要旨：招标人可以根据招标项目实际，在不违反法律、行政法规强制性规定的前提下，在招标文件中设置投标人的资格条件并进行资格审查；投标人提交虚假资质文件的，招标人可以依据招标文件不予退还其投标保证金。

北京市高级人民法院认为，本案系招标投标合同纠纷，双方在招标投标过程中可以自行设定不悖法律规定之权利义务，设定权利义务之民事法律行为自成立时即具有约束力。根据《招标投标法》第十八条的规定，招标人可以根据招标项目本身的要求，在招标文件中要求投标人提供有关资质证明文件并进行资格审查。本案中，移动通信北京公司在招标文件中要求投标人提供《环境管理体系认证证书》并对该证书的真实性进行审查的行为符合相关法律精神。招标文件同时规定，投标人在投标文件中提供虚假的文件和材料，意图骗取中标的，投标保证金不予退还。本院认为，投标人提交真实、合法且有效的资质证明文件是确保招标投标法律活动得以顺利实施的基础，亦是投标人具备基本履约能力的前提，招标文件的上述规定，其目的在于通过保证金的方式约束投标人在投标时即具备相应资质，该项规定之内容不悖法律规定，应为合法有效。投标人在招投标阶段可依自身资质情况选择是否接受招标文件之规定，并自由决定是否选择投标，但投标人一经投标并交纳相应的保证金，该规定即对投标人产生约束力。日腾飞管业公司在本案投标时并不具有《环境管理体系认证证书》，移动通信北京公司根据其提交虚假资质文件的行为，不予退还其投标保证金，并无不当，一、二审法院依据查明的事实，所作处理并无不当，本院予以维持。

第五十五条　【招标人违规谈判的责任】　依法必须进行招标的项目，招标人违反本法规定，与投标人就投标价格、投标方案等实质性内容进行谈判的，给予警告，对单位直接负责的主管人员和其他直接责任人员依法给予处分。

前款所列行为影响中标结果的，中标无效。

【立法·要点注释】

本条是关于依法必须进行招标项目的招标人违反本法规定与投标人就投标价格、投标方案等实质性内容进行谈判的法律责任的规定。

1. 公平、公正、公开是招标活动必须遵循的基本原则,招标人在中标人确定前,与投标人就投标价格、投标方案等实质性内容进行谈判,是对这一原则的违背,很可能产生招标人与投标人串通投标、排斥其他投标人的结果;另外,招标人在中标人确定前,与投标人就投标价格、投标方案等实质性内容进行谈判时有可能利用一个投标人的投标对另一个投标人施加压力,迫使其降低报价或提供在其他方面更有利的投标。因此本法规定,依法必须进行招标项目的招标人在确定中标人前与投标人就投标价格、投标方案等实质性内容进行谈判的行为是违法行为,招标人有上述行为的应承担相应的法律责任。

2. 警告是《行政处罚法》第八条规定的行政处罚的一种。这里是指根据本法第七条的规定,对招标投标活动行使监督权的行政监督部门,发现招标人有本条规定的违法行为时,对其提出告诫,使其认识自己违法所在和如何改正的一种行政处罚,属于申诫罚。

3. 这里的处分包括行政处分和纪律处分。行政处分,是指国家机关、企事业单位依法给予隶属于它的犯有轻微违法行为人员的一种制裁性处理。纪律处分,是指违反单位内部制定的纪律而受到的制裁,由各单位根据其单位纪律的规定,向违反纪律的行为人作出。对于国家公务员的行政处分包括警告、记过、记大过、降级、撤职、开除六种。

【部门规章及规范性文件】

《工程建设项目施工招标投标办法》(2013年5月1日)

第七十六条 依法必须进行招标的项目,招标人违法与投标人就投标价格、投标方案等实质性内容进行谈判的,有关行政监督部门给予警告,对单位直接负责的主管人员和其他直接责任人员依法给予处分。

前款所列行为影响中标结果的,中标无效。

【最高人民法院裁判案例】

1. 杭州建工集团有限责任公司与阜阳巨川房地产开发有限公司建设工程施工合同纠纷案[(2019)最高法民终523号]

裁判要旨:双方当事人在招标投标前就实质性内容进行谈判,签订的协议与中标文件、招标投标后签订的合同实质性内容亦基本一致,故双方当事人在招标投标前就案涉工程实质性内容进行谈判的行为影响中标结果,中标无效,所订立的合同均无效。

最高人民法院认为,关于案涉《建设工程施工合同》《建设工程施工补充协议》效力的问题。阜阳巨川公司在案涉工程进行招标投标之前,与杭州建工公司共同签订《建设工程总承包协议》。在招标投标之后,双方当事人又依据招标投标文件签订了《建设工程施工合同》《建设工程施工补充协议》。双方当事人对该三份合同的真实性均无异议。关于施工工程,《建设工程总承包协议》约定为"巨川新世界"(暂定名),包括A、B、C、D四个地块,《建设工程施工合同》《建设工程施工补充协议》约定为"巨川金宝汇广场B地块";关于工程地点,《建设工程总承包协议》《建设工程施工合同》约定的工程地点均为"安徽省阜阳市颍州南路与南二环(路)交汇处";关于承包范围,《建设工程总承包协议》《建设工程施工合同》《建设工程施工补充协议》约定的工程承包范围均为"施工(设计)图纸范围内的土建、安装、装饰、附属工程及室外工程等全部工程内容",其中《建设工程总承包协议》《建设工程施工补充协议》约定桩基工程及需特殊资质的由业主单独分包(除外),《建设工程施工合同》约定桩基工程、支护工程、土方工程、电梯安装工程及需特殊资质的由业主单独分包;关于工程质量,《建设工程总承包协议》《建设工程施工补充协议》约定为"合格标准,争创市优",《建设工程施工合同》约定为"合格标准";关于取费标准,《建设工程总承包协议》约定为土建综合取费22%,案涉工程中标通知书载明"中标价款为(人民币)百分之贰拾贰(22%)",《建设工程施工补充协议》约定"建筑工程综合取费22%"。上述证据表明,双方当事人在招标投标前就案涉工程的实质性内容进行了谈判。双方当事人在招标投标前签订的《建设工程总承包协议》与招标投标中标文件、招标投标后签订的《建设工程施工合同》《建设工程施工补充协议》在承包范围、工程质量、取费标准等实质性内容上的约定亦基本一致。故双方当事人在招标投标前就案涉工程实质性内容进行谈判的行为影响中标结果。双方当事人均认可，案涉工程在签订合同时属于必须招投标的工程。依照《招标投标法》第四十三条、第五十五条、《最高人民法院关于审理建设工程施工合同纠纷案件适用法律问题的解释》第一条第(三)项的规定，案涉工程中标无效，案涉《建设工程总承包协议》《建设工程施工合同》《建设工程施工补充协议》亦无效。

2. 武汉东方云建设工程有限公司与聊城瀚博置业有限公司建设工程施工合同纠纷案[(2019)最高法民申2760号]

裁判要旨：发包人与承包人在履行招投标程序前签订了建设工程施工合同，且已进场施工，因此影响中标结果，中标无效，中标合同亦应无效。

最高人民法院经审查认为，《招标投标法》第五十五条规定，依法必须进行招标的项目，招标人违反本法规定，与投标人就投标价格、投标方案等实质性内容进行谈判的，给予警告，对单位直接负责的主管人员和其他直接责任人员依法给予处分。前款所列行为影响中标结果的，中标无效。本案中，发包人瀚博公司与承包人东方云公司在履行招投标程序前的2013年即就案涉工程签订了《建设工程施工合同》，对工程范围、开竣工时间、计价方式、付款方式等作出明确约定。根据已经查明的事实，合同签订后，东方云公司进驻工程现场，进行工程建设的前期准备工作及工程图纸交接、工程放线等地基处理工作，上述工作并非施工企业投标前所需的准备工作内容，东方云公司该项再审主张依据不足。瀚博公司其后履行了招标程序，东方云公司中标。二审判决认定东方云公司在招投标前即已进场施工，因此影响中标结果，中标无效，2014年合同因中标无效而无效，并无不当。《最高人民法院关于审理建设工程施工合同纠纷案件适用法律问题的解释》第二十一条和《最高人民法院关于审理建设工程施工合同纠纷案件适用法律问题的解释(二)》第一条第一款、第十条的适用以中标合同有效为前提，案涉2014年合同因中标无效而无效，本案无适用上述规定之余地。

3. 新疆华诚安居房地产开发有限公司与中国铁建大桥工程局集团有限公司建设工程施工合同纠纷案[(2019)最高法民终347号]

裁判要旨：双方当事人在招投标前虽然进行了谈判并达成合作意向，签订协议书，但该协议书中没有约定投标方案等内容，未载明开工时间，合同条款中还存在大量不确定的约定,不能证明可能影响中标结果,也不影响合同效力。招标人作为违法行为人恶意主动请求确认合同无效,违背诚实信用原则。

最高人民法院认为,关于涉案《建设工程施工合同》是否有效的问题。本案中,华诚房地产公司上诉主张,其与铁建大桥工程局在招投标之前,就施工合同实质性内容进行了谈判磋商,本案属于通过"明招暗定"形式规避《招标投标法》等法律、行政法规规定的行为,本案中标无效,《建设工程施工合同》无效。根据前述法律法规的规定,招标人与投标人就合同实质性内容进行谈判的行为影响了中标结果的,中标无效,中标无效将导致合同无效。就招投标过程中的违法违规行为,利害关系人有权提出异议或者依法向有关行政监督部门投诉,对违法违规行为负有直接责任的单位和个人,将受到行政处分。本案中,双方在招投标前进行了谈判并达成合作意向,签订了《建筑施工合作框架协议书》。该协议书中没有约定投标方案等内容,未载明开工时间,合同条款中还存在大量不确定的约定,如关于施工内容,双方约定"具体规划指标与建设内容以政府相关部门最终的批复文件为准",关于合同概算,双方约定"项目建筑施工总概算约人民币叁亿元,具体概算数值待规划文件,设计方案确定后双方另行约定"。《建筑施工合作框架协议书》签订后,双方按照《招标投标法》的规定,履行了招投标相关手续,没有证据证明涉案工程在招投标过程中存在其他违法违规行为可能影响合同效力的情形。华诚房地产公司虽称其自身违反《招标投标法》的规定致使中标无效,但该违法违规行为是否影响了中标结果,华诚房地产公司未予以证明。本案亦不存在因招投标活动不符合法律规定,利害关系人提出异议或者依法向有关行政监督部门投诉,致使相关人员被追责的情形。综上,一审法院认定涉案《建设工程施工合同》真实有效,该认定并无不当,本院予以维持。

《民法总则》第七条规定:"民事主体从事民事活动,应当遵循诚信原则,秉持诚实,恪守承诺。"《民事诉讼法》第十三条第一款规定:"民事诉讼应当遵循诚实信用原则。"诚实信用原则既是民商事活动的基本准则,亦是民事诉讼活动应当遵循的基本准则。在建设工程项目中,设立招投标程序是为了保护国家利益、社会公共利益和招投标活动当事人的合法权益,提高经济效益,保证项目质量;是为了通过法定的强制的公开竞价的方式为建设单位发包工程建设项目提供平台服务,为发包人的工程建设项目选定施工人。在招投标过程中,较承包人而言,发包人掌握一定主动权。本案中,华诚房地产公司作为招标人,明知其与铁建大桥工程局于招投标之前就合同实质性内容进行谈判的行为可能导致双方其后签订的《建设工程施工合同》因违反《招标投标法》的相关规定而被认定为无效,仍然积极追求或放任该法律后果的发生,经招投标程序后与铁建大桥工程局签订了涉案《建设工程施工合同》,华诚房地产公司对该违法行为具有明显过错,应负主要责任。铁建大桥工程局明知违法而参与竞标,最终中标并签订涉案《建设工程施工合同》,亦存在过错,应负次要责任。综上,华诚房地产公司与铁建大桥工程局在案涉项目招投标过程中皆有违诚信原则。现在涉案工程施工过程中以及本案一审中,华诚房地产公司始终未对《建设工程施工合同》的效力问题提出异议,仅在一审中辩称本案不存在合同约定解除或法定解除的情形,不同意铁建大桥工程局有关解除合同的诉讼请求。华诚房地产公司在本案二审中提出涉案《建设工程施工合同》无效的上诉主张,是认为涉案《建设工程施工合同》有效将为其带来不利,或者所带来的利益小于合同无效所带来的利益,其目的是规避应承担的付款义务,免除或者减轻一审判决确定由其承担的民事责任。本院认为,合同约定应当严守,诚信观念应当强化。华诚房地产公司作为涉案建设工程的招标人、甲方,主导签订了涉案《建设工程施工合同》,在合同相对方铁建大桥工程局按约履行合同而其并未按约支付工程款,一审判决华诚房地产公司承担相应责任后,华诚房地产公司以其自身的招标行为存在违法违规为由,于二审中主张合同无效,其行为不仅违反诚实信用基本原则,而且不利于民事法律关系的稳定,属于不讲诚信、为追求自身利益最大化而置他人利益于不顾的恶意抗辩行为。合同无效制度设立的重要目的在于防止因为无效合同的履行给国家、社会以及第三人利益带来损失,维护社会的法治秩序和公共道德。而本案中,华诚房地产公司作为违法行为人恶意主动请求确认合同无效,如支持其诉求,意味着体现双方真实意愿的合同约定不仅对其没有约束力,甚至可能使其获得不正当的利益,这将违背合同无效制度设立的宗旨,也将纵容违法行为人从事违法行为,使合同无效制度沦为违法行为人追求不正当甚至非法利益的手段。综上,华诚房地产公司在二审中主张涉案《建设工程施工合同》无效,该主张有违诚信原则,故华诚房地产公司关于其与铁建大桥工程局于招投标前就合同实质性内容进行谈判的行为违反了《招标投标法》的规定,导致涉案《建设工程施工合同》无效的主张,缺乏事实和法律依据,本院予以驳回。

4. 厦门中联永亨建设集团有限公司与福建长汀县建源房地产开发有限公司建设工程施工合同纠纷案[(2018)最高法民申1838号]

裁判要旨:合同当事人在招投标前已对招投标项目的实质性内容达成了一致,构成串通投标,该中标无效,合同亦无效。

最高人民法院认为,本案中标通知书显示案涉工程中标时间为2011年3月20日,而《建设工程施工合同》及《补充协议书》的签订日期在2010年7月17日,其签订日期在中标时间之前。根据《建设工程施工合同》及《补充协议书》的内容,中联公司与建源公司在招投标前已对招投标项目的实质性内容达成了一致,其违反《招标投标法》第五十五条的规定,构成恶意串标,该中标无效。根据《最高人民法院关于审理建设工程施工合同纠纷案件适用法律问题的解释》第一条第(三)项规定,建设工程施工合同具有下列情形之一的,应当根据《合同法》第五十二条第(五)项的规定,认定无效:……(三)建设工程必须进行招标而未招标或者中标无效的。故《建设工程施工合同》及《补充协议书》均为无效合同。

第五十六条 【评标委员会成员违法的责任】评标委员会成员收受投标人的财物或者其他好处的,评标委员会成员或者参加评标的有关工作人员向他人透露对投标文件的评审和比较、中标候选人的推荐以及与评标有关的其他情况的,给予警告,没收收受的财物,可以并处三千元以上五万元以下的罚款,对有所列违法行为的评标委员会成员取消担任评标委员会成员的资格,不得再参加任何依法必须进行招标的项目的评标;构成犯罪的,依法追究刑事责任。

【立法·要点注释】

本条是关于评标委员会成员收受投标人的财物或者其他好处以及评标委员会成员或者参加评标的有关工作人员违反本法规定的保密义务的法律责任的规定。

1. 本条所讲的“其他好处”,是指除了财物以外,能给评标委员会成员或其家属亲友带来的物质或精神上的其他便利,如安排评标委员会成员及其家属旅游、安排评标委员会成员子女或亲友入学或工作等;“参加评标的有关工作人员”,是指本身不是评标委员会成员,但为评标提供服务,如会计、文秘等,在一定程度上了解评标情况的工作人员;“他人”,主要是指投标人以及其他与招标活动有利害关系的人员。

2. 本条涉及的犯罪,主要是指《刑法》第一百六十三条规定的非国家工作人员受贿犯罪、第三百九十八条规定的泄漏国家秘密犯罪和第二百一十九条规定的侵犯商业秘密犯罪。

【相关法律】

《中华人民共和国刑法》(2017年11月4日)

第一百六十三条 公司、企业或者其他单位的工作人员利用职务上的便利,索取他人财物或者非法收受他人财物,为他人谋取利益,数额较大的,处五年以下有期徒刑或者拘役;数额巨大的,处五年以上有期徒刑,可以并处没收财产。

公司、企业或者其他单位的工作人员在经济往来中,利用职务上的便利,违反国家规定,收受各种名义的回扣、手续费,归个人所有的,依照前款的规定处罚。

国有公司、企业或者其他国有单位中从事公务的人员和国有公司、企业或者其他国有单位委派到非国有公司、企业以及其他单位从事公务的人员有前两款行为的,依照本法第三百八十五条、第三百八十六条的规定定罪处罚。

第二百一十九条 有下列侵犯商业秘密行为之一,给商业秘密的权利人造成重大损失的,处三年以下有期徒刑或者拘役,并处或者单处罚金;造成特别严重后果的,处三年以上七年以下有期徒刑,并处罚金:

(一)以盗窃、利诱、胁迫或者其他不正当手段获取权利人的商业秘密的;

(二)披露、使用或者允许他人使用以前项手段获取的权利人的商业秘密的;

(三)违反约定或者违反权利人有关保守商业秘密的要求,披露、使用或者允许他人使用其所掌握的商业秘密的。

明知或者应知前款所列行为,获取、使用或者披露他人的商业秘密的,以侵犯商业秘密论。

本条所称商业秘密,是指不为公众所知悉,能为权利人带来经济利益,具有实用性并经权利人采取保密措施的技术信息和经营信息。

本条所称权利人，是指商业秘密的所有人和经商业秘密所有人许可的商业秘密使用人。

第三百九十八条　国家机关工作人员违反保守国家秘密法的规定，故意或者过失泄露国家秘密，情节严重的，处三年以下有期徒刑或者拘役；情节特别严重的，处三年以上七年以下有期徒刑。

非国家机关工作人员犯前款罪的，依照前款的规定酌情处罚。

【行政法规】

《中华人民共和国招标投标法实施条例》(2019年3月2日)

第七十一条　评标委员会成员有下列行为之一的，由有关行政监督部门责令改正；情节严重的，禁止其在一定期限内参加依法必须进行招标的项目的评标；情节特别严重的，取消其担任评标委员会成员的资格：

(一)应当回避而不回避；

(二)擅离职守；

(三)不按照招标文件规定的评标标准和方法评标；

(四)私下接触投标人；

(五)向招标人征询确定中标人的意向或者接受任何单位或者个人明示或者暗示提出的倾向或者排斥特定投标人的要求；

(六)对依法应当否决的投标不提出否决意见；

(七)暗示或者诱导投标人作出澄清、说明或者接受投标人主动提出的澄清、说明；

(八)其他不客观、不公正履行职务的行为。

【要点注释】

本条是关于评标委员会成员违法行为法律责任的规定。

1. 不按照招标文件规定的评标标准和方法评标。实践中的表现形式主要有：一是增加招标文件中没有规定的评审因素；二是擅自减少招标文件中已经规定的评审因素；三是不按照招标文件规定的评审标准进行评审，擅自调整评审权重；四是不按照招标文件规定的方法推荐中标候选人。

2. 暗示或者诱导投标人作出澄清、说明或者接受投标人主动提出的澄清、说明。本项包括两种违法行为：一是评标委员会成员暗示或者诱导投标人作出澄清、说明。这既可能导致投标人作出错误的理解，不能按照自己真实的意图去澄清和说明，也容易造成对其他投标人的不公平竞争。二是接受投标人主动提出的澄清、说明。投标截止后，投标文件对投标人具有约束力，投标人不得随意修改已提交的投标文件。

3. 其他不客观、不公正履行职务的行为。例如，对不同投标人提供的类似施工方案及其保证措施，评标委员会成员得出的评审结论应当一致，不能厚此薄彼、宽严不一、畸高畸低。

4. 情节是否严重需要从是否存在主观故意，违法评标所导致的后果等方面进行判断。

第七十二条 评标委员会成员收受投标人的财物或者其他好处的，没收收受的财物，处3000元以上5万元以下的罚款，取消担任评标委员会成员的资格，不得再参加依法必须进行招标的项目的评标；构成犯罪的，依法追究刑事责任。

【要点注释】

本条是关于评标委员会成员违反廉洁自律要求法律责任的规定。

本条将评标委员会成员不得收受好处的规定从《招标投标法》第五十六条中单列出来加以强调。

1. 评标委员会成员收受投标人的财物或者其他好处，实践中的具体表现形式主要有：一是收受现金；二是收受各种各样的劳务费等；三是收受债券、股票等有价证券；四是收受奢侈消费品、工艺品、收藏品等实物；五是接受旅游、考察等款待，以及就学、荣誉、特殊待遇等好处。

2. 被取消担任评标委员会成员资格的人，应当从专家库中除名，不得再从事任何评标工作，招标人也不得再聘请其担任评标委员会成员。需要说明的是：只要有本条规定的违法行为，不论情节是否严重，一律取消担任评标委员会成员的资格；取消资格后，既不能从事依法必须招标的项目的评标，也不能从事其他非依法必须招标项目的评标。

3. 评标委员会成员收受投标人的财物或者其他好处构成《刑法》第一百六十三条规定的非国家工作人员受贿罪的，依法承担刑事责任。

【部门规章及规范性文件】

1.《工程建设项目勘察设计招标投标办法》（2013年5月1日）

第五十四条 评标委员会成员有下列行为之一的，由有关行政监督部门责令改正；情节严重的，禁止其在一定期限内参加依法必须进行招标的项目的评标；情节特别严重的，取消其担任评标委员会成员的资格：

（一）不按照招标文件规定的评标标准和方法评标；

（二）应当回避而不回避；

（三）擅离职守；

（四）私下接触投标人；

（五）向招标人征询确定中标人的意向或者接受任何单位或者个人明示或者暗示提出的倾向或者排斥特定投标人的要求；

（六）对依法应当否决的投标不提出否决意见；

（七）暗示或者诱导投标人作出澄清、说明或者接受投标人主动提出的澄清、说明；

（八）其他不客观、不公正履行职务的行为。

2.《工程建设项目施工招标投标办法》（2013年5月1日）

第七十七条　评标委员会成员收受投标人的财物或者其他好处的，没收收受的财物，可以并处三千元以上五万元以下的罚款，取消担任评标委员会成员的资格并予以公告，不得再参加依法必须进行招标的项目的评标；构成犯罪的，依法追究刑事责任。

第七十八条　评标委员会成员应当回避而不回避，擅离职守，不按照招标文件规定的评标标准和方法评标，私下接触投标人，向招标人征询确定中标人的意向或者接受任何单位或者个人明示或者暗示提出的倾向或者排斥特定投标人的要求，对依法应当否决的投标不提出否决意见，暗示或者诱导投标人作出澄清、说明或者接受投标人主动提出的澄清、说明，或者有其他不能客观公正地履行职责行为的，有关行政监督部门责令改正；情节严重的，禁止其在一定期限内参加依法必须进行招标的项目的评标；情节特别严重的，取消其担任评标委员会成员的资格。

第七十九条　依法必须进行招标的项目的招标人不按照规定组建评标委员会，或者确定、更换评标委员会成员违反招标投标法和招标投标法实施条例规定的，由有关行政监督部门责令改正，可以处10万元以下的罚款，对单位直接负责的主管人员和其他直接责任人员依法给予处分；违法确定或者更换的评标委员会成员作出的评审决定无效，依法重新进行评审。

3.《工程建设项目货物招标投标办法》(2013年5月1日)

第五十七条 评标委员会成员有下列行为之一的,由有关行政监督部门责令改正;情节严重的,禁止其在一定期限内参加依法必须进行招标的项目的评标;情节特别严重的,取消其担任评标委员会成员的资格:

(一)应当回避而不回避;

(二)擅离职守;

(三)不按照招标文件规定的评标标准和方法评标;

(四)私下接触投标人;

(五)向招标人征询确定中标人的意向或者接受任何单位或者个人明示或者暗示提出的倾向或者排斥特定投标人的要求;

(六)对依法应当否决的投标不提出否决意见;

(七)暗示或者诱导投标人作出澄清、说明或者接受投标人主动提出的澄清、说明;

(八)其他不客观、不公正履行职务的行为。

4.《机电产品国际招标投标实施办法(试行)》(2014年4月1日)

第一百零一条 评标委员会成员有下列行为之一的,依照招标投标法、招标投标法实施条例的有关规定处罚:

(一)应当回避而不回避的;

(二)擅离职守的;

(三)不按照招标文件规定的评标方法和标准评标的;

(四)私下接触投标人的;

(五)向招标人征询确定中标人的意向或者接受任何单位或者个人明示或者暗示提出的倾向或者排斥特定投标人的要求的;

(六)暗示或者诱导投标人作出澄清、说明或者接受投标人主动提出的澄清、说明的;

(七)对依法应当否决的投标不提出否决意见的;

(八)向他人透露对投标文件的评审和比较、中标候选人的推荐以及与评标有关的其他情况的。

第一百零二条 评标委员会成员有下列行为之一的,将被从专家库名单中除名,同时在招标网上予以公告:

(一)弄虚作假,谋取私利的;

（二）在评标时拒绝出具明确书面意见的；

（三）除本办法第一百零一条第八项所列行为外，其他泄漏应当保密的与招标投标活动有关的情况和资料的；

（四）与投标人、招标人、招标机构串通的；

（五）专家 1 年内 2 次被评价为不称职的；

（六）专家无正当理由拒绝参加评标的；

（七）其他不客观公正地履行职责的行为，或违反招标投标法、招标投标法实施条例和本办法的行为。

前款所列行为影响中标结果的，中标无效。

第一百零三条　除评标委员会成员之外的其他评审专家有本办法第一百零一条和第一百零二条所列行为之一的，将被从专家库名单中除名，同时在招标网上予以公告。

5.《评标委员会和评标方法暂行规定》（2013 年 5 月 1 日）

第五十三条　评标委员会成员有下列行为之一的，由有关行政监督部门责令改正；情节严重的，禁止其在一定期限内参加依法必须进行招标的项目的评标；情节特别严重的，取消其担任评标委员会成员的资格：

（一）应当回避而不回避；

（二）擅离职守；

（三）不按照招标文件规定的评标标准和方法评标；

（四）私下接触投标人；

（五）向招标人征询确定中标人的意向或者接受任何单位或者个人明示或者暗示提出的倾向或者排斥特定投标人的要求；

（六）对依法应当否决的投标不提出否决意见；

（七）暗示或者诱导投标人作出澄清、说明或者接受投标人主动提出的澄清、说明；

（八）其他不客观、不公正履行职务的行为。

第五十四条　评标委员会成员收受投标人的财物或者其他好处的，评标委员会成员或者与评标活动有关的工作人员向他人透露对投标文件的评审和比较、中标候选人的推荐以及与评标有关的其他情况的，给予警告，没收收受的财物，可以并处三千元以上五万元以下的罚款；对有所列违法行为的评标委员会成员取消担任评标委员会成员的资格，不得再参加任何依法必须进行招标项目的评标;构成犯罪的,依法追究刑事责任。

6.《评标专家和评标专家库管理暂行办法》(2013年5月1日)

第十五条　评标专家有下列情形之一的,由有关行政监督部门责令改正;情节严重的,禁止其在一定期限内参加依法必须进行招标的项目的评标;情节特别严重的,取消其担任评标委员会成员的资格:

(一)应当回避而不回避;

(二)擅离职守;

(三)不按照招标文件规定的评标标准和方法评标;

(四)私下接触投标人;

(五)向招标人征询确定中标人的意向或者接受任何单位或者个人明示或者暗示提出的倾向或者排斥特定投标人的要求;

(六)对依法应当否决的投标不提出否决意见;

(七)暗示或者诱导投标人作出澄清、说明或者接受投标人主动提出的澄清、说明;

(八)其他不客观、不公正履行职务的行为。

评标委员会成员收受投标人的财物或者其他好处的,评标委员会成员或者与评标活动有关的工作人员向他人透露对投标文件的评审和比较、中标候选人的推荐以及与评标有关的其他情况的,给予警告,没收收受的财物,可以并处三千元以上五万元以下的罚款;对有所列违法行为的评标委员会成员取消担任评标委员会成员的资格,不得再参加任何依法必须进行招标项目的评标;构成犯罪的,依法追究刑事责任。

第五十七条　【招标人在中标候选人以外确定中标人的责任】招标人在评标委员会依法推荐的中标候选人以外确定中标人的,依法必须进行招标的项目在所有投标被评标委员会否决后自行确定中标人的,中标无效,责令改正,可以处中标项目金额千分之五以上千分之十以下的罚款;对单位直接负责的主管人员和其他直接责任人员依法给予处分。

【立法·要点注释】

本条是关于招标人在评标委员会依法推荐的中标候选人以外确定中标

人,依法必须进行招标的项目在所有投标被评标委员会否决后自行确定中标人的法律责任的规定。

1. 根据本条规定,招标人在评标委员会依法推荐的中标候选人以外确定中标人的,依法必须进行招标的项目在所有投标被评标委员会否决后自行确定中标人的,应当依法限期责令改正,即由对招标投标活动负有行政监督职责的行政机关要求招标人停止违法行为,并采取改正措施,依照法律在评标委员会推荐的中标候选人中确定中标人,或者依照法律重新进行招标。责令改正并不是《行政处罚法》中规定的一种行政处罚,而是实施行政处罚时,必须采取的一种行政措施。

2. 招标人应当在评标委员会推荐的中标候选人中确定中标人以及法定强制招标项目的所有投标被评标委员会否决后招标人应当重新招标的规定,属于法律的强制性规定,招标人违反法律的强制性规定确定的中标结果应属无效,招标人应依法重新选择中标人。

【部门规章及规范性文件】

1.《工程建设项目施工招标投标办法》(2013 年 5 月 1 日)

第八十条　依法必须进行招标的项目的招标人有下列情形之一的,由有关行政监督部门责令改正,可以处中标项目金额千分之十以下的罚款;给他人造成损失的,依法承担赔偿责任;对单位直接负责的主管人员和其他直接责任人员依法给予处分:

(一)无正当理由不发出中标通知书;

(二)不按照规定确定中标人;

(三)中标通知书发出后无正当理由改变中标结果;

(四)无正当理由不与中标人订立合同;

(五)在订立合同时向中标人提出附加条件。

2.《工程建设项目货物招标投标办法》(2013 年 5 月 1 日)

第五十八条　依法必须进行招标的项目的招标人有下列情形之一的,由有关行政监督部门责令改正,可以处中标项目金额千分之十以下的罚款;给他人造成损失的,依法承担赔偿责任;对单位直接负责的主管人员和其他直接责任人员依法给予处分:

（一）无正当理由不发出中标通知书；

（二）不按照规定确定中标人；

（三）中标通知书发出后无正当理由改变中标结果；

（四）无正当理由不与中标人订立合同；

（五）在订立合同时向中标人提出附加条件。

中标通知书发出后，中标人放弃中标项目的，无正当理由不与招标人签订合同的，在签订合同时向招标人提出附加条件或者更改合同实质性内容的，或者拒不提交所要求的履约保证金的，取消其中标资格，投标保证金不予退还；给招标人的损失超过投标保证金数额的，中标人应当对超过部分予以赔偿；没有提交投标保证金的，应当对招标人的损失承担赔偿责任。对依法必须进行招标的项目的中标人，由有关行政监督部门责令改正，可以处中标金额千分之十以下罚款。

第五十八条 【中标人违法转包、分包的责任】中标人将中标项目转让给他人的，将中标项目肢解后分别转让给他人的，违反本法规定将中标项目的部分主体、关键性工作分包给他人的，或者分包人再次分包的，转让、分包无效，处转让、分包项目金额千分之五以上千分之十以下的罚款；有违法所得的，并处没收违法所得；可以责令停业整顿；情节严重的，由工商行政管理机关吊销营业执照。

【立法·要点注释】

本条是关于中标人将中标项目转包给他人或者违法分包给他人以及分包人再次分包的法律责任的规定。

1. 本法关于禁止中标人转让中标项目，禁止中标人违法分包以及禁止分包人再次分包的规定属于法律的强制规定。中标人或分包人违反这些规定所签订的转让、分包合同属于无效合同，转让、分包不具有法律效力。

2. 责令停业，是指国家行政机关对违反行政管理秩序的企业、事业单位、个体工商户，限其在一定期限内停止生产和经营活动的一种行政处罚，属于行为罚的一种。

3. 吊销营业执照，是指国家行政机关对违反行政管理秩序的法人或者其他组织依法实行剥夺当事人从事某项生产和经营活动的一种行政处罚，是一种比较严厉的行为能力罚。

【相关法律】

《中华人民共和国建筑法》(2019 年 4 月 23 日)

第六十五条　发包单位将工程发包给不具有相应资质条件的承包单位的,或者违反本法规定将建筑工程肢解发包的,责令改正,处以罚款。

超越本单位资质等级承揽工程的,责令停止违法行为,处以罚款,可以责令停业整顿,降低资质等级;情节严重的,吊销资质证书;有违法所得的,予以没收。

未取得资质证书承揽工程的,予以取缔,并处罚款;有违法所得的,予以没收。

以欺骗手段取得资质证书的,吊销资质证书,处以罚款;构成犯罪的,依法追究刑事责任。

第六十七条　承包单位将承包的工程转包的,或者违反本法规定进行分包的,责令改正,没收违法所得,并处罚款,可以责令停业整顿,降低资质等级;情节严重的,吊销资质证书。

承包单位有前款规定的违法行为的,对因转包工程或者违法分包的工程不符合规定的质量标准造成的损失,与接受转包或者分包的单位承担连带赔偿责任。

第六十八条　在工程发包与承包中索贿、受贿、行贿,构成犯罪的,依法追究刑事责任;不构成犯罪的,分别处以罚款,没收贿赂的财物,对直接负责的主管人员和其他直接责任人员给予处分。

对在工程承包中行贿的承包单位,除依照前款规定处罚外,可以责令停业整顿,降低资质等级或者吊销资质证书。

【行政法规】

1.《中华人民共和国招标投标法实施条例》(2019 年 3 月 2 日)

第七十六条　中标人将中标项目转让给他人的,将中标项目肢解后分别转让给他人的,违反招标投标法和本条例规定将中标项目的部分主体、关键性工作分包给他人的,或者分包人再次分包的,转让、分包无效,处转让、分包项目金额5‰以上10‰以下的罚款;有违法所得的,并处没收违法所得;可以责令停业整顿;情节严重的,由工商行政管理机关吊销营业执照。

【要点注释】

本条是关于中标人转包和违法分包法律责任的规定。

1. 中标人转让中标项目合同、中标人违法分包合同、分包人再次分包合同均无效。该无效为自始无效,行为人因此取得的财产应当返还给对方当事人,有过错的一方当事人还应赔偿对方因此所受的损失,即中标人和分包人应赔偿招标人因此所受的损失。赔偿的范围包括直接损失和间接损失。

2. 中标人转包或违法分包,以及分包人再次分包所获得的收入应当没收。

3."可以责令停业整顿"是一种供选择的行政处罚方式,行政机关应根据违法行为的具体情节作出决定。通过罚款和没收违法所得能够实现制裁目的的,无须责令停业整顿。责令停业整顿后,行为人在规定期间内纠正了违法行为或者完善相关措施的,可以恢复经营。

2.《建设工程质量管理条例》(2019年4月23日)

第六十条 违反本条例规定,勘察、设计、施工、工程监理单位超越本单位资质等级承揽工程的,责令停止违法行为,对勘察、设计单位或者工程监理单位处合同约定的勘察费、设计费或者监理酬金1倍以上2倍以下的罚款;对施工单位处工程合同价款2%以上4%以下的罚款,可以责令停业整顿,降低资质等级;情节严重的,吊销资质证书;有违法所得的,予以没收。

未取得资质证书承揽工程的,予以取缔,依照前款规定处以罚款;有违法所得的,予以没收。

以欺骗手段取得资质证书承揽工程的,吊销资质证书,依照本条第一款规定处以罚款;有违法所得的,予以没收。

第六十一条 违反本条例规定,勘察、设计、施工、工程监理单位允许其他单位或者个人以本单位名义承揽工程的,责令改正,没收违法所得,对勘察、设计单位和工程监理单位处合同约定的勘察费、设计费和监理酬金1倍以上2倍以下的罚款;对施工单位处工程合同价款2%以上4%以下的罚款;可以责令停业整顿,降低资质等级;情节严重的,吊销资质证书。

第六十二条 违反本条例规定,承包单位将承包的工程转包或者违法分包的,责令改正,没收违法所得,对勘察、设计单位处合同约定的勘察费、设计费 25% 以上 50% 以下的罚款；对施工单位处工程合同价款 0.5% 以上 1% 以下的罚款；可以责令停业整顿，降低资质等级；情节严重的，吊销资质证书。

工程监理单位转让工程监理业务的，责令改正，没收违法所得，处合同约定的监理酬金 25% 以上 50% 以下的罚款；可以责令停业整顿，降低资质等级；情节严重的，吊销资质证书。

【部门规章及规范性文件】

《工程建设项目施工招标投标办法》（2013 年 5 月 1 日）

第六十六条　招标人不得直接指定分包人。

第六十七条　对于不具备分包条件或者不符合分包规定的，招标人有权在签订合同或者中标人提出分包要求时予以拒绝。发现中标人转包或违法分包时，可要求其改正；拒不改正的，可终止合同，并报请有关行政监督部门查处。

监理人员和有关行政部门发现中标人违反合同约定进行转包或违法分包的，应当要求中标人改正，或者告知招标人要求其改正；对于拒不改正的，应当报请有关行政监督部门查处。

第八十二条　中标人将中标项目转让给他人的，将中标项目肢解后分别转让给他人的，违法将中标项目的部分主体、关键性工作分包给他人的，或者分包人再次分包的，转让、分包无效，有关行政监督部门处转让、分包项目金额千分之五以上千分之十以下的罚款；有违法所得的，并处没收违法所得；可以责令停业整顿；情节严重的，由工商行政管理机关吊销营业执照。

第五十九条　【不按招投标文件订立合同的责任】招标人与中标人不按照招标文件和中标人的投标文件订立合同的，或者招标人、中标人订立背离合同实质性内容的协议的，责令改正；可以处中标项目金额千分之五以上千分之十以下的罚款。

【立法·要点注释】

本条是关于招标人与中标人不按照招标文件和中标人的投标文件订立合同，或者招标人与中标人订立背离合同实质性内容的协议的法律责任的规定。

当招标人与中标人违反法律规定时,应停止违法行为,并按照法律规定作出相应行为,即招标人不按照招标文件和中标人的投标文件订立合同的,应停止违法行为,并根据法律规定,按照招标文件和中标人的投标文件订立合同;招标人与中标人订立背离合同实质性内容的协议的,其订立的协议无效,并应按照招标文件和中标人的投标文件重新订立合同。除了限期改正外,要承担罚款的法律责任。

【行政法规】

《中华人民共和国招标投标法实施条例》(2019年3月2日)

第七十三条 依法必须进行招标的项目的招标人有下列情形之一的,由有关行政监督部门责令改正,可以处中标项目金额10‰以下的罚款;给他人造成损失的,依法承担赔偿责任;对单位直接负责的主管人员和其他直接责任人员依法给予处分:

(一)无正当理由不发出中标通知书;

(二)不按照规定确定中标人;

(三)中标通知书发出后无正当理由改变中标结果;

(四)无正当理由不与中标人订立合同;

(五)在订立合同时向中标人提出附加条件。

【要点注释】

本条是关于招标人不按规定确定中标人或者不签订合同法律责任的规定。

1. 实践中招标人不发出中标通知书的原因,可能是对评标委员会推荐的中标候选人不满意,或者招标人意向中的中标人没有入围。

2. 实践中招标人不按规定确定中标人的情形主要有:一是招标人收到评标报告后未公示中标候选人即确定中标人;二是不对公示期内提出的异议作出答复或者异议成立而不采取措施即确定中标人;三是对国有资金占控股或者主导地位的依法必须进行招标的项目,不根据评标报告确定中标人;四是在评标委员会推荐的中标候选人之外确定中标人。

3. 给他人造成损失的,依法承担赔偿责任。这里的“他人”主要是指中标候选人。中标候选人因招标人的上述违法行为造成损失的,招标人应承担赔偿责任。

第七十四条　中标人无正当理由不与招标人订立合同,在签订合同时向招标人提出附加条件,或者不按照招标文件要求提交履约保证金的,取消其中标资格,投标保证金不予退还。对依法必须进行招标的项目的中标人,由有关行政监督部门责令改正,可以处中标项目金额10‰以下的罚款。

【要点注释】

本条是关于中标人不按规定签订合同法律责任的规定。

1. 中标人有上述违法行为时,招标人可以取消其中标资格,并根据《条例》第五十五条规定,可以按照评标委员会推荐的中标候选人名单排序依次确定其他中标候选人为中标人,也可以重新招标。

2. 中标人有上述违法行为时,不管中标人的行为是否给招标人造成损失,均不予退还中标人提交的投标保证金。

第七十五条　招标人和中标人不按照招标文件和中标人的投标文件订立合同,合同的主要条款与招标文件、中标人的投标文件的内容不一致,或者招标人、中标人订立背离合同实质性内容的协议的,由有关行政监督部门责令改正,可以处中标项目金额5‰以上10‰以下的罚款。

【要点注释】

本条是关于招标人和中标人不按规定签订合同法律责任的规定。

1. 虽然招标人与中标人按照招标文件和中标人的投标文件签订了合同,但合同的标的、价款、质量、履行期限、双方的权利义务等主要条款与招标文件、中标人的投标文件内容不一致的,将使整个招投标活动流于形式。

2. 尽管招标人与中标人严格按照招标文件和中标人的投标文件签订了合同,但在合同之外再签订背离合同实质性内容的其他协议,即签订"阴阳合同",其结果也会使招投标活动徒具形式。

3. 对于有本条规定违法行为的招标人,有关行政监督部门应当责令其在一定期限内予以改正,即严格按照招标文件和中标人的投标文件订立合同。

【部门规章及规范性文件】

1.《工程建设项目勘察设计招标投标办法》(2013年5月1日)

第五十五条　招标人与中标人不按照招标文件和中标人的投标文件订

立合同,责令改正,可以处中标项目金额千分之五以上千分之十以下的罚款。

2.《工程建设项目施工招标投标办法》(2013年5月1日)

第八十一条 中标通知书发出后,中标人放弃中标项目的,无正当理由不与招标人签订合同的,在签订合同时向招标人提出附加条件或者更改合同实质性内容的,或者拒不提交所要求的履约保证金的,取消其中标资格,投标保证金不予退还;给招标人的损失超过投标保证金数额的,中标人应当对超过部分予以赔偿;没有提交投标保证金的,应当对招标人的损失承担赔偿责任。对依法必须进行施工招标的项目的中标人,由有关行政监督部门责令改正,可以处中标金额千分之十以下罚款。

第八十三条 招标人与中标人不按照招标文件和中标人的投标文件订立合同的,合同的主要条款与招标文件、中标人的投标文件的内容不一致,或者招标人、中标人订立背离合同实质性内容的协议的,有关行政监督部门责令改正;可以处中标项目金额千分之五以上千分之十以下的罚款。

3.《工程建设项目货物招标投标办法》(2013年5月1日)

第五十八条 依法必须进行招标的项目的招标人有下列情形之一的,由有关行政监督部门责令改正,可以处中标项目金额千分之十以下的罚款;给他人造成损失的,依法承担赔偿责任;对单位直接负责的主管人员和其他直接责任人员依法给予处分:

(一)无正当理由不发出中标通知书;

(二)不按照规定确定中标人;

(三)中标通知书发出后无正当理由改变中标结果;

(四)无正当理由不与中标人订立合同;

(五)在订立合同时向中标人提出附加条件。

中标通知书发出后,中标人放弃中标项目的,无正当理由不与招标人签订合同的,在签订合同时向招标人提出附加条件或者更改合同实质性内容的,或者拒不提交所要求的履约保证金的,取消其中标资格,投标保证金不予退还;给招标人的损失超过投标保证金数额的,中标人应当对超过部分予以赔偿;没有提交投标保证金的,应当对招标人的损失承担赔偿责任。对依法必须进行招标的项目的中标人,由有关行政监督部门责令改正,可以处中标金额千分之十以下罚款。

4.《评标委员会和评标方法暂行规定》(2013年5月1日)

第五十五条　招标人有下列情形之一的,责令改正,可以处中标项目金额千分之十以下的罚款;给他人造成损失的,依法承担赔偿责任;对单位直接负责的主管人员和其他直接责任人员依法给予处分:

(一)无正当理由不发出中标通知书;

(二)不按照规定确定中标人;

(三)中标通知书发出后无正当理由改变中标结果;

(四)无正当理由不与中标人订立合同;

(五)在订立合同时向中标人提出附加条件。

第五十六条　招标人与中标人不按照招标文件和中标人的投标文件订立合同的,合同的主要条款与招标文件、中标人的投标文件的内容不一致,或者招标人、中标人订立背离合同实质性内容的协议的,由有关行政监督部门责令改正,可以处中标项目金额千分之五以上千分之十以下的罚款。

第五十七条　中标人无正当理由不与招标人订立合同,在签订合同时向招标人提出附加条件,或者不按照招标文件要求提交履约保证金的,取消其中标资格,投标保证金不予退还。对依法必须进行招标的项目的中标人,由有关行政监督部门责令改正,可以处中标项目金额10‰以下的罚款。

【法院参考案例】

1. 长泰县林墩资产运营有限公司与湖南省第六工程有限公司合同纠纷案[(2014)闽民终字第758号]

裁判要旨:尽管双方尚未订立书面合同,但招标文件中有关合同纠纷、事故处理办法(包括违约责任)的规定应对于双方当事人均具有法律效力。中标人弃标的,应当按照招标文件的规定赔偿招标人的损失。

福建省高级人民法院认为,(一)关于招标文件中中标人弃标的违约责任规定是否对上诉人第六工程公司适用的问题。

上诉人第六工程公司认为,被上诉人的招标书包含内容很多,上诉人出具的投标函仅对招标文件中部分内容进行了答复,对招标文件中约定的违约责任没有承诺。根据《合同法》第三十条之规定,上诉人对被上诉人要约的内容已经作出了实质性变更,因此为新的要约。在上诉人没有收到被上诉人的新承诺之前,该招标文件中规定的违约责任对上诉人依法没有法律效力。

被上诉人林墩公司认为，上诉人虽未与被上诉人订立书面合同，但双方权利义务受招标文件、投标文件、中标通知书的约束。同时，投标函具有担保性质，是单方声明行为，并非对招标文件进行答复，更不是新的要约。上诉人未按照招标文件要求在规定期限内提交履约保证金、签订施工合同，并回函表示无法履约，根据《招标投标法》第四十五条、第四十六条、第六十条和《招标投标法实施条例》第七十四条、《福建省招标投标条例》第七十二条规定，应承担相应的责任。

本院认为，招标文件第三章评标办法中已经明确将“投标人对合同纠纷、事故处理办法未提出异议”作为评审标准之一，而上诉人自愿参加投标并在投标函中明确表示其已仔细研究了施工招标文件的全部内容，且通过了评审，即说明其投标时未对招标文件中的合同纠纷、事故处理办法提出异议，并认可了有关合同纠纷、事故处理办法对其适用。同时，上诉人已经收到了中标通知书，故双方合同关系成立。而根据《招标投标法》第四十六条的规定，双方应严格按照招标文件和中标人的投标文件订立书面合同。故尽管双方尚未订立书面合同，但招标文件中有关合同纠纷、事故处理办法（包括违约责任）的规定应对于双方当事人均具有法律效力。

（三）关于被上诉人林墩公司的直接经济损失能否按第一中标价与第二中标价之间的差价（即 2776445.67 元）来认定的问题。

上诉人第六工程公司认为，本案所涉工程概算建安总投资为 4263 万元，上诉人因失误给出的投标报价为 27240947.36 元，远远低于工程概算造价，也严重低于成本价。同时，被上诉人在取消上诉人中标资格后，确定哈尔滨市公路工程处为中标单位，中标价为 30017393.03 元，也低于工程概算造价。因此，上诉人的行为并没有给被上诉人造成直接经济损失。被上诉人以第一中标价与第二中标价之间的差价计算直接经济损失，违背了公平、诚信原则。本案中，在上诉人及时通知被上诉人其无法履约后，被上诉人完全可以进行二次招标来减少损失并防止损失扩大。

被上诉人林墩公司认为，根据《评标委员会和评标方法暂行规定》第二十一条规定，出现低于成本报价竞标的情况，由评标委员会认定，否决其投标。本案中评标委员会并未认定上诉人投标报价低于成本报价否决其投标，而是确认上诉人为第一中标人。故上诉人认为由于其中标价低于成本价，没有给被上诉人造成损失的主张完全不成立。根据本案投标文件的评标结果条款约定，第一中标人放弃中标的，可以直接确认第二中标人为中标人。根据此约定，无须再次举行招标活动。

本院认为，上诉人仅以其中标价低于工程概算造价和工程最高控制价(不含暂列金)为由，认为其中标价低于成本价的主张缺乏依据，依法不予认定，且中标价格低亦不能构成导致其无法履约的不可抗力原因。因此，上诉人应对其中标后拒绝履约的行为承担违约责任。由于招标文件已经对当第一中标候选人放弃中标时，招标人可直接依排名顺序确定中标人，以及中标人非因不可抗力原因放弃中标导致招标人从其他中标候选人中重新确定中标人的情况下，招标人直接损失的计算方法进行了明确规定，即"直接损失=中标人的中标价与评标推荐排序次中标候选人投标报价差额"。故被上诉人以第一中标价格与第二中标价格之间的差价 2776445.67 元作为其直接经济损失的主张并无不当。

综上，本院认为，上诉人同被上诉人合同关系成立并生效。在未存在不可抗力的情况下，上诉人拒绝履约，应承担违约责任，依约向被上诉人赔偿因第一中标价格与第二中标价格之间差价造成的损失 2776445.67 元。故除由被上诉人没收的投标保证金 70 万元外，上诉人还应向被上诉人赔偿经济损失 2076445.67 元。

2. 四川犇皕俊均建筑工程有限公司与广汉市广鑫投资发展有限公司合同纠纷案［(2019)川民申 3004 号］

裁判要旨：中标人在中标后提出调整工程价款，重新商定施工合同内容，是对招投标文件实质内容的重大修改。

四川省高级人民法院经审查认为，本案争议的焦点问题是再审申请人犇皕公司提起退还投标保证金 562000 元的诉讼请求是否应当支持。经查，再审申请人在收到被申请人的中标通知后，不仅未按投标文件向被申请人递交符合要求和其承诺的合同文本，且在其递交合同文本前后均向被申请人要求调整工程价款，重新商定施工合同内容。该行为是对招投标文件实质内容的重大修改。在此情况下，被申请人拒绝修改合同实质性条款、拒绝与再审申请人重新商定工程价款并无不当，再审申请人未向被申请人签订与投标时一致的合同文本，该行为属于招标文件中"投标人须知"中"拒签合同"的情形。虽然招标文件中约定在承包人向发包人递交履约担保的同时，发包人应向承包人递交支付担保，但上诉人自中标后至其 2018 年 5 月 2 日向德阳市仲裁委员会提起仲裁申请时，从未要求被上诉人向其提供支付担保，其仲裁申请事由中也未提及支付担保相关内容,因此,被申请人未提供支付担保并不是申请人拒签合同的理由。原判认定再审申请人虽然于 2017 年 7 月 24 日向被申请人提供了履约保函,但其不断要求更改合同实质性条款的行为已经导致双方丧失了签订合同的基础,被申请人提供支付担保已无实际必要正确。另在《四川省建设厅关于印发规范建设工程风险分担行为的规定的通知》中,并未规定招标的工程工期长 12 个月,而且是以工程量清单计价的,而不能以固定总价招标包干的方式进行招标。因此,本案被申请人在招投标过程中并无违反规定及合同约定的行为,原判认定被申请人按照合同约定对保证金不予退还并无不当,再审申请人的再审理由不能成立。

3. 江苏天目建设集团有限公司与东方电气集团东方锅炉股份有限公司招标投标买卖合同纠纷案[(2014)自民三终字第 68 号]

裁判要旨:中标人无正当理由不与招标人订立合同、在签订合同时向招标人提出附加条件的,应认定为中标人放弃中标项目,投标保证金不予退还。

自贡市中级人民法院认为,上诉人天目建设公司在收到被上诉人东方锅炉公司的中标通知后,应按招标文件规定履行合同内容,而上诉人天目建设公司不但不按招标文件规定履行合同内容,反而向被上诉人东方锅炉公司要求增加中标报价,上诉人天目建设公司的行为是对招标文件实质内容的重大修改。在被上诉人东方锅炉公司明确拒绝其调价要求,并再次限期其书面回复未果的情况下,被上诉人东方锅炉公司决定取消上诉人天目建设公司的中标资格,并不予退还投标保证金 500000 元,符合法律规定,本院予以支持。

4. 广东广铝幕墙有限公司与佛山市宏啟投资管理有限公司缔约过失责任纠纷案[(2015)佛中法民二终字第 124 号]

裁判要旨:招标人拒绝订立合同应承担缔约过失责任,以信赖利益损失为限进行赔偿,不包括赔偿预期利益损失。

佛山市中级人民法院认为,缔约过失责任是一方因违反先合同义务而造成对方信赖利益损失而应承担的民事赔偿责任。在承担缔约过失责任的情况下,应以信赖利益损失为限进行赔偿。信赖利益损失是指一方因信赖合同的成立和有效,但由于合同不成立和无效的结果所蒙受的不利益。

(一)关于工程报价 8% 的设计费用损失应否予以支持。广铝公司提交的投标文件中只包含投标函和投标报价书,并未显示有涉案工程的设计方案和设计图纸，广铝公司并未举证证明存在设计费的实际支出，故其要求宏敞公司赔偿工程报价8%的设计费用损失证据不足，本院不予支持。

（二）对工程报价5%的利润损失应否予以支持。对信赖利益的保护，旨在使无过错方因信赖合同的订立而支付的各种费用得到返还或赔偿，从而使当事人处于合同从未订立之前的良好状态。信赖利益损失不应包括因合同的成立和生效所应获得而未实际获得的各种利益（如利润），利润损失属于违约损害赔偿的范围，不属于缔约过失责任的范围。广铝公司主张工程报价5%的利润损失属于合同成立和生效后的预期利益损失，属于违约损害赔偿的范围，不属于缔约过失责任的范围。由于本案中宏敞公司应承担的是缔约过失责任，故广铝公司关于赔偿工程报价5%的利润损失的主张缺乏法律依据，本院不予支持。原审判决认定宏敞公司应向广铝公司赔偿工程报价5%的利润损失不当，本院予以纠正。

（三）对工程报价6%的管理费损失应否予以支持。首先，对管理费损失广铝公司在一审陈述为间接损失，在二审陈述为直接损失，其陈述前后矛盾。其次，广铝公司未能举证证明其确实存在上述支出或者损失，依法应承担举证不能的不利后果。最后，结合广铝公司在二审中所作出的将管理费在每个工程项目中进行分摊的陈述，从工程报价6%的管理费与前述5%的利润均记载于综合单价分析表中可知，该管理费应属履行工程合同所支出的有关费用，如前述理由，该管理费损失不属于缔约过失责任的范围。因此，本院对广铝公司关于赔偿其管理费损失的请求不予支持。

（四）宏敞公司应向广铝公司支付的赔偿数额。宏敞公司以在《投标须知表》第14项载明“投标人应承担编制、提交投标文件所涉及的一切费用，无论投标过程中的做法和结果如何，招标人在任何情况下均无义务和责任承担这些费用”为由，主张其可以对广铝公司的投标损失免责。首先，宏敞公司在《投标须知表》第20项载明“招标人在发出中标通知书前有权接受任何投标、宣布投标无效和拒绝任何投标……”，宏敞公司已经向广铝公司发出《中标通知书》，其应受该通知书约束，依约与广铝公司签订工程合同。其次，广铝公司在投标活动中能够接受在未中标的情况下自行承担相关费用的原因在于，其信赖一旦中标则有关投标活动费用能够在日后签订和履行工程合同时得到补偿，即其为了获得订立和履行合同的机会甘愿承担在不中标的情况下无法收回投入费用的风险，而该投入在一旦中标后即可通过订立和履行合同以获得补偿，这符合投标人和招标人的风险和利益的平衡原则。本案中,招标人宏啟公司在发出《中标通知书》确定广铝公司中标之后违反允诺而拒绝签订合同,损害了广铝公司基于信赖一旦中标即可通过订立和履行合同以降低因投标而带来的商业风险和补偿所投入的成本损失等相关利益,宏啟公司应当为其缔约过失行为对广铝公司造成的损害作出赔偿。最后,《招标投标法》第四十五条第二款规定"中标通知书对招标人和中标人具有法律效力。中标通知书发出后,招标人改变中标结果的,或者中标人放弃中标项目的,应当依法承担法律责任",宏啟公司已经向广铝公司发出《中标通知书》后,又拒绝和广铝公司订立合同,其应当依法承担法律责任。据此,宏啟公司的免责主张于理不合,于法无据,本院不予支持。广铝公司上诉主张宏啟公司应赔偿其投标损失有理,本院予以支持。

宏啟公司在本案中应承担缔约过失责任,其应以信赖利益损失为限向广铝公司进行赔偿。虽然广铝公司在诉讼中未能提交与信赖利益损失相关的单据、凭证等证据证明其所造成的损失,但考虑到其在收到《中标通知书》后为订立和履行合同作出一定的准备符合一般商业交易常理,且宏啟公司直至本案诉讼前一直也未向广铝公司发出不签订合同的正式书面通知,工程合同未能签订确实给广铝公司造成一定的客观损失,参照《招标投标法实施条例》第七十三条"招标人无正当理由不与中标人订立合同,由有关行政监督部门责令改正,可以处中标项目金额10‰以下的罚款"的规定,综合本案案情、当事人的过错程度等因素,根据公平原则和诚实信用原则予以衡量,本院酌定宏啟公司应向广铝公司赔偿损失428819.39元(42881939.03元×10‰)。

第六十条 【中标人不履行合同的责任】中标人不履行与招标人订立的合同的,履约保证金不予退还,给招标人造成的损失超过履约保证金数额的,还应当对超过部分予以赔偿;没有提交履约保证金的,应当对招标人的损失承担赔偿责任。

中标人不按照与招标人订立的合同履行义务,情节严重的,取消其二年至五年内参加依法必须进行招标的项目的投标资格并予以公告,直至由工商行政管理机关吊销营业执照。

因不可抗力不能履行合同的,不适用前两款规定。

【立法·要点注释】

本条是关于中标人不履行与招标人签订的合同的法律责任的规定。

1. 中标人不履行与招标人签订的合同的,构成了违约,应承担相应的法律责任,包括以下内容:(1)履约保证金不予退还。当出现中标人违约的情况时,根据本条的规定,履约保证金归招标人所有,中标人无权要求返还。(2)赔偿招标人的损失。中标人不履行与招标人订立的合同,构成违约,给招标人造成损失的,应当按照《合同法》的规定,承担赔偿责任。中标人提交履约保证金的,首先履约保证金归招标人所有,招标人的损失超过履约保证金数额的,中标人还应当对超过部分予以赔偿。(3)情节严重的,取消其二年至五年内参加依法必须招标的项目的投标资格并予以公告,直至由工商行政管理机关吊销营业执照,即对有违法行为的中标人取消原来发给的营业执照,以剥夺其从事经营活动的权利。

2. 因不可抗力不履行合同的当事人,不承担违约责任,是合同法理论的一条基本原则。这里所说的不可抗力,是指不能预见、不能避免并不能克服的客观情况,包括自然事件如地震、洪水以及社会事件如战争等。

【相关法律】

《中华人民共和国民法典》(2021 年 1 月 1 日)

第一百八十条　因不可抗力不能履行民事义务的,不承担民事责任。法律另有规定的,依照其规定。

不可抗力是不能预见、不能避免且不能克服的客观情况。

第五百七十七条　当事人一方不履行合同义务或者履行合同义务不符合约定的,应当承担继续履行、采取补救措施或者赔偿损失等违约责任。

第五百七十八条　当事人一方明确表示或者以自己的行为表明不履行合同义务的,对方可以在履行期限届满前请求其承担违约责任。

第五百七十九条　当事人一方未支付价款、报酬、租金、利息,或者不履行其他金钱债务的,对方可以请求其支付。

第五百八十条　当事人一方不履行非金钱债务或者履行非金钱债务不符合约定的,对方可以请求履行,但是有下列情形之一的除外:

(一)法律上或者事实上不能履行;

(二)债务的标的不适于强制履行或者履行费用过高;

(三)债权人在合理期限内未请求履行。

有前款规定的除外情形之一,致使不能实现合同目的的,人民法院或者仲裁机构可以根据当事人的请求终止合同权利义务关系,但是不影响违约责任的承担。

第五百八十二条 履行不符合约定的,应当按照当事人的约定承担违约责任。对违约责任没有约定或者约定不明确,依据本法第五百一十条的规定仍不能确定的,受损害方根据标的的性质以及损失的大小,可以合理选择请求对方承担修理、重作、更换、退货、减少价款或者报酬等违约责任。

第五百八十三条 当事人一方不履行合同义务或者履行合同义务不符合约定的,在履行义务或者采取补救措施后,对方还有其他损失的,应当赔偿损失。

第五百八十四条 当事人一方不履行合同义务或者履行合同义务不符合约定,造成对方损失的,损失赔偿额应当相当于因违约所造成的损失,包括合同履行后可以获得的利益;但是,不得超过违约一方订立合同时预见到或者应当预见到的因违约可能造成的损失。

第五百八十五条 当事人可以约定一方违约时应当根据违约情况向对方支付一定数额的违约金,也可以约定因违约产生的损失赔偿额的计算方法。

约定的违约金低于造成的损失的,人民法院或者仲裁机构可以根据当事人的请求予以增加;约定的违约金过分高于造成的损失的,人民法院或者仲裁机构可以根据当事人的请求予以适当减少。

当事人就迟延履行约定违约金的,违约方支付违约金后,还应当履行债务。

第五百八十六条 当事人可以约定一方向对方给付定金作为债权的担保。定金合同自实际交付定金时成立。

定金的数额由当事人约定;但是,不得超过主合同标的额的百分之二十,超过部分不产生定金的效力。实际交付的定金数额多于或者少于约定数额的,视为变更约定的定金数额。

第五百八十七条 债务人履行债务的,定金应当抵作价款或者收回。给付定金的一方不履行债务或者履行债务不符合约定,致使不能实现合同目的的,无权请求返还定金;收受定金的一方不履行债务或者履行债务不符合约定,致使不能实现合同目的的,应当双倍返还定金。

第五百八十八条 当事人既约定违约金,又约定定金的,一方违约时,对方可以选择适用违约金或者定金条款。

定金不足以弥补一方违约造成的损失的，对方可以请求赔偿超过定金数额的损失。

第五百八十九条　债务人按照约定履行债务，债权人无正当理由拒绝受领的，债务人可以请求债权人赔偿增加的费用。

在债权人受领迟延期间，债务人无须支付利息。

第五百九十条　当事人一方因不可抗力不能履行合同的，根据不可抗力的影响，部分或者全部免除责任，但是法律另有规定的除外。因不可抗力不能履行合同的，应当及时通知对方，以减轻可能给对方造成的损失，并应当在合理期限内提供证明。

当事人迟延履行后发生不可抗力的，不免除其违约责任。

第五百九十一条　当事人一方违约后，对方应当采取适当措施防止损失的扩大；没有采取适当措施致使损失扩大的，不得就扩大的损失请求赔偿。

当事人因防止损失扩大而支出的合理费用，由违约方负担。

第五百九十二条　当事人都违反合同的，应当各自承担相应的责任。

当事人一方违约造成对方损失，对方对损失的发生有过错的，可以减少相应的损失赔偿额。

第五百九十三条　当事人一方因第三人的原因造成违约的，应当依法向对方承担违约责任。当事人一方和第三人之间的纠纷，依照法律规定或者按照约定处理。

【部门规章及规范性文件】

1.《工程建设项目施工招标投标办法》(2013年5月1日)

第八十四条　中标人不履行与招标人订立的合同的，履约保证金不予退还，给招标人造成的损失超过履约保证金数额的，还应当对超过部分予以赔偿；没有提交履约保证金的，应当对招标人的损失承担赔偿责任。

中标人不按照与招标人订立的合同履行义务，情节严重的，有关行政监督部门取消其二至五年参加招标项目的投标资格并予以公告，直至由工商行政管理机关吊销营业执照。

因不可抗力不能履行合同的，不适用前两款规定。

第八十五条　招标人不履行与中标人订立的合同的，应当返还中标人的履约保证金，并承担相应的赔偿责任；没有提交履约保证金的，应当对中标人的损失承担赔偿责任。

因不可抗力不能履行合同的,不适用前款规定。

2.《工程建设项目货物招标投标办法》(2013年5月1日)

第五十九条 招标人不履行与中标人订立的合同的,应当返还中标人的履约保证金,并承担相应的赔偿责任;没有提交履约保证金的,应当对中标人的损失承担赔偿责任。

因不可抗力不能履行合同的,不适用前款规定。

3.《机电产品国际招标投标实施办法(试行)》(2014年4月1日)

第九十八条 中标人有下列行为之一的,依照招标投标法、招标投标法实施条例的有关规定处罚:

(一)无正当理由不与招标人订立合同的,或者在签订合同时向招标人提出附加条件的;

(二)不按照招标文件要求提交履约保证金的;

(三)不履行与招标人订立的合同的。

有前款所列行为的投标人不得参与该项目的重新招标。

【法院参考案例】

1. 重庆市永川区政鑫国有资产经营有限责任公司与中翎建业集团有限公司建设工程合同纠纷案[(2020)赣执复26号]

裁判要旨:中标人不履行与招标人订立的合同的,履约保证金不予退还,给招标人造成的损失超过履约保证金数额的,还应当对超过部分予以赔偿。

江西省高级人民法院认为,首先,依照《招标投标法》第六十条第一款的规定,中标人不履行与招标人订立的合同的,履约保证金不予退还,给招标人造成的损失超过履约保证金数额的,还应当对超过部分予以赔偿;没有提交履约保证金的,应当对招标人的损失承担赔偿责任。本案中,中标人中翎公司因未能在约定期限内工程竣工,违约造成政鑫公司延误工期致使其举行第二次招标给该公司造成直接经济损失,为此被本案执行依据的中国国际经济贸易仲裁委员会(2018)中国贸仲西裁字第0029号仲裁裁决确定中翎公司应当向招标人政鑫公司支付误期赔偿费、另行招标费用、另行招标溢价工程款共计 570 万余元，依法建行南铁支行基于其与政鑫公司签订的《履约银行保函（无条件）》协议向政鑫公司支付的履约保证金应当不予退还，给招标人政鑫公司造成的损失超过履约保证金数额的，还应当对超过部分予以赔偿。政鑫公司主张该履约保证金仅具有惩罚性质而不具有赔偿损失的功能应当没收，与法律规定不符。

2. 江苏邗建集团有限公司与青海璞润投资有限公司建设工程施工合同纠纷案［（2016）青民初 90 号］

裁判要旨：招标人未如期退还履约保证金的，应赔偿履约保证金被占用资金期间的利息损失，因违约金除具有补偿性之外兼具惩罚性，故应按中国人民银行发布的同期同类贷款利率上浮 30% 支付违约金。

青海省高级人民法院认为，璞润公司与邗建公司于 2014 年 8 月 21 日签订的《补充协议》有效，该协议约定："在钢材和商砼建材商确认供货后次日退乙方（邗建公司）履约保证金壹佰伍拾万元整，再于 2014 年 9 月 25 日退还乙方履约保证金壹佰伍拾万元。如甲方（璞润公司）未在约定的期限内支付工程进度款、工程竣工结算款和保证金，应支付乙方违约金。违约金以甲方实际欠款金额为基数，每逾期一日，按逾期金额的千分之一支付违约金。"璞润公司未能举证证明该《补充协议》签订后，其已全额退还邗建公司履约保证金 300 万元，璞润公司所举证据仅能证明退还履约保证金 95 万元的事实，故剩余 205 万元应予退还。《补充协议》约定按日千分之一计算违约金过高，应予调整。璞润公司未按《补充协议》约定如期退还邗建公司履约保证金，构成违约，其违约行为造成邗建公司被占用资金期间的利息损失，因违约金除具有补偿性之外兼具惩罚性，故璞润公司应按中国人民银行发布的同期同类贷款利率上浮 30% 支付邗建公司违约金，以 205 万元为基数自 2014 年 9 月 26 日起计算至付清之日止。

第六十一条　【行政处罚的决定】本章规定的行政处罚，由国务院规定的有关行政监督部门决定。本法已对实施行政处罚的机关作出规定的除外。

【立法·要点注释】

本条是关于行使本法规定的行政处罚权的机关的规定。

第六十二条 【干涉招投标活动的责任】任何单位违反本法规定，限制或者排斥本地区、本系统以外的法人或者其他组织参加投标的，为招标人指定招标代理机构的，强制招标人委托招标代理机构办理招标事宜的，或者以其他方式干涉招标投标活动的，责令改正；对单位直接负责的主管人员和其他直接责任人员依法给予警告、记过、记大过的处分，情节较重的，依法给予降级、撤职、开除的处分。

个人利用职权进行前款违法行为的，依照前款规定追究责任。

【立法·要点注释】

本条是关于干涉招标投标活动的法律责任的规定。

根据本条规定，单位或个人违反本法规定，限制或者排斥本地区、本系统以外的法人或者其他组织参加投标，为招标人指定招标代理机构，强制招标人委托招标代理机构办理招标事宜，或者以其他方式干涉招标投标活动的，首先应当限期责令改正。所谓责令改正，是指对招标投标活动负有行政监督职责的行政机关发现任何单位和个人有本条规定的违法行为时，应责令其立即停止，并采取改正措施，包括：违法限制或者排斥本地区、本系统以外的法人或者其他组织参加投标的，应当取消这些限制，允许所有符合条件的法人或者其他组织参加投标；为招标人指定招标代理机构的，应撤销指定，由招标人自行选择招标代理机构；强制招标人委托招标代理机构的，应停止其违法行为，允许符合法律规定的可以自行招标的招标人自行办理招标事宜；有其他非法干涉招标投标活动的，也应立即停止。

【行政法规】

《中华人民共和国招标投标法实施条例》(2019年3月2日)

第七十条 依法必须进行招标的项目的招标人不按照规定组建评标委

员会,或者确定、更换评标委员会成员违反招标投标法和本条例规定的,由有关行政监督部门责令改正,可以处 10 万元以下的罚款,对单位直接负责的主管人员和其他直接责任人员依法给予处分;违法确定或者更换的评标委员会成员作出的评审结论无效,依法重新进行评审。

国家工作人员以任何方式非法干涉选取评标委员会成员的,依照本条例第八十条的规定追究法律责任。

【要点注释】

本条是关于违法组建评标委员会法律责任的规定。

1. 实践中,招标人不按照规定组建评标委员会的具体情形主要有:一是不组建评标委员会。二是组建的评标委员会人数不符合法定要求,如不足五人或者是偶数。三是评标委员会成员构成不符合法定要求,评标专家不足三分之二。四是评标委员会成员资格不符合法定要求,专家成员从事相关领域工作不满八年,不具备高级职称或者同等专业水平。招标人不依法组建评标委员会,会影响评标的针对性、科学性和客观性,评标质量也得不到保证。

2. 实践中,招标人不依法确定或以各种借口更换评标委员会成员的行为主要有:一是应当以随机抽取的方式确定评标专家而直接确定。二是干预、操纵评标委员会成员的确定,特别是评标专家的抽取活动。三是不从规定的评标专家库中抽取评标专家。四是不从评标专家库内相关专业的专家名单中抽取专家。五是应当更换而不更换评标委员会成员。六是不应当更换而随意更换评标委员会成员。

3. 实践中,国家工作人员违法干涉评标委员会成员的选取的主要表现形式有:一是应当随机抽取而要求招标人直接确定。二是应当直接确定而要求招标人随机抽取。三是违法干涉招标人根据招标项目的特点和实际需要设置抽取评标专家的条件。四是直接指定或者变相指定评标委员会专家成员。

4. 被更换的评标委员会成员已作出的评审结论无效,招标人应根据《条例》第四十六条第一款规定,重新确定满足要求的评标委员会成员,由更换后的评标委员会成员重新进行评审。

第八十条 国家工作人员利用职务便利,以直接或者间接、明示或者暗示等任何方式非法干涉招标投标活动,有下列情形之一的,依法给予记过或者记大过处分;情节严重的,依法给予降级或者撤职处分;情节特别严重的,依法给予开除处分;构成犯罪的,依法追究刑事责任:

（一）要求对依法必须进行招标的项目不招标，或者要求对依法应当公开招标的项目不公开招标；

（二）要求评标委员会成员或者招标人以其指定的投标人作为中标候选人或者中标人，或者以其他方式非法干涉评标活动，影响中标结果；

（三）以其他方式非法干涉招标投标活动。

【要点注释】

本条是关于国家工作人员非法干涉招标投标活动法律责任的规定。

1. 要求评标委员会成员或者招标人以其指定的投标人作为中标候选人或者中标人，或者以其他方式非法干涉评标活动，影响中标结果。实践中的情形主要有：一是向评标委员会施加压力，干预评标结果。二是直接指定中标人。三是擅自否决、改变中标结果。

2. 以其他方式非法干涉招投标活动的情形，可以参照《条例》第六条要点注释。

【部门规章及规范性文件】

1.《电子招标投标办法》（2013 年 5 月 1 日）

第六十条 有关行政监督部门及其工作人员不履行职责，或者利用职务便利非法干涉电子招标投标活动的，依照有关法律法规处理。

2.《工程建设项目施工招标投标办法》（2013 年 5 月 1 日）

第八十七条 任何单位违法限制或者排斥本地区、本系统以外的法人或者其他组织参加投标的，为招标人指定招标代理机构的，强制招标人委托招标代理机构办理招标事宜的，或者以其他方式干涉招标投标活动的，有关行政监督部门责令改正；对单位直接负责的主管人员和其他直接责任人员依法给予警告、记过、记大过的处分，情节较重的，依法给予降级、撤职、开除的处分。

个人利用职权进行前款违法行为的，依照前款规定追究责任。

3.《违反规定插手干预工程建设领域行为处分规定》（2010 年 7 月 8 日）

第五条 违反规定插手干预工程建设项目招标投标活动，有下列情形之一，索贿受贿、为自己或者他人谋取私利的，给予记过或者记大过处分；情节较重的，给予降级或者撤职处分；情节严重的，给予开除处分：

（一）要求有关部门对依法应当招标的工程建设项目不招标，或者依法应当公开招标的工程建设项目实行邀请招标的；

（二）要求有关部门或者单位将依法必须进行招标的工程建设项目化整为零，或者假借保密工程、抢险救灾等特殊工程的名义规避招标的；

（三）为招标人指定招标代理机构并办理招标事宜的；

（四）影响工程建设项目投标人资格的确定或者评标、中标结果的；

（五）有其他违反规定插手干预工程建设项目招标投标活动行为的。

第六十三条　【国家机关工作人员的违法责任】对招标投标活动依法负有行政监督职责的国家机关工作人员徇私舞弊、滥用职权或者玩忽职守，构成犯罪的，依法追究刑事责任；不构成犯罪的，依法给予行政处分。

【立法·要点注释】

本条是关于对招标投标活动依法负有行政监督职责的国家机关工作人员徇私舞弊、滥用职权或者玩忽职守的法律责任的规定。

1. 构成犯罪的，依法追究刑事责任。这里是指按照《刑法》第三百九十七条的规定追究刑事责任。滥用职权，是指国家机关工作人员违反法律规定的权限和程序，滥用职权或者超越职权的行为；玩忽职守，是指国家机关工作人员不履行、不正确履行或者放弃履行其职责的行为；徇私舞弊，是指国家机关工作人员为徇个人私利或者亲友私情，置国家利益于不顾的行为。根据本条的规定，对招标投标活动依法负有行政监督职责的国家机关工作人员有徇私舞弊、滥用职权或者玩忽职守的行为并构成犯罪的，应按照《刑法》第三百九十七条的规定追究其刑事责任。

2. 不构成犯罪的，依法给予行政处分。行政处分，是指国家机关、企事业单位依法给予隶属于它的犯有轻微违法行为人员的一种制裁性处理。

【相关法律】

1.《中华人民共和国刑法》（2017 年 11 月 4 日）

第一百六十六条　国有公司、企业、事业单位的工作人员，利用职务便利,有下列情形之一,使国家利益遭受重大损失的,处三年以下有期徒刑或者拘役,并处或者单处罚金;致使国家利益遭受特别重大损失的,处三年以上七年以下有期徒刑,并处罚金:

(一)将本单位的盈利业务交由自己的亲友进行经营的;

(二)以明显高于市场的价格向自己的亲友经营管理的单位采购商品或者以明显低于市场的价格向自己的亲友经营管理的单位销售商品的;

(三)向自己的亲友经营管理的单位采购不合格商品的。

第一百六十八条 国有公司、企业的工作人员,由于严重不负责任或者滥用职权,造成国有公司、企业破产或者严重损失,致使国家利益遭受重大损失的,处三年以下有期徒刑或者拘役;致使国家利益遭受特别重大损失的,处三年以上七年以下有期徒刑。

国有事业单位的工作人员有前款行为,致使国家利益遭受重大损失的,依照前款的规定处罚。

国有公司、企业、事业单位的工作人员,徇私舞弊,犯前两款罪的,依照第一款的规定从重处罚。

第三百九十七条 国家机关工作人员滥用职权或者玩忽职守,致使公共财产、国家和人民利益遭受重大损失的,处三年以下有期徒刑或者拘役;情节特别严重的,处三年以上七年以下有期徒刑。本法另有规定的,依照规定。

国家机关工作人员徇私舞弊,犯前款罪的,处五年以下有期徒刑或者拘役;情节特别严重的,处五年以上十年以下有期徒刑。本法另有规定的,依照规定。

2.《中华人民共和国公务员法》(2019年6月1日)

第五十九条 公务员应当遵纪守法,不得有下列行为:

(一)散布有损宪法权威、中国共产党和国家声誉的言论,组织或者参加旨在反对宪法、中国共产党领导和国家的集会、游行、示威等活动;

(二)组织或者参加非法组织,组织或者参加罢工;

(三)挑拨、破坏民族关系,参加民族分裂活动或者组织、利用宗教活动破坏民族团结和社会稳定;

(四)不担当,不作为,玩忽职守,贻误工作;

(五)拒绝执行上级依法作出的决定和命令;

(六)对批评、申诉、控告、检举进行压制或者打击报复;

（七）弄虚作假，误导、欺骗领导和公众；

（八）贪污贿赂，利用职务之便为自己或者他人谋取私利；

（九）违反财经纪律，浪费国家资财；

（十）滥用职权，侵害公民、法人或者其他组织的合法权益；

（十一）泄露国家秘密或者工作秘密；

（十二）在对外交往中损害国家荣誉和利益；

（十三）参与或者支持色情、吸毒、赌博、迷信等活动；

（十四）违反职业道德、社会公德和家庭美德；

（十五）违反有关规定参与禁止的网络传播行为或者网络活动；

（十六）违反有关规定从事或者参与营利性活动，在企业或者其他营利性组织中兼任职务；

（十七）旷工或者因公外出、请假期满无正当理由逾期不归；

（十八）违纪违法的其他行为。

第六十一条　公务员因违纪违法应当承担纪律责任的，依照本法给予处分或者由监察机关依法给予政务处分；违纪违法行为情节轻微，经批评教育后改正的，可以免予处分。

对同一违纪违法行为，监察机关已经作出政务处分决定的，公务员所在机关不再给予处分。

第六十二条　处分分为：警告、记过、记大过、降级、撤职、开除。

第六十三条　对公务员的处分，应当事实清楚、证据确凿、定性准确、处理恰当、程序合法、手续完备。

公务员违纪违法的，应当由处分决定机关决定对公务员违纪违法的情况进行调查，并将调查认定的事实以及拟给予处分的依据告知公务员本人。公务员有权进行陈述和申辩；处分决定机关不得因公务员申辩而加重处分。

处分决定机关认为对公务员应当给予处分的，应当在规定的期限内，按照管理权限和规定的程序作出处分决定。处分决定应当以书面形式通知公务员本人。

第六十四条　公务员在受处分期间不得晋升职务、职级和级别，其中受记过、记大过、降级、撤职处分的，不得晋升工资档次。

受处分的期间为：警告，六个月；记过，十二个月；记大过，十八个月；降级、撤职，二十四个月。

受撤职处分的，按照规定降低级别。

第六十五条 公务员受开除以外的处分，在受处分期间有悔改表现，并且没有再发生违纪违法行为的，处分期满后自动解除。

解除处分后，晋升工资档次、级别和职务、职级不再受原处分的影响。但是，解除降级、撤职处分的，不视为恢复原级别、原职务、原职级。

3.《中华人民共和国公职人员政务处分法》(2020年7月1日)

第七条 政务处分的种类为：

(一)警告；

(二)记过；

(三)记大过；

(四)降级；

(五)撤职；

(六)开除。

第八条 政务处分的期间为：

(一)警告，六个月；

(二)记过，十二个月；

(三)记大过，十八个月；

(四)降级、撤职，二十四个月。

政务处分决定自作出之日起生效，政务处分期自政务处分决定生效之日起计算。

第二十一条 国有企业管理人员在政务处分期内，不得晋升职务、岗位等级和职称；其中，被记过、记大过、降级、撤职的，不得晋升薪酬待遇等级。被撤职的，降低职务或者岗位等级，同时降低薪酬待遇。

第三十九条 有下列行为之一，造成不良后果或者影响的，予以警告、记过或者记大过；情节较重的，予以降级或者撤职；情节严重的，予以开除：

(一)滥用职权，危害国家利益、社会公共利益或者侵害公民、法人、其他组织合法权益的；

(二)不履行或者不正确履行职责，玩忽职守，贻误工作的；

(三)工作中有形式主义、官僚主义行为的；

(四)工作中有弄虚作假，误导、欺骗行为的；

(五)泄露国家秘密、工作秘密，或者泄露因履行职责掌握的商业秘密、个人隐私的。

【行政法规】

《中华人民共和国招标投标法实施条例》(2019年3月2日)

第七十九条　项目审批、核准部门不依法审批、核准项目招标范围、招标方式、招标组织形式的,对单位直接负责的主管人员和其他直接责任人员依法给予处分。

有关行政监督部门不依法履行职责,对违反招标投标法和本条例规定的行为不依法查处,或者不按照规定处理投诉、不依法公告对招标投标当事人违法行为的行政处理决定的,对直接负责的主管人员和其他直接责任人员依法给予处分。

项目审批、核准部门和有关行政监督部门的工作人员徇私舞弊、滥用职权、玩忽职守,构成犯罪的,依法追究刑事责任。

【要点注释】

本条是关于行政部门不依法履行职责法律责任的规定。

1. 项目审批、核准部门不依法审核招标内容,实践中主要表现形式有:一是应当审核招标内容而不审核。二是不应当审核招标内容而审核。三是不按照《条例》第八条、第九条、第十条规定审核招标内容。

2. 有关行政监督部门不依法履行职责,实践中具体情形主要有:一是对违反《招标投标法》和《条例》规定的行为不依法查处。二是不按照规定处理投诉。具体包括不在规定的时间内处理,应该采取措施而不采取措施,放任违法行为的发生等。三是不依法公告对违法行为的行政处理决定。

3. 项目审批、核准部门和有关行政监督部门的工作人员因此构成《刑法》第三百九十七条规定的滥用职权罪、玩忽职守罪的,依法承担刑事责任。

【部门规章及规范性文件】

1.《工程建设项目施工招标投标办法》(2013年5月1日)

第八十八条　对招标投标活动依法负有行政监督职责的国家机关工作人员徇私舞弊、滥用职权或者玩忽职守,构成犯罪的,依法追究刑事责任;不构成犯罪的,依法给予行政处分。

2.《机电产品国际招标投标实施办法(试行)》(2014 年 4 月 1 日)

第一百零六条 主管部门不依法履行职责,对违反招标投标法、招标投标法实施条例和本办法规定的行为不依法查处,或者不按照规定处理投诉、不依法公告对招标投标当事人违法行为的行政处理决定的,对直接负责的主管人员和其他直接责任人员依法给予处分。

主管部门工作人员在招标投标活动监督过程中徇私舞弊、滥用职权、玩忽职守,构成犯罪的,依法追究刑事责任。

3.《电子招标投标办法》(2013 年 5 月 1 日)

第六十条 有关行政监督部门及其工作人员不履行职责,或者利用职务便利非法干涉电子招标投标活动的,依照有关法律法规处理。

第六十四条 【中标无效的处理】依法必须进行招标的项目违反本法规定,中标无效的,应当依照本法规定的中标条件从其余投标人中重新确定中标人或者依照本法重新进行招标。

【立法·要点注释】

本条是关于依法必须进行招标的项目在根据本法规定中标无效后应当如何处理的规定。

1. 本法关于中标无效的规定主要有:(1)本法第五十条规定的招标代理机构违法泄露应当保密的与招标投标活动有关的情况和资料或者与招标人、投标人串通损害国家利益、社会公共利益或者他人合法权益,并影响中标结果的,中标无效。(2)本法第五十二条规定的,依法必须进行招标的项目的招标人向他人透露可能影响公平竞争的有关招标投标的情况,并影响中标结果的,中标无效。(3)本法第五十三条规定的,投标人相互串通投标或者投标人与招标人串通投标的,中标无效。(4)本法第五十四条规定的,投标人以他人名义投标或者以其他方式弄虚作假骗取中标的,中标无效。(5)本法第五十五条规定的,依法必须进行招标的项目的招标人违法与投标人就投标价格、投标方案等实质性内容进行谈判,并影响中标结果的,中标无效。(6)本法第五十七条规定的,招标人在评标委员会依法推荐的中标候选人以外确定中标人的,依法必须进行招标的项目在所有投标被评标委员会否决后自行确定中标人的,中标无效。

2. 根据本条规定,依法必须进行招标的项目在中标无效后的处理办法有两种:(1)依照本法规定的中标条件从其余投标人中重新确定中标人。这是指在招标投标活动中出现违法行为,导致中标无效后,招标人应当依照本法第四十一条规定的中标条件重新确定中标人。在前中标人是招标人授权评标委员会直接确定的情况下,评标委员会应当根据法律规定的中标条件重新推荐中标候选人或者根据招标人委托重新确定新的中标人;在前中标人是招标人在评标委员会推荐的中标候选人中确定的情况下,招标人可以在剩余的中标候选人中根据法律规定的中标条件直接确定新的中标人。(2)依照本法重新进行招标。这是指在招标投标活动中出现违法行为导致中标无效的情况下,根据实际情况,从剩余的投标人中重新确定中标人有可能违反公平、公开、公正原则,从而产生不公平的结果时,招标人应当重新进行招标。

【行政法规】

《中华人民共和国招标投标法实施条例》(2019年3月2日)

第八十一条　依法必须进行招标的项目的招标投标活动违反招标投标法和本条例的规定,对中标结果造成实质性影响,且不能采取补救措施予以纠正的,招标、投标、中标无效,应当依法重新招标或者评标。

【要点注释】

本条是关于招投标活动效力的规定。

1.《招标投标法》只规定了中标无效和转包、分包无效。该法规定中标无效的情形有六种:一是违规代理导致的无效。二是招标人泄露相关信息导致的无效。三是串通投标导致的无效。四是弄虚作假导致的无效。五是违法谈判导致的无效。六是违法确定中标人导致的无效。为满足实践需要,《条例》做了相应补充:《条例》第三十四条、第三十七条、第三十八条规定了投标无效,第五十一条规定了评标委员会应当否决投标的情形;第四十八条、第七十条规定了评标无效的情形;本条又对招标无效、投标无效和中标无效作了概括性规定。

2. 认定招标、投标、中标无效的,应当满足三个条件:一是存在违法行为。具体说来,就是依法必须进行招标项目的招投标活动违反了《招标投标法》和《条例》规定。例如,不在指定媒介发布公告,应当公开招标的项目在缺乏正当理由的情况下邀请招标等。二是对中标结果造成实质性影响。所谓实质性影响,就是由于该违法行为的发生,未能实现最优采购目的,包括应当参加投标竞争的人未能参加、最优投标人未能中标等。对中标结果造成的影响,包括已经造成的和必然造成的影响。比如,招标文件规定的评标标准明显偏向特定投标人,即便在评标过程中发现的,也可以认定招标无效,不需要等到中标候选人推荐出来后再行认定。三是不能采取措施予以纠正。具体说来,就是违法行为已经发生,相关影响已经造成或者必然造成。

3. 可能导致招标无效的违法行为主要有但不限于以下几种情形:一是违法发布公告,包括不在国家指定媒介发布资格预审公告和招标公告,在不同媒介发布的同一招标项目的公告内容不一致。二是应当公开招标而邀请招标。三是资格预审文件、招标文件发售时间不符合法定要求。四是不按照资格预审文件载明的标准和方法进行资格预审,或者资格审查委员会的组建不符合法定要求。五是招标人或者招标代理机构限制、排斥潜在投标人。六是招标人或者招标代理机构向他人透露已获取招标文件的潜在投标人的名称、数量或者可能影响公平竞争的有关招投标的其他情况,或者泄露标底。七是招标人或者招标代理机构与投标人串通。八是招标代理机构在所代理的招标项目中投标或者代理投标。上述违法行为,如果在投标截止前发现的,责令改正并顺延投标截止时间。如果在投标截止后被发现和查实,且对中标结果造成实质性影响的,招标无效。

4. 除《条例》已有规定外,实践中可能导致投标无效的其他违法行为主要有但不限于以下几种情形:一是串通投标。二是以他人名义投标的弄虚作假行为。三是向招标人或者评标委员会成员行贿。四是发生重大变化而不按照《条例》规定告知招标人。五是受到财产被查封、冻结或者被责令停产停业、吊销营业执照、取消投标资格等处罚的其他违法行为。

5. 除《招标投标法》和《条例》已有规定外,实践中可能导致中标无效的其他违法行为主要有但不限于以下几种情形:一是招标人或者招标代理机构接受未通过资格预审的单位或者个人参加投标。二是招标人或者招标代理机构接受应当拒收的投标文件。三是评标委员会的组建违反《招标投标法》和《条例》规定。四是评标委员会成员有《招标投标法》第五十六条,以及《条例》第七十一条、第七十二条所列行为之一。以上行为,如果在中标通知书发出前发现并被查实的,责令改正,重新评标;如果在中标通知书发出后发现并查实,且对中标结果造成实质性影响的,中标无效。需要说明的是,前面所列可能导致招标无效、投标无效的行为，如果是在中标通知书发出后被查实且影响中标结果的，中标无效。

6. 招标被确认无效的，依法必须招标项目的招标人应当重新招标。投标被确认无效的，在评标过程中，相关投标应当被否决；在中标候选人公示阶段，应当取消其中标资格；已发出中标通知书的，中标无效。中标被确认无效的，按照《招标投标法》第六十四条规定，由招标人从符合条件的其他中标候选人中确定中标人或者重新招标。

【部门规章及规范性文件】

1.《工程建设项目施工招标投标办法》(2013年5月1日)

第八十六条　依法必须进行施工招标的项目违反法律规定，中标无效的，应当依照法律规定的中标条件从其余投标人中重新确定中标人或者依法重新进行招标。

中标无效的，发出的中标通知书和签订的合同自始没有法律约束力，但不影响合同中独立存在的有关解决争议方法的条款的效力。

2.《工程建设项目货物招标投标办法》(2013年5月1日)

第六十条　中标无效的，发出的中标通知书和签订的合同自始没有法律约束力，但不影响合同中独立存在的有关解决争议方法的条款的效力。

3.《机电产品国际招标投标实施办法(试行)》(2014年4月1日)

第一百零八条　依法必须进行招标的项目的招标投标活动违反招标投标法、招标投标法实施条例和本办法的规定，对中标结果造成实质性影响，且不能采取补救措施予以纠正的，招标、投标、中标无效，应当依照本办法重新招标或者重新评标。

重新评标应当由招标人依照本办法组建新的评标委员会负责。前一次参与评标的专家不得参与重新招标或者重新评标。依法必须进行招标的项目，重新评标的结果应当依照本办法进行公示。

除法律、行政法规和本办法规定外，招标人不得擅自决定重新招标或重新评标。

第六章 附 则

第六十五条　【异议或者投诉】投标人和其他利害关系人认为招标投标活动不符合本法有关规定的,有权向招标人提出异议或者依法向有关行政监督部门投诉。

【立法·要点注释】

本条是关于对违法的招标投标活动提出异议或者进行投诉的规定。

1. 对招标投标活动提出异议或者进行投诉的主体,限于与该项招标投标活动有直接利害关系的人,即因为招标投标活动违反本法规定的规则和程序,已使或将会使其利益受到直接损害的人,包括投标人和其他利害关系人。“投标人”,即本法第二十五条所规定的已对该项招标作出响应,提交了投标书,参加投标竞争的法人或者其他组织,以及参加依法招标的科研项目的投标的个人。“其他利害关系人”,主要是指有意参加投标竞争,但因招标人的违法行为而不能参加投标竞争,因而丧失可能取得中标利益的潜在投标人。至于与该项招标投标活动无直接利害关系的其他人,当然可以对招标投标中的违法行为进行揭发、检举,但不属于本条规定的提出异议或进行投诉的主体。

2. 依照本条规定,提出异议或进行投诉的事由,是招标投标活动中不符合本法规定的行为。由于提出异议或投诉的主体限于利害关系人,因此,提出异议或投诉的事由,还须是使异议人或投诉人的利益受到损害的招标投标中的违法行为,包括招标人违反法律的规定,对投标人实行歧视待遇的行为,招标人与投标人之间或部分投标人相互之间进行串通投标的行为,招标人不按招标文件规定的评标标准确定中标人的行为,招标人违反开标、评标程序的行为等。

3. 本法对异议和投诉的具体程序未作规定,需要由国务院或国务院有关主管部门作出相应的规定。

【行政法规】

《中华人民共和国招标投标法实施条例》(2019 年 3 月 2 日)

第六十条　投标人或者其他利害关系人认为招标投标活动不符合法律、

行政法规规定的,可以自知道或者应当知道之日起10日内向有关行政监督部门投诉。投诉应当有明确的请求和必要的证明材料。

就本条例第二十二条、第四十四条、第五十四条规定事项投诉的,应当先向招标人提出异议,异议答复期间不计算在前款规定的期限内。

【要点注释】

本条是关于投诉的规定。

1. 本条所规定的投诉主体与《条例》第二十二条所规定的异议主体的区别在于,投诉主体应当包括招标人。招标人是招投标活动的主要当事人,是招标项目和招标活动毫无疑义的利害关系人,但是招标人不得滥用投诉。招标人能够投诉的应当限于那些不能自行处理,必须通过行政救济途径才能解决的问题。典型的是投标人串通投标、弄虚作假,资格审查委员会未严格按照资格预审文件规定的标准和方法评审,评标委员会未严格按照招标文件规定的标准和方法评标,投标人或者其他利害关系人的异议成立但招标人无法自行采取措施予以纠正等情形。例如,投标人或者其他利害关系人有关某中标候选人存在业绩弄虚作假的异议,经招标人核实后情况属实,而评标委员会又无法根据投标文件的内容给予认定,评标时又缺少进行查证的必要手段,如果由招标人自行决定或者自行否决又容易被滥用,必须向行政监督部门提出投诉,由行政监督部门依法作出认定。

2. 本条所谓的招标投标活动不符合法律、行政法规的规定,也包括不符合规章、地方性法规等下位法的规定,条文中之所以只提及法律、行政法规是出于立法技术方面的考虑。

3. 本条规定所称的"应当知道"应当区别不同的环节,一般认为:资格预审公告或者招标公告发布后,投诉人应当知道资格预审公告或者招标公告是否存在排斥潜在投标人等违法违规情形;获取资格预审文件、招标文件一定时间后,投诉人应当知道其中是否存在违反现行法律法规规定的内容;开标后,投诉人应当知道投标人的数量、名称、投标文件提交、标底等情况,特别是是否存在《条例》第三十四条规定的情形;中标候选人公示后,投诉人应当知道评标结果是否存在违反法律法规和招标文件规定的情形;招标人委派代表参加资格审查或者评标的,资格预审评审或者评标结束后,即应当知道资格审查委员会或者评标委员会是否存在未按照规定的标准和方法评审或者评标的情况;招标人未委派代表参加资格审查或者评标的,招标人收到资格预审评审报告或者评标报告后,即应当知道资格审查委员会或者评标委员会是否存在未按照规定的标准和方法评审或者评标的情况;等等。

4.《国务院办公厅印发国务院有关部门实施招标投标活动行政监督的职责分工意见的通知》(国办发〔2000〕34 号)对国务院各部门有明确的职责分工,地方政府也有类似职责分工,投诉人应当据此确定有管辖权的行政监督部门并向其提出投诉。

5. 本条为特定事项的投诉规定了异议前置条件。有关《条例》第二十二条、第四十四条和第五十四条规定事项的投诉,应当以向招标人提出异议为前提。第二十二条、第四十四条和第五十四条规定的事项包括资格预审文件、招标文件、开标和评标结果。

第六十一条　投诉人就同一事项向两个以上有权受理的行政监督部门投诉的,由最先收到投诉的行政监督部门负责处理。

行政监督部门应当自收到投诉之日起 3 个工作日内决定是否受理投诉,并自受理投诉之日起 30 个工作日内作出书面处理决定;需要检验、检测、鉴定、专家评审的,所需时间不计算在内。

投诉人捏造事实、伪造材料或者以非法手段取得证明材料进行投诉的,行政监督部门应当予以驳回。

【要点注释】

本条是关于投诉处理的规定。

1. 我国目前的行政体系决定了对招投标的投诉存在两个以上有权受理的行政监督部门。例如,在横向层级上,根据《国务院办公厅印发国务院有关部门实施招标投标活动行政监督的职责分工意见的通知》(国办发〔2000〕34 号),国家重大建设项目的招投标活动既接受行业管理部门的监督,同时接受国家发展和改革委员会的监督。因此,对国家重大建设项目,存在同一事项有两个以上有权受理投诉的行政监督部门。各省级人民政府确定的地方重大建设项目也存在类似的情况。在纵向层级上,投诉人就同一事项同时向不同层级的行政监督部门投诉的现象也比较普遍,而不同层级的行政监督部门均有权受理有关投诉。为防止行政监督部门推诿扯皮,按照高效便民原则,本条第一款规定投诉由最先收到投诉的行政监督部门负责处理,而非最先受理的部门负责处理。

2. 收到是行政监督部门接收投诉人提交的投诉书及相关材料的行为。受理是行政监督部门对投诉人的投诉进行审查后,对符合法定受理条件的投诉决定立案调查处理,并启动投诉调查处理程序的行为。

3. 行政监督部门从收到投诉到决定是否受理有一个审查并作出决定的时限，但对符合投诉受理条件并决定受理的，收到投诉书之日即为受理之日。

4. 异议的提出应尽可能采用书面形式，以便在行政监督部门决定是否受理投诉时能够有效证明投诉人已经依照《条例》的规定提出过异议，而投诉的提出则应当采用书面形式，以有效防止恶意投诉、行政监督部门不作为或者乱作为。

5. 只要投诉符合法律法规规定的形式要件和内容要件，行政监督部门即应当予以受理。受理后经查证投诉事项不实或者证明材料不符合《条例》规定的，再予以驳回。

6. 投诉人利用非法手段获取应当保密的信息和资料，包括招标人、招标代理机构或者评标委员会成员故意和非故意透露的信息和资料。非故意的透露表现在招标人、招标代理机构或者评标委员会成员对应当保密的有关资料保存不善，而投诉人明知有关信息属于依法应当保密的信息，依然进行了必要的浏览、抄录或者复制。

第六十二条　行政监督部门处理投诉，有权查阅、复制有关文件、资料，调查有关情况，相关单位和人员应当予以配合。必要时，行政监督部门可以责令暂停招标投标活动。

行政监督部门的工作人员对监督检查过程中知悉的国家秘密、商业秘密，应当依法予以保密。

【要点注释】

本条是关于行政监督措施的规定。

1. 招投标活动具有很强的时效性、程序性和不可逆转性。为了保护投诉人及与投诉有关的当事人的合法权益，防止违法违规行为的影响进一步扩大，或者造成无法挽回的后果，有必要赋予行政监督部门责令暂停招投标活动的权力。招投标活动的暂停影响投标有效期或者签订合同的期限的，招标人应当顺延投标有效期或者签订合同的期限，因暂停导致投标有效期过期的，由招标人承担相应的法律后果。

2. 在投诉调查处理过程中，为了查明事实，可能接触国家秘密以及招标人和投标人的商业秘密，为了维护国家安全，保护行政相对人的合法权益，本条明确了行政监督人员的保密义务。

第七十七条　投标人或者其他利害关系人捏造事实、伪造材料或者以非法手段取得证明材料进行投诉，给他人造成损失的，依法承担赔偿责任。

招标人不按照规定对异议作出答复,继续进行招标投标活动的,由有关行政监督部门责令改正,拒不改正或者不能改正并影响中标结果的,依照本条例第八十一条的规定处理。

【要点注释】

本条是关于违法投诉和不依法对异议作出答复法律责任的规定。

1. 实践中,违法投诉的具体情形有:一是捏造事实;二是伪造材料;三是以非法手段取得证明材料进行投诉。

2. 实践中,招标人不按照规定处理异议的违法行为主要有:一是招标人自收到关于资格预审文件或者招标文件异议之日起3日内没有作出答复,也不暂停招投标活动;二是投标人在开标现场提出异议,招标人不在开标现场作出答复;三是招标人自收到关于评标结果异议之日起3日内没有作出答复,也不暂停招投标活动。

3. 投诉人有上述投诉行为,给他人造成损失的,依法承担赔偿责任。这里的“他人”包括招标人和其他投标人;“损失”指招标项目工期延误所造成的损失,以及招标人和投标人为配合行政监督部门处理投诉而支出的相关费用。

【部门规章及规范性文件】

1.《工程建设项目招标投标活动投诉处理办法》(2013 年 5 月 1 日)

第一条 为保护国家利益、社会公共利益和招标投标当事人的合法权益,建立公平、高效的工程建设项目招标投标活动投诉处理机制,根据《中华人民共和国招标投标法》、《中华人民共和国招标投标法实施条例》,制定本办法。

第二条 本办法适用于工程建设项目招标投标活动的投诉及其处理活动。

前款所称招标投标活动,包括招标、投标、开标、评标、中标以及签订合同等各阶段。

第三条 投标人或者其他利害关系人认为招标投标活动不符合法律、法规和规章规定的,有权依法向有关行政监督部门投诉。

前款所称其他利害关系人是指投标人以外的,与招标项目或者招标活动有直接和间接利益关系的法人、其他组织和自然人。

第四条 各级发展改革、工业和信息化、住房城乡建设、水利、交通运输、铁道、商务、民航等招标投标活动行政监督部门，依照《国务院办公厅印发国务院有关部门实施招标投标活动行政监督的职责分工的意见的通知》(国办发〔2000〕34号)和地方各级人民政府规定的职责分工，受理投诉并依法做出处理决定。

对国家重大建设项目(含工业项目)招标投标活动的投诉，由国家发展改革委受理并依法做出处理决定。对国家重大建设项目招标投标活动的投诉，有关行业行政监督部门已经收到的，应当通报国家发展改革委，国家发展改革委不再受理。

第五条 行政监督部门处理投诉时，应当坚持公平、公正、高效原则，维护国家利益、社会公共利益和招标投标当事人的合法权益。

第六条 行政监督部门应当确定本部门内部负责受理投诉的机构及其电话、传真、电子信箱和通讯地址，并向社会公布。

第七条 投诉人投诉时，应当提交投诉书。投诉书应当包括下列内容：

(一)投诉人的名称、地址及有效联系方式；

(二)被投诉人的名称、地址及有效联系方式；

(三)投诉事项的基本事实；

(四)相关请求及主张；

(五)有效线索和相关证明材料。

对招标投标法实施条例规定应先提出异议的事项进行投诉的，应当附提出异议的证明文件。已向有关行政监督部门投诉的，应当一并说明。

投诉人是法人的，投诉书必须由其法定代表人或者授权代表签字并盖章；其他组织或者自然人投诉的，投诉书必须由其主要负责人或者投诉人本人签字，并附有效身份证明复印件。

投诉书有关材料是外文的，投诉人应当同时提供其中文译本。

第八条 投诉人不得以投诉为名排挤竞争对手，不得进行虚假、恶意投诉，阻碍招标投标活动的正常进行。

第九条 投诉人认为招标投标活动不符合法律行政法规规定的，可以在知道或者应当知道之日起十日内提出书面投诉。依照有关行政法规提出异议的，异议答复期间不计算在内。

第十条 投诉人可以自己直接投诉，也可以委托代理人办理投诉事务。代理人办理投诉事务时，应将授权委托书连同投诉书一并提交给行政监督部门。授权委托书应当明确有关委托代理权限和事项。

第十一条 行政监督部门收到投诉书后，应当在三个工作日内进行审查，视情况分别做出以下处理决定：

（一）不符合投诉处理条件的，决定不予受理，并将不予受理的理由书面告知投诉人；

（二）对符合投诉处理条件，但不属于本部门受理的投诉，书面告知投诉人向其他行政监督部门提出投诉；

对于符合投诉处理条件并决定受理的，收到投诉书之日即为正式受理。

第十二条 有下列情形之一的投诉，不予受理：

（一）投诉人不是所投诉招标投标活动的参与者，或者与投诉项目无任何利害关系；

（二）投诉事项不具体，且未提供有效线索，难以查证的；

（三）投诉书未署具投诉人真实姓名、签字和有效联系方式的；以法人名义投诉的，投诉书未经法定代表人签字并加盖公章的；

（四）超过投诉时效的；

（五）已经作出处理决定，并且投诉人没有提出新的证据的；

（六）投诉事项应先提出异议没有提出异议、已进入行政复议或行政诉讼程序的。

第十三条 行政监督部门负责投诉处理的工作人员，有下列情形之一的，应当主动回避：

（一）近亲属是被投诉人、投诉人，或者是被投诉人、投诉人的主要负责人；

（二）在近三年内本人曾经在被投诉人单位担任高级管理职务；

（三）与被投诉人、投诉人有其他利害关系，可能影响对投诉事项公正处理的。

第十四条 行政监督部门受理投诉后，应当调取、查阅有关文件，调查、核实有关情况。

对情况复杂、涉及面广的重大投诉事项，有权受理投诉的行政监督部门可以会同其他有关的行政监督部门进行联合调查，共同研究后由受理部门做出处理决定。

第十五条 行政监督部门调查取证时，应当由两名以上行政执法人员进行，并做笔录，交被调查人签字确认。

第十六条 在投诉处理过程中，行政监督部门应当听取被投诉人的陈述和申辩,必要时可通知投诉人和被投诉人进行质证。

第十七条 行政监督部门负责处理投诉的人员应当严格遵守保密规定,对于在投诉处理过程中所接触到的国家秘密、商业秘密应当予以保密,也不得将投诉事项透露给与投诉无关的其他单位和个人。

第十八条 行政监督部门处理投诉,有权查阅、复制有关文件、资料,调查有关情况,相关单位和人员应当予以配合。必要时,行政监督部门可以责令暂停招标投标活动。

对行政监督部门依法进行的调查,投诉人、被投诉人以及评标委员会成员等与投诉事项有关的当事人应当予以配合,如实提供有关资料及情况,不得拒绝、隐匿或者伪报。

第十九条 投诉处理决定做出前,投诉人要求撤回投诉的,应当以书面形式提出并说明理由,由行政监督部门视以下情况,决定是否准予撤回:

(一)已经查实有明显违法行为的,应当不准撤回,并继续调查直至做出处理决定;

(二)撤回投诉不损害国家利益、社会公共利益或者其他当事人合法权益的,应当准予撤回,投诉处理过程终止。投诉人不得以同一事实和理由再提出投诉。

第二十条 行政监督部门应当根据调查和取证情况,对投诉事项进行审查,按照下列规定做出处理决定:

(一)投诉缺乏事实根据或者法律依据的,或者投诉人捏造事实、伪造材料或者以非法手段取得证明材料进行投诉的,驳回投诉;

(二)投诉情况属实,招标投标活动确实存在违法行为的,依据《中华人民共和国招标投标法》、《中华人民共和国招标投标法实施条例》及其他有关法规、规章做出处罚。

第二十一条 负责受理投诉的行政监督部门应当自受理投诉之日起三十个工作日内,对投诉事项做出处理决定,并以书面形式通知投诉人、被投诉人和其他与投诉处理结果有关的当事人。需要检验、检测、鉴定、专家评审的,所需时间不计算在内。

第二十二条 投诉处理决定应当包括下列主要内容:

(一)投诉人和被投诉人的名称、住址;

(二)投诉人的投诉事项及主张;

(三)被投诉人的答辩及请求;

（四）调查认定的基本事实；

（五）行政监督部门的处理意见及依据。

第二十三条　行政监督部门应当建立投诉处理档案并做好保存和管理工作，接受有关方面的监督检查。

第二十四条　行政监督部门在处理投诉过程中，发现被投诉人单位直接负责的主管人员和其他直接责任人员有违法、违规或者违纪行为的，应当建议其行政主管机关、纪检监察部门给予处分；情节严重构成犯罪的，移送司法机关处理。

对招标代理机构有违法行为，且情节严重的，依法暂停直至取消招标代理资格。

第二十五条　当事人对行政监督部门的投诉处理决定不服或者行政监督部门逾期未做处理的，可以依法申请行政复议或者向人民法院提起行政诉讼。

第二十六条　投诉人故意捏造事实、伪造证明材料或者以非法手段取得证明材料进行投诉，给他人造成损失的，依法承担赔偿责任。

第二十七条　行政监督部门工作人员在处理投诉过程中徇私舞弊、滥用职权或者玩忽职守，对投诉人打击报复的，依法给予行政处分；构成犯罪的，依法追究刑事责任。

第二十八条　行政监督部门在处理投诉过程中，不得向投诉人和被投诉人收取任何费用。

第二十九条　对于性质恶劣、情节严重的投诉事项，行政监督部门可以将投诉处理结果在有关媒体上公布，接受舆论和公众监督。

第三十条　本办法由国家发展改革委会同国务院有关部门解释。

第三十一条　本办法自 2004 年 8 月 1 日起施行。

2.《工程建设项目施工招标投标办法》（2013 年 5 月 1 日）

第八十九条　投标人或者其他利害关系人认为工程建设项目施工招标投标活动不符合国家规定的，可以自知道或者应当知道之日起 10 日内向有关行政监督部门投诉。投诉应当有明确的请求和必要的证明材料。

3.《机电产品国际招标投标实施办法（试行）》（2014 年 4 月 1 日）

第三十六条　潜在投标人或者其他利害关系人对资格预审文件有异议

的,应当在提交资格预审申请文件截止时间 2 日前向招标人或招标机构提出,并将异议内容上传招标网;对招标文件有异议的,应当在投标截止时间 10 日前向招标人或招标机构提出,并将异议内容上传招标网。招标人或招标机构应当自收到异议之日起 3 日内作出答复,并将答复内容上传招标网;作出答复前,应当暂停招标投标活动。

第四十八条 投标人对开标有异议的,应当在开标现场提出,招标人或招标机构应当当场作出答复,并制作记录。

第六十九条 投标人或者其他利害关系人对依法必须进行招标的项目的评标结果有异议的,应当于公示期内向招标人或招标机构提出,并将异议内容上传招标网。招标人或招标机构应当在收到异议之日起 3 日内作出答复,并将答复内容上传招标网;作出答复前,应当暂停招标投标活动。

异议答复应当对异议问题逐项说明,但不得涉及其他投标人的投标秘密。未在评标报告中体现的不满足招标文件要求的其他方面的偏离不能作为答复异议的依据。

经原评标委员会按照招标文件规定的方法和标准审查确认,变更原评标结果的,变更后的评标结果应当依照本办法进行公示。

第七十一条 评标结果公示无异议的,公示期结束后该评标结果自动生效并进行中标结果公告;评标结果公示有异议,但是异议答复后 10 日内无投诉的,异议答复 10 日后按照异议处理结果进行公告;评标结果公示有投诉的,相应主管部门做出投诉处理决定后,按照投诉处理决定进行公告。

第八十二条 投标人或者其他利害关系人认为招标投标活动不符合法律、行政法规及本办法规定的,可以自知道或者应当知道之日起 10 日内向相应主管部门投诉。就本办法第三十六条规定事项进行投诉的,潜在投标人或者其他利害关系人应当在自领购资格预审文件或招标文件 10 日内向相应的主管部门提出;就本办法第四十八条规定事项进行投诉的,投标人或者其他利害关系人应当在自开标 10 日内向相应的主管部门提出;就本办法第六十九条规定事项进行投诉的,投标人或者其他利害关系人应当在自评标结果公示结束 10 日内向相应的主管部门提出。

就本办法第三十六条、第四十八条、第六十九条规定事项投诉的,应当先向招标人提出异议,异议答复期间不计算在前款规定的期限内。就异议事项投诉的,招标人或招标机构应当在该项目被网上投诉后 3 日内,将异议相关材料提交相应的主管部门。

第八十三条 投诉人应当于投诉期内在招标网上填写《投诉书》(见附件4)(就异议事项进行投诉的,应当提供异议和异议答复情况及相关证明材料),并将由投诉人单位负责人或单位负责人授权的人签字并盖章的《投诉书》、单位负责人证明文件及相关材料在投诉期内送达相应的主管部门。境外投诉人所在企业无印章的,以单位负责人或单位负责人授权的人签字为准。

投诉应当有明确的请求和必要的证明材料。投诉有关材料是外文的,投诉人应当同时提供其中文译本,并以中文译本为准。

投诉人应保证其提出投诉内容及相应证明材料的真实性及来源的合法性,并承担相应的法律责任。

第八十四条 主管部门应当自收到书面投诉书之日起3个工作日内决定是否受理投诉,并将是否受理的决定在招标网上告知投诉人。主管部门应当自受理投诉之日起30个工作日内作出书面处理决定(见附件5),并将书面处理决定在招标网上告知投诉人;需要检验、检测、鉴定、专家评审的,以及监察机关依法对与招标投标活动有关的监察对象实施调查并可能影响投诉处理决定的,所需时间不计算在内。使用国外贷款、援助资金的项目,需征求资金提供方意见的,所需时间不计算在内。

主管部门在处理投诉时,有权查阅、复制有关文件、资料,调查有关情况,相关单位和人员应当予以配合。必要时,主管部门可以责令暂停招标投标活动。

主管部门在处理投诉期间,招标人或招标机构应当就投诉的事项协助调查。

第八十五条 有下列情形之一的投诉,不予受理:

(一)就本办法第三十六条、第四十八条、第六十九条规定事项投诉,其投诉内容在提起投诉前未按照本办法的规定提出异议的;

(二)投诉人不是投标人或者其他利害关系人的;

(三)《投诉书》未按本办法有关规定签字或盖章,或者未提供单位负责人证明文件的;

(四)没有明确请求的,或者未按本办法提供相应证明材料的;

(五)涉及招标评标过程具体细节、其他投标人的商业秘密或其他投标人的投标文件具体内容但未能说明内容真实性和来源合法性的;

(六)未在规定期限内在招标网上提出的;

（七）未在规定期限内将投诉书及相关证明材料送达相应主管部门的。

第八十六条 在评标结果投诉处理过程中，发现招标文件重要商务或技术条款（参数）出现内容错误、前后矛盾或与国家相关法律法规不一致的情形，影响评标结果公正性的，当次招标无效，主管部门将在招标网上予以公布。

第八十七条 招标人对投诉的内容无法提供充分解释和说明的，主管部门可以自行组织或者责成招标人、招标机构组织专家就投诉的内容进行评审。

就本办法第三十六条规定事项投诉的，招标人或招标机构应当从专家库中随机抽取3人以上单数评审专家。评审专家不得作为同一项目包的评标专家。

就本办法第六十九条规定事项投诉的，招标人或招标机构应当从国家级专家库中随机抽取评审专家，国家级专家不足时，可由地方级专家库中补充，但国家级专家不得少于2/3。评审专家不得包含参与该项目包评标的专家，并且专家人数不得少于评标专家人数。

第八十八条 投诉人拒绝配合主管部门依法进行调查的，被投诉人不提交相关证据、依据和其他有关材料的，主管部门按照现有可获得的材料对相关投诉依法作出处理。

第八十九条 投诉处理决定作出前，经主管部门同意，投诉人可以撤回投诉。投诉人申请撤回投诉的，应当以书面形式提交给主管部门，并同时在网上提出撤回投诉申请。已经查实投诉内容成立的，投诉人撤回投诉的行为不影响投诉处理决定。投诉人撤回投诉的，不得以同一的事实和理由再次进行投诉。

第九十条 主管部门经审查，对投诉事项可作出下列处理决定：

（一）投诉内容未经查实前，投诉人撤回投诉的，终止投诉处理；

（二）投诉缺乏事实根据或者法律依据的，以及投诉人捏造事实、伪造材料或者以非法手段取得证明材料进行投诉的，驳回投诉；

（三）投诉情况属实，招标投标活动确实存在不符合法律、行政法规和本办法规定的，依法作出招标无效、投标无效、中标无效、修改资格预审文件或者招标文件等决定。

第九十一条 商务部在招标网设立信息发布栏，包括下列内容：

（一）投诉汇总统计，包括年度内受到投诉的项目、招标人、招标机构名称和投诉处理结果等；

（二）招标机构代理项目投诉情况统计，包括年度内项目投诉数量、投诉率及投诉处理结果等；

（三）投标人及其他利害关系人投诉情况统计，包括年度内项目投诉数量、投诉率及不予受理投诉、驳回投诉、不良投诉（本办法第九十六条第四项的投诉行为）等；

（四）违法统计，包括年度内在招标投标活动过程中违反相关法律、行政法规和本办法的当事人、项目名称、违法情况和处罚结果。

第九十二条　主管部门应当建立投诉处理档案，并妥善保存。

4.《电子招标投标办法》（2013 年 5 月 1 日）

第三十九条　投标人或者其他利害关系人依法对资格预审文件、招标文件、开标和评标结果提出异议，以及招标人答复，均应当通过电子招标投标交易平台进行。

第五十一条　投标人或者其他利害关系人认为电子招标投标活动不符合有关规定的，通过相关行政监督平台进行投诉。

第五十二条　行政监督部门和监察机关在依法监督检查招标投标活动或者处理投诉时，通过其平台发出的行政监督或者行政监察指令，招标投标活动当事人和电子招标投标交易平台、公共服务平台的运营机构应当执行，并如实提供相关信息，协助调查处理。

5.《国家发展改革委办公厅关于中标结果公示异议和投诉问题的复函》（2018 年 4 月 20 日）

安徽省发展改革委：

你委《关于投标人和其他利害关系人对中标结果提出异议和投诉问题的函》（皖发改公管函〔2018〕139 号）收悉。经研究，现就来函所询问题提出以下意见。

一、《招标投标法》第四十五条规定，中标人确定后，招标人应当向中标人发出中标通知书，并同时将中标结果通知所有未中标的投标人。《招标投标法实施条例》第五十三条规定，依法必须进行招标的项目，招标人应当自收到评标报告之日起 3 日内公示中标候选人，公示期不得少于 3 日。投标人或者其他利害关系人对依法必须进行招标的评标结果有异议的，应当在中标候选人公示期间提出。《招标公告和公示信息发布管理办法》(国家发展改革委第10号令)第六条进一步规定了中标候选人公示应当载明的内容,以及中标结果公示应当载明中标人名称。

根据以上规定,由于在中标候选人公示环节已经充分公布了中标候选人的信息,并保障了投标人或者其他利害关系人提出异议的权利,因此中标结果公示的性质为告知性公示,即向社会公布中标结果,《招标投标法》、《招标投标法实施条例》及10号令均未规定投标人或者其他利害关系人有权对中标结果公示提出异议。

二、《招标投标法实施条例》第六十条规定,投标人或者其他利害关系人认为招标投标活动不符合法律、行政法规规定的,可以自知道或者应当知道之日起10日内向有关行政监督部门投诉。据此,投标人或者其他利害关系人认为中标结果公示,以及有关招标投标活动存在违法违规行为的,可以依法向有关行政监督部门投诉。

特此函复。

【法院参考案例】

1. 丰都县人民政府、中冶建工集团有限公司与四川朝元建筑工程有限公司其他行政纠纷案[(2017)渝行终715号]

裁判要旨:对投标人违法行为的投诉不必然属于对评标结果的投诉,二者不能混淆,不能因诉求取消中标资格就直接判定为投诉中标资格;对评标结果的投诉,适用异议前置程序。

重庆市高级人民法院认为,本案的争议焦点是四川朝元建筑公司向丰都县建委提出对中冶建工集团的投诉是否属于评标结果投诉。本案中,案涉工程"丰都福利院消防整改工程"中标候选人公示之后,四川朝元建筑公司查询到中冶建工集团存在涉诉情况,遂以中冶建工集团在经营活动中不讲信誉,非法转包工程、拖欠工程款、诉讼案件非常多,在招投标时隐瞒了有关信誉的事实真相,不能满足《招标文件》第八章三、(四)"近年发生的诉讼和仲裁情况"的要求为由,向丰都县建委投诉请求依法取消中冶建工集团的中标资格。在招标投标实践中,投诉人对招标投标活动中违法行为的投诉多数情况下都会诉请取消中标资格,需根据投诉的具体内容及个案具体情况进行分析。对违法行为的投诉与诉请取消中标资格之间系因素和结论的关系,二者不能混淆，不能因诉求取消中标资格就直接判定为投诉中标资格。本案中，四川朝元建筑公司投诉的是中冶建工集团在招标投标活动中对其涉诉情况的隐瞒行为，上诉人认为本案系四川朝元建筑公司对中标资格投诉的上诉理由不能成立。

《招标投标法实施条例》第五十四条第二款规定："投标人或者其他利害关系人对依法必须进行招标的项目的评标结果有异议的，应当在中标候选人公示期间提出。"该条设置了对评标结果不服的异议制度。《招标投标法实施条例》第六十条第二款规定："就本条例第二十二条、第四十四条、第五十四条规定事项投诉的，应当先向招标人提出异议，异议答复期间不计算在前款规定的期限内。"该条确立了评标结果投诉前的异议前置制度，对评标结果不服，投诉前应当向招标人先行异议。招标人、评标人或投标人甚至其他相关人员的行为均有可能成为引发对评标结果不服的原因，将第五十四条第二款异议前置的适用范围限定为投诉人对招标人或评标人的行为不服进行投诉的情形，与立法本意不符，本院予以指出。

本案中，《招标文件》第八章投标文件格式（资格审查资料）"近年发生的诉讼和仲裁情况"规定，由投标人在投标文件中自行声明是否存在涉诉和涉仲裁情况，如声明与实际不符，将被取消投标或中标资格。中冶建工集团向招标人提交了《投标文件》信誉声明，并声明："自 2012 年 1 月 1 日起至今，我公司未被有关行政部门暂停投标资格，也无行贿犯罪记录；在近年来履行施工承包合同中，没有发生诉讼和仲裁案件。"根据《招标文件》的上述规定，涉诉情况系由投标人自行声明，非评标人根据招标文件规定的评标标准和方法所能审查的范围。因此，中冶建工集团的隐瞒行为与评标结果之间没有因果关系，四川朝元建筑公司对隐瞒行为的投诉不属于对评标结果的投诉，不应当适用《招标投标法实施条例》第五十四条第二款的规定。上诉人认为本案属于对评标结果的投诉，应当异议前置的上诉理由不能成立。

2. 钛能科技股份有限公司与哈尔滨市人民政府行政纠纷案［（2017）黑行终 577 号］

裁判要旨：行政监督部门、行政复议机关无权对投标文件是否符合招标文件进行认定；在中标候选人公示期间，投标人未向招标人提出评标结果异议而是直接提出投诉，行政机关未予审查即予受理并作出处理决定书，属程序违法。

黑龙江省高级人民法院认为,根据《招标投标法》第七条第二款、第三十七条第一款、第四十条第一款,《招标投标法实施条例》第四十九条第一款、第五十一条第(三)项规定,评标由招标人依法组建的评标委员会负责;评标委员会应当按照招标文件确定的评标标准和方法,对投标文件进行评审;投标人不符合国家或者招标文件规定的资格条件,评标委员会应当否决其投标。据此,投标人在参加投标过程中是否符合招标文件规定的资格条件,认定权在评标委员会。行政监督部门经查实认为招标投标活动存在违反《招标投标法》及其实施条例规定情形的,应当依法进行处理,但无权对投标文件是否符合招标文件进行直接认定。同理,行政复议机关也无权对投标文件是否符合招标文件进行认定。就本案而言,钛能科技股份有限公司在参与尚志市幸福沟水库工程(第三标段)施工投标中提交的《高新技术企业证书》和《水文、水资源调查评价资质证书》是否符合招标文件的要求,应由案涉招标工程的评标委员会进行认定。哈尔滨市政府在行政复议决定中直接评价认定钛能科技股份有限公司的投标文件不符合招标文件规定的资格条件不当,不符合前述法律规定。

根据《招标投标法实施条例》第五十四条、第六十条第二款,《工程建设项目招标投标活动投诉处理办法》第十一条第一款第(一)项的规定,投标人或者其他利害关系人对依法必须进行招标的项目的评标结果有异议的,应当在中标候选人公示期间提出;就《招标投标法实施条例》第五十四条规定事项投诉的,应当先向招标人提出异议。本案中,宏电公司在中标候选人公示期间未向招标人提出异议,而是直接向哈尔滨市水务局提出投诉,哈尔滨市水务局未予审查即予受理并作出处理决定书,属程序违法。哈尔滨市政府行政复议决定以此理由撤销哈尔滨市水务局的处理决定书正确,应予维持。因宏电公司对案涉评标结果提出投诉前,未向招标人提出异议是前置程序,故哈尔滨市政府责令哈尔滨市水务局重新作出处理决定没有法律依据,应予撤销。

3. 厦门融健贸易有限公司与厦门市思明区人民政府招投标行政复议纠纷案[(2011)闽行终字第70号]

裁判要旨:招标投标当事人对有关行政监督部门的处理决定不服的,可以依法申请行政复议;行政监督部门不受理复议申请,人民法院有权判决责令其重新作出行政复议决定。

福建省高级人民法院认为,《招标投标法》第六十五条规定:"投标人和其他利害关系人认为招标投标活动不符合本法有关规定的,有权向招标人提出异议或者依法向有关行政监督部门投诉。"《福建省招标投标条例》第五十八条亦规定:"投标人和其他利害关系人认为招标投标活动违反法律、法规规定的,可以向招标人提出异议,也可以向有关行政监督部门投诉。"被上诉人融健公司作为投标人,其对招标投标活动有异议,有权依上述法律规定投诉。这种投诉有别于信访人根据《信访条例》提出的信访。《信访条例》第十四条第二款规定,对依法应当通过诉讼、仲裁、行政复议等法定途径解决的投诉请求,信访人应当依照有关法律、行政法规规定的程序向有关机关提出。《招标投标法》与《福建省招标投标条例》规定的对招标投标活动的投诉属法定的权利救济途径,有关行政监督部门对当事人的投诉应依法进行处理,以履行监督职责。有关行政监督部门对投诉所作出的处理以及相应的不作为,对当事人的实体权利义务产生实质影响,依照《福建省招标投标条例》第六十一条第二款规定,"当事人对有关行政监督部门的处理决定不服的,可以依法申请行政复议或者向人民法院提起行政诉讼"。本案中,思明区经济贸易发展局作出的《关于对观音山启动区健身中心健身器材项目投诉书的回复》,系思明区经济贸易发展局针对融健公司投诉作出书面答复的具体行政行为。融建公司对该回复不服,可以依法向思明区人民政府提起行政复议。思明区人民政府将融健公司复议申请视作对信访答复不服,进而决定不予受理融健公司复议申请,属认定事实不清,适用法律错误。至于被上诉人融健公司提出厦思政行复不〔2011〕1 号《不予受理行政复议申请决定书》印章不符规范问题,经审查,思明区人民政府在作出的上述文书上加盖思明区人民政府行政复议专用章,并无不妥。综上,上诉人思明区人民政府的上诉理由不能成立。原审判决责令思明区人民政府重新作出行政复议决定,是正确的,应予维持。

4. 江西九丰园林古建筑工程有限公司与吉安市人民政府招投标行政复议纠纷案[(2015)赣行终字第 23 号]

裁判要旨:投标人是否响应招标文件的实质性要求和条件,认定权在评标委员会。行政监督部门、行政复议机关无权对投标文件是否实质性响应招标文件进行直接认定,也无权以投标文件未实质性响应招标文件而否决投标。

江西省高级人民法院认为,根据《招标投标法实施条例》第五十四条、第六十条第二款、《工程建设项目招标投标活动投诉处理办法》第七条第二款的规定,投标人或者其他利害关系人对依法必须进行招标的项目的评标结果有异议的,应当在中标候选人公示期间提出;就《招标投标法实施条例》第五十四条规定事项投诉的,应当先向招标人提出异议;对《招标投标法实施条例》规定应先提出异议的事项进行投诉的,应当附提出异议的证明文件。九丰公司投诉早于中标候选人公示,未在投诉前向招标人提出异议,吉安市政府认定吉水县发改委受理该投诉违反法定程序符合上述规定。九丰公司以其投诉后,吉水县发改委组建的联合调查组成员包含了招标人,招标人参加联合调查后未对其投诉行为提出异议,表明招标人同意由联合调查组代表招标人履行职责为理由,否认吉水县发改委受理其投诉违反法定程序缺乏法律上的依据。

根据《招标投标法》第三十七条第一款、第四十条第一款、《招标投标法实施条例》第四十九条第一款、第五十一条第(六)项规定,评标由招标人依法组建的评标委员会负责;评标委员会应当按照招标文件确定的评标标准和方法,对投标文件进行评审;投标文件没有对招标文件的实质性要求和条件作出响应,评标委员会应当否决其投标。据此,投标人在参加投标过程中是否存在不响应招标文件的实质性要求和条件的行为,认定权在评标委员会。行政监督部门经查实认为招标投标活动存在违反《招标投标法》及其实施条例规定情形的,应当依法进行处理,但无权依据《招标投标法实施条例》第五十一条第(六)项之规定对投标文件是否实质性响应招标文件进行直接认定,也无权以投标文件未实质性响应招标文件而否决投标人投标。同理,行政复议机关也无权对投标文件是否对招标文件的实质性要求和条件作出响应进行认定。吉水县发改委认定昇平公司在参与吉水县古城墙保护南门延伸工程施工投标中,没有响应招标文件,并依据该条规定,决定取消昇平公司的第一中标候选人资格错误。吉安市政府不仅未在行政复议决定中对投标人是否响应招标文件进行认定,而且认定吉水县发改委取消昇平公司的第一中标候选人资格适用法规错误,符合上述法条规定。九丰公司认为吉水县政府有权撤销昇平公司的第一中标候选人资格,吉安市政府对昇平公司是否响应招标文件未进行认定违法,理由不成立。

5. 崇仁县水电建筑安装有限责任公司与晋江市水利局水利行政管理纠纷案[(2016)闽行申 385 号]

裁判要旨:投诉材料只要符合投诉的实质要求,并不能因为标题中的"举报"字样而否定其投诉性质,行政监督部门应当受理该投诉。

福建省高级人民法院认为,第三人福建华城水利水电工程有限公司提交的《晋江市外溪河道整治工程第一中标候选人临时建造师不符合资格的举报》,反映的具体事项明确,理由清楚,加盖公司公章,留有联系电话,符合投诉的实质要求,并不能因为标题中的"举报"字样而否定其投诉性质,申请人主张系举报书而非投诉书的理由不能成立。《福建省招标投标条例》第五十八条第一款规定:"投标人和其他利害关系人认为招标投标活动违反法律、法规规定的,可以向招标人提出异议,也可以向有关行政监督部门投诉。"福建华城水利水电工程有限公司向晋江市水利局提出投诉,符合法律规定。

6. 南京消防器材股份有限公司与北京市住房和城乡建设委员会其他行政纠纷案[(2015)一中行终字第 112 号]

裁判要旨:投诉人未按照要求说明其投诉信息来源合法的,行政监督部门有权驳回其投诉。

北京市第一中级人民法院认为,《招标投标法》第二十二条第一款规定:"招标人不得向他人透露已获取招标文件的潜在投标人的名称、数量以及可能影响公平竞争的有关招标投标的其他情况。"《招标投标法》第四十四条第三款规定:"评标委员会成员和参与评标的有关工作人员不得透露对投标文件的评审和比较、中标候选人的推荐情况以及与评标有关的其他情况。"因此,在招标人未办理投标人投标资格登记前,已获取招标文件的潜在投标人的名称、数量、资格预审申请文件内容等均应保密。本案中,中国建筑公司于 2014 年 5 月 20 日办理投标人投标资格登记,南京消防公司于 2014 年 4 月 28 日进行的投诉,此时,被投诉对象北京安泰信达消防工程有限公司等尚属于潜在投标人,其相关信息理应不为外人所知悉。因此,根据《招标投标法实施条例》第六十一条第三款的规定,"投诉人捏造事实、伪造材料或者以非法手段取得证明材料进行投诉的,行政监督部门应当予以驳回",市住建委要求投诉人南京消防公司对其投诉信息来源予以补充说明,要求合理,并无不当。故在南京消防公司未就投诉信息的合法来源予以说明的情况下,市住建委依据《工程建设项目招标投标活动投诉处理办法》第二十条第(一)项的规定,“投诉缺乏事实根据或者法律依据的,驳回投诉”,驳回南京消防公司的投诉,并无不当。

7. 南京广龙厨具工程有限公司与河南省发展和改革委员会、中华人民共和国国家发展和改革委员会行政纠纷案[(2017)京01行初1113号]

裁判要旨:超出投诉期限的投诉,招标投标行政监督部门有权不予受理。

北京市第一中级人民法院认为,本案中,原告向招标人、招标代理机构提出异议后,于2014年11月18日收到回函,招标人并未认定评标结果或招标过程存在违法,故原告至迟于上述时点应当知道其权益可能已经受到侵害,但原告直至2015年4月8日方才就此向河南发改委进行投诉,明显已经超过了《招标投标法实施条例》和《工程建设项目招标投标活动投诉处理办法》规定的投诉期限,河南发改委据此作出《告知书》,对原告的投诉不予受理,并无不当。但河南发改委在2015年4月8日收到原告投诉后,于2015年5月19日作出《告知书》,决定对原告的投诉不予受理,超过了《招标投标法实施条例》规定的期限,属于程序违法。被诉复议决定认定《告知书》程序违法,但处理结果并无不当,决定确认《告知书》违法,符合相关法律规定,处理结果亦无不当。

8. 中山市横栏港源学校、中山市横栏港源四沙学校与中山市横栏镇人民政府、中山市横栏镇资产管理中心招标投标买卖合同纠纷案[(2018)粤民申1324号]

裁判要旨:招投标活动中的未中标者对招投标过程和结果提出异议,应由行政监督部门进行认定和处理,该纠纷不属于人民法院受理民事诉讼的范围。

广东省高级人民法院经审查认为,从港源学校、四沙学校起诉的事实理由和诉讼请求来看,本案是港源学校、四沙学校作为“中山市横栏镇原四沙中学地块土地招租办学项目”招标投标活动中未中标的投标人,认为横栏镇政府、横栏资产管理中心在招标文件中故意设置不合理条件以达到排斥港源学校、四沙学校竞标的目的,据此提起民事诉讼,请求确认招投标结果以及横栏资产管理中心根据中标结果与华文学校签订的合同无效。相关法律法规并没有规定可以通过民事诉讼程序对招标投标活动中是否存在违法违规行为以及招投标结果的效力进行审查。《招标投标法》第七条第二款规定:“有关行政监督部门依法对招标投标活动实施监督,依法查处招标投标活动中的违法行为。"第六十五条规定:"投标人和其他利害关系人认为招标投标活动不符合本法有关规定的,有权向招标人提出异议或者依法向有关行政监督部门投诉。"《招标投标法实施条例》第六十条第一款规定:"投标人或者其他利害关系人认为招标投标活动不符合法律、行政法规规定的,可以自知道或者应当知道之日起 10 日内向有关行政监督部门投诉。投诉应当有明确的请求和必要的证明材料。"同时,《招标投标法实施条例》第七章法律责任规定,招标人、投标人以及招标代理机构、评标委员会等在招标投标活动中出现的违法违规行为,亦是由行政监督部门进行处罚。因此,招投标活动中的未中标者对招投标过程和结果提出异议,应由有关行政监督部门进行认定和处理。一、二审裁定据此认定本案不属于人民法院受理民事诉讼的范围,并驳回港源学校、四沙学校的起诉、上诉,处理恰当。港源学校、四沙学校申请再审提出本案属于民事案件受理范畴,并请求撤销二审裁定,指令一审法院对本案进行审理的理由不能成立,本院不予支持。

9. 江西省建设监理有限公司与萍乡市汇丰投资有限公司其他合同纠纷案[(2015)赣立终字第 39 号]

裁判要旨:当事人对行政监督部门的投诉处理决定不服或者行政监督部门逾期未做处理的,可以依法申请行政复议或者向人民法院提起行政诉讼。当事人起诉要求确认投标中标行为有效,不属于人民法院受理民事诉讼的范围。

江西省高级人民法院经审查认为,本案系一起因招投标活动引发的纠纷案件,上诉人江西省建设监理有限公司参加萍乡市田中人工湖景观工程施工监理招投标,最终落选未中标,上诉人认为被上诉人萍乡市汇丰投资有限公司取消其中标资格,侵犯了其合法权益。根据《招标投标法》第六十五条的规定,投标人和其他利害关系人认为招标投标活动不符合本法有关规定的,有权向招标人提出异议或者依法向有关行政监督部门投诉。《招标投标法实施条例》第六十条规定,投标人或者其他利害关系人认为招标投标活动不符合法律、行政法规规定的,可以自知道或者应当知道之日起 10 日内向有关行政监督部门投诉;第六十一条规定,行政监督部门应当自收到投诉之日起 3 个工作日内决定是否受理投诉,并自受理投诉之日起 30 个工作日内作出书面处理决定。《招标投标法》规定的对招标投标活动的投诉属法定的权利救济途径,有关行政监督部门对当事人的投诉应依法进行处理,以履行监督职责。当事人对行政监督部门的投诉处理决定不服或者行政监督部门逾期未做处理的,可以依法申请行政复议或者向人民法院提起行政诉讼。本案上诉人江西省建设监理有限公司作为投标人,其对招投标活动有异议,有权依上述法律、法规的规定投诉被上诉人,通过行政监督途径解决。综上,本案中上诉人起诉要求确认投标中标行为有效,依法不属于人民法院受理民事诉讼的范围,一审裁定驳回其起诉,并无不当。

编者说明

招标投标中的异议和投诉是招标投标当事人之间自主化解矛盾、解决争议的自我救济、维权手段。《招标投标法》第六十五条仅仅原则规定了招标投标异议和投诉制度,《招标投标法实施条例》在此基础上从三种异议情形、异议前置程序、投诉期限、投诉处理时限、处理投诉行政程序等方面对异议和投诉制度作出基本规定。对于工程建设项目招标投标活动而言,针对资格预审文件和招标文件内容、开标活动、评标结果的投诉,实行异议前置程序,当事人不得就上述三类事项越过异议程序直接投诉,否则该投诉不予受理。投诉应当符合一定条件,如投诉人必须具有合格的投诉主体资格,包括投标人和其他利害关系人两类;投诉应当在投诉期限内提出;投诉人必须提交投诉书和必要的证明材料,否则行政监督部门不予受理。行政监督部门受理投诉后应当依法作出投诉处理决定;对投诉处理决定不服的,当事人可以申请行政复议、提起行政诉讼。国家发展改革委等七部委出台了《工程建设项目招标投标活动投诉处理办法》,对工程建设领域招标投标活动的投诉案件处理程序专门进行规范。对其他招标项目的投诉,应结合该领域部门规章或者地方立法中的投诉处理规定执行。

第六十六条　【不进行招标的项目】涉及国家安全、国家秘密、抢险救灾或者属于利用扶贫资金实行以工代赈、需要使用农民工等特殊情况,不适宜进行招标的项目,按照国家有关规定可以不进行招标。

【立法·要点注释】

本条是对依法必须进行招标的项目的除外规定。

依照本法第三条的规定,凡在我国境内进行的大型基础设施、公用事业等关系社会公共利益、公共安全的建设项目，全部或部分使用国有资金投资、融资的建设项目，使用国际组织或者外国政府贷款的建设项目，以及与这些建设项目有关的重要设备、材料等的采购，其采购规模在国务院规定的标准以上的，都必须进行招标。但依照本条规定，属于上述规定范围内的必须招标的项目，有下列特殊情况之一的，可以不进行招标：

1. 涉及国家安全、国家秘密不适宜招标。例如，有关国防科技、军事装备等项目的选址、规划、建设等事项均有严格的保密及管理规定。招标投标的公开性要求与保密规定之间存在着无法回避的矛盾。因此，凡涉及国家安全和秘密确实不能公开披露信息的项目，除适宜招标的可以邀请符合保密要求的单位参加投标外，其他项目只能采取非招标的方式组织采购。

2. 抢险救灾不适宜招标。这包括发生地震、风暴、洪涝、泥石流、火灾等异常紧急灾害情况，需要立即组织抢险救灾的项目。例如，必须及时抢通因灾害损毁的道路、桥梁、隧道、水、电、气、通讯以及紧急排除水利设施、堰塞湖等项目。这些抢险救灾项目无法按照规定的程序和时间组织招标，否则将对国家和人民群众生命财产安全带来巨大损失。不适宜招标的抢险救灾项目需要同时满足以下两个条件：一是在紧急情况下实施，不能满足招标所需时间；二是不立即实施将会造成人民群众生命财产损失。

3. 利用扶贫资金实行以工代赈、需要使用农民工不适宜招标。按《国家扶贫资金管理办法》（国办发〔1997〕24 号）规定，国家扶贫资金，是指中央为解决农村贫困人口温饱问题、支持贫困地区社会经济发展而专项安排的资金，包括支援经济不发达地区发展资金、农业建设专项补助资金、新增财政扶贫资金、以工代赈资金和扶贫专项贷款等。其中，以工代赈是现阶段的一项农村扶贫政策，是由国家安排以工代赈资金建设与农村贫困地区经济发展和农民脱贫致富相关的乡村公路、农田水利等小型基础设施工程，受赈济地区的农民通过参加以工代赈工程建设，获取劳务报酬，增加收入，以此取代直接救济的一种扶贫政策。因此，使用以工代赈资金建设的工程，实施单位应组织工程所在地的农民参加工程建设，并支付劳务报酬，不适宜通过招标方式选择承包单位。但技术复杂、投资规模大的工程，特别是按规定必须具备相关资质才能承包施工的桥梁、隧道等工程，可以通过招标选择具有相应资质的施工承包单位，将组织工程所在地农民为工程施工提供劳务并支付报酬作为招标的基本条件。

4. 因其他特殊情况不适宜进行招标的项目。其他不适宜进行招标的特殊情况包括哪些,本条未作具体规定,只是以“等”字概括。从国外的有关立法例及实际情况看,对采购标的物因涉及专利权、专卖权等原因只能从某一供应商或承包商处获得的,为与现有设备配套而需从该设备原提供者处购买零配件的等,都属于不适宜进行招标采购的特殊情况。其他还有哪些项目属于不适宜招标的项目可不进行招标的,需按国家的有关规定执行。

【行政法规】

《中华人民共和国招标投标法实施条例》(2019 年 3 月 2 日)

第九条　除招标投标法第六十六条规定的可以不进行招标的特殊情况外,有下列情形之一的,可以不进行招标:

(一)需要采用不可替代的专利或者专有技术;

(二)采购人依法能够自行建设、生产或者提供;

(三)已通过招标方式选定的特许经营项目投资人依法能够自行建设、生产或者提供;

(四)需要向原中标人采购工程、货物或者服务,否则将影响施工或者功能配套要求;

(五)国家规定的其他特殊情形。

招标人为适用前款规定弄虚作假的,属于招标投标法第四条规定的规避招标。

【要点注释】

本条是关于可以不进行招标的特殊情形的补充规定。

1. 需要使用专利或者专有技术的项目不适宜招标,要同时满足以下三个方面的条件:一是项目功能的客观定位决定必须使用指定的专利或者专有技术,而非招标人的主观要求。但是,仅仅因为项目技术复杂或者技术难度大,不能作为免于招标的理由。二是项目使用的专利或专有技术具有不可替代性。项目功能定位要求必须使用特定的专利或者专有技术,且没有可以达到项目功能定位同样要求的其他替代技术方案。如果可以使用不同的专利或者专有技术替代,能够满足相同或相似的项目功能定位的技术需求目标,且不影响项目的质量和使用效率,就可以通过招标选择供应商或承包人。三是项目使用的专利或专有技术无法由其他单位分别实施或提供。专利或者专有技术的独占性决定了特定的专利或专有技术只能由一家或少数几家特定的单位提供,而无法通过招标选择项目供应商或承包人。

2. 采购人依法能够自行建设、生产或者提供。应当正确把握以下三个方面:一是采购人是指符合民事主体资格的法人、其他组织,不包括与其相关的母公司、子公司,以及与其具有管理或利害关系的,具有独立民事主体资格的法人、其他组织。二是采购人自身具有工程建设、货物生产或者服务提供的资格和能力。能够自行建设、生产或者提供的工程、货物和服务,既可能是采购人为了自己使用,也可能是提供给他人。三是采购人不仅要具备自行建设、生产或者提供的资格和能力,还应当符合法定要求。对于依照法律、法规规定采购人不能自己同时承担的工作事项,采购人仍应进行招标。例如,采购人如果自行提供了工程监理服务,则不能同时承包工程施工以及建筑材料、建筑构配件和设备的供应。需要说明的是,《条例》第二十九条规定的暂估价项目招标时,如果以总承包人作为暂估价项目的招标人,不适用本项规定。

3. 已通过招标方式选定的特许经营项目投资人依法能够自行建设、生产或者提供。这里所称的特许经营项目,是指政府将公共基础设施和公用事业的特许经营权出让给投资人并签订特许经营协议,由其组建项目公司负责投资、建设、经营的项目。适用本条规定需要满足两个条件:一是特许经营项目的投资人是通过招标选择确定的。政府采用招标竞争方式选择了项目的投资人,中标的项目投资人组建项目公司法人,并按照与政府签订的项目特许经营协议负责项目的融资、建设、特许经营。二是特许经营项目的投资人(而非投资人组建的项目法人)依法能够自行建设、生产和提供。特许经营项目的投资人可以是法人、联合体,也可以是其他经济组织和个人。其中,联合体投资的某个成员只要具备相应资格能力,不论其投资比例大小,经联合体各成员同意,就可以由该成员自行承担项目建设、生产或提供。

4. 需要向原中标人采购工程、货物或者服务,否则将影响施工或者功能配套要求。应当正确把握以下三个方面:一是原项目是通过招标确定了中标人,因客观原因需要向原合同中标人追加采购工程、货物或者服务。追加采购的内容必须是原项目招标时不存在,或因技术、经济客观原因不可能包括在原项目中一并招标采购,而是在原项目合同履行中产生的新增或变更需求,或者是原项目合同履行结束后产生的后续追加项目。二是如果不向项目原中标人追加采购,必将影响工程项目施工或者产品使用功能的配套要求。三是原项目中标人必须具有依法继续履行新增项目合同的资格能力。如果是原中标人破产、违约、涉案等造成终止或无法继续履行新增项目合同的,应按规定重新组织招标选择原有项目或新增项目的中标人。

【部门规章及规范性文件】

1.《工程建设项目勘察设计招标投标办法》(2013 年 5 月 1 日)

第四条　按照国家规定需要履行项目审批、核准手续的依法必须进行招标的项目,有下列情形之一的,经项目审批、核准部门审批、核准,项目的勘察设计可以不进行招标:

(一)涉及国家安全、国家秘密、抢险救灾或者属于利用扶贫资金实行以工代赈、需要使用农民工等特殊情况,不适宜进行招标;

(二)主要工艺、技术采用不可替代的专利或者专有技术,或者其建筑艺术造型有特殊要求;

(三)采购人依法能够自行勘察、设计;

(四)已通过招标方式选定的特许经营项目投资人依法能够自行勘察、设计;

(五)技术复杂或专业性强,能够满足条件的勘察设计单位少于三家,不能形成有效竞争;

(六)已建成项目需要改、扩建或者技术改造,由其他单位进行设计影响项目功能配套性;

(七)国家规定其他特殊情形。

2.《工程建设项目施工招标投标办法》(2013 年 5 月 1 日)

第十二条　依法必须进行施工招标的工程建设项目有下列情形之一的,可以不进行施工招标:

(一)涉及国家安全、国家秘密、抢险救灾或者属于利用扶贫资金实行以工代赈需要使用农民工等特殊情况,不适宜进行招标;

(二)施工主要技术采用不可替代的专利或者专有技术;

(三)已通过招标方式选定的特许经营项目投资人依法能够自行建设;

(四)采购人依法能够自行建设;

(五)在建工程追加的附属小型工程或者主体加层工程,原中标人仍具备承包能力,并且其他人承担将影响施工或者功能配套要求;

(六)国家规定的其他情形。

3.《房屋建筑和市政基础设施工程施工招标投标管理办法》（2019年3月13日）

第九条　工程有下列情形之一的，经县级以上地方人民政府建设行政主管部门批准，可以不进行施工招标：

（一）停建或者缓建后恢复建设的单位工程，且承包人未发生变更的；

（二）施工企业自建自用的工程，且该施工企业资质等级符合工程要求的；

（三）在建工程追加的附属小型工程或者主体加层工程，且承包人未发生变更的；

（四）法律、法规、规章规定的其他情形。

第五十六条　涉及国家安全、国家秘密、抢险救灾或者属于利用扶贫资金实行以工代赈、需要使用农民工等特殊情况，不适宜进行施工招标的工程，按照国家有关规定可以不进行施工招标。

4.《机电产品国际招标投标实施办法（试行）》（2014年4月1日）

第七条　有下列情形之一的，可以不进行国际招标：

（一）国（境）外赠送或无偿援助的机电产品；

（二）采购供生产企业及科研机构研究开发用的样品样机；

（三）单项合同估算价在国务院规定的必须进行招标的标准以下的；

（四）采购旧机电产品；

（五）采购供生产配套、维修用零件、部件；

（六）采购供生产企业生产需要的专用模具；

（七）根据法律、行政法规的规定，其他不适宜进行国际招标采购的机电产品。

招标人不得为适用前款规定弄虚作假规避招标。

【最高人民法院裁判案例】

青海西部化工有限责任公司与中天建设集团有限公司建设工程施工合同纠纷案［（2009）民一终字第7号］

裁判要旨：如果建设工程仅涉及商业秘密，且该秘密未经主管机关批准上升为国家秘密的，不能据此认定该工程“涉及国家秘密”而“不适宜进行招标”。

最高人民法院认为,本案建设工程施工合同属于施工单项合同。根据《招标投标法》第三条和《工程建设项目招标范围和规模标准规定》第七条规定,该合同价款暂估550万元,应当属于必须招标的范围。虽然西部化工在向青海省格尔木昆仑经济开发区管委会递交了《申请报告》,提出"由于本项目的一些工艺布局、工艺流程、施工图纸、技术参数尚属世界顶尖技术,属于我公司的高度商业机密,为防止技术泄密,因此特请示对此项工程不采取公开招标的方式,而采用议标的方式进行施工招标",但其所称该公司的"高度商业机密"并不符合《招标投标法》第六十六条规定所称的可以不进行招标的"涉及国家安全、国家秘密"的特殊情况。此外,青海省发展计划委员会向西部化工下发青计工业〔2003〕314号《柴达木天然气—盐湖资源利用基地规划项目示范工程的批复》,以及青海省格尔木昆仑经济开发区开发建设局分别为本案团结湖示范工程项目核发建设用地规划许可证、建设工程规划许可证和建筑工程施工许可证的事实,也不能认定为《工程建设项目招标范围和规模标准规定》第八条规定的项目主管部门对本案工程可以不进行招标的批准行为。据此,本院认为,案涉建设工程属于法律、行政法规规定的必须招标的项目。《最高人民法院关于审理建设工程施工合同纠纷案件适用法律问题的解释》第一条规定:"建设工程施工合同具有下列情形之一的,应当根据合同法第五十二条第(五)项的规定,认定无效:……(三)建设工程必须进行招标而未招标或者中标无效的。"根据该规定,应当认定本案当事人所签的建设工程施工合同无效。

编者说明

列入强制招标范围的项目符合一定条件的可以不招标。《招标投标法实施条例》第九条规定的可以不招标的情形是根据《招标投标法》第六十六条的精神补充制定的。对于依法必须招标项目可以不招标的情形应当从严掌握,如果条件不具备而不招标,则依法按照规避招标处理,并追究法律责任。

第六十七条 【适用除外】 使用国际组织或者外国政府贷款、援助资金的项目进行招标,贷款方、资金提供方对招标投标的具体条件和程序有不同规定的,可以适用其规定,但违背中华人民共和国的社会公共利益的除外。

【立法·要点注释】

本条是关于使用国际组织或者外国政府贷款、援助资金的项目进行招标时，其招标条件和招标程序的适用规范问题的特别规定。

1. 提供贷款、援助资金的有关国际组织或外国政府，通常对使用这些贷款的项目的招标事项提出要求，世界银行和亚洲开发银行还分别制定了各自的贷款采购指南或贷款采购准则，对使用其贷款的项目的招标条件和招标程序作了规定，其中有些规定与我国《招标投标法》的规定有所不同。遇到这类不同规定时，依照本条规定，可以优先适用提供贷款或援助资金的有关国际组织或外国政府的规定。例如，《世界银行贷款采购指南》规定，世行的贷款资金只能用于支付由世行成员国国民提供的以及在世行成员国生产或由世行成员国提供的货物或工程的费用，因此，非世行成员国国民或者提供非世行成员国生产的货物或工程的供应商、承包商，将没有资格参加全部或部分使用世行贷款支付的合同的投标。《亚洲开发银行贷款采购准则》也规定，亚行普通资金贷款的支付只限于亚行成员国生产的货物或提供的服务。又如，世行和亚行都规定，对使用其贷款资金的项目，借款人须按规定将招标的有关事项报世行或亚行进行审查等。对世行和亚行的这些关于招标投标的条件和程序的特别规定，使用世行或亚行资金的招标项目，均应适用。

2. 如果提供贷款或援助资金的国际组织或外国政府的规定违背我国的社会公共利益，如有损我国的政治制度、社会稳定或国家统一，与我国长期以来形成的社会道德观念相悖等，则不予适用。

【部门规章及规范性文件】

1.《工程建设项目勘察设计招标投标办法》（2013 年 5 月 1 日）

第五十七条　使用国际组织或者外国政府贷款、援助资金的项目进行招标，贷款方、资金提供方对工程勘察设计招标投标的条件和程序另有规定的，可以适用其规定，但违背中华人民共和国社会公共利益的除外。

2.《工程建设项目施工招标投标办法》（2013 年 5 月 1 日）

第九十条　使用国际组织或者外国政府贷款、援助资金的项目进行招标,贷款方、资金提供方对工程施工招标投标活动的条件和程序有不同规定的,可以适用其规定,但违背中华人民共和国社会公共利益的除外。

3.《工程建设项目货物招标投标办法》(2013年5月1日)

第六十二条　使用国际组织或者外国政府贷款、援助资金的项目进行招标,贷款方、资金提供方对货物招标投标活动的条件和程序有不同规定的,可以适用其规定,但违背中华人民共和国社会公共利益的除外。

4.《房屋建筑和市政基础设施工程施工招标投标管理办法》(2019年3月13日)

第五十七条　使用国际组织或者外国政府贷款、援助资金的工程进行施工招标,贷款方、资金提供方对招标投标的具体条件和程序有不同规定的,可以适用其规定,但违背中华人民共和国的社会公共利益的除外。

5.《机电产品国际招标投标实施办法(试行)》(2014年4月1日)

第一百一十二条　使用国外贷款、援助资金进行机电产品国际招标的,应当按照本办法的有关规定执行。贷款方、资金提供方对招标投标的具体条件和程序有不同规定的,可以适用其规定,但违背中华人民共和国的国家安全或社会公共利益的除外。

第六十八条　【生效日期】本法自2000年1月1日起施行。

【立法·要点注释】

本条是关于本法施行日期的规定。

附录

一、法律法规

中华人民共和国民法典(节录)

(2020 年 5 月 28 日第十三届全国人民代表大会第三次会议通过
2020 年 5 月 28 日中华人民共和国主席令第 45 号公布
自 2021 年 1 月 1 日起施行)

第一编　总　　则

第一章　基本规定

第一条　为了保护民事主体的合法权益,调整民事关系,维护社会和经济秩序,适应中国特色社会主义发展要求,弘扬社会主义核心价值观,根据宪法,制定本法。

第二条　民法调整平等主体的自然人、法人和非法人组织之间的人身关系和财产关系。

第三条　民事主体的人身权利、财产权利以及其他合法权益受法律保护,任何组织或者个人不得侵犯。

第四条　民事主体在民事活动中的法律地位一律平等。

第五条　民事主体从事民事活动,应当遵循自愿原则,按照自己的意思设立、变更、终止民事法律关系。

第六条　民事主体从事民事活动,应当遵循公平原则,合理确定各方的权利和义务。

第七条　民事主体从事民事活动,应当遵循诚信原则,秉持诚实,恪守承诺。

第八条 民事主体从事民事活动,不得违反法律,不得违背公序良俗。

第九条 民事主体从事民事活动,应当有利于节约资源、保护生态环境。

第十条 处理民事纠纷,应当依照法律;法律没有规定的,可以适用习惯,但是不得违背公序良俗。

第十一条 其他法律对民事关系有特别规定的,依照其规定。

第十二条 中华人民共和国领域内的民事活动,适用中华人民共和国法律。法律另有规定的,依照其规定。

第二章 自然人

第一节 民事权利能力和民事行为能力

第十三条 自然人从出生时起到死亡时止,具有民事权利能力,依法享有民事权利,承担民事义务。

第十四条 自然人的民事权利能力一律平等。

第十五条 自然人的出生时间和死亡时间,以出生证明、死亡证明记载的时间为准;没有出生证明、死亡证明的,以户籍登记或者其他有效身份登记记载的时间为准。有其他证据足以推翻以上记载时间的,以该证据证明的时间为准。

第十六条 涉及遗产继承、接受赠与等胎儿利益保护的,胎儿视为具有民事权利能力。但是,胎儿娩出时为死体的,其民事权利能力自始不存在。

第十七条 十八周岁以上的自然人为成年人。不满十八周岁的自然人为未成年人。

第十八条 成年人为完全民事行为能力人,可以独立实施民事法律行为。

十六周岁以上的未成年人,以自己的劳动收入为主要生活来源的,视为完全民事行为能力人。

第十九条 八周岁以上的未成年人为限制民事行为能力人,实施民事法律行为由其法定代理人代理或者经其法定代理人同意、追认;但是,可以独立实施纯获利益的民事法律行为或者与其年龄、智力相适应的民事法律行为。

第二十条 不满八周岁的未成年人为无民事行为能力人,由其法定代理人代理实施民事法律行为。

第二十一条 不能辨认自己行为的成年人为无民事行为能力人,由其法定代理人代理实施民事法律行为。

八周岁以上的未成年人不能辨认自己行为的,适用前款规定。

第二十二条 不能完全辨认自己行为的成年人为限制民事行为能力人,实施民事法律行为由其法定代理人代理或者经其法定代理人同意、追认;但是,可以独立实施纯获利益的民事法律行为或者与其智力、精神健康状况相适应的民事法律行为。

第二十三条 无民事行为能力人、限制民事行为能力人的监护人是其法定代理人。

第二十四条 不能辨认或者不能完全辨认自己行为的成年人,其利害关系人或者有关组织,可以向人民法院申请认定该成年人为无民事行为能力人或者限制民事行为能力人。

被人民法院认定为无民事行为能力人或者限制民事行为能力人的,经本人、利害关系人或者有关组织申请,人民法院可以根据其智力、精神健康恢复的状况,认定该成年人恢复为限制民事行为能力人或者完全民事行为能力人。

本条规定的有关组织包括:居民委员会、村民委员会、学校、医疗机构、妇女联合会、残疾人联合会、依法设立的老年人组织、民政部门等。

第二十五条 自然人以户籍登记或者其他有效身份登记记载的居所为住所;经常居所与住所不一致的,经常居所视为住所。

第二节 监 护

第二十六条 父母对未成年子女负有抚养、教育和保护的义务。

成年子女对父母负有赡养、扶助和保护的义务。

第二十七条 父母是未成年子女的监护人。

未成年人的父母已经死亡或者没有监护能力的,由下列有监护能力的人按顺序担任监护人:

(一)祖父母、外祖父母;

(二)兄、姐;

(三)其他愿意担任监护人的个人或者组织,但是须经未成年人住所地的居民委员会、村民委员会或者民政部门同意。

第二十八条 无民事行为能力或者限制民事行为能力的成年人,由下列有监护能力的人按顺序担任监护人:

(一)配偶;

(二)父母、子女;

(三)其他近亲属;

（四）其他愿意担任监护人的个人或者组织，但是须经被监护人住所地的居民委员会、村民委员会或者民政部门同意。

第二十九条 被监护人的父母担任监护人的，可以通过遗嘱指定监护人。

第三十条 依法具有监护资格的人之间可以协议确定监护人。协议确定监护人应当尊重被监护人的真实意愿。

第三十一条 对监护人的确定有争议的，由被监护人住所地的居民委员会、村民委员会或者民政部门指定监护人，有关当事人对指定不服的，可以向人民法院申请指定监护人；有关当事人也可以直接向人民法院申请指定监护人。

居民委员会、村民委员会、民政部门或者人民法院应当尊重被监护人的真实意愿，按照最有利于被监护人的原则在依法具有监护资格的人中指定监护人。

依据本条第一款规定指定监护人前，被监护人的人身权利、财产权利以及其他合法权益处于无人保护状态的，由被监护人住所地的居民委员会、村民委员会、法律规定的有关组织或者民政部门担任临时监护人。

监护人被指定后，不得擅自变更；擅自变更的，不免除被指定的监护人的责任。

第三十二条 没有依法具有监护资格的人的，监护人由民政部门担任，也可以由具备履行监护职责条件的被监护人住所地的居民委员会、村民委员会担任。

第三十三条 具有完全民事行为能力的成年人，可以与其近亲属、其他愿意担任监护人的个人或者组织事先协商，以书面形式确定自己的监护人，在自己丧失或者部分丧失民事行为能力时，由该监护人履行监护职责。

第三十四条 监护人的职责是代理被监护人实施民事法律行为，保护被监护人的人身权利、财产权利以及其他合法权益等。

监护人依法履行监护职责产生的权利，受法律保护。

监护人不履行监护职责或者侵害被监护人合法权益的，应当承担法律责任。

因发生突发事件等紧急情况，监护人暂时无法履行监护职责，被监护人的生活处于无人照料状态的，被监护人住所地的居民委员会、村民委员会或者民政部门应当为被监护人安排必要的临时生活照料措施。

第三十五条 监护人应当按照最有利于被监护人的原则履行监护职责。监护人除为维护被监护人利益外，不得处分被监护人的财产。

未成年人的监护人履行监护职责,在作出与被监护人利益有关的决定时,应当根据被监护人的年龄和智力状况,尊重被监护人的真实意愿。

成年人的监护人履行监护职责,应当最大程度地尊重被监护人的真实意愿,保障并协助被监护人实施与其智力、精神健康状况相适应的民事法律行为。对被监护人有能力独立处理的事务,监护人不得干涉。

第三十六条 监护人有下列情形之一的,人民法院根据有关个人或者组织的申请,撤销其监护人资格,安排必要的临时监护措施,并按照最有利于被监护人的原则依法指定监护人:

(一)实施严重损害被监护人身心健康的行为;

(二)怠于履行监护职责,或者无法履行监护职责且拒绝将监护职责部分或者全部委托给他人,导致被监护人处于危困状态;

(三)实施严重侵害被监护人合法权益的其他行为。

本条规定的有关个人、组织包括:其他依法具有监护资格的人,居民委员会、村民委员会、学校、医疗机构、妇女联合会、残疾人联合会、未成年人保护组织、依法设立的老年人组织、民政部门等。

前款规定的个人和民政部门以外的组织未及时向人民法院申请撤销监护人资格的,民政部门应当向人民法院申请。

第三十七条 依法负担被监护人抚养费、赡养费、扶养费的父母、子女、配偶等,被人民法院撤销监护人资格后,应当继续履行负担的义务。

第三十八条 被监护人的父母或者子女被人民法院撤销监护人资格后,除对被监护人实施故意犯罪的外,确有悔改表现的,经其申请,人民法院可以在尊重被监护人真实意愿的前提下,视情况恢复其监护人资格,人民法院指定的监护人与被监护人的监护关系同时终止。

第三十九条 有下列情形之一的,监护关系终止:

(一)被监护人取得或者恢复完全民事行为能力;

(二)监护人丧失监护能力;

(三)被监护人或者监护人死亡;

(四)人民法院认定监护关系终止的其他情形。

监护关系终止后,被监护人仍然需要监护的,应当依法另行确定监护人。

第三节 宣告失踪和宣告死亡

第四十条 自然人下落不明满二年的,利害关系人可以向人民法院申请宣告该自然人为失踪人。

第四十一条 自然人下落不明的时间自其失去音讯之日起计算。战争期间下落不明的,下落不明的时间自战争结束之日或者有关机关确定的下落不明之日起计算。

第四十二条　失踪人的财产由其配偶、成年子女、父母或者其他愿意担任财产代管人的人代管。

代管有争议,没有前款规定的人,或者前款规定的人无代管能力的,由人民法院指定的人代管。

第四十三条　财产代管人应当妥善管理失踪人的财产,维护其财产权益。

失踪人所欠税款、债务和应付的其他费用,由财产代管人从失踪人的财产中支付。

财产代管人因故意或者重大过失造成失踪人财产损失的,应当承担赔偿责任。

第四十四条　财产代管人不履行代管职责、侵害失踪人财产权益或者丧失代管能力的,失踪人的利害关系人可以向人民法院申请变更财产代管人。

财产代管人有正当理由的,可以向人民法院申请变更财产代管人。

人民法院变更财产代管人的,变更后的财产代管人有权请求原财产代管人及时移交有关财产并报告财产代管情况。

第四十五条　失踪人重新出现,经本人或者利害关系人申请,人民法院应当撤销失踪宣告。

失踪人重新出现,有权请求财产代管人及时移交有关财产并报告财产代管情况。

第四十六条　自然人有下列情形之一的,利害关系人可以向人民法院申请宣告该自然人死亡:

(一)下落不明满四年;

(二)因意外事件,下落不明满二年。

因意外事件下落不明,经有关机关证明该自然人不可能生存的,申请宣告死亡不受二年时间的限制。

第四十七条　对同一自然人,有的利害关系人申请宣告死亡,有的利害关系人申请宣告失踪,符合本法规定的宣告死亡条件的,人民法院应当宣告死亡。

第四十八条　被宣告死亡的人,人民法院宣告死亡的判决作出之日视为其死亡的日期;因意外事件下落不明宣告死亡的,意外事件发生之日视为其死亡的日期。

第四十九条　自然人被宣告死亡但是并未死亡的,不影响该自然人在被宣告死亡期间实施的民事法律行为的效力。

第五十条 被宣告死亡的人重新出现,经本人或者利害关系人申请,人民法院应当撤销死亡宣告。

第五十一条 被宣告死亡的人的婚姻关系,自死亡宣告之日起消除。死亡宣告被撤销的,婚姻关系自撤销死亡宣告之日起自行恢复。但是,其配偶再婚或者向婚姻登记机关书面声明不愿意恢复的除外。

第五十二条 被宣告死亡的人在被宣告死亡期间,其子女被他人依法收养的,在死亡宣告被撤销后,不得以未经本人同意为由主张收养行为无效。

第五十三条 被撤销死亡宣告的人有权请求依照本法第六编取得其财产的民事主体返还财产;无法返还的,应当给予适当补偿。

利害关系人隐瞒真实情况,致使他人被宣告死亡而取得其财产的,除应当返还财产外,还应当对由此造成的损失承担赔偿责任。

第四节 个体工商户和农村承包经营户

第五十四条 自然人从事工商业经营,经依法登记,为个体工商户。个体工商户可以起字号。

第五十五条 农村集体经济组织的成员,依法取得农村土地承包经营权,从事家庭承包经营的,为农村承包经营户。

第五十六条 个体工商户的债务,个人经营的,以个人财产承担;家庭经营的,以家庭财产承担;无法区分的,以家庭财产承担。

农村承包经营户的债务,以从事农村土地承包经营的农户财产承担;事实上由农户部分成员经营的,以该部分成员的财产承担。

第三章 法　　人

第一节 一般规定

第五十七条 法人是具有民事权利能力和民事行为能力,依法独立享有民事权利和承担民事义务的组织。

第五十八条 法人应当依法成立。

法人应当有自己的名称、组织机构、住所、财产或者经费。法人成立的具体条件和程序,依照法律、行政法规的规定。

设立法人,法律、行政法规规定须经有关机关批准的,依照其规定。

第五十九条 法人的民事权利能力和民事行为能力,从法人成立时产生,到法人终止时消灭。

第六十条 法人以其全部财产独立承担民事责任。

第六十一条 依照法律或者法人章程的规定,代表法人从事民事活动的负责人,为法人的法定代表人。

法定代表人以法人名义从事的民事活动,其法律后果由法人承受。

法人章程或者法人权力机构对法定代表人代表权的限制,不得对抗善意相对人。

第六十二条 法定代表人因执行职务造成他人损害的,由法人承担民事责任。

法人承担民事责任后,依照法律或者法人章程的规定,可以向有过错的法定代表人追偿。

第六十三条 法人以其主要办事机构所在地为住所。依法需要办理法人登记的,应当将主要办事机构所在地登记为住所。

第六十四条 法人存续期间登记事项发生变化的,应当依法向登记机关申请变更登记。

第六十五条 法人的实际情况与登记的事项不一致的,不得对抗善意相对人。

第六十六条 登记机关应当依法及时公示法人登记的有关信息。

第六十七条 法人合并的,其权利和义务由合并后的法人享有和承担。

法人分立的,其权利和义务由分立后的法人享有连带债权,承担连带债务,但是债权人和债务人另有约定的除外。

第六十八条 有下列原因之一并依法完成清算、注销登记的,法人终止:

(一)法人解散;

(二)法人被宣告破产;

(三)法律规定的其他原因。

法人终止,法律、行政法规规定须经有关机关批准的,依照其规定。

第六十九条 有下列情形之一的,法人解散:

(一)法人章程规定的存续期间届满或者法人章程规定的其他解散事由出现;

(二)法人的权力机构决议解散;

(三)因法人合并或者分立需要解散;

(四)法人依法被吊销营业执照、登记证书,被责令关闭或者被撤销;

(五)法律规定的其他情形。

第七十条 法人解散的,除合并或者分立的情形外,清算义务人应当及时组成清算组进行清算。

法人的董事、理事等执行机构或者决策机构的成员为清算义务人。法律、行政法规另有规定的,依照其规定。

清算义务人未及时履行清算义务,造成损害的,应当承担民事责任;主管机关或者利害关系人可以申请人民法院指定有关人员组成清算组进行清算。

第七十一条 法人的清算程序和清算组职权,依照有关法律的规定;没有规定的,参照适用公司法律的有关规定。

第七十二条 清算期间法人存续,但是不得从事与清算无关的活动。

法人清算后的剩余财产,按照法人章程的规定或者法人权力机构的决议处理。法律另有规定的,依照其规定。

清算结束并完成法人注销登记时,法人终止;依法不需要办理法人登记的,清算结束时,法人终止。

第七十三条 法人被宣告破产的,依法进行破产清算并完成法人注销登记时,法人终止。

第七十四条 法人可以依法设立分支机构。法律、行政法规规定分支机构应当登记的,依照其规定。

分支机构以自己的名义从事民事活动,产生的民事责任由法人承担;也可以先以该分支机构管理的财产承担,不足以承担的,由法人承担。

第七十五条 设立人为设立法人从事的民事活动,其法律后果由法人承受;法人未成立的,其法律后果由设立人承受,设立人为二人以上的,享有连带债权,承担连带债务。

设立人为设立法人以自己的名义从事民事活动产生的民事责任,第三人有权选择请求法人或者设立人承担。

第二节 营利法人

第七十六条 以取得利润并分配给股东等出资人为目的成立的法人,为营利法人。

营利法人包括有限责任公司、股份有限公司和其他企业法人等。

第七十七条 营利法人经依法登记成立。

第七十八条 依法设立的营利法人,由登记机关发给营利法人营业执照。营业执照签发日期为营利法人的成立日期。

第七十九条 设立营利法人应当依法制定法人章程。

第八十条 营利法人应当设权力机构。

权力机构行使修改法人章程,选举或者更换执行机构、监督机构成员,以及法人章程规定的其他职权。

第八十一条　营利法人应当设执行机构。

执行机构行使召集权力机构会议，决定法人的经营计划和投资方案，决定法人内部管理机构的设置，以及法人章程规定的其他职权。

执行机构为董事会或者执行董事的，董事长、执行董事或者经理按照法人章程的规定担任法定代表人；未设董事会或者执行董事的，法人章程规定的主要负责人为其执行机构和法定代表人。

第八十二条　营利法人设监事会或者监事等监督机构的，监督机构依法行使检查法人财务，监督执行机构成员、高级管理人员执行法人职务的行为，以及法人章程规定的其他职权。

第八十三条　营利法人的出资人不得滥用出资人权利损害法人或者其他出资人的利益；滥用出资人权利造成法人或者其他出资人损失的，应当依法承担民事责任。

营利法人的出资人不得滥用法人独立地位和出资人有限责任损害法人债权人的利益；滥用法人独立地位和出资人有限责任，逃避债务，严重损害法人债权人的利益的，应当对法人债务承担连带责任。

第八十四条　营利法人的控股出资人、实际控制人、董事、监事、高级管理人员不得利用其关联关系损害法人的利益；利用关联关系造成法人损失的，应当承担赔偿责任。

第八十五条　营利法人的权力机构、执行机构作出决议的会议召集程序、表决方式违反法律、行政法规、法人章程，或者决议内容违反法人章程的，营利法人的出资人可以请求人民法院撤销该决议。但是，营利法人依据该决议与善意相对人形成的民事法律关系不受影响。

第八十六条　营利法人从事经营活动，应当遵守商业道德，维护交易安全，接受政府和社会的监督，承担社会责任。

第三节　非营利法人

第八十七条　为公益目的或者其他非营利目的成立，不向出资人、设立人或者会员分配所取得利润的法人，为非营利法人。

非营利法人包括事业单位、社会团体、基金会、社会服务机构等。

第八十八条　具备法人条件，为适应经济社会发展需要，提供公益服务设立的事业单位，经依法登记成立，取得事业单位法人资格；依法不需要办理法人登记的，从成立之日起，具有事业单位法人资格。

第八十九条　事业单位法人设理事会的，除法律另有规定外，理事会为其决策机构。事业单位法人的法定代表人依照法律、行政法规或者法人章程的规定产生。

第九十条 具备法人条件,基于会员共同意愿,为公益目的或者会员共同利益等非营利目的设立的社会团体,经依法登记成立,取得社会团体法人资格;依法不需要办理法人登记的,从成立之日起,具有社会团体法人资格。

第九十一条 设立社会团体法人应当依法制定法人章程。

社会团体法人应当设会员大会或者会员代表大会等权力机构。

社会团体法人应当设理事会等执行机构。理事长或者会长等负责人按照法人章程的规定担任法定代表人。

第九十二条 具备法人条件,为公益目的以捐助财产设立的基金会、社会服务机构等,经依法登记成立,取得捐助法人资格。

依法设立的宗教活动场所,具备法人条件的,可以申请法人登记,取得捐助法人资格。法律、行政法规对宗教活动场所有规定的,依照其规定。

第九十三条 设立捐助法人应当依法制定法人章程。

捐助法人应当设理事会、民主管理组织等决策机构,并设执行机构。理事长等负责人按照法人章程的规定担任法定代表人。

捐助法人应当设监事会等监督机构。

第九十四条 捐助人有权向捐助法人查询捐助财产的使用、管理情况,并提出意见和建议,捐助法人应当及时、如实答复。

捐助法人的决策机构、执行机构或者法定代表人作出决定的程序违反法律、行政法规、法人章程,或者决定内容违反法人章程的,捐助人等利害关系人或者主管机关可以请求人民法院撤销该决定。但是,捐助法人依据该决定与善意相对人形成的民事法律关系不受影响。

第九十五条 为公益目的成立的非营利法人终止时,不得向出资人、设立人或者会员分配剩余财产。剩余财产应当按照法人章程的规定或者权力机构的决议用于公益目的;无法按照法人章程的规定或者权力机构的决议处理的,由主管机关主持转给宗旨相同或者相近的法人,并向社会公告。

第四节 特别法人

第九十六条 本节规定的机关法人、农村集体经济组织法人、城镇农村的合作经济组织法人、基层群众性自治组织法人,为特别法人。

第九十七条 有独立经费的机关和承担行政职能的法定机构从成立之日起,具有机关法人资格,可以从事为履行职能所需要的民事活动。

第九十八条 机关法人被撤销的,法人终止,其民事权利和义务由继任的机关法人享有和承担；没有继任的机关法人的，由作出撤销决定的机关法人享有和承担。

第九十九条 农村集体经济组织依法取得法人资格。

法律、行政法规对农村集体经济组织有规定的，依照其规定。

第一百条 城镇农村的合作经济组织依法取得法人资格。

法律、行政法规对城镇农村的合作经济组织有规定的，依照其规定。

第一百零一条 居民委员会、村民委员会具有基层群众性自治组织法人资格，可以从事为履行职能所需要的民事活动。

未设立村集体经济组织的，村民委员会可以依法代行村集体经济组织的职能。

第四章 非法人组织

第一百零二条 非法人组织是不具有法人资格，但是能够依法以自己的名义从事民事活动的组织。

非法人组织包括个人独资企业、合伙企业、不具有法人资格的专业服务机构等。

第一百零三条 非法人组织应当依照法律的规定登记。

设立非法人组织，法律、行政法规规定须经有关机关批准的，依照其规定。

第一百零四条 非法人组织的财产不足以清偿债务的，其出资人或者设立人承担无限责任。法律另有规定的，依照其规定。

第一百零五条 非法人组织可以确定一人或者数人代表该组织从事民事活动。

第一百零六条 有下列情形之一的，非法人组织解散：

（一）章程规定的存续期间届满或者章程规定的其他解散事由出现；

（二）出资人或者设立人决定解散；

（三）法律规定的其他情形。

第一百零七条 非法人组织解散的，应当依法进行清算。

第一百零八条 非法人组织除适用本章规定外，参照适用本编第三章第一节的有关规定。

第五章　民事权利

第一百零九条　自然人的人身自由、人格尊严受法律保护。

第一百一十条　自然人享有生命权、身体权、健康权、姓名权、肖像权、名誉权、荣誉权、隐私权、婚姻自主权等权利。

法人、非法人组织享有名称权、名誉权和荣誉权。

第一百一十一条　自然人的个人信息受法律保护。任何组织或者个人需要获取他人个人信息的,应当依法取得并确保信息安全,不得非法收集、使用、加工、传输他人个人信息,不得非法买卖、提供或者公开他人个人信息。

第一百一十二条　自然人因婚姻家庭关系等产生的人身权利受法律保护。

第一百一十三条　民事主体的财产权利受法律平等保护。

第一百一十四条　民事主体依法享有物权。

物权是权利人依法对特定的物享有直接支配和排他的权利,包括所有权、用益物权和担保物权。

第一百一十五条　物包括不动产和动产。法律规定权利作为物权客体的,依照其规定。

第一百一十六条　物权的种类和内容,由法律规定。

第一百一十七条　为了公共利益的需要,依照法律规定的权限和程序征收、征用不动产或者动产的,应当给予公平、合理的补偿。

第一百一十八条　民事主体依法享有债权。

债权是因合同、侵权行为、无因管理、不当得利以及法律的其他规定,权利人请求特定义务人为或者不为一定行为的权利。

第一百一十九条　依法成立的合同,对当事人具有法律约束力。

第一百二十条　民事权益受到侵害的,被侵权人有权请求侵权人承担侵权责任。

第一百二十一条　没有法定的或者约定的义务,为避免他人利益受损失而进行管理的人,有权请求受益人偿还由此支出的必要费用。

第一百二十二条　因他人没有法律根据,取得不当利益,受损失的人有权请求其返还不当利益。

第一百二十三条　民事主体依法享有知识产权。

知识产权是权利人依法就下列客体享有的专有的权利:

(一)作品;

（二）发明、实用新型、外观设计；

（三）商标；

（四）地理标志；

（五）商业秘密；

（六）集成电路布图设计；

（七）植物新品种；

（八）法律规定的其他客体。

第一百二十四条　自然人依法享有继承权。

自然人合法的私有财产，可以依法继承。

第一百二十五条　民事主体依法享有股权和其他投资性权利。

第一百二十六条　民事主体享有法律规定的其他民事权利和利益。

第一百二十七条　法律对数据、网络虚拟财产的保护有规定的，依照其规定。

第一百二十八条　法律对未成年人、老年人、残疾人、妇女、消费者等的民事权利保护有特别规定的，依照其规定。

第一百二十九条　民事权利可以依据民事法律行为、事实行为、法律规定的事件或者法律规定的其他方式取得。

第一百三十条　民事主体按照自己的意愿依法行使民事权利，不受干涉。

第一百三十一条　民事主体行使权利时，应当履行法律规定的和当事人约定的义务。

第一百三十二条　民事主体不得滥用民事权利损害国家利益、社会公共利益或者他人合法权益。

第六章　民事法律行为

第一节　一般规定

第一百三十三条　民事法律行为是民事主体通过意思表示设立、变更、终止民事法律关系的行为。

第一百三十四条　民事法律行为可以基于双方或者多方的意思表示一致成立，也可以基于单方的意思表示成立。

法人、非法人组织依照法律或者章程规定的议事方式和表决程序作出决议的，该决议行为成立。

第一百三十五条 民事法律行为可以采用书面形式、口头形式或者其他形式;法律、行政法规规定或者当事人约定采用特定形式的,应当采用特定形式。

第一百三十六条 民事法律行为自成立时生效,但是法律另有规定或者当事人另有约定的除外。

行为人非依法律规定或者未经对方同意,不得擅自变更或者解除民事法律行为。

第二节 意思表示

第一百三十七条 以对话方式作出的意思表示,相对人知道其内容时生效。

以非对话方式作出的意思表示,到达相对人时生效。以非对话方式作出的采用数据电文形式的意思表示,相对人指定特定系统接收数据电文的,该数据电文进入该特定系统时生效;未指定特定系统的,相对人知道或者应当知道该数据电文进入其系统时生效。当事人对采用数据电文形式的意思表示的生效时间另有约定的,按照其约定。

第一百三十八条 无相对人的意思表示,表示完成时生效。法律另有规定的,依照其规定。

第一百三十九条 以公告方式作出的意思表示,公告发布时生效。

第一百四十条 行为人可以明示或者默示作出意思表示。

沉默只有在有法律规定、当事人约定或者符合当事人之间的交易习惯时,才可以视为意思表示。

第一百四十一条 行为人可以撤回意思表示。撤回意思表示的通知应当在意思表示到达相对人前或者与意思表示同时到达相对人。

第一百四十二条 有相对人的意思表示的解释,应当按照所使用的词句,结合相关条款、行为的性质和目的、习惯以及诚信原则,确定意思表示的含义。

无相对人的意思表示的解释,不能完全拘泥于所使用的词句,而应当结合相关条款、行为的性质和目的、习惯以及诚信原则,确定行为人的真实意思。

第三节 民事法律行为的效力

第一百四十三条 具备下列条件的民事法律行为有效:

(一)行为人具有相应的民事行为能力;

（二）意思表示真实；

（三）不违反法律、行政法规的强制性规定，不违背公序良俗。

第一百四十四条　无民事行为能力人实施的民事法律行为无效。

第一百四十五条　限制民事行为能力人实施的纯获利益的民事法律行为或者与其年龄、智力、精神健康状况相适应的民事法律行为有效；实施的其他民事法律行为经法定代理人同意或者追认后有效。

相对人可以催告法定代理人自收到通知之日起三十日内予以追认。法定代理人未作表示的，视为拒绝追认。民事法律行为被追认前，善意相对人有撤销的权利。撤销应当以通知的方式作出。

第一百四十六条　行为人与相对人以虚假的意思表示实施的民事法律行为无效。

以虚假的意思表示隐藏的民事法律行为的效力，依照有关法律规定处理。

第一百四十七条　基于重大误解实施的民事法律行为，行为人有权请求人民法院或者仲裁机构予以撤销。

第一百四十八条　一方以欺诈手段，使对方在违背真实意思的情况下实施的民事法律行为，受欺诈方有权请求人民法院或者仲裁机构予以撤销。

第一百四十九条　第三人实施欺诈行为，使一方在违背真实意思的情况下实施的民事法律行为，对方知道或者应当知道该欺诈行为的，受欺诈方有权请求人民法院或者仲裁机构予以撤销。

第一百五十条　一方或者第三人以胁迫手段，使对方在违背真实意思的情况下实施的民事法律行为，受胁迫方有权请求人民法院或者仲裁机构予以撤销。

第一百五十一条　一方利用对方处于危困状态、缺乏判断能力等情形，致使民事法律行为成立时显失公平的，受损害方有权请求人民法院或者仲裁机构予以撤销。

第一百五十二条　有下列情形之一的，撤销权消灭：

（一）当事人自知道或者应当知道撤销事由之日起一年内、重大误解的当事人自知道或者应当知道撤销事由之日起九十日内没有行使撤销权；

（二）当事人受胁迫，自胁迫行为终止之日起一年内没有行使撤销权；

（三）当事人知道撤销事由后明确表示或者以自己的行为表明放弃撤销权。

当事人自民事法律行为发生之日起五年内没有行使撤销权的，撤销权消灭。

第一百五十三条 违反法律、行政法规的强制性规定的民事法律行为无效。但是,该强制性规定不导致该民事法律行为无效的除外。

违背公序良俗的民事法律行为无效。

第一百五十四条 行为人与相对人恶意串通,损害他人合法权益的民事法律行为无效。

第一百五十五条 无效的或者被撤销的民事法律行为自始没有法律约束力。

第一百五十六条 民事法律行为部分无效,不影响其他部分效力的,其他部分仍然有效。

第一百五十七条 民事法律行为无效、被撤销或者确定不发生效力后,行为人因该行为取得的财产,应当予以返还;不能返还或者没有必要返还的,应当折价补偿。有过错的一方应当赔偿对方由此所受到的损失;各方都有过错的,应当各自承担相应的责任。法律另有规定的,依照其规定。

第四节 民事法律行为的附条件和附期限

第一百五十八条 民事法律行为可以附条件,但是根据其性质不得附条件的除外。附生效条件的民事法律行为,自条件成就时生效。附解除条件的民事法律行为,自条件成就时失效。

第一百五十九条 附条件的民事法律行为,当事人为自己的利益不正当地阻止条件成就的,视为条件已经成就;不正当地促成条件成就的,视为条件不成就。

第一百六十条 民事法律行为可以附期限,但是根据其性质不得附期限的除外。附生效期限的民事法律行为,自期限届至时生效。附终止期限的民事法律行为,自期限届满时失效。

第七章 代 理

第一节 一般规定

第一百六十一条 民事主体可以通过代理人实施民事法律行为。

依照法律规定、当事人约定或者民事法律行为的性质,应当由本人亲自实施的民事法律行为,不得代理。

第一百六十二条 代理人在代理权限内,以被代理人名义实施的民事法律行为,对被代理人发生效力。

第一百六十三条 代理包括委托代理和法定代理。

委托代理人按照被代理人的委托行使代理权。法定代理人依照法律的规定行使代理权。

第一百六十四条 代理人不履行或者不完全履行职责,造成被代理人损害的,应当承担民事责任。

代理人和相对人恶意串通,损害被代理人合法权益的,代理人和相对人应当承担连带责任。

第二节 委托代理

第一百六十五条 委托代理授权采用书面形式的,授权委托书应当载明代理人的姓名或者名称、代理事项、权限和期限,并由被代理人签名或者盖章。

第一百六十六条 数人为同一代理事项的代理人的,应当共同行使代理权,但是当事人另有约定的除外。

第一百六十七条 代理人知道或者应当知道代理事项违法仍然实施代理行为,或者被代理人知道或者应当知道代理人的代理行为违法未作反对表示的,被代理人和代理人应当承担连带责任。

第一百六十八条 代理人不得以被代理人的名义与自己实施民事法律行为,但是被代理人同意或者追认的除外。

代理人不得以被代理人的名义与自己同时代理的其他人实施民事法律行为,但是被代理的双方同意或者追认的除外。

第一百六十九条 代理人需要转委托第三人代理的,应当取得被代理人的同意或者追认。

转委托代理经被代理人同意或者追认的,被代理人可以就代理事务直接指示转委托的第三人,代理人仅就第三人的选任以及对第三人的指示承担责任。

转委托代理未经被代理人同意或者追认的,代理人应当对转委托的第三人的行为承担责任;但是,在紧急情况下代理人为了维护被代理人的利益需要转委托第三人代理的除外。

第一百七十条 执行法人或者非法人组织工作任务的人员,就其职权范围内的事项,以法人或者非法人组织的名义实施的民事法律行为,对法人或者非法人组织发生效力。

法人或者非法人组织对执行其工作任务的人员职权范围的限制,不得对抗善意相对人。

第一百七十一条 行为人没有代理权、超越代理权或者代理权终止后，仍然实施代理行为，未经被代理人追认的，对被代理人不发生效力。

相对人可以催告被代理人自收到通知之日起三十日内予以追认。被代理人未作表示的，视为拒绝追认。行为人实施的行为被追认前，善意相对人有撤销的权利。撤销应当以通知的方式作出。

行为人实施的行为未被追认的，善意相对人有权请求行为人履行债务或者就其受到的损害请求行为人赔偿。但是，赔偿的范围不得超过被代理人追认时相对人所能获得的利益。

相对人知道或者应当知道行为人无权代理的，相对人和行为人按照各自的过错承担责任。

第一百七十二条 行为人没有代理权、超越代理权或者代理权终止后，仍然实施代理行为，相对人有理由相信行为人有代理权的，代理行为有效。

第三节 代理终止

第一百七十三条 有下列情形之一的，委托代理终止：

(一)代理期限届满或者代理事务完成；

(二)被代理人取消委托或者代理人辞去委托；

(三)代理人丧失民事行为能力；

(四)代理人或者被代理人死亡；

(五)作为代理人或者被代理人的法人、非法人组织终止。

第一百七十四条 被代理人死亡后，有下列情形之一的，委托代理人实施的代理行为有效：

(一)代理人不知道且不应当知道被代理人死亡；

(二)被代理人的继承人予以承认；

(三)授权中明确代理权在代理事务完成时终止；

(四)被代理人死亡前已经实施，为了被代理人的继承人的利益继续代理。

作为被代理人的法人、非法人组织终止的，参照适用前款规定。

第一百七十五条 有下列情形之一的，法定代理终止：

(一)被代理人取得或者恢复完全民事行为能力；

(二)代理人丧失民事行为能力；

(三)代理人或者被代理人死亡；

(四)法律规定的其他情形。

第八章　民事责任

第一百七十六条　民事主体依照法律规定或者按照当事人约定,履行民事义务,承担民事责任。

第一百七十七条　二人以上依法承担按份责任,能够确定责任大小的,各自承担相应的责任;难以确定责任大小的,平均承担责任。

第一百七十八条　二人以上依法承担连带责任的,权利人有权请求部分或者全部连带责任人承担责任。

连带责任人的责任份额根据各自责任大小确定;难以确定责任大小的,平均承担责任。实际承担责任超过自己责任份额的连带责任人,有权向其他连带责任人追偿。

连带责任,由法律规定或者当事人约定。

第一百七十九条　承担民事责任的方式主要有:

(一)停止侵害;

(二)排除妨碍;

(三)消除危险;

(四)返还财产;

(五)恢复原状;

(六)修理、重作、更换;

(七)继续履行;

(八)赔偿损失;

(九)支付违约金;

(十)消除影响、恢复名誉;

(十一)赔礼道歉。

法律规定惩罚性赔偿的,依照其规定。

本条规定的承担民事责任的方式,可以单独适用,也可以合并适用。

第一百八十条　因不可抗力不能履行民事义务的,不承担民事责任。法律另有规定的,依照其规定。

不可抗力是不能预见、不能避免且不能克服的客观情况。

第一百八十一条　因正当防卫造成损害的,不承担民事责任。

正当防卫超过必要的限度,造成不应有的损害的,正当防卫人应当承担适当的民事责任。

第一百八十二条　因紧急避险造成损害的,由引起险情发生的人承担民事责任。

危险由自然原因引起的,紧急避险人不承担民事责任,可以给予适当补偿。

紧急避险采取措施不当或者超过必要的限度,造成不应有的损害的,紧急避险人应当承担适当的民事责任。

第一百八十三条 因保护他人民事权益使自己受到损害的,由侵权人承担民事责任,受益人可以给予适当补偿。没有侵权人、侵权人逃逸或者无力承担民事责任,受害人请求补偿的,受益人应当给予适当补偿。

第一百八十四条 因自愿实施紧急救助行为造成受助人损害的,救助人不承担民事责任。

第一百八十五条 侵害英雄烈士等的姓名、肖像、名誉、荣誉,损害社会公共利益的,应当承担民事责任。

第一百八十六条 因当事人一方的违约行为,损害对方人身权益、财产权益的,受损害方有权选择请求其承担违约责任或者侵权责任。

第一百八十七条 民事主体因同一行为应当承担民事责任、行政责任和刑事责任的,承担行政责任或者刑事责任不影响承担民事责任;民事主体的财产不足以支付的,优先用于承担民事责任。

第九章 诉讼时效

第一百八十八条 向人民法院请求保护民事权利的诉讼时效期间为三年。法律另有规定的,依照其规定。

诉讼时效期间自权利人知道或者应当知道权利受到损害以及义务人之日起计算。法律另有规定的,依照其规定。但是,自权利受到损害之日起超过二十年的,人民法院不予保护,有特殊情况的,人民法院可以根据权利人的申请决定延长。

第一百八十九条 当事人约定同一债务分期履行的,诉讼时效期间自最后一期履行期限届满之日起计算。

第一百九十条 无民事行为能力人或者限制民事行为能力人对其法定代理人的请求权的诉讼时效期间,自该法定代理终止之日起计算。

第一百九十一条 未成年人遭受性侵害的损害赔偿请求权的诉讼时效期间,自受害人年满十八周岁之日起计算。

第一百九十二条 诉讼时效期间届满的,义务人可以提出不履行义务的抗辩。

诉讼时效期间届满后，义务人同意履行的，不得以诉讼时效期间届满为由抗辩；义务人已经自愿履行的，不得请求返还。

第一百九十三条　人民法院不得主动适用诉讼时效的规定。

第一百九十四条　在诉讼时效期间的最后六个月内，因下列障碍，不能行使请求权的，诉讼时效中止：

（一）不可抗力；

（二）无民事行为能力人或者限制民事行为能力人没有法定代理人，或者法定代理人死亡、丧失民事行为能力、丧失代理权；

（三）继承开始后未确定继承人或者遗产管理人；

（四）权利人被义务人或者其他人控制；

（五）其他导致权利人不能行使请求权的障碍。

自中止时效的原因消除之日起满六个月，诉讼时效期间届满。

第一百九十五条　有下列情形之一的，诉讼时效中断，从中断、有关程序终结时起，诉讼时效期间重新计算：

（一）权利人向义务人提出履行请求；

（二）义务人同意履行义务；

（三）权利人提起诉讼或者申请仲裁；

（四）与提起诉讼或者申请仲裁具有同等效力的其他情形。

第一百九十六条　下列请求权不适用诉讼时效的规定：

（一）请求停止侵害、排除妨碍、消除危险；

（二）不动产物权和登记的动产物权的权利人请求返还财产；

（三）请求支付抚养费、赡养费或者扶养费；

（四）依法不适用诉讼时效的其他请求权。

第一百九十七条　诉讼时效的期间、计算方法以及中止、中断的事由由法律规定，当事人约定无效。

当事人对诉讼时效利益的预先放弃无效。

第一百九十八条　法律对仲裁时效有规定的，依照其规定；没有规定的，适用诉讼时效的规定。

第一百九十九条　法律规定或者当事人约定的撤销权、解除权等权利的存续期间，除法律另有规定外，自权利人知道或者应当知道权利产生之日起计算，不适用有关诉讼时效中止、中断和延长的规定。存续期间届满，撤销权、解除权等权利消灭。

第十章 期间计算

第二百条 民法所称的期间按照公历年、月、日、小时计算。

第二百零一条 按照年、月、日计算期间的,开始的当日不计入,自下一日开始计算。

按照小时计算期间的,自法律规定或者当事人约定的时间开始计算。

第二百零二条 按照年、月计算期间的,到期月的对应日为期间的最后一日;没有对应日的,月末日为期间的最后一日。

第二百零三条 期间的最后一日是法定休假日的,以法定休假日结束的次日为期间的最后一日。

期间的最后一日的截止时间为二十四时;有业务时间的,停止业务活动的时间为截止时间。

第二百零四条 期间的计算方法依照本法的规定,但是法律另有规定或者当事人另有约定的除外。

第三编 合 同

第一分编 通 则

第一章 一般规定

第四百六十三条 本编调整因合同产生的民事关系。

第四百六十四条 合同是民事主体之间设立、变更、终止民事法律关系的协议。

婚姻、收养、监护等有关身份关系的协议,适用有关该身份关系的法律规定;没有规定的,可以根据其性质参照适用本编规定。

第四百六十五条 依法成立的合同,受法律保护。

依法成立的合同,仅对当事人具有法律约束力,但是法律另有规定的除外。

第四百六十六条 当事人对合同条款的理解有争议的,应当依据本法第一百四十二条第一款的规定,确定争议条款的含义。

合同文本采用两种以上文字订立并约定具有同等效力的，对各文本使用的词句推定具有相同含义。各文本使用的词句不一致的，应当根据合同的相关条款、性质、目的以及诚信原则等予以解释。

第四百六十七条　本法或者其他法律没有明文规定的合同，适用本编通则的规定，并可以参照适用本编或者其他法律最相类似合同的规定。

在中华人民共和国境内履行的中外合资经营企业合同、中外合作经营企业合同、中外合作勘探开发自然资源合同，适用中华人民共和国法律。

第四百六十八条　非因合同产生的债权债务关系，适用有关该债权债务关系的法律规定；没有规定的，适用本编通则的有关规定，但是根据其性质不能适用的除外。

第二章　合同的订立

第四百六十九条　当事人订立合同，可以采用书面形式、口头形式或者其他形式。

书面形式是合同书、信件、电报、电传、传真等可以有形地表现所载内容的形式。

以电子数据交换、电子邮件等方式能够有形地表现所载内容，并可以随时调取查用的数据电文，视为书面形式。

第四百七十条　合同的内容由当事人约定，一般包括下列条款：

（一）当事人的姓名或者名称和住所；

（二）标的；

（三）数量；

（四）质量；

（五）价款或者报酬；

（六）履行期限、地点和方式；

（七）违约责任；

（八）解决争议的方法。

当事人可以参照各类合同的示范文本订立合同。

第四百七十一条　当事人订立合同，可以采取要约、承诺方式或者其他方式。

第四百七十二条　要约是希望与他人订立合同的意思表示，该意思表示应当符合下列条件：

（一）内容具体确定；

(二)表明经受要约人承诺,要约人即受该意思表示约束。

第四百七十三条 要约邀请是希望他人向自己发出要约的表示。拍卖公告、招标公告、招股说明书、债券募集办法、基金招募说明书、商业广告和宣传、寄送的价目表等为要约邀请。

商业广告和宣传的内容符合要约条件的,构成要约。

第四百七十四条 要约生效的时间适用本法第一百三十七条的规定。

第四百七十五条 要约可以撤回。要约的撤回适用本法第一百四十一条的规定。

第四百七十六条 要约可以撤销,但是有下列情形之一的除外:

(一)要约人以确定承诺期限或者其他形式明示要约不可撤销;

(二)受要约人有理由认为要约是不可撤销的,并已经为履行合同做了合理准备工作。

第四百七十七条 撤销要约的意思表示以对话方式作出的,该意思表示的内容应当在受要约人作出承诺之前为受要约人所知道;撤销要约的意思表示以非对话方式作出的,应当在受要约人作出承诺之前到达受要约人。

第四百七十八条 有下列情形之一的,要约失效:

(一)要约被拒绝;

(二)要约被依法撤销;

(三)承诺期限届满,受要约人未作出承诺;

(四)受要约人对要约的内容作出实质性变更。

第四百七十九条 承诺是受要约人同意要约的意思表示。

第四百八十条 承诺应当以通知的方式作出;但是,根据交易习惯或者要约表明可以通过行为作出承诺的除外。

第四百八十一条 承诺应当在要约确定的期限内到达要约人。

要约没有确定承诺期限的,承诺应当依照下列规定到达:

(一)要约以对话方式作出的,应当即时作出承诺;

(二)要约以非对话方式作出的,承诺应当在合理期限内到达。

第四百八十二条 要约以信件或者电报作出的,承诺期限自信件载明的日期或者电报交发之日开始计算。信件未载明日期的,自投寄该信件的邮戳日期开始计算。要约以电话、传真、电子邮件等快速通讯方式作出的,承诺期限自要约到达受要约人时开始计算。

第四百八十三条 承诺生效时合同成立,但是法律另有规定或者当事人另有约定的除外。

第四百八十四条 以通知方式作出的承诺,生效的时间适用本法第一百三十七条的规定。

承诺不需要通知的,根据交易习惯或者要约的要求作出承诺的行为时生效。

第四百八十五条　承诺可以撤回。承诺的撤回适用本法第一百四十一条的规定。

第四百八十六条　受要约人超过承诺期限发出承诺,或者在承诺期限内发出承诺,按照通常情形不能及时到达要约人的,为新要约;但是,要约人及时通知受要约人该承诺有效的除外。

第四百八十七条　受要约人在承诺期限内发出承诺,按照通常情形能够及时到达要约人,但是因其他原因致使承诺到达要约人时超过承诺期限的,除要约人及时通知受要约人因承诺超过期限不接受该承诺外,该承诺有效。

第四百八十八条　承诺的内容应当与要约的内容一致。受要约人对要约的内容作出实质性变更的,为新要约。有关合同标的、数量、质量、价款或者报酬、履行期限、履行地点和方式、违约责任和解决争议方法等的变更,是对要约内容的实质性变更。

第四百八十九条　承诺对要约的内容作出非实质性变更的,除要约人及时表示反对或者要约表明承诺不得对要约的内容作出任何变更外,该承诺有效,合同的内容以承诺的内容为准。

第四百九十条　当事人采用合同书形式订立合同的,自当事人均签名、盖章或者按指印时合同成立。在签名、盖章或者按指印之前,当事人一方已经履行主要义务,对方接受时,该合同成立。

法律、行政法规规定或者当事人约定合同应当采用书面形式订立,当事人未采用书面形式但是一方已经履行主要义务,对方接受时,该合同成立。

第四百九十一条　当事人采用信件、数据电文等形式订立合同要求签订确认书的,签订确认书时合同成立。

当事人一方通过互联网等信息网络发布的商品或者服务信息符合要约条件的,对方选择该商品或者服务并提交订单成功时合同成立,但是当事人另有约定的除外。

第四百九十二条　承诺生效的地点为合同成立的地点。

采用数据电文形式订立合同的,收件人的主营业地为合同成立的地点;没有主营业地的,其住所地为合同成立的地点。当事人另有约定的,按照其约定。

第四百九十三条　当事人采用合同书形式订立合同的,最后签名、盖章或者按指印的地点为合同成立的地点,但是当事人另有约定的除外。

第四百九十四条 国家根据抢险救灾、疫情防控或者其他需要下达国家订货任务、指令性任务的,有关民事主体之间应当依照有关法律、行政法规规定的权利和义务订立合同。

依照法律、行政法规的规定负有发出要约义务的当事人,应当及时发出合理的要约。

依照法律、行政法规的规定负有作出承诺义务的当事人,不得拒绝对方合理的订立合同要求。

第四百九十五条 当事人约定在将来一定期限内订立合同的认购书、订购书、预订书等,构成预约合同。

当事人一方不履行预约合同约定的订立合同义务的,对方可以请求其承担预约合同的违约责任。

第四百九十六条 格式条款是当事人为了重复使用而预先拟定,并在订立合同时未与对方协商的条款。

采用格式条款订立合同的,提供格式条款的一方应当遵循公平原则确定当事人之间的权利和义务,并采取合理的方式提示对方注意免除或者减轻其责任等与对方有重大利害关系的条款,按照对方的要求,对该条款予以说明。提供格式条款的一方未履行提示或者说明义务,致使对方没有注意或者理解与其有重大利害关系的条款的,对方可以主张该条款不成为合同的内容。

第四百九十七条 有下列情形之一的,该格式条款无效:

(一)具有本法第一编第六章第三节和本法第五百零六条规定的无效情形;

(二)提供格式条款一方不合理地免除或者减轻其责任、加重对方责任、限制对方主要权利;

(三)提供格式条款一方排除对方主要权利。

第四百九十八条 对格式条款的理解发生争议的,应当按照通常理解予以解释。对格式条款有两种以上解释的,应当作出不利于提供格式条款一方的解释。格式条款和非格式条款不一致的,应当采用非格式条款。

第四百九十九条 悬赏人以公开方式声明对完成特定行为的人支付报酬的,完成该行为的人可以请求其支付。

第五百条 当事人在订立合同过程中有下列情形之一,造成对方损失的,应当承担赔偿责任:

(一)假借订立合同,恶意进行磋商;

(二)故意隐瞒与订立合同有关的重要事实或者提供虚假情况;

(三)有其他违背诚信原则的行为。

第五百零一条　当事人在订立合同过程中知悉的商业秘密或者其他应当保密的信息，无论合同是否成立，不得泄露或者不正当地使用；泄露、不正当地使用该商业秘密或者信息，造成对方损失的，应当承担赔偿责任。

第三章　合同的效力

第五百零二条　依法成立的合同，自成立时生效，但是法律另有规定或者当事人另有约定的除外。

依照法律、行政法规的规定，合同应当办理批准等手续的，依照其规定。未办理批准等手续影响合同生效的，不影响合同中履行报批等义务条款以及相关条款的效力。应当办理申请批准等手续的当事人未履行义务的，对方可以请求其承担违反该义务的责任。

依照法律、行政法规的规定，合同的变更、转让、解除等情形应当办理批准等手续的，适用前款规定。

第五百零三条　无权代理人以被代理人的名义订立合同，被代理人已经开始履行合同义务或者接受相对人履行的，视为对合同的追认。

第五百零四条　法人的法定代表人或者非法人组织的负责人超越权限订立的合同，除相对人知道或者应当知道其超越权限外，该代表行为有效，订立的合同对法人或者非法人组织发生效力。

第五百零五条　当事人超越经营范围订立的合同的效力，应当依照本法第一编第六章第三节和本编的有关规定确定，不得仅以超越经营范围确认合同无效。

第五百零六条　合同中的下列免责条款无效：

（一）造成对方人身损害的；

（二）因故意或者重大过失造成对方财产损失的。

第五百零七条　合同不生效、无效、被撤销或者终止的，不影响合同中有关解决争议方法的条款的效力。

第五百零八条　本编对合同的效力没有规定的，适用本法第一编第六章的有关规定。

第四章　合同的履行

第五百零九条　当事人应当按照约定全面履行自己的义务。

当事人应当遵循诚信原则，根据合同的性质、目的和交易习惯履行通知、协助、保密等义务。

当事人在履行合同过程中,应当避免浪费资源、污染环境和破坏生态。

第五百一十条 合同生效后,当事人就质量、价款或者报酬、履行地点等内容没有约定或者约定不明确的,可以协议补充;不能达成补充协议的,按照合同相关条款或者交易习惯确定。

第五百一十一条 当事人就有关合同内容约定不明确,依据前条规定仍不能确定的,适用下列规定:

(一)质量要求不明确的,按照强制性国家标准履行;没有强制性国家标准的,按照推荐性国家标准履行;没有推荐性国家标准的,按照行业标准履行;没有国家标准、行业标准的,按照通常标准或者符合合同目的的特定标准履行。

(二)价款或者报酬不明确的,按照订立合同时履行地的市场价格履行;依法应当执行政府定价或者政府指导价的,依照规定履行。

(三)履行地点不明确,给付货币的,在接受货币一方所在地履行;交付不动产的,在不动产所在地履行;其他标的,在履行义务一方所在地履行。

(四)履行期限不明确的,债务人可以随时履行,债权人也可以随时请求履行,但是应当给对方必要的准备时间。

(五)履行方式不明确的,按照有利于实现合同目的的方式履行。

(六)履行费用的负担不明确的,由履行义务一方负担;因债权人原因增加的履行费用,由债权人负担。

第五百一十二条 通过互联网等信息网络订立的电子合同的标的为交付商品并采用快递物流方式交付的,收货人的签收时间为交付时间。电子合同的标的为提供服务的,生成的电子凭证或者实物凭证中载明的时间为提供服务时间;前述凭证没有载明时间或者载明时间与实际提供服务时间不一致的,以实际提供服务的时间为准。

电子合同的标的物为采用在线传输方式交付的,合同标的物进入对方当事人指定的特定系统且能够检索识别的时间为交付时间。

电子合同当事人对交付商品或者提供服务的方式、时间另有约定的,按照其约定。

第五百一十三条 执行政府定价或者政府指导价的,在合同约定的交付期限内政府价格调整时,按照交付时的价格计价。逾期交付标的物的,遇价格上涨时,按照原价格执行;价格下降时,按照新价格执行。逾期提取标的物或者逾期付款的,遇价格上涨时,按照新价格执行;价格下降时,按照原价格执行。

第五百一十四条 以支付金钱为内容的债,除法律另有规定或者当事人另有约定外,债权人可以请求债务人以实际履行地的法定货币履行。

第五百一十五条 标的有多项而债务人只需履行其中一项的,债务人享有选择权;但是,法律另有规定、当事人另有约定或者另有交易习惯的除外。

享有选择权的当事人在约定期限内或者履行期限届满未作选择,经催告后在合理期限内仍未选择的,选择权转移至对方。

第五百一十六条 当事人行使选择权应当及时通知对方,通知到达对方时,标的确定。标的确定后不得变更,但是经对方同意的除外。

可选择的标的发生不能履行情形的,享有选择权的当事人不得选择不能履行的标的,但是该不能履行的情形是由对方造成的除外。

第五百一十七条 债权人为二人以上,标的可分,按照份额各自享有债权的,为按份债权;债务人为二人以上,标的可分,按照份额各自负担债务的,为按份债务。

按份债权人或者按份债务人的份额难以确定的,视为份额相同。

第五百一十八条 债权人为二人以上,部分或者全部债权人均可以请求债务人履行债务的,为连带债权;债务人为二人以上,债权人可以请求部分或者全部债务人履行全部债务的,为连带债务。

连带债权或者连带债务,由法律规定或者当事人约定。

第五百一十九条 连带债务人之间的份额难以确定的,视为份额相同。

实际承担债务超过自己份额的连带债务人,有权就超出部分在其他连带债务人未履行的份额范围内向其追偿,并相应地享有债权人的权利,但是不得损害债权人的利益。其他连带债务人对债权人的抗辩,可以向该债务人主张。

被追偿的连带债务人不能履行其应分担份额的,其他连带债务人应当在相应范围内按比例分担。

第五百二十条 部分连带债务人履行、抵销债务或者提存标的物的,其他债务人对债权人的债务在相应范围内消灭;该债务人可以依据前条规定向其他债务人追偿。

部分连带债务人的债务被债权人免除的,在该连带债务人应当承担的份额范围内,其他债务人对债权人的债务消灭。

部分连带债务人的债务与债权人的债权同归于一人的,在扣除该债务人应当承担的份额后,债权人对其他债务人的债权继续存在。

债权人对部分连带债务人的给付受领迟延的,对其他连带债务人发生效力。

第五百二十一条 连带债权人之间的份额难以确定的,视为份额相同。

实际受领债权的连带债权人,应当按比例向其他连带债权人返还。

连带债权参照适用本章连带债务的有关规定。

第五百二十二条 当事人约定由债务人向第三人履行债务,债务人未向第三人履行债务或者履行债务不符合约定的,应当向债权人承担违约责任。

法律规定或者当事人约定第三人可以直接请求债务人向其履行债务,第三人未在合理期限内明确拒绝,债务人未向第三人履行债务或者履行债务不符合约定的,第三人可以请求债务人承担违约责任;债务人对债权人的抗辩,可以向第三人主张。

第五百二十三条 当事人约定由第三人向债权人履行债务,第三人不履行债务或者履行债务不符合约定的,债务人应当向债权人承担违约责任。

第五百二十四条 债务人不履行债务,第三人对履行该债务具有合法利益的,第三人有权向债权人代为履行;但是,根据债务性质、按照当事人约定或者依照法律规定只能由债务人履行的除外。

债权人接受第三人履行后,其对债务人的债权转让给第三人,但是债务人和第三人另有约定的除外。

第五百二十五条 当事人互负债务,没有先后履行顺序的,应当同时履行。一方在对方履行之前有权拒绝其履行请求。一方在对方履行债务不符合约定时,有权拒绝其相应的履行请求。

第五百二十六条 当事人互负债务,有先后履行顺序,应当先履行债务一方未履行的,后履行一方有权拒绝其履行请求。先履行一方履行债务不符合约定的,后履行一方有权拒绝其相应的履行请求。

第五百二十七条 应当先履行债务的当事人,有确切证据证明对方有下列情形之一的,可以中止履行:

(一)经营状况严重恶化;

(二)转移财产、抽逃资金,以逃避债务;

(三)丧失商业信誉;

(四)有丧失或者可能丧失履行债务能力的其他情形。

当事人没有确切证据中止履行的,应当承担违约责任。

第五百二十八条 当事人依据前条规定中止履行的,应当及时通知对方。对方提供适当担保的,应当恢复履行。中止履行后,对方在合理期限内未恢复履行能力且未提供适当担保的,视为以自己的行为表明不履行主要债务,中止履行的一方可以解除合同并可以请求对方承担违约责任。

第五百二十九条 债权人分立、合并或者变更住所没有通知债务人,致使履行债务发生困难的，债务人可以中止履行或者将标的物提存。

第五百三十条 债权人可以拒绝债务人提前履行债务，但是提前履行不损害债权人利益的除外。

债务人提前履行债务给债权人增加的费用，由债务人负担。

第五百三十一条 债权人可以拒绝债务人部分履行债务，但是部分履行不损害债权人利益的除外。

债务人部分履行债务给债权人增加的费用，由债务人负担。

第五百三十二条 合同生效后，当事人不得因姓名、名称的变更或者法定代表人、负责人、承办人的变动而不履行合同义务。

第五百三十三条 合同成立后，合同的基础条件发生了当事人在订立合同时无法预见的、不属于商业风险的重大变化，继续履行合同对于当事人一方明显不公平的，受不利影响的当事人可以与对方重新协商；在合理期限内协商不成的，当事人可以请求人民法院或者仲裁机构变更或者解除合同。

人民法院或者仲裁机构应当结合案件的实际情况，根据公平原则变更或者解除合同。

第五百三十四条 对当事人利用合同实施危害国家利益、社会公共利益行为的，市场监督管理和其他有关行政主管部门依照法律、行政法规的规定负责监督处理。

第五章 合同的保全

第五百三十五条 因债务人怠于行使其债权或者与该债权有关的从权利，影响债权人的到期债权实现的，债权人可以向人民法院请求以自己的名义代位行使债务人对相对人的权利，但是该权利专属于债务人自身的除外。

代位权的行使范围以债权人的到期债权为限。债权人行使代位权的必要费用，由债务人负担。

相对人对债务人的抗辩，可以向债权人主张。

第五百三十六条 债权人的债权到期前，债务人的债权或者与该债权有关的从权利存在诉讼时效期间即将届满或者未及时申报破产债权等情形，影响债权人的债权实现的，债权人可以代位向债务人的相对人请求其向债务人履行、向破产管理人申报或者作出其他必要的行为。

第五百三十七条 人民法院认定代位权成立的，由债务人的相对人向债权人履行义务，债权人接受履行后，债权人与债务人、债务人与相对人之间相应的权利义务终止。债务人对相对人的债权或者与该债权有关的从权利被采取保全、执行措施,或者债务人破产的,依照相关法律的规定处理。

第五百三十八条 债务人以放弃其债权、放弃债权担保、无偿转让财产等方式无偿处分财产权益,或者恶意延长其到期债权的履行期限,影响债权人的债权实现的,债权人可以请求人民法院撤销债务人的行为。

第五百三十九条 债务人以明显不合理的低价转让财产、以明显不合理的高价受让他人财产或者为他人的债务提供担保,影响债权人的债权实现,债务人的相对人知道或者应当知道该情形的,债权人可以请求人民法院撤销债务人的行为。

第五百四十条 撤销权的行使范围以债权人的债权为限。债权人行使撤销权的必要费用,由债务人负担。

第五百四十一条 撤销权自债权人知道或者应当知道撤销事由之日起一年内行使。自债务人的行为发生之日起五年内没有行使撤销权的,该撤销权消灭。

第五百四十二条 债务人影响债权人的债权实现的行为被撤销的,自始没有法律约束力。

第六章 合同的变更和转让

第五百四十三条 当事人协商一致,可以变更合同。

第五百四十四条 当事人对合同变更的内容约定不明确的,推定为未变更。

第五百四十五条 债权人可以将债权的全部或者部分转让给第三人,但是有下列情形之一的除外:

(一)根据债权性质不得转让;

(二)按照当事人约定不得转让;

(三)依照法律规定不得转让。

当事人约定非金钱债权不得转让的,不得对抗善意第三人。当事人约定金钱债权不得转让的,不得对抗第三人。

第五百四十六条 债权人转让债权,未通知债务人的,该转让对债务人不发生效力。

债权转让的通知不得撤销,但是经受让人同意的除外。

第五百四十七条 债权人转让债权的,受让人取得与债权有关的从权利,但是该从权利专属于债权人自身的除外。

受让人取得从权利不因该从权利未办理转移登记手续或者未转移占有

而受到影响。

第五百四十八条　债务人接到债权转让通知后,债务人对让与人的抗辩,可以向受让人主张。

第五百四十九条　有下列情形之一的,债务人可以向受让人主张抵销:

(一)债务人接到债权转让通知时,债务人对让与人享有债权,且债务人的债权先于转让的债权到期或者同时到期;

(二)债务人的债权与转让的债权是基于同一合同产生。

第五百五十条　因债权转让增加的履行费用,由让与人负担。

第五百五十一条　债务人将债务的全部或者部分转移给第三人的,应当经债权人同意。

债务人或者第三人可以催告债权人在合理期限内予以同意,债权人未作表示的,视为不同意。

第五百五十二条　第三人与债务人约定加入债务并通知债权人,或者第三人向债权人表示愿意加入债务,债权人未在合理期限内明确拒绝的,债权人可以请求第三人在其愿意承担的债务范围内和债务人承担连带债务。

第五百五十三条　债务人转移债务的,新债务人可以主张原债务人对债权人的抗辩;原债务人对债权人享有债权的,新债务人不得向债权人主张抵销。

第五百五十四条　债务人转移债务的,新债务人应当承担与主债务有关的从债务,但是该从债务专属于原债务人自身的除外。

第五百五十五条　当事人一方经对方同意,可以将自己在合同中的权利和义务一并转让给第三人。

第五百五十六条　合同的权利和义务一并转让的,适用债权转让、债务转移的有关规定。

第七章　合同的权利义务终止

第五百五十七条　有下列情形之一的,债权债务终止:

(一)债务已经履行;

(二)债务相互抵销;

(三)债务人依法将标的物提存;

(四)债权人免除债务;

(五)债权债务同归于一人;

(六)法律规定或者当事人约定终止的其他情形。

合同解除的,该合同的权利义务关系终止。

第五百五十八条 债权债务终止后,当事人应当遵循诚信等原则,根据交易习惯履行通知、协助、保密、旧物回收等义务。

第五百五十九条 债权债务终止时,债权的从权利同时消灭,但是法律另有规定或者当事人另有约定的除外。

第五百六十条 债务人对同一债权人负担的数项债务种类相同,债务人的给付不足以清偿全部债务的,除当事人另有约定外,由债务人在清偿时指定其履行的债务。

债务人未作指定的,应当优先履行已经到期的债务;数项债务均到期的,优先履行对债权人缺乏担保或者担保最少的债务;均无担保或者担保相等的,优先履行债务人负担较重的债务;负担相同的,按照债务到期的先后顺序履行;到期时间相同的,按照债务比例履行。

第五百六十一条 债务人在履行主债务外还应当支付利息和实现债权的有关费用,其给付不足以清偿全部债务的,除当事人另有约定外,应当按照下列顺序履行:

(一)实现债权的有关费用;

(二)利息;

(三)主债务。

第五百六十二条 当事人协商一致,可以解除合同。

当事人可以约定一方解除合同的事由。解除合同的事由发生时,解除权人可以解除合同。

第五百六十三条 有下列情形之一的,当事人可以解除合同:

(一)因不可抗力致使不能实现合同目的;

(二)在履行期限届满前,当事人一方明确表示或者以自己的行为表明不履行主要债务;

(三)当事人一方迟延履行主要债务,经催告后在合理期限内仍未履行;

(四)当事人一方迟延履行债务或者有其他违约行为致使不能实现合同目的;

(五)法律规定的其他情形。

以持续履行的债务为内容的不定期合同,当事人可以随时解除合同,但是应当在合理期限之前通知对方。

第五百六十四条 法律规定或者当事人约定解除权行使期限,期限届满当事人不行使的,该权利消灭。

法律没有规定或者当事人没有约定解除权行使期限,自解除权人知道或者应当知道解除事由之日起一年内不行使,或者经对方催告后在合理期限内不行使的,该权利消灭。

第五百六十五条 当事人一方依法主张解除合同的,应当通知对方。合同自通知到达对方时解除;通知载明债务人在一定期限内不履行债务则合同自动解除,债务人在该期限内未履行债务的,合同自通知载明的期限届满时解除。对方对解除合同有异议的,任何一方当事人均可以请求人民法院或者仲裁机构确认解除行为的效力。

当事人一方未通知对方,直接以提起诉讼或者申请仲裁的方式依法主张解除合同,人民法院或者仲裁机构确认该主张的,合同自起诉状副本或者仲裁申请书副本送达对方时解除。

第五百六十六条 合同解除后,尚未履行的,终止履行;已经履行的,根据履行情况和合同性质,当事人可以请求恢复原状或者采取其他补救措施,并有权请求赔偿损失。

合同因违约解除的,解除权人可以请求违约方承担违约责任,但是当事人另有约定的除外。

主合同解除后,担保人对债务人应当承担的民事责任仍应当承担担保责任,但是担保合同另有约定的除外。

第五百六十七条 合同的权利义务关系终止,不影响合同中结算和清理条款的效力。

第五百六十八条 当事人互负债务,该债务的标的物种类、品质相同的,任何一方可以将自己的债务与对方的到期债务抵销;但是,根据债务性质、按照当事人约定或者依照法律规定不得抵销的除外。

当事人主张抵销的,应当通知对方。通知自到达对方时生效。抵销不得附条件或者附期限。

第五百六十九条 当事人互负债务,标的物种类、品质不相同的,经协商一致,也可以抵销。

第五百七十条 有下列情形之一,难以履行债务的,债务人可以将标的物提存:

(一)债权人无正当理由拒绝受领;

(二)债权人下落不明;

(三)债权人死亡未确定继承人、遗产管理人,或者丧失民事行为能力未确定监护人;

(四)法律规定的其他情形。

标的物不适于提存或者提存费用过高的,债务人依法可以拍卖或者变卖标的物,提存所得的价款。

第五百七十一条 债务人将标的物或者将标的物依法拍卖、变卖所得价款交付提存部门时,提存成立。

提存成立的,视为债务人在其提存范围内已经交付标的物。

第五百七十二条 标的物提存后,债务人应当及时通知债权人或者债权人的继承人、遗产管理人、监护人、财产代管人。

第五百七十三条 标的物提存后,毁损、灭失的风险由债权人承担。提存期间,标的物的孳息归债权人所有。提存费用由债权人负担。

第五百七十四条 债权人可以随时领取提存物。但是,债权人对债务人负有到期债务的,在债权人未履行债务或者提供担保之前,提存部门根据债务人的要求应当拒绝其领取提存物。

债权人领取提存物的权利,自提存之日起五年内不行使而消灭,提存物扣除提存费用后归国家所有。但是,债权人未履行对债务人的到期债务,或者债权人向提存部门书面表示放弃领取提存物权利的,债务人负担提存费用后有权取回提存物。

第五百七十五条 债权人免除债务人部分或者全部债务的,债权债务部分或者全部终止,但是债务人在合理期限内拒绝的除外。

第五百七十六条 债权和债务同归于一人的,债权债务终止,但是损害第三人利益的除外。

第八章 违约责任

第五百七十七条 当事人一方不履行合同义务或者履行合同义务不符合约定的,应当承担继续履行、采取补救措施或者赔偿损失等违约责任。

第五百七十八条 当事人一方明确表示或者以自己的行为表明不履行合同义务的,对方可以在履行期限届满前请求其承担违约责任。

第五百七十九条 当事人一方未支付价款、报酬、租金、利息,或者不履行其他金钱债务的,对方可以请求其支付。

第五百八十条 当事人一方不履行非金钱债务或者履行非金钱债务不符合约定的,对方可以请求履行,但是有下列情形之一的除外:

(一)法律上或者事实上不能履行;

(二)债务的标的不适于强制履行或者履行费用过高;

(三)债权人在合理期限内未请求履行。

有前款规定的除外情形之一,致使不能实现合同目的的,人民法院或者仲裁机构可以根据当事人的请求终止合同权利义务关系，但是不影响违约责任的承担。

第五百八十一条 当事人一方不履行债务或者履行债务不符合约定，根据债务的性质不得强制履行的，对方可以请求其负担由第三人替代履行的费用。

第五百八十二条 履行不符合约定的，应当按照当事人的约定承担违约责任。对违约责任没有约定或者约定不明确，依据本法第五百一十条的规定仍不能确定的，受损害方根据标的的性质以及损失的大小，可以合理选择请求对方承担修理、重作、更换、退货、减少价款或者报酬等违约责任。

第五百八十三条 当事人一方不履行合同义务或者履行合同义务不符合约定的，在履行义务或者采取补救措施后，对方还有其他损失的，应当赔偿损失。

第五百八十四条 当事人一方不履行合同义务或者履行合同义务不符合约定，造成对方损失的，损失赔偿额应当相当于因违约所造成的损失，包括合同履行后可以获得的利益；但是，不得超过违约一方订立合同时预见到或者应当预见到的因违约可能造成的损失。

第五百八十五条 当事人可以约定一方违约时应当根据违约情况向对方支付一定数额的违约金，也可以约定因违约产生的损失赔偿额的计算方法。

约定的违约金低于造成的损失的，人民法院或者仲裁机构可以根据当事人的请求予以增加；约定的违约金过分高于造成的损失的，人民法院或者仲裁机构可以根据当事人的请求予以适当减少。

当事人就迟延履行约定违约金的，违约方支付违约金后，还应当履行债务。

第五百八十六条 当事人可以约定一方向对方给付定金作为债权的担保。定金合同自实际交付定金时成立。

定金的数额由当事人约定；但是，不得超过主合同标的额的百分之二十，超过部分不产生定金的效力。实际交付的定金数额多于或者少于约定数额的，视为变更约定的定金数额。

第五百八十七条 债务人履行债务的，定金应当抵作价款或者收回。给付定金的一方不履行债务或者履行债务不符合约定，致使不能实现合同目的的，无权请求返还定金；收受定金的一方不履行债务或者履行债务不符合约定，致使不能实现合同目的的，应当双倍返还定金。

第五百八十八条 当事人既约定违约金，又约定定金的，一方违约时，对方可以选择适用违约金或者定金条款。

定金不足以弥补一方违约造成的损失的,对方可以请求赔偿超过定金数额的损失。

第五百八十九条 债务人按照约定履行债务,债权人无正当理由拒绝受领的,债务人可以请求债权人赔偿增加的费用。

在债权人受领迟延期间,债务人无须支付利息。

第五百九十条 当事人一方因不可抗力不能履行合同的,根据不可抗力的影响,部分或者全部免除责任,但是法律另有规定的除外。因不可抗力不能履行合同的,应当及时通知对方,以减轻可能给对方造成的损失,并应当在合理期限内提供证明。

当事人迟延履行后发生不可抗力的,不免除其违约责任。

第五百九十一条 当事人一方违约后,对方应当采取适当措施防止损失的扩大;没有采取适当措施致使损失扩大的,不得就扩大的损失请求赔偿。

当事人因防止损失扩大而支出的合理费用,由违约方负担。

第五百九十二条 当事人都违反合同的,应当各自承担相应的责任。

当事人一方违约造成对方损失,对方对损失的发生有过错的,可以减少相应的损失赔偿额。

第五百九十三条 当事人一方因第三人的原因造成违约的,应当依法向对方承担违约责任。当事人一方和第三人之间的纠纷,依照法律规定或者按照约定处理。

第五百九十四条 因国际货物买卖合同和技术进出口合同争议提起诉讼或者申请仲裁的时效期间为四年。

第二分编 典型合同

第九章 买卖合同

第五百九十五条 买卖合同是出卖人转移标的物的所有权于买受人,买受人支付价款的合同。

第五百九十六条 买卖合同的内容一般包括标的物的名称、数量、质量、价款、履行期限、履行地点和方式、包装方式、检验标准和方法、结算方式、合同使用的文字及其效力等条款。

第五百九十七条 因出卖人未取得处分权致使标的物所有权不能转移

的,买受人可以解除合同并请求出卖人承担违约责任。

法律、行政法规禁止或者限制转让的标的物,依照其规定。

第五百九十八条　出卖人应当履行向买受人交付标的物或者交付提取标的物的单证,并转移标的物所有权的义务。

第五百九十九条　出卖人应当按照约定或者交易习惯向买受人交付提取标的物单证以外的有关单证和资料。

第六百条　出卖具有知识产权的标的物的,除法律另有规定或者当事人另有约定外,该标的物的知识产权不属于买受人。

第六百零一条　出卖人应当按照约定的时间交付标的物。约定交付期限的,出卖人可以在该交付期限内的任何时间交付。

第六百零二条　当事人没有约定标的物的交付期限或者约定不明确的,适用本法第五百一十条、第五百一十一条第四项的规定。

第六百零三条　出卖人应当按照约定的地点交付标的物。

当事人没有约定交付地点或者约定不明确,依据本法第五百一十条的规定仍不能确定的,适用下列规定:

(一)标的物需要运输的,出卖人应当将标的物交付给第一承运人以运交给买受人;

(二)标的物不需要运输,出卖人和买受人订立合同时知道标的物在某一地点的,出卖人应当在该地点交付标的物;不知道标的物在某一地点的,应当在出卖人订立合同时的营业地交付标的物。

第六百零四条　标的物毁损、灭失的风险,在标的物交付之前由出卖人承担,交付之后由买受人承担,但是法律另有规定或者当事人另有约定的除外。

第六百零五条　因买受人的原因致使标的物未按照约定的期限交付的,买受人应当自违反约定时起承担标的物毁损、灭失的风险。

第六百零六条　出卖人出卖交由承运人运输的在途标的物,除当事人另有约定外,毁损、灭失的风险自合同成立时起由买受人承担。

第六百零七条　出卖人按照约定将标的物运送至买受人指定地点并交付给承运人后,标的物毁损、灭失的风险由买受人承担。

当事人没有约定交付地点或者约定不明确,依据本法第六百零三条第二款第一项的规定标的物需要运输的,出卖人将标的物交付给第一承运人后,标的物毁损、灭失的风险由买受人承担。

第六百零八条　出卖人按照约定或者依据本法第六百零三条第二款第二项的规定将标的物置于交付地点,买受人违反约定没有收取的,标的物毁损、灭失的风险自违反约定时起由买受人承担。

第六百零九条 出卖人按照约定未交付有关标的物的单证和资料的,不影响标的物毁损、灭失风险的转移。

第六百一十条 因标的物不符合质量要求,致使不能实现合同目的的,买受人可以拒绝接受标的物或者解除合同。买受人拒绝接受标的物或者解除合同的,标的物毁损、灭失的风险由出卖人承担。

第六百一十一条 标的物毁损、灭失的风险由买受人承担的,不影响因出卖人履行义务不符合约定,买受人请求其承担违约责任的权利。

第六百一十二条 出卖人就交付的标的物,负有保证第三人对该标的物不享有任何权利的义务,但是法律另有规定的除外。

第六百一十三条 买受人订立合同时知道或者应当知道第三人对买卖的标的物享有权利的,出卖人不承担前条规定的义务。

第六百一十四条 买受人有确切证据证明第三人对标的物享有权利的,可以中止支付相应的价款,但是出卖人提供适当担保的除外。

第六百一十五条 出卖人应当按照约定的质量要求交付标的物。出卖人提供有关标的物质量说明的,交付的标的物应当符合该说明的质量要求。

第六百一十六条 当事人对标的物的质量要求没有约定或者约定不明确,依据本法第五百一十条的规定仍不能确定的,适用本法第五百一十一条第一项的规定。

第六百一十七条 出卖人交付的标的物不符合质量要求的,买受人可以依据本法第五百八十二条至第五百八十四条的规定请求承担违约责任。

第六百一十八条 当事人约定减轻或者免除出卖人对标的物瑕疵承担的责任,因出卖人故意或者重大过失不告知买受人标的物瑕疵的,出卖人无权主张减轻或者免除责任。

第六百一十九条 出卖人应当按照约定的包装方式交付标的物。对包装方式没有约定或者约定不明确,依据本法第五百一十条的规定仍不能确定的,应当按照通用的方式包装;没有通用方式的,应当采取足以保护标的物且有利于节约资源、保护生态环境的包装方式。

第六百二十条 买受人收到标的物时应当在约定的检验期限内检验。没有约定检验期限的,应当及时检验。

第六百二十一条 当事人约定检验期限的,买受人应当在检验期限内将标的物的数量或者质量不符合约定的情形通知出卖人。买受人怠于通知的,视为标的物的数量或者质量符合约定。

当事人没有约定检验期限的,买受人应当在发现或者应当发现标的物的数量或者质量不符合约定的合理期限内通知出卖人。买受人在合理期限内未通知或者自收到标的物之日起二年内未通知出卖人的，视为标的物的数量或者质量符合约定；但是，对标的物有质量保证期的，适用质量保证期，不适用该二年的规定。

出卖人知道或者应当知道提供的标的物不符合约定的，买受人不受前两款规定的通知时间的限制。

第六百二十二条 当事人约定的检验期限过短，根据标的物的性质和交易习惯，买受人在检验期限内难以完成全面检验的，该期限仅视为买受人对标的物的外观瑕疵提出异议的期限。

约定的检验期限或者质量保证期短于法律、行政法规规定期限的，应当以法律、行政法规规定的期限为准。

第六百二十三条 当事人对检验期限未作约定，买受人签收的送货单、确认单等载明标的物数量、型号、规格的，推定买受人已经对数量和外观瑕疵进行检验，但是有相关证据足以推翻的除外。

第六百二十四条 出卖人依照买受人的指示向第三人交付标的物，出卖人和买受人约定的检验标准与买受人和第三人约定的检验标准不一致的，以出卖人和买受人约定的检验标准为准。

第六百二十五条 依照法律、行政法规的规定或者按照当事人的约定，标的物在有效使用年限届满后应予回收的，出卖人负有自行或者委托第三人对标的物予以回收的义务。

第六百二十六条 买受人应当按照约定的数额和支付方式支付价款。对价款的数额和支付方式没有约定或者约定不明确的，适用本法第五百一十条、第五百一十一条第二项和第五项的规定。

第六百二十七条 买受人应当按照约定的地点支付价款。对支付地点没有约定或者约定不明确，依据本法第五百一十条的规定仍不能确定的，买受人应当在出卖人的营业地支付；但是，约定支付价款以交付标的物或者交付提取标的物单证为条件的，在交付标的物或者交付提取标的物单证的所在地支付。

第六百二十八条 买受人应当按照约定的时间支付价款。对支付时间没有约定或者约定不明确，依据本法第五百一十条的规定仍不能确定的，买受人应当在收到标的物或者提取标的物单证的同时支付。

第六百二十九条 出卖人多交标的物的，买受人可以接收或者拒绝接收多交的部分。买受人接收多交部分的，按照约定的价格支付价款；买受人拒绝接收多交部分的，应当及时通知出卖人。

第六百三十条 标的物在交付之前产生的孳息,归出卖人所有;交付之后产生的孳息,归买受人所有。但是,当事人另有约定的除外。

第六百三十一条 因标的物的主物不符合约定而解除合同的,解除合同的效力及于从物。因标的物的从物不符合约定被解除的,解除的效力不及于主物。

第六百三十二条 标的物为数物,其中一物不符合约定的,买受人可以就该物解除。但是,该物与他物分离使标的物的价值显受损害的,买受人可以就数物解除合同。

第六百三十三条 出卖人分批交付标的物的,出卖人对其中一批标的物不交付或者交付不符合约定,致使该批标的物不能实现合同目的的,买受人可以就该批标的物解除。

出卖人不交付其中一批标的物或者交付不符合约定,致使之后其他各批标的物的交付不能实现合同目的的,买受人可以就该批以及之后其他各批标的物解除。

买受人如果就其中一批标的物解除,该批标的物与其他各批标的物相互依存的,可以就已经交付和未交付的各批标的物解除。

第六百三十四条 分期付款的买受人未支付到期价款的数额达到全部价款的五分之一,经催告后在合理期限内仍未支付到期价款的,出卖人可以请求买受人支付全部价款或者解除合同。

出卖人解除合同的,可以向买受人请求支付该标的物的使用费。

第六百三十五条 凭样品买卖的当事人应当封存样品,并可以对样品质量予以说明。出卖人交付的标的物应当与样品及其说明的质量相同。

第六百三十六条 凭样品买卖的买受人不知道样品有隐蔽瑕疵的,即使交付的标的物与样品相同,出卖人交付的标的物的质量仍然应当符合同种物的通常标准。

第六百三十七条 试用买卖的当事人可以约定标的物的试用期限。对试用期限没有约定或者约定不明确,依据本法第五百一十条的规定仍不能确定的,由出卖人确定。

第六百三十八条 试用买卖的买受人在试用期内可以购买标的物,也可以拒绝购买。试用期限届满,买受人对是否购买标的物未作表示的,视为购买。

试用买卖的买受人在试用期内已经支付部分价款或者对标的物实施出卖、出租、设立担保物权等行为的,视为同意购买。

第六百三十九条 试用买卖的当事人对标的物使用费没有约定或者约

定不明确的,出卖人无权请求买受人支付。

第六百四十条 标的物在试用期内毁损、灭失的风险由出卖人承担。

第六百四十一条 当事人可以在买卖合同中约定买受人未履行支付价款或者其他义务的,标的物的所有权属于出卖人。

出卖人对标的物保留的所有权,未经登记,不得对抗善意第三人。

第六百四十二条 当事人约定出卖人保留合同标的物的所有权,在标的物所有权转移前,买受人有下列情形之一,造成出卖人损害的,除当事人另有约定外,出卖人有权取回标的物:

(一)未按照约定支付价款,经催告后在合理期限内仍未支付;

(二)未按照约定完成特定条件;

(三)将标的物出卖、出质或者作出其他不当处分。

出卖人可以与买受人协商取回标的物;协商不成的,可以参照适用担保物权的实现程序。

第六百四十三条 出卖人依据前条第一款的规定取回标的物后,买受人在双方约定或者出卖人指定的合理回赎期限内,消除出卖人取回标的物的事由的,可以请求回赎标的物。

买受人在回赎期限内没有回赎标的物,出卖人可以以合理价格将标的物出卖给第三人,出卖所得价款扣除买受人未支付的价款以及必要费用后仍有剩余的,应当返还买受人;不足部分由买受人清偿。

第六百四十四条 招标投标买卖的当事人的权利和义务以及招标投标程序等,依照有关法律、行政法规的规定。

第六百四十五条 拍卖的当事人的权利和义务以及拍卖程序等,依照有关法律、行政法规的规定。

第六百四十六条 法律对其他有偿合同有规定的,依照其规定;没有规定的,参照适用买卖合同的有关规定。

第六百四十七条 当事人约定易货交易,转移标的物的所有权的,参照适用买卖合同的有关规定。

第十八章 建设工程合同

第七百八十八条 建设工程合同是承包人进行工程建设,发包人支付价款的合同。

建设工程合同包括工程勘察、设计、施工合同。

第七百八十九条 建设工程合同应当采用书面形式。

第七百九十条 建设工程的招标投标活动,应当依照有关法律的规定公开、公平、公正进行。

第七百九十一条 发包人可以与总承包人订立建设工程合同,也可以分别与勘察人、设计人、施工人订立勘察、设计、施工承包合同。发包人不得将应当由一个承包人完成的建设工程支解成若干部分发包给数个承包人。

总承包人或者勘察、设计、施工承包人经发包人同意,可以将自己承包的部分工作交由第三人完成。第三人就其完成的工作成果与总承包人或者勘察、设计、施工承包人向发包人承担连带责任。承包人不得将其承包的全部建设工程转包给第三人或者将其承包的全部建设工程支解以后以分包的名义分别转包给第三人。

禁止承包人将工程分包给不具备相应资质条件的单位。禁止分包单位将其承包的工程再分包。建设工程主体结构的施工必须由承包人自行完成。

第七百九十二条 国家重大建设工程合同,应当按照国家规定的程序和国家批准的投资计划、可行性研究报告等文件订立。

第七百九十三条 建设工程施工合同无效,但是建设工程经验收合格的,可以参照合同关于工程价款的约定折价补偿承包人。

建设工程施工合同无效,且建设工程经验收不合格的,按照以下情形处理:

(一)修复后的建设工程经验收合格的,发包人可以请求承包人承担修复费用;

(二)修复后的建设工程经验收不合格的,承包人无权请求参照合同关于工程价款的约定折价补偿。

发包人对因建设工程不合格造成的损失有过错的,应当承担相应的责任。

第七百九十四条 勘察、设计合同的内容一般包括提交有关基础资料和概预算等文件的期限、质量要求、费用以及其他协作条件等条款。

第七百九十五条 施工合同的内容一般包括工程范围、建设工期、中间交工工程的开工和竣工时间、工程质量、工程造价、技术资料交付时间、材料和设备供应责任、拨款和结算、竣工验收、质量保修范围和质量保证期、相互协作等条款。

第七百九十六条 建设工程实行监理的,发包人应当与监理人采用书面形式订立委托监理合同。发包人与监理人的权利和义务以及法律责任,应当依照本编委托合同以及其他有关法律、行政法规的规定。

第七百九十七条 发包人在不妨碍承包人正常作业的情况下,可以随时对作业进度、质量进行检查。

第七百九十八条　隐蔽工程在隐蔽以前，承包人应当通知发包人检查。发包人没有及时检查的，承包人可以顺延工程日期，并有权请求赔偿停工、窝工等损失。

第七百九十九条　建设工程竣工后，发包人应当根据施工图纸及说明书、国家颁发的施工验收规范和质量检验标准及时进行验收。验收合格的，发包人应当按照约定支付价款，并接收该建设工程。

建设工程竣工经验收合格后，方可交付使用；未经验收或者验收不合格的，不得交付使用。

第八百条　勘察、设计的质量不符合要求或者未按照期限提交勘察、设计文件拖延工期，造成发包人损失的，勘察人、设计人应当继续完善勘察、设计，减收或者免收勘察、设计费并赔偿损失。

第八百零一条　因施工人的原因致使建设工程质量不符合约定的，发包人有权请求施工人在合理期限内无偿修理或者返工、改建。经过修理或者返工、改建后，造成逾期交付的，施工人应当承担违约责任。

第八百零二条　因承包人的原因致使建设工程在合理使用期限内造成人身损害和财产损失的，承包人应当承担赔偿责任。

第八百零三条　发包人未按照约定的时间和要求提供原材料、设备、场地、资金、技术资料的，承包人可以顺延工程日期，并有权请求赔偿停工、窝工等损失。

第八百零四条　因发包人的原因致使工程中途停建、缓建的，发包人应当采取措施弥补或者减少损失，赔偿承包人因此造成的停工、窝工、倒运、机械设备调迁、材料和构件积压等损失和实际费用。

第八百零五条　因发包人变更计划，提供的资料不准确，或者未按照期限提供必需的勘察、设计工作条件而造成勘察、设计的返工、停工或者修改设计，发包人应当按照勘察人、设计人实际消耗的工作量增付费用。

第八百零六条　承包人将建设工程转包、违法分包的，发包人可以解除合同。

发包人提供的主要建筑材料、建筑构配件和设备不符合强制性标准或者不履行协助义务，致使承包人无法施工，经催告后在合理期限内仍未履行相应义务的，承包人可以解除合同。

合同解除后，已经完成的建设工程质量合格的，发包人应当按照约定支付相应的工程价款；已经完成的建设工程质量不合格的，参照本法第七百九十三条的规定处理。

第八百零七条 发包人未按照约定支付价款的,承包人可以催告发包人在合理期限内支付价款。发包人逾期不支付的,除根据建设工程的性质不宜折价、拍卖外,承包人可以与发包人协议将该工程折价,也可以请求人民法院将该工程依法拍卖。建设工程的价款就该工程折价或者拍卖的价款优先受偿。

第八百零八条 本章没有规定的,适用承揽合同的有关规定。

中华人民共和国招标投标法

(1999年8月30日第九届全国人民代表大会常务委员会第十一次会议通过 根据2017年12月27日第十二届全国人民代表大会常务委员会第三十一次会议《关于修改〈中华人民共和国招标投标法〉、〈中华人民共和国计量法〉的决定》修正 自2017年12月28日起施行)

目 录

第一章 总 则
第二章 招 标
第三章 投 标
第四章 开标、评标和中标
第五章 法律责任
第六章 附 则

第一章 总 则

第一条 为了规范招标投标活动,保护国家利益、社会公共利益和招标投标活动当事人的合法权益,提高经济效益,保证项目质量,制定本法。

第二条 在中华人民共和国境内进行招标投标活动,适用本法。

第三条 在中华人民共和国境内进行下列工程建设项目包括项目的勘察、设计、施工、监理以及与工程建设有关的重要设备、材料等的采购,必须进行招标:

(一)大型基础设施、公用事业等关系社会公共利益、公众安全的项目;

（二）全部或者部分使用国有资金投资或者国家融资的项目；

（三）使用国际组织或者外国政府贷款、援助资金的项目。

前款所列项目的具体范围和规模标准，由国务院发展计划部门会同国务院有关部门制订，报国务院批准。

法律或者国务院对必须进行招标的其他项目的范围有规定的，依照其规定。

第四条　任何单位和个人不得将依法必须进行招标的项目化整为零或者以其他任何方式规避招标。

第五条　招标投标活动应当遵循公开、公平、公正和诚实信用的原则。

第六条　依法必须进行招标的项目，其招标投标活动不受地区或者部门的限制。任何单位和个人不得违法限制或者排斥本地区、本系统以外的法人或者其他组织参加投标，不得以任何方式非法干涉招标投标活动。

第七条　招标投标活动及其当事人应当接受依法实施的监督。

有关行政监督部门依法对招标投标活动实施监督，依法查处招标投标活动中的违法行为。

对招标投标活动的行政监督及有关部门的具体职权划分，由国务院规定。

第二章　招　　标

第八条　招标人是依照本法规定提出招标项目、进行招标的法人或者其他组织。

第九条　招标项目按照国家有关规定需要履行项目审批手续的，应当先履行审批手续，取得批准。

招标人应当有进行招标项目的相应资金或者资金来源已经落实，并应当在招标文件中如实载明。

第十条　招标分为公开招标和邀请招标。

公开招标，是指招标人以招标公告的方式邀请不特定的法人或者其他组织投标。

邀请招标，是指招标人以投标邀请书的方式邀请特定的法人或者其他组织投标。

第十一条　国务院发展计划部门确定的国家重点项目和省、自治区、直辖市人民政府确定的地方重点项目不适宜公开招标的，经国务院发展计划部门或者省、自治区、直辖市人民政府批准，可以进行邀请招标。

第十二条 招标人有权自行选择招标代理机构，委托其办理招标事宜。任何单位和个人不得以任何方式为招标人指定招标代理机构。

招标人具有编制招标文件和组织评标能力的，可以自行办理招标事宜。任何单位和个人不得强制其委托招标代理机构办理招标事宜。

依法必须进行招标的项目，招标人自行办理招标事宜的，应当向有关行政监督部门备案。

第十三条 招标代理机构是依法设立、从事招标代理业务并提供相关服务的社会中介组织。

招标代理机构应当具备下列条件：

（一）有从事招标代理业务的营业场所和相应资金；

（二）有能够编制招标文件和组织评标的相应专业力量。

第十四条 招标代理机构与行政机关和其他国家机关不得存在隶属关系或者其他利益关系。

第十五条 招标代理机构应当在招标人委托的范围内办理招标事宜，并遵守本法关于招标人的规定。

第十六条 招标人采用公开招标方式的，应当发布招标公告。依法必须进行招标的项目的招标公告，应当通过国家指定的报刊、信息网络或者其他媒介发布。

招标公告应当载明招标人的名称和地址、招标项目的性质、数量、实施地点和时间以及获取招标文件的办法等事项。

第十七条 招标人采用邀请招标方式的，应当向三个以上具备承担招标项目的能力、资信良好的特定的法人或者其他组织发出投标邀请书。

投标邀请书应当载明本法第十六条第二款规定的事项。

第十八条 招标人可以根据招标项目本身的要求，在招标公告或者投标邀请书中，要求潜在投标人提供有关资质证明文件和业绩情况，并对潜在投标人进行资格审查；国家对投标人的资格条件有规定的，依照其规定。

招标人不得以不合理的条件限制或者排斥潜在投标人，不得对潜在投标人实行歧视待遇。

第十九条 招标人应当根据招标项目的特点和需要编制招标文件。招标文件应当包括招标项目的技术要求、对投标人资格审查的标准、投标报价要求和评标标准等所有实质性要求和条件以及拟签订合同的主要条款。

国家对招标项目的技术、标准有规定的，招标人应当按照其规定在招标文件中提出相应要求。

招标项目需要划分标段、确定工期的，招标人应当合理划分标段、确定工期,并在招标文件中载明。

第二十条　招标文件不得要求或者标明特定的生产供应者以及含有倾向或者排斥潜在投标人的其他内容。

第二十一条　招标人根据招标项目的具体情况,可以组织潜在投标人踏勘项目现场。

第二十二条　招标人不得向他人透露已获取招标文件的潜在投标人的名称、数量以及可能影响公平竞争的有关招标投标的其他情况。

招标人设有标底的,标底必须保密。

第二十三条　招标人对已发出的招标文件进行必要的澄清或者修改的,应当在招标文件要求提交投标文件截止时间至少十五日前,以书面形式通知所有招标文件收受人。该澄清或者修改的内容为招标文件的组成部分。

第二十四条　招标人应当确定投标人编制投标文件所需要的合理时间;但是,依法必须进行招标的项目,自招标文件开始发出之日起至投标人提交投标文件截止之日止,最短不得少于二十日。

第三章　投　　标

第二十五条　投标人是响应招标、参加投标竞争的法人或者其他组织。

依法招标的科研项目允许个人参加投标的,投标的个人适用本法有关投标人的规定。

第二十六条　投标人应当具备承担招标项目的能力;国家有关规定对投标人资格条件或者招标文件对投标人资格条件有规定的,投标人应当具备规定的资格条件。

第二十七条　投标人应当按照招标文件的要求编制投标文件。投标文件应当对招标文件提出的实质性要求和条件作出响应。

招标项目属于建设施工的,投标文件的内容应当包括拟派出的项目负责人与主要技术人员的简历、业绩和拟用于完成招标项目的机械设备等。

第二十八条　投标人应当在招标文件要求提交投标文件的截止时间前,将投标文件送达投标地点。招标人收到投标文件后,应当签收保存,不得开启。投标人少于三个的,招标人应当依照本法重新招标。

在招标文件要求提交投标文件的截止时间后送达的投标文件,招标人应当拒收。

第二十九条　投标人在招标文件要求提交投标文件的截止时间前,可以补充、修改或者撤回已提交的投标文件,并书面通知招标人。补充、修改的内容为投标文件的组成部分。

第三十条 投标人根据招标文件载明的项目实际情况，拟在中标后将中标项目的部分非主体、非关键性工作进行分包的，应当在投标文件中载明。

第三十一条 两个以上法人或者其他组织可以组成一个联合体，以一个投标人的身份共同投标。

联合体各方均应当具备承担招标项目的相应能力；国家有关规定或者招标文件对投标人资格条件有规定的，联合体各方均应当具备规定的相应资格条件。由同一专业的单位组成的联合体，按照资质等级较低的单位确定资质等级。

联合体各方应当签订共同投标协议，明确约定各方拟承担的工作和责任，并将共同投标协议连同投标文件一并提交招标人。联合体中标的，联合体各方应当共同与招标人签订合同，就中标项目向招标人承担连带责任。

招标人不得强制投标人组成联合体共同投标，不得限制投标人之间的竞争。

第三十二条 投标人不得相互串通投标报价，不得排挤其他投标人的公平竞争，损害招标人或者其他投标人的合法权益。

投标人不得与招标人串通投标，损害国家利益、社会公共利益或者他人的合法权益。

禁止投标人以向招标人或者评标委员会成员行贿的手段谋取中标。

第三十三条 投标人不得以低于成本的报价竞标，也不得以他人名义投标或者以其他方式弄虚作假，骗取中标。

第四章 开标、评标和中标

第三十四条 开标应当在招标文件确定的提交投标文件截止时间的同一时间公开进行；开标地点应当为招标文件中预先确定的地点。

第三十五条 开标由招标人主持，邀请所有投标人参加。

第三十六条 开标时，由投标人或者其推选的代表检查投标文件的密封情况，也可以由招标人委托的公证机构检查并公证；经确认无误后，由工作人员当众拆封，宣读投标人名称、投标价格和投标文件的其他主要内容。

招标人在招标文件要求提交投标文件的截止时间前收到的所有投标文件，开标时都应当当众予以拆封、宣读。

开标过程应当记录，并存档备查。

第三十七条 评标由招标人依法组建的评标委员会负责。

依法必须进行招标的项目,其评标委员会由招标人的代表和有关技术、经济等方面的专家组成,成员人数为五人以上单数,其中技术、经济等方面的专家不得少于成员总数的三分之二。

前款专家应当从事相关领域工作满八年并具有高级职称或者具有同等专业水平,由招标人从国务院有关部门或者省、自治区、直辖市人民政府有关部门提供的专家名册或者招标代理机构的专家库内的相关专业的专家名单中确定;一般招标项目可以采取随机抽取方式,特殊招标项目可以由招标人直接确定。

与投标人有利害关系的人不得进入相关项目的评标委员会;已经进入的应当更换。

评标委员会成员的名单在中标结果确定前应当保密。

第三十八条　招标人应当采取必要的措施,保证评标在严格保密的情况下进行。

任何单位和个人不得非法干预、影响评标的过程和结果。

第三十九条　评标委员会可以要求投标人对投标文件中含义不明确的内容作必要的澄清或者说明,但是澄清或者说明不得超出投标文件的范围或者改变投标文件的实质性内容。

第四十条　评标委员会应当按照招标文件确定的评标标准和方法,对投标文件进行评审和比较;设有标底的,应当参考标底。评标委员会完成评标后,应当向招标人提出书面评标报告,并推荐合格的中标候选人。

招标人根据评标委员会提出的书面评标报告和推荐的中标候选人确定中标人。招标人也可以授权评标委员会直接确定中标人。

国务院对特定招标项目的评标有特别规定的,从其规定。

第四十一条　中标人的投标应当符合下列条件之一:

(一)能够最大限度地满足招标文件中规定的各项综合评价标准;

(二)能够满足招标文件的实质性要求,并且经评审的投标价格最低;但是投标价格低于成本的除外。

第四十二条　评标委员会经评审,认为所有投标都不符合招标文件要求的,可以否决所有投标。

依法必须进行招标的项目的所有投标被否决的,招标人应当依照本法重新招标。

第四十三条　在确定中标人前,招标人不得与投标人就投标价格、投标方案等实质性内容进行谈判。

第四十四条　评标委员会成员应当客观、公正地履行职务,遵守职业道德,对所提出的评审意见承担个人责任。

评标委员会成员不得私下接触投标人,不得收受投标人的财物或者其他好处。

评标委员会成员和参与评标的有关工作人员不得透露对投标文件的评审和比较、中标候选人的推荐情况以及与评标有关的其他情况。

第四十五条 中标人确定后,招标人应当向中标人发出中标通知书,并同时将中标结果通知所有未中标的投标人。

中标通知书对招标人和中标人具有法律效力。中标通知书发出后,招标人改变中标结果的,或者中标人放弃中标项目的,应当依法承担法律责任。

第四十六条 招标人和中标人应当自中标通知书发出之日起三十日内,按照招标文件和中标人的投标文件订立书面合同。招标人和中标人不得再行订立背离合同实质性内容的其他协议。

招标文件要求中标人提交履约保证金的,中标人应当提交。

第四十七条 依法必须进行招标的项目,招标人应当自确定中标人之日起十五日内,向有关行政监督部门提交招标投标情况的书面报告。

第四十八条 中标人应当按照合同约定履行义务,完成中标项目。中标人不得向他人转让中标项目,也不得将中标项目肢解后分别向他人转让。

中标人按照合同约定或者经招标人同意,可以将中标项目的部分非主体、非关键性工作分包给他人完成。接受分包的人应当具备相应的资格条件,并不得再次分包。

中标人应当就分包项目向招标人负责,接受分包的人就分包项目承担连带责任。

第五章 法律责任

第四十九条 违反本法规定,必须进行招标的项目而不招标的,将必须进行招标的项目化整为零或者以其他任何方式规避招标的,责令限期改正,可以处项目合同金额千分之五以上千分之十以下的罚款;对全部或者部分使用国有资金的项目,可以暂停项目执行或者暂停资金拨付;对单位直接负责的主管人员和其他直接责任人员依法给予处分。

第五十条 招标代理机构违反本法规定,泄露应当保密的与招标投标活动有关的情况和资料的,或者与招标人、投标人串通损害国家利益、社会公共利益或者他人合法权益的,处五万元以上二十五万元以下的罚款;对单位直接负责的主管人员和其他直接责任人员处单位罚款数额百分之五以上百分之十以下的罚款；有违法所得的，并处没收违法所得；情节严重的，禁止其一年至二年内代理依法必须进行招标的项目并予以公告，直至由工商行政管理机关吊销营业执照；构成犯罪的，依法追究刑事责任。给他人造成损失的，依法承担赔偿责任。

前款所列行为影响中标结果的，中标无效。

第五十一条 招标人以不合理的条件限制或者排斥潜在投标人的，对潜在投标人实行歧视待遇的，强制要求投标人组成联合体共同投标的，或者限制投标人之间竞争的，责令改正，可以处一万元以上五万元以下的罚款。

第五十二条 依法必须进行招标的项目的招标人向他人透露已获取招标文件的潜在投标人的名称、数量或者可能影响公平竞争的有关招标投标的其他情况的，或者泄露标底的，给予警告，可以并处一万元以上十万元以下的罚款；对单位直接负责的主管人员和其他直接责任人员依法给予处分；构成犯罪的，依法追究刑事责任。

前款所列行为影响中标结果的，中标无效。

第五十三条 投标人相互串通投标或者与招标人串通投标的，投标人以向招标人或者评标委员会成员行贿的手段谋取中标的，中标无效，处中标项目金额千分之五以上千分之十以下的罚款，对单位直接负责的主管人员和其他直接责任人员处单位罚款数额百分之五以上百分之十以下的罚款；有违法所得的，并处没收违法所得；情节严重的，取消其一年至二年内参加依法必须进行招标的项目的投标资格并予以公告，直至由工商行政管理机关吊销营业执照；构成犯罪的，依法追究刑事责任。给他人造成损失的，依法承担赔偿责任。

第五十四条 投标人以他人名义投标或者以其他方式弄虚作假，骗取中标的，中标无效，给招标人造成损失的，依法承担赔偿责任；构成犯罪的，依法追究刑事责任。

依法必须进行招标的项目的投标人有前款所列行为尚未构成犯罪的，处中标项目金额千分之五以上千分之十以下的罚款，对单位直接负责的主管人员和其他直接责任人员处单位罚款数额百分之五以上百分之十以下的罚款；有违法所得的，并处没收违法所得；情节严重的，取消其一年至三年内参加依法必须进行招标的项目的投标资格并予以公告，直至由工商行政管理机关吊销营业执照。

第五十五条 依法必须进行招标的项目，招标人违反本法规定，与投标人就投标价格、投标方案等实质性内容进行谈判的，给予警告，对单位直接负责的主管人员和其他直接责任人员依法给予处分。

前款所列行为影响中标结果的,中标无效。

第五十六条 评标委员会成员收受投标人的财物或者其他好处的,评标委员会成员或者参加评标的有关工作人员向他人透露对投标文件的评审和比较、中标候选人的推荐以及与评标有关的其他情况的,给予警告,没收收受的财物,可以并处三千元以上五万元以下的罚款,对有所列违法行为的评标委员会成员取消担任评标委员会成员的资格,不得再参加任何依法必须进行招标的项目的评标;构成犯罪的,依法追究刑事责任。

第五十七条 招标人在评标委员会依法推荐的中标候选人以外确定中标人的,依法必须进行招标的项目在所有投标被评标委员会否决后自行确定中标人的,中标无效,责令改正,可以处中标项目金额千分之五以上千分之十以下的罚款;对单位直接负责的主管人员和其他直接责任人员依法给予处分。

第五十八条 中标人将中标项目转让给他人的,将中标项目肢解后分别转让给他人的,违反本法规定将中标项目的部分主体、关键性工作分包给他人的,或者分包人再次分包的,转让、分包无效,处转让、分包项目金额千分之五以上千分之十以下的罚款;有违法所得的,并处没收违法所得;可以责令停业整顿;情节严重的,由工商行政管理机关吊销营业执照。

第五十九条 招标人与中标人不按照招标文件和中标人的投标文件订立合同的,或者招标人、中标人订立背离合同实质性内容的协议的,责令改正;可以处中标项目金额千分之五以上千分之十以下的罚款。

第六十条 中标人不履行与招标人订立的合同的,履约保证金不予退还,给招标人造成的损失超过履约保证金数额的,还应当对超过部分予以赔偿;没有提交履约保证金的,应当对招标人的损失承担赔偿责任。

中标人不按照与招标人订立的合同履行义务,情节严重的,取消其二年至五年内参加依法必须进行招标的项目的投标资格并予以公告,直至由工商行政管理机关吊销营业执照。

因不可抗力不能履行合同的,不适用前两款规定。

第六十一条 本章规定的行政处罚,由国务院规定的有关行政监督部门决定。本法已对实施行政处罚的机关作出规定的除外。

第六十二条 任何单位违反本法规定,限制或者排斥本地区、本系统以外的法人或者其他组织参加投标的,为招标人指定招标代理机构的,强制招标人委托招标代理机构办理招标事宜的,或者以其他方式干涉招标投标活动的,责令改正;对单位直接负责的主管人员和其他直接责任人员依法给予警告、记过、记大过的处分,情节较重的,依法给予降级、撤职、开除的处分。

个人利用职权进行前款违法行为的,依照前款规定追究责任。

第六十三条 对招标投标活动依法负有行政监督职责的国家机关工作人员徇私舞弊、滥用职权或者玩忽职守,构成犯罪的,依法追究刑事责任;不构成犯罪的,依法给予行政处分。

第六十四条 依法必须进行招标的项目违反本法规定,中标无效的,应当依照本法规定的中标条件从其余投标人中重新确定中标人或者依照本法重新进行招标。

第六章 附 则

第六十五条 投标人和其他利害关系人认为招标投标活动不符合本法有关规定的,有权向招标人提出异议或者依法向有关行政监督部门投诉。

第六十六条 涉及国家安全、国家秘密、抢险救灾或者属于利用扶贫资金实行以工代赈、需要使用农民工等特殊情况,不适宜进行招标的项目,按照国家有关规定可以不进行招标。

第六十七条 使用国际组织或者外国政府贷款、援助资金的项目进行招标,贷款方、资金提供方对招标投标的具体条件和程序有不同规定的,可以适用其规定,但违背中华人民共和国的社会公共利益的除外。

第六十八条 本法自2000年1月1日起施行。

中华人民共和国招标投标法实施条例

(2011年12月20日中华人民共和国国务院令第613号公布 根据2017年3月1日《国务院关于修改和废止部分行政法规的决定》第一次修订 根据2018年3月19日《国务院关于修改和废止部分行政法规的决定》第二次修订 根据2019年3月2日《国务院关于修改部分行政法规的决定》第三次修订 自公布之日起施行)

第一章 总 则

第一条 为了规范招标投标活动,根据《中华人民共和国招标投标法》

(以下简称招标投标法),制定本条例。

第二条 招标投标法第三条所称工程建设项目,是指工程以及与工程建设有关的货物、服务。

前款所称工程,是指建设工程,包括建筑物和构筑物的新建、改建、扩建及其相关的装修、拆除、修缮等;所称与工程建设有关的货物,是指构成工程不可分割的组成部分,且为实现工程基本功能所必需的设备、材料等;所称与工程建设有关的服务,是指为完成工程所需的勘察、设计、监理等服务。

第三条 依法必须进行招标的工程建设项目的具体范围和规模标准,由国务院发展改革部门会同国务院有关部门制订,报国务院批准后公布施行。

第四条 国务院发展改革部门指导和协调全国招标投标工作,对国家重大建设项目的工程招标投标活动实施监督检查。国务院工业和信息化、住房城乡建设、交通运输、铁道、水利、商务等部门,按照规定的职责分工对有关招标投标活动实施监督。

县级以上地方人民政府发展改革部门指导和协调本行政区域的招标投标工作。县级以上地方人民政府有关部门按照规定的职责分工,对招标投标活动实施监督,依法查处招标投标活动中的违法行为。县级以上地方人民政府对其所属部门有关招标投标活动的监督职责分工另有规定的,从其规定。

财政部门依法对实行招标投标的政府采购工程建设项目的政府采购政策执行情况实施监督。

监察机关依法对与招标投标活动有关的监察对象实施监察。

第五条 设区的市级以上地方人民政府可以根据实际需要,建立统一规范的招标投标交易场所,为招标投标活动提供服务。招标投标交易场所不得与行政监督部门存在隶属关系,不得以营利为目的。

国家鼓励利用信息网络进行电子招标投标。

第六条 禁止国家工作人员以任何方式非法干涉招标投标活动。

第二章 招　　标

第七条 按照国家有关规定需要履行项目审批、核准手续的依法必须进行招标的项目,其招标范围、招标方式、招标组织形式应当报项目审批、核准部门审批、核准。项目审批、核准部门应当及时将审批、核准确定的招标范围、招标方式、招标组织形式通报有关行政监督部门。

第八条 国有资金占控股或者主导地位的依法必须进行招标的项目,应当公开招标;但有下列情形之一的,可以邀请招标:

（一）技术复杂、有特殊要求或者受自然环境限制，只有少量潜在投标人可供选择；

（二）采用公开招标方式的费用占项目合同金额的比例过大。

有前款第二项所列情形，属于本条例第七条规定的项目，由项目审批、核准部门在审批、核准项目时作出认定；其他项目由招标人申请有关行政监督部门作出认定。

第九条　除招标投标法第六十六条规定的可以不进行招标的特殊情况外，有下列情形之一的，可以不进行招标：

（一）需要采用不可替代的专利或者专有技术；

（二）采购人依法能够自行建设、生产或者提供；

（三）已通过招标方式选定的特许经营项目投资人依法能够自行建设、生产或者提供；

（四）需要向原中标人采购工程、货物或者服务，否则将影响施工或者功能配套要求；

（五）国家规定的其他特殊情形。

招标人为适用前款规定弄虚作假的，属于招标投标法第四条规定的规避招标。

第十条　招标投标法第十二条第二款规定的招标人具有编制招标文件和组织评标能力，是指招标人具有与招标项目规模和复杂程度相适应的技术、经济等方面的专业人员。

第十一条　国务院住房城乡建设、商务、发展改革、工业和信息化等部门，按照规定的职责分工对招标代理机构依法实施监督管理。

第十二条　招标代理机构应当拥有一定数量的具备编制招标文件、组织评标等相应能力的专业人员。

第十三条　招标代理机构在招标人委托的范围内开展招标代理业务，任何单位和个人不得非法干涉。

招标代理机构代理招标业务，应当遵守招标投标法和本条例关于招标人的规定。招标代理机构不得在所代理的招标项目中投标或者代理投标，也不得为所代理的招标项目的投标人提供咨询。

第十四条　招标人应当与被委托的招标代理机构签订书面委托合同，合同约定的收费标准应当符合国家有关规定。

第十五条　公开招标的项目，应当依照招标投标法和本条例的规定发布招标公告、编制招标文件。

招标人采用资格预审办法对潜在投标人进行资格审查的，应当发布资格预审公告、编制资格预审文件。

依法必须进行招标的项目的资格预审公告和招标公告，应当在国务院发展改革部门依法指定的媒介发布。在不同媒介发布的同一招标项目的资格预审公告或者招标公告的内容应当一致。指定媒介发布依法必须进行招标的项目的境内资格预审公告、招标公告，不得收取费用。

编制依法必须进行招标的项目的资格预审文件和招标文件，应当使用国务院发展改革部门会同有关行政监督部门制定的标准文本。

第十六条 招标人应当按照资格预审公告、招标公告或者投标邀请书规定的时间、地点发售资格预审文件或者招标文件。资格预审文件或者招标文件的发售期不得少于5日。

招标人发售资格预审文件、招标文件收取的费用应当限于补偿印刷、邮寄的成本支出，不得以营利为目的。

第十七条 招标人应当合理确定提交资格预审申请文件的时间。依法必须进行招标的项目提交资格预审申请文件的时间，自资格预审文件停止发售之日起不得少于5日。

第十八条 资格预审应当按照资格预审文件载明的标准和方法进行。

国有资金占控股或者主导地位的依法必须进行招标的项目，招标人应当组建资格审查委员会审查资格预审申请文件。资格审查委员会及其成员应当遵守招标投标法和本条例有关评标委员会及其成员的规定。

第十九条 资格预审结束后，招标人应当及时向资格预审申请人发出资格预审结果通知书。未通过资格预审的申请人不具有投标资格。

通过资格预审的申请人少于3个的，应当重新招标。

第二十条 招标人采用资格后审办法对投标人进行资格审查的，应当在开标后由评标委员会按照招标文件规定的标准和方法对投标人的资格进行审查。

第二十一条 招标人可以对已发出的资格预审文件或者招标文件进行必要的澄清或者修改。澄清或者修改的内容可能影响资格预审申请文件或者投标文件编制的，招标人应当在提交资格预审申请文件截止时间至少3日前，或者投标截止时间至少15日前，以书面形式通知所有获取资格预审文件或者招标文件的潜在投标人；不足3日或者15日的，招标人应当顺延提交资格预审申请文件或者投标文件的截止时间。

第二十二条 潜在投标人或者其他利害关系人对资格预审文件有异议的，应当在提交资格预审申请文件截止时间2日前提出；对招标文件有异议的，应当在投标截止时间10日前提出。招标人应当自收到异议之日起3日内作出答复;作出答复前,应当暂停招标投标活动。

第二十三条 招标人编制的资格预审文件、招标文件的内容违反法律、行政法规的强制性规定,违反公开、公平、公正和诚实信用原则,影响资格预审结果或者潜在投标人投标的,依法必须进行招标的项目的招标人应当在修改资格预审文件或者招标文件后重新招标。

第二十四条 招标人对招标项目划分标段的,应当遵守招标投标法的有关规定,不得利用划分标段限制或者排斥潜在投标人。依法必须进行招标的项目的招标人不得利用划分标段规避招标。

第二十五条 招标人应当在招标文件中载明投标有效期。投标有效期从提交投标文件的截止之日起算。

第二十六条 招标人在招标文件中要求投标人提交投标保证金的,投标保证金不得超过招标项目估算价的2%。投标保证金有效期应当与投标有效期一致。

依法必须进行招标的项目的境内投标单位,以现金或者支票形式提交的投标保证金应当从其基本账户转出。

招标人不得挪用投标保证金。

第二十七条 招标人可以自行决定是否编制标底。一个招标项目只能有一个标底。标底必须保密。

接受委托编制标底的中介机构不得参加受托编制标底项目的投标,也不得为该项目的投标人编制投标文件或者提供咨询。

招标人设有最高投标限价的,应当在招标文件中明确最高投标限价或者最高投标限价的计算方法。招标人不得规定最低投标限价。

第二十八条 招标人不得组织单个或者部分潜在投标人踏勘项目现场。

第二十九条 招标人可以依法对工程以及与工程建设有关的货物、服务全部或者部分实行总承包招标。以暂估价形式包括在总承包范围内的工程、货物、服务属于依法必须进行招标的项目范围且达到国家规定规模标准的,应当依法进行招标。

前款所称暂估价,是指总承包招标时不能确定价格而由招标人在招标文件中暂时估定的工程、货物、服务的金额。

第三十条 对技术复杂或者无法精确拟定技术规格的项目,招标人可以分两阶段进行招标。

第一阶段,投标人按照招标公告或者投标邀请书的要求提交不带报价的技术建议,招标人根据投标人提交的技术建议确定技术标准和要求,编制招标文件。

第二阶段,招标人向在第一阶段提交技术建议的投标人提供招标文件,投标人按照招标文件的要求提交包括最终技术方案和投标报价的投标文件。

招标人要求投标人提交投标保证金的,应当在第二阶段提出。

第三十一条 招标人终止招标的,应当及时发布公告,或者以书面形式通知被邀请的或者已经获取资格预审文件、招标文件的潜在投标人。已经发售资格预审文件、招标文件或者已经收取投标保证金的,招标人应当及时退还所收取的资格预审文件、招标文件的费用,以及所收取的投标保证金及银行同期存款利息。

第三十二条 招标人不得以不合理的条件限制、排斥潜在投标人或者投标人。

招标人有下列行为之一的,属于以不合理条件限制、排斥潜在投标人或者投标人:

(一)就同一招标项目向潜在投标人或者投标人提供有差别的项目信息;

(二)设定的资格、技术、商务条件与招标项目的具体特点和实际需要不相适应或者与合同履行无关;

(三)依法必须进行招标的项目以特定行政区域或者特定行业的业绩、奖项作为加分条件或者中标条件;

(四)对潜在投标人或者投标人采取不同的资格审查或者评标标准;

(五)限定或者指定特定的专利、商标、品牌、原产地或者供应商;

(六)依法必须进行招标的项目非法限定潜在投标人或者投标人的所有制形式或者组织形式;

(七)以其他不合理条件限制、排斥潜在投标人或者投标人。

第三章 投 标

第三十三条 投标人参加依法必须进行招标的项目的投标,不受地区或者部门的限制,任何单位和个人不得非法干涉。

第三十四条 与招标人存在利害关系可能影响招标公正性的法人、其他组织或者个人,不得参加投标。

单位负责人为同一人或者存在控股、管理关系的不同单位,不得参加同一标段投标或者未划分标段的同一招标项目投标。

违反前两款规定的,相关投标均无效。

第三十五条 投标人撤回已提交的投标文件,应当在投标截止时间前书面通知招标人。招标人已收取投标保证金的,应当自收到投标人书面撤回通知之日起5日内退还。

投标截止后投标人撤销投标文件的,招标人可以不退还投标保证金。

第三十六条 未通过资格预审的申请人提交的投标文件,以及逾期送达或者不按照招标文件要求密封的投标文件,招标人应当拒收。

招标人应当如实记载投标文件的送达时间和密封情况,并存档备查。

第三十七条 招标人应当在资格预审公告、招标公告或者投标邀请书中载明是否接受联合体投标。

招标人接受联合体投标并进行资格预审的,联合体应当在提交资格预审申请文件前组成。资格预审后联合体增减、更换成员的,其投标无效。

联合体各方在同一招标项目中以自己名义单独投标或者参加其他联合体投标的,相关投标均无效。

第三十八条 投标人发生合并、分立、破产等重大变化的,应当及时书面告知招标人。投标人不再具备资格预审文件、招标文件规定的资格条件或者其投标影响招标公正性的,其投标无效。

第三十九条 禁止投标人相互串通投标。

有下列情形之一的,属于投标人相互串通投标:

(一)投标人之间协商投标报价等投标文件的实质性内容;

(二)投标人之间约定中标人;

(三)投标人之间约定部分投标人放弃投标或者中标;

(四)属于同一集团、协会、商会等组织成员的投标人按照该组织要求协同投标;

(五)投标人之间为谋取中标或者排斥特定投标人而采取的其他联合行动。

第四十条 有下列情形之一的,视为投标人相互串通投标:

(一)不同投标人的投标文件由同一单位或者个人编制;

(二)不同投标人委托同一单位或者个人办理投标事宜;

(三)不同投标人的投标文件载明的项目管理成员为同一人;

(四)不同投标人的投标文件异常一致或者投标报价呈规律性差异;

(五)不同投标人的投标文件相互混装;

(六)不同投标人的投标保证金从同一单位或者个人的账户转出。

第四十一条 禁止招标人与投标人串通投标。

有下列情形之一的,属于招标人与投标人串通投标:

(一)招标人在开标前开启投标文件并将有关信息泄露给其他投标人;

（二）招标人直接或者间接向投标人泄露标底、评标委员会成员等信息；

（三）招标人明示或者暗示投标人压低或者抬高投标报价；

（四）招标人授意投标人撤换、修改投标文件；

（五）招标人明示或者暗示投标人为特定投标人中标提供方便；

（六）招标人与投标人为谋求特定投标人中标而采取的其他串通行为。

第四十二条 使用通过受让或者租借等方式获取的资格、资质证书投标的，属于招标投标法第三十三条规定的以他人名义投标。

投标人有下列情形之一的，属于招标投标法第三十三条规定的以其他方式弄虚作假的行为：

（一）使用伪造、变造的许可证件；

（二）提供虚假的财务状况或者业绩；

（三）提供虚假的项目负责人或者主要技术人员简历、劳动关系证明；

（四）提供虚假的信用状况；

（五）其他弄虚作假的行为。

第四十三条 提交资格预审申请文件的申请人应当遵守招标投标法和本条例有关投标人的规定。

第四章 开标、评标和中标

第四十四条 招标人应当按照招标文件规定的时间、地点开标。

投标人少于3个的，不得开标；招标人应当重新招标。

投标人对开标有异议的，应当在开标现场提出，招标人应当当场作出答复，并制作记录。

第四十五条 国家实行统一的评标专家专业分类标准和管理办法。具体标准和办法由国务院发展改革部门会同国务院有关部门制定。

省级人民政府和国务院有关部门应当组建综合评标专家库。

第四十六条 除招标投标法第三十七条第三款规定的特殊招标项目外，依法必须进行招标的项目，其评标委员会的专家成员应当从评标专家库内相关专业的专家名单中以随机抽取方式确定。任何单位和个人不得以明示、暗示等任何方式指定或者变相指定参加评标委员会的专家成员。

依法必须进行招标的项目的招标人非因招标投标法和本条例规定的事由，不得更换依法确定的评标委员会成员。更换评标委员会的专家成员应当依照前款规定进行。

评标委员会成员与投标人有利害关系的，应当主动回避。

有关行政监督部门应当按照规定的职责分工，对评标委员会成员的确定方式、评标专家的抽取和评标活动进行监督。行政监督部门的工作人员不得担任本部门负责监督项目的评标委员会成员。

第四十七条　招标投标法第三十七条第三款所称特殊招标项目，是指技术复杂、专业性强或者国家有特殊要求，采取随机抽取方式确定的专家难以保证胜任评标工作的项目。

第四十八条　招标人应当向评标委员会提供评标所必需的信息，但不得明示或者暗示其倾向或者排斥特定投标人。

招标人应当根据项目规模和技术复杂程度等因素合理确定评标时间。超过三分之一的评标委员会成员认为评标时间不够的，招标人应当适当延长。

评标过程中，评标委员会成员有回避事由、擅离职守或者因健康等原因不能继续评标的，应当及时更换。被更换的评标委员会成员作出的评审结论无效，由更换后的评标委员会成员重新进行评审。

第四十九条　评标委员会成员应当依照招标投标法和本条例的规定，按照招标文件规定的评标标准和方法，客观、公正地对投标文件提出评审意见。招标文件没有规定的评标标准和方法不得作为评标的依据。

评标委员会成员不得私下接触投标人，不得收受投标人给予的财物或者其他好处，不得向招标人征询确定中标人的意向，不得接受任何单位或者个人明示或者暗示提出的倾向或者排斥特定投标人的要求，不得有其他不客观、不公正履行职务的行为。

第五十条　招标项目设有标底的，招标人应当在开标时公布。标底只能作为评标的参考，不得以投标报价是否接近标底作为中标条件，也不得以投标报价超过标底上下浮动范围作为否决投标的条件。

第五十一条　有下列情形之一的，评标委员会应当否决其投标：

（一）投标文件未经投标单位盖章和单位负责人签字；

（二）投标联合体没有提交共同投标协议；

（三）投标人不符合国家或者招标文件规定的资格条件；

（四）同一投标人提交两个以上不同的投标文件或者投标报价，但招标文件要求提交备选投标的除外；

（五）投标报价低于成本或者高于招标文件设定的最高投标限价；

（六）投标文件没有对招标文件的实质性要求和条件作出响应；

（七）投标人有串通投标、弄虚作假、行贿等违法行为。

第五十二条　投标文件中有含义不明确的内容、明显文字或者计算错误,评标委员会认为需要投标人作出必要澄清、说明的,应当书面通知该投标人。投标人的澄清、说明应当采用书面形式,并不得超出投标文件的范围或者改变投标文件的实质性内容。

评标委员会不得暗示或者诱导投标人作出澄清、说明,不得接受投标人主动提出的澄清、说明。

第五十三条 评标完成后,评标委员会应当向招标人提交书面评标报告和中标候选人名单。中标候选人应当不超过 3 个,并标明排序。

评标报告应当由评标委员会全体成员签字。对评标结果有不同意见的评标委员会成员应当以书面形式说明其不同意见和理由,评标报告应当注明该不同意见。评标委员会成员拒绝在评标报告上签字又不书面说明其不同意见和理由的,视为同意评标结果。

第五十四条 依法必须进行招标的项目,招标人应当自收到评标报告之日起 3 日内公示中标候选人,公示期不得少于 3 日。

投标人或者其他利害关系人对依法必须进行招标的项目的评标结果有异议的,应当在中标候选人公示期间提出。招标人应当自收到异议之日起 3 日内作出答复;作出答复前,应当暂停招标投标活动。

第五十五条 国有资金占控股或者主导地位的依法必须进行招标的项目,招标人应当确定排名第一的中标候选人为中标人。排名第一的中标候选人放弃中标、因不可抗力不能履行合同、不按照招标文件要求提交履约保证金,或者被查实存在影响中标结果的违法行为等情形,不符合中标条件的,招标人可以按照评标委员会提出的中标候选人名单排序依次确定其他中标候选人为中标人,也可以重新招标。

第五十六条 中标候选人的经营、财务状况发生较大变化或者存在违法行为,招标人认为可能影响其履约能力的,应当在发出中标通知书前由原评标委员会按照招标文件规定的标准和方法审查确认。

第五十七条 招标人和中标人应当依照招标投标法和本条例的规定签订书面合同,合同的标的、价款、质量、履行期限等主要条款应当与招标文件和中标人的投标文件的内容一致。招标人和中标人不得再行订立背离合同实质性内容的其他协议。

招标人最迟应当在书面合同签订后 5 日内向中标人和未中标的投标人退还投标保证金及银行同期存款利息。

第五十八条 招标文件要求中标人提交履约保证金的,中标人应当按照招标文件的要求提交。履约保证金不得超过中标合同金额的 10%。

第五十九条 中标人应当按照合同约定履行义务,完成中标项目。中标人不得向他人转让中标项目,也不得将中标项目肢解后分别向他人转让。

中标人按照合同约定或者经招标人同意,可以将中标项目的部分非主体、非关键性工作分包给他人完成。接受分包的人应当具备相应的资格条件,并不得再次分包。

中标人应当就分包项目向招标人负责,接受分包的人就分包项目承担连带责任。

第五章 投诉与处理

第六十条 投标人或者其他利害关系人认为招标投标活动不符合法律、行政法规规定的,可以自知道或者应当知道之日起 10 日内向有关行政监督部门投诉。投诉应当有明确的请求和必要的证明材料。

就本条例第二十二条、第四十四条、第五十四条规定事项投诉的,应当先向招标人提出异议,异议答复期间不计算在前款规定的期限内。

第六十一条 投诉人就同一事项向两个以上有权受理的行政监督部门投诉的,由最先收到投诉的行政监督部门负责处理。

行政监督部门应当自收到投诉之日起 3 个工作日内决定是否受理投诉,并自受理投诉之日起 30 个工作日内作出书面处理决定;需要检验、检测、鉴定、专家评审的,所需时间不计算在内。

投诉人捏造事实、伪造材料或者以非法手段取得证明材料进行投诉的,行政监督部门应当予以驳回。

第六十二条 行政监督部门处理投诉,有权查阅、复制有关文件、资料,调查有关情况,相关单位和人员应当予以配合。必要时,行政监督部门可以责令暂停招标投标活动。

行政监督部门的工作人员对监督检查过程中知悉的国家秘密、商业秘密,应当依法予以保密。

第六章 法律责任

第六十三条 招标人有下列限制或者排斥潜在投标人行为之一的,由有关行政监督部门依照招标投标法第五十一条的规定处罚:

(一)依法应当公开招标的项目不按照规定在指定媒介发布资格预审公告或者招标公告;

(二)在不同媒介发布的同一招标项目的资格预审公告或者招标公告的

内容不一致,影响潜在投标人申请资格预审或者投标。

依法必须进行招标的项目的招标人不按照规定发布资格预审公告或者招标公告,构成规避招标的,依照招标投标法第四十九条的规定处罚。

第六十四条 招标人有下列情形之一的,由有关行政监督部门责令改正,可以处10万元以下的罚款:

(一)依法应当公开招标而采用邀请招标;

(二)招标文件、资格预审文件的发售、澄清、修改的时限,或者确定的提交资格预审申请文件、投标文件的时限不符合招标投标法和本条例规定;

(三)接受未通过资格预审的单位或者个人参加投标;

(四)接受应当拒收的投标文件。

招标人有前款第一项、第三项、第四项所列行为之一的,对单位直接负责的主管人员和其他直接责任人员依法给予处分。

第六十五条 招标代理机构在所代理的招标项目中投标、代理投标或者向该项目投标人提供咨询的,接受委托编制标底的中介机构参加受托编制标底项目的投标或者为该项目的投标人编制投标文件、提供咨询的,依照招标投标法第五十条的规定追究法律责任。

第六十六条 招标人超过本条例规定的比例收取投标保证金、履约保证金或者不按照规定退还投标保证金及银行同期存款利息的,由有关行政监督部门责令改正,可以处5万元以下的罚款;给他人造成损失的,依法承担赔偿责任。

第六十七条 投标人相互串通投标或者与招标人串通投标的,投标人向招标人或者评标委员会成员行贿谋取中标的,中标无效;构成犯罪的,依法追究刑事责任;尚不构成犯罪的,依照招标投标法第五十三条的规定处罚。投标人未中标的,对单位的罚款金额按照招标项目合同金额依照招标投标法规定的比例计算。

投标人有下列行为之一的,属于招标投标法第五十三条规定的情节严重行为,由有关行政监督部门取消其1年至2年内参加依法必须进行招标的项目的投标资格:

(一)以行贿谋取中标;

(二)3年内2次以上串通投标;

(三)串通投标行为损害招标人、其他投标人或者国家、集体、公民的合法利益,造成直接经济损失30万元以上;

(四)其他串通投标情节严重的行为。

投标人自本条第二款规定的处罚执行期限届满之日起3年内又有该款

所列违法行为之一的,或者串通投标、以行贿谋取中标情节特别严重的,由工商行政管理机关吊销营业执照。

法律、行政法规对串通投标报价行为的处罚另有规定的,从其规定。

第六十八条　投标人以他人名义投标或者以其他方式弄虚作假骗取中标的,中标无效;构成犯罪的,依法追究刑事责任;尚不构成犯罪的,依照招标投标法第五十四条的规定处罚。依法必须进行招标的项目的投标人未中标的,对单位的罚款金额按照招标项目合同金额依照招标投标法规定的比例计算。

投标人有下列行为之一的,属于招标投标法第五十四条规定的情节严重行为,由有关行政监督部门取消其1年至3年内参加依法必须进行招标的项目的投标资格:

(一)伪造、变造资格、资质证书或者其他许可证件骗取中标;

(二)3年内2次以上使用他人名义投标;

(三)弄虚作假骗取中标给招标人造成直接经济损失30万元以上;

(四)其他弄虚作假骗取中标情节严重的行为。

投标人自本条第二款规定的处罚执行期限届满之日起3年内又有该款所列违法行为之一的,或者弄虚作假骗取中标情节特别严重的,由工商行政管理机关吊销营业执照。

第六十九条　出让或者出租资格、资质证书供他人投标的,依照法律、行政法规的规定给予行政处罚;构成犯罪的,依法追究刑事责任。

第七十条　依法必须进行招标的项目的招标人不按照规定组建评标委员会,或者确定、更换评标委员会成员违反招标投标法和本条例规定的,由有关行政监督部门责令改正,可以处10万元以下的罚款,对单位直接负责的主管人员和其他直接责任人员依法给予处分;违法确定或者更换的评标委员会成员作出的评审结论无效,依法重新进行评审。

国家工作人员以任何方式非法干涉选取评标委员会成员的,依照本条例第八十条的规定追究法律责任。

第七十一条　评标委员会成员有下列行为之一的,由有关行政监督部门责令改正;情节严重的,禁止其在一定期限内参加依法必须进行招标的项目的评标;情节特别严重的,取消其担任评标委员会成员的资格:

(一)应当回避而不回避;

(二)擅离职守;

(三)不按照招标文件规定的评标标准和方法评标;

(四)私下接触投标人;

(五)向招标人征询确定中标人的意向或者接受任何单位或者个人明示

或者暗示提出的倾向或者排斥特定投标人的要求;

(六)对依法应当否决的投标不提出否决意见;

(七)暗示或者诱导投标人作出澄清、说明或者接受投标人主动提出的澄清、说明;

(八)其他不客观、不公正履行职务的行为。

第七十二条 评标委员会成员收受投标人的财物或者其他好处的,没收收受的财物,处3000元以上5万元以下的罚款,取消担任评标委员会成员的资格,不得再参加依法必须进行招标的项目的评标;构成犯罪的,依法追究刑事责任。

第七十三条 依法必须进行招标的项目的招标人有下列情形之一的,由有关行政监督部门责令改正,可以处中标项目金额10‰以下的罚款;给他人造成损失的,依法承担赔偿责任;对单位直接负责的主管人员和其他直接责任人员依法给予处分:

(一)无正当理由不发出中标通知书;

(二)不按照规定确定中标人;

(三)中标通知书发出后无正当理由改变中标结果;

(四)无正当理由不与中标人订立合同;

(五)在订立合同时向中标人提出附加条件。

第七十四条 中标人无正当理由不与招标人订立合同,在签订合同时向招标人提出附加条件,或者不按照招标文件要求提交履约保证金的,取消其中标资格,投标保证金不予退还。对依法必须进行招标的项目的中标人,由有关行政监督部门责令改正,可以处中标项目金额10‰以下的罚款。

第七十五条 招标人和中标人不按照招标文件和中标人的投标文件订立合同,合同的主要条款与招标文件、中标人的投标文件的内容不一致,或者招标人、中标人订立背离合同实质性内容的协议的,由有关行政监督部门责令改正,可以处中标项目金额5‰以上10‰以下的罚款。

第七十六条 中标人将中标项目转让给他人的,将中标项目肢解后分别转让给他人的,违反招标投标法和本条例规定将中标项目的部分主体、关键性工作分包给他人的,或者分包人再次分包的,转让、分包无效,处转让、分包项目金额5‰以上10‰以下的罚款;有违法所得的,并处没收违法所得;可以责令停业整顿;情节严重的,由工商行政管理机关吊销营业执照。

第七十七条 投标人或者其他利害关系人捏造事实、伪造材料或者以非法手段取得证明材料进行投诉,给他人造成损失的,依法承担赔偿责任。

招标人不按照规定对异议作出答复,继续进行招标投标活动的,由有关行政监督部门责令改正,拒不改正或者不能改正并影响中标结果的,依照本条例第八十一条的规定处理。

第七十八条　国家建立招标投标信用制度。有关行政监督部门应当依法公告对招标人、招标代理机构、投标人、评标委员会成员等当事人违法行为的行政处理决定。

第七十九条　项目审批、核准部门不依法审批、核准项目招标范围、招标方式、招标组织形式的,对单位直接负责的主管人员和其他直接责任人员依法给予处分。

有关行政监督部门不依法履行职责,对违反招标投标法和本条例规定的行为不依法查处,或者不按照规定处理投诉、不依法公告对招标投标当事人违法行为的行政处理决定的,对直接负责的主管人员和其他直接责任人员依法给予处分。

项目审批、核准部门和有关行政监督部门的工作人员徇私舞弊、滥用职权、玩忽职守,构成犯罪的,依法追究刑事责任。

第八十条　国家工作人员利用职务便利,以直接或者间接、明示或者暗示等任何方式非法干涉招标投标活动,有下列情形之一的,依法给予记过或者记大过处分;情节严重的,依法给予降级或者撤职处分;情节特别严重的,依法给予开除处分;构成犯罪的,依法追究刑事责任:

(一)要求对依法必须进行招标的项目不招标,或者要求对依法应当公开招标的项目不公开招标;

(二)要求评标委员会成员或者招标人以其指定的投标人作为中标候选人或者中标人,或者以其他方式非法干涉评标活动,影响中标结果;

(三)以其他方式非法干涉招标投标活动。

第八十一条　依法必须进行招标的项目的招标投标活动违反招标投标法和本条例的规定,对中标结果造成实质性影响,且不能采取补救措施予以纠正的,招标、投标、中标无效,应当依法重新招标或者评标。

第七章　附　则

第八十二条　招标投标协会按照依法制定的章程开展活动,加强行业自律和服务。

第八十三条　政府采购的法律、行政法规对政府采购货物、服务的招标投标另有规定的,从其规定。

第八十四条　本条例自 2012 年 2 月 1 日起施行。

中华人民共和国政府采购法

（2002年6月29日第九届全国人民代表大会常务委员会第二十八次会议通过　根据2014年8月31日第十二届全国人民代表大会常务委员会第十次会议《关于修改〈中华人民共和国保险法〉等五部法律的决定》修正　自公布之日起施行）

第一章　总　　则

第一条　为了规范政府采购行为，提高政府采购资金的使用效益，维护国家利益和社会公共利益，保护政府采购当事人的合法权益，促进廉政建设，制定本法。

第二条　在中华人民共和国境内进行的政府采购适用本法。

本法所称政府采购，是指各级国家机关、事业单位和团体组织，使用财政性资金采购依法制定的集中采购目录以内的或者采购限额标准以上的货物、工程和服务的行为。

政府集中采购目录和采购限额标准依照本法规定的权限制定。

本法所称采购，是指以合同方式有偿取得货物、工程和服务的行为，包括购买、租赁、委托、雇用等。

本法所称货物，是指各种形态和种类的物品，包括原材料、燃料、设备、产品等。

本法所称工程，是指建设工程，包括建筑物和构筑物的新建、改建、扩建、装修、拆除、修缮等。

本法所称服务，是指除货物和工程以外的其他政府采购对象。

第三条　政府采购应当遵循公开透明原则、公平竞争原则、公正原则和诚实信用原则。

第四条　政府采购工程进行招标投标的，适用招标投标法。

第五条　任何单位和个人不得采用任何方式，阻挠和限制供应商自由进入本地区和本行业的政府采购市场。

第六条　政府采购应当严格按照批准的预算执行。

第七条 政府采购实行集中采购和分散采购相结合。集中采购的范围由省级以上人民政府公布的集中采购目录确定。

属于中央预算的政府采购项目,其集中采购目录由国务院确定并公布;属于地方预算的政府采购项目,其集中采购目录由省、自治区、直辖市人民政府或者其授权的机构确定并公布。

纳入集中采购目录的政府采购项目,应当实行集中采购。

第八条 政府采购限额标准,属于中央预算的政府采购项目,由国务院确定并公布;属于地方预算的政府采购项目,由省、自治区、直辖市人民政府或者其授权的机构确定并公布。

第九条 政府采购应当有助于实现国家的经济和社会发展政策目标,包括保护环境,扶持不发达地区和少数民族地区,促进中小企业发展等。

第十条 政府采购应当采购本国货物、工程和服务。但有下列情形之一的除外:

(一)需要采购的货物、工程或者服务在中国境内无法获取或者无法以合理的商业条件获取的;

(二)为在中国境外使用而进行采购的;

(三)其他法律、行政法规另有规定的。

前款所称本国货物、工程和服务的界定,依照国务院有关规定执行。

第十一条 政府采购的信息应当在政府采购监督管理部门指定的媒体上及时向社会公开发布,但涉及商业秘密的除外。

第十二条 在政府采购活动中,采购人员及相关人员与供应商有利害关系的,必须回避。供应商认为采购人员及相关人员与其他供应商有利害关系的,可以申请其回避。

前款所称相关人员,包括招标采购中评标委员会的组成人员,竞争性谈判采购中谈判小组的组成人员,询价采购中询价小组的组成人员等。

第十三条 各级人民政府财政部门是负责政府采购监督管理的部门,依法履行对政府采购活动的监督管理职责。

各级人民政府其他有关部门依法履行与政府采购活动有关的监督管理职责。

第二章 政府采购当事人

第十四条 政府采购当事人是指在政府采购活动中享有权利和承担义务的各类主体,包括采购人、供应商和采购代理机构等。

第十五条 采购人是指依法进行政府采购的国家机关、事业单位、团体组织。

第十六条 集中采购机构为采购代理机构。设区的市、自治州以上人民政府根据本级政府采购项目组织集中采购的需要设立集中采购机构。

集中采购机构是非营利事业法人,根据采购人的委托办理采购事宜。

第十七条 集中采购机构进行政府采购活动,应当符合采购价格低于市场平均价格、采购效率更高、采购质量优良和服务良好的要求。

第十八条 采购人采购纳入集中采购目录的政府采购项目,必须委托集中采购机构代理采购;采购未纳入集中采购目录的政府采购项目,可以自行采购,也可以委托集中采购机构在委托的范围内代理采购。

纳入集中采购目录属于通用的政府采购项目的,应当委托集中采购机构代理采购;属于本部门、本系统有特殊要求的项目,应当实行部门集中采购;属于本单位有特殊要求的项目,经省级以上人民政府批准,可以自行采购。

第十九条 采购人可以委托集中采购机构以外的采购代理机构,在委托的范围内办理政府采购事宜。

采购人有权自行选择采购代理机构,任何单位和个人不得以任何方式为采购人指定采购代理机构。

第二十条 采购人依法委托采购代理机构办理采购事宜的,应当由采购人与采购代理机构签订委托代理协议,依法确定委托代理的事项,约定双方的权利义务。

第二十一条 供应商是指向采购人提供货物、工程或者服务的法人、其他组织或者自然人。

第二十二条 供应商参加政府采购活动应当具备下列条件:

(一)具有独立承担民事责任的能力;

(二)具有良好的商业信誉和健全的财务会计制度;

(三)具有履行合同所必需的设备和专业技术能力;

(四)有依法缴纳税收和社会保障资金的良好记录;

(五)参加政府采购活动前三年内,在经营活动中没有重大违法记录;

(六)法律、行政法规规定的其他条件。

采购人可以根据采购项目的特殊要求,规定供应商的特定条件,但不得以不合理的条件对供应商实行差别待遇或者歧视待遇。

第二十三条 采购人可以要求参加政府采购的供应商提供有关资质证明文件和业绩情况,并根据本法规定的供应商条件和采购项目对供应商的特定要求,对供应商的资格进行审查。

第二十四条 两个以上的自然人、法人或者其他组织可以组成一个联合体,以一个供应商的身份共同参加政府采购。

以联合体形式进行政府采购的,参加联合体的供应商均应当具备本法第二十二条规定的条件,并应当向采购人提交联合协议,载明联合体各方承担的工作和义务。联合体各方应当共同与采购人签订采购合同,就采购合同约定的事项对采购人承担连带责任。

第二十五条 政府采购当事人不得相互串通损害国家利益、社会公共利益和其他当事人的合法权益;不得以任何手段排斥其他供应商参与竞争。

供应商不得以向采购人、采购代理机构、评标委员会的组成人员、竞争性谈判小组的组成人员、询价小组的组成人员行贿或者采取其他不正当手段谋取中标或者成交。

采购代理机构不得以向采购人行贿或者采取其他不正当手段谋取非法利益。

第三章 政府采购方式

第二十六条 政府采购采用以下方式:

(一)公开招标;

(二)邀请招标;

(三)竞争性谈判;

(四)单一来源采购;

(五)询价;

(六)国务院政府采购监督管理部门认定的其他采购方式。

公开招标应作为政府采购的主要采购方式。

第二十七条 采购人采购货物或者服务应当采用公开招标方式的,其具体数额标准,属于中央预算的政府采购项目,由国务院规定;属于地方预算的政府采购项目,由省、自治区、直辖市人民政府规定;因特殊情况需要采用公开招标以外的采购方式的,应当在采购活动开始前获得设区的市、自治州以上人民政府采购监督管理部门的批准。

第二十八条 采购人不得将应当以公开招标方式采购的货物或者服务化整为零或者以其他任何方式规避公开招标采购。

第二十九条 符合下列情形之一的货物或者服务,可以依照本法采用邀请招标方式采购:

(一)具有特殊性,只能从有限范围的供应商处采购的;

(二)采用公开招标方式的费用占政府采购项目总价值的比例过大的。

第三十条 符合下列情形之一的货物或者服务,可以依照本法采用竞争性谈判方式采购:

(一)招标后没有供应商投标或者没有合格标的或者重新招标未能成立的;

(二)技术复杂或者性质特殊,不能确定详细规格或者具体要求的;

(三)采用招标所需时间不能满足用户紧急需要的;

(四)不能事先计算出价格总额的。

第三十一条 符合下列情形之一的货物或者服务,可以依照本法采用单一来源方式采购:

(一)只能从唯一供应商处采购的;

(二)发生了不可预见的紧急情况不能从其他供应商处采购的;

(三)必须保证原有采购项目一致性或者服务配套的要求,需要继续从原供应商处添购,且添购资金总额不超过原合同采购金额百分之十的。

第三十二条 采购的货物规格、标准统一、现货货源充足且价格变化幅度小的政府采购项目,可以依照本法采用询价方式采购。

第四章 政府采购程序

第三十三条 负有编制部门预算职责的部门在编制下一财政年度部门预算时,应当将该财政年度政府采购的项目及资金预算列出,报本级财政部门汇总。部门预算的审批,按预算管理权限和程序进行。

第三十四条 货物或者服务项目采取邀请招标方式采购的,采购人应当从符合相应资格条件的供应商中,通过随机方式选择三家以上的供应商,并向其发出投标邀请书。

第三十五条 货物和服务项目实行招标方式采购的,自招标文件开始发出之日起至投标人提交投标文件截止之日止,不得少于二十日。

第三十六条 在招标采购中,出现下列情形之一的,应予废标:

(一)符合专业条件的供应商或者对招标文件作实质响应的供应商不足三家的;

(二)出现影响采购公正的违法、违规行为的;

(三)投标人的报价均超过了采购预算,采购人不能支付的;

(四)因重大变故,采购任务取消的。

废标后,采购人应当将废标理由通知所有投标人。

第三十七条 废标后,除采购任务取消情形外,应当重新组织招标;需要采取其他方式采购的,应当在采购活动开始前获得设区的市、自治州以上人民政府采购监督管理部门或者政府有关部门批准。

第三十八条 采用竞争性谈判方式采购的,应当遵循下列程序:

(一)成立谈判小组。谈判小组由采购人的代表和有关专家共三人以上的单数组成,其中专家的人数不得少于成员总数的三分之二。

(二)制定谈判文件。谈判文件应当明确谈判程序、谈判内容、合同草案的条款以及评定成交的标准等事项。

(三)确定邀请参加谈判的供应商名单。谈判小组从符合相应资格条件的供应商名单中确定不少于三家的供应商参加谈判,并向其提供谈判文件。

(四)谈判。谈判小组所有成员集中与单一供应商分别进行谈判。在谈判中,谈判的任何一方不得透露与谈判有关的其他供应商的技术资料、价格和其他信息。谈判文件有实质性变动的,谈判小组应当以书面形式通知所有参加谈判的供应商。

(五)确定成交供应商。谈判结束后,谈判小组应当要求所有参加谈判的供应商在规定时间内进行最后报价,采购人从谈判小组提出的成交候选人中根据符合采购需求、质量和服务相等且报价最低的原则确定成交供应商,并将结果通知所有参加谈判的未成交的供应商。

第三十九条 采取单一来源方式采购的,采购人与供应商应当遵循本法规定的原则,在保证采购项目质量和双方商定合理价格的基础上进行采购。

第四十条 采取询价方式采购的,应当遵循下列程序:

(一)成立询价小组。询价小组由采购人的代表和有关专家共三人以上的单数组成,其中专家的人数不得少于成员总数的三分之二。询价小组应当对采购项目的价格构成和评定成交的标准等事项作出规定。

(二)确定被询价的供应商名单。询价小组根据采购需求,从符合相应资格条件的供应商名单中确定不少于三家的供应商,并向其发出询价通知书让其报价。

(三)询价。询价小组要求被询价的供应商一次报出不得更改的价格。

(四)确定成交供应商。采购人根据符合采购需求、质量和服务相等且报价最低的原则确定成交供应商,并将结果通知所有被询价的未成交的供应商。

第四十一条 采购人或者其委托的采购代理机构应当组织对供应商履约的验收。大型或者复杂的政府采购项目,应当邀请国家认可的质量检测机构参加验收工作。验收方成员应当在验收书上签字,并承担相应的法律责任。

第四十二条 采购人、采购代理机构对政府采购项目每项采购活动的采购文件应当妥善保存,不得伪造、变造、隐匿或者销毁。采购文件的保存期限为从采购结束之日起至少保存十五年。

采购文件包括采购活动记录、采购预算、招标文件、投标文件、评标标准、评估报告、定标文件、合同文本、验收证明、质疑答复、投诉处理决定及其他有关文件、资料。

采购活动记录至少应当包括下列内容:

(一)采购项目类别、名称;

(二)采购项目预算、资金构成和合同价格;

(三)采购方式,采用公开招标以外的采购方式的,应当载明原因;

(四)邀请和选择供应商的条件及原因;

(五)评标标准及确定中标人的原因;

(六)废标的原因;

(七)采用招标以外采购方式的相应记载。

第五章 政府采购合同

第四十三条 政府采购合同适用合同法。采购人和供应商之间的权利和义务,应当按照平等、自愿的原则以合同方式约定。

采购人可以委托采购代理机构代表其与供应商签订政府采购合同。由采购代理机构以采购人名义签订合同的,应当提交采购人的授权委托书,作为合同附件。

第四十四条 政府采购合同应当采用书面形式。

第四十五条 国务院政府采购监督管理部门应当会同国务院有关部门,规定政府采购合同必须具备的条款。

第四十六条 采购人与中标、成交供应商应当在中标、成交通知书发出之日起三十日内,按照采购文件确定的事项签订政府采购合同。

中标、成交通知书对采购人和中标、成交供应商均具有法律效力。中标、成交通知书发出后,采购人改变中标、成交结果的,或者中标、成交供应商放弃中标、成交项目的,应当依法承担法律责任。

第四十七条 政府采购项目的采购合同自签订之日起七个工作日内,采购人应当将合同副本报同级政府采购监督管理部门和有关部门备案。

第四十八条 经采购人同意,中标、成交供应商可以依法采取分包方式履行合同。

政府采购合同分包履行的，中标、成交供应商就采购项目和分包项目向采购人负责，分包供应商就分包项目承担责任。

第四十九条 政府采购合同履行中，采购人需追加与合同标的相同的货物、工程或者服务的，在不改变合同其他条款的前提下，可以与供应商协商签订补充合同，但所有补充合同的采购金额不得超过原合同采购金额的百分之十。

第五十条 政府采购合同的双方当事人不得擅自变更、中止或者终止合同。

政府采购合同继续履行将损害国家利益和社会公共利益的，双方当事人应当变更、中止或者终止合同。有过错的一方应当承担赔偿责任，双方都有过错的，各自承担相应的责任。

第六章 质疑与投诉

第五十一条 供应商对政府采购活动事项有疑问的，可以向采购人提出询问，采购人应当及时作出答复，但答复的内容不得涉及商业秘密。

第五十二条 供应商认为采购文件、采购过程和中标、成交结果使自己的权益受到损害的，可以在知道或者应知其权益受到损害之日起七个工作日内，以书面形式向采购人提出质疑。

第五十三条 采购人应当在收到供应商的书面质疑后七个工作日内作出答复，并以书面形式通知质疑供应商和其他有关供应商，但答复的内容不得涉及商业秘密。

第五十四条 采购人委托采购代理机构采购的，供应商可以向采购代理机构提出询问或者质疑，采购代理机构应当依照本法第五十一条、第五十三条的规定就采购人委托授权范围内的事项作出答复。

第五十五条 质疑供应商对采购人、采购代理机构的答复不满意或者采购人、采购代理机构未在规定的时间内作出答复的，可以在答复期满后十五个工作日内向同级政府采购监督管理部门投诉。

第五十六条 政府采购监督管理部门应当在收到投诉后三十个工作日内，对投诉事项作出处理决定，并以书面形式通知投诉人和与投诉事项有关的当事人。

第五十七条 政府采购监督管理部门在处理投诉事项期间，可以视具体情况书面通知采购人暂停采购活动，但暂停时间最长不得超过三十日。

第五十八条 投诉人对政府采购监督管理部门的投诉处理决定不服或者政府采购监督管理部门逾期未作处理的，可以依法申请行政复议或者向人民法院提起行政诉讼。

第七章 监督检查

第五十九条 政府采购监督管理部门应当加强对政府采购活动及集中采购机构的监督检查。

监督检查的主要内容是：

（一）有关政府采购的法律、行政法规和规章的执行情况；

（二）采购范围、采购方式和采购程序的执行情况；

（三）政府采购人员的职业素质和专业技能。

第六十条 政府采购监督管理部门不得设置集中采购机构，不得参与政府采购项目的采购活动。

采购代理机构与行政机关不得存在隶属关系或者其他利益关系。

第六十一条 集中采购机构应当建立健全内部监督管理制度。采购活动的决策和执行程序应当明确，并相互监督、相互制约。经办采购的人员与负责采购合同审核、验收人员的职责权限应当明确，并相互分离。

第六十二条 集中采购机构的采购人员应当具有相关职业素质和专业技能，符合政府采购监督管理部门规定的专业岗位任职要求。

集中采购机构对其工作人员应当加强教育和培训；对采购人员的专业水平、工作实绩和职业道德状况定期进行考核。采购人员经考核不合格的，不得继续任职。

第六十三条 政府采购项目的采购标准应当公开。

采用本法规定的采购方式的，采购人在采购活动完成后，应当将采购结果予以公布。

第六十四条 采购人必须按照本法规定的采购方式和采购程序进行采购。

任何单位和个人不得违反本法规定，要求采购人或者采购工作人员向其指定的供应商进行采购。

第六十五条 政府采购监督管理部门应当对政府采购项目的采购活动进行检查，政府采购当事人应当如实反映情况，提供有关材料。

第六十六条 政府采购监督管理部门应当对集中采购机构的采购价格、节约资金效果、服务质量、信誉状况、有无违法行为等事项进行考核，并定期如实公布考核结果。

第六十七条 依照法律、行政法规的规定对政府采购负有行政监督职责的政府有关部门,应当按照其职责分工,加强对政府采购活动的监督。

第六十八条 审计机关应当对政府采购进行审计监督。政府采购监督管理部门、政府采购各当事人有关政府采购活动,应当接受审计机关的审计监督。

第六十九条 监察机关应当加强对参与政府采购活动的国家机关、国家公务员和国家行政机关任命的其他人员实施监察。

第七十条 任何单位和个人对政府采购活动中的违法行为,有权控告和检举,有关部门、机关应当依照各自职责及时处理。

第八章 法律责任

第七十一条 采购人、采购代理机构有下列情形之一的,责令限期改正,给予警告,可以并处罚款,对直接负责的主管人员和其他直接责任人员,由其行政主管部门或者有关机关给予处分,并予通报:

(一)应当采用公开招标方式而擅自采用其他方式采购的;

(二)擅自提高采购标准的;

(三)以不合理的条件对供应商实行差别待遇或者歧视待遇的;

(四)在招标采购过程中与投标人进行协商谈判的;

(五)中标、成交通知书发出后不与中标、成交供应商签订采购合同的;

(六)拒绝有关部门依法实施监督检查的。

第七十二条 采购人、采购代理机构及其工作人员有下列情形之一,构成犯罪的,依法追究刑事责任;尚不构成犯罪的,处以罚款,有违法所得的,并处没收违法所得,属于国家机关工作人员的,依法给予行政处分:

(一)与供应商或者采购代理机构恶意串通的;

(二)在采购过程中接受贿赂或者获取其他不正当利益的;

(三)在有关部门依法实施的监督检查中提供虚假情况的;

(四)开标前泄露标底的。

第七十三条 有前两条违法行为之一影响中标、成交结果或者可能影响中标、成交结果的,按下列情况分别处理:

(一)未确定中标、成交供应商的,终止采购活动;

(二)中标、成交供应商已经确定但采购合同尚未履行的,撤销合同,从合格的中标、成交候选人中另行确定中标、成交供应商;

（三）采购合同已经履行的，给采购人、供应商造成损失的，由责任人承担赔偿责任。

第七十四条 采购人对应当实行集中采购的政府采购项目，不委托集中采购机构实行集中采购的，由政府采购监督管理部门责令改正；拒不改正的，停止按预算向其支付资金，由其上级行政主管部门或者有关机关依法给予其直接负责的主管人员和其他直接责任人员处分。

第七十五条 采购人未依法公布政府采购项目的采购标准和采购结果的，责令改正，对直接负责的主管人员依法给予处分。

第七十六条 采购人、采购代理机构违反本法规定隐匿、销毁应当保存的采购文件或者伪造、变造采购文件的，由政府采购监督管理部门处以二万元以上十万元以下的罚款，对其直接负责的主管人员和其他直接责任人员依法给予处分；构成犯罪的，依法追究刑事责任。

第七十七条 供应商有下列情形之一的，处以采购金额千分之五以上千分之十以下的罚款，列入不良行为记录名单，在一至三年内禁止参加政府采购活动，有违法所得的，并处没收违法所得，情节严重的，由工商行政管理机关吊销营业执照；构成犯罪的，依法追究刑事责任：

（一）提供虚假材料谋取中标、成交的；

（二）采取不正当手段诋毁、排挤其他供应商的；

（三）与采购人、其他供应商或者采购代理机构恶意串通的；

（四）向采购人、采购代理机构行贿或者提供其他不正当利益的；

（五）在招标采购过程中与采购人进行协商谈判的；

（六）拒绝有关部门监督检查或者提供虚假情况的。

供应商有前款第（一）至（五）项情形之一的，中标、成交无效。

第七十八条 采购代理机构在代理政府采购业务中有违法行为的，按照有关法律规定处以罚款，可以在一至三年内禁止其代理政府采购业务，构成犯罪的，依法追究刑事责任。

第七十九条 政府采购当事人有本法第七十一条、第七十二条、第七十七条违法行为之一，给他人造成损失的，并应依照有关民事法律规定承担民事责任。

第八十条 政府采购监督管理部门的工作人员在实施监督检查中违反本法规定滥用职权，玩忽职守，徇私舞弊的，依法给予行政处分；构成犯罪的，依法追究刑事责任。

第八十一条 政府采购监督管理部门对供应商的投诉逾期未作处理的，给予直接负责的主管人员和其他直接责任人员行政处分。

第八十二条　政府采购监督管理部门对集中采购机构业绩的考核,有虚假陈述,隐瞒真实情况的,或者不作定期考核和公布考核结果的,应当及时纠正,由其上级机关或者监察机关对其负责人进行通报,并对直接负责的人员依法给予行政处分。

集中采购机构在政府采购监督管理部门考核中,虚报业绩,隐瞒真实情况的,处以二万元以上二十万元以下的罚款,并予以通报;情节严重的,取消其代理采购的资格。

第八十三条　任何单位或者个人阻挠和限制供应商进入本地区或者本行业政府采购市场的,责令限期改正;拒不改正的,由该单位、个人的上级行政主管部门或者有关机关给予单位责任人或者个人处分。

第九章　附　　则

第八十四条　使用国际组织和外国政府贷款进行的政府采购,贷款方、资金提供方与中方达成的协议对采购的具体条件另有规定的,可以适用其规定,但不得损害国家利益和社会公共利益。

第八十五条　对因严重自然灾害和其他不可抗力事件所实施的紧急采购和涉及国家安全和秘密的采购,不适用本法。

第八十六条　军事采购法规由中央军事委员会另行制定。

第八十七条　本法实施的具体步骤和办法由国务院规定。

第八十八条　本法自 2003 年 1 月 1 日起施行。

中华人民共和国政府采购法实施条例

(2015 年 1 月 30 日中华人民共和国国务院令第 658 号公布
自 2015 年 3 月 1 日起施行)

第一章　总　　则

第一条　根据《中华人民共和国政府采购法》(以下简称政府采购法),制定本条例。

第二条 政府采购法第二条所称财政性资金是指纳入预算管理的资金。

以财政性资金作为还款来源的借贷资金,视同财政性资金。

国家机关、事业单位和团体组织的采购项目既使用财政性资金又使用非财政性资金的,使用财政性资金采购的部分,适用政府采购法及本条例;财政性资金与非财政性资金无法分割采购的,统一适用政府采购法及本条例。

政府采购法第二条所称服务,包括政府自身需要的服务和政府向社会公众提供的公共服务。

第三条 集中采购目录包括集中采购机构采购项目和部门集中采购项目。

技术、服务等标准统一,采购人普遍使用的项目,列为集中采购机构采购项目;采购人本部门、本系统基于业务需要有特殊要求,可以统一采购的项目,列为部门集中采购项目。

第四条 政府采购法所称集中采购,是指采购人将列入集中采购目录的项目委托集中采购机构代理采购或者进行部门集中采购的行为;所称分散采购,是指采购人将采购限额标准以上的未列入集中采购目录的项目自行采购或者委托采购代理机构代理采购的行为。

第五条 省、自治区、直辖市人民政府或者其授权的机构根据实际情况,可以确定分别适用于本行政区域省级、设区的市级、县级的集中采购目录和采购限额标准。

第六条 国务院财政部门应当根据国家的经济和社会发展政策,会同国务院有关部门制定政府采购政策,通过制定采购需求标准、预留采购份额、价格评审优惠、优先采购等措施,实现节约能源、保护环境、扶持不发达地区和少数民族地区、促进中小企业发展等目标。

第七条 政府采购工程以及与工程建设有关的货物、服务,采用招标方式采购的,适用《中华人民共和国招标投标法》及其实施条例;采用其他方式采购的,适用政府采购法及本条例。

前款所称工程,是指建设工程,包括建筑物和构筑物的新建、改建、扩建及其相关的装修、拆除、修缮等;所称与工程建设有关的货物,是指构成工程不可分割的组成部分,且为实现工程基本功能所必需的设备、材料等;所称与工程建设有关的服务,是指为完成工程所需的勘察、设计、监理等服务。

政府采购工程以及与工程建设有关的货物、服务,应当执行政府采购政策。

第八条 政府采购项目信息应当在省级以上人民政府财政部门指定的媒体上发布。采购项目预算金额达到国务院财政部门规定标准的,政府采购项目信息应当在国务院财政部门指定的媒体上发布。

第九条　在政府采购活动中,采购人员及相关人员与供应商有下列利害关系之一的,应当回避:

(一)参加采购活动前3年内与供应商存在劳动关系;

(二)参加采购活动前3年内担任供应商的董事、监事;

(三)参加采购活动前3年内是供应商的控股股东或者实际控制人;

(四)与供应商的法定代表人或者负责人有夫妻、直系血亲、三代以内旁系血亲或者近姻亲关系;

(五)与供应商有其他可能影响政府采购活动公平、公正进行的关系。

供应商认为采购人员及相关人员与其他供应商有利害关系的,可以向采购人或者采购代理机构书面提出回避申请,并说明理由。采购人或者采购代理机构应当及时询问被申请回避人员,有利害关系的被申请回避人员应当回避。

第十条　国家实行统一的政府采购电子交易平台建设标准,推动利用信息网络进行电子化政府采购活动。

第二章　政府采购当事人

第十一条　采购人在政府采购活动中应当维护国家利益和社会公共利益,公正廉洁,诚实守信,执行政府采购政策,建立政府采购内部管理制度,厉行节约,科学合理确定采购需求。

采购人不得向供应商索要或者接受其给予的赠品、回扣或者与采购无关的其他商品、服务。

第十二条　政府采购法所称采购代理机构,是指集中采购机构和集中采购机构以外的采购代理机构。

集中采购机构是设区的市级以上人民政府依法设立的非营利事业法人,是代理集中采购项目的执行机构。集中采购机构应当根据采购人委托制定集中采购项目的实施方案,明确采购规程,组织政府采购活动,不得将集中采购项目转委托。集中采购机构以外的采购代理机构,是从事采购代理业务的社会中介机构。

第十三条　采购代理机构应当建立完善的政府采购内部监督管理制度,具备开展政府采购业务所需的评审条件和设施。

采购代理机构应当提高确定采购需求,编制招标文件、谈判文件、询价通知书,拟订合同文本和优化采购程序的专业化服务水平,根据采购人委托在规定的时间内及时组织采购人与中标或者成交供应商签订政府采购合同,及时协助采购人对采购项目进行验收。

第十四条 采购代理机构不得以不正当手段获取政府采购代理业务,不得与采购人、供应商恶意串通操纵政府采购活动。

采购代理机构工作人员不得接受采购人或者供应商组织的宴请、旅游、娱乐,不得收受礼品、现金、有价证券等,不得向采购人或者供应商报销应当由个人承担的费用。

第十五条 采购人、采购代理机构应当根据政府采购政策、采购预算、采购需求编制采购文件。

采购需求应当符合法律法规以及政府采购政策规定的技术、服务、安全等要求。政府向社会公众提供的公共服务项目,应当就确定采购需求征求社会公众的意见。除因技术复杂或者性质特殊,不能确定详细规格或者具体要求外,采购需求应当完整、明确。必要时,应当就确定采购需求征求相关供应商、专家的意见。

第十六条 政府采购法第二十条规定的委托代理协议,应当明确代理采购的范围、权限和期限等具体事项。

采购人和采购代理机构应当按照委托代理协议履行各自义务,采购代理机构不得超越代理权限。

第十七条 参加政府采购活动的供应商应当具备政府采购法第二十二条第一款规定的条件,提供下列材料:

(一)法人或者其他组织的营业执照等证明文件,自然人的身份证明;

(二)财务状况报告,依法缴纳税收和社会保障资金的相关材料;

(三)具备履行合同所必需的设备和专业技术能力的证明材料;

(四)参加政府采购活动前3年内在经营活动中没有重大违法记录的书面声明;

(五)具备法律、行政法规规定的其他条件的证明材料。

采购项目有特殊要求的,供应商还应当提供其符合特殊要求的证明材料或者情况说明。

第十八条 单位负责人为同一人或者存在直接控股、管理关系的不同供应商,不得参加同一合同项下的政府采购活动。

除单一来源采购项目外,为采购项目提供整体设计、规范编制或者项目管理、监理、检测等服务的供应商,不得再参加该采购项目的其他采购活动。

第十九条 政府采购法第二十二条第一款第五项所称重大违法记录,是指供应商因违法经营受到刑事处罚或者责令停产停业、吊销许可证或者执照、较大数额罚款等行政处罚。

供应商在参加政府采购活动前3年内因违法经营被禁止在一定期限内参加政府采购活动,期限届满的,可以参加政府采购活动。

第二十条 采购人或者采购代理机构有下列情形之一的,属于以不合理的条件对供应商实行差别待遇或者歧视待遇:

(一)就同一采购项目向供应商提供有差别的项目信息;

(二)设定的资格、技术、商务条件与采购项目的具体特点和实际需要不相适应或者与合同履行无关;

(三)采购需求中的技术、服务等要求指向特定供应商、特定产品;

(四)以特定行政区域或者特定行业的业绩、奖项作为加分条件或者中标、成交条件;

(五)对供应商采取不同的资格审查或者评审标准;

(六)限定或者指定特定的专利、商标、品牌或者供应商;

(七)非法限定供应商的所有制形式、组织形式或者所在地;

(八)以其他不合理条件限制或者排斥潜在供应商。

第二十一条 采购人或者采购代理机构对供应商进行资格预审的,资格预审公告应当在省级以上人民政府财政部门指定的媒体上发布。已进行资格预审的,评审阶段可以不再对供应商资格进行审查。资格预审合格的供应商在评审阶段资格发生变化的,应当通知采购人和采购代理机构。

资格预审公告应当包括采购人和采购项目名称、采购需求、对供应商的资格要求以及供应商提交资格预审申请文件的时间和地点。提交资格预审申请文件的时间自公告发布之日起不得少于5个工作日。

第二十二条 联合体中有同类资质的供应商按照联合体分工承担相同工作的,应当按照资质等级较低的供应商确定资质等级。

以联合体形式参加政府采购活动的,联合体各方不得再单独参加或者与其他供应商另外组成联合体参加同一合同项下的政府采购活动。

第三章 政府采购方式

第二十三条 采购人采购公开招标数额标准以上的货物或者服务,符合政府采购法第二十九条、第三十条、第三十一条、第三十二条规定情形或者有需要执行政府采购政策等特殊情况的,经设区的市级以上人民政府财政部门批准,可以依法采用公开招标以外的采购方式。

第二十四条 列入集中采购目录的项目,适合实行批量集中采购的,应当实行批量集中采购,但紧急的小额零星货物项目和有特殊要求的服务、工程项目除外。

第二十五条 政府采购工程依法不进行招标的,应当依照政府采购法和本条例规定的竞争性谈判或者单一来源采购方式采购。

第二十六条 政府采购法第三十条第三项规定的情形,应当是采购人不可预见的或者非因采购人拖延导致的;第四项规定的情形,是指因采购艺术品或者因专利、专有技术或者因服务的时间、数量事先不能确定等导致不能事先计算出价格总额。

第二十七条 政府采购法第三十一条第一项规定的情形,是指因货物或者服务使用不可替代的专利、专有技术,或者公共服务项目具有特殊要求,导致只能从某一特定供应商处采购。

第二十八条 在一个财政年度内,采购人将一个预算项目下的同一品目或者类别的货物、服务采用公开招标以外的方式多次采购,累计资金数额超过公开招标数额标准的,属于以化整为零方式规避公开招标,但项目预算调整或者经批准采用公开招标以外方式采购除外。

第四章 政府采购程序

第二十九条 采购人应当根据集中采购目录、采购限额标准和已批复的部门预算编制政府采购实施计划,报本级人民政府财政部门备案。

第三十条 采购人或者采购代理机构应当在招标文件、谈判文件、询价通知书中公开采购项目预算金额。

第三十一条 招标文件的提供期限自招标文件开始发出之日起不得少于5个工作日。

采购人或者采购代理机构可以对已发出的招标文件进行必要的澄清或者修改。澄清或者修改的内容可能影响投标文件编制的,采购人或者采购代理机构应当在投标截止时间至少15日前,以书面形式通知所有获取招标文件的潜在投标人;不足15日的,采购人或者采购代理机构应当顺延提交投标文件的截止时间。

第三十二条 采购人或者采购代理机构应当按照国务院财政部门制定的招标文件标准文本编制招标文件。

招标文件应当包括采购项目的商务条件、采购需求、投标人的资格条件、投标报价要求、评标方法、评标标准以及拟签订的合同文本等。

第三十三条 招标文件要求投标人提交投标保证金的,投标保证金不得超过采购项目预算金额的 2%。投标保证金应当以支票、汇票、本票或者金融机构、担保机构出具的保函等非现金形式提交。投标人未按照招标文件要求提交投标保证金的,投标无效。

采购人或者采购代理机构应当自中标通知书发出之日起 5 个工作日内退还未中标供应商的投标保证金,自政府采购合同签订之日起 5 个工作日内退还中标供应商的投标保证金。

竞争性谈判或者询价采购中要求参加谈判或者询价的供应商提交保证金的,参照前两款的规定执行。

第三十四条　政府采购招标评标方法分为最低评标价法和综合评分法。

最低评标价法,是指投标文件满足招标文件全部实质性要求且投标报价最低的供应商为中标候选人的评标方法。综合评分法,是指投标文件满足招标文件全部实质性要求且按照评审因素的量化指标评审得分最高的供应商为中标候选人的评标方法。

技术、服务等标准统一的货物和服务项目,应当采用最低评标价法。

采用综合评分法的,评审标准中的分值设置应当与评审因素的量化指标相对应。

招标文件中没有规定的评标标准不得作为评审的依据。

第三十五条　谈判文件不能完整、明确列明采购需求,需要由供应商提供最终设计方案或者解决方案的,在谈判结束后,谈判小组应当按照少数服从多数的原则投票推荐 3 家以上供应商的设计方案或者解决方案,并要求其在规定时间内提交最后报价。

第三十六条　询价通知书应当根据采购需求确定政府采购合同条款。在询价过程中,询价小组不得改变询价通知书所确定的政府采购合同条款。

第三十七条　政府采购法第三十八条第五项、第四十条第四项所称质量和服务相等,是指供应商提供的产品质量和服务均能满足采购文件规定的实质性要求。

第三十八条　达到公开招标数额标准,符合政府采购法第三十一条第一项规定情形,只能从唯一供应商处采购的,采购人应当将采购项目信息和唯一供应商名称在省级以上人民政府财政部门指定的媒体上公示,公示期不得少于 5 个工作日。

第三十九条　除国务院财政部门规定的情形外,采购人或者采购代理机构应当从政府采购评审专家库中随机抽取评审专家。

第四十条　政府采购评审专家应当遵守评审工作纪律,不得泄露评审文件、评审情况和评审中获悉的商业秘密。

评标委员会、竞争性谈判小组或者询价小组在评审过程中发现供应商有行贿、提供虚假材料或者串通等违法行为的,应当及时向财政部门报告。

政府采购评审专家在评审过程中受到非法干预的,应当及时向财政、监察等部门举报。

第四十一条 评标委员会、竞争性谈判小组或者询价小组成员应当按照客观、公正、审慎的原则,根据采购文件规定的评审程序、评审方法和评审标准进行独立评审。采购文件内容违反国家有关强制性规定的,评标委员会、竞争性谈判小组或者询价小组应当停止评审并向采购人或者采购代理机构说明情况。

评标委员会、竞争性谈判小组或者询价小组成员应当在评审报告上签字,对自己的评审意见承担法律责任。对评审报告有异议的,应当在评审报告上签署不同意见,并说明理由,否则视为同意评审报告。

第四十二条 采购人、采购代理机构不得向评标委员会、竞争性谈判小组或者询价小组的评审专家作倾向性、误导性的解释或者说明。

第四十三条 采购代理机构应当自评审结束之日起 2 个工作日内将评审报告送交采购人。采购人应当自收到评审报告之日起 5 个工作日内在评审报告推荐的中标或者成交候选人中按顺序确定中标或者成交供应商。

采购人或者采购代理机构应当自中标、成交供应商确定之日起 2 个工作日内,发出中标、成交通知书,并在省级以上人民政府财政部门指定的媒体上公告中标、成交结果,招标文件、竞争性谈判文件、询价通知书随中标、成交结果同时公告。

中标、成交结果公告内容应当包括采购人和采购代理机构的名称、地址、联系方式,项目名称和项目编号,中标或者成交供应商名称、地址和中标或者成交金额,主要中标或者成交标的的名称、规格型号、数量、单价、服务要求以及评审专家名单。

第四十四条 除国务院财政部门规定的情形外,采购人、采购代理机构不得以任何理由组织重新评审。采购人、采购代理机构按照国务院财政部门的规定组织重新评审的,应当书面报告本级人民政府财政部门。

采购人或者采购代理机构不得通过对样品进行检测、对供应商进行考察等方式改变评审结果。

第四十五条 采购人或者采购代理机构应当按照政府采购合同规定的技术、服务、安全标准组织对供应商履约情况进行验收,并出具验收书。验收书应当包括每一项技术、服务、安全标准的履约情况。

政府向社会公众提供的公共服务项目,验收时应当邀请服务对象参与并出具意见,验收结果应当向社会公告。

第四十六条　政府采购法第四十二条规定的采购文件,可以用电子档案方式保存。

第五章　政府采购合同

第四十七条　国务院财政部门应当会同国务院有关部门制定政府采购合同标准文本。

第四十八条　采购文件要求中标或者成交供应商提交履约保证金的,供应商应当以支票、汇票、本票或者金融机构、担保机构出具的保函等非现金形式提交。履约保证金的数额不得超过政府采购合同金额的10%。

第四十九条　中标或者成交供应商拒绝与采购人签订合同的,采购人可以按照评审报告推荐的中标或者成交候选人名单排序,确定下一候选人为中标或者成交供应商,也可以重新开展政府采购活动。

第五十条　采购人应当自政府采购合同签订之日起2个工作日内,将政府采购合同在省级以上人民政府财政部门指定的媒体上公告,但政府采购合同中涉及国家秘密、商业秘密的内容除外。

第五十一条　采购人应当按照政府采购合同规定,及时向中标或者成交供应商支付采购资金。

政府采购项目资金支付程序,按照国家有关财政资金支付管理的规定执行。

第六章　质疑与投诉

第五十二条　采购人或者采购代理机构应当在3个工作日内对供应商依法提出的询问作出答复。

供应商提出的询问或者质疑超出采购人对采购代理机构委托授权范围的,采购代理机构应当告知供应商向采购人提出。

政府采购评审专家应当配合采购人或者采购代理机构答复供应商的询问和质疑。

第五十三条　政府采购法第五十二条规定的供应商应知其权益受到损害之日,是指:

(一)对可以质疑的采购文件提出质疑的,为收到采购文件之日或者采购文件公告期限届满之日;

（二）对采购过程提出质疑的，为各采购程序环节结束之日；

（三）对中标或者成交结果提出质疑的，为中标或者成交结果公告期限届满之日。

第五十四条 询问或者质疑事项可能影响中标、成交结果的，采购人应当暂停签订合同，已经签订合同的，应当中止履行合同。

第五十五条 供应商质疑、投诉应当有明确的请求和必要的证明材料。供应商投诉的事项不得超出已质疑事项的范围。

第五十六条 财政部门处理投诉事项采用书面审查的方式，必要时可以进行调查取证或者组织质证。

对财政部门依法进行的调查取证，投诉人和与投诉事项有关的当事人应当如实反映情况，并提供相关材料。

第五十七条 投诉人捏造事实、提供虚假材料或者以非法手段取得证明材料进行投诉的，财政部门应当予以驳回。

财政部门受理投诉后，投诉人书面申请撤回投诉的，财政部门应当终止投诉处理程序。

第五十八条 财政部门处理投诉事项，需要检验、检测、鉴定、专家评审以及需要投诉人补正材料的，所需时间不计算在投诉处理期限内。

财政部门对投诉事项作出的处理决定，应当在省级以上人民政府财政部门指定的媒体上公告。

第七章 监督检查

第五十九条 政府采购法第六十三条所称政府采购项目的采购标准，是指项目采购所依据的经费预算标准、资产配置标准和技术、服务标准等。

第六十条 除政府采购法第六十六条规定的考核事项外，财政部门对集中采购机构的考核事项还包括：

（一）政府采购政策的执行情况；

（二）采购文件编制水平；

（三）采购方式和采购程序的执行情况；

（四）询问、质疑答复情况；

（五）内部监督管理制度建设及执行情况；

（六）省级以上人民政府财政部门规定的其他事项。

财政部门应当制定考核计划，定期对集中采购机构进行考核，考核结果有重要情况的，应当向本级人民政府报告。

第六十一条　采购人发现采购代理机构有违法行为的,应当要求其改正。采购代理机构拒不改正的,采购人应当向本级人民政府财政部门报告,财政部门应当依法处理。

采购代理机构发现采购人的采购需求存在以不合理条件对供应商实行差别待遇、歧视待遇或者其他不符合法律、法规和政府采购政策规定内容,或者发现采购人有其他违法行为的,应当建议其改正。采购人拒不改正的,采购代理机构应当向采购人的本级人民政府财政部门报告,财政部门应当依法处理。

第六十二条　省级以上人民政府财政部门应当对政府采购评审专家库实行动态管理,具体管理办法由国务院财政部门制定。

采购人或者采购代理机构应当对评审专家在政府采购活动中的职责履行情况予以记录,并及时向财政部门报告。

第六十三条　各级人民政府财政部门和其他有关部门应当加强对参加政府采购活动的供应商、采购代理机构、评审专家的监督管理,对其不良行为予以记录,并纳入统一的信用信息平台。

第六十四条　各级人民政府财政部门对政府采购活动进行监督检查,有权查阅、复制有关文件、资料,相关单位和人员应当予以配合。

第六十五条　审计机关、监察机关以及其他有关部门依法对政府采购活动实施监督,发现采购当事人有违法行为的,应当及时通报财政部门。

第八章　法律责任

第六十六条　政府采购法第七十一条规定的罚款,数额为10万元以下。

政府采购法第七十二条规定的罚款,数额为5万元以上25万元以下。

第六十七条　采购人有下列情形之一的,由财政部门责令限期改正,给予警告,对直接负责的主管人员和其他直接责任人员依法给予处分,并予以通报:

(一)未按照规定编制政府采购实施计划或者未按照规定将政府采购实施计划报本级人民政府财政部门备案;

(二)将应当进行公开招标的项目化整为零或者以其他任何方式规避公开招标;

(三)未按照规定在评标委员会、竞争性谈判小组或者询价小组推荐的中标或者成交候选人中确定中标或者成交供应商;

(四)未按照采购文件确定的事项签订政府采购合同;

（五）政府采购合同履行中追加与合同标的相同的货物、工程或者服务的采购金额超过原合同采购金额10%；

（六）擅自变更、中止或者终止政府采购合同；

（七）未按照规定公告政府采购合同；

（八）未按照规定时间将政府采购合同副本报本级人民政府财政部门和有关部门备案。

第六十八条 采购人、采购代理机构有下列情形之一的，依照政府采购法第七十一条、第七十八条的规定追究法律责任：

（一）未依照政府采购法和本条例规定的方式实施采购；

（二）未依法在指定的媒体上发布政府采购项目信息；

（三）未按照规定执行政府采购政策；

（四）违反本条例第十五条的规定导致无法组织对供应商履约情况进行验收或者国家财产遭受损失；

（五）未依法从政府采购评审专家库中抽取评审专家；

（六）非法干预采购评审活动；

（七）采用综合评分法时评审标准中的分值设置未与评审因素的量化指标相对应；

（八）对供应商的询问、质疑逾期未作处理；

（九）通过对样品进行检测、对供应商进行考察等方式改变评审结果；

（十）未按照规定组织对供应商履约情况进行验收。

第六十九条 集中采购机构有下列情形之一的，由财政部门责令限期改正，给予警告，有违法所得的，并处没收违法所得，对直接负责的主管人员和其他直接责任人员依法给予处分，并予以通报：

（一）内部监督管理制度不健全，对依法应当分设、分离的岗位、人员未分设、分离；

（二）将集中采购项目委托其他采购代理机构采购；

（三）从事营利活动。

第七十条 采购人员与供应商有利害关系而不依法回避的，由财政部门给予警告，并处2000元以上2万元以下的罚款。

第七十一条 有政府采购法第七十一条、第七十二条规定的违法行为之一，影响或者可能影响中标、成交结果的，依照下列规定处理：

（一）未确定中标或者成交供应商的，终止本次政府采购活动，重新开展政府采购活动。

（二）已确定中标或者成交供应商但尚未签订政府采购合同的，中标或者成交结果无效,从合格的中标或者成交候选人中另行确定中标或者成交供应商;没有合格的中标或者成交候选人的,重新开展政府采购活动。

(三)政府采购合同已签订但尚未履行的,撤销合同,从合格的中标或者成交候选人中另行确定中标或者成交供应商;没有合格的中标或者成交候选人的,重新开展政府采购活动。

(四)政府采购合同已经履行,给采购人、供应商造成损失的,由责任人承担赔偿责任。

政府采购当事人有其他违反政府采购法或者本条例规定的行为,经改正后仍然影响或者可能影响中标、成交结果或者依法被认定为中标、成交无效的,依照前款规定处理。

第七十二条 供应商有下列情形之一的,依照政府采购法第七十七条第一款的规定追究法律责任:

(一)向评标委员会、竞争性谈判小组或者询价小组成员行贿或者提供其他不正当利益;

(二)中标或者成交后无正当理由拒不与采购人签订政府采购合同;

(三)未按照采购文件确定的事项签订政府采购合同;

(四)将政府采购合同转包;

(五)提供假冒伪劣产品;

(六)擅自变更、中止或者终止政府采购合同。

供应商有前款第一项规定情形的,中标、成交无效。评审阶段资格发生变化,供应商未依照本条例第二十一条的规定通知采购人和采购代理机构的,处以采购金额5‰的罚款,列入不良行为记录名单,中标、成交无效。

第七十三条 供应商捏造事实、提供虚假材料或者以非法手段取得证明材料进行投诉的,由财政部门列入不良行为记录名单,禁止其1至3年内参加政府采购活动。

第七十四条 有下列情形之一的,属于恶意串通,对供应商依照政府采购法第七十七条第一款的规定追究法律责任,对采购人、采购代理机构及其工作人员依照政府采购法第七十二条的规定追究法律责任:

(一)供应商直接或者间接从采购人或者采购代理机构处获得其他供应商的相关情况并修改其投标文件或者响应文件;

(二)供应商按照采购人或者采购代理机构的授意撤换、修改投标文件或者响应文件;

(三)供应商之间协商报价、技术方案等投标文件或者响应文件的实质性内容;

（四）属于同一集团、协会、商会等组织成员的供应商按照该组织要求协同参加政府采购活动；

（五）供应商之间事先约定由某一特定供应商中标、成交；

（六）供应商之间商定部分供应商放弃参加政府采购活动或者放弃中标、成交；

（七）供应商与采购人或者采购代理机构之间、供应商相互之间，为谋求特定供应商中标、成交或者排斥其他供应商的其他串通行为。

第七十五条 政府采购评审专家未按照采购文件规定的评审程序、评审方法和评审标准进行独立评审或者泄露评审文件、评审情况的，由财政部门给予警告，并处2000元以上2万元以下的罚款；影响中标、成交结果的，处2万元以上5万元以下的罚款，禁止其参加政府采购评审活动。

政府采购评审专家与供应商存在利害关系未回避的，处2万元以上5万元以下的罚款，禁止其参加政府采购评审活动。

政府采购评审专家收受采购人、采购代理机构、供应商贿赂或者获取其他不正当利益，构成犯罪的，依法追究刑事责任；尚不构成犯罪的，处2万元以上5万元以下的罚款，禁止其参加政府采购评审活动。

政府采购评审专家有上述违法行为的，其评审意见无效，不得获取评审费；有违法所得的，没收违法所得；给他人造成损失的，依法承担民事责任。

第七十六条 政府采购当事人违反政府采购法和本条例规定，给他人造成损失的，依法承担民事责任。

第七十七条 财政部门在履行政府采购监督管理职责中违反政府采购法和本条例规定，滥用职权、玩忽职守、徇私舞弊的，对直接负责的主管人员和其他直接责任人员依法给予处分；直接负责的主管人员和其他直接责任人员构成犯罪的，依法追究刑事责任。

第九章 附 则

第七十八条 财政管理实行省直接管理的县级人民政府可以根据需要并报经省级人民政府批准，行使政府采购法和本条例规定的设区的市级人民政府批准变更采购方式的职权。

第七十九条 本条例自2015年3月1日起施行。

二、部门规章

招标公告和公示信息发布管理办法

（2017 年 11 月 23 日国家发展和改革委员会令第 10 号公布
自 2018 年 1 月 1 日起施行）

第一条　为规范招标公告和公示信息发布活动，保证各类市场主体和社会公众平等、便捷、准确地获取招标信息，根据《中华人民共和国招标投标法》、《中华人民共和国招标投标法实施条例》等有关法律法规规定，制定本办法。

第二条　本办法所称招标公告和公示信息，是指招标项目的资格预审公告、招标公告、中标候选人公示、中标结果公示等信息。

第三条　依法必须招标项目的招标公告和公示信息，除依法需要保密或者涉及商业秘密的内容外，应当按照公益服务、公开透明、高效便捷、集中共享的原则，依法向社会公开。

第四条　国家发展改革委根据招标投标法律法规规定，对依法必须招标项目招标公告和公示信息发布媒介的信息发布活动进行监督管理。

省级发展改革部门对本行政区域内招标公告和公示信息发布活动依法进行监督管理。省级人民政府另有规定的，从其规定。

第五条　依法必须招标项目的资格预审公告和招标公告，应当载明以下内容：

（一）招标项目名称、内容、范围、规模、资金来源；

（二）投标资格能力要求，以及是否接受联合体投标；

（三）获取资格预审文件或招标文件的时间、方式；

（四）递交资格预审文件或投标文件的截止时间、方式；

（五）招标人及其招标代理机构的名称、地址、联系人及联系方式；

（六）采用电子招标投标方式的，潜在投标人访问电子招标投标交易平台的网址和方法；

（七）其他依法应当载明的内容。

第六条 依法必须招标项目的中标候选人公示应当载明以下内容：

（一）中标候选人排序、名称、投标报价、质量、工期（交货期），以及评标情况；

（二）中标候选人按照招标文件要求承诺的项目负责人姓名及其相关证书名称和编号；

（三）中标候选人响应招标文件要求的资格能力条件；

（四）提出异议的渠道和方式；

（五）招标文件规定公示的其他内容。

依法必须招标项目的中标结果公示应当载明中标人名称。

第七条 依法必须招标项目的招标公告和公示信息应当根据招标投标法律法规，以及国家发展改革委会同有关部门制定的标准文件编制，实现标准化、格式化。

第八条 依法必须招标项目的招标公告和公示信息应当在“中国招标投标公共服务平台”或者项目所在地省级电子招标投标公共服务平台（以下统一简称“发布媒介”）发布。

第九条 省级电子招标投标公共服务平台应当与“中国招标投标公共服务平台”对接，按规定同步交互招标公告和公示信息。对依法必须招标项目的招标公告和公示信息，发布媒介应当与相应的公共资源交易平台实现信息共享。

“中国招标投标公共服务平台”应当汇总公开全国招标公告和公示信息，以及本办法第八条规定的发布媒介名称、网址、办公场所、联系方式等基本信息，及时维护更新，与全国公共资源交易平台共享，并归集至全国信用信息共享平台，按规定通过“信用中国”网站向社会公开。

第十条 拟发布的招标公告和公示信息文本应当由招标人或其招标代理机构盖章，并由主要负责人或其授权的项目负责人签名。采用数据电文形式的，应当按规定进行电子签名。

招标人或其招标代理机构发布招标公告和公示信息，应当遵守招标投标法律法规关于时限的规定。

第十一条 依法必须招标项目的招标公告和公示信息鼓励通过电子招标投标交易平台录入后交互至发布媒介核验发布，也可以直接通过发布媒介录入并核验发布。

按照电子招标投标有关数据规范要求交互招标公告和公示信息文本的，

发布媒介应当自收到起12小时内发布。采用电子邮件、电子介质、传真、纸质文本等其他形式提交或者直接录入招标公告和公示信息文本的,发布媒介应当自核验确认起1个工作日内发布。核验确认最长不得超过3个工作日。

招标人或其招标代理机构应当对其提供的招标公告和公示信息的真实性、准确性、合法性负责。发布媒介和电子招标投标交易平台应当对所发布的招标公告和公示信息的及时性、完整性负责。

发布媒介应当按照规定采取有效措施,确保发布招标公告和公示信息的数据电文不被篡改、不遗漏和至少10年内可追溯。

第十二条 发布媒介应当免费提供依法必须招标项目的招标公告和公示信息发布服务,并允许社会公众和市场主体免费、及时查阅前述招标公告和公示的完整信息。

第十三条 发布媒介应当通过专门栏目发布招标公告和公示信息,并免费提供信息归类和检索服务,对新发布的招标公告和公示信息作醒目标识,方便市场主体和社会公众查阅。

发布媒介应当设置专门栏目,方便市场主体和社会公众就其招标公告和公示信息发布工作反映情况、提出意见,并及时反馈。

第十四条 发布媒介应当实时统计本媒介招标公告和公示信息发布情况,及时向社会公布,并定期报送相应的省级以上发展改革部门或省级以上人民政府规定的其他部门。

第十五条 依法必须招标项目的招标公告和公示信息除在发布媒介发布外,招标人或其招标代理机构也可以同步在其他媒介公开,并确保内容一致。

其他媒介可以依法全文转载依法必须招标项目的招标公告和公示信息,但不得改变其内容,同时必须注明信息来源。

第十六条 依法必须招标项目的招标公告和公示信息有下列情形之一的,潜在投标人或者投标人可以要求招标人或其招标代理机构予以澄清、改正、补充或调整:

(一)资格预审公告、招标公告载明的事项不符合本办法第五条规定,中标候选人公示载明的事项不符合本办法第六条规定;

(二)在两家以上媒介发布的同一招标项目的招标公告和公示信息内容不一致;

(三)招标公告和公示信息内容不符合法律法规规定。

招标人或其招标代理机构应当认真核查,及时处理,并将处理结果告知提出意见的潜在投标人或者投标人。

第十七条 任何单位和个人认为招标人或其招标代理机构在招标公告和公示信息发布活动中存在违法违规行为的,可以依法向有关行政监督部门投诉、举报;认为发布媒介在招标公告和公示信息发布活动中存在违法违规行为的,根据有关规定可以向相应的省级以上发展改革部门或其他有关部门投诉、举报。

第十八条 招标人或其招标代理机构有下列行为之一的,由有关行政监督部门责令改正,并视情形依照《中华人民共和国招标投标法》第四十九条、第五十一条及有关规定处罚:

(一)依法必须公开招标的项目不按照规定在发布媒介发布招标公告和公示信息;

(二)在不同媒介发布的同一招标项目的资格预审公告或者招标公告的内容不一致,影响潜在投标人申请资格预审或者投标;

(三)资格预审公告或者招标公告中有关获取资格预审文件或者招标文件的时限不符合招标投标法律法规规定;

(四)资格预审公告或者招标公告中以不合理的条件限制或者排斥潜在投标人。

第十九条 发布媒介在发布依法必须招标项目的招标公告和公示信息活动中有下列情形之一的,由相应的省级以上发展改革部门或其他有关部门根据有关法律法规规定,责令改正;情节严重的,可以处1万元以下罚款:

(一)违法收取费用;

(二)无正当理由拒绝发布或者拒不按规定交互信息;

(三)无正当理由延误发布时间;

(四)因故意或重大过失导致发布的招标公告和公示信息发生遗漏、错误;

(五)违反本办法的其他行为。

其他媒介违规发布或转载依法必须招标项目的招标公告和公示信息的,由相应的省级以上发展改革部门或其他有关部门根据有关法律法规规定,责令改正;情节严重的,可以处1万元以下罚款。

第二十条 对依法必须招标项目的招标公告和公示信息进行澄清、修改,或者暂停、终止招标活动,采取公告形式向社会公布的,参照本办法执行。

第二十一条 使用国际组织或者外国政府贷款、援助资金的招标项目,贷款方、资金提供方对招标公告和公示信息的发布另有规定的,适用其规定。

第二十二条 本办法所称以上、以下包含本级或本数。

第二十三条 本办法由国家发展改革委负责解释。

第二十四条　本办法自2018年1月1日起施行。《招标公告发布暂行办法》(国家发展计划委第4号令)和《国家计委关于指定发布依法必须招标项目招标公告的媒介的通知》(计政策〔2000〕868号)同时废止。

电子招标投标办法

(2013年2月4日国家发展和改革委员会、工业和信息化部、监察部、住房和城乡建设部、交通运输部、铁道部、水利部、商务部令第20号公布　自2013年5月1日起施行)

第一章　总　　则

第一条　为了规范电子招标投标活动,促进电子招标投标健康发展,根据《中华人民共和国招标投标法》、《中华人民共和国招标投标法实施条例》(以下分别简称招标投标法、招标投标法实施条例),制定本办法。

第二条　在中华人民共和国境内进行电子招标投标活动,适用本办法。

本办法所称电子招标投标活动是指以数据电文形式,依托电子招标投标系统完成的全部或者部分招标投标交易、公共服务和行政监督活动。

数据电文形式与纸质形式的招标投标活动具有同等法律效力。

第三条　电子招标投标系统根据功能的不同,分为交易平台、公共服务平台和行政监督平台。

交易平台是以数据电文形式完成招标投标交易活动的信息平台。公共服务平台是满足交易平台之间信息交换、资源共享需要,并为市场主体、行政监督部门和社会公众提供信息服务的信息平台。行政监督平台是行政监督部门和监察机关在线监督电子招标投标活动的信息平台。

电子招标投标系统的开发、检测、认证、运营应当遵守本办法所附《电子招标投标系统技术规范》(以下简称技术规范)。

第四条　国务院发展改革部门负责指导协调全国电子招标投标活动,各级地方人民政府发展改革部门负责指导协调本行政区域内电子招标投标活动。各级人民政府发展改革、工业和信息化、住房城乡建设、交通运输、铁道、水利、商务等部门,按照规定的职责分工,对电子招标投标活动实施监督,依法查处电子招标投标活动中的违法行为。

依法设立的招标投标交易场所的监管机构负责督促、指导招标投标交易场所推进电子招标投标工作,配合有关部门对电子招标投标活动实施监督。

省级以上人民政府有关部门对本行政区域内电子招标投标系统的建设、运营,以及相关检测、认证活动实施监督。

监察机关依法对与电子招标投标活动有关的监察对象实施监察。

第二章 电子招标投标交易平台

第五条 电子招标投标交易平台按照标准统一、互联互通、公开透明、安全高效的原则以及市场化、专业化、集约化方向建设和运营。

第六条 依法设立的招标投标交易场所、招标人、招标代理机构以及其他依法设立的法人组织可以按行业、专业类别,建设和运营电子招标投标交易平台。国家鼓励电子招标投标交易平台平等竞争。

第七条 电子招标投标交易平台应当按照本办法和技术规范规定,具备下列主要功能:

(一)在线完成招标投标全部交易过程;

(二)编辑、生成、对接、交换和发布有关招标投标数据信息;

(三)提供行政监督部门和监察机关依法实施监督和受理投诉所需的监督通道;

(四)本办法和技术规范规定的其他功能。

第八条 电子招标投标交易平台应当按照技术规范规定,执行统一的信息分类和编码标准,为各类电子招标投标信息的互联互通和交换共享开放数据接口、公布接口要求。

电子招标投标交易平台接口应当保持技术中立,与各类需要分离开发的工具软件相兼容对接,不得限制或者排斥符合技术规范规定的工具软件与其对接。

第九条 电子招标投标交易平台应当允许社会公众、市场主体免费注册登录和获取依法公开的招标投标信息,为招标投标活动当事人、行政监督部门和监察机关按各自职责和注册权限登录使用交易平台提供必要条件。

第十条 电子招标投标交易平台应当依照《中华人民共和国认证认可条例》等有关规定进行检测、认证,通过检测、认证的电子招标投标交易平台应当在省级以上电子招标投标公共服务平台上公布。

电子招标投标交易平台服务器应当设在中华人民共和国境内。

第十一条 电子招标投标交易平台运营机构应当是依法成立的法人，拥有一定数量的专职信息技术、招标专业人员。

第十二条 电子招标投标交易平台运营机构应当根据国家有关法律法规及技术规范，建立健全电子招标投标交易平台规范运行和安全管理制度，加强监控、检测，及时发现和排除隐患。

第十三条 电子招标投标交易平台运营机构应当采用可靠的身份识别、权限控制、加密、病毒防范等技术，防范非授权操作，保证交易平台的安全、稳定、可靠。

第十四条 电子招标投标交易平台运营机构应当采取有效措施，验证初始录入信息的真实性，并确保数据电文不被篡改、不遗漏和可追溯。

第十五条 电子招标投标交易平台运营机构不得以任何手段限制或者排斥潜在投标人，不得泄露依法应当保密的信息，不得弄虚作假、串通投标或者为弄虚作假、串通投标提供便利。

第三章 电子招标

第十六条 招标人或者其委托的招标代理机构应当在其使用的电子招标投标交易平台注册登记，选择使用除招标人或招标代理机构之外第三方运营的电子招标投标交易平台的，还应当与电子招标投标交易平台运营机构签订使用合同，明确服务内容、服务质量、服务费用等权利和义务，并对服务过程中相关信息的产权归属、保密责任、存档等依法作出约定。

电子招标投标交易平台运营机构不得以技术和数据接口配套为由，要求潜在投标人购买指定的工具软件。

第十七条 招标人或者其委托的招标代理机构应当在资格预审公告、招标公告或者投标邀请书中载明潜在投标人访问电子招标投标交易平台的网络地址和方法。依法必须进行公开招标项目的上述相关公告应当在电子招标投标交易平台和国家指定的招标公告媒介同步发布。

第十八条 招标人或者其委托的招标代理机构应当及时将数据电文形式的资格预审文件、招标文件加载至电子招标投标交易平台，供潜在投标人下载或者查阅。

第十九条 数据电文形式的资格预审公告、招标公告、资格预审文件、招标文件等应当标准化、格式化，并符合有关法律法规以及国家有关部门颁发的标准文本的要求。

第二十条 除本办法和技术规范规定的注册登记外，任何单位和个人不得在招标投标活动中设置注册登记、投标报名等前置条件限制潜在投标人下载资格预审文件或者招标文件。

第二十一条 在投标截止时间前,电子招标投标交易平台运营机构不得向招标人或者其委托的招标代理机构以外的任何单位和个人泄露下载资格预审文件、招标文件的潜在投标人名称、数量以及可能影响公平竞争的其他信息。

第二十二条 招标人对资格预审文件、招标文件进行澄清或者修改的,应当通过电子招标投标交易平台以醒目的方式公告澄清或者修改的内容,并以有效方式通知所有已下载资格预审文件或者招标文件的潜在投标人。

第四章 电子投标

第二十三条 电子招标投标交易平台的运营机构,以及与该机构有控股或者管理关系可能影响招标公正性的任何单位和个人,不得在该交易平台进行的招标项目中投标和代理投标。

第二十四条 投标人应当在资格预审公告、招标公告或者投标邀请书载明的电子招标投标交易平台注册登记,如实递交有关信息,并经电子招标投标交易平台运营机构验证。

第二十五条 投标人应当通过资格预审公告、招标公告或者投标邀请书载明的电子招标投标交易平台递交数据电文形式的资格预审申请文件或者投标文件。

第二十六条 电子招标投标交易平台应当允许投标人离线编制投标文件,并且具备分段或者整体加密、解密功能。

投标人应当按照招标文件和电子招标投标交易平台的要求编制并加密投标文件。

投标人未按规定加密的投标文件,电子招标投标交易平台应当拒收并提示。

第二十七条 投标人应当在投标截止时间前完成投标文件的传输递交,并可以补充、修改或者撤回投标文件。投标截止时间前未完成投标文件传输的,视为撤回投标文件。投标截止时间后送达的投标文件,电子招标投标交易平台应当拒收。

电子招标投标交易平台收到投标人送达的投标文件,应当即时向投标人发出确认回执通知,并妥善保存投标文件。在投标截止时间前,除投标人补充、修改或者撤回投标文件外,任何单位和个人不得解密、提取投标文件。

第二十八条　资格预审申请文件的编制、加密、递交、传输、接收确认等，适用本办法关于投标文件的规定。

第五章　电子开标、评标和中标

第二十九条　电子开标应当按照招标文件确定的时间，在电子招标投标交易平台上公开进行，所有投标人均应当准时在线参加开标。

第三十条　开标时，电子招标投标交易平台自动提取所有投标文件，提示招标人和投标人按招标文件规定方式按时在线解密。解密全部完成后，应当向所有投标人公布投标人名称、投标价格和招标文件规定的其他内容。

第三十一条　因投标人原因造成投标文件未解密的，视为撤销其投标文件；因投标人之外的原因造成投标文件未解密的，视为撤回其投标文件，投标人有权要求责任方赔偿因此遭受的直接损失。部分投标文件未解密的，其他投标文件的开标可以继续进行。

招标人可以在招标文件中明确投标文件解密失败的补救方案，投标文件应按照招标文件的要求作出响应。

第三十二条　电子招标投标交易平台应当生成开标记录并向社会公众公布，但依法应当保密的除外。

第三十三条　电子评标应当在有效监控和保密的环境下在线进行。

根据国家规定应当进入依法设立的招标投标交易场所的招标项目，评标委员会成员应当在依法设立的招标投标交易场所登录招标项目所使用的电子招标投标交易平台进行评标。

评标中需要投标人对投标文件澄清或者说明的，招标人和投标人应当通过电子招标投标交易平台交换数据电文。

第三十四条　评标委员会完成评标后，应当通过电子招标投标交易平台向招标人提交数据电文形式的评标报告。

第三十五条　依法必须进行招标的项目中标候选人和中标结果应当在电子招标投标交易平台进行公示和公布。

第三十六条　招标人确定中标人后，应当通过电子招标投标交易平台以数据电文形式向中标人发出中标通知书，并向未中标人发出中标结果通知书。

招标人应当通过电子招标投标交易平台，以数据电文形式与中标人签订合同。

第三十七条　鼓励招标人、中标人等相关主体及时通过电子招标投标交易平台递交和公布中标合同履行情况的信息。

第三十八条 资格预审申请文件的解密、开启、评审、发出结果通知书等,适用本办法关于投标文件的规定。

第三十九条 投标人或者其他利害关系人依法对资格预审文件、招标文件、开标和评标结果提出异议,以及招标人答复,均应当通过电子招标投标交易平台进行。

第四十条 招标投标活动中的下列数据电文应当按照《中华人民共和国电子签名法》和招标文件的要求进行电子签名并进行电子存档:

(一)资格预审公告、招标公告或者投标邀请书;

(二)资格预审文件、招标文件及其澄清、补充和修改;

(三)资格预审申请文件、投标文件及其澄清和说明;

(四)资格审查报告、评标报告;

(五)资格预审结果通知书和中标通知书;

(六)合同;

(七)国家规定的其他文件。

第六章 信息共享与公共服务

第四十一条 电子招标投标交易平台应当依法及时公布下列主要信息:

(一)招标人名称、地址、联系人及联系方式;

(二)招标项目名称、内容范围、规模、资金来源和主要技术要求;

(三)招标代理机构名称、资格、项目负责人及联系方式;

(四)投标人名称、资质和许可范围、项目负责人;

(五)中标人名称、中标金额、签约时间、合同期限;

(六)国家规定的公告、公示和技术规范规定公布和交换的其他信息。

鼓励招标投标活动当事人通过电子招标投标交易平台公布项目完成质量、期限、结算金额等合同履行情况。

第四十二条 各级人民政府有关部门应当按照《中华人民共和国政府信息公开条例》等规定,在本部门网站及时公布并允许下载下列信息:

(一)有关法律法规规章及规范性文件;

(二)取得相关工程、服务资质证书或货物生产、经营许可证的单位名称、营业范围及年检情况;

(三)取得有关职称、职业资格的从业人员的姓名、电子证书编号;

(四)对有关违法行为作出的行政处理决定和招标投标活动的投诉处理

情况；

（五）依法公开的工商、税务、海关、金融等相关信息。

第四十三条 设区的市级以上人民政府发展改革部门会同有关部门，按照政府主导、共建共享、公益服务的原则，推动建立本地区统一的电子招标投标公共服务平台，为电子招标投标交易平台、招标投标活动当事人、社会公众和行政监督部门、监察机关提供信息服务。

第四十四条 电子招标投标公共服务平台应当按照本办法和技术规范规定，具备下列主要功能：

（一）链接各级人民政府及其部门网站，收集、整合和发布有关法律法规规章及规范性文件、行政许可、行政处理决定、市场监管和服务的相关信息；

（二）连接电子招标投标交易平台、国家规定的公告媒介，交换、整合和发布本办法第四十一条规定的信息；

（三）连接依法设立的评标专家库，实现专家资源共享；

（四）支持不同电子认证服务机构数字证书的兼容互认；

（五）提供行政监督部门和监察机关依法实施监督、监察所需的监督通道；

（六）整合分析相关数据信息，动态反映招标投标市场运行状况、相关市场主体业绩和信用情况。

属于依法必须公开的信息，公共服务平台应当无偿提供。

公共服务平台应同时遵守本办法第八条至第十五条规定。

第四十五条 电子招标投标交易平台应当按照本办法和技术规范规定，在任一电子招标投标公共服务平台注册登记，并向电子招标投标公共服务平台及时提供本办法第四十一条规定的信息，以及双方协商确定的其他信息。

电子招标投标公共服务平台应当按照本办法和技术规范规定，开放数据接口、公布接口要求，与电子招标投标交易平台及时交换招标投标活动所必需的信息，以及双方协商确定的其他信息。

电子招标投标公共服务平台应当按照本办法和技术规范规定，开放数据接口、公布接口要求，与上一层级电子招标投标公共服务平台连接并注册登记，及时交换本办法第四十四条规定的信息，以及双方协商确定的其他信息。

电子招标投标公共服务平台应当允许社会公众、市场主体免费注册登录和获取依法公开的招标投标信息，为招标人、投标人、行政监督部门和监察机关按各自职责和注册权限登录使用公共服务平台提供必要条件。

第七章　监督管理

第四十六条　电子招标投标活动及相关主体应当自觉接受行政监督部门、监察机关依法实施的监督、监察。

第四十七条　行政监督部门、监察机关结合电子政务建设,提升电子招标投标监督能力,依法设置并公布有关法律法规规章、行政监督的依据、职责权限、监督环节、程序和时限、信息交换要求和联系方式等相关内容。

第四十八条　电子招标投标交易平台和公共服务平台应当按照本办法和技术规范规定,向行政监督平台开放数据接口、公布接口要求,按有关规定及时对接交换和公布有关招标投标信息。

行政监督平台应当开放数据接口,公布数据接口要求,不得限制和排斥已通过检测认证的电子招标投标交易平台和公共服务平台与其对接交换信息,并参照执行本办法第八条至第十五条的有关规定。

第四十九条　电子招标投标交易平台应当依法设置电子招标投标工作人员的职责权限,如实记录招标投标过程、数据信息来源,以及每一操作环节的时间、网络地址和工作人员,并具备电子归档功能。

电子招标投标公共服务平台应当记录和公布相关交换数据信息的来源、时间并进行电子归档备份。

任何单位和个人不得伪造、篡改或者损毁电子招标投标活动信息。

第五十条　行政监督部门、监察机关及其工作人员,除依法履行职责外,不得干预电子招标投标活动,并遵守有关信息保密的规定。

第五十一条　投标人或者其他利害关系人认为电子招标投标活动不符合有关规定的,通过相关行政监督平台进行投诉。

第五十二条　行政监督部门和监察机关在依法监督检查招标投标活动或者处理投诉时,通过其平台发出的行政监督或者行政监察指令,招标投标活动当事人和电子招标投标交易平台、公共服务平台的运营机构应当执行,并如实提供相关信息,协助调查处理。

第八章　法律责任

第五十三条　电子招标投标系统有下列情形的,责令改正;拒不改正的,不得交付使用,已经运营的应当停止运营:

(一)不具备本办法及技术规范规定的主要功能;

（二）不向行政监督部门和监察机关提供监督通道；

（三）不执行统一的信息分类和编码标准；

（四）不开放数据接口、不公布接口要求；

（五）不按照规定注册登记、对接、交换、公布信息；

（六）不满足规定的技术和安全保障要求；

（七）未按照规定通过检测和认证。

第五十四条 招标人或者电子招标投标系统运营机构存在以下情形的，视为限制或者排斥潜在投标人，依照招标投标法第五十一条规定处罚：

（一）利用技术手段对享有相同权限的市场主体提供有差别的信息；

（二）拒绝或者限制社会公众、市场主体免费注册并获取依法必须公开的招标投标信息；

（三）违规设置注册登记、投标报名等前置条件；

（四）故意与各类需要分离开发并符合技术规范规定的工具软件不兼容对接；

（五）故意对递交或者解密投标文件设置障碍。

第五十五条 电子招标投标交易平台运营机构有下列情形的，责令改正，并按照有关规定处罚：

（一）违反规定要求投标人注册登记、收取费用；

（二）要求投标人购买指定的工具软件；

（三）其他侵犯招标投标活动当事人合法权益的情形。

第五十六条 电子招标投标系统运营机构向他人透露已获取招标文件的潜在投标人的名称、数量、投标文件内容或者对投标文件的评审和比较以及其他可能影响公平竞争的招标投标信息，参照招标投标法第五十二条关于招标人泄密的规定予以处罚。

第五十七条 招标投标活动当事人和电子招标投标系统运营机构协助招标人、投标人串通投标的，依照招标投标法第五十三条和招标投标法实施条例第六十七条规定处罚。

第五十八条 招标投标活动当事人和电子招标投标系统运营机构伪造、篡改、损毁招标投标信息，或者以其他方式弄虚作假的，依照招标投标法第五十四条和招标投标法实施条例第六十八条规定处罚。

第五十九条 电子招标投标系统运营机构未按照本办法和技术规范规定履行初始录入信息验证义务，造成招标投标活动当事人损失的，应当承担相应的赔偿责任。

第六十条 有关行政监督部门及其工作人员不履行职责，或者利用职务便利非法干涉电子招标投标活动的,依照有关法律法规处理。

第九章 附 则

第六十一条 招标投标协会应当按照有关规定,加强电子招标投标活动的自律管理和服务。

第六十二条 电子招标投标某些环节需要同时使用纸质文件的,应当在招标文件中明确约定;当纸质文件与数据电文不一致时,除招标文件特别约定外,以数据电文为准。

第六十三条 本办法未尽事宜,按照有关法律、法规、规章执行。

第六十四条 本办法由国家发展和改革委员会会同有关部门负责解释。

第六十五条 技术规范作为本办法的附件,与本办法具有同等效力。

第六十六条 本办法自2013年5月1日起施行。

附件:《电子招标投标系统技术规范－第1部分》(略)

评标委员会和评标方法暂行规定

(2001年7月5日国家发展计划委员会、国家经济贸易委员会、建设部、铁道部、交通部、信息产业部、水利部令第12号发布 根据2013年3月11日国家发展和改革委员会、工业和信息化部、财政部、住房和城乡建设部、交通运输部、铁道部、水利部、国家广播电影电视总局、中国民用航空局令第23号《关于废止和修改部分招标投标规章和规范性文件的决定》修订 自2013年5月1日起施行)

第一章 总 则

第一条 为了规范评标活动,保证评标的公平、公正,维护招标投标活动当事人的合法权益,依照《中华人民共和国招标投标法》、《中华人民共和国招标投标法实施条例》,制定本规定。

第二条 本规定适用于依法必须招标项目的评标活动。

第三条 评标活动遵循公平、公正、科学、择优的原则。

第四条 评标活动依法进行,任何单位和个人不得非法干预或者影响评标过程和结果。

第五条 招标人应当采取必要措施,保证评标活动在严格保密的情况下进行。

第六条 评标活动及其当事人应当接受依法实施的监督。

有关行政监督部门依照国务院或者地方政府的职责分工,对评标活动实施监督,依法查处评标活动中的违法行为。

第二章 评标委员会

第七条 评标委员会依法组建,负责评标活动,向招标人推荐中标候选人或者根据招标人的授权直接确定中标人。

第八条 评标委员会由招标人负责组建。

评标委员会成员名单一般应于开标前确定。评标委员会成员名单在中标结果确定前应当保密。

第九条 评标委员会由招标人或其委托的招标代理机构熟悉相关业务的代表,以及有关技术、经济等方面的专家组成,成员人数为五人以上单数,其中技术、经济等方面的专家不得少于成员总数的三分之二。

评标委员会设负责人的,评标委员会负责人由评标委员会成员推举产生或者由招标人确定。评标委员会负责人与评标委员会的其他成员有同等的表决权。

第十条 评标委员会的专家成员应当从依法组建的专家库内的相关专家名单中确定。

按前款规定确定评标专家,可以采取随机抽取或者直接确定的方式。一般项目,可以采取随机抽取的方式;技术复杂、专业性强或者国家有特殊要求的招标项目,采取随机抽取方式确定的专家难以保证胜任的,可以由招标人直接确定。

第十一条 评标专家应符合下列条件:

(一)从事相关专业领域工作满八年并具有高级职称或者同等专业水平;

(二)熟悉有关招标投标的法律法规,并具有与招标项目相关的实践经验;

(三)能够认真、公正、诚实、廉洁地履行职责。

第十二条 有下列情形之一的,不得担任评标委员会成员:

(一)投标人或者投标人主要负责人的近亲属;

(二)项目主管部门或者行政监督部门的人员;

(三)与投标人有经济利益关系,可能影响对投标公正评审的;

(四)曾因在招标、评标以及其他与招标投标有关活动中从事违法行为而受过行政处罚或刑事处罚的。

评标委员会成员有前款规定情形之一的,应当主动提出回避。

第十三条 评标委员会成员应当客观、公正地履行职责,遵守职业道德,对所提出的评审意见承担个人责任。

评标委员会成员不得与任何投标人或者与招标结果有利害关系的人进行私下接触,不得收受投标人、中介人、其他利害关系人的财物或者其他好处,不得向招标人征询其确定中标人的意向,不得接受任何单位或者个人明示或者暗示提出的倾向或者排斥特定投标人的要求,不得有其他不客观、不公正履行职务的行为。

第十四条 评标委员会成员和与评标活动有关的工作人员不得透露对投标文件的评审和比较、中标候选人的推荐情况以及与评标有关的其他情况。

前款所称与评标活动有关的工作人员,是指评标委员会成员以外的因参与评标监督工作或者事务性工作而知悉有关评标情况的所有人员。

第三章 评标的准备与初步评审

第十五条 评标委员会成员应当编制供评标使用的相应表格,认真研究招标文件,至少应了解和熟悉以下内容:

(一)招标的目标;

(二)招标项目的范围和性质;

(三)招标文件中规定的主要技术要求、标准和商务条款;

(四)招标文件规定的评标标准、评标方法和在评标过程中考虑的相关因素。

第十六条 招标人或者其委托的招标代理机构应当向评标委员会提供评标所需的重要信息和数据,但不得带有明示或者暗示倾向或者排斥特定投标人的信息。

招标人设有标底的,标底在开标前应当保密,并在评标时作为参考。

第十七条 评标委员会应当根据招标文件规定的评标标准和方法,对投标文件进行系统地评审和比较。招标文件中没有规定的标准和方法不得作为评标的依据。

招标文件中规定的评标标准和评标方法应当合理,不得含有倾向或者排斥潜在投标人的内容,不得妨碍或者限制投标人之间的竞争。

第十八条　评标委员会应当按照投标报价的高低或者招标文件规定的其他方法对投标文件排序。以多种货币报价的,应当按照中国银行在开标日公布的汇率中间价换算成人民币。

招标文件应当对汇率标准和汇率风险作出规定。未作规定的,汇率风险由投标人承担。

第十九条　评标委员会可以书面方式要求投标人对投标文件中含义不明确、对同类问题表述不一致或者有明显文字和计算错误的内容作必要的澄清、说明或者补正。澄清、说明或者补正应以书面方式进行并不得超出投标文件的范围或者改变投标文件的实质性内容。

投标文件中的大写金额和小写金额不一致的,以大写金额为准;总价金额与单价金额不一致的,以单价金额为准,但单价金额小数点有明显错误的除外;对不同文字文本投标文件的解释发生异议的,以中文文本为准。

第二十条　在评标过程中,评标委员会发现投标人以他人的名义投标、串通投标、以行贿手段谋取中标或者以其他弄虚作假方式投标的,应当否决该投标人的投标。

第二十一条　在评标过程中,评标委员会发现投标人的报价明显低于其他投标报价或者在设有标底时明显低于标底,使得其投标报价可能低于其个别成本的,应当要求该投标人作出书面说明并提供相关证明材料。投标人不能合理说明或者不能提供相关证明材料的,由评标委员会认定该投标人以低于成本报价竞标,应当否决其投标。

第二十二条　投标人资格条件不符合国家有关规定和招标文件要求的,或者拒不按照要求对投标文件进行澄清、说明或者补正的,评标委员会可以否决其投标。

第二十三条　评标委员会应当审查每一投标文件是否对招标文件提出的所有实质性要求和条件作出响应。未能在实质上响应的投标,应当予以否决。

第二十四条　评标委员会应当根据招标文件,审查并逐项列出投标文件的全部投标偏差。

投标偏差分为重大偏差和细微偏差。

第二十五条　下列情况属于重大偏差:

(一)没有按照招标文件要求提供投标担保或者所提供的投标担保有

瑕疵；

（二）投标文件没有投标人授权代表签字和加盖公章；

（三）投标文件载明的招标项目完成期限超过招标文件规定的期限；

（四）明显不符合技术规格、技术标准的要求；

（五）投标文件载明的货物包装方式、检验标准和方法等不符合招标文件的要求；

（六）投标文件附有招标人不能接受的条件；

（七）不符合招标文件中规定的其他实质性要求。

投标文件有上述情形之一的，为未能对招标文件作出实质性响应，并按本规定第二十三条规定作否决投标处理。招标文件对重大偏差另有规定的，从其规定。

第二十六条 细微偏差是指投标文件在实质上响应招标文件要求，但在个别地方存在漏项或者提供了不完整的技术信息和数据等情况，并且补正这些遗漏或者不完整不会对其他投标人造成不公平的结果。细微偏差不影响投标文件的有效性。

评标委员会应当书面要求存在细微偏差的投标人在评标结束前予以补正。拒不补正的，在详细评审时可以对细微偏差作不利于该投标人的量化，量化标准应当在招标文件中规定。

第二十七条 评标委员会根据本规定第二十条、第二十一条、第二十二条、第二十三条、第二十五条的规定否决不合格投标后，因有效投标不足三个使得投标明显缺乏竞争的，评标委员会可以否决全部投标。

投标人少于三个或者所有投标被否决的，招标人在分析招标失败的原因并采取相应措施后，应当依法重新招标。

第四章 详细评审

第二十八条 经初步评审合格的投标文件，评标委员会应当根据招标文件确定的评标标准和方法，对其技术部分和商务部分作进一步评审、比较。

第二十九条 评标方法包括经评审的最低投标价法、综合评估法或者法律、行政法规允许的其他评标方法。

第三十条 经评审的最低投标价法一般适用于具有通用技术、性能标准或者招标人对其技术、性能没有特殊要求的招标项目。

第三十一条 根据经评审的最低投标价法，能够满足招标文件的实质性要求，并且经评审的最低投标价的投标，应当推荐为中标候选人。

第三十二条　采用经评审的最低投标价法的,评标委员会应当根据招标文件中规定的评标价格调整方法,以所有投标人的投标报价以及投标文件的商务部分作必要的价格调整。

采用经评审的最低投标价法的,中标人的投标应当符合招标文件规定的技术要求和标准,但评标委员会无需对投标文件的技术部分进行价格折算。

第三十三条　根据经评审的最低投标价法完成详细评审后,评标委员会应当拟定一份"标价比较表",连同书面评标报告提交招标人。"标价比较表"应当载明投标人的投标报价、对商务偏差的价格调整和说明以及经评审的最终投标价。

第三十四条　不宜采用经评审的最低投标价法的招标项目,一般应当采取综合评估法进行评审。

第三十五条　根据综合评估法,最大限度地满足招标文件中规定的各项综合评价标准的投标,应当推荐为中标候选人。

衡量投标文件是否最大限度地满足招标文件中规定的各项评价标准,可以采取折算为货币的方法、打分的方法或者其他方法。需量化的因素及其权重应当在招标文件中明确规定。

第三十六条　评标委员会对各个评审因素进行量化时,应当将量化指标建立在同一基础或者同一标准上,使各投标文件具有可比性。

对技术部分和商务部分进行量化后,评标委员会应当对这两部分的量化结果进行加权,计算出每一投标的综合评估价或者综合评估分。

第三十七条　根据综合评估法完成评标后,评标委员会应当拟定一份"综合评估比较表",连同书面评标报告提交招标人。"综合评估比较表"应当载明投标人的投标报价、所作的任何修正、对商务偏差的调整、对技术偏差的调整、对各评审因素的评估以及对每一投标的最终评审结果。

第三十八条　根据招标文件的规定,允许投标人投备选标的,评标委员会可以对中标人所投的备选标进行评审,以决定是否采纳备选标。不符合中标条件的投标人的备选标不予考虑。

第三十九条　对于划分有多个单项合同的招标项目,招标文件允许投标人为获得整个项目合同而提出优惠的,评标委员会可以对投标人提出的优惠进行审查,以决定是否将招标项目作为一个整体合同授予中标人。将招标项目作为一个整体合同授予的,整体合同中标人的投标应当最有利于招标人。

第四十条　评标和定标应当在投标有效期内完成。不能在投标有效期内完成评标和定标的,招标人应当通知所有投标人延长投标有效期。拒绝延长投标有效期的投标人有权收回投标保证金。同意延长投标有效期的投标人应当相应延长其投标担保的有效期,但不得修改投标文件的实质性内容。因延长投标有效期造成投标人损失的,招标人应当给予补偿,但因不可抗力需延长投标有效期的除外。

招标文件应当载明投标有效期。投标有效期从提交投标文件截止日起计算。

第五章　推荐中标候选人与定标

第四十一条　评标委员会在评标过程中发现的问题,应当及时作出处理或者向招标人提出处理建议,并作书面记录。

第四十二条　评标委员会完成评标后,应当向招标人提出书面评标报告,并抄送有关行政监督部门。评标报告应当如实记载以下内容:

(一)基本情况和数据表;

(二)评标委员会成员名单;

(三)开标记录;

(四)符合要求的投标一览表;

(五)否决投标的情况说明;

(六)评标标准、评标方法或者评标因素一览表;

(七)经评审的价格或者评分比较一览表;

(八)经评审的投标人排序;

(九)推荐的中标候选人名单与签订合同前要处理的事宜;

(十)澄清、说明、补正事项纪要。

第四十三条　评标报告由评标委员会全体成员签字。对评标结论持有异议的评标委员会成员可以书面方式阐述其不同意见和理由。评标委员会成员拒绝在评标报告上签字且不陈述其不同意见和理由的,视为同意评标结论。评标委员会应当对此作出书面说明并记录在案。

第四十四条　向招标人提交书面评标报告后,评标委员会应将评标过程中使用的文件、表格以及其他资料应当即时归还招标人。

第四十五条　评标委员会推荐的中标候选人应当限定在一至三人,并标明排列顺序。

第四十六条　中标人的投标应当符合下列条件之一:

(一)能够最大限度满足招标文件中规定的各项综合评价标准;

(二)能够满足招标文件的实质性要求,并且经评审的投标价格最低;但是投标价格低于成本的除外。

第四十七条　招标人不得与投标人就投标价格、投标方案等实质性内容进行谈判。

第四十八条　国有资金占控股或者主导地位的项目，招标人应当确定排名第一的中标候选人为中标人。排名第一的中标候选人放弃中标、因不可抗力提出不能履行合同，或者招标文件规定应当提交履约保证金而在规定的期限内未能提交，或者被查实存在影响中标结果的违法行为等情形，不符合中标条件的，招标人可以按照评标委员会提出的中标候选人名单排序依次确定其他中标候选人为中标人。依次确定其他中标候选人与招标人预期差距较大，或者对招标人明显不利的，招标人可以重新招标。

招标人可以授权评标委员会直接确定中标人。

国务院对中标人的确定另有规定的，从其规定。

第四十九条　中标人确定后，招标人应当向中标人发出中标通知书，同时通知未中标人，并与中标人在投标有效期内以及中标通知书发出之日起30日之内签订合同。

第五十条　中标通知书对招标人和中标人具有法律约束力。中标通知书发出后，招标人改变中标结果或者中标人放弃中标的，应当承担法律责任。

第五十一条　招标人应当与中标人按照招标文件和中标人的投标文件订立书面合同。招标人与中标人不得再行订立背离合同实质性内容的其他协议。

第五十二条　招标人与中标人签订合同后5日内，应当向中标人和未中标的投标人退还投标保证金。

第六章　罚　则

第五十三条　评标委员会成员有下列行为之一的，由有关行政监督部门责令改正；情节严重的，禁止其在一定期限内参加依法必须进行招标的项目的评标；情节特别严重的，取消其担任评标委员会成员的资格：

（一）应当回避而不回避；

（二）擅离职守；

（三）不按照招标文件规定的评标标准和方法评标；

（四）私下接触投标人；

（五）向招标人征询确定中标人的意向或者接受任何单位或者个人明示或者暗示提出的倾向或者排斥特定投标人的要求；

（六）对依法应当否决的投标不提出否决意见；

（七）暗示或者诱导投标人作出澄清、说明或者接受投标人主动提出的澄清、说明；

（八）其他不客观、不公正履行职务的行为。

第五十四条 评标委员会成员收受投标人的财物或者其他好处的，评标委员会成员或者与评标活动有关的工作人员向他人透露对投标文件的评审和比较、中标候选人的推荐以及与评标有关的其他情况的，给予警告，没收收受的财物，可以并处三千元以上五万元以下的罚款；对有所列违法行为的评标委员会成员取消担任评标委员会成员的资格，不得再参加任何依法必须进行招标项目的评标；构成犯罪的，依法追究刑事责任。

第五十五条 招标人有下列情形之一的，责令改正，可以处中标项目金额千分之十以下的罚款；给他人造成损失的，依法承担赔偿责任；对单位直接负责的主管人员和其他直接责任人员依法给予处分：

（一）无正当理由不发出中标通知书；

（二）不按照规定确定中标人；

（三）中标通知书发出后无正当理由改变中标结果；

（四）无正当理由不与中标人订立合同；

（五）在订立合同时向中标人提出附加条件。

第五十六条 招标人与中标人不按照招标文件和中标人的投标文件订立合同的，合同的主要条款与招标文件、中标人的投标文件的内容不一致，或者招标人、中标人订立背离合同实质性内容的协议的，由有关行政监督部门责令改正，可以处中标项目金额千分之五以上千分之十以下的罚款。

第五十七条 中标人无正当理由不与招标人订立合同，在签订合同时向招标人提出附加条件，或者不按照招标文件要求提交履约保证金的，取消其中标资格，投标保证金不予退还。对依法必须进行招标的项目的中标人，由有关行政监督部门责令改正，可以处中标项目金额10‰以下的罚款。

第七章 附 则

第五十八条 依法必须招标项目以外的评标活动，参照本规定执行。

第五十九条 使用国际组织或者外国政府贷款、援助资金的招标项目的评标活动，贷款方、资金提供方对评标委员会与评标方法另有规定的，适用其规定，但违背中华人民共和国的社会公共利益的除外。

第六十条 本规定颁布前有关评标机构和评标方法的规定与本规定不一致的，以本规定为准。法律或者行政法规另有规定的，从其规定。

第六十一条　本规定由国家发展改革委会同有关部门负责解释。

第六十二条　本规定自发布之日起施行。

工程建设项目勘察设计招标投标办法

（2003年6月12日国家发展和改革委员会、建设部、铁道部、交通部、信息产业部、水利部、中国民用航空总局、国家广播电影电视总局令第2号发布　根据2013年3月11日国家发展和改革委员会、工业和信息化部、财政部、住房和城乡建设部、交通运输部、铁道部、水利部、国家广播电影电视总局、中国民用航空局令第23号《关于废止和修改部分招标投标规章和规范性文件的决定》修订自2013年5月1日起施行）

第一章　总　则

第一条　为规范工程建设项目勘察设计招标投标活动，提高投资效益，保证工程质量，根据《中华人民共和国招标投标法》、《中华人民共和国招标投标法实施条例》制定本办法。

第二条　在中华人民共和国境内进行工程建设项目勘察设计招标投标活动，适用本办法。

第三条　工程建设项目符合《工程建设项目招标范围和规模标准规定》（国家计委令第3号）规定的范围和标准的，必须依据本办法进行招标。

任何单位和个人不得将依法必须进行招标的项目化整为零或者以其他任何方式规避招标。

第四条　按照国家规定需要履行项目审批、核准手续的依法必须进行招标的项目，有下列情形之一的，经项目审批、核准部门审批、核准，项目的勘察设计可以不进行招标：

（一）涉及国家安全、国家秘密、抢险救灾或者属于利用扶贫资金实行以工代赈、需要使用农民工等特殊情况，不适宜进行招标；

（二）主要工艺、技术采用不可替代的专利或者专有技术，或者其建筑艺术造型有特殊要求；

（三）采购人依法能够自行勘察、设计；

（四）已通过招标方式选定的特许经营项目投资人依法能够自行勘察、设计；

（五）技术复杂或专业性强，能够满足条件的勘察设计单位少于三家，不能形成有效竞争；

（六）已建成项目需要改、扩建或者技术改造，由其他单位进行设计影响项目功能配套性；

（七）国家规定其他特殊情形。

第五条 勘察设计招标工作由招标人负责。任何单位和个人不得以任何方式非法干涉招标投标活动。

第六条 各级发展改革、工业和信息化、住房城乡建设、交通运输、铁道、水利、商务、广电、民航等部门依照《国务院办公厅印发国务院有关部门实施招标投标活动行政监督的职责分工意见的通知》（国办发〔2000〕34 号）和各地规定的职责分工，对工程建设项目勘察设计招标投标活动实施监督，依法查处招标投标活动中的违法行为。

第二章 招 标

第七条 招标人可以依据工程建设项目的不同特点，实行勘察设计一次性总体招标；也可以在保证项目完整性、连续性的前提下，按照技术要求实行分段或分项招标。

招标人不得利用前款规定限制或者排斥潜在投标人或者投标。依法必须进行招标的项目的招标人不得利用前款规定规避招标。

第八条 依法必须招标的工程建设项目，招标人可以对项目的勘察、设计、施工以及与工程建设有关的重要设备、材料的采购，实行总承包招标。

第九条 依法必须进行勘察设计招标的工程建设项目，在招标时应当具备下列条件：

（一）招标人已经依法成立；

（二）按照国家有关规定需要履行项目审批、核准或者备案手续的，已经审批、核准或者备案；

（三）勘察设计有相应资金或者资金来源已经落实；

（四）所必需的勘察设计基础资料已经收集完成；

（五）法律法规规定的其他条件。

第十条 工程建设项目勘察设计招标分为公开招标和邀请招标。

国有资金投资占控股或者主导地位的工程建设项目，以及国务院发展和改革部门确定的国家重点项目和省、自治区、直辖市人民政府确定的地方重点项目，除符合本办法第十一条规定条件并依法获得批准外，应当公开招标。

第十一条　依法必须进行公开招标的项目，在下列情况下可以进行邀请招标：

（一）技术复杂、有特殊要求或者受自然环境限制，只有少量潜在投标人可供选择；

（二）采用公开招标方式的费用占项目合同金额的比例过大。

有前款第二项所列情形，属于按照国家有关规定需要履行项目审批、核准手续的项目，由项目审批、核准部门在审批、核准项目时作出认定；其他项目由招标人申请有关行政监督部门作出认定。

招标人采用邀请招标方式的，应保证有三个以上具备承担招标项目勘察设计的能力，并具有相应资质的特定法人或者其他组织参加投标。

第十二条　招标人应当按照资格预审公告、招标公告或者投标邀请书规定的时间、地点出售招标文件或者资格预审文件。自招标文件或者资格预审文件出售之日起至停止出售之日止，最短不得少于五日。

第十三条　进行资格预审的，招标人只向资格预审合格的潜在投标人发售招标文件，并同时向资格预审不合格的潜在投标人告知资格预审结果。

第十四条　凡是资格预审合格的潜在投标人都应被允许参加投标。

招标人不得以抽签、摇号等不合理条件限制或者排斥资格预审合格的潜在投标人参加投标。

第十五条　招标人应当根据招标项目的特点和需要编制招标文件。

勘察设计招标文件应当包括下列内容：

（一）投标须知；

（二）投标文件格式及主要合同条款；

（三）项目说明书，包括资金来源情况；

（四）勘察设计范围，对勘察设计进度、阶段和深度要求；

（五）勘察设计基础资料；

（六）勘察设计费用支付方式，对未中标人是否给予补偿及补偿标准；

（七）投标报价要求；

（八）对投标人资格审查的标准；

（九）评标标准和方法；

（十）投标有效期。

投标有效期，从提交投标文件截止日起计算。

对招标文件的收费应仅限于补偿印刷、邮寄的成本支出，招标人不得通过出售招标文件谋取利益。

第十六条 招标人负责提供与招标项目有关的基础资料，并保证所提供资料的真实性、完整性。涉及国家秘密的除外。

第十七条 对于潜在投标人在阅读招标文件和现场踏勘中提出的疑问，招标人可以书面形式或召开投标预备会的方式解答，但需同时将解答以书面方式通知所有招标文件收受人。该解答的内容为招标文件的组成部分。

第十八条 招标人可以要求投标人在提交符合招标文件规定要求的投标文件外，提交备选投标文件，但应当在招标文件中做出说明，并提出相应的评审和比较办法。

第十九条 招标人应当确定潜在投标人编制投标文件所需要的合理时间。

依法必须进行勘察设计招标的项目，自招标文件开始发出之日起至投标人提交投标文件截止之日止，最短不得少于二十日。

第二十条 除不可抗力原因外，招标人在发布招标公告或者发出投标邀请书后不得终止招标，也不得在出售招标文件后终止招标。

第三章 投 标

第二十一条 投标人是响应招标、参加投标竞争的法人或者其他组织。

在其本国注册登记，从事建筑、工程服务的国外设计企业参加投标的，必须符合中华人民共和国缔结或者参加的国际条约、协定中所作的市场准入承诺以及有关勘察设计市场准入的管理规定。

投标人应当符合国家规定的资质条件。

第二十二条 投标人应当按照招标文件或者投标邀请书的要求编制投标文件。投标文件中的勘察设计收费报价，应当符合国务院价格主管部门制定的工程勘察设计收费标准。

第二十三条 投标人在投标文件有关技术方案和要求中不得指定与工程建设项目有关的重要设备、材料的生产供应者，或者含有倾向或者排斥特定生产供应者的内容。

第二十四条 招标文件要求投标人提交投标保证金的，保证金数额不得超过勘察设计估算费用的百分之二，最多不超过十万元人民币。

依法必须进行招标的项目的境内投标单位，以现金或者支票形式提交的投标保证金应当从其基本账户转出。

第二十五条 在提交投标文件截止时间后到招标文件规定的投标有效期终止之前,投标人不得撤销其投标文件,否则招标人可以不退还投标保证金。

第二十六条 投标人在投标截止时间前提交的投标文件,补充、修改或撤回投标文件的通知,备选投标文件等,都必须加盖所在单位公章,并且由其法定代表人或授权代表签字,但招标文件另有规定的除外。

招标人在接收上述材料时,应检查其密封或签章是否完好,并向投标人出具标明签收人和签收时间的回执。

第二十七条 以联合体形式投标的,联合体各方应签订共同投标协议,连同投标文件一并提交招标人。

联合体各方不得再单独以自己名义,或者参加另外的联合体投同一个标。

招标人接受联合体投标并进行资格预审的,联合体应当在提交资格预审申请文件前组成。资格预审后联合体增减、更换成员的,其投标无效。

第二十八条 联合体中标的,应指定牵头人或代表,授权其代表所有联合体成员与招标人签订合同,负责整个合同实施阶段的协调工作。但是,需要向招标人提交由所有联合体成员法定代表人签署的授权委托书。

第二十九条 投标人不得以他人名义投标,也不得利用伪造、转让、无效或者租借的资质证书参加投标,或者以任何方式请其他单位在自己编制的投标文件代为签字盖章,损害国家利益、社会公共利益和招标人的合法权益。

第三十条 投标人不得通过故意压低投资额、降低施工技术要求、减少占地面积,或者缩短工期等手段弄虚作假,骗取中标。

第四章 开标、评标和中标

第三十一条 开标应当在招标文件确定的提交投标文件截止时间的同一时间公开进行;除不可抗力原因外,招标人不得以任何理由拖延开标,或者拒绝开标。

投标人对开标有异议的,应当在开标现场提出,招标人应当当场作出答复,并制作记录。

第三十二条 评标工作由评标委员会负责。评标委员会的组成方式及要求,按《中华人民共和国招标投标法》、《中华人民共和国招标投标法实施条例》及《评标委员会和评标方法暂行规定》(国家计委等七部委联合令第12号)的有关规定执行。

第三十三条 勘察设计评标一般采取综合评估法进行。评标委员会应当按照招标文件确定的评标标准和方法,结合经批准的项目建议书、可行性研究报告或者上阶段设计批复文件,对投标人的业绩、信誉和勘察设计人员的能力以及勘察设计方案的优劣进行综合评定。

招标文件中没有规定的标准和方法,不得作为评标的依据。

第三十四条 评标委员会可以要求投标人对其技术文件进行必要的说明或介绍,但不得提出带有暗示性或诱导性的问题,也不得明确指出其投标文件中的遗漏和错误。

第三十五条 根据招标文件的规定,允许投标人投备选标的,评标委员会可以对中标人所提交的备选标进行评审,以决定是否采纳备选标。不符合中标条件的投标人的备选标不予考虑。

第三十六条 投标文件有下列情况之一的,评标委员会应当否决其投标:

(一)未经投标单位盖章和单位负责人签字;

(二)投标报价不符合国家颁布的勘察设计取费标准,或者低于成本,或者高于招标文件设定的最高投标限价;

(三)未响应招标文件的实质性要求和条件。

第三十七条 投标人有下列情况之一的,评标委员会应当否决其投标:

(一)不符合国家或者招标文件规定的资格条件;

(二)与其他投标人或者与招标人串通投标;

(三)以他人名义投标,或者以其他方式弄虚作假;

(四)以向招标人或者评标委员会成员行贿的手段谋取中标;

(五)以联合体形式投标,未提交共同投标协议;

(六)提交两个以上不同的投标文件或者投标报价,但招标文件要求提交备选投标的除外。

第三十八条 评标委员会完成评标后,应当向招标人提出书面评标报告,推荐合格的中标候选人。

评标报告的内容应当符合《评标委员会和评标方法暂行规定》第四十二条的规定。但是,评标委员会决定否决所有投标的,应在评标报告中详细说明理由。

第三十九条 评标委员会推荐的中标候选人应当限定在一至三人,并标明排列顺序。

能够最大限度地满足招标文件中规定的各项综合评价标准的投标人,应当推荐为中标候选人。

第四十条 国有资金占控股或者主导地位的依法必须招标的项目,招标人应当确定排名第一的中标候选人为中标人。

排名第一的中标候选人放弃中标、因不可抗力提出不能履行合同,不按照招标文件要求提交履约保证金,或者被查实存在影响中标结果的违法行为等情形,不符合中标条件的,招标人可以按照评标委员会提出的中标候选人名单排序依次确定其他中标候选人为中标人。依次确定其他中标候选人与招标人预期差距较大,或者对招标人明显不利的,招标人可以重新招标。

招标人可以授权评标委员会直接确定中标人。

国务院对中标人的确定另有规定的,从其规定。

第四十一条 招标人应在接到评标委员会的书面评标报告之日起三日内公示中标候选人,公示期不少于三日。

第四十二条 招标人和中标人应当在投标有效期内并在自中标通知书发出之日起三十日内,按照招标文件和中标人的投标文件订立书面合同。

中标人履行合同应当遵守《合同法》以及《建设工程勘察设计管理条例》中勘察设计文件编制实施的有关规定。

第四十三条 招标人不得以压低勘察设计费、增加工作量、缩短勘察设计周期等作为发出中标通知书的条件,也不得与中标人再行订立背离合同实质性内容的其他协议。

第四十四条 招标人与中标人签订合同后五日内,应当向中标人和未中标人一次性退还投标保证金及银行同期存款利息。招标文件中规定给予未中标人经济补偿的,也应在此期限内一并给付。

招标文件要求中标人提交履约保证金的,中标人应当提交;经中标人同意,可将其投标保证金抵作履约保证金。

第四十五条 招标人应当在将中标结果通知所有未中标人后七个工作日内,逐一返还未中标人的投标文件。

招标人或者中标人采用其他未中标人投标文件中技术方案的,应当征得未中标人的书面同意,并支付合理的使用费。

第四十六条 评标定标工作应当在投标有效期内完成,不能如期完成的,招标人应当通知所有投标人延长投标有效期。

同意延长投标有效期的投标人应当相应延长其投标担保的有效期,但不得修改投标文件的实质性内容。

拒绝延长投标有效期的投标人有权收回投标保证金。招标文件中规定给予未中标人补偿的,拒绝延长的投标人有权获得补偿。

第四十七条 依法必须进行勘察设计招标的项目,招标人应当在确定中标人之日起十五日内,向有关行政监督部门提交招标投标情况的书面报告。

书面报告一般应包括以下内容:

(一)招标项目基本情况;

(二)投标人情况;

(三)评标委员会成员名单;

(四)开标情况;

(五)评标标准和方法;

(六)否决投标情况;

(七)评标委员会推荐的经排序的中标候选人名单;

(八)中标结果;

(九)未确定排名第一的中标候选人为中标人的原因;

(十)其他需说明的问题。

第四十八条 在下列情况下,依法必须招标项目的招标人在分析招标失败的原因并采取相应措施后,应当依照本办法重新招标:

(一)资格预审合格的潜在投标人不足三个的;

(二)在投标截止时间前提交投标文件的投标人少于三个的;

(三)所有投标均被否决的;

(四)评标委员会否决不合格投标后,因有效投标不足三个使得投标明显缺乏竞争,评标委员会决定否决全部投标的;

(五)根据第四十六条规定,同意延长投标有效期的投标人少于三个的。

第四十九条 招标人重新招标后,发生本办法第四十八条情形之一的,属于按照国家规定需要政府审批、核准的项目,报经原项目审批、核准部门审批、核准后可以不再进行招标;其他工程建设项目,招标人可自行决定不再进行招标。

第五章 罚 则

第五十条 招标人有下列限制或者排斥潜在投标人行为之一的,由有关行政监督部门依照招标投标法第五十一条的规定处罚;其中,构成依法必须进行勘察设计招标的项目的招标人规避招标的,依照招标投标法第四十九条的规定处罚:

(一)依法必须公开招标的项目不按照规定在指定媒介发布资格预审公告或者招标公告;

(二)在不同媒介发布的同一招标项目的资格预审公告或者招标公告的

内容不一致，影响潜在投标人申请资格预审或者投标。

第五十一条　招标人有下列情形之一的，由有关行政监督部门责令改正，可以处 10 万元以下的罚款：

（一）依法应当公开招标而采用邀请招标；

（二）招标文件、资格预审文件的发售、澄清、修改的时限，或者确定的提交资格预审申请文件、投标文件的时限不符合招标投标法和招标投标法实施条例规定；

（三）接受未通过资格预审的单位或者个人参加投标；

（四）接受应当拒收的投标文件。

招标人有前款第一项、第三项、第四项所列行为之一的，对单位直接负责的主管人员和其他直接责任人员依法给予处分。

第五十二条　依法必须进行招标的项目的投标人以他人名义投标，利用伪造、转让、租借、无效的资质证书参加投标，或者请其他单位在自己编制的投标文件上代为签字盖章，弄虚作假，骗取中标的，中标无效。尚未构成犯罪的，处中标项目金额千分之五以上千分之十以下的罚款，对单位直接负责的主管人员和其他直接责任人员处单位罚款数额百分之五以上百分之十以下的罚款；有违法所得的，并处没收违法所得；情节严重的，取消其一年至三年内参加依法必须进行招标的项目的投标资格并予以公告，直至由工商行政管理机关吊销营业执照。

第五十三条　招标人以抽签、摇号等不合理的条件限制或者排斥资格预审合格的潜在投标人参加投标，对潜在投标人实行歧视待遇的，强制要求投标人组成联合体共同投标的，或者限制投标人之间竞争的，责令改正，可以处一万元以上五万元以下的罚款。

依法必须进行招标的项目的招标人不按照规定组建评标委员会，或者确定、更换评标委员会成员违反招标投标法和招标投标法实施条例规定的，由有关行政监督部门责令改正，可以处 10 万元以下的罚款，对单位直接负责的主管人员和其他直接责任人员依法给予处分；违法确定或者更换的评标委员会成员作出的评审结论无效，依法重新进行评审。

第五十四条　评标委员会成员有下列行为之一的，由有关行政监督部门责令改正；情节严重的，禁止其在一定期限内参加依法必须进行招标的项目的评标；情节特别严重的，取消其担任评标委员会成员的资格：

（一）不按照招标文件规定的评标标准和方法评标；

（二）应当回避而不回避；

（三）擅离职守；

(四)私下接触投标人；

(五)向招标人征询确定中标人的意向或者接受任何单位或者个人明示或者暗示提出的倾向或者排斥特定投标人的要求；

(六)对依法应当否决的投标不提出否决意见；

(七)暗示或者诱导投标人作出澄清、说明或者接受投标人主动提出的澄清、说明；

(八)其他不客观、不公正履行职务的行为。

第五十五条 招标人与中标人不按照招标文件和中标人的投标文件订立合同，责令改正，可以处中标项目金额千分之五以上千分之十以下的罚款。

第五十六条 本办法对违法行为及其处罚措施未做规定的，依据《中华人民共和国招标投标法》、《中华人民共和国招标投标法实施条例》和有关法律、行政法规的规定执行。

第六章 附 则

第五十七条 使用国际组织或者外国政府贷款、援助资金的项目进行招标，贷款方、资金提供方对工程勘察设计招标投标的条件和程序另有规定的，可以适用其规定，但违背中华人民共和国社会公共利益的除外。

第五十八条 本办法发布之前有关勘察设计招标投标的规定与本办法不一致的，以本办法为准。法律或者行政法规另有规定的，从其规定。

第五十九条 本办法由国家发展和改革委员会会同有关部门负责解释。

第六十条 本办法自2003年8月1日起施行。

工程建设项目施工招标投标办法

（2003年3月8日国家发展计划委员会、建设部、铁道部、交通部、信息产业部、水利部、中国民用航空总局令第30号发布 根据2013年3月11日国家发展和改革委员会、工业和信息化部、财政部、住房和城乡建设部、交通运输部、铁道部、水利部、国家广播电影电视总局、中国民用航空局令第23号《关于废止和修改部分招标投标规章和规范性文件的决定》修订 自2013年5月1日起施行）

第一章 总 则

第一条 为规范工程建设项目施工（以下简称工程施工）招标投标活动，根据《中华人民共和国招标投标法》、《中华人民共和国招标投标法实施条例》和国务院有关部门的职责分工，制定本办法。

第二条 在中华人民共和国境内进行工程施工招标投标活动，适用本办法。

第三条 工程建设项目符合《工程建设项目招标范围和规模标准规定》（国家计委令第3号）规定的范围和标准的，必须通过招标选择施工单位。

任何单位和个人不得将依法必须进行招标的项目化整为零或者以其他任何方式规避招标。

第四条 工程施工招标投标活动应当遵循公开、公平、公正和诚实信用的原则。

第五条 工程施工招标投标活动，依法由招标人负责。任何单位和个人不得以任何方式非法干涉工程施工招标投标活动。

施工招标投标活动不受地区或者部门的限制。

第六条 各级发展改革、工业和信息化、住房城乡建设、交通运输、铁道、水利、商务、民航等部门依照《国务院办公厅印发国务院有关部门实施招标投标活动行政监督的职责分工意见的通知》（国办发〔2000〕34号）和各地规定的职责分工，对工程施工招标投标活动实施监督，依法查处工程施工招标投标活动中的违法行为。

第二章 招 标

第七条 工程施工招标人是依法提出施工招标项目、进行招标的法人或者其他组织。

第八条 依法必须招标的工程建设项目,应当具备下列条件才能进行施工招标:

(一)招标人已经依法成立;

(二)初步设计及概算应当履行审批手续的,已经批准;

(三)有相应资金或资金来源已经落实;

(四)有招标所需的设计图纸及技术资料。

第九条 工程施工招标分为公开招标和邀请招标。

第十条 按照国家有关规定需要履行项目审批、核准手续的依法必须进行施工招标的工程建设项目,其招标范围、招标方式、招标组织形式应当报项目审批部门审批、核准。项目审批、核准部门应当及时将审批、核准确定的招标内容通报有关行政监督部门。

第十一条 依法必须进行公开招标的项目,有下列情形之一的,可以邀请招标:

(一)项目技术复杂或有特殊要求,或者受自然地域环境限制,只有少量潜在投标人可供选择;

(二)涉及国家安全、国家秘密或者抢险救灾,适宜招标但不宜公开招标;

(三)采用公开招标方式的费用占项目合同金额的比例过大。

有前款第二项所列情形,属于本办法第十条规定的项目,由项目审批、核准部门在审批、核准项目时作出认定;其他项目由招标人申请有关行政监督部门作出认定。

全部使用国有资金投资或者国有资金投资占控股或者主导地位的并需要审批的工程建设项目的邀请招标,应当经项目审批部门批准,但项目审批部门只审批立项的,由有关行政监督部门批准。

第十二条 依法必须进行施工招标的工程建设项目有下列情形之一的,可以不进行施工招标:

(一)涉及国家安全、国家秘密、抢险救灾或者属于利用扶贫资金实行以工代赈需要使用农民工等特殊情况,不适宜进行招标;

(二)施工主要技术采用不可替代的专利或者专有技术;

（三）已通过招标方式选定的特许经营项目投资人依法能够自行建设；

（四）采购人依法能够自行建设；

（五）在建工程追加的附属小型工程或者主体加层工程，原中标人仍具备承包能力，并且其他人承担将影响施工或者功能配套要求；

（六）国家规定的其他情形。

第十三条　采用公开招标方式的，招标人应当发布招标公告，邀请不特定的法人或者其他组织投标。依法必须进行施工招标项目的招标公告，应当在国家指定的报刊和信息网络上发布。

采用邀请招标方式的，招标人应当向三家以上具备承担施工招标项目的能力、资信良好的特定的法人或者其他组织发出投标邀请书。

第十四条　招标公告或者投标邀请书应当至少载明下列内容：

（一）招标人的名称和地址；

（二）招标项目的内容、规模、资金来源；

（三）招标项目的实施地点和工期；

（四）获取招标文件或者资格预审文件的地点和时间；

（五）对招标文件或者资格预审文件收取的费用；

（六）对投标人的资质等级的要求。

第十五条　招标人应当按招标公告或者投标邀请书规定的时间、地点出售招标文件或资格预审文件。自招标文件或者资格预审文件出售之日起至停止出售之日止，最短不得少于五日。

招标人可以通过信息网络或者其他媒介发布招标文件，通过信息网络或者其他媒介发布的招标文件与书面招标文件具有同等法律效力，出现不一致时以书面招标文件为准，国家另有规定的除外。

对招标文件或者资格预审文件的收费应当限于补偿印刷、邮寄的成本支出，不得以营利为目的。对于所附的设计文件，招标人可以向投标人酌收押金；对于开标后投标人退还设计文件的，招标人应当向投标人退还押金。

招标文件或者资格预审文件售出后，不予退还。除不可抗力原因外，招标人在发布招标公告、发出投标邀请书后或者售出招标文件或资格预审文件后不得终止招标。

第十六条　招标人可以根据招标项目本身的特点和需要，要求潜在投标人或者投标人提供满足其资格要求的文件，对潜在投标人或者投标人进行资格审查；国家对潜在投标人或者投标人的资格条件有规定的，依照其规定。

第十七条　资格审查分为资格预审和资格后审。

资格预审，是指在投标前对潜在投标人进行的资格审查。

资格后审,是指在开标后对投标人进行的资格审查。

进行资格预审的,一般不再进行资格后审,但招标文件另有规定的除外。

第十八条 采取资格预审的,招标人应当发布资格预审公告。资格预审公告适用本办法第十三条、第十四条有关招标公告的规定。

采取资格预审的,招标人应当在资格预审文件中载明资格预审的条件、标准和方法;采取资格后审的,招标人应当在招标文件中载明对投标人资格要求的条件、标准和方法。

招标人不得改变载明的资格条件或者以没有载明的资格条件对潜在投标人或者投标人进行资格审查。

第十九条 经资格预审后,招标人应当向资格预审合格的潜在投标人发出资格预审合格通知书,告知获取招标文件的时间、地点和方法,并同时向资格预审不合格的潜在投标人告知资格预审结果。资格预审不合格的潜在投标人不得参加投标。

经资格后审不合格的投标人的投标应予否决。

第二十条 资格审查应主要审查潜在投标人或者投标人是否符合下列条件:

(一)具有独立订立合同的权利;

(二)具有履行合同的能力,包括专业、技术资格和能力,资金、设备和其他物质设施状况,管理能力,经验、信誉和相应的从业人员;

(三)没有处于被责令停业,投标资格被取消,财产被接管、冻结,破产状态;

(四)在最近三年内没有骗取中标和严重违约及重大工程质量问题;

(五)国家规定的其他资格条件。

资格审查时,招标人不得以不合理的条件限制、排斥潜在投标人或者投标人,不得对潜在投标人或者投标人实行歧视待遇。任何单位和个人不得以行政手段或者其他不合理方式限制投标人的数量。

第二十一条 招标人符合法律规定的自行招标条件的,可以自行办理招标事宜。任何单位和个人不得强制其委托招标代理机构办理招标事宜。

第二十二条 招标代理机构应当在招标人委托的范围内承担招标事宜。招标代理机构可以在其资格等级范围内承担下列招标事宜:

(一)拟订招标方案,编制和出售招标文件、资格预审文件;

(二)审查投标人资格;

(三)编制标底;

(四)组织投标人踏勘现场;

（五）组织开标、评标，协助招标人定标；

（六）草拟合同；

（七）招标人委托的其他事项。

招标代理机构不得无权代理、越权代理，不得明知委托事项违法而进行代理。

招标代理机构不得在所代理的招标项目中投标或者代理投标，也不得为所代理的招标项目的投标人提供咨询；未经招标人同意，不得转让招标代理业务。

第二十三条 工程招标代理机构与招标人应当签订书面委托合同，并按双方约定的标准收取代理费；国家对收费标准有规定的，依照其规定。

第二十四条 招标人根据施工招标项目的特点和需要编制招标文件。招标文件一般包括下列内容：

（一）招标公告或投标邀请书；

（二）投标人须知；

（三）合同主要条款；

（四）投标文件格式；

（五）采用工程量清单招标的，应当提供工程量清单；

（六）技术条款；

（七）设计图纸；

（八）评标标准和方法；

（九）投标辅助材料。

招标人应当在招标文件中规定实质性要求和条件，并用醒目的方式标明。

第二十五条 招标人可以要求投标人在提交符合招标文件规定要求的投标文件外，提交备选投标方案，但应当在招标文件中作出说明，并提出相应的评审和比较办法。

第二十六条 招标文件规定的各项技术标准应符合国家强制性标准。

招标文件中规定的各项技术标准均不得要求或标明某一特定的专利、商标、名称、设计、原产地或生产供应者，不得含有倾向或者排斥潜在投标人的其他内容。如果必须引用某一生产供应者的技术标准才能准确或清楚地说明拟招标项目的技术标准时，则应当在参照后面加上“或相当于”的字样。

第二十七条 施工招标项目需要划分标段、确定工期的，招标人应当合理划分标段、确定工期，并在招标文件中载明。对工程技术上紧密相联、不可分割的单位工程不得分割标段。

招标人不得以不合理的标段或工期限制或者排斥潜在投标人或者投标人。依法必须进行施工招标的项目的招标人不得利用划分标段规避招标。

第二十八条 招标文件应当明确规定所有评标因素,以及如何将这些因素量化或者据以进行评估。

在评标过程中,不得改变招标文件中规定的评标标准、方法和中标条件。

第二十九条 招标文件应当规定一个适当的投标有效期,以保证招标人有足够的时间完成评标和与中标人签订合同。投标有效期从投标人提交投标文件截止之日起计算。

在原投标有效期结束前,出现特殊情况的,招标人可以书面形式要求所有投标人延长投标有效期。投标人同意延长的,不得要求或被允许修改其投标文件的实质性内容,但应当相应延长其投标保证金的有效期;投标人拒绝延长的,其投标失效,但投标人有权收回其投标保证金。因延长投标有效期造成投标人损失的,招标人应当给予补偿,但因不可抗力需要延长投标有效期的除外。

第三十条 施工招标项目工期较长的,招标文件中可以规定工程造价指数体系、价格调整因素和调整方法。

第三十一条 招标人应当确定投标人编制投标文件所需要的合理时间;但是,依法必须进行招标的项目,自招标文件开始发出之日起至投标人提交投标文件截止之日止,最短不得少于二十日。

第三十二条 招标人根据招标项目的具体情况,可以组织潜在投标人踏勘项目现场,向其介绍工程场地和相关环境的有关情况。潜在投标人依据招标人介绍情况作出的判断和决策,由投标人自行负责。

招标人不得单独或者分别组织任何一个投标人进行现场踏勘。

第三十三条 对于潜在投标人在阅读招标文件和现场踏勘中提出的疑问,招标人可以书面形式或召开投标预备会的方式解答,但需同时将解答以书面方式通知所有购买招标文件的潜在投标人。该解答的内容为招标文件的组成部分。

第三十四条 招标人可根据项目特点决定是否编制标底。编制标底的,标底编制过程和标底在开标前必须保密。

招标项目编制标底的,应根据批准的初步设计、投资概算,依据有关计价办法,参照有关工程定额,结合市场供求状况,综合考虑投资、工期和质量等方面的因素合理确定。

标底由招标人自行编制或委托中介机构编制。一个工程只能编制一个标底。

任何单位和个人不得强制招标人编制或报审标底,或干预其确定标底。

招标项目可以不设标底,进行无标底招标。

招标人设有最高投标限价的,应当在招标文件中明确最高投标限价或者最高投标限价的计算方法。招标人不得规定最低投标限价。

第三章 投 标

第三十五条 投标人是响应招标、参加投标竞争的法人或者其他组织。招标人的任何不具独立法人资格的附属机构(单位),或者为招标项目的前期准备或者监理工作提供设计、咨询服务的任何法人及其任何附属机构(单位),都无资格参加该招标项目的投标。

第三十六条 投标人应当按照招标文件的要求编制投标文件。投标文件应当对招标文件提出的实质性要求和条件作出响应。

投标文件一般包括下列内容:

(一)投标函;

(二)投标报价;

(三)施工组织设计;

(四)商务和技术偏差表。

投标人根据招标文件载明的项目实际情况,拟在中标后将中标项目的部分非主体、非关键性工作进行分包的,应当在投标文件中载明。

第三十七条 招标人可以在招标文件中要求投标人提交投标保证金。投标保证金除现金外,可以是银行出具的银行保函、保兑支票、银行汇票或现金支票。

投标保证金不得超过项目估算价的百分之二,但最高不得超过八十万元人民币。投标保证金有效期应当与投标有效期一致。

投标人应当按照招标文件要求的方式和金额,将投标保证金随投标文件提交给招标人或其委托的招标代理机构。

依法必须进行施工招标的项目的境内投标单位,以现金或者支票形式提交的投标保证金应当从其基本账户转出。

第三十八条 投标人应当在招标文件要求提交投标文件的截止时间前,将投标文件密封送达投标地点。招标人收到投标文件后,应当向投标人出具标明签收人和签收时间的凭证,在开标前任何单位和个人不得开启投标文件。

在招标文件要求提交投标文件的截止时间后送达的投标文件,招标人应当拒收。

依法必须进行施工招标的项目提交投标文件的投标人少于三个的,招标人在分析招标失败的原因并采取相应措施后,应当依法重新招标。重新招标后投标人仍少于三个的,属于必须审批、核准的工程建设项目,报经原审批、核准部门审批、核准后可以不再进行招标;其他工程建设项目,招标人可自行决定不再进行招标。

第三十九条 投标人在招标文件要求提交投标文件的截止时间前,可以补充、修改、替代或者撤回已提交的投标文件,并书面通知招标人。补充、修改的内容为投标文件的组成部分。

第四十条 在提交投标文件截止时间后到招标文件规定的投标有效期终止之前,投标人不得撤销其投标文件,否则招标人可以不退还其投标保证金。

第四十一条 在开标前,招标人应妥善保管好已接收的投标文件、修改或撤回通知、备选投标方案等投标资料。

第四十二条 两个以上法人或者其他组织可以组成一个联合体,以一个投标人的身份共同投标。

联合体各方签订共同投标协议后,不得再以自己名义单独投标,也不得组成新的联合体或参加其他联合体在同一项目中投标。

第四十三条 招标人接受联合体投标并进行资格预审的,联合体应当在提交资格预审申请文件前组成。资格预审后联合体增减、更换成员的,其投标无效。

第四十四条 联合体各方应当指定牵头人,授权其代表所有联合体成员负责投标和合同实施阶段的主办、协调工作,并应当向招标人提交由所有联合体成员法定代表人签署的授权书。

第四十五条 联合体投标的,应当以联合体各方或者联合体中牵头人的名义提交投标保证金。以联合体中牵头人名义提交的投标保证金,对联合体各成员具有约束力。

第四十六条 下列行为均属投标人串通投标报价:

(一)投标人之间相互约定抬高或压低投标报价;

(二)投标人之间相互约定,在招标项目中分别以高、中、低价位报价;

(三)投标人之间先进行内部竞价,内定中标人,然后再参加投标;

(四)投标人之间其他串通投标报价的行为。

第四十七条 下列行为均属招标人与投标人串通投标:

(一)招标人在开标前开启投标文件并将有关信息泄露给其他投标人,

或者授意投标人撤换、修改投标文件；

（二）招标人向投标人泄露标底、评标委员会成员等信息；

（三）招标人明示或者暗示投标人压低或抬高投标报价；

（四）招标人明示或者暗示投标人为特定投标人中标提供方便；

（五）招标人与投标人为谋求特定中标人中标而采取的其他串通行为。

第四十八条 投标人不得以他人名义投标。

前款所称以他人名义投标，指投标人挂靠其他施工单位，或从其他单位通过受让或租借的方式获取资格或资质证书，或者由其他单位及其法定代表人在自己编制的投标文件上加盖印章和签字等行为。

第四章 开标、评标和定标

第四十九条 开标应当在招标文件确定的提交投标文件截止时间的同一时间公开进行；开标地点应当为招标文件中确定的地点。

投标人对开标有异议的，应当在开标现场提出，招标人应当当场作出答复，并制作记录。

第五十条 投标文件有下列情形之一的，招标人应当拒收：

（一）逾期送达；

（二）未按招标文件要求密封。

有下列情形之一的，评标委员会应当否决其投标：

（一）投标文件未经投标单位盖章和单位负责人签字；

（二）投标联合体没有提交共同投标协议；

（三）投标人不符合国家或者招标文件规定的资格条件；

（四）同一投标人提交两个以上不同的投标文件或者投标报价，但招标文件要求提交备选投标的除外；

（五）投标报价低于成本或者高于招标文件设定的最高投标限价；

（六）投标文件没有对招标文件的实质性要求和条件作出响应；

（七）投标人有串通投标、弄虚作假、行贿等违法行为。

第五十一条 评标委员会可以书面方式要求投标人对投标文件中含义不明确、对同类问题表述不一致或者有明显文字和计算错误的内容作必要的澄清、说明或补正。评标委员会不得向投标人提出带有暗示性或诱导性的问题，或向其明确投标文件中的遗漏和错误。

第五十二条 投标文件不响应招标文件的实质性要求和条件的，评标委员会不得允许投标人通过修正或撤销其不符合要求的差异或保留，使之成为具有响应性的投标。

第五十三条 评标委员会在对实质上响应招标文件要求的投标进行报价评估时,除招标文件另有约定外,应当按下述原则进行修正:

(一)用数字表示的数额与用文字表示的数额不一致时,以文字数额为准;

(二)单价与工程量的乘积与总价之间不一致时,以单价为准。若单价有明显的小数点错位,应以总价为准,并修改单价。

按前款规定调整后的报价经投标人确认后产生约束力。

投标文件中没有列入的价格和优惠条件在评标时不予考虑。

第五十四条 对于投标人提交的优越于招标文件中技术标准的备选投标方案所产生的附加收益,不得考虑进评标价中。符合招标文件的基本技术要求且评标价最低或综合评分最高的投标人,其所提交的备选方案方可予以考虑。

第五十五条 招标人设有标底的,标底在评标中应当作为参考,但不得作为评标的唯一依据。

第五十六条 评标委员会完成评标后,应向招标人提出书面评标报告。评标报告由评标委员会全体成员签字。

依法必须进行招标的项目,招标人应当自收到评标报告之日起三日内公示中标候选人,公示期不得少于三日。

中标通知书由招标人发出。

第五十七条 评标委员会推荐的中标候选人应当限定在一至三人,并标明排列顺序。招标人应当接受评标委员会推荐的中标候选人,不得在评标委员会推荐的中标候选人之外确定中标人。

第五十八条 国有资金占控股或者主导地位的依法必须进行招标的项目,招标人应当确定排名第一的中标候选人为中标人。排名第一的中标候选人放弃中标、因不可抗力提出不能履行合同、不按照招标文件的要求提交履约保证金,或者被查实存在影响中标结果的违法行为等情形,不符合中标条件的,招标人可以按照评标委员会提出的中标候选人名单排序依次确定其他中标候选人为中标人。依次确定其他中标候选人与招标人预期差距较大,或者对招标人明显不利的,招标人可以重新招标。

招标人可以授权评标委员会直接确定中标人。

国务院对中标人的确定另有规定的,从其规定。

第五十九条 招标人不得向中标人提出压低报价、增加工作量、缩短工期或其他违背中标人意愿的要求,以此作为发出中标通知书和签订合同的条件。

第六十条 中标通知书对招标人和中标人具有法律效力。中标通知书发出后,招标人改变中标结果的,或者中标人放弃中标项目的,应当依法承担法律责任。

第六十一条 招标人全部或者部分使用非中标单位投标文件中的技术成果或技术方案时,需征得其书面同意,并给予一定的经济补偿。

第六十二条 招标人和中标人应当在投标有效期内并在自中标通知书发出之日起三十日内,按照招标文件和中标人的投标文件订立书面合同。招标人和中标人不得再行订立背离合同实质性内容的其他协议。

招标人要求中标人提供履约保证金或其他形式履约担保的,招标人应当同时向中标人提供工程款支付担保。

招标人不得擅自提高履约保证金,不得强制要求中标人垫付中标项目建设资金。

第六十三条 招标人最迟应当在与中标人签订合同后五日内,向中标人和未中标的投标人退还投标保证金及银行同期存款利息。

第六十四条 合同中确定的建设规模、建设标准、建设内容、合同价格应当控制在批准的初步设计及概算文件范围内;确需超出规定范围的,应当在中标合同签订前,报原项目审批部门审查同意。凡应报经审查而未报的,在初步设计及概算调整时,原项目审批部门一律不予承认。

第六十五条 依法必须进行施工招标的项目,招标人应当自发出中标通知书之日起十五日内,向有关行政监督部门提交招标投标情况的书面报告。

前款所称书面报告至少应包括下列内容:

(一)招标范围;

(二)招标方式和发布招标公告的媒介;

(三)招标文件中投标人须知、技术条款、评标标准和方法、合同主要条款等内容;

(四)评标委员会的组成和评标报告;

(五)中标结果。

第六十六条 招标人不得直接指定分包人。

第六十七条 对于不具备分包条件或者不符合分包规定的,招标人有权在签订合同或者中标人提出分包要求时予以拒绝。发现中标人转包或违法分包时,可要求其改正;拒不改正的,可终止合同,并报请有关行政监督部门查处。

监理人员和有关行政部门发现中标人违反合同约定进行转包或违法分

包的,应当要求中标人改正,或者告知招标人要求其改正;对于拒不改正的,应当报请有关行政监督部门查处。

第五章 法律责任

第六十八条 依法必须进行招标的项目而不招标的,将必须进行招标的项目化整为零或者以其他任何方式规避招标的,有关行政监督部门责令限期改正,可以处项目合同金额千分之五以上千分之十以下的罚款;对全部或者部分使用国有资金的项目,项目审批部门可以暂停项目执行或者暂停资金拨付;对单位直接负责的主管人员和其他直接责任人员依法给予处分。

第六十九条 招标代理机构违法泄露应当保密的与招标投标活动有关的情况和资料的,或者与招标人、投标人串通损害国家利益、社会公共利益或者他人合法权益的,由有关行政监督部门处五万元以上二十五万元以下罚款,对单位直接负责的主管人员和其他直接责任人员处单位罚款数额百分之五以上百分之十以下罚款;有违法所得的,并处没收违法所得;情节严重的,有关行政监督部门可停止其一定时期内参与相关领域的招标代理业务,资格认定部门可暂停直至取消招标代理资格;构成犯罪的,由司法部门依法追究刑事责任。给他人造成损失的,依法承担赔偿责任。

前款所列行为影响中标结果,并且中标人为前款所列行为的受益人的,中标无效。

第七十条 招标人以不合理的条件限制或者排斥潜在投标人的,对潜在投标人实行歧视待遇的,强制要求投标人组成联合体共同投标的,或者限制投标人之间竞争的,有关行政监督部门责令改正,可处一万元以上五万元以下罚款。

第七十一条 依法必须进行招标项目的招标人向他人透露已获取招标文件的潜在投标人的名称、数量或者可能影响公平竞争的有关招标投标的其他情况的,或者泄露标底的,有关行政监督部门给予警告,可以并处一万元以上十万元以下的罚款;对单位直接负责的主管人员和其他直接责任人员依法给予处分;构成犯罪的,依法追究刑事责任。

前款所列行为影响中标结果的,中标无效。

第七十二条 招标人在发布招标公告、发出投标邀请书或者售出招标文件或资格预审文件后终止招标的,应当及时退还所收取的资格预审文件、招标文件的费用,以及所收取的投标保证金及银行同期存款利息。给潜在投标人或者投标人造成损失的,应当赔偿损失。

第七十三条 招标人有下列限制或者排斥潜在投标人行为之一的，由有关行政监督部门依照招标投标法第五十一条的规定处罚；其中，构成依法必须进行施工招标的项目的招标人规避招标的，依照招标投标法第四十九条的规定处罚：

（一）依法应当公开招标的项目不按照规定在指定媒介发布资格预审公告或者招标公告；

（二）在不同媒介发布的同一招标项目的资格预审公告或者招标公告的内容不一致，影响潜在投标人申请资格预审或者投标。

招标人有下列情形之一的，由有关行政监督部门责令改正，可以处10万元以下的罚款：

（一）依法应当公开招标而采用邀请招标；

（二）招标文件、资格预审文件的发售、澄清、修改的时限，或者确定的提交资格预审申请文件、投标文件的时限不符合招标投标法和招标投标法实施条例规定；

（三）接受未通过资格预审的单位或者个人参加投标；

（四）接受应当拒收的投标文件。

招标人有前款第一项、第三项、第四项所列行为之一的，对单位直接负责的主管人员和其他直接责任人员依法给予处分。

第七十四条 投标人相互串通投标或者与招标人串通投标的，投标人以向招标人或者评标委员会成员行贿的手段谋取中标的，中标无效，由有关行政监督部门处中标项目金额千分之五以上千分之十以下的罚款，对单位直接负责的主管人员和其他直接责任人员处单位罚款数额百分之五以上百分之十以下的罚款；有违法所得的，并处没收违法所得；情节严重的，取消其一至二年的投标资格，并予以公告，直至由工商行政管理机关吊销营业执照；构成犯罪的，依法追究刑事责任。给他人造成损失的，依法承担赔偿责任。投标人未中标的，对单位的罚款金额按照招标项目合同金额依照招标投标法规定的比例计算。

第七十五条 投标人以他人名义投标或者以其他方式弄虚作假，骗取中标的，中标无效，给招标人造成损失的，依法承担赔偿责任；构成犯罪的，依法追究刑事责任。

依法必须进行招标项目的投标人有前款所列行为尚未构成犯罪的，有关行政监督部门处中标项目金额千分之五以上千分之十以下的罚款，对单位直接负责的主管人员和其他直接责任人员处单位罚款数额百分之五以上百分之十以下的罚款；有违法所得的，并处没收违法所得；情节严重的，取消其一至三年投标资格,并予以公告,直至由工商行政管理机关吊销营业执照。投标人未中标的,对单位的罚款金额按照招标项目合同金额依照招标投标法规定的比例计算。

第七十六条 依法必须进行招标的项目,招标人违法与投标人就投标价格、投标方案等实质性内容进行谈判的,有关行政监督部门给予警告,对单位直接负责的主管人员和其他直接责任人员依法给予处分。

前款所列行为影响中标结果的,中标无效。

第七十七条 评标委员会成员收受投标人的财物或者其他好处的,没收收受的财物,可以并处三千元以上五万元以下的罚款,取消担任评标委员会成员的资格并予以公告,不得再参加依法必须进行招标的项目的评标;构成犯罪的,依法追究刑事责任。

第七十八条 评标委员会成员应当回避而不回避,擅离职守,不按照招标文件规定的评标标准和方法评标,私下接触投标人,向招标人征询确定中标人的意向或者接受任何单位或者个人明示或者暗示提出的倾向或者排斥特定投标人的要求,对依法应当否决的投标不提出否决意见,暗示或者诱导投标人作出澄清、说明或者接受投标人主动提出的澄清、说明,或者有其他不能客观公正地履行职责行为的,有关行政监督部门责令改正;情节严重的,禁止其在一定期限内参加依法必须进行招标的项目的评标;情节特别严重的,取消其担任评标委员会成员的资格。

第七十九条 依法必须进行招标的项目的招标人不按照规定组建评标委员会,或者确定、更换评标委员会成员违反招标投标法和招标投标法实施条例规定的,由有关行政监督部门责令改正,可以处10万元以下的罚款,对单位直接负责的主管人员和其他直接责任人员依法给予处分;违法确定或者更换的评标委员会成员作出的评审决定无效,依法重新进行评审。

第八十条 依法必须进行招标的项目的招标人有下列情形之一的,由有关行政监督部门责令改正,可以处中标项目金额千分之十以下的罚款;给他人造成损失的,依法承担赔偿责任;对单位直接负责的主管人员和其他直接责任人员依法给予处分:

(一)无正当理由不发出中标通知书;

(二)不按照规定确定中标人;

(三)中标通知书发出后无正当理由改变中标结果;

(四)无正当理由不与中标人订立合同;

(五)在订立合同时向中标人提出附加条件。

第八十一条 中标通知书发出后,中标人放弃中标项目的,无正当理由不与招标人签订合同的，在签订合同时向招标人提出附加条件或者更改合同实质性内容的，或者拒不提交所要求的履约保证金的，取消其中标资格，投标保证金不予退还；给招标人的损失超过投标保证金数额的，中标人应当对超过部分予以赔偿；没有提交投标保证金的，应当对招标人的损失承担赔偿责任。对依法必须进行施工招标的项目的中标人，由有关行政监督部门责令改正，可以处中标金额千分之十以下罚款。

第八十二条 中标人将中标项目转让给他人的，将中标项目肢解后分别转让给他人的，违法将中标项目的部分主体、关键性工作分包给他人的，或者分包人再次分包的，转让、分包无效，有关行政监督部门处转让、分包项目金额千分之五以上千分之十以下的罚款；有违法所得的，并处没收违法所得；可以责令停业整顿；情节严重的，由工商行政管理机关吊销营业执照。

第八十三条 招标人与中标人不按照招标文件和中标人的投标文件订立合同的，合同的主要条款与招标文件、中标人的投标文件的内容不一致，或者招标人、中标人订立背离合同实质性内容的协议的，有关行政监督部门责令改正；可以处中标项目金额千分之五以上千分之十以下的罚款。

第八十四条 中标人不履行与招标人订立的合同的，履约保证金不予退还，给招标人造成的损失超过履约保证金数额的，还应当对超过部分予以赔偿；没有提交履约保证金的，应当对招标人的损失承担赔偿责任。

中标人不按照与招标人订立的合同履行义务，情节严重的，有关行政监督部门取消其二至五年参加招标项目的投标资格并予以公告，直至由工商行政管理机关吊销营业执照。

因不可抗力不能履行合同的，不适用前两款规定。

第八十五条 招标人不履行与中标人订立的合同的，应当返还中标人的履约保证金，并承担相应的赔偿责任；没有提交履约保证金的，应当对中标人的损失承担赔偿责任。

因不可抗力不能履行合同的，不适用前款规定。

第八十六条 依法必须进行施工招标的项目违反法律规定，中标无效的，应当依照法律规定的中标条件从其余投标人中重新确定中标人或者依法重新进行招标。

中标无效的，发出的中标通知书和签订的合同自始没有法律约束力，但不影响合同中独立存在的有关解决争议方法的条款的效力。

第八十七条 任何单位违法限制或者排斥本地区、本系统以外的法人或者其他组织参加投标的，为招标人指定招标代理机构的，强制招标人委托招标代理机构办理招标事宜的，或者以其他方式干涉招标投标活动的，有关行政监督部门责令改正；对单位直接负责的主管人员和其他直接责任人员依法给予警告、记过、记大过的处分，情节较重的，依法给予降级、撤职、开除的处分。

个人利用职权进行前款违法行为的，依照前款规定追究责任。

第八十八条 对招标投标活动依法负有行政监督职责的国家机关工作人员徇私舞弊、滥用职权或者玩忽职守，构成犯罪的，依法追究刑事责任；不构成犯罪的，依法给予行政处分。

第八十九条 投标人或者其他利害关系人认为工程建设项目施工招标投标活动不符合国家规定的，可以自知道或者应当知道之日起10日内向有关行政监督部门投诉。投诉应当有明确的请求和必要的证明材料。

第六章 附 则

第九十条 使用国际组织或者外国政府贷款、援助资金的项目进行招标，贷款方、资金提供方对工程施工招标投标活动的条件和程序有不同规定的，可以适用其规定，但违背中华人民共和国社会公共利益的除外。

第九十一条 本办法由国家发展改革委会同有关部门负责解释。

第九十二条 本办法自2003年5月1日起施行。

工程建设项目货物招标投标办法

（2005年1月18日国家发展和改革委员会、建设部、铁道部、交通部、信息产业部、水利部、中国民用航空总局令第27号发布 根据2013年3月11日国家发展和改革委员会、工业和信息化部、财政部、住房和城乡建设部、交通运输部、铁道部、水利部、国家广播电影电视总局、中国民用航空局令第23号《关于废止和修改部分招标投标规章和规范性文件的决定》修订 自2013年5月1日起施行）

第一章 总 则

第一条 为规范工程建设项目的货物招标投标活动，保护国家利益、社会公共利益和招标投标活动当事人的合法权益,保证工程质量,提高投资效益,根据《中华人民共和国招标投标法》、《中华人民共和国招标投标法实施条例》和国务院有关部门的职责分工,制定本办法。

第二条　本办法适用于在中华人民共和国境内工程建设项目货物招标投标活动。

第三条　工程建设项目符合《工程建设项目招标范围和规模标准规定》(原国家计委令第3号)规定的范围和标准的,必须通过招标选择货物供应单位。

任何单位和个人不得将依法必须进行招标的项目化整为零或者以其他任何方式规避招标。

第四条　工程建设项目货物招标投标活动应当遵循公开、公平、公正和诚实信用的原则。货物招标投标活动不受地区或者部门的限制。

第五条　工程建设项目货物招标投标活动,依法由招标人负责。

工程建设项目招标人对项目实行总承包招标时,未包括在总承包范围内的货物属于依法必须进行招标的项目范围且达到国家规定规模标准的,应当由工程建设项目招标人依法组织招标。

工程建设项目实行总承包招标时,以暂估价形式包括在总承包范围内的货物属于依法必须进行招标的项目范围且达到国家规定规模标准的,应当依法组织招标。

第六条　各级发展改革、工业和信息化、住房城乡建设、交通运输、铁道、水利、民航等部门依照国务院和地方各级人民政府关于工程建设项目行政监督的职责分工,对工程建设项目中所包括的货物招标投标活动实施监督,依法查处货物招标投标活动中的违法行为。

第二章　招　　标

第七条　工程建设项目招标人是依法提出招标项目、进行招标的法人或者其他组织。本办法第五条总承包中标人单独或者共同招标时,也为招标人。

第八条　依法必须招标的工程建设项目,应当具备下列条件才能进行货物招标:

(一)招标人已经依法成立;

(二)按照国家有关规定应当履行项目审批、核准或者备案手续的,已经审批、核准或者备案;

（三）有相应资金或者资金来源已经落实；

（四）能够提出货物的使用与技术要求。

第九条 依法必须进行招标的工程建设项目，按国家有关规定需要履行审批、核准手续的，招标人应当在报送的可行性研究报告、资金申请报告或者项目申请报告中将货物招标范围、招标方式（公开招标或邀请招标）、招标组织形式（自行招标或委托招标）等有关招标内容报项目审批、核准部门审批、核准。项目审批、核准部门应当将审批、核准的招标内容通报有关行政监督部门。

第十条 货物招标分为公开招标和邀请招标。

第十一条 依法应当公开招标的项目，有下列情形之一的，可以邀请招标：

（一）技术复杂、有特殊要求或者受自然环境限制，只有少量潜在投标人可供选择；

（二）采用公开招标方式的费用占项目合同金额的比例过大；

（三）涉及国家安全、国家秘密或者抢险救灾，适宜招标但不宜公开招标。

有前款第二项所列情形，属于按照国家有关规定需要履行项目审批、核准手续的依法必须进行招标的项目，由项目审批、核准部门认定；其他项目由招标人申请有关行政监督部门作出认定。

第十二条 采用公开招标方式的，招标人应当发布资格预审公告或者招标公告。依法必须进行货物招标的资格预审公告或者招标公告，应当在国家指定的报刊或者信息网络上发布。

采用邀请招标方式的，招标人应当向三家以上具备货物供应的能力、资信良好的特定的法人或者其他组织发出投标邀请书。

第十三条 招标公告或者投标邀请书应当载明下列内容：

（一）招标人的名称和地址；

（二）招标货物的名称、数量、技术规格、资金来源；

（三）交货的地点和时间；

（四）获取招标文件或者资格预审文件的地点和时间；

（五）对招标文件或者资格预审文件收取的费用；

（六）提交资格预审申请书或者投标文件的地点和截止日期；

（七）对投标人的资格要求。

第十四条 招标人应当按照资格预审公告、招标公告或者投标邀请书规定的时间、地点发售招标文件或者资格预审文件。自招标文件或者资格预审文件发售之日起至停止发售之日止,最短不得少于五日。

招标人可以通过信息网络或者其他媒介发布招标文件,通过信息网络或者其他媒介发布的招标文件与书面招标文件具有同等法律效力,出现不一致时以书面招标文件为准,但国家另有规定的除外。

对招标文件或者资格预审文件的收费应当限于补偿印刷、邮寄的成本支出,不得以营利为目的。

除不可抗力原因外,招标文件或者资格预审文件发出后,不予退还;招标人在发布招标公告、发出投标邀请书后或者发出招标文件或资格预审文件后不得终止招标。招标人终止招标的,应当及时发布公告,或者以书面形式通知被邀请的或者已经获取资格预审文件、招标文件的潜在投标人。已经发售资格预审文件、招标文件或者已经收取投标保证金的,招标人应当及时退还所收取的资格预审文件、招标文件的费用,以及所收取的投标保证金及银行同期存款利息。

第十五条　招标人可以根据招标货物的特点和需要,对潜在投标人或者投标人进行资格审查;国家对潜在投标人或者投标人的资格条件有规定的,依照其规定。

第十六条　资格审查分为资格预审和资格后审。

资格预审,是指招标人出售招标文件或者发出投标邀请书前对潜在投标人进行的资格审查。资格预审一般适用于潜在投标人较多或者大型、技术复杂货物的招标。

资格后审,是指在开标后对投标人进行的资格审查。资格后审一般在评标过程中的初步评审开始时进行。

第十七条　采取资格预审的,招标人应当发布资格预审公告。资格预审公告适用本办法第十二条、第十三条有关招标公告的规定。

第十八条　资格预审文件一般包括下列内容:

(一)资格预审公告;

(二)申请人须知;

(三)资格要求;

(四)其他业绩要求;

(五)资格审查标准和方法;

(六)资格预审结果的通知方式。

第十九条　采取资格预审的,招标人应当在资格预审文件中详细规定资格审查的标准和方法;采取资格后审的,招标人应当在招标文件中详细规定资格审查的标准和方法。

招标人在进行资格审查时,不得改变或补充载明的资格审查标准和方法或者以没有载明的资格审查标准和方法对潜在投标人或者投标人进行资格审查。

第二十条 经资格预审后,招标人应当向资格预审合格的潜在投标人发出资格预审合格通知书,告知获取招标文件的时间、地点和方法,并同时向资格预审不合格的潜在投标人告知资格预审结果。依法必须招标的项目通过资格预审的申请人不足三个的,招标人在分析招标失败的原因并采取相应措施后,应当重新招标。

对资格后审不合格的投标人,评标委员会应当否决其投标。

第二十一条 招标文件一般包括下列内容:

(一)招标公告或者投标邀请书;

(二)投标人须知;

(三)投标文件格式;

(四)技术规格、参数及其他要求;

(五)评标标准和方法;

(六)合同主要条款。

招标人应当在招标文件中规定实质性要求和条件,说明不满足其中任何一项实质性要求和条件的投标将被拒绝,并用醒目的方式标明;没有标明的要求和条件在评标时不得作为实质性要求和条件。对于非实质性要求和条件,应规定允许偏差的最大范围、最高项数,以及对这些偏差进行调整的方法。

国家对招标货物的技术、标准、质量等有规定的,招标人应当按照其规定在招标文件中提出相应要求。

第二十二条 招标货物需要划分标包的,招标人应合理划分标包,确定各标包的交货期,并在招标文件中如实载明。

招标人不得以不合理的标包限制或者排斥潜在投标人或者投标人。依法必须进行招标的项目的招标人不得利用标包划分规避招标。

第二十三条 招标人允许中标人对非主体货物进行分包的,应当在招标文件中载明。主要设备、材料或者供货合同的主要部分不得要求或者允许分包。

除招标文件要求不得改变标准货物的供应商外,中标人经招标人同意改变标准货物的供应商的,不应视为转包和违法分包。

第二十四条 招标人可以要求投标人在提交符合招标文件规定要求的投标文件外,提交备选投标方案,但应当在招标文件中作出说明。不符合中标条件的投标人的备选投标方案不予考虑。

第二十五条 招标文件规定的各项技术规格应当符合国家技术法规的规定。

招标文件中规定的各项技术规格均不得要求或标明某一特定的专利技术、商标、名称、设计、原产地或供应者等,不得含有倾向或者排斥潜在投标人的其他内容。如果必须引用某一供应者的技术规格才能准确或清楚地说明拟招标货物的技术规格时,则应当在参照后面加上"或相当于"的字样。

第二十六条 招标文件应当明确规定评标时包含价格在内的所有评标因素,以及据此进行评估的方法。

在评标过程中,不得改变招标文件中规定的评标标准、方法和中标条件。

第二十七条 招标人可以在招标文件中要求投标人以自己的名义提交投标保证金。投标保证金除现金外,可以是银行出具的银行保函、保兑支票、银行汇票或现金支票,也可以是招标人认可的其他合法担保形式。依法必须进行招标的项目的境内投标单位,以现金或者支票形式提交的投标保证金应当从其基本账户转出。

投标保证金不得超过项目估算价的百分之二,但最高不得超过八十万元人民币。投标保证金有效期应当与投标有效期一致。

投标人应当按照招标文件要求的方式和金额,在提交投标文件截止时间前将投标保证金提交给招标人或其委托的招标代理机构。

第二十八条 招标文件应当规定一个适当的投标有效期,以保证招标人有足够的时间完成评标和与中标人签订合同。投标有效期从招标文件规定的提交投标文件截止之日起计算。

在原投标有效期结束前,出现特殊情况的,招标人可以书面形式要求所有投标人延长投标有效期。投标人同意延长的,不得要求或被允许修改其投标文件的实质性内容,但应当相应延长其投标保证金的有效期;投标人拒绝延长的,其投标失效,但投标人有权收回其投标保证金及银行同期存款利息。

依法必须进行招标的项目同意延长投标有效期的投标人少于三个的,招标人在分析招标失败的原因并采取相应措施后,应当重新招标。

第二十九条 对于潜在投标人在阅读招标文件中提出的疑问,招标人应当以书面形式、投标预备会方式或者通过电子网络解答,但需同时将解答以书面方式通知所有购买招标文件的潜在投标人。该解答的内容为招标文件的组成部分。

除招标文件明确要求外,出席投标预备会不是强制性的,由潜在投标人自行决定,并自行承担由此可能产生的风险。

第三十条 招标人应当确定投标人编制投标文件所需的合理时间。依法必须进行招标的货物,自招标文件开始发出之日起至投标人提交投标文件截止之日止,最短不得少于二十日。

第三十一条 对无法精确拟定其技术规格的货物,招标人可以采用两阶段招标程序。

在第一阶段,招标人可以首先要求潜在投标人提交技术建议,详细阐明货物的技术规格、质量和其它特性。招标人可以与投标人就其建议的内容进行协商和讨论,达成一个统一的技术规格后编制招标文件。

在第二阶段,招标人应当向第一阶段提交了技术建议的投标人提供包含统一技术规格的正式招标文件,投标人根据正式招标文件的要求提交包括价格在内的最后投标文件。

招标人要求投标人提交投标保证金的,应当在第二阶段提出。

第三章 投 标

第三十二条 投标人是响应招标、参加投标竞争的法人或者其他组织。

法定代表人为同一个人的两个及两个以上法人,母公司、全资子公司及其控股公司,都不得在同一货物招标中同时投标。

一个制造商对同一品牌同一型号的货物,仅能委托一个代理商参加投标。

违反前两款规定的,相关投标均无效。

第三十三条 投标人应当按照招标文件的要求编制投标文件。投标文件应当对招标文件提出的实质性要求和条件作出响应。

投标文件一般包括下列内容:

(一)投标函;

(二)投标一览表;

(三)技术性能参数的详细描述;

(四)商务和技术偏差表;

(五)投标保证金;

(六)有关资格证明文件;

(七)招标文件要求的其他内容。

投标人根据招标文件载明的货物实际情况,拟在中标后将供货合同中的非主要部分进行分包的,应当在投标文件中载明。

第三十四条 投标人应当在招标文件要求提交投标文件的截止时间前,

将投标文件密封送达招标文件中规定的地点。招标人收到投标文件后,应当向投标人出具标明签收人和签收时间的凭证,在开标前任何单位和个人不得开启投标文件。

在招标文件要求提交投标文件的截止时间后送达的投标文件,招标人应当拒收。

依法必须进行招标的项目,提交投标文件的投标人少于三个的,招标人在分析招标失败的原因并采取相应措施后,应当重新招标。重新招标后投标人仍少于三个,按国家有关规定需要履行审批、核准手续的依法必须进行招标的项目,报项目审批、核准部门审批、核准后可以不再进行招标。

第三十五条 投标人在招标文件要求提交投标文件的截止时间前,可以补充、修改、替代或者撤回已提交的投标文件,并书面通知招标人。补充、修改的内容为投标文件的组成部分。

第三十六条 在提交投标文件截止时间后,投标人不得撤销其投标文件,否则招标人可以不退还其投标保证金。

第三十七条 招标人应妥善保管好已接收的投标文件、修改或撤回通知、备选投标方案等投标资料,并严格保密。

第三十八条 两个以上法人或者其他组织可以组成一个联合体,以一个投标人的身份共同投标。

联合体各方签订共同投标协议后,不得再以自己名义单独投标,也不得组成或参加其他联合体在同一项目中投标;否则相关投标均无效。

联合体中标的,应当指定牵头人或代表,授权其代表所有联合体成员与招标人签订合同,负责整个合同实施阶段的协调工作。但是,需要向招标人提交由所有联合体成员法定代表人签署的授权委托书。

第三十九条 招标人接受联合体投标并进行资格预审的,联合体应当在提交资格预审申请文件前组成。资格预审后联合体增减、更换成员的,其投标无效。

招标人不得强制资格预审合格的投标人组成联合体。

第四章 开标、评标和定标

第四十条 开标应当在招标文件确定的提交投标文件截止时间的同一时间公开进行;开标地点应当为招标文件中确定的地点。

投标人或其授权代表有权出席开标会,也可以自主决定不参加开标会。

投标人对开标有异议的,应当在开标现场提出,招标人应当当场作出答复,并制作记录。

第四十一条 投标文件有下列情形之一的,招标人应当拒收:

(一)逾期送达;

(二)未按招标文件要求密封。

有下列情形之一的,评标委员会应当否决其投标:

(一)投标文件未经投标单位盖章和单位负责人签字;

(二)投标联合体没有提交共同投标协议;

(三)投标人不符合国家或者招标文件规定的资格条件;

(四)同一投标人提交两个以上不同的投标文件或者投标报价,但招标文件要求提交备选投标的除外;

(五)投标标价低于成本或者高于招标文件设定的最高投标限价;

(六)投标文件没有对招标文件的实质性要求和条件作出响应;

(七)投标人有串通投标、弄虚作假、行贿等违法行为。

依法必须招标的项目评标委员会否决所有投标的,或者评标委员会否决一部分投标后其他有效投标不足三个使得投标明显缺乏竞争,决定否决全部投标的,招标人在分析招标失败的原因并采取相应措施后,应当重新招标。

第四十二条 评标委员会可以书面方式要求投标人对投标文件中含义不明确、对同类问题表述不一致或者有明显文字和计算错误的内容作必要的澄清、说明或补正。评标委员会不得向投标人提出带有暗示性或诱导性的问题,或向其明确投标文件中的遗漏和错误。

第四十三条 投标文件不响应招标文件的实质性要求和条件的,评标委员会不得允许投标人通过修正或撤销其不符合要求的差异或保留,使之成为具有响应性的投标。

第四十四条 技术简单或技术规格、性能、制作工艺要求统一的货物,一般采用经评审的最低投标价法进行评标。技术复杂或技术规格、性能、制作工艺要求难以统一的货物,一般采用综合评估法进行评标。

第四十五条 符合招标文件要求且评标价最低或综合评分最高而被推荐为中标候选人的投标人,其所提交的备选投标方案方可予以考虑。

第四十六条 评标委员会完成评标后,应向招标人提出书面评标报告。评标报告由评标委员会全体成员签字。

第四十七条 评标委员会在书面评标报告中推荐的中标候选人应当限定在一至三人,并标明排列顺序。招标人应当接受评标委员会推荐的中标候选人,不得在评标委员会推荐的中标候选人之外确定中标人。

依法必须进行招标的项目,招标人应当自收到评标报告之日起三日内公示中标候选人，公示期不得少于三日。

第四十八条　国有资金占控股或者主导地位的依法必须进行招标的项目，招标人应当确定排名第一的中标候选人为中标人。排名第一的中标候选人放弃中标、因不可抗力提出不能履行合同、不按照招标文件要求提交履约保证金，或者被查实存在影响中标结果的违法行为等情形，不符合中标条件的，招标人可以按照评标委员会提出的中标候选人名单排序依次确定其他中标候选人为中标人。依次确定其他中标候选人与招标人预期差距较大，或者对招标人明显不利的，招标人可以重新招标。

招标人可以授权评标委员会直接确定中标人。

国务院对中标人的确定另有规定的，从其规定。

第四十九条　招标人不得向中标人提出压低报价、增加配件或者售后服务量以及其他超出招标文件规定的违背中标人意愿的要求，以此作为发出中标通知书和签订合同的条件。

第五十条　中标通知书对招标人和中标人具有法律效力。中标通知书发出后，招标人改变中标结果的，或者中标人放弃中标项目的，应当依法承担法律责任。

中标通知书由招标人发出，也可以委托其招标代理机构发出。

第五十一条　招标人和中标人应当在投标有效期内并在自中标通知书发出之日起三十日内，按照招标文件和中标人的投标文件订立书面合同。招标人和中标人不得再行订立背离合同实质性内容的其他协议。

招标文件要求中标人提交履约保证金或者其他形式履约担保的，中标人应当提交；拒绝提交的，视为放弃中标项目。招标人要求中标人提供履约保证金或其他形式履约担保的，招标人应当同时向中标人提供货物款支付担保。

履约保证金不得超过中标合同金额的10%。

第五十二条　招标人最迟应当在书面合同签订后五日内，向中标人和未中标的投标人一次性退还投标保证金及银行同期存款利息。

第五十三条　必须审批的工程建设项目，货物合同价格应当控制在批准的概算投资范围内；确需超出范围的，应当在中标合同签订前，报原项目审批部门审查同意。项目审批部门应当根据招标的实际情况，及时作出批准或者不予批准的决定；项目审批部门不予批准的，招标人应当自行平衡超出的概算。

第五十四条　依法必须进行货物招标的项目，招标人应当自确定中标人之日起十五日内，向有关行政监督部门提交招标投标情况的书面报告。

前款所称书面报告至少应包括下列内容：

（一）招标货物基本情况；

（二）招标方式和发布招标公告或者资格预审公告的媒介；

（三）招标文件中投标人须知、技术条款、评标标准和方法、合同主要条款等内容；

（四）评标委员会的组成和评标报告；

（五）中标结果。

第五章 罚 则

第五十五条 招标人有下列限制或者排斥潜在投标行为之一的，由有关行政监督部门依照招标投标法第五十一条的规定处罚；其中，构成依法必须进行招标的项目的招标人规避招标的，依照招标投标法第四十九条的规定处罚：

（一）依法应当公开招标的项目不按照规定在指定媒介发布资格预审公告或者招标公告；

（二）在不同媒介发布的同一招标项目的资格预审公告或者招标公告内容不一致，影响潜在投标人申请资格预审或者投标。

第五十六条 招标人有下列情形之一的，由有关行政监督部门责令改正，可以处10万元以下的罚款：

（一）依法应当公开招标而采用邀请招标；

（二）招标文件、资格预审文件的发售、澄清、修改的时限，或者确定的提交资格预审申请文件、投标文件的时限不符合招标投标法和招标投标法实施条例规定；

（三）接受未通过资格预审的单位或者个人参加投标；

（四）接受应当拒收的投标文件。

招标人有前款第一项、第三项、第四项所列行为之一的，对单位直接负责的主管人员和其他直接责任人员依法给予处分。

第五十七条 评标委员会成员有下列行为之一的，由有关行政监督部门责令改正；情节严重的，禁止其在一定期限内参加依法必须进行招标的项目的评标；情节特别严重的，取消其担任评标委员会成员的资格：

（一）应当回避而不回避；

（二）擅离职守；

（三）不按照招标文件规定的评标标准和方法评标；

（四）私下接触投标人；

（五）向招标人征询确定中标人的意向或者接受任何单位或者个人明示或者暗示提出的倾向或者排斥特定投标人的要求；

（六）对依法应当否决的投标不提出否决意见；

（七）暗示或者诱导投标人作出澄清、说明或者接受投标人主动提出的澄清、说明；

（八）其他不客观、不公正履行职务的行为。

第五十八条　依法必须进行招标的项目的招标人有下列情形之一的，由有关行政监督部门责令改正，可以处中标项目金额千分之十以下的罚款；给他人造成损失的，依法承担赔偿责任；对单位直接负责的主管人员和其他直接责任人员依法给予处分：

（一）无正当理由不发出中标通知书；

（二）不按照规定确定中标人；

（三）中标通知书发出后无正当理由改变中标结果；

（四）无正当理由不与中标人订立合同；

（五）在订立合同时向中标人提出附加条件。

中标通知书发出后，中标人放弃中标项目的，无正当理由不与招标人签订合同的，在签订合同时向招标人提出附加条件或者更改合同实质性内容的，或者拒不提交所要求的履约保证金的，取消其中标资格，投标保证金不予退还；给招标人的损失超过投标保证金数额的，中标人应当对超过部分予以赔偿；没有提交投标保证金的，应当对招标人的损失承担赔偿责任。对依法必须进行招标的项目的中标人，由有关行政监督部门责令改正，可以处中标金额千分之十以下罚款。

第五十九条　招标人不履行与中标人订立的合同的，应当返还中标人的履约保证金，并承担相应的赔偿责任；没有提交履约保证金的，应当对中标人的损失承担赔偿责任。

因不可抗力不能履行合同的，不适用前款规定。

第六十条　中标无效的，发出的中标通知书和签订的合同自始没有法律约束力，但不影响合同中独立存在的有关解决争议方法的条款的效力。

第六章　附　则

第六十一条　不属于工程建设项目，但属于固定资产投资的货物招标投标活动，参照本办法执行。

第六十二条 使用国际组织或者外国政府贷款、援助资金的项目进行招标，贷款方、资金提供方对货物招标投标活动的条件和程序有不同规定的，可以适用其规定，但违背中华人民共和国社会公共利益的除外。

第六十三条 本办法由国家发展和改革委员会会同有关部门负责解释。

第六十四条 本办法自2005年3月1日起施行。

建筑工程设计招标投标管理办法

（2017年1月24日住房和城乡建设部令第33号公布
自2017年5月1日起施行）

第一条 为规范建筑工程设计市场，提高建筑工程设计水平，促进公平竞争，繁荣建筑创作，根据《中华人民共和国建筑法》、《中华人民共和国招标投标法》、《建设工程勘察设计管理条例》和《中华人民共和国招标投标法实施条例》等法律法规，制定本办法。

第二条 依法必须进行招标的各类房屋建筑工程，其设计招标投标活动，适用本办法。

第三条 国务院住房城乡建设主管部门依法对全国建筑工程设计招标投标活动实施监督。

县级以上地方人民政府住房城乡建设主管部门依法对本行政区域内建筑工程设计招标投标活动实施监督，依法查处招标投标活动中的违法违规行为。

第四条 建筑工程设计招标范围和规模标准按照国家有关规定执行，有下列情形之一的，可以不进行招标：

（一）采用不可替代的专利或者专有技术的；

（二）对建筑艺术造型有特殊要求，并经有关主管部门批准的；

（三）建设单位依法能够自行设计的；

（四）建筑工程项目的改建、扩建或者技术改造，需要由原设计单位设计，否则将影响功能配套要求的；

（五）国家规定的其他特殊情形。

第五条 建筑工程设计招标应当依法进行公开招标或者邀请招标。

第六条 建筑工程设计招标可以采用设计方案招标或者设计团队招标，

招标人可以根据项目特点和实际需要选择。

设计方案招标,是指主要通过对投标人提交的设计方案进行评审确定中标人。

设计团队招标,是指主要通过对投标人拟派设计团队的综合能力进行评审确定中标人。

第七条 公开招标的,招标人应当发布招标公告。邀请招标的,招标人应当向3个以上潜在投标人发出投标邀请书。

招标公告或者投标邀请书应当载明招标人名称和地址、招标项目的基本要求、投标人的资质要求以及获取招标文件的办法等事项。

第八条 招标人一般应当将建筑工程的方案设计、初步设计和施工图设计一并招标。确需另行选择设计单位承担初步设计、施工图设计的,应当在招标公告或者投标邀请书中明确。

第九条 鼓励建筑工程实行设计总包。实行设计总包的,按照合同约定或者经招标人同意,设计单位可以不通过招标方式将建筑工程非主体部分的设计进行分包。

第十条 招标文件应当满足设计方案招标或者设计团队招标的不同需求,主要包括以下内容:

(一)项目基本情况;

(二)城乡规划和城市设计对项目的基本要求;

(三)项目工程经济技术要求;

(四)项目有关基础资料;

(五)招标内容;

(六)招标文件答疑、现场踏勘安排;

(七)投标文件编制要求;

(八)评标标准和方法;

(九)投标文件送达地点和截止时间;

(十)开标时间和地点;

(十一)拟签订合同的主要条款;

(十二)设计费或者计费方法;

(十三)未中标方案补偿办法。

第十一条 招标人应当在资格预审公告、招标公告或者投标邀请书中载明是否接受联合体投标。采用联合体形式投标的,联合体各方应当签订共同投标协议,明确约定各方承担的工作和责任,就中标项目向招标人承担连带责任。

第十二条 招标人可以对已发出的招标文件进行必要的澄清或者修改。澄清或者修改的内容可能影响投标文件编制的,招标人应当在投标截止时间至少15日前,以书面形式通知所有获取招标文件的潜在投标人,不足15日的,招标人应当顺延提交投标文件的截止时间。

潜在投标人或者其他利害关系人对招标文件有异议的,应当在投标截止时间10日前提出。招标人应当自收到异议之日起3日内作出答复;作出答复前,应当暂停招标投标活动。

第十三条 招标人应当确定投标人编制投标文件所需要的合理时间,自招标文件开始发出之日起至投标人提交投标文件截止之日止,时限最短不少于20日。

第十四条 投标人应当具有与招标项目相适应的工程设计资质。境外设计单位参加国内建筑工程设计投标的,按照国家有关规定执行。

第十五条 投标人应当按照招标文件的要求编制投标文件。投标文件应当对招标文件提出的实质性要求和条件作出响应。

第十六条 评标由评标委员会负责。

评标委员会由招标人代表和有关专家组成。评标委员会人数为5人以上单数,其中技术和经济方面的专家不得少于成员总数的2/3。建筑工程设计方案评标时,建筑专业专家不得少于技术和经济方面专家总数的2/3。

评标专家一般从专家库随机抽取,对于技术复杂、专业性强或者国家有特殊要求的项目,招标人也可以直接邀请相应专业的中国科学院院士、中国工程院院士、全国工程勘察设计大师以及境外具有相应资历的专家参加评标。

投标人或者与投标人有利害关系的人员不得参加评标委员会。

第十七条 有下列情形之一的,评标委员会应当否决其投标:

(一)投标文件未按招标文件要求经投标人盖章和单位负责人签字;

(二)投标联合体没有提交共同投标协议;

(三)投标人不符合国家或者招标文件规定的资格条件;

(四)同一投标人提交2个以上不同的投标文件或者投标报价,但招标文件要求提交备选投标的除外;

(五)投标文件没有对招标文件的实质性要求和条件作出响应;

(六)投标人有串通投标、弄虚作假、行贿等违法行为;

(七)法律法规规定的其他应当否决投标的情形。

第十八条 评标委员会应当按照招标文件确定的评标标准和方法,对投标文件进行评审。

采用设计方案招标的，评标委员会应当在符合城乡规划、城市设计以及安全、绿色、节能、环保要求的前提下，重点对功能、技术、经济和美观等进行评审。

采用设计团队招标的，评标委员会应当对投标人拟从事项目设计的人员构成、人员业绩、人员从业经历、项目解读、设计构思、投标人信用情况和业绩等进行评审。

第十九条 评标委员会应当在评标完成后，向招标人提出书面评标报告，推荐不超过3个中标候选人，并标明顺序。

第二十条 招标人应当公示中标候选人。采用设计团队招标的，招标人应当公示中标候选人投标文件中所列主要人员、业绩等内容。

第二十一条 招标人根据评标委员会的书面评标报告和推荐的中标候选人确定中标人。招标人也可以授权评标委员会直接确定中标人。

采用设计方案招标的，招标人认为评标委员会推荐的候选方案不能最大限度满足招标文件规定的要求的，应当依法重新招标。

第二十二条 招标人应当在确定中标人后及时向中标人发出中标通知书，并同时将中标结果通知所有未中标人。

第二十三条 招标人应当自确定中标人之日起15日内，向县级以上地方人民政府住房城乡建设主管部门提交招标投标情况的书面报告。

第二十四条 县级以上地方人民政府住房城乡建设主管部门应当自收到招标投标情况的书面报告之日起5个工作日内，公开专家评审意见等信息，涉及国家秘密、商业秘密的除外。

第二十五条 招标人和中标人应当自中标通知书发出之日起30日内，按照招标文件和中标人的投标文件订立书面合同。

第二十六条 招标人、中标人使用未中标方案的，应当征得提交方案的投标人同意并付给使用费。

第二十七条 国务院住房城乡建设主管部门，省、自治区、直辖市人民政府住房城乡建设主管部门应当加强建筑工程设计评标专家和专家库的管理。

建筑专业专家库应当按建筑工程类别细化分类。

第二十八条 住房城乡建设主管部门应当加快推进电子招标投标，完善招标投标信息平台建设，促进建筑工程设计招标投标信息化监管。

第二十九条 招标人以不合理的条件限制或者排斥潜在投标人的，对潜在投标人实行歧视待遇的，强制要求投标人组成联合体共同投标的，或者限制投标人之间竞争的，由县级以上地方人民政府住房城乡建设主管部门责令改正，可以处1万元以上5万元以下的罚款。

第三十条 招标人澄清、修改招标文件的时限,或者确定的提交投标文件的时限不符合本办法规定的,由县级以上地方人民政府住房城乡建设主管部门责令改正,可以处10万元以下的罚款。

第三十一条 招标人不按照规定组建评标委员会,或者评标委员会成员的确定违反本办法规定的,由县级以上地方人民政府住房城乡建设主管部门责令改正,可以处10万元以下的罚款,相应评审结论无效,依法重新进行评审。

第三十二条 招标人有下列情形之一的,由县级以上地方人民政府住房城乡建设主管部门责令改正,可以处中标项目金额10‰以下的罚款;给他人造成损失的,依法承担赔偿责任;对单位直接负责的主管人员和其他直接责任人员依法给予处分:

(一)无正当理由未按本办法规定发出中标通知书;

(二)不按照规定确定中标人;

(三)中标通知书发出后无正当理由改变中标结果;

(四)无正当理由未按本办法规定与中标人订立合同;

(五)在订立合同时向中标人提出附加条件。

第三十三条 投标人以他人名义投标或者以其他方式弄虚作假,骗取中标的,中标无效,给招标人造成损失的,依法承担赔偿责任;构成犯罪的,依法追究刑事责任。

投标人有前款所列行为尚未构成犯罪的,由县级以上地方人民政府住房城乡建设主管部门处中标项目金额5‰以上10‰以下的罚款,对单位直接负责的主管人员和其他直接责任人员处单位罚款数额5%以上10%以下的罚款;有违法所得的,并处没收违法所得;情节严重的,取消其1年至3年内参加依法必须进行招标的建筑工程设计招标的投标资格,并予以公告,直至由工商行政管理机关吊销营业执照。

第三十四条 评标委员会成员收受投标人的财物或者其他好处的,评标委员会成员或者参加评标的有关工作人员向他人透露对投标文件的评审和比较、中标候选人的推荐以及与评标有关的其他情况的,由县级以上地方人民政府住房城乡建设主管部门给予警告,没收收受的财物,可以并处3000元以上5万元以下的罚款。

评标委员会成员有前款所列行为的,由有关主管部门通报批评并取消担任评标委员会成员的资格,不得再参加任何依法必须进行招标的建筑工程设计招标投标的评标;构成犯罪的,依法追究刑事责任。

第三十五条 评标委员会成员违反本办法规定,对应当否决的投标不提出否决意见的,由县级以上地方人民政府住房城乡建设主管部门责令改正;情节严重的,禁止其在一定期限内参加依法必须进行招标的建筑工程设计招标投标的评标;情节特别严重的,由有关主管部门取消其担任评标委员会成员的资格。

第三十六条 住房城乡建设主管部门或者有关职能部门的工作人员徇私舞弊、滥用职权或者玩忽职守,构成犯罪的,依法追究刑事责任;不构成犯罪的,依法给予行政处分。

第三十七条 市政公用工程及园林工程设计招标投标参照本办法执行。

第三十八条 本办法自2017年5月1日起施行。2000年10月18日建设部颁布的《建筑工程设计招标投标管理办法》(建设部令第82号)同时废止。

建筑工程方案设计招标投标管理办法

(2008年3月21日住房和城乡建设部建市〔2008〕63号公布
根据2019年3月18日建法规〔2019〕3号《住房和城乡建设部关于修改有关文件的通知》修订　自发布之日起施行)

第一章　总　　则

第一条 为规范建筑工程方案设计招标投标活动,提高建筑工程方案设计质量,体现公平有序竞争,根据《中华人民共和国建筑法》、《中华人民共和国招标投标法》及相关法律、法规和规章,制定本办法。

第二条 在中华人民共和国境内从事建筑工程方案设计招标投标及其管理活动的,适用本办法。

学术性的项目方案设计竞赛或不对某工程项目下一步设计工作的承接具有直接因果关系的"创意征集"等活动,不适用本办法。

第三条 本办法所称建筑工程方案设计招标投标,是指在建筑工程方案设计阶段,按照有关招标投标法律、法规和规章等规定进行的方案设计招标投标活动。

第四条 按照国家规定需要政府审批的建筑工程项目,有下列情形之一的，经有关部门批准，可以不进行招标：

（一）涉及国家安全、国家秘密的；

（二）涉及抢险救灾的；

（三）主要工艺、技术采用特定专利、专有技术，或者建筑艺术造型有特殊要求的；

（四）技术复杂或专业性强，能够满足条件的设计机构少于三家，不能形成有效竞争的；

（五）项目的改、扩建或者技术改造，由其他设计机构设计影响项目功能配套性的；

（六）法律、法规规定可以不进行设计招标的其他情形。

第五条 国务院建设主管部门负责全国建筑工程方案设计招标投标活动统一监督管理。县级以上人民政府建设主管部门依法对本行政区域内建筑工程方案设计招标投标活动实施监督管理。

建筑工程方案设计招标投标管理流程图详见附件一。

第六条 建筑工程方案设计应按照科学发展观，全面贯彻适用、经济，在可能条件下注意美观的原则。建筑工程设计方案要与当地经济发展水平相适应，积极鼓励采用节能、节地、节水、节材、环保技术的建筑工程设计方案。

第七条 建筑工程方案设计招标投标活动应遵循公开、公平、公正、择优和诚实信用的原则。

第八条 建筑工程方案设计应严格执行《建设工程质量管理条例》、《建设工程勘察设计管理条例》和国家强制性标准条文；满足现行的建筑工程建设标准、设计规范（规程）和本办法规定的相应设计文件编制深度要求。

第二章 招 标

第九条 建筑工程方案设计招标方式分为公开招标和邀请招标。

全部使用国有资金投资或者国有资金投资占控股或者主导地位的建筑工程项目，以及国务院发展和改革部门确定的国家重点项目和省、自治区、直辖市人民政府确定的地方重点项目，除符合本办法第四条及第十条规定条件并依法获得批准外，应当公开招标。

第十条 依法必须进行公开招标的建筑工程项目，在下列情形下可以进行邀请招标：

（一）项目的技术性、专业性强，或者环境资源条件特殊，符合条件的潜在投标人数量有限的；

（二）如采用公开招标，所需费用占建筑工程项目总投资额比例过大的；

（三）受自然因素限制，如采用公开招标，影响建筑工程项目实施时机的；

（四）法律、法规规定不宜公开招标的。

招标人采用邀请招标的方式，应保证有三个以上具备承担招标项目设计能力，并具有相应资质的机构参加投标。

第十一条 根据设计条件及设计深度，建筑工程方案设计招标类型分为建筑工程概念性方案设计招标和建筑工程实施性方案设计招标两种类型。

招标人应在招标公告或者投标邀请函中明示采用何种招标类型。

第十二条 建筑工程方案设计招标时应当具备下列条件：

（一）按照国家有关规定需要履行项目审批手续的，已履行审批手续，取得批准；

（二）设计所需要资金已经落实；

（三）设计基础资料已经收集完成；

（四）符合相关法律、法规规定的其他条件。

建筑工程概念性方案设计招标和建筑工程实施性方案设计招标的招标条件详见本办法附件二。

第十三条 公开招标的项目，招标人应当在指定的媒介发布招标公告。大型公共建筑工程的招标公告应当按照有关规定在指定的全国性媒介发布。

第十四条 招标人填写的招标公告或投标邀请函应当内容真实、准确和完整。

招标公告或投标邀请函的主要内容应当包括：工程概况、招标方式、招标类型、招标内容及范围、投标人承担设计任务范围、对投标人资质、经验及业绩的要求、投标人报名要求、招标文件工本费收费标准、投标报名时间、提交资格预审申请文件的截止时间、投标截止时间等。

建筑工程方案设计招标公告和投标邀请函样本详见本办法附件三。

第十五条 招标人应当按招标公告或者投标邀请函规定的时间、地点发出招标文件或者资格预审文件。自招标文件或者资格预审文件发出之日起至停止发出之日止，不得少于5个工作日。

第十六条 大型公共建筑工程项目或投标人报名数量较多的建筑工程项目招标可以实行资格预审。采用资格预审的，招标人应在招标公告中明示，并发出资格预审文件。招标人不得通过资格预审排斥潜在投标人。

对于投标人数量过多，招标人实行资格预审的情形，招标人应在招标公告中明确进行资格预审所需达到的投标人报名数量。招标人未在招标公告中明确或实际投标人报名数量未达到招标公告中规定的数量时,招标人不得进行资格预审。

资格预审必须由专业人员评审。资格预审不采用打分的方式评审,只有“通过”和“未通过”之分。如果通过资格预审投标人的数量不足三家,招标人应修订并公布新的资格预审条件,重新进行资格预审,直至三家或三家以上投标人通过资格预审为止。特殊情况下,招标人不能重新制定新的资格预审条件的,必须依据国家相关法律、法规规定执行。

建筑工程方案设计招标资格预审文件样本详见本办法附件四。

第十七条 招标人应当根据建筑工程特点和需要编制招标文件。招标文件包括以下方面内容:

(一)投标须知

(二)投标技术文件要求

(三)投标商务文件要求

(四)评标、定标标准及方法说明

(五)设计合同授予及投标补偿费用说明

招标人应在招标文件中明确执行国家规定的设计收费标准或提供投标人设计收费的统一计算基价。

对政府或国有资金投资的大型公共建筑工程项目,招标人应当在招标文件中明确参与投标的设计方案必须包括有关使用功能、建筑节能、工程造价、运营成本等方面的专题报告。

设计招标文件中的投标须知样本、招标技术文件编写内容及深度要求、投标商务文件内容等分别详见本办法附件五、附件六和附件七。

第十八条 各级建设主管部门对招标投标活动实施监督。

第十九条 概念性方案设计招标或者实施性方案设计招标的中标人应按招标文件要求承担方案及后续阶段的设计和服务工作。但中标人为中华人民共和国境外企业的,若承担后续阶段的设计和服务工作应按照《关于外国企业在中华人民共和国境内从事建设工程设计活动的管理暂行规定》(建市〔2004〕78 号)执行。

如果招标人只要求中标人承担方案阶段设计,而不再委托中标人承接或参加后续阶段工程设计业务的,应在招标公告或投标邀请函中明示,并说明支付中标人的设计费用。采用建筑工程实施性方案设计招标的,招标人应按照国家规定方案阶段设计付费标准支付中标人。采用建筑工程概念性方案设计招标的,招标人应按照国家规定方案阶段设计付费标准的 80% 支付中标人。

第三章　投　　标

第二十条　参加建筑工程项目方案设计的投标人应具备下列主体资格:

(一)在中华人民共和国境内注册的企业,应当具有建设主管部门颁发的建筑工程设计资质证书或建筑专业事务所资质证书,并按规定的等级和范围参加建筑工程项目方案设计投标活动。

(二)注册在中华人民共和国境外的企业,应当是其所在国或者所在地区的建筑设计行业协会或组织推荐的会员。其行业协会或组织的推荐名单应由建设单位确认。

(三)各种形式的投标联合体各方应符合上述要求。招标人不得强制投标人组成联合体共同投标,不得限制投标人组成联合体参与投标。

招标人可以根据工程项目实际情况,在招标公告或投标邀请函中明确投标人其他资格条件。

第二十一条　采用国际招标的,不应人为设置条件排斥境内投标人。

第二十二条　投标人应按照招标文件确定的内容和深度提交投标文件。

第二十三条　招标人要求投标人提交备选方案的,应当在招标文件中明确相应的评审和比选办法。

凡招标文件中未明确规定允许提交备选方案的,投标人不得提交备选方案。如投标人擅自提交备选方案的,招标人应当拒绝该投标人提交的所有方案。

第二十四条　建筑工程概念性方案设计投标文件编制一般不少于二十日,其中大型公共建筑工程概念性方案设计投标文件编制一般不少于四十日;建筑工程实施性方案设计投标文件编制一般不少于四十五日。招标文件中规定的编制时间不符合上述要求的,建设主管部门对招标文件不予备案。

第四章　开标、评标、定标

第二十五条　开标应在招标文件规定提交投标文件截止时间的同一时间公开进行;除不可抗力外,招标人不得以任何理由拖延开标,或者拒绝开标。

建筑工程方案设计招标开标程序详见本办法附件八。

第二十六条　投标文件出现下列情形之一的,其投标文件作为无效标处理,招标人不予受理:

(一)逾期送达的或者未送达指定地点的；

(二)投标文件未按招标文件要求予以密封的；

(三)违反有关规定的其他情形。

第二十七条 招标人或招标代理机构根据招标建筑工程项目特点和需要组建评标委员会，其组成应当符合有关法律、法规和本办法的规定：

(一)评标委员会的组成应包括招标人以及与建筑工程项目方案设计有关的建筑、规划、结构、经济、设备等专业专家。大型公共建筑工程项目应增加环境保护、节能、消防专家。评委应以建筑专业专家为主，其中技术、经济专家人数应占评委总数的三分之二以上；

(二)评标委员会人数为5人以上单数组成，其中大型公共建筑工程项目评标委员会人数不应少于9人；

(三)大型公共建筑工程或具有一定社会影响的建筑工程，以及技术特别复杂、专业性要求特别高的建筑工程，采取随机抽取确定的专家难以胜任的，经主管部门批准，招标人可以从设计类资深专家库中直接确定，必要时可以邀请外地或境外资深专家参加评标。

第二十八条 评标委员会必须严格按照招标文件确定的评标标准和评标办法进行评审。评委应遵循公平、公正、客观、科学、独立、实事求是的评标原则。

评审标准主要包括以下方面：

(一)对方案设计符合有关技术规范及标准规定的要求进行分析、评价；

(二)对方案设计水平、设计质量高低、对招标目标的响应度进行综合评审；

(三)对方案社会效益、经济效益及环境效益的高低进行分析、评价；

(四)对方案结构设计的安全性、合理性进行分析、评价；

(五)对方案投资估算的合理性进行分析、评价；

(六)对方案规划及经济技术指标的准确度进行比较、分析；

(七)对保证设计质量、配合工程实施，提供优质服务的措施进行分析、评价；

(八)对招标文件规定废标或被否决的投标文件进行评判。

评标方法主要包括记名投票法、排序法和百分制综合评估法等，招标人可根据项目实际情况确定评标方法。评标方法及实施步骤详见本办法附件九。

第二十九条 设计招标投标评审活动应当符合以下规定：

(一)招标人应确保评标专家有足够时间审阅投标文件，评审时间安排应与工程的复杂程度、设计深度、提交有效标的投标人数量和投标人提交设计方案的数量相适应。

(二)评审应由评标委员会负责人主持,负责人应从评标委员会中确定一名资深技术专家担任,并从技术评委中推荐一名评标会议纪要人。

(三)评标应严格按照招标文件中规定的评标标准和办法进行,除了有关法律、法规以及国家标准中规定的强制性条文外,不得引用招标文件规定以外的标准和办法进行评审。

(四)在评标过程中,当评标委员会对投标文件有疑问,需要向投标人质疑时,投标人可以到场解释或澄清投标文件有关内容。

(五)在评标过程中,一旦发现投标人有对招标人、评标委员会成员或其他有关人员施加不正当影响的行为,评标委员会有权拒绝该投标人的投标。

(六)投标人不得以任何形式干扰评标活动,否则评标委员会有权拒绝该投标人的投标。

(七)对于国有资金投资或国家融资的有重大社会影响的标志性建筑,招标人可以邀请人大代表、政协委员和社会公众代表列席,接受社会监督。但列席人员不发表评审意见,也不得以任何方式干涉评标委员会独立开展评标工作。

第三十条 大型公共建筑工程项目如有下列情况之一的,招标人可以在评标过程中对其中有关规划、安全、技术、经济、结构、环保、节能等方面进行专项技术论证:

(一)对于重要地区主要景观道路沿线,设计方案是否适合周边地区环境条件兴建的;

(二)设计方案中出现的安全、技术、经济、结构、材料、环保、节能等有重大不确定因素的;

(三)有特殊要求,需要进行设计方案技术论证的。

一般建筑工程项目,必要时,招标人也可进行涉及安全、技术、经济、结构、材料、环保、节能中的一个或多个方面的专项技术论证,以确保建筑方案的安全性和合理性。

第三十一条 投标文件有下列情形之一的,经评标委员会评审后按废标处理或被否决:

(一)投标文件中的投标函无投标人公章(有效签署)、投标人的法定代表人有效签章及未有相应资格的注册建筑师有效签章的;或者投标人的法定代表人授权委托人没有经有效签章的合法、有效授权委托书原件的;

(二)以联合体形式投标,未向招标人提交共同签署的联合体协议书的;

（三）投标联合体通过资格预审后在组成上发生变化的；

（四）投标文件中标明的投标人与资格预审的申请人在名称和组织结构上存在实质性差别的；

（五）未按招标文件规定的格式填写，内容不全，未响应招标文件的实质性要求和条件的，经评标委员会评审未通过的；

（六）违反编制投标文件的相关规定，可能对评标工作产生实质性影响的；

（七）与其他投标人串通投标，或者与招标人串通投标的；

（八）以他人名义投标，或者以其他方式弄虚作假的；

（九）未按招标文件的要求提交投标保证金的；

（十）投标文件中承诺的投标有效期短于招标文件规定的；

（十一）在投标过程中有商业贿赂行为的；

（十二）其他违反招标文件规定实质性条款要求的。

评标委员会对投标文件确认为废标的，应当由三分之二以上评委签字确认。

第三十二条 有下列情形之一的，招标人应当依法重新招标：

（一）所有投标均做废标处理或被否决的；

（二）评标委员会界定为不合格标或废标后，因有效投标人不足 3 个使得投标明显缺乏竞争，评标委员会决定否决全部投标的；

（三）同意延长投标有效期的投标人少于 3 个的。

符合前款第一种情形的，评标委员会应在评标纪要上详细说明所有投标均做废标处理或被否决的理由。

招标人依法重新招标的，应对有串标、欺诈、行贿、压价或弄虚作假等违法或严重违规行为的投标人取消其重新投标的资格。

第三十三条 评标委员会按如下规定向招标人推荐合格的中标候选人：

（一）采取公开和邀请招标方式的，推荐 1 至 3 名；

（二）招标人也可以委托评标委员会直接确定中标人。

（三）经评标委员会评审，认为各投标文件未最大程度响应招标文件要求，重新招标时间又不允许的，经评标委员会同意，评委可以以记名投票方式，按自然多数票产生 3 名或 3 名以上投标人进行方案优化设计。评标委员会重新对优化设计方案评审后，推荐合格的中标候选人。

第三十四条 各级建设主管部门应在评标结束后 15 天内在指定媒介上公开排名顺序，并对推荐中标方案、评标专家名单及各位专家评审意见进行公示，公示期为 5 个工作日。

第三十五条 推荐中标方案在公示期间没有异议、异议不成立、没有投诉或投诉处理后没有发现问题的,招标人应当根据招标文件中规定的定标方法从评标委员会推荐的中标候选方案中确定中标人。定标方法主要包括:

(一)招标人委托评标委员会直接确定中标人;

(二)招标人确定评标委员会推荐的排名第一的中标候选人为中标人。排名第一的中标候选人放弃中标、因不可抗力提出不能履行合同、招标文件规定应当提交履约保证金而在规定的期限内未提交的,或者存在违法行为被有关部门依法查处,且其违法行为影响中标结果的,招标人可以确定排名第二的中标候选人为中标人。如排名第二的中标候选人也发生上述问题,依次可确定排名第三的中标候选人为中标人。

(三)招标人根据评标委员会的书面评标报告,组织审查评标委员会推荐的中标候选方案后,确定中标人。

第三十六条 依法必须进行设计招标的项目,招标人应当在确定中标人之日起 15 日内,向有关建设主管部门提交招标投标情况的书面报告。

建筑工程方案设计招标投标情况书面报告的主要内容详见本办法附件十。

第五章 其 他

第三十七条 招标人和中标人应当自中标通知书发出之日起 30 日内,依据《中华人民共和国合同法》及有关工程设计合同管理规定的要求,按照不违背招标文件和中标人的投标文件内容签订设计委托合同,并履行合同约定的各项内容。合同中确定的建设标准、建设内容应当控制在经审批的可行性报告规定范围内。

国家制定的设计收费标准上下浮动 20% 是签订建筑工程设计合同的依据。招标人不得以压低设计费、增加工作量、缩短设计周期等作为发出中标通知书的条件,也不得与中标人再订立背离合同实质性内容的其他协议。如招标人违反上述规定,其签订的合同效力按《中华人民共和国合同法》有关规定执行,同时建设主管部门对设计合同不予备案,并依法予以处理。

招标人应在签订设计合同起 7 个工作日内,将设计合同报项目所在地建设或规划主管部门备案。

第三十八条 对于达到设计招标文件要求但未中标的设计方案,招标人应给予不同程度的补偿。

(一)采用公开招标,招标人应在招标文件中明确其补偿标准。若投标人数量过多,招标人可在招标文件中明确对一定数量的投标人进行补偿。

(二)采用邀请招标,招标人应给予每个未中标的投标人经济补偿,并在投标邀请函中明确补偿标准。

招标人可根据情况设置不同档次的补偿标准,以便对评标委员会评选出的优秀设计方案给予适当鼓励。

第三十九条 境内外设计企业在中华人民共和国境内参加建筑工程设计招标的设计收费,应按照同等国民待遇原则,严格执行中华人民共和国的设计收费标准。

工程设计中采用投标人自有专利或者专有技术的,其专利和专有技术收费由招标人和投标人协商确定。

第四十条 招标人应保护投标人的知识产权。投标人拥有设计方案的著作权(版权)。未经投标人书面同意,招标人不得将交付的设计方案向第三方转让或用于本招标范围以外的其他建设项目。

招标人与中标人签署设计合同后,招标人在该建设项目中拥有中标方案的使用权。中标人应保护招标人一旦使用其设计方案不能受到来自第三方的侵权诉讼或索赔,否则中标人应承担由此而产生的一切责任。

招标人或者中标人使用其他未中标人投标文件中的技术成果或技术方案的,应当事先征得该投标人的书面同意,并按规定支付使用费。未经相关投标人书面许可,招标人或者中标人不得擅自使用其他投标人投标文件中的技术成果或技术方案。

联合体投标人合作完成的设计方案,其知识产权由联合体成员共同所有。

第四十一条 设计单位应对其提供的方案设计的安全性、可行性、经济性、合理性、真实性及合同履行承担相应的法律责任。

由于设计原因造成工程项目总投资超出预算的,建设单位有权依法对设计单位追究责任。但设计单位根据建设单位要求,仅承担方案设计,不承担后续阶段工程设计业务的情形除外。

第四十二条 各级建设主管部门应加强对建设单位、招标代理机构、设计单位及取得执业资格注册人员的诚信管理。在设计招标投标活动中对招标代理机构、设计单位及取得执业资格注册人员的各种失信行为和违法违规行为记录在案,并建立招标代理机构、设计单位及取得执业资格注册人员的诚信档案。

第四十三条 各级政府部门不得干预正常的招标投标活动和无故否决依法按规定程序评出的中标方案。

各级政府相关部门应加强监督国家和地方建设方针、政策、标准、规范的落实情况，查处不正当竞争行为。

在建筑工程方案设计招标投标活动中，对违反《中华人民共和国招标投标法》、《工程建设项目勘察设计招标投标办法》和本办法规定的，建设主管部门应当依法予以处理。

第六章 附 则

第四十四条 本办法所称大型公共建筑工程一般指建筑面积 2 万平方米以上的办公建筑、商业建筑、旅游建筑、科教文卫建筑、通信建筑以及交通运输用房等。

第四十五条 使用国际组织或者外国政府贷款、援助资金的建筑工程进行设计招标时，贷款方、资金提供方对招标投标的条件和程序另有规定的，可以适用其规定，但违背中华人民共和国社会公共利益的除外。

第四十六条 各省、自治区、直辖市建设主管部门可依据本办法制定实施细则。

第四十七条 本办法自 2008 年 5 月 1 日起施行。

附件一：建筑工程方案设计招标管理流程图（略）

附件二：建筑工程方案设计招标条件（略）

附件三：建筑工程方案设计公开招标公告样本和建筑工程方案设计投标邀请函样本（略）

附件四：建筑工程方案设计招标资格预审文件样本（略）

附件五：建筑工程方案设计投标须知内容（略）

附件六：建筑工程方案设计招标技术文件编制内容及深度要求（略）

附件七：建筑工程方案设计投标商务示范文件（略）

附件八：建筑工程方案设计招标开标程序（略）

附件九：建筑工程方案设计招标评标方法（略）

附件十：建筑工程方案设计投标评审结果公示样本（略）

附件十一：建筑工程方案设计招标投标情况书面报告（略）

房屋建筑和市政基础设施工程施工招标投标管理办法

（2001 年 6 月 1 日建设部令第 89 号发布　根据 2018 年 9 月 28 日住房和城乡建设部令第 43 号《住房城乡建设部关于修改〈房屋建筑和市政基础设施工程施工招标投标管理办法〉的决定》第一次修订　根据 2019 年 3 月 13 日住房和城乡建设部令第 47 号《住房和城乡建设部关于修改部分部门规章的决定》第二次修订　自发布之日起施行）

第一章　总　　则

第一条　为了规范房屋建筑和市政基础设施工程施工招标投标活动，维护招标投标当事人的合法权益，依据《中华人民共和国建筑法》、《中华人民共和国招标投标法》等法律、行政法规，制定本办法。

第二条　依法必须进行招标的房屋建筑和市政基础设施工程（以下简称工程），其施工招标投标活动，适用本办法。

本办法所称房屋建筑工程，是指各类房屋建筑及其附属设施和与其配套的线路、管道、设备安装工程及室内外装修工程。

本办法所称市政基础设施工程，是指城市道路、公共交通、供水、排水、燃气、热力、园林、环卫、污水处理、垃圾处理、防洪、地下公共设施及附属设施的土建、管道、设备安装工程。

第三条　国务院建设行政主管部门负责全国工程施工招标投标活动的监督管理。

县级以上地方人民政府建设行政主管部门负责本行政区域内工程施工招标投标活动的监督管理。具体的监督管理工作，可以委托工程招标投标监督管理机构负责实施。

第四条　任何单位和个人不得违反法律、行政法规规定，限制或者排斥本地区、本系统以外的法人或者其他组织参加投标，不得以任何方式非法干涉施工招标投标活动。

第五条　施工招标投标活动及其当事人应当依法接受监督。

建设行政主管部门依法对施工招标投标活动实施监督，查处施工招标投标活动中的违法行为。

第二章　招　　标

第六条　工程施工招标由招标人依法组织实施。招标人不得以不合理条件限制或者排斥潜在投标人,不得对潜在投标人实行歧视待遇,不得对潜在投标人提出与招标工程实际要求不符的过高的资质等级要求和其他要求。

第七条　工程施工招标应当具备下列条件:

(一)按照国家有关规定需要履行项目审批手续的,已经履行审批手续;

(二)工程资金或者资金来源已经落实;

(三)有满足施工招标需要的设计文件及其他技术资料;

(四)法律、法规、规章规定的其他条件。

第八条　工程施工招标分为公开招标和邀请招标。

依法必须进行施工招标的工程,全部使用国有资金投资或者国有资金投资占控股或者主导地位的,应当公开招标,但经国家计委或者省、自治区、直辖市人民政府依法批准可以进行邀请招标的重点建设项目除外;其他工程可以实行邀请招标。

第九条　工程有下列情形之一的,经县级以上地方人民政府建设行政主管部门批准,可以不进行施工招标:

(一)停建或者缓建后恢复建设的单位工程,且承包人未发生变更的;

(二)施工企业自建自用的工程,且该施工企业资质等级符合工程要求的;

(三)在建工程追加的附属小型工程或者主体加层工程,且承包人未发生变更的;

(四)法律、法规、规章规定的其他情形。

第十条　依法必须进行施工招标的工程,招标人自行办理施工招标事宜的,应当具有编制招标文件和组织评标的能力:

(一)有专门的施工招标组织机构;

(二)有与工程规模、复杂程度相适应并具有同类工程施工招标经验、熟悉有关工程施工招标法律法规的工程技术、概预算及工程管理的专业人员。

不具备上述条件的,招标人应当委托工程招标代理机构代理施工招标。

第十一条　招标人自行办理施工招标事宜的,应当在发布招标公告或者发出投标邀请书的5日前,向工程所在地县级以上地方人民政府建设行政主管部门备案,并报送下列材料:

（一）按照国家有关规定办理审批手续的各项批准文件；

（二）本办法第十条所列条件的证明材料，包括专业技术人员的名单、职称证书或者执业资格证书及其工作经历的证明材料；

（三）法律、法规、规章规定的其他材料。

招标人不具备自行办理施工招标事宜条件的，建设行政主管部门应当自收到备案材料之日起5日内责令招标人停止自行办理施工招标事宜。

第十二条 全部使用国有资金投资或者国有资金投资占控股或者主导地位，依法必须进行施工招标的工程项目，应当进入有形建筑市场进行招标投标活动。

政府有关管理机关可以在有形建筑市场集中办理有关手续，并依法实施监督。

第十三条 依法必须进行施工公开招标的工程项目，应当在国家或者地方指定的报刊、信息网络或者其他媒介上发布招标公告，并同时在中国工程建设和建筑业信息网上发布招标公告。

招标公告应当载明招标人的名称和地址，招标工程的性质、规模、地点以及获取招标文件的办法等事项。

第十四条 招标人采用邀请招标方式的，应当向3个以上符合资质条件的施工企业发出投标邀请书。

投标邀请书应当载明本办法第十三条第二款规定的事项。

第十五条 招标人可以根据招标工程的需要，对投标申请人进行资格预审，也可以委托工程招标代理机构对投标申请人进行资格预审。实行资格预审的招标工程，招标人应当在招标公告或者投标邀请书中载明资格预审的条件和获取资格预审文件的办法。

资格预审文件一般应当包括资格预审申请书格式、申请人须知，以及需要投标申请人提供的企业资质、业绩、技术装备、财务状况和拟派出的项目经理与主要技术人员的简历、业绩等证明材料。

第十六条 经资格预审后，招标人应当向资格预审合格的投标申请人发出资格预审合格通知书，告知获取招标文件的时间、地点和方法，并同时向资格预审不合格的投标申请人告知资格预审结果。

在资格预审合格的投标申请人过多时，可以由招标人从中选择不少于7家资格预审合格的投标申请人。

第十七条 招标人应当根据招标工程的特点和需要，自行或者委托工程招标代理机构编制招标文件。招标文件应当包括下列内容：

（一）投标须知，包括工程概况，招标范围，资格审查条件，工程资金来源或者落实情况,标段划分,工期要求,质量标准,现场踏勘和答疑安排,投标文件编制、提交、修改、撤回的要求,投标报价要求,投标有效期,开标的时间和地点,评标的方法和标准等;

(二)招标工程的技术要求和设计文件;

(三)采用工程量清单招标的,应当提供工程量清单;

(四)投标函的格式及附录;

(五)拟签订合同的主要条款;

(六)要求投标人提交的其他材料。

第十八条　依法必须进行施工招标的工程,招标人应当在招标文件发出的同时,将招标文件报工程所在地的县级以上地方人民政府建设行政主管部门备案,但实施电子招标投标的项目除外。建设行政主管部门发现招标文件有违反法律、法规内容的,应当责令招标人改正。

第十九条　招标人对已发出的招标文件进行必要的澄清或者修改的,应当在招标文件要求提交投标文件截止时间至少 15 日前,以书面形式通知所有招标文件收受人,并同时报工程所在地的县级以上地方人民政府建设行政主管部门备案,但实施电子招标投标的项目除外。该澄清或者修改的内容为招标文件的组成部分。

第二十条　招标人设有标底的,应当依据国家规定的工程量计算规则及招标文件规定的计价方法和要求编制标底,并在开标前保密。一个招标工程只能编制一个标底。

第二十一条　招标人对于发出的招标文件可以酌收工本费。其中的设计文件,招标人可以酌收押金。对于开标后将设计文件退还的,招标人应当退还押金。

第三章　投　　标

第二十二条　施工招标的投标人是响应施工招标、参与投标竞争的施工企业。

投标人应当具备相应的施工企业资质,并在工程业绩、技术能力、项目经理资格条件、财务状况等方面满足招标文件提出的要求。

第二十三条　投标人对招标文件有疑问需要澄清的,应当以书面形式向招标人提出。

第二十四条　投标人应当按照招标文件的要求编制投标文件,对招标文件提出的实质性要求和条件作出响应。

招标文件允许投标人提供备选标的，投标人可以按照招标文件的要求提交替代方案，并作出相应报价作备选标。

第二十五条 投标文件应当包括下列内容：

（一）投标函；

（二）施工组织设计或者施工方案；

（三）投标报价；

（四）招标文件要求提供的其他材料。

第二十六条 招标人可以在招标文件中要求投标人提交投标担保。投标担保可以采用投标保函或者投标保证金的方式。投标保证金可以使用支票、银行汇票等，一般不得超过投标总价的2%，最高不得超过50万元。

投标人应当按照招标文件要求的方式和金额，将投标保函或者投标保证金随投标文件提交招标人。

第二十七条 投标人应当在招标文件要求提交投标文件的截止时间前，将投标文件密封送达投标地点。招标人收到投标文件后，应当向投标人出具标明签收人和签收时间的凭证，并妥善保存投标文件。在开标前，任何单位和个人均不得开启投标文件。在招标文件要求提交投标文件的截止时间后送达的投标文件，为无效的投标文件，招标人应当拒收。

提交投标文件的投标人少于3个的，招标人应当依法重新招标。

第二十八条 投标人在招标文件要求提交投标文件的截止时间前，可以补充、修改或者撤回已提交的投标文件。补充、修改的内容为投标文件的组成部分，并应当按照本办法第二十七条第一款的规定送达、签收和保管。在招标文件要求提交投标文件的截止时间后送达的补充或者修改的内容无效。

第二十九条 两个以上施工企业可以组成一个联合体，签订共同投标协议，以一个投标人的身份共同投标。联合体各方均应当具备承担招标工程的相应资质条件。相同专业的施工企业组成的联合体，按照资质等级低的施工企业的业务许可范围承揽工程。

招标人不得强制投标人组成联合体共同投标，不得限制投标人之间的竞争。

第三十条 投标人不得相互串通投标，不得排挤其他投标人的公平竞争，损害招标人或者其他投标人的合法权益。

投标人不得与招标人串通投标，损害国家利益、社会公共利益或者他人的合法权益。

禁止投标人以向招标人或者评标委员会成员行贿的手段谋取中标。

第三十一条 投标人不得以低于其企业成本的报价竞标，不得以他人名义投标或者以其他方式弄虚作假,骗取中标。

第四章 开标、评标和中标

第三十二条 开标应当在招标文件确定的提交投标文件截止时间的同一时间公开进行;开标地点应当为招标文件中预先确定的地点。

第三十三条 开标由招标人主持,邀请所有投标人参加。开标应当按照下列规定进行:

由投标人或者其推选的代表检查投标文件的密封情况,也可以由招标人委托的公证机构进行检查并公证。经确认无误后,由有关工作人员当众拆封,宣读投标人名称、投标价格和投标文件的其他主要内容。

招标人在招标文件要求提交投标文件的截止时间前收到的所有投标文件,开标时都应当当众予以拆封、宣读。

开标过程应当记录,并存档备查。

第三十四条 在开标时,投标文件出现下列情形之一的,应当作为无效投标文件,不得进入评标:

(一)投标文件未按照招标文件的要求予以密封的;

(二)投标文件中的投标函未加盖投标人的企业及企业法定代表人印章的,或者企业法定代表人委托代理人没有合法、有效的委托书(原件)及委托代理人印章的;

(三)投标文件的关键内容字迹模糊、无法辨认的;

(四)投标人未按照招标文件的要求提供投标保函或者投标保证金的;

(五)组成联合体投标的,投标文件未附联合体各方共同投标协议的。

第三十五条 评标由招标人依法组建的评标委员会负责。

依法必须进行施工招标的工程,其评标委员会由招标人的代表和有关技术、经济等方面的专家组成,成员人数为5人以上单数,其中招标人、招标代理机构以外的技术、经济等方面专家不得少于成员总数的三分之二。评标委员会的专家成员,应当由招标人从建设行政主管部门及其他有关政府部门确定的专家名册或者工程招标代理机构的专家库内相关专业的专家名单中确定。确定专家成员一般应当采取随机抽取的方式。

与投标人有利害关系的人不得进入相关工程的评标委员会。评标委员会成员的名单在中标结果确定前应当保密。

第三十六条 建设行政主管部门的专家名册应当拥有一定数量规模并符合法定资格条件的专家。省、自治区、直辖市人民政府建设行政主管部门可以将专家数量少的地区的专家名册予以合并或者实行专家名册计算机联网。

建设行政主管部门应当对进入专家名册的专家组织有关法律和业务培训,对其评标能力、廉洁公正等进行综合评估,及时取消不称职或者违法违规人员的评标专家资格。被取消评标专家资格的人员,不得再参加任何评标活动。

第三十七条 评标委员会应当按照招标文件确定的评标标准和方法,对投标文件进行评审和比较,并对评标结果签字确认;设有标底的,应当参考标底。

第三十八条 评标委员会可以用书面形式要求投标人对投标文件中含义不明确的内容作必要的澄清或者说明。投标人应当采用书面形式进行澄清或者说明,其澄清或者说明不得超出投标文件的范围或者改变投标文件的实质性内容。

第三十九条 评标委员会经评审,认为所有投标文件都不符合招标文件要求的,可以否决所有投标。

依法必须进行施工招标工程的所有投标被否决的,招标人应当依法重新招标。

第四十条 评标可以采用综合评估法、经评审的最低投标价法或者法律法规允许的其他评标方法。

采用综合评估法的,应当对投标文件提出的工程质量、施工工期、投标价格、施工组织设计或者施工方案、投标人及项目经理业绩等,能否最大限度地满足招标文件中规定的各项要求和评价标准进行评审和比较。以评分方式进行评估的,对于各种评比奖项不得额外计分。

采用经评审的最低投标价法的,应当在投标文件能够满足招标文件实质性要求的投标人中,评审出投标价格最低的投标人,但投标价格低于其企业成本的除外。

第四十一条 评标委员会完成评标后,应当向招标人提出书面评标报告,阐明评标委员会对各投标文件的评审和比较意见,并按照招标文件中规定的评标方法,推荐不超过3名有排序的合格的中标候选人。招标人根据评标委员会提出的书面评标报告和推荐的中标候选人确定中标人。

使用国有资金投资或者国家融资的工程项目,招标人应当按照中标候选人的排序确定中标人。当确定中标的中标候选人放弃中标或者因不可抗力提出不能履行合同的,招标人可以依序确定其他中标候选人为中标人。

招标人也可以授权评标委员会直接确定中标人。

第四十二条 有下列情形之一的,评标委员会可以要求投标人作出书面说明并提供相关材料:

(一)设有标底的,投标报价低于标底合理幅度的;

(二)不设标底的,投标报价明显低于其他投标报价,有可能低于其企业成本的。

经评标委员会论证,认定该投标人的报价低于其企业成本的,不能推荐为中标候选人或者中标人。

第四十三条 招标人应当在投标有效期截止时限30日前确定中标人。投标有效期应当在招标文件中载明。

第四十四条 依法必须进行施工招标的工程,招标人应当自确定中标人之日起15日内,向工程所在地的县级以上地方人民政府建设行政主管部门提交施工招标投标情况的书面报告。书面报告应当包括下列内容:

(一)施工招标投标的基本情况,包括施工招标范围、施工招标方式、资格审查、开评标过程和确定中标人的方式及理由等。

(二)相关的文件资料,包括招标公告或者投标邀请书、投标报名表、资格预审文件、招标文件、评标委员会的评标报告(设有标底的,应当附标底)、中标人的投标文件。委托工程招标代理的,还应当附工程施工招标代理委托合同。

前款第二项中已按照本办法的规定办理了备案的文件资料,不再重复提交。

第四十五条 建设行政主管部门自收到书面报告之日起5日内未通知招标人在招标投标活动中有违法行为的,招标人可以向中标人发出中标通知书,并将中标结果通知所有未中标的投标人。

第四十六条 招标人和中标人应当自中标通知书发出之日起30日内,按照招标文件和中标人的投标文件订立书面合同;招标人和中标人不得再行订立背离合同实质性内容的其他协议。

中标人不与招标人订立合同的,投标保证金不予退还并取消其中标资格,给招标人造成的损失超过投标保证金数额的,应当对超过部分予以赔偿;没有提交投标保证金的,应当对招标人的损失承担赔偿责任。

招标人无正当理由不与中标人签订合同,给中标人造成损失的,招标人应当给予赔偿。

第四十七条 招标文件要求中标人提交履约担保的,中标人应当提交。招标人应当同时向中标人提供工程款支付担保。

第五章 罚 则

第四十八条 有违反《招标投标法》行为的,县级以上地方人民政府建设行政主管部门应当按照《招标投标法》的规定予以处罚。

第四十九条 招标投标活动中有《招标投标法》规定中标无效情形的,由县级以上地方人民政府建设行政主管部门宣布中标无效,责令重新组织招标,并依法追究有关责任人责任。

第五十条 应当招标未招标的,应当公开招标未公开招标的,县级以上地方人民政府建设行政主管部门应当责令改正,拒不改正的,不得颁发施工许可证。

第五十一条 招标人不具备自行办理施工招标事宜条件而自行招标的,县级以上地方人民政府建设行政主管部门应当责令改正,处1万元以下的罚款。

第五十二条 评标委员会的组成不符合法律、法规规定的,县级以上地方人民政府建设行政主管部门应当责令招标人重新组织评标委员会。

第五十三条 招标人未向建设行政主管部门提交施工招标投标情况书面报告的,县级以上地方人民政府建设行政主管部门应当责令改正。

第六章 附 则

第五十四条 工程施工专业分包、劳务分包采用招标方式的,参照本办法执行。

第五十五条 招标文件或者投标文件使用两种以上语言文字的,必须有一种是中文;如对不同文本的解释发生异议的,以中文文本为准。用文字表示的金额与数字表示的金额不一致的,以文字表示的金额为准。

第五十六条 涉及国家安全、国家秘密、抢险救灾或者属于利用扶贫资金实行以工代赈、需要使用农民工等特殊情况,不适宜进行施工招标的工程,按照国家有关规定可以不进行施工招标。

第五十七条 使用国际组织或者外国政府贷款、援助资金的工程进行施工招标,贷款方、资金提供方对招标投标的具体条件和程序有不同规定的,可以适用其规定,但违背中华人民共和国的社会公共利益的除外。

第五十八条 本办法由国务院建设行政主管部门负责解释。

第五十九条 本办法自发布之日起施行。1992年12月30日建设部颁布的《工程建设施工招标投标管理办法》(建设部令第23号)同时废止。

公路工程建设项目招标投标管理办法

（2015 年 12 月 8 日交通运输部令 2015 年第 24 号公布
自 2016 年 2 月 1 日起施行）

第一章　总　则

第一条　为规范公路工程建设项目招标投标活动，完善公路工程建设市场管理体系，根据《中华人民共和国公路法》《中华人民共和国招标投标法》《中华人民共和国招标投标法实施条例》等法律、行政法规，制定本办法。

第二条　在中华人民共和国境内从事公路工程建设项目勘察设计、施工、施工监理等的招标投标活动，适用本办法。

第三条　交通运输部负责全国公路工程建设项目招标投标活动的监督管理工作。

省级人民政府交通运输主管部门负责本行政区域内公路工程建设项目招标投标活动的监督管理工作。

第四条　各级交通运输主管部门应当按照国家有关规定，推进公路工程建设项目招标投标活动进入统一的公共资源交易平台进行。

第五条　各级交通运输主管部门应当按照国家有关规定，推进公路工程建设项目电子招标投标工作。招标投标活动信息应当公开，接受社会公众监督。

第六条　公路工程建设项目的招标人或者其指定机构应当对资格审查、开标、评标等过程录音录像并存档备查。

第二章　招　标

第七条　公路工程建设项目招标人是提出招标项目、进行招标的项目法人或者其他组织。

第八条　对于按照国家有关规定需要履行项目审批、核准手续的依法必须进行招标的公路工程建设项目，招标人应当按照项目审批、核准部门确定的招标范围、招标方式、招标组织形式开展招标。

公路工程建设项目履行项目审批或者核准手续后，方可开展勘察设计招标；初步设计文件批准后，方可开展施工监理、设计施工总承包招标；施工图设计文件批准后，方可开展施工招标。

施工招标采用资格预审方式的，在初步设计文件批准后，可以进行资格预审。

第九条 有下列情形之一的公路工程建设项目，可以不进行招标：

（一）涉及国家安全、国家秘密、抢险救灾或者属于利用扶贫资金实行以工代赈、需要使用农民工等特殊情况；

（二）需要采用不可替代的专利或者专有技术；

（三）采购人自身具有工程施工或者提供服务的资格和能力，且符合法定要求；

（四）已通过招标方式选定的特许经营项目投资人依法能够自行施工或者提供服务；

（五）需要向原中标人采购工程或者服务，否则将影响施工或者功能配套要求；

（六）国家规定的其他特殊情形。

招标人不得为适用前款规定弄虚作假，规避招标。

第十条 公路工程建设项目采用公开招标方式的，原则上采用资格后审办法对投标人进行资格审查。

第十一条 公路工程建设项目采用资格预审方式公开招标的，应当按照下列程序进行：

（一）编制资格预审文件。

（二）发布资格预审公告，发售资格预审文件，公开资格预审文件关键内容。

（三）接收资格预审申请文件。

（四）组建资格审查委员会对资格预审申请人进行资格审查，资格审查委员会编写资格审查报告。

（五）根据资格审查结果，向通过资格预审的申请人发出投标邀请书；向未通过资格预审的申请人发出资格预审结果通知书，告知未通过的依据和原因。

（六）编制招标文件。

（七）发售招标文件，公开招标文件的关键内容。

（八）需要时，组织潜在投标人踏勘项目现场，召开投标预备会。

（九）接收投标文件，公开开标。

(十)组建评标委员会评标,评标委员会编写评标报告、推荐中标候选人。

(十一)公示中标候选人相关信息。

(十二)确定中标人。

(十三)编制招标投标情况的书面报告。

(十四)向中标人发出中标通知书,同时将中标结果通知所有未中标的投标人。

(十五)与中标人订立合同。

采用资格后审方式公开招标的,在完成招标文件编制并发布招标公告后,按照前款程序第(七)项至第(十五)项进行。

采用邀请招标的,在完成招标文件编制并发出投标邀请书后,按照前款程序第(七)项至第(十五)项进行。

第十二条 国有资金占控股或者主导地位的依法必须进行招标的公路工程建设项目,采用资格预审的,招标人应当按照有关规定组建资格审查委员会审查资格预审申请文件。资格审查委员会的专家抽取以及资格审查工作要求,应当适用本办法关于评标委员会的规定。

第十三条 资格预审审查办法原则上采用合格制。

资格预审审查办法采用合格制的,符合资格预审文件规定审查标准的申请人均应当通过资格预审。

第十四条 资格预审审查工作结束后,资格审查委员会应当编制资格审查报告。资格审查报告应当载明下列内容:

(一)招标项目基本情况;

(二)资格审查委员会成员名单;

(三)监督人员名单;

(四)资格预审申请文件递交情况;

(五)通过资格审查的申请人名单;

(六)未通过资格审查的申请人名单以及未通过审查的理由;

(七)评分情况;

(八)澄清、说明事项纪要;

(九)需要说明的其他事项;

(十)资格审查附表。

除前款规定的第(一)、(三)、(四)项内容外,资格审查委员会所有成员应当在资格审查报告上逐页签字。

第十五条 资格预审申请人对资格预审审查结果有异议的,应当自收到资格预审结果通知书后3日内提出。招标人应当自收到异议之日起3日内作出答复;作出答复前,应当暂停招标投标活动。

招标人未收到异议或者收到异议并已作出答复的,应当及时向通过资格预审的申请人发出投标邀请书。未通过资格预审的申请人不具有投标资格。

第十六条 对依法必须进行招标的公路工程建设项目,招标人应当根据交通运输部制定的标准文本,结合招标项目具体特点和实际需要,编制资格预审文件和招标文件。

资格预审文件和招标文件应当载明详细的评审程序、标准和方法,招标人不得另行制定评审细则。

第十七条 招标人应当按照省级人民政府交通运输主管部门的规定,将资格预审文件及其澄清、修改,招标文件及其澄清、修改报相应的交通运输主管部门备案。

第十八条 招标人应当自资格预审文件或者招标文件开始发售之日起,将其关键内容上传至具有招标监督职责的交通运输主管部门政府网站或者其指定的其他网站上进行公开,公开内容包括项目概况、对申请人或者投标人的资格条件要求、资格审查办法、评标办法、招标人联系方式等,公开时间至提交资格预审申请文件截止时间2日前或者投标截止时间10日前结束。

招标人发出的资格预审文件或者招标文件的澄清或者修改涉及到前款规定的公开内容的,招标人应当在向交通运输主管部门备案的同时,将澄清或者修改的内容上传至前款规定的网站。

第十九条 潜在投标人或者其他利害关系人可以按照国家有关规定对资格预审文件或者招标文件提出异议。招标人应当对异议作出书面答复。未在规定时间内作出书面答复的,应当顺延提交资格预审申请文件截止时间或者投标截止时间。

招标人书面答复内容涉及影响资格预审申请文件或者投标文件编制的,应当按照有关澄清或者修改的规定,调整提交资格预审申请文件截止时间或者投标截止时间,并以书面形式通知所有获取资格预审文件或者招标文件的潜在投标人。

第二十条 招标人应当合理划分标段、确定工期,提出质量、安全目标要求,并在招标文件中载明。标段的划分应当有利于项目组织和施工管理、各专业的衔接与配合,不得利用划分标段规避招标、限制或者排斥潜在投标人。

招标人可以实行设计施工总承包招标、施工总承包招标或者分专业招标。

第二十一条 招标人结合招标项目的具体特点和实际需要,设定潜在投标人或者投标人的资质、业绩、主要人员、财务能力、履约信誉等资格条件,不得以不合理的条件限制、排斥潜在投标人或者投标人。

除《中华人民共和国招标投标法实施条例》第三十二条规定的情形外,招标人有下列行为之一的,属于以不合理的条件限制、排斥潜在投标人或者投标人:

(一)设定的资质、业绩、主要人员、财务能力、履约信誉等资格、技术、商务条件与招标项目的具体特点和实际需要不相适应或者与合同履行无关;

(二)强制要求潜在投标人或者投标人的法定代表人、企业负责人、技术负责人等特定人员亲自购买资格预审文件、招标文件或者参与开标活动;

(三)通过设置备案、登记、注册、设立分支机构等无法律、行政法规依据的不合理条件,限制潜在投标人或者投标人进入项目所在地进行投标。

第二十二条 招标人应当根据国家有关规定,结合招标项目的具体特点和实际需要,合理确定对投标人主要人员以及其他管理和技术人员的数量和资格要求。投标人拟投入的主要人员应当在投标文件中进行填报,其他管理和技术人员的具体人选由招标人和中标人在合同谈判阶段确定。对于特别复杂的特大桥梁和特长隧道项目主体工程和其他有特殊要求的工程,招标人可以要求投标人在投标文件中填报其他管理和技术人员。

本办法所称主要人员是指设计负责人、总监理工程师、项目经理和项目总工程师等项目管理和技术负责人。

第二十三条 招标人可以自行决定是否编制标底或者设置最高投标限价。招标人不得规定最低投标限价。

接受委托编制标底或者最高投标限价的中介机构不得参加该项目的投标,也不得为该项目的投标人编制投标文件或者提供咨询。

第二十四条 招标人应当严格遵守有关法律、行政法规关于各类保证金收取的规定,在招标文件中载明保证金收取的形式、金额以及返还时间。

招标人不得以任何名义增设或者变相增设保证金或者随意更改招标文件载明的保证金收取形式、金额以及返还时间。招标人不得在资格预审期间收取任何形式的保证金。

第二十五条 招标人在招标文件中要求投标人提交投标保证金的,投标保证金不得超过招标标段估算价的2%。投标保证金有效期应当与投标有效期一致。

依法必须进行招标的公路工程建设项目的投标人,以现金或者支票形式提交投标保证金的,应当从其基本账户转出。投标人提交的投标保证金不符合招标文件要求的,应当否决其投标。

招标人不得挪用投标保证金。

第二十六条 招标人应当按照国家有关法律法规规定，在招标文件中明确允许分包的或者不得分包的工程和服务，分包人应当满足的资格条件以及对分包实施的管理要求。

招标人不得在招标文件中设置对分包的歧视性条款。

招标人有下列行为之一的，属于前款所称的歧视性条款：

（一）以分包的工作量规模作为否决投标的条件；

（二）对投标人符合法律法规以及招标文件规定的分包计划设定扣分条款；

（三）按照分包的工作量规模对投标人进行区别评分；

（四）以其他不合理条件限制投标人进行分包的行为。

第二十七条 招标人应当在招标文件中合理划分双方风险，不得设置将应由招标人承担的风险转嫁给勘察设计、施工、监理等投标人的不合理条款。招标文件应当设置合理的价格调整条款，明确约定合同价款支付期限、利息计付标准和日期，确保双方主体地位平等。

第二十八条 招标人应当根据招标项目的具体特点以及本办法的相关规定，在招标文件中合理设定评标标准和方法。评标标准和方法中不得含有倾向或者排斥潜在投标人的内容，不得妨碍或者限制投标人之间的竞争。禁止采用抽签、摇号等博彩性方式直接确定中标候选人。

第二十九条 以暂估价形式包括在招标项目范围内的工程、货物、服务，属于依法必须进行招标的项目范围且达到国家规定规模标准的，应当依法进行招标。招标项目的合同条款中应当约定负责实施暂估价项目招标的主体以及相应的招标程序。

第三章 投 标

第三十条 投标人是响应招标、参加投标竞争的法人或者其他组织。

投标人应当具备招标文件规定的资格条件，具有承担所投标项目的相应能力。

第三十一条 投标人在投标文件中填报的资质、业绩、主要人员资历和目前在岗情况、信用等级等信息，应当与其在交通运输主管部门公路建设市场信用信息管理系统上填报并发布的相关信息一致。

第三十二条 投标人应当按照招标文件要求装订、密封投标文件，并按照招标文件规定的时间、地点和方式将投标文件送达招标人。

公路工程勘察设计和施工监理招标的投标文件应当以双信封形式密封，第一信封内为商务文件和技术文件，第二信封内为报价文件。

对公路工程施工招标，招标人采用资格预审方式进行招标且评标方法为技术评分最低标价法的，或者采用资格后审方式进行招标的，投标文件应当以双信封形式密封，第一信封内为商务文件和技术文件，第二信封内为报价文件。

第三十三条　投标文件按照要求送达后，在招标文件规定的投标截止时间前，投标人修改或者撤回投标文件的，应当以书面函件形式通知招标人。

修改投标文件的函件是投标文件的组成部分，其编制形式、密封方式、送达时间等，适用对投标文件的规定。

投标人在投标截止时间前撤回投标文件且招标人已收取投标保证金的，招标人应当自收到投标人书面撤回通知之日起5日内退还其投标保证金。

投标截止后投标人撤销投标文件的，招标人可以不退还投标保证金。

第三十四条　投标人根据招标文件有关分包的规定，拟在中标后将中标项目的部分工作进行分包的，应当在投标文件中载明。

投标人在投标文件中未列入分包计划的工程或者服务，中标后不得分包，法律法规或者招标文件另有规定的除外。

第四章　开标、评标和中标

第三十五条　开标应当在招标文件确定的提交投标文件截止时间的同一时间公开进行；开标地点应当为招标文件中预先确定的地点。

投标人少于3个的，不得开标，投标文件应当当场退还给投标人；招标人应当重新招标。

第三十六条　开标由招标人主持，邀请所有投标人参加。开标过程应当记录，并存档备查。投标人对开标有异议的，应当在开标现场提出，招标人应当当场作出答复，并制作记录。未参加开标的投标人，视为对开标过程无异议。

第三十七条　投标文件按照招标文件规定采用双信封形式密封的，开标分两个步骤公开进行：

第一步骤对第一信封内的商务文件和技术文件进行开标，对第二信封不予拆封并由招标人予以封存。

第二步骤宣布通过商务文件和技术文件评审的投标人名单，对其第二信封内的报价文件进行开标，宣读投标报价。未通过商务文件和技术文件评审的，对其第二信封不予拆封，并当场退还给投标人；投标人未参加第二信封开标的，招标人应当在评标结束后及时将第二信封原封退还投标人。

第三十八条 招标人应当按照国家有关规定组建评标委员会负责评标工作。

国家审批或者核准的高速公路、一级公路、独立桥梁和独立隧道项目，评标委员会专家应当由招标人从国家重点公路工程建设项目评标专家库相关专业中随机抽取；其他公路工程建设项目的评标委员会专家可以从省级公路工程建设项目评标专家库相关专业中随机抽取，也可以从国家重点公路工程建设项目评标专家库相关专业中随机抽取。

对于技术复杂、专业性强或者国家有特殊要求，采取随机抽取方式确定的评标专家难以保证胜任评标工作的特殊招标项目，可以由招标人直接确定。

第三十九条 交通运输部负责国家重点公路工程建设项目评标专家库的管理工作。

省级人民政府交通运输主管部门负责本行政区域公路工程建设项目评标专家库的管理工作。

第四十条 评标委员会应当民主推荐一名主任委员，负责组织评标委员会成员开展评标工作。评标委员会主任委员与评标委员会的其他成员享有同等权利与义务。

第四十一条 招标人应当向评标委员会提供评标所必需的信息，但不得明示或者暗示其倾向或者排斥特定投标人。

评标所必需的信息主要包括招标文件、招标文件的澄清或者修改、开标记录、投标文件、资格预审文件。招标人可以协助评标委员会开展下列工作并提供相关信息：

（一）根据招标文件，编制评标使用的相应表格；

（二）对投标报价进行算术性校核；

（三）以评标标准和方法为依据，列出投标文件相对于招标文件的所有偏差，并进行归类汇总；

（四）查询公路建设市场信用信息管理系统，对投标人的资质、业绩、主要人员资历和目前在岗情况、信用等级进行核实。

招标人不得对投标文件作出任何评价，不得故意遗漏或者片面摘录，不得在评标委员会对所有偏差定性之前透露存有偏差的投标人名称。

评标委员会应当根据招标文件规定，全面、独立评审所有投标文件，并对招标人提供的上述相关信息进行核查，发现错误或者遗漏的，应当进行修正。

第四十二条　评标委员会应当按照招标文件确定的评标标准和方法进行评标。招标文件没有规定的评标标准和方法不得作为评标的依据。

第四十三条　公路工程勘察设计和施工监理招标，应当采用综合评估法进行评标，对投标人的商务文件、技术文件和报价文件进行评分，按照综合得分由高到低排序，推荐中标候选人。评标价的评分权重不宜超过10%，评标价得分应当根据评标价与评标基准价的偏离程度进行计算。

第四十四条　公路工程施工招标，评标采用综合评估法或者经评审的最低投标价法。综合评估法包括合理低价法、技术评分最低标价法和综合评分法。

合理低价法，是指对通过初步评审的投标人，不再对其施工组织设计、项目管理机构、技术能力等因素进行评分，仅依据评标基准价对评标价进行评分，按照得分由高到低排序，推荐中标候选人的评标方法。

技术评分最低标价法，是指对通过初步评审的投标人的施工组织设计、项目管理机构、技术能力等因素进行评分，按照得分由高到低排序，对排名在招标文件规定数量以内的投标人的报价文件进行评审，按照评标价由低到高的顺序推荐中标候选人的评标方法。招标人在招标文件中规定的参与报价文件评审的投标人数量不得少于3个。

综合评分法，是指对通过初步评审的投标人的评标价、施工组织设计、项目管理机构、技术能力等因素进行评分，按照综合得分由高到低排序，推荐中标候选人的评标方法。其中评标价的评分权重不得低于50%。

经评审的最低投标价法，是指对通过初步评审的投标人，按照评标价由低到高排序，推荐中标候选人的评标方法。

公路工程施工招标评标，一般采用合理低价法或者技术评分最低标价法。技术特别复杂的特大桥梁和特长隧道项目主体工程，可以采用综合评分法。工程规模较小、技术含量较低的工程，可以采用经评审的最低投标价法。

第四十五条　实行设计施工总承包招标的，招标人应当根据工程地质条件、技术特点和施工难度确定评标办法。

设计施工总承包招标的评标采用综合评分法的，评分因素包括评标价、项目管理机构、技术能力、设计文件的优化建议、设计施工总承包管理方案、施工组织设计等因素，评标价的评分权重不得低于50%。

第四十六条　评标委员会成员应当客观、公正、审慎地履行职责，遵守职业道德。评标委员会成员应当依据评标办法规定的评审顺序和内容逐项完成评标工作，对本人提出的评审意见以及评分的公正性、客观性、准确性负责。

除评标价和履约信誉评分项外，评标委员会成员对投标人商务和技术各项因素的评分一般不得低于招标文件规定该因素满分值的60%；评分低于满分值60%的，评标委员会成员应当在评标报告中作出说明。

招标人应当对评标委员会成员在评标活动中的职责履行情况予以记录，并在招标投标情况的书面报告中载明。

第四十七条 招标人应当根据项目规模、技术复杂程度、投标文件数量和评标方法等因素合理确定评标时间。超过三分之一的评标委员会成员认为评标时间不够的，招标人应当适当延长。

评标过程中，评标委员会成员有回避事由、擅离职守或者因健康等原因不能继续评标的，应当及时更换。被更换的评标委员会成员作出的评审结论无效，由更换后的评标委员会成员重新进行评审。

根据前款规定被更换的评标委员会成员如为评标专家库专家，招标人应当从原评标专家库中按照原方式抽取更换后的评标委员会成员，或者在符合法律规定的前提下相应减少评标委员会中招标人代表数量。

第四十八条 评标委员会应当查询交通运输主管部门的公路建设市场信用信息管理系统，对投标人的资质、业绩、主要人员资历和目前在岗情况、信用等级等信息进行核实。若投标文件载明的信息与公路建设市场信用信息管理系统发布的信息不符，使得投标人的资格条件不符合招标文件规定的，评标委员会应当否决其投标。

第四十九条 评标委员会发现投标人的投标报价明显低于其他投标人报价或者在设有标底时明显低于标底的，应当要求该投标人对相应投标报价作出书面说明，并提供相关证明材料。

投标人不能证明可以按照其报价以及招标文件规定的质量标准和履行期限完成招标项目的，评标委员会应当认定该投标人以低于成本价竞标，并否决其投标。

第五十条 评标委员会应当根据《中华人民共和国招标投标法实施条例》第三十九条、第四十条、第四十一条的有关规定，对在评标过程中发现的投标人与投标人之间、投标人与招标人之间存在的串通投标的情形进行评审和认定。

第五十一条 评标委员会对投标文件进行评审后，因有效投标不足3个使得投标明显缺乏竞争的，可以否决全部投标。未否决全部投标的，评标委员会应当在评标报告中阐明理由并推荐中标候选人。

投标文件按照招标文件规定采用双信封形式密封的，通过第一信封商务文件和技术文件评审的投标人在3个以上的，招标人应当按照本办法第三十七条规定的程序进行第二信封报价文件开标;在对报价文件进行评审后,有效投标不足3个的,评标委员会应当按照本条第一款规定执行。

通过第一信封商务文件和技术文件评审的投标人少于3个的,评标委员会可以否决全部投标;未否决全部投标的,评标委员会应当在评标报告中阐明理由,招标人应当按照本办法第三十七条规定的程序进行第二信封报价文件开标,但评标委员会在进行报价文件评审时仍有权否决全部投标;评标委员会未在报价文件评审时否决全部投标的,应当在评标报告中阐明理由并推荐中标候选人。

第五十二条 评标完成后,评标委员会应当向招标人提交书面评标报告。评标报告中推荐的中标候选人应当不超过3个,并标明排序。

评标报告应当载明下列内容:

(一)招标项目基本情况;

(二)评标委员会成员名单;

(三)监督人员名单;

(四)开标记录;

(五)符合要求的投标人名单;

(六)否决的投标人名单以及否决理由;

(七)串通投标情形的评审情况说明;

(八)评分情况;

(九)经评审的投标人排序;

(十)中标候选人名单;

(十一)澄清、说明事项纪要;

(十二)需要说明的其他事项;

(十三)评标附表。

对评标监督人员或者招标人代表干预正常评标活动,以及对招标投标活动的其他不正当言行,评标委员会应当在评标报告第(十二)项内容中如实记录。

除第二款规定的第(一)、(三)、(四)项内容外,评标委员会所有成员应当在评标报告上逐页签字。对评标结果有不同意见的评标委员会成员应当以书面形式说明其不同意见和理由,评标报告应当注明该不同意见。评标委员会成员拒绝在评标报告上签字又不书面说明其不同意见和理由的,视为同意评标结果。

第五十三条 依法必须进行招标的公路工程建设项目,招标人应当自收到评标报告之日起3日内,在对该项目具有招标监督职责的交通运输主管部

门政府网站或者其指定的其他网站上公示中标候选人,公示期不得少于3日,公示内容包括:

(一)中标候选人排序、名称、投标报价;

(二)中标候选人在投标文件中承诺的主要人员姓名、个人业绩、相关证书编号;

(三)中标候选人在投标文件中填报的项目业绩;

(四)被否决投标的投标人名称、否决依据和原因;

(五)招标文件规定公示的其他内容。

投标人或者其他利害关系人对依法必须进行招标的公路工程建设项目的评标结果有异议的,应当在中标候选人公示期间提出。招标人应当自收到异议之日起3日内作出答复;作出答复前,应当暂停招标投标活动。

第五十四条 除招标人授权评标委员会直接确定中标人外,招标人应当根据评标委员会提出的书面评标报告和推荐的中标候选人确定中标人。国有资金占控股或者主导地位的依法必须进行招标的公路工程建设项目,招标人应当确定排名第一的中标候选人为中标人。排名第一的中标候选人放弃中标、因不可抗力不能履行合同、不按照招标文件要求提交履约保证金,或者被查实存在影响中标结果的违法行为等情形,不符合中标条件的,招标人可以按照评标委员会提出的中标候选人名单排序依次确定其他中标候选人为中标人,也可以重新招标。

第五十五条 依法必须进行招标的公路工程建设项目,招标人应当自确定中标人之日起15日内,将招标投标情况的书面报告报对该项目具有招标监督职责的交通运输主管部门备案。

前款所称书面报告至少应当包括下列内容:

(一)招标项目基本情况;

(二)招标过程简述;

(三)评标情况说明;

(四)中标候选人公示情况;

(五)中标结果;

(六)附件,包括评标报告、评标委员会成员履职情况说明等。

有资格预审情况说明、异议及投诉处理情况和资格审查报告的,也应当包括在书面报告中。

第五十六条 招标人应当及时向中标人发出中标通知书,同时将中标结果通知所有未中标的投标人。

第五十七条 招标人和中标人应当自中标通知书发出之日起30日内,

按照招标文件和中标人的投标文件订立书面合同，合同的标的、价格、质量、安全、履行期限、主要人员等主要条款应当与上述文件的内容一致。招标人和中标人不得再行订立背离合同实质性内容的其他协议。

招标人最迟应当在中标通知书发出后5日内向中标候选人以外的其他投标人退还投标保证金，与中标人签订书面合同后5日内向中标人和其他中标候选人退还投标保证金。以现金或者支票形式提交的投标保证金，招标人应当同时退还投标保证金的银行同期活期存款利息，且退还至投标人的基本账户。

第五十八条　招标文件要求中标人提交履约保证金的，中标人应当按照招标文件的要求提交。履约保证金不得超过中标合同金额的10%。招标人不得指定或者变相指定履约保证金的支付形式，由中标人自主选择银行保函或者现金、支票等支付形式。

第五十九条　招标人应当加强对合同履行的管理，建立对中标人主要人员的到位率考核制度。

省级人民政府交通运输主管部门应当定期组织开展合同履约评价工作的监督检查，将检查情况向社会公示，同时将检查结果记入中标人单位以及主要人员个人的信用档案。

第六十条　依法必须进行招标的公路工程建设项目，有下列情形之一的，招标人在分析招标失败的原因并采取相应措施后，应当依照本办法重新招标：

（一）通过资格预审的申请人少于3个的；

（二）投标人少于3个的；

（三）所有投标均被否决的；

（四）中标候选人均未与招标人订立书面合同的。

重新招标的，资格预审文件、招标文件和招标投标情况的书面报告应当按照本办法的规定重新报交通运输主管部门备案。

重新招标后投标人仍少于3个的，属于按照国家有关规定需要履行项目审批、核准手续的依法必须进行招标的公路工程建设项目，报经项目审批、核准部门批准后可以不再进行招标；其他项目可由招标人自行决定不再进行招标。

依照本条规定不再进行招标的，招标人可以邀请已提交资格预审申请文件的申请人或者已提交投标文件的投标人进行谈判，确定项目承担单位，并将谈判报告报对该项目具有招标监督职责的交通运输主管部门备案。

第五章 监督管理

第六十一条 各级交通运输主管部门应当按照《中华人民共和国招标投标法》《中华人民共和国招标投标法实施条例》等法律法规、规章以及招标投标活动行政监督职责分工，加强对公路工程建设项目招标投标活动的监督管理。

第六十二条 各级交通运输主管部门应当建立健全公路工程建设项目招标投标信用体系，加强信用评价工作的监督管理，维护公平公正的市场竞争秩序。

招标人应当将交通运输主管部门的信用评价结果应用于公路工程建设项目招标。鼓励和支持招标人优先选择信用等级高的从业企业。

招标人对信用等级高的资格预审申请人、投标人或者中标人，可以给予增加参与投标的标段数量，减免投标保证金，减少履约保证金、质量保证金等优惠措施。优惠措施以及信用评价结果的认定条件应当在资格预审文件和招标文件中载明。

资格预审申请人或者投标人的信用评价结果可以作为资格审查或者评标中履约信誉项的评分因素，各信用评价等级的对应得分应当符合省级人民政府交通运输主管部门有关规定，并在资格预审文件或者招标文件中载明。

第六十三条 投标人或者其他利害关系人认为招标投标活动不符合法律、行政法规规定的，可以自知道或者应当知道之日起 10 日内向交通运输主管部门投诉。

就本办法第十五条、第十九条、第三十六条、第五十三条规定事项投诉的，应当先向招标人提出异议，异议答复期间不计算在前款规定的期限内。

第六十四条 投诉人投诉时，应当提交投诉书。投诉书应当包括下列内容：

（一）投诉人的名称、地址及有效联系方式；

（二）被投诉人的名称、地址及有效联系方式；

（三）投诉事项的基本事实；

（四）异议的提出及招标人答复情况；

（五）相关请求及主张；

（六）有效线索和相关证明材料。

对本办法规定应先提出异议的事项进行投诉的，应当提交已提出异议的证明文件。未按规定提出异议或者未提交已提出异议的证明文件的投诉，交通运输主管部门可以不予受理。

第六十五条　投诉人就同一事项向两个以上交通运输主管部门投诉的，由具体承担该项目招标投标活动监督管理职责的交通运输主管部门负责处理。

交通运输主管部门应当自收到投诉之日起3个工作日内决定是否受理投诉，并自受理投诉之日起30个工作日内作出书面处理决定；需要检验、检测、鉴定、专家评审的，所需时间不计算在内。

投诉人缺乏事实根据或者法律依据进行投诉的，或者有证据表明投诉人捏造事实、伪造材料的，或者投诉人以非法手段取得证明材料进行投诉的，交通运输主管部门应当予以驳回，并对恶意投诉按照有关规定追究投诉人责任。

第六十六条　交通运输主管部门处理投诉，有权查阅、复制有关文件、资料，调查有关情况，相关单位和人员应当予以配合。必要时，交通运输主管部门可以责令暂停招标投标活动。

交通运输主管部门的工作人员对监督检查过程中知悉的国家秘密、商业秘密，应当依法予以保密。

第六十七条　交通运输主管部门对投诉事项作出的处理决定，应当在对该项目具有招标监督职责的交通运输主管部门政府网站上进行公告，包括投诉的事由、调查结果、处理决定、处罚依据以及处罚意见等内容。

第六章　法律责任

第六十八条　招标人有下列情形之一的，由交通运输主管部门责令改正，可以处3万元以下的罚款：

（一）不满足本办法第八条规定的条件而进行招标的；

（二）不按照本办法规定将资格预审文件、招标文件和招标投标情况的书面报告备案的；

（三）邀请招标不依法发出投标邀请书的；

（四）不按照项目审批、核准部门确定的招标范围、招标方式、招标组织形式进行招标的；

（五）不按照本办法规定编制资格预审文件或者招标文件的；

（六）由于招标人原因导致资格审查报告存在重大偏差且影响资格预审结果的；

（七）挪用投标保证金，增设或者变相增设保证金的；

（八）投标人数量不符合法定要求不重新招标的；

（九）向评标委员会提供的评标信息不符合本办法规定的；

（十）不按照本办法规定公示中标候选人的；

（十一）招标文件中规定的履约保证金的金额、支付形式不符合本办法规定的。

第六十九条 投标人在投标过程中存在弄虚作假、与招标人或者其他投标人串通投标、以行贿谋取中标、无正当理由放弃中标以及进行恶意投诉等投标不良行为的，除依照有关法律、法规进行处罚外，省级交通运输主管部门还可以扣减其年度信用评价分数或者降低年度信用评价等级。

第七十条 评标委员会成员未对招标人根据本办法第四十一条第二款（一）至（四）项规定提供的相关信息进行认真核查，导致评标出现疏漏或者错误的，由交通运输主管部门责令改正。

第七十一条 交通运输主管部门应当依法公告对公路工程建设项目招标投标活动中招标人、招标代理机构、投标人以及评标委员会成员等的违法违规或者恶意投诉等行为的行政处理决定，并将其作为招标投标不良行为信息记入相应当事人的信用档案。

第七章 附 则

第七十二条 使用国际组织或者外国政府贷款、援助资金的项目进行招标，贷款方、资金提供方对招标投标的具体条件和程序有不同规定的，可以适用其规定，但违背中华人民共和国的社会公共利益的除外。

第七十三条 采用电子招标投标的，应当按照本办法和国家有关电子招标投标的规定执行。

第七十四条 本办法自2016年2月1日起施行。《公路工程施工招标投标管理办法》（交通部令2006年第7号）、《公路工程施工监理招标投标管理办法》（交通部令2006年第5号）、《公路工程勘察设计招标投标管理办法》（交通部令2001年第6号）和《关于修改〈公路工程勘察设计招标投标管理办法〉的决定》（交通运输部令2013年第3号）、《关于贯彻国务院办公厅关于进一步规范招投标活动的若干意见的通知》（交公路发〔2004〕688号）、《关于公路建设项目货物招标严禁指定材料产地的通知》（厅公路字〔2007〕224号）、《公路工程施工招标资格预审办法》（交公路发〔2006〕57号）、《关于加强公路工程评标专家管理工作的通知》（交公路发〔2003〕464号）、《关于进一步加强公路工程施工招标评标管理工作的通知》（交公路发〔2008〕

261号)、《关于进一步加强公路工程施工招标资格审查工作的通知》(交公路发〔2009〕123号)、《关于改革使用国际金融组织或者外国政府贷款公路建设项目施工招标管理制度的通知》(厅公路字〔2008〕40号)、《公路工程勘察设计招标评标办法》(交公路发〔2001〕582号)、《关于认真贯彻执行公路工程勘察设计招标投标管理办法的通知》(交公路发〔2002〕303号)同时废止。

铁路工程建设项目招标投标管理办法

(2018年8月31日交通运输部令2018年第13号公布
自2019年1月1日起施行)

第一章 总 则

第一条 为了规范铁路工程建设项目招标投标活动,保护国家利益、社会公共利益和招标投标活动当事人的合法权益,根据《中华人民共和国招标投标法》、《中华人民共和国招标投标法实施条例》等法律、行政法规,制定本办法。

第二条 在中华人民共和国境内从事铁路工程建设项目的招标投标活动适用本办法。

前款所称铁路工程建设项目是指铁路工程以及与铁路工程建设有关的货物、服务。

第三条 依法必须进行招标的铁路工程建设项目的招标投标,应当依照《公共资源交易平台管理暂行办法》等国家规定纳入公共资源交易平台。

依法必须进行招标的铁路工程建设项目的具体范围和规模标准,依照《中华人民共和国招标投标法》、《中华人民共和国招标投标法实施条例》、《必须招标的工程项目规定》等确定。

第四条 国家铁路局负责全国铁路工程建设项目招标投标活动的监督管理工作。

地区铁路监督管理局负责辖区内铁路工程建设项目招标投标活动的监督管理工作。

国家铁路局、地区铁路监督管理局以下统称铁路工程建设项目招标投标行政监管部门。

第五条 铁路工程建设项目的招标人和交易场所应当按照国家有关规定推行电子招标投标。

国家铁路局建立铁路工程建设行政监督平台,对铁路工程建设项目招标投标活动实行信息化监督管理。

第二章 招 标

第六条 铁路工程建设项目的招标人是指提出招标项目、进行招标的法人或者其他组织。

招标人组织开展的铁路工程建设项目招标活动,应当具备《中华人民共和国招标投标法》、《中华人民共和国招标投标法实施条例》、《工程建设项目勘察设计招标投标办法》、《工程建设项目施工招标投标办法》、《工程建设项目货物招标投标办法》等规定的有关条件。

第七条 招标人委托招标代理机构进行招标的,应当与被委托的招标代理机构签订书面委托合同。招标人授权项目管理机构进行招标或者由项目代建人承担招标工作的,招标人或者代建项目的委托人应当出具包括委托授权招标范围、招标工作权限等内容的委托授权书。多个招标人就相同或者类似的招标项目进行联合招标的,可以委托招标代理机构或者其中一个招标人牵头组织招标工作。

第八条 依法必须进行招标的铁路工程建设项目,招标人应当根据国务院发展改革部门会同有关行政监督部门制定的《标准施工招标资格预审文件》、《标准施工招标文件》、《标准设备采购招标文件》、《标准材料采购招标文件》、《标准勘察招标文件》、《标准设计招标文件》、《标准监理招标文件》等标准文本以及铁路行业补充文本,结合招标项目具体特点和实际需要,编制资格预审文件和招标文件。

第九条 采用公开招标方式的铁路工程建设项目,招标人应当依法发布资格预审公告或者招标公告。

依法必须进行招标的铁路工程建设项目的资格预审公告或者招标公告应当至少载明下列内容:

(一)招标项目名称、内容、范围、规模、资金来源;

(二)投标资格能力要求,以及是否接受联合体投标;

(三)获取资格预审文件或者招标文件的时间、方式;

(四)递交资格预审文件或者投标文件的截止时间、方式;

（五）招标人及其招标代理机构的名称、地址、联系人及联系方式；

（六）采用电子招标投标方式的，潜在投标人访问电子招标投标交易平台的网址和方法；

（七）对具有行贿犯罪记录、失信被执行人等失信情形潜在投标人的依法限制要求；

（八）其他依法应当载明的内容。

第十条 采用邀请招标方式的铁路工程建设项目，招标人应当向3家以上具备相应资质能力、资信良好的特定的法人或者其他组织发出投标邀请书。

第十一条 依法必须进行招标的铁路工程建设项目，招标人应当在发布资格预审公告或者招标公告前7个工作日内向铁路工程建设项目招标投标行政监管部门备案。鼓励采用电子方式进行备案。

第十二条 资格预审应当按照资格预审文件载明的标准和方法进行。

第十三条 国有资金占控股或者主导地位的依法必须进行招标的铁路工程建设项目资格预审结束后，资格审查委员会应当编制资格审查报告。资格审查报告应当载明下列内容，如果有评分情况，在资格审查报告中一并列明：

（一）招标项目基本情况；

（二）资格审查委员会成员名单；

（三）资格预审申请文件递交情况；

（四）通过资格审查的申请人名单；

（五）未通过资格审查的申请人名单，以及未通过审查的具体理由、依据（应当指明不符合资格预审文件的具体条款序号）；

（六）澄清、说明事项；

（七）需要说明的其他事项。

资格审查委员会所有成员应当在资格审查报告上签字。对审查结果有不同意见的资格审查委员会成员应当以书面形式说明其不同意见和理由，资格审查报告应当注明该不同意见。资格审查委员会成员拒绝在资格审查报告上签字又不书面说明其不同意见和理由的，视为同意资格审查结果。

第十四条 招标人应当及时向资格预审合格的潜在投标人发出资格预审合格通知书或者投标邀请书，告知获取招标文件的时间、地点和方法；同时向资格预审不合格的潜在投标人发出资格预审结果通知书，注明未通过资格预审的具体理由。

通过资格预审的申请人少于3个的，应当重新招标。

第十五条 资格预审申请人对资格预审结果有异议的,可以自收到或者应当收到资格预审结果通知书后3日内提出。招标人应当自收到异议之日起3日内作出答复,异议答复应当列明事实和依据;作出答复前,应当暂停招标投标活动。

第十六条 招标人应当依照国家有关法律法规规定,在招标文件中载明招标项目是否允许分包,以及允许分包或者不得分包的范围。

第十七条 招标人应当在招标文件或者资格预审文件中集中载明评标办法、评审标准和否决情形。否决情形应当以醒目方式标注。资格审查委员会或者评标委员会不得以未集中载明的评审标准和否决情形限制、排斥潜在投标人或者否决投标。

第十八条 招标人不得以不合理的条件限制或者排斥潜在投标人,不得对潜在投标人实行歧视待遇。

除《中华人民共和国招标投标法实施条例》第三十二条规定的情形外,招标人有下列行为之一的,视为以不合理的条件限制或者排斥潜在投标人:

(一)对符合国家关于铁路建设市场开放规定的设计、施工、监理企业,不接受其参加有关招标项目的投标;

(二)设定的企业资质、个人执业资格条件违反国家有关规定,或者与招标项目实际内容无关;

(三)招标文件或者资格预审文件中设定的投标人资格要求高于招标公告载明的投标人资格要求;

(四)对企业或者项目负责人的业绩指标要求,超出招标项目对应的工程实际需要。

第十九条 招标人以暂估价形式包括在总承包范围内的工程、货物、服务属于依法必须进行招标的项目范围且达到国家规定规模标准的,应当依法进行招标。暂估价部分招标的实施主体应当在总承包项目的合同条款中约定。

第二十条 招标人在发布招标公告、发出投标邀请书、售出招标文件或者资格预审文件后,除不可抗力、国家政策变化等原因外,不得擅自终止招标。

招标人终止招标的,应当及时发布公告,或者以书面形式通知被邀请的或者已经获取资格预审文件、招标文件的潜在投标人。已经发售资格预审文件、招标文件或者已经收取投标保证金的,招标人应当及时退还所收取的资格预审文件、招标文件的费用,以及所收取的投标保证金及银行同期存款利息。

第三章 投 标

第二十一条 铁路工程建设项目的投标人是指响应招标、参加投标竞争的法人或者其他组织。

投标人应当具备承担招标项目的能力,并具备招标文件规定和国家规定的资格条件。

第二十二条 投标人应当按照招标文件的要求编制投标文件。投标文件应当对招标文件提出的实质性要求和条件予以响应。

第二十三条 投标人可以银行保函方式提交投标保证金。招标人不得拒绝投标人以银行保函形式提交的投标保证金,评标委员会也不得以此理由否决其投标。

第二十四条 根据招标文件载明的项目实际情况和工程分包的有关规定,投标人应当在投标文件中载明中标后拟分包的工程内容等事项。

第二十五条 投标人在投标文件中填报的资质、业绩、主要人员资历和目前在岗情况、信用等信息,应当与其在铁路工程建设行政监督平台上填报、发布的一致。

第二十六条 投标人不得有下列行为:

(一)串通投标;

(二)向招标人、招标代理机构或者评标委员会成员行贿;

(三)采取挂靠、转让、租借等方式从其他法人、组织获取资格或者资质证书进行投标,或者以其他方式弄虚作假进行投标;

(四)排挤其他投标人公平竞争的行为。

第四章 开标、评标和中标

第二十七条 招标人应当按照招标文件规定的时间、地点开标,并邀请所有投标人参加。

递交投标文件的投标人少于 3 个的标段或者包件,招标人不得开标,应当将相应标段或者包件的投标文件当场退还给投标人,并依法重新组织招标。

重新招标后投标人仍少于 3 个,属于按照国家规定需要政府审批、核准的铁路工程建设项目的,报经原审批、核准部门审批、核准后可以不再进行招标;其他铁路工程建设项目,招标人可以自行决定不再进行招标。

依照本条规定不再进行招标的，招标人可以邀请已提交资格预审申请文件的申请人或者已提交投标文件的投标人进行谈判，确定项目承担单位，并将谈判报告报对该项目具有招标监督职责的铁路工程建设项目招标投标行政监管部门备案。

第二十八条 招标人应当记录关于开标过程的下列内容并存档备查：

（一）开标时间和地点；

（二）投标文件密封检查情况；

（三）投标人名称、投标价格和招标文件规定的其他主要内容；

（四）投标人提出的异议及当场答复情况。

第二十九条 评标由招标人依法组建的评标委员会负责。评标委员会成员的确定和更换应当遵守《中华人民共和国招标投标法》、《中华人民共和国招标投标法实施条例》、《评标委员会和评标方法暂行规定》等规定。

依法必须进行招标的铁路工程建设项目的评标委员会中，除招标人代表外，招标人及与该工程建设项目有监督管理关系的人员不得以技术、经济专家身份等名义参加评审。

第三十条 招标人应当向评标委员会提供评标所必需的信息和材料，但不得明示或者暗示其倾向或者排斥特定投标人。提供评标所必需的信息和材料主要包括招标文件、招标文件的澄清或者修改、开标记录、投标文件、资格预审相关文件、投标人信用信息等。

第三十一条 评标委员会设负责人的，评标委员会负责人应当由评标委员会成员推举产生或者由招标人确定。评标委员会负责人负责组织并与评标委员会成员一起开展评标工作，其与评标委员会的其他成员享有同等权利与义务。

第三十二条 评标委员会认为投标人的报价明显低于其他投标报价，有可能影响工程质量或者不能诚信履约的，可以要求其澄清、说明是否低于成本价投标，必要时应当要求其一并提交相关证明材料。投标人不能证明其报价合理性的，评标委员会应当认定其以低于成本价竞标，并否决其投标。

第三十三条 评标委员会经评审，否决投标的，应当在评标报告中列明否决投标人的原因及依据；认为所有投标都不符合招标文件要求，或者符合招标文件要求的投标人不足3家使得投标明显缺乏竞争性的，可以否决所有投标。评标委员会作出否决投标或者否决所有投标意见的，应当有2/3及以上评标委员会成员同意。

第三十四条 评标委员会成员应当客观、公正地履行职务，恪守职业道德，对所提出的评审意见承担个人责任。

评标委员会成员不得私下接触投标人,不得收受投标人的财物或者其他好处,不得向招标人征询确定中标人的意向,不得接受任何单位或者个人明示或者暗示提出的倾向或者排斥特定投标人的要求。

评标委员会成员和参与评标的有关工作人员不得透露对投标文件的评审和比较、中标候选人的推荐情况以及与评标有关的其他情况。

第三十五条　评标完成后,评标委员会应当向招标人提交书面评标报告和中标候选人名单。中标候选人应当不超过3个,并标明排序。

评标报告应当如实记载下列内容:

(一)基本情况和数据表;

(二)评标委员会成员名单,评标委员会设有负责人的一并注明;

(三)开标记录;

(四)符合要求的投标人名单;

(五)否决投标的情况说明,包括具体理由及招标文件中的相应否决条款;

(六)评标标准、评标方法或者评标因素一览表;

(七)经评审的价格或者评分比较一览表;

(八)经评审的投标人排序;

(九)推荐的中标候选人名单与签订合同前要处理的事宜;

(十)澄清、说明、补正事项纪要。

评标报告应当由评标委员会全体成员签字;设立评标委员会负责人的,评标委员会负责人应当在评标报告上逐页签字。对评标结果有不同意见的评标委员会成员应当以书面形式说明其不同意见和理由,评标报告应当注明该不同意见。评标委员会成员拒绝在评标报告上签字又不书面说明其不同意见和理由的,视为同意评标结果。评标委员会提交的评标报告内容不符合前款要求的,应当补充完善。

第三十六条　依法必须进行招标的铁路工程建设项目的招标人,应当对评标委员会成员履职情况如实记录并按规定对铁路建设工程评标专家予以评价。

第三十七条　招标人根据评标委员会提出的书面评标报告和推荐的中标候选人确定中标人。招标人也可以授权评标委员会直接确定中标人。依法必须进行招标的铁路工程建设项目,招标人应当自收到评标报告之日起3日内在规定的媒介上公示中标候选人,公示期不得少于3日。

对中标候选人的公示信息应当包括:招标项目名称,标段或者包件编号,中标候选人排序、名称、投标报价、工期或者交货期承诺,评分或者经评审的投标报价情况，项目负责人姓名及其相关证书名称和编号，中标候选人在投标文件中填报的企业和项目负责人的工程业绩，异议受理部门及联系方式等。

第三十八条 依法必须进行招标的铁路工程建设项目的投标人或者其他利害关系人对评标结果有异议的，应当在中标候选人公示期间提出。招标人应当自收到异议之日起 3 日内作出答复，异议答复应当列明事实、依据；作出答复前，应当暂停招标投标活动。

招标人经核查发现异议成立并对中标结果产生实质性影响的，应当组织原评标委员会按照招标文件规定的标准和方法审查确认。若异议事项涉嫌弄虚作假等违法行为或者原评标委员会无法根据招标文件和投标文件审查确认的，以及招标人发现评标结果有明显错误的，招标人应当向铁路工程建设项目招标投标行政监管部门反映或者投诉。

第三十九条 中标候选人的经营、财务状况发生较大变化或者存在违法行为，招标人认为可能影响其履约能力的，应当在发出中标通知书前由原评标委员会按照招标文件规定的标准和方法审查确认。

非因本办法第三十八条第二款及本条第一款规定的事由，招标人不得擅自组织原评标委员会或者另行组建评标委员会审查确认。

第四十条 中标人确定后，招标人应当向中标人发出中标通知书，并同时将中标结果通知所有未中标的投标人。依法必须进行招标项目的中标结果还应当按规定在有关媒介公示中标人名称。

所有投标均被否决的，招标人应当书面通知所有投标人，并说明具体原因。

第四十一条 依法必须进行招标的铁路工程建设项目，招标人应当自确定中标人之日起15 日内，向铁路工程建设项目招标投标行政监管部门提交招标投标情况书面报告。鼓励采用电子方式报告。

招标投标情况书面报告应当包括下列主要内容：

（一）招标范围；

（二）招标方式和发布招标公告的媒介；

（三）招标文件中投标人须知、技术条款、评标标准和方法、合同主要条款等内容；

（四）评标委员会的组成、成员遵守评标纪律和履职情况，对评标专家的评价意见；

（五）评标报告；

（六）中标结果；

(七)其他需提交的问题说明和资料。

第四十二条　招标人和中标人应当在投标有效期内并自中标通知书发出之日起30日内,按照招标文件和中标人的投标文件订立书面合同。招标人和中标人不得再行订立背离合同实质性内容的其他协议。

第四十三条　招标文件要求中标人提交履约保证金的,中标人应当提交。履约保证金可以银行保函、支票、现金等方式提交。

中标人提交履约保证金的,在工程项目竣工前,招标人不得再同时预留工程质量保证金。

第四十四条　中标人应当按照合同约定履行义务,完成中标项目。

招标人应当加强对合同履行的管理,建立对中标人合同履约的考核制度。依法必须进行招标的铁路工程建设项目,招标人、中标人应当按规定向铁路工程建设项目招标投标行政监管部门提交合同履约信息。

第四十五条　铁路工程建设项目的施工中标人对已包含在中标工程内的货物再次通过招标方式采购的,招标人应当依据承包合同约定对再次招标活动进行监督,对施工中标人再次招标选定的货物进场质量验收情况进行检查。

第五章　监督管理

第四十六条　铁路工程建设项目招标投标行政监管部门应当依法加强对铁路工程建设项目招标投标活动的监督管理。

国家铁路局组建、管理铁路建设工程评标专家库,指导、协调地区铁路监督管理局开展铁路工程建设项目招标投标监督管理工作。

地区铁路监督管理局应当按规定通报或者报告辖区内的铁路工程建设项目招标投标违法违规行为和相关监督管理信息,分析铁路工程建设项目招标投标相关情况。

第四十七条　铁路工程建设项目招标投标监督管理方式主要包括监督抽查、投诉处理、办理备案、接收书面报告、行政处罚、记录公告等方式。

第四十八条　投标人或者其他利害关系人(以下简称投诉人)认为铁路工程建设项目招标投标活动不符合法律、行政法规规定的,可以自知道或者应当知道之日起10日内向铁路工程建设项目招标投标行政监管部门投诉。

第四十九条　投诉人投诉时,应当提交投诉书。投诉书应当包括下列内容:

(一)投诉人的名称、地址及有效联系方式;

（二）被投诉人的名称、地址及有效联系方式；

（三）投诉事项的基本事实；

（四）相关请求及主张；

（五）有效线索和相关证明材料。

对按规定应当先向招标人提出异议的事项进行投诉的，还应当提交已提出异议的证明文件。如果已向有关行政监督部门投诉的，应当一并说明。

投诉人是法人的，投诉书必须由其法定代表人或者授权代表签字并盖章；其他组织或者自然人投诉的，投诉书必须由其主要负责人或者投诉人本人签字，并附有效身份证明复印件。

投诉书有关材料是外文的，投诉人应当同时提供其中文译本。

第五十条 有下列情形之一的投诉，铁路工程建设项目招标投标行政监管部门不予受理：

（一）投诉人不是所投诉招标投标活动的参与者，或者与投诉项目无任何利害关系。

（二）投诉事项不具体，且未提供有效线索，难以查证的。

（三）投诉书未署具投诉人真实姓名、签字和有效联系方式的；以法人名义投诉的，投诉书未经法定代表人或者授权代表签字并加盖公章的。

（四）超过投诉时效的。

（五）已经作出处理决定，并且投诉人没有提出新的证据的。

（六）投诉事项应当先提出异议没有提出异议的，或者已进入行政复议或者行政诉讼程序的。

第五十一条 铁路工程建设项目招标投标行政监管部门受理投诉后，应当调取、查阅有关文件，调查、核实有关情况，根据调查和取证情况，对投诉事项进行审查，按照下列规定做出处理决定：

（一）投诉缺乏事实根据或者法律依据的，驳回投诉；

（二）投诉情况属实，招标投标活动确实存在违法行为的，依照《中华人民共和国招标投标法》及其他有关法规、规章进行处理。

第五十二条 铁路工程建设项目招标投标行政监管部门积极推进铁路建设工程招标投标信用体系建设，建立健全守信激励和失信惩戒机制，维护公平公正的市场竞争秩序。

鼓励和支持招标人优先选择信用良好的从业企业。招标人可以对信用良好的投标人或者中标人，减免投标保证金，减少履约保证金或者质量保证金。招标人采用相关信用优惠措施的，应当在招标文件中载明。

第五十三条 铁路工程建设项目招标投标行政监管部门对招标人、招标代理机构、投标人以及评标委员会成员等的违法违规行为依法作出行政处理决定的,应当按规定予以公告,并记入相应当事人的不良行为记录。

对于列入不良行为记录、行贿犯罪档案、失信被执行人名录的市场主体,依法按规定在招标投标活动中对其予以限制。

第五十四条 铁路工程建设项目招标投标行政监管部门履行监督管理职责过程中,有权查阅、复制招标投标活动的有关文件、资料和数据;在投诉调查处理中,发现有违反法律、法规、规章规定的,应当要求相关当事人整改,必要时可以责令暂停招标投标活动。招标投标活动交易服务机构及市场主体应当如实提供相关情况和材料。

第五十五条 铁路工程建设项目招标投标行政监管部门的工作人员对监督过程中知悉的国家秘密、商业秘密,应当依法予以保密。

第六章 法律责任

第五十六条 招标人有下列情形之一的,由铁路工程建设项目招标投标行政监管部门责令改正,给予警告;情节严重的,可以并处 3 万元以下的罚款:

(一)不按本办法规定编制资格预审文件或者招标文件的;

(二)拒绝以银行保函方式提交的投标保证金或者履约保证金的,或者违规在招标文件中增设保证金的;

(三)向评标委员会提供的评标所需信息不符合本办法规定的;

(四)不按本办法规定公示中标候选人的;

(五)不按本办法规定进行招标备案或者提交招标投标情况书面报告的;

(六)否决所有投标未按本办法规定告知的;

(七)擅自终止招标活动的,或者终止招标未按规定告知有关潜在投标人的;

(八)非因本办法第三十八条第二款和第三十九条第一款规定的事由,擅自组织原评标委员会或者另行组建评标委员会审查确认的。

第五十七条 投标人或者其他利害关系人捏造事实、伪造材料或者以非法手段取得证明材料进行投诉,尚未构成犯罪的,由铁路工程建设项目招标投标行政监管部门责令改正,给予警告;情节严重的,可以并处3万元以下的罚款。

第五十八条 评标委员会成员、资格审查委员会成员有下列情形之一的,由铁路工程建设项目招标投标行政监管部门责令改正,给予警告;情节严重的,禁止其在6个月至1年内参加依法必须进行招标的铁路工程建设项目的评审;情节特别严重的,取消担任评标委员会、资格审查委员会成员资格,并从专家库中除名,不再接受其评标专家入库申请:

(一)应当回避而不回避;

(二)擅离职守;

(三)不按照招标文件规定的评标标准和方法评标;

(四)私下接触投标人;

(五)向招标人征询确定中标人的意向,或者接受任何单位或者个人明示或者暗示提出的倾向或者排斥特定投标人的要求;

(六)对依法应当否决的投标不提出否决意见;

(七)暗示或者诱导投标人作出澄清、说明或者接受投标人主动提出的澄清、说明;

(八)评审活动中其他不客观、不公正的行为。

第七章 附 则

第五十九条 采用电子方式进行招标投标的,应当符合本办法和国家有关电子招标投标的规定。

第六十条 本办法自2019年1月1日起施行。

通信工程建设项目招标投标管理办法

(2014年5月4日工业和信息化部令第27号公布
自2014年7月1日起施行)

第一章 总 则

第一条 为了规范通信工程建设项目招标投标活动,根据《中华人民共和国招标投标法》(以下简称《招标投标法》)和《中华人民共和国招标投标法实施条例》(以下简称《实施条例》),制定本办法。

第二条　在中华人民共和国境内进行通信工程建设项目招标投标活动，适用本办法。

前款所称通信工程建设项目，是指通信工程以及与通信工程建设有关的货物、服务。其中，通信工程包括通信设施或者通信网络的新建、改建、扩建、拆除等施工；与通信工程建设有关的货物，是指构成通信工程不可分割的组成部分，且为实现通信工程基本功能所必需的设备、材料等；与通信工程建设有关的服务，是指为完成通信工程所需的勘察、设计、监理等服务。

依法必须进行招标的通信工程建设项目的具体范围和规模标准，依据国家有关规定确定。

第三条　工业和信息化部和各省、自治区、直辖市通信管理局（以下统称为"通信行政监督部门"）依法对通信工程建设项目招标投标活动实施监督。

第四条　工业和信息化部鼓励按照《电子招标投标办法》进行通信工程建设项目电子招标投标。

第五条　工业和信息化部建立"通信工程建设项目招标投标管理信息平台"（以下简称"管理平台"），实行通信工程建设项目招标投标活动信息化管理。

第二章　招标和投标

第六条　国有资金占控股或者主导地位的依法必须进行招标的通信工程建设项目，应当公开招标；但有下列情形之一的，可以邀请招标：

（一）技术复杂、有特殊要求或者受自然环境限制，只有少量潜在投标人可供选择；

（二）采用公开招标方式的费用占项目合同金额的比例过大。

有前款第一项所列情形，招标人邀请招标的，应当向其知道或者应当知道的全部潜在投标人发出投标邀请书。

采用公开招标方式的费用占项目合同金额的比例超过1.5%，且采用邀请招标方式的费用明显低于公开招标方式的费用的，方可被认定为有本条第一款第二项所列情形。

第七条　除《招标投标法》第六十六条和《实施条例》第九条规定的可以不进行招标的情形外，潜在投标人少于3个的，可以不进行招标。

招标人为适用前款规定弄虚作假的，属于《招标投标法》第四条规定的规避招标。

第八条 依法必须进行招标的通信工程建设项目的招标人自行办理招标事宜的，应当自发布招标公告或者发出投标邀请书之日起2日内通过“管理平台”向通信行政监督部门提交《通信工程建设项目自行招标备案表》（见附录一）。

第九条 招标代理机构代理招标业务，适用《招标投标法》、《实施条例》和本办法关于招标人的规定。

第十条 公开招标的项目，招标人采用资格预审办法对潜在投标人进行资格审查的，应当发布资格预审公告、编制资格预审文件。招标人发布资格预审公告后，可不再发布招标公告。

依法必须进行招标的通信工程建设项目的资格预审公告和招标公告，除在国家发展和改革委员会依法指定的媒介发布外，还应当在“管理平台”发布。在不同媒介发布的同一招标项目的资格预审公告或者招标公告的内容应当一致。

第十一条 资格预审公告、招标公告或者投标邀请书应当载明下列内容：

（一）招标人的名称和地址；

（二）招标项目的性质、内容、规模、技术要求和资金来源；

（三）招标项目的实施或者交货时间和地点要求；

（四）获取招标文件或者资格预审文件的时间、地点和方法；

（五）对招标文件或者资格预审文件收取的费用；

（六）提交资格预审申请文件或者投标文件的地点和截止时间。

招标人对投标人的资格要求，应当在资格预审公告、招标公告或者投标邀请书中载明。

第十二条 资格预审文件一般包括下列内容：

（一）资格预审公告；

（二）申请人须知；

（三）资格要求；

（四）业绩要求；

（五）资格审查标准和方法；

（六）资格预审结果的通知方式；

（七）资格预审申请文件格式。

资格预审应当按照资格预审文件载明的标准和方法进行，资格预审文件没有规定的标准和方法不得作为资格预审的依据。

第十三条 招标人应当根据招标项目的特点和需要编制招标文件。招标文件一般包括下列内容：

（一）招标公告或者投标邀请书；

（二）投标人须知；

（三）投标文件格式；

（四）项目的技术要求；

（五）投标报价要求；

（六）评标标准、方法和条件；

（七）网络与信息安全有关要求；

（八）合同主要条款。

招标文件应当载明所有评标标准、方法和条件，并能够指导评标工作，在评标过程中不得作任何改变。

第十四条　招标人应当在招标文件中以显著的方式标明实质性要求、条件以及不满足实质性要求和条件的投标将被否决的提示；对于非实质性要求和条件，应当规定允许偏差的最大范围、最高项数和调整偏差的方法。

第十五条　编制依法必须进行招标的通信工程建设项目资格预审文件和招标文件，应当使用国家发展和改革委员会会同有关行政监督部门制定的标准文本及工业和信息化部制定的范本。

第十六条　勘察设计招标项目的评标标准一般包括下列内容：

（一）投标人的资质、业绩、财务状况和履约表现；

（二）项目负责人的资格和业绩；

（三）勘察设计团队人员；

（四）技术方案和技术创新；

（五）质量标准及质量管理措施；

（六）技术支持与保障；

（七）投标价格；

（八）组织实施方案及进度安排。

第十七条　监理招标项目的评标标准一般包括下列内容：

（一）投标人的资质、业绩、财务状况和履约表现；

（二）项目总监理工程师的资格和业绩；

（三）主要监理人员及安全监理人员；

（四）监理大纲；

（五）质量和安全管理措施；

（六）投标价格。

第十八条　施工招标项目的评标标准一般包括下列内容：

(一)投标人的资质、业绩、财务状况和履约表现;

(二)项目负责人的资格和业绩;

(三)专职安全生产管理人员;

(四)主要施工设备及施工安全防护设施;

(五)质量和安全管理措施;

(六)投标价格;

(七)施工组织设计及安全生产应急预案。

第十九条 与通信工程建设有关的货物招标项目的评标标准一般包括下列内容:

(一)投标人的资质、业绩、财务状况和履约表现;

(二)投标价格;

(三)技术标准及质量标准;

(四)组织供货计划;

(五)售后服务。

第二十条 评标方法包括综合评估法、经评审的最低投标价法或者法律、行政法规允许的其他评标方法。

鼓励通信工程建设项目使用综合评估法进行评标。

第二十一条 通信工程建设项目需要划分标段的,招标人应当在招标文件中载明允许投标人中标的最多标段数。

第二十二条 通信工程建设项目已确定投资计划并落实资金来源的,招标人可以将多个同类通信工程建设项目集中进行招标。

招标人进行集中招标的,应当遵守《招标投标法》、《实施条例》和本办法有关依法必须进行招标的项目的规定。

第二十三条 招标人进行集中招标的,应当在招标文件中载明工程或者有关货物、服务的类型、预估招标规模、中标人数量及每个中标人对应的中标份额等;对与工程或者有关服务进行集中招标的,还应当载明每个中标人对应的实施地域。

第二十四条 招标人可以对多个同类通信工程建设项目的潜在投标人进行集中资格预审。招标人进行集中资格预审的,应当发布资格预审公告,明确集中资格预审的适用范围和有效期限,并且应当预估项目规模,合理设定资格、技术和商务条件,不得限制、排斥潜在投标人。

招标人进行集中资格预审,应当遵守国家有关勘察、设计、施工、监理等资质管理的规定。

集中资格预审后,通信工程建设项目的招标人应当继续完成招标程序,不得直接发包工程;直接发包工程的,属于《招标投标法》第四条规定的规避招标。

第二十五条　招标人根据招标项目的具体情况,可以在发售招标文件截止之日后,组织潜在投标人踏勘项目现场和召开投标预备会。

招标人组织潜在投标人踏勘项目现场或者召开投标预备会的,应当向全部潜在投标人发出邀请。

第二十六条　投标人应当在招标文件要求提交投标文件的截止时间前,将投标文件送达投标地点。通信工程建设项目划分标段的,投标人应当在投标文件上标明相应的标段。

未通过资格预审的申请人提交的投标文件,以及逾期送达或者不按照招标文件要求密封的投标文件,招标人应当拒收。

招标人收到投标文件后,不得开启,并应当如实记载投标文件的送达时间和密封情况,存档备查。

第三章　开标、评标和中标

第二十七条　通信工程建设项目投标人少于 3 个的,不得开标,招标人在分析招标失败的原因并采取相应措施后,应当依法重新招标。划分标段的通信工程建设项目某一标段的投标人少于 3 个的,该标段不得开标,招标人在分析招标失败的原因并采取相应措施后,应当依法对该标段重新招标。

投标人认为存在低于成本价投标情形的,可以在开标现场提出异议,并在评标完成前向招标人提交书面材料。招标人应当及时将书面材料转交评标委员会。

第二十八条　招标人应当根据《招标投标法》和《实施条例》的规定开标,记录开标过程并存档备查。招标人应当记录下列内容:

(一)开标时间和地点;

(二)投标人名称、投标价格等唱标内容;

(三)开标过程是否经过公证;

(四)投标人提出的异议。

开标记录应当由投标人代表、唱标人、记录人和监督人签字。

因不可抗力或者其他特殊原因需要变更开标地点的,招标人应提前通知所有潜在投标人,确保其有足够的时间能够到达开标地点。

第二十九条　评标由招标人依法组建的评标委员会负责。

通信工程建设项目评标委员会的专家成员应当具备下列条件:

（一）从事通信相关领域工作满 8 年并具有高级职称或者同等专业水平。掌握通信新技术的特殊人才经工作单位推荐，可以视为具备本项规定的条件。

（二）熟悉国家和通信行业有关招标投标以及通信建设管理的法律、行政法规和规章，并具有与招标项目有关的实践经验。

（三）能够认真、公正、诚实、廉洁地履行职责。

（四）未因违法、违纪被取消评标资格或者未因在招标、评标以及其他与招标投标有关活动中从事违法行为而受过行政处罚或者刑事处罚。

（五）身体健康，能够承担评标工作。

工业和信息化部统一组建和管理通信工程建设项目评标专家库，各省、自治区、直辖市通信管理局负责本行政区域内评标专家的监督管理工作。

第三十条 依法必须进行招标的通信工程建设项目，评标委员会的专家应当从通信工程建设项目评标专家库内相关专业的专家名单中采取随机抽取方式确定；个别技术复杂、专业性强或者国家有特殊要求，采取随机抽取方式确定的专家难以保证胜任评标工作的招标项目，可以由招标人从通信工程建设项目评标专家库内相关专业的专家名单中直接确定。

依法必须进行招标的通信工程建设项目的招标人应当通过“管理平台”抽取评标委员会的专家成员，通信行政监督部门可以对抽取过程进行远程监督或者现场监督。

第三十一条 依法必须进行招标的通信工程建设项目技术复杂、评审工作量大，其评标委员会需要分组评审的，每组成员人数应为 5 人以上，且每组每个成员应对所有投标文件进行评审。评标委员会的分组方案应当经全体成员同意。

评标委员会设负责人的，其负责人由评标委员会成员推举产生或者由招标人确定。评标委员会其他成员与负责人享有同等的表决权。

第三十二条 评标委员会成员应当客观、公正地对投标文件提出评审意见，并对所提出的评审意见负责。

招标文件没有规定的评标标准和方法不得作为评标依据。

第三十三条 评标过程中，评标委员会收到低于成本价投标的书面质疑材料、发现投标人的综合报价明显低于其他投标报价或者设有标底时明显低于标底，认为投标报价可能低于成本的，应当书面要求该投标人作出书面说明并提供相关证明材料。招标人要求以某一单项报价核定是否低于成本的，应当在招标文件中载明。

投标人不能合理说明或者不能提供相关证明材料的，评标委员会应当否决其投标。

第三十四条 投标人以他人名义投标或者投标人经资格审查不合格的,评标委员会应当否决其投标。

部分投标人在开标后撤销投标文件或者部分投标人被否决投标后,有效投标不足3个且明显缺乏竞争的,评标委员会应当否决全部投标。有效投标不足3个,评标委员会未否决全部投标的,应当在评标报告中说明理由。

依法必须进行招标的通信工程建设项目,评标委员会否决全部投标的,招标人应当重新招标。

第三十五条 评标完成后,评标委员会应当根据《招标投标法》和《实施条例》的有关规定向招标人提交评标报告和中标候选人名单。

招标人进行集中招标的,评标委员会应当推荐不少于招标文件载明的中标人数量的中标候选人,并标明排序。

评标委员会分组的,应当形成统一、完整的评标报告。

第三十六条 评标报告应当包括下列内容:

(一)基本情况;

(二)开标记录和投标一览表;

(三)评标方法、评标标准或者评标因素一览表;

(四)评标专家评分原始记录表和否决投标的情况说明;

(五)经评审的价格或者评分比较一览表和投标人排序;

(六)推荐的中标候选人名单及其排序;

(七)签订合同前要处理的事宜;

(八)澄清、说明、补正事项纪要;

(九)评标委员会成员名单及本人签字、拒绝在评标报告上签字的评标委员会成员名单及其陈述的不同意见和理由。

第三十七条 依法必须进行招标的通信工程建设项目的招标人应当自收到评标报告之日起3日内通过"管理平台"公示中标候选人,公示期不得少于3日。

第三十八条 招标人应当根据《招标投标法》和《实施条例》的有关规定确定中标人。

招标人进行集中招标的,应当依次确定排名靠前的中标候选人为中标人,且中标人数量及每个中标人对应的中标份额等应当与招标文件载明的内容一致。招标人与中标人订立的合同中应当明确中标价格、预估合同份额等主要条款。

中标人不能履行合同的,招标人可以按照评标委员会提出的中标候选人名单排序依次确定其他中标候选人为中标人，也可以对中标人的中标份额进行调整，但应当在招标文件中载明调整规则。

第三十九条 在确定中标人之前，招标人不得与投标人就投标价格、投标方案等实质性内容进行谈判。

招标人不得向中标人提出压低报价、增加工作量、增加配件、增加售后服务量、缩短工期或其他违背中标人的投标文件实质性内容的要求。

第四十条 依法必须进行招标的通信工程建设项目的招标人应当自确定中标人之日起15日内，通过“管理平台”向通信行政监督部门提交《通信工程建设项目招标投标情况报告表》(见附录二)。

第四十一条 招标人应建立完整的招标档案，并按国家有关规定保存。招标档案应当包括下列内容：

(一)招标文件；

(二)中标人的投标文件；

(三)评标报告；

(四)中标通知书；

(五)招标人与中标人签订的书面合同；

(六)向通信行政监督部门提交的《通信工程建设项目自行招标备案表》、《通信工程建设项目招标投标情况报告表》；

(七)其他需要存档的内容。

第四十二条 招标人进行集中招标的，应当在所有项目实施完成之日起30日内通过“管理平台”向通信行政监督部门报告项目实施情况。

第四十三条 通信行政监督部门对通信工程建设项目招标投标活动实施监督检查，可以查阅、复制招标投标活动中有关文件、资料，调查有关情况，相关单位和人员应当配合。必要时，通信行政监督部门可以责令暂停招标投标活动。

通信行政监督部门的工作人员对监督检查过程中知悉的国家秘密、商业秘密，应当依法予以保密。

第四章 法律责任

第四十四条 招标人在发布招标公告、发出投标邀请书或者售出招标文件或资格预审文件后无正当理由终止招标的，由通信行政监督部门处以警告，可以并处1万元以上3万元以下的罚款。

第四十五条 依法必须进行招标的通信工程建设项目的招标人或者招

标代理机构有下列情形之一的,由通信行政监督部门责令改正,可以处 3 万元以下的罚款:

(一)招标人自行招标,未按规定向通信行政监督部门备案;

(二)未通过"管理平台"确定评标委员会的专家;

(三)招标人未通过"管理平台"公示中标候选人;

(四)确定中标人后,未按规定向通信行政监督部门提交招标投标情况报告。

第四十六条　招标人有下列情形之一的,由通信行政监督部门责令改正,可以处 3 万元以下的罚款,对单位直接负责的主管人员和其他直接责任人员依法给予处分;对中标结果造成实质性影响,且不能采取补救措施予以纠正的,招标人应当重新招标或者评标:

(一)编制的资格预审文件、招标文件中未载明所有资格审查或者评标的标准和方法;

(二)招标文件中含有要求投标人多轮次报价、投标人保证报价不高于历史价格等违法条款;

(三)不按规定组建资格审查委员会;

(四)投标人数量不符合法定要求时未重新招标而直接发包;

(五)开标过程、开标记录不符合《招标投标法》、《实施条例》和本办法的规定;

(六)违反《实施条例》第三十二条的规定限制、排斥投标人;

(七)以任何方式要求评标委员会成员以其指定的投标人作为中标候选人、以招标文件未规定的评标标准和方法作为评标依据,或者以其他方式非法干涉评标活动,影响评标结果。

第四十七条　招标人进行集中招标或者集中资格预审,违反本办法第二十三条、第二十四条、第三十五条或者第三十八条规定的,由通信行政监督部门责令改正,可以处 3 万元以下的罚款。

第五章　附　　则

第四十八条　通信行政监督部门建立通信工程建设项目招标投标情况通报制度,定期通报通信工程建设项目招标投标总体情况、公开招标及招标备案情况、重大违法违约事件等信息。

第四十九条　本办法自 2014 年 7 月 1 日起施行。原中华人民共和国信息产业部 2000 年 9 月 22 日公布的《通信建设项目招标投标管理暂行规定》

（中华人民共和国信息产业部令第2号）同时废止。

附录一：通信工程建设项目自行招标备案表（略）

附录二：通信工程建设项目招标投标情况报告表（略）

民航专业工程建设项目招标投标管理办法

（2018年1月8日中国民用航空局发布　根据2019年9月9日《〈民航专业工程建设项目招标投标管理办法〉（第一修正案）》修订　AP－158－CA－2018－01－R3）

第一章　总　则

第一条　为规范民航专业工程建设项目招标投标活动，加强监督管理，根据《中华人民共和国招标投标法》、《中华人民共和国招标投标法实施条例》等法律、法规以及有关的规章和规范性文件，制定本办法。

第二条　本办法适用于民航专业工程建设项目的招标投标管理，机电产品的国际招标投标除外。

本办法所称工程建设项目，是指工程以及与工程建设有关的货物、服务。工程是指建设工程，建设工程是指土木工程、建筑工程、线路管道和设备安装工程及装修工程，包括建筑物和构筑物的新建、改建、扩建及其相关的装修、拆除、修缮等；与工程建设有关的货物，是指构成工程不可分割的组成部分，且为实现工程基本功能所必需的设备、材料等；与工程建设有关的服务，是指为完成工程所需的勘察、设计、监理等服务。

本办法所称民航专业工程包括：

（一）机场场道工程，包括：

1. 飞行区土石方（不含填海工程）、地基处理、基础、道面工程；

2. 飞行区排水、桥梁、涵隧、消防管网、管沟（廊）工程；

3. 飞行区服务车道、巡场路、围界（含监控系统）工程。

（二）民航空管工程，包括：

1. 区域管制中心、终端（进近）管制中心和塔台建设工程；

2. 通信(包括地空通信和地地通信)工程、导航(包括地基导航和星基导航)工程、监视(包括雷达和自动相关监视系统)工程;

3. 航空气象(包括观测系统、卫星云图接收系统等)工程;

4. 航行情报工程。

(三) 机场目视助航工程,包括:

1. 机场助航灯光及其监控系统工程;

2. 飞行区标记牌和标志工程;

3. 助航灯光变电站和飞行区供电工程;

4. 泊位引导系统及目视助航辅助设施工程。

(四) 航站楼、货运站的工艺流程及民航专业弱电系统工程。其中,民航专业弱电系统包括:信息集成系统、航班信息显示系统、离港控制系统、泊位引导系统、安检信息管理系统、标识引导系统、行李处理系统、安全检查系统、值机引导系统、登机门显示系统、旅客问讯系统、网络交换系统、公共广播系统、安全防范系统、主时钟系统、内部通讯系统、呼叫中心(含电话自动问讯系统),以及飞行区内各类专业弱电系统。

(五) 航空供油工程,包括:

1. 航空加油站、机坪输油管线系统工程;

2. 机场油库、中转油库工程(不含土建工程);

3. 场外输油管线工程、卸油站工程(不含码头水工工程和铁路专用线工程);

4. 飞行区内地面设备加油站工程。

第三条　依法必须招标的民航专业工程建设项目的范围和规模标准,按照国家发改委有关规定执行。

任何单位和个人不得将依法必须进行招标的项目化整为零或者以其他任何方式规避招标。

第四条　民航局机场司负责:

(一)贯彻执行国家有关招标投标管理的法律、法规、规章和规范性文件,制定民航专业工程建设项目招标投标管理的有关规定;

(二)全国民航专业工程建设项目招标投标活动的监督管理,对委托民航专业工程质量监督总站(以下简称质监总站)的承办事项进行指导,并监督办理情况;

(三)依法查处招标投标活动中的重大违法违规行为;

(四)其他与招标投标活动管理有关的事宜。

第五条　民航地区管理局负责:

(一)贯彻执行国家及民航有关招标投标管理的法律、法规、规章和规范性文件；

（二）辖区民航专业工程建设项目招标投标活动的监督管理；

（三）对辖区内招标人提交的招标方案、资格预审文件、招标文件进行备案，并根据招标文件的相关要求，受理抽取评标专家申请；

（四）认定省级或者市级地方公共资源交易市场（以下简称地方交易市场），与地方交易市场制定工作方案，约定业务流程，明确有关责任义务；

（五）受理并备案审核招标人提交的评标报告和评标结果公示报告，对招标人提供的合同副本进行备案；

（六）受理辖区内有关招标投标活动的投诉，依法查处招标投标活动中的违法违规行为。

第六条 质监总站负责：

（一）贯彻执行国家及民航有关招标投标管理的法律、法规、规章和规范性文件；

（二）承担民航专业工程评标专家及专家库的管理和评标专家的抽取工作；

（三）受委托承担民航专业工程建设项目进入地方交易市场进行开标评标的驻场服务工作；

（四）招标投标活动各当事人的信用体系建设；

（五）受委托的其它招标投标管理的有关工作。

第七条 民航专业工程建设项目招标投标活动应当遵循公平、公正、公开、诚实信用原则，项目当事人及相关工作人员应当严格遵守保密原则，禁止以任何方式非法干涉民航专业工程建设项目招标投标活动。

第八条 鼓励利用信息网络进行电子招标投标。

第二章 招 标

第九条 民航专业工程建设项目的招标人是提出招标项目、进行招标的项目法人或者其他组织。

第十条 按照国家有关规定需要履行项目审批、核准手续的依法必须进行招标的民航专业工程建设项目，其招标范围、招标方式、招标组织形式应当报送项目审批、核准部门审批、核准。

招标人应当按照项目审批、核准部门确定的招标范围、招标方式、招标组织形式开展招标。

第十一条 依法必须招标的工程建设项目，应当具备下列条件才能进行招标：

（一）招标人已经依法成立；

（二）取得项目审批、核准部门审批、核准的文件；

（三）工程建设项目初步设计按照有关规定要求已获批准（勘察、设计招标除外）；

（四）有相应资金或者资金来源已经落实；

（五）能够提出招标技术要求，施工项目有招标所需的设计图纸及技术资料。

第十二条　招标人可以自行招标或委托招标。招标人自行办理招标事宜的，应当符合国家发改委《工程建设项目自行招标试行办法》要求，经批准后，按规定程序办理。

招标人不具备自行办理招标条件的，应当委托符合要求的招标代理机构办理招标事宜。确定委托前，应当查询相关招标代理机构失信被执行人信息，鼓励优先选择无失信记录的招标代理机构。

第十三条　招标人采用资格预审办法对潜在投标人进行资格审查的，应当发布资格预审公告、编制资格预审文件。

资格预审公告视同为招标公告，其发布要求、载明内容应当与招标公告的要求一致。

依法必须进行招标的项目的资格预审公告，应当在国家发改委依法指定的媒介发布。在不同媒介发布的同一招标项目的资格预审公告的内容应当一致。资格预审文件的发售期不得少于5日。发售期最后一天应当回避节假日。

第十四条　民航专业工程建设项目的施工招标文件和施工招标资格预审文件的编制应当按照《民航专业工程标准施工招标资格预审文件》和《民航专业工程标准施工招标文件》要求编制。设备、材料、勘察、设计、监理招标文件的编制应当按照《标准设备采购招标文件》《标准材料采购招标文件》《标准勘察招标文件》《标准设计招标文件》《标准监理招标文件》要求编制。

第十五条　招标人应当在民航地区管理局认定的省级或市级地方交易市场进行资格审查、开标、评标。

民航地区管理局认定的地方交易市场应当管理制度健全、管理规范、收费合理，且具备资格审查、开标、评标过程现场监视、录音录像并存档备查等条件，能够保证资格审查、开标、评标过程保密、封闭、有序地进行，并接受民航行政管理部门的监督管理。

第十六条　依法必须招标的民航专业工程建设项目，在发布资格预审公告、招标公告或发出投标邀请书前,招标人应当将招标方案报民航地区管理局备案。

招标方案备案材料应当包括:

(一)项目批准(或核准)文件;按规定获得的初步设计批准文件,初步设计批准文件由民航管理部门以外的部门或单位批准的,需附民航行业审查意见。

(二)《民航专业工程建设项目招标方案备案表》(见附表一);

(三)资格预审公告、招标公告或投标邀请书;

(四)招标文件或资格预审文件;

(五)招标代理委托书或委托合同复印件;

(六)其他有必要说明的事项。

招标公告、投标邀请书、招标文件及资格预审文件的编写应当符合相关规定,其中招标文件中的评标委员会组成方案、评标办法、否决投标条件应当予以明确。

第十七条 民航地区管理局自收到招标方案备案材料后,材料齐备的,应当在 7 个工作日内予以备案。

第十八条 招标方案经民航地区管理局备案后,招标人方可发布资格预审公告、招标公告或投标邀请书,并按招标公告或者投标邀请书规定的时间、地点发出招标文件或者资格预审文件。招标文件的发售期不得少于 5 日,发售期的最后一天应当回避节假日。

第十九条 招标人应当在资格预审公告、招标公告或者投标邀请书中载明是否接受联合体投标。

第二十条 招标人应当在资格预审公告、招标公告、投标邀请书及资格预审文件、招标文件中明确规定对失信被执行人的处理方法和评标标准,对其投标活动依法予以限制。

招标人接受联合体投标的,联合体中有一个或一个以上成员属于失信被执行人的,联合体视为失信被执行人。

第二十一条 招标人应当在招标文件中载明投标有效期。投标有效期从提交投标文件的截止之日起算。

第二十二条 招标人在招标文件中要求投标人提交投标保证金的,投标保证金不得超过招标项目估算价的 2%,最高不得超过 80 万元。投标保证金有效期应当与投标有效期一致。

境内投标单位以现金或者支票形式提交的投标保证金应当从其基本账户转出。

招标人不得挪用投标保证金。

投标保证金鼓励采用银行保函形式收取。

第二十三条 招标人设有最高投标限价的,应当在招标文件中明确最高投标限价或者最高投标限价的计算方法。招标人不得规定最低投标限价。

第二十四条 招标人可以对已发出的资格预审文件或者招标文件进行必要的澄清或者修改,但有关澄清或者修改应当报原备案单位备案。澄清或者修改的内容可能影响资格预审申请文件或者投标文件编制的,招标人应当在提交资格预审申请文件截止时间至少 3 日前,或者投标截止时间至少 15 日前,以书面形式通知所有获取资格预审文件或者招标文件的潜在投标人;不足 3 日或者 15 日的,招标人应当顺延提交资格预审申请文件或者投标文件的截止时间。

第二十五条 招标失败的,招标人应当在分析原因并采取相应措施后,重新进行招标。对招标文件中的招标范围、资格要求、评标办法等重点内容进行修改的,应当重新报民航地区管理局备案审核。

重新招标后投标人仍少于三个的,属于必须审批、核准的工程建设项目,报经原审批、核准部门审批、核准后可以不再进行招标。

第二十六条 招标人终止招标的,应当及时发布公告,或者以书面形式通知被邀请的或者已经获取资格预审文件、招标文件的潜在投标人。已经发售资格预审文件、招标文件或者已经收取投标保证金的,招标人应当及时退还所收取的资格预审文件、招标文件的费用,以及所收取的投标保证金及银行同期存款利息。

第二十七条 招标人应当在资格预审公告中载明资格预审后投标人的数量,一般不得少于 7 个投标人,且应当采用专家评审的办法,由专家综合评分排序,按得分高低顺序确定投标人。

资格预审合格的潜在投标人不足三个的,招标人应当重新进行招标。

第三章 投 标

第二十八条 投标人是响应招标、参加投标竞争的法人或者其他组织。

与招标人存在利害关系可能影响招标公正性的法人、其他组织或者个人,不得参加投标。

单位负责人为同一人或者存在控股、管理关系的不同单位,不得参加同一标段投标或者未划分标段的同一招标项目投标。

违反前两款规定的,相关投标均无效。

一个制造商对同一品牌同一型号的货物，仅能委托一个代理商参加投标。

第二十九条 投标人应当具备招标文件规定的资格条件，具有承担所投标项目的相应能力。其中，勘察设计企业、建筑业企业、工程监理企业应当按照住建部有关规定取得相应资质证书。

第三十条 招标人接受联合体投标并进行资格预审的，联合体应当在提交资格预审申请文件前组成。资格预审后联合体增减、更换成员的，其投标无效。

联合体各方在同一招标项目中以自己名义单独投标或者参加其他联合体投标的，相关投标均无效。

投标人组织投标联合体的，应当划分联合体各成员的专业职责，联合体各成员应当具备相应的专业工程资质。联合体成员中同一专业的最低资质为投标联合体该专业的资质。

第三十一条 投标人撤回已提交的投标文件，应当在投标截止时间前书面通知招标人。招标人已收取投标保证金的，应当自收到投标人书面撤回通知之日起5日内退还。

投标截止后投标人撤销投标文件的，招标人可以不退还投标保证金。

第四章 开标、评标和定标

第三十二条 开标应当程序规范，符合相关规定要求。

第三十三条 招标投标项目可以由地区管理局指定的招标投标活动主体以外的单位(以下简称驻场服务单位)提供驻场服务，负责有关进入地方交易市场开标评标活动的协调、对接、日常管理和其他服务保障。

第三十四条 招标人应当按照招标文件规定的时间、地点开标。

投标人少于3个的，不得开标，招标人应当重新招标。

投标人对开标有异议的，应当在开标现场提出，招标人应当当场做出答复，并制作记录。

第三十五条 评标应当由招标人依法组建的评标委员会负责。评标委员会人数应当为五人及以上单数，其中从专家库中抽取的专家人数不得少于评标委员会人员总数的三分之二。

评标委员会的专家成员应当从专家库内相关专业的专家名单中以随机抽取的方式确定。任何单位和个人不得以明示、暗示等任何方式指定或者变相指定参加评标委员会的专家成员。

当招标项目需要民航以外专业的专家参与评标时，经民航地区管理局批准，可采取在其他专业省部级或国家级评标专家库抽取的方式选择部分专家共同组成评标委员会。

第三十六条 对于技术特别复杂、专业性要求特别高或者国家有特殊要求的招标项目，采取随机抽取方式确定的专家难以胜任时，可以经民航地区管理局特别批准后由招标人在民航专业工程专家库中直接选择确定。

第三十七条 评标委员会成员与投标人有利害关系的，应当主动回避。

有下列情形之一者，不得担任评标委员会成员：

（一）投标人或者投标人主要负责人的近亲属；

（二）项目主管部门（即项目的批复部门）或者行政监督部门的人员；

（三）与投标人有经济利益关系，可能影响公正评审的；

（四）曾因在招标、评标以及其他与招标投标有关活动中从事违法行为而受过行政处罚或刑事处罚的；

（五）退休或者离职前为投标人职工，并且退休或者离职不满三年的。

（六）属于失信被执行人的。

第三十八条 招标人拟申请在民航专业工程专家库中抽取专家时，应当填写《民航专业工程建设项目抽取评标专家申请表》（见附表二），并提前3个工作日报民航地区管理局审核。

第三十九条 民航地区管理局收到招标人提交的抽取评标专家申请表后，应当对其符合相关规定的情况进行审查，有异议的，应当及时告知招标人修改、补充后，重新申请；无异议的，则将申请表与招标方案备案表提前2个工作日一并发至质监总站。

第四十条 质监总站收到专家申请表与招标方案备案表后，利用专家抽取系统随机盲抽评标专家，系统自动短信通知专家报到时间、地点和应急请假电话等信息。通知专家时间原则上不得早于评标开始时间前44小时。

质监总站在专家抽取和通知过程中应当操作规范，所有评标项目及专家信息均须保密。

第四十一条 在评标前30分钟，由抽取系统将评标专家信息发送至地区管理局指定的有关驻场服务单位或者工作人员。有关服务单位或者工作人员应当对评标专家信息严格保密。

第四十二条 评标专家和招标人代表应当自行安排参加评标活动的交通食宿，在指定时间到达评标场所。交通和食宿标准参照财政部《中央和国家机关差旅费管理办法》其余人员类执行。

第四十三条 评标专家无法正常参加评标时应当拨打24小时应急请假

电话进行请假。

第四十四条 评标委员会成员报到后,评标专家凭身份证、招标人代表凭介绍信和身份证进入封闭评标区域,评标活动结束前不得与评标无关的人员进行接触。

第四十五条 评标委员会成员应当遵守地方交易市场的有关规定。

第四十六条 评标委员会成员应当按照招标文件规定的评标标准和方法,客观、公正地对投标文件提出评审意见。招标文件没有规定的评标标准和方法不得作为评标的依据。

第四十七条 评标委员会成员应当客观、公正地履行职责,遵守职业道德,对所提出的评审意见承担个人责任,并接受监督。

评标委员会成员不得私下接触投标人,不得收受投标人给予的财物或者其他好处,不得向招标人征询确定中标人的意向,不得接受任何单位或者个人明示或者暗示提出的倾向或者排斥特定投标人的要求。

第四十八条 任何单位和个人不得非法干预、影响评标的过程和结果。

评标委员会成员和与评标有关的工作人员不得透露对投标文件的评审、中标候选人的推荐情况以及与评标有关的其他情况。

第四十九条 资格预审应当采取专家评审的方式,其专家抽取过程及评审要求按本办法评标规定执行。

第五十条 招标人采用资格后审办法对投标人进行资格审查的,应当在开标后由评标委员会按照招标文件规定的标准和方法对投标人的资格进行审查。

第五十一条 投标人的投标报价超出最高投标限价的,其投标文件按否决投标处理。

第五十二条 评标委员会成员评审计分工作实行实名制。每位评委的评分应当予以记录。

采用综合评分法时,应当将所有评委评分在去掉一个最高分和一个最低分之后的算术平均值作为评委算术平均分。对于评委的打分超出评委算术平均分 ±30% 时(技术部分总评分和商务部分总评分应当分别计算),该评委应当就打分情况向评标委员会提供书面说明,并将该书面说明附在评标报告中。

第五十三条 评标委员会完成评标后,应当向招标人提出书面评标报告。评标报告应当如实记载以下内容:

(一)基本情况和数据表;

(二)评标委员会成员名单;

(三)开标记录;

（四）符合要求的投标一览表；

（五）否决投标情况说明；

（六）评标标准、评标方法或者评标因素一览表；

（七）经评审的价格或者评分比较一览表；

（八）经评审的投标人排序；

（九）推荐的中标候选人名单与签订合同前要处理的事宜；

（十）澄清、说明、补正事项纪要。

第五十四条 评标报告由评标委员会全体成员签字。对评标结论持有异议的评标委员会成员可以书面方式阐述其不同意见和理由。评标委员会成员拒绝在评标报告上签字且不陈述其不同意见和理由的，视为同意评标结论。评标委员会应当对此做出书面说明并记录在案。

评标结论以评标委员会全体成员三分之二以上人数签署同意意见，方为有效。

第五十五条 招标人应当自收到评标报告之日起3日内在与发布招标公告相同的媒体上对中标候选人进行公示。公示期不得少于3日，公示期最后一天应当回避节假日。

招标人发现评标委员会成员未按照招标文件规定的评标标准和方法评标的，应当将相关情况报民航地区管理局。情况属实的，民航地区管理局应当责令评标委员会进行改正，并对评标专家提出处理意见。

评标报告存在的问题对中标结果造成实质性影响，且不能采取补救措施予以纠正的，招标、投标、中标无效，应当依法重新招标或者评标。

第五十六条 招标人应当自公示期满及确定中标人之日起3个工作日内，向民航地区管理局提交评标报告、《民航专业工程建设项目评标结果备案表》（见附表三）和中标通知书（见附表四）。

第五十七条 民航地区管理局在收到评标报告后应当进行备案审核，对符合规定要求且中标候选人公示期间无异议的应当在5个工作日内对《民航专业工程建设项目评标结果备案表》予以备案，并对中标通知书进行确认；对不符合规定要求的，应当在5个工作日内书面通知招标人责令其重新评标或重新招标；对受理了投诉人投诉的，应当在5个工作日内书面告知招标人，必要时可以责令暂停招标投标活动。

第五十八条 招标人在获得民航地区管理局对评标结果的备案后方可发布中标通知书，并以书面形式通知其他未中标的投标人。

第五十九条 招标人和中标人应当依法签订书面合同，合同的标的、价款、质量、履行期限等主要条款应当与招标文件和中标人的投标文件的内容一致。招标人和中标人不得再行订立背离合同实质性内容的其他协议。

招标人最迟应当在书面合同签订后5日内向中标人和未中标的投标人退还投标保证金及银行同期存款利息。

第六十条 依法必须招标的项目,招标人应当自订立书面合同之日起十五日内,向民航地区管理局提交合同订立情况的书面报告及合同副本。

第五章 监督管理

第六十一条 民航地区管理局应当依据有关法律、法规、规章和规范性文件,加强对招标投标活动的监督管理。

项目法人或其授权项目建设实施单位及其上级有关部门应当加强招标投标活动的管理,可以对评标过程进行现场监督。

第六十二条 民航局、民航地区管理局对招标投标活动中发现的违法违规行为,应当立即责令改正,依法做出暂停开标或评标的决定,并依据《招标投标法》、《招标投标法实施条例》和有关规章做出处理。

第六十三条 民航专业工程建设项目的招标公告、资格预审文件、资格预审评审报告、招标文件、评标报告、中标通知书、合同等文件,招标人应当按照国家有关要求妥善保存,以备核查。

第六章 附 则

第六十四条 招标人、招标代理机构、有关单位应当通过"信用中国"网站(www.creditchina.gov.cn)或各级信用信息共享平台查询相关主体是否为失信被执行人,并采取必要措施做好失信被执行人信息查询记录和证据留存。投标人可通过"信用中国"网站查询相关主体是否为失信被执行人。

第六十五条 民航专业工程建设项目招标投标活动除应当符合本办法外,还应当符合工程建设项目招标投标相关法律、法规、规章和其他规范性文件的要求。

第六十六条 政府采购法律、行政法规对民航专业工程建设项目及与工程建设有关的货物和服务采购另有规定的,从其规定。

第六十七条 本办法由民航局机场司负责解释。

第六十八条 本办法自印发之日起施行。2009年2月5日发布的《民航专业工程及货物招标投标管理办法》(AP-129-CA-2009-01-R1)同时废止。

附表一:民航专业工程建设项目招标方案备案表
附表二:民航专业工程建设项目抽取评标专家申请表
附表三:民航专业工程建设项目评标结果备案表
附表四:中标通知书

水利工程建设项目招标投标管理规定

(2001年10月29日水利部令第14号公布
自2002年1月1日起施行)

第一章　总　　则

第一条　为加强水利工程建设项目招标投标工作的管理,规范招标投标活动,根据《中华人民共和国招标投标法》和国家有关规定,结合水利工程建设的特点,制定本规定。

第二条　本规定适用于水利工程建设项目的勘察设计、施工、监理以及与水利工程建设有关的重要设备、材料采购等的招标投标活动。

第三条　符合下列具体范围并达到规模标准之一的水利工程建设项目必须进行招标。

(一)具体范围

1. 关系社会公共利益、公共安全的防洪、排涝、灌溉、水力发电、引(供)水、滩涂治理、水土保持、水资源保护等水利工程建设项目;

2. 使用国有资金投资或者国家融资的水利工程建设项目;

3. 使用国际组织或者外国政府贷款、援助资金的水利工程建设项目。

(二)规模标准

1. 施工单项合同估算价在200万元人民币以上的;

2. 重要设备、材料等货物的采购,单项合同估算价在100万元人民币以上的;

3. 勘察设计、监理等服务的采购,单项合同估算价在50万元人民币以上的;

4. 项目总投资额在3000万元人民币以上,但分标单项合同估算价低于本项第1、2、3目规定的标准的项目原则上都必须招标。

第四条 招标投标活动应当遵循公开、公平、公正和诚实信用的原则。建设项目的招标工作由招标人负责,任何单位和个人不得以任何方式非法干涉招标投标活动。

第二章 行政监督与管理

第五条 水利部是全国水利工程建设项目招标投标活动的行政监督与管理部门,其主要职责是:

(一)负责组织、指导、监督全国水利行业贯彻执行国家有关招标投标的法律、法规、规章和政策;

(二)依据国家有关招标投标法律、法规和政策,制定水利工程建设项目招标投标的管理规定和办法;

(三)受理有关水利工程建设项目招标投标活动的投诉,依法查处招标投标活动中的违法违规行为;

(四)对水利工程建设项目招标代理活动进行监督;

(五)对水利工程建设项目评标专家资格进行监督与管理;

(六)负责国家重点水利项目和水利部所属流域管理机构(以下简称流域管理机构)主要负责人兼任项目法人代表的中央项目的招标投标活动的行政监督。

第六条 流域管理机构受水利部委托,对除第五条第六项规定以外的中央项目的招标投标活动进行行政监督。

第七条 省、自治区、直辖市人民政府水行政主管部门是本行政区域内地方水利工程建设项目招标投标活动的行政监督与管理部门,其主要职责是:

(一)贯彻执行有关招标投标的法律、法规、规章和政策;

(二)依照有关法律、法规和规章,制定地方水利工程建设项目招标投标的管理办法;

(三)受理管理权限范围内的水利工程建设项目招标投标活动的投诉,依法查处招标投标活动中的违法违规行为;

(四)对本行政区域内地方水利工程建设项目招标代理活动进行监督;

(五)组建并管理省级水利工程建设项目评标专家库;

(六)负责本行政区域内除第五条第六项规定以外的地方项目的招标投标活动的行政监督。

第八条 水行政主管部门依法对水利工程建设项目的招标投标活动进行行政监督,内容包括:

(一)接受招标人招标前提交备案的招标报告;

(二)可派员监督开标、评标、定标等活动。对发现的招标投标活动的违法违规行为,应当立即责令改正,必要时可做出包括暂停开标或评标以及宣布开标、评标结果无效的决定,对违法的中标结果予以否决;

(三)接受招标人提交备案的招标投标情况书面总结报告。

第三章 招 标

第九条 招标分为公开招标和邀请招标。

第十条 依法必须招标的项目中,国家重点水利项目、地方重点水利项目及全部使用国有资金投资或者国有资金投资占控股或者主导地位的项目应当公开招标,但有下列情况之一的,按第十一条的规定经批准后可采用邀请招标:

(一)属于第三条第二项第4目规定的项目;

(二)项目技术复杂,有特殊要求或涉及专利权保护,受自然资源或环境限制,新技术或技术规格事先难以确定的项目;

(三)应急度汛项目;

(四)其它特殊项目。

第十一条 符合第十条规定,采用邀请招标的,招标前招标人必须履行下列批准手续:

(一)国家重点水利项目经水利部初审后,报国家发展计划委员会批准;其他中央项目报水利部或其委托的流域管理机构批准;

(二)地方重点水利项目经省、自治区、直辖市人民政府水行政主管部门会同同级发展计划行政主管部门审核后,报本级人民政府批准;其它地方项目报省、自治区、直辖市人民政府水行政主管部门批准。

第十二条 下列项目可不进行招标,但须经项目主管部门批准:

(一)涉及国家安全、国家秘密的项目;

(二)应急防汛、抗旱、抢险、救灾等项目;

(三)项目中经批准使用农民投工、投劳施工的部分(不包括该部分中勘察设计、监理和重要设备、材料采购);

(四)不具备招标条件的公益性水利工程建设项目的项目建议书和可行性研究报告;

(五)采用特定专利技术或特有技术的;

(六)其它特殊项目。

第十三条 当招标人具备以下条件时,按有关规定和管理权限经核准可自行办理招标事宜:

(一)具有项目法人资格(或法人资格);

(二)具有与招标项目规模和复杂程度相适应的工程技术、概预算、财务和工程管理等方面专业技术力量;

(三)具有编制招标文件和组织评标的能力;

(四)具有从事同类工程建设项目招标的经验;

(五)设有专门的招标机构或者拥有3名以上专职招标业务人员;

(六)熟悉和掌握招标投标法律、法规、规章。

第十四条 当招标人不具备第十三条的条件时,应当委托符合相应条件的招标代理机构办理招标事宜。

第十五条 招标人申请自行办理招标事宜时,应当报送以下书面材料:

(一)项目法人营业执照、法人证书或者项目法人组建文件;

(二)与招标项目相适应的专业技术力量情况;

(三)内设的招标机构或者专职招标业务人员的基本情况;

(四)拟使用的评标专家库情况;

(五)以往编制的同类工程建设项目招标文件和评标报告,以及招标业绩的证明材料;

(六)其它材料。

第十六条 水利工程建设项目招标应当具备以下条件:

(一)勘察设计招标应当具备的条件

1. 勘察设计项目已经确定;

2. 勘察设计所需资金已落实;

3. 必需的勘察设计基础资料已收集完成。

(二)监理招标应当具备的条件

1. 初步设计已经批准;

2. 监理所需资金已落实;

3. 项目已列入年度计划。

(三)施工招标应当具备的条件

1. 初步设计已经批准;

2. 建设资金来源已落实,年度投资计划已经安排;

3. 监理单位已确定;

4. 具有能满足招标要求的设计文件,已与设计单位签订适应施工进度要求的图纸交付合同或协议;

5. 有关建设项目永久征地、临时征地和移民搬迁的实施、安置工作已经落实或已有明确安排。

(四)重要设备、材料招标应当具备的条件

1. 初步设计已经批准;

2. 重要设备、材料技术经济指标已基本确定;

3. 设备、材料所需资金已落实。

第十七条 招标工作一般按下列程序进行:

(一)招标前,按项目管理权限向水行政主管部门提交招标报告备案。报告具体内容应当包括:招标已具备的条件、招标方式、分标方案、招标计划安排、投标人资质(资格)条件、评标方法、评标委员会组建方案以及开标、评标的工作具体安排等;

(二)编制招标文件;

(三)发布招标信息(招标公告或投标邀请书);

(四)发售资格预审文件;

(五)按规定日期接受潜在投标人编制的资格预审文件;

(六)组织对潜在投标人资格预审文件进行审核;

(七)向资格预审合格的潜在投标人发售招标文件;

(八)组织购买招标文件的潜在投标人现场踏勘;

(九)接受投标人对招标文件有关问题要求澄清的函件,对问题进行澄清,并书面通知所有潜在投标人;

(十)组织成立评标委员会,并在中标结果确定前保密;

(十一)在规定时间和地点,接受符合招标文件要求的投标文件;

(十二)组织开标评标会;

(十三)在评标委员会推荐的中标候选人中,确定中标人;

(十四)向水行政主管部门提交招标投标情况的书面总结报告;

(十五)发中标通知书,并将中标结果通知所有投标人;

(十六)进行合同谈判,并与中标人订立书面合同。

第十八条 采用公开招标方式的项目,招标人应当在国家发展计划委员会指定的媒介发布招标公告,其中大型水利工程建设项目以及国家重点项目、中央项目、地方重点项目同时还应当在《中国水利报》发布招标公告,公告正式媒介发布至发售资格预审文件(或招标文件)的时间间隔一般不少于10 日。招标人应当对招标公告的真实性负责。招标公告不得限制潜在投标人的数量。

采用邀请招标方式的，招标人应当向 3 个以上有投标资格的法人或其它组织发出投标邀请书。

投标人少于 3 个的，招标人应当依照本规定重新招标。

第十九条 招标人应当根据国家有关规定，结合项目特点和需要编制招标文件。

第二十条 招标人应当对投标人进行资格审查，并提出资格审查报告，经参审人员签字后存档备查。

第二十一条 在一个项目中，招标人应当以相同条件对所有潜在投标人的资格进行审查，不得以任何理由限制或者排斥部分潜在投标人。

第二十二条 招标人对已发出的招标文件进行必要澄清或者修改的，应当在招标文件要求提交投标文件截止日期至少 15 日前，以书面形式通知所有投标人。该澄清或者修改的内容为招标文件的组成部分。

第二十三条 依法必须进行招标的项目，自招标文件开始发出之日起至投标人提交投标文件截止之日止，最短不应当少于 20 日。

第二十四条 招标文件应当按其制作成本确定售价，一般可按 1000 元至 3000 元人民币标准控制。

第二十五条 招标文件中应当明确投标保证金金额，一般可按以下标准控制：

（一）合同估算价 10000 万元人民币以上，投标保证金金额不超过合同估算价的千分之五；

（二）合同估算价 3000 万元至 10000 万元人民币之间，投标保证金金额不超过合同估算价的千分之六；

（三）合同估算价 3000 万元人民币以下，投标保证金金额不超过合同估算价的千分之七，但最低不得少于 1 万元人民币。

第四章　投　　标

第二十六条 投标人必须具备水利工程建设项目所需的资质（资格）。

第二十七条 投标人应当按照招标文件的要求编写投标文件，并在招标文件规定的投标截止时间之前密封送达招标人。在投标截止时间之前，投标人可以撤回已递交的投标文件或进行更正和补充，但应当符合招标文件的要求。

第二十八条 投标人必须按招标文件规定投标，也可附加提出“替代方案”,且应当在其封面上注明“替代方案”字样,供招标人选用,但不作为评标的主要依据。

第二十九条 两个或两个以上单位联合投标的,应当按资质等级较低的单位确定联合体资质(资格)等级。招标人不得强制投标人组成联合体共同投标。

第三十条 投标人在递交投标文件的同时,应当递交投标保证金。

招标人与中标人签订合同后5个工作日内,应当退还投标保证金。

第三十一条 投标人应当对递交的资质(资格)预审文件及投标文件中有关资料的真实性负责。

第五章 评标标准与方法

第三十二条 评标标准和方法应当在招标文件中载明,在评标时不得另行制定或修改、补充任何评标标准和方法。

第三十三条 招标人在一个项目中,对所有投标人评标标准和方法必须相同。

第三十四条 评标标准分为技术标准和商务标准,一般包含以下内容:

(一)勘察设计评标标准

1. 投标人的业绩和资信;
2. 勘察总工程师、设计总工程师的经历;
3. 人力资源配备;
4. 技术方案和技术创新;
5. 质量标准及质量管理措施;
6. 技术支持与保障;
7. 投标价格和评标价格;
8. 财务状况;
9. 组织实施方案及进度安排。

(二)监理评标标准

1. 投标人的业绩和资信;
2. 项目总监理工程师经历及主要监理人员情况;
3. 监理规划(大纲);
4. 投标价格和评标价格;
5. 财务状况。

(三)施工评标标准

1. 施工方案(或施工组织设计)与工期;
2. 投标价格和评标价格;
3. 施工项目经理及技术负责人的经历;
4. 组织机构及主要管理人员;
5. 主要施工设备;
6. 质量标准、质量和安全管理措施;
7. 投标人的业绩、类似工程经历和资信;
8. 财务状况。

(四)设备、材料评标标准

1. 投标价格和评标价格;
2. 质量标准及质量管理措施;
3. 组织供应计划;
4. 售后服务;
5. 投标人的业绩和资信;
6. 财务状况。

第三十五条 评标方法可采用综合评分法、综合最低评标价法、合理最低投标价法、综合评议法及两阶段评标法。

第三十六条 施工招标设有标底的,评标标底可采用:

(一)招标人组织编制的标底A;

(二)以全部或部分投标人报价的平均值作为标底B;

(三)以标底A和标底B的加权平均值作为标底;

(四)以标底A值作为确定有效标的标准,以进入有效标内投标人的报价平均值作为标底。

施工招标未设标底的,按不低于成本价的有效标进行评审。

第六章 开标、评标和中标

第三十七条 开标由招标人主持,邀请所有投标人参加。

第三十八条 开标应当按招标文件中确定的时间和地点进行。开标人员至少由主持人、监标人、开标人、唱标人、记录人组成,上述人员对开标负责。

第三十九条 开标一般按以下程序进行:

(一)主持人在招标文件确定的时间停止接收投标文件,开始开标;

(二)宣布开标人员名单;

(三)确认投标人法定代表人或授权代表人是否在场;

(四)宣布投标文件开启顺序;

(五)依开标顺序,先检查投标文件密封是否完好,再启封投标文件;

(六)宣布投标要素,并作记录,同时由投标人代表签字确认;

(七)对上述工作进行纪录,存档备查。

第四十条　评标工作由评标委员会负责。评标委员会由招标人的代表和有关技术、经济、合同管理等方面的专家组成,成员人数为七人以上单数,其中专家(不含招标人代表人数)不得少于成员总数的三分之二。

第四十一条　公益性水利工程建设项目中,中央项目的评标专家应当从水利部或流域管理机构组建的评标专家库中抽取;地方项目的评标专家应当从省、自治区、直辖市人民政府水行政主管部门组建的评标专家库中抽取,也可从水利部或流域管理机构组建的评标专家库中抽取。

第四十二条　评标专家的选择应当采取随机的方式抽取。根据工程特殊专业技术需要,经水行政主管部门批准,招标人可以指定部分评标专家,但不得超过专家人数的三分之一。

第四十三条　评标委员会成员不得与投标人有利害关系。所指利害关系包括:是投标人或其代理人的近亲属;在5年内与投标人曾有工作关系;或有其他社会关系或经济利益关系。

评标委员会成员名单在招标结果确定前应当保密。

第四十四条　评标工作一般按以下程序进行:

(一)招标人宣布评标委员会成员名单并确定主任委员;

(二)招标人宣布有关评标纪律;

(三)在主任委员主持下,根据需要,讨论通过成立有关专业组和工作组;

(四)听取招标人介绍招标文件;

(五)组织评标人员学习评标标准和方法;

(六)经评标委员会讨论,并经二分之一以上委员同意,提出需投标人澄清的问题,以书面形式送达投标人;

(七)对需要文字澄清的问题,投标人应当以书面形式送达评标委员会;

(八)评标委员会按招标文件确定的评标标准和方法,对投标文件进行评审,确定中标候选人推荐顺序;

(九)在评标委员会三分之二以上委员同意并签字的情况下,通过评标委员会工作报告,并报招标人。评标委员会工作报告附件包括有关评标的往来澄清函、有关评标资料及推荐意见等。

第四十五条 招标人对有下列情况之一的投标文件,可以拒绝或按无效标处理:

(一)投标文件密封不符合招标文件要求的;

(二)逾期送达的;

(三)投标人法定代表人或授权代表人未参加开标会议的;

(四)未按招标文件规定加盖单位公章和法定代表人(或其授权人)的签字(或印鉴)的;

(五)招标文件规定不得标明投标人名称,但投标文件上标明投标人名称或有任何可能透露投标人名称的标记的;

(六)未按招标文件要求编写或字迹模糊导致无法确认关键技术方案、关键工期、关键工程质量保证措施、投标价格的;

(七)未按规定交纳投标保证金的;

(八)超出招标文件规定,违反国家有关规定的;

(九)投标人提供虚假资料的。

第四十六条 评标委员会经过评审,认为所有投标文件都不符合招标文件要求时,可以否决所有投标,招标人应当重新组织招标。对已参加本次投标的单位,重新参加投标不应当再收取招标文件费。

第四十七条 评标委员会应当进行秘密评审,不得泄露评审过程、中标候选人的推荐情况以及与评标有关的其他情况。

第四十八条 在评标过程中,评标委员会可以要求投标人对投标文件中含义不明确的内容采取书面方式作出必要的澄清或说明,但不得超出投标文件的范围或改变投标文件的实质性内容。

第四十九条 评标委员会经过评审,从合格的投标人中排序推荐中标候选人。

第五十条 中标人的投标应当符合下列条件之一:

(一)能够最大限度地满足招标文件中规定的各项综合评价标准;

(二)能够满足招标文件的实质性要求,并且经评审的投标价格合理最低;但投标价格低于成本的除外。

第五十一条 招标人可授权评标委员会直接确定中标人,也可根据评标委员会提出的书面评标报告和推荐的中标候选人顺序确定中标人。当招标人确定的中标人与评标委员会推荐的中标候选人顺序不一致时,应当有充足的理由,并按项目管理权限报水行政主管部门备案。

第五十二条 自中标通知书发出之日起30日内,招标人和中标人应当按照招标文件和中标人的投标文件订立书面合同,中标人提交履约保函。招标人和中标人不得另行订立背离招标文件实质性内容的其他协议。

第五十三条 招标人在确定中标人后,应当在15日之内按项目管理权限向水行政主管部门提交招标投标情况的书面报告。

第五十四条 当确定的中标人拒绝签订合同时,招标人可与确定的候补中标人签订合同,并按项目管理权限向水行政主管部门备案。

第五十五条 由于招标人自身原因致使招标工作失败(包括未能如期签订合同),招标人应当按投标保证金双倍的金额赔偿投标人,同时退还投标保证金。

第七章 附 则

第五十六条 在招标投标活动中出现的违法违规行为,按照《中华人民共和国招标投标法》和国务院的有关规定进行处罚。

第五十七条 各省、自治区、直辖市可以根据本规定,结合本地区实际制订相应的实施办法。

第五十八条 本规定由水利部负责解释。

第五十九条 本规定自2002年1月1日起施行,《水利工程建设项目施工招标投标管理规定》(水建〔1994〕130号1995年4月21日颁发,水政资〔1998〕51号1998年2月9日修正)同时废止。

水运工程建设项目招标投标管理办法

(2012年12月20日交通运输部令第11号公布
自2013年2月1日起施行)

第一章 总 则

第一条 为了规范水运工程建设项目招标投标活动,保护招标投标活动当事人的合法权益,保证水运工程建设项目的质量,根据《中华人民共和国招标投标法》《中华人民共和国招标投标法实施条例》等法律法规,制定本办法。

第二条 在中华人民共和国境内依法必须进行的水运工程建设项目招标投标活动适用本办法。

水运工程建设项目是指水运工程以及与水运工程建设有关的货物、服务。

前款所称水运工程包括港口工程、航道整治、航道疏浚、航运枢纽、过船建筑物、修造船水工建筑物等及其附属建筑物和设施的新建、改建、扩建及其相关的装修、拆除、修缮等工程;货物是指构成水运工程不可分割的组成部分,且为实现工程基本功能所必需的设备、材料等;服务是指为完成水运工程所需的勘察、设计、监理等服务。

第三条 水运工程建设项目招标投标活动,应遵循公开、公平、公正和诚实信用的原则。

第四条 水运工程建设项目招标投标活动不受地区或者部门的限制。

任何单位和个人不得以任何方式非法干涉招标投标活动,不得将依法必须进行招标的项目化整为零或者以其他任何方式规避招标。

第五条 水运工程建设项目招标投标工作实行统一领导、分级管理。

交通运输部主管全国水运工程建设项目招标投标活动,并具体负责经国家发展和改革委员会等部门审批、核准和经交通运输部审批的水运工程建设项目招标投标活动的监督管理工作。

省级交通运输主管部门主管本行政区域内的水运工程建设项目招标投标活动,并具体负责省级人民政府有关部门审批、核准的水运工程建设项目招标投标活动的监督管理工作。

省级以下交通运输主管部门按照各自职责对水运工程建设项目招标投标活动实施监督管理。

第六条 水运工程建设项目应当按照国家有关规定,进入项目所在地设区的市级以上人民政府设立的公共资源交易场所或者授权的其他招标投标交易场所开展招标投标活动。

鼓励利用依法建立的的招标投标网络服务平台及现代信息技术进行水运工程建设项目电子招标投标。

第二章　招　　标

第七条 水运工程建设项目招标的具体范围及规模标准执行国务院的有关规定。

鼓励水运工程建设项目的招标代理机构、专项科学试验研究项目、监测等承担单位的选取采用招标或者竞争性谈判等其他竞争性方式确定。

第八条 水运工程建设项目招标人是指提出招标项目并进行招标的水运工程建设项目法人。

第九条 按照国家有关规定需要履行项目立项审批、核准手续的水运工程建设项目，在取得批准后方可开展勘察、设计招标。

水运工程建设项目通过初步设计审批后，方可开展监理、施工、设备、材料等招标。

第十条 水运工程建设项目招标分为公开招标和邀请招标。

按照国家有关规定需要履行项目立项审批、核准手续的水运工程建设项目，招标人应当按照项目审批、核准时确定的招标范围、招标方式、招标组织形式开展招标；没有确定招标范围、招标方式、招标组织形式的，依据国家有关规定确定。

不需要履行项目立项审批、核准手续的水运工程建设项目，其招标范围、招标方式、招标组织形式，依据国家有关规定确定。

第十一条 招标人应当合理划分标段、确定工期，并在招标文件中载明。不得利用划分标段规避招标、虚假招标、限制或者排斥潜在投标人。

第十二条 国有资金占控股或者主导地位的水运工程建设项目，应当公开招标。但有下列情形之一的，可以进行邀请招标：

（一）技术复杂、有特殊要求或者受自然环境限制，只有少量潜在投标人可供选择；

（二）采用公开招标方式的费用占项目合同金额的比例过大。

本条所规定的水运工程建设项目，需要按照国家有关规定履行项目审批、核准手续的，由项目审批、核准部门对该项目是否具有前款第（二）项所列情形予以认定；其他项目由招标人向对项目负有监管职责的交通运输主管部门申请作出认定。

第十三条 有下列情形之一的水运工程建设项目，可以不进行招标：

（一）涉及国家安全、国家秘密、抢险救灾或者属于利用扶贫资金实行以工代赈、需要使用农民工等特殊情况，不适宜进行招标的；

（二）需要采用不可替代的专利或者专有技术的；

（三）采购人自身具有工程建设、货物生产或者服务提供的资格和能力，且符合法定要求的；

（四）已通过招标方式选定的特许经营项目投资人依法能够自行建设、生产或者提供的；

（五）需要向原中标人采购工程、货物或者服务，否则将影响施工或者功能配套要求的；

（六）国家规定的其他特殊情形。

招标人为适用前款规定弄虚作假的，属于招标投标法第四条规定的规避招标。

第十四条 水运工程建设项目设计招标可采用设计方案招标或设计组织招标。

第十五条 招标人可以依法对工程以及与工程建设有关的货物、服务全部或者部分实行总承包招标。

以暂估价形式包括在总承包范围内的工程、货物、服务，属于依法必须进行招标的项目范围且达到国家规定规模标准的，应当依法进行招标，其招标实施主体应当在总承包合同中约定，并统一由总承包发包的招标人按照第十八条的规定履行招标及备案手续。

前款所称暂估价，是指总承包招标时不能确定价格而由招标人在招标文件中暂时估定的工程、货物、服务的金额。

第十六条 招标人自行办理招标事宜的，应当具备下列条件：

（一）招标人应当是该水运工程建设项目的项目法人；

（二）具有与招标项目规模和复杂程度相适应的水运工程建设项目技术、经济等方面的专业人员；

（三）具有能够承担编制招标文件和组织评标的组织机构或者专职业务人员；

（四）熟悉和掌握招标投标的程序及相关法规。

招标人自行办理招标事宜的，应当向具有监督管理职责的交通运输主管部门备案。

招标人不具备本条前款规定条件的，应当委托招标代理机构办理水运工程建设项目招标事宜。任何单位和个人不得为招标人指定招标代理机构。

第十七条 招标人采用招标或其他竞争性方式选择招标代理机构的，应当从业绩、信誉、从业人员素质、服务方案等方面进行考查。招标人与招标代理机构应当签订书面委托合同。合同约定的收费标准应当符合国家有关规定。

招标代理机构在其资格许可和招标人委托的范围内开展招标代理业务，不受任何单位、个人的非法干预或者限制。

第十八条 水运工程建设项目采用资格预审方式公开招标的，招标人应当按下列程序开展招标投标活动：

（一）编制资格预审文件和招标文件，报交通运输主管部门备案。

（二）发布资格预审公告并发售资格预审文件。

（三）对提出投标申请的潜在投标人进行资格预审，资格审查结果报交通运输主管部门备案。

国有资金占控股或者主导地位的依法必须进行招标的水运工程建设项目，招标人应当组建资格审查委员会审查资格预审申请文件。

（四）向通过资格预审的潜在投标人发出投标邀请书；向未通过资格预审的潜在投标人发出资格预审结果通知书。

（五）发售招标文件。

（六）需要时组织潜在投标人踏勘现场，并进行答疑。

（七）接收投标人的投标文件，公开开标。

（八）组建评标委员会评标，推荐中标候选人。

（九）公示中标候选人，确定中标人。

（十）编制招标投标情况书面报告报交通运输主管部门备案。

（十一）发出中标通知书。

（十二）与中标人签订合同。

第十九条　水运工程建设项目采用资格后审方式公开招标的，应当参照第十八条规定的程序进行，并应当在开标后由评标委员会按照招标文件规定的标准和方法对投标人的资格进行审查。

第二十条　水运工程建设项目实行邀请招标的，招标文件应当报有监督管理权限的交通运输主管部门备案。

第二十一条　招标人编制的资格预审文件、招标文件的内容违反法律、行政法规的强制性规定，违反公开、公平、公正和诚实信用原则，影响资格预审结果或者潜在投标人投标的，依法必须进行招标的项目的招标人应当在修改资格预审文件或者招标文件后重新招标。

依法必须进行招标的水运工程建设项目的资格预审文件和招标文件的编制，应当使用国务院发展改革部门会同有关行政监督部门制定的标准文本以及交通运输部发布的行业标准文本。

招标人在制定资格审查条件、评标标准和方法时，应利用水运工程建设市场信用信息成果以及招标投标违法行为记录公告平台发布的信息，对潜在投标人或投标人进行综合评价。

第二十二条　资格预审公告和招标公告除按照规定在指定的媒体发布外，招标人可以同时在交通运输行业主流媒体或者建设等相关单位的门户网站发布。

资格预审公告和招标公告的发布应当充分公开，任何单位和个人不得非法干涉、限制发布地点、发布范围或发布方式。

在网络上发布的资格预审公告和招标公告,至少应当持续到资格预审文件和招标文件发售截止时间为止。

第二十三条 招标人应当按资格预审公告、招标公告或者投标邀请书规定的时间、地点发售资格预审文件或者招标文件。资格预审文件或者招标文件的发售期不得少于5日。资格预审文件或者招标文件售出后,不予退还。

第二十四条 自资格预审文件停止发售之日起至提交资格预审申请文件截止之日止,不得少于5日。

对资格预审文件的澄清或修改可能影响资格预审申请文件编制的,应当在提交资格预审申请文件截止时间至少3日前以书面形式通知所有获取资格预审文件的潜在投标人。不足3日的,招标人应当顺延提交资格预审申请文件的截止时间。

依法必须招标的项目在资格预审文件停止发售之日止,获取资格预审文件的潜在投标人少于3个的,应当重新招标。

第二十五条 潜在投标人或者其他利害关系人对资格预审文件有异议的,应当在提交资格预审申请文件截止时间2日前提出。招标人应当自收到异议之日起3日内作出答复;作出答复前,应当暂停招标投标活动。对异议作出的答复如果实质性影响资格预审申请文件的编制,则相应顺延提交资格预审申请文件的截止时间。

第二十六条 资格预审审查方法分为合格制和有限数量制。一般情况下应当采用合格制,凡符合资格预审文件规定资格条件的资格预审申请人,均通过资格预审。潜在投标人过多的,可采用有限数量制,但该数额不得少于7个;符合资格条件的申请人不足该数额的,均视为通过资格预审。

通过资格预审的申请人少于3个的,应当重新招标。

资格预审应当按照资格预审文件载明的标准和方法进行。资格预审文件未载明的标准和方法,不得作为资格审查的依据。

第二十七条 自招标文件开始发售之日起至潜在投标人提交投标文件截止之日止,最短不得少于20日。

对招标文件的澄清或修改可能影响投标文件编制的,应当在提交投标文件截止时间至少15日前,以书面形式通知所有获取招标文件的潜在投标人;不足15日的,招标人应当顺延提交投标文件的截止时间。

获取招标文件的潜在投标人少于3个的,应当重新招标。

第二十八条 潜在投标人或者其他利害关系人对招标文件有异议的,应当在提交投标文件截止时间10日前提出;招标人应当自收到异议之日起3

日内作出答复;作出答复前,应当暂停招标投标活动。对异议作出的答复如果实质性影响投标文件的编制,则相应顺延提交投标文件截止时间。

第二十九条 招标人应当在招标文件中载明投标有效期。投标有效期从提交投标文件的截止之日起算。

第三十条 招标人在招标文件中要求投标人提交投标保证金的,投标保证金不得超过招标项目估算价的2%,投标保证金有效期应当与投标有效期一致。

投标保证金的额度和支付形式应当在招标文件中确定。境内投标单位如果采用现金或者支票形式提交投标保证金的,应当从投标人的基本账户转出。

投标保证金不得挪用。

第三十一条 招标人可以自行决定是否编制标底。一个招标项目只能有一个标底。开标前标底必须保密。

接受委托编制标底的中介机构不得参加受托编制标底项目的投标,也不得为该项目的投标人编制投标文件或者提供咨询等相关的服务。

招标人设有最高投标限价的,应当在招标文件中明确最高投标限价或者最高投标限价的计算方法。招标人不得规定最低投标限价。

第三十二条 招标人组织踏勘项目现场的,应通知所有潜在投标人参与,不得组织单个或者部分潜在投标人踏勘项目现场。潜在投标人因自身原因不参与踏勘现场的,不得提出异议。

第三十三条 招标人在发布资格预审公告、招标公告、发出投标邀请书或者售出资格预审文件、招标文件后,无正当理由不得随意终止招标。招标人因特殊原因需要终止招标的,应当及时发布公告,或者以书面形式通知被邀请的或者已经获取资格预审文件、招标文件的潜在投标人。已经发售资格预审文件、招标文件或者已经收取投标保证金的,招标人应当及时退还所收取的购买资格预审文件、招标文件的费用,以及所收取的投标保证金及银行同期存款利息。利息的计算方法应当在招标文件中载明。

第三十四条 招标人不得以不合理的条件限制、排斥潜在投标人或者投标人。招标人有下列行为之一的,属于以不合理条件限制、排斥潜在投标人或者投标人:

(一)就同一招标项目向潜在投标人或者投标人提供有差别的项目信息;

(二)设定的资格、技术、商务条件与招标项目的具体特点和实际需要不相适应或者与合同履行无关;

（三）依法必须进行招标的项目以特定行政区域或者特定行业的业绩、奖项作为加分条件或者中标条件；

（四）对潜在投标人或者投标人采取不同的资格审查或者评标标准；

（五）限定或者指定特定的专利、商标、品牌、原产地或者供应商；

（六）依法必须进行招标的项目非法限定潜在投标人或者投标人的所有制形式或者组织形式；

（七）以其他不合理条件限制、排斥潜在投标人或者投标人。

第三章 投 标

第三十五条 与招标人存在利害关系可能影响招标公正性的法人、其他组织或者个人，不得参加投标。

单位负责人为同一人或者存在控股、管理关系的不同单位，不得参加同一标段投标或者未划分标段的同一招标项目投标。

施工投标人与本标段的设计人、监理人、代建人或招标代理机构不得为同一个法定代表人、存在相互控股或参股或法定代表人相互任职、工作。

违反上述规定的，相关投标均无效。

第三十六条 投标人可以按照招标文件的要求由 2 个以上法人或者其他组织组成一个联合体，以一个投标人的身份共同投标。国家有关规定或者招标文件对投标人资格条件有规定的，联合体各方均应当具备规定的相应资格条件，资格条件考核以联合体协议书中约定的分工为依据。由同一专业的单位组成的联合体，按照资质等级较低的单位确定资质等级。

联合体成员间应签订共同投标协议，明确牵头人以及各方的责任、权利和义务，并将协议连同资格预审申请文件、投标文件一并提交招标人。联合体各方签署联合体协议后，不得再以自己名义单独或者参加其他联合体在同一招标项目中投标。联合体中标的，联合体各方应当共同与招标人签订合同，就中标项目向招标人承担连带责任。

招标人不得强制投标人组成联合体共同投标。

第三十七条 投标人发生合并、分立、破产等重大变化的，应当及时书面告知招标人。投标人不再具备资格预审文件、招标文件规定的资格条件或者投标影响公正性的，其投标无效。

招标人接受联合体投标并进行资格预审的，联合体应当在提交资格预审申请文件前组成。资格预审后联合体增减、更换成员的，其投标无效。

第三十八条 资格预审申请文件或投标文件按要求送达后，在资格预审文件、招标文件规定的截止时间前，招标人应允许潜在投标人或投标人对已提交的资格预审申请文件、投标文件进行撤回或补充、修改。潜在投标人或投标人如需撤回或者补充、修改资格预审申请文件、投标文件，应当以正式函件向招标人提出并做出说明。

修改资格预审申请文件、投标文件的函件是资格预审申请文件、投标文件的组成部分，其形式要求、密封方式、送达时间，适用本办法有关投标文件的规定。

第三十九条 招标人接收资格预审申请文件和投标文件，应当如实记载送达时间和密封情况，签收保存，不得开启。

资格预审申请文件、投标文件有下列情形之一的，招标人应当拒收：

（一）逾期送达的；

（二）未送达指定地点的；

（三）未按资格预审文件、招标文件要求密封的。

招标人拒收资格预审申请文件、投标文件的，应当如实记载送达时间和拒收情况，并将该记录签字存档。

第四十条 投标人在投标截止时间之前撤回已提交投标文件的，招标人应当自收到投标人书面撤回通知之日起 5 日内退还已收取的投标保证金。

投标截止后投标人撤销投标文件的，招标人可以不退还投标保证金。

出现特殊情况需要延长投标有效期的，招标人以书面形式通知所有投标人延长投标有效期。投标人同意延长的，应当延长其投标保证金的有效期，但不得要求或被允许修改其投标文件；投标人拒绝延长的，其投标失效，投标人有权撤销其投标文件，并收回投标保证金。

第四十一条 禁止投标人相互串通投标、招标人与投标人串通投标、以他人名义投标以及以其他方式弄虚作假的行为，认定标准执行《中华人民共和国招标投标法实施条例》有关规定。

第四章 开标、评标和定标

第四十二条 招标人应当按照招标文件中规定的时间、地点开标。

投标人少于 3 个的，不得开标，招标人应当重新招标。

第四十三条 开标由招标人或招标代理组织并主持。

开标应按照招标文件确定的程序进行，开标过程应当场记录，招标人、招标代理机构、投标人、参加开标的公证和监督机构等单位的代表应签字，并存档备查。开标记录应包括投标人名称、投标保证金、投标报价、工期、密封情况以及招标文件确定的其他内容。

投标人对开标有异议的,应当在开标现场提出,招标人或招标代理应当场作出答复,并制作记录。

第四十四条 招标人开标时,邀请所有投标人的法定代表人或其委托代理人准时参加。投标人未参加开标的,视为承认开标记录,事后对开标结果提出的任何异议无效。

第四十五条 评标由招标人依法组建的评标委员会负责。

依法必须进行招标的水运工程建设项目,其评标委员会成员由招标人的代表及有关技术、经济等方面的专家组成,人数为 5 人以上单数,其中技术、经济等方面的专家不得少于成员总数的 2/3。招标人的代表应具有相关专业知识和工程管理经验。

与投标人有利害关系的人员不得进入评标委员会。任何单位和个人不得以明示、暗示等任何方式指定或者变相指定参加评标委员会的专家成员。行政监督部门的工作人员不得担任本部门负责监督项目的评标委员会成员。

交通运输部具体负责监督管理的水运工程建设项目,其评标专家从交通运输部水运工程和交通支持系统综合评标专家库中随机抽取确定,其他水运工程建设项目的评标专家从省级交通运输主管部门建立的评标专家库或其他依法组建的综合评标专家库中随机抽取确定。

评标委员会成员名单在中标结果确定前应当保密。评标结束后,招标人应当按照交通运输主管部门的要求及时对评标专家的能力、履行职责等进行评价。

第四十六条 招标人设有标底的,应在开标时公布。标底只能作为评标的参考,不得以投标报价是否接近标底作为中标条件,也不得以投标报价超过标底上下浮动范围作为否决投标的条件。

第四十七条 招标人应当向评标委员会提供评标所必需的信息和数据,并根据项目规模和技术复杂程度等确定合理的评标时间;必要时可向评标委员会说明招标文件有关内容,但不得明示或者暗示其倾向或者排斥特定投标人。

在评标过程中,评标委员会成员因存在回避事由、健康等原因不能继续评标,或者擅离职守的,应当及时更换。被更换的评标委员会成员已作出的评审结论无效,由更换后的评标专家重新进行评审。已形成评标报告的,应当作相应修改。

第四十八条 有下列情形之一的,评标委员会应当否决其投标:

(一)投标文件未按招标文件要求盖章并由法定代表人或其书面授权的代理人签字的;

（二）投标联合体没有提交共同投标协议的；

（三）未按照招标文件要求提交投标保证金的；

（四）投标函未按照招标文件规定的格式填写，内容不全或者关键字迹模糊无法辨认的；

（五）投标人不符合国家或者招标文件规定的资格条件的；

（六）投标人名称或者组织结构与资格预审时不一致且未提供有效证明的；

（七）投标人提交两份或者多份内容不同的投标文件，或者在同一份投标文件中对同一招标项目有两个或者多个报价，且未声明哪一个为最终报价的，但按招标文件要求提交备选投标的除外；

（八）串通投标、以行贿手段谋取中标、以他人名义或者其他弄虚作假方式投标的；

（九）报价明显低于成本或者高于招标文件中设定的最高限价的；

（十）无正当理由不按照评标委员会的要求对投标文件进行澄清或说明的；

（十一）没有对招标文件提出的实质性要求和条件做出响应的；

（十二）招标文件明确规定废标的其他情形。

第四十九条　投标文件在实质上响应招标文件要求，但存在含义不明确的内容、明显文字或者计算错误，评标委员会不得随意否决投标，评标委员会认为需要投标人做出必要澄清、说明的，应当书面通知该投标人。投标人的澄清、说明应当采用书面形式，并不得超出投标文件的范围或者改变投标文件的实质性内容。

评标委员会不得暗示或者诱导投标人做出澄清、说明，不得接受投标人主动提出的澄清、说明。

第五十条　评标委员会经评审，认为所有投标都不符合招标文件要求的，或者否决不合格投标后，因有效投标不足3个使得投标明显缺乏竞争的，可以否决全部投标。

所有投标被否决的，招标人应当依法重新招标。

第五十一条　评标委员会应当遵循公平、公正、科学、择优的原则，按照招标文件规定的标准和方法，对投标文件进行评审和比较。

招标文件没有规定的评标标准和方法，不得作为评标的依据。

第五十二条　根据本办法第二十四条、第二十六条、第二十七条、第四十二条、第五十条规定重新进行了资格预审或招标，再次出现了需要重新资格预审或者重新招标的情形之一的，经书面报告交通运输主管部门后，招标人可不再招标,并可通过与已提交资格预审申请文件或投标文件的潜在投标人进行谈判确定中标人,将谈判情况书面报告交通运输主管部门备案。

第五十三条 中标人的投标应当符合下列条件之一:

(一)能够最大限度地满足招标文件规定的各项综合评价标准;

(二)能够满足招标文件的实质性要求,并且经评审的投标价格最低,但是投标价格低于成本的除外。

第五十四条 评标委员会完成评标后,应当向招标人提交书面评标报告并推荐中标候选人。中标候选人应当不超过3个,并标明排序。

评标报告由评标委员会全体成员签字。对评标结论持有异议的评标委员会成员可以书面方式阐述其不同意见和理由,评标报告应当注明该不同意见。评标委员会成员拒绝在评标报告上签字又不书面说明其不同意见和理由的,视为同意评标结论,评标委员会应当对此做出书面说明并记录。

第五十五条 评标报告应包括以下内容:

(一)评标委员会成员名单;

(二)对投标文件的符合性评审情况;

(三)否决投标情况;

(四)评标标准、评标方法或者评标因素一览表;

(五)经评审的投标价格或者评分比较一览表;

(六)经评审的投标人排序;

(七)推荐的中标候选人名单与签订合同前需要处理的事宜;

(八)澄清、说明、补正事项纪要。

第五十六条 依法必须进行招标的项目,招标人应当自收到书面评标报告之日起3日内按照国家有关规定公示中标候选人,公示期不得少于3日。

投标人或者其他利害关系人对评标结果有异议的,应当在中标候选人公示期间提出。招标人应当自收到异议之日起3日内作出答复;作出答复前,应当暂停招标投标活动。

第五十七条 公示期间没有异议、异议不成立、没有投诉或者投诉处理后没有发现问题的,招标人应当从评标委员会推荐的中标候选人中确定中标人。异议成立或者投诉发现问题的,应当及时更正。

国有资金占控股或者主导地位的水运工程建设项目,招标人应当确定排名第一的中标候选人为中标人。排名第一的中标候选人放弃中标、因不可抗力不能履行合同、不按照招标文件要求提交履约保证金,或者被查实存在影响中标结果的违法行为等情形,不符合中标条件的,招标人可以按照评标委员会提出的中标候选人名单排序依次确定其他中标候选人为中标人,也可以重新招标。

第五十八条 中标人确定后,招标人应当及时向中标人发出中标通知书,并同时将中标结果通知所有未中标的投标人。

第五十九条 招标人和中标人应当自中标通知书发出之日起 30 日内,按照招标文件和中标人的投标文件订立书面合同,合同的标的、价款、质量、履行期限等主要条款应当与招标文件和中标人的投标文件的内容一致。招标人和中标人不得再行订立背离合同实质性内容的其他协议。

招标文件要求中标人提交履约保证金的,中标人应当按照招标文件的要求提交。履约保证金不得超过中标金额的 10%。

招标人最迟应当在书面合同签订后 5 日内向中标人和未中标的投标人退还投标保证金及银行同期存款利息。

第六十条 中标候选人的经营、财务状况发生较大变化或者存在违法行为,招标人认为可能影响其履约能力的,应当在发出中标通知书前由原评标委员会按照招标文件规定的标准和方法审查确认。

第六十一条 招标人应当自确定中标人之日起 15 日内,向具体负责本项目招标活动监督管理的交通运输主管部门提交招标投标情况的书面报告。

招标投标情况书面报告主要内容包括:招标项目基本情况、投标人开标签到表、开标记录、监督人员名单、评标标准和方法、评标委员会评分表和汇总表、评标委员会推荐的中标候选人名单、中标人、经评标委员会签字的评标报告、评标结果公示、投诉处理情况等。

第六十二条 中标人应当按照合同约定履行义务,完成中标项目。中标人不得向他人转让中标项目,也不得将中标项目肢解后分别向他人转让。

中标人按照合同约定或者经招标人同意,可以将中标项目的部分非主体、非关键性工作分包给他人完成。接受分包的人应当具备相应的资格条件,并不得再次分包。

中标人应当就分包项目向招标人负责,接受分包的人就分包项目承担连带责任。

第五章 投诉与处理

第六十三条 投标人或者其他利害关系人认为招标投标活动不符合法律、行政法规规定的,可以自知道或者应当知道之日起 10 日内向交通运输主管部门投诉。投诉应当有明确的请求和必要的证明材料。

就本办法第二十五条、第二十八条、第四十三条、第五十六条规定事项投诉的,应当先向招标人提出异议,异议答复期间不计算在前款规定的期限内。

第六十四条 投诉人就同一招标事项向两个以上交通运输主管部门投诉的,由具体承担该项目招标活动监督管理职责的交通运输主管部门负责处理。

交通运输主管部门应当自收到投诉之日起3个工作日内决定是否受理投诉,并自受理投诉之日起30个工作日内作出书面处理决定;需要检验、检测、鉴定、专家评审的,所需时间不计算在内。

投诉人捏造事实、伪造材料或者以非法手段取得证明材料进行投诉的,交通运输主管部门应当予以驳回。

第六十五条 交通运输主管部门处理投诉,有权查阅、复制有关文件、资料,调查有关情况,相关单位和人员应当予以配合。必要时,交通运输主管部门责令暂停该项目的招标投标活动。

交通运输主管部门的工作人员对监督检查过程中知悉的国家秘密、商业秘密,应当依法予以保密。

第六章 法律责任

第六十六条 违反本办法第九条规定,水运工程建设项目未履行相关审批、核准手续开展招标活动的,由交通运输主管部门责令改正,可处3万元以下罚款。

第六十七条 违反本办法第十六条规定,招标人不具备自行招标条件而自行招标的,由交通运输主管部门责令改正,可处2万元以下罚款。

第六十八条 违反本办法第二十一条规定,资格预审文件和招标文件的编制,未使用国务院发展改革部门会同有关行政监督部门制定的标准文本或者交通运输部发布的行业标准文本的,由交通运输主管部门责令改正,可处5000元以下罚款。

第六十九条 交通运输主管部门应当按照《中华人民共和国招标投标法》、《中华人民共和国招标投标法实施条例》等规定,对水运工程建设项目招标投标活动中的违法行为进行处理。

第七十条 交通运输主管部门应当建立健全水运工程建设项目招标投标信用制度,并应当对招标人、招标代理机构、投标人、评标委员会成员等当事人的违法行为及处理情况予以公告。

第七章 附 则

第七十一条 使用国际金融组织或者外国政府贷款、援助资金的项目进行招标，贷款方、资金提供方对招标投标的具体条件和程序有特殊要求的，可以适用其要求，但有损我国社会公共利益的除外。

第七十二条 水运工程建设项目机电产品国际招标投标活动，依照国家相关规定办理。

第七十三条 交通支持系统建设项目招标投标活动参照本办法执行。

第七十四条 本办法自2013年2月1日起施行，《水运工程施工招标投标管理办法》（交通部令2000年第4号）、《水运工程施工监理招标投标管理办法》（交通部令2002年第3号）、《水运工程勘察设计招标投标管理办法》（交通部令2003年第4号）、《水运工程机电设备招标投标管理办法》（交通部令2004年第9号）同时废止。

机电产品国际招标投标实施办法（试行）

（2014年2月21日商务部令2014年第1号公布
自2014年4月1日起施行）

第一章 总 则

第一条 为了规范机电产品国际招标投标活动，保护国家利益、社会公共利益和招标投标活动当事人的合法权益，提高经济效益，保证项目质量，根据《中华人民共和国招标投标法》（以下简称招标投标法）、《中华人民共和国招标投标法实施条例》（以下简称招标投标法实施条例）等法律、行政法规以及国务院对有关部门实施招标投标活动行政监督的职责分工，制定本办法。

第二条 在中华人民共和国境内进行机电产品国际招标投标活动，适用本办法。

本办法所称机电产品国际招标投标活动，是指中华人民共和国境内的招标人根据采购机电产品的条件和要求，在全球范围内以招标方式邀请潜在投标人参加投标,并按照规定程序从投标人中确定中标人的一种采购行为。

本办法所称机电产品,是指机械设备、电气设备、交通运输工具、电子产品、电器产品、仪器仪表、金属制品等及其零部件、元器件。机电产品的具体范围见附件1。

第三条 机电产品国际招标投标活动应当遵循公开、公平、公正、诚实信用和择优原则。机电产品国际招标投标活动不受地区或者部门的限制。

第四条 商务部负责管理和协调全国机电产品的国际招标投标工作,制定相关规定;根据国家有关规定,负责调整、公布机电产品国际招标范围;负责监督管理全国机电产品国际招标代理机构(以下简称招标机构);负责利用国际组织和外国政府贷款、援助资金(以下简称国外贷款、援助资金)项目机电产品国际招标投标活动的行政监督;负责组建和管理机电产品国际招标评标专家库;负责建设和管理机电产品国际招标投标电子公共服务和行政监督平台。

各省、自治区、直辖市、计划单列市、新疆生产建设兵团、沿海开放城市及经济特区商务主管部门、国务院有关部门机电产品进出口管理机构负责本地区、本部门的机电产品国际招标投标活动的行政监督和协调;负责本地区、本部门所属招标机构的监督和管理;负责本地区、本部门机电产品国际招标评标专家的日常管理。

各级机电产品进出口管理机构(以下简称主管部门)及其工作人员应当依法履行职责,不得以任何方式非法干涉招标投标活动。主管部门的工作人员对监督检查过程中知悉的国家秘密、商业秘密,应当依法予以保密。

第五条 商务部委托专门网站为机电产品国际招标投标活动提供公共服务和行政监督的平台(以下简称招标网)。机电产品国际招标投标应当在招标网上完成招标项目建档、招标过程文件存档和备案、资格预审公告发布、招标公告发布、评审专家抽取、评标结果公示、异议投诉、中标结果公告等招标投标活动的相关程序,但涉及国家秘密的招标项目除外。

招标网承办单位应当在商务部委托的范围内提供网络服务,应当遵守法律、行政法规以及本办法的规定,不得损害国家利益、社会公共利益和招投标活动当事人的合法权益,不得泄露应当保密的信息,不得拒绝或者拖延办理委托范围内事项,不得利用委托范围内事项向有关当事人收取费用。

第二章 招标范围

第六条 通过招标方式采购原产地为中国关境外的机电产品,属于下列情形的必须进行国际招标：

（一）关系社会公共利益、公众安全的基础设施、公用事业等项目中进行国际采购的机电产品；

（二）全部或者部分使用国有资金投资项目中进行国际采购的机电产品；

（三）全部或者部分使用国家融资项目中进行国际采购的机电产品；

（四）使用国外贷款、援助资金项目中进行国际采购的机电产品；

（五）政府采购项目中进行国际采购的机电产品；

（六）其他依照法律、行政法规的规定需要国际招标采购的机电产品。

已经明确采购产品的原产地在中国关境内的，可以不进行国际招标。必须通过国际招标方式采购的，任何单位和个人不得将前款项目化整为零或者以国内招标等其他任何方式规避国际招标。

商务部制定、调整并公布本条第一项所列项目包含主要产品的国际招标范围。

第七条　有下列情形之一的，可以不进行国际招标：

（一）国（境）外赠送或无偿援助的机电产品；

（二）采购供生产企业及科研机构研究开发用的样品样机；

（三）单项合同估算价在国务院规定的必须进行招标的标准以下的；

（四）采购旧机电产品；

（五）采购供生产配套、维修用零件、部件；

（六）采购供生产企业生产需要的专用模具；

（七）根据法律、行政法规的规定，其他不适宜进行国际招标采购的机电产品。

招标人不得为适用前款规定弄虚作假规避招标。

第八条　鼓励采购人采用国际招标方式采购不属于依法必须进行国际招标项目范围内的机电产品。

第三章　招　　标

第九条　招标人应当在所招标项目确立、资金到位或资金来源落实并具备招标所需的技术资料和其他条件后开展国际招标活动。

按照国家有关规定需要履行项目审批、核准手续的依法必须进行招标的项目，其招标范围、招标方式、招标组织形式应当先获得项目审批、核准部门的审批、核准。

第十条 国有资金占控股或者主导地位的依法必须进行机电产品国际招标的项目,应当公开招标;但有下列情形之一的,可以邀请招标:

(一)技术复杂、有特殊要求或者受自然环境限制,只有少量潜在投标人可供选择;

(二)采用公开招标方式的费用占项目合同金额的比例过大。

有前款第二项所列情形,属于本办法第九条第二款规定的项目,招标人应当在招标前向相应的主管部门提交项目审批、核准部门审批、核准邀请招标方式的文件;其他项目采用邀请招标方式应当由招标人申请相应的主管部门作出认定。

第十一条 招标人采用委托招标的,有权自行选择招标机构为其办理招标事宜。任何单位和个人不得以任何方式为招标人指定招标机构。

招标人自行办理招标事宜的,应当具有与招标项目规模和复杂程度相适应的技术、经济等方面专业人员,具备编制国际招标文件(中、英文)和组织评标的能力。依法必须进行招标的项目,招标人自行办理招标事宜的,应当向相应主管部门备案。

第十二条 招标机构应当具备从事招标代理业务的营业场所和相应资金;具备能够编制招标文件(中、英文)和组织评标的相应专业力量;拥有一定数量的取得招标职业资格的专业人员。

招标机构从事机电产品国际招标代理业务,应当在招标网免费注册,注册时应当在招标网在线填写机电产品国际招标机构登记表。

招标机构应当在招标人委托的范围内开展招标代理业务,任何单位和个人不得非法干涉。招标机构从事机电产品国际招标业务的人员应当为与本机构依法存在劳动合同关系的员工。招标机构可以依法跨区域开展业务,任何地区和部门不得以登记备案等方式加以限制。

招标机构代理招标业务,应当遵守招标投标法、招标投标法实施条例和本办法关于招标人的规定;在招标活动中,不得弄虚作假,损害国家利益、社会公共利益和招标人、投标人的合法权益。

招标人应当与被委托的招标机构签订书面委托合同,载明委托事项和代理权限,合同约定的收费标准应当符合国家有关规定。

招标机构不得接受招标人违法的委托内容和要求;不得在所代理的招标项目中投标或者代理投标,也不得为所代理的招标项目的投标人提供咨询。

招标机构管理办法由商务部另行制定。

第十三条 发布资格预审公告、招标公告或发出投标邀请书前,招标人或招标机构应当在招标网上进行项目建档,建档内容包括项目名称、招标人名称及性质、招标方式、招标组织形式、招标机构名称、资金来源及性质、委托招标金额、项目审批或核准部门、主管部门等。

第十四条 招标人采用公开招标方式的,应当发布招标公告。

招标人采用邀请招标方式的,应当向 3 个以上具备承担招标项目能力、资信良好的特定法人或者其他组织发出投标邀请书。

第十五条 资格预审公告、招标公告或者投标邀请书应当载明下列内容:

(一)招标项目名称、资金到位或资金来源落实情况;

(二)招标人或招标机构名称、地址和联系方式;

(三)招标产品名称、数量、简要技术规格;

(四)获取资格预审文件或者招标文件的地点、时间、方式和费用;

(五)提交资格预审申请文件或者投标文件的地点和截止时间;

(六)开标地点和时间;

(七)对资格预审申请人或者投标人的资格要求。

第十六条 招标人不得以招标投标法实施条例第三十二条规定的情形限制、排斥潜在投标人或者投标人。

第十七条 公开招标的项目,招标人可以对潜在投标人进行资格预审。资格预审按照招标投标法实施条例的有关规定执行。国有资金占控股或者主导地位的依法必须进行招标的项目,资格审查委员会及其成员应当遵守本办法有关评标委员会及其成员的规定。

第十八条 编制依法必须进行机电产品国际招标的项目的资格预审文件和招标文件,应当使用机电产品国际招标标准文本。

第十九条 招标人根据所采购机电产品的特点和需要编制招标文件。招标文件主要包括下列内容:

(一)招标公告或投标邀请书。

(二)投标人须知及投标资料表。

(三)招标产品的名称、数量、技术要求及其他要求。

(四)评标方法和标准。

(五)合同条款。

(六)合同格式。

(七)投标文件格式及其他材料要求:

1. 投标书;

2. 开标一览表;

3. 投标分项报价表;

4. 产品说明一览表;
5. 技术规格响应/偏离表;
6. 商务条款响应/偏离表;
7. 投标保证金银行保函;
8. 单位负责人授权书;
9. 资格证明文件;
10. 履约保证金银行保函;
11. 预付款银行保函;
12. 信用证样本;
13. 要求投标人提供的其他材料。

第二十条 招标文件中应当明确评标方法和标准。机电产品国际招标的评标一般采用最低评标价法。技术含量高、工艺或技术方案复杂的大型或成套设备招标项目可采用综合评价法进行评标。所有评标方法和标准应当作为招标文件不可分割的一部分并对潜在投标人公开。招标文件中没有规定的评标方法和标准不得作为评标依据。

最低评标价法,是指在投标满足招标文件商务、技术等实质性要求的前提下,按照招标文件中规定的价格评价因素和方法进行评价,确定各投标人的评标价格,并按投标人评标价格由低到高的顺序确定中标候选人的评标方法。

综合评价法,是指在投标满足招标文件实质性要求的前提下,按照招标文件中规定的各项评价因素和方法对投标进行综合评价后,按投标人综合评价的结果由优到劣的顺序确定中标候选人的评标方法。

综合评价法应当由评价内容、评价标准、评价程序及推荐中标候选人原则等组成。综合评价法应当根据招标项目的具体需求,设定商务、技术、价格、服务及其他评价内容的标准,并对每一项评价内容赋予相应的权重。

机电产品国际招标投标综合评价法实施规范由商务部另行制定。

第二十一条 招标文件的技术、商务等条款应当清晰、明确、无歧义,不得设立歧视性条款或不合理的要求排斥潜在投标人。招标文件编制内容原则上应当满足3个以上潜在投标人能够参与竞争。招标文件的编制应当符合下列规定:

(一)对招标文件中的重要条款(参数)应当加注星号(“＊”),并注明如不满足任一带星号(“＊”)的条款(参数)将被视为不满足招标文件实质性要求,并导致投标被否决。

构成投标被否决的评标依据除重要条款(参数)不满足外,还可以包括超过一般条款(参数)中允许偏离的最大范围、最多项数。

采用最低评标价法评标的,评标依据中应当包括:一般商务和技术条款(参数)在允许偏离范围和条款数内进行评标价格调整的计算方法,每个一般技术条款(参数)的偏离加价一般为该设备投标价格的0.5%,最高不得超过该设备投标价格的1%,投标文件中没有单独列出该设备分项报价的,评标价格调整时按投标总价计算;交货期、付款条件等商务条款的偏离加价计算方法在招标文件中可以另行规定。

采用综合评价法的,应当集中列明招标文件中所有加注星号("*")的重要条款(参数)。

(二)招标文件应当明确规定在实质性响应招标文件要求的前提下投标文件分项报价允许缺漏项的最大范围或比重,并注明如缺漏项超过允许的最大范围或比重,该投标将被视为实质性不满足招标文件要求,并将导致投标被否决。

(三)招标文件应当明确规定投标文件中投标人应当小签的相应内容,其中投标文件的报价部分、重要商务和技术条款(参数)响应等相应内容应当逐页小签。

(四)招标文件应当明确规定允许的投标货币和报价方式,并注明该条款是否为重要商务条款。招标文件应当明确规定不接受选择性报价或者附加条件的报价。

(五)招标人设有最高投标限价的,应当在招标文件中明确最高投标限价或者最高投标限价的计算方法。招标人不得规定最低投标限价。

(六)招标文件应当明确规定评标依据以及对投标人的业绩、财务、资信等商务条款和技术参数要求,不得使用模糊的、无明确界定的术语或指标作为重要商务或技术条款(参数)或以此作为价格调整的依据。招标文件对投标人资质提出要求的,应当列明所要求资质的名称及其认定机构和提交证明文件的形式,并要求相应资质在规定的期限内真实有效。

(七)招标人可以在招标文件中将有关行政监督部门公布的信用信息作为对投标人的资格要求的依据。

(八)招标文件内容应当符合国家有关安全、卫生、环保、质量、能耗、标准、社会责任等法律法规的规定。

(九)招标文件允许联合体投标的,应当明确规定对联合体牵头人和联合体各成员的资格条件及其他相应要求。

(十)招标文件允许投标人提供备选方案的,应当明确规定投标人在投标文件中只能提供一个备选方案并注明主选方案,且备选方案的投标价格不得高于主选方案。

(十一)招标文件应当明确计算评标总价时关境内、外产品的计算方法,并应当明确指定到货地点。除国外贷款、援助资金项目外,评标总价应当包含货物到达招标人指定到货地点之前的所有成本及费用。其中:

关境外产品为:CIF价+进口环节税+国内运输、保险费等(采用CIP、DDP等其他报价方式的,参照此方法计算评标总价);其中投标截止时间前已经进口的产品为:销售价(含进口环节税、销售环节增值税)+国内运输、保险费等。关境内制造的产品为:出厂价(含增值税)+消费税(如适用)+国内运输、保险费等。有价格调整的,计算评标总价时,应当包含偏离加价。

(十二)招标文件应当明确投标文件的大写金额和小写金额不一致的,以大写金额为准;投标总价金额与按分项报价汇总金额不一致的,以分项报价金额计算结果为准;分项报价金额小数点有明显错位的,应以投标总价为准,并修改分项报价;应当明确招标文件、投标文件和评标报告使用语言的种类;使用两种以上语言的,应当明确当出现表述内容不一致时以何种语言文本为准。

第二十二条 招标文件应当载明投标有效期,以保证招标人有足够的时间完成组织评标、定标以及签订合同。投标有效期从招标文件规定的提交投标文件的截止之日起算。

第二十三条 招标人在招标文件中要求投标人提交投标保证金的,投标保证金不得超过招标项目估算价的2%。投标保证金有效期应当与投标有效期一致。

依法必须进行招标的项目的境内投标单位,以现金或者支票形式提交的投标保证金应当从其基本账户转出。

投标保证金可以是银行出具的银行保函或不可撤销信用证、转账支票、银行即期汇票,也可以是招标文件要求的其他合法担保形式。

联合体投标的,应当以联合体共同投标协议中约定的投标保证金缴纳方式予以提交,可以是联合体中的一方或者共同提交投标保证金,以一方名义提交投标保证金的,对联合体各方均具有约束力。

招标人不得挪用投标保证金。

第二十四条 招标人或招标机构应当在资格预审文件或招标文件开始发售之日前将资格预审文件或招标文件发售稿上传招标网存档。

第二十五条 依法必须进行招标的项目的资格预审公告和招标公告应当在符合法律规定的媒体和招标网上发布。

第二十六条 招标人应当确定投标人编制投标文件所需的合理时间。

依法必须进行招标的项目,自招标文件开始发售之日起至投标截止之日止,不得少于20日。

招标文件的发售期不得少于5个工作日。

招标人发售的纸质招标文件和电子介质的招标文件具有同等法律效力,除另有约定的,出现不一致时以纸质招标文件为准。

第二十七条 招标公告规定未领购招标文件不得参加投标的,招标文件发售期截止后,购买招标文件的潜在投标人少于3个的,招标人可以依照本办法重新招标。重新招标后潜在投标人或投标人仍少于3个的,可以依照本办法第四十六条第二款有关规定执行。

第二十八条 开标前,招标人、招标机构和有关工作人员不得向他人透露已获取招标文件的潜在投标人的名称、数量以及可能影响公平竞争的有关招标投标的其他信息。

第二十九条 招标人可以对已发出的资格预审文件或者招标文件进行必要的澄清或者修改。澄清或者修改的内容可能影响资格预审申请文件或者投标文件编制的,招标人或招标机构应当在提交资格预审文件截止时间至少3日前,或者投标截止时间至少15日前,以书面形式通知所有获取资格预审文件或者招标文件的潜在投标人,并上传招标网存档;不足3日或者15日的,招标人或招标机构应当顺延提交资格预审申请文件或者投标文件的截止时间。该澄清或者修改内容为资格预审文件或者招标文件的组成部分。澄清或者修改的内容涉及到与资格预审公告或者招标公告内容不一致的,应当在原资格预审公告或者招标公告发布的媒体和招标网上发布变更公告。

因异议或投诉处理而导致对资格预审文件或者招标文件澄清或者修改的,应当按照前款规定执行。

第三十条 招标人顺延投标截止时间的,至少应当在招标文件要求提交投标文件的截止时间3日前,将变更时间书面通知所有获取招标文件的潜在投标人,并在招标网上发布变更公告。

第三十一条 除不可抗力原因外,招标文件或者资格预审文件发出后,不予退还;招标人在发布招标公告、发出投标邀请书后或者发出招标文件或资格预审文件后不得终止招标。

招标人终止招标的,应当及时发布公告,或者以书面形式通知被邀请的或者已经获取资格预审文件、招标文件的潜在投标人。已经发售资格预审文件、招标文件或者已经收取投标保证金的,招标人应当及时退还所收取的资格预审文件、招标文件的费用,以及所收取的投标保证金及银行同期存款利息。

第四章 投 标

第三十二条 投标人是响应招标、参加投标竞争的法人或其他组织。

与招标人存在利害关系可能影响招标公正性的法人或其他组织不得参加投标;接受委托参与项目前期咨询和招标文件编制的法人或其他组织不得参加受托项目的投标,也不得为该项目的投标人编制投标文件或者提供咨询。

单位负责人为同一人或者存在控股、管理关系的不同单位,不得参加同一招标项目包投标,共同组成联合体投标的除外。

违反前三款规定的,相关投标均无效。

第三十三条 投标人应当根据招标文件要求编制投标文件,并根据自己的商务能力、技术水平对招标文件提出的要求和条件在投标文件中作出真实的响应。投标文件的所有内容在投标有效期内应当有效。

第三十四条 投标人对加注星号("*")的重要技术条款(参数)应当在投标文件中提供技术支持资料。

技术支持资料以制造商公开发布的印刷资料、检测机构出具的检测报告或招标文件中允许的其他形式为准,凡不符合上述要求的,应当视为无效技术支持资料。

第三十五条 投标人应当提供在开标日前 3 个月内由其开立基本账户的银行开具的银行资信证明的原件或复印件。

第三十六条 潜在投标人或者其他利害关系人对资格预审文件有异议的,应当在提交资格预审申请文件截止时间 2 日前向招标人或招标机构提出,并将异议内容上传招标网;对招标文件有异议的,应当在投标截止时间 10 日前向招标人或招标机构提出,并将异议内容上传招标网。招标人或招标机构应当自收到异议之日起 3 日内作出答复,并将答复内容上传招标网;作出答复前,应当暂停招标投标活动。

第三十七条 招标人编制的资格预审文件、招标文件的内容违反法律、行政法规的强制性规定,违反公开、公平、公正和诚实信用原则,影响资格预审结果或者潜在投标人投标的,依法必须进行招标的项目的招标人应当在修改资格预审文件或者招标文件后重新招标。

第三十八条 投标人在招标文件要求的投标截止时间前,应当在招标网免费注册,注册时应当在招标网在线填写招投标注册登记表,并将由投标人加盖公章的招投标注册登记表及工商营业执照(复印件)提交至招标网;境外投标人提交所在地登记证明材料(复印件),投标人无印章的,提交由单位负责人签字的招投标注册登记表。投标截止时间前,投标人未在招标网完成注册的不得参加投标,有特殊原因的除外。

第三十九条 投标人在招标文件要求的投标截止时间前,应当将投标文件送达招标文件规定的投标地点。投标人可以在规定的投标截止时间前书面通知招标人,对已提交的投标文件进行补充、修改或撤回。补充、修改的内容应当作为投标文件的组成部分。投标人不得在投标截止时间后对投标文件进行补充、修改。

第四十条 投标人应当按照招标文件要求对投标文件进行包装和密封。投标人在投标截止时间前提交价格变更等相关内容的投标声明的,应与开标一览表一并或者单独密封,并加施明显标记,以便在开标时一并唱出。

第四十一条 未通过资格预审的申请人提交的投标文件,以及逾期送达或者不按照招标文件要求密封的投标文件,招标人应当拒收。

招标人或招标机构应当如实记载投标文件的送达时间和密封情况,并存档备查。

第四十二条 招标文件允许联合体投标的,两个以上法人或者其他组织可以组成一个联合体,以一个投标人的身份共同投标。

联合体各方均应当具备承担招标项目的相应能力;国家有关规定或者招标文件对投标人资格条件有规定的,联合体各方均应当具备规定的相应资格条件。由同一专业的单位组成的联合体,按照资质等级较低的单位确定资质等级。

联合体各方应当签订共同投标协议,明确约定各方拟承担的工作和责任,并将共同投标协议连同投标文件一并提交招标人。联合体中标的,联合体各方应当共同与招标人签订合同,就中标项目向招标人承担连带责任。

联合体各方在同一招标项目包中以自己名义单独投标或者参加其他联合体投标的,相关投标均无效。

第四十三条 投标人应当按照招标文件的要求,在提交投标文件截止时间前将投标保证金提交给招标人或招标机构。

投标人在投标截止时间前撤回已提交的投标文件,招标人或招标机构已收取投标保证金的,应当自收到投标人书面撤回通知之日起 5 日内退还。

投标截止后投标人撤销投标文件的,招标人可以不退还投标保证金。招标人主动要求延长投标有效期但投标人拒绝的,招标人应当退还投标保证金。

第四十四条 投标人发生合并、分立、破产等重大变化的,应当及时书面告知招标人。投标人不再具备资格预审文件、招标文件规定的资格条件或者其投标影响招标公正性的,其投标无效。

第四十五条 禁止招标投标法实施条例第三十九条、第四十条、第四十一条、第四十二条所规定的投标人相互串通投标、招标人与投标人串通投标、投标人以他人名义投标或者以其他方式弄虚作假的行为。

第五章 开标和评标

第四十六条 开标应当在招标文件确定的提交投标文件截止时间的同一时间公开进行;开标地点应当为招标文件中预先确定的地点。开标由招标人或招标机构主持,邀请所有投标人参加。

投标人少于3个的,不得开标,招标人应当依照本办法重新招标;开标后认定投标人少于3个的应当停止评标,招标人应当依照本办法重新招标。重新招标后投标人仍少于3个的,可以进入两家或一家开标评标;按国家有关规定需要履行审批、核准手续的依法必须进行招标的项目,报项目审批、核准部门审批、核准后可以不再进行招标。

认定投标人数量时,两家以上投标人的投标产品为同一家制造商或集成商生产的,按一家投标人认定。对两家以上集成商或代理商使用相同制造商产品作为其项目包的一部分,且相同产品的价格总和均超过该项目包各自投标总价60%的,按一家投标人认定。

对于国外贷款、援助资金项目,资金提供方规定当投标截止时间到达时,投标人少于3个可直接进入开标程序的,可以适用其规定。

第四十七条 开标时,由投标人或者其推选的代表检查投标文件的密封情况,也可以由招标人委托的公证机构检查并公证;经确认无误后,由工作人员当众拆封,宣读投标人名称、投标价格和投标文件的其他主要内容。

招标人在招标文件要求提交投标文件的截止时间前收到的所有投标文件,开标时都应当当众予以拆封、宣读。

投标人的开标一览表、投标声明(价格变更或其他声明)都应当在开标时一并唱出,否则在评标时不予认可。投标总价中不应当包含招标文件要求以外的产品或服务的价格。

第四十八条 投标人对开标有异议的,应当在开标现场提出,招标人或招标机构应当当场作出答复,并制作记录。

第四十九条 招标人或招标机构应当在开标时制作开标记录,并在开标后3个工作日内上传招标网存档。

第五十条　评标由招标人依照本办法组建的评标委员会负责。依法必须进行招标的项目,其评标委员会由招标人的代表和从事相关领域工作满8年并具有高级职称或者具有同等专业水平的技术、经济等相关领域专家组成,成员人数为5人以上单数,其中技术、经济等方面专家人数不得少于成员总数的2/3。

第五十一条　依法必须进行招标的项目,机电产品国际招标评标所需专家原则上由招标人或招标机构在招标网上从国家、地方两级专家库内相关专业类别中采用随机抽取的方式产生。任何单位和个人不得以明示、暗示等任何方式指定或者变相指定参加评标委员会的专家成员。但技术复杂、专业性强或者国家有特殊要求,采取随机抽取方式确定的专家难以保证其胜任评标工作的特殊招标项目,报相应主管部门后,可以由招标人直接确定评标专家。

抽取评标所需的评标专家的时间不得早于开标时间3个工作日;同一项目包评标中,来自同一法人单位的评标专家不得超过评标委员会总人数的1/3。

随机抽取专家人数为实际所需专家人数。一次招标金额在1000万美元以上的国际招标项目包,所需专家的1/2以上应当从国家级专家库中抽取。

抽取工作应当使用招标网评标专家随机抽取自动通知系统。除专家不能参加和应当回避的情形外,不得废弃随机抽取的专家。

机电产品国际招标评标专家及专家库管理办法由商务部另行制定。

第五十二条　与投标人或其制造商有利害关系的人不得进入相关项目的评标委员会,评标专家不得参加与自己有利害关系的项目评标,且应当主动回避;已经进入的应当更换。主管部门的工作人员不得担任本机构负责监督项目的评标委员会成员。

依法必须进行招标的项目的招标人非因招标投标法、招标投标法实施条例和本办法规定的事由,不得更换依法确定的评标委员会成员。更换评标委员会的专家成员应当依照本办法第五十一条规定进行。

第五十三条　评标委员会成员名单在中标结果确定前应当保密,如有泄密,除追究当事人责任外,还应当报相应主管部门后及时更换。

评标前,任何人不得向评标专家透露其即将参与的评标项目招标人、投标人的有关情况及其他应当保密的信息。

招标人和招标机构应当采取必要的措施保证评标在严格保密的情况下进行。任何单位和个人不得非法干预、影响评标的过程和结果。

泄密影响中标结果的,中标无效。

第五十四条　招标人应当向评标委员会提供评标所必需的信息,但不得向评标委员会成员明示或者暗示其倾向或者排斥特定投标人。

招标人应当根据项目规模和技术复杂程度等因素合理确定评标时间。超过1/3的评标委员会成员认为评标时间不够的,招标人应当适当延长。

评标过程中,评标委员会成员有回避事由、擅离职守或者因健康等原因不能继续评标的,应当于评标当日报相应主管部门后按照所缺专家的人数重新随机抽取,及时更换。被更换的评标委员会成员作出的评审结论无效,由更换后的评标委员会成员重新进行评审。

第五十五条 评标委员会应当在开标当日开始进行评标。有特殊原因当天不能评标的,应当将投标文件封存,并在开标后48小时内开始进行评标。评标委员会成员应当依照招标投标法、招标投标法实施条例和本办法的规定,按照招标文件规定的评标方法和标准,独立、客观、公正地对投标文件提出评审意见。招标文件没有规定的评标方法和标准不得作为评标的依据。

评标委员会成员不得私下接触投标人,不得收受投标人给予的财物或者其他好处,不得向招标人征询确定中标人的意向,不得接受任何单位或者个人明示或者暗示提出的倾向或者排斥特定投标人的要求,不得有其他不客观、不公正履行职务的行为。

第五十六条 采用最低评标价法评标的,在商务、技术条款均实质性满足招标文件要求时,评标价格最低者为排名第一的中标候选人;采用综合评价法评标的,在商务、技术条款均实质性满足招标文件要求时,综合评价最优者为排名第一的中标候选人。

第五十七条 在商务评议过程中,有下列情形之一者,应予否决投标:

(一)投标人或其制造商与招标人有利害关系可能影响招标公正性的;

(二)投标人参与项目前期咨询或招标文件编制的;

(三)不同投标人单位负责人为同一人或者存在控股、管理关系的;

(四)投标文件未按招标文件的要求签署的;

(五)投标联合体没有提交共同投标协议的;

(六)投标人的投标书、资格证明材料未提供,或不符合国家规定或者招标文件要求的;

(七)同一投标人提交两个以上不同的投标方案或者投标报价的,但招标文件要求提交备选方案的除外;

(八)投标人未按招标文件要求提交投标保证金或保证金金额不足、保函有效期不足、投标保证金形式或出具投标保函的银行不符合招标文件要求的;

(九)投标文件不满足招标文件加注星号(“*”)的重要商务条款要

求的；

（十）投标报价高于招标文件设定的最高投标限价的；

（十一）投标有效期不足的；

（十二）投标人有串通投标、弄虚作假、行贿等违法行为的；

（十三）存在招标文件中规定的否决投标的其他商务条款的。

前款所列材料在开标后不得澄清、后补；招标文件要求提供原件的，应当提供原件，否则将否决其投标。

第五十八条　对经资格预审合格、且商务评议合格的投标人不能再因其资格不合格否决其投标，但在招标周期内该投标人的资格发生了实质性变化不再满足原有资格要求的除外。

第五十九条　技术评议过程中，有下列情形之一者，应予否决投标：

（一）投标文件不满足招标文件技术规格中加注星号（“＊”）的重要条款（参数）要求，或加注星号（“＊”）的重要条款（参数）无符合招标文件要求的技术资料支持的；

（二）投标文件技术规格中一般参数超出允许偏离的最大范围或最多项数的；

（三）投标文件技术规格中的响应与事实不符或虚假投标的；

（四）投标人复制招标文件的技术规格相关部分内容作为其投标文件中一部分的；

（五）存在招标文件中规定的否决投标的其他技术条款的。

第六十条　采用最低评标价法评标的，价格评议按下列原则进行：

（一）按招标文件中的评标依据进行评标。计算评标价格时，对需要进行价格调整的部分，要依据招标文件和投标文件的内容加以调整并说明。投标总价中包含的招标文件要求以外的产品或服务，在评标时不予核减。

（二）除国外贷款、援助资金项目外，计算评标总价时，以货物到达招标人指定到货地点为依据。

（三）招标文件允许以多种货币投标的，在进行价格评标时，应当以开标当日中国银行总行首次发布的外币对人民币的现汇卖出价进行投标货币对评标货币的转换以计算评标价格。

第六十一条　采用综合评价法评标时，按下列原则进行：

（一）评标办法应当充分考虑每个评价指标所有可能的投标响应，且每一种可能的投标响应应当对应一个明确的评价值，不得对应多个评价值或评价值区间，采用两步评价方法的除外。

对于总体设计、总体方案等难以量化比较的评价内容，可以采取两步评价方法:第一步,评标委员会成员独立确定投标人该项评价内容的优劣等级,根据优劣等级对应的评价值算术平均后确定该投标人该项评价内容的平均等级;第二步,评标委员会成员根据投标人的平均等级,在对应的分值区间内给出评价值。

(二)价格评价应当符合低价优先、经济节约的原则,并明确规定评议价格最低的有效投标人将获得价格评价的最高评价值,价格评价的最大可能评价值和最小可能评价值应当分别为价格最高评价值和零评价值。

(三)评标委员会应当根据综合评价值对各投标人进行排名。综合评价值相同的,依照价格、技术、商务、服务及其他评价内容的优先次序,根据分项评价值进行排名。

第六十二条 招标文件允许备选方案的,评标委员会对有备选方案的投标人进行评审时,应当以主选方案为准进行评标。备选方案应当实质性响应招标文件要求。凡提供两个以上备选方案或者未按要求注明主选方案的,该投标应当被否决。凡备选方案的投标价格高于主选方案的,该备选方案将不予采纳。

第六十三条 投标人应当根据招标文件要求和产品技术要求列出供货产品清单和分项报价。投标人投标报价缺漏项超出招标文件允许的范围或比重的,为实质性偏离招标文件要求,评标委员会应当否决其投标。缺漏项在招标文件允许的范围或比重内的,评标时应当要求投标人确认缺漏项是否包含在投标价中,确认包含的,将其他有效投标中该项的最高价计入其评标总价,并依据此评标总价对其一般商务和技术条款(参数)偏离进行价格调整;确认不包含的,评标委员会应当否决其投标;签订合同时以投标价为准。

第六十四条 投标文件中有含义不明确的内容、明显文字或者计算错误,评标委员会认为需要投标人作出必要澄清、说明的,应当书面通知该投标人。投标人的澄清、说明应当采用书面形式在评标委员会规定的时间内提交,并不得超出投标文件的范围或者改变投标文件的实质性内容。

投标人的投标文件不响应招标文件加注星号("*")的重要商务和技术条款(参数),或加注星号("*")的重要技术条款(参数)未提供符合招标文件要求的技术支持资料的,评标委员会不得要求其进行澄清或后补。

评标委员会不得暗示或者诱导投标人作出澄清、说明,不得接受投标人主动提出的澄清、说明。

第六十五条 评标委员会经评审,认为所有投标都不符合招标文件要求的,可以否决所有投标。

依法必须进行招标的项目的所有投标被否决的,招标人应当依照本办法重新招标。

第六十六条 评标完成后,评标委员会应当向招标人提交书面评标报告和中标候选人名单。中标候选人应当不超过3个,并标明排序。

评标委员会的每位成员应当分别填写评标委员会成员评标意见表(见附件2),评标意见表是评标报告必不可少的一部分。评标报告应当由评标委员会全体成员签字。对评标结果有不同意见的评标委员会成员应当以书面形式说明其不同意见和理由,评标报告应当注明该不同意见。评标委员会成员拒绝在评标报告上签字又不说明其不同意见和理由的,视为同意评标结果。

专家受聘承担的具体项目评审工作结束后,招标人或者招标机构应当在招标网对专家的能力、水平、履行职责等方面进行评价,评价结果分为优秀、称职和不称职。

第六章 评标结果公示和中标

第六十七条 依法必须进行招标的项目,招标人或招标机构应当依据评标报告填写《评标结果公示表》,并自收到评标委员会提交的书面评标报告之日起3日内在招标网上进行评标结果公示。评标结果应当一次性公示,公示期不得少于3日。

采用最低评标价法评标的,《评标结果公示表》中的内容包括"中标候选人排名"、"投标人及制造商名称"、"评标价格"和"评议情况"等。每个投标人的评议情况应当按商务、技术和价格评议三个方面在《评标结果公示表》中分别填写,填写的内容应当明确说明招标文件的要求和投标人的响应内容。对一般商务和技术条款(参数)偏离进行价格调整的,在评标结果公示时,招标人或招标机构应当明确公示价格调整的依据、计算方法、投标文件偏离内容及相应的调整金额。

采用综合评价法评标的,《评标结果公示表》中的内容包括"中标候选人排名"、"投标人及制造商名称"、"综合评价值"、"商务、技术、价格、服务及其他等大类评价项目的评价值"和"评议情况"等。每个投标人的评议情况应当明确说明招标文件的要求和投标人的响应内容。

使用国外贷款、援助资金的项目,招标人或招标机构应当自收到评标委员会提交的书面评标报告之日起3日内向资金提供方报送评标报告,并自获其出具不反对意见之日起3日内在招标网上进行评标结果公示。资金提供方对评标报告有反对意见的,招标人或招标机构应当及时将资金提供方的意见报相应的主管部门,并依照本办法重新招标或者重新评标。

第六十八条 评标结果进行公示后,各方当事人可以通过招标网查看评标结果公示的内容。招标人或招标机构应当应投标人的要求解释公示内容。

第六十九条 投标人或者其他利害关系人对依法必须进行招标的项目的评标结果有异议的,应当于公示期内向招标人或招标机构提出,并将异议内容上传招标网。招标人或招标机构应当在收到异议之日起3日内作出答复,并将答复内容上传招标网;作出答复前,应当暂停招标投标活动。

异议答复应当对异议问题逐项说明,但不得涉及其他投标人的投标秘密。未在评标报告中体现的不满足招标文件要求的其他方面的偏离不能作为答复异议的依据。

经原评标委员会按照招标文件规定的方法和标准审查确认,变更原评标结果的,变更后的评标结果应当依照本办法进行公示。

第七十条 招标人根据评标委员会提出的书面评标报告和推荐的中标候选人确定中标人。招标人也可以授权评标委员会直接确定中标人。国有资金占控股或者主导地位的依法必须进行招标的项目,以及使用国外贷款、援助资金的项目,招标人应当确定排名第一的中标候选人为中标人。排名第一的中标候选人放弃中标、因不可抗力不能履行合同、不按招标文件要求提交履约保证金,或者被查实存在影响中标结果的违法行为等情形,不符合中标条件的,招标人可以按照评标委员会提出的中标候选人名单排序依次确定其他中标候选人为中标人,也可以重新招标。

第七十一条 评标结果公示无异议的,公示期结束后该评标结果自动生效并进行中标结果公告;评标结果公示有异议,但是异议答复后10日内无投诉的,异议答复10日后按照异议处理结果进行公告;评标结果公示有投诉的,相应主管部门做出投诉处理决定后,按照投诉处理决定进行公告。

第七十二条 依法必须进行招标的项目,中标人确定后,招标人应当在中标结果公告后20日内向中标人发出中标通知书,并在中标结果公告后15日内将评标情况的报告(见附件3)提交至相应的主管部门。中标通知书也可以由招标人委托其招标机构发出。

使用国外贷款、援助资金的项目,异议或投诉的结果与报送资金提供方的评标报告不一致的,招标人或招标机构应当按照异议或投诉的结果修改评标报告,并将修改后的评标报告报送资金提供方,获其不反对意见后向中标人发出中标通知书。

第七十三条 中标结果公告后15日内,招标人或招标机构应当在招标网完成该项目包招标投标情况及其相关数据的存档。存档的内容应当与招标投标实际情况一致。

第七十四条 中标候选人的经营、财务状况发生较大变化或者存在违法行为,招标人认为可能影响其履约能力的,应当在发出中标通知书前由原评标委员会按照招标文件规定的方法和标准审查确认。

第七十五条 中标通知书对招标人和中标人具有法律效力。中标通知书发出后,招标人改变中标结果的,或者中标人放弃中标项目的,应当依法承担法律责任。

第七十六条 招标人和中标人应当自中标通知书发出之日起 30 日内,依照招标投标法、招标投标法实施条例和本办法的规定签订书面合同,合同的标的、价款、质量、履行期限等主要条款应当与招标文件和中标人的投标文件的内容一致。招标人或中标人不得拒绝或拖延与另一方签订合同。招标人和中标人不得再行订立背离合同实质性内容的其他协议。

招标人最迟应当在书面合同签订后 5 日内向中标人和未中标的投标人退还投标保证金及银行同期存款利息。

第七十七条 招标文件要求中标人提交履约保证金的,中标人应当按照招标文件的要求提交。履约保证金不得超过中标合同金额的 10% 。

第七十八条 中标产品来自关境外的,由招标人按照国家有关规定办理进口手续。

第七十九条 中标人应当按照合同约定履行义务,完成中标项目。中标人不得向他人转让中标项目,也不得将中标项目肢解后分别向他人转让。

第八十条 依法必须进行招标的项目,在国际招标过程中,因招标人的采购计划发生重大变更等原因,经项目主管部门批准,报相应的主管部门后,招标人可以重新组织招标。

第八十一条 招标人或招标机构应当按照有关规定妥善保存招标委托协议、资格预审公告、招标公告、资格预审文件、招标文件、资格预审申请文件、投标文件、异议及答复等相关资料,以及与评标相关的评标报告、专家评标意见、综合评价法评价原始记录表等资料,并对评标情况和资料严格保密。

第七章 投诉与处理

第八十二条 投标人或者其他利害关系人认为招标投标活动不符合法律、行政法规及本办法规定的,可以自知道或者应当知道之日起 10 日内向相应主管部门投诉。就本办法第三十六条规定事项进行投诉的,潜在投标人或者其他利害关系人应当在自领购资格预审文件或招标文件 10 日内向相应的主管部门提出;就本办法第四十八条规定事项进行投诉的,投标人或者其他利害关系人应当在自开标10日内向相应的主管部门提出;就本办法第六十九条规定事项进行投诉的,投标人或者其他利害关系人应当在自评标结果公示结束10日内向相应的主管部门提出。

就本办法第三十六条、第四十八条、第六十九条规定事项投诉的,应当先向招标人提出异议,异议答复期间不计算在前款规定的期限内。就异议事项投诉的,招标人或招标机构应当在该项目被网上投诉后3日内,将异议相关材料提交相应的主管部门。

第八十三条 投诉人应当于投诉期内在招标网上填写《投诉书》(见附件4)(就异议事项进行投诉的,应当提供异议和异议答复情况及相关证明材料),并将由投诉人单位负责人或单位负责人授权的人签字并盖章的《投诉书》、单位负责人证明文件及相关材料在投诉期内送达相应的主管部门。境外投诉人所在企业无印章的,以单位负责人或单位负责人授权的人签字为准。

投诉应当有明确的请求和必要的证明材料。投诉有关材料是外文的,投诉人应当同时提供其中文译本,并以中文译本为准。

投诉人应保证其提出投诉内容及相应证明材料的真实性及来源的合法性,并承担相应的法律责任。

第八十四条 主管部门应当自收到书面投诉书之日起3个工作日内决定是否受理投诉,并将是否受理的决定在招标网上告知投诉人。主管部门应当自受理投诉之日起30个工作日内作出书面处理决定(见附件5),并将书面处理决定在招标网上告知投诉人;需要检验、检测、鉴定、专家评审的,以及监察机关依法对与招标投标活动有关的监察对象实施调查并可能影响投诉处理决定的,所需时间不计算在内。使用国外贷款、援助资金的项目,需征求资金提供方意见的,所需时间不计算在内。

主管部门在处理投诉时,有权查阅、复制有关文件、资料,调查有关情况,相关单位和人员应当予以配合。必要时,主管部门可以责令暂停招标投标活动。

主管部门在处理投诉期间,招标人或招标机构应当就投诉的事项协助调查。

第八十五条 有下列情形之一的投诉,不予受理:

(一)就本办法第三十六条、第四十八条、第六十九条规定事项投诉,其投诉内容在提起投诉前未按照本办法的规定提出异议的;

(二)投诉人不是投标人或者其他利害关系人的;

（三）《投诉书》未按本办法有关规定签字或盖章，或者未提供单位负责人证明文件的；

（四）没有明确请求的，或者未按本办法提供相应证明材料的；

（五）涉及招标评标过程具体细节、其他投标人的商业秘密或其他投标人的投标文件具体内容但未能说明内容真实性和来源合法性的；

（六）未在规定期限内在招标网上提出的；

（七）未在规定期限内将投诉书及相关证明材料送达相应主管部门的。

第八十六条 在评标结果投诉处理过程中，发现招标文件重要商务或技术条款（参数）出现内容错误、前后矛盾或与国家相关法律法规不一致的情形，影响评标结果公正性的，当次招标无效，主管部门将在招标网上予以公布。

第八十七条 招标人对投诉的内容无法提供充分解释和说明的，主管部门可以自行组织或者责成招标人、招标机构组织专家就投诉的内容进行评审。

就本办法第三十六条规定事项投诉的，招标人或招标机构应当从专家库中随机抽取3人以上单数评审专家。评审专家不得作为同一项目包的评标专家。

就本办法第六十九条规定事项投诉的，招标人或招标机构应当从国家级专家库中随机抽取评审专家，国家级专家不足时，可由地方级专家库中补充，但国家级专家不得少于2/3。评审专家不得包含参与该项目包评标的专家，并且专家人数不得少于评标专家人数。

第八十八条 投诉人拒绝配合主管部门依法进行调查的，被投诉人不提交相关证据、依据和其他有关材料的，主管部门按照现有可获得的材料对相关投诉依法作出处理。

第八十九条 投诉处理决定作出前，经主管部门同意，投诉人可以撤回投诉。投诉人申请撤回投诉的，应当以书面形式提交给主管部门，并同时在网上提出撤回投诉申请。已经查实投诉内容成立的，投诉人撤回投诉的行为不影响投诉处理决定。投诉人撤回投诉的，不得以同一的事实和理由再次进行投诉。

第九十条 主管部门经审查，对投诉事项可作出下列处理决定：

（一）投诉内容未经查实前，投诉人撤回投诉的，终止投诉处理；

（二）投诉缺乏事实根据或者法律依据的，以及投诉人捏造事实、伪造材料或者以非法手段取得证明材料进行投诉的，驳回投诉；

（三）投诉情况属实，招标投标活动确实存在不符合法律、行政法规和本办法规定的,依法作出招标无效、投标无效、中标无效、修改资格预审文件或者招标文件等决定。

第九十一条 商务部在招标网设立信息发布栏,包括下列内容:

(一)投诉汇总统计,包括年度内受到投诉的项目、招标人、招标机构名称和投诉处理结果等;

(二)招标机构代理项目投诉情况统计,包括年度内项目投诉数量、投诉率及投诉处理结果等;

(三)投标人及其他利害关系人投诉情况统计,包括年度内项目投诉数量、投诉率及不予受理投诉、驳回投诉、不良投诉(本办法第九十六条第四项的投诉行为)等;

(四)违法统计,包括年度内在招标投标活动过程中违反相关法律、行政法规和本办法的当事人、项目名称、违法情况和处罚结果。

第九十二条 主管部门应当建立投诉处理档案,并妥善保存。

第八章 法律责任

第九十三条 招标人对依法必须进行招标的项目不招标或化整为零以及以其他任何方式规避国际招标的,由相应主管部门责令限期改正,可以处项目合同金额0.5%以上1%以下的罚款;对全部或者部分使用国有资金的项目,可以通告项目主管机构暂停项目执行或者暂停资金拨付;对单位直接负责的主管人员和其他直接责任人员依法给予处分。

第九十四条 招标人有下列行为之一的,依照招标投标法、招标投标法实施条例的有关规定处罚:

(一)依法应当公开招标而采用邀请招标的;

(二)以不合理的条件限制、排斥潜在投标人的,对潜在投标人实行歧视待遇的,强制要求投标人组成联合体共同投标的,或者限制投标人之间竞争的;

(三)招标文件、资格预审文件的发售、澄清、修改的时限,或者确定的提交资格预审申请文件、投标文件的时限不符合规定的;

(四)不按照规定组建评标委员会,或者确定、更换评标委员会成员违反规定的;

(五)接受未通过资格预审的单位或者个人参加投标,或者接受应当拒收的投标文件的;

(六)违反规定,在确定中标人前与投标人就投标价格、投标方案等实质性内容进行谈判的；

（七）不按照规定确定中标人的；

（八）不按照规定对异议作出答复，继续进行招标投标活动的；

（九）无正当理由不发出中标通知书，或者中标通知书发出后无正当理由改变中标结果的；

（十）无正当理由不与中标人订立合同，或者在订立合同时向中标人提出附加条件的；

（十一）不按照招标文件和中标人的投标文件与中标人订立合同，或者与中标人订立背离合同实质性内容的协议的；

（十二）向他人透露已获取招标文件的潜在投标人的名称、数量或者可能影响公平竞争的有关招标投标的其他情况的，或者泄露标底的。

第九十五条 招标人有下列行为之一的，给予警告，并处3万元以下罚款；该行为影响到评标结果的公正性的，当次招标无效：

（一）与投标人相互串通、虚假招标投标的；

（二）以不正当手段干扰招标投标活动的；

（三）不履行与中标人订立的合同的；

（四）除本办法第九十四条第十二项所列行为外，其他泄漏应当保密的与招标投标活动有关的情况、材料或信息的；

（五）对主管部门的投诉处理决定拒不执行的；

（六）其他违反招标投标法、招标投标法实施条例和本办法的行为。

第九十六条 投标人有下列行为之一的，依照招标投标法、招标投标法实施条例的有关规定处罚：

（一）与其他投标人或者与招标人相互串通投标的；

（二）以向招标人或者评标委员会成员行贿的手段谋取中标的；

（三）以他人名义投标或者以其他方式弄虚作假，骗取中标的；

（四）捏造事实、伪造材料或者以非法手段取得证明材料进行投诉的。

有前款所列行为的投标人不得参与该项目的重新招标。

第九十七条 投标人有下列行为之一的，当次投标无效，并给予警告，并处3万元以下罚款：

（一）虚假招标投标的；

（二）以不正当手段干扰招标、评标工作的；

（三）投标文件及澄清资料与事实不符，弄虚作假的；

（四）在投诉处理过程中，提供虚假证明材料的；

（五）中标通知书发出之前与招标人签订合同的；

(六)中标的投标人不按照其投标文件和招标文件与招标人签订合同的或提供的产品不符合投标文件的;

(七)其他违反招标投标法、招标投标法实施条例和本办法的行为。

有前款所列行为的投标人不得参与该项目的重新招标。

第九十八条 中标人有下列行为之一的,依照招标投标法、招标投标法实施条例的有关规定处罚:

(一)无正当理由不与招标人订立合同的,或者在签订合同时向招标人提出附加条件的;

(二)不按照招标文件要求提交履约保证金的;

(三)不履行与招标人订立的合同的。

有前款所列行为的投标人不得参与该项目的重新招标。

第九十九条 招标机构有下列行为之一的,依照招标投标法、招标投标法实施条例的有关规定处罚:

(一)与招标人、投标人串通损害国家利益、社会公共利益或者他人合法权益的;

(二)在所代理的招标项目中投标、代理投标或者向该项目投标人提供咨询的;

(三)参加受托编制标底项目的投标或者为该项目的投标人编制投标文件、提供咨询的;

(四)泄漏应当保密的与招标投标活动有关的情况和资料的。

第一百条 招标机构有下列行为之一的,给予警告,并处3万元以下罚款;该行为影响到整个招标公正性的,当次招标无效:

(一)与招标人、投标人相互串通、搞虚假招标投标的;

(二)在进行机电产品国际招标机构登记时填写虚假信息或提供虚假证明材料的;

(三)无故废弃随机抽取的评审专家的;

(四)不按照规定及时向主管部门报送材料或者向主管部门提供虚假材料的;

(五)未在规定的时间内将招标投标情况及其相关数据上传招标网,或者在招标网上发布、公示或存档的内容与招标公告、招标文件、投标文件、评标报告等相应书面内容存在实质性不符的;

(六)不按照本办法规定对异议作出答复的,或者在投诉处理的过程中未按照主管部门要求予以配合的;

(七)因招标机构的过失,投诉处理结果为招标无效或中标无效,6个月

内累计2次,或一年内累计3次的;

(八)不按照本办法规定发出中标通知书或者擅自变更中标结果的;

(九)其他违反招标投标法、招标投标法实施条例和本办法的行为。

第一百零一条 评标委员会成员有下列行为之一的,依照招标投标法、招标投标法实施条例的有关规定处罚:

(一)应当回避而不回避的;

(二)擅离职守的;

(三)不按照招标文件规定的评标方法和标准评标的;

(四)私下接触投标人的;

(五)向招标人征询确定中标人的意向或者接受任何单位或者个人明示或者暗示提出的倾向或者排斥特定投标人的要求的;

(六)暗示或者诱导投标人作出澄清、说明或者接受投标人主动提出的澄清、说明的;

(七)对依法应当否决的投标不提出否决意见的;

(八)向他人透露对投标文件的评审和比较、中标候选人的推荐以及与评标有关的其他情况的。

第一百零二条 评标委员会成员有下列行为之一的,将被从专家库名单中除名,同时在招标网上予以公告:

(一)弄虚作假,谋取私利的;

(二)在评标时拒绝出具明确书面意见的;

(三)除本办法第一百零一条第八项所列行为外,其他泄漏应当保密的与招标投标活动有关的情况和资料的;

(四)与投标人、招标人、招标机构串通的;

(五)专家1年内2次被评价为不称职的;

(六)专家无正当理由拒绝参加评标的;

(七)其他不客观公正地履行职责的行为,或违反招标投标法、招标投标法实施条例和本办法的行为。

前款所列行为影响中标结果的,中标无效。

第一百零三条 除评标委员会成员之外的其他评审专家有本办法第一百零一条和第一百零二条所列行为之一的,将被从专家库名单中除名,同时在招标网上予以公告。

第一百零四条 招标网承办单位有下列行为之一的,商务部予以警告并责令改正;情节严重的或拒不改正的,商务部可以中止或终止其委托服务协议;给招标投标活动当事人造成损失的,应当承担赔偿责任;构成犯罪的,依

法追究刑事责任:

(一)超出商务部委托范围从事与委托事项相关活动的;

(二)利用承办商务部委托范围内事项向有关当事人收取费用的;

(三)无正当理由拒绝或者延误潜在投标人于投标截止时间前在招标网免费注册的;

(四)泄露应当保密的与招标投标活动有关情况和资料的;

(五)在委托范围内,利用有关当事人的信息非法获取利益的;

(六)擅自修改招标人、投标人或招标机构上传资料的;

(七)与招标人、投标人、招标机构相互串通、搞虚假招标投标的;

(八)其他违反招标投标法、招标投标法实施条例及本办法的。

第一百零五条 主管部门在处理投诉过程中,发现被投诉人单位直接负责的主管人员和其他直接责任人员有违法、违规或者违纪行为的,应当建议其行政主管机关、纪检监察部门给予处分;情节严重构成犯罪的,移送司法机关处理。

第一百零六条 主管部门不依法履行职责,对违反招标投标法、招标投标法实施条例和本办法规定的行为不依法查处,或者不按照规定处理投诉、不依法公告对招标投标当事人违法行为的行政处理决定的,对直接负责的主管人员和其他直接责任人员依法给予处分。

主管部门工作人员在招标投标活动监督过程中徇私舞弊、滥用职权、玩忽职守,构成犯罪的,依法追究刑事责任。

第一百零七条 出让或者出租资格、资质证书供他人投标的,依照法律、行政法规的规定给予行政处罚;构成犯罪的,依法追究刑事责任。

第一百零八条 依法必须进行招标的项目的招标投标活动违反招标投标法、招标投标法实施条例和本办法的规定,对中标结果造成实质性影响,且不能采取补救措施予以纠正的,招标、投标、中标无效,应当依照本办法重新招标或者重新评标。

重新评标应当由招标人依照本办法组建新的评标委员会负责。前一次参与评标的专家不得参与重新招标或者重新评标。依法必须进行招标的项目,重新评标的结果应当依照本办法进行公示。

除法律、行政法规和本办法规定外,招标人不得擅自决定重新招标或重新评标。

第一百零九条 本章规定的行政处罚,由相应的主管部门决定。招标投标法、招标投标法实施条例已对实施行政处罚的机关作出规定的除外。

第九章　附　则

第一百一十条　不属于工程建设项目，但属于固定资产投资项目的机电产品国际招标投标活动，按照本办法执行。

第一百一十一条　与机电产品有关的设计、方案、技术等国际招标投标，可参照本办法执行。

第一百一十二条　使用国外贷款、援助资金进行机电产品国际招标的，应当按照本办法的有关规定执行。贷款方、资金提供方对招标投标的具体条件和程序有不同规定的，可以适用其规定，但违背中华人民共和国的国家安全或社会公共利益的除外。

第一百一十三条　机电产品国际招标投标活动采用电子招标投标方式的，应当按照本办法和国家有关电子招标投标的规定执行。

第一百一十四条　本办法所称“单位负责人”，是指单位法定代表人或者法律、行政法规规定代表单位行使职权的主要负责人。

第一百一十五条　本办法所称“日”为日历日，期限的最后一日是国家法定节假日的，顺延到节假日后的次日为期限的最后一日。

第一百一十六条　本办法中 CIF、CIP、DDP 等贸易术语，应当根据国际商会（ICC）现行最新版本的《国际贸易术语解释通则》的规定解释。

第一百一十七条　本办法由商务部负责解释。

第一百一十八条　本办法自 2014 年 4 月 1 日起施行。《机电产品国际招标投标实施办法》（商务部 2004 年第 13 号令）同时废止。

附件 1：机电产品范围（略）

附件 2：（招标机构名称）评标委员会成员评标意见表（略）

附件 3：评标情况的报告（略）

附件 4：投诉书（略）

附件 5：投诉处理决定书（略）

政府采购货物和服务招标投标管理办法

（2017 年 7 月 11 日财政部令第 87 号公布
自 2017 年 10 月 1 日起施行）

第一章 总 则

第一条 为了规范政府采购当事人的采购行为，加强对政府采购货物和服务招标投标活动的监督管理，维护国家利益、社会公共利益和政府采购招标投标活动当事人的合法权益，依据《中华人民共和国政府采购法》（以下简称政府采购法）、《中华人民共和国政府采购法实施条例》（以下简称政府采购法实施条例）和其他有关法律法规规定，制定本办法。

第二条 本办法适用于在中华人民共和国境内开展政府采购货物和服务（以下简称货物服务）招标投标活动。

第三条 货物服务招标分为公开招标和邀请招标。

公开招标，是指采购人依法以招标公告的方式邀请非特定的供应商参加投标的采购方式。

邀请招标，是指采购人依法从符合相应资格条件的供应商中随机抽取 3 家以上供应商，并以投标邀请书的方式邀请其参加投标的采购方式。

第四条 属于地方预算的政府采购项目，省、自治区、直辖市人民政府根据实际情况，可以确定分别适用于本行政区域省级、设区的市级、县级公开招标数额标准。

第五条 采购人应当在货物服务招标投标活动中落实节约能源、保护环境、扶持不发达地区和少数民族地区、促进中小企业发展等政府采购政策。

第六条 采购人应当按照行政事业单位内部控制规范要求，建立健全本单位政府采购内部控制制度，在编制政府采购预算和实施计划、确定采购需求、组织采购活动、履约验收、答复询问质疑、配合投诉处理及监督检查等重点环节加强内部控制管理。

采购人不得向供应商索要或者接受其给予的赠品、回扣或者与采购无关的其他商品、服务。

第七条 采购人应当按照财政部制定的《政府采购品目分类目录》确定

采购项目属性。按照《政府采购品目分类目录》无法确定的,按照有利于采购项目实施的原则确定。

第八条 采购人委托采购代理机构代理招标的,采购代理机构应当在采购人委托的范围内依法开展采购活动。

采购代理机构及其分支机构不得在所代理的采购项目中投标或者代理投标,不得为所代理的采购项目的投标人参加本项目提供投标咨询。

第二章 招 标

第九条 未纳入集中采购目录的政府采购项目,采购人可以自行招标,也可以委托采购代理机构在委托的范围内代理招标。

采购人自行组织开展招标活动的,应当符合下列条件:

(一)有编制招标文件、组织招标的能力和条件;

(二)有与采购项目专业性相适应的专业人员。

第十条 采购人应当对采购标的的市场技术或者服务水平、供应、价格等情况进行市场调查,根据调查情况、资产配置标准等科学、合理地确定采购需求,进行价格测算。

第十一条 采购需求应当完整、明确,包括以下内容:

(一)采购标的需实现的功能或者目标,以及为落实政府采购政策需满足的要求;

(二)采购标的需执行的国家相关标准、行业标准、地方标准或者其他标准、规范;

(三)采购标的需满足的质量、安全、技术规格、物理特性等要求;

(四)采购标的的数量、采购项目交付或者实施的时间和地点;

(五)采购标的需满足的服务标准、期限、效率等要求;

(六)采购标的的验收标准;

(七)采购标的的其他技术、服务等要求。

第十二条 采购人根据价格测算情况,可以在采购预算额度内合理设定最高限价,但不得设定最低限价。

第十三条 公开招标公告应当包括以下主要内容:

(一)采购人及其委托的采购代理机构的名称、地址和联系方法;

(二)采购项目的名称、预算金额,设定最高限价的,还应当公开最高限价;

(三)采购人的采购需求;

（四）投标人的资格要求；

（五）获取招标文件的时间期限、地点、方式及招标文件售价；

（六）公告期限；

（七）投标截止时间、开标时间及地点；

（八）采购项目联系人姓名和电话。

第十四条 采用邀请招标方式的，采购人或者采购代理机构应当通过以下方式产生符合资格条件的供应商名单，并从中随机抽取3家以上供应商向其发出投标邀请书：

（一）发布资格预审公告征集；

（二）从省级以上人民政府财政部门（以下简称财政部门）建立的供应商库中选取；

（三）采购人书面推荐。

采用前款第一项方式产生符合资格条件供应商名单的，采购人或者采购代理机构应当按照资格预审文件载明的标准和方法，对潜在投标人进行资格预审。

采用第一款第二项或者第三项方式产生符合资格条件供应商名单的，备选的符合资格条件供应商总数不得少于拟随机抽取供应商总数的2倍。

随机抽取是指通过抽签等能够保证所有符合资格条件供应商机会均等的方式选定供应商。随机抽取供应商时，应当有不少于2名采购人工作人员在场监督，并形成书面记录，随采购文件一并存档。

投标邀请书应当同时向所有受邀请的供应商发出。

第十五条 资格预审公告应当包括以下主要内容：

（一）本办法第十三条第一至四项、第六项和第八项内容；

（二）获取资格预审文件的时间期限、地点、方式；

（三）提交资格预审申请文件的截止时间、地点及资格预审日期。

第十六条 招标公告、资格预审公告的公告期限为5个工作日。公告内容应当以省级以上财政部门指定媒体发布的公告为准。公告期限自省级以上财政部门指定媒体最先发布公告之日起算。

第十七条 采购人、采购代理机构不得将投标人的注册资本、资产总额、营业收入、从业人员、利润、纳税额等规模条件作为资格要求或者评审因素，也不得通过将除进口货物以外的生产厂家授权、承诺、证明、背书等作为资格要求，对投标人实行差别待遇或者歧视待遇。

第十八条 采购人或者采购代理机构应当按照招标公告、资格预审公告或者投标邀请书规定的时间、地点提供招标文件或者资格预审文件，提供期限自招标公告、资格预审公告发布之日起计算不得少于5个工作日。提供期限届满后,获取招标文件或者资格预审文件的潜在投标人不足3家的,可以顺延提供期限,并予公告。

公开招标进行资格预审的,招标公告和资格预审公告可以合并发布,招标文件应当向所有通过资格预审的供应商提供。

第十九条 采购人或者采购代理机构应当根据采购项目的实施要求,在招标公告、资格预审公告或者投标邀请书中载明是否接受联合体投标。如未载明,不得拒绝联合体投标。

第二十条 采购人或者采购代理机构应当根据采购项目的特点和采购需求编制招标文件。招标文件应当包括以下主要内容:

(一)投标邀请;

(二)投标人须知(包括投标文件的密封、签署、盖章要求等);

(三)投标人应当提交的资格、资信证明文件;

(四)为落实政府采购政策,采购标的需满足的要求,以及投标人须提供的证明材料;

(五)投标文件编制要求、投标报价要求和投标保证金交纳、退还方式以及不予退还投标保证金的情形;

(六)采购项目预算金额,设定最高限价的,还应当公开最高限价;

(七)采购项目的技术规格、数量、服务标准、验收等要求,包括附件、图纸等;

(八)拟签订的合同文本;

(九)货物、服务提供的时间、地点、方式;

(十)采购资金的支付方式、时间、条件;

(十一)评标方法、评标标准和投标无效情形;

(十二)投标有效期;

(十三)投标截止时间、开标时间及地点;

(十四)采购代理机构代理费用的收取标准和方式;

(十五)投标人信用信息查询渠道及截止时点、信用信息查询记录和证据留存的具体方式、信用信息的使用规则等;

(十六)省级以上财政部门规定的其他事项。

对于不允许偏离的实质性要求和条件,采购人或者采购代理机构应当在招标文件中规定,并以醒目的方式标明。

第二十一条 采购人或者采购代理机构应当根据采购项目的特点和采购需求编制资格预审文件。资格预审文件应当包括以下主要内容:

(一)资格预审邀请;

(二)申请人须知;

(三)申请人的资格要求;

(四)资格审核标准和方法;

(五)申请人应当提供的资格预审申请文件的内容和格式;

(六)提交资格预审申请文件的方式、截止时间、地点及资格审核日期;

(七)申请人信用信息查询渠道及截止时点、信用信息查询记录和证据留存的具体方式、信用信息的使用规则等内容;

(八)省级以上财政部门规定的其他事项。

资格预审文件应当免费提供。

第二十二条 采购人、采购代理机构一般不得要求投标人提供样品,仅凭书面方式不能准确描述采购需求或者需要对样品进行主观判断以确认是否满足采购需求等特殊情况除外。

要求投标人提供样品的,应当在招标文件中明确规定样品制作的标准和要求、是否需要随样品提交相关检测报告、样品的评审方法以及评审标准。需要随样品提交检测报告的,还应当规定检测机构的要求、检测内容等。

采购活动结束后,对于未中标人提供的样品,应当及时退还或者经未中标人同意后自行处理;对于中标人提供的样品,应当按照招标文件的规定进行保管、封存,并作为履约验收的参考。

第二十三条 投标有效期从提交投标文件的截止之日起算。投标文件中承诺的投标有效期应当不少于招标文件中载明的投标有效期。投标有效期内投标人撤销投标文件的,采购人或者采购代理机构可以不退还投标保证金。

第二十四条 招标文件售价应当按照弥补制作、邮寄成本的原则确定,不得以营利为目的,不得以招标采购金额作为确定招标文件售价的依据。

第二十五条 招标文件、资格预审文件的内容不得违反法律、行政法规、强制性标准、政府采购政策,或者违反公开透明、公平竞争、公正和诚实信用原则。

有前款规定情形,影响潜在投标人投标或者资格预审结果的,采购人或者采购代理机构应当修改招标文件或者资格预审文件后重新招标。

第二十六条 采购人或者采购代理机构可以在招标文件提供期限截止后,组织已获取招标文件的潜在投标人现场考察或者召开开标前答疑会。

组织现场考察或者召开答疑会的,应当在招标文件中载明,或者在招标文件提供期限截止后以书面形式通知所有获取招标文件的潜在投标人。

第二十七条 采购人或者采购代理机构可以对已发出的招标文件、资格预审文件、投标邀请书进行必要的澄清或者修改,但不得改变采购标的和资格条件。澄清或者修改应当在原公告发布媒体上发布澄清公告。澄清或者修改的内容为招标文件、资格预审文件、投标邀请书的组成部分。

澄清或者修改的内容可能影响投标文件编制的,采购人或者采购代理机构应当在投标截止时间至少 15 日前,以书面形式通知所有获取招标文件的潜在投标人;不足 15 日的,采购人或者采购代理机构应当顺延提交投标文件的截止时间。

澄清或者修改的内容可能影响资格预审文件编制的,采购人或者采购代理机构应当在提交资格预审申请文件截止时间至少 3 日前,以书面形式通知所有获取资格预审申请文件的潜在投标人;不足 3 日的,采购人或者采购代理机构应当顺延提交资格预审申请文件的截止时间。

第二十八条 投标截止时间前,采购人、采购代理机构和有关人员不得向他人透露已获取招标文件的潜在投标人的名称、数量以及可能影响公平竞争的有关招标投标的其他情况。

第二十九条 采购人、采购代理机构在发布招标公告、资格预审公告或者发出投标邀请书后,除因重大变故采购任务取消情况外,不得擅自终止招标活动。

终止招标的,采购人或者采购代理机构应当及时在原公告发布媒体上发布终止公告,以书面形式通知已经获取招标文件、资格预审文件或者被邀请的潜在投标人,并将项目实施情况和采购任务取消原因报告本级财政部门。已经收取招标文件费用或者投标保证金的,采购人或者采购代理机构应当在终止采购活动后 5 个工作日内,退还所收取的招标文件费用和所收取的投标保证金及其在银行产生的孳息。

第三章 投 标

第三十条 投标人,是指响应招标、参加投标竞争的法人、其他组织或者自然人。

第三十一条 采用最低评标价法的采购项目,提供相同品牌产品的不同投标人参加同一合同项下投标的,以其中通过资格审查、符合性审查且报价最低的参加评标;报价相同的,由采购人或者采购人委托评标委员会按照招标文件规定的方式确定 1 个参加评标的投标人,招标文件未规定的采取随机抽取方式确定,其他投标无效。

使用综合评分法的采购项目，提供相同品牌产品且通过资格审查、符合性审查的不同投标人参加同一合同项下投标的，按1家投标人计算，评审后得分最高的同品牌投标人获得中标人推荐资格；评审得分相同的，由采购人或者采购人委托评标委员会按照招标文件规定的方式确定1个投标人获得中标人推荐资格，招标文件未规定的采取随机抽取方式确定，其他同品牌投标人不作为中标候选人。

非单一产品采购项目，采购人应当根据采购项目技术构成、产品价格比重等合理确定核心产品，并在招标文件中载明。多家投标人提供的核心产品品牌相同的，按前两款规定处理。

第三十二条 投标人应当按照招标文件的要求编制投标文件。投标文件应当对招标文件提出的要求和条件作出明确响应。

第三十三条 投标人应当在招标文件要求提交投标文件的截止时间前，将投标文件密封送达投标地点。采购人或者采购代理机构收到投标文件后，应当如实记载投标文件的送达时间和密封情况，签收保存，并向投标人出具签收回执。任何单位和个人不得在开标前开启投标文件。

逾期送达或者未按照招标文件要求密封的投标文件，采购人、采购代理机构应当拒收。

第三十四条 投标人在投标截止时间前，可以对所递交的投标文件进行补充、修改或者撤回，并书面通知采购人或者采购代理机构。补充、修改的内容应当按照招标文件要求签署、盖章、密封后，作为投标文件的组成部分。

第三十五条 投标人根据招标文件的规定和采购项目的实际情况，拟在中标后将中标项目的非主体、非关键性工作分包的，应当在投标文件中载明分包承担主体，分包承担主体应当具备相应资质条件且不得再次分包。

第三十六条 投标人应当遵循公平竞争的原则，不得恶意串通，不得妨碍其他投标人的竞争行为，不得损害采购人或者其他投标人的合法权益。

在评标过程中发现投标人有上述情形的，评标委员会应当认定其投标无效，并书面报告本级财政部门。

第三十七条 有下列情形之一的，视为投标人串通投标，其投标无效：

（一）不同投标人的投标文件由同一单位或者个人编制；

（二）不同投标人委托同一单位或者个人办理投标事宜；

（三）不同投标人的投标文件载明的项目管理成员或者联系人员为同一人；

（四）不同投标人的投标文件异常一致或者投标报价呈规律性差异；

（五）不同投标人的投标文件相互混装；

(六)不同投标人的投标保证金从同一单位或者个人的账户转出。

第三十八条 投标人在投标截止时间前撤回已提交的投标文件的,采购人或者采购代理机构应当自收到投标人书面撤回通知之日起5个工作日内,退还已收取的投标保证金,但因投标人自身原因导致无法及时退还的除外。

采购人或者采购代理机构应当自中标通知书发出之日起5个工作日内退还未中标人的投标保证金,自采购合同签订之日起5个工作日内退还中标人的投标保证金或者转为中标人的履约保证金。

采购人或者采购代理机构逾期退还投标保证金的,除应当退还投标保证金本金外,还应当按中国人民银行同期贷款基准利率上浮20%后的利率支付超期资金占用费,但因投标人自身原因导致无法及时退还的除外。

第四章 开标、评标

第三十九条 开标应当在招标文件确定的提交投标文件截止时间的同一时间进行。开标地点应当为招标文件中预先确定的地点。

采购人或者采购代理机构应当对开标、评标现场活动进行全程录音录像。录音录像应当清晰可辨,音像资料作为采购文件一并存档。

第四十条 开标由采购人或者采购代理机构主持,邀请投标人参加。评标委员会成员不得参加开标活动。

第四十一条 开标时,应当由投标人或者其推选的代表检查投标文件的密封情况;经确认无误后,由采购人或者采购代理机构工作人员当众拆封,宣布投标人名称、投标价格和招标文件规定的需要宣布的其他内容。

投标人不足3家的,不得开标。

第四十二条 开标过程应当由采购人或者采购代理机构负责记录,由参加开标的各投标人代表和相关工作人员签字确认后随采购文件一并存档。

投标人代表对开标过程和开标记录有疑义,以及认为采购人、采购代理机构相关工作人员有需要回避的情形的,应当场提出询问或者回避申请。采购人、采购代理机构对投标人代表提出的询问或者回避申请应当及时处理。

投标人未参加开标的,视同认可开标结果。

第四十三条 公开招标数额标准以上的采购项目,投标截止后投标人不足3家或者通过资格审查或符合性审查的投标人不足3家的,除采购任务取消情形外,按照以下方式处理:

(一)招标文件存在不合理条款或者招标程序不符合规定的,采购人、采购代理机构改正后依法重新招标;

(二)招标文件没有不合理条款、招标程序符合规定,需要采用其他采购方式采购的,采购人应当依法报财政部门批准。

第四十四条 公开招标采购项目开标结束后,采购人或者采购代理机构应当依法对投标人的资格进行审查。

合格投标人不足3家的,不得评标。

第四十五条 采购人或者采购代理机构负责组织评标工作,并履行下列职责:

(一)核对评审专家身份和采购人代表授权函,对评审专家在政府采购活动中的职责履行情况予以记录,并及时将有关违法违规行为向财政部门报告;

(二)宣布评标纪律;

(三)公布投标人名单,告知评审专家应当回避的情形;

(四)组织评标委员会推选评标组长,采购人代表不得担任组长;

(五)在评标期间采取必要的通讯管理措施,保证评标活动不受外界干扰;

(六)根据评标委员会的要求介绍政府采购相关政策法规、招标文件;

(七)维护评标秩序,监督评标委员会依照招标文件规定的评标程序、方法和标准进行独立评审,及时制止和纠正采购人代表、评审专家的倾向性言论或者违法违规行为;

(八)核对评标结果,有本办法第六十四条规定情形的,要求评标委员会复核或者书面说明理由,评标委员会拒绝的,应予记录并向本级财政部门报告;

(九)评审工作完成后,按照规定向评审专家支付劳务报酬和异地评审差旅费,不得向评审专家以外的其他人员支付评审劳务报酬;

(十)处理与评标有关的其他事项。

采购人可以在评标前说明项目背景和采购需求,说明内容不得含有歧视性、倾向性意见,不得超出招标文件所述范围。说明应当提交书面材料,并随采购文件一并存档。

第四十六条 评标委员会负责具体评标事务,并独立履行下列职责:

(一)审查、评价投标文件是否符合招标文件的商务、技术等实质性要求;

(二)要求投标人对投标文件有关事项作出澄清或者说明;

(三)对投标文件进行比较和评价;

(四)确定中标候选人名单,以及根据采购人委托直接确定中标人;

(五)向采购人、采购代理机构或者有关部门报告评标中发现的违法行为。

第四十七条 评标委员会由采购人代表和评审专家组成,成员人数应当为5人以上单数,其中评审专家不得少于成员总数的2/3。

采购项目符合下列情形之一的,评标委员会成员人数应当为7人以上单数:

(一)采购预算金额在1000万元以上;

(二)技术复杂;

(三)社会影响较大。

评审专家对本单位的采购项目只能作为采购人代表参与评标,本办法第四十八条第二款规定情形除外。采购代理机构工作人员不得参加由本机构代理的政府采购项目的评标。

评标委员会成员名单在评标结果公告前应当保密。

第四十八条 采购人或者采购代理机构应当从省级以上财政部门设立的政府采购评审专家库中,通过随机方式抽取评审专家。

对技术复杂、专业性强的采购项目,通过随机方式难以确定合适评审专家的,经主管预算单位同意,采购人可以自行选定相应专业领域的评审专家。

第四十九条 评标中因评标委员会成员缺席、回避或者健康等特殊原因导致评标委员会组成不符合本办法规定的,采购人或者采购代理机构应当依法补足后继续评标。被更换的评标委员会成员所作出的评标意见无效。

无法及时补足评标委员会成员的,采购人或者采购代理机构应当停止评标活动,封存所有投标文件和开标、评标资料,依法重新组建评标委员会进行评标。原评标委员会所作出的评标意见无效。

采购人或者采购代理机构应当将变更、重新组建评标委员会的情况予以记录,并随采购文件一并存档。

第五十条 评标委员会应当对符合资格的投标人的投标文件进行符合性审查,以确定其是否满足招标文件的实质性要求。

第五十一条 对于投标文件中含义不明确、同类问题表述不一致或者有明显文字和计算错误的内容,评标委员会应当以书面形式要求投标人作出必要的澄清、说明或者补正。

投标人的澄清、说明或者补正应当采用书面形式,并加盖公章,或者由法定代表人或其授权的代表签字。投标人的澄清、说明或者补正不得超出投标文件的范围或者改变投标文件的实质性内容。

第五十二条 评标委员会应当按照招标文件中规定的评标方法和标准,

对符合性审查合格的投标文件进行商务和技术评估,综合比较与评价。

第五十三条 评标方法分为最低评标价法和综合评分法。

第五十四条 最低评标价法,是指投标文件满足招标文件全部实质性要求,且投标报价最低的投标人为中标候选人的评标方法。

技术、服务等标准统一的货物服务项目,应当采用最低评标价法。

采用最低评标价法评标时,除了算术修正和落实政府采购政策需进行的价格扣除外,不能对投标人的投标价格进行任何调整。

第五十五条 综合评分法,是指投标文件满足招标文件全部实质性要求,且按照评审因素的量化指标评审得分最高的投标人为中标候选人的评标方法。

评审因素的设定应当与投标人所提供货物服务的质量相关,包括投标报价、技术或者服务水平、履约能力、售后服务等。资格条件不得作为评审因素。评审因素应当在招标文件中规定。

评审因素应当细化和量化,且与相应的商务条件和采购需求对应。商务条件和采购需求指标有区间规定的,评审因素应当量化到相应区间,并设置各区间对应的不同分值。

评标时,评标委员会各成员应当独立对每个投标人的投标文件进行评价,并汇总每个投标人的得分。

货物项目的价格分值占总分值的比重不得低于30%;服务项目的价格分值占总分值的比重不得低于10%。执行国家统一定价标准和采用固定价格采购的项目,其价格不列为评审因素。

价格分应当采用低价优先法计算,即满足招标文件要求且投标价格最低的投标报价为评标基准价,其价格分为满分。其他投标人的价格分统一按照下列公式计算:

投标报价得分 =(评标基准价/投标报价)×100

评标总得分 = $F1 \times A1 + F2 \times A2 + \cdots\cdots + Fn \times An$

F1、F2……Fn 分别为各项评审因素的得分;

A1、A2、……An 分别为各项评审因素所占的权重($A1 + A2 + \cdots\cdots + An = 1$)。

评标过程中,不得去掉报价中的最高报价和最低报价。

因落实政府采购政策进行价格调整的,以调整后的价格计算评标基准价和投标报价。

第五十六条 采用最低评标价法的,评标结果按投标报价由低到高顺序排列。投标报价相同的并列。投标文件满足招标文件全部实质性要求且投标报价最低的投标人为排名第一的中标候选人。

第五十七条 采用综合评分法的,评标结果按评审后得分由高到低顺序排列。得分相同的,按投标报价由低到高顺序排列。得分且投标报价相同的并列。投标文件满足招标文件全部实质性要求,且按照评审因素的量化指标评审得分最高的投标人为排名第一的中标候选人。

第五十八条 评标委员会根据全体评标成员签字的原始评标记录和评标结果编写评标报告。评标报告应当包括以下内容:

(一)招标公告刊登的媒体名称、开标日期和地点;

(二)投标人名单和评标委员会成员名单;

(三)评标方法和标准;

(四)开标记录和评标情况及说明,包括无效投标人名单及原因;

(五)评标结果,确定的中标候选人名单或者经采购人委托直接确定的中标人;

(六)其他需要说明的情况,包括评标过程中投标人根据评标委员会要求进行的澄清、说明或者补正,评标委员会成员的更换等。

第五十九条 投标文件报价出现前后不一致的,除招标文件另有规定外,按照下列规定修正:

(一)投标文件中开标一览表(报价表)内容与投标文件中相应内容不一致的,以开标一览表(报价表)为准;

(二)大写金额和小写金额不一致的,以大写金额为准;

(三)单价金额小数点或者百分比有明显错位的,以开标一览表的总价为准,并修改单价;

(四)总价金额与按单价汇总金额不一致的,以单价金额计算结果为准。

同时出现2种以上不一致的,按照前款规定的顺序修正。修正后的报价按照本办法第五十一条第二款的规定经投标人确认后产生约束力,投标人不确认的,其投标无效。

第六十条 评标委员会认为投标人的报价明显低于其他通过符合性审查投标人的报价,有可能影响产品质量或者不能诚信履约的,应当要求其在评标现场合理的时间内提供书面说明,必要时提交相关证明材料;投标人不能证明其报价合理性的,评标委员会应当将其作为无效投标处理。

第六十一条 评标委员会成员对需要共同认定的事项存在争议的,应当按照少数服从多数的原则作出结论。持不同意见的评标委员会成员应当在评标报告上签署不同意见及理由,否则视为同意评标报告。

第六十二条 评标委员会及其成员不得有下列行为:

(一)确定参与评标至评标结束前私自接触投标人;

(二)接受投标人提出的与投标文件不一致的澄清或者说明,本办法第五十一条规定的情形除外;

(三)违反评标纪律发表倾向性意见或者征询采购人的倾向性意见;

(四)对需要专业判断的主观评审因素协商评分;

(五)在评标过程中擅离职守,影响评标程序正常进行的;

(六)记录、复制或者带走任何评标资料;

(七)其他不遵守评标纪律的行为。

评标委员会成员有前款第一至五项行为之一的,其评审意见无效,并不得获取评审劳务报酬和报销异地评审差旅费。

第六十三条 投标人存在下列情况之一的,投标无效:

(一)未按照招标文件的规定提交投标保证金的;

(二)投标文件未按招标文件要求签署、盖章的;

(三)不具备招标文件中规定的资格要求的;

(四)报价超过招标文件中规定的预算金额或者最高限价的;

(五)投标文件含有采购人不能接受的附加条件的;

(六)法律、法规和招标文件规定的其他无效情形。

第六十四条 评标结果汇总完成后,除下列情形外,任何人不得修改评标结果:

(一)分值汇总计算错误的;

(二)分项评分超出评分标准范围的;

(三)评标委员会成员对客观评审因素评分不一致的;

(四)经评标委员会认定评分畸高、畸低的。

评标报告签署前,经复核发现存在以上情形之一的,评标委员会应当当场修改评标结果,并在评标报告中记载;评标报告签署后,采购人或者采购代理机构发现存在以上情形之一的,应当组织原评标委员会进行重新评审,重新评审改变评标结果的,书面报告本级财政部门。

投标人对本条第一款情形提出质疑的,采购人或者采购代理机构可以组织原评标委员会进行重新评审,重新评审改变评标结果的,应当书面报告本级财政部门。

第六十五条 评标委员会发现招标文件存在歧义、重大缺陷导致评标工作无法进行,或者招标文件内容违反国家有关强制性规定的,应当停止评标工作,与采购人或者采购代理机构沟通并作书面记录。采购人或者采购代理机构确认后,应当修改招标文件,重新组织采购活动。

第六十六条　采购人、采购代理机构应当采取必要措施，保证评标在严格保密的情况下进行。除采购人代表、评标现场组织人员外，采购人的其他工作人员以及与评标工作无关的人员不得进入评标现场。

有关人员对评标情况以及在评标过程中获悉的国家秘密、商业秘密负有保密责任。

第六十七条　评标委员会或者其成员存在下列情形导致评标结果无效的，采购人、采购代理机构可以重新组建评标委员会进行评标，并书面报告本级财政部门，但采购合同已经履行的除外：

（一）评标委员会组成不符合本办法规定的；

（二）有本办法第六十二条第一至五项情形的；

（三）评标委员会及其成员独立评标受到非法干预的；

（四）有政府采购法实施条例第七十五条规定的违法行为的。

有违法违规行为的原评标委员会成员不得参加重新组建的评标委员会。

第五章　中标和合同

第六十八条　采购代理机构应当在评标结束后 2 个工作日内将评标报告送采购人。

采购人应当自收到评标报告之日起 5 个工作日内，在评标报告确定的中标候选人名单中按顺序确定中标人。中标候选人并列的，由采购人或者采购人委托评标委员会按照招标文件规定的方式确定中标人；招标文件未规定的，采取随机抽取的方式确定。

采购人自行组织招标的，应当在评标结束后 5 个工作日内确定中标人。

采购人在收到评标报告 5 个工作日内未按评标报告推荐的中标候选人顺序确定中标人，又不能说明合法理由的，视同按评标报告推荐的顺序确定排名第一的中标候选人为中标人。

第六十九条　采购人或者采购代理机构应当自中标人确定之日起 2 个工作日内，在省级以上财政部门指定的媒体上公告中标结果，招标文件应当随中标结果同时公告。

中标结果公告内容应当包括采购人及其委托的采购代理机构的名称、地址、联系方式，项目名称和项目编号，中标人名称、地址和中标金额，主要中标标的的名称、规格型号、数量、单价、服务要求，中标公告期限以及评审专家名单。

中标公告期限为 1 个工作日。

邀请招标采购人采用书面推荐方式产生符合资格条件的潜在投标人的，还应当将所有被推荐供应商名单和推荐理由随中标结果同时公告。

在公告中标结果的同时，采购人或者采购代理机构应当向中标人发出中标通知书；对未通过资格审查的投标人，应当告知其未通过的原因；采用综合评分法评审的，还应当告知未中标人本人的评审得分与排序。

第七十条 中标通知书发出后，采购人不得违法改变中标结果，中标人无正当理由不得放弃中标。

第七十一条 采购人应当自中标通知书发出之日起30日内，按照招标文件和中标人投标文件的规定，与中标人签订书面合同。所签订的合同不得对招标文件确定的事项和中标人投标文件作实质性修改。

采购人不得向中标人提出任何不合理的要求作为签订合同的条件。

第七十二条 政府采购合同应当包括采购人与中标人的名称和住所、标的、数量、质量、价款或者报酬、履行期限及地点和方式、验收要求、违约责任、解决争议的方法等内容。

第七十三条 采购人与中标人应当根据合同的约定依法履行合同义务。

政府采购合同的履行、违约责任和解决争议的方法等适用《中华人民共和国合同法》。

第七十四条 采购人应当及时对采购项目进行验收。采购人可以邀请参加本项目的其他投标人或者第三方机构参与验收。参与验收的投标人或者第三方机构的意见作为验收书的参考资料一并存档。

第七十五条 采购人应当加强对中标人的履约管理，并按照采购合同约定，及时向中标人支付采购资金。对于中标人违反采购合同约定的行为，采购人应当及时处理，依法追究其违约责任。

第七十六条 采购人、采购代理机构应当建立真实完整的招标采购档案，妥善保存每项采购活动的采购文件。

第六章 法律责任

第七十七条 采购人有下列情形之一的，由财政部门责令限期改正；情节严重的，给予警告，对直接负责的主管人员和其他直接责任人员由其行政主管部门或者有关机关依法给予处分，并予以通报；涉嫌犯罪的，移送司法机关处理：

（一）未按照本办法的规定编制采购需求的；

（二）违反本办法第六条第二款规定的；

（三）未在规定时间内确定中标人的；

（四）向中标人提出不合理要求作为签订合同条件的。

第七十八条　采购人、采购代理机构有下列情形之一的，由财政部门责令限期改正，情节严重的，给予警告，对直接负责的主管人员和其他直接责任人员，由其行政主管部门或者有关机关给予处分，并予通报；采购代理机构有违法所得的，没收违法所得，并可以处以不超过违法所得3倍、最高不超过3万元的罚款，没有违法所得的，可以处以1万元以下的罚款：

（一）违反本办法第八条第二款规定的；

（二）设定最低限价的；

（三）未按照规定进行资格预审或者资格审查的；

（四）违反本办法规定确定招标文件售价的；

（五）未按规定对开标、评标活动进行全程录音录像的；

（六）擅自终止招标活动的；

（七）未按照规定进行开标和组织评标的；

（八）未按照规定退还投标保证金的；

（九）违反本办法规定进行重新评审或者重新组建评标委员会进行评标的；

（十）开标前泄露已获取招标文件的潜在投标人的名称、数量或者其他可能影响公平竞争的有关招标投标情况的；

（十一）未妥善保存采购文件的；

（十二）其他违反本办法规定的情形。

第七十九条　有本办法第七十七条、第七十八条规定的违法行为之一，经改正后仍然影响或者可能影响中标结果的，依照政府采购法实施条例第七十一条规定处理。

第八十条　政府采购当事人违反本办法规定，给他人造成损失的，依法承担民事责任。

第八十一条　评标委员会成员有本办法第六十二条所列行为之一的，由财政部门责令限期改正；情节严重的，给予警告，并对其不良行为予以记录。

第八十二条　财政部门应当依法履行政府采购监督管理职责。财政部门及其工作人员在履行监督管理职责中存在懒政怠政、滥用职权、玩忽职守、徇私舞弊等违法违纪行为的，依照政府采购法、《中华人民共和国公务员法》、《中华人民共和国行政监察法》、政府采购法实施条例等国家有关规定追究相应责任；涉嫌犯罪的，移送司法机关处理。

第七章 附 则

第八十三条 政府采购货物服务电子招标投标、政府采购货物中的进口机电产品招标投标有关特殊事宜,由财政部另行规定。

第八十四条 本办法所称主管预算单位是指负有编制部门预算职责,向本级财政部门申报预算的国家机关、事业单位和团体组织。

第八十五条 本办法规定按日计算期间的,开始当天不计入,从次日开始计算。期限的最后一日是国家法定节假日的,顺延到节假日后的次日为期限的最后一日。

第八十六条 本办法所称的“以上”、“以下”、“内”、“以内”,包括本数;所称的“不足”,不包括本数。

第八十七条 各省、自治区、直辖市财政部门可以根据本办法制定具体实施办法。

第八十八条 本办法自2017年10月1日起施行。财政部2004年8月11日发布的《政府采购货物和服务招标投标管理办法》(财政部令第18号)同时废止。

三、司法解释

最高人民法院

关于审理建设工程施工合同纠纷案件适用法律问题的解释(一)

法释〔2020〕25号

(2020年12月25日最高人民法院审判委员会第1825次会议通过
2020年12月29日最高人民法院公告公布
自2021年1月1日起施行)

为正确审理建设工程施工合同纠纷案件,依法保护当事人合法权益,维护建筑市场秩序,促进建筑市场健康发展,根据《中华人民共和国民法典》《中华人民共和国建筑法》《中华人民共和国招标投标法》《中华人民共和国民事诉讼法》等相关法律规定,结合审判实践,制定本解释。

第一条 建设工程施工合同具有下列情形之一的,应当依据民法典第一百五十三条第一款的规定,认定无效:

(一)承包人未取得建筑业企业资质或者超越资质等级的;

(二)没有资质的实际施工人借用有资质的建筑施工企业名义的;

(三)建设工程必须进行招标而未招标或者中标无效的。

承包人因转包、违法分包建设工程与他人签订的建设工程施工合同,应当依据民法典第一百五十三条第一款及第七百九十一条第二款、第三款的规定,认定无效。

第二条 招标人和中标人另行签订的建设工程施工合同约定的工程范围、建设工期、工程质量、工程价款等实质性内容,与中标合同不一致,一方当事人请求按照中标合同确定权利义务的,人民法院应予支持。

招标人和中标人在中标合同之外就明显高于市场价格购买承建房产、无偿建设住房配套设施、让利、向建设单位捐赠财物等另行签订合同,变相降低工程价款,一方当事人以该合同背离中标合同实质性内容为由请求确认无效的,人民法院应予支持。

第三条 当事人以发包人未取得建设工程规划许可证等规划审批手续为由,请求确认建设工程施工合同无效的,人民法院应予支持,但发包人在起诉前取得建设工程规划许可证等规划审批手续的除外。

发包人能够办理审批手续而未办理,并以未办理审批手续为由请求确认建设工程施工合同无效的,人民法院不予支持。

第四条 承包人超越资质等级许可的业务范围签订建设工程施工合同,在建设工程竣工前取得相应资质等级,当事人请求按照无效合同处理的,人民法院不予支持。

第五条 具有劳务作业法定资质的承包人与总承包人、分包人签订的劳务分包合同,当事人请求确认无效的,人民法院依法不予支持。

第六条 建设工程施工合同无效,一方当事人请求对方赔偿损失的,应当就对方过错、损失大小、过错与损失之间的因果关系承担举证责任。

损失大小无法确定,一方当事人请求参照合同约定的质量标准、建设工期、工程价款支付时间等内容确定损失大小的,人民法院可以结合双方过错程度、过错与损失之间的因果关系等因素作出裁判。

第七条 缺乏资质的单位或者个人借用有资质的建筑施工企业名义签订建设工程施工合同,发包人请求出借方与借用方对建设工程质量不合格等因出借资质造成的损失承担连带赔偿责任的,人民法院应予支持。

第八条 当事人对建设工程开工日期有争议的,人民法院应当分别按照以下情形予以认定:

(一)开工日期为发包人或者监理人发出的开工通知载明的开工日期;开工通知发出后,尚不具备开工条件的,以开工条件具备的时间为开工日期;因承包人原因导致开工时间推迟的,以开工通知载明的时间为开工日期。

(二)承包人经发包人同意已经实际进场施工的,以实际进场施工时间为开工日期。

(三)发包人或者监理人未发出开工通知,亦无相关证据证明实际开工日期的,应当综合考虑开工报告、合同、施工许可证、竣工验收报告或者竣工验收备案表等载明的时间,并结合是否具备开工条件的事实,认定开工日期。

第九条 当事人对建设工程实际竣工日期有争议的,人民法院应当分别按照以下情形予以认定:

(一)建设工程经竣工验收合格的,以竣工验收合格之日为竣工日期;

(二)承包人已经提交竣工验收报告,发包人拖延验收的,以承包人提交验收报告之日为竣工日期；

（三）建设工程未经竣工验收，发包人擅自使用的，以转移占有建设工程之日为竣工日期。

第十条　当事人约定顺延工期应当经发包人或者监理人签证等方式确认，承包人虽未取得工期顺延的确认，但能够证明在合同约定的期限内向发包人或者监理人申请过工期顺延且顺延事由符合合同约定，承包人以此为由主张工期顺延的，人民法院应予支持。

当事人约定承包人未在约定期限内提出工期顺延申请视为工期不顺延的，按照约定处理，但发包人在约定期限后同意工期顺延或者承包人提出合理抗辩的除外。

第十一条　建设工程竣工前，当事人对工程质量发生争议，工程质量经鉴定合格的，鉴定期间为顺延工期期间。

第十二条　因承包人的原因造成建设工程质量不符合约定，承包人拒绝修理、返工或者改建，发包人请求减少支付工程价款的，人民法院应予支持。

第十三条　发包人具有下列情形之一，造成建设工程质量缺陷，应当承担过错责任：

（一）提供的设计有缺陷；

（二）提供或者指定购买的建筑材料、建筑构配件、设备不符合强制性标准；

（三）直接指定分包人分包专业工程。

承包人有过错的，也应当承担相应的过错责任。

第十四条　建设工程未经竣工验收，发包人擅自使用后，又以使用部分质量不符合约定为由主张权利的，人民法院不予支持；但是承包人应当在建设工程的合理使用寿命内对地基基础工程和主体结构质量承担民事责任。

第十五条　因建设工程质量发生争议的，发包人可以以总承包人、分包人和实际施工人为共同被告提起诉讼。

第十六条　发包人在承包人提起的建设工程施工合同纠纷案件中，以建设工程质量不符合合同约定或者法律规定为由，就承包人支付违约金或者赔偿修理、返工、改建的合理费用等损失提出反诉的，人民法院可以合并审理。

第十七条　有下列情形之一，承包人请求发包人返还工程质量保证金的，人民法院应予支持：

（一）当事人约定的工程质量保证金返还期限届满；

（二）当事人未约定工程质量保证金返还期限的，自建设工程通过竣工验收之日起满二年；

(三)因发包人原因建设工程未按约定期限进行竣工验收的,自承包人提交工程竣工验收报告九十日后当事人约定的工程质量保证金返还期限届满;当事人未约定工程质量保证金返还期限的,自承包人提交工程竣工验收报告九十日后起满二年。

发包人返还工程质量保证金后,不影响承包人根据合同约定或者法律规定履行工程保修义务。

第十八条 因保修人未及时履行保修义务,导致建筑物毁损或者造成人身损害、财产损失的,保修人应当承担赔偿责任。

保修人与建筑物所有人或者发包人对建筑物毁损均有过错的,各自承担相应的责任。

第十九条 当事人对建设工程的计价标准或者计价方法有约定的,按照约定结算工程价款。

因设计变更导致建设工程的工程量或者质量标准发生变化,当事人对该部分工程价款不能协商一致的,可以参照签订建设工程施工合同时当地建设行政主管部门发布的计价方法或者计价标准结算工程价款。

建设工程施工合同有效,但建设工程经竣工验收不合格的,依照民法典第五百七十七条规定处理。

第二十条 当事人对工程量有争议的,按照施工过程中形成的签证等书面文件确认。承包人能够证明发包人同意其施工,但未能提供签证文件证明工程量发生的,可以按照当事人提供的其他证据确认实际发生的工程量。

第二十一条 当事人约定,发包人收到竣工结算文件后,在约定期限内不予答复,视为认可竣工结算文件的,按照约定处理。承包人请求按照竣工结算文件结算工程价款的,人民法院应予支持。

第二十二条 当事人签订的建设工程施工合同与招标文件、投标文件、中标通知书载明的工程范围、建设工期、工程质量、工程价款不一致,一方当事人请求将招标文件、投标文件、中标通知书作为结算工程价款的依据的,人民法院应予支持。

第二十三条 发包人将依法不属于必须招标的建设工程进行招标后,与承包人另行订立的建设工程施工合同背离中标合同的实质性内容,当事人请求以中标合同作为结算建设工程价款依据的,人民法院应予支持,但发包人与承包人因客观情况发生了在招标投标时难以预见的变化而另行订立建设工程施工合同的除外。

第二十四条 当事人就同一建设工程订立的数份建设工程施工合同均无效,但建设工程质量合格,一方当事人请求参照实际履行的合同关于工程价款的约定折价补偿承包人的,人民法院应予支持。

实际履行的合同难以确定,当事人请求参照最后签订的合同关于工程价款的约定折价补偿承包人的,人民法院应予支持。

第二十五条　当事人对垫资和垫资利息有约定,承包人请求按照约定返还垫资及其利息的,人民法院应予支持,但是约定的利息计算标准高于垫资时的同类贷款利率或者同期贷款市场报价利率的部分除外。

当事人对垫资没有约定的,按照工程欠款处理。

当事人对垫资利息没有约定,承包人请求支付利息的,人民法院不予支持。

第二十六条　当事人对欠付工程价款利息计付标准有约定的,按照约定处理。没有约定的,按照同期同类贷款利率或者同期贷款市场报价利率计息。

第二十七条　利息从应付工程价款之日开始计付。当事人对付款时间没有约定或者约定不明的,下列时间视为应付款时间:

(一)建设工程已实际交付的,为交付之日;

(二)建设工程没有交付的,为提交竣工结算文件之日;

(三)建设工程未交付,工程价款也未结算的,为当事人起诉之日。

第二十八条　当事人约定按照固定价结算工程价款,一方当事人请求对建设工程造价进行鉴定的,人民法院不予支持。

第二十九条　当事人在诉讼前已经对建设工程价款结算达成协议,诉讼中一方当事人申请对工程造价进行鉴定的,人民法院不予准许。

第三十条　当事人在诉讼前共同委托有关机构、人员对建设工程造价出具咨询意见,诉讼中一方当事人不认可该咨询意见申请鉴定的,人民法院应予准许,但双方当事人明确表示受该咨询意见约束的除外。

第三十一条　当事人对部分案件事实有争议的,仅对有争议的事实进行鉴定,但争议事实范围不能确定,或者双方当事人请求对全部事实鉴定的除外。

第三十二条　当事人对工程造价、质量、修复费用等专门性问题有争议,人民法院认为需要鉴定的,应当向负有举证责任的当事人释明。当事人经释明未申请鉴定,虽申请鉴定但未支付鉴定费用或者拒不提供相关材料的,应当承担举证不能的法律后果。

一审诉讼中负有举证责任的当事人未申请鉴定,虽申请鉴定但未支付鉴定费用或者拒不提供相关材料,二审诉讼中申请鉴定,人民法院认为确有必要的,应当依照民事诉讼法第一百七十条第一款第三项的规定处理。

第三十三条 人民法院准许当事人的鉴定申请后,应当根据当事人申请及查明案件事实的需要,确定委托鉴定的事项、范围、鉴定期限等,并组织当事人对争议的鉴定材料进行质证。

第三十四条 人民法院应当组织当事人对鉴定意见进行质证。鉴定人将当事人有争议且未经质证的材料作为鉴定依据的,人民法院应当组织当事人就该部分材料进行质证。经质证认为不能作为鉴定依据的,根据该材料作出的鉴定意见不得作为认定案件事实的依据。

第三十五条 与发包人订立建设工程施工合同的承包人,依据民法典第八百零七条的规定请求其承建工程的价款就工程折价或者拍卖的价款优先受偿的,人民法院应予支持。

第三十六条 承包人根据民法典第八百零七条规定享有的建设工程价款优先受偿权优于抵押权和其他债权。

第三十七条 装饰装修工程具备折价或者拍卖条件,装饰装修工程的承包人请求工程价款就该装饰装修工程折价或者拍卖的价款优先受偿的,人民法院应予支持。

第三十八条 建设工程质量合格,承包人请求其承建工程的价款就工程折价或者拍卖的价款优先受偿的,人民法院应予支持。

第三十九条 未竣工的建设工程质量合格,承包人请求其承建工程的价款就其承建工程部分折价或者拍卖的价款优先受偿的,人民法院应予支持。

第四十条 承包人建设工程价款优先受偿的范围依照国务院有关行政主管部门关于建设工程价款范围的规定确定。

承包人就逾期支付建设工程价款的利息、违约金、损害赔偿金等主张优先受偿的,人民法院不予支持。

第四十一条 承包人应当在合理期限内行使建设工程价款优先受偿权,但最长不得超过十八个月,自发包人应当给付建设工程价款之日起算。

第四十二条 发包人与承包人约定放弃或者限制建设工程价款优先受偿权,损害建筑工人利益,发包人根据该约定主张承包人不享有建设工程价款优先受偿权的,人民法院不予支持。

第四十三条 实际施工人以转包人、违法分包人为被告起诉的,人民法院应当依法受理。

实际施工人以发包人为被告主张权利的,人民法院应当追加转包人或者违法分包人为本案第三人,在查明发包人欠付转包人或者违法分包人建设工程价款的数额后,判决发包人在欠付建设工程价款范围内对实际施工人承担责任。

第四十四条　实际施工人依据民法典第五百三十五条规定，以转包人或者违法分包人怠于向发包人行使到期债权或者与该债权有关的从权利，影响其到期债权实现，提起代位权诉讼的，人民法院应予支持。

第四十五条　本解释自2021年1月1日起施行。

图书在版编目(CIP)数据

招标投标法注释书/白如银编著. —北京:中国民主法制出版社,2020.12
(中华人民共和国法律注释书系列)
ISBN 978-7-5162-2304-8

Ⅰ.①招… Ⅱ.①白… Ⅲ.①招标投标法-法律解释-中国
Ⅳ.①D922.297.5

中国版本图书馆CIP数据核字(2020)第215343号

图书出品人: 刘海涛
出版统筹: 乔先彪
图书策划: 曾 健
责任编辑: 乔先彪 陈 曦 谢瑾勋 孙振宇

书名/招标投标法注释书
ZHAOBIAO TOUBIAOFA ZHUSHISHU

作者/白如银 编著

出版·发行/中国民主法制出版社
地址/北京市丰台区右安门外玉林里7号(100069)
电话/(010)63055259(总编室) 63057714(发行部)
传真/(010)63056975 63056983
http://www.npcpub.com
E-mail: mzfz@npcpub.com
经销/新华书店
开本/32开 850毫米×1168毫米
印张/29.25 **字数/**999千字
版本/2021年1月第1版 2021年11月第2次印刷
印刷/北京天宇万达印刷有限公司

书号/ISBN 978-7-5162-2304-8
定价/99.00元